KB214909

Strong's Code Dictionary of Greek

스트롱코드
헬라어 사전

Strong's Code Dictionary of Greek

개역개정4판
헬/한/영/스트롱코드/빈도수

님께

년 월 일

드림

스트롱코드
헬라어사전

Strong's Code
Dictionary of
Greek

개역개정4판
헬/한/영/스트롱코드/빈도수

Strong's Code
Dictionary of
Greek

일러두기

1. 본 헬라어 사전은 Strong's Exhaustive Concordance of the Bible을 주 참고서로 하여 A Greek-English Lexicon of New Testament and other early Christian literature를 편역하여 원어코드와 연결시켜 원어사전의 역할을 하도록 편집하였다.
2. 본 서에 나오는 모든 원어는 헬라어 알파벳순으로 배열하였다.
3. 본 서에 나오는 모든 단어에는 Strong's Exhaustive Concordance of the Bible의 코드와 일치하는 번호를 표기하였으므로 헬라어를 모르더라도 본문 표제어의 의미와 헬라어 원문 성경에 나오는 모든 성구에 대한 헬라어 원어의 의미를 찾아볼 수 있게 하였다. (2717, 3203~3302의 누락을 용인하였다.)
4. 본 서의 내용 구성은 헬라 원어와 음역을 먼저 수록하고 품사를 제시하되, 명사인 경우에는 단어의 유래를, 동사의 경우에는 특수변화를 밝혀두었다. 다음으로 단어의 의미와 대표적인 성구 및 단어용례를 부기하고, 한글개역개정성경의 번역을 ☞표와 함께 기재하였다.
5. 헬라어 문자표에 의거해서 로마자 표기를 하고, 한글로 음역을 수록함으로써 헬라어를 모르는 초보자라도 정확한 발음을 사용하는 데 도움을 주었다.
6. 어의는 가능한 한 다양한 의미를 연결하되 그 용례를 [ ]로 묶어서 제시하고, 해당되는 개역개정성경 구절을 선별하여 게재하였다.
7. 품사는 고유명사(고명), 명사(명), 동사(동), 부사(부), 대명사(대), 형용사(형), 접속사(접), 수사(수), 전치사(전), 감탄사(감)로 구분하였으며, 관용어나 품사로 구분되지 않는 것은 '불변사'로 구분하였다.
8. 우리말 음독은 가능한 한 원어 발음에 근접한 발음을 위해 특별한 원칙을 두었다.
   1) ζ(제타)는 영어의 z에 해당하는 발음으로 우리말의 'ㅈ'보다는 더 부드럽고 혀끝과 앞 입천장 사이를 가깝게 하여 내는 소리지만 'ㅈ'으로 표기해도 큰 지장이 없기 때문에 그대로 'ㅈ'으로 표기하였다.
   2) θ(세타)는 그 자체가 국제 음성 기호로 쓰이는 것인데, 혓바닥 끝 부분을 윗니에 붙이고 그 사이로 바람이 세게 새어나오게 하는 무성음이다. 영어의 thing의 th의 발음에 해당한다. 이것은 'ㅅ'과 'ㄷ'을 합해 놓은 것 같은 발음이지만 통례상 'ㄷ'으로 표기하였다.
      〈예〉 θελημα(델레마) 뜻, 의지
   3) λ(람다)는 ρ(ㅎ로)와 달리 음이 많이 흐르기 때문에 낱말의 중간에 이 글자가 나올 때는 그 앞 글자의 받침으로 'ㄹ'을 넣어 정확한 발음을 돕도록 하였다.
      〈예〉 Ιερουσαλημ(이에루살렘), 예루살렘
   4) ρ(ㅎ로)가 낱말의 처음에 올 때는 후음이 되어 'ㅎ' 발음이 먼저 나오기 때문에 'ㅎ'을 앞세웠다.
      〈예〉 ρ'ημα(ㅎ레마) 말씀
   5) υ(윞실론)은 입술은 '우' 모양을 하고 혀는 '이' 발음을 하기 위한 모양을 하여 동시에 소리 내는 것이지만 우리말 중 가까운 것이 '위'이기 때문에 '위'로 표기하였으나, 우리말 '위'를 발음할 때처럼 '우'와 '이'를 차례로 발음하지 말고 그 둘을 동시에 발음하여야 한다.
   6) 그 밖에 우리말 발음과 다른 헬라어는 되도록 가까운 발음이 되도록 표기하였다.

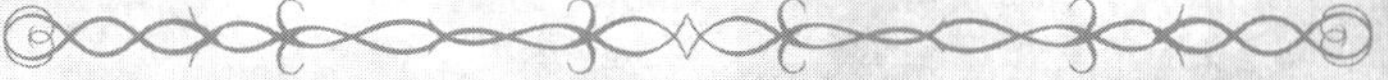

차 례

헬라어 문자표

문자		명칭		로마자 표기	한글 표기	이중모음		
대문자	소문자					문자	로마자표기	한글표기
Α	α	알파	Alpha	a	ㅏ	αι	ai	아이
Β	β	베타	Bēta	b	ㅂ	ει	ei	에이
Γ	γ	감마	Gamma	g	ㄱ	οι	oi	오이
Δ	δ	델타	Dēlta	d	ㄷ	αυ	au	아우
Ε	ε	엡실론	Epsilon	e	ㅔ	ευ	eu	유
Ζ	ζ	제타	Zēta	dz	ㅈ	ου	ou	우
Η	η	에타	Eta	ē	ㅔ			
Θ	θ	데타	Thēta	th	ㄷ	ῥ	rh	흐ㄹ,ㄹ
Ι	ι	이오타	Iōta	i	ㅣ	γγ	gg,ng	앞의 γ는 받침 ㅇ으로 쓴다
Κ	κ	캅파	Kappa	k	ㅋ	γκ	gk,nk	
Λ	λ	람다	Lambda	l	ㄹㄹ	γξ	gx,nx	
Μ	μ	뮈	Mu	m	ㅁ	γχ	gch,nch	
Ν	ν	뉘	Nu	n	ㄴ			
Ξ	ξ	크시	Xi	x	ㅋㅅ			
Ο	ο	오미크론	Omikron	o	ㅗ			
Π	π	피	Pi	p	ㅍ			
Ρ	ρ	로	Rhō	r	ㄹ			
Σ	σ	시그마	Sigma	s	ㅅ			
Τ	τ	타우	Tau	t	ㅌ			
ϒ	υ	윕실론	Upsilon	y	ㅟ			
Φ	φ	피	Phi	ph	ㅍ			
Χ	χ	키	Chi	ch	ㅋ			
Ψ	ψ	프시	Psi	ps	ㅍㅅ			
Ω	ω	오메가	Omēga	ō	ㅗ			

헬라어 사전 활용법

헬라어 단어

스트롱번호
알파벳을 몰라도
번호로 찾을 수
있도록 표기함
〈국제공통번호〉

헬라어 단어의
어미변화를
표기

2424. Ἰησοῦς, οῦ, οῦ, οῦν, οῦ, ὁ [Iē- sŏus][919회] **이에수스**

[고명] 히브리어3091에서 유래: '예수'.

1) 여호수아 [모세의 후계자], 행7:45, 히4:8.
2) 예수[예수의 족보에 나오는 엘리에셀의 아들], 눅3:29.
3) 예수 그리스도, 마1:1,21,25등.
4) 예수 바라바.
5) Ἰ. ὁ λεγόμενος Ἰοῦστος: 유스도라고 불리는 예수, 골4:11, 몬1:23.

☞**예수**(눅3:29), **여호수아**(행7:45, 히4:8).

신약성경
사용횟수

명사,
3870번 단어
에서 유래
되었음을
표기

3875. **παράκλητος**, **ου**, **ὁ** [paraklētŏs][5회] **파라클레토스**

[명] 3870에서 유래: 남을 위해 나타난 자, 중재자, 조정자, 돕는 자, 변호자, 위로자, 중보자.

1) [그리스도를 가리켜서] 요일2:1.
2) [성령을 가리켜서] 요14:16,26, 15:26, 16:7.

☞**보혜사**(요14:16,26, 16:7), **대언자**(요일2:1).

영어음역

3870. **παρακαλέω** [parakalĕō][109회] **파라칼레오**

한글음역

[동] 미완료 παρεκάλουν, 제1부정과거 παρεκάλεσα, 완료수동태 παρακέκλη- μαι, 제1부정과거수동태 παρεκλή- θην, 미래 수동태 παρακληθήσομαι, 3844와 2564에서 유래:

1) ~곁에서 부르다, 옆으로 부르다, 호출하다, 소집하다.

동사의 경우
시간과 상태를
제시

☞**위로받다**(마2:18, 5:4, 고후13:11), **간구하다**(마8:5, 눅8:31, 몬1:10), **빌다**(마18:32), **구하다**(마26:53, 막5:10, 눅7:4), **권하다**(눅3:18, 행11:23, 빌4:2), **청하다**(행8:31, 13:42, 28:24), **간청하다**(행9:38), **권면하다**(행15:32, 고전4:13, 살전2:11), **위로하다**(행16:40, 고후7:6, 엡6:22), **여쭈다**(행24:4), **원하다**(히13:19), **위로하다**(롬12:8), **위안받다**(골2:2).

3870번 단어가
한글개역개정
에서 번역된
의미와 용례,
관련구절들

A, α

1. A [a] 알파
  1) 헬라어 알파벳의 첫 글자.
    ① [수사로] ά=1 혹은 서신서의 첫 번째 편지를 말함[고린도전서, 데살로니가전서 등].
    ② [상징적 의미로] A는 시작을, Ω는 끝을 의미한다[계1:8,11ⓢ 21:6].
  2) 복합어에서는 종종 부정의 의미로 사용된다[모음 앞에서는 일반적으로 ἀν을 사용, 427의 축약형], 가끔 260의 축약형으로 쓰여 연합의 의미를 갖는다.

☞**첫째, 처음, 시작, 알파(계1:8,11, 21:6, 22:13).**

2. Ἀαρών, ὁ [Aarōn][5회] 아론
  고명 히브리어 175에서 유래: 모세의 형 '아론', 첫 번째 제사장, 눅1:5, 행7:40, 히5:4.
  ☞**아론**(히7:11).

3. Ἀβαδδών, ὁ [Abaddōn][1회] 아밧돈
  고명 히브리어 11에서 유래: 지옥(무저갱)을 지배하는 천사의 이름 '아바돈'. [주]계9:11에서는 Ἀπολλύων 즉 파괴자라는 설명이 붙어 있다.
  ☞**아바돈**(계9:11).

4. ἀβαρής, ές [abarēs][1회] 아바레스
  형 1[부정사 불변사]과 922에서 유래:
  1) 무게가 없는, 무게가 가벼운.
  2) 번거롭지 않은, 짐 되지 않는, 고후11:9.
  ☞**폐를 끼치지 않는**(고후11:9).

5. ἀββά [Abba][3회] 압바
  명 히브리어 2에서 유래; 호격: 아버지, 아빠, 막14:36, 롬8:15, 갈4:6.
  ☞**아빠**(막14:36, 롬8:15, 갈4:6).

6. Ἄβελ, ὁ [Abĕl][4회] 아벨
  고명 히브리어 1893에서 유래: 아담의 아들 '아벨', 창4:2, 아벨의 피, 마23:35, 눅11:51, 히12:24. 그의 제물, 히11:4.(그 의미는 "한숨, 무익")
  ☞**아벨**(마23:35, 눅11:51, 히12:24).

7. Ἀβιά, ὁ [Abia][3회] 아비아
  고명 히브리어 29에서 유래:
  1) 예수님의 조상이며 르호보암의 아들인 '아비야', 마1:7.
  2) 세례 요한의 아버지 사가랴가 속했던 제사장 반열의 창건자, 눅1:5.(그 뜻은 "나의 아버지는 여호와시다")
  ☞**아비야**(왕상14:31).

8. Ἀβιαθάρ, ὁ [Abiathar][1회] 아비아달
  고명 히브리어 54에서 유래: 놉 성의 제사장이며 아히멜렉의 아들인 '아비아달', 막2:26. (그 뜻은 "부유의 아버지")
  ☞**아비아달**(막2:26).

9. Ἀβιληνή, ῆς, ἡ [Abilēnē][1회] 아빌레네
  고명 외래어에서 유래: 다메섹 북동쪽 안티레바논 남쪽에 있는 아빌라 시의 주변지역을 가리킴, '아빌레네', 눅3:1. ("황무지")
  ☞**아빌레네**(눅3:1).

10. Ἀβιούδ, ὁ [Abiud][2회] 아비웃
  고명 히브리어 31에서 유래: 예수님의 족보에 나오는 스룹바벨의 아들 이름 '아비훗', 마1:13 ("유대인들의 아버지" 또는 "영광의 아버지")
  ☞**아비훗**(마1:13).

11. Ἀβραάμ, ὁ [Abraam][73회] 아브라암
  고명 히브리어 85에서 유래; "많은 무리의 아버지": 예수님의 족보에 나오는 이스라엘 민족의 조상이며 믿음의 조상 '아브라함', 마1:1,2,17, 3:9, 눅1:73, 3:34.
  ☞**아브라함**(마1:1,2, 눅3:34).

12. ἄβυσσος, ου, ἡ [abüssŏs][9회] 아뷔쏘스
  명 1[부정불변사]과 1037의 파생어에서 유래: 깊음, 심연, 지하세계.
  1) 일반적으로 천지와 대비된 지하세계를 가리킴.
    ① 죽은 자들의 거주지, 롬10:7.
    ② 끝없는, 밑 없는, 깊은 곳, 무저갱, 계9:11.
  2) 악마, 눅8:31.
  ☞**무저갱(無底坑)**(눅8:31, 계9:1,2,11, 11:7, 17:8, 20:1,3, 롬10:7).

13. Ἄγαβος [Agabŏs][2회] 아가보스
  고명 히브리어 2285에서 유래: 유대 지방으로부터 온 기독교의 예언자 '아가보', 행11:28, 21:10.

☞**아가보**(행11:28).

14. ἀγαθοεργέω [agathŏĕrgĕō][1회] **아가도에르게오**

동 18과 2041에서 유래:
1) [부자가] 선을 행하다, 딤전6:18. 유익을 끼치다,
2) [하나님이] 은혜를 베풀다, 행14:17.

☞**선을 행하다**(딤전6:18).

15. ἀγαθοποιέω [agathŏpŏiĕō][9회] **아가도포이에오**

동 제1부정과거부정사 ἀγαθοποιῆ- σαι, 17에서 유래: 선을 행한다.
1) [문자적으로] ~에게 선을 행하다, 막3:4, 눅6:9,33,35. 반 κακοποιέω.
2) [그리스도인으로서의 도덕법을 성취한다는 의미에서] 옳은 일을 하다, 훌륭한 시민이 되다. 반 πονηρεύεσθαι, αμαρτάνειν, 벧전2:20.

☞**선대하다**(눅6:33,35), **선한 일을 하다**(행14:17), **선을 행하다**(막3:4, 눅6:9, 벧전2:15,20).

16. ἀγαθοποιΐα, ας, ἡ [agathŏpŏiia][1회] **아가도포이이아**

명 17에서 유래: 친절, 선행, 덕행, 벧전4:19.

☞**선행, 선을 행함**(벧전4:19).

17. ἀγαθοποιός, όν [agathŏpŏiŏs][1회] **아가도포이오스**

형 18과 4160에서 유래:
1) 올바르게 행하는, 선행하는,
2) [명사로 쓰일 경우] ὁ ἀγαθοποιῶν: 선행하는 자, 벧전2:14.

☞**선행하는**(벧전2:14).

18. ἀγαθός, ή, όν [agathŏs][102회] **아가도스**

형 [기본형] 선한, 착한, 좋은.
1) [외적인 의미에서] 적합한, 유능한, 유용한, 마25:21, 23, 눅19:17, 23:50, 행11:24, 엡4:29, 딛2:5, 벧전3:10.
2) [내적 가치, 특히 도덕적 가치로서] 완전한, 마19:17, 막10:18. 선한, 친절한, 마20:15, 벧전2:18.

***ἀγαθόν, οῦ, τό** [agathon] **아가돈**

명 1) ἀγαθόν, 옳은 것, 선, 좋은 것, 롬2:10.
2) τὰ ἀγαθά, 좋은 것들.
① [일반적으로] 좋은 것들. 반 τὰ κακά
② 소유물, 보물, 눅1:53, 갈6:6.
③ τὰ ἀ, 선행, 착한 일, 요5:29.

☞**선**(마5:45, 롬2:7), **물건**(눅12:18,19), **선행**(행9:36), **양심**(행23:1). **[형] 선한**(마12:34, 19:16, 눅6:45, 골1:10), **좋은**(마7:11, 눅1:53, 요7:12), **착한**(마25:21, 고후9:8).

19. ἀγαθωσύνη, ης, ἡ [agathōsünē][4회] **아가도쉬네**

명 18에서 유래: 착함, 올바름, 너그러움, 롬15:14, 갈5:22, 엡5:9, 살후1:11.

☞**선함**(롬15:14), **양선(良善)**(갈5:22).

20. ἀγαλλίασις, εως, ἡ [agalliasis][5회] **아갈리아시스**

명 21에서 유래: 환희[특히 메시야적인 환영], 즐거워함, 기쁨, 눅1:14, 행2:46, 히1:9, 유1:24.

☞**기쁨**(눅1:44, 행2:46, 유1:24), **즐거움**(히1:9).

21. ἀγαλλιάω [agalliaō][11회] **아갈리아오**

동 능동태는 드물게 사용[눅1:47, 벧전1:8, 계19:7]하고 보통은 디포넌트 동사 ἀγαλλιάομαι를 사용한다. 제1부정과거중간태 ἠγαλλιάσαμην, 제1부정과거수동태 ἠγαλλιάθην 또는 ἠγαλλιάσθην, ἄγαν '많은'과 242에서 유래: 기뻐하다, 몹시 기뻐하다, 마5:12, 눅10:21, 행2:26, 16:34, 벧전1:6, 4:13.

☞**기뻐하다**(마5:12, 눅1:47, 요8:56).

22. ἄγαμος, ου, ὁ, ἡ [agamŏs][4회] **아가모스**

명 1[부정불변사]과 1062에서 유래:
1) 결혼하지 않은 남자 혹은 여자, 고전7:34.
2) 이혼한 여인, 고전7:11.

☞**혼인하지 아니한 자**(고전7:8), **장가가지 않은 자**(고전7:32), **시집가지 않은 자**(고전7:34).

23. ἀγανακτέω [aganaktĕō][7회] **아가낙테오**

동 제1부정과거 ἠγανάκτησα, ἄγαν '많은'과 ἄχθος '슬픔'에서 유래: 몹시 괴로워하다, 노하다, 흥분하다, 마21:15, 막10:41, 14:4, 눅13:14. [주] 43참조.

☞**분히 여기다**(마20:24, 막10:14), **노하다**(마21:15), **분개하다**(마26:8).

24. ἀγανάκτησις, εως, ἡ [aganaktēsis][1회] **아가낙테시스**

명 23에서 유래: 분개, 분노, 고후7:11.

☞**분, 분개, (분하게 하며)**(고후7:11).

25. ἀγαπάω [agapaō][143회] **아가파오**

동 미완료 ἠγάπων, 미래 ἀγαπήσω, 제1부정

과거 ἠγάπησα, 완료 ἠγάπη- κα, 완료분사 ἠγαπηκώς, 완료수동분사 ἠγαπημένος, 미래수동태 ἀγαπη- θήσομαι, ἄγαν에서 유래된 것으로 보임: 사랑하다, 귀여워하다, 마음에 품다.

1. 인격에 대한 호감.
1) [인간에 의해]
① [인간에게] 마5:44, 막12:31, 눅6: 32, 요13:34, 롬13:9, 엡5:25, 골3:12, 요일2:10, 3:14.
② [초자연적 존재에게]
㉠ [예수에게] 요8:42, 14:15, 21:15 이하, 벧전1:8.
㉡ [하나님에게] 마22:37, 막12:30,33, 눅10:27, 롬8:28, 고전2:9.
2) [초자연적 존재에 의해]
① [인간에게]
㉠ 사람에 대한 하나님의 사랑, 요14: 21, 롬8:37, 9:13, 고후9:7, 살후2:16, 히12:6, 요일4:10.
㉡ 사람에 대한 예수님의 사랑, 막10: 21, 요11:5, 15:9, 갈2:20, 엡5:2.
② [다른 초자연적 존재에게]
㉠ 예수님에 대한 하나님의 사랑, 요3:35, 10:17, 17:24,26.
㉡ 하나님에 대한 예수님의 사랑, 요14:31.
3) [행실이 따르는] 사랑, 요13:1, 요일3:18.
4) [완료수동분사로 쓰여] 하나님에 의해 사랑받는 자를 나타냄.
① [예수님을 나타내는 경우] 엡1:6.
② [예루살렘을 나타내는 경우] 계20:9.
③ [그리스도인을 나타내는 경우] 롬9:25, 골3:12, 살전1:4, 살후2:13, 유1:1.

2. [사물에 대한 사랑]
1) 경외심을 갖는 경우.
2) 만족감을 갖는 경우.
3) 얻고자 노력하는 경우.

☞**사랑하다**(마5:43, 막10:21, 눅6:27, 요3:16, 롬9:13), **기뻐하다**(눅11:43), **사모하다**(딤후4:8), **아끼다**(계12:11).

26. ἀγάπη, ης, ἡ ἀγάπη [agapē][116회] 아가페
명 25에서 유래:
1. 사랑.
1) 인간의 사랑.
① 사랑의 대상이 없는 경우.
㉠ [주어로 사용] 고전8:1, 13:4,8, 빌1:9.
㉡ [술어로 사용] 딤전1:5, 요일4:16.
㉢ [목적어로 사용] ἀγάπην ἔχε- ιν: 사랑을 가지다, 고전13:1-3, 빌2:2.
㉣ [속격으로 사용] 고후8:8, 빌2:1, 살전1:3, 히10:24, 벧전5:14.
㉤ [전치사구로 사용] 전치사 ἐν과 함께 쓰이는 경우, 고전16:14, 갈5: 13, 골2:2, 살전5:13, 딤전1:14, 몬1:9, 계2:19.
② 특별한 용례.
㉠ [비인격을 대상으로 하는 경우] 살후2:10.
㉡ [인간을 대상으로 하는 경우] 요13: 35, 엡1:15, 골1:4, 살전3:12, 살후1:3.
㉢ [하나님이나 그리스도를 대상으로 하는 경우] 눅11:42, 요5:42, 살후3:5.
2) 하나님과 그리스도의 사랑.
① 인간을 향한.
㉠ [하나님의 사랑] 롬5:8, 엡1:4, 요일4:9,16.
㉡ [예수의 사랑] 요15:9,10,13, 롬8: 35, 고후5:14.
② 하나님과 그리스도 사이의 사랑, 요15:10, 17:26.

2. 사랑의 잔치: 초대교회가 형제적인 사랑을 가지고 장려하고, 그것을 나타내기 위한 목적으로 교회예배에 이어 가진 공동식사, 유1:12.

☞**사랑**(마24:12, 고후2:4, 갈5:6), **애찬**(유1:12).

27. ἀγαπητός, ή, όν [agapētŏs][61회] 아가페토스
형 25에서 유래:
1) 사랑하는 [하나님과 그리스도와의 관계에서 유일한 사랑을 강하게 나타낼 때 사용] 마3:17, 17:5, 막1:11, 9:7, 눅3:22.
2) 사랑하는 [부모와 자식간의 가까운 관계를 나타낼 때나 그리스도인 사이에 사용] 롬12:19, 고전4:17, 엡5:1, 히6:9, 벧전2:11, 벧후3:1-8,14,17, 8:4,17, 요일2:7.

☞**사랑하는**(눅3:22, 행15:25, 고전4:14), **사랑을 입은**(롬11:28, 엡5:1), **사랑 받는**(엡6:21, 골4:7).

28. Ἀγάρ, ἡ [Hagar][2회] 하갈

A

고명 히브리어 1904에서 유래: 아브라함의 첩이며 이스마엘의 어머니인 '하갈', 갈 4:24,25.

☞**하갈**(갈4:24,25).

29. ἀγγαρεύω [anggarĕuō][3회] 앙가류오

동 외래어에서 유래: 미래 ἀγγαρεύ－σω, 제1부정과거 ἠγγάρευσα: 강제로 봉사하게 하다, 강제하다, 억지로 가게 하다, 마5:41, 27:32.

☞**억지로 가게 하다**(마5:41, 막15:21).

30. ἀγγεῖον, ου, τό [anggĕiŏn][1회] 앙게이온

명 ἄγγος '물통'에서 유래:

1) 용기, 마25:4.

2) 고기를 담는 그릇, 마13:48.

☞**그릇**(마13:48, 25:4).

31. ἀγγελία, ας, ἡ [anggĕlia][2회] 앙겔리아

명 32에서 유래:

1) [일반적으로] 전하는 말, 소식, 통신, 고시, 요일1:5.

2) [그리스도 안에서 형제를 사랑하라는] 명령, 요일3:11.

☞**소식**(요일3:11).

32. ἄγγελος, ου, ὁ [anggĕlŏs][176회] 앙겔로스

명 '소식을 가져 오다'에서 유래: 사자, 사신.

1) [인간의 신분일 경우]

① 사람이 보낸 사신, 눅7:24, 9:52.

② 하나님이 보낸 사자: 메시아의 예고자, 마11:10, 막1:2, 눅7:27.

2) [초자연적인 존재가 사자일 경우]

① 하나님의 사자인 천사, 마1:20, 2: 13,19, 눅1:11, 행5:19, 10:22, 계14:10.

② 하나님과의 관계에 대한 언급은 없으나 일반적으로 중간적인 존재, 롬8:38, 고전4:9.

③ 악한 영들, 마25:41.

☞**사자(使者)**(마1:20, 행5:19, 약2:25), **천사**(마13:39, 히1:4, 계1:1).

33. ἄγε [agĕ][2회] 아게

동 71의 현재 명령형: 오라!, 약4:13, 5:1.

☞**들으라!**(약4:13, 5:1).

34. ἀγέλη, ης, ἡ [agĕlē][7회] 아겔레

명 71에서 유래: 돼지의 떼, 무리, 마8:30－32, 막5:11,13.

☞**떼**(마8:30, 막5:11).

35. ἀγενεαλόγητος, ον [agēnĕalŏgē－tŏs][1회] 아게네알로게토스

형 1[부정불변사]과 1075에서 유래: 출생에 관한 기록이 없는, 족보가 없는, 히7:3.

☞**족보가 없는**(히7:3).

36. ἀγενής, ές [agĕnēs][1회] 아게네스

형 1[부정불변사]과 1085에서 유래:

1) [문자적으로] 귀족혈통이 아닌. ㉥ εὐγενής.

2) [일반적으로] 낮은, 비천한, 보잘것없는, 고전1:28.

☞**천한**(고전1:28).

37. ἁγιάζω [hagiazō][28회] 하기아조

동 제1부정과거 ἡγίασα, 제1부정과거명령 ἁγίασον, 완료수동태 ἡγίασ－μαι, 완료수동분사 ἡγιασμένος, 제1부정과거수동태 ἡγιάσθην, 제1부정과거수동명령 ἁγιασθήτω, 미래수동태 ἁγιασθήσομαι, 40에서 유래:

1) [사물에 대해 사용: 의례적 목적에 적합하도록] 구별하다, 마23:17,19, 딤전4:5.

2) [인격에 대해 사용] 성별하다, 바치다, 성화하다.

① [기독교인들이 세례에 의해] 구별되다, 고전6:11, 엡5:26.

② 희생의 피에 의한 성화 즉 죄를 속량하다, 히9:13.

③ 거룩한 것과 접촉에 의해 성별하다, 불신자들이 기독교인과의 결혼에 의해, 고전7:14.

3) 거룩한 것으로 취급하다, 거룩하게 여기다, 마6:9, 눅11:2, 벧전3:15, 계22:11.

4) 성결하게 하다, 깨끗하게 하다, 롬15: 16, 고전1:2, 살전5:23.

☞**거룩하게 하다**(마23:17, 히2:11, 벧전3:15), **거룩히 여기다**(마6:9, 눅11:2).

38. ἁγιασμός, οῦ, ὁ [hagiasmŏs][10회] 하기아스모스

명 37에서 유래; '정화' 즉 청결한 상태: 거룩, 구별, 성화, 봉헌[거룩하게 되는 과정이나 그 결과로 되어진 상태를 의미할 때 사용], 롬6:19,22, 고전1:30, 살후2:13, 딤전2:15, 히12:14.

☞**거룩함**(롬6:19, 고전1:30), **거룩하게 함**(살후2:13).

39. ἅγιον, ου, τό [hagiŏn] 하기온

명 40의 중성형:
1) 거룩한 것.
2) 거룩한 장소, 성전, 히8:2.
☞**성소**(히8:2, 9:1), **지성소**(히9:3).

40. ἅγιος, ία, ον [hagiŏs][233회] **하기오스**
형 명 '두려운 것'에서 유래; 제의적인 개념으로 신에게 접근할 수 있는 사람이나 사물의 상태를 말할 때 사용:
1. [형용사]
1) [사물에 대해 사용]
① 봉헌한, 거룩한[제의적인 의미로 쓰임], 마4:5, 24:15, 27:53, 행6:13, 21:28, 7:33, 롬1:2, 히9:2, 벧전1: 16, 유1:20, 계11:2, 21:2, 22:19.
② 순수한, 완전한, 하나님께 적합한, 롬12:1, 고전3:17, 엡2:21, 벧후3:11.
2) [인격에 대해 사용] 거룩한.
① [선지자를 나타낼 경우] 눅1:70, 행1:2, 벧후3:2. [세례 요한] 막6: 20. [사도들] 엡3:5. [성도들] 롬1:7, 고전7:14 ㉧, 히3:1, 벧전1:16.
② [천사들을 나타낼 경우] 막8:38, 눅9:26, 행10:22, 골1:12, 계14:10.
③ [그리스도를 나타낼 경우] 눅1:49, 요17:11, 벧전1:16, 계4:8.
2. [명사]
1) 거룩한 것.
① 희생을 위한 고기, 마7:6.
② 성전, 히9:1.
2) 성전, 히8:2, 9:24,25, 13:11.
3) 거룩한 자.
① [하나님] 요일2:20.
② [그리스도] 눅4:34, 요6:69, 계3:7, 막1:24.
4) 거룩한 자들.
① [천사들] 골1:12, 살전3:13, 살후1: 10.
② [하나님에게 헌신되어진 기독교인들] 행9:13, 롬8:27, 12:13, 고전6:1-2, 엡2:19, 빌4:22, 히6:10.
③ [특별히 하나님과 가까운 사람들] 마27:52.
☞**성령**(마1:18, 눅1:15). **[형] 거룩한**(마4:5, 벧전1:15, 요일2:20, 마27:52, 행9:13).

41. ἁγιότης, ητος, ἡ [hagiŏtēs][1회] **하기오테스**
명 40에서 유래: 거룩함, 신성, 고결, 히12:10.
☞**거룩하심**(히12:10).

42. ἁγιωσύνη, ης, ἡ [hagiōsünē][3회] **하기오쉬네**
명 40에서 유래: 거룩함, 신성함, 롬1:4, 고후7:1.
☞**성결**(롬1:4), **거룩함**(고후7:1, 살전3:13).

43. ἀγκάλη, ης, ἡ [angkalē][1회] **앙칼레**
명 '구부러진 것, 아픔'에서 유래: 팔[특히 무엇을 받기 위해서 굽힌], 눅2:28.
☞**팔**(눅2:28).

44. ἄγκιστρον, ου, τό [angkistrŏn][1회] **앙키스트론**
명 43과 같은 어원에서 유래: 갈고리, 낚시, 마17:27.
☞**낚시**(마17:27).

45. ἄγκυρα, ας, ἡ [angkūra][4회] **앙퀴라**
명 43과 같은 어원에서 유래; 닻:
1) [문자적으로] 배의 닻, 행27:29.
2) [상징적으로] 희망, 히6:19.
☞**닻**(행27:29,30, 히6:19).

46. ἄγναφος, ον [agnaphŏs][2회] **아그나ㅎ포스**
형 1[부정불변사]과 1102와 같은 말에서 유래; '넉넉하지 않은': 바래지 않은, 줄어들지 않은, 새로운, 마9:16, 막2:21.
☞**손질하지 않은, 새로운(생베)**(마9:16, 막2:21).

47. ἁγνεία, ας, ἡ [hagněia][2회] **하그네이아**
명 53에서 유래: 순진한 마음의 순결, 사상이나 감정의 청순함, 정조의 순결, 딤전4:12, 5:2.
☞**정절**(딤전4:12), **깨끗함**(딤전5:2).

48. ἁγνίζω [hagnizō][7회] **하그니조**
동 제1부정과거 ἥγνισα, 완료분사 ἡ– γνικώς, 53에서 유래:
1) 순결하게 하다.
① 유월절 이전의 유대인들이 하는 제의적인 정결과 속량을 가리킨다. 요11:55.
② [상징적으로] 죄의 용서를 통해 순결케 되다, 약4:8, 벧전1:22, 요일3:3.
2) [중간태, 제1부정과거수동태와 함께].
① 자신을 정결케 하다, 행21:24, 26, 24:18.
② 자신을 바치다, 헌신하다.
☞**성결하게 하다**(요11:55, 약4:8), **깨끗하게**

A

하다(벧전1:22, 요일3:3), **결례를 행하다**(행21:24, 26, 24:18).

49. ἁγνισμός, οῦ, ὁ [hagnismŏs][1회] 하그니스모스

명 48에서 유래: 제의(祭儀)적인 정화나 결례[서원이 따르는 결례 풍습], 순결하게 함, 행21:26.

☞**결례(潔禮)**(행21:26).

50. ἀγνοέω [agnŏēō][22회] 아그노에오

동 미완료 ἠγνόουν, 제1부정과거 ἠ- γνόησα. 1[부정불변사]과 3539에서 유래:

1) [ὅτι와 함께] 정보와 지능의 부족으로 알지 못하다, 모르다, 롬2:4, 6:3, 7:1, 고전10:1, 12:1, 고후1:8, 2:11, 살전4: 13, 딤전1:13.

2) [대격과 함께] ~을 모르다, 행13:27, 롬10:3, 고후6:9.

3) [대격과 함께] ~을 이해하지 못하다, 막9:32, 눅9:45, 벧후2:12.

4) [무지로 인해] 죄를 범하다, 잘못하다, 히5:2.

☞**깨닫지 못하다**(막9:32), **알지 못하다**(눅9:45, 행13:27, 17:23), **모르다**(롬1:13, 10:3), **무명하다**(고후6:9), **무식하다**(히5:2).

51. ἀγνόημα, ατος, τό [agnŏēma][1회] 아그노에마

명 50에서 유래: 무지로 인해 범한 죄, 결점, 허물, 잘못, 히9:7.

☞**허물**(히9:7).

52. ἄγνοια, ας, ἡ [agnŏia][4회] 아그노이아

명 50에서 유래: 무지.

1) [일반적으로] κατὰ ἄγνοιαν ἐπράξατε: 네가 알지 못하여 행하였다, 행3:17.

2) [특별히 종교적인 의미에서; 거의 '죄'라는 뜻과 동일하게 사용되어] ἐν τῇ ἀγ- νοίᾳ ὑμῶν: 너희의 알지 못하던 때, 엡4:18, 벧전1:14

☞**무지함**(엡4:18), **알지 못함**(행3:17, 17:30, 벧전1:14).

53. ἁγνός, ἡ, όν [hagnŏs][8회] 하그노스

형 40과 같은 말에서 유래: 순수한, 거룩한, 결백한, 순결한, 청결한[본래는 신과 그에 속한 모든 것의 속성에서 기원한 제의적 단어이나 도덕적 의미로 전이되었다].

1) [인격에 대하여]

① [그리스도와 하나님] 요일3:3.

② [사람에게] 고후7:11, 딤전5:22.

③ [여자에게] 고후11:2. 2)[사물에 대하여] 빌4:8, 약3:17.

☞**깨끗한**(고후7:11, 딤전5:22), **정결한**(고후11:2, 빌4:8), **순전한**(딛2:5), **성결한**(약3:17).

54. ἁγνότης, ητος, ἡ [hagnŏtēs][2회] 하그노테스

명 53에서 유래: 순결, 신실, 청결, 결백, 고후6:6, 11:3.

☞**깨끗함**(고후6:6).

55. ἁγνῶς [hagnōs][1회] 하그노스

부 53의 부사형: 순결하게, 정직하게, 신실하게, 성실하게, 빌1:17.

☞**순수하게**(빌1:17).

56. ἀγνωσία [agnōsia][2회] 아그노시아

명 1[부정불변사]과 1108에서 유래: 무지, 영적 분별력의 결핍, 고전15:34, 벧전2:15.

☞**알지 못함**(고전15:34), **무지**(벧전2:15).

57. ἄγνωστος, ον [agnōstŏs][1회] 아그노스토스

형 1[부정불변사]과 1110에서 유래: 알려지지 않은, 행17:23.

☞**알지 못하는**(행17:23).

58. ἀγορά, ᾶς, ἡ [agŏra][11회] 아고라

명 ἀγείρω '모으다'에서 유래; 읍 광장:

1) 장터, 시장, 어린이가 놀기 위한 한 길, 마11:16, 눅7:32(일감을 구하는 사람이나 게으름뱅이들을 위한 장소, 마20:3, 막12:38, 눅11:43).

2) 집합장소, 공회소, 막6:56, 행16:19, 17:17.

☞**장터**(마11:16, 20:3, 눅7:32, 행16:19, 17:17), **시장**(마23:7, 막6:56).

59. ἀγοράζω [agŏrazō][30회] 아고라조

동 미완료 ἠγόραζον, 제1부정과거 ἠ- γόρασα, 제1부정과거수동태 ἠγοράσ- θην: 사다, 구입하다.

1) [문자적으로 목적격과 함께 쓰여 사물에 대해 사용됨] 마13:44,46, 막15:46, 눅9:13, 요4:8, 6:5, 계18:11.

2) [상징적으로 속격과 함께 쓰여] 사다, 얻다, 고전6:20, 7:23, 벧후2:1.

☞**사다**(마13:44, 25:9, 벧후2:1), **매매하다**(마21:12, 막11:15), **장사하다**(눅19:45ⓢ), **속량(贖良)하다**(계14:3,4).

60. ἀγοραῖος, ον [agŏraiŏs][2회] 아고라이오스
형 58에서 유래, 명사처럼 사용되어 시장과 관계된 것을 표시:
1) 시장사람[특히 시장에 모인 군중이나 무리들], 행17:5.
2) αἱ ἀγοραῖοι: 재판날, 재판 개정일, 행19:38.
☞**저자의**(행17:5), **재판 날**(행19:38).

61. ἄγρα, ας, ἡ [agra][2회] 아그라
명 71에서 유래:
1) [능동] 잡는 행위, 잡이, 눅5:4.
2) [수동] 잡힌 것.
☞**(고기) 잡은 것, 잡힌 것**(눅5:9).

62. ἀγράμματος, ον [agrammatŏs][1회] 아그람마토스
형 1[부정불변사]과 1121에서 유래: 쓸 줄 모르는, 배우지 못한, 학문이 없는, 무식한[베드로와 요한을 가리켜서], 행4:13.
☞**학문 없는**(행4:13).

63. ἀγραυλέω [agraulĕō][1회] 아그라울레오
동 68과 832에서 유래: 바깥에서 살다, 야영하다, 들에서 살다, 눅2:8.
☞**밖에서 지키다**(눅2:8).

64. ἀγρεύω [agrĕuō][1회] 아그류오
동 제1부정과거 ἤγρευσα, 61에서 유래: 잡다, ἵνα αὐτὸν ἀγρεύσωσιν λο- γῳ: 그들이 그의 말을 책잡기 위하여, 막12:13.
☞**(책)잡다**(막12:13).

65. ἀγριέλαιος, ου, ἡ [agriĕlaiŏs][2회] 아그리엘라이오스
명 66과 1636에서 유래: 야생 감람나무, 돌감람나무, 롬11:17,24.
☞**돌 감람나무**(롬11:17,24).

66. ἄγριος, ία, ον [agriŏs][3회] 아그리오스
형 71에서 유래:
1) 천연의, 야생의, 들에서 발견되는, 들에 사는, 마3:4, 막1:6.
2) [외관이] 거친, 야만적인, 맹폭한, 격렬한, 유1:13.
☞**들에 사는, 야생의 (석청)**(마3:4, 막1:6), **거친**(유1:13).

67. Ἀγρίππας, α, ὁ [Agrippas][11회] 아그립파스
고명 66과 2462에서 유래한 듯함: 정관사 ὁ가 붙으면 '야생마 길들이는 사람'이란 뜻이 됨.
1) 헤롯 아그립바 1세[B.C.10-A.D.44] 헤롯 대왕의 손자 '아그립바'. [주] 행12:1이하에서는 헤롯이라고 나옴.
2) 헤롯 아그립바 2세[A.D.27-92/93] 아그립바 1세의 아들. [주] 행25:13이하의 바울의 재판에서 등장, 행25:13, 22-24,26, 26:1이하.
☞**아그립바**(행25:13).

68. ἀγρός, οῦ, ὁ [agrŏs][37회] 아그로스
명 71에서 유래:
1) 들판[농사를 짓는 땅] 마24:18, 막13: 16, 눅17:7,31.
2) 시골, 촌[도시에 반대되는 뜻으로서] 막15:21, 16:12, 눅23:26.
3) [복수로 쓰일 경우] 농가, 막5:14, 눅8:34, 15:15.
☞**들**(마6:28, 눅15:15), **밭**(마13:24, 막13:16, 눅14:18), **전토**(마19:29, 막10:30), **촌**(막5:14, 눅8:34), **시골**(막15:21, 눅23:26).

69. ἀγρυπνέω [agrüpnĕō][4회] 아그뤼프네오
동 1[부정불변사]과 5258에서 유래:
1) [문자적으로] 깨어 있다, 자지 않고 있다, 막13:33, 눅21:36.
2) [상징적으로] 지키다, 정신차려 살피다, 엡6:18, 히13:17.
☞**깨어 있다**(막13:33, 눅21:36, 엡6:18), **경성하다**(히13:17).

70. ἀγρυπνία, ας, ἡ [agrüpnia][2회] 아그뤼프니아
명 69에서 유래: 깨어 있는 것, 고후6:5, 11:27.
☞**자지 못함**(고후6:5, 11:27).

71. ἄγω [agō][67회] 아고
동 [기본형] 미래 ἄξω, 제2부정과거 ἤγαγον, 미완료과거 수동태 ἠγόμην, 제1부정과거 수동태 ἤχθην, 미래수동태 ἀχθήσομαι:
1) 인도하다.
① [문자적으로, 4격과 함께 쓰여] 인도하다, 데려오다, 가져오다, 가져가다, 마21:7, 요8:3, 행20:12.
② 데리고 가다, 가져가다, 행11:26, 딤후4:11.
③ [상징적으로] 인도하다, 들어가게 하다, 롬2:4, 히2:10.

A

2) 끌어넣는다, 잡아가다, 체포하다, 막13:11, 눅22:54, 요7:45, 행5:26.
3) 인도하다[성령의 사역을 통해], 인도되다[수동태로], 롬8:14, 딤후3:6.
4) [시간을] 보내다, 허비하다, 눅24:21ⓢ, 행19:38.
5) 가다, 마26:46, 막1:38, 14:42, 요11:16.

☞**끌려가다**(마10:18), **끌고 오다**(마21:2, 눅19:30), **이끌리다**(눅4:1), **이끌다**(눅4:9, 히2:10), **이끌다**(눅4:29), **데리다**(요19:4, 행17: 15), **끌어가다**(행9:21), **잡아오다**(요7:45, 행5:21), **인도하다**(요10:16, 롬2:4), **붙들다**(행17:19), **데려가다**(행21:34), **데려오다**(행25: 6), **들어가다**(행23:10).

72. ἀγωγή, ῆς, ἡ [agōgē][1회] 아고게
명 71에서 유래: 사는 방식, 행실, 품행, 딤후3:10.
☞**행실**(딤후3:10).

73. ἀγών, ἀγῶνος, ὁ [agōn][6회] 아곤
명 71에서 유래: 본래적 의미로는 회합의 장소.
1) 운동경기, 히12:1.
2) [일반적으로] 투쟁, 싸움, [복음을 위한] 논쟁, 빌1:30, 살전2:2, 딤전6:12, 딤후4:7.
3) 근심, 걱정, 불안, 고민, 골2:1.

☞**싸움**(빌1:30, 살전2:2), **경주**(히12:1). **힘쓰는 것**(골2:1).

74. ἀγωνία, ας, ἡ [agōnia][1회] 아고니아
명 73에서 유래: 갈등, 고민, 걱정, 눅22:44.
☞**힘쓰고 애씀**(눅22:44).

75. ἀγωνίζομαι [agōnizŏmai][8회] 아고니조마이
동 [기본형] 미완료과거 ἠγωνιζόμην, 제1부정과거 ἠγωνισάμην, 완료 ἠγώ－ νισμαι, 73에서 유래:
1) 경기하다, 경기에 참가하다, 고전9:25.
2) [일반적으로, 무기를 가지고] 싸우다, 투쟁하다, 요18:36.
3) 노력하다, 힘쓰다, 눅13:24, 골1:29, 4:12, 딤전6:12, 딤후4:7.

☞**힘쓰다**(눅13:24), **싸우다**(요18:36, 딤전6: 12), **다투다**(고전9:25), **역사하다**(골 1:29).

76. Ἀδάμ, ὁ [Adam][9회] 아담
고명 히브리어 121에서 유래:
1) 첫 번째 사람, 딤전2:13.
2) 인류의 조상, 롬5:14, 유1:14.
3) 예수님에 대한 표상, 롬5:14, 고전15:45.

☞**아담**(롬5:14, 고전15:45, 딤전2:13, 유1:14).

77. ἀδάπανος, ον [adapanŏs][1회] 아다파노스
부 1[부정불변사]과 1160에서 유래: 값없이, 무료로, 거저, 고전9:18.
☞**값없이**(고전9:18).

78. Ἀδδί, ὁ [Addi][1회] 앗디
고명 히브리어에서 유래: 예수의 족보에 나타난 예수의 조상 '앗디', 눅3:28.
☞**앗디**(눅3:28).

79. ἀδελφή, ῆς, ἡ [adĕlphē][26회] 아델ㅎ페
명 80의 여성형:
1) 누이, 누이동생, 마19:29, 막10:29이하, 눅10:39이하, 요 11:1,3,5,28,39, 롬16:15, 딤전5:2.
2) [신앙의] 동료, 동지, 자매, 롬16:1, 고전7:15, 9:5, 몬1:2, 약2:15.
3) [공동체 사이의 친밀한 관계를 나타낼 때 사용] 자매.

☞**자매**(마12:50, 막3:35), **누이**(마13:56, 요11:39), **동생**(눅10:39), **형제**(요11:1). **이모**(요19:25), **생질**(행23:16).

80. ἀδελφός [adĕlphŏs][343회] 아델ㅎ포스
명 1[부정불변사]과 '자궁'에서 유래:
1) [문자적으로] 형, 동생, 마1:2, 마12:46, 행1:14, 고전9:5, 갈1:19.
2) [상징적으로]
① [예수에게 속한 사람 모두를 나타냄] 형제, 마12:50, 막3:35.
② [특히] 제자들, 마28:10, 요20: 17.
③ [일반적으로] 영적인 공동체, 마25: 40, 히2:12.
3) 동포, 행2:29, 3:17, 롬9:3.
4) [국적이나 신앙에 상관없이] 이웃, 마5:22, 눅6:41.
5) [왕이나 높은 위치의 인물에게 응대하는 용어로] ἄδελφε Πιλᾶτε: 빌라도여!

☞**형제**(마1:2, 고전1:1, 계1:9), **동생**(마12:46, 22:24), **형**(막12:19). **오라버니**(요11:2), **아우**(행1:14).

81. ἀδελφότης, ητος, ἡ [adĕlphŏtēs][2회] 아델ㅎ포테스
명 80에서 유래; 우애의 감정:

1) 형제간, 동기, 지체[기독교 공동체내의], 벧전2:17.
2) 형제의 우애, 우정.
☞**형제**(벧전2:17, 5:9).

82. ἄδηλος, ον [adēlŏs][2회] **아델로스**
형 1[부정불변사]과 1212에서 유래:
1) 드러나지 않은, 숨겨진, 확실하지 않은, 눅11:44.
2) 눈에 띄지 않는, 특색이 없는, 고전14:8.
☞**알지 못하는**(눅11:44), **분명하지 못한**(고전14:8).

83. ἀδηλότης, ητος, ἡ [adēlŏtēs][1회] **아델로테스**
명 82에서 유래: 불확실, 딤전6:17.
☞**정함이 없음**(딤전6:17).

84. ἀδήλως [adēlōs][1회] **아델로스**
부 82의 부사형: 확실하지 않게, 목적 없이, 방향 없이, 고전9:26.
☞**향방 없는 것 같이**(고전9:26).

85. ἀδημονέω [adēmŏnĕō][3회] **아데모네오**
동 '낙담 중에 있다'는 뜻에서 유래: 마음이 무겁다, 근심하다, 괴로워하다, 마26: 37, 막14:33, 빌2:26.
☞**슬퍼하다**(마26:37), **근심하다**(빌2:26).

86. ᾅδης, ου, ὁ [hadēs][10회] **하데스**
명 1[부정불변사]과 1492에서 유래: '눈에 보이지 않는다'.
1) ① 지하세계 신의 이름 '하데스'.
② 죽은 자들의 거처, 지하세계, 행2: 27,31.
③ [하늘과 대비된] 깊음, 음부, 마11: 23, 눅10:15.
2) [인격화된] 죽음, 고전15:15ⓢ, 계6:8, 20:13.
☞**음부**(마11:23, 눅10:15), **사망**(고전15:15ⓢ, 계1:18).

87. ἀδιάκριτος, ον [adiakritŏs][1회] **아디아크리토스**
형 1[부정불변사]과 1252의 파생어에서 유래: [불일치나 불확실함이 없는 덕성을 가리킴] 동요하지 않는, 공평한, 약3:17.
☞**편견이 없는**(약3:17).

88. ἀδιάλειπτος, ον [adialĕiptŏs][2회] **아디알레잎토스**
형 1[부정불변사]과 1223과 1037의 합성어의 파생어에서 유래: 중단되지 않는, 끊임없는, 영원한, 계속적인, 롬9:2, 딤후1:3.
☞**그치지 않는**(롬9:2), **쉬지 않는**(딤후1:3).

89. ἀδιαλείπτως [adialĕiptōs][4회] **아디알레잎토스**
부 88의 부사형: 끊임없이, 연속해서, 롬1:9, 살전1:2, 2:13, 5:17.
☞**쉬지 않고**(롬1:9, 살전1:2), **쉬지 말고**(살전5:17).

90. ἀδιαφθορία, ας, ἡ [adiaphthŏria] **아디아ㅎ프도리아**
명 1[부정불변사]과 1311의 파생어가 합성된 말에서 유래: 부패되지 않음, 순결, 청렴결백, 흠 없음, 딛2:7.
☞**부패하지 아니함**(딛2:7).

91. ἀδικέω [adikĕō][28회] **아디케오**
동 미래 ἠδίκησα, 제1부정과거 ἀδι－κήσω, 완료 ἠδίκηκα, 제1부정과거수동태 ἠδικήθην, 94에서 유래:
1) [자동사] 잘못하다, 사람이나 하나님의 법을 어기다, 계22:11.
2) [타동사]
① ~에게 잘못하다, 그릇 행하다, 마20:13, 행7:26, 고후7:2.
② 해치다, 해를 주다, 눅10:19, 몬1: 18, 계2:11.
☞**잘못하다**(마20:13), **해치다**(눅10:19, 계6: 6), **원통한 일 당하게 하다**(행7:24), **불의를 행하다**(행25:10), **해롭게 하다**(갈4:12), **불의를 행하다**(계22:11).

92. ἀδίκημα, ατος, τό [adikĕma][3회] **아디케마**
명 91에서 유래: 잘못, 범죄, 악행, 불공평, 불의, 상해, 행18:14, 24:20, 계18:5.
☞**옳지 않은 것**(행24:20), **불의한 일**(계18: 5), **부정한 일**(행18:14).

93. ἀδικία, ας, ἡ [adikia][25회] **아디키아**
명 94에서 유래: 불의 성질:
1) 나쁜 짓, 악행, 고후12:13, 8:12.
2) 불의, 사악, 부정, 행8:23, 롬1:18, 고전13:6, 살후2:12, 딤후2:19.
☞**불의**(행1:18, 살후2:10), **행악**(눅13:27), **옳지 않은 (사람)**(눅16:8), **공평하지 못한 것**(고후12:13).

94. ἄδικος, ον [adikōs][12회] **아디코스**
형 1[부정불변사]과 1349에서 유래: 올바르

A

지 못한.

1) [사람에 대해]

① [옳게 행하는 것과는 반대로] 불공평한, 불의한, ㉥ δίκαιος, 마5:45, 행24:15, 히6:10, 벧후2:9.

② 부정직한, 믿을 수 없는, ㉥ πιστός, 눅16:10.

2) [사물에 대해] 부정한, 눅16:11.

☞**불의한**(마5:45, 벧후2:9). **[명] 악인**(행24:15).

95. ἀδίκως [adikōs][1회] **아디코스**

부 94의 부사형: 불의하게, 부당하게, 벧전2:19. ㉥ δικαίως.

☞**부당하게**(벧전2:19).

96. ἀδόκιμος, ον [adŏkimŏs][8회] **아도키모스**

형 1[부정불변사]과 1384에서 유래: 시험에 불합격한, 자격 없는, 가치 없는, [신에게] 버림받은, 롬1:28, 고전9:27, 고후13:5–7, 히6:8, 딤후3:8, 딛1:16.

☞**내버려둔**(롬1:28), **버림받은**(고후13:5), **버리는**(딛1:16).

97. ἄδολος, ον [adŏlŏs][1회] **아돌로스**

형 1[부정불변사]과 1388에서 유래: 속일 수 없는, 순수한, 성실한, 벧전2:2.

☞**순전한**(벧전2:2).

98. Ἀδραμυττηνός, ή, όν [Adramüttē–nŏs][1회] **아드라뮛테노스**

고명 Ἀδραμύττειον에서 유래: 에게 해에 있는 무시아의 항구로서 아드라 뭇디움에 속한 곳, '아드라뭇데노', 행27:2.

☞**아드라뭇데노**(행27:2).

99. Ἀδρίας, ου, ὁ [Adrias][1회] **아드리아스**

명 아드리안 바다[그리스와 이탈리아 사이에 있는 바다], 행27:27.

☞**아드리아 바다**(행27:27).

100. ἁδρότης, ητος, ἡ [hadrŏtēs][1회] **하드로테스**

명 '두꺼운', '강한', '부유한', '잘 자란', '튼튼한'에서 유래: 관대함, 후함, 풍성함, 고후8:20.

☞**거액의 연보**(고후8:20).

101. ἀδυνατέω [adünatĕō][2회] **아뒤나테오**

동 102에서 유래: 불가능하다, 마17:20, 눅1:37.

☞**못하다**(마17:20), **능하지 못하다**(눅1:37).

102. ἀδύνατος, ον [adünatŏs][10회] **아뒤나토스**

형 1[부정불변사]과 1415에서 유래:

1) 힘없는, 무력한, 행14:8, 롬15:1.

2) 불가능한, 마19:26, 막10:27, 롬8:3, 히6:4, 10:4.

☞**약한**(롬15:1), **할 수 없는**(마19:26), **하지 못하는**(히10:4).

103. ᾄδω [adō][5회] **아도**

동 [기본형] 노래하다, 엡5:19, 골3:16, 계5:9.

☞**노래하다**(엡5:19, 계5:9). **노래부르다, 찬양하다**(골3:16).

104. ἀεί [aĕl][7회] **아에이**

부 1) 항상, ἀ. χαίροντες: 항상 기뻐하는, 고후6:10, 벧전3:15.

2) 처음부터, 딛1:12.

3) 계속적인, 언제나, 영원히, 행7:51, 고후4:11, 히3:10, 벧후1:12.

☞**전례(前例)대로**(막15:8), **항상**(행7:51, 고후4:11, 벧후1:12).

105. ἀετός, οῦ, ὁ [aĕtŏs][5회] **아에토스**

명 109와 같은 말에서 유래: [민첩, 신속함을 상징하는] 독수리, 마24:28, 눅17: 37, 계12:14.

☞**독수리**(마24:28, 계12:14).

106. ἄζυμος, ον [azümŏs][9회] **아쥐모스**

형 1[부정불변사]과 2219에서 유래; 누룩이 없는, 발효하지 않은:

1) [명사]

① [유월절에 먹는] 무교병, 누룩없는 떡, 행12:3, 고전5:8.

② 무교절, 막14:1.

2) 누룩없는 자, [비유적으로] 죄가 없는 자를 가리킴, 고전5:7.

☞**누룩 없는**(고전5:7), **누룩이 없이 만든**(고전5:8), **[명]무교절**(마26:17, 눅22:1,7).

107. Ἀζώρ, ὁ [Azōr][5회] **아조르**

고명 히브리어 5809 참조: 예수의 족보에 나타나는 인물 '아소르', 마1:13이하.

☞**아소르**(마1:13).

108. Ἄζωτος, ου, ἡ [Azōtŏs][1회] **아조토스**

고명 히브리어 795에서 유래: 남부 팔레스타인 해변가에 위치한 블레셋의 5대 도시 중 하나 '아소도', 행8:40.

☞**아소도**(행8:40).

109. ἀήρ, έρος, ὁ [aēr][7회] **아에르**

A

명 ἀθά '숨쉬다, 불다'에서 유래: 공기, 계9:2, 공중[지구를 둘러싼 하층 하늘], 행22:23, 엡2:2, 살전4:17.

☞**공중**(행22:23, 엡2:2), **허공**(고전9:26, 14: 9), **공기**(계9:2, 16:17).

110. ἀθανασία, ας, ἡ [athanasia][3회] 아다나시아

명 1[부정불변사]과 2288의 합성에서 유래: 불멸, 죽음이 없음, 죽지 않음, 고전15:53, 딤전6:16.

☞**죽지 아니함**(고전15:53, 딤전6:16).

111. ἀθέμιτος, ον [athĕmitŏs][2회] 아데미토스

형 1[부정불변사]과 587의 어간의 파생어에서 유래: 불법의, 무법의, 방자한, 방종한, 행10:28, 벧전4:3.

☞**위법의**(행10:28). **무법한**(벧전4:3).

112. ἄθεος, ον [athĕŏs][1회] 아데오스

형 1[부정불변사]과 2316에서 유래: 불신의, 하나님을 믿지 않는, 엡2:12.

☞**하나님이 없는**(엡2:12).

113. ἄθεσμος, ον [athĕsmŏs][2회] 아데스모스

형 1[부정불변사]과 587에서 유래: 무법한, 범죄의, 원칙없는, 사악한, 벧후2:7, 3:17.

☞**무법한**(벧후2:7).

114. ἀθετέω [athĕtĕō][16회] 아데테오

동 미래 ἀθετήσω, 제1부정과거 ἠθέ- τησα, 5087에서 유래:

1) 무효로 하다, 폐기하다, 제외하다, 막7:9, 눅7:30, 갈3:15.
2) 깨뜨리다, 딤전5:12.
3) 혼란시키다, 고전1:19.
4) 거부하다, 인정하지 않다, 막6:26, 눅10:16, 요12:48, 살전4:8, 유1:8.

☞**거절하다**(막6:26), **저버리다**(막7:9, 눅7: 30, 딤전5:12), **폐하다**(고전1:19, 갈2:21), **업신여기다**(유1:8).

115. ἀθέτησις, εως, ἡ [athĕtēsis][2회] 아데테시스

명 114에서 유래: 폐지, 취소, 제거, 히7:18.

☞**폐함**(히7:18). **없이 함**(히9:26).

116. Ἀθῆναι, ῶν, αἱ [Athēnai][4회] 아데나이

고명 Ἀθήνη[도시를 건설하는데 평판이 있던 지혜의 여신]의 복수형: 아티카의 수도 '아덴', 행17:15, 18:1, 살전3:1.

☞**아덴**(행17:15, 18:1, 살전3:1).

117. Ἀθηναῖος, α, ον [Athēnaiŏs][2회] 아데나이오스

형 116에서 유래: 아덴 사람의. [주] ὁ Ἀ는 아덴 사람, 행17:21.

☞**아덴 사람의**(행17:21).

118. ἀθλέω [athlĕō][2회] 아들레오

동 [기본형] 제1부정과거 ἤθλησα, '공중 경기장에서의 경쟁'에서 유래: 다투다, 싸우다, 힘쓰다, 씨름하다, 전투하다, 딤후2:5.

☞**경기하다, 경주하다**(딤후2:5).

119. ἄθλησις, εως, ἡ [athlēsis][1회] 아들레시스

명 118에서 유래: 경쟁, 투쟁, 싸움, 히10: 32.

☞**싸움, 큰 싸움**(히10:32).

120. ἀθυμέω [athüměō][1회] 아뒤메오

동 1[부정불변사]과 2372의 합성어에서 유래: 낙심하다, 의기소침하다, 골3:21.

☞**낙심하다**(골3:21).

121. ἀθῷος, ον [athōŏs][2회] 아도오스

형 1[부정불변사]과 5087 '형벌'의 파생어에서 유래: 죄 없는, 마27:4, 24.

☞**무죄한**(마27:4,24).

122. αἴγειος, εία, ειον [aigĕîŏs][1회] 아이게이오스

형 αἴξ '염소'에서 유래: 염소에 속한, 염소의 [선지자들의 옷을 가리킴], 히11:37.

☞**염소의**(히11:37).

123. αἰγιαλός, οῦ, ὁ [aigialŏs][6회] 아이기알로스

명 ἀΐσσω '돌진하다'와 251 '바다'에서 유래: [그 위에 파도가 밀려오는] 해변, 바닷가, 해안, 마13:2,48, 요21:4.

☞**해변**(마13:2), **해안**(행27:39), **물가**(마13: 48), **바닷가**(요21:4).

124. Αἰγύπτιος, ία, ιον [Aigüptŏs][5회] 아이귑티오스

형 125에서 유래:

1) 애굽사람.
2) 애굽의, 행7:22, 21:38, 히11:29.

☞**애굽의**(행21:38).

125. Αἴγυπτος, ου, ἡ [Aigüptŏs][25회] 아이귑토스

고명 불확실한 파생어:

1) 애굽, 나일의 땅, 마2:13, 행2:10, 히3:16.
2) ὅ- που καὶ ὁ κύριος αὐτῶν ἐσταυρώθ

A

η가 덧붙여져 예루살렘을 의미, 계11:8.
☞애굽(계11:8).

126. ἀΐδιος, ον [aïdiŏs][2회] 아이디오스
형 104에서 유래:
1) 영원한.
2) 영원한 기간, 영원, 롬1:20, 유1:6.
☞영원한(롬1:20, 유1:6).

127. αἰδώς, οῦς, ἡ [aidōs][2회] 아이도스
명 1[부정불변사]과 1492 '풀이 죽은 눈'에서 유래:
1) [여자의] 겸손, 수줍음, 정절, 수수함, 딤전2:9.
2) 숭배, 존경, 경의,
☞소박함(딤전2:9), 경건함.(히12:28㊃)

128. Αἰθίοψ, οπος, ὁ [Aithiŏps][2회] 아이디옾스
고명 αἴθω '그슬리다'나 ὤψ '얼굴'에서 유래: 에디오피아 사람, 에디오피아인, 행8:27.
☞에디오피아 사람(행8:27).

129. αἷμα, ατος, τό [haima][97회] 하이마
명 불확실한 파생어: 피.
1) [문자적으로]
① 사랑의 피, 요19:34. ῥύσιςαἵ- ματος: 혈루증, 막5:25, 눅8:43.
② 동물의 피, 히9:7,8,25. ζῴων τὸ αἷ: 짐승의 피, 히13:11.
2) [상징적으로]
① 생명의 거처로서의 피, 마23:30, 27:4,6, 행22:20, 롬3:15, 히12:4, 계16:6.
② 대속의 희생물로서의 피와 생명, 특히 대속의 의미로서의 예수님의 피, 롬3:25, 엡1:7, 히9:12, 요일1:7, 계1:5.
3) [하늘에 재앙의 표시로 나타나는] 붉은 색깔.
① 불과 연기와 함께, 행2:19.
② 우박과 불과 함께, 계8:7.
③ 달의 색깔, 행2:20.
☞피(마23:30, 히9:7), 혈(육)(마16:17, 요1:13), 혈(루증)(막5:25, 눅8:43).

130. αἱματεκχυσία, ας, ἡ [haimatĕkchusia][1회] 하이마텍퀴시아
명 129와 4482에서 유래: 피흘림, 피의 유출, 히9:22.
☞피흘림(히9:22).

131. αἱμοῤῥέω [haimŏrrhĕō][1회] 하이모르레오
동 129와 4482에서 유래: 피를 흘리다, 혈루증으로 앓다, 마9:20.
☞혈루증으로 앓다(마9:20).

132. Αἰνέας, ου, ὁ [Ainĕas][2회] 아이네아스
고명 불확실한 파생어: 한 이스라엘인의 이름 '애니아', 행9:33,34.
☞애니아(행9:33).

133. αἴνεσις, εως, ἡ [ainĕsis][1회] 아이네시스
명 134에서 유래: 찬양. ἀναφέρειν θυσίαν αἰνέσεως: 찬송의 제사를 드리자, 히13:15.
☞찬송(히13:15).

134. αἰνέω [ainĕō][8회] 아이네오
동 136에서 유래: 찬양하다[하나님에게만 사용], 눅2:13, 행2:47, 롬15:11, 계19:5.
☞찬송하다(눅2:13, 계19:5), 찬양하다(눅19: 37, 롬15:11), 찬미하다(행2:47, 3:9).

135. αἴνιγμα, ατος, τό [ainigma][1회] 아이니그마
명 136의 파생어에서 유래: 수수께끼, 분명하지 않은 현상, 고전13:12.
☞희미함(고전13:12).

136. αἶνος, ου, ὁ [ainŏs][2회] 아이노스
명 '이야기': [1868의 의미에서 사용됨] 찬양, 마21:16, 눅18:43.
☞찬양(눅18:43), 찬미(마21:16).

137. Αἰνών, ἡ [Ainōn][1회] 아이논
고명 기원은 히브리어: 요한이 세례를 베푼 곳. '애논'[고대 전승에 따르면 요르단 계곡 스키토폴리스 남쪽에 위치함], 요3:23.
☞애논(요3:23).

138. αἱρέομαι [hairĕŏmai][3회] 하이레오마이
동 142에서 유래된 것으로 보임: 자력으로 취하다, 택하다, 빌1:22.
☞택하다(빌1:22, 살후2:13). 더 좋아하다(히11:25).

139. αἵρεσις, ἕσεως, ἡ [hairĕsis][9회] 하이레시스
명 138에서 유래; 선택:
1. 분파, 당파, 학파.
1) 당파
① 사두개파, 행5:17.
② 바리새파, 행15:5. αἵρεσις τῶν Ναζω-

ραίων: 나사렛 이단, 행24:5.
2) 불화, 파쟁, 의견충돌, 고전11:19, 갈5:20.
2. 견해, 의견, 교리, 교의, 벧후2:1.
☞**당파**(행5:17), **파**(행28:22), **이단**(행24:5), **파당**(고전11:19).

140. αἱρετίζω [hairĕtizō][1회] **하이레티조**
동 제1부정과거 ᾑρέτισα, 138의 파생어에서 유래: 선택하다, 마12:18.
☞**택하다**(마12:18).

141. αἱρετικός, ή, όν [hairĕtikŏs][1회] **하이레티코스**
형 140의 동의어에서 유래: 분열을 일으키는, 이단적인, 당파적인, 딛3:10.
☞**이단에 속한**(딛3:10).

142. αἴρω [airō][101회] **아이로**
동 [기본형] 미래 ἀρῶ, 제1부정과거 ἦρα, 완료 ἦρκα[골2:14], 완료수동태 ἦρμαι[요20:1], 제1부정과거수동태 ἤρθην, 미래수동태, ἀρθήσομαι, 히브리어 5375 참조:
1. 들어올리다, 높이다, 집어 올리다, 데리고 올라가다.
1) [문자적으로]
① 돌을 올리다, 요8:59, 계18:21.
② 뱀을 집어 올리다, 막16:18.
2) [상징적으로]
① αἴτοὺς ὀ- φθαλμοὺς ἄνω: [기도 중에] 눈을 들어 우러러 보다, 요11:41.
② 소리를 높여, 눅17:13.
2. 가지고 가다, 메고 가다, 마16:24, 막8:34, 눅9:23,
3. 들어올려서, 가져가 버리다, 옮기다, 치우다, 요2:16, 19:38.
4. [들어올리지 않고] 치우다, 제거하다, 눅11:22, 23:18, 요19:15, 고전5:2, 6:15, 요일3:5.
☞**받들다**(마4:6), **가지다**(마20:14, 막2:11), **당기다**(마9:16), **메다**(마11:29), **빼앗다**(마25:29), **가져가다**(마14:12), **거두다**(마15:37, 막8:8), **지다**(마16:24, 요1:29), **던지다**(막11:23), **깨닫다**(마24:39), **뽑다**(막15:24), **집다**(막16:18), **높이다**(눅17:13), **취하다**(눅19: 21), **없이 하다**(눅23:18, 요19:15), **들다**(요5:9), **끌어올리다**(행27:17), **옮겨놓다**(요11: 39), **제하다**(요15:2), **데려가다**(요17:15), **치우다**(요19:31).

143. αἰσθάνομαι [aisthanŏmai][1회] **아이스다노마이**
동 제2부정과거 ᾐσθόμην, 가정법 α- ἴσθωμαι, 불확실한 파생어에서 유래; '감각에 의해 이해하다':
1) 깨닫다, 지각 능력을 소유하다.
2) 이해하다, 반 ἀγνοέω, 눅9:45.
☞**깨닫다**(눅9:45).

144. αἴσθησις, εως, ἡ [aisthēsis][1회] **아이스데시스**
명 143에서 유래: 직관, 식별, 통찰력, 경험, 느낌, 지각, 빌1:9.
☞**총명**(빌1:9).

145. αἰσθητήριον, ου, τό [aisthētēri-ŏn][1회] **아이스데테리온**
명 143의 파생어에서 유래; '의식하는 기관': 감각, 판단, 능력[특히 도덕적 결단을 할 수 있는], 히5:14.
☞**지각(知覺)**(히5:14).

146. αἰσχροκερδής, ές [aischrŏkĕr-dēs][3회] **아이스크로케르데스**
형 150과 κέρδος, '얻다'에서 유래: 돈을 탐하는, 불의한 이익을 좋아하는, 딤전3:8, 딛1:7.
☞**더러운 이를 탐하는**(딤전3:8, 딛1:7). **돈을 사랑하는**(딤전3:3Ⓢ).

147. αἰσχροκερδῶς [aischrŏkĕrdōs][1회] **아이스크로케르도스**
부 146의 부사형: 불의한 이득을 탐하여, 비열하게, 벧전5:2. 반 προθύ- μως.
☞**더러운 이득을 위하여**(벧전5:2).

148. αἰσχρολογία, ας, ἡ [aischrŏlŏgia][1회] **아이스크롤로기아**
명 150과 3056에서 유래: 더러운 말, 상스러운 대화, 부끄러운 말, 음란한 말, 골3:8.
☞**부끄러운 말**(골3:8).

149. αἰσχρόν [aischrŏn] **아이스크론**
명 150의 중성형: 부끄러운 일[즉 버릇없는 행동], 고전11:6.
☞**부끄러움**(고전11:6, 엡5:12), **부끄러운 것**(고전14:35).

150. αἰσχρός, ά, όν [aischrŏs][4회] **아이스크로스**
형 153과 같은 말에서 유래: 부끄러운, 추한,

상스러운, 고전11:6, 14:35, 엡5:12, 딛1:11.
☞**더러운**(딛1:11).

151. αἰσχρότης, ητος, ἡ [aischrŏtēs][1회] **아이스크로테스**
명 150에서 유래: 음담, 사악함, 더러움, 엡5:4.
☞**누추함**(엡5:4).

152. αἰσχύνη, ης, ἡ [aischünē][6회] **아이스퀴네**
명 150에서 유래:
1) 수줍음, 부끄러움, 고후4:2.
2) 치욕, 망신, 불명예, 눅14:9, 빌3:19, 히12:2, 계3:18.
3) 수치스런 행동, 유1:13.
☞**부끄러움**(눅14:9, 히12:2), **수치**(계3:18).

153. αἰσχύνω, ά, όν [aischünŏ][5회] **아이스퀴노**
동 미완료 ᾐσχυνόμην, 제1부정과거 수동태 가정법 αἰσχυνθῶ, 미래 αἰσ- χυνθήσομαι, 153에서 유래:
1) 부끄러워하다, 눅16:3, 벧전4:16.
2) 부끄러움을 당하다, 수치를 당하다, 망신당하다. 반 παρρησία, 고후10:8, 빌1:20, 요일2:28.
☞**부끄럽다**(눅16:3, 요일2:28).

154. αἰτέω [aitĕō][70회] **아이테오**
동 명령 αἴτει, 중간태 αἰτοῦ, 미래 αἰ- τήσω, 제1부정과거 ᾔτησα, 완료 ᾔτη- κα, 요일5:15, 미완료중간태 ᾐτούμην, 제1부정과거 중간태 ᾐτησάμην, 제1부정과거명령법 αἴτησαι, 미래중간태 αἰτήσομαι, 불확실한 파생어에서 유래:구하다, 묻다, 요청하다[능동태와 중간태의 구별없이 사용됨], 마7:10, 18:19, 27:58, 막15:43, 눅23:52, 행12:20, 고전1:22.
☞**구하다**(마5:42, 요일3:22), **달라 하다**(마7:9, 눅12:48), **달라다**(마14:7, 행16:29), **청하다**(행25:3), **묻다**(벧전3:15).

155. αἴτημα, τος, τό [aitēma][3회] **아이테마**
명 154에서 유래: 요청, 요구, 간청, 눅23:24, 빌4:6, 요일5:15.
☞**구할 것**(눅23:24, 빌4:6), **구하는 바**(요일5:15).

156. αἰτία, ας, ἡ [aitia][20회] **아이티아**
명 154와 같은 말에서 유래:
1) ① 원인, 이유, 마19:3, 행28:20, 딤후1:6, 딛1:13, 히2:11.
② 관계, 경우, 마19:10.
2) [법적 용어]
① 조건, 항고의 근거, 죄목, 요18:38, 19:4, 행13:28, 23:38.
② 고소, 고발, 행25:18,27.
☞**이유**(마19:3, 눅8:47), **죄패**(막15:26), **죄**(요18:38), **죄목**(행28:18), **혐의**(행25:18). **그러므로, 이 동기 때문에**(딤후1:6), **이러므로, 이러한 이유 때문에**(행28:20) **무슨 일로, 무슨 죄목 때문에**(행22:24), **이로 인하여, 이러한 동기 때문에**(딤후1:12).

157. αἰτίαμα, τος, τό [aitiama] **아이티아마**
명 156의 파생어에서 유래: 책망 받는 일, 고발, 행25:7.
☞**사건**(행25:7).

158. αἴτιον [aitiŏn][5회] **아이티온**
명 159의 중성형: 이유, 죄, 원인, 잘못, 눅23:4.
☞**죄**(눅23:4).

159. αἴτιος, ία, ον [aitiŏs][5회] **아이티오스**
형 154와 같은 말에서 유래; 책임있는, 죄를 범한:
1) [남성 정관사와 함께] 원인, 근원, 히5:9.
2) [중성 정관사와 함께] τὸ αἴτ.=αἰτία, 죄, 불평, 눅23:4,14, 행19:40.
☞**근원의**(히5:9).

160. αἴφνίδιος, ον [aiphnidiŏs][2회] **아이ㅎ프니디오스**
형 1[부정불변사]과 5316 '모호하다'는 뜻의 합성어에서 유래: 갑자기, 눅21:34, 살전5:3.
☞**뜻밖의**(눅21:34), **갑작스러운**(살전5:3).

161. αἰχμαλωσία, ας, ἡ [aichmalōsia][3회] **아이크말로시아**
명 164에서 유래:
1) 포로, 계13:10.
2) 전쟁의 죄수들, 엡4:8[시68:18 인용], 히7:1.
☞**사로잡힌 자**(엡4:8), **사로잡힐 자**(계13: 10).

162. αἰχμαλωτεύω [aichmalōtĕuō][2회] **아이크말로튜오**
동 제1부정과거 ᾐχμαλώτευσα, 164에서 유

래: 사로잡다, 포로로 잡아가다, 엡4: 8, 딤후3:6.
☞**사로잡다**(엡4:8), **유인하다**(딤후3:6).

163. αἰχμαλωτίζω [aichmalōtizō][4회] **아이크말로티조**
동 제1부정과거수동태 ᾐχμαλωτίσ– θην, 미래수동태 αἰχμαλωτισθήσο– μαι, 164에서 유래:
1) [전쟁에서] 사로잡다.
① [문자적으로] εἰς τὰ ἔθνη πάντα: 모든 이방에게 사로잡혀 간다, 눅21:24.
② [상징적으로] αἰχμαλωτί – ζοντά με ἐν τῷ νόμῳ τῆς ἁμαρτίας: 죄의 법 아래로 나를 사로잡다, 롬7:23, 고후10:5.
2) 데려가 버리다, 잘못 인도하다, 속이다, 딤후3:6.
☞**사로잡히다**(눅21:24), **사로잡다**(롬7:23).

164. αἰχμαλωτός, ώτου, ὁ [aichmalō– tŏs][1회] **아이크말로토스**
명 '창'과 259와 같은 파생어에서 유래: 전쟁의 포로, 눅4:18.
☞**포로된 자**(눅4:18).

165. αἰών, ῶνος, ὁ [aiōn][122회] **아이온**
명 104와 같은 말에서 유래; 시대:
1. 매우 긴 시간, 영원.
1) [지나간 시간] 과거, 태초, 영원, 눅1: 70, 행3:21, 15:18ⓢ,유1:25.
2) [앞으로 올 끝없는 시간]
① 영원, 요6:51,58, 벧전1:25, 요일2: 17, 요이1:2.
② [부정어와 함께] 결코, 다시는, 절대 ~않는, 마21:19, 막3:29, 11:14, 고전8:13.
2. [시간의 부분] 시대.
1) ὁ αἰὼν οὗτος [끝나지 않은] 현시대, 마13:22,39, 눅16:8, 롬12:2, 고전1: 20, 고후4:4, 갈1:4, 딤후4:10, 히9:26.
2) ὁ αἰὼν μέλλων: 오는 시대, 메시아의 시대, 막10:30, 눅18:30, 20:35, 고전10:11, 엡2:7, 히6:5.
3. [공간적 개념] 세상.
1) 아들을 통해 하나님에 의해 창조된 세상, 히1:2.
2) 하나님의 말씀으로 창조된 세상, 딤전1:17, 히11:3.
4. [인격적인 개념] ὁ αἰ. τοῦ κόσμου τούτου: 이 세상의 풍조, 엡2:2, 3:9, 골1:26.
☞**세상**(마13:22, 딤후4:10), **창세**(요9:32), **만세**(고전2:7), **말세**(고전10:11). **[부] 영원히**(마6:13, 요4:14), **영원토록**(마21:19, 히13:8), **세세에**(롬9:5), **세세토록**(계20:10, 벧전1: 25).

166. αἰώνιος, ον [aiōniŏs][71회] **아이오니오스**
형 165에서 유래: [과거에 사용하거나 과거나 미래에 같이 사용] 영원한
1) 시작이 없는, 롬16:25, 딤후1:9, 딛1:2.
2) 시작이나 끝이 없는.
① [하나님에게 쓰임] 롬16:26.
② [그리스도 안에 있는 성령에 대해 사용] 히9:14.
3) 끝없는, 눅16:9, 고후5:1, 딤전6:16, 히13:20, 계14:6.
☞**영원한**(마18:8, 계14:6), **영생의**(눅18:30, 요17:2).

167. ἀκαθαρσία, ας, ἡ [akatharsia][10회] **아카다르시아**
명 169에서 유래: 불결, 불순, 더러운 것.
1) [문자적으로] 폐물, 찌끼, 쓰레기, 마23:27.
2) [상징적으로: 도덕적 의미] 부도덕, [특히 성적인 의미에서의] 악덕, 고후12:21, 갈5:19, 엡5:3, 골3:5. ㊥ ἁγιασμός, 롬6:19, 엡4:19, 살전4:7.
☞**부정**(롬6:19, 골3:5), **더러움**(마23:27, 엡4:19). **부정하게 하심**(살전4:7).

168. ἀκαθάρτης, ητος, ἡ [akathartēs] **아카다르테스**
명 169에서 유래: 불결, 깨끗하지 못함, 불순, 계17:4.
☞**더러운 것**(계17:4).

169. ἀκάθαρτος, ον [akathartŏs][32회] **아카다르토스**
형 1[부정불변사]과 2508 '정결하다'의 파생어에서 유래: 불순한, 깨끗하지 못한, 더러운.
1) [제의적 의미] 신성과 접할 수 없는, 행10:14, 고후6:17, 계18:2. 특히 우상과 관련되어 있는, 행10:28, 고전7:14.
2) [도덕적 의미] 엡5:5, 계17:4. 특히 악한 영역의 더러움, 마10:1, 12:43, 막1:23, 눅4:36, 6:18, 행5:16, 계16:13.
☞**더러운**(마10:1, 계18:2), **깨끗하지 아니한**(행

10:14), **깨끗하지 못한**(고전7:14), **부정한**(고후6:17).

170. ἀκαιρέομαι [akairēŏmai][1회] **아카이레오마이**

동 미완료 ἠκαιρούμην, 제1부정과거 ἠκαιρέθην. 1[부정불변사]과 2540 '시절에 맞지 않다'는 뜻의 합성어에서 유래: 시기를 놓치다, 시간을 얻지 못하다, 기회를 얻지 못하다, 빌4:10.

☞**기회를 얻지 못하다**(빌4:10).

171. ἀκαίρως, ον [akairōs][1회] **아카이로스**

형 170과 같은 말에서 유래: 시기를 잃은, 때를 못 얻은, 철 지난, 딤후4:2.

☞**때를 못 얻은**(딤후4:2).

172. ἄκακος, ον [akakŏs][2회] **아카코스**

형 1[부정불변사]과 2556에서 유래: 죄 없는, 순진한, 교활함이 없는, 롬16:18, 히7:26.

☞**순진한**(롬16:18), **악이 없는**(히7:26).

173. ἄκανθα, ης, ἡ [akantha][14회] **아칸다**

명 188과 동일어에서 유래: 가시나무, 가시[보통 식물과 대비되어], 마7:16, 눅6:44.

☞**가시나무**(마7:16), **가시**(마27:29, 히6:8), **가시떨기**(막4:7).

174. ἀκάνθινος, η, ον [akanthinŏs][2회] **아칸디노스**

형 173에서 유래: 가시의, 가시 돋은, 가시 있는, 막15:17, 요19:5.

☞**가시의**(막15:17).

175. ἄκαρπος[akarpŏs][7회] **아카르포스**

형 1[부정불변사]과 2590의 파생어에서 유래: 열매 없는, 열매맺지 않은:

1) [문자적으로] 열매 없는, 유1:12.

2) [상징적으로] 소용없는, 비생산적인

① [씨뿌림에 있어서] 마13:22, 막4:19.

② [행위에 있어서] ἔργα ἄ. τοῦ σκότους: 열매 없는 어둠의 일, 고전14: 14, 엡5:11, 딛3:14, 벧후1:8.

☞**결실하지 못하는**(마13:22, 막4:19), **열매 맺지 못하는**(고전14:14), **열매 없는**(엡5:11).

176. ἀκατάγνωστος, ον [akatagnōs- tŏs][1회] **아카타그노스토스**

형 1[부정불변사]과 2607의 파생어에서 유래: 책망할 것 없는, 비난받을 것 없는, 딛2:8.

☞**책망할 것이 없는**(딛2:8).

177. ἀκατακάλυπτος, ον [akatakalüp-tŏs][2회] **아카타칼뤼프토스**

형 1[부정불변사]과 2596과 2572의 합성어의 파생어에서 유래: 가리지 않은, [머리에] 쓰지 않은, 덮지 않은, 고전11:5.

☞**쓴 것을 벗은**(고전11:5,13).

178. ἀκατάκριτος, ον [akatakritŏs][2회] **아카타크리토스**

형 1[부정불변사]과 2632의 파생어에서 유래: 재판을 받지 않은, 정죄받지 않은, 행16:37, 22:25.

☞**죄를 정하지 아니한**(행16:37).

179. ἀκατάλυτος, ον [akatalütŏs][1회] **아카탈뤼토스**

형 1[부정불변사]과 2647의 파생어에서 유래: 파괴되지 않는, 해결할 수 없는, 영원한, 끝없는, 히7:16.

☞**불멸의**(히7:16).

180. ἀκατάπαυστος, ον [akatapaustŏs][1회] **아카타파우스토스**

형 1[부정불변사]과 2664의 파생어에서 유래: 끊임없는, 쉼 없는, 벧후2:14.

☞**그치지 아니하는**(벧후2:14).

181. ἀκαταστασία, ας, ἡ [akatastasia][5회] **아카타스타시아**

명 182에서 유래:

1) 불안, 소요, 동요, 고후6:5.

2) 무질서, 혼란, 폭동, 반란, 눅21:9, 고전14:33, 고후12:20, 약3:16.

☞**소요**(눅21:9), **무질서**(고전14:33), **혼란**(약3:16), **난동**(고후6:5), **수군거림**(고후12: 20).

182. ἀκατάστατος, ον [akatastatŏs][2회] **아카타스타토스**

형 1[부정불변사]과 2525의 파생어에서 유래: 흔들리는, 변덕스러운, 불안한, 침착하지 못한, 약1:8, 3:8.

☞**정함이 없는**(약1:8), **쉬지 아니하는**(약3:8).

183. ἀκατάσχετος, ον [akataschĕtŏs] **아카타스케토스**

형 1[부정불변사]과 2722의 파생어에서 유래: 제어할 수 없는, 억제할 수 없는, 다루기 힘든, 약3:8.

☞**쉬지 아니하는, 길들일 수 없는**(약3:8).

184. Ἀκελδαμά [Akeldama][1회] **아켈다마**

고명 아람어 חֲקֵל דְּמָא '피의 밭'에서 유래[히브리어 2056과 1818 참조]: 예루살렘 근처에 있는 한 장소 '아겔다마', 행1:19.

☞**아겔다마**(행1:19).

185. ἀκέραιος, ον [akĕraiŏs][3회] **아케라이오스**

형 1[부정불변사]과 2767의 파생어에서 유래: 순진한, 죄 없는, 단순한, 섞지 않은, 흠 없는, 마10:16, 롬16:19, 빌2:15.

☞**순결한**(마10:16), **미련한**(롬16:19), **순전한**(빌2:15).

186. ἀκλινής, ές [aklinēs][1회] **아클리네스**

형 1[부정불변사]과 2827에서 유래: 흔들리지 않는, 확고한, 히10:23.

☞**움직이지 않는**(히10:23).

187. ἀκμάζω [akmazō][1회] **아크마조**

동 제1부정과거 ἤκμασα, 188과 같은 말에서 유래: 완성하다, 무르익다, 계14:18.

☞**익다**(계14:18).

188. ἀκμήν [akmēn][1회] **아크멘**

부 '뾰족한 끝, 절정'의 목적격: 바로 지금, 아직, 현시점, 마15:16

☞**아직까지**(마15:16).

189. ἀκοή, ῆς, ἡ [akŏē][24회] **아코에**

명 191에서 유래:

1) 듣는 능력, 기능, 고전12:17.
2) 듣는 행위, 마13:14, 행28:26, 벧후2:8.
3) 귀, 막7:35, 눅7:1, 행17:20, 딤후4:3, 히5:11.
4) 평판, 소문, 마4:24, 14:1, 24:6, 막1: 28, 13:7.
5) 보고, 전파, 요12:38, 롬10:16, 갈3:2, 5, 살전2:13

☞**소문**(마4:24, 막13:7), **귀**(막7:35), **듣기, 들음**(마13:14, 벧후2:8).

190. ἀκολουθέω [akŏlŏuthĕō][90회] **아콜루데오**

동 명령법 ἀκολούθει, 미완료 ἠκο- λούθουν, 미래 ἀκλουθήσω, 제1부정과거 ἠκολούθησα, 완료 ἠκολούθη- κα, 막10: 28, 1[연합을 나타내는 불변사]과 κέλευθος '길'에서 유래; '함께 같은 길에 있다':

1) [문자적으로] 뒤따르다, 뒤쫓다, 따라가다, 마21:9, 9:19, 26:58, 막11:9, 14:13, 눅22:10, 요10:4, 11:31.
2) 동반하다, 함께 가다, 마4:25, 8:1, 12: 15, 14:13, 막5:24, 눅7:9, 요6:2, 계6:8.
3) [상징적으로] 제자로서 따르다, 마9:9, 막1:18, 2:14, 8:34, 눅5:11,27.
4) [일반적으로] 따르다, 복종하다.

☞**따르다**(마4:20, 21:9, 막1:18, 고전10:4), **따라가다**(막5:24, 눅22:54), **따라오다**(요10: 4, 행12:8).

191. ἀκούω [akŏuō][430회] **아쿠오**

동 [기본형] 미래 ἀκούσω, 마12:19, 13: 14, 요5:25, 10:16, 혹은 ἀκούσο- μαι, 행3:22, 28:28, 제1부정과거 ἤ- κουσα, 완료 ἀκήκοα, 제1부정과거수동태 ἠκούσθην [λέγω에 대한 수동적 반응으로서, '듣다']:

1. [문자적으로: 감각적 의미로 사용]
 1) [자동사] 듣다, 마13:16, 11:5, 13:14, 눅7:22, 행28:26, 계2:7,11.
 2) [타동사] 듣다.
  ① [목적격이 수반됨] 마10:14, 12:19, 13:20, 눅1:41, 요3:8, 행2:22, 22: 9, 고후12:4, 계9:16.
  ② [누구에게 무엇을] 듣다, 요8:26, 40, 15:15, 행1:4, 10:22, 고후12:6, 딤후2:2, 요일1:5.
  ③ [소유격을 목적어로 함] ~을 듣다, 막14:64, 요5:25,28, 행9:7. [주] ①[화자가 속격이고 분사가 따르는 경우] 듣다, 경청하다, ἠκούσαμεν αὐ̃- τοῦ λέγοντος, 막14:58, 행2:6, 계16:5. ②[분사 없이 대명사만 오는 경우] 막7:14, 행26:3. ③[ὅτι가 오는 경우] 요14:28, 행22:2.

2. [법적 용어] 애원을 들어주다, 탄원을 청취하다, 요7:51.

3. 들어서 안다, ~에 대한 정보를 얻다.
 1) [자동사] ἀκούσας δὲ ὁ Ἰησοῦς, 마14:13, 막3:21, 롬10:18.
 2) [인물의 소유격과 함께 쓰일 경우] 마11:2, 28:14, 롬10:14, 고전5:1, 갈1:13, 엡3:2, 골1:4, 몬1:5, 약5:11.

4. 1) ~의 말을 듣다, 순종하다, 마17:5, 눅9:35, 행3:22, 28:28.
 2) 동의하다, 요9:27,

5. 이해하다, 깨닫다[목적격과 함께 쓰임], 갈4:21, 고전14:2.

☞**듣다**(마2:3, 눅4:28), **들리다**(계12:10).

A

192. ἀκρασία, ας, ἡ [akrasia][2회]
아크라시아
명 193에서 유래: 자제력이 없음, 무절제, 방종, 마23:25, 고전7:5.
☞**방탕**(마23:25), **절제 못함**(고전7:5).

193. ἀκράτης, ές [akratēs][1회] 아크라테스
형 1[부정불변사]과 2094에서 유래: 자제 못하는, 타락한, 무능한.
☞**절제하지 못하는**(딤후3:3).

194. ἄκρατος, ον [akratŏs][1회] 아크라토스
형 1[부정불변사]과 2767에서 유래: 섞이지 않은, 순수한, 계14:10.
☞**섞인 것이 없는**(계14:10).

195. ἀκρίβεια, ας, ἡ [akribĕia][1회]
아크리베이아
명 196과 같은 말에서 유래: 엄격, 정확, 행22:3.
☞**엄함**(행22:3).

196. ἀκρίβέστατος, ές [akribĕstatŏs]
아크리베스타토스
형 206의 파생어. ἀκριβεστάτην의 최상급: 가장 정확한, 가장 엄한, 행26:5.
☞**가장 엄한**(행26:5).

197. ἀκριβέστερον [akribĕstĕrŏn]
아크리베스테론
부 196과 같은 말의 비교급 중성형: 더욱 정확하게, 더욱 완전하게, 행24:22.
☞**더 정확하게**(행18:26), **더 자세히**(행 24:22).

198. ἀκριβόω [akribŏō][2회] 아크리보오
동 제1부정과거 ἠκρίβωσα, 196과 같은 말에서 유래: 확인하다, 확실히 알아보다, 마2:7.
☞**자세히 묻다**(마2:7), **자세히 알아보다**(마2:16).

199. ἀκριβῶς [akribōs][9회] 아크리보스
부 196과 같은 말에서 유래: 정확하게, 신중하게, 잘, 눅1:3, 행18:25, 엡5:15, 살전5:2.
☞**자세히**(엡5:15, 살전5:2).

200. ἀκρίς, ίδος, ἡ [akris][4회] 아크리스
명 206과 같은 말에서 유래: 메뚜기[아라비아나 아프리카의 가난한 사람들이 오늘날까지도 늘 먹는 곤충], 세례 요한의 음식, 마3:4, 막1:6.
☞**메뚜기**(마3:4, 막1:16), **황충**(계9:3).

201. ἀκροατήριον, ου, τό [akrŏateri- ŏn][1회]
아크로아테리온
명 202에서 유래: 청취실, 심문소, 청중석, 관람석, 강당, 행25:23.
☞**접견 장소**(행25:23).

202. ἀκροατής, οῦ, ὁ [akrŏatēs][4회]
아크로아테스
명 ἀκροάομαι '듣다'에서 유래: 청취자, 듣는 자, 롬2:13.
☞**듣는 자**(롬2:13).

203. ἀκροβυστία, ας, ἡ [akrŏbüstia][20회]
아크로뷔스티아
명 206에서 유래함[πόσθη 남성 생식기의 수정된 형태로 보임]: 표피, ㉺ περιτομή.
1) [문자적으로] 무할례자, 이방인, 행11: 3, 고전7:18.
2) [상징적으로] 무할례, 롬2:25이하, 4: 11, 갈5:6, 6:15, 골2:13.
3) 이교도, 이방인, 롬3:30, 4:9, 엡2:11, 골3:11.
☞**무할례**(롬2:25, 골2:13), **할례 받지 아니하는 것**(고전7:19), **할례를 받지 않은 무리**(엡2:11).

204. ἀκρογωνιαῖος, α, ον [akrŏgōniai- ŏs][2회] 아크로고니아이오스
형 206과 1137에서 유래: 맨 모퉁이에 놓인, 엡2:20, 벧전2:6.
☞**[명]모퉁잇돌**(엡2:20, 벧전2:6).

205. ἀκροθίνιον, ου, τό [akrŏthiniŏn][1회]
아크로디니온
명 206과 '더미'에서 유래; '더미의 꼭대기':
1) 첫 열매.
2) 전리품 중 가장 좋은 것.
3) [일반적으로] 전리품, 노획물, 히7:4.
☞**노략물**(히7:4).

206. ἄκρον, ου, τό [akrŏn][6회] 아크론
명 188의 어간과 유사한 형용사의 중성형: 꼭대기, 끝, 마24:31, 막13:27, 눅16: 24, 히11:21.
☞**끝**(마24:31), **머리**(히11:21).

207. Ἀκύλας [Akülas][6회] 아퀼라스
고명 라틴어 '독수리'에서 온 듯함: 이스라엘인 '아굴라'[바울의 친구이며 브리스길라의 남편], 행18:2,18,21, 롬16:3, 고전16:19, 딤후4:9.

☞아굴라(행18:2,26, 롬16:3, 고전16:19).

208. ἀκυρόω [akürŏō][3회] 아퀴로오

동 제1부정과거 ἠκύρωσα, 1[부정불변사]과 2964에서 유래: 무효로 하다, 취소하다, 헛되게 하다, 마15:6, 막7:13, 갈3:17.

☞폐하다(마15:6), 폐기하다(갈3:17).

209. ἀκωλύτως [akōlütōs][1회] 아콜뤼토스

부 1[부정불변사]과 2967에서 유래: 자유로이, 방해 없이, 거침없이, 행28:31.

☞거침없이(행28:31).

210. ἄκων, ἄκουσα, ἆκον [akōn][1회] 아콘

형 1[부정불변사]과 1635에서 유래: 억지로 하는, 마지못해 하는, 고전9:17.

☞자의로 아니하는(고전9:17).

211. ἀλάβαστρον, ου, ὁ, ἡ [alabastrŏn][4회] 알라바스트론

명 ἀλάβαστρον의 중성형, 돌의 이름에서 유래: 석고상자, 향료병, 옥합, 마26:7, 막14:3, 눅7:37.

☞옥합(마26:7).

212. ἀλαζονεία, ας, ἡ [alazŏnĕia][2회] 알라조네이아

명 213에서 유래: 자만, 거만, 약4:16, 요일2:16.

☞자랑(약4:16).

213. ἀλαζών, όνος, ὁ [alazōn][2회] 알라존

명 '방탕'에서 유래: 허풍쟁이, 자랑하는 사람, 롬1:30.

☞자랑하는 자(롬1:30, 딤후3:2).

214. ἀλαλάζω [alalazō][2회] 알랄라조

동 ἀλαλή 고함 "어이!"에서 유래: 큰소리치다[죽은 사람에 대해 우는 모양], 통곡하다, 울부짖다, 막5:38. [주] 일반적으로 날카로운 소리를 의미, 고전13:1.

☞통곡하다(막5:38), 울리다(고전13:1).

215. ἀλάλητος, ον [alalētŏs][1회] 알랄레토스

형 1[부정불변사]과 2980의 파생어에서 유래: 말할 수 없는, 표현할 수 없는, 롬8:26.

☞말할 수 없는(롬8:26).

216. ἄλαλος, ον [alalŏs][3회] 알랄로스

형 1[부정불변사]과 2980에서 유래: 말 못하는, 벙어리의, 막7:37, 9:17.

☞말 못하는(막7:37).

217. ἅλας, ατος, τό[halas][8회] 할라스

명 251에서 유래; 소금:

1) [문자적으로] 조미료나 비료로 쓰는 소금, 마5:13, 막9:50, 눅14:34.

2) [상징적으로] 제자들의 영적인 자질, 마5:13, 골4:6.

☞소금(마5:13, 골4:6).

218. ἀλείφω [alĕiphō][9회] 알레이ㅎ포

동 제1부정과거 ἤλειψα, 제1부정과거 중간태 명령형 ἄλειψαι, 1[연합불변사]과 3045의 어원에서 유래: 기름 바르다, 마6:17, 막6:13, 16:1, 눅7:38, 약5:14.

☞기름을 붓다(눅7:38). 기름을 바르다(마6:17).

219. ἀλεκτοροφωνία, ας, ἡ [alektŏrŏ-phōnia][1회] 알레크토로ㅎ포니아

명 220과 5456에서 유래: 닭 울기 전, 마26:34, 밤 제 삼경[자정-새벽 3시], 막13:35.

☞닭 울 때(막13:35).

220. ἀλέκτωρ, ας, ἡ [alĕktōr][12회] 알레크토르

명 '막다'에서 유래: 수탉, 마26:34, 막14:30,68, 눅22:34, 요13:38, 18:27.

☞닭(눅22:34).

221. Ἀλεξανδρεύς, έως, ὁ [Alĕxan- drĕus][2회] 알렉산드류스

고명 '그렇게 불린 도시'에서 유래: 알렉산드리아 사람, 알렉산드리아인, 행6:9, 18:24.

☞알렉산드리아인(행6:9).

222. Ἀλεξανδρῖνος, η, ον [Alĕxan-drinŏs][2회] 알렉산드리노스

형 221과 같은 어원에서 유래: 알렉산드리아, 알렉산드리아의, 행27:6, 28:11.

☞알렉산드리아의(행27:6, 28:11).

223. Ἀλέξανδρος, ου, ὁ [Alĕxandrŏs][6회] 알렉산드로스

고명 220과 435에서 유래; 인간옹호자['알렉산더'는 유대와 헬라에서 많이 사용된 이름]:

1) 구레네 시몬의 아들, 막15:21.

2) 대제사장 가문의 한 유대인, 행4:6.

3) 에베소의 유대인, 행19:33.

4) 배교자의 한 사람, 딤전1:20, 딤후4:14.

☞알렉산더(막15:21, 행4:6, 19:33, 딤전1:20, 딤후4:14).

224. ἄλευρον, ου, τό [alĕurŏn][2회] 알류론

A

명 '갈다'에서 유래: 밀가루, 가루, 마13: 33, 눅13:21.

☞**가루**(마13:33).

225. ἀλήθεια, ας, ἡ [alētheia][109회] 알레데이아

명 227에서 유래:

1) [사상과 행위에 있어서] 진실성, 믿음성, 올바름, 롬3:7, 15:8, 고전5:8, 고후7:14, 엡5:9.

2) 진실. 반 ψεῦδος

① 일반적 진리, 막5:33, 행26:25, 롬2:20, 9:1, 고후6:7, 12:6, 엡4:25, 딤전2:7, 약3:14.

② 절대적 진리[특히 기독교의 내용을 가리킴], 요4:23이하, 14:17, 15:26, 16:13, 고후4:2, 갈2:5, 엡4:21, 골1:5, 살후2:12, 딤전2:4, 딤후2:15, 25, 3:8, 히10:26, 약1:18, 딛1:1, 요일4:6.

③ [겉모양과 반대되는] 실재. 반 πρό－φασις, 빌1:18.

㉠ κατὰ ἀλήθειαν: 진리대로, 롬2:2.

㉡ ἐν ἀληθείᾳ: 진실로, 실제로, 마22:16, 요17:19, 골1:6, 요이1:1.

㉢ ἐπ' ἀληθείας: 참으로써, 진실로써, 진리에 부응하여, 막12:14, 눅20:21, 22:59.

☞**참**(마22:16), **사실**(막5:33), **진리**(요1:14, 4:24, 롬2:2), **실상**(요16:7), **과연**(행4:27), **참됨**(행26:25), **진실하심**(롬15:8), **[동] 진실하다**(롬15:8), **참되다**(롬3:7).

226. ἀληθεύω [alētheuō][2회] 알레듀오

동 227에서 유래: 진실하다, 참말을 하다, 갈4:16, ἀληθεύοντες ἐν ἀγά－πῃ: 사랑 안에서 참된 것을 하여, 엡4:15.

☞**참된 말을 하다**(갈4:16), **참된 것을 하다**(엡4:15).

227. ἀληθής, ές[alēthēs][26회] 알레데스

형 1[부정불변사]과 2990에서 유래: 진실한.

1) [인격에 대해] 참된, 진실한, 옳은, 정직한, 마22:16, 막12:14, 요3:33, 7: 18, 롬3:4, 고후6:8.

2) [사물에 대하여] 진실한, 요4:18, 19: 35, 빌4:8, 딛1:13, 벧후2: 22, 요일2:27.

3) 순수한, 진짜의, 요6:55, 행12:9, 벧전5:12.

☞**참된**(요8:13, 벧후2:22), **참**(요5:32).

228. ἀληθινός, ή, όν [alēthinos][28회] 알레디노스

형 227에서 유래: 진실한, 참된:

1) 참된, 의지할 만한, 요7:28, 히10:22, 계6:10.

2) 진리에 부합하는, 진실한, 요4:37, 계19:9.

3) 순수한, 사실의, 눅16:11, 요1:9, 살전1:9, 히8:2, 요일2:8.

☞**참된**(눅16:11), **옳은**(요4:37), **진실한**(계3:7). **[명] 참**(요1:9), **진실**(계19:11).

229. ἀλήθω [alēthō][2회] 알레도

동 224와 같은 말에서 유래: 갈다, 갈다, 가루로 만들다, 마24:41, 눅17:35.

☞**맷돌질을 하다**(마24:41).

230. ἀληθῶς [alēthōs][18회] 알레도스

부 227에서 유래: 실로, 참으로, 확실히, 정말로, 마14:33, 14:70, 눅9:27, 요4: 42, 6:14, 7:26, 행12:11, 요일2:5.

☞**진실로**(살전2:13), **참으로**(눅9:27), **참으로**(요8:31).

231. ἁλιεύς, έως, ὁ [halieus][5회] 할리유스

명 251에서 유래: 어부, 고기잡이, 마4:18, 막1:16, 눅5:2.

☞**어부**(막1:16).

232. ἁλιεύω [halieuō][1회] 할리유오

동 231에서 유래: 고기 잡다, 고기 잡으러 가다, 요21:3.

☞**물고기 잡다**(요21:3).

233. ἁλίζω [halizō][2회] 할리조

동 미래수동태 ἁλισθήσομαι, 제1부정과거수동태 ἡλίσθην, 251에서 유래: 소금 치다, 맛을 내다, 마5:13, 막9:49.

☞**짜게 하다**(마5:13), **소금 치다**(막9:49).

234. ἀλίσγεμα, ατος, τό [alisgema][1회] 알리스게마

명 ἀλισγέω, '더럽히다'에서 유래: 더럽힘, 불결, 행15:20.

☞**더러운 것**(행15:20).

235. ἀλλά [alla][638회] 알라

부 243의 중성복수형, 개개의 절에서나 전체 문장 가운데서 앞선 것과의 차이나 대조를 나타내는데 쓰이는 부정어: 그러나, 그래도, 도리어, 적어도, 그럼에도 불구하고.

1. [부정어 뒤에서]

1) ① [대조하는 말을 이끈다] οὐκ ἦλθον

καταλῦσαι, ἀλλὰ πληρῶσαι, 마5:17, οὐ πᾶς ὁ λέγων... ἀλλ' ὁ ποιῶν, 7:21, οὐκ ἀπέθανεν, ἀλλὰ καθεύδει, 막5:39, 눅20:38.

② [강의적으로] οὐ μόνον δεθῆναι, ἀλλα' καὶ ἀποθανεῖν: ~뿐 아니라 ~도, 행21:13, 26:29, 롬1:32, 고후8:10, 엡1:21, 빌1:29, 살전1:5, 히12:26, 벧전2:18.

③ [처음 절을 단축한 형태로 사용됨] οὐ μόνον σὲ ἀλλα' καὶ: 이 뿐만 아니라 ~도, 롬5:3, 고후8:19.

④ [표현되거나 숨겨진 질문 뒤에 요점을 소개할 경우 사용됨: οὐχί를 동반하여] οὐχί, λέγω ὑμῖν, ἀλλὰ ἐὰν μὴ μετανοῆτε: 아니라[그의 이름은] 요한이라 할 것이라, 행16:37, 롬3:27.

⑤ [강한 부정을 나타내기 위해 μὴ γένοιτο뒤에 와서] 롬3:31, 7:7.

⑥ [ἀ. 대신 ἀλλ' ἤ가 사용되는 경우] 눅12:51.

⑦ [기타] 고후1:13, 막4:22.

2) ① [동일한 절 안에 있는 낱말들을 대비시킬 경우] οὐ...δικαίους ἀλλ' ἁμαρτωλούς, 막9:13,37, 눅5:32, 고전7:10.

② [μὲν 뒤에서, 한정하는 구절이 수반될 경우] πάντα μὲν καθαρά, ἀλλὰ κακὸν τῷ ἀνθρώ- τῳ, 롬14:20, 고전14:17.

2. [절 전체가 다른 절과 비교될 때]

1) [ἀλλὰ는 상이하거나 대조되는 어떤 것으로 전환한다는 것을 나타낼 수 있다] 그러나, 그래도 δεῖ γὰρ γενέσθαι, ἀλλ' οὔ- πω ἐστὶν τὸ τέλος, 마24:6, 요11:11, 행9:6, 롬10:18.

2) [목적어를 수반하는 경우] ἀλλὰ ἐρεῖ τις, 고전15:35, 약2:18.

3) [앞의 진술을 철회하거나 제한하는 경우] 막14:36, 고전9:12, 히3:16.

3. [독립절 앞에서 앞의 것이 고정된 일일 때 새로운 것으로 나아감을 나타내는 경우]

1) ἀλλὰ ὁ ὄχλος οὗτος...ἐπάρατοί εἰσιν: 그러나 이 무리는...저주를 받는다, 눅12:7, 요7:49, 롬8:37, 고전10:20.

2) ἀλλὰ καί: ~도 또한, 눅12:7, 16:21, 24:22, 빌1:18.

3) [부정어로] ἀλλ' οὐδέ 눅23:15, 행19:2, 고전3:2, 4:3.

4) [강조되어] ἀλλὰ γε καί: 참으로, 진실로, 눅24:21.

5) ἀλλὰ μὲν οὖν γε καί, 빌3:8, 히3:16.

4. [조건문의 귀결절에서] 그래도, 확실히, 적어도, 막14:29, 롬6:5, 고전4: 15, 8:6, 9:2, 고후4:16.

5. [수사학적 점강법] 이뿐 아니라 오히려 ~까지도, 고후7:11.

6. [명령을 강조하기 위해 명령형과 함께] 이제, 자, 그러면, 마9:18, 막9:22, 행10:20, 26:16. [주] 가정법과 함께 쓰여도 같은 의미를 가짐, 고후8:7, 엡5:24.

☞**그러나**(막14:36), **오직**(마19:11), **또한**(눅23:15), **도리어**(눅17:8).

236. ἀλλάσσω [allassō][6회] 알랏소

동 미래 ἀλλάξω, 제1부정과거 ἤλλα- ξα, 미래수동태 ἀλλαγήσομαι, 243에서 유래:

1) 변경하다, 바꾸다, 행6:14, 고후15:51, 갈4:20, 히1:12.

2) 교환하다, 롬1:23.

☞**고치다**(행6:14), **바꾸다**(롬1:23), **변하다**(히1:12).

237. ἀλλαχόθεν [allachŏthĕn][1회] 알라코뎬

부 243에서 유래: 다른 길로, 요10:1.

☞**다른 데로**(요10:1).

238. ἀλληγορέω [allēgŏrĕō][1회] 알레고레오

동 243과 '열변을 토하다'에서 유래: 비유로 말하다, 갈4:24.

☞**비유하다**(갈4:24).

239. ἀλληλουΐα [allēlŏuïa][4회] 알렐루이아

동 히브리어 1984와 3050의 명령형: 여호와를 찬양하라, 계19:1,3,6.

☞**여호와를 찬양하라, 할렐루야**(계19:1).

240. ἀλλήλων [allēlōn][100회] 알렐론

대 [상호대명사의 복수 소유격] 복수 여격 ἀλλήλοις, 복수목적격 ἀλλή- λους, 243의 중복형에서 유래:서로, 상호간에, 롬12:5, 갈6:2, 엡4:25, 골3:13, 약4:11.

☞**서로**(마24:10, 눅2:15), **피차**(롬1:12), **각각**(마25:32).

241. ἀλλογενής, ἐς [allŏgĕnēs][1회]

A

알로게네스
형 243과 1085에서 유래:외국의, 유대인이 아닌, 이방인의, 눅17:18.
☞**이방인의**(눅17:18).

242. ἅλλομαι [hallŏmai][3회] **할로마이**
동 [기본형] 제1부정과거 ἡλάμην: 뛰다, 날뛰다, 뛰어오르다, 솟아오르다, 요4:14, 행3:8, 14:10.
☞**솟아나다**(요4:14), **뛰다**(행3:8).

243. ἄλλος, η, ο [allŏs][155회] **알로스**
형 명
1) 다른, 마27:42, 막15:31, 요5:32, 고전9:27, 10:29.
① [언급된 주어나 목적어와 다른] 마13:5,7, 21:33.
② [뒤따르는 대구에서 주어와 다른] 요4:38.
③ [대비된 관계로 사용되어] οἱ μὲνἄλλοι: 일부는 ~다른 사람은~, 마21:8, 요7:12, 9:16, 12:29.
④ ἄλλος τις, 어떤 다른 사람, 눅22: 59, 고전1:16, 약5:12.
⑤ [비교해서] 다른, 틀린[종류], 막12: 32, 고전15:39, 고후11:4.
2) [기수와 함께 사용하여] 더 많은, 더욱, 마4:21, 요19:18.
3) [관사와 함께] 그 다른[사람] ἡ ἄ. 마5:39, 요19:32. τοῦ ἄ. 그 다른 사람들, 남은 사람들, 요20:25, 고전14:29.
☞**다른**(막15:31), **더러는**(마13:5), **왼편**(마5:39), **남**(눅23:35), **다른 이**(막12:32), **하나**(마21:33), **어떤 이**(막6:15), **다른 사람**(요4:38).

244. ἀλλοτριεπίσκοπος, ου, ὁ [allotriĕ-piskŏpŏs][1회] **알로트리에피스코포스**
명 245와 1985에서 유래: 관계없는 일에 상관하는 사람, 남의 일을 간섭하는 자, 벧전4:15.
☞**남의 일을 간섭하는 자**(벧전4:15).

245. ἀλλότριος, ία, ον [allŏtriŏs][14회] **알로트리오스**
형 243에서 유래:
1) 다른 사람에 속한, 자기 것이 아닌 낯선, 반 ἴδιος 행7:6, 롬14:4, 15:20, 고후10:15,16, 딤전5:22, 히9:25.
2) [정관사가 붙어 명사로 쓰임] 낯선 사람, 마17:25. 반 οἱ υἱοί [주] 정관사가 οἱ가 붙으면 '다른 사람의 재산'이란 뜻이 됨, 눅16:12.
3) 조화되지 않는, 상반되는, 동떨어진.
4) 적의를 가진, 원수의, 히11:34.
☞**다른**(행7:6), **다른 것의**(히9:25), **타인**(마17:25), **이방 사람의**(히11:34), **남의**(롬15: 20), **다른 사람의**(딤전5:22), **이방의**(히11: 9). **나그네의**(행7:6㊀)

246. ἀλλόφυλος, ον [allŏphülŏs][1회] **알로ㅎ퓔로스**
형 243과 5443에서 유래: 외국의, 이방의 [유대인의 관점에서], 반 ἀνὴρ Ἰουδαῖος.
☞**이방인의**(행10:28).

247. ἄλλως [allōs][1회] **알로스**
부 243에서 유래: 다르게, 달리, 다른 식으로, 딤전5:25.
☞**그렇지 아니하게**(딤전5:25).

248. ἀλοάω [alŏaō][3회] **알로아오**
동 257과 같은 말에서 유래: 곡식을 밟다, 곡식을 떨다, 고전9:9,10, 딤전5:18.
☞**곡식을 밟아 떨다**(고전9:9,10).

249. ἄλογος, ον [alŏgŏs][3회] **알로고스**
형 1[부정불변사]과 3056에서 유래:
1) 이성이 없는, 야만적인, 벧후2:12, 유1:10.
2) 이성에 어긋나는, 행25:27.
☞**무리한**(행25:27), **이성 없는**(유1:10).

250. ἀλοή, ης, ἡ [alŏē][1회] **알로에**
명 외래어에서 유래: 알로에[매우 향기롭고 속히 마르는 나무진: 방부제로 사용됨], 요19:39.
☞**침향**(요19:39).

251. ἅλς, ἁλός, ὁ [hals] **할스**
명 [기본형] 소금, 막9:49.
☞**소금**(막9:49).

252. ἁλυκός, ή, όν [halükŏs][1회] **할뤼코스**
형 251에서 유래: 짠, 소금의, 약3:12.
☞**짠**(약3:12).

253. ἀλυπότερος, ον [alüpŏtĕrŏs][1회] **알뤼포테로스**
형 1[부정불변사]과 3077의 합성어의 비교급: 슬픔없는, 근심을 덜은, 빌2:28.
☞**근심을 덜은**(빌2:28).

254. ἅλυσις, εως, ἡ [halüsis][11회] **할뤼시스**

명 불확실한 파생어:
1) 사슬, 족쇄, 수갑, 막5:3, 눅8:29, 행28:20.
2) [일반적인] 감금, 구류, 금고, 엡6:20, 딤후 1:16.
☞**쇠사슬**(눅8:29), **사슬**(딤후1:16).

255. ἀλυσιτελής, ές [alüsitĕlēs][1회] **알뤼시텔레스**
형 1[부정불변사]과 3081의 어원에서 유래: 이익 없는, 유해한, 히13:17.
☞**유익이 없는**(히13:17).

256. Ἀλφαῖος, ου, ὁ [Alphaiŏs][5회] **알ㅎ파이오스**
고명 시리아어, 히브리어 2501에서 유래: '알패오'.
1) 세리 레위의 아버지, 막2:14, 눅5:27.
2) 12사도의 하나인 야고보의 아버지, 마10:3, 막3:18, 눅6:15, 행1:13.
☞**알패오**(마10:3, 막2:14, 눅5:27, 행1:13).

257. ἅλων, ωνος, ἡ [halōn][2회] **할론**
명 1507에서 유래:
1) 타작마당, 마당, 마3:12.
2) 타작마당의 타작된 곡물, 눅3:17.
☞**타작마당**(마3:12).

258. ἀλώπηξ, εκος, ἡ [alōpĕx][3회] **알로펙스**
명 불확실한 파생어:1)[문자적으로] 여우, 마8:20, 눅9:58. 2)[비유적으로] 교활한 사람[헤롯 안티바스], 눅9:58.
☞**여우**(눅13:32).

259. ἅλωσις, εως, ἡ [halōsis][1회] **할로시스**
명 138에서 유래: 포획, 잡음[식량으로 사용할 동물에 대해 사용], 벧후2:12.
☞**사로잡힘**(벧후2:12).

260. ἅμα [hama][10회] **하마**
부 전 본래 의미는 '같은'이지만 친밀한 교제를 나타내는 전치사 혹은 부사로서 자유롭게 사용됨:
1) [부사로 쓰이는 경우]
① [두 동작이 시간적으로 일치함을 나타낼 경우] 같은 시간에, 함께, 행27:40, 24:26, 골4:3, 딤전5:13, 몬1:22.
② [장소적으로 일치함을 나타낼 경우] 함께, 더불어, 롬3:12.
2) [전치사로 쓰이는 경우: 여격과 함께 쓰임] ~와 함께, 마13:29.
① [시공이 함께 속함을 나타내기 위하여 사용] 살전4:17, 5:10.
② [시간 부사와 함께 사용되는 경우] 마20:1.
☞**함께**(롬3:12, 살전5:10), **동시에**(행24:26, 27:40), **또한**(골4:3).

261. ἀμαθής, ές [amathēs][1회] **아마데스**
형 1[부정불변사]과 3129에서 유래: 무식한, 배운 것 없는, 벧후3:16.
☞**무식한**(벧후3:16).

262. ἀμαράντινος, η, ον [amarantinŏs][1회] **아마란티노스**
형 263에서 유래: 시들지 않는, 쇠하지 않는, 벧전5:4.
☞**시들지 아니하는**(벧전5:4).

263. ἀμάραντος, ον [amarantŏs][1회] **아마란토스**
형 1[부정불변사]과 추정된 3133의 파생어에서 유래:
1) [문자적으로] 시들지 않는.
2) [상징적으로] 영원한, 쇠하지 않는, 벧전1:4.
☞**쇠하지 아니하는**(벧전1:4).

264. ἁμαρτάνω [hamartanō][43회] **하마르타노**
동 [기본형] 미래 ἁμαρτήσω, 제2부정과거 μάρτω, 가정법 ἥμαρτον, 제1부정과거 ἡμάρτησα, 가정법 ἁμαρτή- σω, 과거분사 ἁμαρτήσας, 1[부정불변사]과 3313의 어간에서 유래:
1) 하나님의 종교적 도덕적 법을 어기고 잘못하다.
2) 죄를 범하다[본래 의미는 '과녁을 맞추지 못하다'], 마18:15, 눅17:3, 요5:14, 행25:8, 롬3:23, 고전7:28, 엡4:26, 딛3:11, 히10:26, 벧전2:20, 벧후2:4.
☞**죄를 범하다**(마18:15), **죄를 짓다**(눅15:18, 롬6:15), **죄로 인하다**(요9:2), **범죄하다**(롬2:12), **죄가 있다**(벧전2:20).

265. ἁμάρτημα, τος, τό [hamartēma][4회] **하마르테마**
명 264에서 유래: 죄, 범행, 위법, 막3: 28,29, 롬3:25, 5:16, 고전6:18.
☞**죄**(롬3:25).

266. ἁμαρτία, ίας, ἡ[hamartia][173회] **하마르티아**

A

명 264에서 유래: 죄.
1) [인간적인 의나 신적인 의에서 떠난 모든 행위 자체나 그 결과] 고후11:7, 살전2:16, 요일3:4, 5:17.
2) [요한의 글에서는 죄의 상태나 죄 있는 성질을 의미하며 진리와 반대되는 것을 나타냄] 요9:41, 15:24, 요일1:8, 3:5.
3) [바울은 대개 죄를 인격적 맥락에서 생각했으며 또한 지하 세계의 귀신의 존재와 결부시켜 죄를 생각함] 롬5:12, 21, 6:14, 갈3:22.
4) [히브리서에서는 사람을 속이고 파멸로 이끄는 힘으로서 나타남] 히3:13, 5:1, 10:18.
5) [죽음으로 이끄는 특별한 죄를 나타냄] 요일5:16. [주] 죽음으로 이끌지 않는 죄, 요일5:17.
☞**죄**(요8:21, 롬5:20), **불법**(살후2:3ⓢ), **죄악**(히11:25).

267. ἀμάρτυρος, ον [amartürŏs][1회] 아마르튀로스
형 1[부정불변사]과 3144의 형태에서 유래: 입증되지 않는, 증거 없는, 행14:17.
☞**증언하지 않는**(행14:17).

268. ἁμαρτωλός, όν [hamartōlŏs][47회] 하마르톨로스
형 명 264에서 유래:
1) [형용사] 죄 있는, 눅5:8, 19:7, 24:7, 요9:16, 롬7:13.
2) [명사] 죄인, 눅13:2. 반 δίκαι- ος, 마9:13, 막2:17, 눅5:32, 딤전1:9, 벧전4:18.
☞**죄인**(막2:16, 눅6:32), **죄 많은**(막8:38), **죄가 더 있는**(눅13:2), **죄**(롬7:13).

269. ἄμαχος, ον [amachŏs][2회] 아마코스
형 1[부정불변사]과 3163에서 유래: 평화를 좋아하는, 다투지 않는, 딤전3:3, 딛3:2.
☞**다투지 아니하는**(딤전3:3), **다투지 말며**(딛3:2).

270. ἀμάω [amaō][1회] 아마오
동 제1부정과거분사 ἀμήσας, 1[부정불변사]과 3184의 파생어에서 유래: 거두어들이다, 베어들이다, 약5:4.
☞**추수하다**(약5:4).

271. ἀμέθυστος, ου, ἡ, ὁ [amĕthüstŏs][1회] 아메뒤스토스
명 1과 318의 파생어에서 유래: [흥분을 예방한다고 여겨지는] 자색 수정.
☞**자수정**(계21:20).

272. ἀμελέω [amĕlĕō][4회] 아멜레오
동 제1부정과거 ἠμέλησα, 미래 ἀμε- λήσω, 미래수동태명령 ἀμελείσθω, 1 [부정불변사]과 3199에서 유래: ~에 대해 무관심하다, 등한히 하다, 멸시하다, 태만히 하다, 마22: 5, 딤전4:14, 히2:3, 8:9.
☞**돌아보지 않다**(마22:5), **가볍게 여기다**(딤전4:14), **등한히 여기다**(히2:3). **생각나게 하려하다**(벧후1:12ⓢ)

273. ἄμεμπτος, ον [amĕmptŏs][5회] 아멤프토스
형 1[부정불변사]과 3201의 파생어에서 유래: 책망할 것 없는, 흠 없는, 결백한, 눅1:6, 빌2:15, 3:6, 살전3:13, 히8:7.
☞**흠 없는**(눅1:6, 살전3:13), **무흠한**(히8:7).

274. ἀμέμπτως [amĕmptōs][2회] 아멤프토스
부 273에서 유래: 책망할 것 없도록, 결백하게, 흠 없이, 살전2:10, 5:23.
☞**흠 없이**(살전2:10), **흠 없게**(살전5:23).

275. ἀμέριμνος, ον [amĕrimnŏs][2회] 아메림노스
형 1[부정불변사]과 3308에서 유래: 걱정이나 근심이 없는, 마28:14, 고전7:32.
☞**근심 없는**(마28:14), **염려 없는**(고전7:32).

276. ἀμετάθετος, ον [amĕtathĕtŏs][2회] 아메타데토스
형 1[부정불변사]과 3346의 파생어에서 유래: 변하지 않는, 히6:18, 불변성, 히6:17.
☞**변하지 않는**(히6:17), **변하지 못할**(히6:18).

277. ἀμετακίνητος, ον [amĕtakinētŏs][1회] 아메타키네토스
형 1[부정불변사]과 3334의 파생어에서 유래: 움직일 수 없는, 흔들리지 않는, 고전15:58.
☞**흔들리지 않는**(고전15:58).

278. ἀμεταμέλητος, ον [amĕtamĕlē- tŏs][2회] 아메타멜레토스
형 1[부정불변사]과 3338의 파생어에서 유래: [수동적으로 쓰여] 후회없는, 후회하지 않는, 롬11:29, 고후7:10.
☞**후회함이 없는**(롬11:29), **후회할 것이 없는**(고후7:10).

279. ἀμετανόητος, ον [amĕtanŏētŏs][1회] 아메타노에토스
형 1[부정불변사]과 3340의 파생어에서 유래: 뉘우침 없는, 회개하지 아니한, 롬2:5.
☞**회개하지 아니하는**(롬2:5).

280. ἄμετρος, ον [amĕtrŏs][2회] 아메트로스
형 1[부정불변사]과 3358에서 유래: 헤아릴 수 없는, 한없는, 고후10:13, 15.
☞**분수 이상의**(고후10:13).

281. ἀμήν [amēn][130회] 아멘
감 히브리어 543에서 유래; '굳건한', '믿을 수 있는'의 뜻: 그렇게 되소서, 진실로, 아멘.
1) [예배의식의 마지막에 회중이 말하는 예전 형식] 고전14:16, 계5:14.
2) [예수께만 사용되며 λέγω '언제'와 함께 쓰여 엄숙한 선언을 시작할 때 쓰임] 진실로, 마5:18, 6:2,5,16, 8:10.
3) [정관사 τὸ가 붙어 ναί와 함께]: διὸ καί δι' αὐτοῦ τὸ ἀ. τῷ θεῷ: 그러므로 그를 통하여 하나님의 영광에 대하여 아멘을 부른다, 고후1:20.
4) [정관사 ὁ가 붙는 경우] 그리스도께 사용되어 그리스도를 지칭함, 계3:14.
☞**진실로**(눅4:24), **아멘**(계1:6).

282. ἀμήτωρ, ορος [amētōr][1회] 아메토르
형 1[부정불변사]과 3384에서 유래: 어머니가 없는, 어머니가 알려지지 않은, 히7:3
☞**어머니가 없는**(히7:3).

283. ἀμίαντος, ον [amiantŏs][4회] 아미안토스
형 1[부정불변사]과 3392의 파생어에서 유래: [종교적 도덕적 의미로] 순수한, 더러워지지 않은, 히13:4, 7:26, 약1:27, 벧전1:4.
☞**더러움이 없는**(히7:26), **더럽지 않은**(벧전1:4), **더럽히지 않는**(히13:4).

284. Ἀμιναδάβ, ὁ [Aminadab][3회] 아미나답
고명 히브리어 5992에서 유래: 람의 아들이며 나손의 아버지인 '아미나답' [예수의 족보에 나옴], 마1:4, 눅3:33.
☞**아미나답**(마1:4, 눅3:33).

285. ἄμμος, ου, ἡ [ammŏs][5회] 암모스
명 260에서 유래한 것으로 보임: 해변에 쌓여 있는 모래, 모래더미, 마7:26, 계12:18, 20:8.
☞**모래**(히11:12).

286. ἀμνός, οῦ, ὁ [amnŏs][4회] 암노스
명 어린 양, 새끼 양[그리스도나 그에 관련되어 사용되거나 흠 없는 희생 양을 의미], 행8:32, 벧전1:19.
☞**어린 양**(벧전1:19).

287. ἀμοιβή, ῆς, ἡ [amŏibē][1회] 아모이베
명 '교환하다'에서 유래: 보상, 보답, 보수, 딤전5:4.
☞**보답**(딤전5:4).

288. ἄμπελος, ου, ἡ [ampĕlŏs][9회] 암펠로스
명 297과 257에서 유래한 것으로 보임: 포도넝쿨, 포도.
1) [문자적으로] 마26:29, 막14:25, 눅22:18, 약3:12, 계14:18,19.
2) [비유적으로] 그리스도와 그의 제자들을 나타냄, 요15:1,4이하.
☞**포도나무**(눅22:18), **포도**(계14:19).

289. ἀμπελουργός, οῦ, ὁ [ampĕlŏur- gōs][1회] 암펠루르고스
명 288과 2041에서 유래: 포도원 가꾸는 사람, 정원사, 포도원지기, 눅13:7.
☞**포도원지기**(눅13:7).

290. ἀμπελών, ῶνος, ὁ [ampĕlōn][23회] 암펠론
명 288에서 유래: 포도원, 고전9:7. [주] 비유적으로 사용된 경우, 마20:1이하, 21:28이하, 막12:1이하, 눅20:9이하.
☞**포도원**(마20:8, 눅20:16), **포도**(고전9:7).

291. Ἀμπλίας, ου, ὁ [Amplias][1회] 암플리아스
고명 라틴어에서 유래: 로마인 성도의 이름 '암블리아', 롬16:8.
☞**암블리아**(롬16:8).

292. ἀμύνομαι [amünŏmai][1회] 아뮈노마이
동 제1부정과거 ἠμυνάμην, 기본동사의 중간태:
1) 앙갚음하다, 보복하다, 행7:24.
2) 도와주다, 사59:16, 방어하다.
☞**보호하다**(행7:24).

293. ἀμφίβληστρον, ου, τό [amphiblē- strŏn][2회] 암ㅎ피블레스트론
명 297과 906의 합성어에서 유래: 고기 낚을 때 쓰는 그물, 어망, 마4:18, 막1:16.
☞**그물 던지는 것, 투망**(막1:16).

A

294. ἀμφιέννυμι [amphiĕnnūmi]3회
암ㅎ피엔뉘미
동 [기본형]. 완료수동분사 ἠμφιεσ- μένος, 297의 어간에서 유래: 의복을 입히다, 마6:30, 11:8, 눅7:25, 12:28.
☞**입히다**(마6:30, 눅12:28), **옷 입다**(눅7:25).

295. Ἀμφίπολις, εως, ἡ [Amphipŏlis]1회
암ㅎ피폴리스
고명 297과 4172의 어원에서 유래; 강에 둘러싸인 도시: 마케도니아에 있는 한 도시의 이름 '암비볼리', 행17:1.
☞**암비볼리**(행17:1).

296. ἄμφοδον, ου, τό [amphŏdŏn]1회
암ㅎ포돈
명 297과 3598의 어원에서 유래:
1) 거리로 둘러싸이고 거리가 교차하는 번화가, 거리
2) 두 길이 만나는 곳, 막11:4.
☞**문 앞 거리**(막11:4).

297. ἀμφότερος, αι, α [amphŏtĕrŏs]14회
암ㅎ포테로스
형 부 '사방의'에서 유래:
1) 둘 다, 마9:17, 15:14, 눅1:6, 5:7, 6: 39, 엡2:16.
2) 둘 이상 모두, 다, 행19:16.
☞**둘**(마9:17, 눅5:7, 엡2:16).

298. ἀμώμητος, ον [amōmētŏs]1회
아모메토스
형 1[부정불변사]과 3469의 파생어에서 유래: 흠 없는, 나무랄 데 없는, 결백한, 빌2:15, 벧후3:14.
☞**흠 없는**(빌2:15), **흠도 없이**(벧후3:14).

299. ἄμωμος, ον [amōmŏs]8회 아모모스
형 1[부정불변사]과 3470에서 유래:
1) [희생 동물이 흠 없는 상태] 흠 없는, 정결한. [주] 희생양으로서의 그리스도에 대해 사용, 히9:14, 벧전1:19.
2) [도덕적이고 종교적인 의미] 흠 없는
① [기독교 공동체를 가리킬 경우] 엡1:4, 5:27, 골1:22.
② [하나님의 자녀를 가리킬 경우] 빌2:15, 계14:5.
☞**흠 없는**(엡1:14, 계14:5).

300. Ἀμών, ὁ [Amōn]3회 아몬
고명 히브리어 526에서 유래: 이스라엘 사람 '아몬'[므낫세의 아들이며 요시아의 아버지로 예수의 족보에 나타나는 인물], 마1:10.
☞**아몬**(마1:10).

301. Ἀμώς, ὁ [Amōs]3회 아모스
고명 히브리어 531에서 유래: [예수님의 족보에 나타나는 인물] '아모스'
1) 맛다디아의 아버지이자 나훔의 아들, 눅3:25.
2) 므낫세의 아들이자 요시아의 아버지, 마1:10[눅3:23이하의 Ἀμών과 같은 사람].
☞**아모스**(마1:10, 눅3:25).

302. ἄν [an]167회 안
헬라어의 고유한 불변사[동사의 동작이 어떤 조건이나 환경에 좌우됨을 나타낼 때 사용된다. 해당 절에 미치는 ἄν의 효과는 동사의 법과 시상에 의해 좌우된다. 신약성경에 있는 ἄν의 용법은 다양하지만 후기 헬라어에 일반화되어 있다시피 헬라 고전의 용법에 상응한다]:
1. [부정과거나 미완료 직설법과 함께 쓰일 경우]
1) [어떤 조건하에서 과거에 반복된 동작을 나타내는 경우, 특히 관계사 다음에서] 막6:56, 행2:45, 4:35, 고전12:2.
2) [사실과 반대되는 귀결문에서] [주] ἄν이 언제나 사용되진 않고 다음과 같은 경우에 발견된다.
① [미완료와 함께 쓰일 때] 눅7:39, 요5:46, 8:19, 9:41, 15:19, 고전11:31, 갈1:10, 히8:4.
② [부정과거와 함께 쓰이되 과거시기의 가정을 설정하는 경우] 마11:21, 12:7, 25:27, 눅19:23, 요14:28, 고전2:8, 히10:2, 요일2:19.
2. [관계사 다음에 오는 가정법과 함께 조건문의 전제절을 형성하는 경우]
1) [귀결문에 있는 미래나 미완료와 함께 쓰여 조건이나 그 결과들이 미래에 있을 한 번 혹은 반복되는 행동임을 보여줄 때] 마5:19, 10:11, 고전11:27, 16:2,3.
2) [귀결문에 있는 현재와 함께 쓰여 조건이나 그 결과들이 시간에 상관없이 반복되는 동작을 포함하고 있음을 보여줄 때] 막9:18, 요5:19, 행2:39, 약4:4.

3. [때를 나타내는 절에서 가정법을 이끌며 일어날 수 있거나 일어날 일에 대해 아직 확실하게 단언할 수 없는 사실을 묘사할 때 사용됨]

1) ὅταν [ὅτε ἄν의 축약형]

① [가정법의 현재용법으로 쓰이며 규칙적으로 일어나는 동작을 가리킬 때 사용됨] ὅταν ἄρτον ἐσθίωσιν: 그들이 빵을 먹을 때마다, 마15:2, 요8:44, 고전3:4.

② 가정법의 부정과거용법으로 쓰이며 완성되어질 미래의 동작을 나타낼 때 사용됨] ὅταν ποιήσητε πάν- τα: 너희가 행한 때에, 마21:40, 막8:38, 눅17:10, 히1:6. [참조] 요4:25, 16:13, 행23:35.

2) ἡνίκα ἄν: ~할 때마다, ἀναγινώσκηται Μωϋσῆς: 그들이 모세의 글을 읽을 때마다, 고후3:15.

3) ἡνίκα δὲ ἐάν: ~할 때마다, ἐ- πιστρέψη: 너희가 마실 때마다, 고전11: 25,26.

4) ① ὡς ἄν πορεύωμαι: 내가 떠나자마자, 롬15:24, 고전11:34, 빌2:23.

② ἀφ' οὗ ἄν: ~후에, ~뒤에, 눅13:25.

③ ἕως ἄν: ~까지, μείνατε ἕως ἂν ἐξέλθητε: 너희가 떠날 때까지 머물러라, 마2:13, 5:26, 10:11, 눅9:27, 약5:7.

4. [간혹 목적절에 사용되는 경우] ὅπως ἄν: ~하기 위하여, 눅2:35, 행3:20, 15:17, 롬3:4.

5. [희구법으로 사용되는 경우]

1) [수사적 질문] 행8:31, 17:18, 26:29.

2) [미완료나 역사적 현재 뒤에 오는 간접질문] 눅1:62, 9:46, 6:11, 행5:24, 10:17.

6. [고대 헬라어에는 빈번히 나오나 신약성경에는 드물게 사용되는 부정사, 분사의 용법] 고전7:5, 고후10:9.

7. [ἄν, 1437의 단축형] 요5:19, 12:32, 13:20, 16:23, 20:23, 행9:2.

303. ἀνά [ana][13회] 아나

전 목적격과 함께 사용; '위에, 위로 향하여':

1) ἀνὰ μέσον[속격과 함께 쓰일 경우]

① ~가운데, 마13:25, 막7:31.

② ~가운데, 사이에, 고전6:5, 계7:17.

2) ἀνὰ μέρος: 순번대로, 차례대로, 고전14:27.

3) [수가 동반되어 분배의 의미를 가짐] 각각 ~씩, ἀνὰ δη- νάριον: 한 데나리온씩, 마20:9,10.

304. ἀναβαθμός, οῦ, ὁ [anabathmŏs][2회] **아나바드모스**

명 305에서 유래: 층계, 행21:35,40.

☞**층대**(행21:35).

305. ἀναβαίνω [anabainō][82회] **아나바이노**

동 [기본형] 제2부정과거 ἀνέβην, 단수명령 ἀνάβα, 복수명령 ἀνάβατε, 계11: 12, ἀν άβητε, 요7:8. 미래 ἀναβή- σομαι, 완료 ἀναβέβηκα, 303과 939의 어간에서 유래:

1. [문자적으로] 올라가다, 거슬러 오르다

1) [살아있는 존재의 경우]

① [실제 오르는 동작] 마5:1, 20:17, 18, 눅18:10, 행1:13.

㉠ [ἐπί τι와 함께] 눅5:19, 행10:9.

㉡ [πρός τινα와 함께] 행15:2.

㉢ [ἀπό- τινος와 함께] 마3:16.

㉣ [ἔκ τινος와 함께] 막1:10, 눅2:4, 요10:1, 행8:39.

② [위를 향하는 어떤 움직임] 마17: 27, 눅19:28, 요3:13, 6:62, 행2:34, 롬10:6, 엡4:8,9, 계11:12, 20:9.

2) [사물의 경우]

① [연기] 계8:4, 9:2, 19:3.

② [식물] 자라 오름, 마13:7, 막4:7,32.

③ [기도] 하늘로 상달됨, 행10:4.

2. [상징적으로]

1) 보고가 상달되다, 행21:31.

2) 마음에 떠오르다, 고전2:9.

3) 의심이 생기다, 눅24:38.

☞**올라오다**(마3:16, 막1:10), **올라가다**(마5:1), **자라다**(마13:7), **오르다**(막3:13), **향하다**(눅19:28), **넘어가다**(요10:1), **보내다**(행15:2), **생각하다**(고전2:9), **일어나다**(눅24: 38), **상실하다**(행10:4), **들어가다**(행21:4), **들리다**(행21:31), **널리 퍼지다**(계20:9).

306. ἀναβάλλομαι [anaballŏmai][1회] **아나발로마이**

동 중간태. 303과 906에서 유래: 연기하다, 휴회하다, 행24:22.

☞**연기하다**(행24:22).

307. ἀναβιβάζω [anabibazō][1회] **아나비바조**

동 303과 939의 파생어에서 유래: [그물과 같은 것을] 잡아올리다, 끌어올리다, 마13:48.

☞**끌어내다**(마13:48).

308. ἀναβλέπω [anablĕpō][25회] **아나블레포**

동 제1부정과거 ἀνέβλεψα, 명령 ἀνά- βλεψον, 303과 991에서 유래:

1. 쳐다보다, 올려다 보다.

1) 쳐다보다, 마14:19, 막6:41, 7:34, 8: 24, 눅9:16.

2) 올려다 보다, 행22:13.

2. 시력을 얻다

1) [문자적으로]

① [전에 볼 수 있다가 맹인이 된 사람의 경우] 다시 보다, 마11:5, 20:34, 막10:51, 눅7:22, 18:41, 행9:12, 17,18.

② [날 때부터 맹인된 사람의 경우] 시력을 얻다, 보게 되다, 요9:11,15,18.

2) [상징적으로] 영적인 시력을 얻다.

☞**보다**(마11:5, 눅7:22), **우러르다**(막6:41), **우러러 보다**(막8:24), **주목하여 보다**(막8: 24), **보게 되다**(마20:34), **보기를 원하다**(막10:51), **보게 하다**(행9:12,17), **들어보다**(막16:4, 눅21:1).

309. ἀνάβλεψις, εως, ἡ [anablĕpsis][1회] **아나블렙시스**

명 308에서 유래: 시력의 회복, 복구, 눅4:18.

☞**다시 보게 됨**(눅4:18).

310. ἀναβοάω [anabŏaō][1회] **아나보아오**

동 제1부정과거 ἀνεβόησα, 303과 994에서 유래: 부르짖다, 마27:46, 막15:8㊂, 눅1:42, 9:38.

☞**크게 소리지르다**(마27:46), **요구하다**(막15:8㊂)

311. ἀναβολή, ῆς, ἡ [anabŏlē][1회] **아나볼레**

명 306에서 유래: 연기, 지연, 행25:17.

☞**지체함**(행25:17).

312. ἀναγγέλλω [ananggĕllō][14회] **아낭겔로**

동 미래 ἀναγγελῶ, 제1부정과거 ἀ- νήγγειλα, 제1부정과거부정사 ἀναγ- γεῖλαι, 제2부정과거수동태 ἀνηγγέ- λην, 303과 32의 어간에서 유래:

1) [문자적으로] 보고하다, 사람이 어떤 곳으로부터 돌아와서 알리는 경우, 행14:27, 고후7:7.

2) [일반적으로] 드러내 놓다, 알리다, 선포하다, 가르치다, 요4:25, 5:15, 16: 13, 행19:18, 20:20,27, 롬15:21, 벧전1:12, 요일1:5.

☞**말하다**(행15:4, 고후7:7), **알리다**(요16:15), **밝히 이르다**(요16:25), **전하다**(행20:20).

313. ἀναγεννάω [anagĕnnaō][2회] **아나겐나오**

동 제1부정과거 ἀνεγέννησα, 완료수동분사 ἀναγεγεννημένος, 303과 1080에서 유래:

1) 다시 낳다, 다시 나게 하다.

2) [상징적으로] 기독교인들이 영적으로 다시 태어나다, 벧전1:3,23.

☞**거듭나게 하다**(벧전1:3), **거듭나다**(벧전1:23).

314. ἀναγινώσκω [anaginōskō][32회] **아나기노스코**

동 [기본형] 미래 ἀναγνώσομαι, 제2부정과거 ἀνέγνων, 제2부정과거부정사 ἀναγνῶναι, 제2부정과거분사 ἀ- ναγνούς, 제1부정과거수동태 ἀνεγνώσθην, 303과 1097에서 유래:

1) 읽다

① [ἐν과 함께 쓰이는 경우] 마12:5, 21:42, 막12:26.

② [목적격과 함께 쓰이는 경우] 마22: 31, 막12:10, 눅6:3, 요19:20, 행8: 28,30, 골4:16.

③ [ὅτι절과 함께 쓰이는 경우] 마19:4, 21:16.

④ [질문으로 쓰이는 경우] 마12:3, 24: 15, 막2:25, 13:14, 눅10:26, 행8: 30, 15:31, 23:34, 고후3:2, 엡3:4.

2) 크게 읽다, 선포하다[공중 앞에서], 눅4:16, 행15:21, 고후3:15, 골4:16, 살전5:27.

☞**읽다**(눅4:16, 고후1:13, 계1:3), **읽어 보다**(마21:16), **읽게 하다**(골4:16), **외우다**(행13: 27), **[명] 읽음**(행15:21), **보다**(계5:4㊂).

315. ἀναγκάζω [anangkazō][9회] **아낭카조**

동 미완료과거 ἠνάγκαζον, 제1부정과거 ἠνάγκασα, 제1부정과거명령 ἀ- νάγκασον, 제1부정과거수동태 ἠναγ- κάσθην, 318에서 유래:

1) ~을 강제하다, 억지로 ~하게 하다[부정사

를 동반하여 내적이거나 외적인 강제의 뜻을 나타냄] 行26:11, 28:19, 고후12:11, 갈2:3,14.

2) 간곡하게 청하다, 자꾸 권하다, 몰아대다, 역설하다, 마14:22, 막6:45, 눅14:23.

☞**재촉하다**(마14:21, 막6:45), **강권하다**(눅14:23), **반대하다**(행28:19), **억지로 시키다**(고후12:11), **[명] 강제**(행26:11). **[부] 억지로**(고후12:11, 갈2:3,14, 6:12).

316. ἀναγκαῖος, α, ον [anangkaiŏs][8회] **아낭카이오스**

형 318에서 유래:

1) 필요한, 행13:46, 고전12:22, 고후9:5, 빌1:24, 2:25, 딛3:14, 히8:3.

2) 친근한, 가까운, 밀접한, 행10:24.

☞**가까운**(행10:24), **요긴한**(고전12:22), **필요한**(고후9:5, 빌2:25, 딛3:14).

317. ἀναγκαστῶς [anangkastŏs][1회] **아낭카스토스**

부 315의 파생어에서 유래: 반드시, 강제로, 억지로.

☞**억지로**(벧전5:2).

318. ἀναγκή, ης, ἡ [anangkē][18회] **아낭케**

명 303과 43의 어간에서 유래:

1) [사물의 성질이나 신의 섭리나 관습, 의무 등에 어떠한 종류의 내적이거나 외적인] 필요성, 강제, 억지, 마18:7, 롬13:5, 히9:16.

① [ἔχω와 부정사가 수반되는 경우] 반드시 ~해야 한다, 눅14:18, 히7:27, 유1:3. [주] 부정사 없이 같은 뜻을 나타낼 수도 있다, 고전7:37.

② [전치사와 함께 쓰이는 경우] 고후9:7, 몬1:14, 히7:12.

2) 고난, 재난, 고전7:26, 고후6:4, 12: 10, 살전3:7. 3)강제의 수단, 고통을 주는 방편, 고후12:10.

☞**없을 수 없음**(마18:7), **환난**(눅21:23, 고전7:36), **아니할 수 없음**(롬13:5), **부득이한 일**(고전7:37), **필요**(히7:27), **궁핍**(고후12:10), **효력**(히9:17). **[부] 반드시**(히7:12), **아무래도**(눅14:18), **부득불**(고전9:16), **억지로**(고후9:7, 몬1:14).

319. ἀναγνωρίζομαι [anagnōrizŏmai][1회] **아나그노리조마이**

동 중간태. 제1부정과거 ἀνεγνωρι- σάμην, 303과 1107에서 유래: 다시 인식하다, 알아보다, 알게 만들다, 행7:13.

☞**알게 되다**(행7:13).

320. ἀνάγνωσις, εως, ἡ [anagnōsis][3회] **아나그노시스**

명 314에서 유래: 읽기, 독서, 낭독[특히 회당에서 율법과 예언서를 읽는 경우], 행13:15, 고후3:14, 딤전4:13.

☞**읽기**(행13:15, 고후3:14, 딤전4:13).

321. ἀνάγω [anagō][23회] **아나고**

동 제2부정과거 ἀνήγαγον, 제1부정과거수동태 ἀνήχθην:303과 71에서 유래: 인도하다, 끌어올리다.

1) [문자적으로] 낮은 곳에서 높은 곳으로 끌어올리다, 마4:1, 눅2:22, 4:5, 행9:39, 16:34, 롬10:7, 히13:20.

2) [상징적으로] 제물을 바친다, 행7:41.

3) [항해용어로서 중간태나 수동태로 쓰여] 항해하다, 출항하다, 눅8:22, 행13:13, 18:21, 20:3, 27:4,21, 28:11.

☞**이끌리다**(마4:1), **이끌다**(눅4:5, 히13:20), **데리다**(눅2:22, 행9:39, 16:34), **건너가다**(눅8:22), **끌어들이다**(눅22:66), **끌다**(행12:4), **제사하다**(행7:41), **동행하다**(행13:13), **배로 떠나다**(행16:11), **배타다**(행18:21, 20:3, 21:1), **항해하다**(행27:4), **떠나다**(행27:21, 28:11), **올리다**(롬10:7).

322. ἀναδείκνυμι [anadĕiknümi][2회] **아나데이크뉘미**

동 제1부정과거 ἀνέδειξα, 303과 1166에서 유래:

1) 전시하다, 나타내 보이다.

① 명백하게 보이다, 숨겨진 것을 드러내 보이다, 행1:24.

② 사람을 어떤 자리에 임명하다, 위임하다, 눅10:1.

☞**세우다**(눅10:1), **보이다**(행1:24).

323. ἀνάδειξις, εως [anadĕixis][1회] **아나데이크시스**

명 322에서 유래: 위임, 취임, 나타냄, 눅1:80

☞**나타남**(눅1:80).

324. ἀναδέχομαι [anadĕchŏmai][2회] **아나데코마이**

동 제1부정과거 ἀνεδεξάμην, 303과 1209에서 유래:

A

1) 받아들이다, 히11:17.
2) [손님을] 환영하다, 영접하다, 행28:7.
☞**영접하다**(행28:7), **받다**(히11:17).

325. ἀναδίδωμι [anadidōmi][1회] **아나디도미**
동 제2부정과거분사 ἀναδούς, 303과 1325에서 유래: 전해주다, 넘겨주다, 행23:33.
☞**드리다**(행23:33).

326. ἀναζάω [anazaō][2회] **아나자오**
동 제1부정과거 ἀνέζησα, 303과 2198에서 유래: 소행하다.
1) [문자적으로]
① 죽은 자가 다시 살아나다, 롬14:9, 계20:5, 눅 15:32.
② 살아서 활동하다, 롬7:9.
2) [상징적으로, 도덕적으로, 영적으로 죽은 사람의 경우 사용됨] 눅15:24.
☞**다시 살아나다**(눅15:24, 롬7:9), **다시 살다**(눅15:32, 롬14:9, 계20:5).

327. ἀναζητέω [anazētĕō][3회] **아나제테오**
동 미완료과거 ἀνεζήτουν, 303과 2212에서 유래: 찾다, 수색하다, 주의해서 찾다, 눅2:44,45, 행11:25.
☞**찾다**(눅2:44, 행11:25).

328. ἀναζώννυμι [anazōnnumi][1회] **아나존뉘미**
동 제1부정과거중간태 ἀνεζωσάμην, 303과 2224에서 유래: 허리를[일을 하거나 걷기 위하여 긴 옷을] 동이다, 싸매다, 벧전1:13.
☞**허리를 동이다**(벧전1:13).

329. ἀναζωπυρέω [anazōpurĕō][1회] **아나조퓌레오**
동 제1부정과거 ἀνεζωπύρησα, 303과 2226의 어간과 4442에서 유래: [타동사] 다시 불을 붙이다, 불붙이다, 딤후1:6.
☞**불일 듯하게 하다**(딤후1:6).

330. ἀναθάλλω [anathallō][1회] **아나달로**
동 제2부정과거 ἀνέθαλον, 303과 θάλλειν '번영하다'에서 유래: 자라게 하다, 다시 번영하게 하다, 소생시키다, 빌4:10.
☞**다시 싹이 나다**(빌4:10).

331. ἀνάθεμα, ατος, τό [anathĕma][6회] **아나데마**
명 394에서 유래:
1) 성전에 바쳐진 봉헌제물, 눅21:5.
2) 신에게 봉헌된 것[거룩한 것과 저주받은 것을 다 의미할 수 있지만 신약성경에서는 저주받은 것으로 제한하여 사용됨], 행23:14, 롬9:3, 고전12:3, 16: 22, 갈1:8.
☞**맹세**(행23:14), **저주**(롬9:3, 고전12:3, 갈1:8).

332. ἀναθεματίζω [anathĕmatizō][4회] **아나데마티조**
동 제1부정과거 ἀνεθεμάτισα, 331에서 유래:
1) 맹세하다, 저주하다, 받기로 맹세하다, 행23:12,14,21.
2) [타동사] 저주하다, 막14:71.
☞**맹세하다**(행23:12,21), **저주하다**(막14:71).

333. ἀναθεωρέω [anathĕōrĕō][2회] **아나데오레오**
동 303과 2334에서 유래: 다시 보다, 조사하다, 주의 깊게 관찰하다.
1) [문자적으로] 주의 깊게 보다, 행17:23.
2) [상징적으로] 영적인 것들에 대해 고려하다, 생각하다, 히13:7.
☞**보다**(행17:23), **주의하여 보다**(히13:7).

334. ἀνάθημα, ατος, τό [anathēma][1회] **아나데마**
명 394[331과 같으나 좋은 의미]에서 유래:
1) 봉헌된 제물, 눅21:5.
2) 예물.
☞**헌물**(눅21:5).

335. ἀναίδεια, ας, ἡ [anaidĕia][1회] **아나이데이아**
명 1[부정불변사]과 127의 합성어에서 유래: 고집, 건방짐, 뻔뻔스러움, 파렴치함, 부끄러움을 모름, 눅11:8.
☞**간청함**(눅11:8).

336. ἀναίρεσις, εως, ἡ [anairĕsis][1회] **아나이레시스**
명 337에서 유래: 살인, 행8:1.
☞**죽임 당함**(행8:1). **[동] 죽이다**(행22:20).

337. ἀναιρέω [anairĕō][24회] **아나이레오**
동 미래 ἀναιρήσω와 ἀνελῶ, 제2부정과거 ἀνεῖλον, 제2부정과거가정법 ἀ－νέλω, 제2부정과거중간태 ἀνειλόμην과 ἀνειλάμην, 제1부정과거수동태 ἀ－νῃρέθην, 303과 138에서 유래:
1) [능동] 치워버리다, 없애 버리다, 파괴하

다.

① [인격에 대한 경우] 마2:16, 눅22:2, 23:32, 행2:23, 7:28, 9:23,24, 10:39,13:28, 16:27, 22:10, 23:15, 21, 25:3, 살후2:8.

② [사물에 대한 경우] 히10:9. ㉯ στῆσαι.

2) [중간] 집어 올리다, 행7:21.

☞**죽이다**(마2:16, 행2:23, 23:15), **없이하다**(행5:33), **죽임을 당하다**(행5:36), **버리우다**(행7:21), **자결하다**(행16:27), **죽게 되다**(행23:27), **폐하다**(히10:9). **[명] 사형**(눅23:32), **죽임**(행7:28).

338. ἀναίτιος, ον [anaitiŏs][2회]
아나이티오스

형 1[부정불변사]과 159에서 유래: 죄 없는, 마12:5,7, 행16:37.

☞**죄 없는**(마12:5), **무죄한**(마12:7).

339. ἀνακαθίζω [anakathizō][2회]
아나카디조

동 제1부정과거 ἀνεκάθισα, 303과 2523에서 유래: 바로 앉다, 일어나 앉다, 눅7:15, 행9:40.

☞**일어나 앉다**(눅7:15, 행9:40).

340. ἀνακαινίζω [anakainizō][1회]
아나카이니조

동 제1부정과거 ἀνεκαίνισα, 303과 2537의 파생어에서 유래: 갱신시키다, 새롭게 하다, 소생시키다, 회복시키다, 히6:6.

☞**새롭게 하다**(히6:6).

341. ἀνακαινόω [anakainŏō][2회]
아나카이노오

동 303과 2537의 파생어에서 유래: [바울서신의 경우에서만 그리스도인의 영적인 재탄생에 대한 상징으로 수동태로만 쓰임] ㉯ διαφθείρειν: 새롭게 하다, 갱신하다, 고후4:16, 골3:10.

☞**새롭다**(고후4:6), **새롭게 하심을 입다**(골3:10).

342. ἀνακαίνωσις, εως, ἡ [anakainō- sis][2회]
아나카이노시스

명 303과 2537의 파생어에서 유래: 갱신, 갱생, 새롭게 함[사람이 영적으로 거듭남], 롬12:2, 딛3:5 [παλιγγε- νεσία와 함께 쓰임].

☞**새롭게 함**(롬12:2, 딛3:5).

343. ἀνακαλύπτω [anakalüptō][2회]
아나칼뤼프토

동 완료수동 ἀνακεκάλυμμαι, 303과 2572에서 유래: 벗기다, 열다, 치워버리다, 폭로하다, 고후3:14,18.

☞**벗어지다**(고후3:14), **수건을 벗다**(고후3:18).

344. ἀνακάμπτω [anakamptō][4회]
아나캄프토

동 미래 ἀνακάμψω, 제1부정과거 ἀνέ- καμψα, 303과 2578에서 유래:

1) 돌아가다.

① [문자적으로] 마2:12, 행18:21, 히11:15.

② [상징적으로] 눅10:6.

☞**돌아가다**(마2:12, 히11:15), **돌아오다**(눅10:6, 행18:21).

345. ἀνακεῖμαι [anakĕimal][14회]
아나케이마이

동 미완료 ἀνεκειμην, 303과 2749에서 유래: 기대다, 눕다.

1) [일반적으로] ㉯ ἑστηκέναι 막5:40㊀.

2) [식탁에 기대는 경우] 식사자리에 앉다, 식사하다, 마9:10, 26:7,20, 막14:18, 16:14, 요12:2, 13:23.

☞**앉다**(마9:10, 눅7:37㊀, 요6:11), **앉아 먹다**(막14:18), **눕다**(요13:23). **[명] 손님(客)**(마22:10,11).

346. ἀνακεφαλαίομαι [anakĕphalaiŏ- mai][2회] 아나케ㅎ팔라이오마이

동 제1부정과거중간태 ἀνεκεφαλαι- ωσάμην, 303과 2775에서 유래: 요약하다, 합계하다, 되풀이 말하다, 모으다, 롬13: 9, 엡1:10.

☞**다 들었다**(롬13:9), **다 통일되게 하려 하다**(엡1:10).

347. ἀνακλίνω [anaklinō][6회] 아나클리노

동 미래 ἀνακλινῶ, 제1부정과거 ἀνέ- κλινα, 제1부정과거수동태 ἀνεκλί- θην, 미래수동태 ἀνακλιθήσομαι, 303과 2827에서 유래:

1)[능동]

① 누이다, 침대에 내려놓다[어린이를], 눅2:7.

② 눕게 하다, 기대게 하다, 막6:39, 눅

A

12:37.

2) [수동] 눕다, 식사 때 기대어 앉다, 마8:11, 14:19, 막6:39, 눅7:36㉤, 13: 29.

☞**앉다**(마7:36㉤, 8:11), **앉히다**(마14:19, 눅12:37), **앉게 하다**(막6:39), **눕다**(눅2:7), **참석하다**(눅13:29).

348. ἀνακόπτω [anakŏptō] **아나콥토**

동 303과 2875에서 유래: 제지하다, 막다, 방해하다, 갈5:7.

☞**막다**(갈5:7).

349. ἀνακράζω [anakrazō][5회] **아나크라조**

동 제1부정과거 ἀνέκραξα, 제2부정과거 ἀνέκραγον, 303과 2896에서 유래: 고함지르다, 소리치다, 막1:23, 6:49, 눅4:33, 8:28, 23:18.

☞**소리지르다**(막1:23, 6:49, 눅23:18), **큰 소리로 부르다**(눅8:28).

350. ἀνακρίνω [anakrinō][16회] **아나크리노**

동 제1부정과거 ἀνέκρινα, 제1부정과거수동태 ἀνεκρίθην, 303과 2919에서 유래: 자세히 조사하다:

1) 질문하다, 시험하다.
① [일반적으로] 행17:11, 고전10:25, 27.
② [법정에서의 청취를 위한 질문: 목적격과 함께 쓰임] 눅23:14, 행4:9, 12:19, 24:8, 28:18, 고전4:3이하, 9:3.

2) 심문과 함께 판결하다, 심판하다, 책임을 묻다, 가려내다, 고전2:15, 14:24[ἐλέγχειν과 함께].

☞**고발하다**(눅23:14), **질문하다**(행4:9), **심문하다**(행12:19, 24:8, 28:18), **상고하다**(행17:11), **분별하다**(고전2:14), **판단받다**(고전4:3), **판단하다**(고전4:3), **비판하다**(고전9: 3), **묻다**(고전10:25, 27). **[명] 판단**(고전2:15, 14:24).

351. ἀνάκρισις, εως, ἡ [anakrisis][1회] **아나크리시스**

명 350에서 유래: 조사, 검사, 심문, 취조[특히 예심], 행25:26.

☞**심문**(행25:26).

352. ἀνακύπτω [anaküptō][4회] **아나퀴프토**

동 제1부정과거 ἀνέκυψα, 제1부정과거명령 ἀνάκυψον, 303과 2955에서 유래: 의기충천하다, 몸을 일으키다, 곧바로 서다.

1) [문자적으로 쓰이는 경우] 눅13:11.

2) [상징적으로] 눅21:28.

☞**펴다**(눅13:11), **들다**(눅21:28), **일어나다**(요8:7).

353. ἀναλαμβάνω [analambanō][13회] **아날람바노**

동 제2부정과거 ἀνέλαβον, 완료 ἀ– νείληφα, 제1부정과거수동태 ἀνελή– μφθην, 303과 2983에서 유래:

1) 들어올리다, 막16:19, 행1:2,11,22, 10: 16, 딤전3:16.

2) 운반하기 위해 들다, 행7:43.

3) 여행할 동료를 데리고 가다, 함께 가다, 행23:31, 딤후4:11.

☞**올려지다**(막16:19, 행20:14, 딤전3:16), **승천하다**(행1:2), **부활하다**(행1:22), **받들다**(행7:43), **태우다**(행20:13), **데리고 오다**(딤후4:11), **데리다**(행23:31), **가지다**(엡6:16), **취하다**(엡6:13).

354. ἀνάληψις, εως, ἡ [analēpsis][1회] **아날렙시스**

명 353에서 유래: 승천, 들어올림[신약성경에서는 눅9:51에서 유일하게 사용됨].

☞**승천**(눅9:51).

355. ἀναλίσκω, ἀναλόω [analiskō][2회] **아날리스코**

동 제1부정과거 ἀνήλωσα, 제1부정과거수동태 ἀνηλώθην, 303과 138의 변형된 형태에서 유래; 소비하다: 소멸하다, 소비하다 [불이 주체가 됨], 눅9:54, 갈5:15,살후2:8㉤.

☞**멸하다**(눅9:54), **멸망하다**(갈5:15), **폐하다**(살후2:8㉤)

356. ἀναλογία, ας, ἡ [analŏgia][1회] **아날로기아**

명 303과 3056의 합성어에서 유래: 바른 관계, 균형, 어울림.

1) κατὰ (τὴν) ἀναλογίαν: 어울리게, 일치하게, 바른 관계로.

2) κατὰ τὴν ἀ. τῆς πίστεως: 믿음에 합당하게, 롬12:6.

☞**분수**(롬12:6).

357. ἀναλογίζομαι [analŏgizŏmai][1회] **아날로기조마이**

동 제1부정과거 ἀνελογισάμην, 356에서 유래: ~을 숙고하다, 고려하다, 생각하다, 히12:3.

☞**생각하다**(히12:3).

358. ἄναλος, ον [analŏs][1회] **아날로스**

형 1[부정불변사]과 251에서 유래: 소금 없는, 소금성분을 잃은, 짠맛을 잃은, 막9:50.

☞**맛을 잃은**(막9:50).

359. ἀνάλυσις, εως, ἡ [analüsis][1회] **아날뤼시스**

명 360에서 유래:1)[문자적으로] 놓아 줌, 출발, 떠남. 2)[상징적으로] 생으로부터 떠남, 죽음, 딤후4:6.

☞**떠남**(딤후4:6).

360. ἀναλύω [analüō][2회] **아날뤼오**

동 제1부정과거 ἀνέλυσα, 303과 3089에서 유래:

1) [타동사] 풀다, 느슨하게 하다.
2) [자동사] 출발하다, 떠나다, 돌아가다, ἔκ τινος: ~으로부터 떠나다, 눅12:36.
   ① [상징적으로] 출발하다.
   ② [완곡어법] 죽다, 빌1:23.

☞**돌아오다**(눅12:36), **떠나다**(빌1:23).

361. ἀναμάρτητος [anamartētŏs][1회] **아나마르테토스**

형 1[부정불변사]과 264의 파생어에서 유래: 죄 없는, 죄짓지 않은, 요8:7.

☞**죄 없는**(요8:7).

362. ἀναμένω [anamĕnō][1회] **아나메노**

동 제1부정과거 ἀνέμεινα, 제1부정과거명령 ἀνάμεινον, 303과 3306에서 유래: [사람이나 사물을] 기다리다, 기대하다[특히 메시아를], 살전1:10.

☞**기다리다**(살전1:10).

363. ἀναμιμνήσκω [anamimnēskō][6회] **아나밈네스코**

동 미래 ἀναμνήσω, 제1부정과거수동태 ἀνεμνήσθην, 303과 3403에서 유래:

1) ~에게 ~을 기억나게 하다, 생각하게 하다, 연상하게 하다, 고전4:17, 딤후1:6.
2) [수동태의 뜻] 기억하다, 생각나다, 막11:21, 14:72, 고후7:15, 히10:32.

☞**기억되다**(막14:72), **생각나다**(막11:21, 고전4:17), **생각하다**(고후7:15, 히10:32), **생각나게 하다**(고전4:17).

364. ἀνάμνησις, εως, ἡ [anamnēsis][4회] **아남네시스**

명 363에서 유래: 생각나는 것, 기념, 기억, 눅22:19, 고전11:24이하, 히10:8.

☞**기념**(눅22:19, 고전11:24,25), **생각하게 하는 것**(히10:3).

365. ἀνανεόω [ananĕŏō][1회] **아나네오오**

동 제1부정과거 ἀνενέωσα, 303과 3501의 파생어에서 유래: [타동사] 새롭게 하다, 갱신하다, 엡4:23.

☞**새롭게 되다**(엡4:23).

366. ἀνανήφω [ananēphō][1회] **아나네포**

동 제1부정과거 ἀνένηψα, 303과 3525에서 유래: 정신을 차리다, 의식을 회복하다, 딤후2:26.

☞**벗어나다, 깨다**(딤후2:26).

367. Ἀνανίας, ου, ὁ [Ananias][11회] **아나니아스**

고명 히브리어 2608에서 유래:

1) 예루살렘 교회의 교인이며 삽비라의 남편 '아나니아', 행5:1,3,5.
2) 다메섹의 그리스도인으로 바울에게 안수를 한 사람 '아나니아', 행9:10,12이하, 22:12.
3) 유대인 대제사장의 한 사람 '아나니아', 행23:2, 24:1.

☞**아나니아**(행5:1,3, 22:12, 23:2).

368. ἀναντίῤῥητος, ον [anantirrhē– tŏs][1회] **아난티르흐레토스**

형 1[부정불변사]과 473과 4483의 합성어의 파생어에서 유래된 것으로 보임: 부정할 수 없는, 다툴 여지없는, 틀림없는, 행19:36.

☞**그렇지 않다 할 수 없는**(행19:36).

369. ἀναντιῤῥήτως [anantirrhētōs][1회] **아난티르흐레토스**

부 368에서 유래: 반박 없이, 신속히, 행10:29.

☞**사양하지 아니하고**(행10:29).

370. ἀνάξιος, ον [anaxiŏs][1회] **아낙시오스**

형 1[부정불변사]과 514에서 유래: 가치 없는, 무가치한, 고전6:2.

☞**감당하지 못하는**(고전6:2).

371. ἀναξίως[anaxiōs][1회] **아낙시오스**

부 370에서 유래: 가치 없이, 비열하게, 아무렇게나, 고전11:27.

☞**합당하지 않게**(고전11:27).

372. ἀνάπαυσις, εως, ἡ [anapausis][5회] **아나파우시스**

명 373에서 유래:
1) 쉼, 안식, 휴식, 마11:29, 계4:8, 14:11.
2) 안식처, 쉴 곳, 마12:43, 눅11:24.
☞**쉼**(마11:29, 눅11:24, 계14:11), **쉬기**(마12: 43).

373. ἀναπαύω [anapauō][12회] 아나파우오
동 미래 ἀναπαύσω, 제1부정과거 ἀνέ- παυσα, 제1부정과거명령 ἀνάπαυσον, 완료 중간태와 수동태 ἀναπέπαυμαι, 제1부정과거수동태 ἀνεπαύθην, 미래중간태 ἀναπαύσομαι, 미래수동태 ἀνα- παήσομαι, 303과 3973에서 유래:
1) [타동사: 목적격과 함께 쓰임] 소생시키다, 회복시키다, 쉬게 하다, 원기를 돋우다, 마11:28, 고전16:18, 고후7:13, 몬1:7,20, 벧전4:14.
2) [중간].
① 쉬다, 안식하다, 휴식하다, 마26:45, 막6:31, 14:41, 계14:13.
② 몸을 편히 하다, 눅12:19.
③ 의지하다, 근거를 두다, 벧전4:14.
☞**쉬게 하다**(마11:28), **쉬다**(막6:31, 눅12:19, 계14:13), **시원하게 하다**(고전16:18), **안식함을 얻다**(고후7:13), **평안하게 하다**(몬1:20), **평안함을 얻다**(몬1:7).

374. ἀναπείθω [anapĕithō][1회] 아나페이도
동 제1부정과거 수동태 ἀνεπείσθην, 303과 3982에서 유래: 권고하다, 타이르다, 부추기다, 선동하다, 행18:13.
☞**권하다**(행18:13).

375. ἀναπέμπω [anapĕmpō][5회] 아나펨포
동 미래 ἀναπέμψω, 제1부정과거 ἀ- νέπεμψα, 303과 3992에서 유래:
1) 올려 보내다, 보내다, 눅23:7, 행25:21.
2) 돌려보내다, 눅23:11,15, 몬1:12.
☞**보내다**(눅23:7), **도로 보내다**(눅23:11,15), **돌려 보내다**(몬1:12).

376. ἀνάπηρος, ον [anapĕrŏs] 아나페로스
형 303[강렬한 의미에서]과 πῆρος '불구의'에서 유래: 절름발이의, 다리를 저는. [주] 명사로 쓰일 때는 '절름발이',[참조] ἀνάπειρος.
☞**저는**(눅14:13,21).

377. ἀναπίπτω[anapipto][12회] 아나핍토
동 제2부정과거 ἀνέπεσον과 ἀνέπε- σα, 303과 4098에서 유래:
1) 눕다, 기대다[특히 식사 때] 마15:35, 막6:40, 8:6, 눅11:37, 14:10, 17:7, 22:14, 요13:12.
2) 기대다, 뒤로 기대다, 요13:25, 21:20.
☞**앉게 하다**(마15:35, 막8:6, 요6:10), **앉다**(막6:40, 눅11:37, 요13:12), **의지하다**(요21: 20).

378. ἀναπληρόω [anaplērŏō][6회] 아나플레로오
동 미래 ἀναπληρώσω, 제1부정과거 ἀνεπλήρωσα, 303과 4137에서 유래:
1) 완성하다, 살전2:16.
2) 충족하다, 성취하다, 이루다, 마13:14, 갈6:2.
3) 틈을 메우다, 보충하다, 바꾸다, 고전14:16, 16:17, 빌2:30.
☞**이루다**(마13:14), **처지에 있다**(고전14:16), **성취하다**(갈6:2), **채우다**(고전16:17, 빌2:30).

379. ἀναπολόγητος, ον [anapŏlŏgē- tŏs][2회] 아나폴로게토스
형 1[부정불변사]과 626의 추정된 파생어에서 유래: 이유 없는, 변명할 수 없는, 핑계할 수 없는, 할 말 없는, 롬1:20.
☞**핑계하지 못하는**(롬1:20, 2:1).

380. ἀναπτύσσω [anaptüssō][1회] 아납튓소
동 제1부정과거 ἀνέπτυξα, 303[역전의 의미에서]과 4428에서 유래: [두루마리로 된 책을] 펴다, 풀다, 열다, 눅4:17.
☞**펴다**(눅4:17).

381. ἀνάπτω [anaptō][2회] 아납토
동 제1부정과거수동태 ἀνήφθην, 303과 681에서 유래: 태우다, 불붙이다, 눅12: 49, 약3:5.
☞**불붙다**(눅12:49), **불을 피우다**(행28:2ⓢ), **태우다**(약3:5).

382. ἀναρίθμητος, ον [anarithmētŏs][1회] 아나리드메토스
형 1[부정불변사]과 705의 파생어에서 유래: [해변의 모래알같이] 셀 수 없는, 무수한, 히11:12.
☞**무수한**(히11:12).

383. ἀνασείω [anasĕiō][2회] 아나세이오
동 303과 4579에서 유래: 뒤흔들다, 감동시키다, 선동하다, 막15:11, 눅23:5. [주] 4격과 함께 쓰임.
☞**충동하다**(막15:11), **소동하게 하다**(눅23: 5).

384. ἀνασκευάζω [anaskĕuazō][1회]
아나스큐아조
동 303[역전의 의미에서]과 4362의 파생어에서 유래; '짐을 꾸리다': 뒤집다, 전복시키다, 어지럽게 하다, 불안하게 하다, 행15:24.
☞**혼란하게 하다**(행15:24).

385. ἀνασπάω[anaspaō][2회] 아나스파오
동 미래 ἀνασπάσω, 제1부정과거수동태 ἀνεσπάσθην, 303과 4685에서 유래: 끌어올리다, 당겨 올리다, 눅14:5, 행11:10.
☞**끌어내다**(눅14:5), **끌려 올라가다**(행11: 10).

386. ἀνάστασις, εως, ἡ [anastasis][42회]
아나스타시스
명 450에서 유래:
1) 오름, 오르기, 눅2:34.
2) 죽음으로부터의 부활.
① [과거에 있었던 예수의 부활] 행1: 22, 2:31, 4:33, 17:18, 롬1:4, 6:5, 빌3:10, 히11:35, 벧전1:3, 3:21.
② [심판날에 있을 미래의 부활] 눅14:14, 20:35,36, 요11:24, 23:6,8, 24:15, 고전15:12이하, 히6:2, 계20:15이하.
③ [사두개파의 부인] 마22:23,28,30, 막12:18,23, 눅20:27,33,35.
④ [에피쿠레오학파의 부인] 행17:18.
☞**부활**(마22:23, 막12:23, 행23:6), **흥함**(눅2:34), **다시 살아남**(행26:23).

387. ἀναστατόω [anastatŏō][3회]
아나스타토오
동 제1부정과거 ἀνεστάτωσα, 450['제거'의 의미]의 파생어에서 유래: 교란하다, 뒤엎다, 혼란시키다, 행17:6, 21:38, 갈5:12.
☞**어지럽게 하다**(행17:6, 갈5:12), **소요를 일으키다**(행21:38).

388. ἀνασταυρόω [anastaurŏō][1회]
아나스타우로오
303과 4717에서 유래: 다시 십자가에 달다, 히6:6.
☞**다시 십자가에 못박다**(히6:6).

389. ἀναστενάζω [anastĕnazō][1회]
아나스테나조
동 제1부정과거 ἀνεστάτωσα, 303과 4727에서 유래: 깊이 탄식하다, 깊이 한숨쉬다, 막8:12.
☞**깊이 탄식하다**(막8:12).

390. ἀναστρέφω [anastrĕphŏ][9회]
아나스트레ㅎ포
동 제1부정과거 ἀνέστρεψα, 제2부정과거수동태 ἀνεστράφην, 제2부정과거수동태분사 ἀναστραφείς, 303과 4762에서 유래:
1) [타동사] ~을 뒤집어엎다. 요2:15㉮.
2) [수동, 재귀] 앞뒤로 돌다.
① [~장소에서] 머물다, 살다. 마17:22㉮
② [상징적인 의미: 어떤 원리원칙에 따라 실천한다는 의미에서] 행하다, 처신하다, 움직이다, 거동하다, 고후1:12, 엡2:3, 딤전3:15, 히10: 33, 벧전1:17, 벧후2:18.
3) [자동사] 돌아오다, 행5:22, 15:16.
☞**지내다**(엡2:3), **엎다**(요2:15), **돌아오다**(행5:22, 15:16), **행하다**(고후1:12, 딤전3:15, 벧후2:18), **형편에 있다**(히10:33). **모이다**(마17:22㉮)

391. ἀναστροφή, ῆς, ἡ [anastrŏphē][13회]
아나스트로ㅎ페
명 390에서 유래: 삶의 방식, 행동 양식, 처신, 품행, 갈1:13, 엡4:22, 딤전4:12, 히13:7, 약3:13, 벧전2:12, 3:2, 벧후2:7, 3:11.
☞**행한 일**(갈1:13), **구습**(엡4:22), **행실**(딤전4:12, 히13:7, 벧전1:18, 3:1,2), **선행**(벧전3:16).

392. ἀνατάσσομαι [anatassŏmai][1회]
아나탓소마이
동 제1부정과거 ἀνεταξάμην, 303과 5021의 중간태에서 유래됨.
1) [문자적으로] 정돈하다.
2) [상징적으로] 적절한 순서로 반복하다, 재생하다, 작성하다, 편찬하다, 눅1:1.
☞**저술하다**(눅1:1).

393. ἀνατέλλω [anatĕllō][9회] 아나텔로
동 미래 ἀνατελῶ, 제1부정과거 ἀνέ－ τειλα, 현재완료 ἀνατέταλκα, 303과 5056의 어간에서 유래:
1) [타동사] 오르게 하다, 돋게 하다, 뛰어오르게 하다, 마5:45.
2) [자동사] 오르다, 뜨다, 뛰어오르다, [해가] 떠오르다, 마13:6, 막4:6, 16:2, 약1:11, [상징적으로] 샛별이 너희 마음속에 떠오를 때까지, 벧후1:19.
☞**비치다**(마4:16, 5:45), **비추다**(마5:45), **돋다**(마13:6, 막4:6, 약1:11), **일어나다**(눅12:54), **나오**

A

다(히7:14), **떠오르다**(벧후1:19).

394. ἀνατίθεμαι [anatithĕmai][2회] 아나티데마이

동 제2부정과거중간태 ἀνεθέμην, 303과 5087의 중간태에서 유래:
1) [문자적으로] 위에 두다, 위에 놓다.
2) [일반적으로] 신고하다, 전달하다, 알리다, 맡기다, 의미하다, 제시하다, 행25:14, 갈2:2.

☞**제시하다, 전파하다**(갈2:2), **말하다**(행25:14)

395. ἀνατολή, ῆς, ἡ [anatŏlē][11회] 아나톨레

명 393에서 유래:
1) [별이] 뜸, 돋음, 오름, 마2:2,9.
2) [태양이] 뜸, 동쪽, 동방, 동양.
① [단수일 경우] 계16:12, 7:2.
② [복수일 경우] 마2:1, 24:27. 3)[상징적으로] 메시아의 오심, 눅1:78.

☞**돋는 해**(눅1:78), **동방**(마2:1,2, 계16:12), **동**(마8:11, 눅13:29), **동편**(마24:27, 계21:13). **[동] 해돋다**(계7:2).

396. ἀνατρέπω [anatrĕpō][3회] 아나트레포

동 제1부정과거 ἀνέτρεψα, 303과 5157의 어간에서 유래:
1) [일반적인 뜻] 넘어지게 하다, 전복시키다, 파괴하다.
2) [문자적인 뜻] 뒤집어엎다, 요2:15.
3) [상징적인 뜻] 망치다, 파괴하다, 뒤흔들다, 딤후2:18. 딛1:11.

☞**무너뜨리다**(딤후2:18, 딛1:11).

397. ἀνατρέφω [anatrĕphō][3회] 아나트레ㅎ포

동 제1부정과거 ἀνέθρεψα, 제1부정과거 중간태 ἀνεθρεψάμην, 완료수동태 ἀνατέθραμμαι, 제2부정과거 수동태 ἀνέδραμον, 303과 5142에서 유래:
1) [육체의 양육] 기르다, 돌보다, 행7:20.
2) [정신적 영적 양육] 기르다, 훈련하다, 교육하다, 행7:21, 22:3.

☞**길리다**(행7:20), **기르다**(행7:21), **자라다**(행22:3).

398. ἀναφαίνω [anaphainō][2회] 아나ㅎ파이노

동 제1부정과거 ἀνέφανα, 303과 5316에서 유래: 밝히다, 나타나게 하다, 나타나다, 눅19:11.

☞**나타나다**(눅19:11), **바라보다**(행21:3).

399. ἀναφέρω[anaphĕrō][10회] 아나ㅎ페로

동 제2부정과거 ἀνήνεγκα, ἀνήνεγ- κον, 303과 5342에서 유래:
1) [일반적으로] 가져오다, 취하다, 들어올리다.
2) [문자적으로] 데리고 올라가다, 인도하다, 집어 올리다, 마17:1, 막9:2, 눅24:51.
3) [제물에 대해] 바치다, 히7:27, 약2: 21, 벧전2:5,24.
4) 가져가다, 치워버리다, 히9:28.

☞**올라가다**(마17:1), **올리우다**(눅24:51), **드리다**(히7:27, 약2:21, 벧전2:5), **담당하다**(히9:28).

400. ἀναφωνέω [anaphōnĕō][1회] 아나ㅎ포네오

동 제1부정과거 ἀνεφώνησα, 303과 5455에서 유래: 고함지르다, 눅1:42.

☞**큰 소리로 부르다**(눅1:42).

401. ἀνάχυσις, εως, ἡ [anachŭsis][1회] 아나퀴시스

명 303과 χέω '쏟다'의 합성어에서 유래; 유출:
1) [문자적으로] 쏟아냄, 넘쳐흐름.
2) [상징적으로] 범람, 홍수, 벧전4:4.

☞**흘러나옴, 과다, 초과**(벧전4:4).

402. ἀναχωρέω [anachōrĕō][14회] 아나코레오

동 제1부정과거 ἀνεχώρησα, 완료 ἀ- νακεχώρηκα, 303과 5562에서 유래:
1. 가버리다, 마2:13, 9:24, 27:5.
2. [특별한 의미]
1) 돌아가다, 마2:12.
2) 후퇴하다, 물러나다, 은신하다, 도피하다, 피신하다, 마2:14,22, 4:12, 12:15, 막3:7, 요6:15, 23:19.

☞**돌아가다**(마2:12), **떠나다**(마2:13, 14:13), **떠나가다**(마2:14, 요6:15), **물러가다**(마4:12, 막3:7), **나가다**(마15:21).

403. ἀνάψυξις, εως, ἡ [anapsŭxis][1회] 아낲쉭시스

명 404에서 유래: 본래 의미는 호흡의 회복.
1) [문자적으로] 숨쉴 틈, 휴식의 기회, 편히 쉼.
2) [상징적으로] 메시아 시대의 신선함, 행3:20[한글개역은 3:19, 유쾌하게 되는

날].

☞**새롭게 되는 날**(행3:19).

404. ἀναψύχω [anapsüchō][1회] 아낲쉬코

동 제1부정과거 ἀνέψυξα, 303과 5594에서 유래; '가라앉다':

1) [타동사] 쉴틈을 주다, 소생시키다, 회복시키다, 딤후1:16.

2) [자동사] 회복하다, 소생하다.

☞**격려하다**(딤후1:16).

405. ἀνδραποδιστής, οῦ, ὁ [andrapŏ-distēs][1회] 안드라포디스테스

명 435의 파생어와 4228의 합성어에서 유래: 노예 상인, 유괴자, 아이도둑, 딤전1:10.

☞**인신매매를 하는 자**(딤전1:10).

406. Ἀνδρέας, ου, ὁ [Andrĕas][13회] 안드레아스

고명 435에서 유래; '남자다운': 시몬 베드로의 형제인 '안드레', 마4:18, 10:2, 막1:16, 29, 3:18, 13:3, 눅6:14, 요1:44, 6:8, 12:22, 행1:13.

☞**안드레**(마4:18, 10:2, 막1:16, 눅6:14, 요1:44).

407. ἀνδρίζομαι [andrizŏmai][1회] 안드리조마이

동 중간태. 435에서 유래: 남자답게 행동하다, 용감하게 행동하다, 고전16:13.

☞**남자답다**(고전16:13).

408. Ἀνδρόνικος, ου, ὁ [Andrŏnikŏs][1회] 안드로니코스

고명 435와 3534에서 유래: 승리자, 이스라엘인의 이름 '안드로니고', 롬16:7.

☞**안드로니고**(롬16:7).

409. ἀνδροφόνος, ου, ὁ [andrŏphŏnŏs][1회] 안드로ㅎ포노스

명 435와 5408에서 유래: 살인자, 딤전1:9.

☞**살인하는 자**(딤전1:9).

410. ἀνέγκλητος, ον [anĕngklētŏs][5회] 아넹클레토스

형 1[부정불변사]과 1458의 파생어에서 유래: 비난할 것 없는, 흠 없는, 고전1:8, 골1:22, 딛1:6.

☞**책망할 것 없는**(고전1:8, 골1:22, 딛1:6).

411. ἀνεκδιήγητος, ον [anĕkdiēgē- tŏs][1회] 아넥디에게토스

형 1[부정불변사]과 1555의 추정된 파생어에서 유래: [좋은 의미에서] 표현할 수 없는, 말할 수 없는, 고후9:15.

☞**말할 수 없는**(고후9:15).

412. ἀνεκλάλητος, ον [anĕklalētŏs][1회] 아네클랄레토스

형 1[부정불변사]과 1583의 파생어에서 유래: 말로 표현할 수 없는, 벧전1:8.

☞**말할 수 없는**(벧전1:8).

413. ἀνέκλειπτος, ον [anĕklĕiptŏs][1회] 아네클레잎토스

형 1[부정불변사]과 1587의 추정된 파생어에서 유래: 끊임없는, 무진장한, 눅12:33

☞**다함이 없는**(눅12:33).

414. ἀνεκτότερος, όν [anĕktŏtĕrŏs][5회] 아네크토테로스

형 430의 파생어와 비교: 참아내는, 견디는, 지탱하는, 마10:15, 11:22,24, 눅10:12,14.

☞**견디기 쉬운**(마10:15, 11:22, 눅10:12).

415. ἀνελεήμων, ον [anĕlĕēmōn][1회] 아넬레에몬

형 1[부정불변사]과 1655에서 유래: 무자비한, 자비심없는, 사정없는, 롬1:31.

☞**무정한**(롬1:31).

416. ἀνεμίζω [anemizō][1회] 아네미조

동 417에서 유래: [수동] 바람에 밀리다, 바람에 요동하다, 약1:6.

☞**바람에 밀려 요동하다**(약1:6).

417. ἄνεμος, ου, ὁ [anĕmŏs][31회] 아네모스

명 109의 어간에서 유래; 바람:

1) [문자적으로]

① 바람 자체를 말함, 마11:7, 14:24, 막6:48, 눅7:24, 계7:1.

② οἱ τέσσαρες ἄ.: 사방, 기점, 마24: 31, 막13:27.

2) [상징적으로] 종교적인 경향, 엡4:14.

☞**바람**(마7:25, 막4:39, 계7:1), **광풍**(막4:37, 눅8:23, 약3:4), **풍세**(행27:7), **대풍**(계6:13), **풍조**(엡4:14), **~풍**(막4:37).

418. ἀνένδεκτος, ον [anĕndĕktŏs][31회] 아넨뎈토스

형 1[부정불변사]과 1736의 파생어에서 유래: 불가능한, 눅17:1.

☞**하는 것이 없을 수 없으나**(눅17:1).

419. ἀνεξεραύνητος, ον [anĕxĕrĕunē-tŏs][1회] 아넥세라우네토스

형 1[부정불변사]과 1830의 추정된 파생어에서 유래: 측량할 수 없는, 깊이를 알 수 없는, 헤아려 알 수 없는, 롬11:33.

☞**헤아리지 못할**(롬11:33).

420. ἀνεξίκακος, ον [anĕxikakŏs][1회] **아넥시카코스**

형 430과 2556에서 유래: [원통한 생각 없이] 악을 참는, 견디는, 인내하는, 딤후2:24[ἤπιος, διδακτικός와 함께 쓰임].

☞**참을성 있는**(딤후2:24).

421. ἀνεξιχνίαστος, ον [anĕxichnias- tŏs][2회] **아넥시크니아스토스**

형 1[부정불변사]과 1537의 추정된 합성어의 파생어와 2487의 파생어에서 유래: 미루어 알 수 없는, 파악할 수 없는, 이해할 수 없는, 측량할 수 없는, 롬11:33, 엡3:8. [주] 문자적으로는 '찾아낼 수 없는'.

☞**찾지 못할**(롬11:33), **측량할 수 없는**(엡3:8).

422. ἀνεπαίσχυντος, ον [anĕpaischün-tŏs][1회] **아네파이스퀸토스**

형 1[부정불변사]과 1909와 153의 추정된 합성어의 파생어에서 유래: 부끄러울 것 없는, 딤후2:15.

☞**부끄러울 것이 없는**(딤후2:15).

423. ἀνεπίληπτος, ον[anĕpilēptŏs][3회] **아네필렙토스**

형 1[부정불변사]과 1949의 파생어에서 유래: 비난할 것 없는, 결백한, 나무랄 데 없는, 딤전3:2.

☞**책망할 것 없는**(딤전3:2).

424. ἀνέρχομαι [anĕrchŏmai][3회] **아네르코마이**

동 제2부정과거 ἀνῆλθον, 303과 2064에서 유래: [낮은 장소에서 좀더 높은 장소로] 올라가다, 올라오다, 요6:3, 갈1:17이하.

☞**오르다**(요6:3), **올라가다**(갈1:18).

425. ἄνεσις, εως, ἡ [anĕsis][5회] **아네시스**

명 447에서 유래: 늦춤, 풀림.

1) [문자적으로] 감금에서 풀림, 행24:23.
2) 휴식, 구원, 풀림, 쉼, 안심, 고후2:13, 7:5, 8:13, 살후1:7.

☞**자유**(행24:23), **편함**(고후2:13), **평안하게 함**(고후8:13), **안식**(살후1:7). **[형] 평안하다**(고후8:13).

426. ἀνετάζω [anĕtazō][2회] **아네타조**

동 303과 ἐτάζω '검사하다'에서 유래: 심문하다, 행22:24,29.

☞**심문하다**(행22:24,29).

427. ἄνευ [anĕu][3회] **아뉴**

전 [속격지배]: ~없이.

1) [인격에 대하여] 마10:29.
2) [사물에 대하여] 벧전3:1, 4:9.

☞**허락하지 아니하는**(마10:29), **말미암지 않는**(벧전3:1), **~없이**(벧전4:9).

428. ἀνεύθετος, ον [anĕuthĕtŏs][1회] **아뉴데토스**

형 1[부정불변사]과 2111에서 유래: 빈약한, 보잘것없는, 불리한 형세의, 적당치 않은, 행27:12.

☞**불편한**(행27:12).

429. ἀνευρίσκω [anĕuriskō][2회] **아뉴리스코**

동 제2부정과거 ἀωεῦρα, 303과 2147에서 유래: 찾다, 수색하다, 눅2:16, 행21:4.

☞**열심히 찾다**(눅2:16, 행21:4).

430. ἀνέχομαι [anĕchŏmai][15회] **아네코마이**

동 중간태. 미완료 ἀνειχόμην, 미래 ἀνέξομαι, 제2부정과거 ἀνεσχόμην, 303과 2192에서 유래:

1) 견디다, 참다, 용서하다.
   ① [사람에 대하여: 속격과 함께] 마17: 17, 막9:19, 눅9:41, 고후11:1,19, 엡4:2.
   ② [사물에 대하여: 대격이나 속격과 함께] 고후11:1, 살후1:4.
   ③ [독립적으로] 고전4:12, 고후11:4,20.
2) [기꺼이, 흔쾌히 듣는다는 의미에서: 속격과 함께] 용서하다, 행18:14, 딤후4:3, 히13:22.

☞**참다**(마17:17, 고전4:12, 살후1:4), **옳다**(행18:14), **용납하다**(고후11:1, 히13:22, 엡4:2), **받다**(딤후4:3).

431. ἀνέψιος, ου, τό [anĕpsiŏs][1회] **아넵시오스**

명 1[연합불변사]과 폐어가 된 νέπος, '한 배의 새끼'에서 유래: '혈족', '사촌', 골4:10.

☞**생질**(골4:10).

432. ἄνηθον [anēthŏn][1회] **아네돈**

명 외래어에서 유래한 것으로 보임: 양념에 사용되는 식물, 아니스, 시라(향미료), 회향,

마23:23.

☞**회향**(마23:23).

433. ἀνήκω [anēkō][3회] **아네코**

동 303과 2240에서 유래: 적당하다, 합당하다, 마땅하다, 엡5:4, 골3:18, 몬1:8. [주] 무인칭으로 ἀνήκει가 사용됨.

☞**마땅하다**(엡5:4, 골3:18, 몬1:8).

434. ἀνήμερος, ον [anēmĕrŏs][1회] **아네메로스**

형 1[부정불변사]과 ἥμερος, '절름발이'에서 유래: 야만적인, 사나운, 딤후3:3.

☞**사나운**(딤후3:3).

435. ἀνήρ, ἀνδρός, ὁ [anēr][216회] **아네르**

명 [기본형]: 남자.

1) [여자와 대조되는 의미에서]

① 남편, 마1:16,19, 막10:2,12, 눅2: 36, 요4:16이하, 롬7:2이하, 고전7:2이하, 10이하, 14:35, 갈4:27, 엡5:22이하, 골3:18이하, 딤전3:2, 12, 5:9, 딛1:6, 벧전3:1,5,7.

② 신랑, 계21:2, ἄνδρες.

③ [연설하는] 연사, 행14:15, 19:25, 27:10, ἄνδρες ἀδελφοί.

④ 형제들, 행15:7, 23:1, 28:17.

2) [소년과 대조되는 의미에서]

① 어른, 고전13:11.

② 성인, 엡4:13.

③ 완전한 자, 약3:2.

3) [국가나 지방을 가리키는 단어와 함께 사용되어 개인을 칭하거나 복수의 사람을 구별할 때: 특히 연설에서] 어느 장소의 신사, 남자.

① ἀνὴρ Αἰθίοψ: 에디오피아 사람, 행8:27.

② ἄ. Ἀθηναῖοι: 아테네 사람, 행2: 14, 5:35, 10:28, 11:20, 13:16, 16:9, 17:22, 19:35.

4) [형용사와 함께 사용되어 사람의 특성을 강조함] ἀ. ἀγαθός: 선한 사람, 눅23:50, 행11:24.

5) 어떤 사람, 눅5:18, 8:27, 9:38, 19:2, 요1:30, 행6:11, 10:1, 롬4:8, 약1:12.

6) 하나님이 택하신 세상의 심판자로서의 예수, 행17:31.

☞**남편**(마1:16, 막10:12, 롬7:2), **사람**(마7:24, 눅24:4, 행10:1), **남자**(눅1:34, 행4:4, 고전11:3), **남**(행5:14, 22:4), **임자**(행21:11), **여러분**(행7:2), **자객(함축함)**(행21:38), **장성한 사람**(고전13:11).

436. ἀνθίστημι [anthistēmi][14회] **안디스테미**

동 제2부정과거 ἀντέστην, 현재완료 ἀνθέστηκα, 제1부정과거수동태 ἀν- τεστάθην, 473과 2476에서 유래:

1) ~에 대항하다, 반대하다, 저항하다, 거역하다.

① 대항하다, 마5:39, 행13:8, 갈2:11, 딤후3:8, 약4:7.

② [명령으로 사용되는 경우] 눅21:15, 행6:10, 롬9:19, 2)[독립적으로] 엡6:13, 롬13:2.

☞**대적하다**(행13:8, 롬9:19, 딤후3:8), **당하다**(행6:10), **대항하다**(눅21:15), **거스르다**(롬13:2), **대면하여 책망하다**(갈2:11).

437. ἀνθομολογέομαι [anthŏmŏlŏgĕŏ- mai][1회] **안도몰로게오마이**

동 미완료 ἀνθωμολογούμην, 473과 3670의 중간태에서 유래: 찬양하다, [하나님에게] 감사하다, 눅2:38.

☞**감사하다**(눅2:38).

438. ἄνθος, ους, τό [anthŏs][4회] **안도스**

명 [기본형] 꽃, 약1:10, 벧전1:24.

☞**꽃**(약1:10,11, 벧전1:24).

439. ἀνθρακιά, ᾶς, ἡ [anthrakia][2회] **안드라키아**

명 440에서 유래: 숯불, 요18:18, 21:9.

☞**숯불**(요18:18, 21:9).

440. ἄνθραξ, ακος, ὁ [anthrax][1회] **안드락스**

명 불확실한 파생어: 핀 숯, 핀 숯불더미, 롬12:20.

☞**숯불**(롬12:20).

441. ἀνθρωπάρεσκος, ον [anthrōparĕs- kŏs][2회] **안드로파레스코스**

형 444와 700에서 유래: 사람을 기쁘게 하려고 하는, 아첨하는, 엡6:6, 골3:22.

☞**사람을 기쁘게 하는**(엡6:6, 골3:22).

442. ἀνθρώπινος, η, ον [anthrōpinŏs][7회] **안드로피노스**

형 444에서 유래: 인간의, 사람의, 인간적인.

1) [일반적인 용례] 롬6:19, 고전10:13.

2) [동물과 대조되는 의미에서] 약3:7.

A

3) [신과 대조되는 의미에서] 행17:25, 고전2:13, 4:3, 벧전2:13.

☞**사람**(롬6:19, 고전2:13, 약3:7), **인간**(벧전2:13).

443. ἀνθρωποκτόνος, ου, ὁ [anthrō-pŏktŏnŏs][3회] **안드로폭토노스**

명 444와 κτείνω '죽인다'에서 유래: 살인자, 요일3:15.

☞**살인자**(요8:44, 요일3:15).

444. ἄνθρωπος, ου, ὁ [anthrōpŏs][551회] **안드로포스**

명 435와 ὤψ '안색'에서 유래: 인간, 사람.

1. [일반적으로]

1) 강[생물에서의 한 분류] 막9:31, 요16:21, 롬2:9, 고후4:2, 계21:17.

2) [대조하여 사용되는 예]

① [동물이나 식물 등과 대조하여] 마4:19, 12:12, 막1:17, 눅 5:10, 고전15:39, 벧후2:16, 계9:4,7, 13:18.

② [천사와 대조하여] 고전4:9, 13:1.

③ [하나님과 대조하여] 마10:32이하, 19:6, 막10:9, 요10:33, 행10:26, 12:22, 14:11, 빌2:7, 살전2:13, 히13:6.

3) [연설에서 사용될 경우]

① 친구여[연사와 청중 사이의 친밀한 관계를 나타낼 때 사용] 눅5:20.

② 사람아[꾸짖는 말로 사용할 경우] 눅12:14, 22:58,60.

4) [일반적인 의미를 지닌 복수로 사용될 경우]

① 사람들, 무리들, 마5:13,16, 6:1이하, 7:12, 23:5, 막8:27.

② 육체적 존재, 약5:17.

㉠ [죽어야 할 존재로서] 롬5:12, 히9:27, 계8:11.

㉡ [죄에 빠진 존재로서] 롬5:18,19.

㉢ [열등한 존재로서] 갈1:1,11,12, 골2:8, 22.

㉣ [주의를 기울여 삼가야 될 존재로서] 마10:17.

③ κατὰ ἄνθρωπον: 인간적으로, 인간적인 관점에서, 롬3:5, 갈1:11, 3: 15, 고전3:3, 9:8, 15:32.

2. [특별한 용례에]

1) [소유격과 함께 사용될 경우] 눅2: 14, 살후2:3, 딤전6:11, 딤후3:17, 벧후1:21.

2) [문맥에 따른 뜻].

① 남자, 성인 남자, 마11:8, 25:24, 눅7:25, 엡5:31.

② 남편, 마19:10.

③ 아들[아버지의 반대], 마10:35.

④ 종, 눅12:36.

3) [바울 사상과 후기 바울 사상에서 구별되는 경우]

① [인간의 본성에 대해]

㉠ [외적인 인간의 경우] 물질적이고 일시적이며 죄에 찬 인간, 고후4:16.

㉡ [내적인 인간의 경우] 영적이고 죽지 않으며 하나님을 향한 인간, 롬7:22, 고후4:16, 엡3:16.

② [옛사람과 새사람에 대해] 롬6:6, 엡4:22,24, 골3:9.

4) 예수 그리스도, 딤전2:5, 히2:6. 아담에 반대되는 사람, 롬5:15, 고전15:21,45, 47.

3. [부정대명사와 같이 사용되어 본래 의미는 약화된 경우]

1) [관사없이 사용되는 경우]

① [τὶς와 함께 쓰이는 경우] 마18:12, 눅10:30, 12:8, 14:2, 요5:5, 딤전5:24.

② [τὶς없이 쓰이는 경우, 그러나 ἐξ가 있는 경우와 거의 같은 뜻] εἷς ἄ.=εἷς τις: 한 개인, 마9:9, 13:31, 눅2:25, 4:33, 요5:7, 7:46, 11:50.

③ [부정(否定)적인 동시에 일반적인 의미를 갖는 경우] 마16:26, 롬3:28, 고전7:26, 11:28, 갈2:16, 6:7, 약2:24.

④ [관계대명사가 수반되는 경우] 행19:16.

⑤ [다른 명사와 함께 복합어로 쓰이는 경우]

㉠ ἄ. φάγος: 대식가[먹기를 탐하는 자], 마11:19, 눅7:34.

㉡ ἄ. ἔμπορος: 장사, 마13:45. 그 외, 행21:39.

⑥ [형용사와 더불어 명사의 성격을 규정하는 경우]

㉠ ἄ. τυφλός: 맹인된 자, 요9:1.

㉡ ἄ. ἁμαρτωλός: 죄인, 요9:16.

㉢ ἄ. αἱ– ρετικός: 분열을 일으키는 자, 딛3:10.
㉣ [분사와 함께 사용] ἄ. σπεί– ρων: 씨 뿌리는 자, 마13:24.
⑦ [다른 말과 결합되어 숙어로 쓰이는 경우]
㉠ τίς ἄ.: 누구?, 마7:9, 눅15:4.
㉡ πᾶς ἄ.: 모든 사람, 각 사람, 요2: 10, 약1:19.
㉢ πάντες ἄ.: 모든 사람, 행22:15, 고전7:7.
㉣ εἷς ἄ.: 한 사람, 요11:50.
㉤ δύο ἄ.: 두 사람, 막11:2, 눅18:10, 19:30, 행4:17, 고전2:11.
2) [총칭적인 관사와 함께 쓰이는 경우]
① ὁ ἀγαθὸς ἄ.: 선한 사람. ㉯ ὁ πονηρὸς ἄ.: 악한 사람, 마12:35.
② οὐκ ἐπ' ἄρτῳ ζήσεται ὁ ἄ.: 아무도 빵으로는 살 수 없다, 마4:4.
③ κοινοῖ τὸν ἄ.: 사람을 더럽히다, 마15:11,18.
4. [관사와 함께 쓰여 지시의 뜻을 갖는 경우]
1) [방금 언급된 사람을 가리키는 경우] 5:13, 요4:50.
2) [멸시의 뜻을 갖고 어떤 사람을 가리킬 경우] 마26:72,74, 막14:71.
☞**사람**(마4:4, 막1:17, 고후4:16), **남**(6:31, 마7:12), **인자**(마8:20, 막2:28, 눅1:25), **인간**(행4:12), **범인**(행4:13, 고전15:32).

445. ἀνθυπατεύω [anthüpatĕuō] 안뒤파튜오
동 446에서 유래: 총독이 되다, 행18:12.
☞**총독이 되다**(행18:12).

446. ἀνθύπατος, ου, ὁ [anthüpatŏs][5회] 안뒤파토스
명 473과 5228에서 최상급에서 유래: 총독, 지방이나 식민지 정부의 수장, 13:7, 18:12.
☞**총독(행13:7,12, 19:38).**

447. ἀνίημι [aniēmi][4회] 아니에미
동 제1부정과거 ἀνῆκα, 제2부정과거가정법 ἀνῶ, 제2부정과거분사 ἀνείς, 제1부정과거수동태 ἀνέθην, 303과 ἵημι, '보내다'에서 유래:
1) 늦추다, 사슬을 풀다, 행16:26, 27:40.
2) 버려두다, 파기하다, 히13:5.
3) 그만두다, 포기하다, 끊다, 엡6:9.
☞**벗어지다**(행16:26), **늦추다**(행27:40), **그치다**(엡6:9), **떠나다**(히13:5).

448. ἀνίλεως [anilĕōs] 아닐레오스
형 1[부정불변사]과 2436에서 유래: 무자비한, 냉혹한, 약2:13. [주] ἀνέ– λεος 참고.
☞**긍휼 없는**(약2:13).

449. ἄνιπτος, ον [aniptŏs][2회] 아닢토스
형 1[부정불변사]과 3538의 추정된 파생어에서 유래: 씻지 않은, 불결한, 마15: 20, 막7:2,5.
☞**씻지 않은**(마15:20, 막7:2).

450. ἀνίστημι [anistēmi][108회] 아니스테미
동 미래 ἀναστήσω, 제1부정과거 ἀ– νέστησα, 제2부정과거 ἀνέστην, 제2부정과거명령 ἀνάστηθι와 ἀνάστα, 제2부정과거분사 ἀναστάς, 미래중간태 ἀναστήσομαι, 303과 2476에서 유래:
1) [타동사; 미래와 제1부정과거능동태] 일으키다, 세우다, 곧게 세우다.
① [문자적인 뜻] 누운 자를 일으키다, 특히 죽은 자를 살리다, 요6:39,44, 54, 행2:24,32, 3:26, 9:41, 13:33, 34, 17:31.
② [상징적인 뜻; 나타나게 하다, 태어나게 하다는 의미에서] 일으켜 세우다, 마22:24, 행3:22.
③ 건물을 짓다, 세우다, 막14:57.
2) [자동사; 제2부정과거와 중간태] 일어나다, 서다.
① [문자적인 뜻] 앉거나 누워있는 자가 말하기 위해 일어나다, 마26:62, 막5:42, 9:27, 14:60, 눅4:16, 11:7,8, 22:45, 행26:30, 고전10:7. [주] 특히 죽은 자에게 자주 사용됨, 요11: 23,24, 고전15:51, 살전4:16.
② 일어나다[나타나다 혹은 오다의 의미], 막3:26, 눅10:25, 행7:18, 히7:11,15.
③ [일반적인 뜻; 동작의 시작을 나타냄] 일어나다, 떠나다, 준비하다, 차비를 차리다, 마9:9, 막2:14, 7:24, 10:1, 눅1:39, 5:28, 15:20, 행8:26, 9:11, 10:20.
④ 건물이 서다.
☞**일어나다**(마9:9, 행10:13, 살전4:16), **살아나다**

A

(마17:9, 눅16:31), **세우다**(마22:24, 행3:22,26), **일어서다**(마26:62, 막14:60, 행10: 26), **서다**(눅4:16), **살리다**(요6:39, 11:23, 행2:32), **살다**(요11:24, 행17:3), **오르다**(행7:18), **일으키다**(행9:41, 13:33), **다시 살아나다**(눅24:7), **다시 살리다**(요6:39), **다시 살다**(요11:24).

451. Ἄννα [Anna][1회] 안나
고명 히브리어 2584에서 유래: 이스라엘 여자, '안나', 눅2:36.
☞**안나**(눅2:36).

452. Ἄννας, α, ὁ [Annas][4회] 한나스
고명 히브리어 2608에서 유래: 이스라엘 사람, '안나스' [Ανανος의 축약형]
1) 서기6~15년의 대제사장, 눅3:2, 요18: 24, 행4:6.
2) 가야바의 장인, 요18:13.
☞**안나스**(눅3:2, 요18:13,24, 행4:6).

453. ἀνόητος, ον [anŏētŏs][6회] 아노에토스
형 1[부정불변사]과 3539의 파생어에서 유래: 어리석은, 미련한, 이해력이 없는.
1) [사람에 대하여]. ㉥ σο- φός, 눅24:25, 롬1:14, 갈3:1,3, 딛3:3.
2) [사물에 대하여: 명사와 함께] 딤전6:9.
☞**미련한**(눅24:25), **어리석은**(갈3:1, 딤전 6:9).

454. ἄνοια, ας, ἡ [anŏia][2회] 아노이아
명 1[부정불변사]과 3536의 합성어에서 유래:
1) 이교도 교사의 어리석음, 딤후3:9.
2) 성난 사람의 분노, 눅6:11.
☞**노기**(눅6:11), **어리석음**(딤후3:9).

455. ἀνοίγω [anŏigō][77회] 아노이고
동 미래 ἀνοίξω, 제1부정과거 ἀνέῳ- ξα, 요9:14, ἠνέῳξα, 행9:17, ἤνοιξα, 요5:19, 과거완료 ἀνέῳγα, 현재완료수동태 ἀνέῳγμαι [ἠνέῳγμαι, 고후2:12], 완료분사 ἀνεῳγμένος, 제1부정 과거수동태 ἀνεῴχθην, 마3:16, ἠνε- ῴχθην, 요9:10, ἠνοίχθην, 행6:26, 제1부정과거부정사 ἀνεῳχθῆναι, 미래수동태 ἀνοιχθήσομαι, 제2부정과거수동태 ἠνοίγην, 제2미래 ἀνοιγή- σομαι, 303과 οἴγω, '열다'에서 유래:
1. [타동사] 열다.
1) 문을 열다, 행5:19, 12:10,14, 16:26이하. [주]
① [목적격이 없는 경우] 마7:7, 8, 25: 11, 눅11:9,10, 13:25.
② [상징적으로 쓰일 경우] 행14:27, 고후2:12, 골4:3, 계3:20.
2) 닫혀진 장소를 열다, 마3:16, 27:52, 눅3:21, 롬3:13, 행10:11, 계9:2, 11: 19, 15:5, 19:11.
3) 잠겨진 것을 열다, 마2:11, 계5:2이하, 10:2,8, 20:12.
4) 봉인된 것을 열다, 계5:9, 6:1-12, 8:1.
5) 몸의 부분을 열다.
① [입] 마5:2, 13:35, 17:27, 눅1:64, 행8:32,35, 10:34, 18:14, 계13:6. [상징적으로] 계12:16.
② [눈] 마9:30, 20:33, 요9:10,14, 17,21,26,30,32, 10:21, 행9:8, 40, 26:18.
③ [귀] 막7:35. 2.[자동사] 열리다, 요1:51, 고전16:9, 고후6:11.
☞**열다**(마2:11, 행5:19, 계3:20), **열리다**(마3:16, 눅1:64, 고후2:12), **밝아지다**(마9:30), **뜨다**(마20:33, 행9:40), **떠지다**(요9:10), **뜨게 하다**(요9:17, 11:37, 행26:18), **펴다**(계5: 2,4, 20:12), **떼다**(계5:5, 6:1,5), **벌리다**(계12:16, 13:6), 펴놓다(계10:2,8).

456. ἀνοικοδομέω [anŏikŏdŏmĕō][2회] 아노이코도메오
동 미래 ἀνοικοδομήσω, 303과 3618에서 유래: 다시 짓다, 행15:16.
☞**다시 짓다**(행15:16).

457. ἄνοιξις, εως, ἡ [anŏixis][1회] 아노익시스
명 455에서 유래: 여는 행위, 엡6:19. ㉥ ἀνοίγω
☞**열림**(엡6:19).

458. ἀνομία, ας, ἡ [anŏmia][15회] 아노미아
명 459에서 유래: 무법, 불법.
1) 마음의 혼란 상태. ㉥ δικαιοσύνη, 롬6:19, 고후6:14.
① [ὑπόκρισις와 함께] 마23:28.
② [ἁμαρτία와 함께] 요일3:4.
③ [그외] 살후2:3, 히1:9.
2) 불법 행위, 마7:23, 13:41, 롬4:7, 6:19, 딛2:14, 살후2:3, 요일3:4.
☞**불법**(마7:23, 롬4:7, 요일3:4), **불의**(히8:12㉮)

459. ἄνομος, ον [anŏmŏs][10회] 아노모스

형 1[부정불변사]과 3551에서 유래: 불법의, 비합법적인, 무법의.
1) [모세의 법에 근거하는 경우; 이방인에게 사용] 행2:23, 고전9:21.
2) [하나님의 도덕률에 근거하는 경우] 고전9:21. ㊥ ἔννομος, 막15:28, 딤전1:9, 벧후2:8.
3) [정관사 ὁ가 붙는 경우] 불법자=적그리스도, 살후2:8.
☞**불법한**(눅22:37), **법 없는** (행2:23), **율법 없는**(고전9:21).

460. ἀνόμως [anŏmōs][2회] **아노모스**
부 459에서 유래: 법 없이, 불법적으로, 롬2:12.
☞**율법 없이**(롬2:12).

461. ἀνορθόω [anŏrthŏō][3회] **아노르도오**
동 미래 ἀνορθώσω, 제1부정과거수동태 ἀνορθώθην, 303과 3717의 어간의 파생어에서 유래: 다시 짓다, 바로 세우다, 회복하다, 눅13:13, 행15:16, 히12:12.
☞**펴다**(눅13:13), **일으켜 세우다**(행15:16, 히12:12).

462. ἀνόσιος, ον [anŏsiŏs][2회] **아노시오스**
형 1[부정불변사]과 3741에서 유래: 거룩하지 못한, 사악한, 딤전1:9, 딤후3:2.
☞**거룩하지 아니한**(딤전1:9, 딤후3:2).

463. ἀνοχή, ῆς, ἡ [anŏchē][2회] **아노케**
명 430에서 유래: 관용, 인내, 너그러움, 롬2:4, 3:26.
☞**참음**(롬2:4, 3:26).

464. ἀνταγωνίζομαι [antagōnizŏmai][1회] **안타고니조마이**
동 디포넌트. 473과 75에서 유래: 투쟁하다, 싸우다, 히12:4.
☞**싸우다**(히12:4).

465. ἀντάλλαγμα, ατος, τό [antallag- ma][2회] **안탈라그마**
명 473과 236의 합성어에서 유래: 교환할 물건, 대속물, 마16:26, 막8:37.
☞**바꿈**(마16:26, 막8:37).

466. ἀνταναπληρόω [antanaplērŏō][1회] **안타나플레로오**
동 473과 378에서 유래: 채우다, 완성하다, 골1:24.
☞**채우다**(골1:24).

467. ἀνταποδίδωμι [antapŏdidōmi][7회] **안타포디도미**
동 미래 ἀνταποδώσω, 제2부정과거부정사 ἀνταποδοῦναι, 미래수동태 ἀν- ταποδοθήσομαι, 473과 591에서 유래: 돌려주다, 갚다, 보답하다.
1) [좋은 의미로 사용] 눅14:14, 롬11:35, 살전3:9.
2) [나쁜 의미로, 형벌이나 복수] 롬12:19, 살후1:6, 히10:30.
☞**갚다**(눅14:14, 롬11:35, 히10:30), **보답하다**(살전3:9).

468. ἀνταπόδομα, ατος, τό [antapŏdŏ- ma][2회] **안타포도마**
명 467에서 유래: 복수, 되갚음, 보복, 보응.
☞**갚음**(눅14:12), **보응**(롬11:9).

469. ἀνταπόδοσις, εως, ἡ [antapŏdŏ- sis][1회] **안타포도시스**
명 467에서 유래: [본래적 의미로는] 보답, 보답행위, 보상, 골3:24.
☞**상**(골3:24).

470. ἀνταποκρίνομαι [antapŏkrinŏ- mai][2회] **안타포크리노마이**
동 제1부정과거 수동태 ἀνταπεκρί- θην, 473과 611에서 유래: 다시 대답하다, 마주 대답하다, 말대꾸하다, 눅14:6, 롬9:20.
☞**대답하다**(눅14:6), **반문하다**(롬9:20).

471. ἀντέπω [antĕpō] **안테포**
동 473과 2306에서 유래: 부정하다, 부인하다, 말대꾸하다, 반박하다, 눅21:15, 행4:14.
☞**변박하다**(눅21:15), **비난하다**(행4:14).

472. ἀντέχομαι [antĕchŏmai][4회] **안테코마이**
동 미래 ἀνθέξομαι, 473과 2192에서 유래:
1) 매달리다, 꽉 붙잡다, 헌신하다, 몸을 바치다, 마6:24, 눅16:13, 딛1:9.
2) 주목하다, 관심을 갖다, 돕다, 살전5:14.
☞**중히 여기다, 섬기다**(마6:24, 눅16:13), **붙들어 주다**(살전5:14), **지키다**(딛1:9).

473. ἀντί [anti][22회] **안티**
전 [소유격과 함께 쓰임]; '반대하여':
1) [사람이나 사물이 다른 것에 의해 대신되는 것을 나타냄] ~대신에, ~대신하여, 마2:22, 눅11:11, 히12:2.

A

2) [한 사물이 다른 것에 적용되어] ~을 위하여, 마5:38, 롬12:17, 고전11:15, 살전5:15, 벧전3:9.

☞**대신에**(눅11:11), **~이어**(마2:22), **으로**(마5:38), **위하여**(마17:27), **이는**(눅1:20), **이러므로**(눅12:3), **위에**(요1:16), **하므로**(행12:23), **대신하여**(고전11:15), **도리어**(약4:15).

474. ἀντιβάλλω [antiballō][1회] 안티발로

동 473과 906에서 유래: 마주 세우다, 놓다, 교환하다, 눅24:17.

☞**주고받다**(눅24:17).

475. ἀντιδιατίθεμαι [antidiatithĕmai][1회] 안티디아티데마이

동 중간태. 473과 1303에서 유래: 반대하다, 대립하다, 맞서다, 딤후2:25.

☞**거역하다**(딤후2:25).

476. ἀντίδικος, ου, ὁ [antidikŏs][5회] 안티디코스

명 473과 1349에서 유래: 소송 상대, 마5:25, 눅12:58, 18:3. [주] 종종 사탄을 가리킴, 벧전5:8. 그러나 일반적으로는 원수, 대적을 나타낸다.

☞**고발하는 자**(마5:25, 눅12:58), **원수**(눅18:3), **대적**(벧전5:8).

477. ἀντίθεσις, εως, ἡ [antithĕsis][1회] 안티데시스

명 473과 5087의 합성어에서 유래: 반대, 대립, 충돌, 투쟁, 저항, 딤전6:20.

☞**반론**(딤전6:20).

478. ἀντικαθίστημι [antikathistēmi][1회] 안티카디스테미

동 제2부정과거 ἀντικατέστην은 자동사:

1) [타동사] 대립시키다.

2) [자동사] 반대하다, 저항하다, 히12:4.

☞**싸우다, 대항하다**(히12:4).

479. ἀντικαλέω [antikalĕō][1회] 안티칼레오

동 제1부정과거 ἀντεκάλεσα, 473과 2564에서 유래: 다시 초대하다, 청하다 [이전의 초청에 대한 답례로], 눅14:12.

☞**도로 청하다**(눅14:12).

480. ἀντίκειμαι [antikĕimai][8회] 안티케이마이

동 473과 2749에서 유래: 반대되다, 대립되다, 갈5:17, 딤전1:10. [주] ὁ ἀντικείμενος: 적, 원수, 눅13:17, 21:15, 고전16: 9, 빌1:28. [적그리스도로서] 대적, 살후2:4, 딤전5:14.

☞**반대하다**(눅13:17), **대항하다**(눅21:15), **대적하다**(갈5:17, 빌1:28, 살후2:4), **거스르다**(딤전1:10), **비방하다**(딤전5:14).

481. ἀντικρύ [antikrü][1회] 안티크뤼

부 473의 연장형: 반대의, 맞은편에,

☞**앞에**(행20:15).

482. ἀντιλαμβάνομαι [antilambanŏ-mai][3회] 안틸람바노마이

동 제2부정과거 ἀντελαβόμην, [성경에서는 중간태로만 나옴], 473과 2938에서 유래:

1) 돕다, 눅1:54, 행20:35.

2) 참가하다, 헌신하다, 실천하다, 딤전6:2.

3) 인지하다, 눈치채다, 인식하다, 즐기다, 덕을 보다, 딤전6:2.

☞**돕다**(눅1:54, 행20:35), **받다**(딤전6:2).

483. ἀντίλεγω[antilĕgō][11회] 안틸레고

동 제2부정과거 ἀντεῖπον, 473과 3004에서 유래:

1) 논쟁하다, 반박하다, 논박하다, 행13: 45, 28:19,22, 딛1:9, 2:9. [주] 부정사와 μή가 수반되어 '부정하다', 눅20:27.

2) 반대하다, 거부하다, 눅2:34, 요19:12, 롬10:21. [주] οἱ ἀντιλέγοντες: 반대자들.

☞**비방받다**(눅2:34), **주장하다**(눅20:27), **반역하다**(요19:12), **반박하다**, **비방하다**(행13:45), **반대하다**(행28:19), **반대를 받다**(행28:22), **거스려 말하다**(롬10:21).

484. ἀντίλημψις, εως, ἡ [antilēpsis][1회] 안틸렘시스

명 482에서 유래: 도움. [주] ἀντι- λήμψεις: 도움되는 행위, 고전12:28.

☞**서로 돕는 것**(고전12:28).

485. ἀντιλογία, ας, ἡ [antilŏgia][4회] 안틸로기아

명 483의 파생어에서 유래:

1) 반박, 논박, 논쟁, 히6:16, 7:7.

2) 적의, 반역, 반항, 히12:3, 유1:11.

☞**다투는 일**(히6:16), **논란의 여지**(히7:7), **거역한 일**(히12:3), **패역**(유1:11).

486. ἀντιλοιδορέω [antilŏidŏrĕō][1회] 안틸로이도레오

동 473과 3058에서 유래: 서로 욕하다, 벧전

2:23.
☞**맞대어 욕하다**(벧전2:23).

487. ἀντίλυτρον, ου, τό [antilütrŏn][1회] 안틸뤼트론
명 473과 3083에서 유래: 대속물, 딤전2:6.
☞**대속물**(딤전2:6).

488. ἀντιμετρέω [antimĕtrĕō][1회] 안티메트레오
동 미래수동태 ἀντιμετρηθήσομαι: 다시 재다, 다시 측정하다, 눅6:38.
☞**헤아림을 받다**(눅6:38, 마7:2ⓢ).

489. ἀντιμισθία, ας, ἡ [antimisthia][2회] 안티미스디아
명 473과 3408의 합성어에서 유래: 보상, 보응, 형벌, 교환, 롬1:27, 고후6:13.
☞**보응**(롬1:27). **[동] 보답하다**(고후6:13).

490. Ἀντιόχεια, ας, ἡ [Antiŏchĕia][18회] 안티오케이아
고명 Ἀντίοχος '시리아 왕'에서 유래:
1) 수리아에 있는 한 도시 '안디옥'[기독교회의 본산이며, 바울이 사역한 곳] 행11:19-26, 13:1, 14:26, 15:22, 18:22, 갈2:11.
2) '비시디아 안디옥'[갈라디아에 있는 도시] 행13:14, 14:19, 딤후3:11.
☞**안디옥**(행11:19,26, 13:1, 갈2:11, 딤후3: 11).

491. Ἀντιοχεύς, έως, ὁ [Antiŏchĕus][1회] 안티오큐스
명 490에서 유래: 안디옥 사람, 안디옥의, 행6:5.
☞**안디옥 사람**(행6:5).

492. ἀντιπαρέρχομαι [antiparĕrchŏmai][2회] 안티파레르코마이
동 제2부정과거 ἀντιπαρῆλθον, 473과 3928에서 유래: 반대편으로 지나가다, 눅10:31,32.
☞**피하여 지나가다**(눅10:31,32).

493. Ἀντίπας, ᾶ, ὁ [Antipas][1회] 안티파스
고명 473과 3962의 파생어와의 합성어를 압축한 형태: 기독교인이며 버가모의 순교자인 '안디바', 계2:13.
☞**안디바**(계2:13).

494. Ἀντιπατρίς, ίδος, ἡ [Antipatris][1회] 안티파트리스
고명 493과 같은 말에서 유래: 유대에 있는 한 도시 '안디바드리', 행23:31.
☞**안디바드리**(행23:31).

495. ἀντιπέραν [antipĕran][1회] 안티페란
부 473과 4008에서 유래: 반대편에, 맞은편에[소유격과 함께 쓰임], 눅8:26.
☞**맞은 편에**(눅8:26).

496. ἀντιπίπτω [antipiptō][1회] 안티핍토
동 473과 4098에서 유래: 저항하다, 반대하다[목적격이 수반됨], 행7:51.
☞**거스르다**(행7:51).

497. ἀντιστρατεύομαι [antistratĕuŏmai][1회] 안티스트라튜오마이
동 473과 4754에서 유래: ~와 싸우다, ~와 교전 중이다, 롬7:23.
☞**싸우다**(롬7:23).

498. ἀντιτάσσομαι [antitassŏmai][5회] 안티탓소마이
동 성경에는 중간태만 나옴, 473과 5021에서 유래: 반대하다, 저항하다[여격이 수반됨], 롬13:2, 약4:6, 5:6, 벧전5:5.
☞**대적하다**(행18:6, 벧전5:5), **거스르다**(롬13:2), **물리치다**(약4:6), **대항하다**(약5:6).

499. ἀντίτυπος, ον [antitüpŏs][2회] 안티튀포스
형 명 473과 5179의 합성어:
1) [형용사] ~에 상응하는, 일치하는, 부합하는, 벧전3:21.
2) [명사: 정관사 τὸ가 붙음] 표본, 원형, 표현, 히9:24.
☞**그림자인**(히9:24), **표**(벧전3:21).

500. ἀντίχριστος, ου, ὁ [antichristŏs][5회] 안티크리스토스
명 473과 5547에서 유래: 적그리스도[마지막 때에 나타날 메시아의 대적], 요일2:18,22, 4:3, 요이1:7.
☞**적그리스도**(요일2:18, 4:3, 요이1:7).

501. ἀντλέω [antlĕō][4회] 안틀레오
동 제1부정과거 ἤντλησα, ἄντλος '배의 짐칸'에서 유래: 물을 긷다[목적격이 수반됨], 요2:8,9, 4:7,15.
☞**뜨다**(요2:8,9), **긷다**(요4:7,15).

502. ἄντλημα, ατος, τό [antlēma][1회] 안틀레마
명 501에서 유래: 물을 긷는 두레박, 요4:11.
☞**(물) 길을 그릇**(요4:11).

A

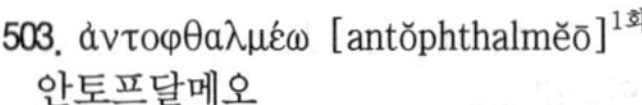

503. ἀντοφθαλμέω [antŏphthalmĕō] 1회
안토프달메오
[동] 473과 3788의 합성어에서 유래: [태양 등을] 똑바로 보다, [얼굴을] 쳐다보다, 행6:10, 맞서다, 직면하다, 버티어 나가다, 행27:15.
☞**맞추어 가다**(행27:15).

504. ἄνυδρος, ον [anüdrŏs] 4회 아뉘드로스
[형] 1[부정불변사]과 5204에서 유래: 물 없는, 메마른, 건조한, 마12:43, 눅11:24, 벧후2:17, 유1:12.
☞**물 없는**(마12:43, 눅11:24, 벧후2:17).

505. ἀνυπόκριτος, ον [anüpŏkritŏs] 6회
아뉘포크리토스
[형] 1[부정불변사]과 5271의 파생어로 보이는 말에서 유래: 진정한, 성실한, [문자적으로] 가식이 없는, 롬12:9, 고후6:6, 딤전1:5, 딤후1:5, 약3:17, 벧전1:22.
☞**거짓이 없는**(롬12:9, 고후6:6, 딤후1:5).

506. ἀνυπότακτος, ον [anüpŏtaktŏs] 4회
아뉘포탁토스
[형] 1[부정불변사]과 5293의 파생어로 보이는 말에서 유래:
1) 독립한, 종속되지 않은, 히2:8.
2) 훈련을 받지 않은, 불순종하는, 반역적인, 다루기 힘든, 딤전1:9, 딛1:6,10.
☞**복종하지 아니하는**(딤전1:9, 딛1:10, 히2:8), **불순종하는**(딛1:6).

507. ἄνω [anō] 9회 아노
[부] 473에서 유래:
1) 위에. (반) κάτω, 요2:7, 행2:19. [주] ①형용사로 쓰인 경우: 갈4:26. ②명사로 쓰인 경우[정관사 τὰ가 수반됨]: 위에 있는 것, 요8:23, 골3:1,2.
2) 위를 향하여, 위로, 요11:41, 빌3:14.
☞**아귀**(요2:7), **위로**(행2:19, 골3:1), **위에서**(요8:23), **위에**(갈4:26).

508. ἀνώγεον [anōgēŏn] 아노게온
507과 1093에서 유래: ἀνάγαιον 참조.
☞**다락방**(막14:15, 눅22:12).

509. ἄνωθεν [anōthĕn] 13회 아노텐
[부] 507에서 유래:
1) [장소] 위로부터, 마27:51, 막15:38, 요19:23. [주] [특별히] 하늘로부터, 요3:31, 약1:17, 3:15,17. (반) νῦν, 요19:11.
2) [시간]
① 태초부터, 처음부터, 눅1:3.
② 오랫동안, 행26:5. 3.다시, 새로이, 요3:3, 갈4:9.
☞**위로부터**(요3:31), **위에서**(요19:11), **일찍부터**(행26:5), **근원**(눅1:3), **거듭**(요3:3).

510. ἀνωτερικός, ή, όν [anōtĕrikŏs] 1회
아노테리코스
[형] 511에서 유래: 높은, 더 좋은, 더 높은, 더 위의, 내지의
☞**윗**(행19:1).

511. ἀνώτερος, έρα, ον [anōtĕrŏs] 2회
아노테로스
[부] 부사로서 중성형만 나옴, 507의 비교급:
1) 더 높이[더 나은 장소를 나타낼 때 사용], 눅14:10.
2) 위의, 이른, 히10:8.
☞**위에**(히10:8). **[동] 오르다**(눅14:10).

512. ἀνωφέλες, ές [anōphĕlĕs] 2회
아노ㅎ펠레스
[형] 1[부정불변사]과 5624의 어간에서 유래:
1) 소용없는, 쓸데없는, 히7:18.
2) 해로운 유익함이 없는, 딛3:9.
☞**무익한**(딛3:9, 히7:18).

513. ἀξίνη, ης, ἡ [axinē] 2회 악시네
[명] '쪼개다'는 뜻에서 유래한 것으로 보임: 나무를 자를 때 쓰는 도끼, 마3:10, 눅3:9.
☞**도끼**(마3:10, 눅3:9).

514. ἄξιος, ία, ον [axiŏs] 41회 악시오스
[형] 71에서 유래한 것으로 보임:
1. [사물에 대해 사용: 다른 사물과 관련하여 사용] 상당하는, 부합하는, ~에 비길 수 있는, 합당한, 가치 있는, ~과 맞먹는.
1) [값에 대하여] 동등한 가치의, 비길 만한, 롬8:18.
2) ['값'이외의 다른 내용과 관련하여] 마3:8, 눅3:8, 23:15,41, 행25:11,25, 26:20,31, 딤전1: 15, 4:9.
3) [관사 있는 부정사와 함께 쓰일 경우] 가치있는, 적당한, 고전16:4, 살후1:3.
2. [인격에 대하여] 가치있는, 합당한, ~할 만한.
1) [좋은 의미로 사용될 경우]
① [소유격 수반] 마10:10,37,38, 눅10:7, 행13:46, 딤전5:18, 6:1, 히11:38.

② [부정사 수반] 눅15:19,21, 계4:11, 5:2,4,12.
③ [ἵνα절 수반] 요1:27.
④ [관계절 수반] 함께, 눅7:4, 그 외, 마10:11,13, 22:8, 계3:4, 16:6.
2) [나쁜 의미로 사용될 경우] 눅12:48, 행23:29, 롬1:32.
☞**합당한**(마3:8, 행26:20, 고전16:4), **마땅한**(눅10:7, 딤전5:18, 6:1), **당할 만한**(행26:31), **상당한**(눅23:41), **해당하는**(롬1:32), **비교할**(롬8:18), **당연한**(살후1:3), **받을 만한**(딤전1:15, 4:9), **옳다고 하는**(행15:38).

515. ἀξιόω [axiŏō][7회] **악시오오**
동 미완료 ἠξίουν, 미래 ἀξιώσω, 제1부정과거 ἠξίωσα, 현재수동태명령법 ἀξιούσθω, 제1부정과거수동태 ἠξιώ- θην, 미래수동태 ἀξιωθήσομαι, 완료수동태 ἠξίωμαι, 514에서 유래:
1. 1) 고려할 만하다, 숙고할 만하다, 딤전5:17, 히3:3. [주] ①[나쁜 의미로 사용되는 경우] 히10:29. ②[부정사와 함께 사용되는 경우] 눅7:7.
2) ~에 어울리다, ~에 족하다, 살후1:11.
2. 1) 바라다, 요구하다, 주장하다[부정사가 수반됨], 행15:38, 28:22.
2) [일반적인 뜻] 구하다, 요구하다, 청구하다, 기도하다, 행13:42.
☞**받을 만하다**(히3:3), **합당하다**(살후1:11), **감당할 줄 알다**(눅7:7), **옳다고 하다**(행15: 38), **당연히 받다**(히10:29).

516. ἀξίως [axiōs][6회] **악시오스**
부 514에서 유래: 가치있게, 합당하게, 어울리게.
1) [사람의 소유격이 수반되는 경우] 롬16:2, 골1:10, 살전2:12, 요삼1:6.
2) [사물의 소유격이 수반되는 경우] 엡4:1, 빌1:27.
☞**합당하게**(롬16:2, 엡4:1, 골1:10).

517. ἀόρατος, ον [aŏratŏs][5회] **아오라토스**
형 1[부정불변사]과 3707에서 유래: 보이지 않는, 볼 수 없는[하나님에 대해 사용], 롬1:20, 골1:15,16, 딤전1:17, 히11:27.
☞**보이지 아니하는**(롬1:20, 골1:15, 히11:27).

518. ἀπαγγέλλω [apanggĕllō][45회] **아팡겔로**
동 미완료 ἀπήγγελλον, 미래 ἀπαγ- γελῶ, 제1부정과거 ἀπηγγέλην, 제2부정과거수동태 ἀπήγγειλα, 575와 32의 어간에서 유래:
1) 보고하다, 알리다, 통지하다, 말하다.
① [인격의 여격이 수반되는 경우] 마2:8, 14:12, 28:8, 막16:10,13, 행22:26, 23:16.
② [인격의 여격과 사물의 목적격이 수반되는 경우] 마28:11, 막6:30.
③ [사물의 목적격만 수반되는 경우] 마8:33, 막5:14, 눅7:18, 8:34, 13:1, 행16:36, 28:21, 살전1:9.
④ [λέγων이 수반되는 경우] 행5:22.
⑤ [관계절이 수반되는 경우] 마11:4, 눅7:22, 행4:23, 23:19.
⑥ [πῶς가 수반되는 경우] 눅8:36, 행12:17.
⑦ [ὅτι가 수반되는 경우] 눅18:37.
⑧ [목적격과 부정사가 함께 수반되는 경우] 행12:14.
⑨ [ὡς가 수반되는 경우] 눅8:47.
2) 선포하다, 공포하다, 마12:18, 히2:12, 요일1:2.
① 공개적으로 말하다, 솔직하게 말하다, 눅8:47, 행26:20.
② [ἵνα가 수반되는 경우] 마28:10.
☞**고하다**(마2:8, 막6:30, 행23:16), **알게 하다**(마12:18, 28:8), **이르다**(눅8:36, 9:36, 요20:18ⓢ), **전하다**(행12:17, 15:27, 26:20, 요일1:3), **전파하다**(고전14:25), **선포하다**(히2: 12), **말하다**(행11:13), **할 말**(행23:16,17).

519. ἀπάγχομαι [apangchŏmai][1회] **아팡코마이**
동 제1부정과거중간태 ἀπηγξάμην, 575와 ἄγχω '질식시킨다'에서 유래: 목매달리다, 마27:5.
☞**목매어 죽다(마27:5).**

520. ἀπάγω [apagō][16회] **아파고**
동 제2부정과거 ἀπήγαγον, 제1부정과거수동태 ἀπήχθην, 575와 71에서 유래: 데리고 가다.
1) [일반적인 뜻] 물로 데려가다, 눅13:15.
2) [법률 용어로 쓰이는 경우]
① [증거나 증인을] 제출하다, 마26:57,

A

막14:53, 행24:17.

② [죄수나 선고 받은 자를] 끌고 가다, 막14:44, 15:16.

③ [처형하기 위해] 끌고 가다, 마27:31, 눅23:26, 요19:16ⓢ, 행12:19.

3) [자동사] ~길로 이끌다, 마7:13, 14.

4) [수동태] 잘못 인도되다, 현혹되다, 고전12:2.

☞**인도하다**(마7:13,14), **끌다**(마26:57, 막15: 16), **끌고 가다**(마27:2, 눅23:26, 요18:13ⓢ), **이끌다**(눅13:15), **넘겨주다**(요19:16ⓢ), **죽이다**(행12:19), **끌려가다**(고전12:2).

521. ἀπαίδευτος, ον [apaidĕutŏs][1회] 아파이듀토스

형 1[부정불변사]과 3811의 파생어에서 유래: 교육받지 못한, 가르침을 받지 못한, 무식한, 딤후2:23.

☞**무식한**(딤후2:23).

522. ἀπαίρω [apairō][3회] 아파이로

동 제1부정과거수동태 ἀπήρθην, 성경에는 수동태로만 사용됨, 575와 142에서 유래: 가져가다, 데려가다, 마2:20ⓢ, 9: 15, 눅5: 35, 행1:9.

☞**빼앗기다**(마9:15, 막2:20, 눅5:35).

523. ἀπαιτέω [apaitĕō][2회] 아파이테오

동 575와 154에서 유래:

1) 요청하다, [대부금이나 도둑맞은 재산을] 청구하다, 눅6:30, 12:20.

2) [일반적인 뜻] 요구하다, 바라다, 열망하다.

☞**다시 달라 하다**(눅6:30), **도로 찾다**(눅12:20).

524. ἀπαλγέω [apalgĕō][1회] 아팔게오

동 완료 ἀπήλγηκα, 575와 ἀλγέω '괴로워하다'에서 유래: 쇠약해지다, 무감각해지다, 굳어지다, 시들다, 풀이 꺾이다, 엡4:19.

☞**감각 없다**(엡4:19).

525. ἀπαλλάσσω [apallassō][3회] 아팔랏소

동 제1부정과거 ἀπήλλαξα, 완료수동태 ἀπήλλαγμαι, 제2부정과거 수동태 ἀπηλλάγην, 575와 236에서 유래:

1) [타동사]

① [능동] 풀어주다, 해방시키다, 놓아주다, 히2:15.

② [수동] 풀리다, 고침 받다, 눅12:58.

2) [자동사] 떠나다, 벗어나다, 행19:12.

☞**화해하다**(눅12:58), **떠나다**(행19:12), **놓아주다**(히2:15).

526. ἀπαλλοτριόω [apallŏtriŏō][3회] 아팔로트리오오

동 제1부정과거 ἀπηλλοτρίωσα, 완료수동분사 ἀπηλλοτριωμένος, 575와 245의 파생어에서 유래: 사이를 나쁘게 하다, 정을 떼다. [주] 수동태로 쓰이는 경우, 엡2:12, 4:18, 골1:21.

☞**떠나 있다**(엡4:18), **떠나다**(골1:21).

527. ἁπαλός, ή, όν [apalŏs][2회] 아팔로스

형 유래가 불확실한 파생어: 부드러운, 연한, 마24:32, 막13:28.

☞**연한**(마24:32, 막13:28).

528. ἀπαντάω [apantaō][2회] 아판타오

동 미래 ἀπαντήσω, 제1부정과거 ἀ－πήντησα, 575와 473의 파생어에서 유래: 만나다, 마주치다, 막14:13, 행 16:16ⓢ, [주] 목적어가 없는 경우, 눅17:12.

☞**만나다**(마28:9ⓢ, 막5:2ⓢ, 행16:16ⓢ), **대적하다**(눅14:31).

529. ἀπάντησις, εως, ἡ [apantēsis][3회] 아판테시스

명 528에서 유래: 만남. [주] εἰς ἀ－πάντησιν의 형태로만 쓰임, 마25:6.

1) [여격이 수반되는 경우] 행28:15.

2) [소유격이 수반되는 경우] 마27:32, 살전4:17.

☞**맞음**(마25:1ⓢ,6, 행28:15), **영접**(살전4:17).

530. ἅπαξ [hapax][14회] 하팍스

부 537에서 유래된 것으로 보임:

1) 한 번[실제적인 수개념으로 쓰이는 경우], 고후11:25, 히9:26,27,28.

① [소유격이 수반되는 경우] 히9:7.

② ἔτι ἅ.: 한 번 더, 마지막으로, 히12:26,27.

③ ἅ. καὶ δίς: 반복하여, 되풀이하여.

2) 한꺼번에, 단번에, 히10:2, 유1:3, 5.

☞**한 번**(고후11:25, 살전2:18, 히6:4), **일**(히9:7), **단번**(히9:26, 벧전3:18, 유1:3).

531. ἀπαράβατος, ον [aparabatŏs][1회] 아파라바토스

형 1[부정불변사]과 3845의 파생어에서 유래: 영구적인, 변할 수 없는, 히7:24.

☞**갈리지 아니하는**(히7:24).

532. ἀπαρασκεύαστος, ον [aparaskěu-astŏs][1회] **아파라스큐아스토스**

형 1[부정불변사]과 3903의 파생어에서 유래: 준비되지 않은[군사용어], 고후9:4.

☞**준비하지 아니한**(고후9:4).

533. ἀπαρνέομαι [aparněŏmai][11회] **아파르네오마이**

동 디포넌트. 미래 ἀπαρνήσομαι, 제1부정과거 ἀπηρνησάμην, 완료수동태 ἀπήρνημαι, 미래수동태 ἀπαρνηθή- σομαι, 575와 720에서 유래: 부정하다, 부인하다, 마26:34,35,75, 막14:30,31,72, 눅22:61.

☞**부인하다**(마16:24, 막14:30, 눅12:9).

534. ἀπάρτι [aparti] **아파르티**

부 575와 737에서 유래: 이제부터, 계14:13.

☞**지금 이후로**(계14:13).

535. ἀπαρτισμός, οῦ, ὁ [apartismŏs][1회] **아파르티스모스**

명 534의 파생어에서 유래: 완성, 끝냄, 눅14:28.

☞**준공**(눅14:28).

536. ἀπαρχή, ῆς, ἡ [aparchē][9회] **아파르케**

명 575와 756의 합성어에서 유래:

1. [제사용어] 초 태생[세속적인 용도로 사용되기 전에 먼저 구별하여 신에게 영광을 돌리고자 바치는 것].

1) [문자적인 뜻] 첫 열매, 처음 난 것, 롬11:16.

2) [상징적인 뜻]

① [인격에 대해 사용] 첫 그리스도인, 롬16:5, 고전16:15, 살후2:13, 약1:18, 계14:4.

② [사물에 대해 사용] 성령의 처음 익은 열매, 롬8:23.

2. 출생 증서.

☞**처음 익은 열매**(롬8:23, 계14:4), **처음 익은 곡식**(롬11:16), **첫 열매**(고전15:20, 16:15, 약1:18).

537. ἅπας, ασα, αν [hapas][34회] **하파스**

형 1[연합불변사]과 3956에서 유래:

1) [명사와 관사를 동반하는 경우] 모든, 전체의, 마28:11, 눅3:21, 4:6, 8:37, 19:37ⓢ,48, 23:1, 행25:24.

2) [명사가 수반되지 않는 경우: 남성으로 쓰임] ἅπαντες: 모두, 모든 사람, 마24:39, 눅5:26, 7:16ⓢ, 9:15, 21:4ⓢ, 행2:7, 4:31, 5:12, 16:3,28, 27: 33, 약3:2.

3) [중성으로 쓰이는 경우] ἅπαν τα: 모든 것, 마6:32, 막8:25, 눅2:39ⓢ, 15:13ⓢ, 행2:44.

☞**모든**(마6:32, 눅5:11ⓢ, 행11:10), **모든 사람**(막11:32), **모든 일**(눅2:39ⓢ), **만물**(막8:25), **모두**(행19:7), **여러 사람**(행27:33), **전부**(눅21:4ⓢ).

538. ἀπατάω [apataō][3회] **아파타오**

동 제1부정과거수동태 ἠπατήθην, 어원이 불확실한 파생어: 속이다, 오해하게 하다, 기만하다, 현혹시키다, 엡5:6, 약1:26, 딤전2:14.

☞**속이다**(엡5:6, 약1:26).

539. ἀπάτη, ης, ἡ [apatē][7회] **아파테**

명 538에서 유래:

1) 속임, 현혹, 사기, 기만, 허위, 마13:22, 막4:19, 엡4:22, 골2:8, 살후2:10, 히3:13.

2) 쾌락, 육욕, 정욕[특히 죄가 수반되는], 막4:19, 벧후2:13.

☞**유혹**(마13:22, 엡4:22, 히3:13), **속임수**(골2:8), **속임**(살후2:10).

540. ἀπάτωρ, ορος [apatōr][1회] **아파토르**

형 1[부정불변사]과 3962에서 유래: 아버지 없는, 족보가 없는[기록된 족보 없이 태어난 어린아이에게 사용함], 히7:3.

☞**아버지 없는**(히7:3).

541. ἀπαύγασμα, ατος, τό [apaugas- ma][1회] **아파우가스마**

명 575와 826의 합성어에서 유래:1) [능동적인 뜻] 발광, 빛남. 2)[수동적인 뜻] 반사, 히1:3.

☞**광채**(히1:3).

542. ἀπείδω [apěidō] **아페이도**

575와 1492의 같은 말에서 유래: ἀ- φοράω 참조.

☞**~ㄹ 지를 (알아)보다**(빌2:23).

543. ἀπείθεια, ας, ἡ [apěithěia][7회] **아페이데이아**

명 545에서 유래: 불순종[성경에서는 언제나 하나님에 대한 불순종이나 복음에 대한 불신을 나타냄], 롬11:32, 엡2:2, 5:6, 골3:6, 히4:6,11.

☞**불순종**(엡2:2, 5:6, 골3:6). **[동] 순종하지 아**

A

니하다(롬11:30, 히4:6,11).

544. ἀπειθέω [apĕithĕō][14회] 아페이데오

동 제1부정과거 ἠπείθησα, 545에서 유래: 불순종하다, 명령을 어기다.

1) ① [인격의 여격이 수반되는 경우] 요3:36, 롬11:30.

② [사물의 여격이 수반되는 경우] 롬2:8, 벧전2:8, 3:1, 4:17.

2) [독립적으로 사용되는 경우] 행14:2, 19:9, 롬10:21, 11:31, 15:31, 히11:31, 벧전3:20.

3) 믿지 않다[초대 그리스도교인의 관점에서 볼 때 최고의 불순종은 복음을 믿지 않는 것이었다] 요3:36, 행14:2, 19:9, 롬15:31, 벧전2:8, 3:1.

☞**순종하지 아니하다**(요3:36, 행19:9), **따르지 아니하다**(롬2:8), **믿지 아니하다**(벧전2:7ⓢ).

545. ἀπειθής, ές [apĕithēs][6회] 아페이데스

형 1[부정불변사]과 3982에서 유래: 순종하지 않는.

1) [여격이 수반되는 경우] 행26:19, 롬1: 30, 딤후3:2.

2) [독립적으로 사용되는 경우] 딛1:16. ⓑ δίκαιος, 눅1:17.

☞**거스르는**(눅1:17, 행26:19), **거역하는**(롬1:30, 딤후3:2), **복종하지 아니하는**(딛1:16), **순종하지 아니하는**(딛3:3).

546. ἀπειλέω [apĕilĕō][2회] 아페일레오

동 미완료 ἠπείλουν, 제1부정과거중간태 ἠπειλησάμην, 어원이 불확실한 파생어: 위협하다, 경고하다, 행4:17, 벧전2:23.

☞**위협하다**(행4:17, 벧전2:23).

547. ἀπειλή, ῆς, ἡ [apĕilē][3회] 아페일레

명 546에서 유래: 경고, 위협, 행4:17ⓢ, 29, 9:1, 엡6:9.

☞**위협**(행9:1, 엡6:9). [동] **위협하다**(행4:17ⓢ, 29).

548. ἄπειμι [apĕimi][7회] 아페이미

동 분사 ἀπών, 575와 1510에서 유래: 떠나 있다, 결석하다, 고전5:3, 고후10:11, 13:10, 빌1:27, 골2:5. ⓑ παρών.

☞**떠나 있다**(고전5:3, 고후13:2, 빌1:27).

549. ἄπειμι [apĕimi][1회] 아페이미

동 미완료 ἀπῄειν, 575와 εἶμι '간다'에서 유래: 가버리다, 떠나다, 가다, 오다, 행17:10.

☞**떠나다, 들어가다**(행17:10).

550. ἀπειπόμην [apĕipŏmēn][1회] 아페이포멘

동 575와 2036의 합성어에서 유래[합성어의 재귀 과거형]: 부인하다, 포기하다, 기권하다, 고후4:2.

☞**버리다**(고후4:2).

551. ἀπείραστος, ον [apĕirastŏs][1회] 아페이라스토스

형 1[부정불변사]과 3987의 파생어에서 유래: 시험이 없는, 약1:13.

1) [능동] 시험받지 않는.

2) [수동] 유혹될 수 없는.

☞**시험을 받지도 아니하는**(약1:13).

552. ἄπειρος, ον [apĕirŏs][1회] 아페이로스

형 1[부정불변사]과 3984에서 유래: 낯설은, 생소한, 익숙하지 않은, 히5:13.

☞**경험하지 못한**(히5:13).

553. ἀπεκδέχομαι [apĕkdĕchŏmai][8회] 아페크데코마이

동 디포넌트. 미완료 ἀπεξεδεχόμην, 575와 1551에서 유래: 학수고대하다, [그리스도] 열심히 기다리다, 롬8:19,23, 갈5:5, 빌3:20, 히9:28, 기다리다, 롬8:25, 벧전3:20.

☞**고대하다**(롬8:19), **기다리다**(롬8:23, 고전1:7, 갈5:5), **바라다**(히9:28).

554. ἀπεκδύομαι [apĕkdüŏmai][2회] 아페크뒤오마이

동 중간태. 제1부정과거분사 ἀπεκδυ- σάμενος, 575와 1562에서 유래:

1) [옷을] 벗어버리다. ⓑ ἐπενδύομαι[상징적으로만 사용], 골3:9.

2) 무기를 빼앗다, 무장을 해제하다, 골2:15.

☞**벗어버리다**(골2:15, 3:9).

555. ἀπέκδυσις, εως, ἡ [apĕkdüsis][1회] 아페크뒤시스

명 554에서 유래: [옷을] 벗김, 제거, 박탈, 빼앗음, 골2:11.

☞**벗는 것**(골2:11).

556. ἀπελαύνω [apĕlaunō][1회] 아펠라우노

동 제1부정과거 ἀπήλασα, 575와 1643에서 유래: 몰아내다, 쫓아내다, 행18:16.

☞**쫓아내다**(행18:16).

557. ἀπελεγμός, οῦ, ὁ [apĕlĕgmŏs][1회]

아펠레그모스

명 575와 1651의 합성어에서 유래: 논박, 폭로, 적발, 경멸, 망신, 행19:27.

☞**천하여짐**(행19:27).

558. ἀπελεύθερος, ου, ὁ [apĕlĕuthĕ- rŏs][1회] 아펠류데로스

명 575와 1658에서 유래: [그리스도인을 상징하여] 자유인, 해방된 자, 고전7:22.

☞**자유인**(고전7:22).

559. Ἀπελλῆς, οῦ, ὁ [Apĕllēs][1회] **아펠레스**

고명 라틴어에서 유래: 유대인들의 흔한 이름 '아벨레', 행18:24㉦, 19:1㉦, 롬16:10.

☞**아벨레**(행18:24㉦, 19:1㉦, 롬16:10).

560. ἀπελπίζω [apĕlpizō][1회] 아펠피조

동 현재완료분사 ἀπηλπικώς, 575와 1725에서 유래:

1) 절망하다, 낙심하다.

2) 다시 기대하다, 되받으려고 기대하다, 눅6:35[34절과 대조되어].

☞**바라다**(눅6:35).

561. ἀπέναντι [apĕnanti][5회] 아페난티

전 속격과 함께 사용, 575와 1725에서 유래:

1) [누구의, 무엇의] ~맞은편에.

① [장소를 가리켜서] 마27:61. [예] ~의 앞에서, 마27:24, 행3:16.

② [상징적으로] 롬3:18.

2) [반대로] ~에 반대하여, 행17:7.

☞**앞에서**(마27:24, 행3:16, 롬3:18), **맞은편**(마21:2㉦).

562. ἀπέραντος, ον [apĕrantŏs][1회] 아페란토스

형 1[부정불변사]과 4008의 2차적 파생어에서 유래: 끝없는, 무한한, 딤전1:4.

☞**끝없는**(딤전1:4).

563. ἀπερισπάστως, ον [apĕrispastōs][1회] 아페리스파스토스

형 부 1[부정불변사]과 4049의 파생어와의 합성어에서 유래: 주의를 기울여, 정신을 팔지 않고, 고전7:35.

☞**흐트러짐이 없이**(고전7:35).

564. ἀπερίτμητος, ον [apĕritmētŏs][1회] 아페리트메토스

형 1[부정불변사]과 4059의 파생어에서 유래: 할례 받지 않은, 무할례의[상징적으로], 행7:51.

☞**할례 받지 못한**(행7:51).

565. ἀπέρχομαι [apĕrchŏmai][118회] 아페르코마이

동 미래 ἀπελεύσομαι, 제2부정과거 ἀπῆλθον, 현재완료 ἀπελήλυθα, 575와 2064에서 유래:

1) 떠나가다, 출발하다.

① [문자적으로] 마8:21, 13:25, 16:4, 행10:7, 약1:24. [주] 분사 ἀπελθών은 다른 동사의 직설법 가정이나 명령법과 함께 쓰여 '가버리다'가 됨, 마13:28, 46㉦, 18:30, 25: 18, 25, 막5:17, 6:27,37, 눅1:38, 2: 15, 5:14, 8:37, 요6:22, 행4:15.

② [상징적으로] 질병 등이 가버리다, 떠나다, 막1:42, 눅5:13, 계18:14.

③ [일반적으로] 가버리다, 계9:12, 11: 14, 21:1,4.

2) [εἰς로 장소를 나타낼 경우]

① ~로 가다, 마8:33, 9:7, 14:15, 막1:35, 7:24,30, 마28:10, 눅1: 23, 요4:3, 롬15:28.

② ~에게로 가다, ~로 오다, 막3:13, 눅24:12, 요20:10, 16:7, 계10:9.

3) [소문이] 퍼져 나가다, 번지다, 마4:24.

4) 따라가다.

① [제자들이] 막1:20.

② [세상이] 요12:19. [주] 독립적인 용법: ἀ. εἰς τὰ ὀπίσω, 요6:66, 18:6.

☞**가다**(마2:22, 막6:46, 갈1:17㉦), **보내다**(마8:32㉦), **오다**(마14:15,25㉦, 막3:13), **떠나가다**(마16:4, 눅1:38), **나아가다**(마14:25㉦, 막14:39), **떠나다**(막7:24, 눅2:15), **도망하다**(눅8:34㉦, 37), **따르다**(요12:19), **물러가다**(요18:6), **지나가다**(계9:12), **이르다**(눅23:33㉦).

566. ἀπέχει [apĕchĕi] 아페케이

동 비인칭으로 사용된 568의 현재능동태직설법 3인칭 단수형: 충분하다, 넉넉하다, 막14:41.

☞**그만 되었다**(막14:41).

567. ἀπέχομαι [apĕchŏmai] 아페코마이

동 568의 중간태: 삼가다, 그만두다, 행15:20.

☞**버리다**(살전4:3, 5:22), **삼가다**, **먹지 말다**(딤전4:3), **멀리하다**(행15:20㉦, 29㉦), **제어하다**(벧전2:11㉦).

A

568. ἀπέχω [apěchō][19회] 아페코

동 미래중간태 ἀφέξομαι, 575와 2192에서 유래:

1) [능동태] 금액을 전부 받고 영수증을 주다, 마6:2,5, 16, 눅6:24, 빌4:18㉦, 몬1:15.

2) [자동사] 멀리 떠나 있다, 마14:24, 눅7:6, 15:20, 24:13. [주] 상징적으로 쓰여 '~로부터 멀리 있다'가 됨, 마15:8, 눅7:6㉦.

3) [중간태] 멀리하다, 삼가다, 끊다, 행15:20,29, 벧전2:11.

☞**받다**(마6:2, 눅6:24), **멀다**(마15:8, 눅7:6㉦).

569. ἀπιστέω [apistěō][8회] 아피스테오

동 미완료 ἠπίστου, 제1부정과거 ἠ-πίστησα, 571에서 유래:

1) 믿지 않다, 믿기를 거절하다.

① [일반적으로] 막16:11, 눅24:11, 41, 행28:24.

② [종교적인 의미로] 막16:16, 벧전2:7.

2) 불충실하다, 성실하지 않다, 롬3:3㉦, 딤후2:13.

☞**믿지 아니하다**(막16:11, 눅24:11, 롬3:3㉦), **믿지 못하다**(눅24:41), **미쁨이 없다**(딤후2: 13).

570. ἀπιστία, ας, ἡ [apistia][11회] 아피스티아

명 571에서 유래:

1) 불충실함, 성실하지 못함, 롬3:3.

2) 불신앙, 신앙의 결핍.

① [예수에 대해 유대인들이 나사렛에서 보여준 행동에 대해] 마13:58, [다른 사람들의 경우] 막9:24.

② [종교적인 의미] 마17:20㉦, 롬4:20, 11:20,23, 딤전1:13, 히3:19.

☞**믿지 아니함**(마13:58, 롬3:3, 히3:12), **믿음 없음**(막9:24, 16:14), **믿음이 작음**(마17:20㉦).

571. ἄπιστος, ον [apistŏs][23회] 아피스토스

형 1[부정불변사]과 4103에서 유래:

1) 믿을 수 없는, 믿어지지 않는, 행26:8.

2) 믿음 없는, 믿지 않는, 마17:17, 막9:19, 눅9:41.

① [도마의 불신] 요20:27, 고전6:6, 7: 15, 10:27.

② [마지막 심판 때의 비난] 눅12:46.

③ [기타] 고전7:12,14, 14:23, 고후6: 14, 딤전5:8, 딛1:15, 계21:8.

☞**믿음 없는**(마17:17, 막9:19, 요20:27), **신실하지 아니한**(눅12:46), **믿지 아니하는**(고전7:12, 14:23, 계21:8).

572. ἁπλότης, ητος, ἡ [haplŏtēs][8회] 하플로테스

명 573에서 유래:

1) 단순함, 순진, 소박, 성실, 정직, 솔직, 고후1:12, 11:3, 엡6:5, 골3:22.

2) 관용, 관대, 롬12:8, 고후8:2,9:11,13, 11:13.

☞**성실함**(롬12:8, 엡6:5, 골3:22), **거룩함**(고후1:12), **풍성한 연보**(고후8:2), **너그러운 연보**(고후9:11), **후한 연보**(고후9:13), **진실함**(고후11:3).

573. ἁπλοῦς, ῆ, οῦν [haplŏus][2회] 하플루스

형 아마도 1['연합'을 나타내는 불변사]과 4120의 어간에서 유래: 단순한, 순수한, 꾸밈없는, 천진난만한, 순진한, 깨끗한, 건전한, 마6:22, 눅11:34.

☞**성한**(마6:22, 눅11:34).

574. ἁπλῶς [haplōs][1회] 하플로스

부 573에서 유래:

1) 간단히, 꾸밈없이, 숨김없이, 성실하게.

2) [διδόναι와 함께] 너그럽게, 사양하지 않고, 무조건으로, 약1:5.

☞**후히**(약1:5).

575. ἀπό [apŏ][646회] 아포

전 전치사+속격[기본적인 의미로 사람이나 사물로부터 떨어져있는 것을 의미], 신약성경에서는 ἐκ, ὑπό, παρά 등이 같은 형태로 사용된다.

1. [장소의 뜻] ~으로부터, ~으로부터 멀리 떨어져.

1) [동작을 나타내는 모든 동사를 특히 ἀπό와의 합성동사와 함께 사용된다] ἀπάγεσθαι, ἀπολύεσθαι 등.

2) [분리의 개념을 가진 모든 동사와 함께 사용된다] 마27:24, 눅16: 18, 행15:33, 20:26.

3) ['보호하다', '부끄러워하다' 등의 동사들은 ἀ-πό를 취하여 경계, 수치, 두려움의 대상을 표현한다] αἰσχύνεσθαι, βλέ-πειν 등.

4) [감춤, 숨김, 막음의 뜻을 나타내는 동사와 함께 사용된다].

5) [함축적인 구조에서 나타냄]

① ἀνά-θεμα εἶναι ἀ. χριστοῦ: 저주받아

그리스도에게서 끊어지다, 롬9:3.
② ἀ- ποθνήσκειν ἀ. τινος: 죽음을 통하여 ~에게서 자유를 얻다, 행8:22, 고후11:3, 골2:20.
6) [부분을 나타내는 속격의 대용으로 사용된다]
① τὰ ἀ. τοῦ πλοίου: 배의 조각들, 행27:44.
② τί- να ἀ. τῶν δύο: 둘 중의 하나, 마27:21, 막12:2, 행2:17이하.
③ [음식에 대하여] ἐσθίειν ἀ. τ. ψιχίων: 부스러기를 먹다, 마15:27, 막6:43, 7:28, 눅16:21, 22:18, 요21:10.

2. [문자적이거나 상징적인 의미에서 어떤 것이 시작되는 지점을 나타낸다]
1) [장소적으로] ~에서부터, ~으로부터, 마23:34, 24:31, 27:51, 막8:11, 눅24:47, 살전1:8, 계21:13.
2) [시간적으로]
① ~부터, ~이래로, 마9:22, 11:12, 22:46, 눅2:36, 8:43, 요11:53, 롬1:20, 고후8:10, 9:2.
② [전이나 후의 한계를 명확히 하여] ~부터~까지.
㉠ ἀπὸ ἕως, 마27:45.
㉡ ἀπὸ ἄχρι, 빌1:5.
㉢ ἀπὸ μέχρι, 행10:30, 롬5:14, 15:19.
③ ἀφ᾽ ἧς: ~이래로, 눅7:45, 행24:11, 벧후3:4.
④ ἀφ᾽ οὗ: ~후에, 눅13:7,25, 24:21, 계16:18.
3) [계속적인 것의 시작을 나타냄]
① ~로부터, 마2:16, 눅24:27, 유1:14.
② [ἀπ᾽ ἐμα의 형태로 시작과 끝을 동시에 나타냄] 마1:17, 23:35, 행8:10, 고후3:18.

3. [어떤 지점으로부터의 거리를 나타냄] ~에서 멀리, 요21:8, 계12:14, 14:20.

4. [기원이나 근원을 나타냄] ~에서.
1) [문자적으로]
① [동작을 나타내는 동사와 함께] 마3:13, 14:2, 15:27, 24:1, 눅1:52, 요3:2, 행15:38.
② [사람의 지리적 태생을 나타내기 위하여] ~출신, 마4:25, 21:11, 눅9:38, 요1:44, 행2:5, 6:9, 10:23, 17:13, 히13:24.
㉠ [소속을 나타냄] 행12:1, 15:5.
㉡ [어떤 것의 재료를 나타냄] 마3:4.
2) [비유적으로]
① [구함이나 바람을 나타내는 동사와 함께] ~에게, ~에게서, 마5:42, 눅11:51, 12:20, 살전2:6.
② [지각을 나타내는 동사와 함께 사용되어 이미 지각된 것을 나타낸다] 마7:16,20, 24:32, 막13:28, 갈3:2, 골1:7.

5. [원인, 수단, 성과를 나타냄]
1) [일반적으로 어떤 것에 대한 이유를 보여줌] ~때문에, ~의 결과로, 마18: 7, 눅19:3, 요21:6, 22:11, 히5:7.
2) ~로써, ~을 가지고, 눅15:16ⓢ, 계18:15.
3) [동기나 이유를 나타냄] ~때문에, ~로부터, 마10:28, 13:44, 막14:36, 눅12:4, 21:26, 행12:14.
4) [동사가 나타내는 동작의 행위자를 나타냄] ~에게서, ~로부터, 마12: 38, 막15:45, 눅22:71, 행23:21, 롬1:7, 고전1:3, 11:23, 딤전3:7, 몬1:3, 히11:12, 요일1:5.
5) [고전적인 용법으로서]
① ἀφ᾽ ἑαυτοῦ: 자기 스스로.
② ἀπ᾽ ἐμαυτοῦ: 나 스스로, 눅12:57, 21:30, 요5:19, 7:17,28, 8:28,42, 10:18, 11:51, 14:10, 15:4, 16:13, 18:34, 고후3:5.
6) [수동태 동사나 수동의 의미를 가진 동사와 함께 ὑπό 대신의 역할을 함] 눅8:43, 16:21, 행2:22, 계12:6.

6. 부사구를 이루는 경우.
① ἀπὸμιᾶς: 일치하게, 다같이, 눅14:18.
② ἀπὸ τ. καρδιῶν: 마음의, 진심으로, 마18:35.

☞**~부터**(마1:17).

576. ἀποβαίνω [apŏbainō][4회] **아포바이노**
동 미래 ἀποβήσομαι, 제2부정과거 ἀ- πέβην, 575와 939의 어간에서 유래:
1) [문자적으로] 가버리다, [배에서 육지로] 나가다, 눅5:2, 요21:9.
2) [상징적으로] ~으로 되다, ~에 이르다, 눅

A

21:13, 빌1:19.

☞**나오다**(눅5:2), **되다**(눅21:13), **이르다**(빌1:19), **오르다**(요21:9).

577. ἀποβάλλω [apŏballō][2회] 아포발로

동 미래 ἀποβαλῶ, 제2부정과거 ἀπέ- βαλον, 현재완료 ἀποβέβληκα, 완료수동분사 ἀποβεβλημένος, 제1부정과거 ἀπεβλήθην, 575와 906에서 유래:

1) 던져버리다, [옷을] 벗다, 막10:50. [주] 중간태.

2) 잃다, 놓치다, 히10:35.

☞**내버리다**(막10:50), **버리다**(히10:35).

578. ἀποβλέπω [apŏblĕpō][1회] 아포블레포

동 미완료 ἀπέβλεπον, 575와 991에서 유래: 보다, 주목하다[상징적으로], 히11:26.

☞**바라보다**(히11:26).

579. ἀπόβλητος, ον [apŏblētŏs][1회] 아포블레토스

형 577에서 유래: 버림받은, 거부된[불결한], 더러운. 반 κάλος, 딤전4:4.

☞**버릴**(딤전4:4).

580. ἀποβολή, ῆς, ἡ [apŏbŏlē][2회] 아포볼레

명 577에서 유래[577의 다양한 의미에 상응하여 사용됨]:

1) 배제, 거절, 롬11:15. 반 πρόσλημψις.

2) 잃음, 상실, 없어짐, 행27:22.

☞**손상**(행27:22), **버리는 것**(롬11:15).

581. ἀπογενόμενος [apŏgĕnŏmĕnŏs][1회] 아포게노메노스

형 575와 1096의 합성어의 과거분사:

1) 죽은.

2) [상징적으로] '거절된', 벧전2:24. 반 ζῆν.

☞**죽은**(벧전2:24).

582. απογραφη, ῆς, ἡ [apŏgraphē][2회] 아포그라ㅎ페

명 583에서 유래: 호구조사, 인구조사, 국세조사, 등록, 눅2:2, 행5:37.

☞**호적**(눅2:2, 행5:37).

583. ἀπογράφω [apŏgraphō][4회] 아포그라ㅎ포

동 제1부정과거중간태 ἀπεγραψάμην, 현재완료수동분사 ἀπογεγραμμένος, 575와 1125에서 유래: 등록하다, 기록하다.

1) [납세명부에 등록하는 일로서 중간태로 사용] 등록한다, 눅2:3,5.

2) [상징적으로, 하나님의 생명책에 기록하는 일] 히12:23.

☞**호적하다**(눅2:1,3,5), **기록하다**(히12:23).

584. ἀποδείκνυμι [apŏdĕiknümi][4회] 아포데이크뉘미

동 제1부정과거 ἀπέδειξα, 현재완료수동분사 ἀποδεδειγμένος, 575와 1166에서 유래:

1) ~로 만들다, 공포하다, 되게 하다, 고전4:9.

2) 보여 주다, 나타내 보이다, 행2:22.

3) ~을 증명하다, 증거를 대다, 행25:7.

☞**증언하다**(행2:22), **증거를 대다**(행25:7), **두다, 지시하다**(고전4:9), **내세우다**(살후2:4).

585. ἀπόδειξις, εως, ἡ [apŏdĕixis][1회] 아포데잌시스

명 584에서 유래: 증거, 고전2:4.

☞**시위, 나타남**(고전2:4).

586. ἀποδεκατόω [apŏdĕkatŏō][4회] 아포데카토오

동 부정사 ἀποδεκατοῦν[ἀποδεκατοῖν: ~이 아니다, 히7:5], 575와 1183에서 유래:

1) ~에게 십일조를 드리다, 마23:23, 눅11:42.

2) ~로부터 십일조를 모으다, 거두다, 히7:5.

☞**십일조를 드리다**(마23:23, 눅11:42), **십분의 일을 취하다**(히7:5).

587. ἀπόδεκτος, ον [apŏdĕktŏs][2회] 아포뎈토스

형 588에서 유래: 받아들일 수 있는, 만족한, 딤전2:3, 5:4. [주] 악센트에 따라서 의미 변화.

① ἀποδεκτός: 만족한.

② ἀπόδεκτος: 받아들일 수 있는.

☞**받을 만한**(딤전2:3, 5:4).

588. ἀποδέχομαι [apŏdĕchŏmai][7회] 아포데코마이

동 제1부정과거 ἀπεδεξάμην, 수동태 ἀπεδέχθην, 575와 1209에서 유래: 전적으로 취하다, [사람을] 환영하다, [물건을] 인증하다, 받아들이다, [기쁘게] 영접하다.

☞**환영하다**(눅8:40), **받다**(행2:41), **영접하다**(행18:27, 28:30). **[명] 영접**(행15:4㊀).

589. ἀποδημέω [apŏdēmĕō][6회] 아포데메오

동 제1부정과거 ἀπεδήμησα, 590에서 유래:

1) 여행하다, 마21:33, 25:14,15, 막12:1, 눅15:13, 20:9.

☞**떠나다**(마25:15), **타국에 가다**(마21:33, 25:14, 눅20:9).

590. ἀπόδημος, ον [apŏdēmŏs][1회]
아포데모스
형 575와 1218에서 유래: 여행 떠난, 멀리 여행하는, 막13:34.
☞**타국으로 가는**(막13:34).

591. ἀποδίδωμι [apŏdidōmi][48회]
아포디도미
동 분사 ἀποδιδοῦν, 미완료 ἀπεδίδο- υν, 미래 ἀποδώσω, 제1부정과거 ἀπέ- δωκα, 명령 ἀπόδος, 제2부정과거중간태 ἀπεδόμ ην, 제1부정과거수동태 ἀπεδόθην, 부정사 ἀποδοθῆναι, 575와 1325에서 유래:
1) 주어 버리다, 포기하다, 내주다, 넘겨주다, 수여하다, 마 27:58, 딤후4:8.
① 주다, 마21:41.
② 지불하다, 마22:21, 막12:17, 눅20:25.
③ 완수하다, 이룩하다, 롬13:7, 고전7:3.
④ [복수] 하나님이 부여하다, 하사하다, 열매를 맺다, 히12:11, 계22:2.
⑤ 맹세를 지키다, 마5:33.
⑥ 증언하다, 증거를 주다, 행4:33.
⑦ 계산하다, 회계를 하다, 청산하다, 마12:36, 눅16:2, 행19:40, 히13:17, 벧전4:5.
2) 반환하다, 돌려주다, 눅4:20, 9:42.
① 빚을 갚다, 마5:26, 18:25이하, 눅7:42, 12:59.
② 되갚다, 눅10:35.
③ 불의하게 모은 세금을 돌려주다, 눅19:8.
3) 갚다, 보상하다, 물려주다, 마6:4,6, 18, 16:27, 롬2:6, 12:17, 살전5:15, 딤전5:4, 벧전3:9, 계18:6, 22:12.
4) [중간태]
① 팔다, 행5:8, 7:9.
② 내놓다, 내주다, 히12:16.
☞**갚다**(마5:26, 6:4, 계22:12), **지키다**(마5: 33), **주다, 받다**(마12:36), **바치다**(마22:21), **내주다**(마27:58), **도로 주다**(눅9:42), **셈하다**(눅16:2), **보답하다**(딤전5:4), **보응하다**(롬2:6), **팔다**(행7:9), **다하다**(고전7:3), **맺다**(히12:11), **주다**(마20:8ⓢ).

592. ἀποδιορίζω [apŏdiŏrizō][1회]
아포디오리조
동 575와 1223과 3724의 합성어에서 유래: 나누다, 분리하다. 반 ἐποι- κοδομεῖν, 유1:19.
☞**분열을 일으키다**(유1:19).

593. ἀποδοκιμάζω [apŏdŏkimazō][9회]
아포도키마조
동 제1부정과거 ἀπεδοκίμασα, 제1부정과거수동태 ἀπεδοκιμάσθην, 현재완료수동분사 ἀποδεδοκιμασμένος, 575와 1381에서 유래: 거절하다, 거부하다, 소용없다고 선언하다.
1) [사물에 대해] 마21:42, 막12:10, 눅20:17, 벧전2:4,7.
2) [인격에 대해] 막8:31, 눅9:22, 17:25, 히12:17.
☞**버리다**(마21:42, 눅20:17, 벧전2:7), **버린 바 되다**(막8:31, 히12:17, 벧전2:4).

594. ἀποδοχή, ῆς, ἡ [apŏdŏchē][2회]
아포도케
명 588에서 유래: 수납, 수락, 용인, 시인, 허락, 찬성, 딤전1:15, 4:9.
☞**받을 만함**(딤전1:15, 4:9).

595. ἀπόθεσις, εως, ἡ [apŏthĕsis][2회]
아포데시스
명 659에서 유래: 제거, 없앰[상징적으로만 사용], 벧전3:21, 벧후1:14.
☞**제하여 버림**(벧전3:21), **벗어날 것**(벧후1:14).

596. ἀποθήκη, ης, ἡ [apŏthēkē][6회]
아포데케
명 659에서 유래: 창고, 곳간, 마3:12, 6:26, 13:30, 눅3:17, 12:18,24.
☞**곳간**(마3:12, 13:30, 눅12:18), **창고**(마6: 26, 눅12:24).

597. ἀποθησαυρίζω [apŏthēsaurizō][1회]
아포데사우리조
동 575와 2343에서 유래: 저장하다, 모아두다, 쌓아두다, 딤전6:19.
☞**쌓다**(딤전6:19).

598. ἀποθλίβω [apŏthlibō][1회] **아포들리보**
동 575와 2346에서 유래: ~에 모으다, 몰려들다, 눅8:45.
☞**밀다**(눅8:45).

599. ἀποθνήσκω [apŏthnēskō][111회]
아포드네스코
동 미완료 ἀπέθνῃσκον, 미래 ἀποθα- νοῦμαι

A

ι, 제2부정과거 ἀπέθανον, 575와 2348에 서 유래:

1. 죽다.

1) [문자적인 뜻]

① 사람의 죽음, 마9:24, 22:24,27, 26: 35, 막5:35,39, 9:26, 눅8:42,52, 요19:7, 행25:11, 롬6:10, 7:2, 빌1:21, 히9:27, θανάτῳ ἀ., 요12:33, 18:32, 특히 예수의 죽음, 롬5:8, 14:15, 고전15:3, 고후5:14.

② 동물과 식물의 죽음, 마8:32, 요12: 24, 고전15:36, 유1:12.

2) [상징적인 뜻]

① 참되고 영원한 생명의 상실, 요6:50, 58, 8:21,24, 11:26, 롬7:9,10, 8:13, 계3:2.

② 그리스도와 함께 한 신비한 죽음, 롬6:8, 골3:3.

③ 여격 명사와 함께 사용되어 그것으로부터의 분리됨을 나타내는 경우.

㉠ [율법] 갈2:19.

㉡ [죄] 롬6:2.

㉢ [여격 대신 속격으로] 골2:20.

2. 죽으려고 하다, 죽음에 직면하다, 죽을 것으로 되다, 고전15:31, 고후6:9, 히7:8.

☞**몰사하다**(마8:32), **죽다**(마9:24, 행7:4, 고전8:11 ㊄).

600. ἀποκαθίστημι [apŏkathistēmi][8회] **아포카디스테미**

통 미래 ἀποκαταστήσω, 제2부정과거 ἀπεκατέστην, 미래수동태 ἀποκα- τασταθήσομαι, 제1부정과거수동태 ἀ- πεκατεστάθην, 575와 2525에서 유래:

1) 소생하다, 회복하다, 복구하다, 마17: 11, 막9:12, 행1:6.

① [의학적으로 용어로] 낫게 하다, 치료하다, 막8:25.

② [수동으로] 마12:13, 막3:5, 눅6:10.

2) 돌려주다, 도로 주다, 히13:19.

☞**회복하다**(마12:13, 17:11, 막9:12, 눅6:10, 행1:6), **돌아가다**(히13:19), **낫다**(막8:25).

601. ἀποκαλύπτω [apŏkalüptō][26회] **아포칼륍프토**

통 미래 ἀποκαλύψω, 제1부정과거 ἀ- πεκάλυψα, 제1부정과거 수동태 ἀπε- καλύφθην, 미래수동태 ἀποκαλυφ- θήσομαι, 575와 2572에서 유래: 드러내다, 나타내다, 폭로하다.

1) [일반적으로] 폭로하다, 나타내다, 드러내다. ㊥ καλύπτω, 마10:26, 눅2:35, 12:2, 요12:38, 롬1:17,18.

2) [특별히, 초자연적인 비밀을 하나님이 계시하는 경우] ἀ. τινί τι: ~을 ~에게 계시하다, 마11:25, 16:17, 눅10:21, 빌3:15.

① [계시자가 그리스도인 경우] 마11: 27, 눅10:22.

② [성령의 경우] 고전2:10, 14:30, 갈1:16, 엡3:5.

3) [종말적인 의미에서] 계시되다, 나타나다.

① [그리스도의 재림에 대해] 눅17:30.

② [적그리스도에 대해] 살후2:3,6,8.

③ [심판의 날에 대해] 롬8:18, 고전3: 13, 갈3:23.

☞**드러나다**(마10:26, 눅12:2), **나타내다**(마11:25, 고전3:13, 갈1:16), **나타나다**(눅17:30, 롬1:17, 살후2:6), **드러내다**(눅2:35), **계시를 받다**(눅10:22), **알게 하다**(마16:17), **보이다**(고전2:10), **계시되다**(갈3:23).

602. ἀποκάλυψις, εως, ἡ [apŏkalüp- sis][18회] **아포칼륍프시스**

명 601에서 유래: 드러냄, 계시, 벗김.

1) [일반적인 진리의 계시: 목적격 속격과 함께] 눅2:32, 롬16:25, 엡1:17.

2) [꿈이나 환상 등을 통하여 주는 특별한 종류의 계시: 계시자가 속격으로 나옴]

① [예수 그리스도] 갈1:12, 계1:1.

② [주] 고후12:1, 갈2:2, 엡3:3.

3) [마지막 날에 속한 비밀의 계시로서 종말적인 의미] 롬2:5, 8:19, 벧전1:7, 13, 4:13, 살후1:7.

4) [책의 형태로 된 것] 계시록의 표제.

☞**빛, 비췸**(눅2:32), **계시**(고전14:6, 고후12: 7, 갈1:12, 엡3:3), **나타냄**(롬16:25, 벧전4:13).

603. ἀποκαραδοκία, ας, ἡ [apŏkaradŏ- kia][2회] **아포카라도키아**

명 575의 합성어와 κάρα '머리'와 1380['보다'의 의미에서]의 합성어에서 유래: 간절한 기대, 대망, 롬8:19, 빌1:20.

☞**간절한 기대**(빌1:20), **고대하는 바**(롬8:19).

604. ἀποκαταλλάσσω [apŏkatallassō][3회]

아포카탈랏소
동 제1부정과거 ἀποκατήλλαξα, 제2부정과거수동태 ἀποκατηλλάγην, 575와 2644에서 유래: 화해시키다, 엡2:16, 골1:20, 22.
☞**화목하게 되다[하다]**(엡2:16, 골1:20,21).

605. ἀποκατάστασις, εως, ἡ [apŏkatastasis][1회] **아포카타스타시스**
명 600에서 유래: 회복, 소생, 복구, 행3:21.
☞**회복**(행3:21).

606. ἀπόκειμαι [apŏkĕimai][4회]
아포케이마이
동 575와 2749에서 유래: 걷어 치워지다, 저장되다, 보존되다.
1) [문자적으로] 눅19:20.
2) [상징적으로] 골1:5, 딤후4:8, 3)[부정사와 함께] 히9:27.
☞**싸두다**(눅19:20), **쌓아 두다**(골1:5), **예비되다**(딤후4:8), **정하다**(히9:27).

607. ἀποκεφαλίζω [apŏkĕphalizō][4회]
아포케ㅎ팔리조
동 제1부정과거 ἀπεκεφάλισα, 575와 2776에서 유래: 목을 베다, 마14:10, 막6:16, 27, 눅9:9.
☞**목을 베다**(마14:10, 막6:27, 눅9:9).

608. ἀποκλείω [apŏklĕiŏ][1회] **아포클레이오**
동 제1부정과거 ἀπέκλεισα, 575와 2808에서 유래: 닫다, 눅13:25.
☞**닫다**(눅13:25).

609. ἀποκόπτω [apŏkŏptō][6회] **아포콮토**
동 미래 ἀποκόψω, 제1부정과거 ἀπέ- κοψα, 제2부정과거수동태부정사 ἀπο- κοπῆναι, 575와 2875에서 유래:
1) [다리나 신체의 일부분을] 베어내다, 잘라내다, 막9:43,45, 요18:10,26, 행27:32.
2) 고자를 만들다, 거세하다[중간태], 갈5:12.
☞**찍어 버리다**(막9:43,45), **베어 버리다**(요18:10,26, 갈5:12), **끊어 버리다**(행27:32).

610. ἀπόκριμα, ατος, τό [apŏkrima][1회]
아포크리마
명 611['판단하다'는 의미로부터]에서 유래: 공식적인 보고, 결정, 언도, 고후1:9.
☞**선고**(고후1:9).

611. ἀποκρίνομαι [apŏkrinŏmai][232회]
아포크리노마이
동 제1부정과거중간태 ἀπεκρινάμην, 제1부정과거 수동태 ἀπεκρίθην, 미래수동태 ἀποκριθήσομαι, 575와 κρι- νω에서 유래:
1. 대답하다, 응답하다, 눅4:4, 6:3, 행3: 12, 25:16.
1) [질문에 대하여] 마11:4, 13:11, 19:4, 막12:28,34, 눅3:11, 7:22, 요1:21, 26,48, 3:5.
2) [요구, 권면, 명령 등에 대하여] 마4:4, 12:39.
3) [질문은 없더라도 내용상 앞에 선행한 것과 관계가 있고, 대조를 이룰 때] 응답하다, 마3:15, 8:8, 12:48, 14:28, 15:23,24,28, 22:46, 26:62, 27:12, 막7:28, 9:6, 14:40,61, 눅23:9, 요2:18, 3:9, 행25:4.
① [부정사와 함께] 눅20:7.
② [대격과 부정사가 함께 따르는 경우] 행25:4.
③ [ὅτι와 함께] 막8:4, 행25:16.
2. [히브리어의 습관적 용법으로 말의 계속을 의미함]
1) 계속하다, 마11:25, 12:38, 15:15, 22: 1, 26:25, 막10:24.
2) 시작하다, 큰 소리로 말하다, 마26: 66, 막9:5, 10:51, 11:14, 12:35, 눅1:19, 요5:19, 행5:8. [주] εἰπεῖν이나 λέγειν과 함께 관용적으로 사용되어 번역되지 않는 경우가 있다, 마16:16, 25:37, 막7:28, 눅23:3, 요2:19.
☞**대답하다**(마3:15, 막8:4, 요21:5), **고하다**(막9:5), **말씀하다**(막14:48), **대답**(막14:60, 눅23:3), **이르다**(눅23:40), **응답하다**(계7:13).

612. ἀπόκρισις, εως, ἡ [apŏkrisis][4회]
아포크리시스
명 611에서 유래: 대답, 응답, 눅2:47, 요1:22, 19:9.
☞**대답**(눅2:47, 20:26). **[동] 대답하다**(요1: 22, 19:9).

613. ἀποκρύπτω [apŏkrüptō][4회]
아포크뤼프토
동 미래 ἀποκρύψω, 제1부정과거 ἀπέ- κρυψα, 완료수동태분사 ἀποκεκρυμμέ- νος, 575와 2928에서 유래: 감추다, 숨기다, 마

25:18ⓢ, 눅10:21, 고전2:7, 엡 3:9, 골 1:26.

☞**숨기다**(마11:25, 눅10:21), **감추어지다**(고전2:7, 엡3:9, 골1:26).

614. ἀπόκρυφος, ον [apŏkrüphŏs][3회]
아포크뤼ㅎ포스

형 613에서 유래:
1) [보물이] 감추인, 숨겨진, 비밀로 하는, 막4:22, 눅8:17.
2) [상징적으로] 지혜의 비밀이 감추어진, 골2:3. ㉥ φανερός.

☞**감추인**(막4:22, 눅8:17, 골2:3).

615. ἀποκτείνω [apŏktĕinō][74회]
아포크테이노

동 미래 ἀποκτενῶ, 제1부정과거 ἀπέ－ κτειν α, 제1부정과거수동태 ἀπεκτάν－ θην, 575와 κτείνω에서 유래:
1) [문자적으로] ~의 생명을 빼앗는 것.
① [자연적인 생명] 마14:5, 16:21, 17: 23, 21:35,38,39, 막6:19, 눅11:47, 요16:2, 계9:18.
② [진실한 영적 생명을~] 마10:28, 롬7:11, 고후3:6.
2) [상징적으로] 사형에 처하다, 죽이다, 엡2:16.

☞**죽이다**(마10:28, 요5:18, 살전2:15), **죽임을 당하다**(마16:21, 막9:31, 계2:13), **소멸하다**(엡2:16), **자결하다**(요8:22), **죽다**(눅13:4, 계11:13).

616. ἀποκυέω [apŏküĕō][2회] 아포퀴에오

동 제1부정과거 ἀπεκύησα, 575와 2949의 어간에서 유래: 낳다, 생산하게 하다, 초래하다, 약1:15,18.

☞**낳다**(약1:15,18).

617. ἀποκυλίω [apŏkuliō][4회] 아포퀼리오

동 미래 ἀποκυλίσω, 현재완료수동태 ἀποκεκ ύλισμαι, 575와 2947에서 유래: 굴려 치우다, 굴려내다, 막16:3, 눅24:2.

☞**굴려내다**(마28:2), **굴려주다**(막16:3), **굴리다**(막16:4, 눅24:2).

618. ἀπολαμβάνω [apŏlambanō][10회]
아폴람바노

동 미래 ἀπολή(μ)ψομαι, 제2부정과거 ἀπέλ αβον, 제2부정과거분사중간태 ἀπολαβόμ ενος, 575와 2893에서 유래:
1) ~을 받다, 갈4:5.
① [상업적인 술어로] 영수하다, 눅16:25.
② 특히 노임을 받다, 눅18:30, 23:41.
③ [기타] 롬1:27, 골3:24, 요이1:8.
2) 돌려받다, 되찾다, 눅6:34, 15:27.
3) 데리고 가다, 곁에 동반하여 가다[중간태], 막7:33.

☞**데리다**(막7:33), **받다**(눅6:33, 롬1:27, 골3:24), **맞아들이다**(눅15:27), **얻다**(요이8).

619. ἀπόλαυσις, εως, ἡ [apŏlausis][2회]
아폴라우시스

명 575와 λαύω '즐기다'의 합성어에서 유래: 향락, 유쾌함, 향유, 히11:25. ㉥ ἐπαγγελί α, 딤전6:17.

☞**누리게 함**(딤전6:17, 히11:25).

620. ἀπολείπω [apŏlĕipō][7회] 아폴레이포

동 미완료 ἀπέλειπον, 제2부정과거 ἀπέλιπο ν, 575와 3007에서 유래:
1) 두고 가다, 뒤에 남겨두다, 딤후4:13, 20, 딛1:5.
2) [수동태] 남다, 남아 있다, 히4:6,9, 10:26.
3) 내버려 두다, 방기하다, 유1:6.

☞**두다**(딤후4:13,20), **남아 있다**(히4:6,9).

621. ἀπολείχω [apŏlĕichō] 아폴레이코

동 미완료과거 ἀπέλειχον, 575와 λε－ ίχω '핥다'에서 유래: 핥다, 눅16:21.

☞**핥다**(눅16:21).

622. ἀπόλλυμι [apŏllümi][91회] 아폴뤼미

동 미래 ἀπολέσω, ἀπολῶ[고전1:19], 제1부정과거 ἀπώλεσα, 현재완료 ἀπο－ λώλεκα, 미래 중간태 ἀπολοῦμαι[눅13:3], 제2부정과거 ἀπωλόμην, 과거완료 ἀπόλωλα, 완료중간태분사 ἀπο－ λωλώς, 575와 3639의 어간에서 유래:

1. [능동태]
1) 파괴시키다, 파괴하다, 멸망시키다.
① [인격적 존재에 대해] 막1:24, 눅4:34, 롬14:15. 특히 죽이다의 뜻으로, 마2:13, 12:14, 27:20, 막3:6, 눅19:47.
② [비인격적 존재에 대해] 고전1:19.
③ [목적어 없는 경우] 요10:10.
2) 잃다, 마10:39, 16:25, 막8:35, 눅15:8, 요이1:8.

2. [중간태]
1) 파괴되다, 멸망하다, 파멸되다.
① [인격에 대해] 죽다, 멸망하다, 마8: 25,

막4:38, 눅8:24, 행5:37, 고전10:9, 벧후3:9, 유1:11, 영원한 죽음, 요3:16, 17:12, 롬2:12. [복수] οἱ ἀπολλύμενοι, ㊥ οἱ σῳζόμε- νοι, 고전1:18, 고후2:15, 4:3, 살후2:10.

② [사물에 대해] 없어지다, 사라지다, 파멸되다, 멸망하다, 막2:22, 9:22, 눅5:37, 요6:27, 약1:11, 히1:11, 벧전1:7, 계18:14.

2) 잃다, 마5:29이하, 눅15:24, 21:18, 요6:12, 행27:34.

☞**죽이다**(마2:13, 막9:22, 눅19:47), **없어지다**(마5:29,30), **죽다**(마8:25, 눅13:33), **버리다**(마9:17, 막2:22, 요6:22), **잃어버리다**(마10:6, 15:24), **멸하다**(마10:28, 막11:18), **잃다**(마10:39, 막8:35), **진멸하다**(마20:16, 21: 41), **잃어지다**(마18:14), **망하다**(마26:52, 눅13:3), **죽임을 당하다**(눅11:51), **상하다**(눅21:18), **멸망하다**(요3:16, 17:12, 히1:11), **멸망시키다**(요10:10, 고전10:10).

623. Ἀπολλύων, ονος, ὁ [Apŏllüōn][1회] 아폴뤼온

고명 622의 능동태분사에서 유래: 파괴자, 사탄 '아볼루온', 계9:11.

☞**아볼루온**(계9:11).

624. Ἀπολλωνία, ας, ἡ [Apŏllōnia][1회] 아폴로니아

고명 622에서 유래: 마케도니아의 한 장소 '아볼로니아', 행17:1.

☞**아볼로니아**(행17:1).

625. Ἀπολλῶς, ῶ, ὁ [Apŏllōs][10회] 아폴로스

고명 아마도 624와 같은 말에서 유래: 알렉산드리아에서 태어나 교육을 받은 그리스도인 '아볼로'[에베소와 고린도에서 복음을 전한 사람], 행18:24, 고전1:12, 딛3:13. [주] Ἀ- πολλώνιος의 단축형.

☞**아볼로**(행18:24, 19:21, 고전1:12, 딛3:13).

626. ἀπολογέομαι [apŏlŏgĕŏmai][10회] 아폴로게오마이

동 미완료 ἀπελογούμην, 제1부정과거 ἀπελογησάμην, 제1부정과거수동분사 ἀπολογηθῆναι, 눅21:14, 575와 3056의 합성어에서 유래: 자신을 스스로 변호하다, 변명하다, 대답하다, 눅12:11, 21:14, 행24:10, 26:24, 롬2:15.

1) [인격의 여격과 함께] 행19:33, 고후12:19.

2) [ὅτι와 함께] 행25:8.

☞**대답하다**(눅12:11), **변명하다**(눅21:14, 행25:8, 고후12:19, 행19:33).

627. ἀπολογία, ας, ἡ [apŏlŏgia][8회] 아폴로기아

명 626과 같은 말에서 유래: 방어, 변호, 답변, 행22:1, 25:16, 고전9:3, 고후7:11, 빌1:7,16, 딤후4:16, 벧전3:15.

☞**변명**(행22:1, 25:16, 빌1:7), **변명하게 함**(고후7:11), **대답**(벧전3:15).

628. ἀπολούω [apŏlüō][2회] 아폴뤼오

동 제1부정과거중간태 ἀπελουσάμην, 575와 3068에서 유래[신약성서에는 중간태만 나온다]: 자신을 씻다, 행22:16, 고전6:11.

☞**씻다**(행22:16, 고전6:11).

629. ἀπολύτρωσις, εως, ἡ [apŏlütrō- sis][10회] 아폴뤼트로시스

명 575와 3083의 합성어에서 유래[원래 노예나 포로를 다시 사거나 혹은 속물을 받고 자유를 줌]:

1) [문자적으로] 풀어 놓음, 해방, 히11:35.

2) [상징적으로] 그리스도를 통하여 죄나 제한에서 해방됨.

① 구속(救贖), 구속받은 상태, 눅21: 28, 롬3:24, 8:23, 엡1:7, 4:30, 골1:14, 히9:15.

② 구속(救贖)자[그리스도], 고전1:30.

☞**속량**(눅21:28, 롬3:24, 엡1:7,14, 히9:15), **구원함**(고전1:30), **풀려남**(히11:35).

630. ἀπολύω [apŏlŭō][67회] 아폴루오

동 미완료 ἀπέλυον, 미래 ἀπολύσω, 제1부정과거 ἀπέλυσα, 제1부정과거부정사 ἀπολῦσαι, 현재완료수동태 ἀ- πολέλυμαι, 제1부정과거수동태 ἀπε- λύθην, 미래수동태 ἀπολυθήσομαι, 575와 3089에서 유래:

1) 놓아주다, 풀어주다, 용서하다, 마18: 27, 27:15-26, 눅6:37, 요18:39, 행3:13, 5:40. [수동태] 놓이다, 풀리다, 눅13:12.

2) 가게 하다, 보내버리다, 해산시키다.

① 이혼하다, 보내버리다, 마1:19, 5:31, 19:3, 막10:2,4,11, 눅16:18.

② 해산시키다, 돌려보내다, 마14:15, 22, 15:32,39, 막6:36, 8:3,9, 행19:41. [수

A

동태] 해산 당하다, 출발하다, 떠나다, 행4:23, 15:30, 히13:23.
③ [중간태] 가다, 떠나다, 행28:25, 히13:23㉹.
☞**끊다**(마1:19), **버리다**(마5:31,32, 눅16:18), **보내다**(마14:15, 막6:36, 행13:3), **흩다**(마15:39), **놓아주다**(마17:15, 눅22:68, 행3:13), **용서하다(눅6:37)**, **놓이다**(눅13:12, 행4:23), **흩어지다**(행28:25), **흩어지게 하다**(행19:41).

631. ἀπομάσσομαι [apŏmassŏmai][1회] **아포맛소마이**
동 중간태. 575와 μάσσω '짜내다, 반죽하다'에서 유래: 씻어버리다, 닦아 없애다, 눅10:11.
☞**떨어버리다**(눅10:11).

632. ἀπονέμω [apŏnĕmō][1회] **아포네모**
동 575와 3551의 어간에서 유래: 보여주다, 할당하다, 지불하다, 벧전3:7.
☞**~로 알아 귀히 여기다, (깊은 관심을) 보여주다**(벧전3:7).

633. ἀπονίπτω [apŏniptō][1회] **아포닢토**
동 제1부정과거중간태 ἀπενιψάμην, 575와 3538에서 유래: 씻어서 없이하다[무죄의 표시로 손을 씻을 때], 마27:24.
☞**(자신을)씻다**(마27:24).

634. ἀποπίπτω [apŏpiptō][1회] **아포핖토**
동 제1부정과거 ἀπέπεσα, 575와 4098에서 유래: 떨어져 나가다, 떨어지다, 행9:18.
☞**벗어지다**(행9:18).

635. ἀποπλανάω [apŏplanaō][2회] **아포플라나오**
동 제1부정과거수동태 ἀπεπλανήθην, 575와 4105에서 유래:
1) 잘못 인도하다, 막13:22.
2) [수동태] ~로부터 떨어져 방황하다, 헤매다, 딤전6:10.
☞**미혹하다**(막13:22), **미혹을 받다**(딤전6:10).

636. ἀποπλέω [apŏplĕō][4회] **아포플레오**
동 제1부정과거 ἀπέπλευσα, 575와 4126에서 유래: [항해용어] 출항하다, 배 떠나다, 행20:15. [주] εἰς로 목적지를 나타냄, 행13:4, 14:26, 27:1.
☞**배타고 가다**(행13:4, 14:26, 27:1), **떠나다**(행20:15).

637. ἀποπλύνω [apŏplünō] **아포플뤼노**
동 미완료 ἀπέπλυνον, 제1부정과거 ἀπέπλυνα, 575와 4150에서 유래: 씻어내다, 씻어버리다, 씻어 없애다, 눅5:2㉹.
☞**씻다**(눅5:2).

638. ἀποπνίγω [apŏpnigō][2회] **아포프니고**
동 제1부정과거 ἀπέπνιξα, 제2부정과거수동태 ἀπεπνίγην, 575와 4155에서 유래:
1) 질식시키다, 숨을 막다, 마13:7㉹, 눅8:7.
2) 물에 빠져 죽다, 눅8:33.
☞**기운을 막다**(마13:7㉹), **몰사하다**(눅8:33).

639. ἀπορέω [apŏrĕō][6회] **아포레오**
동 미완료 ἠπόρουν, 1[부정불변사]과 4198의 어간의 합성어에서 유래: 어리둥절해지다, 의심하다, 혼란해지다, 불확실해지다, 막6:20.
① [중간태] 눅24:4.
② [간접의문과 함께] 요13:22.
③ [대격과 함께] 행25:20.
④ [ἔν τινι] ~때문에, 고후4:8, 갈4:20.
☞**의심하다**(요13:22), **답답한 일을 당하다**(고후4:8).

640. ἀπορία, ας, ἡ [apŏria][1회] **아포리아**
명 639와 같은 말에서 유래: 혼란, 불안, 걱정, 눅21:25.
☞**혼란**(눅21:25).

641. ἀποῤῥίπτω [apŏrrhiptō][1회] **아포르흐맆토**
동 제1부정과거 ἀπέριψα, 제2부정과거수동태 ἀπερίφην, 575와 4496에서 유래:
1) [타동사] 던진다, 던져 내리다. [상징적인 의미] 쫓아내다, 겁주어 보내다.
2) [자동사] 자신을 내던지다, 행27:43.
☞**뛰어 내리다**(행27:43).

642. ἀπορφανίζω [apŏrphanizō][1회] **아포르ㅎ파니조**
동 제1부정과거수동분사 ἀπορφανισ- θείς, 575와 3737의 파생어에서 유래:
1) 고아가 되게 하다.
2) [상징적으로] 사도를 그의 교회에서 떠나게 하다, 살전2:17.
☞**떠나다**(살전2:17).

643. ἀποσκευάζω [apŏskĕuazō] **아포스큐아조**
동 제1부정과거 ἀπεσκευασάμην, 575와 4632의 파생어에서 유래: 제거하다, 젖혀

두다, 버리다, 짐을 꾸려서 떠나다, 행21:15.

☞**여장을 꾸리다**(행21:15).

644. ἀποσκίασμα, ατος, τό [apŏskias- ma][1회] **아포스키아스마**

명 575와 4639의 파생어의 합성어에서 유래: 그늘, 그림자, 약1:17.

☞**그림자**(약1:17).

645. ἀποσπάω [apŏspaō][4회] **아포스파오**

동 제1부정과거 ἀπέσπασα, 제1부정과거수동태 ἀπεσπάσθην, 575와 4685에서 유래: 끄집어내다, 끌어내다.

1) [문자적으로] 빼다[검을], 마26:51.

2) [상징적으로: 사람에 대하여] 떼어 놓다, 떨어지게 하다, 행20:30.

3) [수동태] ~에서 떨어져 나가다, 분리되다, 물러가다, 물러서다, 눅22:41, 행21:1.

☞**뽑아내다, 빼다**(마26:51), **떠나다**(눅22: 41), **끌다**(행20:30), **작별하다**(행21:1).

646. ἀποστασία, ας, ἡ [apŏstasia][2회] **아포스타시아**

명 647과 같은 말의 여성형: 반동, 폭도, 반역, [종교적 의미에서] 배교, 행21:21, 살후2:3.

☞**배반함**(행21:21), **배교하는 일**(살후2:3).

647. ἀποστάσιον, ου, τό [apŏstasiŏn][3회] **아포스타시온**

명 868의 파생어에서 온 추정된 형용사의 중성형:

1) '분리하는 것'.

2) [법적 용어: 소유물을 팔거나 포기한 후에 양도한다는 의미에서 사용] 이혼증서, 마19:7, 5:31, 막10:4.

☞**이혼증서**(마5:31, 19:7, 막10:4).

648. ἀποστεγάζω [apŏstĕgazō][1회] **아포스테가조**

동 제1부정과거 ἀπεστέγασα, 575와 4721의 파생어에서 유래: 지붕을 벗기다, 막2:4.

☞**지붕을 뜯다**(막2:4).

649. ἀποστέλλω [apŏstĕllō][132회] **아포스텔로**

동 미래 ἀποστελῶ, 제1부정과거 ἀ- πέστειλα, ἀποστείλω, 행7:34, 현재완료 ἀπέσταλκα, 현재완료수동태 ἀ- πέσταλμαι, 제2부정과거수동태 ἀπε- στάλην, 575와 4724에서 유래:

1. ~를 보내다, 내보내다, 파송하다.

1) [목적어만 있는 경우] 마13:41, 막11:1, 12:5.

2) [대상이 분명한 경우]

① [어떤 사람에게 보내어짐을 말할 때: 여격으로] 마15:24, 21:34, 22:16, 막3:31, 눅11:49, 요1:19, 행26:17, 28:28.

② [어떤 장소로 보내어짐을 말할 때]

㉠ [εἰς와 함께] 마14:35, 20:20, 막8:26, 눅1:26, 요3:17.

㉡ [ἐν과 함께] 마10:16, 눅10:3.

㉢ [ὧδε와 함께] 막11:3.

㉣ [기타] 마11:10, 막1:2, 눅19:14, 요3:28.

③ [ἵνα로 보내는 목적을 나타내는 경우] 막12:2,13, 눅20:10, 요1:19.

[주] ㉠ [ὅπως로 나타내는 경우] 행9:17.

㉡ [부정사로 나타내는 경우] 마22:3, 막3:14, 눅1:19, 요4:38, 행5:21, 고전1:17, 계22:6.

㉢ [대격과 함께 한 ἐπί로 나타내는 경우] 눅4:43.

㉣ [기타] 히1:14, 요일4:10.

④ [수동태로 나타나는 경우] 눅1:26, 행10:8, 벧전1:12.

3) [특별히 예수에 의해 제자들이 파송되는 경우] 마10:5, 막3:14, 눅9:2, 요4:38, 17:18.

[주] ① 하나님이 예수를 보내심, 마15: 24, 막9:37, 눅9:48, 요3:17, 행3:20.

② 하나님이 세례 요한을 보내심, 요1:6.

③ 하나님이 성령을 보내심, 벧전1:12.

4) [다른 동사와 함께 사용되어 사역의 뜻을 나타내는 경우] 마2:16, 막6:17, 눅4:18, 요11:3, 행7:14, 계1:1.

2. [비인격적인 목적어와 함께] 마21:3, 막4:29, 행10:36, 13:15, [수동태] 행28:28.

☞**보내다**(마2:16, 막12:2, 요5:33), **통지하다**(마14:35), **파송하다**(마23:37, 눅13:34), **대다**(막4:29), **보내심을 입다**(눅1:19), **보내심을 받다**(눅1:26).

650. ἀποστερέω [apŏstĕrĕō][6회] **아포스테레오**

동 제1부정과거 ἀπεστέρησα, 현재완료수동

A

분사 ἀπεστερημένος, 575와 στερέω '빼앗다'에서 유래: ~에게서 빼앗다, 훔치다, 강탈하다, 속여서 횡령하다, 고전6:8, 딤전6:5.

☞**속여 빼앗다, 속이다**(막10:19, 고전6:8), **잃어버리다**(딤전6:5), **분방하다**(고전7:5), **주지 아니하다**(약5:4), **속다**(고전6:7).

651. ἀποστολή, ῆς, ἡ [apŏstŏlē][4회]
아포스톨레

명 649에서 유래: 사도직, 사도의 직분, 행1:25. [주] 특별히 바울에 의해 사용되어 그의 위치를 나타냄, 롬1:5, 고전9:2, 갈2:8.

☞**사도의 직무**(행1:25), **사도의 직분**(롬1:5), **사도 됨**(고전9:2), **사도로 삼음**(갈2:8).

652. ἀπόστολος, ου, ὁ [apŏstŏlŏs][80회]
아포스톨로스

명 649에서 유래: 고전 헬라어나 후기 헬라어에서의 ὁ ἀ.는 해양탐험의 대장을 나타내는 말이었는데 '보냄을 받은 자'란 의미가 있었다:

1) 대의원, 대표, 사절, 사신. ㉤ ὁ πέμψας, 요13:16, 고후8:23, 빌2:25.
2) [특히] 하나님의 사자.
① 예언자, 눅11:49, 엡3:5, 계18:20.
② 그리스도, 히3:1.
3) 특수한 사명을 맡고 신자들에게 높이 존경받는 사람, 복음을 전하던 사람[바울은 스스로를 사도라고 불렀다], 롬1:1, 11:13, 고전1:1, 9:1, 15:9, 갈1:1, 엡1:1, 골1:1, 딤전1:1, 딤후1:1,11, 딛1:1.
① [바나바] 행14:14.
② [예수의 형제 야고보] 갈1:19.
③ [베드로] 벧전1:1, 벧후1:1.
④ [특히 12사도] 마10:2, 막3:14, 눅22:14, 행1:26, 계21:14.
⑤ [베드로와 사도] 행5:29.
⑥ [일반적인 사도] 행1:2, 2:42, 4:33, 고전4:9, 고후11:5,13, 살전2:7, 벧후3:2, 유1:17.

☞**사도**(마10:2, 눅17:5, 롬1:1), **사자(使者)**(빌2:25), **보내던 사람**(행15:33ⓢ).

653. ἀποστοματίζω [apŏstŏmatizō][1회]
아포스토마티조

동 575와 4750의 파생어에서 유래한 것으로 보임: 물어보다, 심문하다, 자세하게 질문하다, 눅11:53. [주] 본래 의미는 '구술하다', '문답식으로 가르치다'임.

☞**따져 묻다**(눅11:53).

654. ἀποστρέφω [apŏstrĕphō][9회]
아포스트레ㅎ포

동 미래 ἀποστρέψω, 제1부정과거 ἀ-πέστρεψα, 완료수동태 ἀπέστραμμαι, 제2부정과거수동태 ἀπεστράφην, 575와 4762에서 유래:

1. [타동사]
1) ~에게서 ~을 돌리다.
① [문자적으로] 진심으로 귀를 기울이다, 딤후4:4.
② [상징적으로] 사람을 잘못 인도하다, 이간하다, 제거하다, 눅23:14, 롬11:26.
2) 돌리다, 다시 넣다,마27:3ⓢ, 마26:52.

2. [자동사] 돌아서다, 행3:26.

3. [중간태 혹은 제2부정과거 수동태] 돌아서다, 거절하다, 마5:42, 딤후1:15, 딛1:14, 히12:25.

☞**거절하다**(마5:42), **돌이키다**(행3:26, 롬11:26, 딤후4:4), **버리다**(딤후1:15), **배반하다**(딛1:14, 히12:25), **미혹하다**(눅23:14).

655. ἀποστυγέω [apŏstügĕō][1회]
아포스튀게오

동 575와 4767의 어간에서 유래: 싫어하다, 미워하다. ㉤ κολλᾶσθαι, ἀ- γαθῷ, 롬12:9.

☞**미워하다**(롬12:9).

656. ἀποσυνάγωγος, ον [apŏsünagō- gŏs][3회]
아포쉬나고고스

형 575와 4864에서 유래: 회중에서 추방된, 출교 당한, 회당에서 쫓겨난, 저주받은, 요9:22, 12:42, 16:2.

☞**출교하는**(요9:22, 16:2).

657. ἀποτάσσομαι [apŏtassŏmai][6회]
아포탓소마이

동 중간태. 제1부정과거 ἀπεταξάμην, 575와 5021에서 유래:

1) ~에게 작별인사하다, 떠나다, 막6:46, 눅9:61, 행18:18, 고후2:13. ㉤ ἀκολουθεῖν τινι.
2) [상징적으로 비인격적인 목적어와 함께] 단념하다, 포기하다, 버리다. ㉤ χρᾶσθαι,

눅14:33.

☞**작별하다**(막6:46, 눅9:61, 행18:18), **버리다**(눅14:33).

658. ἀποτελέω [apŏtĕlĕō][2회] **아포텔레오**

동 미래 ἀποτελοῦμαι, 눅13:32, 제1부정과거 ἀπετέλεσα, 제1부정과거 수동태 ἀπετελέσθην, 575와 5055에서 유래:

1) 완성하다, 마치다, 약1:15.

2) 이행하다, 실행하다, 성취하다, 눅13:32.

☞**장성하다**(약1:15).

659. ἀποτίθημι [apŏtithēmi][9회] **아포티데미**

동 제2부정과거중간태 ἀπεθέμην, 제1부정과거수동태 ἀπετέθην, 575와 5087에서 유래: 버리다, 벗어던지다, 집어치우다.

1) 벗는다.

① [문자적으로] 옷을 벗다, 행7:58.

② [상징적으로] 제거하다, 젖혀 두다, 롬13:12, 엡4:22, 골3:8, 히12:1, 약1:21, 벧전2:1.

2) 집어넣다, 놓아두다, 마14:3.

☞**벗다**(행7:58, 롬13:12, 엡4:22), **버리다**(엡4:25), **벗어버리다**(골3:8).

660. ἀποτινάσσω [apŏtinassō][3회] **아포티낫소**

동 제1부정과거 ἀπετίναξα, 575와 τι- νάσσω '밀다'에서 유래: 떨어뜨리다, 떨쳐 버리다, 눅9:5, 행28:5.

☞**떨어 버리다**(눅9:5, 행28:5).

661. ἀποτίνω [apŏtinō][2회] **아포티노**

동 미래 ἀποτίσω, 575와 5099에서 유래: [법적용어] 보상하다, 손해를 갚아주다, 몬1:19.

☞**갚다**(몬1:19).

662. ἀποτολμάω [apŏtōlmaō][1회] **아포톨마오**

동 575와 5111에서 유래: 담대히 ~하다, 감히 ~하다, 롬10:20.

☞**담대하다**(롬10:20).

663. ἀποτομία, ας, ἡ [apŏtŏmia][1회] **아포토미아**

명 664의 어간에서 유래: 준엄, 엄혹, 엄격. ⓡ χρηστοτης, 롬11:22.

☞**준엄함**(롬11:22).

664. ἀποτόμως [apŏtŏmōs][2회] **아포토모스**

부 575와 τέμνω '자르다'의 합성어의 파생어에서 유래: 준엄하게, 엄격하게, 고후13:10, 딛1:3.

☞**엄하게**(고후13:10), **엄히**(딛1:13).

665. ἀποτρέπω [apŏtrĕpō][1회] **아포트레포**

동 현재중간태 명령 ἀποτρέπου, 575와 5157의 어간에서 유래: ~에서 돌아서다, 피하다 [대격과 함께], 딤후3:5.

☞**돌아서다**(딤후3:5).

666. ἀπουσία, ας, ἡ [apŏusia][3회] **아푸시아**

명 548의 분사에서 유래: 부재, 빌2:12. ⓡ παρουσία.

☞**없음**(빌2:12).

667. ἀποφέρω [apŏphĕrō][6회] **아포ㅎ페로**

동 제1부정과거 ἀπήνεγκα, 제1부정과거부정사 ἀπενεγκεῖν, 제1부정과거수동태 ἀπηνέχθην, 575와 5342에서 유래:

1) [능동] 데려가다, 데려가 버리다, 눅16:22, 계17:3, 강제로 데려가다, 막15:1.

2) [한 장소에서 다른 장소로] 옮겨가다, 행19:12, 고전16:3.

☞**끌고 가다**(막15:1), **받들리다**(눅16:22), **가지고 가게 하다**(고전16:3), **데리고~ 가다**(계17:3).

668. ἀποφεύγω [apŏphĕugō][1회] **아포ㅎ퓨고**

동 제2부정과거 ἀπέφυγον, 575와 5343에서 유래:

1) [대격과 함께] 도망하다, ~으로부터 피하다, 벧후2:18,20.

2) [사물의 속격과 함께] 벧후1:4.

☞**피하다**(벧후1:4, 2:18,20).

669. ἀποφθέγγομαι [apŏphthĕnggŏ- mai] **아포ㅎ프뎅고마이**

동 575와 5350에서 유래: 용기 있게 말하다, 큰 소리로 이야기하다, 행2:4, 14, 26:25.

☞**말하게 하다**(행2:4), **말을 하다**(행26:25), **이르다**(행2:14).

670. ἀποφορτίζομαι [apŏphŏrtizŏmai] **아포ㅎ포르티조마이**

동 575와 5412의 중간태에서 유래: 항해용어. (짐을) 풀다, 내리다, 행21:3.

☞**(짐을) 풀다**(행21:3).

671. ἀπόχρησις, εως, ἡ [apŏchrēsis] **아포크레시스**

명 575의 합성어와 5530에서 유래: 낭비, 탕

A

진, 다 써버림, 골2:22.

☞**다 써버림**(골2:22).

672. ἀποχωρέω [apŏchōrĕō] **아포코레오**

동 제1부정과거 ἀπεχώρησα, 575와 5562에서 유래: 떠나가다, 버리고 가다, 마7: 23, 행13:13, 물러나다, 눅9:39.

☞**떠나가다**(마7:23, 눅9:39), **떠나다**(행13:13).

673. ἀποχωρίζω [apŏchōrizō] **아포코리조**

동 제1부정과거수동태 ἀπεχωρίσθην, 575와 5563에서 유래:

1) 격리하다, 분리하다.

2) [수동] 분리되어지다, 나뉘다, 격리되다, 행15:39, 계6:14.

☞**갈라서다**(행15:39), **떠나가다**(계6:14).

674. ἀποψύχω [apŏpsüchō] **아포프쉬코**

동 575와 5594에서 유래: 심장이 멈추다, 숨이 멎다, 죽다, 기절하다, 눅21:26.

☞**기절하다**(눅21:26).

675. Ἄππιος ['Appiŏs] **앞피오스**

고명 라틴어에서 유래: 로마인의 이름에서 유래한 이태리 동네이름 '압비오', 행28:15.

☞**압비오**

676. ἀπρόσιτος, ον [aprŏsitŏs] **아프로시토스**

형 1[부정불변사]과 4314의 합성어의 파생어와 εἶμι '가다'에서 유래: 가까이 갈 수 없는, 딤전6:16.

☞**가까이 가지 못할**(딤전6:16).

677. ἀπρόσκοπος, ον [aprŏskŏpŏs] **아프로스코포스**

형 1[부정불변사]과 4350의 파생어에서 유래: 죄 없는, 허물없는.

1) 탓할 것 없는, 손해를 주지 않는, 빌1: 10. 깨끗한, 행24:16.

2) 범죄하게 하지 않는, 불쾌감을 주지 않는, 고전10:32.

☞**거리낌이 없는**(행24:16), **거치는 자가 되지 않는**(고전10:32), **허물 없는**(빌1:10).

678. ἀπροσωπολήπτως [aprŏsōpŏlēp- tōs] **아프로소폴렢토스**

부 1[부정불변사]과 4383과 2983의 합성어의 추정된 파생어에서 유래: 공평하게, 외모를 보지 않고, 벧전1:17.

☞**외모로 보지 않고**(벧전1:17)

679. ἄπταιστος, ον [aptaistŏs] **앞타이스토스**

형 1[부정불변사]과 4417의 파생어에서 유래: 걸려 넘어지지 않는, 걸림이 되지 않는, 유1:24.

☞**거침이 없게 하는**(유1:24).

680. ἅπτομαι [haptŏmai] **핲토마이**

동 681의 재귀형: 소속하다, 관계되다, 만지다, 마8:3, 눅22:51.

☞**대다**(마8:3, 17:7, 눅8:46), **만지다**(마8:15, 막3:10), **가까이 하다**(고전7:1), **대게 하다**(마14:36).

681. ἅπτω [haptō][39회] **핲토**

동 [기본형] 제1부정과거 ἧψα, 분사 ἅψας, 제1부정과거중간태 ἡψάμην:

1) 불을 켜다, 불을 피우다, 눅22:55, 행28:2. 수동.

2) [중간태] 만지다, 잡다, 쥐다.

① [문자적으로] 눅7:39, 요20:17.

㉠ 여자와의 교제[속격과 함께] 고전7:1.

㉡ 불결한 것과의 접촉, 고후6:17, 골2:21.

② 축복하는 의미로 손을 대다, 막10: 13.

㉠ 특별히 병을 고치기 위하여 사람에게 손을 대다, 마8:3, 17:7, 막1: 41, 8:22, 눅5:13.

㉡ 신체의 부분을 만지다, 마9:29, 막7:33, 눅6:19, 22:51.

③ 해롭게 하기 위하여 손대다, 상해하다, 요일5:18.

☞**켜다**(눅8:16, 11:33, 15:8), **피우다**(눅22:55).

682. Ἀπφία, ας, ἡ [Apphia][1회] **앞ㅎ피아**

고명 외래어에서 유래한 것으로 보임: 그리스도인 여자의 이름 '압비아', [아마 골로새에 있는 빌레몬의 아내였을 것으로 추정된다] 몬1:2.

☞**압비아**(몬1:2).

683. ἀπωθέομαι [apōthĕōmai][6회] **아포데오마이**

동 제1부정과거 ἀπωσάμην, 575와 ὠ- θέω 혹은 ὤθω '밀다'에서 유래:

1) [문자적으로, 대격과 함께] 밀어치우다, 밀어버리다, 행7:27.

2) [상징적으로] 거절하다, 거부하다, 행7:39, 13:46, 롬11:1, 딤전1:19.

☞**버리다**(행13:46, 롬11:1, 딤전1:19), **밀어뜨리다**(행7:27), **거절하다**(행7:39).

684. ἀπώλεια, ας, ἡ [apōlĕia][18회]
아폴레이아
명 622의 추정된 파생어에서 유래: 파괴.
1) [타동] 소모, 낭비. 반 τήρη- σις, 막14:4.
2) [자동] 파괴, 소멸, 멸망, 전멸, 행8:20, 25:16ⓢ, 히10:39, 벧후3:16, 계17:8, 11. 반 σωτηρία, 롬9:22, 빌1:28, 3: 19, 벧후 2:1, 3:7.
☞**멸망**(마7:13, 요17:12, 살후2:3), **망함**(행8: 20), **멸함**(롬9:22), **허비**(마26:8, 막14:4). **호색**(벧후 2:2ⓢ).

685. ἀρά, ᾶς, ἡ [ara][1회] 아라
명 아마도 142에서 유래: [πικρία와 함께] 저주, 롬3:14.
☞**저주**(롬3:14).

686. ἄρα [ara][49회] 아라
접 [결정적인 추론을 지시하는 불변사]. 142에서 유래:
1) 그래서, 그러므로, 따라서, 아는 대로, 롬 7:21, 8:1, 갈3:7.
① [ἐπεί 다음에 와서] 한편으로, 고전5:10, 7:14.
② [εἰ 다음에 와서] 그렇다면, 다른 반면에, 고전15:15.
2) [자주 앞에 나온 문장에서 끌어낼 수 있는 질문에 나타난다. 그러나 단순히 질문을 북돋우는 역할만 하는 때가 많다]
① τίς ἄρα: 그러면 누가, 마18:1, 19: 25, 막4:41, 눅8:25, 12:42, 22:23.
② τί ἄ.: 그러면 무엇, 마19:27, 눅1: 66, 행12:18.
③ εἰ ἄρα: 그러면, 행8:22.
④ οὐκ ἄ.: 그러면 ~아니, 행21:38.
⑤ μήτι ἄ., 고후1:17.
⑥ [간접질문에서는] εἰ ἄ.: [아마] ~인지 어떤지, 막11:13.
3) [조건문의 귀결절에서 결과를 강조하기 위하여] 그러면, 결국, 마12:28, 눅11:20, 고전15:14, 고후5:14, 갈2:21, 3:29, 5:11, 히12:8.
4) ① [문장의 처음에] 따라서, 그러면, 그러므로, 결국, 그래서, 마7:20, 17: 26, 롬 10:17, 고후7:12, 히4:9.
② [강조되는 경우] ἄρα οὖν: 자, 그러면, 롬5:18, 7:3,25, 9:16, 14:12, 갈 6:10, 엡2:19, 살전5:6, 살후2:15.
☞**이러므로**(마7:20), **그러므로**(행8:22).

687. ἆρα [ara][3회] 아라
접 부정적인 답변이 예견되는 의문문을 인도하는 686의 한 형태: 주로 근심과 초조를 나타내며 우리말로는 번역되지 않는다, 눅 18:8, 행8:30, 롬7:25, 갈2:17.
☞**그런즉**(롬7:25).

688. Ἀραβία, ας, ἡ [Arabia][2회] 아라비아
고명 히브리어 6152에서 유래: 아시아의 한 지역 '아라비아', 갈1:17, 4:25.
☞**아라비아**(갈1:17, 4:25).

689. Ἀράμ, ὁ [Aram][2회] 아람
고명 히브리어 741에서 유래: 한 이스라엘 사람 '아람'[예수의 족보에 나옴], 마1:3, 눅 3:33.
☞**람**(마1:3).

690. Ἄραψ, βος, ὁ ['Araps][1회] 아랍스
명 688에서 유래: 아랍, 아랍 사람[집합적], 행2:11.
☞**아라비아 사람**(행2:11).

691. ἀργέω [argĕō][1회] 아르게오
동 제1부정과거 ἤργησα, 692에서 유래: 게으르다, 녹초가 되다, 망설이다, 할 일 없이 빈둥대다, 벧후2:3.
☞**지체하다**(벧후2:3).

692. ἀργός, ἡ, όν [argŏs][8회] 아르고스
형 1[부정불변사]과 2041에서 유래:
1) 일이 없는, 놀고 있는, 실직한, [할 일이 없어서] 게으른, 마20:3,6.
2) 게으른, 늦은, 더딘, 딤전5:13, 딛1:12.
3) 소용없는, 비생산적인, 쓸데없는, 무익한, 마12:36, 약2:20, 벧후1:8.
☞**무익한**(마12:36), **놀고 있는, 서 있는**(마 20:3,6), **게으른**(딤전5:13, 벧후1:8). **[명] 게으름**(딤전5:13).

693. ἀργύρεος, ᾶ, οῦν [argürĕōs]
아르귀레오스
형 696에서 유래: 은의, 은으로 만들어진, 행 19:24, 딤후2:20, 계9:20.
☞**은으로 만든**(행19:24, 딤후2:20, 계9:20).

694. ἀργύριον, ου, τό [argüriŏn][20회]
아르귀리온
명 696의 추정된 파생어의 중성: '은'.
1) 재료로서의 은, 고전3:12.

A

2) [돈으로서]
① 금으로 된 돈 외의 은전, 행3:6, 7:16, 20:33.
② 일반적인 모든 돈, 마25:18,27, 28: 12, 막14:11, 눅9:3, 19:15, 22:5, 행8:20.
③ [특별한 은전]
㉠ 30세겔, 마26:15, 27:3.
㉡ 오만 드라크마, 행19:19.
☞**돈**(마25:18, 막14:11, 행8:20), **은**(마26:15, 눅19:15).

695. ἀργυροκόπος, ου, ὁ [argürŏkŏ- pŏs][1회] **아르귀로코포스**
명 696과 2875에서 유래: 은 장색, 은 세공장이, 행19:24.
☞**은장색**(행19:24).

696. ἄργυρος, ου, ὁ [argürŏs][5회] **아르귀로스**
명 ἀργός '빛나는'에서 유래: 은[금속].
1) 돈으로서의 은, 마10:9.
2) 물질로서의 은[금과 함께], 행17:29, 고전3:12, 약5:3, 계18:12.
☞**은**(마10:9, 행17:29, 고전3:12).

697. Ἄρειος Πάγος, ὁ [Arĕiŏs Pagŏs][2회] **아레이오스 파고스**
고명 그리스 전쟁의 신 '아레스'와 4078의 파생어에서 유래: 아레스 언덕, 아테네에 있는 아크로폴리스 북서쪽에 있는 광장 '아레오바고', 행17:19,22. [주] 그러나 여기서는 장소적 의미보다는 그 산에서 모이던 회의로 이해되어진다.
☞**아레오바고**(행17:19,22).

698. Ἀρεοπαγίτης, ου, ὁ [Arĕōpagi- tēs][1회] **아레오파기테스**
명 697에서 유래: 아레오바고 회의의 회원, 행17:34.
☞**아레오바고의 회원**(행17:34).

699. ἀρέσκεια, ας, ἡ [arĕskĕia][1회] **아레스케이아**
명 700의 파생어에서 유래: 기쁘게 하려는 열망, 기쁘게 함, 골1:10.
☞**기쁘게 함**(골1:10).

700. ἀρέσκω [arĕskō][17회] **아레스코**
동 미완료 ἤρεσκον, 미래 ἀρέσω, 제1부정과거 ἤρεσα, 아마도 142에서 유래:
1) 기쁘게 하려고 애쓰다, 편의를 주려고 노력하다, 롬15:2, 고전10:33, 살전2:4, 4:1.
2) 기쁘게 하다, ~에 기쁨이 되다.
① [인격에 의해] 기뻐하다, 마14:6, 막6:22, 롬8:8, 고전7:32, 살전2:15, 딤후2:4.
② [사물에서] 기뻐하다, 행6:5.
☞**기쁘게 하다**(마14:6, 막6:22, 롬8:8).

701. ἀρεστός, ή, όν [arĕstŏs][4회] **아레스토스**
형 700에서 유래: 기뻐하는, 만족하는, 뜻에 맞는, 합하는, 기분 좋은, 요8:29, 행12:3, 요일3:22.
☞**기뻐하는**(요8:29, 행12:3, 요일3:22), **마땅한**(행6:2).

702. Ἀρέτας, α, ὁ [Arĕtas][1회] **아레타스**
고명 기원은 외래어: 아라비아의 왕 '아레다'[B.C.9~A.D.40], 고후11:32.
☞**아레다**(고후11:32).

703. ἀρέτη, ῆς, ἡ [arĕtē][5회] **아레테**
명 730과 동일한 단어에서 유래:
1) 미덕, 덕성, 빌4:8, [πίστις와 함께] 벧후1:5.
2) 명성, 칭찬, 신적 권능이나 기적의 표상, 벧전2:9.
☞**덕**(빌4:8, 벧전2:9, 벧후1:3).

704. ἀρήν, ἀρνός, ὁ [arēn][1회] **아렌**
명 아마 730과 동일: 어린 양, 눅10:3.
☞**어린 양**(눅10:3).

705. ἀριθμέω [arithmĕō][3회] **아리드메오**
동 제1부정과거 ἠρίθμησα, 제1부정과거명령 ἀρίθμησον, 완료수동태 ἠ- ρίθμημαι, 706에서 유래: 계산하다, 세다, 헤아리다, 계7:9. [수동태] 마10:30, 눅12:7.
☞**세다**(마10:30, 눅12:7, 계7:9).

706. ἀριθμός, οῦ, ὁ [arithmŏs][18회] **아리드모스**
명 142에서 유래: 수, 수효, 눅22:3, 요6:10, 행4:4, 5:36, 6:7, 롬9:27, 계5:11, 7:4.
☞**하나**(눅22:3), **수**(요6:10, 행4:4, 롬9:27).

707. Ἀριμαθαία, ας, ἡ [Arimathaia][4회] **아리마다이아**
고명 히브리어 7414에서 유래: 유대에 있는 요셉의 고향 '아리마대', 마27:57, 막15:43, 눅23:51, 요19:38.
☞**아리마대**(마27:57, 막15:43, 눅23:51, 요19:38).

708. Ἀρίσταρχος, ου, ὁ [Aristarchŏs][5회] **아리스타르코스**

고명 712와 757의 같은 단어로부터 유래: 데살로니가 사람 '아리스다고', 행19:29, 20:4, 27:2, 골4:10, 몬1:24.

☞**아리스다고**(행19:29, 20:4, 골4:10, 몬1:24).

709. ἀριστάω [aristaō][3회] **아리스타오**

동 제1부정과거 ἠρίστησα, 712에서 유래:

1) 조반을 먹다, 요21:12,15.

2) 식사하다, 눅11:37.

☞**아침[점심] 식사를 들다**(눅11:37), **조반 먹다**(요21:12,15).

710. ἀριστερός, ά, όν [aristērŏs][4회] **아리스테로스**

형 712와 동일한 비교급으로 보임: 왼쪽의, 왼편의, 마6:3, 막10:37, 눅23:33, 고후6:7.

☞**왼손의**(마6:3), **좌편의**(눅23:33), **좌의**(고후6:7).

711. Ἀριστόβουλος, ου, ὁ [Aristŏ–bŏulŏs][1회] **아리스토불로스**

고명 712의 동일어와 1012에서 유래: 기독교인 '아리스도불로', 롬16:10.

☞**아리스도불로**(롬16:10).

712. ἄριστον, ου, τό [aristŏn][3회] **아리스톤**

명 730과 동일어에서 파생한 최상급의 중성형인 듯함:

1) 조반, 눅14:12.

2) 점심식사, 마22:4.

3) [일반적으로] 식사, 눅11:38, 14:15.

☞**오찬**(마22:4), **점심**(눅11:38, 14:12).

713. ἀρκετός, ή, όν [arkĕtŏs][3회] **아르케토스**

형 714에서 유래: 충분한, 넉넉한, 만족스런, 마6:34, 10:25, 벧전4:3.

☞**족한**(마6:34, 10:25, 벧전4:3).

714. ἀρκέω [arkĕō][8회] **아르케오**

동 [기본형] 제1부정과거 ἤρκεσα, 미래수동 ἀρκεσθήσομαι, 딤전6:8, 격퇴하다:

1) [능동] 넉넉하다, 충분하다, 만족스럽다, 마25:9, 요6:7, 14:8, 고후12:9.

2) [수동] 만족하다, 눅3:14, 딤전6:8, 히13:5, 요삼1:10.

☞**족하다**(마25:9, 눅3:14, 요6:7).

715. ἄρκος, ου, ὁ, ἡ [arkŏs][1회] **아르코스**

명 아마도 714에서 유래: 곰[흉맹함으로 인한 방해물로서], 계13:2.

☞**곰**(계13:2).

716. ἅρμα, ατος, τό [harma][4회] **하르마**

명 아마도 142에서 유래[719와 비교]: 마차, 차, 탈 것, 훌륭한 마차, 행8:28, 38, 계9:9.

☞**수레**(행8:28,38), **병거(兵車)**(계9:9).

717. Ἀρμαγεδδών [Armagĕddōn][1회] **하르마겟돈**

고명 히브리어 2022와 4023에서 유래: 상징적인 이름 '아마겟돈', 계16:16.

☞**아마겟돈**(계16:16).

718. ἁρμόζω [harmŏzō][1회] **하르모조**

동 제1부정과거중간태 ἡρμοσάμην, 완료수동태 ἥρμοσμαι, 제1부정과거수동태 ἡρμόσθην, 791에서 유래: 결혼시키다, 결합시키다[중간태], 고후11:2.

☞**중매하다**(고후11:2).

719. ἁρμός, οῦ, ὁ [harmŏs][1회] **하르모스**

명 716과 동일어에서 유래: 접합, 관절, 히4:12.

☞**관절**(히4:12).

720. ἀρνέομαι [arnĕōmai][33회] **아르네오마이**

동 미래 ἀρνήσομαι, 제1부정과거 ἠρ– νησάμην, 완료 ἤρνημαι, 아마도 1[부정불변사]과 4483의 중간태에서 유래:

1) 거절하다, 꺼리다[부정사와 함께], 히11:24.

2) 부정하다. ㉥ ὁμο– λογεῖν, 눅8:45, 요1:20, 행4:16, 요일2:22.

3) [대격과 함께] 부정하다, 거부하다.

① 그리스도를 부정하다, 마10:33, 눅12:19, 행3:13, 벧후2:1, 요일2:23, 유1:4. ㉨[베드로의 부인] 마26:70, 72, 막14:68,70, 눅22:57, 요13:38, 18:25,27.

② 하나님을 부인함, 딛1:16, 요일2:22.

③ [그리스도가 사람을 부인함] 마10: 33, 딤후2:12.

④ [비인격적인 대상과 함께] 거절하다, 거부하다, 인연을 끊다, 딤전5:8, 계2:13, 3:8.

4) 자신을 부정하다, 자신을 경시하다, 눅9:23, 딤후2:13, 3:5, 딛2:12.

A

☞**부인하다**(마10:33, 막14:68, 행3:13), **아니라하다**(눅8:45), **숨기다**(요1:20), **거절하다**(행7:35, 히11:24), **배반하다**(딤전5:8, 계3:8), **버리다, 아니하다**(딛2:12), **저버리다**(계2: 13).

721. ἀρνίον, ου, τό [arniŏn][30회] 아르니온
명 704의 지소형:
1) 양, 어린 양[계시록에서는 그리스도의 명칭], 계5:6,8, 12, 6:1, 7:9,14,17 등.
2) 기독교 공동체, 요21:15.
☞**어린 양**(요21:15, 계5:6, 22:1), **새끼 양**(계13:11).

722. ἀροτριαω [arŏtriáō][3회] 아로트리아오
동 723에서 유래: 경작하다, 밭을 갈다, 눅17:7, 고전9:10.
☞**(밭을) 갈다**(눅17:7, 고전9:10).

723. ἄροτρον, ου, τό [arŏtrŏn][1회] 아로트론
명 ἀρόω '땅을 갈다'에서 유래: 쟁기, 눅9:62.
☞**쟁기**(눅9:62).

724. ἁρπαγή, ῆς, ἡ [harpagē][3회] 하르파게
명 726에서 유래:
1) 강탈, 약탈, 압수, 몰수, 히10:34.
2) 훔친 물건, 약탈품, 횡령품, 마23:25.
3) 탐욕, 게걸스럼, 눅11:39.
☞**탐욕**(마23:25, 눅11:39), **빼앗기는 것, 강탈**(히10:34).

725. ἁρπαγμός, οῦ, ὁ [harpagmŏs][1회] 하르파그모스
명 726에서 유래:
1) 강탈, 약탈, 빌2:6.
2) ἅρπαγμα에 상응하는 뜻.
① 전리품, 노획물, 약탈된 물건.
② [수동적으로 사용되어 좋은 의미를 나타냄] 행운, 횡재.
☞**취할 것**(빌2:6).

726. ἁρπάζω [harpazō][14회] 하르파조
동 미래 ἁρπάσω, 제1부정과거 ἥρπα- σα, 제1부정과거수동태 ἡρπάσθην, 제2부정과거수동태 ἡρπάγην, 제2미래수동태 ἁρπαγήσομαι, 138의 파생어에서 유래: 취하다, 잡아채다.
1) 훔치다, 끌어가다, 잡아가다, 마12:29, 요10:12.
2) 데려가다, 빼앗다, 빼앗아 가다, 잡아 채다.
① 강제로 ~하다, 마13:19, 요6:15, 10:28, 구해내다, 유1:23. 체포하는 것, 행23:10.
② 저항할 수 없도록 ~하다, 행8:39, [수동으로] 마11:12, 고후12:2, 계12:5.
☞**끌어내다**(유1:23), **빼앗다**(마11:12, 요10: 28, 행23:10), **물어 가다**(요10:12), **이끌다**(행8:39), **이끌려 가다**(고후12:2,4), **끌어 올리다**(살전4:17), **억지로 붙들다**(요6:15), **끌어내다**(유23), **올려가다**(계12:5).

727. ἅρπαξ, αγος [harpax][5회] 하르팍스
형 726에서 유래:
1) 이리들의 탐욕하는, 굶주려 있는, 욕심많은, 마7:15.
2) [명사] ὁ ἅ.: 강도, 사기꾼, 탈취자, 눅18:11, 고전5:10, 6:10.
☞**토색하는**(눅18:11), **노략질하는**(마7:15), **속여 빼앗는**(고전5:10,11, 6:10).

728. ἀῤῥαβών, ῶνος, ὁ [arrhabōn][3회] 아르라본
명 히브리어 662에서 유래: [상업적인 술어]; 첫 분납금, 보증금, 공탁금[물건에 대한 권리나 계약을 유효하게 만들기 위해서 미리 가격의 일부를 지불하는 것을 의미한다. 상징적으로도 사용됨], 고후1:22, 5:5, 엡1:14.
☞**보증**(고후1:22, 5:5, 엡1:14).

729. ἄῤῥαφος [arrhaphŏs] 아르라ㅎ포스
형 1[부정불변사]과 4476의 추정된 동일어의 파생어에서 유래: 꿰매지 않은, 솔기가 없는, 호지 아니한, 요19:23. ἄραφος로도 씀.
☞**호지 아니한**(요19:23).

730. ἄῤῥην, εν, ενος [arrhēn] 아르렌
명 아마도 142에서 유래: 남자. 반 θῆ- λυς: 사람, 성적인 강함을 강조, 마19:4, 막10:6, 눅2:23, 롬1:27, 갈3:28, 계12:5.
☞**남자**(마19:4, 막10:6, 롬1:27, 갈3:28, 계12:5, 13).

731. ἄῤῥητος, ον [arrhētŏs][1회] 아르레토스
형 1[부정불변사]과 4490의 같은 말에서 유래: 말할 수 없는, 표현 불가능한[너무 거룩하기 때문에], 고후12:4.
☞**말할 수 없는**(고후12:4).

732. ἄῤῥωστος, ον [arrhōstŏs][5회] 아르로스토스

형 1[부정불변사]과 4517의 추정된 파생어에서 유래: 병든, 쇠약한, 아픈, [문자적으로] 힘 없는, 마14:14, 막6:5,13, 16: 18.
☞**병든**(막16:18), **[명]병자**(마14:14, 막6:5, 13),

733. ἀρσενοκοίτης, ου, ὁ [arsĕnŏkŏi- tēs][2회] **아르세노코이테스**
명 730과 2845에서 유래: 동성애 하는 남자, 남색하는 자, 비역하는 자, 계간하는 자, 고전6:9, 딤전1:10.
☞**남색하는 자**(고전6:9, 딤전1:10).

734. Ἀρτεμᾶς, ᾶ, ὁ [Artĕmas][1회] **아르테마스**
고명 압축형, 735와 1435에서 유래; 아데미의 선물: 바울의 친구이자 그리스도인인 '아데마', 딛3:12.
☞**아데마**(딛3:12).

735. Ἄρτεμις, ιδος, ἡ [Artĕmis][5회] **아르테미스**
고명 736과 같은 어원에서 유래한 것으로 보임: 에베소에서 널리 숭상받던 여신의 이름 '아데미'[에베소는 소아시아에서 이 여신 숭배의 중심지였음], 행19:24,27, 34,35.
☞**아데미**(행19:24,27).

736. ἀρτέμων, ωνος, ὁ [artĕmōn][1회] **아르테몬**
명 737의 파생어에서 유래; 준비된 무엇: 돛, 중간 돛, 앞 돛, 행27:40.
☞**돛**(행27:40).

737. ἄρτι [arti][36회] **아르티**
부 정지의 개념으로 142의 파생어에서 유래: 지금, 이제, 방금.
1) [방금 지나간 순간을 가리키는 경우] 이제, 마9:18, 계12:10.
2) [즉석을 의미하는 경우] 이제 막, 지금, 마26:53. ἀκο- λουθεῖν ἄ.: 그 즉시 따른다, 마3:15, 요13:37.
3) [후대 헬라어에서는 일반적인 현재로 사용되었다] 지금, 현재에, 이제. ἄ. βλέπει: 이제 그는 볼 수 있다, 요9:19,25, 16:12,31, 고전13:12, 16:7, 갈1:9,10, 살전3:6, 살후2:7, 벧전1:6,8. 지금으로부터 요13:19, 14:7, 계14:13. [미래와 더불어] 마23:39, 26:29,64, 요1:51ⓢ, 요일2:9. [그 외의 경우] 고전4:11.
☞**이제**(마3:15, 요5:17, 계12:10), **방금**(마9: 18), **지금**(마11:12, 요2:10, 고전4:13), **바로**(고전4:11), **잠깐**(벧전1:6), **이후**(마26:64, 요1:51).

738. ἀρτιγέννητος, ον [artigĕnnētŏs][1회] **아르티겐네토스**
형 737과 1084에서 유래: 갓 낳은[아기], 새 신자, 벧전2:2.
☞**갓난 (아이)**(벧전2:2).

739. ἄρτιος, ία, ον [artiŏs][1회] **아르티오스**
형 737에서 유래: 완전한, 온전한, 모든 요구를 받아들일 능력이 있는, 유능한, 딤후3:17.
☞**온전하게 하는**(딤후3:17).

740. ἄρτος, ου, ὁ [artos][97회] **아르토스**
명 142에서 유래: 빵, 떡.
1) 문자적인, 특히 음식으로의 빵, 떡덩이.
① 일반적인 빵, 빵 조각, 마4:4, 14:17, 15:26, 막6:38, 7:27, 8:4, 눅4:4, 9:13, 11:5, 요6:5, 21:9, 고후9:10. ⓑ λί- θος, 마4:3, 눅4:3.
② 제사떡, 마12:4, 막2:26, 눅6:4, 히9:2.
③ 성만찬의 떡, 마26:26, 막14:22, 눅22:19, 행2:42,46, 20:7, 고전10: 16,17.
2) 일반적인 음식, 양식, 마15:2, 막3:20, 7:2, 눅14:1, 15:17, 살후3:8.
☞**떡덩이**(마4:3), **떡**(눅9:13, 요6:51), **양식**(마6:11, 막6:8, 눅15:17), **진설병**(마12:4, 눅6:4, 히9:2), **식사**(막3:20).

741. ἀρτύω [artüō][3회] **아르튀오**
동 미래 ἀρτύσω, 완료수동태 ἤρτυ- μαι, 미래수동태 ἀρτυθήσομαι, 142의 추정된 파생어에서 유래: 준비하다, 정돈하다, [문자적으로] 맛들이다, 소금을 치다, 막9:50, 눅14:34, 골4:6.
☞**(소금으로) 맛을 내다**(골4:6), **짜게 하다**(막9:50, 눅14:34).

742. Ἀρφαξάδ, ὁ [Arphaxad][1회] **아르ㅎ팍사드**
고명 히브리어 775에서 유래[창10:22, 24]: 셈의 아들 '아박삿', 눅3:36.
☞**아박삿**(눅3:36).

743. ἀρχάγγελος, ου, ὁ [archanggĕ- lŏs][2회] **아르캉겔로스**
명 757과 32에서 유래: 천사장, 미가엘은 그룹의 하나, 살전4:16, 유1:9.

A

☞**천사장**(살전4:16, 유1:9).

744. ἀρχαῖος, αία, αῖον [archaiŏs][11회]
아르카이오스
형 746에서 유래: 낡은, 고대의, 오래된.
1) 오래 전부터 또는 태초로부터 있어 온, 계12:9, 20:2. 오래된, 행21:16.
2) 이전 시대에 있었던, 오래 전에 있던, 낡은, 옛, 마5:21, 행15:7,21, 고후5: 17, 벧후2:5.
☞**오랜**(행21:16), **이전의 (것)**(고후5:17), **옛**(마5:21, 벧후2:5, 계12:9).

745. Ἀρχέλαος, ου, ὁ [Archĕlaŏs][1회]
아르켈라오스
고명 757과 2994에서 유래; 국민통치: 유대와 이두매와 사마리아의 왕. 대 헤롯의 아들 '아켈라오', 마2:22.
☞**아켈라오**(마2:22).

746. ἀρχή, ῆς, ἡ [archē][55회] 아르케
명 756에서 유래:
1) 시작, 처음.
① 보자기의 모퉁이들, 행10:11, 11:5.
② 처음. 반 τέλος, 시작, 근원, 초보, 히5:12.
㉠ 기본원리, 마24:8, 막13:8, 요2:11, 히6:1.
㉡ 예수 그리스도의 복음의 시작, 막1:1.
㉢ 원래의 확신, 히3:14.
③ [추상적인 의미에서] 기원, 시작, 태초, 마19:4,8, 요8:44, 요일1:1, 2:7.
④ [인격에 대하여 비유적으로] 그리스도, 골1:18. 하나님 혹은 그리스도, 계21:6, 22:13.
2) 제1원인, 원천, 계3:14.
3) 통치자, 권위, 눅20:20.
① [복수로] 눅12:11, 딛3:1.
② [정치적 조직을 가진 것으로 여겨지기 때문에 천사나 악마의 권력의 의미로] 롬8:38, 고전15:24, 엡1:21, 3:10, 6:12, 골1:16.
4) 지배, 통치, 관할, 세력권, 유1:6.
☞**본래**(마19:4,8), **시작**(마24:8, 막1:1, 13:8), **창세**(마24:21), **지위**(유1:6), **시초**(막13:19, 빌4:15), **처음**(눅1:2, 요2:11), **위정자**(눅12:11), **권세**(눅20:20), **태초**(요1:1, 히1:10, 요일1:1), **초보**(히5:12, 6:1), **근본**(골1:18, 계3:14).

747. ἀρχηγός, οῦ, ὁ [archēgŏs][4회]
아르케고스
명 746과 71에서 유래:
1) 지도자, 지배자, 왕자, 행3:15, 5:31.
2) 창시자, 창설자, 기원자, 히2:10, 12:2.
☞**주**(행3:15, 히12:2), **창시자**(히2:10), **임금**(행5:31).

748. ἀρχιερατικός, όν [archiĕratikŏs][1회] 아르키에라티코스
형 746과 2413의 파생어에서 유래: 대제사장의, 대제사장의 가족, 행4:6.
☞**대제사장의**(행4:6).

749. ἀρχιερεύς, έως, ὁ [archiĕrĕus][122회]
아르키에류스
명 746과 2409에서 유래:
1) [문자적으로] 대제사장[산헤드린의 의장] 마26:57,62,63,65, 막14:60,61, 요18:19,22.
2) [신약에서 복수로 사용되는 경우는 대제사장 가문에 속한 산헤드린의 회원을 가리킨다] 재직 중에 있는 여러 대제사장들, 퇴임한 대제사장들, 가장 뛰어난 대제사장 가족의 성년 남자들, 마16:21, 27:41, 막8:31, 11:27, 14:43, 53, 15:1, 눅9:22, 23:13, 24:20, 행4:23, 22 :30, 25:15, οἱ ἀρχιερεῖς만으로 산헤드린을 나타냄, 행9:14.
3) [비유적으로 인간의 죄를 속하는 그리스도를 가리켜서] 히2:17, 3:1. [ἀπόστολος와 함께] 4:14, 5:10, 6:20, 7: 26, 8:1, 9:11.
☞**대제사장**(마2:4, 막2:26, 행4:6), **제사장**(행19:14).

750. ἀρχιποίμην, ενος, ὁ [archipŏi- mēn][1회]
아르키포이멘
명 746과 4166에서 유래: 목자장[그리스도를 가리킴], 벧전5:4 참고.
☞**목자장**(벧전5:4).

751. Ἄρχιππος, ου, ὁ [Archippŏs][2회]
아르킾포스
고명 746과 2462에서 유래: 기독교인 '아킵보', 골4:17, 몬1:2.
☞**아킵보**(골4:17, 몬1:2).

752. ἀρχισυνάγωγος, ου, ὁ [archisü-nagōgŏs][9회] 아르키쉬나고고스
명 746과 4864에서 유래: 회당장, 막5:22,35,38, 눅8:49, 13:14, 행13:15, 18:8,17.

☞**회당장**(막5:22, 눅13:14, 행18:17).

753. ἀρχιτέκτων, ονος, ὁ [architĕk- tōn][1회] 아르키텍톤

명 746과 5045에서 유래: 건축 감독자, 고전3:10.

☞**건축자**(고전3:10).

754. ἀρχιτελώνης, ου, ὁ [architĕlō- nēs][1회] 아르키텔로네스

명 746과 5057에서 유래: 세리장, 눅19:2.

☞**세리장**(눅19:2).

755. ἀρχιτρίκλινος, ου, ὁ [architrikli- nŏs][3회] 아르키트리클리노스

명 746과 5140의 합성어와 2827[세 개의 기대는 의자가 달린 '정찬상']에서 유래: 연회장, 연회의 책임자, 요2:8,9.

☞**연회장**(요2:8,9).

756. ἄρχομαι [archŏmai] 아르코마이

동 757의 중간태: 시작하다, 마4:17, 행11:4. 757을 보라.

☞**시작하다**(눅3:23, 14:30, 행1:22). **[부] 비로소**(눅15:14).

757. ἄρχω [archō][86회] 아르코

동 [기본형] 미래중간태 ἄρξομαι, 제1부정과거 ἠρξάμην '처음이 된다':

1. [능동] 지배하다, 다스리다, 롬15:12.

2. [중간] 시작한다.

1) [현재부정사와 함께 사용]

① [어떤 일을 시작하는 것을 가리켜서] 마11:7,20, 24:49, 막5:20, 6:7, 8: 31, 눅15:14, 21:28, 행2:4, 11:15, 27:35.

② [종종 사람이 어떤 다른 일을 하고 있다가 이제는 그의 행동이 새롭게 바뀐 경우] 마26:37,74, 눅4:21, 5: 21, 7:15, 행1:1.

2) [부정사없이 독립적으로 사용되는 경우] 눅3:23, 행11:4.

3) [출발점을 가리키는 경우] 마4:17, 16: 21, 눅24:27, 요8:9, 행8:35, 벧전4:17.

4) [출발점과 끝나는 점이 같이 나오는 경우] 마20:8, 눅23:5, 행1:22.

☞**주관하다**(막10:42), **다스리다**(롬15:12).

758. ἄρχων, οντος, ὁ [archōn][37회] 아르콘

명 757의 현재분사로서 명사적 용법:

1) 지배자, 주인, 주님, 왕, 마20:25, 행4:26, 7:27, 35, 계1:5.

2) [일반적으로 권력을 가진 자들을 가리킬 때] 관헌, 관리, 롬13:3, 고전2:6- 8.

① 유대관헌.

㉠ 대제사장, 행23:5.

㉡ 회당을 관리하는 사람, 마9:18,23, 행14:5.

㉢ 산헤드린 회원, 눅14:1, 18:18, 23: 13,35, 24:20, 요3:1, 행3:17. 재판관, 눅12:58.

② 이방관리, 행16:19.

3) [특별히 인간의 정치 기구를 닮은 단체를 이루고 있는 악령들을 가리킴] 마9:34, 12:24, 막3:22, 눅11:15, 요12: 31, 14:30, 16:11, 고전2:6-8.

☞**관리**(마9:18,23), **왕**(마9:34, 막3:22, 눅11:15), **집권자**(마20:25), **회당장**(눅8:41), **법관**(눅12:58), **지도자**(눅14:1), **당국자**(요7:26, 48), **임금**(요12:31, 14:30), **권세 잡은 자**(엡2:2).

759. ἄρωμα, ατος, τό [arōma][4회] 아로마

명 142의 '향기를 발한다'는 의미에서 유래: 향료, 향유, 특히 시체에 바르는 향수, 막16:1, 눅23:56, 24:1, 요19:40.

☞**향품**(막16:1, 눅23:56, 요19:40).

760. Ἀσάφ [Asaf][2회] 아사프

고명 히브리어 609에서 유래: 이스라엘인 '아삽' 혹은 '아사'[Ἀσά], 마1:7.

☞**(유다의 왕) 아사**(마1:7).

761. ἀσάλευτος, ον [asalĕutŏs][2회] 아살류토스

형 1[부정불변사]과 4531의 파생어에서 유래: 흔들리지 않는, 움직이지 않는.

1) [문자적으로] 좌초된 배의 부분이 움직이지 않는, 행27:41.

2) [상징적으로] 히12:28.

☞**움직일 수 없는**(행27:41), **흔들리지 않는**(히12:28).

762. ἄσβεστος, ον [asbĕstŏs][3회] 아스베스토스

형 1[부정불변사]과 4570의 파생어에서 유래: 꺼지지 않는, 마3:12, 막9:43, 눅3: 17.

☞**꺼지지 않는**(마3:12, 막9:43, 눅3:17).

763. ἀσέβεια, ας, ἡ [asĕbĕia][6회] 아세베이아

명 765에서 유래: 불경건함, 신을 믿지 않음, 믿음이 없음, 롬1:18, 딤후2:16, 딛2: 12.

A

[복수로 사용하여] 롬11:26, 유1:18.

☞**경건하지 않음**(롬1:18, 딤후2:16, 유1:18).

764. ἀσεβέω [asĕbĕō][2회] **아세베오**

동 제1부정과거 ἠσέβησα, 765에서 유래: 불경건하게 행하다, 불경건하게 살아가다, 벧후2:6㉦, 유1:15.

☞**경건하지 아니하다**(벧후2:6㉦, 유1:15).

765. ἀσεβής, ές [asĕbēs][9회] **아세베스**

형 단수대격 ἀσεβῆν, 1[부정불변사]과 4576의 추정된 파생어에서 유래: 신을 믿지 않는, 불경건한, 신심이 없는, 사악한, 벧후3:7, 유1:15.

① [집합적 단수로] 롬4:5, 벧전4:18.

② 대개는 명사로 ὁ ἀ.: 불신자, 롬5:6, 딤전1:9, 벧후2:5,6, 유1:4,15.

☞**경건하지 아니한**(롬4:5, 딤전1:9, 벧후2:5, 롬5:6, 벧후3:7, 유1:4).

766. ἀσέλγεια, ας, ἡ [asĕlgĕia][10회] **아셀게이아**

명 1[부정불변사]과 σελγής 합성어에서 유래: [복수와 단수로] 방탕, 음란, 방종, 주색, 막7:22, 롬13:13, 고후12:21, 갈5: 19, 엡4:19, 벧전4:3, 벧후2:2,7, 유1:4.

☞**음탕**(막7:22), **호색**(롬13:13), **음란**(벧전4:3, 벧후2:18), **방탕**(엡4:19), **호색함**(고후12:21).

767. ἄσημος, ον [asēmŏs][1회] **아세모스**

형 1[부정불변사]과 4591의 어간에서 유래: 표시 없는, 흔적 없는, 확실하지 않은, 보잘것없는, 분명하지 않은, 중요하지 않은, 행21:39.

☞**소(小)(~)**(행21:39).

768. Ἀσήρ, ὁ [Asēr][2회] **아세르**

고명 히브리어 826에서 유래: 야곱의 아들 '아셀', 눅2:36, 계7:6.

☞**아셀**(눅2:36, 계7:6).

769. ἀσθένεια, ας, ἡ [asthĕnĕia][24회] **아스데네이아**

명 772에서 유래: 약함.

1. [문자적으로]

1) 육체의 약함, 질병, 아픔, 마8:17, 눅5:15, 13:12, 행28:9, 갈4:13, 딤전5:23, [악마에 의한 것] 눅8:2, 13:11.

2) 일반적인 모든 종류의 약함. ㊥ δύναμις, 고전15:43, 고후11:30, 12:5,9, 히11:34.

3) 인간의 육체가 상속받은 나약함, 고후13:4, 히5:2, 7:28.

2. [상징적으로] 나약함, 비겁, 롬6:19, 고전2:3, 히4:15.

☞**병**(마8:17, 눅5:15, 딤전5:23), **연약**(히5:2), **약점**(히7:28), **앓음**(눅13:11), **연약함**(롬6:19, 8:26, 히4:15), **약함**(고전2:3, 고후12:9, 갈4:13).

770. ἀσθενέω [asthĕnĕō][33회] **아스데네오**

동 제1부정과거 ἠσθένησα, 772에서 유래: 병약하다, 유약하다, 무력하다.

1) [문자적으로]

① 육체의 약함으로 들다, 마25:39, 눅4:40, 요4:46, 11:1,2,3,6, 빌2:26, 27, 딤후4:20, 약5:14. [주] ①종종 현재완료를 사용하여 명사적으로 쓰임; 아픈 사람, 요5:7. ②[대개 복수로] 마10:8, 막6:56, 눅9:2, 요5:3, 6:2, 행19:12. ③[과거를 사용해서] 내가 아팠다, 마25:36, 내가 아프게 되었다, 행9:37.

② 모든 종류의 약함, 고후12:10, 13:3. ㊥ δυνατεῖν ἔν τινι: 율법의 약함, 롬8:3. 두려움이나 의혹의 원인이 되는 약함, 고후11:21.

2) [상징적으로] 도덕적이거나 종교적인 연약, 롬14:2㉦, 21㉦, 고전8:11,12, 고후11:29.

3) 경제적으로 약함, 곤궁함, 행20:35.

☞**병들다**(마25:36, 요11:3, 빌2:27), **앓다**(눅 9:2), **약하다**(행20:35, 롬4:19, 고후11: 21), **연약하다**(롬8:3), **거리끼다**(롬14:21). **[명] 병자**(막6:56, 요5:3,7, 6:2), **병**(눅4:40), **약한 자**(고전8:9㉦,11,12), **연약한 자**(롬14:1,2).

771. ἀσθένημα, ατος, τό [asthĕnēma][1회] **아스데네마**

명 770에서 유래: 약함, 연약, 신앙의 약함에서 기인한 양심의 가책, 롬15:1.

☞**연약한 자**(롬15:1).

772. ἀσθενής, ές [asthĕnēs][26회] **아스데네스**

형 1[부정불변사]과 4599의 어간에서 유래: 약한, 무력한.

1) [문자적으로]

① 병든, 아픈, 앓는, 행4:9. [명사적으로] ὁ ἀ.: 아픈 사람, 마25:43,44, 눅10:9, 행5:15,16, 고전11:30.

② [일반적으로] 모든 연약성. ㊥ ἰσχυ- ρό

ς, 마26:41, 막14:38, 고후10:10, 갈4:9, 벧전3:7.

2) [상징적으로]

① 약한, 미약한, 불쌍한, 고전1:25, 4: 10, 12:22, 히7:18.

② [도덕적으로] 연약한, 롬5:6, 믿음의 연약성, 고전8:7,9,10, 9:22, 살전5:14.

☞**병든**(마25:43), **약한**(마26:41, 막14:38), **연약한**(롬5:6, 히7:18, 벧전3:7). **[명] 병자**(눅10:9, 행4:9), **병든 사람**(행5:15,16), **약한 자**(고전9:22, 11:30), **힘이 없는 자**(살전5:14).

773. Ἀσία, ας, ἡ [Asia][18회] **아시아**

고명 불확실한 파생어: 로마의 지방 '아시아' [서부 소아시아를 가리킴], 행2:9, 16:6, 19:10, 롬16:5, 고전16:19, 고후1:8, 딤후1:15, 벧전1:1, 계1:4.

☞**아시아**(행2:9, 16:6, 19:10, 롬16:5, 고전16: 19, 고후1:8, 딤후1:15).

774. Ἀσιανός, οῦ, ὁ [Asianŏs][1회] **아시아노스**

명 773에서 유래: 아시아인[집합적], 행20:4.

☞**아시아 사람**(행20:4).

775. Ἀσιάρχης, ου, ὁ [Asiarchēs][1회] **아시아르케스**

명 773과 746에서 유래: 아시아의 고관[ἀρχιερεύς Ἀσίας], 행19:31.

☞**아시아 관리**(행19:31).

776. ἀσιτία, ας, ἡ [asitia][1회] **아시티아**

명 777에서 유래:

1) 식욕부진, 행27:21.

2) 식욕절제, 금식.

☞**먹지 못함**(행27:21).

777. ἄσιτος, ον [asitŏs][1회] **아시토스**

형 1[부정불변사]과 4621에서 유래: 음식을 먹지 않는, 금식하는, 행27:33.

☞**먹지 못하는**(행27:33).

778. ἀσκέω [askĕō][1회] **아스케오**

동 미완료 ἤσκουν, 아마도 4632와 동일어에서 유래: 경영하다, 실천하다, 힘을 다하다, 행24:16.

☞**힘쓰다**(행24:16).

779. ἀσκός, οῦ, ὁ [askŏs][12회] **아스코스**

명 778의 동일어에서 유래: 가죽부대, 포도주를 담는 주머니, 마9:17, 막2:22, 눅5:37,38.

☞**가죽 부대**(마9:17, 막2:22, 눅5:37). **부대**(마9:17 ㊈, 막2:22㊈, 눅5:37㊈).

780. ἀσμένως [asmĕnōs][1회] **아스메노스**

부 2237의 어간에서 유래: 기꺼이, 즐겁게, 행2:41㊈, 21:17.

☞**기꺼이**(행21:17).

781. ἄσοφος, ον [asŏphŏs][1회] **아소포스**

형 1[부정불변사]과 4608에서 유래: 어리석은, 현명하지 못한. [주] 명사적으로 사용될 경우: ὁ ἄ. ㊙ σοφός, 엡5:15.

☞**지혜 없는**(엡5:15).

782. ἀσπάζομαι [aspazŏmai][59회] **아스파조마이**

동 디포넌트. 제1부정과거 ἠσπασά- μην, 1[연합을 나타내는 불변사]과 4685의 추정된 형에서 유래: 인사하다.

1. ~에게 인사하다.

1) [문자적으로] 어떤 집에 들어갈 때, 마10:12, 눅1:40, 행21:19. 다른 사람을 만날 때, 눅10:4. 영접하다, 환영하다, 막9:15. 작별하다, 떠나다, 마5:47, 행20:1, 21:18. 문안하다, 기억하다[명령형], 롬16:3,5, 고전16:19, 고후13:12, 빌4:21, 골4:14, 요이1:13, 요삼1:15. [다른 사람이 대필한 편지에 자신의 인사를 덧붙인 경우] 롬16:22. 호의적인 인사를 하다, 고전16:19, 딛3:15, 왕에게 경의를 표하여 환호하다, 환영하다, 막15:18.

2) 짧은 방문, 행18:22, 21:7. 공식방문, 행25:13.

2. [상징적으로: 사물을] 맞이하다, 환영하다, 히11:13.

☞**문안하다**(마5:47, 막9:15, 고전16:19), **경례하다**(막15:18), **평안하기를 빌다**(마10:12), **안부를 묻다**(행18:22, 행21:7), **작별하다**(행21:6), **환영하다**(히11:13).

783. ἀσπασμός, οῦ, ὁ [aspasmŏs][10회] **아스파스모스**

명 782에서 유래: 인사, 문안.

1) 의식적인 인사, 마23:7, 막12:38, 눅1:29,41,44, 11:43, 20:46.

2) 서면으로 하는 인사, 고전16:21, 골4: 18, 살후3:17.

☞**인사**(눅1:29). **문안**(눅1:41, 고전16:21, 살후3:17).

784. ἄσπιλος, ον [aspilŏs][4회] **아스필로스**

A

형 1[부정불변사]과 4695에서 유래: 점 없는, 흠 없는.
1) [문자적으로] 흠 없고, 점 없는, 벧전1:19.
2) [상징적으로: 기독교인의 도덕적 의미에서] 딤전6:14, 약1:27, 벧후3:14.

☞**물들지 아니하는**(약1:27), **흠 없는**(딤전6:14, 벧전1:19, 벧후3:14).

785. ἀσπίς, ίδος, ἡ [aspis] [1회] **아스피스**
명 불확실한 파생어: 독사, 에집트 코브라, 롬3:13.
☞**독사**(롬3:13).

786. ἄσπονδος, ον [aspŏndŏs] [1회] **아스폰도스**
형 1[부정불변사]과 4689의 파생어에서 유래: 화해하지 않는, 앙심 깊은, 화해하기 어려운, 롬1:31ⓢ, 딤후3:3.
☞**원통함을 풀지 아니하는**(딤후3:3).

787. ἀσσάριον, ου, τό [assariŏn] [2회] **앗사리온**
명 라틴어에서 유래: 로마 동전의 일종 '앗사리온', 마10:29, 눅12:6.
☞**앗사리온**(마10:29, 눅12:6).

788. ἆσσον [assŏn] [1회] **앗손**
부 중성형, 1451의 어간의 비교급: 더 가까이, 근접하여, 행27:13.
☞**더 가까이, 끼고**(행27:13).

789. Ἄσσος, ου, ἡ [Assŏs] [2회] **앗소스**
고명 외래어에서 유래한 것으로 보임: 소아시아의 한 도시 '앗소', 행20:13.
☞**앗소**(행20:13).

790. ἀστατέω [astatĕō] [1회] **아스타테오**
동 1[부정불변사]과 2476의 파생어에서 유래: 머물 곳이 없다, 집 없이 살다, 유랑생활을 하다, 고전4:11.
☞**정처가 없다**(고전4:11).

791. ἀστεῖος, α, ον [astĕiŏs] [2회] **아스테이오스**
형 ἄστυ '도시'에서 유래:
1) 아름다운, 잘 생긴, 히11:23.
2) 만족스러운, 받을 만한, 기뻐할 만한, 행7:20.
☞**아름다운**(행7:20, 히11:23).

792. ἀστήρ, έρος, ὁ [astēr] [24회] **아스테르**
명 아마도 4766의 어간에서 유래: 별.
1) 동방박사의 별, 마2:2,7,9,10.
2) 최후의 심판 때 하늘에서 떨어지는 별, 마24:29, 막13:25, 계6:13.
3) 그리스도의 재림 때 변화하는 별, 고전15:41, 계8:12, 12:1.
4) 사람의 아들이 오른 손에 쥐고 있는 일곱 별, 계1:16, 2:1, 3:1.
5) 일곱 교회를 가리키는 별, 계1:20. 샛별, 금성, 계2:28, 22:16.
☞**별**(마2:2, 막13:25, 고전15:41).

793. ἀστήρικτος, ον [astēriktŏs] [2회] **아스테릭토스**
형 1[부정불변사]과 4741의 추정된 파생어에서 유래: 불안정한, 약한, 흔들리는, 벧후2:14. [명사적 용법] οἱ ἀ., 벧후3:16.
☞**굳세지 못한**(벧후2:14, 3:16).

794. ἄστοργος, ον [astŏrgŏs] [2회] **아스토르고스**
형 1[부정불변사]과 στέργω '애정을 갖고 소중히 하다'의 파생어에서 유래: 사랑 없는, 롬1:31, 딤후3:3.
☞**무정한**(롬1:31, 딤후3:3).

795. ἀστοχέω [astŏchĕō] [3회] **아스토케오**
동 1[부정불변사]과 στόιχος '목적'의 합성어에서 유래: 목표를 놓치다, 실패하다, 비뚤어지게 나가다, 딤전1:6, 6:21, 딤후2:18.
☞**벗어나다**(딤전 1:6, 6:21), **그릇되다**(딤후2:18).

796. ἀστραπή, ῆς, ἡ [astrapē] [9회] **아스트라페**
명 797에서 유래:
1) 번개, 마24:27, 28:3, 눅10:18, 17:24, 계4:5, 8:5, 11:19, 16:18.
2) 등불의 빛, 눅11:36.
☞**번개**(마24:27, 눅10:18, 계16:18), **등불**(눅11:36).

797. ἀστράπτω [astraptō] [2회] **아스트랖토**
동 아마도 792에서 유래: 번쩍이다, 빛나다, 눅17:24, 24:4.
☞**번쩍이다**(눅17:24), **찬란하다**(눅24:4).

798. ἄστρον, ου, τό [astrŏn] [4회] **아스트론**
명 792에서 유래:
1) 별, 성좌, 별자리[해와 달과 함께], 눅21:25.
2) 밤에 항해길을 밝히는 별, 행27:20.
3) [큰 수를 전형적으로 표현] 행7:43, 히11:12.

☞**성신(星辰)**(눅21:25), **별**(행7:43, 27:20, 히11:12).

799. Ἀσύγκριτος, ου, ὁ [Asüngkritŏs][1회]
아쉉크리토스

고명 1[부정불변사]과 4793의 파생어에서 유래: 기독교인의 이름 '아순그리도', 롬16:14.

☞**아순그리도**(롬16:14).

800. ἀσύμφωνος, ον [asümphōnŏs][1회]
아쉼ㅎ포노스

형 1[부정불변사]과 4859에서 유래: 조화되지 않는, 일치하지 않는, 행28:25.

☞**서로 맞지 아니하는**(행28:25).

801. ἀσύνετος, ον [asünĕtŏs][5회]
아쉬네토스

형 1[부정불변사]과 4908에서 유래: 지각없는, 둔한, 어리석은[고도의 도덕적 수준이 없다는 의미에서 사용].
1) [사람에게] 마15:16, 막7:18, 롬1:31.
2) [비인격적 명사와 함께 사용되어] 롬1:21.

☞**미련한**(롬1:21, 10:19), **우매한**(롬1:31).

802. ἀσύνθετος, ον [asünthĕtŏs][1회]
아쉰데토스

형 1[부정불변사]과 4908에서 유래: 신용없는, [문자적으로] 약속을 깨뜨리는, 불충실한, 롬1:31.

☞**배약하는**(롬1:31).

803. ἀσφάλεια, ας, ἡ [asphalĕia][3회]
아스ㅎ팔레이아

명 804에서 유래:
1) 견고함.
① [문자적으로] 견고함, 단단함, 행5:23.
② [상징적으로] 확실성, 진실, 눅1:4.
2) 안전, 무사, 살전5:3.

☞**확실함**(눅1:4), **든든함**(행5:23), **안전함**(살전5:3).

804. ἀσφαλής, ές [asphalēs][5회]
아스ㅎ팔레스

형 1[부정불변사]과 σφάλλω '실패하다'에서 유래:
1) 견고한.
① [문자적으로] 히6:19.
② [상징적으로] 확실한, 틀림없는, 행21:34, 22:30, 25:26.
2) 안전한, 무사한, 빌3:1.

☞**진상의**(행21:34, 22:30), **확실한**(행25:26), **안전한**(빌3:1), **튼튼한**(히6:19).

805. ἀσφαλίζω [asphalizō][4회]
아스ㅎ팔리조

동 제1부정과거수동태 ἠσφαλίσθην, 804에서 유래:
1) [문자적으로] 도망 못하게 지키다, 행16:24.
2) 단단히 매 두다, 마27:64, 행16:24.

☞**굳게 지키다**(마27:64,65,66).

806. ἀσφαλῶς [asphalōs][3회] **아스ㅎ팔로스**

부 804에서 유래: 안전하게.
1) [문자적으로] 안전하게, 확실히, 엄중하게, 막14:44, 행16:23.
2) [상징적으로] 틀림없이, 확실히, 행2:36.

☞**단단히**(막14:44), **확실히**(행2:36), **든든히**(행16:23).

807. ἀσχημονέω [aschēmŏnĕō][2회]
아스케모네오

동 809에서 유래: 비열하게 행동하다, 불미스럽게 행동하다, 보기에 흉한 행동을 하다, 고전7:36, 13:5.

☞**합당하지 못하게 행동하다**(고전7:36), **무례히 행하다**(고전13:5).

808. ἀσχημοσύνη, ης, ἡ [aschēmŏsü- nē][2회]
아스케모쉬네

명 809에서 유래:
1) 수치스런 일, 롬 1:27.
2) 부끄러움, 수치, 계16:15.

☞**부끄러운 일**(롬1:27), **부끄러움**(계16:15).

809. ἀσχήμων, ον [askēmōn][1회] **아스케몬**

형 1[부정불변사]과 2193[4976과 같은 의미로]의 파생어의 합성어에서 유래: 수치스러운, 부끄러운, 보기 흉한, 고전12:23.

☞**아름답지 못한**(고전12:23).

810. ἀσωτία, ας, ἡ [asōtia][3회] **아소티아**

명 1[부정불변사]과 4982의 추정된 파생어의 합성어에서 유래: 방종, 방탕, 허랑방탕, 엡5:18, 딛1:6, 벧전4:4.

☞**방탕**(엡5:18, 딛1:6, 벧전4:4).

811. ἀσώτως [asōtōs][1회] **아소토스**

부 810과 동일어에서 유래: 방탕스럽게, 아무렇게나, 낭비적으로, 눅15:13.

☞**허랑 방탕하여**(눅15:13).

812. ἀτακτέω [ataktĕō][1회] **아탁테오**

동 제1부정과거 ἠτάκτησα, 813에서 유래: 게으름 피우다, 살후3:7.

☞**무질서하게 행하다**(살후3:7).

813. ἄτακτος, ον [ataktŏs][1회] **아탁토스**

형 1[부정불변사]과 5021의 파생어에서 유래: 질서가 없는, 제자리를 떠난, 불복종하는, 게으른, 살전5:14.

☞**게으른**(살전5:14).

814. ἀτάκτως [ataktōs][2회] **아탁토스**

부 813에서 유래: 무질서하게, 게으르게, 살후3:6,11.

☞**게으르게**(살후3:6,11).

815. ἄτεκνος, ον [atĕknŏs][2회] **아테크노스**

형 1[부정불변사]과 5043에서 유래: 자식이 없는, 무자(無子)한, 눅20:28, 29.

☞**자식이 없는**(눅20:28,29,30Ⓢ).

816. ἀτενίζω [atĕnizō][14회] **아테니조**

동 제1부정과거 ἠτένισα, 1[연합불변사]과 τείνω '내뻗치다'의 합성어에서 유래: 주목하여 보다, 눈 여겨 주시하다, 유심히 보다, 눅4:20,22:56, 행1:10, 3:4,12, 6:15, 7:55, 10:4, 11:6, 13:9, 14:9, 23:1, 고후3:7,13.

☞**주목하다**(눅4:20, 행3:4, 고후3:7), **자세히 쳐다보다**(행1:10).

817. ἄτερ [atĕr][2회] **아테르**

전 아마도 427과 유사: [속격과 함께 사용] ~없이, ~으로부터 떨어져, 눅22:6,35.

☞**~없이**(눅22:6).

818. ἀτιμάζω [atimazō][7회] **아티마조**

동 제1부정과거 ἠτίμασα, 제1부정과거수동태 ἠτιμάσθην, 820에서 유래: 불명예를 주다, 모욕하다, 창피를 주다, 막12:4, 눅20:11, 요8:49, 롬2:23, 약2:6. [수동] 행5:41, 롬1:24.

☞**능욕하다**(눅20:11), **무시하다**(요8:49), **능욕받다**(행5:41), **욕되게 하다**(롬1:24, 2:23), **업신여기다**(약2:6).

819. ἀτιμία, ας, ἡ [atimia][7회] **아티미아**

명 820에서 유래: 불명예, 망신, 수치, 부끄러움, 고후6:8. ㉥ δόξα, 롬1:26, 9:21, 고전11:14, 고후11:21, 딤후2:20.

☞**부끄러움**(롬1:26, 고전11:14), **욕됨**(고후11:21). **[부] 천히**(롬9:21, 딤후2:20).

820. ἄτιμος, ον [atimŏs][4회] **아티모스**

형 1[부정불변사]과 5092에서 유래: 존경받지 못하는, 불명예스러운, 경멸받는, 존경이 없는.

1) [문자적으로] 고전4:10. ㉥ ἔνδοξος, 마13:57, 막6:4.
2) [상징적으로] 보잘것없는, 미천한, 고전12:23.

☞**존경을 받지 않는**(마13:57, 막6:4), **비천한**(고전4:10), **덜 귀히 여기는**(고전12:23).

821. ἀτιμόω [atimŏō] **아티모오**

동 완료수동분사 ἠτιμωμένος, 820에서 유래 [818처럼 사용]: 모독을 주다, 막12:4.

☞**능욕하다**(막12:4).

822. ἀτμίς, ίδος, ἡ [atmis][2회] **아트미스**

명 109와 동일어에서 유래: 안개, 증기, 행2:19, 약4:14.

☞**연기**(행2:19), **안개**(약4:14).

823. ἄτομος, ον [atŏmŏs][1회] **아토모스**

형 1[부정불변사]과 5114의 어간에서 유래: 잘라지지 않는, 나눌 수 없는[너무 작기 때문에]. ἐν ἀ., 순간에, 고전15:52.

☞**순식간에, 잠깐 동안의**(고전15:52).

824. ἄτοπος, ον [atŏpŏs][4회] **아토포스**

형 1[부정불변사]과 5117에서 유래: 제자리에 놓여 있지 않는.

1) 유별난, 놀라운, 행28:6.
2) 도덕적으로 악한, 나쁜, 부적당한, 눅23:41, 행25:5, 살후3:2.

☞**옳지 않은**(눅23:41), **부당한**(살후3:2), **이상한**(행28:6).

825. Ἀττάλεια, ας, ἡ [Attalĕia][1회] **앗탈레이아**

고명 Ἄτταλος '버가모의 왕'에서 유래: 밤빌리아의 한 지명 '앗달리아', 행14:25.

☞**앗달리아**(행14:25).

826. αὐγάζω [augazō][1회] **아우가조**

동 제1부정과거부정사 αὐγάσαι, 827에서 유래: 보다, 빛을 비치다, 고후4:4. [고후4:4은 '복음의 빛을 보다'나 '복음의 빛이 비치다'로 해석할 수 있음].

☞**비치다**(고후4:4).

827. αὐγή, ῆς, ἡ [augē][1회] **아우게**

명 불확실한 파생어: 새벽, 미명. ἄχ– ρι αὐγῆς: 날이 새기까지, 행20:11.

☞**날이 샘**(행20:11).

828. Αὔγουστος, ου, ὁ [Augŏustŏs][1회] **아우구스토스**

고명 라틴어에서 유래; '존귀한': 옥타비아누스에게 주어진 로마 황제의 칭호 '아구스도', 눅2:1.

☞**아구스도**(눅2:1).

829. αὐθάδης, ες [authadēs][2회] **아우다데스**

형 846과 2237의 어간에서 유래: 제멋대로 하는, 완고한, 건방진, 딛1:7, 벧후2:10.

☞**자긍하는**(벧후2:10), **제 고집대로 하는**(딛1:7).

830. αὐθαίρετος, ον [authairĕtŏs][2회] **아우다이레토스**

형 846과 140의 동일어에서 유래: 자기가 원한, 자발적인, 고후8:3,17.

☞**자원하는**(고후8:3,17).

831. αὐθεντέω [authĕntĕō][1회] **아우덴테오**

동 846과 폐어가 된 ἕντης '일꾼'의 합성어에서 유래: 권위를 가지다, ~에게 권세를 부리다, 딤전2:12.

☞**주관하다**(딤전2:12).

832. αὐλέω [aulĕō][3회] **아울레오**

동 제1부정과거 ηὔλησα, 836에서 유래: [~를 위하여] 플룻을 연주하다, 피리를 불다, 마11:17, 눅7:32, 고전14:7.

☞**피리 불다**(마11:17, 눅7:32, 고전14:7).

833. αὐλή, ῆς, ἡ [aulē][12회] **아울레**

명 109와 동일어에서 유래:

1) 안뜰, 마당, 건축으로 에워싸여 닫힌 지붕 없는 공간, 마26:58,69, 막14: 54,66, 눅22:55, 요18:15. [양들의 우리라는 뜻으로도 사용됨] 요10:1,16.
2) 농장, 집, 눅11:21.
3) 성전의 바깥 뜰, 계11:2.
4) 궁전, 대궐, 관저, 마26:3, 막15:16.

☞**관정(官庭)**(마26:3), **뜰**(마26:58, 막14:66, 눅22:55), **집**(눅11:21), **우리**(요10:1,16), **마당**(계11:2).

834. αὐλητής, οῦ, ὁ [aulētēs][2회] **아울레테스**

명 832에서 유래:

1) 축제 때 피리를 부는 연주자, 계18:22.
2) 상가에서 피리를 부는 사람, 마9:23.

☞**피리 부는 자**(마9:23), **퉁소 부는 자**(계18:22).

835. αὐλίζομαι [aulizŏmai][2회] **아울리조마이**

동 중간태. 미완료과거 ηὐλιζόμην, 제1부정과거수동태 ηὐλίσθην, 833에서 유래: 밤을 지내다, 거주하다, 머무르다, 마21:17, 눅21:37.

☞**유하다**(마21:17), **쉬다**(눅21:37).

836. αὐλός, οῦ, ὁ [aulŏs][1회] **아울로스**

명 109와 동일어에서 유래: 피리, 고전14:7.

☞**피리**(고전14:7).

837. αὐξάνω [auxanō][23회] **아욱사노**

동 [기본형] 미래 αὐξήσω, 제1부정과거 ηὔξησα, 제1부정과거수동태 ηὐξήθην:

1) [타동사] 자라게 하다, 키우다, 증가시키다 [의의 열매로], 고전3:6,7, 고후9:10.
2) [수동태] 자라다, 증가하다.
   ① [아이들이] 벧전2:2.
   ② [식물이] 마13:32, 막4:8.
   ③ [상징적으로: 복음이] 골1:6.
   ④ [믿음이] 고후10:15.
   ⑤ [지식이] 골1:10.
3) [자동사] 자라다.
   ① [문자적으로: 식물이] 마6:28, 눅12:27, 13:19.
   ② [아이들이] 눅1:80, 2:40.
   ③ [사람이] 행7:17. 집이~, 엡2:21.
   ④ [하나님의 말씀이] 행6:7, 12:24, 19:20, 골2:19, 벧후3:18.

☞**자라다**(마6:28, 막4:8, 눅1:80), **흥하다**(요3:30), **왕성하다**(행6:7), **번성하다**(행7:17), **흥왕하다**(행12:24, 19:20), **자라나게 하다**(고전3:6, 7), **더하게 하다**(고후9:10), **더하다**(고후10:25), **자라게 하다**(골1:10, 2:19), **되어 가다**(엡2:21), **자라 가다**(벧후3:18).

838. αὔξησις, εως, ἡ [auxēsis][2회] **아욱세시스**

명 837에서 유래: 성장, 증가, 엡4:16, 골2:19.

☞**자람**(엡4:16, 골2:19).

839. αὔριον [auriŏn][14회] **아우리온**

부 109 '산들바람', '공기'와 같은 어원에서 유래; '신선한': 내일.

1) 다음날, 마6:34, 눅10:35, 행4:3,5, 23: 20, 약4:13, 14.
2) 곧, 짧은 시간에, 얼마 안 가서. σήμ...αὔρ.: 이제 ~곧, 마6:30, 눅12:28, 13:32,33.

A

☞**내일**(마6:30, 눅13:32, 약4:14), **이튿날**(눅10:35, 행4:3,5).

840. αὐστηρός, ά, όν [austērŏs][2회] **아우스테로스**

형 109['부풀은'의 의미]와 동일어의 파생어에서 유래: 엄격한, 가혹한, 심한, 눅19:21, 22.

☞**엄한**(눅19:21,22).

841. αὐτάρκεια, ας, ἡ [autarkeia][2회] **아우타르케이아**

명 842에서 유래:

1) 충분함, 넉넉함, 상당한 재산, 풍족, 고후9:8.

2) 만족, 자족, 딤전6:6.

☞**넉넉함**(고후9:8), **족함**(딤전6:6).

842. αὐτάρκης, ες [autarkēs][1회] **아우타르케스**

형 846과 714에서 유래: 만족한, 자기만족의, 빌4:11.

☞**자족하는**(빌4:11).

843. αὐτοκατάκριτος, ον [autŏkatakritŏs][1회] **아우토카타크리토스**

형 846과 2632의 파생어에서 유래: 양심의 가책을 받는, 스스로 정죄된, 딛3:11.

☞**스스로 정죄한**(딛3:11).

844. αὐτόματος, η, ον [autŏmatŏs][2회] **아우토마토스**

형 846과 3155의 동일어에서 유래: 자동적으로, 저절로, 막4:28, 행12:10.

☞**스스로**(막4:28), **저절로**(행12:10).

845. αὐτόπτης, ου, ὁ [autŏptēs][1회] **아우톱테스**

명 846과 3700에서 유래: 목격자, 눅1:2.

☞**목격자**(눅1:2).

846. αὐτός, ή, ὁ [autŏs][5601회] **아우토스**

대 [재귀] αὖ에서 유래:

1) 자신[다른 것으로부터 개인을 떼내어 강조, 비교하며 모든 격, 성, 수에 사용된다].

① [주어와 함께] 막12:36, 눅20:42, 요3:28, 행24:15, 롬15:14, 고전11: 13, 고후10:1, 히9:23, 계21:3.

② [이미 알려진 주어를 강조하는 경우] 예수, 마8:24, 막8:29, 눅5:16,17, 9:51, 10:38, 24:36. 하나님, 히13:5.

③ [다른 주어들과 구별하거나 대조하여 지적하는 경우] 마23:4, 막2:25, 눅11:52, 24:15, 요2:12, 4:53, 9: 21, 18:1, 고전3:15.

[주] ㉠ αὐτὸς μόνος: 그가 혼자, 막6:47, 요6:15.

㉡ αὐτός ἐγώ: 내가 홀로, 고후12:13.

㉢ εἰ μή αὐ- τός: 그를 제외하고, 계19:12.

㉣ αὐ- τὸς ὄγδοός ἐστιν: 그는 여덟 번째이다, 계17:11.

④ 자신, 몸소, 눅24:36, 39, 요4:2.

⑤ 스스로, 도움 없이, 눅7:5, 요2:25, 4:42, 6:6, 16:27, 행20:34.

⑥ καὶ αὐτός: ~까지도, ~조차, 롬8: 21, 고전11:14, 히11:11.

⑦ 바로 그~[지시대명사적인 의미를 가지고서 사용됨].

㉠ αὐ. τὰ ἔργα: 바로 그 행위, 마3:4, 눅10:7, 13:1, 23:12, 요5:36.

㉡ αὐτὸ τοῦτο: 바로 이것, 고후5:5, 갈2:10, 엡6:22, 골4:8. 바로 그 때문에, 벧후1:5.

2) [강조의 뜻을 다소간 지니면서 거의 언급되어진 주어 역할을 하는 경우] 마1:21, 5:4, 6:4, 14:2, 막1:8, 14:15, 눅4:15, 22:23, 요6:24, 행22:19, 약2:7. '홀로'의 의미로, 눅17:16.

3) [αυ.의 간접용법으로는 매우 자주 3인칭 대명사를 대신하며, 특히 속격은 소유대명사의 역할을 대신한다].

① [앞에 나온 명사를 가리키는 경우] 마6:26, 8:1, 11:25, 26:43,44, 막1:10, 4:33, 12:19, 눅1:22, 4:41. [주] 속격은 특별한 이유 없이 때때로 앞에 온다, 막8:22, 눅1:36, 요2:23, 4:47, 12:40, 고후8:2.

② [문맥상 보충될 수 있는 명사를 가리키는 경우] 마4:23, 11:1, 12:9, 눅2:22, 요8:44, 행4:5, 8:5, 12:21, 20:2, 롬2:26, 고후2:13, 엡5:12, 히8:9, 벧전3:14.

③ [자주 동사와 함께 사용되어, 그 동사에 속하는 명사가 이미 나왔지만 다시 그 명사를 가리키는 경우] 마4:16, 5:40, 9:28, 26:71, 요15:2, 18:11, 약4:17, 계2:7,17, 6:4.

A

④ [관계대명사 뒤에 중복되어 사용된 경우] 마3:12, 막1:7, 7:25, 눅3:17, 행7:2, 15:17.

⑤ [변화와 함께]

㉠ [인격에] 눅 1:45, 계18:24. ㉡[수와 성에] ἔθνηαὐτούς, 마28:19, τοῦ παιδί – ου...αὐτῇ, 막5:41, φῶς...αὐτόν, 요1:10, λαόν...αὐτῶν, 마1:21, 14:14, 막6:45, 고후5:19.

4) ὁ αὐτός, ἡ αὐτή, τὸ αὐτό: 그 동일한, 그 같은.

① [명사와 함께]~λόγον, 마26:44, ~φύρα – μα, 롬9:21, 고전1:10, 10:3, 4, 12:4, 빌1:30.

② [명사없이] ~ποιεῖν, 마5:46, 눅6: 33, 행15:27, 롬2:1, 고전1:10, 엡6:9. [주] ①[부사로서] τὸ αὐ– τό: 그 같은 식으로, 그 같은 방법으로, 마27:44. ② ἐπὶ τὸ αὐτό: 같은 곳에 함께, 마22:34, 고전11:20, 14: 23. ③ εἶναι ἐπὶ τὸ αὐ.: 눅17:35, 행1:15, 2:1. ④ προστιθέναι ἐπὶ τὸ αὐ.: 전체에 보태어지다, 행2:47. ⑤ κατὰ τὸ αὐτό: 함께, 같이, 동시에, 같은 방식으로, 행14:1. ⑥ ἓν καὶ τὸ αὐ.: 한가지인, 마찬가지인, 같은, 고전11:5.

☞**(바로) 그**(마1:20).

847. αὐτοῦ [autŏu][4회] **아우투**

부 846의 소유격, 장소를 나타내는 부사: 여기, 마26:36, 막6:33, 눅9:27. 저기, 행15:34, 18:19, 21:4.

☞**여기**(마26:36), **거기**(행15:34), **거기서**(행21:4).

848. ἀὐτοῦ [hautŏu] **하우투**

대 1438의 압축형: 마6:34, 눅12:17.

☞**그 자신의, 그녀 자신의, 그것 자체의. (659회 사용됨)**

849. αὐτόχειρ, ρος [autŏchĕir][1회] **아우토케이르**

부 846과 5495에서 유래: 손수, 자기 손으로, 직접, 행27:19.

☞**그들의 손으로**(행27:19).

850. αὐχμηρός, ά, όν [auchmērŏs][1회] **아우크메로스**

형 αὐχμός '모호한', '어두운'에서 유래: 더러운, 마른, 어두운, 암담한, 벧후1:19.

☞**어두운**(벧후1:19).

851. ἀφαιρέω [aphairĕō][10회] **아ㅎ파이레오**

동 제2미래 ἀφελῶ, 제2부정과거 ἀ– φεῖλον, 제2부정과거부정사 ἀφελε– ῖν, 제2부정과거중간태 ἀφειλόμην, 완료수동태 ἀφῃρημαι, 제1부정과거수동태 ἀφῃρέθην, 미래수동태 ἀφαι– ρεθήσομαι, 575와 138에서 유래:

1) [능동] ~을 가져가 버리다, 없애다, 잘라버리다, 베다, 마26:51, 막14:47, 눅1:25, 22:50, 히10:4.

2) [수동] ~을 빼앗기다, 강탈당하다, 눅10:42.

3) [중간태로 능동태와 같이 사용] 가져가다, 없이하다, 눅16:3, 롬11:27.

☞**떨어뜨리다**(마26:51, 막14:47, 눅22:50), **없게 하다**(눅1:25), **없게 하다**(롬11:27, 히10: 4), **빼앗다**(눅10:42, 16:3), **제하다**(계22:19).

852. ἀφανής, ές [aphanēs][1회] **아ㅎ파네스**

형 1[부정불변사]과 5316에서 유래: 보이지 않는, 감추인, 히4:13.

☞**나타나지 않는**(히4:13).

853. ἀφανίζω [aphanizō][5회] **아ㅎ파니조**

동 제1부정과거수동태 ἠφανίσθην, 852에서 유래:

1) 알아보지 못하게 하다, 보이지 않게 하다, 마6:16, 약4:14, 파괴하다, 마6: 19,20.

2) [수동으로] 사라지다, 행13:41, 없어지다, 약4:14.

☞**흉하게 하다**(마6:16), **해하다**(마6:19, 20), **멸망하다**(행13:41), **없어지다**(약4:14).

854. ἀφανισμός, οῦ, ὁ [aphanismŏs][1회] **아ㅎ파니스모스**

명 853에서 유래: 실종, 소멸, 없어짐, 파멸, 히8:13.

☞**없어져 가는 것**(히8:13).

855. ἄφαντος, ον [aphantŏs][1회] **아ㅎ판토스**

형 1[부정불변사]과 5316의 파생어에서 유래: 보이지 않는, 사라진, 눅24:31.

☞**보이지 아니하는**(눅24:31).

856. ἀφεδρών, ῶνος, ὁ [aphĕdrōn][2회] **아ㅎ페드론**

명 575와 1476의 어간과의 합성어에서 유래: 변소, 뒷간, 마15:17, 막7:19.

A

☞뒤(마15:17, 막7:19).

857. ἀφειδία, ας, ἡ [aphĕidia][1회]
아ㅎ페이디아

명 1[부정불변사]과 5339의 합성어에서 유래: 엄격한 대우, 혹독한 취급, 골2:23.

☞**괴롭게 함**(골2:23).

858. ἀφελότης, ητος, ἡ [aphĕlŏtēs][1회]
아ㅎ펠로테스

명 1[부정불변사]과 φέλλος '발에 걸리게 하는 돌'의 합성어에서 유래: 단순, 순진, 소박, 평탄, 행2:46.

☞**순전**(행2:46).

859. ἄφεσις, έσεως, ἡ [aphĕsis][17회]
아ㅎ페시스

명 863에서 유래:
1) 포로에서 놓임, 해방, 눅4:18.
2) [빚, 형벌, 의무로부터] 사면, 용서, 탕감, 죄의 용서, 마26:28, 막1:4, 눅1:77, 3:3, 24:47, 행2:38, 26:18, 엡1:7, 골1:14, 히9:22, 10:18.

☞**죄 사함**(마26:28, 막1:4, 눅1:77, 3:3, 24: 47, 행10:43, 엡1:7), **사함**(막3:29, 히9:22), **자유**(눅4:18).

860. ἁφή, ῆς, ἡ [haphē][2회] **하ㅎ페**

명 680에서 유래: 힘줄, 관절, 엡4:16, 골2:19.

☞**마디**(엡4:16, 골2:19).

861. ἀφθαρσία, ας, ἡ [aphtharsia][7회]
앞다르시아

명 862에서 유래: 썩지 않음, 불멸, 불후, 롬2:7, 고전15:42,50,53, 딤후1:10.

☞**썩지 아니함**(롬2:7, 고전15:42, 딤후1:10), **변함 없음**(엡6:24), **부패하지 아니함**(딛2:7).

862. ἄφθαρτος, ον [aphthartŏs][8회]
앞다르토스

형 1[부정불변사]과 5351의 파생어에서 유래: 사라지지 않은, 썩지 않는, 영원한.
1) [하나님이] 롬1:23, 딤전1:17.
2) [부활된 몸이] 고전9:25, 15:52, 벧전1:4. [명사적으로 사용되어] τό ἄ., 벧전3:4.

☞**썩지 아니하는**(고전9:25, 딤전1:17, 벧전1:23).

863. ἀφίημι [aphiēmi][146회] **아ㅎ피에미**

동 현재능동태직설법2인칭단수 ἀφε- ῖς, 1인칭복수 ἀφίομεν, 3인칭복수 ἀ- φίουσιν, 미완료3인칭단수 ἤφιε, 미래 ἀφήσω, 제1부정과거 ἀφῆκα, 2인칭단수 ἀφῆκας, 제2부정과거명령 ἄ- φες, ἄφετε, 제2부정과거가정법 ἀφῶ, 가정법2인칭복수 ἀφῆτε, 부정사 ἀφε- ῖναι, 분사 ἀφείς, 현재수동태 ἀφίε- μαι, 수동태3인칭복수 ἀφίονται, 미래수동태 ἀφεθήσομαι, 제1부정과거수동태 ἀφέθην, 완료수동태3인칭복수 ἀφέωνται, 575와 ἵημι '보내다'에서 유래:

1. 보내다, 가게 하다.
1) [문자적으로]
① [인격을 목적으로 하는 경우] 군중을~, 마13:36, 막4:36, 8:13.
② [비인격을 목적으로 하는 경우] 마27:50, 막15:37. 2)[법적인 의미로] 이혼하다, 고전7:11이하.

2. 취소하다, 탕감하다, 용서하다.
1) [차관을] 마18:27.
2) [빚을] 18:32.
3) [죄를] 마6:12, 눅11:4, 요일1:9. [수동으로] 눅5:20,23, 7:47, 요일2:12. [인격의 여격과만 결합되어] 마18: 21,35, 눅17:3,4, 23:34. [비인격 목적어만 있는 경우] 마9:6, 막2:7, 눅5:21,24. [수동으로] 마9:2, 막2:5.

3. 버리다.
1) [문자적으로]
① [인격을 목적으로] 마4:11, 8:15, 막1:20,31, 12:12, 눅4:39. 단념하다, 저버리다, 마26:56, 막14:50.
② [비인격을 목적으로] 요10:12.
㉠ [집을] 막13:34, 눅13:35.
㉡ [유대를] 요4:3.
㉢ [모든 것을] 마5:24, 19:27,29, 22: 22, 막10:28,29, 눅5:11, 18:28,29.
㉣ [거의 죽은 것을] 눅10:30.
2) [상징적으로] 포기하다, 버리다, 방기하다, 롬1:27, 계2:4. 다른 것으로 가기 위하여 뒤로 하다, 히6:1. 거절하다, 마23:23, 막7:8.

4. ~하게 하다, 용납하다.
1) [대격과 함께] 마15:14, 막5:19, 11:6, 14:6, 눅13:8, 요11:48, 행5:38, 계2:20. 허락하다, 용인하다, 행14:17.
2) [대격과 부정사가 함께 오는 경우] 마8:22, 13:30, 19:14, 23:13, 막1:34, 7:12,27, 10:14, 눅8:51, 9:60, 요11: 44, 18:8, 계11:9.

3) [명령형이 1인칭에서 가정법과 함께 사용] 마7:4, 27:49, 막15:36, 눅6:42.
4) 3인칭에서도 사용[ἵνα 함께], 요12: 7. [독립적으로] 허락하다, 마3:15.

☞**허락하다**(마3:15), **떠나다**(마4:11, 막4:36), **버려두다**(마4:20,22, 막1:20), **두다**(마5:24, 13:30), **사하다**(마6:12, 9:6), **용서하다**(마6: 14,15, 막11:26), **떠나가다**(마8:15), **사함을 받다**(마9:2,5, 막2:5), **탕감하다**(마18:27,32), **용납하다**(마19:14, 눅18:16), **버리다**(마19:27, 29), **물려 주다**(마22:25), **남다**(마24:2), **떨어지다**(요4:52), **끼치다**(요14:27), **허락하다**(막5:37), **죽다**(막12:20,22), **가만 두다**(막14:6, 15:36), **소리 지르다**(막15:37), **사하여지다**(눅7:47), **남기다**(눅19:44), **버려둠을 당하다**(마24:40).

864. ἀφικνέομαι [aphikněŏmai][1회] **아ㅎ피크네오마이**

동 제2부정과거 ἀφικόμην, 575와 2425의 어간에서 유래: 도달하다, 미치다, 이르다, 롬16:19.

☞**들리다**(롬16:19).

865. ἀφιλάγαθος, ον [aphilagathŏs][1회] **아ㅎ필라가도스**

형 1[부정불변사]과 5358에서 유래: 선한 것을 사랑하지 않는, 딤후3:3.

☞**선한 것을 좋아하지 아니하는**(딤후3:3).

866. ἀφιλάργυρος, ον [aphilargürŏs][2회] **아ㅎ필라르귀로스**

형 1[부정불변사]과 5366에서 유래: 돈을 사랑하지 않는, 탐심이 없는, 딤전3:3, 히13:5.

☞**돈을 사랑하지 아니하는**(딤전3:3, 히13:5).

867. ἄφιξις, εως, ἡ [aphixis][1회] **아ㅎ픽시스**

명 864에서 유래: 출발, 떠남, 행20:29.

☞**떠남**(행20:29).

868. ἀφιστημι [aphistēmi][14회] **아ㅎ피스테미**

동 제1부정과거 ἀπέστησα, 제2부정과거 ἀπέστην, 제2부정과거명령 ἀ- πόστα, 현재중간태 ἀφίσταμαι, 현재명령 ἀφίστασο, 미래 ἀποστήσομαι, 575와 2476에서 유래:

1. [타동사] 반역하게 하다, 오도하다, 행5:37.

2. [자동사]

1) 떠나다, 물러가다, 눅2:37. ἀ- πότινος ~으로부터, 눅1:38, 13:27, 행12: 10, 19:9. 버리고 가다, 행15:38. 떨어져 나가다, 배교자가 되다, 눅8:13, 딤전4:1, 히3:12.
2) 멀리하다, 눅4:13, 행5:38, 22:29, 고후12:8. [상징적으로; 도덕적 행위를 나타냄] 끊다, 삼가다, 딤후2:19.

☞**떠나다**(눅2:37, 행12:10, 고후12:8), **배반하다**(눅8:13), **떠나가다**(눅13:27), **떨어지다**(히3:12), **버려두다**(행5:38), **물러가다**(행22:29), **꾀어 따르게 하다**(행5:37).

869. ἄφνω [aphnō][3회] **아ㅎ프노**

부 852에서 유래: 갑자기, 즉시, 행2:2, 16:26, 28:6.

☞**홀연히**(행2:2), **갑자기**(행16:26, 28:6).

870. ἀφόβως [aphŏbōs][4회] **아ㅎ포보스**

부 1[부정불변사]과 5401의 합성어에서 유래: 두려움 없이, 무서워하지 않고, 눅1:74, 고전16:10, 빌1:14, 유1:12.

☞**담대히**(빌1:14), **기탄 없이**(유1:12). **[동] 두려움 없이**(고전16:10), **겁 없이**(빌1:14).

871. ἀφομοιόω [aphŏmŏiŏō][1회] **아ㅎ포모이오오**

동 575와 3666에서 유래: 같게 만들다, 같게 되다, 비슷해지다, 닮다, 히7:3.

☞**닮다**(히7:3).

872. ἀφοράω [aphŏraō][2회] **아ㅎ포라오**

동 제2부정과거 ἀπεῖδον, 가정법 ἀφί- δω 또는 δωἀπί, 575와 3708에서 유래:

1) ~에 눈을 고정시키다, 주목하다, 눈을 돌리다, 히12:2.
2) 보다, 빌2:23.

☞**보다**(빌2:23), **바라보다**(히12:2).

873. ἀφοριζω [aphŏrizō][10회] **아ㅎ포리조**

동 미완료 ἀφώριζον, 미래 ἀφορίσω, 제1부정과거 ἀφώρισα, 완료수동분사 ἀφωρισμένος, 제1부정과거수동태명령 ἀφορίσθητε, 575와 3724에서 유래:

1) 분리하다, 가르다, 데려가다, 물러나게 하다, 떼어내다, 마25:32, 행19:9.
2) 내쫓다, 출교하다, 추방하다, 눅6:22. [수동으로] 분리되다, 고후6:17.
3) 따로 두다, 임명하다, 갈1:15. [~을 목적으로 하여~] 행13:2, 롬1:1.

A

☞**갈라 내다**(마13:49), **구분하다**(마25:32), **떠나 물러가다**(갈2:12), **멀리하다**(눅6:22), **택정하다**(롬1:1, 갈1:15), **따로 세우다**(행13: 2, 19:9), **따로 있다**(고후6:17).

874. ἀφορμή, ῆς, ἡ [aphŏrmē][7회] 아ㅎ포르메

명 575와 3729에서 유래: 출발점, 공급기지, 작전기지, 기회, 공급, 핑계, 경우, 롬7:8,11, 고후5:12, 11:12, 딤전5:14, 갈5:13.

☞**기회**(롬7:8, 고후5:12, 갈5:13).

875. ἀφρίζω [aphrizō][2회] 아ㅎ프리조

동 876에서 유래: 입에 거품을 물다, 막9:18,20.

☞**거품을 흘리다**(막9:18,20).

876. ἀφρός, οῦ, ὁ [aphrŏs][1회] 아ㅎ프로스

명 [기본형]: 거품, 눅9:39.

☞**거품**(눅9:39).

877. ἀφροσύνη, ης, ἡ [aphrŏsünē][4회] 아ㅎ프로쉬네

명 878에서 유래: [도덕적, 지적으로] 어리석음, 지각없음, 막7:22, 고후11:1,17,21.

☞**우매함**(막7:22), **어리석은 자**(고후11:17), **어리석은 것**(고후11:1), **어리석은 말**(고후11:21).

878. ἄφρων, ον [aphrōn][11회] 아ㅎ프론

형 1[부정불변사]과 5424에서 유래: 정신없는, 어리석은, 무지한, 눅11:40, 12:20, 롬2:20, 고전15:36, 고후11:16,19, 12:6, 11, 엡5:17, 벧전2:15. ㉥ φρόνιμος.

☞**어리석은**(눅11:40, 고후11:16, 엡5:17).

879. ἀφυπνόω [aphüpnŏō][1회] 아ㅎ퓌프노오

동 제1부정과거 ἀφύπνωσα, 575와 5258의 합성어에서 유래: 잠들다, 잠에 빠지다, 눅8:23.

☞**잠들다**(눅8:23).

880. ἄφωνος, ον [aphōnŏs][4회] 아ㅎ포노스

형 1[부정불변사]과 5456에서 유래:

1) 소리 없는, 말 못하는.
   ① [우상이] 고전12:2.
   ② [동물이] 행8:32.
2) 말할 수 없는, 뜻을 전할 수 없는, 고전14:10, 벧후2:16.

☞**조용한**(행8:32), **말[하지] 못하는**(고전12:2, 벧후2:16), **뜻 없는**(고전14:10).

881. Ἀχάζ, ὁ [Achaz][2회] 아카즈

고명 히브리어 271에서 유래: 유대의 왕 '아하스', 마1:9, 눅3:23,24.

☞**아하스**(마1:9, 눅3:23).

882. Ἀχαΐα, ας, ἡ [Achaïa][10회] 아카이아

고명 불확실한 파생어: 그리이스 대부분의 지방을 포함하는 B.C. 146년에 생긴 로마의 한 지방 '아가야', 행18:12,27, 19: 21, 롬15:26, 고전16:15, 고후1:1, 9:2, 11: 10, 살전1:7,8.

☞**아가야**(행18:12, 19:21, 고후1:1).

883. Ἀχαϊκός, οῦ, ὁ [Achaïkŏs][1회] 아카이코스

고명 882에서 유래: 고린도에 있던 기독교인의 이름 '아가이고', 고전16:17.

☞**아가이고**(고전16:17).

884. ἀχάριστος, ον [acharistŏs][2회] 아카리스토스

형 1[부정불변사]과 5483의 추정된 파생어에서 유래: 은혜를 모르는, 고마운 줄 모르는, 눅6:35, 딤후3:2.

☞**은혜를 모르는**(눅6:35), **감사하지 아니하는**(딤후3:2).

885. Ἀχίμ [Achim][2회] 아킴

고명 히브리어에서 유래한 것으로 보임[3137과 비교]: 한 이스라엘 사람 '아킴', 마1:14.

☞**아킴**(마1:14).

886. ἀχειροποίητος, ον [achĕirŏpŏiē－ tŏs][3회] 아케이로포이에토스

형 1[부정불변사]과 5499에서 유래: [사람의] 손으로 만들지 않은, 인위적이 아닌[영적인 것을 가리킴], 막14:58, 고후5:1, 골2:11.

☞**손으로 짓지 아니한**(막14:58, 고후5:1, 골2:11), **손으로 하지 아니한**(고후5:1).

887. ἀχλύς, ύος, ἡ [achlüs][1회] 아클뤼스

명 불확실한 불변사: 안개가 자욱함, 몽롱함, 행13:11.

☞**안개**(행13:11).

888. ἀχρεῖος, ον [achrĕiŏs][1회] 아크레이오스

형 1[부정불변사]과 5534의 파생어에서 유래: 쓸모 없는, 가치 없는, 마25:30, 눅17:10.

☞**무익한**(마25:30, 눅17:10).

889. ἀχρειόω [achrĕiŏō][1회] **아크레이오오**

동 완료수동분사 ἠχρειωμένος, 제1부정과거 수동태 ἠχρεώθην, 888에서 유래: 무익하게 되다, 소용없게 되다, 롬3:12.

☞**무익하게 되다**(롬3:12).

890. ἄχρηστος, ον [achrēstŏs][1회] **아크레스토스**

형 1[부정불변사]과 5543에서 유래: 가치 없는, 무능한, 소용없는, 몬1:11.

☞**무익한**(몬1:11).

891. ἄχρι, ἄχρις [achri][49회] **아크리**

전 접 206과 유사:

1. [전치사: 속격과 함께]

1) 시간: ~까지, 마24:38, 눅1:20, 17:27, 행1:2.

① ἄ. καιροῦ: 얼마동안, 눅4:13, 행13:11.

② ἄ. αὐ− γῆς: 해뜰 때까지, 행20:11.

③ ἄ. τοῦ δεῦρο: 지금까지, 롬1:13.

④ ἄ. τοῦ νῦν: 롬8:22, 고전4:11, 고후3:14, 갈4:2, 빌1:5,6.

⑤ ἄ. τέλους: 끝까지, 히6:11, 계2:26.

2) 장소: ~까지, 행11:5, 20:6, 22:22, 28:15, 고후10:13, 히4:12, 계14:20, 18:5.

3) [상징적으로] 상태를 가리킴, ~할 때까지, 행22:4, 계2:10, 12:11.

2. [접속사로서]

1) [관계대명사와 함께]

① [직설법과거와 함께]: ἄχρι οὗ: ~하는 그때까지, 행27:33.

② [가정법 제1부정과거와 함께] 눅21: 24, 롬11:25, 고전11:26, 15:25.

③ [ἄν: ἄχρι οὗ ἄν과 함께] ~하는 한, 갈3:19, 히3:13, 계2:25.

2) [관계 대명사 없이]

① [부정과거 가정법과 함께]~까지, 계7:3, 15:8, 17:17, 20:3,5.

② [ἄν과 부정과거 가정법과 함께] 갈3:19.

③ [직설법 미래와 함께] 계17:17.

☞**…에 이르러**(행13:6), **만에**(행20:6), **동안**(눅4:13), **~도록**(계2:10).

892. ἄχυρον, ου, τό [achürŏn][2회] **아퀴론**

명 겨, 마3:12, 눅3:17.

☞**쭉정이**(마3:12, 눅3:17).

893. ἀψευδής, ές [apsĕudēs][1회] **아프슈데스**

형 1[부정불변사]과 5579에서 유래: 조금도 속이지 않는, 믿을 만한, 충실한, 진실한, 딛1:2.

☞**거짓이 없는**(딛1:2).

894. ἄψινθος, ου, ἡ [apsinthŏs][2회] **아프신도스**

명 불확실한 파생어: 쓴 쑥, 계8:11[상징적으로 고난을 의미].

☞**쑥**(계8:11).

895. ἄψυχος, ον [apsüchŏs][1회] **아프쉬코스**

형 1[부정불변사]과 5590에서 유래: 생명 없는, 생명력이 없는, 고전14:7.

☞**생명 없는**(고전14:7).

Β, β

B

896. Βάαλ, ὁ [Baal] 1회 **바알**
고명 히브리어 1168에서 유래: 페니키아의 신 '바알', 롬11:4.
☞**바알**(롬11:4).

897. Βαβυλών, ῶνος, ἡ [Babülōn] 12회 **바빌론**
고명 히브리어 894에서 유래: 바빌로니아의 수도 '바벨론'[바빌론어의 Bâbilu나 Bâbili에서 온 것으로 '신들린 문'이라는 뜻], 마1:11,12,17, 행7:43, 벧전5:13, 계16:19, 17:5, 18:10,21.
☞**바벨론**(마1:11).

898. βαθμός, οῦ, ὁ [bathmŏs] 1회 **바드모스**
명 899와 동일어에서 유래: 계단[상징적으로], 계급, 지위, 등급, 딤전3:13.
☞**지위**(딤전3:13).

899. βάθος, ους, τό [bathŏs] 8회 **바도스**
명 901과 동일어에서 유래: 깊음.
1) [문자적으로] 마13:5, 막4:5, 눅5:4, 롬8:39, 엡3:18.
2) [상징적으로]
① 극심한 가난, 고후8:2.
② 부요함, 롬11:33.
③ 하나님의 심오함, 고전2:10, 계2:24㊇.
☞**깊음**(롬8:39, 눅5:4). **극심한**(고후8:2), **깊이**(마13:5, 롬11:33, 엡3:18).

900. βαθύνω [bathünō] 1회 **바뒤노**
동 901에서 유래: 깊게 하다, 깊게 만들다, 눅6:48.
☞**깊이 파다**(눅6:48).

901. βαθύς, εῖα, ύ [bathüs] 4회 **바뒤스**
형 939의 어간에서 유래: 깊은.
1) [문자적으로: 우물] 요4:11.
2) [상징적으로]
① [사탄의 감추인 깊음] 계2:24.
② [깊은 잠] 행20:9.
③ [이른 아침] 눅24:1.
☞**새벽의**(눅24:1), **깊은**(요4:11), **깊이 조는**(행20:9).

902. βαΐον, ου, τό [baïŏn] 1회 **바이온**
명 곱틱어 'bai'에서 유래한 듯함: 종려나무 가지, 요12:13.
☞**종려나무의 가지**(요12:13).

903. Βαλαάμ, ὁ [Balaam] 3회 **발라암**
고명 히브리어 1109에서 유래: 전형적인 거짓 선지자의 표본 '발람', 벧후2:15, 유1:11, 계2:14.
☞**발람**(벧후2:15, 유1:11, 계2:14).

904. Βαλάκ, ὁ [Balak] 1회 **발락**
고명 히브리어 1111에서 유래: 발람이 속한 모압의 왕 '발락', 계2:14.
☞**발락**(계2:14).

905. βαλάντιον, ου, τό [balantiŏn] 4회 **발란티온**
고명 906과 유관한 듯함: 돈주머니 지갑, 전대, 눅10:4, 12:33, 22:35.
☞**전대**(눅10:4, 12:33, 22:36), **배낭**(눅12:33).

906. βάλλω [ballō] 122회 **발로**
동 [기본형]. 미래 βαλῶ, 제2부정과거3인칭복수 ἔβαλον, 완료 ἔβαλον, 미래수동1인칭 βληθήσομαι, 제1부정과거 ἐβλήθην.
1. 던지다.
1) [간단한 목적어와 함께] 씨를 뿌리다, 막4:26, 눅13:19, 주사위를 던지다[제비뽑다] 마27:35, 막15:24, 눅23: 34, 요19:24.
2) ~을 ~에게 던지다, 마7:6, 15:26, 막7:27, 내던지다, 마5:29,30, 18:8,9, 계12:15,16, [맛을 잃은 소금을] 마5:13, 눅14:35, [상징적으로] 사랑은 두려움을 내쫓는다, 요일4:18, [머리에 먼지를] 날린다, 행22:23, 계18: 19, [그물을] 친다, 던진다, 마4:18, 17:27, 요21:6, [수동으로] 마13:47, 막9:42, [자신을 바다에] 마21:21, 막11:23, [불속에~] 마3:10, 막9:22, 눅3:9, 요15:6[지옥 '게헨나'에~] 마5:29, 18:8,9, [아궁이에~] 마6:30, 13:42,50, 눅12:28, 계8:7,8, 12:4, 9, 감옥에 가두다, 마18:30, 계2:10, 누이다, 마8:6,14, 9:2, 눅16:20, 뛰어내리다, 마4:6, 눅4:9.
3) 떨어지다, 계6:13, 18:21.

2. 두다, 놓다, 가져오다.
1) [간단한 목적어와 함께] 눅13:8.
2) [장소를 지시하는 경우] ~에서, ~로, 눅21:1,4, 바치다, 드리다, 막12:44, 눅21:3,4, 헌납하다, 기여하다, 요12:6, 넣다, 막7:33, 요5: 7, 18:11, 20:25, 약3:3, [액체를] 쏟다, 마9:17, 26:12, 눅5:37, 요13:5, ~에게 지우다, 계2:24, 휘두르다, 계14:19, 가져오다, 마10:34.

3. [자동사] 폭풍이 몰아치다, 행27:14.

☞**던져지다**(마3:10, 18:8, 눅3:9), **뛰어내리다**(마4:6), **던지다**(마4:18, 막1:16), **버리다**(마5:13), **가두다**(마5:25, 18:30), **내버리다**(마5:29, 18:9), **눕다**(마8:6, 14, 막7:30), **넣다**(마9:17, 막2:22), **(그물을) 치다**(마13:47), **붓다**(마26:12), **넣어 두다**(마27:6), **(제비) 뽑다**(마27:35), **뿌리다**(막4:26), **(주먹으로) 치다**(막14:65), **뛰어내리다**(눅4:9), **(거름을) 주다**(눅13:8), **심다**(눅13:19), **(옥에) 갇히다**(요3:24), **(물을) 뜨다**(요13:5), **꽂다**(요18:11), **크게 일어나다**(행27:14), **내쫓다**(요일4:18, 계12:9), **놓다**(계2:14), **(짐을) 지우다**(계2: 24), **흔들리다**(계6:13), **쏟다, 쏟아지다**(계8:5,7), **토하다**(계12:15,16), **휘두르다**(계14: 16,19).

907. βαπτίζω, ον [baptizō][77회] **밥티조**

동 미래 βαπτίσω, 제1부정과거 ἐβάπ– τισα, 제1부정과거중간태 ἐβαπτισά– μην, 미완료수동태 ἐβαπτιζόμην, 완료수동분사 βεβαπτισμένος, 제1부정과거수동 ἐβαπτίσθην, 미래수동태 βαπτισθήσομαι, 911의 파생어에서 유래: 잠그다, 적시다, 담그다, 빠뜨리다, 씻다[신약성서에서는 제의적 의미로 사용].

1. [유대인의 씻는 의식] 결례를 행하다, 막7:4, 눅11:38.

2. [특별한 의미에서] 세례를 베풀다, 세례주다, 침례하다.
1) [세례요한이] 요1:25,28, 10:40, [수동태] 마3:16, 눅3:7, 요3:23.
① [물로써] 막1:8, 눅3:16, 행1:5, 11:16.
② [물에서] 요1:26,31,33.
③ [요단에서] 마3:6, 막1:5.
2) [기독교인의 세례]
① [예수의 제자들에게 의하여 행해진 세례] 요3:22,26, 4:1.
② [예수가 죽은 뒤에 시작된 기독교인의 성례전] 행2:41, 8:12, 16:33, 22:16, 고전1:14.
③ β. τι– νὰ εἰς(το) ὄνομά τινος: ~의 이름으로 세례를 베풀다.
㉠ [주의 이름으로] 행8:16, 19:5, 고전1:13,15.
㉡ [아버지와 아들과 성령의 이름으로] 마28:19.
㉢ [예수 그리스도의 이름안에서] 행2:38, 10:48.
㉣ [예수 그리스도와 합하여] 롬6:3, 갈3:27.
④ [세례의 목적을 밝힌 경우] 행2:38, 고전15:29상반절.

3. [상징적인 의미에서]
1) [이스라엘이 홍해를 건넌 사건을 예표적으로] 고전10:2.
2) [성령으로 주는 세례] 마3:11, 막1:8, 눅3:16, 요1:33, 행1:5.
3) [순교를 가리키는 경우] 마20:22㊂, 막10:38, 눅12:50.

☞**세례 받다**(마3:6,16, 막16:16), **씻다**(막7:4), **세례 베풀다**(요1:25,26, 고전1:14). **[명] 세례**(마3:11, 막1:4, 눅3:16).

908. βάπτισμα, ατος, τό [baptisma][19회] **밥티스마**

명 907에서 유래: 세례, 침례.
1) 요한의 세례, 마3:7, 21:25, 막11:30, 눅7:29, 20:4, 행1:22, 10:37, 18:25, 19:3.
2) 회개의 세례, 막1:4, 눅3:3, 행13:24, 19:4.
3) 기독교인의 세례, 롬6:4, 엡4:5, 골2: 12, 벧전3:21.
4) [순교를 비유하여] 막10:38,39, 눅12: 50.

☞**세례**(마3:7, 막1:4, 행19:3).

909. βαπτισμός, οῦ, ὁ [baptismŏs][4회] **밥티스모스**

명 907에서 유래:
1) 담그기, 씻음, 막7:4,8㊂.
2) 제의적인 씻음, 히6:2, 9:10, 골2:12.

☞**세례**(히6:2), 씻음(막7:4, 히9:10).

910. Βαπτιστής, οῦ, ὁ [Baptistēs][12회] **밥티스테스**

명 907에서 유래: 세례자, 세례 주는 이, 요한의 별명, 마3:1, 11:11,12, 14:2,8, 16:14,

17:13, 막6:25, 8:28, 눅7:20,33, 9:19.
☞**세례(요한)**(마3:1, 막6:24ⓢ, 25, 눅7:33).

911. βάπτω [baptō][4회] **밥토**
동 [기본형] 미래 βάψω, 제1부정과거 ἔβαψα, 완료수동분사 βεβαμμέ- νος:
1) 잠그다, 담그다, 적시다, 눅16:24, 요13:26, 계19:13.
2) 물들이다, 계19:13.
☞**찍다**(눅16:24, 요13:26), **뿌리다**(계19:13).

912. Βαραββᾶς, ᾶ, ὁ [Barabbas][11회] **바랍바스**
고명 기원은 아람어 1247과 5에서 유래; 아바의 아들: 한 이스라엘 사람 바라바, 마27:16,17,20,26, 막15:7,11,15, 눅23: 18, 요18:40.
☞**바라바**(마27:16,26, 막15:7,15, 눅23:18, 요18:40).

913. Βαράκ, ὁ [Barak][1회] **바락**
고명 히브리어 1301에서 유래: 한 이스라엘 사람 '바락', 히11:32.
☞**(이스라엘의 사령관) 바락(히11:32).**

914. Βαραχίας, ου, ὁ [Barachias][1회] **바라키아스**
고명 히브리어 1296에서 유래: 한 이스라엘 사람 '바라갸', 마23:35.
☞**바라갸**(마23:35).

915. βάρβαρος, ον [barbarŏs][6회] **바르바로스**
형 불확실한 파생어:
1) 외국말을 하는, 이상하고 알아들을 수 없는 말을 하는, 고전14:11. [형용사나 명사로 사용].
2) 헬라인이 아닌, 외국인, 야만인, 행28: 2,4, 롬1:14.
☞**원주민**(행28:2,4), **야만인**(롬1:14, 골3:11), **외국인**(고전14:11).

916. βαρέω [barĕō][6회] **바레오**
동 제1부정과거능동태 ἐβάρησα, 현재수동분사 βαρούμενος, 명령 βαρείσ- θω, 제1부정과거수동태 ἐβαρήθην, 완료수동분사 βεβαρημένος, 1926에서 유래: 눌러 내리다, 짐을 지우다, 마26:43, 막14:40, 눅9:32, 21 :34, 딤전5:16.
☞**피곤하다**(마26:43, 막14:40), **(잠에) 내리 눌리다, 깊이 졸다**(눅9:32), **힘에 겹다**(고후1:8), **짐 지다**(고후5:4, 딤전5:16).

917. βαρέως [barĕōs][2회] **바레오스**
부 926에서 유래: 어렵게, 힘들게, 마13: 15, 행28:27.
☞**둔하게**(마13:15, 행28:27).

918. Βαρθολομαῖος, ου, ὁ [Barthŏlŏ- maiŏs][4회] **바르돌로마이오스**
고명 아람어 1249와 852에서 유래: 돌로매의 아들 '바돌로매'[12제자 중 하나], 마10:3, 막3:18, 눅6:14, 행1:13, 종종 나다나엘과 동일시되곤 했다.
☞**바돌로매**(마10:3, 막3:18, 눅6:14, 행1:13).

919. Βαριησοῦς, οῦ, ὁ [Bariēsŏus][1회] **바리에수스**
고명 아람어 1247과 3091에서 유래: 거짓선지자의 이름 '바예수', 행13:6.
☞**바예수**(행13:6).

920. Βαριωνᾶς, ᾶ, ὁ [Bariōnas][1회] **바리오나스**
고명 아람어 1247과 3124에서 유래: 시몬 사도의 별명 '바요나', 마16:17. 요나의 아들.
☞**바요나**(마16:14).

921. Βαρνάβας, ᾶ, ὁ [Barnabas][28회] **바르나바스**
고명 아람어 1247과 5029에서 유래; 나바의 아들: 한 이스라엘 사람 '바나바', 행9:27, 11:22,30, 12:25, 고전9:6, 갈2:1, 9, 골4:10.
☞**바나바**(행9:27, 11:22, 12:25, 고전9:6, 갈2:1,9, 골4:10).

922. βάρος, ους, τό [barŏs][6회] **바로스**
명 아마 939 '내려가다'와 동일어에서 파생: 무게, 짐[상징적으로만 사용됨].
1) 수고의 짐, 마20:12, 행15:28, 갈6:2, 계2:24.
2) 무게, 살전2:7.
3) 충만, 고후4:17.
☞**수고**(마20:12), **짐**(행15:28), **중한 것**(고후4:17).

923. Βαρσαβᾶς, ᾶ, ὁ [Barsabas][2회] **바르사바스**
고명 아람어 1247과 6634에서 유래; 사바의 아들: 두 이스라엘 사람의 이름 '바사바'.
1) 요셉 또는 유스도라고 하는 초대교회 회원의 이름, 행1:23.
2) 실라와 함께 예루살렘 사도들에 의해 바울

과 바나바의 동료로 임명된 유다라는 사람의 별명, 행15:22.

☞**바사바**(행1:23, 15:22).

924. Βαρτιμαῖος, ου, ὁ [Bartimaiŏs][1회]
바르티마이오스

고명 아람어 1247과 2931에서 유래; 디매오의 아들: 한 이스라엘 사람 '바디매오', 막10:46의 소경 이름.

☞**바디매오**(막10:46).

925. βαρύνω [barünō] **바뤼노**

동 제1부정과거 ἐβάρυνα, 926에서 유래: 눌러내리다, 짐을 지우다, 고후5:4.

☞**둔하여지다**(눅21:34).

926. βαρύς, εῖα, ύ [barüs][6회] **바뤼스**

형 922와 동일어에서 유래: 무거운.

1) [문자적으로] 율법의 무거운 짐, 마23: 4, 행20:9.
2) [상징적으로]
   ① 짐스러운, 부담되는, 충족하기 어려운, 고후10:10, 요일5:3,
   ② 중요한, 무거운, 마23:23, 행25:7.
   ③ 사나운, 잔인한, 야성의, 행20:29.

☞**무거운**(마23:4, 요일5:3), **중한**(마23:23, 고후10:10), **사나운**(행20:29), **중대한**(행25:7).

927. βαρύτιμος, ον [barütimŏs][1회]
바뤼티모스

형 926과 5092에서 유래: 높이 평가되는, 매우 값있는, 마26:7.

☞**매우 귀한**(마26:7).

928. βασανίζω [basanizō][12회] **바사니조**

동 미완료 ἐβασάνιζον, 제1부정과거 ἐβασάνισα, 수동제1부정과거 혹은 제2부정과거 수동태 ἐβασανίσθην, 미래수동태 βασανισθήσομαι, 931에서 유래: 고문하다, 고통을 주다.

1) [상징적으로, 아주 심한 압박에 대하여]:
   ① [대개 육체적이거나 질병을 가리키는 경우] 마8:6, 해산의 고통, 계12:2, [기타] 마8:29, 막5:7, 눅8:28, 계9:5, 11:10, 14:10, 20:10.
   ② [본질적인 정신의 고통을 가리키는 경우] 벧후2:8.
2) [일반적으로] 괴롭히다, 마14:24.

☞**괴롭게 하다**(마8:29), **고난 당하다**(마14:24), **상하다**(벧후2:8), **아프다**(계12:2), **고난을 받다**(계14:10), **괴로움을 받다**(계20: 10), **괴로워하다**(마8:6, 막5:7). **힘겹게 ~하다**(막6:48).

929. βασανισμός, οῦ, ὁ [basanismŏs][6회]
바사니스모스

명 928에서 유래:

1) [능동] 고문, 고통, 계18:7.
2) [수동] 고통을 받는 상황, 계9:5, 14:11, 18:10,15.

☞**고난**(계14:11, 18:7,15). **[동] 괴롭게 하다**(계9:5).

930. βασανιστής, οῦ, ὁ [basanistēs][1회]
바사니스테스

명 928에서 유래: 고문하는 사람, 간수, 마18:34.

☞**옥졸**(마18:34).

931. βάσανος, ου, ἡ [basanŏs][3회] **바사노스**

명 939['지옥에 가다'는 의미]의 동일어에서 유래한 것으로 보임:

1) 괴로움, 고통, 눅16:23.
2) [일반적으로] 심한 아픔, 괴로움, 고통[그리스도인들에게 있는 박해], 마4:24.

☞**고통**(마4:24, 눅16:23,28).

932. βασιλεία, ας, ἡ [basilĕia][162회]
바실레이아

명 935에서 유래:

1) 왕권, 왕의 지배, 왕국, 왕의 권위, 눅1:33, 19:12,15, 22:29, 23:42, 고전15:24, 히11:33, 계17:12.
2) 왕국[즉 왕에 의해 지배되는 영역], 마4:8, 12:25,26, 24:7, 막3:24, 6:23, 13:8, 눅11:17,18, 21: 10.
3) 하나님의 왕국[주로 선지자들에게서 나타나기 시작하여 묵시적 어귀에 사용되어지고, 예수에 의해 가르쳐진 종말적 개념]. [주] β. τοῦ θεοῦ와 τῶν οὐρανῶν은 유대인들이 οὐρα- νός를 θεός와 같은 의미로 사용하면서, 본질적으로 같은 의미로 사용되었다.
   ① β. τῶν οὐρανῶν, 마3:2, 4:17, 5:3, 10등 마태복음에만 나옴.
   ② β. τοῦ θεοῦ, 마6:33, 12:28, 21:31, 43, 막1:15, 4:11,26,30, 눅4:43, 6: 20, 7:28, 8:1, 요3:3,5, 행1:3, 8: 12, 14:22, 19:8, 28:23,31, 롬14: 17, 고전4:20, β.

B

θεοῦ 고전6:10, 갈5:21.
③ β. τοῦ πατρός, 마13:43, 26:29.
④ β. αὐτοῦ, 마13:41.
⑤ β. τοῦ πατρὸς ἡ- μῶν Δαθίδ, 막11:10.
⑥ ἡ β. αὐτοῦ (=κυρίου) ἡἐπουρανιος, 딤후4:18.
⑦ αἰώνιος β. τοῦ κυρίου, 벧후1:11.
☞**천국**(마3:2, 13:31, 18:1), **만국**(마4:8, 눅4:5), **나라**(마6:10, 눅1:33, 행1:3), **왕권**(마16: 28), **왕위**(눅19:15). **[동] 다스리다**(계17:18).

933. βασίλειον [basilĕiŏn] 바실레이온
명 934의 중성형: 왕궁, 어전, 눅7:25.
☞**왕궁**(눅7:25).

934. βασίλειος, ον [basilĕiŏs][2회] 바실레이오스
형 935에서 유래: 왕의, 왕에게 속한, 벧전2:9. [주] 단수로 사용되어 τό β. '궁전'의 뜻을 가짐.
☞**왕 같은**(벧전2:9).

935. βασιλεύς, έως, ὁ [basilĕus][115회] 바실류스
명 아마도 939에서 유래한 것으로 보임: 왕.
1) 일반적인 왕, 마10:18, 17:25, 막13:9, 눅21:12, 22:25, 요6:15, 행4:26, 계1:5, 6:15.
① 바로 왕, 행7:10.
② 다윗 왕, 마1:6, 행13: 22.
③ 헤롯 왕, 마2:3, 눅1:5.
④ 헤롯 안티파스, 마14:9, 막6:14.
⑤ 헤롯 아그립바왕 I 세, 행12:1.
⑥ 나바데니안의 왕 '아레다', 고후11: 32.
2) [상징적으로] 최고권력의 소유자.
① 메시아적 왕, 마2:2, 27:11,29,37, 42, 막15:2,9,12,18,26,32, 눅23:3, 37,38, 요1:49, 12:13, 18:33.
② 하나님, 마5:35, 딤전1:17, 6:15, 계15:3.
③ 지하세계에 있는 영들의 왕 '아밧돈', 계9:11.
☞**왕**(마1:6, 2:9, 요18:33), **임금**(마5:35, 눅10: 24, 요1:49), **만왕**(계17:14).

936. βασιλεύω [basilĕuō][21회] 바실류오
동 미래 βασιλεύσω, 제1부정과거 ἐ- βασίλευσα, 935에서 유래:
1. 왕 노릇하다, 다스리다.
1) [세상의 임금] 마2:22, 눅19:14,27, 딤전6:15.
2) [하나님이나 그와 밀접히 연합된 자]
① [하나님] 계11:17, 19:6.
② [그리스도] 눅1:33, 고전15:25.
③ [하나님과 그리스도를 함께 가리킴] 계11:15.
④ [하나님과 함께 다스리도록 부름받는 성도들] 롬5:17, 계5:10, 20:4, 6, 22:5.
3) [상징적으로: 죽음이 다스림을 의미] 롬5:14,17, 6:12.
2. 왕이 되다, 왕권을 얻다, 고전4:8, 계11:17, 19:6.
☞**왕으로 다스리다**(눅1:33), **왕 노릇하다**(롬5:14, 고전4:8), **왕이 되다**(눅19:14,27), **통치하다**(계19:6), **임금 되다**(마2:22).

937. βασιλικός, ἡ, όν [basilikŏs][5회] 바실리코스
형 935에서 유래: 왕의, 왕에게 속한, 요4:46,49, 행12:20,21, 약2:8.
☞**왕의**(요4:46,49), **왕국의**(행12:20), **왕의 (의복)(왕복)**(행12:21), **최고의**(약2:8).

938. βασίλισσα, ης, ἡ [basilissa][4회] 바실릿사
명 936에서 유래: 여왕, 마12:42, 눅11: 31, 행8:27, 계18:7.
☞**여왕**(마12:42, 눅11:31, 계18:7).

939. βάσις, εως, ἡ [basis][1회] 바시스
명 βαίνω '걷다'에서 유래: 걸음, 발, 행3:7.
☞**발**(행3:7).

940. βασκαίνω [baskainō][1회] 바스카이노
동 제1부정과거 ἐβάσκανα, 5335와 유사: 매혹하다, 중상하다, 유혹하다, 홀리다, 갈3:1.
☞**꾀다**(갈3:1).

941. βαστάζω [bastazō][27회] 바스타조
동 미래 βαστάσω, 제1부정과거 ἐβάσ- τασα, 939의 어간에서 파생된 것으로 보임:
1. 들어올리다, 요10:31.
2. 나르다, 운반하다, 가지고 가다, 지니다, 배다.
1) [문자적으로]
① [물항아리를] 막14:13, 눅22:10.
② [관을] 눅7:14.

③ [십자가를] 요19:17.
④ [그외] 행3:2, 21:35.
2) [상징적으로]
① [어떤 짐되는 것을] 눅14:27, 행15: 10.
② 참다, 견디다, 인내하다, 마20:12, 요16:12, 롬15:1, 갈5:10, 계2:2,3.
3) [짐스럽다는 개념이 약화되어 사용됨] 나르다, 지니다, 배다, 행9:15, 갈6:17.

3. 가져가다, 제거하다, 벗기다.
1) [시체를] 요20:15.
2) [신발을] 마3:11.
3) [병을] 제거하다, 마8:17.
4) 은밀히 취하다, 훔치다, 좀도둑질하다, 요12:6.

☞**들다**(마3:11, 요10:31), **짊어지다**(마8:17), **견디다**(마20:12), **가지다**(막14:13, 눅22:10, 행9:15), **메다**(눅7:14, 행3:2), **배다**(눅11:27), **지다**(눅14:27), **참다**(계2:3), **감당하다**(요16: 12), **옮기다**(요20:15), **들려가다**(행21:35), **보전하다**(롬11:18), **담당하다**(롬15:1), **받다**(갈5:10), **용납하다**(계2:2).

942. βάτος, ου, ἡ [batŏs][5회] 바토스
명 불확실한 파생어:
1) 가시덤불[모세가 그 속에서 하나님의 현현을 보았던], 눅20:37.
2) 열매없는 것의 상징, 눅6:44, 행7:30, 35.
☞**가시나무 떨기**(막12:26, 눅20:37, 행7:30), **찔레**(눅6:44).

943. βάτος, ου, ὁ [batŏs][1회] 바토스
고명 히브리어 1324에서 유래: 히브리어 액체 단위 8내지 9갈론 '바트',눅16:6.
☞**말**(눅16:6).

944. βάτραχος, ου, ὁ [batrachŏs][1회] 바트라코스
명 불확실한 파생어: 개구리, 계16:13.
☞**개구리**(계16:13).

945. βαττολογέω [battŏlŏgĕō][1회] 밧톨로게오
동 제1부정과거가정법 βατταλογήσω, 3056에서 유래: 생각없이 말하여 재잘거리다, 쓸데없는 말을 하다, 마6:7.
☞**중언부언하다**(마6:7).

946. βδέλυγμα, ατος, τό [bdĕlugma][6회] 브델뤼그마
명 948에서 유래: 혐오하는 것, 몹시 싫은 것.
1) [문자적으로] 하나님의 진노를 일으키기 때문에 그 앞에 내놓을 수 없는 것, 눅16:15.
2) 구약에 나타나는 우상과 관련된 모든 것, 계17:4, 5, 21:27.
3) τὸ β. τῆς ἐρημώσεως: 거룩한 곳을 황폐하게 하는 혐오할 만한 것, 마24:15, 막13:14.
☞**가증한 것**(마24:15, 막13:14, 계17:4), **미움을 받는 것**(눅16:15).

947. βδελυκτός, ἡ, όν [bdĕluktŏs][1회] 브델뤽토스
형 948에서 유래: 혐오할 만한, 미운, 가증스러운, 딛1:16.
☞**가증한**(딛1:16).

948. βδελύσσω[bdĕlussō][2회] 브델륏소
동 βδέω '나쁜 냄새가 나다'의 파생어에서 유래:
1) 혐오하다, 몹시 싫어하다, 롬2:22. [완료수동분사] 불쾌한, 지겹게 싫은, 계21:8.
☞**가증히 여기다**(롬2:22), **흉악하다**(계21:8).

949. βέβαιος, α, ον [bĕbaiŏs][8회] 베바이오스
형 939의 어간에서 유래: 견고한, 영원한, 든든한.
1) [문자적으로] 튼튼한, 안전한, 히6:19.
2) [상징적으로] 기댈 만한, 의지할 만한, 확실한, 롬4:16, 고후1:7, 히2:2, 3: 6ⓢ, 14, 9:17, 벧후1:10,19.
☞**굳은**(롬4:16, 벧후1:10), **견고한**(고후1:7, 히6:19), **확실한**(벧후1:19). **[부] 견고히**(히3:6,14).

950. βεβαιόω [bĕbaiŏō][8회] 베바이오오
동 미래 βεβαιώσω, 제1부정과거 ἐβε- βαίωσα, 제1부정과거수동태 ἐβεβαιώ- θην, 949에서 유래: [대격과 함께] 견고하게 하다, 세우다, 확립하다.
1) 사물을 확증하다, 확인하다, 증명하다, [수동으로]든든하게 하다, 굳세게 하다, 막16:20, 고전1:6, 롬15:8, 히2:3, 13:9.
2) 사람을 강하게 하다, 굳세게 하다, 고전1:8, 고후1:21, 골2:7.
☞**확실히 증언하다**(막16:20), **견고하게 하다**(롬15:8, 고전1:6,8), **굳게 서다**(골2:7), **굳게 하다**(히13:9), **확증하다**(히2:3).

951. βεβαίωσις, εως, ἡ [bĕbaiōsis][2회] 베바이오시스

B

명 950에서 유래: 확증, 확인, 확립, 빌1:7, 히6:16.
☞**확정**(히6:16), **확정함**(빌1:7).

952. βέβηλος, ον [bĕbēlŏs][5회] **베벨로스**
형 939의 어간과 βηλός '문지방'에서 유래: 누구나 접할 수 있는, 속된, 더러운.
1) [사물에 대하여] 딤전4:7, 6:20, 딤후2:16.
2) [사람에 대하여] 경건하지 못한, 딤전1:9, 비종교적인, 히12:16.
☞**망령된**(딤전1:9, 딤후2:16, 히12:16).

953. βεβηλόω [bĕbēlŏō][2회] **베벨로오**
동 제1부정과거 ἐβεβήλωσα, 952에서 유래: 신성을 모독하다, 안식일을 범하다, 마12:5, 행24:6.
☞**범하다**(마12:5), **더럽게 하다**(행24:6).

954. Βεελζεβούλ, ὁ [Bĕĕlzĕbŏul][7회] **베엘제불**
고명 기원은 아람어, בְּעֵל זְבוּב: 바알세불, 귀신의 왕, Βεελζεβούβ[바알세붑: 파리의 왕]이라는 신에서 기원: 마10:25, 12:24,27, 눅11:15,18,19.
☞**바알세불**(마10:25, 12:24, 눅11:15, 19).

955. Βελίαλ, ὁ [Bĕlial][1회] **벨리알**
고명 기원은 히브리어 בְּלִיַּעַל: 사탄의 이름 '벨리알' [적그리스도에게도 쓰임], 고후6:15.
☞**벨리알**(고후6:15).

956. βέλος, ους, τό [bĕlŏs][1회] **벨로스**
명 906에서 유래: 화살, 엡6:16.
☞**불화살**(엡6:16).

957. βελτίον [bĕltiŏn][1회] **벨티온**
형 부 906[18의 합성어를 위해 사용]의 파생어에서 유래; ἀγαθός의 비교급: 더 좋은, 더 나은, 보다 좋게, 아주 잘, 보다 나은, 딤후1:18.
☞**잘**(딤후1:18).

958. Βενιαμίν, ὁ [Bĕniamin][4회] **베니아민**
고명 히브리어 1144에서 유래: 야곱의 열두 아들 가운데 하나이며 그에 의해 생긴 지파의 이름 '베냐민', 행13:21, 롬11:1, 빌3:5, 계7:8.
☞**베냐민**(행13:21, 롬11:1, 빌3:5, 계7:8).

959. Βερνίκη, ης, ἡ [Bĕrnikē][3회] **베르니케**
고명 5342와 3529의 방언의 형태에서 유래: 아그립바 I 세의 딸이며 II세의 누이 '버니게', 행25:13,23, 26:30.
☞**버니게**(행25:13,23, 26:30).

960. Βέροια, ας, ἡ [Bĕrŏia][2회] **베로이아**
고명 4008의 파생어의 방언: 마케도니아의 도시 이름 '베뢰아', 행17:10,13.
☞**베뢰아**(행17:10,13).

961. Βεροιαῖος, α, ον [Bĕrŏiaiŏs][1회] **베로이아이오스**
형 960에서 유래: 베뢰아 출신의, [명사로] 베뢰아인, 베뢰아의, 행20:4.
☞**베뢰아의, 베뢰아 사람**(행20:4).

962. Βηθαβαρά, ἡ [Bēthabara] **베다바라**
고명 히브리어 1004와 5679에서 유래; 나룻터: 요단의 한 고을 '베다니'
☞**베다니**(요1:28).

963. Βηθανία, ας, ἡ [Bēthania][12회] **베다니아**
고명 아람어 בֵּית עֲנִיָּה에서 유래; 대추야자의 집: 팔레스타인에 있는 마을 '베다니'.
1) 감람산에 있는 마을, 요11:1,18, 12:1. 마리아, 마르다, 나사로의 집이 있는 곳, 마26:6, 막14:3. [기타] 마21:17, 막11:1, 눅19:29, 24:50.
2) 세례 요한이 세례를 베푼 요단 동편의 장소, 요1:28.
☞**베다니**(마26:6, 막14:3, 요1:28, 11:1, 18:1).

964. Βηθεσδά [Bēthĕsda][1회] **베데스다**
고명 아람어 1004와 2617에서 유래; '자비의 집': 예루살렘에 있는 연못 이름 '베데스다', 요5:2.
☞**베데스다**(요5:2).

965. Βηθλεέμ [Bēthlĕĕm][8회] **베들레엠**
고명 히브리어 1035에서 유래; 떡집: 다윗의 고향이며 메시야가 태어난 유대 땅의 한 마을 '베들레헴', 마2:1,5,6,8,16, 눅2:4,15, 요7:42.
☞**베들레헴**(마2:1,5,16, 눅2:4,15, 요7:42).

966. Βηθσαϊδά, ἡ [Bēthsaïda][7회] **벳사이다**
고명 아람어에서 유래[히브리어 1004와 6719 비교]; 고기잡는 집: 게네사렛 호수 북쪽의 장소 '벳새다', 요1:44, 12:21. [주] 빌립, 안드레, 베드로의 집도 이곳에 있었음, 마11:21, 막6:45, 8:22, 눅9:10, 10:13.
☞**벳새다**(마11:21, 막6:45, 눅9:10, 요1:44, 12:21).

967. Βηθφαγή, ἡ [Bēthphagē][3회] **벧ㅎ파게**

고명 아람어에서 유래[히브리어 1004와 6291과 비교]: 감람산의 한 장소 '벳바게', 마21:1, 막11:1, 눅19:29.

☞**벳바게**(마21:1, 막11:1, 눅19:29).

968. Βῆμα, ατος, τό [bēma][12회] **베마**

명 939의 어간에서 유래:

1) 걸음, 한 걸음의 간격, 행7:5.

2) 재판정, 법정, [특별히] 재판석, 마27: 19, 요19:13, 행18:12,16,17, 25:6,10, 17.

① 하나님과 그리스도의 심판 자리, 롬14:10, 고후5:10.

② 발언대, 연단, 행12:21.

☞**재판 자리**(마27:19, 행18:12,16), **재판석**(요19:13), **위**(행12:21), **심판대**(롬14:10, 고후5:10).

969. βήρυλλος, ου, ὁ, ἡ [bĕrüllŏs][1회] **베륄로스**

명 불확실한 파생어: 녹주석, 바다녹색이 나는 보석, 계21:20.

☞**녹옥**(계21:20).

970. βία, ας, ἡ [bia][4회] **비아**

명 979['생동'의 개념으로]와 유래가 유사함:

1) 강압, 폭력.

① 자연적인 힘, 행27:41.

② 폭도들의 강압, 행21:35.

2) 폭력 사용, 행5:26.

☞**강제**(행5:26), **폭행**(행21:35), **큰**(행27:41).

971. βιάζω [biazō][2회] **비아조**

동 거의 언제나 중간태. 디포넌트 동사 βιάζομαι로 사용. 970에서 유래: 폭력을 사용하다, [εἴς τι와 함께] 강제로 들어가다, 마11:12, 눅16:16.

☞**침입하다**(눅16:16). **[명] 침노**(마11:12).

972. βίαιος, α, ον [biaiŏs][1회] **비아이오스**

형 970에서 유래: 폭력적인, 난폭한, 강제적인, 행2:2.

☞**강한**(행2:2).

973. βιαστής, οῦ, ὁ [biastēs][1회] **비아스테스**

명 971에서 유래: 난폭한 사람, 폭력적인 사람, 마11:12.

☞**침노하는 자**(마11:12).

974. βιβλιαρίδιον, ου, τό [bibliaridi- ŏn][3회] **비블리아리디온**

명 975의 파생어: 작은 책, 소책자, 계10:2,9,10.

☞**작은 두루마리**(계10:2,8ⓢ,9,10).

975. βιβλίον, ου, τό [biblĭon][34회] **비블리온**

명 976의 파생어:

1) 책, 두루마리, 계6:14.

① 율법의 두루마리, 갈3:10.

② 예언의 두루마리, 눅4:17,20, 요한의 복음, 요20:30.

③ [특별히] 계시의 책, 계1:11, 5:1,2, 10:8, 22:7,9,10,18,19.

④ 생명의 책, 계13:8, 17:8, 20:12, 21:27. [기타] 딤후4:13.

2) 문서, 기록, 마19:7, 막10:4.

☞**증서**(마19:7, 막10:4), **글**(눅4:17), **책**(눅4: 20, 갈3:10, 딤후4:13), **두루마리**(계6:14).

976. βίβλος, ου, ἡ [biblŏs][10회] **비블로스**

명 본래 의미는 파피루스 식물의 내부 '껍질' [즉, 종이 또는 책의 두루마리를 가리킴]:

1) 책.

2) '성경', 마1:1, 막12:26, 눅3:4, 20:42, 행1:20, 7:42.

3) 생명의 책, 빌4:3, 계3:5, 13:8ⓢ, 20:15.

☞**계보**(마1:1), **책**(막12:26, 행7:42, 계20:15), **시편**(눅20:42, 행1:20).

977. βιβρώσκω [bibrōskō][1회] **비브로스코**

동 완료 βέβρωκα, 완료수동분사 βε- βρωμένος, 제1부정과거수동태 ἐβρώ- θην, 1006에서 유래된 사역동사인 듯함: 먹다, 요6:13.

☞**먹다**(요6:13).

978. Βιθυνία, ας, ἡ [Bithünia][2회] **비뒤니아**

고명 불확실한 파생어: 소아시아에 있는 한 지방 이름 '비두니아', 행16:7, 벧전1:1.

☞**비두니아**(행16:7, 벧전1:1).

979. βίος, ου, ὁ [biŏs][10회] **비오스**

명 [기본형]: 생명, 삶.

1) [기능과 기간에 있어서] 지상의 생활, 눅8:14, 딤전2:2, 벧전4:3ⓢ.

2) 삶의 유지 수단, 생활방편, 재산, 막12:44, 눅8:43, 15:12,30, 21:4, 요일2:16, 3:17.

☞**생활비**(막12:44, 눅21:4), **이생**(눅8:14, 요일2:16), **생활**(눅8:43, 딤전2:2, 벧전4:3ⓢ), **살림**(눅15:12,30), **재물**(요일3:17).

980. βιόω [biŏō][1회] **비오오**

동 제1부정과거부정사 βιῶσαι, 979에서 유래: 살아가다, 벧전4:2.

B

☞**살다**(벧전4:2).

981. βίωσις, εως, ἡ [biōsis][1회] 비오시스

명 980에서 유래: 삶의 태도, 생활양식, 행26:4.

☞**생활한 상황**(행26:4).

982. βιωτικός, ἡ, όν [biōtikŏs][3회] 비오티코스

형 980에서 유래: 일상의 생활에 속한, 눅21:34, 고전6:4.

☞**생활의**(눅21:34), **세상**(고전6:3,4).

983. βλαβερός, ά, όν [blabĕrŏs][1회] 블라베로스

형 984에서 유래: 해로운, 해치는, 딤전6:9.

☞**해로운**(딤전6:9).

984. βλάπτω [blaptō][2회] 블랍토

동 [기본형] 제1부정과거 ἔβλαψα, 제1부정과거가정법 βλάψω, 제1부정과거수동부정사 βλαφθῆναι: 방해하다, 해를 끼치다, 상처를 주다, 막16:18, 눅4:35.

☞**해를 받다**(막16:18), **상하다**(눅4:35).

985. βλαστάνω [blastanō][4회] 블라스타노

동 제1부정과거 ἐβλάστησα, βλασ- τός '싹'에서 유래: 움트다, 싹 나다.

1) [타동사] 생산하다, 산출하다, 약5:18.

2) [자동사] 싹이 나다, 움이 트다, 마13: 26, 막4:27, 히9:4.

☞**싹이 나다**(마13:26, 히9:4), **씨가 나다**(막4:27), **(열매를) 맺다**(약5:18).

986. Βλάστος, ου, ὁ [Blastŏs][1회] 블라스토스

고명 아마 985의 어간과 동일어: 헤롯 아그립바의 침소 맡은 신하 '블라스도', 행12:20.

☞**블라스도**(행12:20).

987. βλασφημέω [blasphēmĕō][34회] 블라스ㅎ페메오

동 미완료 ἐβλασφήμουν, 제1부정과거 ἐβλασφήμησα, 제1부정과거수동태 ἐβλασφημήθην, 미래수동태 βλασ- φημηθήσομαι, 989에서 유래:

1. [사람과 관계되어] 중상하다, 모략하다, 명예를 훼손시키다, 딛3:2. [수동] 행13:45, 18:6, 롬3:8.

2. [신적 존재와 관계되어] 모독하다.

1) [이방신들에 대하여] 행19:37.

2) [참 하나님과 그것에 관련된 것에 대하여]

① [하나님 자신에 대하여] 마9:3, 26: 65, 막2:7, 3:28, 요10:36, 행26:11, 딤전1:20, 벧전4:4, 계16:11,21.

② [하나님의 이름을] 롬2:24, 딤전6:1, 계13:6, 16:9.

③ [하나님의 영을] 막3:29, 눅12:10.

④ [그리스도를] 마27:39, 막15:29, 눅22:65, 23:39.

⑤ [그리스도의 이름을] 약2:7.

⑥ [그리스도인의 중대한 소유물에 대하여, 하나님의 말씀] 롬14:16, 딛2:5, 벧후2:2.

3) [천사를] 벧후2:10,12, 유1:8,10.

☞**신성을 모독하다**(마9:3, 요10:36), **모욕하다**(마27:39, 막15:29), **모독하다**(막3:28, 눅12:10, 행26:11), **비방하다**(눅23:39, 행13:45, 19:37, 벧후2:12), **비방을 받다**(딛2:5, 벧후2:2), **욕하다**(눅22:65), **비방을 받다**(롬14: 16, 고전10:30), **치욕을 당하다**(벧전4:14), **모독을 받다**(롬2:24).

988. βλασφημία, ας, ἡ [blasphēmia][18회] 블라스ㅎ페미아

명 989에서 유래: 비방, 중상, 명예 훼손, 모략.

1. [일반적으로: 다른 악행과 함께] 막7: 22, 엡4:31, 골3:8. 모든 악담하는 말, 마12:31, 15:19, 딤전6:4.

2. [특별하게]

1) 하나님에게 직접 관련되지 않은 사악한 말.

① [사람에 대하여] 비방, 계2:9.

② [사탄에 대하여] 모욕, 욕설, 유1:9.

2) [하나님과 그에 속한 것들에 대하여] 마12:31, 26:65, 막2:7, 3:28, 14:64, 눅5:21, 요10:33, 계13:1,5,6, 17:3.

☞**모독**(마12:31, 막2:7, 눅5:21, 계13:1), **비방**(막7:22, 골3:8), **[명]신성모독**(요10:33).

989. βλάσφημος, ον [blasphēmŏs][4회] 블라스ㅎ페모스

형 984와 5345의 파생어에서 유래: 모욕적인, 중상하는, 상스러운, 행6:11,13ⓢ, 벧후2:11, 계13:5. 모욕하는 자, 딤전1:13, 딤후3:2.

☞**모독하는**(행6:11), **비방하는**(딤후3:2, 벧후2:11). **[명] 비방자**(딤전1:13), **거스르는**(행6:13ⓢ).

990. βλέμμα, ατος, τό [blemma][1회] **블렘마**

명 991에서 유래: 보는 것, 보기, 봄, 벧후2:8.

☞**봄**(벧후2:8).

991. βλέπω [blĕpō][133회] **블레포**

동 [기본형] 미래 βλέψω, 제1부정과거 ἔβλεψω: 보다.

1. [문자적으로: 눈의 활동에 대하여]

1) [보는 것을 대격 목적으로 해서]

① 들보, 파편, 마7:3, 11:4, 13:16,17, 24:2, 막8:23,24, 눅6:41,42, 10: 23,24, 행2:33,9:8,9, 계1:11,12, 5:3,4, 22:8.

② 큰 건물들, 막13:2.

③ 여자, 눅7:44.

④ 빛, 눅8:16.

⑤ 예수, 요1:29.

⑥ 표적, 행8:6.

⑦ 환상, 행12:9.

⑧ 나체, 계16:15.

⑨ 짐승, 계17:8.

⑩ 연기, 계18:9.

⑪ 보이는 것[소망과 대조되어서], 롬8: 24,25.

⑫ [종속절 대신에 대격과 분사를 사용하여] 막5:31, 눅24:12, 요20:1,5, 21:9, 행4:14, 히2:9.

2) [독립적으로] 바라본다, 행1:9, 롬11: 10, 고후4:18, 계9:20.

3) [전치사구와 함께] 고전13:12.

4) βλέπων βλέπω: 열린 눈으로 보라, 마13:14. βλέπων οὐ βλέπει: 눈은 있으나 보지 못하다, 마13:13, 눅8:10.

2. [눈이 먼 것과 반대로] 볼 수 있다, 마12:22, 15:31, 눅7:21, 요9:7,15,25,39, 행9:9, 롬11:8, 계3:18.

3. 쳐다보다, 들여다보다 [εἰς+대격과 함께], 눅9:62, 요13:22, 행1:11, 3:4. [대격과 함께] 마5:28, 계5:3,4.

4. [심적 기능] 생각하다, 주의하다.

1) [독립적으로] βλέπετε: 주의하라, 막13:33.

2) [대격과 함께] 고전1:26, 10:18, 골2:5, 4:17㊀.

3) [간접의문이 뒤따라오는 경우] 막4: 24, 눅8:18, 고전3:10, 엡5:15.

4) [ἵνα가 뒤따라오는 경우] 고전16:10.

5. 주목하다.

1) [대격과 함께] 고후10:7.

2) [εἴς τι와 함께] 마22:16, 막12:14.

6. 관찰하다, 조심하다, 경계하다, 막13: 9, 빌3:2, 요이1:8. [주] [μή, μή– ποτε, μήπως와 부정과거 가정법이 뒤따라와서] 돌보다, 바라보다, 마24:4, 막13: 5, 눅21:8, 행13:40, 고전8:9, 10:12, 갈5:15, 히12:25. [미래간접 화법] 골2:8. [ἀπό τινος와 함께] 막8:15, 12:38.

7. [매우 일반적인 의미에서] 깨닫다, 느끼다.

1) [감각적으로: 강한 바람을] 마14:30.

2) [심리적으로] 발견하다, 롬7:23, 히3:19, 약2:22.

8. [지리적 방향을 가리켜서] 바라보다, 향하다, 행27:12.

☞**보다**(마5:28, 눅6:41, 요1:29), **보게 되다**(마12:22), **뵙다**(마18:10), **주의하다**(마24:4, 막8:15, 눅21:18), **삼가다**(막4:24, 눅8:18), **보이다**(막8:23), **조심하다**(막13:9, 고전8:9), **돌아보다**(눅9:62), **(눈이)밝아지다**(요9:7).

992. βλητέος, α, ον [blētĕŏs][1회] **블레테오스**

형 906에서 유래: 놓여져야 하는, 놓아져야 하는, 막2:22㊀, 눅5:38.

☞**넣는**(막2:22㊀, 눅5:38).

993. Βοανεργές [Bŏanĕrgĕs][1회] **보아네르게스**

고명 아람어에서 유래[히브리어 1123과 7266 참고]; 우레의 아들: 세베대의 아들에게 예수가 붙여 준 이름 '보아너게', 막3:17.

☞**보아너게**(막3:17).

994. βοάω [bŏaō][12회] **보아오**

동 미완료과거 ἐβόων, 행21:34㊀, 미래 βοήσω, 제1부정과거 βόησον, 제1부정과거명령 ἐβόησα, 기본어의 연장형인 듯: 부르다, 소리치다, 부르짖다.

1) [독립적으로] 소리치다, 외치다, 갈4:27.

2) [엄숙한 선포] 마3:3, 막1:3, 눅3:4, 요1:23.

3) [흥분한 군중의 외침] 행17:6, 25:24.

4) [고뇌의 외침이나 도움의 외침: 예수가 십자가상에서] 막15:34.

5) [악한 영이 사람을 떠날 때] 행8:7.

6) [병든 사람] 눅9:38, 18:38.

B

7) [하나님께 부르짖는 기도] 눅18:7.
☞**외치다**(마3:3, 눅3:4, 요1:23), **소리지르다**(막15:34, 행8:7, 17:6), **부르짖다**(눅18:7, 행21:34㊂).

995. βοή, ῆς, ἡ [bŏē][1회] **보에**
명 998에서 유래: 부르짖음, 외침, 약5:4.
☞**소리지름**(약5:4).

996. βοήθεια, ας, ἡ [bŏēthĕia][2회] **보에쎄이아**
명 994에서 유래: 도움, 원조, 구조, 행27:17, 히4:16.
☞**도움**(히4:16).

997. βοηθέω [bŏēthĕō][8회] **보에데오**
동 제1부정과거 ἐβοήθησα, 제1부정과거명령 βοήθησον, 998에서 유래:
1) 도움을 제공하다, βοηθεῖτε: 도와주오!, 행21:28.
2) 돕다, 도우러 오다, 마15:25, 막9:22, 24, 행16:9, 히2:18, 계12:16. [돕는 자로서] 하나님, 고후6:2.
☞**돕다**(마15:25, 행16:9, 히2:18), **도와주다**(막9:22,24).

998. βοηθός, όν [bŏēthŏs][1회] **보에도스**
형 995와 θέω '달리다'에서 유래: 돕는, 도움이 되는, [명사로] 돕는 자, 히13:6.
☞**돕는 자**(히13:6).

999. βόθυνος, ου, ὁ [bŏthünŏs][3회] **보뒤노스**
명 900과 유사: 구멍, 물 괴는 곳, 도랑, 마12:11, 15:14, 눅6:39.
☞**구덩이**(마12:11, 15:14, 눅6:39).

1000. βολή, ῆς, ἡ [bŏlē][1회] **볼레**
명 906에서 유래: 던짐, 돌 던지는 거리, 눅22:41.
☞**던짐**(눅22:41).

1001. βολίζω [bŏlizō][2회] **볼리조**
동 제1부정과거 ἐβόλισα, 1002에서 유래: 바다 깊이를 재다, 측연을 내던지다, 행27:28.
☞**재다, 재어보다**(행27:28).

1002. βολίς, ίδος, ἡ [bŏlis] **볼리스**
명 906에서 유래: 화살, 단창, 날아가는 무기, 히12:20.
☞**돌로 침**(히12:20).

1003. Βοόζ, ὁ [Bŏŏz][1회] **보오즈**
고명 히브리어 1162에서 유래: 이스라엘인 '보아스', 눅3:32.
☞**보아스**(눅3:32).

1004. βόρβορος, ου, ὁ [bŏrbŏrŏs][1회] **보르보로스**
명 불확실한 파생어: 진흙, 진창, 오물, 진탕, 벧후2:22.
☞**더러움**(벧후2:22).

1005. βοῤῥᾶς, ᾶ, ὁ [borrhas][2회] **보르라스**
명 불확실한 파생어: 북쪽, 북편, 눅13: 29, 계21:13.
☞**북**(눅13:29, 계21:13).

1006. Βόσκω, ης, ἡ [bŏskō][9회] **보스코**
동 기본동사의 연장형[히브리어 977, 1016과 비교]:
1) [능동] 목자들이 가축을 기르다, 치다, 먹이다, 마8:33, 막5:14, 눅8:34, 15:15.
2) [수동] 먹다, 뜯다, 마8:30, 막5:11, 눅8:32.
☞**먹다**(마8:30, 막5:11, 눅8:32), **치다**(마8: 33, 막5:14, 눅15:15), **먹이다**(요21:15,17).

1007. Βοσόρ, ὁ [Bŏsŏr][1회] **보소르**
고명 히브리어 1160에서 유래: 모압인의 이름 '브올', 벧후2:15.
☞**브올**(벧후2:15).

1008. βοτάνη, ης, ἡ [bŏtanē][1회] **보타네**
명 1006에서 유래: 목초, 풀, 잔디, 식물, 히6:7.
☞**채소**(히6:7).

1009. βότρυς, υος, ὁ [bŏtrüs][1회] **보트뤼스**
명 불확실한 파생어: 포도송이, 계14:18.
☞**포도송이**(계14:18).

1010. βουλευτής, οῦ, ὁ [bŏulĕutēs][2회] **불류테스**
명 1011에서 유래: 의회 회원, 산헤드린의 회원, 막15:43, 눅23:50.
☞**공회원**(막15:43), **공회 의원**(눅23:50).

1011. βουλεύω [bŏulĕuō] **불류오**
동 중간태 βουλεύομαι, 미완료중간태 ἐβουλευόμην, 미래중간태 βουλε- ύσομαι, 제1부정과거중간태 ἐβουλε- υσάμην, 완료중간태 βεβούλευμαι, 1012에서 유래:
1) 깊이 생각하다, 눅14:31.
2) 결정하다, 결의하다, 행5:33, 27:39, 요11:53, 12:10, 고후1:17㊂.
☞**헤아리다**(눅14:31), **모의하다**(요11:53, 12: 10,

행5:33), **의도하다**(행15:37), **의논하다**(행27:39), **계획하다**(고후1:17ⓢ).

1012. βουλή, ῆς, ἡ [bŏulē][12회] **불레**

명 1014에서 유래:

1) 뜻, 의도, 의향, 동기, 고전4:5.

2) 결의, 결정.

① 사람의 결정, 눅23:51, 행5:38, 27:12.

② 하나님의 결정, 눅7:30, 엡1:11, 히6:17.

☞**의견**(행27:12), **뜻**(눅7:30, 행2:23, 고전4:5), **결의**(눅23:51), **사상**(행5:38), **결심**(행27:42).

1013. βούλημα, ατος, τό [bŏulēma][3회] **불레마**

명 1014에서 유래: 의도, 목적, 뜻, 행27: 43, 벧전4:3, 하나님의 뜻, 롬9:19.

☞**의도, 계획, 뜻**(행27:43, 롬9:19).

1014. βούλομαι [bŏulŏmai][37회] **불로마이**

동 2인칭단수 βούλει, 애틱 헬라어를 제외하고는 βούλη, 미완료과거 ἐβου- λόμην 또는 ἠβούλετο, 제1부정과거 ἐβουλήθην [요이1:12에는 ἠβουλή- θην], 기본동사의 중간태: 원하다, 기꺼이 ~하려 하다.

1. [사람이 무엇을 바라는데 대하여] 원하다, 소원하다, 열망하다, 행25:22, 딤전6:9, 몬1:13, 약4:4.

2. [심사숙고 후 뜻을 결정할 때]

1) [사람의 경우]

① [대격과 함께] 고후1:17.

② [대격+부정사와 함께] 마1:19, 막15:15, 행5:28, 12:4, 17: 20, 18:27, 19:30, 22:30, 23:28, 27: 43, 28:18, 고후1:15.

③ [현재부정사와 함께] 행18:15.

④ [대격과 부정사에 의해 이끌리는 경우] 빌1:12, 딤전2:8, 5:14, 딛3:8, 유1:5.

⑤ [부정과거 가정법과 함께] 요18:39.

⑥ [문맥에 의해 부정사를 삽입해야 하는 경우] 약3:4, 요이1:12, 요삼1:10.

2) [하나님의 경우] θέλω가 좀더 일상적으로 쓰인다. [독립적으로] 눅22:42, 약1:18. [부정과거 부정사와 함께] 히6:17. [대격+부정사와 함께] 벧후3:9. [예수의 경우] 마11:27, 눅10:22. [성령의 경우] 고전12:11.

☞**~고자 하다**(마1:19), **원하다**(요18:39, 행18:15, 빌1:12), **~하려 하다**(행25:22), **뜻을 따르다**(약1:18). **[명] 뜻**(눅22:42, 히6:17). **[부] 뜻대로**(고전12:11, 약3:4).

1015. βουνός, οῦ, ὁ [bŏunŏs][2회] **부노스**

명 외래어: 언덕, 동산, 눅3:5, 23:30.

☞**작은 산**(눅3:5, 23:30).

1016. βοῦς, βοός [bŏus][8회] **부스**

명 대격 복수 βόας, 요2:14, 아마도 1006의 어간에서 유래: 소, [ὁ] 수소, [ἡ] 암소, 눅13:15, 14:5,19, 요2:14, 고전9:9, 딤전5:18.

☞**소**(눅13:15, 요2:14, 고전9:9).

1017. βραβεῖον, ου, τό [brabĕiŏn][2회] **브라베이온**

명 βραβεύς '심판자'에서 유래: 대회나 경쟁에서의 상.

1) [문자적으로] 고전9:24.

2) [상징적으로] 그리스도인이 받을 승리의 상, 빌3:14.

☞**상**(고전9:24, 빌3:14).

1018. βραβεύω [brabĕuō][1회] **브라뷰오**

동 1017과 동일어에서 유래: 경기에서 상을 주다, 시상하다, 심판되다, 결정하다, 지배하다, 주장하다, 골3:15.

☞**주장하다**(골3:15).

1019. βραδύνω [bradünō][2회] **브라뒤노**

동 1021에서 유래: [자동사] 연기하다, 미루다, 딤전3:15, 벧후3:9.

☞**지체하다**(딤전3:15), **더디다**(벧후3:9).

1020. βραδυπλοέω [bradüplŏĕō][1회] **브라뒤플로에오**

동 1021과 4126의 연장형에서 유래: 천천히 항해하다, 행27:7.

☞**(배가) 더디 가다**(행27:7).

1021. βραδύς, εῖα, ύ [bradüs][3회] **브라뒤스**

형 불확실한 유사어에서 유래: 더딘, 천천히, 느리게. ⓐ ταχύς, 눅24:25, 약1:19.

☞**더딘**(약1:19). **[부] 더디**(눅24:25).

1022. βραδύτης, ητος, ἡ [bradütēs][1회] **브라뒤테스**

명 1021에서 유래: 느림, 지체, 더딤, 벧후3:9.

☞**더딘 것**(벧후3:9).

1023. βραχίων, ονος, ὁ [brachiōn][3회] **브라키온**

명 본래 의미는 1024의 합성어, 그러나 βράσσω '휘두르다'의 의미에서 온 듯: 팔[하나

B

님의 능력을 상징함], 눅1:51, 요12:38, 행13:17.
☞**팔**(눅1:51, 요12:38), **권능**(행13:17).

1024. βραχύς, εῖα, ύ [brachüs][7회] **브라퀴스**
형 부. 불확실한 유사어에서 유래: 짧은, 작은.
1) [공간에 대해] 행27:28.
2) [시간에 대해] 눅22:58, 히2:7.
3) [양에 대해] 요6:7, 히13:22.
☞**조금**(눅22:58, 요6:7, 행27:28), **잠깐**(행5: 34, 히2:7,9), **간단히**(히13:22).

1025. βρέφος, ους, τό [brĕphŏs][8회] **브레ㅎ포스**
명 불확실한 유사어에서 유래:
1) 태어나지 않은 아이, 태아, 눅1:41,44.
2) 아이, 유아, 눅2:12,16, 18:15, 행7:19, 딤후3:15, 벧전2:2.
☞**아이**(눅1:41,44, 벧전2:2), **아기**(눅2:12), **어린 아이**(행7:19), **어린 아기**(눅18:15). **[형] 어리다**(딤후3:15).

1026. βρέχω [brĕchō][7회] **브레코**
동 기본형. 제1부정과거 ἔβρεξα:
1) 적시다, 눅7:38,44, [목적어 없이] 계11:6.
2) 비를 내리다.
① [인격자가] 비를 내리다, [하나님] 마5:45, 눅17:29.
② [비인격체가~] 약5:17.
☞**비를 내리다**(마5:45), **적시다**(눅7:38,44), **비오다**(눅17:29, 약5:17, 계11:6).

1027. βροντή, ῆς, ἡ [brŏntē][12회] **브론테**
명 βρέμω '포효하다'와 유사: 천둥, 막3:17, 요12:29, 계4:5, 6:1, 8:5, 11:19, 14:2, 16:18, 19:6.
☞**우레**(막3:17, 요12:29, 계6:1, 8:5), **우렛소리**(계4:5, 14:2, 16:18, 19:6).

1028. βροχή, ῆς, ἡ [brŏchē] [2회] **브로케**
명 1026에서 유래: 비, 폭우, 마7:25,27.
☞**비**(마7:25,27).

1029. βρόχος [brŏchŏs][1회] **브로코스**
명 불확실한 파생어: 올가미, 덫[상징적으로], 고전7:35.
☞**올무**(고전7:35).

1030. βρυγμός, οῦ, ὁ [brügmŏs][7회] **브뤼그모스**
명 1031에서 유래: 이 갈기, 이를 악뭄, 이를 떪, 마8:12, 13:42,50, 22:13, 24: 51, 25:30, 눅13:28.
☞**이를 갊**(마8:12, 13:42, 눅13:28).

1031. βρύχω [brüchō][1회] **브뤼코**
동 기본형. 미완료 ἔβρυχον: 이를 갈다, 이를 악물다, 행7:54.
☞**이를 갈다**(행7:54).

1032. βρύω [brüō][1회] **브뤼오**
동 기본동사: [타동사] 터져 나오게 하다, 쏟아지게 하다, 약3:11.
☞**내다**(약3:11).

1033. βρῶμα, ατος, τό [brōma][17회] **브로마**
명 977의 어간에서 유래: 음식.
1) [문자적으로] 눅3:11, 9:13, 롬14:15, 20, 고전6:13, 8:8,13, 딤전4:3, 히13:9. 특별히 딱딱한 음식. ㉥ γάλα, 고전3:2. [복수] 마14:15, 막7:19, 히9:10. [만나에 대해] 고전10:3.
2) [상징적으로] 하나님의 뜻을 행함이 곧 예수의 음식, 요4:34.
☞**먹을 것**(마14:15, 눅3:11), **음식물**(막7:19, 롬14:15, 고전6:13), **양식**(요4:34), **밥**(고전3:2).

1034. βρώσιμος, ον [brōsimŏs][1회] **브로시모스**
형 1035에서 유래: 먹을 수 있는, 먹는, 눅24:41.
☞**먹을 수 있는(것)**(눅24:41).

1035. βρῶσις, εως, ἡ [brōsis][11회] **브로시스**
명 977의 어간에 유래:
1) 먹는 것, 먹기, 롬14:17, 고전8:4, 고후9:10, 골2:16.
2) [σής와 함께] 좀 먹음, 녹이 슴, 마6: 19,20.
3) 음식, 요4:32, 6:27, 55, 히12:16.
☞**동록(銅綠)**(마6:19,20), **먹는 것**(롬14:17), **먹는 일**(고전8:4), **양식**(요4:32, 6:27,55), **음식물**(히12:16).

1036. βυθίζω [büthizō][2회] **뷔디조**
동 제1부정과거수동태 ἐβυθίσθην, 1037에서 유래: [타동사] 가라 앉히다, 잠기게 하다.
1) [문자적으로] 눅5:7.
2) [상징적으로] 딤전6:9.
☞**잠기게 되다**(눅5:7), **빠지게 하다**(딤전6:9).

1037. βυθός, οῦ, ὁ[büthŏs][1회] **뷔도스**
명 899의 변화형: 바다의 심연, 밑바닥, 고후11:25.

☞**깊은 바다**(고후11:25).

1038. βυρσεύς, έως, ὁ [bürsĕus][3회] 뷔르슈스

명 βύρσα '수피'에서 유래: 무두장이, 행9:43, 10:6.

☞**무두장이**(행9:43, 10:6,32).

1039. βύσσινος, η, ον [büssinŏs][5회] 뷧시노스

형 1040에서 유래: 가는 베로 만든, [명사로] 가는 베, 가는 베 옷, 세마포, 계18: 12,16, 19:8,14.

☞**세마포의**(계18:16, 19:8,14).

1040. βύσσος, ου, ἡ [büssŏs][1회] 뷧소스

명 히브리어 948에서 유래: 고운 베옷, 세마포, 눅16:19, 계18:12㉦.

☞**고운 베옷**(눅16:19), **세마포**(계18:12㉦).

1041. βῶμος, οῦ, ὁ[bōmŏs][1회] 보모스

명 939의 어간에서 유래: 제단, 단, 행17:23.

☞**단**(행17:23).

B

Γ, γ

Γ

1042. γαββαθά [gabbatha][1회] 갑바다
명 기원은 아람어, 아람어를 음역한 것으로 그 의미는 아직도 명확하지 않음: 갑바다, 박석, 요19:13.
☞**가바다**(요19:13).

1043. Γαβριήλ, ὁ [Gabriēl][2회] 가브리엘
고명 히브리어 1403에서 유래; '하나님의 사람'이란 뜻:
☞**가브리엘[천사장의 이름]**, (눅1:19, 26).

1044. γάγγραινα, ης, ἡ [ganggraina][1회] 강그라이나
명 γραίνω '갉아 먹다'에서 유래: 창질[궤양같은 암종], 딤후2:17.
☞**악성 종양**(딤후2:17).

1045. Γάδ, ὁ [Gad][1회] 가드
고명 히브리어 1410에서 유래: 이스라엘의 지파 '갓', 계7:5.
☞**갓**(계7:5).

1046. Γαδαρηνός, ἡ, όν [Gadarēnŏs][1회] 가다레노스
고명 Γαδαρά '요르단의 동쪽 도시'에서 유래: 가다라 사람, 가다라 주민, 마8:28, 막5:1, 눅8:26.
☞**가다라 인**(막5:1).

1047. γάζα, ης, ἡ [gaza][1회] 가자
명 기원은 외래어: 보물, 보고, 국고, 행8:27.
☞**국고**(행8:27).

1048. Γάζα, ης, ἡ [Gaza][1회] 가자
고명 히브리어 5804에서 유래: 팔레스틴 남서부에 있는 블레셋 5대 도시의 하나 '가사', 행8:26.
☞**가사**(행8:26).

1049. γαζοφυλάκιον, ου, τό [gazŏphü-lakiŏn][5회] 가조ㅎ퓔라키온
명 1047과 5438에서 유래: [문자적으로] 보고, 예루살렘 성전에 있는 헌금함, 금고, 보물실, 막12:41,43, 눅21:1, 요8:20.
☞**헌금함**(막12:41, 눅21:1, 요8:20).

1050. Γάϊος, ου, ὁ [Gaïŏs][5회] 가이오스
고명 기원은 라틴어: 잘 알려지지 않은 여러 기독교인들의 이름 '가이오'.
1) 더베 출신, 행20:4.
2) 마케도니아 출신으로 에베소에 있는 바울의 동역자, 행19:29.
3) 고린도 출신으로 바울에게 세례를 받은 자, 고전1:14. [바울은 롬16:23을 쓸 때 그와 함께 살았다]
4) 요삼1:1에 나오는 수신자.
☞**가이오**(행20:4, 19:29, 롬16:23, 요삼1:1).

1051. γάλα, γάλακτος, τό [gala][5회] 갈라
명 불확실한 유사어에서 유래: 우유.
1) [문자적으로] 음식으로의 우유, 고전9:7.
2) [상징적으로] 기독교도의 초보, 고전3:2, 히5:12,13. 순전하고 신령한 젖, 벧전2:2.
☞**젖**(고전3:2, 히5:12, 벧전2:2).

1052. Γαλάτης, ου, ὁ [Galatēs][1회] 갈라테스
고명 1053에서 유래: 갈라디아 주민, 갈라디아인, 갈3:1.
☞**갈라디아 사람**(갈3:1).

1053. Γαλατία, ας, ἡ [Galatia][4회] 갈라티아
고명 기원은 외래어: 갈라디아[소아시아의 한 지방], 고전16:1, 갈1:2, 딤후4:10, 벧전1:1.
☞**갈라디아**(고전16:1, 갈1:2, 딤후4:10).

1054. Γαλατικός, ἡ, όν [Galatikŏs][2회] 갈라티코스
형 1053에서 유래: 갈라디아의, 갈라디아에 속한, 행16:6, 18:23.
☞**갈라디아의**(행16:6, 18:23).

1055. γαλήνη, ης, ἡ [galēnē][3회] 갈레네
명 불확실한 파생어: 바다의 고요함, 잔잔함, 마8:26, 막4:39, 눅8:24.
☞**잔잔함**(마8:26, 막4:39, 눅8:24).

1056. Γαλιλαία, ας, ἡ [Galilaia][61회] 갈릴라이아
고명 히브리어 1551에서 유래: '갈릴리'[이방인의 한 지역, 바벨론 유수 이후에 시리아, 시돈, 두로, 프톨레미, 카멜, 이스르엘 평원, 요단강과 경계가 되어 있는 팔레스틴의 북부 지방이다. 북부와 남부 갈릴리로 나눠져

있었고, 헤롯 대왕 사후에 AD 39년까지는 분봉왕 헤롯 안티파스의 영토에 속해 있었다] 마2:22, 4:18,25, 15:29, 21:11, 막1:9,16, 7:31, 눅5:17, 17:11, 요2:1,11, 4:46,47,54, 6:1, 12: 21, 21:2, 행9:31, 10:37, 13:31.

☞**갈릴리**(마4:25, 눅17:11, 요4:47, 행9:1,31).

1057. Γαλιλαῖος, α, ον [Galilaiŏs][11회] **갈릴라이오스**

형 1056에서 유래: 갈릴리인, 갈릴리의, 마26:69, 막14:70, 눅13:1,2, 23:6, 요4:45, 행1:11, 2:7, 반란자 유다의 별칭, 행5:37.

☞**갈릴리의, 갈릴리 사람**(마26:69, 막14:70, 눅13:1,2, 행2:7).

1058. Γαλλίων, ωνος, ὁ [Galliōn][3회] **갈리온**

고명 기원은 라틴어: '갈리오'[아가야 지방의 총독의 이름], 행18:12,14,17.

☞**갈리오**(행18:12,14,17).

1059. Γαμαλιήλ, ὁ [Gamaliēl][2회] **가말리엘**

고명 히브리어 1583에서 유래: '가말리엘', 이스라엘인의 이름, 신약성경에서는 장로요 바리새인으로, 예루살렘의 율법교사로 알려진 랍비를 가리킨다. 행5:34, 22:3에는 바울의 스승으로 나온다.

☞**가말리엘**(행5:34, 22:3).

1060. γαμέω [gamĕō][28회] **가메오**

동 미완료 ἐγάμουν, 제1부정과거 ἔ- γημα, 제1부정과거가정법 γήμω, 분사 γήμας 혹은 ἐγάμησα, 제1부정과거수동태 ἐγαμήθη ν, 완료능동태 γε- γάμηκα, 1062에서 유래:

1) 결혼하다[대격과 함께], 마5:32, 19:9, 막6:17, 10:11, 눅14:20, 16:18, 고전7: 28. [독립적으로] 결혼생활을 하다, 결혼하다, 마19:10, 22:25,30, 24:38, 막12:25, 눅17:27, 20:34, 고전7:28,33.
2) 남녀가 결혼하다, 고전7:9,10,36, 딤전4:3.
3) 결혼하다[여자의 경우].
① [능동] [대격과 함께] 막10:12. [독립적으로] 고전7:28,34, 딤전5:11,14.
② [수동] 시집가다, 결혼하게 되다, 막10:12, 고전7:39.

☞**장가들다**(마5:32, 눅14:20, 17:27), **장가가다**(고전7:28,33), **시집가다**(막10:12, 고전7: 39, 딤전5:14), **혼인하다**(고전7:9,36). **[명] 혼인**(딤전4:3).

1061. γαμίσκω [gamiskō][1회] **가미스코**

동 1062에서 유래: 결혼시키다, 결혼하게 하다, 마24:38, 막12:25, 눅20:34,35.

☞**시집가다**(막12:25).

1062. γάμος, ου, ὁ[gamŏs][16회] **가모스**

명 불확실한 유사어에서 유래:

1) 결혼식.
① [일반적으로 복수를 사용] 마22:2, 3,9, 요2:1 등.
② 결혼잔치, [상징적으로는] 메시야 왕국의 기쁨, 마25:10, 눅12:36, 14:8, 계19:7,9.
③ [상징적으로] 결혼식장, 마22:10.
2) 결혼, 혼인, 히13:4.

☞**혼인, 혼인잔치**(마22:2, 눅12:36), **예복**(마22:11,12), **혼인 기약**(계19:7).

1063. γάρ [gar][1042회] **가르**

접 [원인, 추측, 계속을 나타내거나 설명하기 위해 사용되는 접속사, 결코 절의 앞에 나오지는 못한다. 대개는 두 번째나 세 번째 혹은 네 번째에 나온다]:

1. [원인, 이유] 왜냐하면.
1) [독립적으로] 막1:22, 9:49, 눅1:15, 21:4, 요2:25, 행2:25, 롬1:9, 고전11:5 등 다수.
2) [다른 불변사나 접속사와 같이 사용되는 경우]
① ἰδοὺ γάρ, 눅1:44,48, 2:10, 6:23, 17:21, 행9:11, 고후7:11.
② καὶ γάρ, 막10:45, 눅22:37, 요4:23, 행19:40, 고전5:7, 히5:12, 12:29, 롬11:1.
③ γὰρ καί, 고후2:9.
④ τε γάρ, 롬1:26, 7:7, 히2:11.
⑤ μὲν γάρ[종종 δέ, ἀλλά 등을 동반한다], 행13:36, 23:8, 28:22, 롬2:25, 고후9:1, 11:4, 히7:18,20.
⑥ ὅτι μὲν γὰρ-ἀλλά, 행4:16.
⑦ καὶ γὰρ οὐ, 고전11:9.
⑧ μὴ γάρ, 약1:7.
⑨ οὐδὲ γάρ, 눅20:36, 요5:22, 롬8:7, 갈1:12.
⑩ οὔτε γὰρ οὔτε: ~때문도 아니고 ~때문도 아닌, 살전2:5.
3) [γάρ가 반복되어 나오는 경우: 동일한 주

장에 대하여 몇몇의 논의가 전개될 때 나타나거나] 요8:42, 고전16:7, 고후11:19,20. [한 구절이 다른 구절을 확증하기 위해] 마10:20, 눅8:29, 요5:21,22, 행2:15, 롬6:14. [혹은, 같은 문장 안에서 여러 주장들을 차례로 확인하게 하려는 경우] 마3:2,3, 요3:19,20. [세 번 나올 때] 마16:25−27, 눅9:24−26, 롬4:13−15, 고후3:9−11. [네 번 나올 때] 막8:35−38, 롬1:16−18. [다섯 번 나올 때] 고전9:15−17.

4) [일반적인 것이 특별한 것에 의해 확정되는 경우] 막7:10, 눅12:52, 롬7:2, 고전12:8. [반대의 경우] 마7:8, 13:12, 막4:22,25.

5) [지지되어야 할 사상이 표현되지 않고 문맥에서 보충되어져야 하는 경우] 마2:2, 막8:35, 눅9:24, 행13: 36, 롬8:18, 고전1:18. [다른 접사와 함께 사용되어] καὶ γάρ 마15:27, 고후5:2, 13:4, 빌2:27, 살전3:4, καὶ γὰρ οὐ 고후3:10, οὐ γάρ 마9:13, 막9:6, 행4:20, 롬8:15, 고후1:13.

6) [종종 질문 중에 나타나지만 이 경우는 우리말로 번역하기가 어렵다] 그러면, 요7:41, 고전11:22, 약4:14, 벧전2:20. [특히 직접 의문문에서] τίς γάρ, τί γάρ를 사용, 마9:5, 23:17. 그러면 무엇인가? 빌1:18. 어찌하겠는가? 롬3:3.

2. 설명적인 것: 아는 바와 같이, 이를테면, 말하자면, 마12:40,50, 23:3, 24: 38, 막7:3, 눅9:14, 요3:16, 4:8, 롬7:2, 히3:4, 벧후2:8, [단축되어 설명적 삽입절에서] 마4:18, 막1:16, 2:15, 5:42, 16:4, 롬7:1, 고전16:5.

3. 추리적인 것: 아마도, 확실히, 그러니까, 부디, 꼭, [자명한 결과나 특히 강한 주장, 감탄 등에 사용] 행16:37, 약1:7, 히12:3, 벧전4:15, οὐ γάρ: 정말로 아니다, 행16:37. [약화된 의미로 긴 문장을 요약할 때] 롬15:27, 고전9:19, 고후5:4.

4. 계속이나 연관을 표현할 때: 롬1:18, 2:25, 4:3, 9:6, 12:3, 14:5, 고전10:1, 고후1:12, 10:12, 11:5, 갈1:11, 5:13, 딤전2:5. [확실함을 나타낼 때, 특히 질문한 것에 대해 확실히 대답할 때] 참으로 그렇다, 확실히 그렇다, 살전2:20, 고전9:10.

☞**왜냐하면**(마1:20), **실제로**(롬8:7), **진실로**(롬15:17), **과연**(고전9:10).

1064. γαστήρ, τρός, ἡ [gastēr][9회] 가스테르

명 불확실한 파생어:

1) 배, 복부.
   ① [문자적으로] 신체의 내부.
   ② [상징적으로] 대식가, 딛1:12.

2) 자궁, 마1:18,23, 24:19, 막13:17, 눅1:31, 21:23, 살전5:3, 계12:2.

☞**잉태**(마1:18, 살전5:3, 마1:23, 눅1:31), **아이 밴**(마24:19, 눅21:23, 계12:2), **배**(딛1:12).

1065. γέ [gĕ][28회] 게

접 후접어. 낱말에 뒤따라와서 그 낱말을 강조한다. 종종 번역되지 않고 단순히 단어 순서에만 영향을 미친다.

1. 제한: 적어도, 눅11:8, 그렇지만, 그래도, 눅18:5.

2. 강조: ~조차도, ~까지도, 롬8:32.

3. 종종 다른 접사와 함께 사용: ἄρα γε, ἀλλά γε.

1) εἴγε: 만일 정말로, 만일 실제로, 만일 그와 같이, 고후5:3, 갈3:4, 엡3:2, 4:21, 골1:23.

2) εἰ δὲ μή γε: 그렇지 않다면, 그와는 달리.
   ① 긍정적인 절 뒤에 나오는 경우, 마6:1, 눅10:6, 13:9.
   ② 부정적 진술 뒤에 나오는 경우, 마9:17, 눅5:36, 고후11:16.

3) καί γε [제한적 의미로] 최소한, 적어도, 눅9:42, [강조적 의미로] ~조차도, ~까지도, 행2:18, 실제로, 행17:27.

4) καίτοι γε, 그래도, 비록 ~일지라도, 물론, 요4:2.

5) [μενοῦν γε: 신약성서에는 고전 용법과 달리 절의 처음에 나온다] 도리어, 롬9:20, 10:18, 빌3:8.

6) μήτι γε: 말할 것도 없이, 물론 ~이고, 고전6:3.

7) γέ τοι: 정말로, 사실인즉.

8) ὄφελόν γε: 참으로 ~였으면, 고전4:8.

☞**그러나**(눅11:8), **하물며**(고전6:3).

1066. Γεδεών, ὁ [Gĕdĕōn][1회] 게데온

고명 히브리어 1439에서 유래: 이스라엘의 사사 '기드온', 히11:32.

☞**기드온**(히11:32).

1067. γέεννα, ης, ἡ [gĕĕnna][12회] **게엔나**

명 히브리어 1516과 2011에서 유래: 힌놈의 아들들의 골짜기, 예루살렘 남쪽 계곡[후기 유대 민중 신앙에 의하면 거기서 최후의 심판이 있다, 복음서에서는 내세의 형벌을 받는 장소를 상징한다], 지옥, 마5:29,30, 10:28, 18:9, 23:15,33, 막9: 43,47, 눅12:5, 불의 지옥, 마5:22, 18:9. [상징적으로] 약3:6.

☞**지옥 불**(마5:22, 18:9, 약3:6), **지옥**(마5:29, 막9:45, 눅12:5).

1068. Γεθσημανῆ [Gĕthsēmanē][2회] **겟세마네**

고명 기원은 아람어 [히브리어 1660과 8081 비교], '기름 골짜기'라는 뜻: '겟세마네' [감람산에 있는 감람나무 농장의 이름], 마26:36, 막14:32.

☞**겟세마네**(마26:36, 막14:32).

1069. γείτων, ονος, ὁ, ἡ [gĕitōn][4회] **게이톤**

명 1093에서 유래: 이웃, 친구, 눅14:12, 15:6,9, 요9:8.

☞**친구, 이웃**(눅14:12, 15:9, 요9:8).

1070. γελάω [gĕlaō][2회] **겔라오**

동 미래 γελάσω, 제1부정과거 ἐγέλα- σα, 불확실한 유사어에서 유래: 웃다, 눅6: 21,25.

☞**웃다**(눅6:21,25).

1071. γέλως, ωτος, ὁ [gĕlōs][1회] **겔로스**

명 1070에서 유래: 웃음, 애통으로 바뀌는 웃음, 약4:9.

☞**웃음**(약4:9).

1072. γεμίζω [gĕmizō][8회] **게미조**

동 제1부정과거 ἐγέμισα, 제1부정과거수동태 ἐγεμίσθην, 1073에서 유래: 가득 채우다, 가득하게 하다.

1) τί- τι νος: ~을 ~으로 가득하게 하다, 막15:36, 요6:13, 2:7. [수동] 계15:8.
2) τὶ ἔκ τινος ~로부터 ~을 채우다, 눅15:16 Ⓢ, 계8:5.
3) [수동으로 독립적으로] 막4:37, 눅14: 23.

☞**가득하다**(막4:37), **적시다**(막15:36), **채우다**(눅14:23, 요2:7), **차다**(요6:13, 계15:8), **담다**(계8:5).

1073. γέμω [gĕmō][11회] **게모**

동 [기본형] 미완료과거 ἔγεμον: 가득하게 하다, 가득하게 채우다, 가득하다.

1) ~이 가득하다, 마23:27, 눅11:39, 롬3:14, 계5:8, 15:7, 17:4, 21:9.
2) ἔκ τινος: 탐욕으로 가득하다, 마23: 25.
3) [사물에 대격과 함께] 계17:3.

☞**가득하다**(마23:27, 눅11:39, 계4:6), **담다**(계21:9), **가득히 담다**(계15:7).

1074. γενεά, ᾶς, ἡ[gĕnĕa][43회] **게네아**

명 1085의 추정된 파생어에서 유래: 가족, 세대, 가문.

1) [문자적으로] 동일한 조상에서 퍼져 나온 가문, 종족, 인종, 눅16:8. 민족, 마23:36.
2) [기본적으로 같은 시대에 출생한 자들의 총체로 주어진 시대에 살고 있는 모두를 포함] 세대, 동시대의 사람들, 마11:16, 12:41,42, 17:17, 23:36, 24:34, 막9:19, 13:30, 눅7:31, 9:41, 11:29-32,50,51, 17:25, 21:32, 행13:36, 빌2:15, 히3: 10.
3) 시대, 한 세대의 시간, 대(代).
   ① 시대, 세대, 마1:17, 눅1:48, 7:5.
   ② 일반적인 시간, 시대의 기간, 눅1: 50, 행14:16, 15:21, 엡3:21, 골1:26.
4) 사53:8에서 인용된 구절: τὴν γ. αὐτοῦ τίς διηγήσε- ται, 행8:33. [γ.의 의미는 명확하지 않지만 가족 또는 기원에 가까운 듯].

☞**대**(마1:17), **세대**(마11:16, 막8:12, 행2:40), **당시**(행13:36), **시대**(눅16:8), **대대**(눅1:50), **예로부터**(행15:21), **만대**(골1:26).

1075. γενεαλογέω [gĕnĕalŏgĕō][1회] **게네알로게오**

동 1074와 3056에서 유래: 족보를 추적하다, 따지다, 혈통을 캐다, 히7:6.

☞**족보에 들다**(히7:6).

1076. γενεαλογία, ας, ἡ [gĕnĕalŏgia][2회] **게네알로기아**

명 1075에서 동일어에서 유래: 족보, 딤전1:4, 딛3:9.

☞**족보**(딤전1:4, 딛3:9).

1077. γενέσια, ίων, τά [gĕnĕsia][2회] **게네시아**

명 1078의 파생어의 중성 복수: 생일축하, 생일잔치, 마14:6, 막6:21.

☞**생일**(마14:6, 막6:21).

Γ

1078. γένεσις, εως, ἡ [genesis][5회] 게네시스
명 1074와 동일어에서 유래:
1) 기원, 태초, 족보, 혈통, 탄생, 마1:18, 눅1:14.
2) 존재, 약1:23.
3) 마1:1의 βίβ– λος γενέσεως는, 창2: 4, 5:1에서 온 것이다. 기원의 역사, 족보, 역사의 책.
4) ὁ τροχὸς τῆς γενέσεως: 인간 기원의 수레바퀴, 인생 여정, 약3:6.
☞**계보**(마1:1), **출생(생긴)**(약1:23), **삶**(약3:6).

1079. γενετή, ῆς, ἡ [gĕnĕtē][1회] 게네테
명 1074의 여성형: 출생, 탄생, ἐκ γ.: 출생할 때부터, 날 때부터, 요9:1.
☞**날 때**(요9:1).

1080. γεννάω [gĕnnaō][97회] 겐나오
동 미래 γεννήσω, 제1부정과거 ἐγέν– νησα, 완료 γεγέννηκα, 완료수동태 γεγέννημαι, 제1부정과거수동태 ἐ– γεννήθην, 1085의 변형에서 유래:
1) [자식을] 얻다.
① [문자적으로] 아버지가 되다, 마1:2이하, 행7:8,29. [ἐκ+속격과 함께] 어머니가 자식을 얻다, 어머니가 되다, 마1:3,5이하. [수동] 마1:20, 요1:13, 3:6, 갈4:23. [ἀ– πό과 함께] 눅1:35, 요8:41, 9:34, 히11:12.
② [상징적으로] 한 사람이 다른 사람에게 감화를 주다, 영향을 미치다, 고전4:15, 몬1:10. [수동] ἐκ [τοῦ] θεοῦ γεννᾶσθαι, 요1:13, 3:3, 행13: 33, 히1:5, 5:5, 요일2:29, 3:9, 4:7, 5:1,4,18.
2) [여자가 아이를] 낳다, 분만하다, 눅1:13,57, 23:29, 요16:21, 갈4:24. [수동] 마2:1,4, 19:12, 26:24, 막14:21, 눅1:35, 요3:4, 9:2,19,20,32, 16:21, 18:37, 행2:8, 22:28, 벧후2:12.
3) [상징적으로] 내놓다, 산출하다, 일으키다, 딤후2:23.
☞**낳다**(마1:2, 히5:5, 몬1:10), **나다**(마1:16, 눅1:35, 요1:13), **되다**(마19:12), **해산하다**(눅23: 29), **생육하다**(히11:12), **잉태되다**(마1:20).

1081. γέννημα, ατος, τό [gĕnnēma][4회] 겐네마
명 1080에서 유래: 산출된 것, 태어난 것, 자녀, 자손, 포도나무의~, 마3:7, 12:34, 23:33, 눅3:7.
☞**자식**(마3:7, 12:34, 눅3:7), **새끼**(마23:33), **열매**(고후9:10).

1082. Γεννησαρέτ, ἡ [Gĕnnēsarĕt][3회] 겐네사렛
고명 히브리어 게네사렛: 아마도 가버나움 남쪽에 있던 기름지고 인구가 밀집해 있던 평원이었던 것 같다, 마14:34, 막6:53. [또한 그 평원에 연해있던 큰 호수의 이름이었다] 눅5:1, θά– λασσα τῆς Γαλιλαίας [마4:18, 막1:16]이나 θάλ. τῆς Τιβεριάδος [요21:1]로도 불리웠다.
☞**게네사렛**(마14:34, 막6:53, 눅5:1).

1083. γέννησις, εως, ἡ [gĕnnēsis] 겐네시스
명 1080에서 유래: 탄생, 출생, 마1:18, 눅1:14ⓢ
☞**나심**(마1:18, 눅 1:14ⓢ).

1084. γεννητός, ή, όν [gĕnnētŏs][2회] 겐네토스
형 1080에서 유래: 태어난, 출생된, [복수] 마11:11, 눅7:28.
☞**낳은**(마11:11, 눅7:28).

1085. γένος, ους, τό [gĕnŏs][21회] 게노스
명 1096에서 유래: 혈통, 가계, 종족, 인종.
1) 같은 조상에서 나온 후손, 후예, 행4:6.
① υἱοὶ γένους Ἀβραάμ, 행13:26.
② γ. Δαυίδ, 행17:28, 계22:16.
③ τὸ γένος Δαυίδ, 계22:16.
2) 가족, 친척, τὸ γ. Ἰωσήφ, 행7:13.
3) 민족, 백성, 행7:19, 갈1:14, 빌3:5. 기독교인들을 가리킴, 막7:26, 행4:36, 18:24, 고후11:26, 벧전2:9.
4) 계급, 종류: [식물의] 마13:47. [마귀] 17:21ⓢ, 막9:29, γένη γλωσσῶν, 고전12:10, 28, γεννήματ, 고전14:10.
☞**종(種)**(마13:47, 고전12:10), **유(類)**(막 17:21ⓢ,9:29), **족속**(막7:26, 행7:19, 벧전2:9), **문중**(행4:6), **친족**(행7:13), **후손**(행13:26), **소생**(행17:28, 29), **종류**(고전14:10), **동족**(고후11:26, 갈1:14), **자손**(계22:16).

1086. Γεργεσηνός, ή, όν [Gĕrgĕsēnŏs][3회] 게르게세노스
형 기원은 히브리어 1622에서 유래: 거라사

태생의, 거라사에서 온[거라사는 요르단 동쪽 베뢰아에 있는 도시] ὁ Γ.: 거라사 사람, 마8:28, 막5:1, 눅8:26,37.

☞**거라사에서 온, 거라사 사람**(마8:28).

1087. γερουσία, ας, ἡ [gĕrŏusia][1회] 게루시아

명 1088에서 유래: 장로회의, 특히 예루살렘에 있는 산헤드린, 행5:21.

☞**원로**(행5:21).

1088. γέρων, οντος, ὁ [gĕrōn][1회] 게론

명 불확실한 유사어에서 유래: 늙은이, 요3:4.

☞**노인**(요3:4).

1089. γεύομαι[gĕuŏmai][15회] 규오마이

동 [기본형] 미래 γεύσομαι, 제1부정과거 ἐγευσάμην.

1) 맛을 보다, 음식을 같이 하다, 즐기다, 마27:34, 눅14:24, 요2:9, 행20:11, 23:14. [독립적으로] γεύομαι먹다, 행10:10.
2) [상징적으로] ~을 알게 하다, [사물의 속격과 함께] 히2:9, 6:4,5. [ὅτι와 함께] 벧전2:3.

☞**맛보다**(마27:34, 눅14:24, 요2:9), **먹다**(행10:10, 20:11, 23:14).

1090. γεωργέω [gĕōrgĕō][1회] 게오르게오

동 1092에서 유래: 경작하다, 땅을 갈다, 재배하다, 가꾸다, 히6:7.

☞**밭갈다**(히6:7).

1091. γεώργιον, ου, τό [gĕōrgiŏn][1회] 게오르기온

명 1092의 파생어의 중성: 경작된 땅, 밭, 고전3:9.

☞**밭**(고전3:9).

1092. γεωργός, οῦ, ὁ [gĕōrgŏs][19회] 게오르고스

명 1093과 2041의 어간에서 유래: 땅을 경작하는 사람.

1) 농부, 약5:7.
2) 포도원지기, 포도원 가꾸는 사람, 소작인, 마21:33이하,38,40,41, 막12:1,2, 7,9, 눅20:9,10,14, 16, 요15:1.

☞**농부**(마21:33, 막12:1, 딤후2:6).

1093. γῆ, γῆς, ἡ [gē][250회] 게

명 기본어로부터 유래된 압축형: 땅.

1) 흙, 땅, [씨를 받아들이는~] 마13:5,8, 23, 막4:5,8,20,26,28,31, 요12:24, [비에 젖은~] 히6:7. [열매맺는~] 약5:7. [냉비된~] 눅13:7.
2) 지면, 땅, 마10:29, 15:35, 25:18,25, 막8:6, 9:20, 14:35, 눅22:44, 24:5, 요8:6,8, 행9:4,8, 계12:16.
3) 육지[바다의 반대로서], 막4:1, 6:47, 눅5:3,11, 요6:21, 21:8,9,11, 행27:39,43,44, 지역, 나라, 행7:3,4,6. 지역적 의미에서 이스라엘, 마2:20,21. 게네사렛, 마14:34. 미디안, 행7:29. 유다, 마2:6. 스불론과 납달리, 마4: 15. 유다, 요3:22. 가나안, 행13:19. 에집트, 행7:36,40, 13:17, 히8:9. 조국, 행7:3. ἡ γῆ [독립적으로] 팔레스타인, 마27:45, 막15:33, 눅4:25.
4) 지구.
   ① 하늘과 대조되는, 마5:18,35, 6:10, 19, 16:19, 눅2:14, 21:25, 골1:16, 히1:10, 11:13, 벧후3:5,7,10. 땅에 있는 것들, 골3:2,5, 벧후3:13, 계21:1.
   ② 사람이 거주하는 지구, 눅21:35, 행10:12, 11:6, 17:26. 사람, 인류, 마5:13, 10:34, 눅12:49,51. ἐπὶ τῆς γῆς: 세상에서[지상의 사람들 중에서], 눅18:8, 요17:4, 롬9:28, 엡6:3, 약5:5. ἀπὸ τῆς γῆς: 세상에서부터[땅에서부터] 행8:33, 22:22, 계14:3.

☞**땅**(마2:6, 막2:10, 행1:8), **세상**(마5:13, 9:6, 막9:3), **흙**(마13:5, 막4:5), **뭍**(막6:47), **육지**(마4:1, 눅5:3, 요21:8), **지구**(눅21:35), **지면**(계20:9), **천하**(계16:14).

1094. γῆρας, ως [gēras][1회] 게라스

명 혹은 ους, τό, 여격은 γήρᾳ 혹은 γήρει. 1088과 유사: 노년, ἐν γήρει, 눅1:36.

☞**노쇠**(눅1:36).

1095. γηράσκω [gēraskō][2회] 게라스코

동 제1부정과거 ἐγήρασα, 완료 γεγή－ρακα, 1094에서 유래: 늙다, 늙어가다, 요21:18, 히8:13.

☞**늙다**(요21:18), **쇠하다, 낡아지다**(히8:13).

1096. γίνομαι[ginŏmai][670회] 기노마이

동 미완료 ἐγινόμην, 미래 γενήσο－ μαι, 제2부정과거 ἐγενόμην, 3인칭단수 희구법 γένοιτο, 제1부정과거수동태 ἐγενήθην, 제1부정과거수동명령 γενηθήτω, 완료수동 γεγένημαι, 완료3인칭복수 γέγοναν,

완료분사 γε- γονώς, 과거완료3인칭단수 ἐγεγόνει, 기본동사의 연장형과 중간태.

1. [그 자신의 의미와 함께 동사로서]~이 되다, 일어나다, 발생하다.

1) 탄생되다, 태어나다.

① [문자적으로, 독립적 용법] 마21:19, 요8:58, 롬1:3, 고전15:37, 갈4:4.

㉠ [자연에서 사건이나 현상들이]: 번개, 천둥, 요12:29, 계8:5, 11:19. 고요함, 마8:26, 막4:39, 눅8:24. 폭풍, 막4:37. 구름, 눅9:34. 홍수, 눅6:48. 지진, 마8:24, 28:2, 행16:26, 계6:12, 11:13, 16:18. 어둠, 마27:45, 막15:33, 눅23:44, 요6:17. 우박, 불, 계8:7.

㉡ [다른 사건들이]: [불평] 행6:1. [핍박, 박해] 마13:21, 24:21, 막4:17, 13:19, 행11:19. [토론] 마26:5, 27: 24, 요3:25, 행15:7. [소리, 기근] 눅4:25, 15:14, 행11:28. [물음] 행20:37. [소란] 마25:6, 행23:9. [전쟁] 계12:7. [날카로운 대립] 행15:39. [침묵] 행21:40, 계8:1. [눈물] 마9:16, 막2:21, 눅6:49. [폭주] 행21:30. [혼란] 행19:23. [고함] 행19:34, 계11:15. [논쟁, 의논] 눅22:24. [시기, 분쟁] 딤전6:4.

㉢ [하루의 다양한 구분들] γενομένης ἡμέ- ρας: 날이 샐 때, 날이 밝을 때, 눅4:42, 6:13, 22:66, 행12:18, 16:35, 23:12, 27:29,33,39. [이와 다르게] 막6:21에서 γενο μένης ἡμέρας εὐκαί- ρου: 기회가 좋은 날이 이르렀을 때, ὀψέ, 막11:19, ὀψίας γενομένης, 마8:16, 14:15,23, 16:2, 26:20, 27:57, 막1:32, 6:47, 14:17, 15:42, 요6:16, πρωΐας, 마27:1, 요21:4, νύξ, 행27:27. ὥρας πολλῆς γενομένης: 날이 저물 때, 막6:35, 15:33, 눅22:14, 행26:4.

2) 만들어지다, 창조되다.

① [일반적으로]

㉠ [διά τινος와 함께] 요1:3.

㉡ [χωρίς τινος와 함께] 요1:3.

㉢ [ἔκ τινος과 함께] 히11:3, 우상이~, 행19:26. 이적들이 행해지다, 일어나다, 마11:20,21,23, 눅10:13, 행2:43, 4:22, 8:13, 12:9, 24:2, διὰ τῶν χειρῶν τινος, 막6:2, 행14:3, ὑπό τινος, 눅9:7, 13:17, 23:8, 엡5:12. 명령이나 지시들이 이루어지다, 실천되다, 마6:10, 26: 42, 눅11:12ⓢ, 22:42, 14:22, 23:24. 제도들이 설정되다, 생기다: 사람을 위한 안식일, 막2:27.

② [어떤 일에서 특별한 성질을 언급하며 나오는 경우]

㉠ ἵνα οὕτως γένηται ἐν ἐμοί: 나에게 이러한 일이 일어나기 위해서, 고전9:15.

㉡ ἐν τῷ ξηρῷ τί γένηται: 그것이 말랐을 때는 어떻게 될 것인가?, 눅23:31.

3) 발생하다, 일어나다, 생기다.

① [일반적으로]

㉠ τοῦτο ὅλον γέγονεν: 이 모든 것이 일어났다[ἵνα와 함께], 마1:22, 26:56.

㉡ πάντα τὰ γενόμενα: 일어난 모든 일, 마18:31, 21:21, 24:6,20,34, 26:54, 27:54, 28:11, 막5:14.

㉢ θανάτου γενομένου: 죽음이 일어난 때문에[즉 그가 죽음으로써], 히9:15.

㉣ ἴδωμεν τὸ ῥῆμα τοῦτο τὸ γεγονός: 일어난 이 일을 보라, 눅2:15.

㉤ τούτου γενομένου: 이 일이 일어난 후에, 행28:9.

㉥ τὸ γεγονός: 일어난 일, 눅8:34.

㉦ μὴ γένοιτο: [바울의 수사의문문에서 강한 부정] 결코, 절대로 ~않다, 롬3:4,6,31, 6:2,15, 7:7,13, 9:14, 11:1, 고전6:15, 갈2:17, 3: 21, 6:14.

㉧ τί γέγονεν ὅτι: ~이 어찌된 일인가?, 요14:22. [절기가] 열리다, 개최되다, 되다, 수전절, 요10:22. 유월절, 마26:2. 안식일, 막6:2. 결혼식, 요2:1. [독립 용법, 명령으로] 고전16:24.

② 관련된 사람의 여격과 함께:

㉠ [부정사가 뒤따르는 경우] 행20:16.

㉡ [부사나 부사구가 첨가된 경우]. 첫째, κατὰ τὴν πίστιν ὑμῶν γενηθήτω ὑμῖν: 너희 믿음대로 너희에게 되라, 마9:29. 둘째, γέ- νοιτό μοι κατὰ τὸ ῥῆμά σου: 당신의 말씀대로 나에게 그 일이 되어지리이다, 눅1:38. 셋째, ἵνα εὖ σοι γένη- ται: 너에게 좋게 되기 위하여, 엡6:3. 넷째, γενηθήτω σοιώς θέλεις: 네가 원하는 대로 너에게 될지어다, 마15:28. [기타]

㉢ [사물의 주격과 함께] 첫째, γίνεταί τι νίτι: 어떤 일이 ~에게 일어나다, 막9:21, 요5:14, 행2:43, 23:10, 7:40. 둘째, ἐὰν γέ- νηταί τινι ἀνθρώπῳ ἑκα τὸν πρόβα- τα: 만일 어떤 사람에게 양 백 마리가 있다면, 마18:12, 막4:11, 눅14:12, 19:9, 요15:7, 고전4:5.

③ [사람의 속격과 함께] 계11:15.

④ γίνεταίτι ἐπί- τινι: 어떤 경우에 어떤 일이 일어나다 또는 어떤 사람에게 어떤 일이 일어나다, 막5:33. εἴς τινα로도 표현되거나, 행28:6. [혹은 중복된 주어] 행12:18.

⑤ [부정사와 함께 동사로 표현되는 동작의 실제적인 발생을 강조하기 위해]

㉠ ἐὰν γένηται εὑρεῖν αὐ- τό: 만일 그가 그것을 발견하는 경우에는, 마18:13, 막2:23, 눅6:1,6.

㉡ ἐγένετο ἀνεῳχθῆναι τὸν οὐρανόν: 마침 그때 하늘이 열렸다, 눅3:21, 16:22, 행4:5, 9:3,32,37, 43, 11:26, 14:1, 16:16, 19:1, 21:1, 5, 22:6,17, 27:44, 28:8.

⑥ καὶ ἐγένετο [ἐγένετο δέ] 히브리어 וַיְהִי와 같은 완곡어법으로 이야기의 진행을 나타내는 것이다. 이 경우 ὅτε, ὡς 등이나 속격 독립구문이나 전치사구가 따르며, 또는 καί를 동반한 정동사가 온다, 마9:10, 막2:15, 눅2:15, 5:1,12,17, 8:1, 22, 14:1. [두 번째 καί가 없는 경우] 마7:28, 11:1, 13:53, 19:1, 26: 1, 막1:9, 4:4, 눅1:8,23,41, 59, 2: 1,6,46, 6:12, 어떤 때는 부정사가 오지만 생략해도 무방하다.

4) 사람이나 사물이 그 본질은 변화하게 되는 경우 즉 새로운 조건에 들어감을 표현할 경우: ~이 되다.

① 명사와 함께: 아버지의 아들, 마5: 45. 어부, 막1:17. 반역자, 눅6:16. 친구들, 눅23:12. 하나님의 자녀, 요1:12. 빛의 자녀, 요12:36. 그리스도인, 행26:29. 아버지, 롬4:18. 어리석은 자, 고전3:18. 장관, 고전4:9. 사람, 고전13:11. 재앙, 갈3:13. 대제사장, 히5:5. [두 개의 주격이 오는 경우] 마4:3, 요1:14, 4:14, 롬2:25, 골1:23 또한 γ. εἴς τι: 큰 나무가 되다, 눅13:19, εἰς κεφαλὴν γωνίας, 마21:42, 막12:10, 눅20:17, 행4:11, 벧전2:7. εἰς χαρὰν γ.: 기쁨으로 변하다, 요16:20, 행5:36, 롬11:9, 살전3:5, 계8:11, γίνεσθαι가 생략되어: εἰς κατ άκριμα, 롬5:18.

② 수동문장에서 형용사와 함께 사용되어: 마24:32, 막6:14, 13:28, 눅24: 31, 요12:42, 행1:19, 9:42, 12:23, 16:27, 19:17, 26:19, 고전3:13, 14: 25, 15:58, 빌1:13, 약1:12, 딤후3:9.

③ 위치의 변화를 나타내는 경우: 가다, 오다.

㉠ εἴς τι: 예루살렘으로~, 눅1:44, 행20:16, 21:17, 25:15. [상징적으로] 아브라함의 축복이, 고후8:14, 갈3:14.

㉡ ἔκ τι- νος: 제거되다, 막1:11, 눅3:22, 9:35,36, 살후2:7.

㉢ ἐπί τι: 무덤으로 가다, 눅24:22, 행21:35. 두려움이 임하다, 눅1:65, 3:2, 4:36, 22:40, 요6:21, 행5:5, 계16:2.

㉣ [κατά+장소의 속격과 함께] 행10: 37. [장소의 대격과 함께] 눅10:32, 행27:7.

㉤ [πρός+방향이나 목표의 대격과 함께] 고전2:3, 요이1:12. 하나님의 지시가 ~에게 주어지다, 요10:35, 행7:31, 10:13, 13:32.

㉥ [σύν+여격과 함께] ~와 함께 하다, 같이 하다, 눅2:13.

㉦ [ἐγγύς와 함께] ~에 가까이 하다, 요6:19. [상징적으로] 그리스도와 신자의 관계가 가까워지다, 엡2:13.

㉧ [ὧ- δε와 함께] 이리로 오다, 요6:25, 행15:25.

㉨ ἔμπροσθέν τινος γ., 요1:15,30.

Γ

2. [εἰμί 변화들의 대용으로 사용되는 경우]
 1) [주격과 함께] 마10:16, 13:22, 막4: 19, [다른 단어들과 함께] 막4:22, 막9:50, 눅1:2, 2:2, 6:36 등. [이익을 나타내는 대격이 첨가된 경우] 요15: 8, 행1:16, 롬7:13, 고전8:9, 10:3, 살전2:8, 히11:6. γίνομαι ὡς, ὥσπερ, ὡσεί τις: ~처럼 되다, 나타나다, 마6:16, 10:25, 18:3, 28:4, 눅22:26, 44, 고전4:13, 9:20,22, 갈4:12. καθὼς ἐγένετοοὕτως ἔσται: 그랬던 것과 같이~, 그럴 것이다, 눅17:26,28. [기타] 약3:10, 살전2:10.
 2) [속격과 함께 사용되는 경우].
  ① [소유의 속격] ~에게 속하다, 눅20: 14, 33. ἐγένετογνώμης: 그가 결정했다, 행20:3, 벧후1:20.
  ② [나이에 관련된 진술에서] ἐτων δώδεκα:12살이 되었다, 눅2:42, 딤전5:9.
 3) [인격의 여격과 함께] ~에게 속하다[여자가~], 롬7:3,4.
 4) [전치사나 부사와 함께 사용되는 경우]
  ① [전치사와 함께]
   ㉠ μετά τινος: 막16:10, 행9:19, 20:18.
   ㉡ πρός τινα: ~와 같이 있다, 고전16:10.
   ㉢ ὑπό τινα: [사람, 사물]의 권위 아래 있다, 갈4:4.
   ㉣ ἔν τινι: 사람의 현재나 미래의 거처를 언급할 때, 마26:6, 막9:33, 행7:38, 13:5, 딤후1:17, 계1:9. 단순한 존재 상태를 말하는 경우, 눅22:44, 행12:11, 22:17, 롬16:7, 고전2:3, 고후3:7, 빌2:7, 계1:10, 4:2.
  ② [부사와 함께]
   ㉠ ἐκεῖ, 행19:21.
   ㉡ κατὰ μόνας, 막4:10.
 5) 나타나다, 막1:4, 요1:6, 그러므로 존재한다는 뜻, 롬11:5, 요일2:18. ἐγέ- νετο: 거기 살았었다, 눅1:5, ἔν τινι, 벧후2:1, ἐπὶ τῆς γῆς, 계16:18.

☞**되다**(마1:22, 막4:19, 눅1:2), **되게 하다**(마4:3, 막1:17, 고후5:21), **이루다**(마5:18, 6:10, 눅1:38), **내다**(마6:16), **일어나다**(마8:24, 막4:17), **베풀다**(마11:20), **행하다**(마11:21,23), **나타나다**(행8:13), **맺다**(마21:19), **나다**(마25:6, 막9:7, 눅3:22), **생기다**(마23:15, 요5: 14), **계시다**(마26:6, 막4:10), **임하다**(마27: 45, 막15:33), **이르다**(막1:4, 눅10:32), **당하다**(막5:16, 딤후3:11), **드러나다**(막6:14), **오다**(막6:21, 요1:17), **차다**(눅2:6, 9:51), **만들다**(행19:26), **가다**(행27:33), **거하다**(고전2:3), **있다**(마18:12).

1097. γινώσκω [ginōskō][222회] 기노스코

동 기본동사의 연장형. 미완료 ἐγί- νωσκον, 미래 γνώσομαι, 제2부정과거 ἔγνων, 제2부정과거명령 γνῶθι, γνώτω, 제2부정과거가정법 γνῶ[막5:43, 9:30, 눅19:15에는 γνοῖ], 제2부정과거부정사 γνῶναι, 제2부정과거분사 γνούς, 완료 ἔγνωκα, 완료3인칭복수 ἔγνωκαν, 요17:7, 과거완료 ἐγ- νώκειν, 완료수동태 ἔγνωσμαι, 제1부정과거수동태 ἐγνώσθην, 미래수동태 γνωσθήσομαι:

1. 알다, 알게 되다.
 1) [사물의 대격과 함께] 신비를~, 마13: 11, 막4:11, 눅8:10. 주인의 뜻을~, 눅12:47,48. 평화를 가져오는 것을~, 눅19:42. 진리를~, 요8:32. 시간[때]을~, 행1:7. 죄를~, 롬7:7. 사랑을~, 고후2:4. [독립적으로] γνόντες, 막6:38, 고전13: 9,12. [전치사와 함께] γ. τι ἔκ τινος ~에 의하여 어떤 것을 알다: 열매로 나무를~, 마12:33, 눅6:44, 요일4:6, γ. τι ἔν τινι, 요일4:2, γ. τι κατάτι, κατὰ τίγνώσομαι τοῦτο, 눅1:18.
 2) [인격의 목적어와 함께] 하나님을~, 요14:7, 17:3,25, 롬1:21, 갈4:9. 요일2:3,13, 3:1,6, 4:6이하, 5:20. 예수 그리스도를~, 요14:7, 17:3, 고후5:16, 요일2:3,4. τινὰ ἔν τινι: ~으로 누구를 알다, 눅24:35.
 3) ὅτι가 따르는 경우: 마25:24, 요6: 69, 7:26, 8:52, 14:20,31, 17:7,8, 25, 19:4. ὅθεν이 앞에 오는 경우: [이것에 의해] 알게 되다, 요일2:18, ἐν τούτῳ, 요13:35, 요일2:3,5, 4:13, 5:2. [두 개의 연결사의 결합과 함께] 요일3:24. [간접의문이 따르는 경우] 마12:7, 요7:51. [두 의문문의 결합과 함께]
2. 배우다, 확인하다, 발견하다.

1) [목적어로서의 대격과 함께] τοῦτο, 막5:43, 눅24:18, 행21:34, 22:30. 우리의 사정을~, 골4:8. 너희 믿음을~, 살전3:5. [수동] ~에게 알려지게 되다, 알려지다, [인격의 대격과 함께 쓰이거나 혹은 없이도 쓰인다]: 은밀한 것들이~, 마10:26, 눅8:17, 12:2. 계교가~, 행9:24.
2) [ὅτι가 뒤따르는 경우] 요4:1, 5:6, 12:9, 행 24:11ⓢ
3) [독립적으로] μηδεὶς γινωσκέ- τω: 아무도 이것을 깨닫지 못하다, 마9:30. ἵνα τις γνοῖ: 어느 누군가 그것에 관해 지식을 얻게 되다, 막9:30.
4) γ. ἀπό τινος: 누구로부터 확인하다, 막15:45.

3. 이해하다, 깨닫다.
1) [대격이 따르는 경우] 비유를~, 막4: 13. 말한 내용을~, 눅18:34, 행8:30, ταῦτα, 요3:10, 12:16. 사람이 말한 것을~, 요8:43. 하나님의 지혜를~, 고전2:8. 하나님의 본성을~, 고전2: 11. 성령의 본성을~, 고전2:14. 하나님의 방법을~, 히3:10. 율법을~, 요7:49, 롬7:1.
2) [독립적으로] 마24:39.
3) [ὅτι와 함께] 마21:45, 24:32, 막12: 12, 13:28,29, 눅21:30,31, 요4:53, 8:27,28, 고후13:6, 약2:20.
4) [간접 의문문과 함께] 요10:6, 13:12, 28.

4. 알아채다, 깨닫다, 감지하다.
1) [대격과 함께] 그들의 사악함을~, 마22:18. 능력이 나간 것을~, 눅8:46.
2) [독립적으로] 마16:8, 26:10, 막7:24, 8:17.
3) [ὅτι와 함께] ἔγνωτῷ σώ- ματι ὅτι ἴαται: 병 나은 줄을 그녀의 몸에서 느꼈다, 막5:29, 15:10, 요6:15, 16: 19, 행23:6.

5. [성관계에 대한 완곡어법으로] [대격과 함께] 마1:25, 눅1:34.

6. 알게 되다, 알다.
1) 대격과 함께
① [사물의 경우] 마음들을~, 눅16:15. 의지를~, 롬2:18. 진리를~, 요이1:1. 죄를~, 고후5:21. 은총을~, 고후8:9, πάντα, 요일3:20, τὶ, 고전8:2. [목적절이 선행되는 경우] 롬7:15. [대격과 분사와 함께] 행19:35.
② 사람이 사람을 알다, 요1:48, 2:24, 10:14,15,27, 행19:15, 딤후2:19. [대격이나 분사와 함께] 히13:23.
2) [대격이나 부정사와 함께] 히10:34.
3) [ὅτι와 함께] 고전3:20, 빌1:12, 약1: 3, 벧후1:20, 3:3. [종종 γι- νώσκετε, ὅτι의 형태로] 마24:33,43, 막13:28, 29, 눅10:11, 12:39, 21:31, 요15:18, 엡5:5, 요일2:29.
4) [간접의문문과 함께] 눅7:39, 10:22, 요2:25, 11:57.
5) [부사적 수식 어귀로] γ. Ἑλ- ληνιστί 헬라어를 알아듣는, 행21:37.
6) [독립용법] 눅2:43.

7. 인식하다, 알아보다, 인정하다, 마7: 23, 요1:10. 하나님이 택한 사람을~, 고전8:3, 갈4:9.

☞**알아보다**(막6:38), **알다**(마6:3, 12:5,7, 막5:43, 8:17, 눅20:19, 요1:40), **알게 하다**(마9:30, 요19:4), **알려지다**(마10:26, 눅12:2), **깨닫다**(마24:39, 막5:29), **알리다**(막9:30, 요7:17), **동침하다**(마1:25), 주다(막 4:11ⓢ)

1098. γλεῦκος, ους, τό [glĕukŏs][1회] 글류코스
명 1099와 유사: 달콤한 새 포도주, 행2:13.
☞**새 술**(행2:13).

1099. γλυκύς, εῖα, ύ [glukus][4회] 글뤼퀴스
형 불확실한 유사어에서 유래:
1) 달콤한, 단, 약3:11,12. 반 πικρός.
2) [상징적으로] 책이 꿀처럼 달콤하다, 계10:9,10.
☞**단**(약3:11, 계10:9,10).

1100. γλῶσσα, ης, ἡ [glōssa][50회] 글롯사
명 불확실한 유사어에서 유래:
1) 혀.
① [문자적으로] 눅16:24. 말하는 기관으로서, 막7:33,35, 눅1:64, 롬3:13, 약1:26, 3:5,6,8, 요일3:18. διὰ τῆς γ. 혀로써[즉 말하는 것], 행2:26, 고전14:9, 벧전3:10, 계16:10.
② [상징적으로] 나뉘어진 불꽃, 행2:3.
2) 언어, 말, 행2:4,11. πᾶσα γ. 모든 방언, 롬14:11, 빌2:11, 계5:9, 7:9, 10:11, 11:9, 13:7, 14:6, 17:15.

3) [기술적인 용어로 제기된 특수한 문제] γλῶ- σσαι, γένη γλωσσῶν, ἐν γλώσσῃ(-αις) λαλεῖν, 행10:46, 19:6, 고전14:1-27,39, 12:10,28,30, 13:1,8, [언제나 관사 없이 사용] 낯설고, 신비롭고, 알아들을 수 없는 주절거림, 하늘의 언어, 방언.
☞**혀**(막7:33, 눅1:64, 벧전3:10), **방언**(막16:17, 행2:11, 고전14:2), **입술**(행2:26), **입**(빌2:11).

1101. γλωσσόκομον, ου, τό [glōssŏkŏmŏn][2회] 글롯소코몬
명 1100과 2899의 어간에서 유래: 원래 피리 넣는 통, 일반적으로는 모든 상자, 그릇, 신약 성경에서는 돈 상자, 요12:6, 13:29.
☞**돈궤**(요12:6, 13:29).

1102. γναφεύς, έως, ὁ [gnaphĕus][1회] 그나퓨스
명 '옷을 벗다'에서 유래된 파생어의 변화: 털옷을 빠는 사람, 빨래하는 사람, 마전장이.
☞**빨래하는 자**(막9:3).

1103. γνήσιος, α, ον [gnēsiŏs][4회] 그네시오스
명 1077과 동일어에서 유래:
1) [문자적으로] 결혼생활에서 태어난 아이, [상징적으로] 믿음의 권속, 빌4:3, 딤전1:2, 딛1:4.
2) 순진한, 진짜의, τὸ γ. 진실[사랑의], 충실함, 고후8:8.
☞**진실함**(고후8:8), **참**(빌4:3, 딤전1:2, 딛1:4).

1104. γνησίως [gnēsiōs][1회] 그네시오스
부 1103에서 유래: 정말로, 진심으로, 빌2:20.
☞**진실히(빌2:20).**

1105. γνόφος, ου, ὁ [gnŏphŏs][1회] 그노포스
명 3509와 유사: 흑암, 침울, 히12:18.
☞**흑암**(히12:18).

1106. γνώμη, ης, ἡ[gnōmē][9회] 그노메
명 1097에서 유래:
1) 목적, 의도, 뜻, 마음, 고전1:10, 계17:13.
2) 견해, 의견, 판단, 행4:18, 고전7:25,40, 고후8:10.
3) 선지식, 동의, 찬성, 몬1:14.
4) 결정, 결의, 계17:17. 결심, 결정, 행20:3.
☞**뜻**(고전1:10, 고후8:10, 계17:17), **의견**(고전7:25), **승낙**(몬1:14), **작정**(행20:3).

1107. γνωρίζω [gnōrizō][25회] 그노리조
동 미래 γνωρίσω, 제1부정과거 ἐγνώ- ρισα, 제1부정과거중간태 ἐγνωρισά- μην, 제1부정과거수동태 ἐγνωρίσθην, 미래수동태 γνωρισθήσομαι, 1097의 파생어에서 유래:
1) 알게 되다, 드러내다, 알리다, 눅2:15, 롬9:22,23, 엡6:19.
① [생명의 길] 행2:28.
② [죄의 길]
③ [말씀의 길]
④ [과거와 미래의 모든 것] 엡6:21, 골4:7,9.
2) 알다, 빌1:22.
☞**알리다**(눅2:15, 엡6:19), **알게 하다**(요15: 15, 롬9:22, 고전15:1), **보이다**(행2:28), **알다**(빌1:22), **아뢰다**(빌4:6).

1108. γνῶσις, εως, ἡ [gnōsis][29회] 그노시스
명 1097에서 유래:
1) 하나님의 속성으로서의 지식, 롬11:33. 사람의 속성인 지식, 고전8:1,7,11.
① 지식의 열쇠, 눅11:52.
② 율법에 있는 지식의 규모, 롬2:20.
2) [특별히] 하나님을 아는 것, 눅1:77, 고전1:5, 고후2:14, 4:6, 6:6, 10:5, 11: 6, 골2:3, 벧전3:7, 벧후1:5, 3:18.
3) 이단적인 그노시스[그노시스주의=영지주의], 딤전6:20.
☞**지식**(눅11:52, 행11:33, 롬2:20), **아는 것**(고후10:5), **아는 지식**(빌3:8), **알게 함**(눅1:77), **[동] 알다**(고후2:14, 4:6).

1109. γνώστης, ου, ὁ [gnōstēs][1회] 그노스테스
명 1097에서 유래: 아는 사람, 지인, 전문가, 익숙한 사람, 행26:3.
☞**아는 자**(행26:3).

1110. γνωστός, ή, όν [gnōstŏs][15회] 그노스토스
형 1097에서 유래:
1) 알려진, 유명한.
① [사물에 대하여] 현저한 지식, 행4:16.
㉠ γνωστόν ἐστί τινι: 그것은 ~에게 알려졌다, 행2:14.
㉡ περὶ τῆς αἱρέσεως ταύτης γ. ἡμῖν: 이 종파에 관하여 우리에게 알려졌다, 행28:22.
② [인격에 대하여] 친척, 친지, 친구, 요

18:15,16. [복수] 눅2:44, 23:49.
2) 알려질 수 있는, 알 만한, τὸ γνωσ- τὸν τοῦ θεοῦ: 하나님에 관하여 알려질 수 있는 것, 롬1:19.
☞**아는**(눅2:44, 요18:15,16, 행4:10, 9:42), **알게 된**(행1:19), **알게 할**(행2:14, 15:18), **알려진**(행4:16), **알 만한**(롬1:19).

1111. γογγύζω [gŏnggüzō][8회] 공귀조
동 미완료 ἐγόγγυζον, 미래 γογγύσω, 제1부정과거 ἐγόγγυσα, 불확실한 파생어:
1) [기분 나쁨의 표시로] 투덜거리다, 불평하다.
① [κατά τινος: ~에게 대항하여] 마20:11.
② [περί τινος] 요6:41.
③ [πρός τινα] 눅5:30.
④ [με- τ ἀλλήλων: 너희 자신들 가운데] 요6:43.
⑤ [독립적으로] 고전10:10.
2) 비밀스레 말하다, 속삭이다, 요7:32.
☞**원망하다**(마20:11, 고전10:10), **비방하다**(눅5:30), **수군거리다**(요6:41,43, 7:32).

1112. γογγυσμός, οῦ, ὁ [gŏnggüsmŏs][4회] 공귀스모스
명 1111에서 유래: 불평, 불만, 기분 나쁨, 행6:1, 빌2:14, 벧전4:9.
2) 비밀스런 이야기, 속삭임, 요7:12.
☞**원망**(빌2:14, 행6:1), **수군거림**(요7:12).

1113. γογγυστής, ητος, ὁ [gŏnggüs- tēs][1회] 공귀스테스
명 1111에서 유래: 불평하는 사람, 투덜대는 사람, 유1:16.
☞**원망하는 자**(유1:16).

1114. γόης [gŏēs][1회] 고에스
명 γοάω '통곡하다'에서 유래: 마법사, 마술사, 사기꾼, 유혹자, 딤후3:13.
☞**속이는 자**(딤후3:13).

1115. Γολγοθᾶ [Golgŏtha][3회] 골고다
고명 아람어에서 유래[히브리어 1538과 비교]; 해골의 장소: 처형장소로 사용되었던 예루살렘 근교의 언덕 이름 '골고다', 마27:33, 막15:22, 요19:17.
☞**골고다**(마27:33, 막15:22, 요19:17).

1116. Γόμοῤῥα [Gŏmŏrrha][4회] 고모르라
고명 히브리어 6017에서 유래: 지금의 사해 근방에 있다가 하나님의 벌을 받아 멸망한 도시 '고모라', 마10:15, 롬9:29, 벧후2:6, 유1:7.
☞**고모라**(마10:15, 롬9:29, 벧후2:6).

1117. γόμος, ου, ὁ[gŏmŏs][3회] 고모스
명 1073에서 유래: 짐, 화물, 배의 화물, 행21:3.
1) [소유주의 속격과 함께] 계18:11.
2) [내용의 속격과 함께] 계18:12.
☞**짐**(행21:3), **상품**(계18:11,12).

1118. γονεύς, έως, ὁ [gŏnĕus][20회] 고뉴스
명 성경에는 οἱ γονεῖς, έων의 복수 형태만 나옴. 대격은 τοὺς γονεῖς, 1096의 어간에서 유래: 부모, 마10:21, 막13:12, 눅2:27,41,43, 8:56, 18:29, 21:16, 요9:2,3,18,20,22,23, 롬1:30, 고후12:14, 엡6:1, 골3:20, 딤후3:2.
☞**부모**(마10:21, 눅2:27, 롬1:30).

1119. γονύ, ατος, τό [gŏnü][12회] 고뉘
명 불확실한 유사어에서 유래: 무릎, 히12:12. 무릎을 꿇음, 막15:19, 눅22:41, 행9:40, 20:36, 21:5, 롬11:4, 14:11, 엡3: 14, 빌2:10.
☞**무릎**(막15:19, 눅5:8, 히12:12).

1120. γονυπετέω [gŏnüpĕtĕō][4회] 고뉘페테오
동 제1부정과거분사 γονυπετήσας, 1119와 4098의 대체어에서 유래: 무릎을 꿇다, 마17:14, 27:29, 막1:40, 10:17.
☞**꿇어 엎드리다[앉다]**(마17:14, 막10:17), **무릎을 꿇다**(마27:29).

1121. γράμμα, ατος, τό [gramma][14회] 그람마
명 1125에서 유래:
1) 알파벳의 글자, 문자, 고후3:7, 갈6:11.
2) 문서, 기록의 조각.
① 편지, 서신, 행28:21.
② 약속어음, 눅16:6,7.
③ 기록, 책.
㉠ 모세의 책, 요5:47.
㉡ 일반적인 구약, 딤후3:15.
㉢ 율법, 롬2:27,29, 7:6, 고후3:6.
3) 읽고 쓰는 기초 지식:
① [관사없이] γράμματα, 요7:15.
② τὰ γ.: 고등학문, 행26:24.
☞**증서**(눅16:6,7), **패**(눅23:38ⓢ), **글**(요5:47, 7:

15), **학문**(행26:24), **편지**(행28:21), **율법 조문**(롬2:27, 7:6, 고후3:6), **글자**(갈6:11), **성경**(딤후3:15).

Γ

1122. γραμματεύς, έως, ὁ [gramma- tĕus][64회] 그람마튜스

명 1121에서 유래:

1) 서기관[에베소의 고위관리의 직함], 행19:35.

2) 신약시대 유대인들 가운데서 율법 전문가, 율법학자에 대한 명칭[대제사장과 함께 언급되며 산헤드린의 구성원이었다], 마2:4, 16:21, 20:18, 21:15, 27:41, 막8:31, 10:33, 11:18,27, 14:1, 43,53, 15:1,31. [바리새인과 함께] 마5:20, 12:38, 15:1, 23:2,13, 막2:16, 7:1,5, 행23:9. [σοφός와 함께] 고전1:20.

☞**서기관**(마2:4, 막1:22, 행6:12), **서기장**(행19:35), **선비**(고전1:20).

1123. γραπτός, ή, όν [graptŏs][1회] 그랍토스

형 1125에서 유래: 기록된, 롬2:15.

☞**새긴**(롬2:15).

1124. γραφή, ῆς, ἡ [graphĕ][51회] 그라페

명 1125에서 유래: 기록된 것. 신약성경에서는 절대적인 신성한 의미로서 성경을 말함.

1) ἡ γ. 개개의 성경구절, 막12:10, 15:28ⓢ, 눅4:21, 요13:18, 19:24,36,37, 행1:16, 8:35, 롬11:2, 딤후3:16, 약2:8,23.

2) 성경전체.

① [복수로] αἱ γραφαί: 성경의 모든 부분들을 집합적으로 말함: 성경전서, 마21:42, 22:29, 26:54, 막12:24, 14:49, 눅24:27, 32,45, 요5:39, 행17:2,11, 18:24,28, 롬15:4, 벧후3:16, γ. ἅγιαι, 롬1:2, προφητικαί, 롬16:26.

② [단수로] 성경전체를 가리킴, 요20: 9, 행8:32, 벧후1:20, εἶπεν ἡ γ., 요7:38,42, λέγει, 롬4:3, 9:17, 10:11, 갈4:30, 딤전5:18, 약4:5, περιέχει ἐν γ., 벧전2:6. πεπλήρωται, ἐπληρώ- θη ἡ γ., 요17:12, πιστεύειν, υῆ γ., 요2:22, οὐ δύναται λυθῆναι ἡ γ.: 성경은 폐하지 못한다, 요10:35. [기타] 갈3:8,22.

☞**성경**(마21:42, 요2:22, 고전15:3, 약2:8, 벧전2:6, 벧후1:20), **글**(마26:56, 행8:35, 롬16:26), **말씀**(약4:5).

1125. γράφω [graphō][191회] 그ㅎ라포

동 미래 γράψω, 미완료 ἔγραφον, 제1부정과거 ἔγραψα, 완료 γέγραφα, 완료수동태 γέγραμμαι, 제2부정과거수동태 ἐγράφην: 새기다, 쓰다, 기록하다.

1) [쓰는 행위를 의미하는 경우] 요8:6,8, 갈6:11, 살후3:17, 몬1:19.

2) [쓰는 내용에 관련된 경우]

① [λέ- γων과 함께] 쓰다, 기록하다, 눅1:63, 요19:21, 요19:22, 계2:17, 3: 12, 14:1, 13, 19:16.

② 적다, 기록하다[환상을~], 계1:19, εἰς βιβλίον, 계1:11. 수동 ἐν τ. βιβλίῳ, 요20:30. [생명책을~]; ἐπὶ τὸ β., 계13:8, 17:8, 20:12,15, 21: 27, 22:18,19.

③ [γέγραπ- ται가 구약에서 온 인용구와 함께 나올 때 인용하는 형식] 기록되었으되~, 마4:4,6,7,10, 21: 13, 막11:17, 14:27, 눅4:8, 19:46. ὡςγέγραπται, 막7:6. καθὼς γέγραπται 행15:15, 롬1:17, 2:24, 3:10, 4:17, 8:36, 9:33. καθάπερ γέγραπται, 롬3:4, 9:13, 10:15, 11:8. γέγραπται γάρ, 12:19, 14:11, 고전1: 19. γεγραμμένον ἐστίν, 요2:17, 6: 31,45, 10:34, 12:14. ὁ λόγος ὁ γεγραμμένος, 고전15:54. κατὰ τὸ γ., 고후4:13. ἐγράφη, 롬4:23, 고전9:10, 10:11.

3) [특별한 경우]

① [시편에~] 행1:20.

② [시편 둘째 편에~] 행13:33.

③ [예언서에~] 행7:42.

④ [이사야에~] 막1:2.

㉠ [인격이나 사물의 대격과 함께: 사람이나 사물에 대하여] 쓰다, 기록하다, 마26:24, 막14:21, 요1:45, 5:46, 행13:29, 롬10:5.

㉡ [ἐπί τινα:~와 관련하여] 쓰다, 막9:12,13.

㉢ [ἐπί τινι] 요12:16.

㉣ [ὅτι와 함께] 막12:19, 롬4:23, 고전9:10.

⑤ ~에게 쓰다, 써 보내다, 편지하다, 롬15:15, 고후2:4,9, 7:12, 몬1:21, 벧후

3:15, 요일2:12이하.
4) 글로써 덮다, 글을 가득히 쓰다, 계5:1.
5) [문학적으로] 작문하다, 글을 짓다, 작성하다, 막10:4, 요19:19, 21:25, 행23:25, 벧후3:1. [넓은 의미로] 막10: 5, 요일2:7,8, 2:7,8, 요이1:5.

☞**기록되다**(마2:5, 눅7:27, 고후4:13, 계13:8, 17:8), **기록하다**(마4:6, 눅4:4, 롬16:22, 계1:3), **쓰다**(마27:37, 눅1:3, 살전4:9), **써주다**(막10:4, 눅20:28), **편지하다**(행19:27, 23: 25), **아뢰다**(행25:26), **상소하다**(행25:26), **[명] 글**(막1:2), **편지**(행15:23).

1126. γραώδης, ες [graōdēs][1회] **그라오데스**
형 '늙은 여인'과 1491에서 유래: 늙은 여자의, 늙은 여자가 하듯이, 딤전4:7.
☞**허탄한**(딤전4:7).

1127. γρηγορέω [grēgŏréō][22회] **그레고레오**
동 제1부정과거 ἐγρήγορα, 1453에서 유래: 깨어 있다, 경성하다.
1) [문자적으로] 마24:43, 26:38,40, 막13:34, 14:34,37, 눅12:37,39㊀.
2) [상징적으로] 정신차리고 있다, 지켜보고 있다, 마24:42, 25:13, 26:41, 막13:35,37, 14:38, 행20:31, 고전16: 13, 살전5:6,10, 벧전5:8, 골4:2, 계3:2,3, 16: 15.

☞**깨어 있다**(마24:43, 막13:34, 눅12:37), **일깨다**(행20:31, 계3:2,3), **깨다**(살전5:6, 벧전5:8, 계16:15).

1128. γυμνάζω [gümnazō][4회] **귐나조**
동 완료수동태 γεγυμνασμένος, 1131에서 유래: [문자적으로] 벌거벗고 운동하다, 훈련하다, [상징적으로] 마음과 영의 능력을 연단하다, 히5:14, 12:11, 딤전4:7, 벧후2:14.
☞**연단하다**(딤전4:7), **연단받다**(히5:14, 12: 11), **연단되다**(벧후2:14).

1129. γυμνασία, ας, ἡ [gümnasia][1회] **귐나시아**
명 1128에서 유래: 훈련, 연단, 딤전4:8.
☞**연단**(딤전4:8).

1130. γυμνητεύω [gümnētĕuō][1회] **귐네튜오**
동 1131의 파생어에서 유래: 초라하게 입다, 옷은 잘못 입다, 헐벗다, 고전4:11.
☞**헐벗다**(고전4:11).

1131. γυμνός, ἡ, όν [gümnŏs][15회] **귐노스**
형 γυμνητεύω 불확실한 유사어에서 유래:
1) 나체의, 맨몸의, 벌거벗은, 막14:51,52, 행19:16, 계3:17, 16:15, 17:16.
2) 겉옷을 입지 않은[즉 점잖은 사람이 공중 앞에 나설 수 없는 상태], 요21:7.
3) 보잘것없이 입은, 못 입은, 마25:36, 43, 44, 약2:15.
4) 가리지 않은, 벌거벗은, 히4:13. [상징적으로, 육체가 덮고 있는 영혼이] 발가벗은, 고후5:3.

☞**벗은**(막14:51), **벌거벗은**(히4:13, 계3:17), **헐벗은**(약2:15). **[명] 알맹이**(고전15:37).

1132. γυμνότης, ητος, ἡ [gümnŏtēs][3회] **귐노테스**
명 1131에서 유래:
1) 벌거벗음, 나체가 됨, 계3:18.
2) 빈곤, 헐벗음, 결핍, 롬8:35, 고후11:27.
☞**적신**(롬8:35), **헐벗음**(고후11:27), **벌거벗음**(계3:18).

1133. γυναικάριον, ου, τό [günaika- riŏn][1회] **귀나이카리온**
명 지소형으로 1135에서 유래: [문자적으로] 작은 여인, 게으른, 어리석은 여인, [복수로] 딤후3:6.
☞**어리석은 여자**(딤후3:6).

1134. γυναικεῖος, α, ον [günaikĕiŏs][1회] **귀나이케이오스**
형 1135에서 유래: 여자의, 여성의, 여인이나 아내에 대한 완곡어법, 벧전3:7.
☞**여자의, 아내의**(벧전3:7).

1135. γυνή, αικός, ἡ[günē][215회] **귀네**
명 1096의 어간에서 유래한 것으로 보임: 여인, 여자.
1) 장성한 여성, 마9:20, 13:33, 27:55, 눅1:42, 8:2,3, 13:11, 고전14:34,35, 딤전2:11,12. ㉥ ἀνήρ, 행5:14, 8:3, 21:5, 고전11:3, 5이하.
2) 아내, 마5:28,31,32, 14:3, 18:25, 눅1:5,13, 고전7:2, 9:5, 엡5:22이하, 골3:18,19, 딤전3:2, 딛1:6. 과부, γ. χήρα, 눅4:26. 아버지의 아내, γυνὴ τοῦ πατρός, 고전5:1.
3) [문맥에 따라] 신부, 마1:20, 계19:7, 21:9.
4) 하늘에 있는 여인, 계12:1-17.

Γ

☞**아내**(마1:20, 18:25, 막6:17, 10:29, 고전5: 1), **여자**(마5:28, 막5:25, 요4:7), **과부**(눅4: 26), **여인**(롬7:2), **부녀**(벧전3:5), **귀부인**(행13:50).

1136. Γώγ [Gōg][1회] 고그

고명 히브리어 1463에서 유래: 마곡과 함께 상징적인 이름으로서 메시아에 의해 정복된 원수를 가리킨다, 계20:8.

☞**곡**(계20:8).

1137. γωνία, ας, ἡ [gōnia][9회] 고니아

명 1119와 유사: 모서리, 길모퉁이, 마6:5. 머릿돌, 모퉁이돌, 마21:42, 막12: 10, 눅20:17, 행4:11, 벧전2:7. 땅의 네 귀퉁이, 계7:1, 20:8. 숨겨진 장소, 행26:26.

☞**어귀**(마6:5), **모퉁이**(마21:42, 행4:11, 계7:1), **구석**(행26:26), **사방**(계20:8).

Δ, δ

1138. Δαβ(υ)ίδ [Dab(w)id][59회]
다비드(다윗)
고명 히브리어 1732에서 유래: 예수의 족보에 나오는 이스라엘 왕 '다윗', 마1:6,17, 눅3:31.
1) [시인으로] 막12:36,37.
2) [메시아의 조상] 마22:42.
3) [메시아 왕국이 곧 다윗의 왕국으로] 막11:10.
4) [베들레헴은 다윗의 도시] 눅2:4,11, 요7:42.
☞**다윗**(마1:1).

1139. δαιμονίζομαι [daimŏnizŏmai][13회]
다이모니조마이
동 제1부정과거수동분사 δαιμονισ- θείς, 막5:18, 눅8:36. 중간태. 1142에서 유래: 귀신에 사로잡히다, 귀신에 지피다, 귀신이 들리다, 마15:22. ὁ δαιμονιζόμενος: 귀신 들린 사람, 마4:24, 8:16,28,33, 9: 32, 12:22, 막1:32, 5:15,16, 요10:21.
☞**귀신들리다**(마4:24, 막1:32, 요10:21, 마9:32, 12:22, 15:22).

1140. δαιμόνιον, ου, τό [daimŏniŏn][63회]
다이모니온
명 1142의 파생어의 중성:
1) 신성, 신성한 것, 행17:18.
2) 마귀, 악령, 귀신[사람과 신 사이의 중간에 있는 독립적인 존재, 그는 사람에게 들어가 병, 특히 정신병을 일으킨다], 눅8:30, δ. ἔχειν, 마11:18, 눅7: 33, 8:27, 요7:20, 8:48,49, 10:20. [주] ① 병든 사람을 고치는 것이 귀신을 쫓아내는 것으로 묘사된다, 마7:22, 9:34, 10:8, 막1:34,39, 16:17, 눅9:49, 11:14,15,18이하, 13:32 등 수동, 마9:33, 17:18, 막7:29,30, 눅4: 41, 8:2,33, 35,38, 계18:2. ② 그들의 지도자는 바알세불, 마12:24, 27, 눅11:15, 딤전4:1. ③ 이적을 일으키는 마귀의 능력, 요10:21, 고전10: 20, 약2:19.
☞**귀신**(마7:22, 요7:20, 딤전4:1), **신**(행17:18).

1141. δαιμονιώδης, ες [daimŏniōdēs][1회]
다이모니오데스
형 1140과 1142에서 유래: 귀신같은, 악마같은, 귀신의, 약3:15.
☞**귀신의**(약3:15).

1142. δαίμων, ονος, ὁ [daimōn][1회] **다이몬**
명 '운을 분배하다'에서 유래: [신약성경에서만 발견되는] 마귀, 악령, 마8:31, 막5:12 ㉦, 눅8:29, 계16:14, 18:2.
☞**귀신**(마8:31, 눅8:29, 계16:14).

1143. δάκνω [daknō][1회] **다크노**
동 제1부정과거수동태 ἐδήχθην, 제1부정과거가정법 δηχθῶ, 기본 어근의 연장형: [비유적으로] 물다, 깨물다, 갈5:15.
☞**물다**(갈5:15).

1144. δάκρυ, ου, τό [dakrü][10회] **다크뤼**
명 대격복수 δάκρυσιν, 1144에서 유래: 눈물, 막9:24㉦, 행20:19,31, 고후2:4, 히5:7, 12:17, 계7:17, 21:4.
☞**눈물**(막9:24㉦, 행20:19, 계21:4).

1145. δακρύω [dakrüō][1회] **다크뤼오**
동 제1부정과거 ἐδάκρυσα, 1144에서 유래: 눈물 흘리다, 울다, 요11:35.
☞**눈물 흘리다**(요11:35).

1146. δακτύλιος, ου, ὁ [daktüliŏs][1회]
닥튈리오스
명 1147에서 유래: 반지, 눅15:22.
☞**가락지**(눅15:22).

1147. δάκτυλος, ου, ὁ [daktülŏs][8회]
닥튈로스
명 아마도 1176에서 유래: 손가락, 막7: 33, 요20:25,27. 손가락으로 움직이다, 마23:4, 눅11:46, 16:24, 요8:6. 하나님의 손가락, 눅11:20.
☞**손가락, 능력**(마23:4, 막7:33, 요20:25), **손**(눅11:20).

1148. Δαλμανουθά, ἡ [Dalmanŏutha][1회]
달마누다
고명 기원은 아람어: 게네사렛 호수 가까이 있는 불확실한 장소 '달마누다'[막달라의 다

른 이름일 가능성도 있다], 막8:10.
☞**달마누다**(막8:10).

1149. Δαλματία, ας, ἡ [Dalmatia][1회]
달마티아
고명 아마도 외래어의 파생어에서 유래: 남부 이탈리아에서 아드리아해를 건너는 일루리곤의 남부지방 '달마디아', 딤후4:10.
☞**달마디아**(딤후4:10).

1150. δαμάζω [damazō][4회] **다마조**
동 제1부정과거 ἐδάμασα, 완료수동태3인칭 단수 δεδάμασται, 폐어가 된 기본어와 같은 뜻의 변화형: 복종케 하다.
1) [문자적으로] 귀신들린 사람을~, 막5: 4. 동물을~, 약3:7.
2) [상징적으로] 길들이다, 제어하다, 약3:8.
☞**제어하다**(막5:4), **길들이다**(약3:7, 8).

1151. δάμαλις, εως, ἡ [damalis][1회]
다말리스
명 1150의 어간에서 유래: 어린 암소, 히9:13.
☞**암송아지**(히9:13).

1152. Δάμαρις, ιδος, ἡ [Damaris][1회]
다마리스
고명 1150의 어간에서 유래: 바울이 개종시킨 아테네 여인의 이름 '다마리스', 행17:34.
☞**다마리**(행17:34).

1153. Δαμασκηνός, ἡ, όν [Damaskē- nŏs][1회]
다마스케노스
형 1154에서 유래: 다메섹에서 온, ὁ Δ. '다메섹' 사람, 고후11:32.
☞**다메섹에서 온, 다메섹 사람**(고후11:32).

1154. Δαμασκός, ου, η [Damaskŏs][15회]
다마스코스
고명 히브리어 1834에서 유래: 많은 유대인이 살던 코엘레시리아의 수도 '다메섹', 행9:2 이하, 22:5,10,11, 26:12,20, 고후11: 32, 갈1:17.
☞**다메섹**(행9:2, 22:5, 26:12, 고후11:32, 갈1:17).

1155. δανείζω [danĕizō][4회] **다네이조**
동 제1부정과거 ἐδάνισα, 제1부정과거중간태 ἐδανισάμην, 1156에서 유래:
1) [능동] [돈을] 꾸어주다, 눅6:34,35.
2) [중간] [돈을] 빌리다, 꾸다, 마5:42.
☞**꾸다**(마5:42), **꾸어주다**(눅6:34,35).

1156. δάνειον, ου, τό [danĕiŏn][1회]
다네이온
명 '선물'에서 유래, 1325의 어간과 유사: 빚, 꾼 돈, 마18:27.
☞**빚**(마18:27).

1157. δανειστής [danĕistēs] **다네이스테스**
명 1155에서 유래: [돈을] 빌려주는 사람, 채권자, 눅7:41, χρεοφειλέτης.
☞**빚주는 사람**(눅7:41).

1158. Δανιήλ, ὁ [Daniēl][1회] **다니엘**
고명 히브리어 1840에서 유래: 예언자의 이름 '다니엘', 마24:15, 막13:14.
☞**다니엘**(마24:15, 막13:14).

1159. δαπανάω [dapanaō][5회] **다파나오**
동 미래 δαπανήσω, 제1부정과거 ἐδα- πάνησα, 미완료 δαπάνησον, 1160에서 유래: 소비하다, 자유롭게 쓰다, 마음대로 소비하다, [문자적으로: 목적어로서의 대격과 함께] 재산을~, 막5:26, 행21:24, 고후12:15, 약4:3. [낭비의 의미와 함께] πάντα: 모든 것을 탕진하다, 낭비하다, 눅15:14.
☞**허비하다**(막5:26, 고후12:15), **없이 하다**(눅15:14), **쓰다**(약4:3), **비용을 내다**(행21: 24).

1160. δαπάνη, ης, ἡ [dapanē][1회] **다파네**
명 '게걸스레 먹다'에서 유래: 비용, 가격, 경비, 눅14:28.
☞**비용**(눅14:28).

1161. δέ [dĕ][2801회] **데**
접 헬라어 불변사로 가장 널리 사용되는 것 중의 하나로서, 대조되는 절과 절 사이에 사용되는 접속사인데, 때로는 대조의 뜻이 발견되지 않을 때도 있다. 대부분의 번역은 대조가 뚜렷하게 나타날 때는 그러나(but)로, 단순한 접속사의 뜻일 때는 그리고(and)로 되며, 빈번하게 전혀 번역되지 않는 경우도 있다: 그러나, 그리고.
1) [대조를 강조하려는 경우]
① [일반적으로] 마6:1,6,15,17, 8:20, 9:17, 23:25, 막2:21,22, 눅5:36,37, 10:6, 12:9, 13:9, 고전2:15 등.
② [상관접속사로 사용되는 경우] μέμδέ, μέν 을 보라.
③ [비슷한 사물들의 목록에서, 그들 사이의 구분이 필요할 때] 마1:2,16, 벧후1:5~7. [한 교훈과 다른 교훈을 연관지을 때] 마5:31, 6:16, 롬14:1, 고전7:1, 8:1, 12:1, 15:1, 16:1.

④ [부정어 뒤에서] 차라리, 도리어, 마6:33, 눅10:20, 행12:9,14, 롬3:4, 엡4:15, 히4:13,15, 6:12, 9:12. [강조되어서] δὲ μᾶλλον, 마10:6,28, 히12:13.
⑤ [가설적인 전제문이나 시간적인 전제문 다음에 오는 귀결문을 소개할 때와 그것을 전제문과 대조시킬 때] 행11:16, 골1:22, 벧후1:5.
2) [아무런 대조의 의도 없이 순수하고 단순하게 변천을 나타내는 불변사로 매우 자주 사용] 그래서, 이제, 그리고는, 그리하여, 마1:18,24, 2:19, 3:1, 8:30, 막5:11, 7:24, 16:9, 눅3:21, 12:2, 11,15,16,50, 13:1,6,10, 15:1,11, 행4: 5, 6:1,8, 9:10, 12:10,17, 23:10, 24:17, 롬8:28, 고전16:12,17, 고후4: 7, 8:1, 갈3:23. [특히 설명을 삽입하기 위하여] 즉, 곧, 이를테면, 행12:3, 롬3:22, 9:30, 고전10:11, 15:56, 엡5: 32, 빌2:8.
3) [중단된 진술을 전개할 때] 마3:4, 눅4:1, 롬5:8, 고후10:2.
4) [다른 불변사들과 함께 사용되는 경우]
① δὲ καί: 그러나 또한, 그러나 ~까지라도, 마3:10, 10:30, 18:17, 막14: 31, 눅11:18, 16:22, 요2:2, 3:23, 18:2,5, 행22:28, 고전15: 15.
② ἔτι δὲ καί: ~도 또한, 행2:26.
③ καὶ...δέ: 그리고 ~또한, 그러나 또한, 마10:18, 16:18, 요6:51, 8:16, 17, 15:27, 행3:24, 22:29, 딤전3: 10, 딤후3:12, 요일1:3. [자주 δέ는 절의 두 번째나 때로 세 번째 나온다] 마10:11, 18:25, 막4:34, 눅10: 31, 행17:6, 28:6. [드물게 네 번째 나오는 경우] 마10:18, 요6:51, 8:6, 고전4:18, 요일1:3. [다섯 번째] 요8:17, 요일2:2.

1162. δέησις, εως, ἡ [dĕēsis][18회] 데에시스
명 1189에서 유래: 간구, [신약에서는 언제나 하나님께 드리는] 기도, 눅1:13, 2:37, 행1:14ⓢ, 롬10:1, 고후1:11, 9:14, 엡6:18, 빌1:4,19, 4:6, 딤전2:1, 5:5, 딤후1:3, 히5:7, 약5:16, 벧전3:12.
☞**간구함**(눅1:13, 고후1:11, 빌1:4), **기도함**(눅2:37), **구하는 바**(롬10:1, 엡6:18), **간구**(엡6:18, 딤전2:1, 벧전3:12), 기도(행1:14ⓢ)

1163. δεῖ [dĕi][101회] 데이
동 부정사 δεῖν, 가정법 δέῃ, 미완료 ἔδει, 비인칭동사 1210의 현재능동3인칭단수, δέον의 능동태분사에서 유래: 반드시 ~해야 한다.
1) [신적인 운명이나 피할 수 없는 숙명에 대하여] 마17:10, 24:6, 26:54, 막9:11, 13:7,10, 눅4:43, 21:9, 요3:14,30, 9: 4, 10:16, 20:9, 행1:16, 4:12, 롬1:27, 고전15:53, 고후5:10, 계1:1, 4:1, 22: 6.
2) [의무에 의한 강제에 대하여] ~해야 한다, 마18:33, 눅2:49, 15:32, 18:1, 행5:29, 살전4:1, 딛1:11.
3) [율법이나 관습의 강제에 대하여] 마23:23, 눅11:42, 13:14, 요4:20,24, 행15:5, 18:21ⓢ, [로마법의 강제에 대하여] 행25:10.
4) [주어진 상황에서 자라나온 내적 필연성에 대하여] 마26:35, 막14:31, 요4:4, 행14:22, 27:21, 고후11:30.
5) [어떤 결과에 이르러야 하는 필연성에 의해 생긴 강제에 대하여] 눅12:12, 19:5, 행9:6, 고전11:19.
6) [적합한 강제에 대하여]
① ὡς δεῖ 합당한 바와 같이, 딤후2:6, 24, 롬8:26.
② δέον ἐστίν: ~해야 한다, 필요하다, 행19:36, 벧전1:6.
③ εἰ δέον: 반드시 ~이어야 한다면, 벧전1:6.
7) [δεῖ는 하나의 규칙으로서 대격과 부정사가 뒤따르는데 부정사만 오는 경우도 있다] 마23:23, 26:54, 행5:29. 어떤 일이 발생하지 않았으면 하는 생각을 표현하기 위해서는 δεῖ가 부정사와 함께 사용된다, 눅13:16, 행25:24, 딤후2:24, 딛1:11.
8) [미완료 ἔδει는 다음과 같이 사용된다]
① [과거에 일어났던 일이 반드시 일어나야 하는 경우] ~해야 한다, 눅15: 32, 22:7, 24:26, 요4:4, 행1:16, 17:3.
② [일어나지 않았던 일인데, 실제로 일어났어야 하는 경우] ~해야 한다, ~할 의무가 있다. 마18:33, 23:23, 행24:19, 27:21, 고후2:3.
☞…**해야 한다**(눅19:5), **합당하다**(눅13:16), **간**

절히…하다(히2:1), **반드시…하다**(계22:6), **해야 된다**(눅2:49, 18:1), **부득불…하다**(고후11:30), **당연히…하다**(엡6:20), **마땅하다**(마18:33, 눅15:32, 딤후2:6). **[부] 마땅히**(마25:27, 행24:19, 고전8:2), **반드시**(고후5:10), **부득불**(고후11:30), **당연히**(엡6:20).

1164. δεῖγμα, ατος, τό [dĕigma][1회] **데이그마**
명 1166의 어간에서 유래:
1) 증거.
2) 보기, 실례, 모본, 유1:7.
☞**거울**(유1:7).

1165. δειγματίζω [dĕigmatizō][2회] **데이그마티조**
동 제1부정과거 ἐδειγμάτισα, 1164에서 유래: 드러내다, 본을 보이다, ~에게 치욕을 주다, 마1:19, 골2:15.
☞**드러내다**(골2:15).

1166. δεικνύω [dĕiknüō][33회] **데이크뉘오**
동 미래 δείξω, 제1부정과거 ἔδειξα, 미완료 δεῖξον, 완료 δέδειχα, 제1부정과거수동분사 δειχθείς, 어원은 폐어가 된 같은 뜻의 기본어의 연장형: 보이다.
1) 보이다, 지적해내다, 알게 하다, 알리다.
① [문자적으로] [왕국을] 마4:8, 8:4, 막1:44, 눅4:5, 5:14. [홀을] 막14: 15, 눅22:12, 그 외, 눅20:24, 24:40, 요2:18, 10:32, 20:20, 행7:3, 히8: 5. [묵시적 환상을] 계1:1, 4:1, 17:1, 21:9,10, 22:1,6,8. [아버지를] 요14:8. [신적인 계시를] 요5:20. [다가오는 종말과 때를] 딤전6:15.
② [상징적으로] 길을, 고전12:31.
2) 설명하다, 증명하다, 약2:18. [ὅτι와 함께] 마16:21. [부정사와 함께] 행10:28. τὶ ἐκ τινος, 약2:18, 3:13.
☞**보이다**(마8:4, 막1:44, 딤전6:15), **가르치다**(마16:21), **지시하다**(행10:28).

1167. δειλία, ας, ἡ [dĕilia][1회] **데일리아**
명 1169에서 유래: 겁, 두려움, 딤후1:7.
☞**두려워하는 마음**(딤후1:7).

1168. δειλιάω [dĕiliaō][1회] **데일리아오**
동 제1부정과거 ἐδειλίασα, 1169에서 유래: 비겁하게 되다, 겁을 먹다, 요14:27.
☞**두려워하다**(요14:27).

1169. δειλός, ή, όν [dĕilŏs][3회] **데일로스**
형 δέος '두려움'에서 유래: 비겁한, 겁먹은, 믿음 없는, 마8:26, 막4:40, 계21:8.
☞**무서워하는**(마8:26, 막4:40), **두려워하는**(계21:8).

1170. δεῖνα, ὁ, ἡ, τό [dĕina][1회] **데이나**
대 1171과 동일어에서 유래한 것으로 보임: 아무개, 그렇고 그런 사람, 어떤 사람, 마26:18[사람이나 사물의 이름이 알려지길 원하지 않는 경우에 사용].
☞**아무**(마26:18).

1171. δεινῶς [dĕinōs][2회] **데이노스**
부 1169의 파생어와 동일어에서 유래: 무섭게, 지독하게, 슬프게, 마8:6, 눅11:53.
☞**몹시**(마8:6), **거세게**(눅11:53).

1172. δειπνέω [dĕipnĕō][4회] **데이프네오**
동 미래 δειπνήσω, 제1부정과거 ἐδεί－πνησα, 1173에서 유래: 먹다, 식사하다, 눅17:8, 22:20, 고전11:25, 계3:20.
☞**먹다**(눅17:8, 22:20, 계3:20).

1173. δεῖπνον, ου, τό [dĕipnŏn][16회] **데이프논**
명 1160과 동일어에서 유래:
1) 만찬, 저녁 식사, 정찬, 눅14:12,17, 요13:4, 21:20, 고전11:20.
2) 연회, 잔치, 마23:6, 막6:21, 12:39, 눅14:12,16,17,24, 20:46, 요12:2, 13: 2, 계19:9.
☞**잔치**(마23:6, 막6:21, 눅14:24), **저녁**(눅14:12, 요13:2,4), **만찬석**(요21:20).

1174. δεισιδαιμονέστερος [dĕisidaimŏ－nĕstĕrŏs][1회] **데이시다이모네스테로스**
형 1175와 동일어에서 유래: 더욱 종교적인, 너무 미신적인, 행17:22.
☞**종교심이 많은**(행17:22).

1175. δεισιδαιμονία, ας, ἡ [dĕisidai－mŏnia][1회] **데이시다이모니아**
명 1169와 1142의 어간의 파생어에서 유래: 종교, 행25:19.
☞**종교**(행25:19).

1176. δέκα [dĕka][24회] **데카**
수 [기본형] 열, 십, 마20:24, 25:1,28, 계2:10, δ. λόγοι 십계명.
☞**열**(마20:24, 막10:41, 계17:3), 십(행25:6, 계2:10).

1177. δεκαδύο [dĕkadüŏ] **데카뒤오**

수 1176과 1417에서 유래: 열둘, 십이, 행19:7.

☞**열둘**(행19:7), **열이틀**(행24:11).

1178. δεκαπέντε [dĕkapĕntĕ][3회] 데카펜테

수 1176과 4602에서 유래: 열다섯, 십오, 요11:18, 행27:28, 갈1:18.

☞**열다섯**(행27:28), **십오 일**(갈1:18).

1179. Δεκάπολις, εως, ἡ [Dĕkapŏlis][3회] 데카폴리스

고명 1176과 4172에서 유래: 요르단 동쪽에 위치한 10개의 도시로 지역의 이름 '데가볼리', 마4:25, 막5:20, 7:31.

☞**데가볼리**(마4:25, 막5:20, 7:31).

1180. δεκατέσσαρες [dĕkatĕssarĕs][5회] 데카텟사레스

수 1176과 5064에서 유래: 열넷, 십사, 마1:17, 고후12:2, 갈2:1.

☞**열넷**(마1:17), **십사**(고후12:2, 갈2:1).

1181. δεκάτη [dĕkatē][4회] 데카테

수 1182의 여성, 열째, 십분의 일, 십일조, 히7:2,4,8,9.

☞**십분의 일**(히7:2,4,9).

1182. δέκατος, η, ον [dĕkatŏs][3회] 데카토스

수 1176에서 유래된 서수: 열 번째, 열째.
1) [서수로 사용되는 경우] 요1:39, 계21:20.
2) [명사로서] τὸ δ. 십분의 일, 계11:13.

☞**십**(요1:39), **십분의 일**(계11:13), **열 째**(계21:20).

1183. δεκατόω [dĕkatŏō][2회] 데카토오

동 완료 δεδεκάτωκα, 완료수동 δεδε- κάτωμαι, 1181에서 유래: 십일조를 모으다, 십일조를 받다, 히7:6. [수동] 십일조를 바치다, 히7:9.

☞**십분의 일을 취하다**(히7:6,9).

1184. δεκτός, ή, όν [dĕktŏs][5회] 덱토스

형 1209에서 유래: 받을 만한, 환영하는[선지자를], 눅4:24. [대격과 함께] 행10: 35. [희생을] 빌4:18. [시간상] 유리한, 효과적인, 눅4:19, 고후6:2.

☞**환영을 받는**(눅4:24), **받으시는, 받으실 만한**(행10:35, 빌4:18), **은혜 받을 만한**(고후6:2).

1185. δελεάζω [dĕlĕazō][3회] 델레아조

동 1388의 어간에서 유래: 꾀다, 유혹하다, 약1:14, 벧후2:14,18.

☞**미혹되다**(약1:14), **유혹하다**(벧후2:14,18).

1186. δένδρον, ου, τό [dĕndrŏn][25회] 덴드론

명 δρῦς, '상수리나무'에서 유래: 나무, 마3:10, 7:17이하, 12:33, 눅6:43,44, 계7:1,3, 8:7, 9:4.

☞**나무**(마3:10, 막8:24, 유1:12), **수목**(계8:7, 9:4).

Δ

1187. δεξιολάβος, ου, ὁ [dĕxiŏlabŏs][1회] 덱시올라보스

명 1188과 2983에서 유래: [행23:23에 불확실한 의미의 군사 용어로 사용] 활 쏘는 사람, 투석자, 호위병, 왼손잡이, 창잡이.

☞**창병**(행23:23).

1188. δεξιός, ά, όν [dĕxiŏs][54회] 덱시오스

형 1209에서 유래: 오른쪽의
1) [명사와 함께 사용] χείρ 오른손, 마5: 30, 눅6:6, 행3:7, 계1:16,17, 10:5, 13:16. 오른쪽 눈, 마5:29. 오른뺨, 마5:39. 오른쪽 귀, 눅22:50, 요18:10. 오른발. 무기, 고후6:7. τὰ δ. μέ- ρη, 오른편, 요21:6.
2) [부사]
① ἡ δ. 오른손, 마6:3, 27:29, 계1:17, 20, 2:1, 5:1,7.
㉠ δ. διδόναι: [우정과 신뢰의 표시로] 오른손을 내밀다, 갈2:9.
㉡ ἐν δ. τινος: ~의 오른편에, 롬8:34, 엡1:20, 골3:1, 히10:12, 벧전3:22.
㉢ τῆς μεγαλωσύνης: 히1:3.
㉣ 권능을 상징하는 오른손[하나님의], 행2:33, 5:31.
② τὰ δ. 오른편, ἐκ δε- ξιῶν 오른편에[속격과 함께] 마25:33,34, 27:38, 막15:27, 눅1:11, 23:33, ἐκ τοῖςδ. 막16:5, καθίσαι ἐκ δ. τινος ~의 오른편에 앉다, 즉 영예로운 자리에 앉다[메시야의], 마20:21,23, 막10: 37,40, [하나님의] 마22:44, 26:64, 막12:36, 14:62, 16:19, 눅20:43, 22:69, 행2:34, 히1:13. 오른편에 서다, 행7:55, 56. ἐκ δεξιῶν τινος εἶναι: 누구의 옆에 서다, 행2:25.

☞**오른**(마5:29), **오른손의**(마5:30, 27:29, 행2:33), **오른편의**(마5:39, 눅22:50, 요18:10), **우편의**(마20:21, 막10:37, 행2:25), **[명]악수**(갈2:9), **우**(고후6:7).

1189. δέομαι [dĕŏmai][22회] 데오마이

동 디포넌트, 제1부정과거 ἐδεήθην, 명령 δεήθητι, 복수 δεήθητε, 미완료3인칭단수 ἐδεῖτο, 1210의 중간태: 구하다[인격명사의 속격이 뒤따른다].

1) [부정사와 함께] 눅8:38, 9:38, 행26:3.
2) [사물의 대격과 함께] δεόμε- νοι ἡμῶν τὴν χάριν: 우리에게서 호의를 구하여, 고후8:4. [인격 명사의 속격이 없이] 고후10:2.
3) [직접화법이 뒤따르는 경우] 제발~ 부탁한다.
   ① δέομαί σου, ἐπί τρεψόν μοι: 제발 허락해다오, 눅8:28, 행8:34, 21:39, 갈4:12.
   ② [λέγων을 덧붙여] 눅5:12.
   ③ [인격의 속격은 없지만 ὑπὲρ Χρισ- τοῦ을 덧붙여] 고후5:20.
4) [ἵνα과 함께] 눅9:40. 그 외, 마9:38, 눅10:2, 21:36, 22:32, 행4:31, 8:24, 10:2, 롬1:10, 살전3:10.

☞**청하다**(마9:38, 눅10:2), **구하다**(눅5:12, 롬1:10, 고후10:2), **간청하다**(고후5:20, 살전3:10), **기도하다**(눅21:36, 행8:22, 10:2), **빌다**(행4:31), **바라다**(행26:3).

1190. Δερβαῖος, α, ον [Dĕrbaiŏs][1회] **데르바이오스**

고명 1191에서 유래: 더베 지방, 더베 사람, 더베의, 행20:4.

☞**더베 사람**(행20:4).

1191. Δέρβη, ης, ἡ [Dĕrbē][3회] **데르베**

고명 기원은 외래어: 로마의 갈라디아 주에 있는 루가오니아의 한 도시 '더베'.

☞**더베**(행14:6).

1192. δέρμα, ατος, τό [dĕrma][1회] **데르마**

명 1194에서 유래: 피혁, 가죽, 히11:37.

☞**가죽**(히11:37).

1193. δερμάτινος, η, ον [dĕrmatinŏs][2회] **데르마티노스**

형 1192에서 유래: 가죽으로 만든, 마3:4, 막1:6.

☞**가죽의**(마3:4, 막1:6).

1194. δέρω [dĕrō][15회] **데로**

동 [기본형] 제1부정과거 ἔδειρα, 제2미래수동태 δαρήσομαι: '가죽을 벗기다': 때리다, 마21:35, 막12:3,5, 눅20:10,11, 22:63, 요18:23, 행5:40, 16:37, 22:19. [수동] 막13:9, 눅12:47,48, 고전9:26, 고후11:20.

☞**때리다**(마21:35, 막12:3, 눅20:10), **매질하다**(막13:9), **맞다**(눅12:47,48), **치다**(요18:23, 고전9:26, 고후11:20), **채찍질하다**(행5:40).

1195. δεσμεύω [dĕsmĕuō][3회] **데스뮤오**

동 미완료수동태 ἐδεσμευόμην, 1196의 파생어에서 유래:

1) 묶다, 매다, 결박하다, 행22:4.
2) [다발을] 꾸리다, 묶다, 동이다, 마23:4.

☞**묶다**(마23:4), **결박하다**(행22:4).

1196. δεσμέω [dĕsmĕō] **데스메오**

동 1199에서 유래: 매다, 묶다, 눅8:29.

☞**가두다, 매이다**(눅8:29).

1197. δεσμή, ης, ἡ [dĕsmē][1회] **데스메**

명 1196에서 유래: 묶음, 마13:30.

☞**단**(마13:30).

1198. δέσμιος, ου, ὁ [dĕsmiŏs][16회] **데스미오스**

명 1199에서 유래: 죄수, 마15:6ⓢ 마27:15,16, 행16:25,27, 23:18, 25:14, 27, 28:16ⓢ,17, 히10:34, 13:3, 엡3:1, 4:1, 딤후1:8, 몬1:9.

☞**죄수**(마27:15, 행16:27, 28:17), **갇힌 자**(엡3:1, 딤후1:8, 히13:3). **[동] 구류하다**(행25: 14), **갇히다**(엡4:1).

1199. δεσμός, οῦ, ὁ [dĕsmŏs][16회] **데스모스**

명 1210에서 유래: 올가미, 차꼬, 속박, 구속, 막7:35, 눅13:16. [복수] 눅8:29, 행16:26, 22:30, 23:29, 26:29,31, 빌1:7,13,14,17, 골4:18, 딤후2:9, 몬1:10, 13, 유1:6.

☞**맺힌 것**(막7:35), **맨 것**(눅8:29), **매임**(눅13:16), **매인 것**(행16:26, 빌1:7), **갇힘**(몬1:10,13), **갇힌 자**(히10:34), **결박**(행23:29, 히11:36, 유1:6).

1200. δεσμοφύλαξ, ακος, ὁ [dĕsmŏph - lax][3회] **데스모퓔락스**

명 1199와 5441에서 유래: 간수, 감옥을 지키는 사람, 행16:23,27,36.

☞**간수**(행16:23,27,36).

1201. δεσμωτήριον, ου, τό [dĕsmōtē- riŏn][4회] **데스모테리온**

명 1199[1196과 동의어]의 파생어에서 유래: 감옥, 마11:2, 행5:21,23, 16:26.

☞**옥**(마11:2, 행5:21, 16:26).

1202. δεσμώτης, ου, ὁ [dĕsmōtēs][2회]

데스모테스
명 1201과 동일어에서 유래: 죄수, 행27: 1,42.
☞**죄수**(행27:1,42).

1203. δεσπότης [děspŏtēs][10회] **데스포테스**
명 1210과 πόσις '남편'에서 유래: 주인, 소유자[배의 소유주], 딤전6:1,2, 딤후2:21, 딛2:9, 벧전2:18, [하나님] 눅2:29, 행4:24, 계6:10, [그리스도] 벧후2:1, 유1:4.
☞**주재(主宰)**(눅2:29, 유1:4), **대주재**(행4: 24, 계6:10), **상전**(딤전6:1,2, 딛2:9), **주인**(딤후2:21, 벧전2:18), **주**(벧후2:1).

1204. δεῦρο [děurŏ][9회] **듀로**
부 불확실한 유사어에서 유래:
1) [장소에 관하여] 오라, 이리로 오라[다음에 명령이 뒤따른다]
① δ. ἀκολούθει μοι: 와서 나를 따르라, 마19:21, 막10:21, 눅18:22, 행7:34, 계17:1, 21:9.
② [독립적으로] δεῦρο εἰς τ. γῆν: 그 땅으로 가라, 행7:3. δεῦρο ἔξω: 나오다, 요11:43.
2) [시간에 관하여] 지금까지, 롬1:13.
☞**여기로 오라**(마19:21, 요11:43, 계17:1), **가라**(행7:3), **지금**(롬1:13).

1205. δεῦτε [děutě][12회] **듀테**
부 1204와 δεῦτε의 명령형에서 유래. δεῦρο의 복수로 사용: 오라.
1) [명령이나 제1부정과거 가정법이 따르는 경우] δ. ἴδετε, 마28:6, 요4:29. δ. ἀ- ρισ τήσατε: 와서 먹으라, 요21:12. δ. συνάχθ ητε: 와서 모여라, 계19:17. δ. ἀποκτείνωμ εν αὐτόν: 자, 우리 그를 죽이자! 마21:38, 막12:7.
2) [독립적으로 δ. καὶ διελεγχθῶ- μεν 와 함께] δ. ὀπίσωμου: 나를 따르라, 마4:19, 막1:17. [εἴς τι와 함께] 마22:4, 막6:31. [δ. πρός와 함께] 마11:28, 25:34.
☞**오라, (나를) 따르라**(마4:19, 막1:17, 계19:17).

1206. δευτεραῖος, αία, ον [děutěraiŏs][1회] **듀테라이오스**
형 1208에서 유래: 이튿날, 행28:13.
☞**이튿날**(행28:13).

1207. δευτερόπρωτος, ον [děutěrŏprō- tŏs][1회] **듀테로프로토스**
형 1208과 4413에서 유래: 모호한 뜻을 가진 단어, 눅6:1에서 ἐν σαββά- τῳ δ.라는 구절에만 나온다. 유월절이 지난 후 첫 번째 다음에 오는 두 번째 안식일을 가리키는 것 같다.
☞**두 번째 - 첫째**(눅6:1).

1208. δεύτερος, α, ον [děutěrŏs][43회] **듀테로스**
형 1417의 비교급: 둘째.
1) [순수한 수적 의미로서] 마22:26, 요4:54.
2) [시간적으로 뒤에 오는 경우] 눅12:38, 고후1:15, 딛3:10, 히8:7, 10:9, 계2: 11, 11:14, 20:14, 21:8.
3) [연속되는 것에 대하여] 막12:31, 눅19:18, 고전15:47, 벧후3:1, 계4:7, 6:3, 16:3, 21:19, 살후, 딤후의 표제어.
4) [장소에 대하여] 행12:10, 히9:3. [중성으로서] δεύτερον τὸ δε- ύτερον은 부사적으로 사용된다. 두 번째로, 요3:4, 고후13:2, 유1:5, 계19:3, ἐν δευτέρου 막14:72, 요9:24, 행11:9, 히9:28. ἐν τῷ δ. 두 번째, 행7:13, 둘째로, 고전12:28.
☞**둘째의**(마21:30ⓢ, 눅20:30, 행12:10), **두 번째의**(마26:42, 막14:72, 요3:4), **이경의**(눅12: 38), **재차의**(행7:13), **두 번의**(고후1:15, 딛3:10).

1209. δέχομαι[děchŏmai][56회] **데코마이**
동 제1부정과거 ἐδεξάμην, 제1부정과거수동태 ἐδέχθην, 완료 δέδεγμαι, 기본동사의 중간태:
1) [문자적으로 어떤 사람을] 받아들이다, 영접하다, 눅2:28.
① [영을] 받아들이다, 행7:59.
② [편지를] 받다, 행22:5.
③ [말씀을] 행7:38.
④ [복음을] 고후11:4.
⑤ [선물을] 빌4:18.
⑥ [특히 호의를] 눅16:4.
⑦ [일반적으로 손님을] 받아들이다, 환영하다, 마10:14,40,41, 막6:11, 눅9:511 ⓢ,53, 10:8,10, 요4:45, 골4:10, 히11:31.
⑧ [어린이를] 마18:5, 막9:37, 눅9:48. [부사와 함께] 행3:21, 22:17, 고후7:15, 갈4:14.
2) [문자적으로] 손에 쥐다, 잡다, 눅16: 6,7,

22:17, 엡6:17.

3) 용납하다.

① [사람을] 고후11:16.

② [사물을] 인정하다, 받다, 승인하다, 마11:14, 고전2:14, 고후8:17, 살후2:10.

③ [가르침을] 눅8:13, 행8:14, 11:1, 17:11, 살전1:6, 2:13, 약1:21.

④ [하나님의 나라를] 막10:15, 눅18: 17. [은총, 호의를] 고후6:1.

☞**영접하다**(마10:40, 막9:37, 히11:31), **받다**(마11:14, 눅22:17, 행7:38), **받들다**(막10:15), **받아 두다**(행3:21), **안다**(눅2:28), **가지다**(눅16:6), **받아들이다**(마9:53), **섬기다**(고후8:4). **[명] 영접**(마10:14).

1210. δέω [dĕō][43회] **데오**

동 [기본형] 제1부정과거 ἔδησα, 제1부정과거가정법 δήσω, 완료분사 δεδε- κώς, 행22:29. 완료수동태 δέδεμαι, 제1부정과거수동부정사 δεθῆναι, 행21:33. [1163, 1189 비교]:

1) 묶다, 매다, 동이다.

① [사물을] 마13:30, 요11:44, 19:40.

② [행위의 구속이나 투옥] 마12:29, 14:3, 27:2, 막3:27, 5:3,4, 15:1, 요18:12, 행9:14, 12:6, 21:13,33, 22:29.

③ [손과 발을] 마22:13, 행21:11.

④ [감옥에 넣음] 막6:17.

⑤ [수동태로] 막15:7, 요18:24, 행24:27.

⑥ [상징적으로] ὁ λόγος τ. θεοῦ οὐ δέδεται: 하나님의 말씀은 속박될 수 없다, 딤후2:9.

2) [어떤 사물에] 매어두다, 묶어두다, [동물을] 마21:2, 막11:2,4, 눅19:30. [천사들을] 계9:14. 얽매다, 행10:11ⓢ.

3) [법이나 의무로 어떤 사람에게 구속하는 경우, 여격과 함께] 롬7:2, 고전7:27.

4) [δ.와 λύειν이 결합되어] 마16:19, 18: 18.

☞**결박하다**(마12:29, 요18:22, 행22:5), **묶다**(마13:30), **매다**(마16:19, 18:18, 막5:3), **매이다**(마16:19, 눅13:16, 딤후2:9), **잡다**(눅6:17), **체포되다**(막15:7), **동이다**(요11:44), **싸다**(요19:40), **구류하다**(행24:27), **매임을 받다**(행20:22), **매임을 당하다**(골4:3).

1211. δή [dē][5회] **데**

부 절의 맨 앞에 오지 않는다, 1161과 유사한 유래:

1) [어떤 진술이 확실하다는 것을 나타낸다] 정말로, 참으로, 진정, 마13:23.

2) [권고나 명령과 함께 사용되어 그것에 더 긴박감을 준다] 자, 그러므로, 그러면, 그러니까, διέλθωμεν δή: 자, 이제, 가자, 눅2:15, 행13:2, 15:36, 고전6:20.

☞**또한**(마13:23), **이제**(눅2:15), **그런즉**(고전6:20), **부득불**(고후12:1).

1212. δῆλος, η, ον [dēlŏs][3회] **델로스**

형 불확실한 파생어: 명백한, 확실한, 마26:73. [ἐστί와 함께] 고전15:27, 갈3:11.

☞**표명한**(마26:73), **분명한**(고전15:27, 갈3:11, 딤전6:7ⓢ).

1213. δηλόω [dēlŏō][7회] **델로오**

동 미래 δηλώσω, 제1부정과거 ἐδή- λωσα, 미완료 δήλωσον, 제1부정과거수동완료 ἐδηλώθην, 1212에서 유래: 드러내다, 밝히다, 보여주다, 설명하다[미래의 일을], 고전3:13, 벧후1:14, 히12:27. [ὅτι와 함께] ~을 알리다, 고전1:11, 골1:8, 벧전1:11.

☞**보이다**(히9:8), **밝히다**(고전3:13), **알리다**(골1:8), **나타내다**(히12:27), **증언하다**(벧전1:11), **지시하다**(벧후1:14), **들리다**(고전1:11).

1214. Δημᾶς, ᾶ, ὁ [Dēmas][3회] **데마스**

고명 아마도 1216 참조: 바울의 동역자 '데마', 골4:14, 딤후4:10, 몬1:24.

☞**데마**(골4:14, 딤후4:10).

1215. δημηγορέω [dēmēgŏrĕō][1회] **데메고레오**

동 미완료 ἐδημηγόρουν, 1218과 58의 합성어에서 유래: 공중연설을 하다, 행12:21.

☞**연설하다**(행12:21).

1216. Δημήτριος [Dēmētriŏs][3회] **데메트리오스**

고명 Δημήτηρ '풍각의 여신'에서 유래: 사람 이름 '데메트리오'.

1) 기독교인, 요삼1:12.

2) 에베소에서 사는 은장색으로 바울에 대항한 자, 행19:24, 38.

☞**데메드리오**(행19:24,38).

1217. δημιουργός, οῦ, ὁ [dēmiŏurgŏs][1회] **데미우르고스**

명 1218과 2041에서 유래: 숙련공, 직공, 제조자, 창조자, 히11:10.

☞**건설자, 지으실 자**(히11:10).

1218. δῆμος, ου, ὁ[dēmŏs][4회] 데모스

명 1210에서 유래: 백성, 인민, 민중, [어떤 목적을 위해 모인] 군중, 행12:22, 17:5, 19:30.

☞**백성**(행12:22, 17:5, 19:30).

1219. δημόσιος, ία, ιον [dēmŏsiŏs][4회] 데모시오스

형 1218에서 유래: 공중의

1) [국가에 소속되어 있는] ἐν τηρήσει δ.: 공중감옥 안에서, 행5:18. ὁδός.

2) 공개적으로[부사로], 공공연히, 행16: 37, 18:28, 20:20.

☞**대중의, 공공연히**(행5:18), **공중 앞의**(행16:37, 18:28, 20:20).

1220. δηνάριον, ου, τό [dēnariŏn][16회] 데나리온

명 기원은 라틴어: '데나리온'[로마의 은전으로 정상적으로는 18센트 가량의 가치를 지녔으나 네로 시대에는 8센트의 가치로 감소되었다. 노동자의 하루 임금에 해당] 마18:28, 20:2,9,10,13, 22:19, 막6:37, 12:15, 14:5, 눅7:41, 10:35, 20:24, 요6:7, 12:5, 계6:6. τὸ ἀνὰδηνάριον: 각각 한 데나리온씩, 마20:10.

☞**데나리온(마18:28, 막6:37, 계6:6).**

1221. δήποτε [dēpŏtĕ][1회] 데포테

부 1211과 4218에서 유래: 어느 때든지, 아무 때나, 무엇이든지, 요5:4.

☞**어느 때든지, 무엇이든지**(요5:4).

1222. δήπου [dēpŏu][1회] 데푸

부 1211과 4225에서 유래: 물론, 확실히, 히2:16.

☞**확실히**(히2:16).

1223. διά [dia][668회] 디아

전 [속격, 대격을 지배]: ~을 통하여.

1. [속격지배]

1) [장소에 대하여] ~을 통하여

① ['가다'는 동사와 함께] διέρχεσθαι διὰ πάντων: 모든 곳을 거쳐가다, 마12:43, 눅11:24, 행9:32. ἀπελεύσομαι δι' ὑμῶν εἰς: 가는 길에 너희 도시를 지나기 원한다, 롬15:28, 고후1:16. διαβαίνειν, 마7:13, 눅6:1, 요10:1,2, 히11:29. παρέρχεσθαι διὰ τ. ὁδοῦ: 길을 따라 지나가다, 마7:13, 8:28, 막2:23, 9:30, 행20:3, 계21:24. Ἰησ. ὁ ἐλθὼν δι' ὕδατος καὶ αἵματος: 요일5:6 – 이는 세례받으실 때 물을 통과하시고, 죽으실 때 피를 통과하셨다는 뜻이나 세례의 물과 구속의 피를 갖고 오셨다는 뜻도 된다; ῥῆμα ἐκπορευόμενον διὰ στόματος: 하나님의 입에서 나오는 말씀, 마4:4.

② [동작을 포함하는 다른 동사들과 함께] οὗ ὁ ἔπαινος διὰ πασῶν τ. ἐκκλησιῶν: 모든 교회에 널리, 고후8:18. διαφέρεσθαι διὰ (א A κατὰ) τῆς χώρας: 모든 지역에 두루 퍼지다, 행13:49. διὰ τ. κεράμων καθῆκαν αὐτόν: 기와지붕을 뚫고 그를 달아 내리다, 눅5:19. διὰ τοῦ τείχους καθῆκαν: 성벽의 구멍을 통해서, 행9:25. ὡς διὰ πυρός: 마치 그가 불을 통과하듯, 고전3:15, δι' ὅλου, 요19:23.

2) [시간에 대하여]

① [한도를 가리키는 경우]

㉠ [어떤 기간 전체의 범위, 곧 그 기간의 맨 마지막까지를 말할 때] διὰ παντός: 언제나, 계속적으로, 끊임없이, 마18:10, 막5:5, 눅24:53, 행2:25, 10:2, 24:16, 롬11:10, 살후3:16, 히9:6, 13:15. διὰ νυκτός: 밤 동안에, 행23:31. δι' ὅλης νυκτός: 온밤을 지내도록, 눅5:5. δι' ἡμερῶν τεσσεράκοντα:40일 동안, 행1:3. διὰ παντὸς τοῦ ζῆν: 일평생 동안, 히2:15.

㉡ [어떤 사건이 일어나는 한 기간의 시간을 가리키는 경우] ~동안에, διὰ νυκτός: 밤에, 행5:19, 16:9, 17:10. διὰ τῆς ἡμέρας: 낮 동안에, 눅9:37. διὰ τριῶν:3일 이내에, 마26:61, 막14:58.

② [시간의 간격을 가리키는 경우] 후에, 행24:17, 갈2:1.

3) [수단, 방법, 매개의 뜻을 가진 경우] ~로 말미암아, ~에 의해서, ~을 가지고, ~으로써.

① [사물의 속격과 함께]

㉠ [수단 혹은 방편을 가리킨다] [종이와 잉크]를 가지고, 요이1:12. [불에]의한, 벧전1:7. ~의 손으로[히브리적 표

현], 막6:2, 행5:12, 14: 3, 19:11. ~의 손을 빌려서[쓴다], 행15:23. διὰ τοῦ αἵματος: 피로써, 피를 통하여, 행20:28, 엡1:7, 골1:20. διὰ τοῦ θανάτου, 롬5:10, 골1:22, 히2:14. διὰ τοῦ σώματος, 롬7:4. διὰ τοῦ σταυροῦ, 엡2:16. διὰ τῆς θυσί- ας, 히9:26.

㉡ [양식을 가리키는 경우] ἀπαγ γέλλειν διὰ λόγου: 말로써, 행15:27, 살후2:15. δι᾽ ἐπιστο- λῶν: 편지로, 고전16:3, 고후10:11. διὰ λόγου πολλοῦ: 많은 말로, 행15:32. δι᾽ ὁράματος εἰπεῖν: 환상으로, 환상 중에, 행18:9. διὰ παραβολῆς: 비유로, 비유를 가지고서, 눅8:4. διὰ βραχέων ἐπιστέλλειν: 간략하게[쓴다], 히13:22.

㉢ [밀접하게 관련된 주변 상황을 가리키는 경우] 롬2:27, 4:11, 8:25, 14:20. διὰ πολλῶν δακρύ- ων: 많은 눈물을 흘리며, 고후2:4, 딤전2:15, 요일5:6.

㉣ [동작의 원인을 가리키는 경우] διὰ νόμου ἐπίγνωσις ἁμαρτίας: 율법으로 말미암아 죄에 대한 인식이 온다, 롬3:20. 율법으로 말미암은 욕정, 롬7:5. 믿음의 법으로, 롬3:27, 갈2:19. 기타, 롬1:12, 3:22, 7:8,11, 고전1:21, 4:15, 히7:11, 갈2:16. διὰ θελήματος θεου῀: 하나님이 원하신다면, 롬15:32. 하나님의 뜻에 의하여, 고전1:1, 고후1:1, 8:5, 엡1:1, 골1:1, 딤후1:1.

㉤ [근거, 기회를 가리키는 경우] διὰ τῆς χάριτος: 은총 덕분에, 은혜에 근거하여, 롬12:3, 갈1:15, 3:18, 4:23, 몬1:22. διὰ δόξης καὶ ἀρετῆς: 그의 영광과 존귀로 인하여, 벧후1:3.

㉥ [간절한 청구에서] διὰ τῶν οἰκτιρμῶν τοῦ θεοῦ: 하나님의 자비에 의하여, 롬12:1, 15:30, 고전1:10, 고후10:1.

② [인격의 속격과 함께 사용되는 경우]

㉠ 통하여, ~에 의하여, 마1:22, 2:15, 23, 4:14. δι᾽ ἀνθρώπου: 사람을 통해서, 갈1:1. διὰ Μωϋσέως: 모세를 통하여, 요1:17. 모세의 지도 아래, 히3:16. δι᾽ ἀγγέλων: 천사에 의하여, 갈3:19, 히2:2. κρί- νει ὁ θεὸς διὰ Χρ. Ἰ.: 하나님께서 예수 그리스도를 통하여 심판하시다, 롬2:16, 요1:3,10, 고전8:6, 골1:16. εὐ- χαριστεῖν τ. θεῷ διὰ Ἰ. Χρ.: 예수 그리스도를 인하여 하나님께 감사하다, 롬1:8, 7:25, 골3:17. διὰ πολλῶν μαρτύρων: 많은 증인들 앞에서, 딤후2:2.

㉡ [동작의 시작자를 가리킬 때]: [사람] 고후1:11. [하나님] 롬11:36, 고전1:9, 히2:10. [그리스도] 롬1: 5, 5:9,17, 8:37, 20, 고후1:20. [성령] 행11:28, 21:4, 롬5:5.

4) [때때로 διά+속격이 원인의 의미를 가진다] διὰ τῆς σαρκός: 육신의 저항 때문에, 롬8:3, 고후9:13, 요일2:12.

2. [대격지배]

1) [장소에 대하여] ~을 통하여, διήρχετο διὰ μέσον Σαμαρείας καὶ Γαλιλαίας: 사마리아와 갈릴리 가운데를 통과하며, 눅17:11.

2) [이유를 가리키는 경우]

① [어떤 일이 생기고, 결과되고, 존재하는 이유] ~때문에, ~을 위하여, 마10:22, 13:21, 15:3, 막2:27, 6: 17, 눅5:19, 8:19, 행16:3. διὰ τὸν θόρυβον, 행21:34, 28:2. [법적으로 죄과를 가리킬 때] 눅23:25. δι᾽ ὑμας: 너희 때문에, 너희의 허물 때문에, 롬2:24. διὰ τὴν πά- ρεσιν: 어김 때문에, 롬3:25, 4:25, 15:15, 갈4:13. διὰ τὸ θέλημά σου: 당신의 뜻에 의하여, 계4:11. διὰ τὸν χρόνον: 시간을 따라서, 이때에, 히5:12. [감정을 나타내는 말과 함께] ~에서, ~으로부터. διὰ φθόνον: 질투로 인하여, 마27:18, 눅1:78, 요7:13, 엡2:4, 빌1:15. [하나님께 대해서는 διά+속격이 창조주를 의미하는 것처럼 διά+대격은 궁극적인 목표나 목적을 나타낸다].

② [직접 의문문에서] διὰ τί: 어찌하여?, 왜?, [대개 의문절에서 사용된다] 마9:11,14, 13:10, 15:2,3, 17: 19, 21:25, 막2:18, 11:31, 눅5:30, 19:23,31, 20:5, 24:38, 요7:45, 8: 43,46, 12:5, 13:37, 행5:3, 롬9:32, 고전6:7, 고후11:11, 계17:7. [사실적인 대답이나 추

측 또는 가상적 대답에서 나오는 경우] διὰ τοῦτο: 그러므로, 마6:25, 13:13, 52, 21:43, 23:34, 24:44, 막11:24, 12:24, 눅11:19. διὰ ταῦτα: 엡5:6. διὰ τοῦτο ὅτι: ~라는 이유 때문에, 즉 ~, 요5:16,18, 8:47, 10:17, 15: 19, 요일 3:1. διὰ τοῦτο ἵνα: ~하기 위한, 그 이유 때문에, 요1:31, 고후13:10, 딤전 1:16, 몬1:15. διὰ τοῦ- το ὅπως: 히 9:15.

③ [부정사가 뒤따르거나, 대격+부정사가 뒤따라와서 원인절을 이루는 경우] διὰ τὸ μὴ ἔχ- ειν βάθος: 깊이를 갖지 못하기 때문에, 깊이가 없기 때문에, 마 13:5,6, 24:12, 막4:5,6, 눅2:4, 6:48, 9:7.

④ [διὰ+속격 대신에 동인을 나타내기 위해서]

㉠ [사물의 대격과 함께] διὰ τὸ αἷμα: 피로 말미암아, 피에 의해, 계12: 11. διὰ τὰ σημεῖα: 기적으로 말미암아, 계 13:14.

㉡ [인격의 대격과 함께] ζῶ διὰ τὸν πατέρα: 요6:57, διὰ τὸν ὑποτάξαντα: 복종하게 한 자로 말미암아, 롬8:20.

☞**〈속격〉통하여, 항상, 〈대격〉~ 때문에, ~을 위하여, 말미암아**(요1:3), **후에**(막2:1), **인하여**(마10:22), **까닭이니라**(마17:20), **이러므로**(마18:23), **~에게는**(마26:24), **가운데로**(막9:30), **안으로**(막11:16), **~이므로**(눅2:4), **새도록**(눅5:5), **~하니**(눅18:5).

1224. διαβαίνω [diabainō][3회] **디아바이노**

동 제2부정과거 διέβην, 제2부정과거분사 διαβάς, 1223과 939의 어간에서 유래: 건너다, 건너가다. [대격과 함께] τὴν ἐρυθρὰν θάλασσαν: 홍해를, 눅16:26, 행16:9, 히 11:29.

☞**건너가다**(눅16:26), **건너오다**(행16:9), **건너다**(히11:29).

1225. διαβάλλω[diaballō][1회] **디아발로**

동 제1부정과거수동태 διεβλήθην, 1223과 906에서 유래: 적의로 고소하다, 비난하다, 참소하다, 눅16:1.

☞**밀고되다, 들리다**(눅16:1).

1226. διαβεβαιόομαι [diabĕbaiŏŏmai][2회] **디아베바이오오마이**

동 디포넌트, 1223과 950의 합성어의 중간태: 확언하다, 주장하다, 딤전 1:7, 딛3:8.

☞**확증하다**(딤전1:7), **굳세다**(딛3:8).

1227. διαβλέπω [diablĕpō][3회] **디아블레포**

동 미래 διαβλέψω, 제1부정과거 διέ- βλεψα, 1223과 991에서 유래:

1) [문자적으로] 눈여겨보다, 혹은 눈을 뜨다, 막8:25.

2) 똑똑히 보다[부정사와 함께], 마7:5, 눅 6:42.

☞**밝히 보다**(마7:5, 눅6:42).

1228. διάβολος, ον [diabŏlŏs][37회] **디아볼로스**

형 1225에서 유래:

1) [형용사] 중상하는, 비방하는, 입이 험한, 딤전3:11, 딤후3:3, 딛2:3.

2) [명사] ὁ δ.: 중상자, 비방자, 악마, 마 4:1,5,8,11, 13:39, 25:41, 눅4:2,3,6, 13, 8:12, 요13:2, 엡4:27, 6:11, 히2:14, 약 4:7.

① παγὶς τοῦ διαβόλου: 악마의 계교, 덫, 딤전3:7, 딤후2:26.

② υἱοὶ δ.: 사악한 자, 행13:10. τέκνα τοῦ δ., 요일3:10.

☞**[형용사에서 유래한 명사]마귀**(마4:1, 눅 8:12, 딤후2:26), **모함**(딤전3:11, 딤후3:3, 딛2:3).

1229. διαγγέλλω [dianggĕllō][3회] **디앙겔로**

동 제2부정과거수동태 διηγγέλην, 가정법 διαγγελῶ, 1223과 32의 어간에서 유래:

1) 멀리, 널리 전파하다, 광포하다[하나님 나라를], 눅9:60, 롬9:17.

2) ~을 통지하다[결례의 기간을 마쳤음을], 행21:26.

☞**전파하다**(눅9:60), **신고하다**(행21:26), **전파되다**(롬9:17).

1230. διαγίνομαι [diaginŏmai][3회] **디아기노마이**

동 제2부정과거 διεγενόμην, 1223과 1096에서 유래: 지내다, 보내다, 시간이 경과하다, 막16:1, 행25:13, 27:9.

☞**지나다**(행27:9).

1231. διαγινώσκω [diaginōskō][2회] **디아기노스코**

동 미래 διαγνώσομαι, 1223과 1097에서 유

래: 결정하다, 확정하다, 행23:15, 24: 22.
☞**물어보다**(행23:15), **처결하다**(행24:22).

1232. διαγνωρίζω [diagnōrizō]
디아그노리조
동 제1부정과거 διεγνώρισα, 1123과 1107에서 유래: 정확하게 알리다, 보고하다, 눅2:17.
☞**전하다**(눅2:17).

1233. διάγνωσις, εως, ἡ [diagnōsis][1회]
디아그노시스
명 1231에서 유래: 결정, 행25:21.
☞**판결**(행25:21).

1234. διαγογγύζω [diagŏnggüzō][2회]
디아공귀조
동 미완료 διεγόγγυζον, 1223과 1111에서 유래: 불평하다, 투덜거리다, 눅15: 2, 19:7.
☞**수군거리다**(눅15:2, 눅19:7).

1235. διαγρηγορέω [diagrēgŏrĕō][1회]
디아그레고레오
동 제1부정과거 διεγρηγόρησα, 1223과 1127에서 유래: 깨어있다, 완전히 깨어있다, 눅9:32.
☞**온전히 깨어있다**(눅9:32).

1236. διάγω [diagō][2회] **디아고**
동 1223과 71에서 유래: 살다, 생애를 보내다, 딤전2:2, 딛3:3.
☞**생활하다**(딤전2:2), **지내다**(딛3:3).

1237. διαδέχομαι [diadĕchŏmai][1회]
디아데코마이
동 제1부정과거 διεδεξάμην, 1223과 1209에서 유래: 계승하다, 물려받다, 넘겨받다, 행7:45.
☞**받다**(행7:45).

1238. διάδημα, ατος, τό [diadēma][3회]
디아데마
명 1223과 1210의 합성어에서 유래: 왕관[두건으로 두르는 흰색으로 장식된 푸른 띠, 페르시아에서는 왕족의 표시로 삼던 것], 계12:3, 13:1, 19:12, [4735와 비교].
☞**왕관**(계12:3, 13:1, 19:12).

1239. διαδίδωμι [diadidōmi][4회] **디아디도미**
동 제1부정과거 διέδωκα, 제2부정과거명령 διάδος, 미완료수동태3인칭단수 διεδίδετο, 1223과 1325에서 유래: 분배하다, 주다, 눅11:22, 12:42, 18:22, 요6:11, 계17:13. [수동] 행4:35.
☞**나누다**(눅11:22), **나누어주다**(눅18:22, 요6:11, 행4:35), **주다**(계17:13).

1240. διάδοχος, ου, ὁ [diadŏchŏs][1회]
디아도코스
명 1237에서 유래: 후계자, 후임자, 계승자, 행24:27.
☞**소임**(행24:27).

1241. διαζώννυμι [diazōnnümi][3회]
디아존뉘미
동 제1부정과거 διέζωσα, 제1부정과거중간태 διεζωσάμην, 완료수동분사 διεζωσμένος, 1223과 2224에서 유래: 둘러 띠다, 둘러대다, 요13:4,5, 21:7.
☞**두르다**(요13:4,5, 21:7).

1242. διαθήκη, ης, ἡ [diathēkē][33회]
디아데케
명 1303에서 유래:
1) 유언, 언약, 히9:16,17, 갈3:15.
2) 법령, 칙령, 목적의 선언, 규약, 언약, 눅1:72, 행3:25, 7:8, 롬9:4, 11:27, 엡2:12. καινὴ δ. [그리스도인에게 주어진] 새 언약, 눅22:20, 고전11:25, 고후3:6, 히8:8, 9:15, 혹은 δ. νέα, δ. αἰώνι- ος, 히13:20. παλαιὰ δ., 고후3:14., πρώτη δ., 히9:15, 갈4:24. τὸ αἷμά μου τ. διαθήκης: 언약의 나의 피, 마26:28, 막14:24.
3) 조약, 계약, 히9:4, 계11:19.
☞**언약**(마26:28, 행3:25, 히8:9), **구약**(고후3:14), **유언**(히9:16).

1243. διαίρεσις, εως, ἡ [diairĕsis][3회]
디아이레시스
명 1244에서 유래: 분배, 할당, 배당, 고전12:4. 분할, 구분, 나누다, 눅15:12, 고전12:10.
☞**여러 가지**(고전12:4-6).

1244. διαιρέω[diairĕō][2회] **디아이레오**
동 1223과 138에서 유래: 분리하다, 분배하다, 눅15:12.
☞**나누어주다**(눅15:12), **나누다**(고전12:11).

1245. διακαθαρίζω [diakatharizō][1회]
디아카다리조
동 미래 διακαθαριῶ, 1223과 2511에서 유래: 아주 깨끗하게 하다, 말끔하게 하다, 마

3:12, 눅3:17.
☞**정하게 하다**(마3:12, 눅3:17).

1246. διακατελέγχομαι [diakatĕlĕng-chŏmai][1회] 디아카텔렝코마이
동 미완료 διακατηλεγχόμην, 1223과 2596과 1651의 합성어에서 유래: 철저하게 논박하다, 입증하다, 행18:28.
☞**이기다**(행18:28).

1247. διακονέω [diakŏnĕō][37회] 디아코네오
동 미완료 διηκόνουν, 미래 διακονή-σω, 제1부정과거 διηκόνησα, 제1부정과거수동태 διηκονήθην, 1249에서 유래:
1) 식사시중을 들다, 눅10:40, 12:37, 17: 8, 22:26,27, 요12:2.
2) [일반적으로 어떤 사람을] 섬기다, 시중들다, 봉사하다, 마4:11, 8:15, 막1: 13,31, 눅4:39, 요12:26, 행19:22, 딤후1:18, 몬1:13, 벧전1:12, 4:10,11. 수동, 마20:28, 막10:45, 고후8:19,20.
3) 돌보다, 간호하다[사물의 여격과 함께], 행6:2, 고후3:3.
4) 돕다, 부양하다[+여격], 마25:44, 눅8:3, 롬15:25, 히6:10.
5) 집사일을 보다, 딤전3:10,13.
☞**수종들다**(마4:11, 막1:31, 눅4:39), **섬기다**(마20:28, 막15:41, 눅8:3), **공양하다**(마25: 44), **일하다**(눅10:40, 요12:2), **맡다**(고후8: 20), **돕다**(행19:22), **봉사하다**(벧전4:10, 11), **일삼다**(행6:2), **(집사의 직분을) 하게 하다**(딤전3:3).

1248. διακονία, ας, ἡ [diakŏnia][34회] 디아코니아
명 1249에서 유래:
1) 봉사, 섬기는 일, 행6:4, 고전16:15, 고후11:8, 엡4:12, 딤후4: 11, 히1:14, 계2:19.
2) 준비하는 일, 눅10:40.
3) [예언자나 사도의] 직무, 행1:17,25, 20:24, 21:19, 롬11:13, 고전12:5, 고후3:7,9, 4:1, 5:18, 6:3, 골4:17, 딤전1:12, 딤후4:5.
4) 구조, 원조, 기증, 행6:1, 11:29, 롬15: 31, 고후9:12.
5) 집사직, 롬12:7.
☞**직무**(행1:7, 고후9:12, 딤후4:5), **구제(**행6: 1), **부조**(행11:29, 12:25), **일**(행20:24, 딤후4:11), **사역**(행21:19), **직분**(롬11:13, 고전12:5, 골4:17, 고후6:3), **섬기는 일**(롬12:7), **준비하는 일**(눅10:40), **힘씀**(행6:4), **사명**(행20: 24), **[동] 섬기다**(롬12:7 ㊇, 고전16:15, 고후8: 4), **준비하다**(눅10:40).

1249. διάκονος, ου, ὁ, ἡ [diakŏnŏs][29회] 디아코노스
명 아마도 폐어가 된 διάκω '심부름을 가다'에서 유래[1377과 비교]:
1) [남성]
① 종, 마20:26, 23:11, 막10:43, 요2: 5,9, 고후3:6, 6:4, 11:23, 엡3:7, 골1:7,23,25, 살전3:2㊇, 딤전4:6, 의의 종, 요12:26, 고후11:15.
② 협조자, 조수, 동역자, 롬15:8, 갈2:17, 엡6:21, 골4:7.
③ 집사, 빌1:1, 딤전3:8,12.
2) [여성]
① 보조자, 대행자, 롬13:4.
② 여집사, 롬16:1.
☞**섬기는 자**(마20:26, 막10:43, 요12:26), **사환**(마22:13), **하인**(요2:5,9), **사역자**(롬13:4, 고전3:5), **추종자**(롬15:8), **일꾼**(롬16:1, 고후3:6, 엡6:21), **집사**(빌1:1, 딤전3:12), **짓게 하는 자**(갈2:17).

1250. διακόσιοι, αι, α [diakŏsiŏi][5회] 디아코시오이
수 1364와 1540에서 유래: 이백, 막6:37, 요6:7, 21:8.
☞**이백**(막6:37, 요6:7, 계11:3).

1251. διακούομαι [diakŏuŏmai][1회] 디아쿠오마이
동 미래 διακούσομαι, 법적 용어로서 1223과 191에서 유래: 청취하다, 심문하다, 행23:35.
☞**듣다**(행23:35).

1252. διακρίνω [diakrinō][19회] 디아크리노
동 미완료중간태 διεκρινόμην, 제1부정과거수동태 διεκρίθην, 1223과 2919에서 유래:
1) [능동]
① 나누어 놓다, 정돈하다.
② 구별하다, 분별하다, 행15:9, 고전4:7.
③ 판단하다, 심판하다.
㉠ 판결을 내리다, 고전14:29.
㉡ 옳게 분별하다, 가리어 내다, 판별하다, 마16:3, 고전11:31, 인식하다, 고전11:29.

④ [법적인 용어로] 재판하다, 고전6:5.
2) [중간, 수동]
① 논쟁하다, 문제를 제기하다, 논의하다, 행11:2, 유1:9.
② 의심하다, 주저하다, 흔들리다, 마음에서 갈등하다, 마21:21, 막11: 23, 행10:20, 롬4:20, 14: 23, 약1:6, 2:4, 유1:22.
☞**분별하다**(마16:3, 고전11:29), **의심하다**(마21:21, 행10:20, 롬14:23), **비난하다(행11:2), 차별하다**(행15:9, 약2:4), **구별하다**(고전4:7), **판단하다**(고전6:5), **판단 받다**(고전11:31), **다투다**(유1:9).

1253. διάκρισις, εως, ἡ [diakrisis][3회] 디아크리시스
명 1252에서 유래:
1) 구별, 구분[선과 악의], 고전12:10, 히5:14.
2) 싸움, 다툼, 롬14:1.
☞**비판**(롬14:1), **분별함**(고전12:10), **분별**(히5:14).

1254. διακωλύω [diakōlüō][1회] 디아콜뤼오
동 미완료 διεκώλυον, 1223과 2967에서 유래: 막다, 못하게 하다, 마3:14.
☞**말리다**(마3:14).

1255. διαλαλέω [dialalĕō][2회] 디알랄레오
동 1233과 2980에서 유래: 토의하다, 토론하다, 눅6:11, [수동] 눅1:65.
☞**두루 퍼지다**(눅1:65), **의논하다**(눅6:11).

1256. διαλέγομαι [dialĕgŏmai][13회] 디알레고마이
동 미완료 διελεγόμην, 제1부정과거 διελεξά μην, 제1부정과거수동태 δι- ελέχθην, 1223과 3004에서 유래:
1) 토의하다, 토론하다, 행18:4, 19:8,9, 20:9, 24:25 등. [담화하다, 논쟁하다] 막9:34, 유1:9.
2) 말하다, 설교하다.
☞**쟁론하다**(막9:34), **강론하다**(행17:2, 24: 25), **변론하다**(행17:17, 18:19, 유1:9), **권면하다**(히12:5).

1257. διαλείπω [dialĕipō][1회] 디알레이포
동 제2부정과거 διέλιπον, 1223과 3007에서 유래: 멎다, 그치다, 눅7:45.
☞**그치다**(눅7:45).

1258. διάλεκτος, ου, ἡ [dialĕktŏs][6회] 디알렉토스
명 1256에서 유래: [한 민족이나 지방의] 언어, 행1:19, 2:6,8, 21:40, 22:2, 26:14.
☞**말**(행1:19, 26:14), **방언**(행2:8).

1259. διαλλάσσω [diallassō][1회] 디알랏소
동 제2부정과거수동태 διηλλάγην, 미완료 διαλλάγηθι, 1223과 236에서 유래: 화해하다, 조정하다.
☞**화목하다**(마5:24).

1260. διαλογίζομαι [dialŏgizŏmai][16회] 디알로기조마이
동 중간태. 디포넌트. 미완료 διελογι- ζόμην, 1223과 3049에서 유래:
1) 생각하다, 숙고하다, 논의하다, 마16: 7,8, 21:25, 막2:8, 눅5:22, 12:17 등등.
2) 토의하다, 논쟁하다, 따지다, 막8:16, 눅20:14.
① [ὅτι와 함께] 막8:17.
② [독립적임] 막9:33.
☞**논의하다**(마16:7, 막2:6, 눅3:15), **토론하다**(막9:33), **생각하다**(눅1:29, 12:17).

1261. διαλογισμός, οῦ, ὁ [dialŏgis- mŏs][14회] 디알로기스모스
명 1260에서 유래:
1) 생각, 견해, 의견, 추론, 의도, 모략, 마15:19, 막7:21, 눅2:35, 5:22, 6:8, 9: 47, 롬1:21, 14:1, 고전3:20, 약2:4.
2) 의심, 논의, 논쟁, 눅24:38, 9:46, 빌2:14, 딤전2:8.
☞**생각**(마15:19, 눅2:35, 5:22, 고전3:20), **변론**(눅9:46), **시비**(빌2:14), **다툼**(딤전2:8), **의심**(눅24:38), **변론하는 것**(눅9:47), **의견**(롬14:1).

1262. διαλύω [dialüō][1회] 디알뤼오
동 제1부정과거수동태 διελύθην, 1223과 3089에서 유래: 분쇄하다, 해체하다, 붕괴하다.
1) [문자적으로] 깨뜨리다, 부서지게 하다, 산산조각을 내다, 행27:41.
2) [상징적으로] 해산시키다, 흩어지게 하다, 행5:36.
☞**흩어지다**(행5:36).

1263. διαμαρτύρομαι [diamartürŏmai][15회] 디아마르튀로마이
동 제1부정과거 διεμαρτυράμην, 1223과 3140에서 유래:

1) 명하다, 경고하다, 간원하다, 눅16:28, 딤전5:21, 딤후2:14, 4:1.
2) 증거하다, 증언하다, 행2:40, 20:21, 24, 28:23, 살전4:6, 히2:6.

☞**증언하다**(눅16:28, 행10:42), **확증하다**(행2:40), **명하다**(딤전5:21, 딤후2:14, 4:1).

1264. διαμάχομαι [diamachŏmai][1회] 디아마코마이

동 미완료 διεμαχόμην, 1223과 3164에서 유래: 몹시 다투다, 행23:9.

☞**다투다**(행23:9).

1265. διαμενω [diamĕnō][5회] 디아메노

동 미완료 διέμενον, 제1부정과거 διέ- μεινα, 완료 διαμεμένηκα, 1223과 3306에서 유래: 그대로 있다, 남아있다, 머물러 있다, 계속하다, 눅1:22, 22:28, 갈2:5, 히1:11, 벧후3:4.

☞**영존(永存)하다**(히1:11), **그냥~있다**(눅1:22), **항상~한다**(눅22:28), **항상 있게 하려 한다**(갈2:5), **그냥 있다**(벧후3:4). **[부] 그냥**(눅1:22), **항상**(눅22:28).

1266. διαμερίζω [diamĕrizō][11회] 디아메리조

동 미완료 διεμέριζον, 제1부정과거 διεμέρισα, 중간태 διεμερισάμην, 수동태 διεμερίσθην, 완료수동분사 δια- μεμερισμένος, 1223과 3307에서 유래:
1) 나누다, 쪼개지다, 분리하다.
2) [문자적으로] 분배하다, 나눠 갖다, 눅22:17, 행2:45, [중간태] 마27:35, 막15:24, 요19:24, 눅23:24㊂.
3) [상징적으로] 나누다, [수동으로만 사용] 나눠지다, 눅11:17,18, 12:52,53.

☞**나누다**(마27:35, 막15:24, 눅22:17), **분쟁하다**(눅11:17, 12:52,53), **갈라지다**(행2:3).

1267. διαμερισμός, οῦ, ὁ [diamĕris- mŏs][1회] 디아메리스모스

명 1266에서 유래: 분리, 분열, 분단, 눅12:51. ㊥ εἰρήνη.

☞**분쟁**(눅12:51).

1268. διανέμω [dianĕmō][1회] 디아네모

동 제1부정과거수동태 διενεμήθην, 1223과 3551의 어간에서 유래: 분배하다, 나누다, 퍼지다, 행4:17.

☞**퍼지다**(행4:17).

1269. διανεύω [dianĕuō][1회] 디아뉴오

동 1223과 3506에서 유래: 끄덕거리다, [머리짓으로] 사람을 부르다, 눅1:22.

☞**표시하다**(눅1:22).

1270. διανόημα, ατος, τό [dianŏēma][1회] 디아노에마

명 1223과 3539의 합성어에서 유래: 생각, 눅11:17.

☞**생각**(눅11:17).

1271. διάνοια, ας, ἡ [dianŏia][12회] 디아노이아

명 1223과 3536에서 유래:
1) 이해, 지식, 깨달음, 통찰력, 엡4:18, 요일5:20.
   ① 도덕적 이해, 히8:10, 10:16.
   ② 마음, 마22:37, 막12:30, 눅10:27.
2) [사고의 일종으로서의] 마음, 의향, 생각, 눅1:51, 골1:21, 벧후3:1.
3) [복수, 나쁜 의미의] 본성, 충동, 충격, 엡2:3.

☞**뜻**(마22:37, 눅10:27), **생각**(눅1:51, 히8:10, 10:16), **마음**(엡2:3, 벧전1:13, 벧후3:1), **지각(知覺)**(요일5:20).

1272. διανοίγω [dianŏigō][8회] 디아노이고

동 제1부정과거 διήνοιξα, 제1부정과거수동태 διηνοίχθην, 1223과 3536 에서 유래:
1) 열다.
   ① [문자적으로] 눅2:23, 행7:56.
   ② [상징적으로] [귀를] 열다, 막7:34, 35. [눈을] 뜨다, 눅24:31. [마음을] 열다, 눅24:45, 행16:14.
2) 설명하다, 해석하다, [성경을] 눅24:32. 독립적인, 행17:3.

☞**열리다**(막7:34,35), **나다**(눅2:23), **풀다**(눅24:32, 행17:3), **열다**(눅24:45, 행16:14), **밝아지다**(눅24:31).

1273. διανυκτερεύω [dianüktĕrĕuō][1회] 디아뉘크테류오

동 1223과 3571의 파생어에서 유래: 밤을 새다, 온밤을 지새다, 눅6:12.

☞**밤을 새다**(눅6:12).

1274. διανύω [dianüō][1회] 디아뉘오

동 제1부정과거 διήνυσα, 1223과 διὰ '영향을 주다'에서 유래:
1) [대격과 함께] 완성하다, 마치다[여행을],

행21:7. [계속하다의 뜻으로도 볼 수 있다]
2) 도착하다, 여행하다.
☞**다 마치다**(행21:7).

1275. διαπαντός [diapantŏs] 디아판토스
부 1223과 3956의 소유격에서 유래; '모든 시간을 통해서': 끊임없이, 항상, 막5:5, 히13:15.
☞**항상**(행10:2, 롬11:10), **늘**(막5:5, 눅24:53).

1276. διαπεράω [diapĕraō][6회] 디아페라오
동 제1부정과거 διεπέρασα, 1223과 4008의 파생어 어간에서 유래: 건너다, 건너가다, 마9:1, 14:34, 막5:21, 눅16:26, 행21:2.
☞**건너가다**(마9:1, 막5:21, 행21:2), **건너오다**(눅16:26).

1277. διαπλέω [diaplĕō][1회] 디아플레오
동 제1부정과거 διέπλευσα, 1223과 4126에서 유래: 도항하다, 항해해서 건너다, 행27:5.
☞**배타고 건너다**(행27:5).

1278. διαπονέω [diapŏnĕō][2회] 디아포네오
동 미완료 διεπονούμην, 제1부정과거수동분사 διαπονηθείς, 1223과 4122의 파생어에서 유래: 매우 괴로워하다, 불쾌하게 느끼다, 몹시 시끄러워하다, 행4:2, 16:18.
☞**싫어하다**(행4:2), **심히 괴로워하다**(행16:18).

1279. διαπορεύομαι [diapŏrĕuŏmai][5회] 디아포류오마이
동 미완료 διεπορευόμην, 1223과 4198에서 유래: 여행하여 지나가다, 걸어서 지나가다, 막2:23, 눅6:1, 13:22, 행16: 4, 롬15:24. 들러가다, 눅18:36.
☞**지나가다**(눅6:1, 롬15:24), **다니다, 지나다, 다녀가다**(눅13:22, 18:36, 행16:4).

1280. διαπορέω [diapŏrĕō][4회] 디아포레오
동 미완료 διηπόρουν, 1223과 639에서 유래: 몹시 당황해 하다, 눅9:7, 행10:17. [중간태도 같은 의미에서 독립적으로 사용] 눅24:4㊁, 행2:12.
☞**심히 당황하다**(눅9:7), **근심하다**(눅24:4㊁), **의혹하다**(행5:24), **의아해 하다**(행10:17).

1281. διαπραγματεύομαι [diapragmatĕuŏmai][1회] 디아프라그마튜오마이
동 중간태. 디포넌트. 제1부정과거 δι- επραγματευσάμην, 1223과 4231에서 유래: 장사하여 벌다, 남기다.
☞**장사하여 벌다**(눅19:15).

1282. διαπρίω[diapriō][2회] 디아프리오
동 미완료수동태 διεπριόμην, 1223과 4249의 어간에서 유래: [문자적으로] 톱으로 켜 자르다, [수동, 상징적으로] 골수까지 찌르다, 속을 찌르다, 행5:33, 7:54.
☞**크게 노하다**(행5:33), **찔리다**(행7:54).

1283. διαρπάζω [diarpazō][3회] 디아르파조
동 1223과 726에서 유래: 몽땅 털어가다, 전부 약탈하다, [집을] 마12:29, 막3:27.
☞**강탈하다**(마12:29, 막3:27).

1284. διαῤῥήσσω [diarrhēssō][5회] 디아르렛소
동 제1부정과거 διέ(ρ)ρηξα, 제2부정과거수동태 διε(ρ)ράγη, 1223과 4486에서 유래: [문자적으로] ~을 찢다[겉옷을], 마26:65, 막14:63, 행14:14. 깨뜨리다, 부수다, 눅8: 29. [수동] 찢어지다, 터지다, 눅5:6.
☞**찢다**(마26:65, 막14:63), **찢어지다**(눅5:6), **끊다**(눅8:29).

1285. διασαφέω [diasaphĕō][2회] 디아사ㅎ페오
동 제1부정과거 δεισάφησα, 1233과 σαφής '깨끗한'에서 유래:
1) 설명하다, [문자적으로] 깨끗이 하다, 마13:36.
2) 자세히 이야기하다, 밝히 말하다, 보고하다, 마18:31.
☞**알리다**(마18:31).

1286. διασείω[diasĕiō][1회] 디아세이오
동 제1부정과거 διέσεισα, 1223과 4579에서 유래: 강제로 돈을 갈취하다, 눅3:14.
☞**강탈하다**(눅3:14).

1287. διασκορπίζω [diaskŏrpizō][9회] 디아스코르피조
동 제1부정과거 διεσκόρπισα, 제1부정과거수동태 διεσκορπίσθην, 미래수동태 διασκορπισθήσομαι, 1223과 4650에서 유래: 흩어지다, 뿌리다, 헤어지게 하다, 마26:31, 막14:27, 눅1:51, 요11:52, 행5:37.
1) [씨를] 마25:24,26.
2) [재산을] 허비하다, 낭비하다, 눅15: 13, 16:1.

☞**헤치다**(마25:24,26), **흩어지다**(막14:27, 요11:52, 행5:37), **흩다**(눅1:51), **낭비하다**(눅15:13, 16:1).

1288. διασπάω [diaspaō][2회] 디아스파오

동 제1부정과거수동태 διεσπάσθην, 완료수동부정사 διεσπάσθαι, 1223과 4685에서 유래: 찢어버리다, 깨뜨려버리다, 막5:4, 행23:10.

☞**깨뜨리다**(막5:4), **찢겨지다**(행23:10).

1289. διασπείρω [diaspĕirō][3회] 디아스페이로

동 제2부정과거수동태 διεσπάρην, 1223과 4687에서 유래: ~을 뿌리다, 흩어지게 하다, [수동] [교회가] 행8:1,4, 11:19.

☞**흩어지다**(행8:1,4, 11:19).

1290. διασπορά, ᾶς, ἡ [diaspŏra][3회] 디아스포라

명 1289에서 유래:
1) 흩어진 사람들, 요7:35.
2) 흩어진 사람들이 있는 장소, [비유적으로] 천국 본향을 떠나 세상에 흩어져 사는 그리스도인들, 약1:1, 벧전1:1.

☞**흩어진 곳**(요7:35, 약1:1), **흩어진 (사람들)**(벧전1:1).

1291. διαστέλλομαι [diastĕllŏmai][8회] 디아스텔로마이

동 미완료 διεστελ λόμην, 제1부정과거 διεστειλάμην, 1223과 4724에서 유래:
1) 명령하다, 지시하다.
① [인격의 여격과 함께] 막7:36, 8:15, 행15:24.
② [인격의 여격과 ἵνα와 함께] 마16: 20, 막5:43, 7:36, 9:9.
2) [수동] 히12:20.

☞**경고하다**(마16:20, 막5:43, 9:9), **시키다**(행15:24). **[명] 명령**(히12:20).

1292. διάστημα, ατος, τό [diastēma][1회] 디아스테마

명 1339에서 유래: 간격, 겨를, 시간, 공간, 거리 행5:7.

☞**지남**(행5:7).

1293. διαστολή, ῆς, ἡ [diastŏlē][3회] 디아스톨레

명 1291에서 유래: 차이, 차별, 구별, 롬3:22, 10:12, 고전14:7.

☞**차별**(롬3:22, 10:12), **분별**(고전14:7).

1294. διαστρέφω [diastrĕphō][7회] 디아스트레ㅎ포

동 제1부정과거 διέστρεψα, 완료수동분사 διεστραμμένος, 1223과 4762에서 유래:
1) 굽게 하다, 왜곡하다, 그르치다, [비유적으로] 마17:17, 눅9:41, 행13:10, 20:30, 빌2:15.
2) 잘못 인도하다, 그릇되게 인도하다, 돌아서다, 눅23:2, 행13:8.

☞**패역하다**(마17:17, 눅9:41), **미혹하다**(눅23:2), **굽게 하다**(행13:10), **어그러지다**(행20:30), **거스르다**(빌2:15).

1295. διασώζω [diasōzō][8회] 디아소조

동 제1부정과거 διέσωσα, 제1부정과거수동태 διεσώθην, 1223과 4982에서 유래:
1) 안전하게 살려내다, 구원하다, 구출하다, 행23:24, 27:43, 28:4, 벧전3:20.
2) [수동] 치료되다, 마14:36. [능동] 눅7:3.

☞**나음을 얻다**(마14:36), **구원하다**(눅7:3), **구원을 얻다**(행27:44, 28:1, 벧전3:20), **무사히 보내다**(행23:24).

1296. διαταγή, ῆς, ἡ [diatagē][2회] 디아타게

명 1299에서 유래: 명령, 훈련, 가리킴, 지시, 행7:53, 롬13:2.

☞**명(命)**(롬13:2), **전함**(행7:53).

1297. διάταγμα, ατος, τό [diatagma][1회] 디아타그마

명 1299에서 유래: 칙령, 명령, 히11:23.

☞**명령**(히11:23).

1298. διαταράσσω [diatarassō][1회] 디아타랏소

동 제1부정과거수동태 διεταράχθην, 1223과 5015에서 유래: 혼란시키다, [아주] 당황하게 하다, 눅1:29.

☞**놀라다**(눅1:29).

1299. διατάσσω [diatassō][16회] 디아탓소

동 제1부정과거 διέταξα, 미래중간태 διατάξομαι, 제1부정과거중간태 διε- ταξάμην, 제1부정과거수동태 διετάχ- θην, 제1부정과거분사 διαταχθείς, 제2부정과거분사 διαταγείς, 완료수동분사 διατεταγμένος, 1223과 5021에서 유래:
1) 명령하다, 지정하다, 지시하다.
① [인격의 여격과 함께] 마11:1, 고전9:14,

16:1.

② [부정사와 함께] 눅3:13, 8:55, 17: 9, 행18:2, 23:31, 갈3:19.

2) [중간] 명령하다, 지시하다, 딛1:5.

① [인격의 여격과 부정사와 함께] 행7:44, 24:23, 고전7:17.

② [사물의 대격과 함께] 행20:13, 고전 11:34.

☞**명하다**(마11:1, 눅8:55, 행7:44), **정하다**(행20:13), **명령받다**(눅17:10), **명을 받다**(행23:31), **바로 잡다**(고전11:34), **베풀다**(갈3:19).

1300. διατελέω [diatĕlĕō][1회] **디아텔레오**

동 자동사. 1223과 5055에서 유래: 계속하다, 그대로 있다, 행27:33.

☞**기다리고 기다리다**(행27:33).

1301. διατηρέω [diatērĕō][2회] **디아테레오**

동 미완료 διετήρουν, 1223과 5083에서 유래: 지키다, 간수하다, 간직하다, 눅2: 51, 행15:29.

☞**(마음에)두다**(눅2:51), **삼가다**(행15:29).

1302. διατί [diati] **디아티**

전 1223과 5101에서 유래: διὰ를 보라.

☞**어찌하여**(마9:11), **차라리**(고전6:7), **어떠한 까닭이냐**(고후11:11).

1303. διατίθεμαι [diatithĕmai][7회] **디아티ㅆ케마이**

동 중간태. 미래 διαθήσομαι, 제2부정과거 διεθέμην, 제2부정과거분사 διαθέμενος, 1223과 5087에서 유래:

1) 명하다, 포고하다, 제정하다, 규정하다, 행3:25, 히8:10, 10:16.

2) ~에게 위탁하다, ~의 것으로 삼다[인격의 여격과 함께], 눅22:29. 3)[매우 자주] 유언하다, 유언으로 재산을 처리하다, 히9:16,17.

☞**맡기다**(눅22:29), **세우다**(행3:25, 히8:10), **유언하다**(히9:16,17).

1304. διατρίβω [diatribō][9회] **디아트리보**

동 미완료 διέτριβον, 제1부정과거 διέτριψα, 제1부정과거분사 διατρί－ψας, 1223과 5147의 어간에서 유래:

1) [문자적으로는] 문질러 없애다, 닳아지게 하다.

2) [상징적으로] 소비하다, [시간을] 보내다, 행14:3,28, 16:12, 20:6, 25:6,14.

3) [독립적으로] 머물다, 남다, 요3:22, 11:54 ⓢ, 행12:19, 25:14.

☞**유하다**(요3:22, 행15:35, 16:12), **지내다**(행25:6), **머물다**(행12:19, 20:6), **있다**(행14:3).

1305. διατροφή, ῆς, ἡ [diatrŏphē][1회] **디아트로ㅎ페**

명 1223과 5142의 합성어에서 유래:지지, 지탱, 유지, [복수로] 생활의 방편, 양식, 딤전 6:8.

☞**먹을 것**(딤전6:8).

1306. διαυγάζω [diaugazō][1회] **디아우가조**

동 제1부정과거 διηύγασα, 1223과 826에서 유래:

1) 비치다.

2) 동이 트다, 날이 새다, 밝다, 벧후1:19.

☞**날이 새다**(벧후1:19).

1307. διαφανής, ές [diaphanēs] **디아파네스**

형 1223과 5316에서 유래: 투명한, 순수한, 맑은, 계21:21.

☞**맑은(계21:21)**.

1308. διαφέρω [diaphĕrō][13회] **디아ㅎ페로**

동 제1부정과거 διήνεγκα, 미완료중간태 διεφερόμην, 1223과 5342에서 유래:

1) [타동사]

① 갖고 지나가다, 막11:16.

② 퍼뜨리다, 퍼지게 하다, 행13:49.

③ 몰다, [배를] 이리저리 밀어가다, 행27:27.

2) [자동사]

① 다르다, 구별되다, 고전15:41, 갈4:1.

② ~보다 낫다, 우월하다, 마6:26, 10: 31, 12:12, 눅12:7,24, 롬2:18, 빌1:10.

③ [비인칭으로] οὐδέν μοι διαφέ－ρει: 나에게 상관없다, 갈2:6.

☞**보다 더 귀하다**(마6:26, 눅12:7), **지나다니다**(막11:16), **퍼지다**(행13:49), **다르다**(고전15:41), **상관 있다**(갈2:6). **[부] 이리 저리 쫓기다**(행27:27), **지극히 선하다**(롬2:18)

1309. διαφεύγω [diaphĕugō][1회] **디아ㅎ퓨고**

동 제2부정과거 διέφυγον, 1223과 5343에서 유래: 도망하다, 달아나다, 행27:42.

☞**도망하다**(행27:42).

1310. διαφημίζω [diaphēmizō][3회] **디아ㅎ페미조**

동 제1부정과거 διεφήμισα, 수동태 διεφημίσθην, 1223과 5345의 파생어에서 유래:
1) [말로써] 알리다, 소문을 퍼뜨리다, 소문을 내다, 널리 퍼지게 하다, 마9:31, 막1:45.
2) [수동] 마28:15.
☞**전파하다**(마9:31), **두루 퍼지다**(마28:15), **퍼지게 하다**(막1:45).

1311. διαφθείρω [diaphthĕirō][6회]
디아ㅎ프데이로
동 완료수동분사 διεφθαρμένος, 제2부정과거수동태 διεφθάρην, 1225와 5351에서 유래:
1) 파괴하다, 못쓰게 하다, 눅12:33, 계11:18. [수동] 고후4:16, 계8:9.
2) [도덕적인 의미에서] 파멸시키다, 망하게 하다, 딤전6:5, 계11:18.
☞**좀먹다**(눅12:33), **낡아지다**(고후4:16), **부패하다**(딤전6:5), **깨지다**(계8:9), **망하다**(계11:18), **멸망시키다**(계11:18).

1312. διαφθορά, ᾶς, ἡ [diaphthŏra][6회]
디아ㅎ프도라
명 1311에서 유래: 파멸, 부패, 행2:27, 13:34,37.
☞**썩음**(행2:27, 13:34,37).

1313. διάφορος, ον [diaphŏrŏs][4회]
디아ㅎ포로스
형 1308에서 유래:
1) 다른, 틀리는, 롬12:6, 히9:10.
2) 뛰어난, 탁월한, 월등한, 히1:4, 8:6.
☞**다른**(롬12:6), **더욱 아름다운**(히1:4, 8:6), **여러 가지**(히9:10).

1314. διαφυλάσσω [diaphülassō][1회]
디아ㅎ퓔랏소
동 제1부정과거 διεφύλαξα, 1223과 5442에서 유래: 보호하다, 파수하다, 수비하다, 눅4:10.
☞**지키다**(눅4:10).

1315. διαχειρίζομαι [diachĕirizŏmai][2회]
디아케이리조마이
동 제1부정과거중간태 διεχειρισάμην, 1223과 5495의 파생어에서 유래: 난폭하게 대하다, 폭행을 가하다, 죽다, 행5:30.
☞**죽이다**(행5:30, 26:21).

1316. διαχωρίζομαι [diachōrizŏmai][1회]
디아코리조마이
동 1223과 5563의 중간태에서 유래: 분리하다, 나누다, [수동] 나눠지다, 헤어지다, 떠나다, 가버리다, 눅9:33.
☞**떠나다**(눅9:33).

1317. διδακτικός, ή, όν [didaktikŏs][2회]
디닥티코스
형 1318에서 유래: 가르치는 데 능숙한, 가르치는 일에 익숙한, 딤전3:2, 딤후2:24.
☞**가르치기를 잘하는**(딤전3:2, 딤후2:24).

1318. διδακτός, ή, όν [didaktŏs][3회]
디닥토스
형 1321에서 유래: 가르치는.
1) [사람이] 지도를 받는. διδακτοὶ θεοῦ: 하나님의 가르침을 받다, 요6:45.
2) 전하여진, 알려진[속격과 함께], 고전2:13.
☞**가르친**(요6:45). **[동] 가르치다**(고전2:13).

1319. διδασκαλία, ας, ἡ [didaskalia][21회]
디다스칼리아
명 1320에서 유래:
1) [능동] 가르침[의 행위], 교수, 롬12:7, 15:4, 딤전4:13,16, 딤후3:16.
2) [수동] 가르쳐진 교훈, 가르침, 마15: 9, 막7:7, 엡4:14, 골2:22, 딤전1:10, 4:1,6, 5:17, 6:1,3, 딤후3:10, 4:13, 딛1:9, 2:1,7,10.
☞**교훈**(마15:9, 롬15:4, 엡4:14), **가르침**(골2:22, 딤전4:1, 5:17), **가르치는 일**(롬12:7), **가르치는 것**(딤전4:13).

1320. διδάσκαλος, ου, ὁ [didaskalŏs][97회]
디다스칼로스
명 1321에서 유래: 교사, 롬2:20, 히5:12.
1) [μαθητής와 함께] 마10:24,25, 눅6:40.
2) [예수를 가리키는 경우] 마8:19, 12: 38, 19:16, 22:16, 24,36, 막4:38, 9: 17,38, 10:17,20,35, 12:14,19,32, 눅7:40, 9:38 등.
3) ὁ δ. καὶ ὁ κύριος, 눅2:46, 3:12, 요3:10, 13:13,14.
4) [교회의 직책으로서] 행13:1, 고전12: 28,29, 엡4:11, 딤후1:11, 약3:1.
5) 거짓스승, 딤후4:3.
☞**선생님**(마8:19, 12:38, 요11:28), **선생**(마9:11, 막5:35, 약3:1), **교사**(행13:1, 고전12:28, 엡4:11), **스승**(딤전2:7, 딤후4:3).

1321. διδάσκω [didaskō][97회] 디다스코

Δ

동 미완료 ἐδίδασκον, 미래 διδάξω, 제1부정과거 ἐδίδαξα, 제1부정과거수동 ἐδιδάχθην, 기본 동사 '배우다'의 사역적 연장형:
1) [독립적으로] 마4:23, 28:15, 막1:21, 요7:14, 고전4:17, 딤전4:11, 6:2.
2) ① [인격의 대격과 함께] ~을 가르치다, 마5:2, 막9:31, 눅4:31, 요7:35.
② [사물의 대격과 함께] 마15:9, 22: 16, 행15:35, 18:11,25.
③ [인격과 사물의 대격과 함께] ~에게 ~을 가르치다, 막4:2, 요14:26, 행21:21, 히5:12. [수동] 갈1:12, 살후2:15, 요일2:27.
④ [인격의 여격과 함께] 계2:14.
⑤ [인격의 대격과 부정사와 함께] 마28:20, 막8:31, 눅11:1, 행15:1, 고전11:14.
⑥ [다른 동사와 함께] 마11:1, 행15: 35, 골3:16, 딤전4:11, 6:2.
☞**가르치다**(마4:23, 막1:21, 눅4:15), **배우다**(갈1:12), **교훈을 받다**(골2:7). **[명] 가르침**(엡4:21, 골1:28).

1322. διδαχή, ῆς, ἡ [didachē][30회] 디다케
명 1321에서 유래:
1) [능동] 가르침, 가르치기, 교수, 막4:2, 12:38, 고전14:6, 딤후4:2.
2) [수동] 교훈, 가르쳐진 것.
① [바리새인과 사두개인의] 마16:12.
② [예수의] 요7:16,17, 18:19.
③ [사도의] 행2:42, 5:28, 13:12, 17: 19, 롬6:17, 16:17, 고전14:26, 딛1: 9, 히6:2, 계2:24. [주] 잘못된 교훈, 히13:9, 계2:14,15.
3) [두 의미가 모두 가능한 것] 마7:28, 22:33, 막1:22, 11:18, 눅4:32.
☞**가르치심**(마7:28, 막12:38, 행13:12), **교훈**(마16:12, 막1:22, 롬6:17), **가르침**(딤후4:2, 딛1:9).

1323. δίδραχμον, ου, τό [didrachmŏn][2회] 디드라크몬
명 1364와 1406에서 유래: 두 드라크마, 두 드라크마 동전, 마17:24.
☞**반 세겔**(마17:24).

1324. Δίδυμος, ου, ὁ [Didŭmŏs][3회] 디뒤모스
명 1364의 연장형에서 유래; 쌍둥이: 사도 도마의 헬라 이름 '디두모', 요11:16, 20:24, 21:2.
☞**디두모**(요11:26, 20:24, 21:2).

1325. δίδωμι [didōmi][415회] 디도미
동 기본 동사의 연장형, 3인칭복수 δι- δόασι, 미완료3인칭단수 ἐδίδου, 미완료3인칭복수 ἐδίδουν, ἐδίδοσαν, 요19:3, 미래 δώσω, 제1부정과거 ἔδω- κα, 제1부정과거가정법 δώσῃ, 요17:2, 계8:3. δώσωμεν, 막6:37, δώσωσιν, 계4:9, 현재완료 δέδωκα, 과거완료 ἐ- δεδώκειν, 제2부정과거가정법2인칭단수 δῷς, 3인칭단수 δῷ, 복수 δῶμεν, δῶτε, δῶσιν, 제2부정과거명령 δοῦ- ναι, 제2부정과거부정사 δός, δότε, 제2부정과거분사 δούς, 완료수동태 δέδομαι, 제1부정과거수동태 ἐδόθην, 미래수동태 δοθήσομαι.
1. 주다.
1) [문자적으로] ~을 ~에게 주다, 마4: 9, 7:6,11, 14:7 등.
① [빵을] 막2:26, 눅6:4.
② [희생을] 드리다, 바치다, 눅2:24.
③ 찬양한다, 감사한다, 눅17:18, 요9: 24, 행12:23, 계4:9.
2) [독립적으로] 하사하다, 수여하다.
① [목적명사에 의하여 번역이 결정되는데, 그 의미는 다양하다]
㉠ γνώμην δ.: 의견을 진술하다, 말하다, 고전7:25, 고후8:10.
㉡ ἐγκοπὴν δ.: 방해를 일으키다, 방해하다, 고전9:12.
㉢ ἐντολὴν δ.: 명령을 내리다, 요11:57, 12:49, 요일3:23.
㉣ εὔσημον λόγον δ.: 알아듣게 말하다, 고전14:9.
㉤ προσκοπὴν δ.: [길에] 거침 거리를 놓다, 고후6:3.
㉥ σημεῖον δ.: 예를 들다, 요13:15.
㉦ ὑπόδειγμα δ.: 표적을 주다, 마26: 48.
㉧ [그외] 눅7:45, 14:9, 요13:15, 18: 22, 19:3, 행1:26, 롬12:19, 엡4:27.
② [하나님 혹은 그리스도가] 주시다, 베풀다, 내리시다, 보내다[선물, 평화를], 고후1:22, 8:10,16, 엡4:8, 히10:16, 요일4:13, 계2:17, 17:17.

㉠ [ἵνα와 함께] 막10:37, [같은 의미로 수동을 사용] 마9:8, 28:18, 눅8:10, 고후13:10, 살후1:8, 약4:6, 벧전5:5, 계6:4, 7:2, 9:3, 13:7, 14,15, 18:7.
㉡ [속격과 함께] 마10:2, 막6:7, 눅10:19, 요17:2.
㉢ [간단히 부정사와 함께 같은 의미로] γνῶναι τὰ μυσ- τήρια: ~에게 주어지다, 베풀어지다, 마13: 11, 19:11, 요5:26, 19:11, 행4:29.
㉣ [대격과 부정사와 함께] 행2:27, 10:40, 13:35, 계9:5.
③ [상징적으로] [비를] 주시다, 내리시다, 행14:17, 약5:18, 일으키다, 행2:19, [소리를] 내다, 고전14:7,8.

2. 주다, 내주다, 넘겨주다, τινί τι, 마5:31, 14:19, 15:36, 막6:41, 8:6, 눅15:12, 22:19, 요21:13, 행9:41. [부정사와 함께] δ. τινὶφαγεῖν: ~에게 먹을 것을 주다, 마14:16, 막5:43, 6:37, 요6:31, [마실 것을] 마27:34, 막15:23, 요4:7, 계16:6.

3. 맡겨 주다, 위탁하다.
1) ① ινί τι [돈을] 마25:15, 눅9:13,15.
② [천국의 열쇠를] 마16:19, 눅12:48.
③ [영적인 것을] 요17:8,14, 행7:38.
2) τινά τινι [다른 사람의 보살핌에 누구를] 맡기다, 요6:37,39, 17:6,9, 12,24, 히2:13.

4. 내어놓다, 돌려주다, 마13:8, 막4:7,8, 계20:13.
1) [삯을] 지불하다, 주다, [τινί τι], 마20:4, 26:15, 28:12, 막14:11, 눅22: 5, 계11:18.
2) [상징적으로] 갚다, 계2:23.
3) 바치다, 마16:26, 22:17, 27:10, 막8: 37, 12:14, 눅20:22.
4) λόγον δ. [셈을] 따지다, 롬14:12.

5. [τιθέναι와 같은 뜻으로 사용]
1) 두다, 놓다, 눅19:23.
2) 지명하다, 임명하다, 행13:20, 엡1:22, 4:11.
3) [ποιεῖν 대신 사용되는 경우] 모의하다, 막3:6.

6. 포기하다, 희생하다, 바치다, 마20:28, 막10:45, 눅22:19, 고후8:5, 갈1:4, 딤전2:6, 딛2:14, 감히 나아가다, 행19: 31.

7. δὸς ἐργασί- αν, 눅12:58, 노력하다, 수고하다.

☞**주다**(마4:9, 막2:26, 눅1:32), **보이다**(마12: 39), **허락되다**(마13:11), **보여주다**(마16:4), **타고나다**(마19:11), **바치다**(마22:17, 막12:15), **내다**(마24:29), **제사하다**(눅2:24), **내밀다**(행9:41), **베풀다**(행2:19, 딤후1:16), **끼치다**(엡4:29), **세우다**(행20:32), **직고하다**(롬14: 12), **드리다**(고후8:5), **맡기다**(요5:22), **허락받다**(계6:4), **허락하다**(계19:8).

1326. διεγείρω [diĕgĕirō][6회] **디에게이로**
동 제1부정과거 διήγειρα, 미완료수동 διηγειρόμην, 혹은 διεγειρόμην, 제1부정과거수동 διηγέθην, 1223과 1453에서 유래:
1) 잠을 깨우다, 일으키다, 막4:38㊇, 눅8:24.
2) [수동] 깨다, 마1:24, 막4:39.
3) [비유적으로] 동요시키다, 고무하다, 분기시킨다, 벧후1:13, 3:1.

☞**깨다**(마1:24, 막4:39, 눅8:24), **깨우다**(막4:38), **일어나다**(요6:18), **일깨우다**(벧후1: 13, 3:1).

1327. διέξοδος, ου, ἡ [diĕxŏdŏs][1회] **디엑소도스**
명 1223과 1841에서 유래: 출구, 빠져나가는 곳, [한 도시 경계선에서 빠져나와 시외로 들어서는] 길목. [주]δ. τῶν ὁδῶν, 마22:9.

☞**네거리 길**(마22:9).

1328. διερμηνευτής, οῦ, ὁ [diĕrmēnĕu- tēs][6회] **디엘메뉴테스**
명 1329에서 유래: 해설자, 설명하는 사람, 고전14:28.

☞**통역하는 자**(고전14:28).

1329. διερμηνεύω [diĕrmēnĕuō][6회] **디에르메뉴오**
동 제1부정과거 διερμήνευσα, 1223과 2059에서 유래.
1) 번역하다, 해석하다, 행9:36.
2) 설명하다, 통역하다, 눅24:27, 고전12:30, 14:27, 14:5,
3) [수동]

☞**설명하다**(눅24:27), **번역하다**(행9:36), **통역하다**(고전12:30, 14:5,27).

1330. διέρχομαι [diĕrchŏmai][43회] **디에르코마이**

동 미완료 διηρχόμην, 미래 διελεύ－ σομαι, 제2부정과거 διῆλθον, 완료분사 διεληλυθώς, 히4:14, 1223과 2059에서 유래:1.지나가다, 통과하다.

1) [장소의 대격과 함께] 눅2:35, 19:1, 행12:10, 13:6, 14:24, 19:1, 20:2, 고전16:5, 히4:14.

2) [전치사와 함께]

① δ. διά τινος: 어떤 것을 지나가다, 마12:43, 19:24, 막10:25, 눅4:30, 11:24, 17:11, 요8:59㉦, 행9:32, 고전10:1, 고후1:16.

② [ἐν과 함께] ἐν οἷς διῆλθον κηρύσσων: 내가 당신들 가운데 다니면서 선포하는 것에 대하여.

3) [독립적으로] 눅19:4, 행8:40.

2. [단순히] 가다, 오다, 눅2:15, 8:22, 요4:15, 행9:38, 11:19,22, 롬5:12.

3. 이곳저곳 돌아다니다, 퍼져나가다, 눅9:6, 행13:14, [독립적으로] 눅5: 15, 행8:4.

☞**다니다**(마12:43, 눅11:24, 행8:4), **건너가다**(막4:35, 눅8:22, 행8:27), **가다**(눅2:15), **찌르다**(눅2:35), **퍼지다**(눅5:15), **행하다**(눅9: 6, 행9:32), **지나가다**(눅17:11, 행14:24), **통과하다**(요4:4), **지나다니다**(행8:40), **오다**(행9:38), **이르다**(행11:19), **보내다**(행11:22), **다녀가다**(행15:3,41, 16:6), **왕래하다**(행20: 25), **승천하다**(히4:14), 나가다(요8:59㉦)

1331. διερωτάω [diĕrōtaō][1회] 디에로타오

동 제1부정과거 διηρώτησα, 1223과 2065에서 유래: 물어서 찾다, 행10:17.

☞**찾다**(행10:17).

1332. διετής, ές[diĕtēs][1회] 디에테스

형 1364와 2094에서 유래: 두 살 난, 두 살짜리의, 마2:16.

☞**두 살 난**(마2:16).

1333. διετία, ας, ἡ [diĕtia][2회] 디에티아

명 1332에서 유래: 이 년, 이 년의 세월, 행24:27, 28:30.

☞**이태**(행24:27, 28:30).

1334. διηγέομαι [diēgĕŏmai][8회] 디에게오마이

동 미래 διηγήσομαι, 제1부정과거 δι－ ηγησάμην, 1223과 2233에서 유래:

1) 말하다, 언급하다, 묘사하다, 진술하다, 눅8:39, 행8:33.

2) [무엇을 누구에게] 자세히 말하다, 막5:16, 9:9, 눅9:10.

3) [간접질문이 뒤따르는 경우] 막5:16, 행9:27, 12:17, 히11:32.

☞**알리다**(막5:16), **이르다**(막9:9), **말하다**(눅8:39, 행8:33, 12:17, 히11:32) **말씀하다**(행9:27).

1335. διήγεσις, εως, ἡ [diēgĕsis][1회] 디에게시스

명 1334에서 유래: 이야기, 눅1:1.

☞**내력, 사실**(눅1:1).

1336. διηνεκές, ές [diēnĕkēs][4회] 디에네케스

형 부 1223의 합성어의 중성형과 5342의 대체어의 파생어에서 유래: 계속적인, 끊임없는. [주] εἰς τὸ δ.

1) 영원토록, 히7:3, 10:14.

2) 언제든지, 히10:12.

3) 계속해서, 히10:1.

☞**항상**(히7:3), **늘**(히10:1), **영원히**(히10:14). **[형] 영원한**(히10:12).

1337. διθάλασσος, ον [dithalassŏs][1회] 디달랏소스

형 1364와 2281에서 유래: 양쪽에 바다가 있는, 바다를 둘로 나눈, 사주, [바다로 쭉 뻗어나온] 땅줄기, 암초, 행27:41.

☞**두 물이 합하여 흐르는**(행27:41).

1338. διϊκνέομαι [diïknĕŏmai][1회] 디이크네오마이

동 자동사. 1223과 2425의 어간에서 유래: 관통하다, 꿰뚫다, 히4:12.

☞**찌르다**(히4:12).

1339. διΐστημι [diïstēmi][3회] 디이스테미

동 제1부정과거 διέστησα, 제1부정과거분사 διαστήσας, 제2부정과거 διέσ－ την, 제2부정과거분사 διαστης, 1223과 2476에서 유래:

1) [자동사, 제2부정과거] 가버리다, 떠나가다, [시간이] 지나가 버리다, 눅22:59, 24:51.

2) [타동사] 항해하다, 저어가다, 행27:28.

☞**떠나다**(눅24:51), **가다**(행27:28).

1340. διϊσχυρίζομαι [diïschŭrizŏmai][2회] 디이스퀴리조마이

동 미완료 διϊσχυριζόμην, 1223과 2478의 파

생어에서 유래: 주장하다, 확실하게 주장하다, 눅22:59, [부정사와 함께] 행12:15.

☞**장담하다**(눅22:59), **힘써 말하다**(행12:15).

1341. δικαιοκρισία, ας, ἡ [dikaiŏkri- sia][1회]
디카이오크리시아

명 1342와 2920에서 유래: 의로운 심판, 옳은 심판, 롬2:5.

☞**의로우신 판단**(롬2:5).

1342. δίκαιος, αία, ον [dikaiŏs][79회]
디카이오스

형 1349에서 유래:

1. [사람에 관하여] 올바른, 의로운, 옳은 [צַדִּיק과 같은 뜻으로 하나님이나 사람의 율법대로 사는 것을 의미함]

1) [법적인 면을 강조하는 경우] 법대로 사는, 옳은, 정직한, 착한, 마1:19, 롬5:7, 딤전1:9, 딛1:8, 요일3:7.

2) [종교적인 면을 강조하는 경우, 하나님의 주권을 침해하지 않고 그의 율법을 지킨다는 뜻] 눅1:6, 2:25, 23: 50, 행10:22, 롬2:13, 3:10. [주] 특히 유대기독교적 의미에서는 공의, 정의를 말함, 마10:41, 23:28, 눅1:17, 20:20, 롬1:17, 5:19, 약5:16, 갈3:11, 히10:38, 벧전3:12, 4:18.

2. [하나님에 관하여] 공의로우신, 의로우신, 요17:25, 딤후4:8, 요일1:9, 계16:5.

3. [1,2의 의미에서 의의 관념으로서 ὁ δ.로 불리는 예수에 관하여] 마27:19, 눅23:47, 행7:52, 요일2:1, 3:7.

4. [사물에 관하여] ἔγα, 요일3:12.

1) αἷμα δ.: 의인의 피, 무죄한 사람, 마23:35, 27:24.

2) ψυχὴ δ.: 의로운 영혼, 벧후2:8.

3) ἐντολή, 롬7:12. 4)κρίσις, 요5:30, 7:24, 살후1:5, 계16:7, 19:2.

5. [중성은 어떤 올바른 요구 조건들에 비추어서 반드시 그러해야 하는 것들을 가리킨다]

1) δ. παρὰ θεῷ: 하나님이 보시기에 옳다, 살후1:6.

2) δ. ἐνώπιον τοῦ θεοῦ, 행4:19.

3) δ. καὶ ὅσιον: 옳고 거룩한.

4) δ. ἐστιν: ~은 옳다, 엡6:1, 빌1:7.

5) τὸ δ.: 옳게 여기다, 눅12:57.

6) τὸ δ. παρέχεσθαι: 옳은 것을 주다, 골4:1.

7) ὅ ἐαν ᾖ δ. δώσω ὑμῖν: 무엇이든 마땅한 것을 내가 네게 주었다, 마20:4.

☞**의로운**(마1:19), **옳은**(마23:28, 27:19), **무죄한**(마27:24), **마땅한**(빌1:7), **공의로운**(살후1:5), **[명] 의로운 자**(마5:45), **의인**(마9: 13, 10:41, 벧전3:12), **공의**(요7:24), **의**(골4:1).

1343. δικαιοσύνη, ης, ἡ [dikaiŏsünē][92회]
디카이오쉬네

명 1342에서 유래: 의, 옳음, 올바름.

1) [재판관의 특성으로서] 정의, 공정. ἐργάζεσθαι δικαιοσύνην: 공의를 행하다, 히11:33, κρίνειν ἐν δ.: 정당하게 판단하다, 행17:31, 계19:11.

2) [도덕적, 종교적 의미로 사용되는 경우, 하나님이 사람에게 요구하는 특성으로서의] 의.

① [신의 법도를 이룬다는 의미에서] 마3:15, κατὰ δ. τὴν ἐν νόμῳ γενόμενος ἄμεμπτος: 율법을 지키는 의에서는 흠 없는, 빌3:6. [때로는 이 '의'에서 비롯된 경건한 행위를 뜻한다] 마5:20, 6:1, 자비, 자선, 구제, 고후9:9.

② [사람의 모든 생활의 행동을 이끄는 동기로서] 올바른 것, 의, 의에 주리고 목마름, 마5:6, διαλέγεσθαι περὶ δ.: 의에 관해서 말한다, 행24:25, ἐργάζεσθαι δ.: 옳은 일을 행하다, 행10:35, 의를 완성하다, 약1:20, 요일2:29, 3:7,10, 계22:11, διώκειν τὴν δ.: 의를 추구하다, 의를 달성하려고 애쓰다, 롬9:30, 딤전6:11, 딤후2:22, ὁδὸς (τῆς) δ.: 옳은 길, 의의 길, 마21:32, 벧후2:21, ἐν οἷς δ. κατοικεῖ: 의가 깃든, 벧후3:13, παιδεία ἡ ἐν δ.: 의로써 행하는 훈련, 의의 훈련, 딤후3:16, ἔργα τὰ ἐν δ.: 옳은 행위, 딛3:5, ἐχθρὸς πά- σης δ.: 온갖 옳은 것의 원수, 행13:10, ὅπλα (τῆς) δ.: 의의 병기, 의의 도구, 롬6:13, 고후6:7, θώραξ τῆς δ.: 의의 호심경, 엡6:14, διάκονοι δι- καιοσύνης: 의의 종, 고후11:15, καρ- πὸς δικαιοσύνης: 의의 열매, 빌1:11, 히12:11, 약3:18, ὁ τῆς δ. στέφανος: 의의 면류관, 딤후4:8. κῆρυξ δ.: 의의 설교자, 벧후2:5, ἐλέγχειν περὶ δικα- ιοσύνης: 의에 관해서 나무라다, 요16:8,10.

3) [특히 바울사상에서 나타나는 표현들] ἡ ἐκ θεοῦ δικ.: 빌3:9, δικ. θεοῦ: 롬1:17, 3:21,22,26, 10:3, 고후5:21, [δικ.만 단독으로 사용되어] 롬5:21, 9:30, 고후3:9, 하나님께서 주신 의, ἡ δωρεὰ τῆς δ.: 의의 선물, 롬5:17, [이런 점에서 구원이란 의미에 가깝다]: δ. ἐκ νόμου: 율법에 의한 의, 롬10:5, ἰδία δ.: 자신의 의, 롬10:3.
4) δ.가 기독교의 독특한 덕을 구성하고 있기 때문에 거의 기독교와 동의어가 되어 있다, 마5:10, 벧전3:14, λόγος (τῆς) δ.: 의의 말씀, 히5:13.

☞의(마3:15, 눅1:75, 고후3:9), 의로움(고전1:30, 엡5:9). [동] 의롭다(롬3:25, 26).

1344. δικαιόω [dikaiŏō][39회] 디카이오오

동 미래 δικαιώσω, 제1부정과거 ἐδι- καίωσα, 제1부정과거수동 ἐδικαιώ- θην, 제1부정과거가정법 δικαιωθῶ, 제1부정과거분사 δικαιωθείς, 미래수동 δικαιωθήσομαι, 완료수동 δεδικα- ίωμαι, 롬6:7, 고전4:4, 완료수동분사 δεδικαιωμένος, 눅18:14, 1342에서 유래:
1) 공의를 보이다, 공의를 행한다.
2) 공정하게 행하다, 옳게 하다, 옳게 취급하다, 정당함을 입증하다.
 ① θέλων δ. ἑαυτόν: 자신을 정당화하려 하다, 눅10:29.
 ② δ. ἑαυτὸν ἐνώπι- όν τινος: ~앞에서 자신을 정당화하려 하다, 마11: 19, 눅7:29,35, 16:15, 18:14.
3) [후기 저작에 영향을 미친 바울은 거의 전적으로 이 단어를 하나님의 심판에 사용하였다]
 ① [사람에 대하여] 무죄선고를 받다, 칭의를 받다, 의롭다고 취급되다, 의롭다함을 얻다, 마12:37, 행13: 39, 롬2:13, 3:20,24,28, 4:2, 5:1,9, 고전4:4, 갈2:16,17, 3:11,24, 5:4, 딛3:7.
 ② [하나님의 행위에 대하여] 롬3:26, 30, 4:5, 8:30,33, 갈3:8.
 ③ δι- καιόω: 자유롭게 하다, 놓아주다, 순결하게 하다, 행13:38, 롬6: 7, 고전6:11, 딤전3:16.
 ④ [하나님이] 옳다는 것이 증명되다, 롬3:4, [그리스도가] 딤전3:16.

☞**옳다 하다**(마11:19, 눅7:35), **의롭다 하다**(마12:17, 눅7:29, 고전4:4), **의롭게 하려 하다**(롬3:26), **의롭게 되다**(갈2:16), **의롭게 되려 하다**(갈2:17), **의로 정하다**(갈3:8), **의를 행하다**(계22:11). **[명] 의**(갈3:8, 계22:11).

1345. δικαίωμα, ατος, τό [dikaiōma][10회] 디카이오마

명 1344에서 유래:
1) 규정, 규칙, 요구사항, 계명, 눅1:6, 롬2:26, 8:4, [특히 하나님의 요구] δ. τοῦ θεοῦ, 롬1:32, δ. λατρείας: 예배를 위한 규칙, 히9:1.
2) 의로운 행실, 롬5:18, 계15:4, 19:8.
3) 롬5:16은 δικαίωσις와 같은 뜻.

☞**규례**(눅1:6, 롬2:26), **의**(롬5:18), **요구**(롬8:4), **예법**(히9:1,10), **옳은 행실**(계19:8), **정하심**(롬1:32), **의롭다 하심**(롬5:16), **의로우신 일**(계15:4),

1346. δικαίως [dikaiōs][79회] 디카이오스

부 1342에서 유래:
1) 의롭게, 옳게, 바르게.
 ① [심판을] 벧전2:23.
 ② 바르게, 고전15:34, 살전2:10, 딛2:12.
2) 정당하게, 마땅하게, 눅23:41.

☞**당연하게**(눅23:41), **옳게**(살전2:10), **의롭게**(딛2:12), **의를 행하게**(고전15:34), **공의로**(벧전2:23)

1347. δικαίωσις, εως, ἡ [dikaiōsis][2회] 디카이오시스

명 1344에서 유래: 의롭다 함, 무죄 선언, 롬4:25, 5:18.

☞**의롭다 하심**(롬4:25, 5:18), **의롭다하심을 받음**(롬5:18).

1348. δικαστής, οῦ, ὁ [dikastēs][2회] 디카스테스

명 1349의 파생어에서 유래: 재판관, 눅12:14 ㈜, 행7:35,27.

☞**재판장**(눅12:14㈜, 행7:27,35).

1349. δίκη, ης, ἡ [dikē][3회] 디케

명 1166에서 유래된 것으로 보임:
1) 형벌, 벌, 징벌, 행25:15, 살후1:9, 유1:7.
2) [여신으로 인격화 되어진 이름] 정의의 신, 행28:4.

☞**정죄하기**(행25:15), **공의**(행28:4), **형벌**(살후1:9, 유1:7).

1350. δίκτυον, ου, τό [diktüŏn][12회] **디크튀온**
명 δίκω '던지다'에서 유래된 것으로 보임: 그물, 마4:20,21, 막1:18,19, 눅5:2, 4,5, 요21:6,8,11.
☞**그물**(마4:20, 눅5:2, 요21:11).

1351. δίλογος, ον [dilŏgŏs][1회] **딜로고스**
형 1364와 3056에서 유래: 두 말하는, 일구이언하는, 신실하지 못한, 딤전3:8.
☞**일구이언하는**(딤전3:8).

1352. διό [diŏ][53회] **디오**
접 1223과 3739에서 유래: 그러므로, 이런 까닭에, 마27:8, 눅7:7, 행15: 19, 20:31, 25:26, 26:3, 27:25,34, 롬1:24, 2:1, 13:5. [주] διὸ καί: 그러므로, ~또한, 눅1:35, 행10:29, 24:26, 롬4:22, 15:22, 고후1:20, 5:9, 고전14:13.
☞**그러므로**(마27:8), **이러므로**(눅1:35), **~고로**(행24:26), **그런즉**(고후5:9).

1353. διοδεύω [diŏdĕuō][2회] **디오듀오**
동 미완료 διώδευον, 제1부정과거 διώδευσα, 1223과 3593에서 유래:
1) 지나가다, 여행하며 통과하다, 거쳐가다, τόπον τινά, 행17:1.
2) [자동사] 두루다니다, 눅8:1.
☞**다녀가다**(행17:1), **두루 다니다**(눅8:1).

1354. Διονύσιος, ου, ὁ [Diŏnüsiŏs][1회] **디오뉘시오스**
고명 Διόνυσος '바카스' [주신]에서 유래: 술 마시고 흥청거리는 사람, 아테네 사람의 이름, 바울에 의해 개종한 아레오바고 회원 '디오누시오', 행17:34.
☞**디오누시오**(행17:34).

1355. διόπερ [diŏpĕr][2회] **디오페르**
접 [δι' ὅπερ], 1352와 4007에서 유래: 그러므로, 바로 이런 이유로, 고전8:13, 10:14.
☞**그러므로**(고전8:13), **그런즉**(고전10:14).

1356. διοπετής, ές [diŏpĕtēs][1회] **디오페테스**
형 2203의 변형과 4098의 변형에서 유래: 하늘에서 떨어진, τὸ δ. [에베소에서], 하늘에서 떨어진[아데미신상], 행19:35.
☞**하늘에서 내려온**(행19:35).

1357. διόρθωσις, εως, ἡ [diŏrthōsis][1회] **디오르도시스**
명 1223의 합성어와 3717의 파생어에서 유래: 개량, 개선, 새질서, και- ρὸς δ.: 새질서의 시대, 히9:10.
☞**개혁**(히9:10).

1358. διορύσσω [diŏrüsso][4회] **디오뤼소**
동 제1부정과거수동분사 διορυχθῆ- ναι, 1223과 3736에서 유래: 뚫다, 마6:19, 20, 24:43, 눅12:39.
☞**구멍을 뚫다**(마6:19), **뚫다**(마24:43, 눅12:39).

1359. Διόσκουροι, ων, οἱ [Diŏskŏurŏi][1회] **디오스쿠로이**
고명 2203의 대체어와 2877의 어간에서 유래: 제우스와 레다의 쌍둥이 아들들, 알렉산드리아 배머리의 조각물 혹은 그 배의 수호신, '디오스구로', 행28:11.
☞**디오스구로**(행28:11).

1360. διότι [diŏti][23회] **디오티**
접 1223과 3754에서 유래:
1) 왜냐하면[διὰ τοῦτο ὅτι], 눅2:7, 행17:31 ㊀, 고전15:9, 살전2:8, 히11:5, 약4:3.
2) 그러므로[διὰ τοῦ- το], 행13:35, 20: 26.
3) [원인을 가리키는 ὅτι 대신 사용] ~때문에, 눅1:13, 행10:20㊀, 18:10, 22:18, 롬1:19- 21, 3:20, 갈2:16㊀, 살전2:18, 벧전1:16.
4) [관계대명사 역할]
☞**이는**(눅2:7)

1361. Διοτρεφής, ους, ὁ [Diŏtrĕphēs][1회] **디오트레페스**
고명 2203과 5142의 대체어에서 유래: 기독교인 '디오드레베', 요삼1:9.
☞**디오드레베**(요삼1:9).

1362. διπλοῦς, ῆ, οῦν [diplŏus][4회] **디플루스**
형 1364와 4119의 어간에서 유래: 두 배의, 이중의, 마23:15, 딤전5:17, 계18:6.
☞**배(倍)의**(마23:15, 딤전5:17), **갑절의**(계18:6).

1363. διπλόω [diplŏō][1회] **디플로오**
동 제1부정과거 ἐδίπλωσα, 1362에서 유래: 두 곱하다, 겹치다, 계18:6.
☞**갑절을 갚아주다**(계18:6).

1364. δίς [dis][6회] **디스**
부 1417에서 유래: 두 번, 막14:30,72, 계9:16.
[주] ① ἅπαξ καὶ δ.: 여러 번, 번번히, 빌4:16, 살전2:18.
② [속격과 함께] 눅18: 12, 유1:12.

Δ

☞**두 번**(막14:30,72, 빌4:16), **두 번씩**(눅18:12).

1365. διστάζω [distazō][2회] **디스타조**

동 미래 διστάσω, 1부정과거 ἐδίστα- σα, 1364에서 유래:

1) 의심하다, 마14:31, 28:17.

2) 주저하다, 망설이다.

☞**의심하다**(마14:31, 28:17).

1366. δίστομος, ον [distŏmŏs][3회] **디스토모스**

형 1364와 4750에서 유래: [칼의] 양날이 선, 히4:12, 계1:16, 2:12.

☞**좌우에 날선**(히4:12, 계1:16, 2:12).

1367. δισχίλιοι, αι, α [dischiliïoi][1회] **디스킬리오이**

수 1364와 5507에서 유래: 이천, 막5:13.

☞**이천**(막5:13).

1368. διϋλιζω [diülizō][1회] **디윌리조**

동 1223과 ὑλίζω '여과하다'에서 유래: 걸러내다, 잡아당기다, 뱉아내다, 마23:24.

☞**걸러내다**(마23:24).

1369. διχάζω [dichazō][1회] **디카조**

동 제1부정과거 ἐδίχασα, 1364의 파생어에서 유래: 둘로 나누다, 가르다, [상징적으로] 소외, 격리시키다, 이간질하다, 마10:35.

☞**불화하게 하다**(마10:35).

1370. διχοστασία, ας, ἡ [dichŏstasia][2회] **디코스타시아**

명 1364와 4714의 파생어에서 유래: 불화, 알력, 갈5:20.

☞**분쟁**(롬16:17, 고전3:3), **분열함**(갈5:20).

1371. διχοτομέω [dichŏtŏmĕō][2회] **디코토메오**

동 미래 διχοτομήσω, 1364의 파생어와 τέμνω '자르다'의 파생어의 합성어에서 유래: 두 동강을 내다, 마24:51, 눅12:46.

☞**엄히 때리다**(마24:51, 눅12:46).

1372. διψάω [dipsaō][16회] **딥사오**

동 3인칭단수 διψᾷ, 요7:37, 롬12:20, 미래 διψήσω, 제1부정과거 ἐδί- ψησα, 1373의 어미 변화에서 유래: 목마르다.

1) 목마르게 되다, 갈증으로 고통당하다, 마25:35,37,42,44, 요4:13,15, 19:28, 롬12:20, 고전4:11, 계7:16.

2) [상징적으로] 생명수에 목마르다, 요4:14, 6:35, 7:37, 계21:6, 22:17.

3) [상징적으로] 목마르다, 즉 애타게 무엇을 고대하다, 애타게 기다리다, 갈급해 하다, 마5:6.

☞**목마르다**(마5:6, 요4:13, 고전4:11).

1373. δίψος, ους, τό [dipsŏs][1회] **딥소스**

명 불확실한 유사어에서 유래: 갈증, 목마름, 고후11:27.

☞**목마름**(고후11:27).

1374. δίψυχος, ον [dipsuchŏs][2회] **디프쉬코스**

형 1364와 5590에서 유래: 의심하는, 갈팡질팡하는, 망설이는, 두 마음의, 약1:8, 4:8.

☞**두 마음을 품은**(약1:8, 4:8).

1375. διωγμός, ου, ὁ [diōgmŏs][10회] **디오그모스**

명 1377에서 유래: 박해, 심한 박해, 마13:21, 막10:30, 행8:1, 13:50, 살후1:4, 딤후3:11.

☞**박해**(마13:21, 행8:1, 살후3:11).

1376. διώκτης, ου, ὁ [diōktēs][1회] **디옥테스**

명 1377에서 유래: 박해자, 딤전1:13.

☞**박해자**(딤전1:13).

1377. διώκω [diōkō][45회] **디오코**

동 미완료 ἐδίωκον, 미래 διώξω, 제1부정과거 ἐδίωξα, 제1부정과거수동 ἐδιώχθην, 완료수동분사 δεδιωγμέ- νος, δίω '도망하다'의 연장형:

1) 서둘러 가다, 달려가다, 몰아내다, 밀려들다, 빌3:14.

2) 박해하다, 막5:11, 눅11:49, 요5:16, 롬12:14, 고전4:12, 갈1:13, 빌3:6, 계12:13, [수동] 마5:10, 고후4:9, 갈5:11, 6:12, 딤후3:12.

3) 몰아내다, 쫓아내다, 마10:23, 23:34.

4) 쫓아가다, 추적하다.

① [문자적으로] 눅17:23.

② [상징적으로] 추구하다, 갈망하다, 열망하다, 찾다, 롬9:30, 딤전6:11, 딤후2:22, 살전5:15.

☞**박해를 받다**(마5:10, 고후4:9, 딤후3:12), **박해하다**(마5:11, 마23:34, 눅21:12, 행9:4), **따르다**(눅17:23, 살전5:15, 히12:14, 벧전3: 11), **따라가다**(롬9:31, 빌3:12,14), **힘쓰다**(롬12:13, 14:19), **추구하다**(고전14:1), **박해**(고전4:12, 갈6:12).

1378. δόγμα, ατος, τό [dŏgma][5회] 도그마
명 1380의 어간에서 유래:
1) 칙령, 법령, 결정, 명령, 준칙, 눅2:1, 행16:4, 17:7, 골2:14.
2) 교리, 교의.
☞**영(令)**(눅2:1), **규례**(행16:4), **명(命)**(행17: 7), **계명**(엡2:15), **법조문**(골2:14).

1379. δογματίζω [dŏgmatizō][1회] 도그마티조
동 완료수동분사 δεδογματισμένος, 1378에서 유래: [수동] 법규에 복종하다, 골2:20.
☞**규례에 순종하다**(골2:20).

1380. δοκέω [dŏkĕō][63회] 도케오
동 미완료 ἐδόκουν, 미래 δόξω, 제1부정과거 ἔδοξα, 기본동사 δόκω의 연장형:
1) [타동사] 생각하다, 믿다, 상상하다, 가정하다.
① [부정사가 뒤따르는 동시에 그 주어가 부정사의 주어와 같은 경우] ἐδόκουν πνεῦμα θεω- ρεῖν: 그들은 귀신을 보는 것으로 믿었다, 마3:9, 눅8:18, 24:37, 요5:39, 16:2, 행27: 13, 고전7:40, 빌3:4, 약1:26.
② [부정사와 주격이 뒤따르는 경우] εἴ τις δοκεῖ σοφὸς εἶναι: 만일 누가 스스로 지혜 있다고 생각한다면, 고전3:18, 11:16, 14:37, 갈6:3.
③ [대격과 부정사가 뒤따르며, 부정사의 주어와 원주어가 다른 경우] μή τίς με δόξῃ ἄφρονα εἶναι: 누구도 내가 어리석은 자라고 생각지 말라, 고전12:23, 고후11:16.
④ [ὅτι가 따르는 경우] 마6:7, 막6:49, 눅12:51, 요5:45, 고전4:9, 고후12: 19, 약4:5.
⑤ [삽입적으로 사용되는 경우] πόσῳ δο- κεῖτε χείρονος ἀξιωθήσεται τιμωρί- ας: 그가 얼마나 더 심한 징벌을 받을 것이라고 생각하는가, 눅17:9, 고전4:9, 히10:29.
⑥ [생략적으로 사용되는 경우, 곧 목적어 등의 생략] ᾗ οὐ δο- κεῖτε ὥρᾳ ὁ υἱὸς τ. ἀνθρώπου ἔρχε- ται: 너희가 생각지 않은 때에 인자가 오리라, 마24:44, 눅12:40.
2) [자동사] ~인 것 같다.
① [사람의 여격과 함께] ~으로 보인다.
㉠ τίς τούτων... πλησίον δοκεῖ σοι γεγο νέναι: 그들 중에 누가 네 이웃으로 보이느냐? 눅10:36.
㉡ δ. καταγγελεὺς εἶναι: 그는 설교자인 것 같다, 설교자로 보인다, 행17:18, 고전12:22, 고후10:9, 히12:11.
㉢ ἔδοξα ἐμαυτῷ δεῖν πρᾶ- ξαι: 나는 그것을 행해야 하는 것으로 보았다, 행26:9, 히4:1.
② 영향력 있다, 유력하다, 인정받다, 명성이 높다.
㉠ οἱ δοκέδόθην: 유력한 사람들, 갈2:2,6.
㉡ οἱ δοκοῦντες ἄρχειν: 통치자로 이름난 사람들, 막10:42.
3) [비인칭으로] δοκεῖ μοι [내게는] ~생각된다, [나에게는] ~인 것으로 보인다.
① 생각하다, 믿다.
㉠ τί σοι δοκεῖ: 너는 어떻게 생각하느냐? 마17:25, 22:17.
㉡ τί ὑμῖν δοκεῖ: 너희는 어떻게 생각하느냐? 마18:12, 21:28, 26:66, 요11:56.
㉢ κατὰ τὸ δ. αὐτοῖς, 그들 마음대로, 히12:11.
② [나에게] 가장 좋게 여겨지다, 결정하다, 작정하다, 눅1:3, 행15: 22.
☞**생각하다**(마3:9, 눅17:9, 요11:13), **주관하다**(막10:42), **알다**(눅1:3, 요20:15, 행15:28), **가결하다**(행15:22), **유력하다**(갈2:6), **보이다**(고전12:22), **여기다**(고후11:16). **[명] 생각**(마17:25, 21:28, 요11:56), **의견**(눅10:36).

1381. δοκιμάζω [dŏkimazō][22회] 도키마조
동 미래 δοκιμάσω, 제1부정과거 ἐδο- κίμασα, 완료수동 δεδοκίμασμαι, 1384에서 유래:
1) 시험하다, 검사, 조사하다, [대격과 함께] 눅14:19, ἑαυτόν, 자신을 살피다, 고전11:28, 고후13:5, [자신의 사업을] 갈6:4, [하나님의 역사를] 히3:9, [모든 것을] 살전5:21, [영들을] 요일4:1, [하늘과 땅을] 눅12:56, 알아내다, 엡5:10, 그 외, 롬2:18,

12:2, 살전2:4, 딤전3:10
2) [시험의 결과와 관련하여]
① 시험하여 증거하다, 시험으로 알아내다, 고전3:13, 벧전1:7.
② 증명된 것으로 받아들이다, 인정하다, 시인하다, [대격과 함께] οὓς ἐὰν δοκιμάσητε: 누구든지 너희가 자격 있다고 생각하는 사람들은, 롬1:28, 2:18, 14:22, 고전16:3, 고후8:8,22, [간접 질문이 뒤따르는 경우] δ., τί τὸ θέλημα τ. θεοῦ: 하나님의 뜻이 무엇인지 분별하라, 롬12:2, [수동] 살전2:4.

☞**분간하다**(눅12:56, 롬2:18), **시험하다**(눅14:19, 고후8:22, 히3:9), **연단하다**(벧전1:7), **분별하다**(롬12:2, 빌1:10), **옳다 하다**(롬14: 22), **살피다**(고전11:28, 갈6:4), **인정하다**(고전16:3), **증명하다**(고후8:8), **감찰하다**(살전2:4), **헤아리다**(살전5:21).

1382. δοκιμή, ῆς, ἡ [dŏkimē][7회] 도키메
명 1384와 동일어에서 유래:1)인정받는 성질 즉 품성, 인격, 롬5:4, 자격, 신분, 고후2:9, 9:13, 빌2:22. 2)시련, 시험, 고후8:2, 13:3.

☞**연단**(롬5:4, 빌2:22), **증거**(고후2:9, 9:13, 13:3), **시련**(고후8:2).

1383. δοκίμιον, ου, τό [dŏkimiŏn][2회] 도키미온
명 형 중성형. 1382의 파생어에서 유래: 추정.
1) [명사] 시련, 시련의 도구, 약1:3.
2) [형용사 δοκίμιος의 중성단수] 순수한, 섞은 것이 없는, τὸ δ. ὑμῶν τῆς πίστεως: 너희 믿음의 순수성, 벧전1:7.

☞**시련**(약1:3, 벧전1:7).

1384. δόκιμος, ον [dŏkimŏs][7회] 도키모스
형 1380에서 유래:
1) 인정된, 받아들여진, 합격된, 연단되고 참된, 순수한, 고후10:18, 13:7, 딤후2:15, 약1:12. [주] ὁ δ. ἐν Χριστῷ: 그리스도 안에서 인정받는 자=연단된 참 기독교인, 롬16:10. οἱ δ., 고전11:19.
2) 존경 받는, 롬14:18.

☞**칭찬을 받은**(롬14:18), **인정함을 받은**(롬16:10, 고전11:19, 고후10:18), **인정된**(딤후2:15).

1385. δοκός, οῦ, ἡ [dŏkŏs][6회] 도코스
명 1209에서 유래: 대들보, 마7:3-5, 눅6:41,42.

☞**들보**(마7:3, 눅6:41,42).

1386. δόλιος, ία, ον [dŏliŏs][1회] 돌리오스
형 1388에서 유래: 속임수의, 사기하는, 속이는, 정직하지 못한, 고후11:13.

☞**속이는**(고후11:13).

1387. δολιόω [dŏliŏō][1회] 돌리오오
동 미완료3인칭복수 ἐδολιοῦσαν, 1386에서 유래: 속이다, 사기치다, 롬3:13.

☞**속이다**(롬3:13).

1388. δόλος, ου, ὁ [dŏlŏs][11회] 돌로스
명 폐어가 된 기본어 δέλλω '꾀어내다'에서 유래: 속임, 교활함, 간교, 변절, 막7:22, 요1:47, 벧전2:22, 계14:5, [κακία와 함께] 벧전2:1. δόλῳ, 교활함으로, 마26:4.

☞**흉계**(마26:4, 막14:1, 고후12:16), **속임**(막7:22), **사기**(롬1:29), **기만**(벧전2:1, 3:10), **거짓**(벧전2:22), **거짓말**(계14:5), **간사한 것**(요1:47).

1389. δολόω [dŏlŏō][1회] 돌로오
동 1388에서 유래: 잘못되게 만들다, 섞어 버리다, 고후4:2.

☞**혼잡하게 하다**(고후4:2).

1390. δόμα, δόματος, τό [dŏma][4회] 도마
명 1352의 어간에서 유래: 선물, 엡4:8, 빌4:17. δ. ἀγαθά: 좋은 선물, 마7:11, 눅11:13.

☞**선물**(엡4:8, 빌4:17).

1391. δόξα, ης, ἡ [dŏxa][166회] 독사
명 1380의 어간에서 유래:
1) 광명, 훌륭함, 영광, 광휘.
① [문자적으로] 눅2:9, 9:32, 행22:11, 히9:5.
② [더 넓은 의미로 하나님의] 영광, 위엄, 장엄, 극치, 롬1:23. [그리스도에 대하여] 마19:28, 24:30, 25:31, 막10:37, 13:26, 눅9:26, 21:27, 요1:14, 2:11.
③ [현세 다음의 삶의 상태에 대한 표현으로], [그리스도에 대하여] 눅24: 26, 요17:5, 17:24, 벧전1:11. [제자들에 대하여] 롬8:18,21, 고전2:7.
④ 반영. ἀνὴρ εἰκὼν καὶ δόξα θε- οῦ: 사람은 하나님의 모상이며 반영[영광]이다, 고전11:7.
2) 장엄, 화려[왕의 옷], 마4:8, 6:29, 눅4:6, 12:27, 계21:24,26.

3) 명예, 경의, 명성, 눅2:14, 요5:44, 7: 18, 8:50, 롬11:36, 갈1:5, 살전2:6.
4) δόξαι[천사들의 삶에 대하여] 벧후2:10.
☞**영광**(마4:8, 막8:38, 눅2:9), **광채**(행22: 11), **영화(榮華)**(요17:5).

1392. δοξάζω [dŏxazō][61회] 독사조
동 미완료 ἐδόξαζον, 미래 δοξάσω, 제1부정과거 ἐδόξασα, 제1부정과거명령 δόξασον, 제1부정과거수동 ἐδο- ξάσθην, 완료수동 δεδόξασμαι, 1391에서 유래.
1) 찬양하다, 존경하다, 영예를 주다, 찬미하다, 영광돌리다.
① [아버지께] 마5:16.
② [하나님께] 막2:12.
㉠ ἔν τινι, 갈1:24, 벧전4:16.
㉡ ἐπί τινι, ~때문에 찬양하다, 행4:21.
㉢ διά τινος와 ἐπί τινι, 롬1:21, 11: 13, 고전12:26, 고후9:13.
2) 찬란하게 입히다, 영광스럽게 하다[내세에 올 영광으로], 요7:39, 12:16,23, 28, 13:31,32, 17:1,5,10, 행3:13, 롬8:30, [요한이 즐겨 사용한 단어] 고후3:10, 살후3:1, 벧전1:8 등.
☞**영광 돌리다**(마5:16, 막2:12, 눅2:20), **영광얻다**(마6:2, 요11:4, 12:16), **칭송받다**(눅4:15), **영광스럽다**(요12:28), **영화롭게 하다**(요17:1,4, 행3:13), **찬송하다**(행13:48), **영광되다**(고후3:10). **[명] 영광**(고전6:20, 갈1:24).

1393. Δορκάς, άδος, ἡ [Dŏrkas][2회] 도르카스
고명 가젤, 영양, 여자 성도이름 '도르가', 행9:36,39.
☞**도르가**(행9:36,39).

1394. δόσις, εως, ἡ [dŏsis][2회] 도시스
명 1325의 어간에서 유래:
1) 선물, 약1:17.
2) 주는 것, 주는 행위, 빌4:15, 약1:17.
☞**선물**(약1:17). **[동] 주다**(빌4:15).

1395. δότης, ου, ὁ [dŏtēs][1회] 도테스
명 1325의 어간에서 유래: 주는 사람, 고후9:7.
☞**내는 자**(고후9:7).

1396. δουλαγωγέω [dŏulagōgĕō][1회] 둘라고게오
동 1401과 71의 합성어에서 유래: 노예를 삼다, 종을 삼다, 예속시키다, 고전9:27.
☞**복종하게 하다**(고전9:27).

1397. δουλεία, ας, ἡ [dŏulĕia][5회] 둘레이아
명 1398에서 유래: 노예신세, 종살이, 예속, 속박[상징적으로]. [주] πνεῦ- μα δ.: 종의 영, 갈5:1, 히2:15.
☞**종**(롬8:15, 갈4:24, 히2:15).

1398. δουλεύω [dŏulĕuō][25회] 둘류오
동 미래 δουλεύσω, 제1부정과거 ἐ- δούλευσα, 완료 δεδούλευκα, 요8:33, 완료분사 δεδουλευκώς, 1401에서 유래:
1) [관계에 대하여] 종이 되다, 예속되다, 종속되다.
① [문자적으로]
㉠ [하갈과 예루살렘이] 갈4:25.
㉡ τινί[누구에게] 요8:33, 행7:7, 롬9:12.
② [상징적으로] 롬7:6.
2) [행동이나 행위에 대하여] 종의 임무를 수행하다, 종노릇 하다, 섬기다, 복종하다.
① [문자적으로, 사람의 여격과 함께], 마6:24, 눅15:29, 16:13, [독립적으로] 엡6:7, 딤전6:2.
② [하나님은 주님이고, 사람은 종이란 의미에서]
[주] ㉠ δ. τῷ θεῷ: 하나님을 섬기다, 마6:24, 눅16:13, 살전1:9.
㉡ τῷ Χριστῷ, 롬14:18, 골3:24.
㉢ τῷ κυρίῳ, 행20:19, 롬12:11.
③ [상징적으로, 다른 의미에서, 사랑의 섬김, 봉사] ἀλλήλο- ις: 다른 사람을 섬기다, 갈5:13.
㉠ [죄의 종이 되다] 롬6:6.
㉡ [율법] 롬7:25.
㉢ [욕망] 롬16:18, 딛3:3.
㉣ εἰς τὸ εὐαγγέλιον 복음에 봉사하다, 빌2:22.
☞**섬기다**(마6:24, 눅16:13, 행7:7), **종노릇하다**(롬6:6, 갈4:8,25), **수고하다**(빌2:22), **종이 되다(요8:33).**

1399. δούλη, ης, ἡ [dŏulē][3회] 둘레
명 1401의 여성형: 여종, 눅1:38,48, 행2:18.
☞**여종**(눅1:38,48, 행2:18).

1400. δοῦλον, η, ον [dŏulŏn] 둘론
형 1401의 중성형: 노예의, 비굴한, 굴욕적인, 종속적인, 롬6:19.

☞[명]종(롬6:19).

1401. δοῦλος, ου, ὁ [dŏulŏs][124회] **둘로스**

명 1210에서 유래: 종, 노예.

1) [문자적으로, 대비하여]

① [주인의 반대] 마8:9, 10:24, 13:27, 21:34, 막12:2, 13:34, 눅7:2,3,8, 12:37 등. ㉯ δεσ- πότης, 딤전6:1, 딛2:9. οἱ δ. 골3:22.

② [자유자의 반대] ㉯ ἐλεύθερος, 고전7:21,22, 12:13, 갈3:28, 4:1, 엡6:8, 골3:11, 계6:15, 13:16, 19:18.

③ [아들의 반대, 집의 종] 요8:35, 갈4:7.

④ [기독교인 형제의 반대] 몬1:16.

⑤ [특수한 용법]

㉠ 사도들은 비유적으로 기독교인의 종이다, 즉 사도들은 무조건적으로 그들을 섬겨야 한다, 고후4:5.

㉡ [하늘의 주, 그리스도가 땅에 나타나셨다] 종의 형태, 빌2:7.

2) [동양적인 의미에서 왕의 신하를 가리키는 경우] 장관, 마18:23,26, 22:3, 4,6,8.

3) [넓은 의미에서] 모든 종류의 의존, 마20:27, 롬6:16, 고전7:23. ㉯ πρῶτος, 막10:44, 요8:34, 롬6:17,20, 벧후2:19.

4) [특히 사람과 하나님의 관계에 대하여]

① δ. τοῦ θε- οῦ: 하나님의 종[=몸과 마음이 예속된 그의 소유물] 계15:3.

② [기독교 예언자들] 계10:7, 11:18.

③ [사도들] 행4:29, 16:17, 딛1:1.

④ [일반적으로 하나님을 경외하는 사람] 눅2:29, 벧전2:16, 계1:1, 2:20, 7:3, 19:2,5, 22:3,6.

⑤ [그리스도와 관련하여] δ. Χριστοῦ [바울의 자기 표현] 요15:15, 롬1:1, 갈1:10, 빌1:1.

☞**종, 노예**(마8:9, 막10:44, 눅2:29).

1402. δουλόω [dŏulŏō][8회] **둘로오**

동 미래 δουλώσω, 제1부정과거 ἐδού- λωσα, 수동 ἐδου λώθην, 완료수동 δεδούλωμαι, 완료부사 δεδουλωμέ- νος, 1401에서 유래: 노예를 삼다, 예속시키다, 복종하게 하다.

1) [문자적으로]

① [사람을] 행7:6.

② [수동] δε- δούλωμαί: 누구의 종이 되다, 벧후2:19.

2) [상징적으로] 롬6:18,22, 고전7:15, 9: 19, 갈4:3, 딛2:3.

☞**종을 삼다**(행7:6), **구속받다**(고전7:15), **종노릇하다**(갈4:3), **종이 되다**(롬6:18).

1403. δοχή, ῆς, ἡ [dŏchē][2회] **도케**

명 1209에서 유래: 환영회, 환영. [주] ποιεῖν δ.: 환영을 하다, 눅5:29, 14:13.

☞**잔치**(눅5:29, 14:13).

1404. δράκων, οντος, ὁ [drakōn][13회] **드라콘**

명 아마도 δέρκομαι '보다'의 대체형으로부터 유래: 용, 뱀[사탄에 대한 상징적 용어], 계12:3,4,7,9,13.

☞**용**(계12:3,17, 20:2).

1405. δράσσομαι [drassŏmai][1회] **드랏소마이**

동 1404의 어간과 유사: 붙잡다, 취하다, 고전3:19.

☞**빠지게 하다(고전3:19).**

1406. δραχμή, ῆς, ἡ [drachmē][3회] **드라크메**

명 1405에서 유래: '드라크마' 18~ 19센트 정도의 가치를 가지는 헬라 은전, 눅15:8,9.

☞**드라크마**(눅15:8,9).

1407. δρέπανον, ου, τό [drĕpanŏn][8회] **드레파논**

명 '잡아뜯다'에서 유래: 낫, 막4:29, 계14:14 이하.

☞**낫**(막4:29, 계14:14,18).

1408. δρόμος, ου, ὁ [drŏmŏs][3회] **드로모스**

명 5143의 대체형에서 유래: 노정, 도정.

1) [경주의] 코스, 딤후4:7.

2) [상징적으로] 인생의 행로, 일생, 행13:25, 20:24.

☞**(달려갈) 길**(행13:25, 딤후4:7).

1409. Δρούσιλλα, ης, ἡ [Drŏusilla][1회] **드루실라**

고명 로마인의 이름의 여성 축약형. '드루실라'[헤롯가의 일원], 행24:24.

☞**드루실라(행24:24).**

1410. δύναμαι [dünamai][210회] **뒤나마이**

동 수동. 디포넌트. 현재2인칭단수 δύ- νη와 δύνασαι, 미완료 ἠδυνάμην과 ἐδυνάμην, 미래 δυνήσομαι, 제1부정과거 ἠδυνήθην과 ἠδυνάσθην, 불확실한 유사어에서 유래: ~할 수 있다, 가능하다.

1) [부정사와 함께]
① [현재 부정사] 마6:24, 9:15,28, 12: 34, 막2:7,19 등, 4:33, 눅16:13, 요6:60, 행4:20, πῶςδύναται σατανᾶς σατα- νᾶν ἐκ βάλλειν: 어떻게 사탄이 사탄을 쫓아낼 수 있느냐?, 막3:23, 눅6:42, 요6:52.
② [부정과거 부정사] δύ- νασθαι... εἰσελ θεῖν, 마26:9, 막1:45, 2:4, 5:3, 눅8:19, 13:11, 14:20 등.
③ [미완료가 완료부정사가 함께] ἀπολελύσθαι ἐδύνα το: 그는 석방될 수 있었다.
2) [독립적용법, 부정사가 쉽게 들어갈 수 있다] 마16:3, 20:22, 막6:19, 10:39.
3) [대격이 뒤따르고, ποιεῖν이 보증되는 경우] ~을 할 수 있다, 행할 수 있다. [주] οὐ δυνάμε- θά τι κατὰ τ. ἀληθείας: 진리를 어기고 우리는 아무 것도 할 수 없다, 막9:22, 눅12:26, 고후13:8.
☞**할 수 있다, 능히 하다**(마3:9, 10:28, 막2:7, 9:28, 눅1:20, 3:8).

1411. δύναμις, εως, ἡ [dünamis][119회] **뒤나미스**
명 1410에서 유래:
1) 힘, 권능, 능력, 세력, λαμβάνειν δ., 능력을 받다, 행1:8.
① ἰδίᾳ δ. ~의 권능으로, 행3:12.
㉠ [하나님의] 능력, 마22:29, 롬1:16, 20, 9:17, 고전1:18,24, 5:4.
㉡ [성령의] 권능, 눅4:14, 행1:8, 롬15:13, 19. [주] δυνάμει κραταιωθῆν αι: [성령으로] 힘을 얻다, 엡3:16. [주] πνεῦ- μα δυνάμεως: 권능의 영=성령, 엡1:19, 3:20, 골1:11, 딤후1:7.
㉢ [사도와 하나님의 사람이 가진] 힘, 행4:33, 6:8. [주] 특히 기적을 행하는 능력, 마14:2, 막6:14, 고전12:28,29, 갈3:5.
② ἐν δ.: 권능으로, 권능을 가지고, 권능있게, 막9:1, 롬1:4, 골1:29, 살후1:11.
③ [κατὰ δύναμιν+속격] ~의 권능으로, ~의 능력으로, 히7:16.
㉠ τῷ ῥήματι τῆς δ. αὐτοῦ: 그의 능력의 말씀으로, 히1:3.
㉡ με- τ' ἀγγέλων δυνάμεως αὐτοῦ: 그의 힘있는 천사들과 함께, 살후1:7, 그 외, 행4:7, 고전4:19,20, 살전1:5, 딤후3:5, 히11:34, 벧후2:11.
2) 능력, 역량, κατὰ δύναμιν: 역량에 따라, 능력에 따라, 마25:15, 고후8:3. [반대는] ὑ- πὲρ δύναμιν: 역량을 지나치는, 힘에 겨운, 고후1:8, 혹은 παρὰδ., 고후8:3.
3) 의미[언어의], 고전14:11.
4) [힘의 외적 표현] 힘있는 행위, 기적, 놀라운 일 [σημεῖα와 함께], 살후2:9. [복수로] 마7:22, 11:20,21, 행2:22, 고후12:12, 히2:4, 6:5. [단수] 막6:5.
5) [힘의 외형] 원천, 풍부, 부요함, 마24: 29, 막13:25, 눅21:26, 계3:8, 18:3.
6) [인격적 초자연적 영물이나 천사의] 권능, 능력, 롬8:38, 고전15:24, 엡1:21, 벧전3:22. [주] [최고 신의 힘, 인격적인 신 존재를 가리키는 명칭] οὗτός ἐστιν ἡ δύνα μις τοῦ θε- οῦ ἡ καλουμένη μεγάλη: 이 사람은 하나님의 크신 권능이라는 자다, 행8:10.
7) [힘을 주는 것] ἡ δύναμις τῆς ἁμαρτίας ὁ νόμος: 죄의 힘은 율법이다, 행10:38, 고전15:56.
☞**권세**(마6:13, 행4:7), **권능**(마7:22, 막6:5, 행1:8), **능력**(마13:54, 눅1:17, 롬1:4), **재능**(마25:15), **권능자**(막14:62), **뜻**(고전14:11), **힘**(고후1:8, 8:3, 히11:11), **세력**(히11:34). **[동] 능하다**(막9:39, 눅19:37), **강하다**(고전15: 43), **힘있다**(계1:16).

1412. δυναμόω [dünamŏō][2회] **뒤나모오**
동 제1부정과거수동 ἐδυναμώθην, 1411에서 유래: 힘있게 하다, 강하게 하다, 힘을 주다, 골1:11, 히11:34.
☞**힘을 따르다**(골1:11).

1413. δυνάστης, ου, ὁ [dünastēs][3회] **뒤나스테스**
명 1410에서 유래:
1) 지배자, 통치자, 주권자.
① [하나님] ὁ μακάριος κ. μό- νος δ.: 복되시고 오직 한분이신 주권자, 딤전6:15.
② [사람] 눅1:52.
2) 고관, 궁중 관리, 행8:27.
☞**권세 있는 자**(눅1:52, 행8:27), **주권자**(딤전

6:15).

1414. δυνατέω [dünatĕō][3회] **뒤나테오**

동 1415에서 유래: 강하다, 힘 있다.

1) [문자적으로] 고후13:3.

2) [부정과거부정사와 함께] 할 수 있다, ~할 만한 능력이 있다, 롬14:4, 고후9:8.

☞**강하다**(고후13:3).

Δ

1415. δυνατός, ή, όν [dünatŏs][32회] **뒤나토스**

형 1410에서 유래:

1. 힘있는, 강한, 능력있는, 강력한.

1) [인격과 그것의 속성에 대하여]

① [목적으로]

㉠ [하나님에 대하여] 눅1:49.

㉡ [능력있고, 뛰어난 사람] 행25:5, 고전 1:26, 계6:15.

㉢ [일반적인 사람에 대하여] δ. εἰμι: 나는 강하다, 고후12:10, 13:9.

② [상징적으로] δυνατός (εἰμι)=δύναμαι: 나는 할 수 있다.

㉠ [현재 부정사와 함께] 딛1:9, 히11:19.

㉡ [부정과거부정사와 함께] 눅14:31, 행 11:17, 롬4:21, 14:4ⓢ, 11:23, 고후 9:8ⓢ, 딤후1:12, 약3:2.

㉢ [ἔν τινι와 함께] ~에 있어서 유능한, 힘있는, 뛰어난[말과 행실이], 눅 24:19, 행7:22.

㉣ [성경에 대해서] 능통한, 행18:24. οἱ δ. [믿음이] 강한 사람들, 롬15:1.

2) [사물에 대하여] 고후10:4.

2. [중성] δυνα- τόν ἐστι: ~은 가능하다,

1) [대격+부정사와 함께] 행2:24. [주]

① εἰ δ.: 만일 가능하다면, 마24:24, 막 13:22, 롬12:18, 갈4:15.

② εἰ δ. ἐστιν, 마26:39, 막14:35.

2) [인격의 여격과 함께] 행20:16.

3) [παρά τινι과 함께] ~에게 있어서, 마 19:26, 막10:27, 눅18:27.

4) τὸ δ.=ἡ δύναμις, 롬9:22.

☞**능한**(막9:23, 눅24:19, 행18:24), **강한**(롬15:1, 고후12:10), **유력한**(행25:5). **[명] 능력**(롬9:22, 11:23, 고후10:4), **권능**(롬14:4). **[부] 능히**(행11:17, 롬4:21).

1416. δύνω [dünō][2회] **뒤노**

동 제1부정과거 ἔδυσα, 제2부정과거 ἔδυν, 폐어가 된 기본어 δῦμι '가라앉다'의 연장형: [해가] 지다, 내려간다, 막1:32, 눅4:40.

☞**지다**(막1:32, 눅4:40).

1417. δύο [düŏ][132회] **뒤오**

수 [기본형] 속격과 대격 δύο, 여격 δυσί: 둘,

1. [주격]

1) [명사와 함께]

① δ. δαιμονιζόμενοι: 두 귀신들린 사람, 마8:28.

② δ. τυφλοί: 두 소경, 마9:27, 20:30, 26:60, 27:38 등.

2) [ἐκ와 함께]

① δ. ἐξ ὑμῶν: 너희들 중 두 사람, 마18:19.

② ἐξ αὐτῶν: 그들 중 두 사람, 눅24: 13, 요1:35, 21:2.

3) δ. ἢ τρεῖς: 둘이나 셋, 마18:20, 요2: 6, 고전14:29. [같은 의미로] δ. καὶ τρεῖς, 고후13:1.

4) [관사와 함께] 마19:5, 막10:8, 고전6:16, 엡5:31.

2. [속격] 마18:16, 눅12:6, 요8:17, 행12:6.

3. [여격] 마6:24, 막16:12, 눅16:13, 행12:6, 21:33, 히10:28.

4. [대격] 마4:18,21, 10:10,29, 14:17, 18:8 등 자주 나옴.

5. [전치사와 함께]

1) εἰς δ.: 둘로, 마27:51, 막15:38.

2) ἀνὰ δ., 각각 둘씩, 둘씩둘씩, 눅9:3, 10:1, 요2:6.

3) κατὰ δ.: 한꺼번에 둘, 고전14:27.

4) δύο δύο 둘씩둘씩, 막6:7.

☞**둘**(마19:5, 막6:7, 요20:4), **이틀**(막14:1, 요4:40).

1418. δυσ- [düs-] **뒤스**

불확실한 파생어의 기본적인 비분리 불변사, 복합어에서 오직 접두어로 사용, 좋은 의미를 없애거나 나쁜 의미(반대, 어려움, 방해, 곤란, 해로움)를 증가시키는 접두어, 고난, 나쁜, 불행, 위험

1419. δυσβάστακτος, ον [düsbastak- tŏs][2회] **뒤스바스탁토스**

형 1418과 941의 파생어에서 유래: 견디기 힘든, 마23:4, 눅11:46.

☞**지기 어려운**(눅11:46), **견디기 어려운 또는 부담되는, 압박하는**(마23:4)

1420. δυσεντερία, ου, τό [düsĕntĕria][1회]

뒤센테리아
명 1418과 1787의 합성어에서 유래: 설사병, 이질, 행28:8.
☞**이질**(행28:8).

1421. δυσερμήνευτος, ον [düsĕrmē-nĕutŏs][1회] 뒤세르메뉴토스
형 1418과 2059의 파생어에서 유래: 설명하기 어려운, 해석하기 힘든, 히5:11.
☞**설명하기 어려운, 이해하기 어려운**(히5:11).

1422. δύσκολος, ον [düskŏlŏs][1회] 뒤스콜로스
형 1418과 κόλιν '음식'에서 유래: 어려운, 곤란한, 막10:24.
☞**어려운**(막10:24).

1423. δυσκόλως [düskŏlōs][3회] 뒤스콜로스
부 1422에서 유래: 어렵게, 힘들게, 겨우, 간신히, 곤란하게, 마19:23, 막10:23, 눅18:24.
☞**어렵게**(마19:23, 막10:23, 눅18:24).

1424. δυσμή, ῆς, ἡ [düsmē][5회] 뒤스메
명 1416에서 유래: [태양이] 저묾, 짐, 넘어감, 서쪽.
[주] ① ἀπὸ δ.: 서쪽에서, 계21:13.
② ἐπὶ δυσμῶν: 서쪽에서, 눅12:54.
③ ἕως δ.:서쪽까지, 마24:27.
☞**서편**(마24:27, 계21:13), **서**(눅12:54, 13:29).

1425. δυσνόητος, ον [düsnŏētŏs][1회] 뒤스노에토스
형 1418과 3539의 합성어에서 유래: 이해하기 어려운, 벧후3:16.
☞**알기 어려운**(벧후3:16).

1426. δυσφημία, ας, ἡ [düsphēmia][1회] 뒤스페미아
명 1418과 5345의 합성어에서 유래: 중상, 악평, 비방, 나쁜 소문, 고후6:8. ㉥ εὐφημία.
☞**중상, 악한 이름**(고후6:8).

1427. δώδεκα [dōdĕka][75회] 도데카
수 1417과 1176에서 유래: 열둘, 마9:20, 막5:25,42, 눅2:42, οἱ δ.:12제자, 마10: 1,2, 11:1, 20:17, 고전15:5.
☞**열두**(마9:20), **열둘**(마26:47, 눅22:14㊄, 요6:71, 계22:2).

1428. δωδέκατος, η, ον [dōdĕkatŏs][1회] 도데카토스
형 1427에서 유래: 열두 번째, 계21:20.
☞**열두 번째의**(계21:20).

1429. δωδεκάφυλον, ου, τό [dōdĕka-phülŏn][1회] 도데카퓔론
명 1427과 5443에서 유래: 열두 지파, 행26:7.
☞**열두 지파(행26:7).**

1430. δῶμα, ατος, τό [dōma][7회] 도마
명 '세우다'에서 유래: 지붕, 집 꼭대기, 마10:27, 눅12:3, 5:19, 행10:9. [주] ὁ ἐπὶ τοῦ δώματος: 지붕 위에 있는 사람, 마24:17, 막13:15, 눅17:31.
☞**지붕(마24:17, 눅5:19, 행10:9).**

1431. δωρεά, ᾶς, ἡ [dōrĕa][11회] 도레아
명 1435에서 유래: 선물, 하사품, 요4:10, 행8:20, 11:17, 롬5:17, 고후9:15, 히6:4, 엡3:7.
☞**선물**(요4:10, 행2:38, 롬5:15), **은사**(고후9:15).

1432. δωρεάν [dōrĕan][9회] 도레안
부 1431의 대격:
1) 선물로, 값 없이, 마10:8, 롬3:24, 고후11:7, 살후3:8.
2) 이유없이, 부당하게, 요15:25.
3) 쓸데없이, 공연히, 헛되이, 갈2:21.
☞**거저**(마10:8), **값 없이**(롬3:24, 살후3:8), **이유없이**(요15:25), **헛되이**(갈2:21).

1433. δωρέομαι [dōrĕŏmai][3회] 도레오마이
동 중간태. 제1부정과거 ἐδωρησάμην, 완료 δεδώρημαι, 완료분사 δεδωρη- μένος, 1435에서 유래: 주다, 선물하다, 하사하다, 막15:45, 벧후1:3.
☞**주다**(벧후1:3,4).

1434. δώρημα, ατος, τό [dōrēma][2회] 도레마
명 1433에서 유래: 선물, 예물, 롬5:16, 약1:17.
☞**선물**(롬5:16, 약1:17).

1435. δῶρον, ου, τό [dōrŏn][19회] 도론
명 [기본형] 선물, 선사품, 예물.
1) [일반적으로] [주] προσφέρειν δ.: 선물을 가져오다, 마2:11, 엡2:8, 계11:10.
2) [특히, 제물을 가리켜서] 히11:4.
[주] ① εἰς τὰ δ. βάλλειν: 제물을 넣다, 드리다.
② προσφέρειν τὸ δ.: 그의 제물을 가져오다, 마5:23,24, 8:4, 히5:1, 8: 3,4, 9:9.

③ ἀφιέναι τὸ δ.: ~의 제물을 남겨두다, 마5:24, 23:19, 막7:11.

☞**예물**(마2:11, 히5:1, 계11:10), **헌금**(눅21:1, 4), **선물**(엡2:8). **[동] 드리다.**

Ε, ε

1436. ἔα [ĕa][1회] 에아

감 1439의 명령형: 아! 하! 아하!, 눅4:34.

☞아(눅4:34)

1437. ἐάν [ĕan][351회] 에안

접 1487과 302에서 유래, 조건적 불변사:

1. 만일~이라면[종속절의 맨 앞에 오는 것이 보통이다, 고전6:4, 11:14제외]

1) [가정법과 함께 사용되며, 일반적으로나 특수하게, 그리고 현재적인 입장에서 볼 때 어떤 환경 아래에서 생기리라고 기대되는 것을 지시하는 역할을 한다]

① [현재 가정법과 함께 사용되며, 귀결문이 현재인 경우] 마8:2, 막1:40, 눅5:12, 요5:31, 15:4, 롬2:25, 14: 8, 고전13:1.

② [현재 가정법과 함께 사용되며 귀결문이 부정과거인 경우] 막9:45, [귀결문이 미래인 경우] 마15:14.

③ [대개 부정과거 가정법과 함께 사용되고 귀결문이 현재인 경우] 마5:46, 18:15 이하, 막3:24, 10:12, 눅15:8, 요8:31, 고전7:11, 8:8.

④ [부정과거 가정법과 함께 사용되고 귀결문이 부정과거인 경우] 마24: 26, 눅17:3, 22:67.

⑤ [부정과거 가정법과 귀결문이 미래인 경우] 마6:14, 9:21, 12:11, 24: 48, 28:14, 막8:3, 눅4:7, 14: 34, 요15:10 등.

⑥ [현재 가정법과 부정 과거 가정법이 동시에 사용된 경우] 마21:21, 고전14:23, 딤후2:5.

⑦ [때로는 ἐάν의 뜻이 ὅταν에 거의 가깝다] 언제든지, ~하는 때에는, 요12:32, 14:3, 히3:7, 요일2:28.

2) [직설법동사와 함께]

① [미래 직설법과 함께 사용되어 같은 의미] 눅19:40, 행8:31.

② [현재 직설법과 함께] 살전3:8, 요일5:15.

③ [부정과거 직설법과 함께] 마15:5, 막7:11.

3) [다른 불변사들과 함께]

① ἐὰν καί: 비록 ~일지라도, 갈6:1, ἐὰν δὲ καί: 그러나 만일, 마18:17, 고전7:11, 28, 딤후2:5.

② ἐάν μή: 만일 ~아니면.

㉠ [현재 가정법과 함께] 마10:13, 눅13:3, 요3:2,3,5,27.

㉡ [대개는 부정과거 가정법과 함께 사용된다] 마5:20, 6:15, 막3:27, 4:22, 요4:48, 롬10:15, 고전9:16 등.

㉢ [미래와 함께] 계2:22.

③ ἐ- άνπερ: 참으로 만일, 만일 ~하기만 한다면, 히3:14, 6:3.

④ ἐάν τε...ἐάν τε: ~하든지 또는 ~하든지, 롬14:8.

2. [관계대명사 다음에 ἄν 대신 나오는 경우] 마5:19,32.

1) ὅπου ἐάν=ὅ- που ἄν, 마8:19.

2) ὁσάκις ἐάν=ὁσά- κις ἄν, 계11:6.

3) οὗ ἐάν=οὗ ἄν, 고전16:6.

☞**만일**(마4:9, 막3:24, 눅12:45).

1438. ἑαυτοῦ, ῆς, οῦ [hĕautŏu][321회] 헤아우투

대 복수 ἑαυτῶν, 재귀대명사 846의 소유격에서 유래[단축형은 αὑτοῦ]:

1) [삼인칭 단수나 복수에 대해 그것이 말이나 행동을 하는 사람과 동일인임을 지시해 준다]

[주] ① ταπεινο ῦν ἑ- αυτόν: 자신을 낮추다, 마18:4, 23:12.

② ὑψοῦν ἑ.: 자기를 높이다, 마23: 12.

③ ἀπαρνεῖσθαι ἑ.: 자신을 부인하다, 마16:24, 막8:34.

④ εὐνου χί- ζειν ἑ.: 스스로 고자가 되다, 마19:12.

⑤ σῴζειν ἑ: 자신을 구하다, 마27:42.

⑥ κατακόπτειν ἑ.: 자신을 때리다, 막5:5 등.

⑦ ἀγοράζειν τι ἑαυτῷ: ~를 위하여 ~을

사다, 마14:15, 막6:36.

⑧ [중간태 동사와 함께 사용된 경우] διεμε ρίσαντο ἑαυ τοῖς: 그들은 자기들끼리 나눠가졌다, 요19:24, 그 외, 마14:15, 막6:36, 롬13:2.

2) ἀφ' ἑαυτοῦ ποιεῖν τι: 자발적으로 ~을 하다, 요5:19.

① λαλεῖν: 자신의 권위를 말하다, 요7:18, 16:13 등.

② λέγειν, 요11:51, 18:34ⓢ.

③ καρπὸν φέρειν: 저절로 열매를 맺다, 요15:4.

④ ἱκανὸ ν εἶναι: 스스로 자격있다, 고후3:5.

⑤ γινώσκειν: 스스로 알다, 눅21:30.

⑥ κρίνειν: 스스로 판단하다, 눅12:57.

⑦ δι' ἑαυτοῦ: 그 자체가 더러운, 롬14:14.

3) ἐν ἑαυτῷ: [대개는 소리내어서 하는 말과 대조로] 혼자서, 속으로 [중얼거리다, 말하다, 생각하다]. [주] διαλογίζομαι 1, εἶπο ν 5, λέγω 6, 등을 보라. 그외 ἔχειν τι ἐν ἑαυτῷ: ~을 자기 속에 품다, 가지다, 요5:26,42, 6:53, 17:13, 고후1:9, [보통은 내면의식 가운데서 이루어지는 것에 대해서 사용한다] δια πορε- ῖν: 속으로 아주 당황하다, 행10:17, γίνεσθαι ἐν ἑαυτῷ: 제 정신으로 돌아오다, 정신을 차리다, 행12:11.

① εἰς ἑαυτὸν ἔρχεσθαι: 자기 의식에 돌아가다, 자신에게 돌아가다, 눅15:17.

② ἐξ ἑαυτῶν: 자신의 힘으로, 고후3:5.

③ καθ' ἑαυτόν: 혼자서.

㉠ μέ- νειν: 혼자서 지내다, 행28:16.

㉡ πίσ- τις νεκράέστιν καθ' ἑαυτήν: 믿음 그것 자체만으로는 죽은 것이다, 약2:17.

㉢ βασιλεία μερισθεῖσακαθ' ἑαυ- τῆς: 서로 맞서 분열된 나라.

㉣ μεθ' ἑαυτοῦ, μεθ' ἑαυτῶν: 자기와 함께, 자기들과 함께, 마12:45, 25:3.

④ παρ' ἑαυτῷ τιθέναιτι: 얼만큼 떼어두다, 모아두다, 고전16:2.

⑤ τὰ περὶ ἑαυ- τοῦ: 자신에 관한 구절들, 눅24:27.

⑥ πρὸς ἑαυτὸν προσεύχεσθαι: 속으로 기도하다, 눅18:11, ἀπέρχεσθαι πρὸς αὑ τούς: 집으로 가다, 요20:10.

4) [제2인칭과 2인칭 복수대명사를 대신하는 경우]

① ἑαυτούς=ἡμᾶς αὐτο- ύς, 고전11:31.

② ἐν ἑαυτοῖς=ἐν ἡμ- ῖν αὐτοῖς, 롬8:3, 고후1:9.

③ ἑαυτο- ῖς=ὑμῖν αὐτοῖς, 마23:31.

5) [상호 대명사 ἀλλήλων, ἀλλήοις, ἀλλή λο- υς의 뜻으로 사용] 서로서로, 각각, 막10:26, 요12:19, 엡4:32, 골3:13, 살전5:13, 벧전4:10.

6) [소유대명사를 대신하는 경우] 그의, 그 여자의, 마8:22, 21:8, 25:1, 눅2:39, 9:60, 11:21, 12:36 등.

☞**그 자신, 그것 자체, 스스로**(마12:25).

1439. ἐάω [ĕaō][11회] 에아오

동 미완료 εἴων, 미래 ἐάσω, 제1부정과거 εἴα σα, 제1부정과거명령 ἔασον, 희구3인칭단수 ἐάσαι, 제1부정과거부정사 ἐαθῆναι, 불확실한 유사어에서 유래: ~하게 하다, ~하도록 하다, 버려두다.

1) ① [대격과 부정사와 함께] ~하게 하다, 허락하다, 행14:16, 23:32, 27: 32, 28:4.

② [부정어와 함께] οὐκ ἐᾶν: 허락하지 않다, 막다, 마24:43, 눅4:41, 고전10:13. [주] οὐκ εἴασεν αὐτοὺς τὸ πνεῦμα Ἰησ οῦ: 예수의 영이 그들을 막았다, 행16:7, 19:30.

2) 가게하다, 버려두다, 혼자두다, 행5:38ⓢ, 계2:20. [주] [독립적 용법] ἐᾶτε ἕως τού του: 그만! 이 이상 하지 마라!, 눅22:51.

3) [아마 항해용어인지도 모른다] 행27:40.

☞**참다**(눅22:51), **방임하다**(행14:16), **말리다**(행19:30), **버리다**(행27:40), 버려두다(행5:38ⓢ), **용납하다**((계2:20ⓢ)

1440. ἑβδομήκοντα [hĕbdŏmēkŏnta][3회] 헵도메콘타

수 1442와 1176의 수정된 형태에서 유래: 칠십, 일흔, 눅10:1,17, 행7:14, 23:23, 27:37.

☞**칠십 인**(눅10:1,17), **일흔**(행7:14), **칠십 명**(행

23:23), **칠십**(행27:37).

1441. ἑβδομηκοντακίς [hĕbdŏmēkŏn-takis][1회] **헵도메콘타키스**

수 1442에서 유래: 칠십 번, 일흔 번, 마18:22.

☞**일흔 번**(마18:22).

1442. ἕβδομος, η, ον [hĕbdŏmŏs][9회] **헵도모스**

형 2033의 수사: 일곱째, 일곱 번째, 제7, 유1:14, 계8:1, 10:7, 11:15, 16:17, 21:20.

① [시간] 요4:52.

② [날짜] 히4:4.

☞**칠**(히4:4), **칠세손**(유1:14), **일곱째**(계8:1, 10:7, 21:20).

1443. Ἐβέρ, ὁ [Ĕbĕr][1회] **에베르**

고명 히브리어 5677에서 유래: 족장 '에벨', 눅3:35.

☞**에벨**(눅3:35).

1444. Ἑβραϊκός, ή, όν [Hĕbraïkŏs] **헤브라이코스**

형 1443에서 유래: 히브리의, 히브리인의, 눅23:38ⓢ.

☞**히브리어의**(눅23:38ⓢ).

1445. Ἑβραῖος, ου, ὁ [Hĕbraiŏs][4회] **헤브라이오스**

고명 1443에서 유래: 히브리 사람.

1) [이방인과 대조되는 유대인에 대한 민족적 이름] 고후11:22, 빌3:5.

2) [헬라말을 하는 유대인과 대조되어 아람말을 하는 유대인의 이름] 행6:1.

☞**히브리인**(고후11:22, 빌3:5), **히브리파**(행6:1).

1446. Ἑβραΐς, ΐδος, ή, [Hĕbraïs][3회] **헤브라이스**

명 1443에서 유래: 히브리어, 행21:40, 22:2, 26:14.

☞**히브리말, 히브리어**(행21:40, 22:2, 26:14).

1447. Ἑβραϊστί [Hĕbraïsti][7회] **헤브라이스티**

부 1446에서 유래: 히브리식으로, 아람어로, 요5:2, 19:13,17,20, 20:16, 계9:11, 16:16.

☞**히브리 말로**(요5:2), **히브리 음으로**(계16:16).

1448. ἐγγίζω [ĕnggizō][42회] **엥기조**

동 미래 ἐγγιῶ, 제1부정과거 ἤγγισα, 완료 ἤγγικα, 1451에서 유래: 접근하다, 가까이 오다.

1) [인격이나 사물의 대격과 함께] 눅7: 12, 15:1,25, 22:47, 행9:3, 22:6, τῷ θεῷ: 신에게로 가까이 가다, 마15:8ⓢ, 약4:8, 히7:19.

2) [εἰς와 함께, 장소를 지시] [예루살렘] 마21:1, 막11:1, 눅18:35, 19:29, [마을] 그 외, 눅19:37.

3) [ἐπί τινα와 함께] 눅10:9.

4) μέχρι θανάτ ουἐ.: 죽음에 가까이 이르렀다, 빌2:30.

5) [독립적으로]

① [공간적으로 접근해 오는 사람에 대하여] 마26:46, 막14:42, 행23:15, [도둑] 눅12:33, [호민관] 행21:33, [맹인] 눅18:40, [예수] 눅19:41, 24:15.

② [시간의 접근] 마26:45, [날짜] 롬13:12, 히10:25, ὁ καιρός, 눅21:8, ὁ χρόνος, 행7:17, [유월절] 눅22:1, [종말] 벧전4:7, 그 외, 마3:2, 4:17, 10:7, 막1:15, 눅10:9,11, 21:20,28, [주의 재림] 약5:8.

☞**가깝다**(마3:2, 막1:15, 행7:17), **가까이 오다**(마21:1, 막11:1, 눅18:35), **가까이 하다**(눅12:33, 약4:8), **가까이 가다**(눅24:28, 행9:3, 히7:19), **이르다**(빌2:30). **[부] 가까이**(눅15:1).

1449. ἐγγράφω [ĕnggraphŏ][3회] **엥그라포**

동 제1부정과거 ἐνέγραψα, 완료수동 ἐγγέγραμμαι, 제2미래수동 ἐγγραφή- σομαι, 1772와 1125에서 유래: 기록해 넣다, 기록하다.

1) [문자적으로] 눅10:20.

2) [상징적으로] 새기다, 적다, 쓰다, 고후3:2,3.

☞**쓰다**(고후3:2,3).

1450. ἔγγυος, ον [ĕnggüŏs][1회] **엥귀오스**

형 1772와 γυῖον '손발'에서 유래: 마음 든든한, 튼튼한 보장이 있는, 히7:22.

☞**더 좋은, 마음 든든한**(히7:22).

1451. ἐγγύς [ĕnggüs][31회] **엥귀스**

부 비교급 ἐγγύτερον, 최상급 ἔγγισ- τα, 기본동사 ἐ. τοῦ '조르다'에서 유래:

1) [공간적으로] 가까운.

① [속격이 따를 때] Σαλίμ: 살림에 가까운,

눅19:11, 요3:23, 6:23, 11: 18,54, 19:20, 행1:12.
② [여객이 따를 때] 행9:38, 27:8.
③ [단독으로]
ἐ. εἶναι: 가까워졌다, 다가왔다, 요19:42.
④ ἐ. γίνεσθαι: 가까워지다, 접근하다. [주] ἐ. τοῦ πλοίου γίνεσ θαι: 배에 근접하다, 요6:19.
2) [시간적으로] 가까운
① [미래에 대해서]
㉠ [καιρός] 마26:18, 계1:3, 22:10.
㉡ [여름이] 마24:32, 막13:28, 눅21: 30.
㉢ [절기가] 요2:13, 6:4, 7:2, 11:55.
㉣ [천국이] 눅21:31.
㉤ [재림이] 빌4:5.
② [과거에 대해서] ἔγγιστα: 바로 얼마전에.
3) [상징적으로] ἐ. σου τὸ ῥῆμά ἐστιν: 그 말씀이 네 가까이 있다, 롬10:8.
[주] ① κατάρας ἐ.: 저주 아래 있는, 히6:8.
② ἐ. ἀφανισμοῦ: 거의 다 사라지게 된, 히8:13.
③ ἐ. ἐπὶ θύραις: 바로 문에까지, 마24:33, 막13:29.
☞**가까이**(마24:32, 눅21:30, 요11:18, 엡2: 13).

1452. ἐγγύτερον [ĕnggütĕrŏn][1회] **엥귀테론**
형 1451의 비교급: 더 가까이.
☞**보다 가까운**(롬13:11).

1453. ἐγείρω [ĕgĕirō][144회] **에게이로**
동 미래 ἐγερῶ, 제1부정과거 ἤγειρα, 현재수동 ἐγείρομαι, 현재명령2인칭단수 ἐγείρου, 복수 ἐγείρεσθε, 완료수동 ἐγήγερμαι, 제1부정과거수동 ἠ- γέρθην, 미래수동 ἐγερθήσομαι.
1. [능동]
1) [타동사] 깨우다, 일으키다.
① [문자적으로: 자던 사람을 깨우는 경우] 마8:25, 행12:7.
② [상징적으로] 일으키다, 일어나게 하다.
㉠ [앉은 사람을] 행3:7.
㉡ [누운 사람을] 막1:31, 9:27.
㉢ [엎드린 사람을] 행10:26.
㉣ [구덩이에 빠진 것을] 마12:11.
㉤ [앓는 사람을] 낫게 한다, 약5:15.
㉥ [죽은 사람을] 일으키다, 다시 살리다, 마10:8, 요5:21, 행26:8. [주] [예수께서 살리신 일에 대해서] 행5:30, 10:40, 13:37, 고전6:14, 15: 15,16,17, 고후4:14, ἐ. τινὰ ἐκ νεκ- ρῶν, 요12:1,9,17, 행3:15, 4:10, 13:30, 롬4:24, 갈1:1, 엡1:20, 골2:12, 살전1:10, 히11:19, 벧전1:21.
③ 세우다, 일으키다, 다시 세우다.
㉠ [성전을] 요2:19,20.
㉡ [구원의 뿔을] 눅1:69.
④ [상징적으로] 일으키다, 생기게 하다, 나타내게 하다, 원인이 되게 하다, 눅3:8, 행13:22, 빌1:17.
2) [자동사: 명령형으로만 사용되어] ἔγειρε, 일어나라! 오라!, 마9:5,6, 막2:9,11, 3:3, 5:41, 10:49, 눅5:23, 24, 6:8, 8:54, 요5:8, 엡5:14, 계11:1.
2. [수동태 자동사]
1) 깨다, 잠깨다, 마1:24, 25:7, 막4:27, [비유적] 롬13:11.
2) 일어나다, 마2:14,20,21, 8:26, 눅11:8.
① [앉았던 사람이] 마9:19, 눅13:25, 요11:29.
② [앓는 사람이] 마8:15, 9:7.
③ [죽었다가 살아난 사람이] 마9:25, 눅7:14.
④ [식탁에서] 요13:4.
⑤ [넘어졌다가] 행9:8.
3) 다시 살아나다 [그리스도가 죽은 자 가운데서] 막6:14, 눅9:7, 요2:22, 21:14, 롬6:4,9, 8:34, 고전15:12, 20, 딤후2:8, ἀπο τῶν νεκρ ῶν, 마14:2, 27:64, 28:7, [독립적으로] 마11:5, 16:21, 막6:16, 12:26 등.
4) [무력적으로] 일어나다 ἐ. ἐπί τινα: ~을 대항하여 일어나다, 마24:7, 막13:8, 눅21:10.
5) 나타나다.
① [예언자가] 마11:11, 눅7:16, 요7:52.
② [거짓 예언자가] 마24:11,24, 막13:22.
6) [명령]
① ἐγείρου: 일어나라, 막2:9, 눅8:54.
② ἐγείρεσθε, ἄγωμεν: 일어나라, 가자!, 마26:46, 막14:42, 요14:31.

☞**일어나다**(마2:14, 막5:41, 행12:7), **일어나게 하다**(마3:9), **깨우다**(마8:25), **살리다**(마10:8, 요12:1, 행10:40), **살아나다**(마11:5, 막6:14, 요2:22), **내다**(마2:11), **일어서다**(막3:3), **깨다**(막4:27, 눅8:24, 롬13:11), **세우다**(행13:22, 23), **살다**(고전15:20,43).

1454. ἔγερσις, εως, ἡ [ĕgĕrsis][1회]
에게르시스
명 1453에서 유래: 부활, 마27:53.
☞**부활**(마27:53).

1455. ἐγκάθετος, ον [ĕngkathĕtŏs][1회]
엥카데토스
형 1722와 2524의 파생어에서 유래: 고용되어 숨어 기다리는. [주] [명사로서] 정탐꾼, 눅20:20.
☞**정탐**(눅20:20).

1456. ἐγκαίνια, ίων, τά [ĕngkainia][1회]
엥카이니아
명 1722와 2537의 합성어의 복수중성형: 봉헌절, 수전절, 하누카[Hanu- kkah] 혹은 빛의 절기라고 하여 기스렙월[1월~12월] 25일부터 시작되는 명절로서 165 B.C. 그 날에 유다 마카베오에 의하여 성전이 청소되고 다시 봉헌된 것을 기념하는 절기이다.
☞**수전절, 헌당식**(요10:22).

1457. ἐγκαινίζω [ĕngkainizō][2회]
엥카이니조
동 제1부정과거 ἐνεκαίνισα, 완료수동 ἐγκεκαίνισμαι, 1456에서 유래:
1) 새롭게 하다. [주] ἐ. ὁδόν: 길을 열다, 히10:20.
2) [엄숙한 의식을 갖추어] 봉헌하다, 취임식을 하다, 낙성식을 하다.
☞**세우다**(히9:18), **새롭게 하다**(히10:20).

1458. ἐγκαλέω [ĕngkalĕō][7회] 엥칼레오
동 명령3인칭복수 ἐγκαλείτωσαν, 미완료 ἐνεκάλουν, 미래 ἐγκαλέσω, 1722와 2564에서 유래: [법률용어] 고소하다, 행19:38, 23:28, 롬8:33. [주] περὶ ζητημάτων τοῦ νόμου.
① 율법 문제로, 행23:29.
② 희망 때문에~, 행26:7.
☞**고소하다**(행19:38), **책망받다**(행19:40), **고발하다**(행23:28, 26:2, 롬8:33), **고소를 당하다**(행26:7).

1459. ἐγκαταλείπω [ĕngkatalĕipō][10회]
엥카탈레이포
동 미완료 ἐγκατέλειπον, 미래 ἐγκα- ταλείψω, 제2부정과거 ἐγκατέλιπον, 제1부정과거수동 ἐγκατελείφθην, 미래수동 ἐγκαταλειφθήσομαι, 1722와 2641에서 유래:
1) 뒤에 남겨두다, 롬9:29.
2) 버리다, 내버리다, 포기하다, 딤후4: 16, 히10:25. [하나님께 버림 받음] 마27:46, 막15:34, 고후4:9, 히13:5.
3) 버려두다, 머물게 하다, 행2:27, 31.
☞**버리다**(마27:46, 행2:27, 딤후4:10), **남기다**(롬9:27), **폐하다**(히10:25), **떠나다**(히13:5).

1460. ἐγκατοικέω [ĕngkatŏikĕō][1회]
엥카토이케오
동 1722와 2730에서 유래: 살다, 거주하다, 벧후2:8.
☞**거하다(벧후2:8).**

1461. ἐγκεντρίζω [ĕngkĕntrizō][6회]
엥켄트리조
동 제1부정과거 ἐνεκέντρισα, 제1부정과거수동 ἐνεκεντρίσθην, 미래수동 ἐγκεντρισθήσομαι, 1722와 2759의 파생어에서 유래: 접붙인다, 접목하다, 롬11:24, 11:17,19,23.
☞**접붙이다**(롬11:23,24). **[명] 접붙임**(롬11:17,19).

1462. ἔγκλημα, τος, τό [ĕngklēma][2회]
엥클레마
명 1458에서 유래: 고소, 혐의, 죄.
1) [법률용어] [주] ἀπολογία περὶ τοῦ ἐ.: 고소에 대한 변호, 행23:29, 25:16.
2) [일반적으로] 비난.
☞**사건**(행23:29), **고소 사건**(행25:16)

1463. ἐγκομβόομαι [ĕngkŏmbŏŏmai][1회]
엥콤보오오마이
동 제1부정과거 ἐνεκομβωσάμην, 1722와 κομβόω '둘러싸다'에서 유래: 입다, 착용하다, 몸에 매어 입다, 벧전5:5.
☞**동이다**(벧전5:5).

1464. ἐγκοπή, ῆς, ἡ [ĕngkŏpē][1회] 엥코페
명 1465에서 유래: 방해, 방해물, 고전9:12.
☞**장애**(고전9:12).

1465. ἐγκόπτω [ĕngkŏptō][5회] 엥콥토
동 제1부정과거 ἐνέκοψα, 미완료수동 ἐνεκο

πτόμην, 1722와 2875에서 유래: 방해하다, 막다, 저지하다, 행24:4, 롬15: 22, 갈5:7, 살전2:18, 벧전3:7.

☞**괴롭게 하다**(행24:4), **막히다**(롬15:22), **막다**(갈5:7, 살전2:18).

1466. ἐγκράτεια, είας, ἡ [ĕngkratĕia][4회] 엥크라테이아

명 1468에서 유래: 자제력, 행24:25, 갈5:23, 벧후1:6.

☞**절제**(행24:25, 갈5:23, 벧후1:6).

1467. ἐγκρατεύομαι [ĕngkratĕuŏmai][2회] 엥크라튜오마이

동 디포넌트. 1468에서 유래: 자제하다, 스스로 삼가다, 고전7:9, 9:25.

☞**절제하다**(고전7:9, 9:25).

1468. ἐγκρατής, ές [ĕngkratēs][1회] 엥크라테스

형 1722와 2904에서 유래: 자제하는, 자제력 있는, ~할 능력이 있는, 딛1:8.

☞**절제하는**(딛1:8).

1469. ἐγκρίνω [ĕngkrinō][1회] 엥크리노

동 제1부정과거 ἐνέκρινα, 제1부정 과거부정사 ἐγκρῖναι, 1722와 2919에서 유래: ~을 ~로 여기다, 생각하다, ~을 ~의 부류에 넣다, 고후10:12.

☞**더불어 짝하다**(고후10:12).

1470. ἐγκρύπτω [ĕngkrüptō][2회] 엥크뤼프토

동 제1부정과거 ἐνέκρυψα, 1722와 2928에서 유래: 감추다, 숨기다, 사려두다, 마13:33, 눅13:21.

☞**갖다 넣다**(마13:33, 눅13:21).

1471. ἔγκυος, ον [ĕngküŏs][1회] 엥퀴오스

형 1722와 2949의 어간에서 유래: 임신한, 아기 밴, 눅2:5.

☞**잉태된**(눅2:5).

1472. ἐγχρίω [ĕngchriō][1회] 엥크리오

동 제1부정과거 ἐνέχρισα, 제1부정과거부정사 ἐγχρῖσαι, 1722와 5548에서 유래: 바르다, 비비다, 계3:18.

☞**바르다**(계3:18).

1473. ἐγώ [ĕgō][1802회] 에고

대 (1인칭 대명사) ἐμοῦ (μου), ἐμοί(μοι), ἐμέ(με), 복수 ἡμεῖς, ἡμῶν, ἡμ- ῖν, ἡμᾶς: 나[동사와 함께 사용될 때 주어 강조], 마10:16, 21:27, 막9:25, 14:58.

1) ἐγώ εἰμι: 나다, 마14:27, 눅24:39, 요6:20.

2) 내가 그 사람이다, 내가 바로 그다, 막13:6, 눅21:8, 요8:24,28, 9:9.

3) ἰδοὺ ἐγώ, 마23:34, 28:20, 막1:2, 눅24:49.

4) ἰδοὺ ἐγώ, κύριε: 주여, 내가 여기 있습니다, 행9:10.

5) ἐγώ: 그렇게 하겠습니다. 마21:30. [주] ἐ.가 히브리 사상이나 혹은 사본자의 첨가 때문에 특별한 뜻 없이 복음서에 사용되어 있는 사본들이 있다, 막5:7, 눅8:28, 요2:4.

① ἀπαγγείλατέ μοι, 마8:29, 막1:24, 눅4:34.

② τί ἡμῖνκ. σοί: 나도, 나도 역시, 마2:8, 눅2:48, 요6:56, 롬3:7, 고전7:10.

☞**나**

1474. ἐδαφίζω [ĕdaphizō][1회] 에다피조

동 미래 ἐδαφιῶ, 1475에서 유래: 메치다, 무너뜨리다, 눅19:44.

☞**땅에 메어치다**(눅19:44).

1475. ἔδαφος, ους, τό [ĕdaphŏs][1회] 에다포스

명 1476의 어간에서 유래: 땅, 지면. [주] πίπτειν εἰς τὸ ἔ: 땅에 떨어지다, 행22:7.

☞**땅**(행22:7).

1476. ἑδραῖος,(αία) αῖον [hĕdraiŏs][3회] 헤드라이오스

형 '앉다'의 파생어에서 유래: 확고한, 흔들리지 않는, 튼튼한, 고전7:37, 15:58, 골1:23.

☞**정한**(고전7:37), **견실한**(고전15:58), **굳게 선**(골1:23).

1477. ἑδραίωμα, ατος, τό [hĕdraiōma][1회] 헤드라이오마

명 1476의 파생어에서 유래: 토대, 기초, 땅, 기반, 지지물[큰 돛대를 받치는] 밧줄, 의지할 곳, 딤전3:15.

☞**터**(딤전3:15).

1478. Ἐζεκίας, ου, ὁ [Ĕzĕkias][2회] 헤제키아스

고명 히브리어 2396에서 유래: 이스라엘인 '히스기야', 마1:9,10.

☞**히스기야**(마1:9,10).

1479. ἐθελοθρησκεία, ας, ἡ [ĕthĕlŏthrēskĕia][1회] 에델로드레스케이아

명 2309와 2356에서 유래: 자발적인 종교, 자

기가 만든, 사이비 종교, 골2:23.
☞**자의적 숭배**(골2:23).

1480. ἐθίζω [ĕthizō][1회] **에디조**
동 완료수동분사 εἰθισμένος, 1485에서 유래: 익히다, 습관들이다. [주] κατὰ τὸ εἰθισμένον τοῦ νόμου: 율법의 습관을 따라서, 눅2:27.
☞**관례가 되다**(눅2:27).

1481. ἐθνάρχης, ου, ὁ [ĕthnarchēs][1회] **에드나르케스**
명 1484와 746에서 유래: 지방장관, 도지사, 총독, 고후11:32.
☞**고관**(고후11:32).

1482. ἐθνικός, ἐδαφ, όν [ĕthnikŏs][4회] **에드니코스**
형 1484에서 유래: 외국의, 이방의. [주] ὁ ἐθνικός: 이방인, 마5:47, 6:7, 18:17.
☞**이방인**(마6:7, 18:17).

1483. ἐθνικῶς [ĕthnikōs][1회] **에드니코스**
부 1482에서 유래:
1) [기독교적 용법] 이방인같이.
2) [유대인의 생활 방식과 대조하여] 갈2:14.
☞**이방인처럼**(갈2:14).

1484. ἔθνος, ους, τό [ĕthnŏs][162회] **에드노스**
명 1486에서 유래:
1) 민족, 백성.
① τὸ ἔ. τῆς Σαμαρεῖας: 사마리아 사람, 행8:9.
② [가나안땅 일곱] 족속, 행13:19.
③ [왕에 대하여] 백성, 마24:7, 28:19, 막11:17, 13:10, 눅21:10.
④ [보다 특별하게] 눅12:30, 행17:26.
2) 이방인들, 이교도들, 마10:18, 행14:5, 21:21, 26:17, 롬3:29, 9:24, 15:10. [주] 그들 역시 구원에 동참하게 되어 있음, 행11:1,18, 14:27, 15:3,7.
① [이방 기독교에 대해서] 롬16:4.
② [이방인 그리스도인] 갈2:12, 엡3:1.
③ [때때로 이 말은 유대인들에 의해 당연시되었던 종교적·도덕적 열등함을 함축하고 있다] 마6:32, 눅12:30.
☞**이방**(마4:15, 엡3:1), **이방인**(마6: 32, 행9:15, 고전5:1), **나라**(마21:43, 행7:7, 계14:6), **민족**(마24:7, 눅7:5, 행24:2), **족속**(마24:9), **이방 사람**(행13:42), **백성**(롬10:19, 계20:8), **열방**(롬15:12), **만국**(딤전3:16, 계2:26, 12:5), **열국**(계17:15)

1485. ἔθος [ĕthŏs][12회] **에도스**
명 중 1486에서 유래:
1) 버릇, 습관, 요19:40, 행25:16, 히10:25.
2) 관습, 관례, 법, 조상들의 규례, 모세가 우리에게 전하여 준 규례, 행6:14, 15:1, 16:21, 28:17.
① 유대인의 풍속, 행26:3.
② 제사장의 전례, 눅1:9.
③ 절기의 전례, 눅2:42.
☞**전례**(눅1:9, 2:42), **습관**(눅22:39, 히10:25), **규례**(행6:14), **법**(행15:1, 25:16), **풍속**(행16: 21, 26:3), **관습**(행21:21, 28:17).

1486. ἔθω [ĕthō] **에도**
εἴωθα를 보라.
☞**전례대로 하다**(막10:1), **규례대로 하다**(눅4:16), **전례가 있다**(마27:15).

1487. εἰ [ĕi][507회] **에이**
접 **1.** [조건을 나타내는 불변사] ~이라면.
1) [직설법과 함께]
① [모든 시제에서 참되다고 생각되는 조건이나 이미 발생한 일에 관련된 가정을 지칭하기 위하여]
㉠ 네가 만일 하나님의 아들이라면, 마4:3, 5:29,30, 6:23, 8:31, 행5:39.
㉡ 네가 만일 자신을 유대인이라 칭한다면, 롬2:17.
㉢ 만약 네가 자랑한다면, 롬11:18. [주] ㉠[바울에게 있어서는 흔히 동사가 생략되므로 문맥에 따라 보충해줘야 한다] 롬8:10,17, 11:6 등.
㉡[조건의 실상이 당연시되는 절에서의 부정어] 눅16:11,12,31, 18:4, 요5:47, 10: 37, 롬8:9, 11:21, 고전7:9, 9:2, 11:6, 15:13,14,29,32, 16:22 등.
㉢[미래와 함께 쓰이는 경우는 매우 드물다] 마26:33, 막14:29. [참조] 눅11:8, 딤후2:12, 벧후2:20. ㉣[사건들이 발생한 것으로 여겨지고 있을 때 부정과거와 함께] 마24:22, 막3:26, 13:20.
② [사실에 반대되는 비현실적인 조건을 나타내기 위하여]
㉠ [현재, 미완료, 부정과거 또는 과거완료 직설법과 함께] 마11:21, 23: 30,

24:43, 눅7:39.
㉡ [현재 직설법] 눅17:6, 요9:33, 15: 22.
2) [가정법과 함께] 계11:5. [주] 이는 예외적인 경우로 본문 상의 실수로 보인다.
3) [드물게 희구법과 함께 쓰여] 고난을 받으면 복있는 자니, 벧전3:14, 하나님의 뜻일진대, 벧전3:17, 저희가 만일 반대할 사건이 있으면, 행24:19, 될 수 있는대로, 행20:16. [참조] 고전14:10, 15:37.

2. [감정을 표시하는 동사 뒤에서는] 관계대명사, 막15:44, 행26:23, 고후11: 15, 요일3:13.

3. [실제 경우가 가정으로 취급될 때 원인절에서 이유 대신 가정(~이라면)을 사용할 수 있다] …들풀도 하나님이 이렇게 입히시거든, 마6:30, 눅12:28, [참조] 마7:11, 눅11:13, 요7:23, 10:35, 13:14, 17,32, 행4:9, 11:17, 롬6:8, 15: 27, 골2:20, 히7:15, 벧전1:17, 요일4:11.

4. [돈절법으로] 너도…알았다면, 눅19: 42, 22:42. 내가 진실로 너희에게 이르노니…주시지 아니하리라, 막8:12. 저희는…들어오지 못하리라, 히3:11, 4:3,5.

5. 의문불변사
1) [직접의문문과 함께] ~옳으니이까?, 마12:10, 19:3, 막10:2, 행21:37, 22: 25. 구원을 얻을 자가 적으니이까?, 눅13:23, 22:49, 행1:6, 7:1, 19:2.
2) [간접의문문에서 흔히] ~인지 아닌지.
① [현재직설법과 함께] 네가 하나님의 아들 그리스도인지 우리에게 말하라, 마26:63, 저를 구원하는지, 마27:49, 막15:36, [참조] 눅14:31, 고후13:5, 요일4:1. [미래직설법과 함께] 그 사람을 고치시는가, 막3:2, 눅6:7. 남편을 구원할는지, 고전7:16. [부정과거 직설법과 함께] 예수께서 벌써 죽었을까 하고, 막15:44.
② [가정법과 함께] 빌3:12.
③ [희구법과 함께] 이것이 그러한가 하여, 행17:11, 17:27, 25:20.

6. [다른 불변사와 함께]
1) ~한다 하니, 눅11:18, 고전4:7.
2) 만일 ~하였으면, 고후4:3, 11:6.
3) 그렇지 않다면.
① [긍정절 뒤에서 부정과거 직설법 및 귀결문의 ἄν과 함께] 요14:2. [현재 직설법, 미래와 함께] 계2:5,16. [현재 미완료와 함께] 요14:11.
② [부정절 뒤에서] 만일 그렇게 하면, 막2:21,22.
4) εἰ καί: 비록 그렇다 해도, ~에도 불구하고, 눅11:8, 18:4, 고전7:21, 고후4:16, 7:8, 12:11, 빌2:17, 골2:5, 히6:9.
5) εἰ μέν γάρ: 만약 ~라면, 행25:11, 고후11:4, 히8:4.
6) εἰ μὲν οὖν: 만약, 그때, 행19:38, 히7:11.
7) εἰ μέντοι: 만약, 그러나, 약2:8.
8) εἰ μή [부정사 뒤에서]
① ~을 제외하고, 만약 그렇지 않다면.
㉠ [대부분 εἰ μή에 의존하는 동사 없이] 마11:27, 12:24, 16:4, 요3:13, 롬7:7, 갈1:19.
㉡ [동사와 함께] 마5:13, 막6:5.
② [동사 없이] 마12:4, [동사와 함께] 갈1:7.
9) εἰ μήτι: 진정으로 그렇지 않다면, 아마도 그렇지 않다면, 눅9:13, 고전7:5, 고후13:5.
10) εἰ οὖν: 만약, 그러므로, 마6:23, 눅11:36, 12:26, 요13: 14, 18:8, 골3:1, 몬1:17.
11) εἴπερ: 진정으로 만약, 결국에 만약, ~때문에, 롬3:30, 8:9, 17, 살후1:16. 진정으로 ~라면, 고전15:15. 비록 ~라도, 고전8:5.
12) εἴ πως 혹시 ~라면.
① [희구법과 함께] 겨울을 지낼 수 있으려면, 행27:12.
② [미래 직설법과 함께] 혹시 내가 성공할 것인지, 롬1:10, [참조]롬11: 14, 빌3:11.
13) εἴτε–εἴ– τε: 만약 ~이고 만약~ 라면, ~인지, 아닌지.
① [현재 직설법에서 동사와 함께] 고전12:26, 고후1:6.
② [현재 가정법과 함께] 살전5:10.
③ [동사없이] 롬12:6–8, 고전3:22, 8: 5, 고후5:10등. [참조] 고전14:27.

7. [부정대명사와 함께] 마16:24, 18:28, 막4:23, 9:35, 눅9:23, 14:26, 딤전3:1, 5:4,8,

16.
☞**만일**(마4:3).

1488. εἶ [ĕi] 에이
동 1510의 2인칭 단수 현재: 당신은 ~이다, 마2:6.

1489. εἴγε [ĕigĕ] 에이게
접 1487과 1065에서 유래: 만약 ~이 사실이라면, ~까닭에, [부정형과 함께] 달리, 만약 ~이라면, 고후5:3.
☞**이렇게**(고후5:3), **과연**(갈3:4), **터이라**(엡3:2), **그리하리라**(골1:23).

1490. εἰ δὲ μή(γε) [ĕi dĕ mē(gĕ)] 에이 데 메(게)
접 1487, 1611, 3361에서 유래: 그러나, 만약 ~이 아니라면, 그렇지 않다면, 계2:5. 그렇지 아니하면(마6:1), 그렇게 하면(마9:17), 만일 그렇게 하면(막2:21), 그렇지 않으면(눅10:6), 만일 못할 터이면(눅14:32), 그렇지 못하겠거든(요14:11), 만일 그러하더라도(고후11:16), 만일 그러하지 아니하고(계2:5), 그리하지 아니하면(계2:16)

1491. εἶδος, ους, τό [ĕidŏs][5회] 에이도스
명 1492에서 유래:
1) 형상, 외모, 눅3:22, 9:29, [하나님의] 형상, 요5:37.
2) 종류, 살전5:22.
3) 실질적으로 보는 것[seeing], 고후5:7, 요20:29.
☞**형체**(눅3:22), **용모**(눅9:29), **형상**(요5:37), **모양**(살전5:22), **보는 것**(고후5:7).

1492. εἴδω [ĕidō] 에이도
동 [기본형] ὁράω 제2부정과거로서 사용됨. εἶδα는 혼합형, 계17:3,6.
1) [문자적으로] 보다, 인식하다.
① [τι- νά, τὶ와 함께]
㉠ 별을 보다, 마2:2.
㉡ 아이를 보다, 마2:11.
㉢ 하나님의 성령을 보다, 마3:16.
㉣ 빛을 보다, 마4:16.
② [ἀκούειν과 함께] 눅7:22, 고전2:9, 빌1:27,30, 4:9, 약5:11, [πιστεύειν과 대조해서] 요20:29.
㉠ 누군가를 쳐다보다, 막8:33, 요21: 21.
㉡ 무엇인가를 비판적으로 보다, 눅14:18.
㉢ [환상을] 행10:17, 11:5, 16:10, 계4:1.
③ [목적격과 함께 또는 목적격 없이 쓰이는 분사형은 흔히 이야기의 계속을 의미한다] 마2:10, 5:1, 8:34, 막5:22, 9:20, 눅2:48. [주] [목적격이 보충되어야 할 곳] 마9:8,11, 21:20, 막 10:14, 눅1:12, 2:20, 행3:12.
④ [목적격 및 분사와 함께] 마3:7, 8: 14, 9:9, 16:28, 행28:4.
⑤ [간접의문문과 함께] 눅19:3, 막5: 14, 갈6:11.
⑥ [ὅτι와 함께] 막2:16, 9:25, 요6:24, 11:31, 계12:13.
⑦ [ἔρχου καὶ ἴδε '와서 보라'의 형식] 요1:46, 11:34, ὑπάγετε ἴδετε, 막6:38.
2) [어떤 종류의 감각을] 느끼다, 의식하다, 마27:54.
3) [일반적으로]보다, 인지하다, 주목하다, 눅9:47, 롬11:2. [ὅτι와 함께] 마27:3, 24, 행12:3, 갈2:7,14.
4) [간접의문문과 함께 무엇인가를] 고려하다, 요일3:1, 행15:6.
5) 무엇인가를 보다=경험하다, 요3:3, 눅2:20, 히11:5, 계18:7.
6) 방문하다, 눅8:20, 행16:40, 고전16:7, 살전2:17, 3:10. 누군가를 알게 되다, 눅9:9, 23:8, 요12:21, 롬1:11.
☞**보다**(마2:2, 막1:10, 요1:39), **알다**(마2:16, 막10:42, 요9:25), **뵙다**(마28:17), **보이다**(막12:15), **당하다**(행2:31, 13:36), **시인하다**(딤1:16), **알리다**(눅2:15), **의논하다**(행15:6).

1493. εἰδωλεῖον, ου, τό [ĕidōlĕiŏn][1회] 에이돌레이온
명 1497의 파생어에서 유래한 듯: 우상의 사원, 고전8:10.
☞**우상의 집**(고전8:10).

1494. εἰδωλόθυτον [ĕidōlŏthŭtŏn][9회] 에이돌로뒤톤
명 1497과 2380에서 유래: 우상에게 바쳐진 고기[오직 유대인과 기독교인 사이에서만 가능한 표현이다. 이교도들은 ἱερόθυτον이라고 칭했다. 이는 제물로서 그 일부는 제단에서 불태워졌으며 일부는 신성한 음식으로서 사원내에서 음복되었고 나머지 일부는 가정에서 쓰도록 내다 팔았다. 유대인은 그 고기를 불결하게 여겼으며 따라서

금해졌다], 행15:29, 21:25, 고전 8:1,4,7,10, 10:19, 계2:14,20.

☞**우상의 제물**(행15:29, 고전8:1, 계2:14), **제물**(고전10:28).

1495. εἰδωλολατρέια [ĕidōlŏlatrĕia][4회] 에이돌롤라트레이아

명 1497과 2999에서 유래: 우상 숭배, 고전 10:14, 골3:5, 벧전4:3.

☞**우상 숭배**(고전10:14, 벧전4:3).

1496. εἰδωλολάτρης, ου, ὁ [ĕidōlŏla- trēs][7회] 에이돌롤라트레스

명 1497과 3000에서 유래: 우상숭배자, 고전 5:10, 계21:8, 22:15.

[우상 숭배와 관련된 불법적 행위를 저지르다] 고전5:10.

☞**우상 숭배**(고전5:11), **우상 숭배자**(고전10:7, 엡5:5, 계22:15).

1497. εἴδωλον, ου, τό [ĕidōlŏn][11회] 에이돌론

명 1492에서 유래:

1) 상, 형상, [물건으로서의] 우상, 행7: 41, 고전12:2, 계9:20.
2) 거짓신, 우상, 고전8:4,7, 10:19, 고후6:16, 살전1:9, 요일5:21.

☞**우상**(행7:41, 고전8:4, 요일5:21).

1498. εἴην [ĕiēn] 에이엔

동 1510에서 유래: [다른 인칭을 포함하여] 할 수 있다, 그럴 수 있다, 그래야만 한다, 눅1:29.

☞**~인가**(눅1:29), **~신가**(눅3:15), **~인가**(눅15:26), **~인지**(요13:24).

1499. εἰ κάι [ĕi kai] 에이 카이

접 1498과 2532에서 유래: 만약, 또한, 만약~이라면, 눅11:18, 히6:9.

☞**~지라도**(마26:33), **만일 ~이면**(눅11:8), **~은즉**(고전4:7), **~거든**(고전7:21), **~(하)으나**(고후4:16), **비록 ~나**(고후5:16), **만일 ~일지라도**(빌2:17), **~으면**(벧전3:14).

1500. εἰκῆ [ĕikē][6회] 에이케

부 1502에서 유래:

1) 이유 없이, 까닭 없이, 마5:22, 골2:18.
2) 헛되이, 갈3:4, 4:11.
3) 뜻 없이, 목적 없이, 의도 없이, 롬13:4.
4) 마땅한 고려 없이, 정당한 참작 없이, 성급한 태도로, 고전15:2.

☞**헛되이**(고전15:2, 갈3:4, 골2:18), **공연히**(롬13:4).

1501. εἴκοσι [ĕikŏsi][2회] 에이코시

수 불확실한 유사어에서 유래: 스물, 눅14:31, 행1:15, 27:28.

☞**이십**(요6:9, 행27:28, 계19:4).

1502. εἴκω [ĕikō][1회] 에이코

동 [기본형] 제1부정과거 εἶξα, 제1부정과거 부정사 εἶξαι: 양도하다, 굴복하다, 지다, 갈2:5.

☞**복종하다**(갈2:5).

1503. εἴκω [ĕikō] 에이코

동 1502와 유사: 닮다, 같다, 약1:6.

☞**같다**(약1:6,23).

1504. εἰκών, όνος, ἡ [ĕikōn][23회] 에이콘

명 1503에서 유래:

1) 형상, 모양.
   ① [문자적으로]
      ㉠ [주화에 새겨진 황제의 두상에 대하여] 마22:20, 막12:16, 눅20:24.
      ㉡ [하나님의 상에 대하여] 계13:14, 15, 14:9,11, 15:2, 16:2, 19:20, 20:4.
   ② [비유적으로]
      ㉠ [사람을 하나님의 형상이라 함] 고전 11:7.
      ㉡ [그리스도에 대하여] 고후4:4, 골1:15.
      ㉢ [지상적 형상, 천상적 형상] 고전15:49.
2) 모양, 외모, 롬1:23, 8:29, 고후3:18, 히 10:1.

☞**형상**(마22:20, 막12:16, 눅20:24, 롬8:29, 고후3:18), **우상**(계13:14, 14:9, 11).

1505. εἰλικρίνεια, ας, ἡ [ĕilikrinĕia][3회] 에일리크리네이아

명 1506에서 유래: 순수, [동기의] 순전, 고전5:8, 순수한 동기에서, 고후2:17.

☞**순전함**(고전5:8, 고후2:17), **진실함**(고후1:12).

1506. εἰλικρινής, ές [ĕilikrinēs][2회] 에일리크리네스

형 2919에서 유래; 섞이지 않은, 순수한, 빌 1:10, 벧후3:1.

☞**진실한**(빌1:10, 벧후3:1).

1507. εἱλίσσω [hĕilissō] 헤일릿소

ἑλίσσω를 보라.

☞**(두루마리가) 말리다**(계6:14).

1508. εἰ μή [ĕi mē] 에이 메

접 1487과 3361에서 유래: 만약 ~이 아니라면, 그러나, 제외하고, 더욱 ~까지는, 눅5:21, 롬7:7.

☞**다만**(마5:13), **않고는**(마12:24), **밖에는**(눅11:29), **오직**(눅4:26).

1509. εἰ μή τι [ĕi mē ti] 에이 메 티

접 1508과 5100에서 유래: 만약 ~이 아니라면, 제외하고, 고전7:5.

☞**아니하고는**(눅9:13), **다만**(고전7:5), **그렇지 않으면**(고후13:5).

1510. εἰμί [ĕimi][2461회] **에이미**

동 [기본형] 현재 직설법 단수 1인칭. 현재명령 ἴσθι, ἔστω: 현재부정사 εἶ ναι: 미완료1인칭[중간태] ἤμην, 미완료2인칭 ἦσθα, 미완료3인칭 ἦν, 미완료1인칭복수 ἦμεν, 미래 ἔσομαι: ~이다, 존재하다, 있다.

1. [술어로서] ~이다, 존재하다.

1) ① [하나님이] 요1:1, 롬9:5, 고전8:5, 히11:6, 계1:8, 11:17, 16:5.

② [그리스도가] 요6:58, 롬4:17, 고전1:28, 계17:8.

③ [흔히 비유나 이야기를 도입하기 위하여 사용됨] 마22:23, 눅16:1,19, 요3:1, 행23:8, 롬3:10, 고전8:5, 12:4, 15:12, 요일5:16.

2) [일시적 존속을 표시하기 위하여] 살다, 마23:30, 2:18.

3) [거류를 표시] 머물다, 거처하다, 마2:13, 막1:45, 5: 21.

4) [어떤 현상이나 사건들이] 발생하다, 일어나다, 막14:2, 요7:12, 9:16, 고전1:10, 12:25, 계21:4.

5) [시간 등을 표시] 막15: 25, 눅23:44, 요1:39, 4:6, 10:22, 19:14, 행4:3.

6) 현존하다, 유효하다, 제공되다, 막8: 1, 요7:39, 행7:12, 히8:4.

2. [주어와 술어를 잇는 계사로서]

1) [일반적으로] 마11: 29, 막3:11, 눅1: 19, 요1:49.

2) [주어와 술어 명사 사이의 특별한 관계를 표시] 고전9:2, 고후3:2, 6:16.

3) [설명의 역할] ~의 표시이다, ~와 같다 [보통 '~의 뜻이다, ~를 의미한다'로 번역된다] 마27:46, 막7:2, 행1: 19, 19:4, 롬7:18, 9:8, 10:6, 히7:5.

[주] ① ['즉'이라는 의미로] 마26:46, 행1:19.

② [관계대명사와 함께] 막3:17, 7:11, 34, 히7:2.

③ [기타] 마9:13, 12:7, 막1:27, 9:10, 눅20:17, 요16:17, 엡4:9.

4) [흔히 단수 시제형은 완곡법의 εἶναι와 분사에 의해 대치된다]

① [과거분사와 함께] 막6:52, 눅5:17, 고전15:19.

② [현재분사와 함께] 마24:9, 막4:38, 10:32, 13:13, 눅1:20,22, 5:10,17, 눅21:17,24.

③ [부정과거분사와 함께] 눅23:19, 요18:30.

④ [특히 비인격체에 대한 인식] 마3: 15, 행19:36, 고전11:13, 벧전1:6.

⑤ [행동이나 상황의 지속을 강조하기 위하여, 분사와 함께] 막1:22, 2:18, 9:4, 15:43, 눅4:31, 19:47.

⑥ [행위의 개념보다는 사상을 강조하기 위하여] 마19:22, 막10:22, 눅2:51, 19:17, 계1:18.

5) [복음서에서는 흔히 ἐγώ εἰμι의 형식으로 쓰임] 마14:27, 26:22,25, 막6: 50, 13:6, 14:62, 눅22:70, 요3:19, 4:26, 6:20, 18:5,6, 8:24,28.

6) [대명사와 더불어]

① [지시대명사와 함께] 마10:2, 요1: 19, 3:19, 6:29, 21:24, 약1:27, 3:4, 요일1:5, 3:11, 5:11.

② [부정대명사와 함께] 행5:36, 고전10:19, 갈2:6, 6:3.

③ [의문대명사와 함께] 마16:15, 21: 10, 막1:24, 4:41, 8:27,29, 9:21, 눅1:29, 4:34, 요1:19, 8:25, 21:12, 행11:17, 롬14:4.

④ [관계대명사와 함께] 행26:29, 고전3:13, 고후10:11, 갈2:6, 5:10,19, 계1:19.

⑤ [소유 대명사와 함께] 막10:40, 눅6:20.

7) [수사와 함께] 요10:30, 17:11,21, 22, 행12:12, 19:7, 23:13, 고후3:8, 갈3: 20, 약2:19.

8) [명사 또는 형용사와 더불어 쓰인 분사

ὤν, οὖσα, ὄν은 양보절, 조건절, 원인절의 기능을 할 수 있다] 마7:11, 12:34, 눅20:36, 요3:4, 4:9, 행16: 11, 롬5:10, 고전8:7, 갈2:3.

9) [부사와 함께 쓰여]

① [시간·장소부사와 함께] 마26:18, 막12:34, 13:28, 요11:18, 19:20, 21:8, 행9:38, 27:8, 롬10:8, 엡2:13.

② [질·속성을 나타내는 부사와 함께] 마6:5, 13:40, 18:17, 24:27,37,39, 28:3, 막4:26, 11:30, 눅6:40, 11: 44, 17:26, 18:11, 22:27, 행22:3, 요일3:2.

3. [전치사와 함께]

1) [어떤 장소로부터] 존재하다, 유래하다, 요1:44.

2) 향해 있다, 누군가를 향해 기울어 있다, 마19:5, 막10:8, 눅11:7, 고전4:3, 고후6:18, 엡5:31, 골2:22, 히1:5, 약5:3, 벧전1:21.

3) 무엇에 속해 있다, 마26:73, 막14: 69,70, 눅22:58, 고전12:15, 16, [기원] 눅23:7, 요1:46, 3:31, 고전11:8.

4) [~장소에] 있다, 마24:26, 막10:32, 눅2:49, 롬7:5, 8:8, 엡6:9, 빌4:11, 딤전5:4, 요일2:9.

① [존재의 상태를 묘사] 막5:25, 눅8: 43, 11:21, 23:12, 고후3:8.

② [감정이나 성품에 대하여] 요7:18, 8:44, 고전14:25, 고후11:10, 엡4: 18, 요일3:5.

5) [ἐπί와 함께]

① [소유격과 함께] 눅17:31, 요20:7, 롬9:5.

② [여격과 함께] 마24:33, 막13:29.

③ [목적격과 함께] 눅2:25,40, 행1: 15, 2:1, 4:33, 고전7:5.

6) [κατά와 함께]

① [소유격과 함께] ~에게 반대하다, 마12:30, 막9:40, 눅9:50, 갈5:23.

② [목적격과 함께] ~과 일치하게 살다, 행11:1, 13:1, 롬8:5, 갈1:11.

7) ① [μετά 및 소유격과 함께] ~와 함께 있다, 마17:17, 막3:14, 5:18, 요3:26, 12:17.

② ['~을 선호하다, 동맹하다, 한패가 되다'의 뜻으로서] ~와 함께 하다, 마12:30, 눅1:66, 11:23, 요3:2, 8: 29, 행10:38.

8) ① [παρά와 함께] ~로부터 유래하다, 요6:46, 7:29.

② [여격과 함께] 사람들과 더불어 있다, 사람들 사이에 있다, 마22:25, 행10:6.

③ [목적격과 함께] 바닷가에, 호숫가에, 마5:21, 행10:6.

9) [πρός τινα 또는 τι와 함께] ~에 가깝다, 마4:1, 13:56, 막6:3, 눅24:29.

10) [σύν τινι와 함께] ~와 함께 있다, 눅22:56, 24:44, 행13:7.

11) [ὑπέρ와 함께]

① ~을 위해서 있다, 막9:40, 눅9:50.

② [목적격과 함께] ~보다 넘어 있다, ~이상이다, 눅6:40.

12) [ὑπό τι또는 τινα와 함께] ~의 아래에 있다, 요1:48, 고전10:1. [비유적으로] ~의 권세 아래, 롬3:9, 6:14, 15, 갈3:10,25.

4. [소유격과 함께]

1) [소유자를 지칭] 마5:3,10, 19:14, 막12:7, 눅18:16, 고전6:19. [주] 특히 그리스도인을 소유하고 있는 자인 하나님에 대하여, 행27:23, 딤후2:19.

2) [~에게 속했다는 사실을 지칭] 행9: 2, 23:6, 고전1:12, 3:4, 롬8:9, 고후10:7, 딤전1:20, 살전5:8.

3) [기능을 지칭] 행1:7.

4) [속성이나 질을 지칭] 히10:39, 12:11.

5) [기원을 표시] 고후4:7.

6) [나이를 표시] 막5:42, 눅3:23, 행4:22.

5. [현재분사의 특수용법] 행13:1, 롬13:1.

☞**나는 있다**(마3:11).

1511. εἶναι [ĕinai] 에이나이

동 1510에서 유래: 존재하다, 행13:25.

☞**존재하다**(마16:13).

1512. εἴ περ [ĕl pĕr][6회] 에이 페르

접 1487과 4007에서 유래: 아마도 ~이라면, 롬8:9.

☞**만일**(롬8:9), **비록**(고전8:5), **~면**(벧전2:3).

1513. εἴ πως [ĕi pōs] 에이 포스

접 1487과 4458에서 유래: 여하간 ~이라면,

어떤 수단에 의해서라도, 행27:12.

☞**아무쪼록**(행27:12, 롬11:14), **어떻게 하든지**(롬1:10), **어찌하든지**(빌3:11).

1514. εἰρηνεύω [ĕirēnĕuō][4회] 에이레뉴오

동 1515에서 유래, 미래 εἰρηνεύσω, 제1부정과거부정사 εἰρηνεῦσαι: ~와 평화롭게 살다, 평화를 유지하다, 막9:50, 롬12:18, 고후13:11, 살전5:13.

☞**화목하다**(막9:50, 롬12:18, 살전5:13), **평안하다**(고후13:11).

1515. εἰρήνη [ĕirēnē][92회] 에이레네

명 1)평화.

① [πόλεμος의 반대말] 눅11:21, 14: 32, 행12:20, 24:2, 계6:4.

② [비유적으로] 평화, 조화, 어우러짐, 마10:34, 눅12: 51, 행7:26, 엡4:3, 히7:2.

㉠ 평화의 길, 롬3:17.

㉡ 평안하게, 히11:31.

㉢ 평화하라, 엡2:15.

㉣ 화평하게 하는 자들, 약3:18.

㉤ 평화를 구하다, 갈5:22, 딤후2:22.

㉥ 모든 사람과 더불어 화평하라, 히12:14.

㉦ 평안을 추구하다, 롬14:19, 벧전3:11.

㉧ 평화에 관한 것, 눅19:42.

③ 질서, ㉯ἀκαταστασία, 고전14: 33, [참조] 고전7:15.

2) [히브리어 샬롬과 일치된 뜻으로] 안녕, 복지, 건강, 마10:13, 막5:34, 눅7:50, 8:48, 10:5, 24:36, 요20:19, 20:26, 행15:33, 16:36, 고전16:11, 약2:16. [주] 새롭고 특징적인 발전으로 헬라의 편지 서두의 인사말인 '은혜'가 바울서신 등에서 '은혜와 평강'이란 인사형식으로 결합된 것이 있다, 롬1:7, 고전1:3, 고후1:2, 갈1:3, 엡1:2, 골1:2, 살전1:1, 딤후1:2, 딛1:4, 몬3, 계1:4.

3) [선지자들에 따르면 평화는 메시아 왕국의 본질적 특성이다. 따라서 기독교 사상은 흔히 평화를 메시아적 구원과 동의어로 간주한다] 요14:27, 16:33, 행10:36, 롬5:1, 10:15, 15:33, 16:20, 고후13:11, 엡2:17, 6:15, 빌4:7,9, 골3:15, 살전5:23, 살후3:16, 히13:20. [기타] 눅2:14, 29, 롬8:6, 14:17, 15: 33, 벧후3:14.

☞**평안**(마10:13, 눅2:29, 행9:31), **화평**(마10: 34, 눅12:51, 행10:36), **평강**(눅1:79, 요20:19, 롬1:7), **평화**(눅2:14, 19:42), **안전**(눅11:21), **화친**(눅14:32), **화해**(행7:26), **태평**(행24:3).

1516. εἰρηνικός, ή, όν [ĕirēnikŏs][2회] 에이레니코스

형 1515에서 유래: 평화스러운, 히12:11, 약3:17.

☞**평강의**(히12:11), **화평한**(약3:17).

1517. εἰρηνοποιέω [ĕirēnŏpŏiĕō][1회] 에이레노포이에오

동 1518에서 유래, 제1부정과거 εἰ- ρηνοποίησα: 화평을 이루다, 골1:20.

☞**화평을 이루다**(골1:20).

1518. εἰρηνοποιός, όν [ĕirēnŏpŏiŏs][1회] 에이레노포이오스

형 1515와 4160에서 유래: 평화를 만드는, 화평을 이룩한. [주] ὁ εἰ.: 화평하게 하는 자, 마5:9.

☞**화평하게 하는 (자)**(마5:9).

1519. εἰς [ĕis][1768회] 에이스

전 **1.** [장소에 있어서] ~안으로, ~안에, ~을 향해, ~에게로.

1) ~안으로, ~을 향해, ~에게.

① '가다' 라는 동사나 어느 장소를 향한 동작을 포함하는 동사들의 뒤에서.

㉠ 성 안에 가서, 마26:18.

㉡ 집안으로, 마9:7.

㉢ 회당, 행17:10.

㉣ 배, 마8:23, 요6:17.

㉤ 세상, 요1:9.

㉥ 하늘, 눅2:15.

㉦ 음부, 눅8:31.

㉧ [기타] 마10:5,10, 15:29, 막3:3, 6:8, 10:17, 16:12, 13:14, 14:60, 눅6:8, 14:23, 요20:19,26, 롬15: 24,28, 살후2:4.

② [움직임을 초래하거나 신체의 이동을 포함하는 보냄, 이동을 표시하는 동사 뒤에서]

㉠ [강도들 중에 떨어지다] 눅10:36.

㉡ [가시떨기 속에 떨어지다] 막4:7.

㉢ [민간에] 행4:17.

③ 팔에 안고, 눅2:28.

2) ~가까이에, 근처에, 마17:27, 막3:27, 7:31, 요4:5, 11:31,38, 20:1,3, 4.

3) [가까움이 실질적인 접촉이 될 때] ~에,

E

~안에, ~위에.
① [그 머리를] 마27:30.
② [빰을] 마5:39.
③ [기타] 막8:23, 11:8, 눅14:10, 15:22.
4) [단순히 무엇인가를 향한 방향을 지시할 수도 있다]
① ['보다'는 동사와 더불어] 막6:41, 눅6:20, 9:16, 행22:13.
② [말하고 가르치고 선포하고 전파하는 등의 동사 뒤에서] 막5:14, 13: 10, 14:9, 눅8:34, 24:47, 요8:26, 행23:11, 롬16:26, 고후10:16, 살전2:9, 벧전1:25.
③ [기타] 막1:9, 요9:7.

2. [시간]
1) [때를 지시]
① [무엇인가가 계속되기까지] 나중까지, 끝까지, 마10:22, 24:13, 막13:13.
㉠ 그 날까지, 딤후1:12.
㉡ 그리스도의 날까지, 빌1:10.
㉢ 그리스도에게로 [메시아의 도래까지] 갈3:24.
② [무엇인가가 일어나는 것에 대하여]
㉠ 내일에 대하여, 마6:34.
㉡ 미래에 대하여, 딤전6:19.
㉢ 다른 안식일에 대하여, 행13:42.
㉣ 그 날에 대하여, 빌2:16. [참조] 엡4:30, 계9:15.
③ [무슨 일이 발생하는 순간에]
㉠ [저희의] 때에, 눅1:20.
㉡ 앞으로, 눅13:9.
㉢ 마침내, 눅18:5.
2) [시간의 지속기간을 표시] ~동안, 내내, 여러 해, 눅12: 19.
① 영원히, 마21:19, 막3:29, 11:14, 눅1:33, 요8:35.
② 영원의 날까지, 벧후3:18.
③ 대대로, 눅1:50.
④ 영원히, 히7:3, 10:1, 12,14.

3. [정도를 표시]완전히, 충만히, 절대적으로, 눅13:11, 요13:1, 고후10:13,15, 히7:25, 살전2:16.

4. [목표를 표시]
1) ['가다, 오다, 인도하다'등의 동사와 함께 존재의 상태를 표시할 때 비유적으로 쓰임] 마24:9, 25:46, 눅24:20, 롬11:32, 고후4:11, 10:5, 갈1:6, 딤전3:6,7, 히6:6, 계17:8,11.
2) [변화를 표시하는 동사와 함께]행2:20, 롬1:26, 고후11:13,14, 약4:9, 계11:6.
3) [적대적이거나 우호적인 의미로]
① [적대적으로] 막3:29, 눅12:10, 15:18,21, 22:65, 행6:11, 23:30, 롬8: 7, 고후10:1, 골3:9.
② [우호적으로] 마18:6, 막9:42, 행24:15, 롬5:8, 12:16, 15:31, 고후2:4,8, 8:4,22, 엡1:19, 4:32, 빌1:5, 골1:4, 살전3:12, 벧전4:9, 벧후3:9.
4) [소명, 사용, 목적과 더불어] 마27: 10, 눅2:32, 행13:2, 롬1:1, 9:21, 15:4, 고전10:31, 11:24, 14:22, 빌4:16, 골2:22, 살전3:2,5, 살후2:13, 히1:14, 3:5, 약5:3, 벧전1:10, 유1: 4, 계22:2.
5) [행위나 조건의 결과]~로, 마27:51, 막15:38, 행10:4, 롬1:20, 3:26, 4: 18, 6:12,16, 7:4, 8:15, 10:10, 13:4, 14, 고전11:34, 고후2:16, 6:1, 갈2:2, 빌2:16, 살전3:5,13, 살후2:10,11, 히4:16, 10:39, 11:3, 벧전1:7, 계13:3.
6) [목적을 표시] ~하기 위하여, 마8:4, 34, 10:18, 14:31, 20:19, 24:14, 25:1, 26:2,13,28, 27:31, 막1:4,38, 6:8, 14:4,9,55, 15:34, 눅3:3, 5:4, 요12: 13, 18:37, 행2:38, 9:21, 26:16, 롬9:17, 14:9, 고후2:9, 5:5, 엡6:22, 골1:29, 4:8, 살후1:11, 요일3:8.
7) [현대 그리스어에서와 같이 혜택, 유리함의 여격으로 쓰임] 눅9:13, 요13:29, 행24:17, 롬10:12, 15:26, 고전16:1, 고후8:4, 9:1,13, 엡1:19, 빌4:15, 골1:25, 살전4:10.
8) [기타] 벧전1:11.

5. [사람이나 사물에 대한 지칭, 참조를 표시] 마5:13, 10:41,42, 눅14:35, 행2:25, 17:21, 롬6:17, 8:28, 고후9:8, 13:3, 골1:12, 딤후4:11, 벧후1:17.

6. [기타 용법]
1) ~에 직면해서, 마12:41, 눅11:32.
2) ~을 가지고, 의하여[맹세하다], 마5:35.
3) [수와 더불어 분배적으로] 막4:8.
4) ~에 남다, 잔류하다, 요6:27.

7. [잉태의 맥락에서] 마5:22, 20:1, 행7:9, 롬8:21, 딤후4:18, 벧전3:20.

8. [서술 주격과 서술 목적격은 셈어의 영향하에서 때때로 목적격을 지닌 εἰς에 의해 대치된다]

1) [서술 주격]

① [γίνεσθαι와 함께] 마21:42, 눅13: 19, 요16:20, 행5:36, 계8:11, 16:19.

② [εἶναι와 함께] 마19:5, 눅3:5, 고후6:18, 히1:5, 8:10.

③ [γ. λογίζεσ− θαι εἰς] 롬4:3, [참조: 롬2:26, 9:8], 행19:27.

2) [서술 목적격] 행7:21, 13:22,47.

9. [εἰς는 자주 ἐν이 예상되는 곳에서 쓰인다]

1) [장소에서] 막10:10, 13:3,9, 눅4:23, 11:7, 행2:5,39, 8:40, 21:13.

2) [비유적으로 수단의 뜻으로 쓰임] 막5:34, 눅7:50, 8:48, 행7:53.

☞**결과가 ~이다**(마2:1).

1520. **εἷς, μία, ἕν ἑνός, μιᾶς, ἑνός [hĕis]**[346회] **헤이스**

수 하나.

1. [문자적으로]

1) [하나 이상과 대조하여]

① 마5:41, [참조] 마 20:12, 25:15,24, 행21:7, 28:13, 롬5:12, 벧후3:8.

② [부분 소유격과 함께 명사로서] 마5:19, 6:29, 18:6, 막9:42, 눅12:27, 17:2,22, 23:39, 요19:34.

③ [또는 ἐκ와 함께] 마18:12, 22:35, 26:21, 막14:18, 요1:40, 6:8, 행11: 28.

2) [전체를 이루는 부분들과 대조하여] 마19:5, 롬12:5, 고전6:16, [참조] 요10:30, 11:52, 17:11, 고전3:8, 12:12,20, 갈3:28, 엡2:15, 요일5:8.

3) [εἷς...οὐ] 마10:29, [참조] 마5:18, 36, 막8:14, 눅11:46, 12:6.

2. [강의적으로]

1) 단 하나의, 유일의, 눅12:52, 요11: 52, 행17:26, 롬3:30, 9:10, 15:6, 고전6:16,17, 10:17, 12:9,11,13, 엡4: 5,6, 빌1:27, 2:2, 계9:13, 18:8.

2) 단독의, 마19:17, 21:24, 23:8,15, 27: 14, 막8:14, 10:21, 12:6, 눅18:22, 요7:21, 9:25, 행4:32, 롬3:12, 고전10:17, 갈3:20, 5:14, 빌3:13, 딤전3:2,12, 딛1:6, 약2:19, 4:12, 벧후3:8.

3) 홀로, 마23:10, 막2:7, 눅18:19.

3. 누군가 어떤 사람.

1) 누구, 어느 사람, 마16:14, 18:24, 19: 16, 막10:17, 눅5:12,17, 24:18, [참조] 눅15:19,26, 22:47.

2) [부정관사로서] 마8:19, 21:19, [참조] 마26:69, 막12:42, 계8:13, [참조] 마18:24, 19:17.

3) [τὶς와 함께 사용되어] 눅22:50, 요11:49.

4. 1) [히브리적으로는 아마도 보통의 수보다는 시간을 지칭하는 표현으로] 마28:1, [참조] 막16:2, 눅24:1, 요20:1,19, 행20:7.

2) [셈어적 용법이 아닌 경우] 딛3:10, 계9:12.

5. [특별 용례]

1) εἷςεἷς, 마20:21, 24:40,41, 요20:12, 갈4:22, 살전5:11.

2) εἷς...εἷς...εἷς, 마17:4.

3) εἷς ἕκασ− τος, 엡4:16.

4) ὁ εἷς...ὁ ἕτερος: 전자는…후자는…마6:24, 눅7:41, 16:13, 17:34,35, 18:10. [참조] 계17:10.

5) καθ' ἕνα, καθ' ἕν, 막14:19, 요8:9, 21:25, 행21:19, 롬12:5, 고전14:31, 엡5:33, 계4:8, 21:21.

☞**하나**(마5:29, 18:10, 막14:10), **한**(마8:19, 막10:7, 눅10:42), **낱낱이**(요21:25), **일년**(약4:13), **일**(마5:18), **유일**(막12:29), **일일이**(눅4:40), **각**(행2:3), **각각**(행2:6), **각기**(살후1:3).

1521. **εἰσάγω [ĕisagō]**[11회] **에이스아고**

동 제2부정과거 εἰσήγαγον. 1519와 71에서 유래: 끌어들이다, 인도해 들이다, 눅2:27, 14:21, 22:54, 요18:16, 행9:8, 21:28,29,37, 22:24. 히1:6.

☞**데리고 오다**(눅2:27), **데려오다**(눅14:21), **끌다**(눅22:54), **데리다**(요18:16, 행21:29), **가지다**(행7:45), **끌리다**(행9:8), **이끌다**(행21:37).

1522. **εἰσακούω [ĕisakŏuō]**[5회] **에이사쿠오**

동 미래 εἰσακούσομαι, 제1부정과거 εἰσήκουσα, 제1부정과거수동태 εἰση− κούσθην, 미래 수동태 εἰσακουσθή− σομαι. 1519와

191에서 유래: 듣다.

1) 복종하다, 고전14:21.

2) [하나님께 대하여] 듣다.

① [청원하는 사람들에 대한 지칭으로: 수동으로] 마6:7, 히5:7.

② [기도자와 관련하여] 눅1:13, 행10: 31.

☞**들리다**(눅1:13), **듣다**(고전14:21, 히5:7).

1523. εἰσδέχομαι [ĕisdĕchŏmai][1회] **에이스데코마이**

동 미래 εἰσδέξομαι, 제1부정과거분사 εἰσδεξάμενος, 1519와 1209에서 유래: 받아들이다, 영접하다, 환영하다, 고후6:17.

☞**영접하다**(고후6:17).

1524. εἴσειμι [ĕisĕimi][4회] **에이세이미**

동 부정사 εἰσιέναι, 분사 εἰσιών, 미완료 εἰσῄειν: 안으로 들어가다, 행3:3, 21:26, 히9:6.

☞**들어가다**(행21:18, 히9:6), **들어가려하다**(행3:3).

1525. εἰσέρχομαι [ĕisĕrchŏmai] **에이세르코마이**

동 미래 εἰσελεύσομαι, 제2부정과거 εἰσῆλθον, 과거 완료분사 εἰσεληλυ- θώς, 1519와 2046에서 유래:

1. 오다, 가다, 들어가다, 들어오다.

1) [장소]

① [도시의 명칭과 함께] 마8:5, 21:10, 막2:1, 11:11, 눅7:1, 행10:24, 23:33.

② [기타 장소]

㉠ [성소 안으로] 히9:12,24,25.

㉡ [성전 안으로] 눅1:9, 계15:8.

㉢ [집 안으로] 마10:12, 12:29, 막7: 17, 눅1:40, 8:41, 행11:12, 16:15, 21:8.

㉣ [회당 안으로] 막1:21, 3:1, 눅4:16, 6:6, 행14:1, 18:19, [참조] 약2:2.

㉤ [성 안으로] 마10:11, 27:53, 막1: 45, 눅10:8, 22:10, 행9:6, 14:20.

㉥ [마을 안으로] 막8:26, 눅9:52.

㉦ [관청 안으로] 요18:28, 19:9, [참조] 마6:6, 24:38, 눅9:34, 17:27, 요10:1, 18:1, 20:6, 행25:23.

③ [일반적으로] 롬5:12. 그리스도의 성육신에 대하여, 히10:5.

④ [흔히 장소가 언급되지 않지만 문맥상 유추할 수 있음] 마9:25, 막13: 15, 눅19:1, 행1:13, 5:7,10, 10:25, 고전14:23, 24.

2) εἴς τινα

① ~중에 들어가다[군중 속에], 행19: 30, εἰς ὑμᾶς, 행20:29.

② ~에게 들어가다[특히 귀신이] 막9: 25, 눅8:30.

㉠ [귀신에 대하여] 막5:12,13, 눅8: 32,33.

㉡ [사탄에 대하여 유다에게] 눅22:3, 요13:27.

㉢ [기타] 눅9:46, 계11:11.

3) πρός τινα: ~에게 오다, 가다, 막15:43, 행10:3, 11:3, 16:40, 계3:20.

4) ἐπί τινα, 행1:21.

5) [출발한 장소에 대한 언급과 함께] 마7:13, 19:24, 눅13:24, 18:25, 요10: 1,2,9.

6) [ὑπὸ τὴν στέγην과 함께] 지붕 아래로 즉 집에 들어가다, 마8:8, 눅7:6.

7) [부사 εἰ. ἔσω와 함께] 안쪽으로, 내부로 가다, 마26:58, 22:12, 막14:14, 히6:20.

2. [비유적으로]

1) [사람에 대하여] ~것 안으로 들어가다 =~을 나누다, 공유하다, ~을 누리기에 이르다, 마5:20, 7:21, 19:24, 막9:47, 10:15,23,24, 눅18:17,25, 요3:5.

① 영원한 생명 안으로 들어가다=그것을 얻다, 마18:8,9, 19:17, 막9:43, 45.

② 안식으로 들어가다, 히3:11,18, 4:1, 3,5,6, 10,11.

③ 그의 영광으로 들어가다, 눅24:26.

④ 시험에 들어가다, 마26:41, 눅22: 40,46

⑤ 은혜 안으로, 마25:21,23.

⑥ 수고 안으로 들어가다=수고의 열매를 누리다, 요4:38.

⑦ [이 용법과 함께 목표가 언급될 필요는 없으나 함축될 수 있는 경우] 마7:13, 23:13, 눅11:52, 롬11:25.

2) [사물에 대하여] 음식에 대하여, 마15:11, 행11:8, 사상에 대하여, 눅9: 46, 히6:19, 약5:4.

☞**들어가다**(마5:20, 눅4:16, 히9:12), **들어오다**(마8:8, 눅7:45, 고전14:24), **참여하다**(마25:21, 23), **들다**(마26:41, 눅22:40,46), **나가다**(막

10:25), **오다**(눅8:41), **일어나다**(눅9: 46), **데리다**(눅14:23), **돌아오다**(눅17:7), **출입하다**(행1:21), 이르다(행11:20 ⓢ).

1526. εἰσί [ĕisi] 에이시
동 1510의 현재 직설법 3인칭 복수: 그들도 ~이다, 동의하다, 눅7:25.
☞**있느니라**(눅7:25).

1527. εἷς καθ' εἷς [hĕis kath' hĕis] 헤이스 카드 헤이스
부 2596과 1520에서 유래: 따로따로, 하나씩, 막14:19.
☞**하나씩 하나씩**(막14:19, 요8:9).

1528. εἰσκαλέω [ĕiskalĕō][1회] 에이스칼레오
동 제1부정과거 εἰσεκαλεσάμην, 1519와 2564에서 유래: 초대하다, 행10:23.
☞**불러 들이다**(행10:23).

1529. εἴσοδος, ου, ἡ [ĕisŏdŏs][5회] 에이소도스
명 1519와 3598에서 유래:
1) 들어감, 접근, 행13:24, 살전1:9, 히10:19, 벧후1:11.
2) 입구.
☞**옴**(행13:24), **들어감**(살전1:9, 히10:19, 벧후1:11).

1530. εἰσπηδάω [ĕispēdaō][1회] 에이스페다오
동 제1부정과거 εἰσεπήδησα, 1519와 '뛰다'에서 유래: 뛰어들다, 돌입하다, 행16:29.
☞**뛰어 들어가다**(행14:14, 16:29).

1531. εἰσπορεύομαι [ĕispŏrĕuŏmai][18회] 에이스포류오마이
동 미완료 εἰσεπορευόμην, 1519와 1943에서 유래: 가다, 안으로 가다.
1) [문자적으로] 막1:21, 5:40, 6:56, 눅8:16, 11:33, 18:24, 19:30, 22:10, 행3:2, 9:28, 28:30.
2) [비유적으로] 막4:19.
☞**들어가다**(마15:17, 막1:21, 눅11:33), **들어오다**(막4:19), **출입하다**(행9:28), **오다**(행28:30).

1532. εἰστρέχω [ĕistrĕchō][1회] 에이스트레코
동 제2부정과거 εἰσέδραμον, 제2부정과거분사 εἰσδρμων, 1519와 5342에서 유래: 달려들어가다, 행12:14.
☞**달려 들어가다**(행12:14).

1533. εἰσφέρω [ĕisphĕrō][8회] 에이스페로
동 부정과거 εἰσήνεγκα, εἰσήνεγκον: 가지고 [데리고] 들어오다, 운반해 들이다.
1) [문자적으로] 눅5:19, 12:11, 딤전6:7, 히13:11.
2) [상징적으로] 마6:13, 눅11:4, 행17:20.
☞**들게 하다**(마6:13, 눅11:4), **들어가다**(눅5:19, 히13:11), **들려주다**(행17:20), **가지고 오다**(딤전6:7).

1534. εἶτα [ĕita][15회] 에이타
부 1) [일시적인] 그 다음에, ~한 때에, 막4:17, 요13:5, 19:27, 20: 27, 고전15:24, 약1:15, [기타] 고전12:26, 15:7, 딤전2:13, 3:10.
2) [진행을 표시하는 말로서] 또한, 게다가, 그 다음으로는, 히12:9.
☞**그러므로(순서를 나타내는 부사)**(막4:17).

1535. εἴτε [ĕitĕ][65회] 에이테
접 1487과 5037에서 유래: 또 ~한다면, 만약 ~이라면, 롬12:7, 빌1:18.
☞**혹**(롬12:6).

1536. εἴ τις [ĕi tis] 에이 티스
접 1487과 5100에서 유래: 만약 ~한다면, 막4:23.
☞**아무든지 ~거든**(마16:24), **아무든지 ~자는**(막4:32), **무엇이 ~냐**(막8:23), **무엇을 ~거든**(막9:22), **아무든지 ~면**(막9:35), **무릇 ~하면**(눅14:26), **만일 누구의 것을 ~면**(눅19:8), **만일 ~면**(행24:19), **무슨 ~는가**(행24:20), **만일 ~거든**(행25:5), **아무에게 ~든지**(고전1:26), **만일 누구든지 ~면**(고전3:14), **만일 누구든지 ~면**(고전3:14), **누구든지 ~면**(고전3:15), **만일 누구든지 ~거든**(고전14:37), **만일~진대**(고후10:7), **~거나**(고후11:20), **만일 무슨 일 ~면**(빌3:15), **무슨 ~든지**(빌4:8), **혹 ~지라도**(벧전3:1), **만일 누가 ~면**(벧전4:11), **만일 누구든지 ~즉**(계11:5), **누구든지 ~자는(계20:15)**.

1537. ἐκ [ĕk][916회] 에크
전 **1.** 모음 앞에서는 ἐξ, 소유격 지배전치사: ~로부터, ~에서, ~의 밖으로.
1) [분리를 지칭하기 위하여]
2) [분리가 발생한 장소를 소개하기 위하여] 마2:15, 26:27, 막14:23, 16:3, 눅1:74, 11:6, 요10:39, 17:15, 20:1, 행12:11, 28:4, 고전11:28, 히13:10, 약5:20, 벧전2:9, 유1:5, 계3:5, 6:14.

E

3) [분리가 발생한 집단이나 무리와 함께] 요15:19, 행3:23, 19:33, [참조] 마13:41,47, 행1:24, 15:22, 롬9:24, ἐκ μέσου, 마13:49, 행17:33, 23:10, 고전5:2, 고후6:17, [기타] 눅20: 35, 요12:1,9,17, 행3:15,22, 4:10, 10: 41, 13:30, 17:3,31, 히11:19, 벧전1:3, [참조] 롬10:7.

4) [어떤 사람이 이끌어 나온 상황과 조건들에 대하여] ~로부터, 요5:24, 12:27, 행7:10, 롬6:13, 11:15, 13:11, 갈3:13, 히5:7, 약5:20, 벧전1:18, 요일3:14, 계2:21,22, 3:10, 9:20, 14: 13, 16:11.

5) [연결이 단절된 사람들이나 물건에 대하여] 요17:15, 행15:29, 고전9: 19, 딤후2:26, 계15:2.

2. [무엇이 어디로부터 왔는지 그 방향을 표시하기 위하여] 마17:9, 20:21,23, 22:44, 25:33, 막11:20, 15:39, 눅1: 11, 5:3, 21:18, 행2:25,34, 7:55,56, 12:7, 딛2:8.

3. [기원, 이유, 동기, 원인을 표시하기 위하여]

1) [해산, 출산과 관계있는 경험에 있어서] 마1:3,5,18, 3:9, 눅3:8, 요1:13, 3:6, 8:41,44,47, 행2:30, 롬9:10, 갈4:4, 요일3:9, 4:7, 5:1,4,18.

2) [가족, 인종, 성읍, 민족, 지역 등에 대한 기원을 표시하기 위하여] 마21: 25, 막11:30, 눅1:27, 2:36, 요3:31, 7:42, 8:23, 15:19, 17:14, 행4:6, 13:21, 롬1:3, 11:1, 빌3:5, 갈2:15, 요일2:16, 4:5.

3) [다른 종류의 기원을 표시하기 위하여] 마5:37, 요3:25, 4:22, 7:17,22, 10:32, 행22:14, 롬2:29, 11:36, 고전7:7, 8:6, 11:12, 고후5:1, 8:7, 9: 2, 갈5:8, 빌3:9, 요일2:16,21, 계2: 9, 15:8.

4) [주격으로] οἱ ἐξ Ἰσραήλ, 롬9:6.

① οἱ ἐξ ἐριθείας: 이기적인 사람, 롬2:8.

② οἱ ἐκ νόμου: 율법파, 롬4:14.

③ οἱ ἐκ πίστεως: 믿음을 소유하고 있는 사람들, 갈3:7,9, [참조] 롬3:26, 4:16.

④ οἱ ἐκ περιτο- μῆς: 할례당, 행11:2, 롬4:12, 갈2:12.

⑤ οἱ ἐκ τῆς περιτομῆς, 딛1:10.

⑥ οἱ ὄντες ἐκ περιτομῆς, 골4:11.

⑦ οἱ ἐκ τῆς συναγωγῆς: 회당의 구성원들, 행6:9.

5) [파급력 있는 원인에 대하여] ~에 의하여, ~ 때문에.

① [성격상 인격적인 것] 마15:5, 막7: 11, 요12:49, 고후1:11, 2:2, 7:9, 계2:11.

② [성격상 비인격적인 것] 요4:6, 계3:18, 8:11, 9:2, 18:1.

6) [어떤 것의 전제가 되는 이유에 대하여] ~까닭에, ~의 결과로서, ~때문에, 롬4:2, 갈2:16, 3:24, [참조] 눅12:15, 행19:25, 롬3:20,30, 11:6, 고후13:4, 갈3:2,5.

① τὸ ἐξ ὑμῶν: 그것이 당신을 의지하는 한, 롬12:18.

② ἐκ τοῦ πό νου: 비탄[번민] 속에서, 계16:10, [참조] 계8:13, 16:11.

③ ἐκ τούτου: 이런 까닭에, 그러므로, 이러한 이유로, 요6:66, 19:12. [주] [마찬가지로 ἐκ는 제한적 목적을 위해 쓰이는 수단을 도입할 수 있다]~을 가지고, ~을 수단으로 해서, ἐκ τοῦ μαμωνᾶ, 눅16:9, [참조] 눅8:3.

7) [무엇인가가 흘러나오는 원천에 대하여]

① 마12:34, 요8:44.

㉠ τὰ ἐκ τ. ἱεροῦ: 성전으로부터 나온 음식, 고전9:13.

㉡ ἐκ τ. εὐαγγελίου- ζῆν: 복음 전파에 의해 살아감을 얻다, 고전9:14.

② [정보, 통찰 등]

㉠ κατηχεῖσθαιἐκ, 롬2:18.

㉡ ἀκούειν ἐκ, 요12:34.

㉢ γινώσκειν, 마12:33, 눅6:44, 요일3:24, 4:6.

㉣ ἐποπτεύειν, 벧전2:12.

㉤ δεικνύναι, 약2:18.

③ [내적 생명 등에 대하여]

㉠ ἐκ καρδί- ας, 롬6:17, 벧전1:22.

㉡ ἐκ ψυχῆς, 골3:23, 딤전1:5, 딤후2:22, 엡6:6.

㉢ [기타] 막12:30, 롬14:23, 고후2:4.

8) [만들어진 것의 재료에 대하여] 마27:29, 요19:2, [참조] 요2:15, 9:6, 롬9:21, 고전15:47, 계18:12, 21:21.

9) [기본법칙이나 원칙에 대하여] ~에 따른다면, ~에 따라, ~에 일치하여.

① ἐκ τ. λόγων, 마12:37, 눅19:22, 계20:12.
② ἐκ..., 롬9:12.
③ ἐκ τ. ἔχειν: 너의 능력에 따라, 고후8:11.
④ ἐξ ἰσότητος: 평등의 기반 위에서, 고후8:13.

4. [절에서 사용될 때]
1) [부분 소유격으로]
① [수를 표시하는 단어 뒤에서] 마10: 29, 18:12, 22:35, 25:2, 27:48, 막9:17, 16:12, 눅24:13, 요1:35, 6: 60, 7:31, 11:49, 16:5, 21:2, 계7:4.
② [부정대명사 뒤에는] 마6:27, 21:31, 눅11:5,15, 12:25, 14:28, 요6:64, 7:25, 44, 48, 9:16, 11:37.
③ [주격으로서] 요16:17.
④ [목적격으로서] 마23:34, 눅11:49, 21:16, 요이1:4.
⑤ [εἶναι와 함께 쓰여] ~에 속하다, 마26:73, [참조] 막 14:69, 눅22:58, 요7:50, 10:26, 행21:8, 고전12:15,16.
⑥ [공급, 수여, 소비를 표시하는 동사의 뒤에] 고전9:7, 11:28, 요6:26, 50,51, 계2:7.
㉠ πίνειν, 마26:29, 막14:25, 요4: 13,14, 계14:10, 19:21.
㉡ μετέχειν, 고전10:17.
㉢ λαμβάνειν, 요1:16, 계18:4.
㉣ διδόναι, 마25:8, 요일4:13.
㉤ διαδεδόναι, 요6:11.
⑦ [채운다는 동사 뒤에서] 향기로 가득 채워졌다, 요12:3, 무엇을 가지고 배를 채우다, 눅15:16, [참조] 계8:5, 탐욕으로 차있다, 마23:25.
2) [가격이나 가치를 표시하는 절에서] 마27:7, [참조] 마20:2, 행1:18.

5. [시간에 대하여]
1) [무엇인가 시작하는 시간에 대하여] ~에, 마19:12, 막9:21, 10:20, 눅18: 21, 23:8, 요6:64, 9:1, 행9:33.
2) [시간의 연속에 대하여]
① ἡμέραν ἐξ ἡ- μέρας: 날마다, 벧후2:8.
② ἐκ δευτέρου: 두 번째로, 다시.
③ ἐκ τρίτου, 마26:44.

6. [기타 다양한 동법]
1) [구조의 혼합] [ἐν 대신 ἐκ를 사용] 마24:17, 눅11:13, 골4:16.
2) [히브리어מִן의 구약의 용법과 같이] 계18:20, 19:2, [참조] 계6:10.
3) [부사적 표현법]
① ἐξ ἀνάγκης ἐκ συμφώνου: 상호 동의에 의하여, 고전7:5.
② ἐκ λύπης: 억지로, 고후9:7.
③ ἐκ περισσοῦ: 극히, 극단적으로, 막6:51.
④ ἐκ μέτρου: 조금씩, 아껴서, 요3:34.
⑤ ἐκ μέρους: 일부분씩, 개별적으로, 고전12:27, 13:9.
⑥ ἐκ δραχμῶν: 오직 부분적으로.
4) [ἐκ-εἰς에 의해 같은 단어를 반복해 쓸 경우 특별 강조가 된다] 롬1:17, 고후2:16. [그 결과와 목적은 다음과 같이 암시되어 있다] 롬11:36, 고전8:6, 골1:13.

☞**~에서부터, ~에서부터 멀리, ~로 말미암아, ~에게서 온**(마1:18).

1538. ἕκαστος, η, ον [hĕkastŏs][82회] **헤카스토스**
형 각각, 매~.
1) [형용사로] 눅6:44, 요19:23, 히3:13, 계22:2.
2) [명사로] 마16:27, 요6:7, 행4:35, 롬2:6, 12:3. [부분 속격을 수반하여] 눅13:15, 행2:8, 롬14:12, 고전15:38, 16:2. [ἴ- διος와 함께] 마25:15, [참조] 눅6:44, 행2:8, 롬14:5, 누구나, 고전1:12, 14:26, [강조하여] εἷς ἕκαστος: 누구나 각 사람을, 마26:22, 행2:6, 20:31.

☞**각, 매, 매 사람~마다, 각기**(살후1:3), **낱낱이**(눅16:5), **일일이**(눅4:40), **매일**(히3:13).

1539. ἑκάστοτε [hĕkastŏtĕ][1회] **헤카스토테**
부 시간에 사용, 1538과 5119에서 유래한 듯: 어느 때든지, 항상, 벧후1:15.

☞**언제나, 항상**(벧후1:15).

1540. ἑκατόν [hĕkatŏn][11회] **헤카톤**
수 일백, 마13:8,23, 18:12, 눅15:4, 16: 6,7, 막4:8,20, 6:40, 요19:39, 21:11, 행1:15, 계7:4, 14:1,3, 21:17.

☞**백**(마18:28, 눅16:6, 계21:17).

1541. ἑκατονταετής, ές [hĕkatŏntaĕ- tēs][1회] **헤카톤타에테스**
형 1540과 2094에서 유래: 백 세, 백 년의,

롬4:19.

☞**백 세의**(롬4:19).

1542. ἑκατονταπλασίων, ον [hĕkatŏn-taplasiōn][3회] **헤카톤타플라시온**

형 1540과 4111의 파생어에서 유래: 백 배, 마19:29, 막10:30, 눅8:8 등.

☞**백 배**(막10:30, 눅8:8), **여러 배**(마19:29).

1543. ἑκατοντάρχης, ου, ὁ [hĕkatŏn-tarchēs][16회] **헤카톤타르케스**

명 1540과 757에서 유래: 백부장, 대장, 마8:13, 눅7:6, 23:47, 행10:1,22, 21: 32, 22:26, 24:23, 27:1,6,11,31,43.

☞**백부장**(마8:5, 행10:1, 24:23, 27:31).

1544. ἐκβάλλω [ĕkballō][81회] **에크발로**

동 미래 ἐκβαλῶ, 제2부정과거 ἐξέβα- λον, 과거완료 ἐκβεβλήκειν, 1537과 906에서 유래:

1. 내쫓다, 축출하다.

1) [문자적으로] 던지다, 마21:12, 막1: 12, 눅19:45, 20:12. [수동] 마9:25.

① [포도원에서] 마21:39, 막12:8, 눅20:15.

② [성읍에서] 눅4:29, 행7:58, ἐ. ἔξω, 요6:37, 9:34, 행9:40.

㉠ [수동] 눅13:28, 요12:31, [주] 어두움으로 내쫓다, 마8:12, 22:13, 25:30.

㉡ [중간] 무엇을 던져두다, 행27:38.

2) [비유적으로] 자신의 뒤로 말을 던지다= 말에 주의하지 않다, 모욕하다, 이름을 더럽히다, 눅6:22.

① [사람을 사로잡고 있는 귀신의 축출과 관련하여] 마9:34, 10:1,8, 12: 26, 17:19, 막1:34,39,43, 3:15, 6: 13, 7:26, 9:18, 16:9, 눅9:40, 11:14, 13:32.

② [주어진 수단과 함께]

㉠ [너의 이름에 의하여] 마7:22.

㉡ [말씀 한 마디로] 마8:16.

㉢ [귀신들의 지배자에 의해] 마9:34, 막3:22.

㉣ [바알세불에 의해] 마12:24,27, 눅11:15,18,19.

㉤ [예수의 이름에 의해] 막9:38, 16: 17, 눅9:49.

㉥ [하나님의 손가락에 의해] 눅11: 20, [참조] 눅11:19, [주]어떤 사람을 집단에서 쫓아내다, 거절하다, 갈4:30, 요삼1:10. [참조] 요9:34, 35.

2. [강세의 함축없이] 밖으로 보내다, 마9:38, 막1:12, 눅10:2, 요10:4, 행16: 37, 약2:25. 3.[무엇으로부터] 제거하다, 끊어내다, 마7:4,5, 12:20,35, 13: 52, 15:17, 막9:47, 눅6:42, 10:35, 계11:2.

☞**쫓아내다**(마7:22, 눅11:15), **빼다**(마7:5, 눅6:42), **쫓겨나다**(마8:12, 9:33, 눅13:28), **내보내다**(마9:25, 행9:40, 16:37), **보내다**(마9:38, 막1:43, 눅10:2), **내다**(마12:35, 눅10: 35), **내오다**(마13:52), **내어버리다**(마15:17), **내쫓다**(마21:12, 막1:34, 눅9:49), **내던지다**(마22:13, 막12:8), **몰아내다**(막1:12), **쫓아내 주다**(막7:26), **버리다**(눅6:22, 8:54, 10:2), **내놓다**(요10:4), **내치다**(행7:58), **나가다**(약2:25), **그냥 두다**(계11:2).

1545. ἔκβασις, εως, ἡ [ĕkbasis][2회] **에크바시스**

명 1537의 합성어와 939의 어간에서 유래: 출구, 끝, 고전10:13[히13:7은 생명의 종말을 의미할 수도 있으며 결과, 산출로서 이해할 수도 있다].

☞**피할 길**(고전10:13), **결말**(히13:7).

1546. ἐκβολή, ῆς, ἡ [ĕkbŏlē][1회] **에크볼레**

명 1544에서 유래: 하역, 방출[문자적으로는 폭풍우 속에서 배를 구하기 위하여 배의 짐을 배 밖으로 '던지는 것'을 의미], 행27:18.

☞**버림, 짐을 밖으로 던짐**(행27:18).

1547. ἐκγαμίζω [ĕkgamisō] **에크가미조**

동 1537과 1061에서 유래: 결혼하다, 마24:38㉦, 고전7:38㉦, [수동] 마22:30㉦, 눅17: 27㉦, 10:35㉦.

☞**시집가다**(마24:38, 눅17:27), **시집보내다**(고전7:38).

1548. ἐκγαμίσκω [ĕkgamiskō] **에크가미스코**

동 1537과 1061에서 유래: 결혼하다, 눅20:34㉦.

☞**시집가다**(눅20:34,35).

1549. ἔκγονον [ĕkgŏnŏn][1회] **에크고논**

명 1537과 1096에서 유래: 자손, 손자, 딤전5:4.

☞**손자**(딤전5:4).

1550. ἐκδαπανάω [ĕkdapanaō][1회]

에크다파나오

동 미래수동 ἐκδαπανηθήσομαι, 1537과 1159에서 유래: 소비하다, 허비하다, 소진하다, 고후12:15.

☞**사용하다**(고후12:15).

1551. ἐκδέχομαι [ĕkdĕchŏmai][6회] 에크데코마이

동 미완료 ἐξεδεχόμην, 1537과 1209에서 유래: 기대하다, 예상하다, 기다리다, 요5:3 ⓢ, 행17:16, 고전11:33, 16:11, 히10:13, 11:10.

☞**기다리다**(요5:3ⓢ, 행17:16, 고전11:33), **바라다**(히11:10).

1552. ἔκδηλος [ĕkdēlŏs][1회] 에크델로스

형 1537과 1212에서 유래: 대단히 분명한, 확실한, 명백한, 딤후3:9.

☞**드러난**(딤후3:9).

1553. ἐκδημέω [ĕkdēmĕō][3회] 에크데메오

동 제1부정과거 부정사 ἐκδημῆσαι, 1537과 1218의 합성어에서 유래:

1) 조국을 떠나다, 고향을 등지다, 장기간의 여행을 떠나다, [주] ἐκ τοῦ σώ－ ματος: 몸에서 떠나다, 고후5:8.

2) 타향에 있다, 낯선 땅에서 지내다.

☞**따로 있다**(고후5:6), **떠나다**(고후5:8,9).

1554. ἐκδίδωμι [ĕkdidōmi][4회] 에크디도미

동 오직 중간태로만 나옴, 미래 ἐκδώ－ σομαι, 제2부정과거 ἐξεδόμην, 1537과 1325에서 유래: 고용이나 세를 위해 내주다, 마21:33,41, 막12:1, 눅20:9.

☞**세로 주다**(마21:33, 막12:1, 눅20:9).

1555. ἐκδιηγέομαι [ĕkdiēgĕŏmai][2회] 에크디에게오마이

동 1537과 1223과 2233의 합성어에서 유래: [상세하게]말하다, 행13:41, 15:3.

☞**이르다**(행13:41), **말하다**(행15:3).

1556. ἐκδικέω [ĕkdikĕō][6회] 에크디케오

동 미래 ἐκδικήσω, 제1부정과거 ἐξε－ δίκησα, 미완료 ἐκδίκησον, 1558에서 유래:

1) 갚다, 복수하다, 정의를 구하다, 눅18: 3,5, 롬12:19.

2) 보복하다, 처벌하다, 고후10:6, 계6:10, 19:2.

3) 공의를 행하다.

☞**원한을 풀어주다**(눅18:3,5), **원수를 갚다**(롬12:19), **벌하다**(고후10:6), **갚다**(계6:10, 19:2).

1557. ἐκδίκησις, εως, ἡ [ĕkdikēsis][9회] 에크디케시스

명 1556에서 유래: 복수, 처벌, 형벌, 롬12:19, 고후7:11, 히10:30.

1) [최후의 심판에 대하여] 눅21:22.

2) [악행자들에 대하여] 벧전2:14.

3) [기타] 눅18:7,8, 행7:24, 살후1:8.

☞**원한을 풀어줌**(눅18:7,8), **원수를 갚음**(행7:24, 롬12:19, 히10:30), **벌하게 함**(고후7:11), **징벌**(눅21:22, 벧전2:14), **형벌**(살후1:8).

1558. ἔκδικος, ον [ĕkdikŏs][2회] 에크디코스

형 1537과 1349에서 유래: [명사로] 복수, 보복, 복수자, 처벌자, 롬13:4, 살전4:6.

☞**보응(報應)하는**(롬13:4), **신원(伸冤)하여 주는**(살전4:6).

1559. ἐκδιώκω [ĕkdiōkō][1회] 에크디오코

동 미래 ἐκδιώξω, 제1부정과거분사 ἐκδιώξας, 1537과 1377에서 유래: 심하게 박해하다, 몹시 박해하다, 살전2:15, 눅11:49ⓢ.

☞**박해하다**(눅11:49ⓢ), **쫓아내다**(살전2:15).

1560. ἔκδοτος, ον [ĕkdŏtŏs][1회] 에크도토스

형 1537과 1325의 파생어에서 유래: 포기된, 넘겨진, 전달된, 주어진, 행2:23.

☞**정한**(행2:23).

1561. ἐκδοχή, ῆς, ἡ [ĕkdŏchē][1회] 에크도케

명 1551에서 유래: 예상, 기대, 바람, 히10:27.

☞**기다림**(히10:27).

1562. ἐκδύω [ĕkdüō][6회] 에크뒤오

동 제1부정과거 ἐξέδυσα, 제1부정과거중간태 ἐξεδυσάμην, 1537과 1416에서 유래: 벗다, 벗기다, 떼어내다.

1) [능동] 마27:31, 막15:20.

2) [중간] 벗다, [주] 상징적으로 사용될 경우: 육신의 생각을 버리다, 고후5:4.

☞**벗기다**(마27:28, 막15:20), **벗다**(고후5:4).

1563. ἐκεῖ [ĕkĕi][105회] 에케이

부 [장소를 표시]

1) 그곳에서, 그 장소에서, 마2:13,15, 5:24, 6:21, 8:12, 12:45, 18:20, 26: 71, 막5:11, 6:10, 눅12:34, 계12:6,14.

2) 그곳에, 그 장소로, 마2:22, 17:20, 24: 28, 막6:33, 눅21:2, 요11:8, 18:2.

☞**거기**(마2:13), **거기서**(마8:12), **그곳에는**(마6:21), **저기로**(마17:20), **곳에는**(마18:20), **저기**

는(히7:8), **거기에는**(계21:25), **여기**(요12:9).

1564. ἐκεῖθεν [ĕkĕithĕn][37회] 에케이덴

부 1563에서 유래: [장소를 표시] 그 곳으로부터, 마4:21, 5:26, 9:9,27, 11:1, 12:9,15, 13:53, 14:13.

☞**거기서**(마4:21, 눅12:59), **거기를**(마11:1), **거기**(막6:10), **그곳을**(막9:30), **그리로**(행20:13).

E

1565. ἐκεῖνος, η, ο [ĕkĕinŏs][265회] 에케이노스

대 [지시대명사] 1563에서 유래: 그 사람, 그것.

1. 일반형.

1) [좀 떨어져 있는 대상을 지시] ㉥ οὗτος, 눅18:14, τοῦτο ἤ ἐκεῖνο: 이것 또는 저것, 약4:15, ἡμῖν...ἐκείνοις, 마13:11, 막4:11, [참조] 고후8:14, ἐκεῖνον...ἐ- μέ, 요3:30, ἐκεῖνοι...ἡμεῖς, 고전9:25, 히12:25, ἄλλοι...ἐκεῖ- νος, 요9:9.

2) [흔히 그, 그녀, 그것 등으로 약화된 바로 앞 단어를 되가리키며 보상해 주는 역할] 막16:10,13, 요5:37, 8:44, 10:6, 11:29, 12:48, 14:21,26, 16:14. [기타] 마17:27, 막7:20, 요1:33, 5: 11, 롬14:14, 딤후2:26, 딛3:7.

3) [잘 알려지거나 악명높은 품성을 지칭] 요7:11, 9:12,28, 요일2:6, 3:3,5,7, 16, 4:17.

4) [관계사와 함께] 마24:43, 요13:26, 롬14:15, 히11:15.

5) [간접담화에서 화자가 자신을 이말로써 가리킴] 요19:35.

2. [명사와 함께]

1) [이미 거론된 인물이나 사물을 구별하기 위하여] 마7:25, 10:15, 18:32, 막3:24,25, 눅6:48,49, 요19:15, 행1: 19, 3:23, 8:8, 14:21, 16:3.

2) [시간에 대하여]

① [시간을 정확히 할 수 있는 과거에 대하여] 마3:1, [참조] 마24:38, 막1:9, 8:1, 눅2:1.

② [한정된 기간에 대하여] 눅4:2, 9:36.

③ [미래에 대하여] 마24:19, 행2:18, 계9:6.

④ [또한 단수로] 눅17:31, 요16:23,26.

⑤ [특히 심판날에 대하여] 마7:22, 눅6:23, 10:12, 살후1:10, 딤후1:12, 18, 다가올 시대(세상), 눅20:35.

⑥ [상황상 구별할 수 있는 기간에 대하여] 마13:1, 22:46, 막4:35, 요1:39, 행12:1, 19:23, 계11:13.

3. [부사적 용법] ἐ- κείνης: 그곳 [there] 눅19:4.

☞**저 사람, 저것, 저, 이, 그**(마17:27, 10:14, 눅18:14)

1566. ἐκεῖσε [ĕkĕisĕ][2회] 에케이세

부 1563에서 유래: [장소를 표시] 그것에, 그 장소에, 행21:3, 22:5.

☞**거기서, 거기**(행21:3, 22:5).

1567. ἐκζητέω [ĕkzētĕō][7회] 에크제테오

동 미래 ἐκζητήσω, 제1부정과거 ἐξε- ζήτησα, 제1부정과거수동태 ἐξεζη- τήθην, 미래수동태 ἐξζητηθήσομαι, 1537과 2212에서 유래:

1) 추구하다, 탐구하다, 찾다, 구하다, 행15:17, 히12:17, [참조] 롬3:11, 히11: 6, 벧전1:10.

2) 욕구하다, 의욕하다, 탐내다, 얻고자 추구하다.

3) 찾다, 방문하다.

4) 맡다, 요구하다, 눅11:50,51.

☞**담당하다**(눅11:50,51), **찾게 하다**(행15:17) **찾다**(롬3:11, 히11:6), **얻다**(히12:17), **연구하다**(벧전1:10).

1568. ἐκθαμβέω [ĕkthambĕō][4회] 에크담베오

동 제1부정과거 수동태 ἐξεθαμβή- θην, 1569에서 유래: [수동태로서 마가복음에만 나옴]놀라다, 경성되다, 막9:15, 16:5, 6, 혼비하게 되다, 막14:33.

☞**놀라다, 심히 놀라다**(막9:15, 14:33, 16:5).

1569. ἔκθαμβος, ον [ĕkthambŏs][1회] 에크담보스

형 1537과 2285에서 유래: 매우, 놀란, 행3:11.

☞**크게 놀라는**(행3:11).

1570. ἔκθετος, ον [ĕkthĕtŏs][1회] 에크데토스

형 1537과 5087에서 유래: 노출된, 버려진, 행7:19.

☞**내버려진**(행7:19).

1571. ἐκκαθαίρω [ĕkkathairō][2회]

엑카다이로
동 제1부정과거 ἐξεκάθαρα, 1537과 2545에서 유래: 깨끗이 하다, 청소하다.
1) [불결하여 제거되는 것을 목적어로 하여] 고전5:7.
2) [깨끗하게 된 것을 목적어로 하여] 딤후2:21.
☞**내버리다**(고전5:7), **깨끗하게 하다**(딤후2:21).

1572. ἐκκαίω [ĕkkaiō][1회] **엑카이오**
동 제1부정과거 ἐξέκαυσα, 제1부정과거수동태 ἐξεκαύθην, 1537과 2545에서 유래: 불을 켜다, 불을 붙이다, [수동] [감각적인 욕망으로] 불타오르다, 롬1:27.
☞**불일듯하다**(롬1:27).

1573. ἐγκακέω [ĕkkakĕō] 엥카케오
동 제1부정과거 ἐξεκάκησα, 1537과 2545에서 유래: 마음을 잃다, 낙심하다, 눅18: 1, 고후4:16, 갈6:9, 엡3:13, 살후3:13.
☞**낙심하다**(눅18:1, 고후4:1, 갈6:9).

1574. ἐκκεντέω [ĕkkĕntĕō][2회] **엑켄테오**
동 제1부정과거 ἐξεκέντησα, 1537과 2759에서 유래: 꿰뚫다, 찌르다, 관통하다, 요19:37, 계1:7.
☞**찌르다**(요19:37, 계1:7).

1575. ἐκκλάω [ĕkklaō][3회] **엑클라오**
동 제1부정과거수동태 ἐξεκλάσθην, 1537과 2806에서 유래: 꺾어내다, 꺾어버리다, 분리·절단시키다, 롬11:17,19,20.
☞**꺾어지다**(롬11:17), **꺾이다**(롬11:19, 20).

1576. ἐκκλείω [ĕkklĕiō][2회] **엑클레이오**
동 제1부정과거 ἐξέκλεισα, 부정사 ἐκκλεῖσαι, 제1부정과거수동태 ἐξεκ- λείσθην, 미래수동태 ἐκκλεισθήσο- μαι, 1537과 2808에서 유래: 막다, 배제시키다.
1) [문자적으로] 갈4:17.
2) [상징적으로] 롬3:27.
☞**이간시키다**(갈4:17), **있을 수 없다, 여지가 없다**(롬3:27).

1577. ἐκκλησία, ας, ἡ [ĕkklēsia][114회] **엑클레시아**
명 **1.** 회[정기적으로 소집되는 정치단체로서의 회합].
2. 모임[일반적인],운집, 행19:32,41.
3. [특히 종교적인 목적으로 모였던 이스라엘 민족의 회중] 행7:38, 히2:12.
4. [기독교] 교회 또는 회중.
1) 교회 모임, 고전11:18, [참조] 고전14: 4,5,19,28,35.
2) [한 장소에서 생활하는 그리스도인들 전체로서의] 교회 또는 회중, 마18: 17, 행5:11, 8:3, 고전4:17, 빌4:15, [참조] 행15:22.
[주] ① [보다 제한적으로는 예루살렘에 있었던 교회] 행8:1, 11:22.
② [겐그레아에 있었던 교회] 롬16:1.
③ [고린도] 고전1:2, 고후1:1.
④ [데살로니가] 살전1:1, 살후1:1.
⑤ [골로새] 몬1:2.
⑥ [다른 명칭으로] 계2:1,8,12,18, 3: 1,7,14. [복수] 행15:41, 16:5, 롬16:16, 고전7:17, 고후8:18,19,23, 24.
⑦ [유대지방에 있는 교회들] 갈1:22, 살전2:14.
⑧ [갈라디아] 고전16:1, 갈1:2.
⑨ [아시아] 고전16:19, 계1:4.
⑩ [마케도니아] 고후8:1.
⑪ [각 개개의 교회에서] 행14:23.
3) [가정 교회에 대해서] 롬16:5, [참조] 고전16:19, 골4:15, 몬1:2.
4) [보편 교회] 마16:18, 행9:31, 고전6:4, 12:28, 엡1:22, 3:10,21, 5:23, 24,27,29,32, 빌3:6, 골1:18,24, 딤전5:16. [주] 지교회이자 보편교회는 특히 '하나님의, 그리스도의 교회'로 불린다. 이것은 본래 바울이 쓴 용법이며 현재 헬라어 용어에 기독교적 색채를 가미시켜주며 따라서 특별한 의미를 제공하는 데 기여한다.
① [하나님의] 행20:28, 고전1:2, 10: 32, 11:16,22, 15:9, 고후1:1, 갈1: 13, 살전2:14, 살후1:4, 딤전3:5,15.
② [그리스도의] 롬16:16.
③ [두 가지가 함께] 살전1:1.
④ [기타 특별 형태] ἐ. τῶν ἁγίων, 고전14:33, ἐ. τῶν ἐθνῶν, 롬16:4.
☞**교회**(마16:18, 행2:47, 롬16:4), **모인 무리**(행19:32), **민회**(행19:39), **모임**(행19:41).

1578. ἐκκλίνω [ĕkklinō][3회] **엑클리노**
동 제1부정과거 ἐξέκλινα, 1537과 2827에

E

서 유래: 돌아서다, 이탈하다, 롬3:12, 16:17, 벧전3:11.

☞**떠나다**(롬16:17), **치우치다**(롬3:12).

1579. ἐκκολυμβάω [ĕkkŏlumbaō][1회] **엑콜륌바오**

동 제1부정과거 ἐξεκολύμβησα, 1537과 2860에서 유래: 헤엄쳐가다, 행27:42.

☞**헤엄치다**(행27:42).

E

1580. ἐκκομίζω [ĕkkŏmizō][1회] **엑코미조**

동 미완료 수동태 ἐξεκομιζόμην, 1537과 2865에서 유래: [장지에 묻힐 시체를 도시 밖으로] 운반해 내오다, 눅7:12.

☞**메고 나오다**(눅7:12).

1581. ἐκκόπτω [ĕkkŏptō][10회] **엑콥토**

동 미래 ἐκκόψω, 제1부정과거 ἐξέκο- ψα, 미완료 ἔκκοψον, 제2부정과거수동태 ἐξεκ όπην, 제2미래수동태 ἐκκο- πήσομαι, 1537과 2875에서 유래: 잘라내다, 잘라버리다.

1) [문자적으로]
 ① [나무에서] 잘라내다, 마3:10, 7:19, 눅3:9, 13:7,9.
 ② [가지에서] 절단해내다, 롬11:24.
 ③ [손에서] 마5:30, 18:8. 2)[상징적으로: 사물에 대해서] 고후11:12.

☞**찍다**(마3:10, 5:30, 18:8), **찍히다**(마7:19, 눅3:9, 롬11:22), **찍어버리다**(눅13:7,9), **끊다**(고후11:12).

1582. ἐκκρέμαμαι [ĕkkrĕmamai] **엑크레마마이**

동 1537과 2910에서 유래: 말하는 자의 입술에 의지하다: 경청하다, 눅19:48.

☞**귀를 기울이다**(눅19:48).

1583. ἐκλαλέω [ĕklalĕō][1회] **에클랄레오**

동 제1부정과거 ἐξελάλησα: ~에게 말하다, 행23:22.

☞**이르다**(행23:22).

1584. ἐκλάμπω [ĕklampō][1회] **에클람포**

동 미래 ἐκλάμψω, 제1부정과거 ἐξέ- λαμψ α: 빛나다, 마13:43.

☞**빛나다**(마13:43).

1585. ἐκλανθάνομαι [ĕklanthanŏmai][1회] **에클란싸노마이**

동 완료 ἐκλέλησμαι: 잊다, [완전히] 잊어버리다, 히12:5.

☞**잊다**(히12:5).

1586. ἐκλέγομαι [ĕklĕgŏmai][22회] **에클레고마이**

동 [중간태] 미완료 ἐξελεγόμην, 제1 부정과거 ἐξελεξάμην, 완료수동태 ἐκλέλεγμαι, 분사 ἐκλελεγμένος, 눅9:35, 1537과 3004에서 유래: 선택하다, 뽑다.

1) [선택이 이루어지는 것에 대한 암시와 함께] 눅6:13, 요15:19, 행1:24, 15: 22,25.
2) [단순 목적격과 함께]
 ① [사람을 목적격으로] 막13:20, 요13:18, 15:16.
  ㉠ [사도들] 행1:2.
  ㉡ [스데반] 행6:5.
  ㉢ [하나님이 조상들을] 행13:17.
 ② [사물을 목적격으로] 눅10:42, 14:7.
 ③ [선택이 이루어지는 목적에 대한 암시와 함께] 행15:7, 고전1:27,28, 엡1:4, 약2:5.
 ④ [독립적으로] 눅9:35.

☞**택하다**(막13:20, 눅6:13, 요6:70).

1587. ἐκλείπω [ĕklĕipō][4회] **에클레이포**

동 미래 ἐκλείψω, 제2부정과거 ἐξέ- λιπον, 1537과 3007에서 유래: 실패하다, 죽다, 사라지다, 눅16:9, 22:32, 23:45, 히1:12.

☞**없어지다**(눅16:9), **떨어지다**(눅22:32), **다하다**(히1:12).

1588. ἐκλεκτός, ή, όν [ĕklĕktŏs][22회] **에클레크토스**

형 1586에서 유래:

1) 선택된, 뽑힌.
 ① [천사] 딤전5:21, [주] [메시아] 눅23:35.
 ② 선택받은.
  ㉠ [인류 일반으로부터 하나님이 뽑으신 자들에 대하여] 마20:16, 22:14.
  ㉡ [그리스도인들에 대하여] 마24:22, 24,31, 막13:20,22,27, 딤후2:10, 벧전1:1, [주] ㉠ἐ. τοῦ θεοῦ, 눅18:7, 롬8:33, 골3:12, 딛1:1. ㉡κλητοὶ 및 πισ τοί와 함께, 계17:14. ㉢γένος ἐκλεκτ όν, 벧전2:9. [교회에 대하여] 요이1:13.
2) [보통 최선의 것이 선택되기 때문에] 정선된, 우량의, 우수한, 벧전2:4, 6.

☞**택함을 받은**(마20:16, 막13:20, 눅18:7, 계17:14), **택하심을 입은**(롬16:13), **택하신**(마24:22).

1589. ἐκλογή, ῆς, ἡ [ĕklŏgē][7회] 에클로게

명 1586에서 유래:

1) [능동]선택, 선거, 뽑음[뽑힌 도구] 행9:15, [특히 그리스도인들에 대한 하나님의 선택에 대하여] 살전1:4, 벧후1:10. 은혜로 말미암은 선택에 따라, 롬11:5. 선택에 의해 작용하는 하나님의 목적, 롬9:11. 그들의 선택에 관한 한, 롬11:28.

2) [수동] 뽑힌 자들, 롬11:7.

☞**택함**(행9:15, 롬9:11, 11:5), **택하심을 입음**(롬11:7).

1590. ἐκλύω [ĕklüō][5회] 에클뤼오

동 제1부정과거수동태 ἐξελύθην, 미래수동태 ἐκλυθήσομαι, [오직 수동태의 형태만 나타남], 1537과 3089에서 유래: 나약해지다, 나른하게 되다 쇠잔해지다, 마15:32, 막8:3, 갈6:9, 히12:5.

☞**고생하다**(마9:36), **기진(氣盡)하다**(마15:32, 막8:3), **피곤하다**(갈6:9, 히12:3), **낙심하다**(히12:5).

1591. ἐκμάσσω [ĕkmassō][5회] 에크맛소

동 미완료 ἐξέμασσον, 제1부정과거 ἐ－ ξέμαξα, 1537과 3145의 어간에서 유래: 닦다, 눅7:38,44, 요11:2, 12:3, 13:5.

☞**씻다**(눅7:38, 요12:3), **씻기다**(요11:2, 13:5).

1592. ἐκμυκτερίζω [ĕkmüktĕrizō][2회] 에크뮈크테리조

동 미완료 ἐξεμυκτήριζον, 1537과 3456에서 유래: 조롱하다, 비웃다, 눅16:14, [독립적 용법] 눅23:35.

☞**비웃다**(눅16:14, 23:35).

1593. ἐκνεύω [ĕknĕuō][1회] 에크뉴오

동 제1부정과거 ἐξένευσα, 1537과 3506에서 유래: 돌다, 돌아가다, 물러나다, 요5:13.

☞**피하다**(요5:13).

1594. ἐκνήφω [ĕknēphō][1회] 에크네포

동 제1부정과거 ἐξένηψα, 1537과 3525에서 유래: 냉철해지다, 또렷해지다, 깨어나다, [비유적으로] 정신이 들다, 고전15:34.

☞**깨다**(고전15:34).

1595. ἑκούσιος, ία, ιον [hĕkŏusiŏs][1회] 헤쿠시오스

형 1635의 파생어에서 유래: 자발적인, 자원한, 자유 의사의, 몬1:14.

☞**자의의**(몬1:14).

1596. ἑκουσίως [hĕkŏusiōs][1회] 헤쿠시오스

부 1595와 동일어에서 유래:

1) 기꺼이, 벧전5:2.

2) 강압 없이, 사려 깊게, 의도적으로, 히10:26.

☞**짐짓**(히10:26), **자원함으로**(벧전5:2).

1597. ἔκπαλαι [ĕkpalai][2회] 에크팔라이

부 1537과 3891에서 유래: 오랫동안, 오래전에, 벧후2:3, 3:5.

☞**옛적부터**(벧후2:3, 3:5).

1598. ἐκπειράζω [ĕkpĕirazō][4회] 에크페이라조

동 미래 ἐκπειράσω, 제1부정과거 ἐξε－ πείρασα, 1537과 3885에서 유래: 시험에 빠뜨리다, 시도하다, 유혹하다, 부추기다, 마4:7, 눅4:12, 10:25, 고전10:9.

☞**시험하다**(마4:7, 눅10:25, 고전10:9).

1599. ἐκπέμπω [ĕkpĕmpō][2회] 에크펨포

동 제1부정과거 ἐξέπεμψα, 제1부정과거수동태 ἐξεπέμφθην, 제1부정과거분사 ἐκπεμφθείς, 1537과 3992에서 유래: 내보내다, 파견하다, 행13:4, 17:10.

☞**보냄을 받다**(행13:4), **보내다**(행17:10).

1600. ἐκπετάννυμι [ĕkpĕtannümi][1회] 에크페탄뉘미

동 제1부정과거 ἐξεπέτασα, 과거완료분사 ἐκπεπετάκειν, 1537과 4027에서 유래: 펴지다, 펼치다, 롬10:21.

☞**벌리다**(롬10:21).

1601. ἐκπίπτω [ĕkpiptō][10회] 에크핍토

동 제1부정과거 ἐξέπεσα, 제2부정과거 ἐξέπεσον, 완료 ἐκπέπτωκα, 1537과 4126에서 유래: ~로부터 떨어지다.

1) [문자적으로] 행12:7, 27:32, 약1:11, 벧전1:24.

2) [상징적으로]

① 상실하다, 잃다, 갈5:4, 벧후3:17.

② 실패하다, 쇠약해지다, 롬9:6, 고전13:8.

☞**떨어지다**(막13:25, 고전13:8, 벧후3:17), **벗어지다**(행12:7), **떼어 버리다**(행27:32), **폐하다**(롬9:6), **걸리다**(행27:17).

1602. ἐκπλέω [ĕkplĕō][3회] 에크플레오

E

동 제1부정과거 ἐξέπλευσα, 1537과 4126에서 유래: 항해하다, 행15:39, 18:18, 20:6.

☞**배타고 (떠나)가다**(행15:39, 18:18), **배로 떠나다**(행20:6).

1603. ἐκπληρόω [ĕkplērŏō][1회]
에크플레로오

동 완료 ἐκπεπλήρωκα, 1537과 4137에서 유래: 완성하다, 성취하다, 행13:33.

☞**이루다**(행13:33).

1604. ἐκπλήρωσις, εως, ἡ [ĕkplērōsis][1회]
에크플레로시스

명 1603에서 유래: 완성, 완수, 성취, 행21:26.

☞**만기된 것**(행21:26).

1605. ἐκπλήσσω [ĕkplēssō][13회] 에크플렛소

동 제1부정과거 ἐξέπληξα, [신약에서는 오직 수동으로만 나옴], 미완료 ἐξεπλησσόμην, 제2부정과거 ἐξεπλά- γην, 1537과 4141에서 유래:

1) [능동] 놀라다, 압도하다.
2) [수동] 놀라게 되다, 압도되다, 마7: 28, 19:25, 13:54, 22:33, 막1:22, 6: 2, 7:37, 10:26, 눅2:48, 4:32, 9:43, 행13:12, 막11:18.

☞**놀라다**(마7:28, 막1:22, 눅9:43), **놀랍게 여기다**(막11:18, 행13:12).

1606. ἐκπνέω [ĕkpnĕō][3회] 에크프네오

동 제1부정과거 ἐξέπνευσα, 1537과 4154에서 유래: 숨을 내쉬다, 숨을 거두다, 막15:37,39, 눅23:46.

☞**숨지다**(막15:37, 눅23:46).

1607. ἐκπορεύομαι [ĕkpŏrĕuŏmai][34회]
에크포류오마이

동 미완료 ἐξεπορευόμην, 미래 ἐκπο- ρεύσομαι, 1537과 4198에서 유래: 나가다, 떠나다:

1) [문자적으로]
① [독립적] 마17:21ⓢ, 눅3:7, 행9:28, 19:12, 25:4.
② [장소에 대한 암시와 함께] 마20: 29, 막6:11, 10:46, 11:19, 13:1, 요15:26.
③ [제시된 목표와 함께] 마3:5, 막1:5, 7:19, 10:17, 요5:29, 계16:14.
2) [상징적으로] 마4:4, 15:11, 막7:15, 눅4:22, 엡4:29, 계4:5, 9:17, 11:5, 22:1.

☞**나오다**(마3:5, 마4:4, 눅3:7, 계1:16), **나가다**(마17:21, 막6:11, 13:1), **떠나가다**(마20:29), 나아가다(막1:5), **퍼지다**(눅4:37), **출입하다**(행9:28), **내다**(엡4:29), **나다**(계4:5, 11:5, 22:1), **가다**(계16:14).

1608. ἐκπορνεύω [ĕkpŏrnĕuō][1회]
에크포르뉴오

동 제1부정과거 ἐξεπόρνευσα, 1537과 4203에서 유래: 부도덕에 빠지다, 침륜(沈淪)에 빠지다, 유1:7.

☞**음란하다**(유1:7).

1609. ἐκπτύω [ĕkptüō][1회] 에크프튀오

동 제1부정과거 ἐξέπτυσα, 1537과 4429에서 유래: [모멸의 표시로서] 침뱉다, 모멸하다, 갈4:14.

☞**버리다**(갈4:14).

1610. ἐκριζόω [ĕkrizŏō][4회] 에크리조오

동 제1부정과거 ἐξερίζωσα, 제1부정과거수동태 ἐξεριζώθην, 미래 ἐκριζω- θήσεται, 1537과 4429에서 유래: 뿌리뽑다, 도발하다.

1) [문자적으로] 마13:29, 15:13, 눅17:6, 유1:12.
2) [비유적으로] 철저히 파괴시키다.

☞**뽑다**(마13:29), **(뿌리가) 뽑히다**(마15:13, 눅17:6, 유1:12).

1611. ἔκστασις, εως, ἡ [ĕkstasis][7회]
엑스타시스

명 1839에서 유래:

1) 경악, 혼란, 당혹, 공포, 놀람, 막5:42, 16:8, 눅5:26, 행3:10.
2) 황홀경, 해탈, 행10:10, 22:17, [참조] 행11:5.

☞**크게 놀람, 혼란, 공포, 황홀, 무아의 지경**(막5:42, 눅5:26), **황홀한 중**(행10:10, 11:5, 22:17).

1612. ἐκστρέφω [ĕkstrĕphō][1회]
엑스트레포

동 완료 수동태 ἐξέστραμμαι, 1537과 4726에서 유래: 곁길로 빗나가게 하다, 왜곡하다, 곁길로 들다[수동], 딛3:11.

☞**부패하다**(딛3:11).

1613. ἐκταράσσω [ĕktarassō][1회] 엑타랏소

동 1537과 5015에서 유래: 선동하다, 혼란 속에 던져 넣다, 행16:20.

☞**심히 요란하게 하다**(행16:20).

1614. ἐκτείνω [ĕktĕinō][16회] **엑테이노**

동 미래 ἐκτενῶ, 제1부정과거 ἐξέτει- να, 1537과 τείνω에서 유래; 뻗치다:

1) [문자적으로] 뻗치다, 펴뜨리다, 마12: 13, 막3:5, 눅6:10, 행27:30.
① [무엇인가를 잡기 위하여] 마26:51.
② [누군가를 붙들기 위하여] 마14:31.
③ [누군가를 고치기 위하여] 마8:3, 막1:41, 눅5:13.
④ [목적을 표시하는 εἰς와 함께] 행4:30.
⑤ [적대적 의도로] 눅22:53.
⑥ [누군가를 지적하기 위하여] 마12:49.
⑦ [말하는 자의 자세로서] 행26:1.
⑧ [십자가에 달린 자에 대하여] 요21: 18.
2) [비유적으로] 길게 늘이다, 길게 말하다.

☞**내밀다**(마8:3, 막1:41, 행4:30), **펴다**(마26: 51), **대다**(눅22:53), **벌리다**(요21:18), **내려놓다**(행27:30), **들다**(행26:1).

1615. ἐκτελεω [ĕktĕlĕō][2회] **엑텔레오**

동 제1부정과거 ἐξετέλεσα, 1537과 5055에서 유래: 끝마치다, 완수하다, 완성하다, 눅14:29,30.

☞**이루다**(눅14:29,30).

1616. ἐκτένεια, ας, ἡ [ĕktĕnĕia][1회] **엑테네이아**

명 1618에서 유래: 인내, 진지, 열심, 행26:7.

☞**간절함**(행26:7).

1617. ἐκτενέστερον [ĕktĕnĕstĕrŏn] **엑테네스테론**

부 1618의 합성어에서 유래: 매우, 열심히, 눅22:44.

☞**더욱 간절히**(눅22:44).

1618. ἐκτενής, ές [ĕktĕnēs][1회] **엑테네스**

형 1614에서 유래: 열심 있는, 진지한, 행12:5, 벧전4:8.

☞**간절한**(행12:5), **뜨거운**(벧전4:8).

1619. ἐκτενῶς [ĕktĕnŏs][3회] **엑테노스**

부 1618에서 유래: 열심히, 맹렬히, 끊임없이, 지속적으로, 눅22:44, 행12:5, 벧전1:22.

☞**뜨겁게**(벧전1:22).

1620. ἐκτίθημι [ĕktithēmi][4회] **엑티데미**

동 미완료중간태 ἐξετιθέμην, 제1부정과거 수동태 ἐξετέθην, 1537과 5087에서 유래:

1) 드러내 놓다, 포기하다, 행7:21.
2) [비유적으로] 설명하다, 밝히다, 행11: 4, 18:26, 28:23.

☞**버려지다**(행7:21), **설명하다**(행11:4), **풀어 이르다**(행18:26), **강론하다**(행28:23).

1621. ἐκτινάσσω [ĕktinassō][4회] **엑티낫소**

동 제1부정과거 ἐξετίναξα, 제1부정과거중간태 ἐξετιναξάμην, 1537과 τι- νάσσω '흔들다'에서 유래:

1) 떨다, 마10:14, [참조] 막6:11, 행13:51.
2) 털다, 펼치다, 행18:6 [결백이나 무죄를 항변하는 제스처].

☞**떨어버리다**(마10:14, 막6:11, 행13:51), **털다**(행18:6).

1622. ἕκτος, η, ον [hĕktŏs][14회] **헥토스**

형 1803에서 유래: 여섯째, 눅1:26, 계6: 12, [참조] 마20:5, 27:45, 막15:33, 눅23:44, 요4:6, 19:14, 행10:9, 계9:13, 14, 16:12, 21:20.

☞**육**(마20:5, 눅23:44, 요19:14), **여섯**(눅1: 36), **여섯째**(계6:12, 9:13,14).

1623. ἐκτός [ĕktŏs][8회] **엑토스**

부 1537에서 유래; 밖에:

1) τὸ ἐκτός, 외부, 바깥, 마23:26, ἐκτὸς εἰ μή: 만약 ~이 아니라면, ~을 제외하고는, ~이외에는, 고전14:5, 15:2, 딤전5:19.
2) [전치사로서]
① 밖에, 외부에, 고전6:18, 고후12:2.
② ~외에, 행26:22, 고전15:27.

☞**겉에**(마23:26), **밖에**(행26:22).

1624. ἐκτρέπω [ĕktrĕpō][5회] **엑트레포**

동 제2부정과거수동태 ἐξετράπην, 제2미래 ἐκτραπήσομαι, 1537과 5157의 어간에서 유래: 돌리다, 방향을 바꾸다, 딤전1:6, 5:15, 딤후4:4, 히12:13.

☞**빠지다**(딤전1:6), **돌아가다**(딤전5:15), **피하다**(딤전6:20), **돌이키다**(딤후4:4), **어그러지다**(히12:13).

1625. ἐκτρέφω [ĕktrĕphō][2회] **엑트레포**

동 제1부정과거 ἐξέθρεψα, 1537과 5142에서 유래:

1) 영양을 공급하다, 키우다, 엡5:29.
2) 기르다, 양육하다, 엡6:4.

☞**양육하다**(엡5:29, 6:4).

1626. ἔκτρωμα, ατος, τό [ĕktrōma][1회]

엑트로마

명 1537의 합성어와 τιτρώσκω '상하게 하다'에서 유래: 제때가 아닌 출산, 조산, 유산, 고전15:8.

☞**만삭되지 못하여 난 자**(고전15:8).

1627. ἐκφέρω [ĕkphĕrō][8회] **에크페로**

동 미래 ἐξοίσω, 제1부정과거 ἐξήνεγ- κα, 1537과 5342에서 유래:

1) [문자적으로] 운반하다, 옮기다, 눅15:22, 행5:6,9,10,15, 딤전6:7.

2) 이끌다, 보내다, 막8:23.

3) [비유적으로]낳다, 결과하다, 히6:8.

☞**내다, 내어가다**(눅15:22, 히6:8), **메어내다**(행5:9), **메다**(행5:15), **가지고 가다**(딤전6:7), **메고 나가다**(행5:6).

1628. ἐκφεύγω [ĕkphĕugō][8회] **에크퓨고**

동 미래 ἐκφεύξομαι, 제2부정과거 ἐ- ξέφυγον, 2완료 ἐκπέφευγα, 1537과 5343에서 유래:

1) 달아나다, 도주하여 안전을 구하다, 행19:16.

2) 도피하다, 피신하다.

① [독립적 용법] 살전5:3, 히2:3, 12:25.

② [비유적으로] 눅21:36, 롬2:3, 고후11:33.

☞**피하다**(눅21:36, 롬2:3, 살전5:3), **도망하다**(행16:27, 19:16), **벗어나다**(고후11:33).

1629. ἐκφοβέω [ĕkphŏbĕō][1회] **에크포베오**

동 1537과 5399에서 유래: 놀라게 하다, 공포를 심어주다, 떨게 하다, 고후10:9.

☞**놀라게 하다**(고후10:9).

1630. ἔκφοβος, ον [ĕkphŏbŏs][2회] **에크포보스**

형 1537과 5401에서 유래: 놀란, 공포에 떠는, 두려운, 겁먹은, 막9:6, 히12:21.

☞**몹시 무서워하는**(막9:6), **심히 두려운(히12:21)**.

1631. ἐκφύω [ĕkphuō][2회] **에크퓌오**

동 1537과 5453에서 유래: 솟아나다, [싹이] 트다, 나다, 마24:32, 막13:28.

☞**(잎사귀를) 내다(마24:32, 막13:28)**.

1632. ἐκχέω [ĕkchĕō][16회] **엑케오**

동 미래 ἐκχεῶ, 제1부정과거 ἐξέχεα, 완료 수동태 ἐκκέχυμαι, 제1부정과거수동태 ἐξεχύθην, 미래수동태 ἐκχυ- θήσομαι, 1537과 ἐκχύνω '붓다'에서 유래: 쏟아 붓다.

1) [문자적으로] 마23:35, 행22:20, 롬3:15, [참조] 마26:28, 막14:24, 눅11:50, [참조] 마9:17, 눅22:20, [참조] 눅5:37, 요2:15, 행1:18, 계16:1,8, 10,12,17.

2) [비유적으로] 행2:33, 2:17,18, 10:45, 롬5:5, 딛3:6.

3) [수동태] 포기하다, 저버리다, 유1:11

☞**쏟아지다**(마9:17), **버리다**(막2:22), **쏟다**(요2:15, 계16:1,17), **부어주다**(행2:17,33, 10: 45), **흘리다**(행22:20), **붓다**(롬5:5), **몰려가다**(유1:11).

1633. ἐκχωρέω [ĕkchōrĕō][1회] **에크코레오**

동 제1부정과거 ἐξεχώρησα, 1537과 5562에서 유래: 나가다, 가버리다, 떠나다, 눅21:21.

☞**나가다**(눅21:21).

1634. ἐκψύχω [ĕkpsuchō][3회] **에크프쉬코**

동 제1부정과거 ἐξέψυξα, 1537과 5594에서 유래: 마지막 숨을 쉬다, 죽다, 행5:5, 12:23.

☞**혼이 떠나다**(행5:5,10), **죽다**(행12:23).

1635. ἑκών, οῦσα, όν [hĕkōn][2회] **헤콘**

형 유래가 불확실함: 기꺼이, 기쁘게, 롬8:20, 고전9:17.

☞**자기 뜻의**(롬8:20), **자의의**(고전9:17).

1636. ἐλαία, ας, ἡ [ĕlaia][13회] **엘라이아**

명 사용되지 않는 어원의 파생어에서 유래:

1) 올리브 나무, 롬11:17,24, 계11:4, 감람산, 마21:1, 24:3, 26:30, 막11:1, 13:3, 14:26, 눅19:29,37, 21:37, 22:39, 요8:1.

2) 올리브 열매, 약3:12.

☞**감람(橄欖)**(마21:1, 눅19:37), **감람나무**(롬11:17,24, 계11:4), **감람 열매**(약3:12).

1637. ἔλαιον, ου, τό [ĕlaiŏn][11회] **엘라이온**

명 1636과 유래가 같음:

1) [일반적으로] 올리브기름, 마25:3,4, 8, 막6:13, 눅10:34, 16:6, 약5:14, 계18:13.

2) [기름부음에 쓰인] 기름, 눅7:46.

3) [상징적으로] 히1:9.

4) 감람나무, 과수원, 계6:6.

☞**기름**(마25:3,8, 약5:14), **감람유**(눅7:46, 계6:6, 18:13).

1638. ἐλαιών, ῶνος, ὁ [ĕlaiōn][3회] **엘라이온**

명 1636에서 유래: 감람나무 숲, 감람나무 동

산, 행1:12.

☞**감람원**(행1:12).

1639. Ἐλαμίτης, ου, ὁ [Ĕlamitēs][1회]
엘라미테스
명 히브리어 5867에서 유래: '엘람' 사람, 행 2:9.
☞**엘람인**(행2:9).

1640. ἐλάσσων, ἔλασσον [ĕlassōn][4회]
엘랏손
형 1646과 동일어의 비교급: [나이] 더 작은, 더 어린, 롬9:12, 더 열등한, 요2:10. 반 κρε ῖττον, 히7:7, 반 μεῖ－ζον, 부: 육십 년이 못된, 딤전5:9.
☞**낮은**(요2:10, 히7:7), **어린**(롬9:12), **덜 된**(딤전 5:9).

1641. ἐλαττονέω [ĕlattŏnĕō][1회]
엘랏토네오
동 제1부정과거 ἠλαττόνησα, 1640에서 유래: 더 적게 가지다, 고후8:15.
☞**모자라다**(고후8:15).

1642. ἐλαττόω [ĕlattŏō][3회] 엘랏토오
동 제1부정과거 ἠλάττωσα, 완료수동태분사 ἠλαττωμένος, 1640에서 유래:
1) 더 낮게 만들다, 더 열등하게 하다, 히2:7,9.
2) [수동]
① 더 형편없이 되다, 궁핍에 빠지다, 고후 12:13.
② 줄이다, 강조하다, 요3:30.
☞**쇠하다**(요3:30), **못하게[열등하게] 하다**(히2:7,9).

1643. ἐλαύνω [ĕlaunō][5회] 엘라우노
동 완료 ἐλήλακα, 미완료 수동태 ἠ－λαυνόμ ην, 불확실한 유시어의 연장형: [바람에 의해] 몰다, 막6:48, 눅8:29, 요6:19, 약3:4.
☞**노 젓다**(막6:48, 요6:19), **몰려 나가다**(눅 8:29), **운행하다**(약3:4), **밀려가다**(벧후2:17).

1644. ἐλαφρία, ας, ἡ [ĕlaphria][1회]
엘라프리아
명 1645에서 유래: 동요, 흔들림, 망설임, 경솔, 경박, 변덕, 고후1:17.
☞**경솔**(고후1:17).

1645. ἐλαφρός, ά, όν [ĕlaphrŏs][2회]
엘라프로스
형 1643과 1640의 어간과 유사:
1) [무게가] 가벼운, 마11:30.
2) [비유적으로] 견디기 쉬운, 사소한, 고후 4:17.
3) 재빠른, 민활한.
4) 천박한, 경박한, 시시한, 흔들리는.
☞**가벼운**(마11:30), **경(輕)한**(고후4:17).

1646. , ίστη, ον[ĕlachis－tŏs][14회]
엘라키스토스
형 3398과 동의어로 사용: [최상급] 지극히 작은, 최소의, 고전15:9.
1) 매우 작은, 중요하지 않은, 사소한, 마2:6, 5:19, 25:40,45, 눅12:26, 고전4:3, 6:2, 약 3:4.
2) [수와 관련하여] 매우 소수의, 극히 적은, 엡3:8.
☞**가장 작은**(마2:6, 눅12:26, 고전15:9, 약3:4), **지극히 작은**(마5:19), **매우 작은**(고전4:3).

1647. ἐλαχιστότερος [ĕlachistŏtĕrŏs]
엘라키스토테로스
형 1646의 비교급: 더 작은, 더 낮은, 엡3:8.
☞**지극히 작은 자보다 더 작은**(엡3:8).

1648. Ἐλεάζαρ, ὁ [Ĕlĕazar][2회] 엘레아자르
고명 히브리어 499에서 유래: 예수님의 족보에 나오는 이름 '엘르아살', 마1:15, 눅 3:23,24.
☞**엘르아살**(마1:15, 눅3:23이하).

1649. ἔλεγξις, εως, ἡ [ĕlĕngxis][1회] 엘렝크시스
명 1651에서 유래: 가책, 책망, 비난, 꾸중, 벧후2:16.
☞**책망**(벧후2:16).

1650. ἔλεγχος, ου, ὁ [ĕlĕngchŏs][1회]
엘렝코스
명 1651에서 유래:
1) 증거, 증명, 입증, 히11:1.
2) [죄인에 대한] 유죄 증명.
3) 견책, 시정, 비난, 딤후3:16.
☞**책망**(딤후3:16), **증거**(히11:1).

1651. ἐλέγχω [ĕlĕngchō][17회] 엘렝코
동 미래 ἐλέγξω, 제1부정과거명령 ἔ－λεγξο ν, 제1부정과거부정사 ἐλέγξαι, 제1부정과거수동태 ἠλέγχθην, 불확실한 유사어에서 유래:
1) 빛으로 가져오다, 노출시키다, 드러내다, 요3:20, 엡5:11,13, 딛2:15.
2) 증명하다, 논고하다, 요8:46, 16:8, 딛

E

1:9,13, 유1:15.

3) 견책하다, 시정하다, 마18:15, 눅3:19, 딤전5:20, 딤후4:2.

4) 처벌하다, 징치하다, 권징하다, 히12:5.

☞**권고하다**(마18:15), **드러나다**(요3:20), **책망하다**(요16:8, 딛1:9, 계3:19), **책잡다**(요8: 46), **꾸짖다**(딤전5:20, 딛1:13), **정죄하다**(약2:9), **경책하다**(딤후4:2), **꾸지람을 받다**(히12:5), **책망을 받다**(눅3:19, 엡5:13), **가책을 느끼다**(요8:9).

1652. ἐλεεινός, ἡ, όν [ĕlĕĕinŏs][2회] 엘레에이노스

형 1656에서 유래: 측은한, 불쌍한, 고전15:19, 계3:17.

☞**불쌍한**(고전15:19), **가련한**(계3:17).

1653. ἐλεέω [ĕlĕĕō][29회] 엘레에오

동 미래 ἐλεήσω, 제1부정과거 ἠλέη- σα, 미완료 ἐλέησον, 제1부정과거수동태 ἠλεήθην, 미래수동태 ἐλεηθή- σομαι, 완료수동태분사 ἠλεημένος, 1656에서 유래: [누구에 대하여] 자비를 가지다, 연민을 가지다, 불쌍히 여기다, 마18:33, 동정심을 느끼다, 자비롭게 되다, 자비를 보이다, 도움을 주다, 마9:27, 15:22, 17: 15, 20:30,31, 막10:47,48, 눅16:24, 17: 13, 18:38,39, 자비의 행위를 하다, 롬12:8.

1) [하나님의 자비에 대하여] 막5:19, 롬9:15, 16,18, 11:32, 빌2:27.

2) [수동] 자비를 발견하다, 자비를 보다, 마5:7, 롬11:30,31, 딤전1:13,16, 벧전2:10.

3) [교회에 대하여] 고전7:25, [참조] 고후4:1.

☞**긍휼히 여기다**(마5:7, 눅16:24, 롬9:15), **불쌍히 여기다**(마9:27, 막5:19, 눅18:39), **자비하심을 받다**(고전7:25), **긍휼을 입다**(롬11:30, 벧전2:10).

1654. ἐλεημοσύνη, ης, ἡ [ĕlĕēmŏsü- nē][13회] 엘레에모쉬네

명 1656에서 유래: 친절한 행위, 긍휼, 동정, 마6:4, 눅11:41, 행3:2,3,10, 9: 36, 10:2,4,31, 24:17.

☞**구제**(마6:2, 눅11:41, 행10:2), **자선행위, 구걸**(눅12:33. 행3:2,3)

1655. ἐλεήμων, ον [ĕlĕēmōn][2회] 엘레에몬

형 1653에서 유래: 자비로운, 긍휼이 많은, 마5:7, 히2:17.

☞**긍휼히 여기는**(마5:7), **자비한**(히2:17).

1656. ἔλεος, ους, τό [ĕlĕŏs][27회] 엘레오스

명 불확실한 유사어에서 유래: 자비, 동정, 연민, 온유:

1) [사람이 사람을 향해서] 마9:13, 12:7 눅10:37, 약2:13.

2) [하나님이 사람을 향해서]

① [일반적으로] 눅1:58, 딤전1:2, 딤후1:2, 갈6:16, 요이1:3.

② [그리스도 안에서 하나님이 사람에게 베푸신 자비] 눅1:72, 롬9:23, 11:31, 15:9, 딤후1:16, 딛3:5, 히4:16, 벧전1:3.

3) [그리스도께서 사람들에게] 유1:21.

☞**긍휼**(마9:13, 눅1:78, 엡2:4), **자비**(마12:7, 눅10:37), **긍휼하심**(눅1:50, 롬15:9).

1657. ἐλευθερία, ας, ἡ [ĕlĕuthĕria][11회] 엘류데리아

명 1658에서 유래: 자유, 해방, 롬8:21, 고전10:29, 고후3:17, 갈2:4, 5:1,13, 벧전2:16.

☞**자유**(롬8:21, 고전10:29, 고후3:17, 갈2:4).

1658. ἐλεύθερος, έρα, ον [ĕlĕuthĕ- rŏs][23회] 엘류데로스

형 2064의 대체어에서 유래한 것으로 보임: 자유로운:

1) [정치적이며 사회적인 자유에 대하여] 요8:33, 고전7:21,22, 12:13, 갈3:28, 4:22,23,30,31, 엡6:8, 골3:11, 계6: 15, 13:16, 19:18.

2) 독립적인, 매이지 않은, 마17:26, 롬7:3, 고전9:1,19.

3) [종교적이며 도덕적인 의미에서] 요8: 36, 갈4:26, 벧전2:16.

☞**면제된**(마17:26), **자유로운**(요8:33, 롬6:20, 고전7:21), **[명] 자유인**(고전7:22, 9:1, 갈3:28, 골3:11).

1659. ἐλευθερόω [ĕlĕuthĕrŏō][7회] 엘류데로오

동 미래 ἐλευθερώσω, 제1부정과거 ἠ- λευθέρωσα, 제1부정과거수동태 ἠλε- υθερώθην, 미래수동태 ἐλευθερωθή- σομαι, 1658에서 유래: 자유롭게 하다, 풀어주다, 요8:32,36, 롬6:18,22, 8:21, 갈5:1.

☞**자유롭게 하다**(요8:32,36), **해방되다**(롬

6:18,22,8:21), **해방하다**(롬8:2).

1660. ἔλευσις, εως, ἡ [ĕlĕusis][1회] **엘류시스**

명 2064의 대체어에서 유래: 강림, 도래, 오심, 행7:52.

☞**오심**(행7:52).

1661. ἐλεφάντινος, η, ον [ĕlĕphanti- nŏs][1회] **엘레판티노스**

형 ἔλεφας에서 유래: 코끼리의 상아로 만든, 계18:12.

☞**상아의**(계18:12).

1662. Ἐλιακίμ, ὁ [Ĕliakim][3회] **엘리아킴**

고명 히브리어 471에서 유래: 이스라엘인 '엘리야김', 마1:13.

☞**엘리야김**(마1:13, 눅3:30).

1663. Ἐλιέζερ, ὁ [Ĕliĕzĕr][1회] **엘리에제르**

고명 히브리어 461에서 유래: 이스라엘인 '엘리에셀', 눅3:29.

☞**엘리에서**(눅3:29).

1664. Ἐλιούδ, ὁ [Ĕliŏud][2회] **엘리우드**

고명 히브리어 410, 1935에서 유래; 위엄의 하나님: 이스라엘인 '엘리웃', 마1:14.

☞**엘리웃**(마1:14).

1665. Ἐλισάβετ, ἡ [Ĕlisabĕt][9회] **엘리사벳**

고명 히브리어 472에서 유래: 이스라엘 여인 '엘리사벳', 눅1:5.

☞**엘리사벳**(눅1:5,7,13,24).

1666. Ἐλισαῖος, ου, ὁ [Ĕlissaiŏs][1회] **엘리사이오스**

고명 히브리어 477에서 유래: 이스라엘인 '엘리사', 눅4:27.

☞**엘리사**(눅4:27).

1667. ἑλίσσω [hĕlissō][2회] **헬릿소**

동 1507의 한 형태: 감다, 말다, 히1:12.

☞**갈아입다**(히1:12).

1668. ἕλκος, ους, τό [hĕlkŏs][3회] **헬코스**

명 1670에서 유래한 것으로 보임: 상처, 종기, 눅16:21, 계16:2.

☞**헌데**(눅16:21), **종기**(계16:2,11).

1669. ἑλκόω [hĕlkŏō][8회] **헬코오**

동 미래 ἑλκύσω, 1668에서 유래: 궤양을 일으키다, 상처로 고생을 하다, 눅16:20.

☞**헌데를 앓다**(눅16:20).

1670. ἑλκύω [hĕlkuō] **헬퀴오**

동 유래가 138과 유사한 것으로 보임: 잡아끌다, 칼을 빼다, 요18:10, 21:6.

☞**이끌다**(요6:44, 12:32), **빼다**(요18:10), **던지다**(요21:6), **끌어올리다, 끌어가다**(요21: 11, 행16:19, 약2:6).

1671. Ἑλλάς, άδος, ἡ [Hĕllas][1회] **헬라스**

고명 불확실한 어원에서 유래: 유럽의 한 나라 '헬라', 행20:2.

☞**헬라**(행20:2).

1672. Ἕλλην, ηνος, ὁ [Hĕllēn][25회] **헬렌**

명 1671에서 유래: 헬라인, 행18:17.

☞**헬라인**(롬1:14, 행17:4).

1673. Ἑλληνικός, ἡ, όν [Hĕllēnikŏs][1회] **헬레니코스**

명 1672에서 유래: 헬라어의, 눅23:38.

☞**헬라어**(계9:11).

1674. Ἑλληνίς, ίδος, ἡ [Hĕllēnis][2회] **헬레니스**

명 1672의 여성형: 헬라 여자, 막7:26.

☞**헬라 여인**(행17:12).

1675. Ἑλληνιστής, οῦ, ὁ [Hĕllēnistēs][3회] **헬레니스테스**

명 1672의 파생어에서 유래: 헬라말을 하는 자, 행6:1, 9:29.

☞**헬라파 사람**(행6:1).

1676. Ἑλληνιστί [Hĕllēnisti][2회] **헬레니스티**

부 1675와 유래가 같음: 헬라어로, 요19:20.

☞**헬라 말로**(행21:37).

1677. ἐλλογέω [ĕllŏgĕō][1회] **엘로게오**

동 1722와 3056에서 유래: 외상거래를 하다, 계산에 넣다, 간주하다, 롬5:13, 몬1:18.

☞**여기다**(롬5:13), **계산하다**(몬1:18).

1678. Ἐλμαδάμ [Ĕlmadam][1회] **엘마담**

고명 히브리어 486의 대체어로 보임: 이스라엘인 '엘마담', 눅3:28.

☞**엘마담**(눅3:28).

1679. ἐλπίζω [ĕlpizō][31회] **엘피조**

동 제1부정과거 ἤλπισα, 완료 ἤλπι- κα, 1680에서 유래: 바라다, 기대하다, 눅23:8, 롬8:24, 고전13:7, 고후8:5, 히11:1.

☞**바라다**(마12:21, 눅6:34, 요5:45), **원하다**(요이1:12), **소망을 두다**(롬15:12, 딤전4:10, 벧전3:5).

1680. ἐλπίς, ίδος, ἡ [ĕlpis][53회] **엘피스**

명 ἔλπω에서 유래: 기대, 신뢰, 행16:19, 24:15, 롬4:18, 벧전1:21.

☞**희망**(행2:26), **소망**(행16:19, 롬5:5, 고전9:10),

E

여망(행27:20), **바람**(행26:6, 롬5:2, 8:24).

1681. Ἐλύμας, α, ὁ [Ĕlumas] **엘뤼마스**
고명 외래어: 헬라인 '엘루마', 박수, 행13:8.
☞**엘루마**(행13:8).

1682. ἐλωΐ [ĕlōï][2회] **엘로이**
명 아람어: 나의 하나님, 막15:34.
☞**엘리**(막15:34).

1683. ἐμαυτοῦ, ῆς, [ĕmautŏu][37회] **엠아우투**
명 [재귀대명사], 1700과 846의 합성어에서 유래: 나 자신, 눅7:7, 요5:30, 8: 54, 고전 10:33.
☞**스스로**(요5:30, 고전9:19, 고후11:9), **자의**(요12:49), **나 자신**(마8:9).

1684. ἐμβαίνω [ĕmbainō][17회] **엠바이노**
동 제2부정과거 ἐνέβην, 1722와 939의 어간에서 유래: 배에 타다, 마8:23, 9:1.
☞**오르다**(마8:23, 막8:10, 눅5:3), **배를 타다**(마14:22, 막6:45), **들어가다**(요5:4), **올라가다**(마13:2), **함께 오르다**(마14:32).

1685. ἐμβάλλω [ĕmballō][1회] **엠발로**
동 제2부정과거 ἐνέβαλον, 1722와 906에서 유래: 던져 버리다, 눅12:5.
☞**던져 넣다**(눅12:5).

1686. ἐμβάπτω [ĕmbaptō][2회] **엠밮토**
동 제1부정과거 ἐνέβαψα, 담그다, 마26:23, 막14:20.
☞**넣다**(마26:23, 막14:20).

1687. ἐμβατεύω [ĕmbatĕuō][1회] **엠바튜오**
동 1722와 939의 어간에서 유래: 발을 디디다, 조사하다, 골2:18.
☞**(침입해) 엿보다**(골2:18).

1688. ἐμβιβάζω [ĕmbibazō][1회] **엠비바조**
동 제1부정과거 ἐνεβίβασα, 1722와 1684의 사역동사에서 유래: 태우다, 행27:6.
☞**오르게 하다**(행27:6).

1689. ἐμβλέπω [ĕmblĕpō][12회] **엠블레포**
동 제1부정과거 ἐνέβλεψα, 1722와 991에서 유래: 관찰하다, 분별하다, 마6:26, 막10:21, 눅20:17.
☞**보다**(마6:26, 막8:25, 눅20:17), **주목하다**(막14:67), **쳐다보다**(행1:11).

1690. ἐμβριμάομαι [ĕmbrimaŏmai][5회] **엠브리마오마이**
동 1722와 βριμάομαι에서 유래: 화가 나서 씩씩거리다, 분개하다, 마9:30, 막14:5.
☞**책망하다**(막14:5), **비통히 여기다**(요11:33, 38), **엄히 경고하다**(마9:30).

1691. ἐμέ [ĕmĕ] **에메**
대 3165의 연장형: 나를, 자신을, 롬1:15.
☞**나 자신을**.

1692. ἐμέω [ĕmĕō][1회] **에메오**
동 제1부정과거 ἤμεσα, 불확실한 어원에서 유래: 토해내다, 계3:16.
☞**토하다**(계3:16).

1693. ἐμμαίνομαι [ĕmmainŏmai][1회] **엠마이노마이**
동 1722와 3105에서 유래: 미쳐 날뛰다, 분노하다, 행26:11.
☞**격분하다**(행26:11).

1694. Ἐμμανουήλ, ὁ [Ĕmmanŏuēl][1회] **엠마누엘**
고명 히브리어 6005에서 유래: 하나님이 우리와 함께 하심: 그리스도의 이름 '임마누엘', 마1:23.
☞**임마누엘**(마1:23).

1695. Ἐμμαοῦς, ἡ [Ĕmmaŏus][1회] **엠마우스**
고명 히브리어 3222와 비교: 팔레스틴의 한 고을 '엠마오', 눅24:13.
☞**엠마오**(눅24:13).

1696. ἐμμένω [ĕmmĕnō][4회] **엠메노**
동 제1부정과거 ἐνέμεινα, 1722와 3306에서 유래: 머무르다, 계속하다, 행14: 22, 28:30.
☞**머물러 있다**(행14:22, 히8:9), **항상 행하다**(갈3:10).

1697. Ἐμμώρ, ὁ [Ĕmmŏr] [1회] **엠모르**
고명 히브리어 2544에서 유래: 가나안인 '하몰', 행7:16.
☞**하몰**(행7:16).

1698. ἐμοί [ĕmŏi] **에모이**
대 3427의 연장형: 나에게, 롬7:8, 히10:30.
☞**나를**(마10:32).

1699. ἐμός, ἡ, ον [ĕmŏs][76회] **에모스**
대 [소유대명사] 1473의 동족어에서 유래: 나의, 나의 것, 요7:16.
☞**내**(마18:20).

1700. ἐμοῦ [ĕmŏu] **에무**
대 3450의 연장형: 나의, 요14:6.
☞**나를**(마5:11).

1701. ἐμπαιγμός, οῦ, ὁ [ĕmpaigmŏs][1회]

엠파이그모스
명 1702에서 유래: 조소, 조롱, 히11:36.
☞**조롱**(히11:36).

1702. ἐμπαίζω [ĕmpaizō][13회] 엠파이조
동 제1부정과거 ἐνέπαιξα, 1722와 3815에서 유래: 조롱하다, 마2:16, 20:19, 27:29.
☞**속다**(마2:16), **조롱하다**(마20:19), **능욕하다**(막10:34), **희롱하다**(마27:29, 막15:31), **비웃다**(눅14:29).

1703. ἐμπαίκτης, ου, ὁ [ĕmpaiktēs][2회] 엠파잌테스
명 1702에서 유래: 조롱자, 거짓 선생, 벧후3:3, 유1:18.
☞**조롱하는 자**(벧후3:3, 유1:18).

1704. ἐμπεριπατέω [ĕmpĕripatĕō][1회] 엠페리파테오
동 1722와 4043에서 유래: 배회하다, 고후6:16.
☞**두루 행하다**(고후6:16).

1705. ἐμπί(μ)πλημι [ĕmpiplēmi][5회] 엠피플레미
동 제1부정과거 ἐνέπλησα, 1722와 4118의 어간에서 유래: 채우다, 만족하다, 눅1:53, 행14:17, 롬15:24.
☞**배불리다**(눅1:53), **배부르다**(눅6:25, 요6:12), **만족하다**(행14:17), **기쁨을 가지다**(롬15:24).

1706. ἐμπίπτω [ĕmpiptō][7회] 엠핖토
동 미래 ἐμπεσοῦμαι, 제2부정과거 ἐν- ἔπεσον, 1722와 4089에서 유래: 떨어지다, 포함되다, 조우(遭遇)하다, 마12:11, 눅6:39, 딤전6:9.
☞**빠지다**(마12:11, 눅14:5, 딤전3:6), **만나다**(눅10:36), **떨어지다**(딤전6:9), **빠져 들어가다**(히10:31).

1707. ἐμπλέκω [ĕmplĕkō][2회] 엠플레코
동 제2부정과거수동태 ἐνεπλάκην, 1722와 4120에서 유래: 관계되다, 휩쓸리다, 딤후2:4.
☞**얽매이다**(딤후2:4, 벧후2:20).

1708. ἐμπλοκή, ῆς, ἡ [ĕmplŏkē][1회] 엠플로케
명 1707에서 유래: 머리를 땋음, 벧전3:3.
☞**땋은 머리**(벧전3:3).

1709. ἐμπνέω [ĕmpnĕō][1회] 엠프네오
동 1722와 4154에서 유래: 숨쉬다, 생기가 돌다, 행9:1.
☞**등등하다**(행9:1).

1710. ἐμπορεύομαι [ĕmpŏrĕuŏmai][2회] 엠포류오마이
동 1722와 4198에서 유래: 장사하다, 통상하다, 장사차 여행하다, 약4:13, 벧후2:3.
☞**장사하다, 이득을 만들다**(약4:13, 벧후2:3).

1711. ἐμπορία, ας, ἡ [ĕmpŏria][1회] 엠포리아
명 1713에서 유래: 장사, 마22:5.
☞**자기 사업**(마22:5).

1712. ἐμπόριον, ου, τό [ĕmpŏriŏn][1회] 엠포리온
명 1713에서 유래: 시장, 요2:16.
☞**장사하는 집**(요2:16).

1713. ἔμπορος, ου, ὁ [ĕmpŏrŏs][5회] 엠포로스
명 1722와 4198의 어간에서 유래: 상인, 마13:45, 계18:3,11,15,23.
☞**장사**(마13:45), **상인**(계18:3,11,23).

1714. ἐμπρήθω [ĕmprēthō] 엠프레도
동 1722와 πρήθω에서 유래: 타오르게 하다, 불붙이다, 마22:7.
☞**불사르다**(마22:7).

1715. ἔμπροσθεν [ĕmprŏsthĕn][48회] 엠프로스뎬
부 1722와 4314에서 유래: 전치사와 같이 사용, 앞에, 면전에, 전에, 마5:16,24, 눅10:21, 19:28, 계4:6.
☞**앞에**(마5:16, 막1:2, 계22:8), **[동] 앞서다**(요1:30).

1716. ἐμπτύω [ĕmptuō][6회] 엠프튀오
동 제1부정과거 ἐνέπτυσα, 1722와 4429에서 유래: 침 뱉다, 마26:67, 막10:34.
☞**침 뱉다**(마26:67, 막10:34), **침 뱉음 당하다**(눅18:32).

1717. ἐμφανής, ές [ĕmphanēs][2회] 엠파네스
형 1722와 5316의 합성어에서 유래: 분명한, 알려진, 행10:40, 롬10:20.
☞**나타낸**(행10:40), **나타난**(롬10:20).

1718. ἐμφανίζω [ĕmphanizō][10회] 엠파니조
동 제1부정과거 ἐνεφάνισα, 1717에서 유래: 볼 수 있게 하다, 나타나다, 알리다, 요14:22, 히9:24, 11:14.
☞**보이다**(마27:53), **나타내다**(요14:21, 히11:14),

물어보다(행23:15), **알리다**(행23:22), **고발하다**(행24:1), **나타나다**(히9:24).

1719. ἔμφοβος, ον [ĕmphŏbŏs][5회] 엠포보스

형 1722와 5401에서 유래: 무서워하는, 두려워하는, 행10:4, 22:9, 24:25.

☞**두려운**(눅24:5, 행10:4, 22:9), **두려워하는**(행24:25, 계11:13), **무서워하는**(눅24:37).

1720. ἐμφυσαω [ĕmphusaō][1회] 엠퓌사오

동 제1부정과거 ἐνέφραξα, 1722와 φυσάω에서 유래: 불다, 숨을 쉬다, 요 20:22.

☞**숨을 내쉬다**(요20:22).

1721. ἔμφυτος, ον [ĕmphutŏs][1회] 엠퓌토스

형 1722와 5453의 파생어에서 유래: 심어진, 새겨진, 약1:21.

☞**심어진**(약1:21).

1722. ἐν [ĕn][2757회] 엔

전 [여격지배]

1) 장소를 나타내는 경우].

① 안에, 마2:1, 눅7:37, 가까이, 요8:20.

② 목적[인격, 물건] 고전9:15, 갈1:24.

③ 사람 앞에, 마21:42, 눅4:21.

④ 밀접한 관계, 막8:38, 롬1:12, 갈1:14.

⑤ 가까운 관계, 요10:38, 갈2:20, 골2:9.

⑥ 동작을 나타내는 동사 [안에] 눅9:46, 계11:11.

2) 시간을 나타내는 경우.

① 기간, 동안, 마27:40, 요2:19.

② 때에, 시점, 요6:44, 행7:13.

3) 기타, 인간관계 소개, 막9:50, 눅14: 34, 방법, 이유, 갈1:6, 살후1:11, 히10:10.

☞**〈여격〉~안에, 가까이에, ~에게, ~으로 말미암아, ~가운데, ~동안.**

1723. ἐναγκαλίζομαι [ĕnangkalizŏ- mai][2회] 에낭칼리조마이

동 1722와 43의 파생어에서 유래: 팔에 안다, 껴안다, 막9:36, 10:16.

☞**안다**(막9:36, 10:16).

1724. ἐνάλιος, ον [ĕnaliŏs][1회] 에날리오스

형 1722와 251에서 유래: 바다에, 해저의, 약3:7.

☞**바다의, 바다에서 사는**(약3:7).

1725. ἔναντι [ĕnanti][2회] 에난티

전 [속격지배] 반대편, 전에, 앞에, 눅1:8, 행8:21.

☞**앞에**(눅1:8).

1726. ἐναντίον [ĕnantiŏn][8회] 에난티온

전 [속격] 전에, 막2:12, 눅20:26, 행7: 10, [부사] 다른.

☞**앞에**(행8:32), **앞에서**(막2:12).

1727. ἐναντίος, α, ον [ĕnantiŏs][8회] 에난티오스

형 1725에서 유래: 반대의, 적대시하는, 마14:24, 막6:48, 행27:4.

☞**거스르는**(마14:24, 막6:48㉦, 행27:4), **배척하는**(행28:17), **대적하는**(행26:9, 딛2:8), **향하는**(막15:39), **대적이 되는**(살전2:15), **[명] 대적**(살전2:15).

1728. ἐνάρχομαι [ĕnarchŏmai][2회] 엔아르코마이

동 제1부정과거 ἐνηρξάμην, 1722와 757에서 유래: 시작하다, 갈3:3.

☞**시작하다**(갈3:3, 빌1:6).

1729. ἐνδεής, ές [ĕndĕēs][1회] 엔데에스

형 1722와 1210의 합성어에서 유래: 가난한, 행4:34.

☞**가난한**(행4:34).

1730. ἔνδειγμα, ατος, τό [ĕndĕigma][1회] 엔데이그마

명 1731에서 유래: 분명한, 살후1:5.

☞**표(標)**(살후1:5).

1731. ἐνδείκνυμι [ĕndĕiknümi][11회] 엔데이크뉘미

동 제1부정과거 ἐνεδειξάμην, 1722와 1166에서 유래: 보이다, 롬9:22, 히6:10, 행하다, 딤후4:14.

☞**나타내다**(롬2:15, 엡2:7, 딛3:2), **보이다**(롬9:17,22, 딤전1:16), **나타내게 하다**(딛2:10).

1732. ἔνδειξις, εως, ἡ [ĕndĕixis][4회] 엔데잌시스

명 1731에서 유래: 표, 증거, 롬3:25, 고후8:24, 빌1:28.

☞**증거**(고후8:24, 빌1:28), **나타냄**(롬3:25,26).

1733. ἕνδεκα [hĕndĕka][6회] 헨데카

수 1520과 1176의 중성형에서 유래: 열하나, 막16:14, 눅24:9, 행2:14.

☞**열하나**(마28:16, 눅24:9, 행1:26).

1734. ἑνδέκατος, η, ον [hĕndĕkatŏs][3회] 헨데카토스

형 1733에서 유래: 열한째, 계21:20.

☞**열한 번째**(마20:6,9), **열한째**(계21:20).

1735. ἐνδέχεται [ĕndĕchĕtai][1회] 엔데케타이

동 1722와 1209의 합성어의 3인칭 단수: 인정되다(눅13:33).

☞**~법이 없다**(눅13:33).

1736. ἐνδημέω [ĕndēmĕō][3회] 엔데메오

동 제1부정과거 ἐνεδήμησα, 1722와 1218의 합성어에서 유래: 고향에 거하다, [몸에] 고후5:6.

☞**있다, 거하다**(고후5:6,8,9).

1737. ἐνδιδύσκω [ĕndiduskō][2회] 엔디뒤스코

동 미완료 중간태 ἐνεδιδυσκόμην:

1) 옷 입히다, 막15:17.

2) [중간태] 옷 입다, 눅8:27.

☞**입다**(눅8:27, 16:19).

1738. ἔνδικος, ον [ĕndikŏs][2회] 엔디코스

형 1722와 1349에서 유래: 올바른, 정당한, 히2:2.

☞**마땅한**(롬3:8), **공정한**(히2:2).

1739. ἐνδόμησις [ĕndŏmēsis] 엔도메시스

명 1722의 합성어와 1218의 어간에서 유래: 건물, 구조물, 건축.

☞**성곽**(계21:18).

1740. ἐνδοξάζω [ĕndŏxazō][2회] 엔독사조

동 영광을 돌리다, 살후1:10.

☞**영광을 받다**(살후1:10,12).

1741. ἔνδοξος, ον [ĕndŏxŏs][4회] 엔독소스

형 1722와 1392에서 유래:

1) 존경을 받는, 뛰어난, 고전4:10.

2) 영광스러운, 찬란한, 눅7:25, 13:17, 엡5:27.

☞**화려한**(눅7:25), **영광스러운**(눅13:17, 엡5:27), **존귀한**(고전4:10).

1742. ἔνδυμα [ĕndüma][8회] 엔뒤마

명 1746에서 유래: 외투, 의류.

1) [문자적으로] 마6:25, 눅12:23.

2) [비유적으로] 마7:15.

☞**겉옷**(마3:4), **의복**(마6:25,28, 눅12:23), **옷**(마7:15, 28:3), **예복**(마22:11, 12).

1743. ἐνδυναμόω [ĕndünamŏō][7회] 엔뒤나모오

동 제1부정과거 ἐνεδυνάμωσα, 제1부정과거 수동태 ἐνεδυναμώθην, 완료수동분사 ἐνεδεδυναμωμένος.

1) 강하게 하다, 빌4:13, 딤후4:17.

2) [수동] 강해지다, 행9:22, 롬4:20.

☞**견고하여지다**(롬4:20), **강건하여지다**(엡6:10), **힘을 주다**(딤후4:17), **능력 주다**(빌4: 13), **능하게 하다**(딤전1:12), **강하다**(딤후2:1, 히11:34 ㉿), **힘을 얻다**(행9:22).

1744. ἐνδύνω [ĕndünō][1회] 엔뒤노

동 [들어]가다, 기어[들어]가다, 딤후3:6.

☞**가만히 들어가다**(딤후3:6).

1745. ἔνδυσις, εως, ἡ [ĕndüsis][1회] 엔뒤시스

명 1746에서 유래:

1) 옷을 입음, ἐν- δύσεως ἱματίων κόσμος, 벧전3:3.

2) 의류.

☞**옷 입음**(벧전3:3).

1746. ἐνδύω [ĕndüō][27회] 엔뒤오

동 제1부정과거 ἐνέδυσα, 제1부정과거중간태 ἐνεδυσάμην, 완료분사 ἐν- δεδυμένος:

1) [능동] 입히다, 마27:31, 막15:20.

2) [중간] 옷 입다.

① [문자적으로] 막6:9, 눅12:22.

② [비유적으로] 흔히 특징, 덕성, 의도 등을 지니는 것, 눅24:49, 롬13:14, 고전15:53.

☞**입다**(마6:25, 막1:6, 계1:13), **입히다**(마27: 31, 막15:17, 눅12:22), **붙이다**(엡6:14, 살전5:8).

1747. ἐνέδρα, ας, ἡ [ĕnĕdra][2회] 에네드라

명 1722와 1476의 어간에서 유래: 음모, 매복, 행25:3.

☞**매복**(행25:3).

1748. ἐνεδρεύω [ĕnĕdrĕuō][2회] 에네드류오

동 숨어서 기다리다, 행23:21, 음모, 눅11:54.

☞**노리고 있다**(눅11:54), **숨어서 기다리다**(행23:21).

1749. ἔνεδρον, ου, τό [ĕnĕdrŏn] 에네드론 명 1747과 유래가 동일: ἐνέδρα와 동일한 말, 행23:16.

☞**복병, 매복**(행23:16).

1750. ἐνειλέω [ĕnĕilĕō][1회] 에네일레오

동 제1부정과거 ἐνείλησα: 싸다, 감금하다, 막15:46.

☞**싸다**(막15:46).

1751. ἔνειμι [ĕnĕimi][1회] 엔에이미

E

동 분사형 ἐνών: 들어있다, 눅11:41.
☞**안에 있다**(눅11:41).

1752. ἕνεκα [hĕnĕka][4회] **헤네카**
전 [속격을 지배하는 전치사처럼 사용됨], 불확실한 유사어에서 유래: ~ 때문에, ~을 위하여, 마5:10, 막8:35, 눅6:22, 이러한 이유로, 막10:7, [ἕ. τοῦ 부정사를 동반하여] ~하기 위하여.
☞**~를 위하여**(마5:10, 눅18:29, 고후7:12), **~로 말미암아**(마5:11, 눅21:12, 롬14:20).

1753. ἐνέργεια, ας, ἡ [ĕnĕrgĕia][8회] **에네르게이아**
명 1756에서 유래:
1) 사역, 활동, 작용, 고전12:10.
2) 작업방법.
☞**역사(役事)**(빌3:21, 골1:29), **활동**(살후2:9), **역사(役事)함**(엡1:19, 3:7, 4:16).

1754. ἐνεργέω [ĕnĕrgĕō][21회] **에네르게오**
동 제1부정과거 ἐνήργησα, 완료 ἐνή- ργηκα.
1) [자동사] 활동하다, 효과 있다.
① [능동] 마14:2, 갈2:8.
② [중간태] 롬7:5, 고후1:6.
2) [타동사] 역사 하다, 생산하다, 초래하다.
☞**살아나다**(막6:14, 롬7:4), **역사(役事)하다**(마14:2, 살전2:13), **이루다**(고전12:6), **행하다**(고전12:11, 갈3:5, 빌2:13), **활동하다**(살후2:7).

1755. ἐνέργημα, ατος, τό [ĕnĕrgēma][2회] **에네르게마**
명 1754에서 유래:
1) 활동, ἐνεργή- ματα δυνάμεων, 고전12:10.
2) 경험.
☞**사역(使役)**(고전12:6), **능력 행함**(고전12:10).

1756. ἐνεργής, ές [ĕnĕrgēs][3회] **에네르게스**
형 1722와 2127에서 유래: 유효한, 활동적인, 강력한, 고전16:9.
☞**유효한**(고전16:9), **활력이 있는**(히4:12), **역사(役事)하는**(몬6).

1757. ἐνευλογέω [ĕnĕulŏgĕō][2회] **에뉼로게오**
동 미래 수동태 ἐνευλογηθήσομαι: 축복하다, 행3:25, 갈3:8.
☞**복을 받다**(행3:25, 갈3:8).

1758. ἐνέχω [ĕnĕchō][3회] **에네코**
동 미완료 ἐνεῖχον:
1) [능동] 원한을 품다, 몹시 적대시하다, 막6:19, 눅11:53.
2) [수동형+여격] 복종하다, 억눌리다, 갈5:1.
☞**원수로 여기다**(막6:19), **(거세게) 달려들다**(눅11:53).

1759. ἐνθάδε [ĕnthadĕ][8회] **엔다데**
부 1722의 연장형에서 유래:
1) 여기로, 이곳으로, 요4:16, 행25:17.
2) 이곳에, 눅24:41, 행10:18.
☞**여기**(눅24:41).

1760. ἐνθυμέομαι [ĕnthümĕŏmai][2회] **엔쒸메오마이**
동 중간태. 디포넌트. 제1부정과거 ἐ- νεθυμήθην, 1722와 2372의 합성어에서 유래: 반성하다, 고려하다, 생각하다[사물의 여격과 함께 사용됨], 마1:20, 행10:19.
☞**생각하다**(마1:20, 행10:19).

1761. ἐνθύμησις, εως, ἡ [ĕnthümēsis][4회] **엔뒤메시스**
명 1760에서 유래: 생각, 반성, 사상, 마9:4, 12:25, 행17:29.
☞**생각**(마9:4, 12:25, 히4:12), **고안**(행17:29).

1762. ἔνι [ĕni][6회] **에니**
동 ἔνεστιν의 대용: [부정어와 함께 사용되어] ~이 없다, 고전6:5, 갈3:28, παρ' ᾧ οὐκ ἔ. παραλλαγή, 약1:17.
☞**~이 있다(없다)**(고전6:5).

1763. ἐνιαυτός, οῦ, ὁ [ĕniautŏs][14회] **에니아우토스**
명 ἕνος의 연장형:
1) 해, 행18:11, 히9:7, 계9:15.
2) [좀더 일반적으로] 기간, 눅4:19.
☞**해**(눅4:19, 요11:49, 갈4:10), **년**(히9:7).

1764. ἐνίστημι [ĕnistēmi][7회] **에니스테미**
동 [기본형] 제2부정과거 ἐνέστην, 제2부정과거분사 ἐναστάς, 완료 ἐνέ- στηκα, 완료분사 ἐνεστηκώς, ἐνεσ- τώς:
1) [과거 시제에서] 이르렀다, 살후2:2.
2) 절박하다, 다급하다, 딤후3:1.
☞**이르다**(살후2:2, 딤후3:1), **[명]현재**(롬8:38).

1765. ἐνισχύω [ĕnischüō][2회] **에니스퀴오**
동 제1부정과거 ἐνίσχυσα, 제1부정과거수동태 ἐνισχύθην.

1) [자동사] 강해지다, 힘을 다시 얻다, 행 9:19.
2) [타동사] 강하게 하다, 격려하다, 눅22:43.
☞**힘을 더하다**(눅22:43), **강건하여지다**(행 9:19).

1766. ἔννατος [ĕnnatŏs] **엔나토스**
수 아홉째, 마27:45.
☞**제구시(第九時)**(마20:5, 막15:33, 행3:1), **아홉째**(계21:20).

1767. ἐννέα [ĕnnĕa][1회] **엔네아**
수 아홉, 눅17:17.
☞**아홉**(눅17:17).

1768. ἐννενηκονταεννέα [ĕnnĕnēkŏntaĕnnĕa] **엔네네콘타엔네아**
수 아흔아홉, 눅15:4.
☞**아흔아홉**(마18:12,13, 눅15:7).

1769. ἐννεός [ĕnnĕŏs] **엔네오스**
형 1770에서 유래: ἐνεός를 보라.
☞**말을 못하는**(행9:7).

1770. ἐννεύω [ĕnnĕuō][1회] **엔뉴오**
동 미완료 ἐνένευον: [신호로]머리를 끄덕이다, 신호하다, 눅1:62.
☞**몸짓하다**(눅1:62).

1771. ἔννοια, ας, ἡ [ĕnnŏia][2회] **엔노이아**
명 1722와 3563의 합성어에서 유래: 생각, 지식, 통찰력, 벧전4:1, 히4:12.
☞**뜻**(히4:12), **마음**(벧전4:1).

1772. ἔννομος, ον [ĕnnŏmŏs][2회] **엔노모스**
형 1722와 3551에서 유래: 합법적인, 행 19:39, 법에 복종하는 고전9:21, 정당한.
☞**정식의**(행19:39), **율법 아래 있는**(고전9:21).

1773. ἔννυχος, ον [ĕnnüchŏs][1회] **엔뉘코스**
명 1722와 3571에서 유래: 밤, [주] 중성 복수 목적격은 부사처럼 사용됨: ἔννυχα, 막1:35.
☞**새벽 아직도 밝기 전**(막1:35).

1774. ἐνοικέω [ĕnŏikĕō][5회] **에노이케오**
동 미래 ἐνοικήσω, 제1부정과거 ἐνῳ- κησα: 살다, 거주하다, [주] ἐνοική- σωἐν αὐτοῖς, 고후6:16, [사람들 안에 내주 하시는 성령] 롬8:11, 딤후1:14.
☞**거하다**(롬8:11, 고후6:16, 골3:16), **있다**(딤후 1:5).

1775. ἑνότης, ητος, ἡ [hĕnŏtēs][2회] **헤노테스**
명 1520에서 유래: 연합, [주] τηρεῖν τὴν ἑ. τοῦ πνεύματος, 엡4:3.
☞**하나되게 하심**(엡4:3,13).

1776. ἐνοχλέω [ĕnŏchlĕō][2회] **에노클레오**
동 괴롭게 하다, 성가시게 하다, 눅6:18, 히 12:15.
☞**괴롭게 하다**(히12:15).

1777. ἔνοχος, ον [ĕnŏchŏs][10회] **에노코스**
형 1758에서 유래:
1) [소유격과 함께] 복종하는, 히2:15.
2) [대부분 법적 용어로] 책임 있는, 책임져야 할, 유죄한.
① [여격과 함께] 마5:21.
② [소유격과 함께]
㉠ [벌을 가리킬 때] 마26:66, 막14:64.
㉡ [죄목을 가리킬 때]막3:29.
㉢ [죄를 범한 사람을 나타낼 때] 고전 11:27.
☞**(심판을) 받게 되는**(마5:21,22), **잡혀가게 되는**(마5:22), **(죽음의) 책임이 있는, (사형에) 해당하는**(마26:66), **책임이 있는, 죄를 짓는**(고전11:27), **죄가 되는**(막3:29).

1778. ἔνταλμα, ατος, τό [ĕntalma][3회] **엔탈마**
명 1781에서 유래: 계명, 마15:9, 막7:7, 골 2:22.
☞**계명**(마15:9, 막7:7), **명령**(골2:22).

1779. ἐνταφιάζω [ĕntaphiazō][2회] **엔타피아조**
동 제1부정과거 ἐνεταφίασα: 매장[장례]을 준비하다, 마26:12.
☞**장례를 준비하다, 매장(埋葬)을 준비하다, 장례법대로 싸다**(마26:12, 요19:40).

1780. ἐνταφιασμός, οῦ, ὁ [ĕntaphiasmŏs][2회] **엔타피아스모스**
명 1779에서 유래: 장례를 위한 준비, 막14:8.
☞**장례를[장례할 날을] 위한 준비**(막14:8, 요 12:7).

1781. ἐντέλλομαι [ĕntĕllŏmai][15회] **엔텔로마이**
동 중간태. 디포넌트. 미래 ἐντελοῦ- μαι, 제 1부정과거 ἐνετειλάμην, 완료 ἐντέταλμαι, 1722와 5056의 어간에서 유래: 명령하다, 마4:6, 15:4㉦, 히11:22.
☞**명하다**(마4:6, 막10:3, 요8:5), **이르다**(마15:4,

E

막11:6), **분부하다**(마28:20).

1782. ἐντεῦθεν [ĕntĕuthĕn][10회] 엔튜쎈

부 1759와 동일어에서 유래:

1) [장소] 여기서부터, 눅4:9, 13:31.

2) [이유와 근거를 암시] 이것으로부터, 약4:1.

☞**여기서**(마17:20), **좌우에**(계22:2).

E

1783. ἔντευξις, εως, ἡ [ĕntĕuxis][2회] 엔튜크시스

명 1793에서 유래:

1) 시간, 요구.

2) 기도, 딤전2:1, 4:5.

☞**도고(禱告)**(딤전2:1), **기도**(딤전4:5).

1784. ἔντιμος, ον [ĕntimŏs][5회] 엔티모스

형 1722와 5092에서 유래:

1) 존경받는, 눅14:8.

2) 고귀한, 벧전2:4.

☞**사랑하는**(눅7:2), **높은**(눅14:8), **보배로운**(벧전2:4,6), **존귀히 여길 만한**(빌2:29).

1785. ἐντολή, ῆς, ἡ [ĕntŏlē][67회] 엔톨레

명 1781에서 유래: 계명, 명령.

1) [사람의] 요11:57.

2) [하나님의] 눅23:56, 롬7:8, 고전14: 37, 엡6:2, 딤전6:14, 벧후2:21.

☞**계명**(마5:19, 막7:8, 눅1:6), **명**(눅15:29), **명령**(막10:5, 요11:57, 딤전6:14), **명하신 것**(벧후3:2), **말씀**(마15:6).

1786. ἐντόπιος, ία, ιον [ĕntŏpiŏs][1회] 엔토피오스

형 1781에서 유래: 지방의, 행21:12.

☞**그 곳의**(행21:12)

1787. ἐντός [ĕntŏs][2회] 엔토스

부 [소유격을 동반한 전치사형으로서만 사용됨], 1722에서 유래: 내부에, 안에, 눅17:21.

☞**안에**(마23:26, 눅17:21).

1788. ἐντρέπω [ĕntrĕpō][9회] 엔트레포

동 제2부정과거수동태 ἐνετράπην, 미래수동태 ἐντραπήσομαι:

1) [능동태] 부끄럽게 하다.

2) [대부분 수동태] 부끄럽게 되다, 살후3:14.

3) [중간태와 함께] 존경하다, 마21:37, 막12:6.

☞**존대하다**(마21:37, 막12:6, 눅20:13), **공경하다**(히12:9), **무시하다**(눅18:2,4), **부끄럽게 하다**(고전4:14, 살후3:14), **부끄러워하다**(딛2:8).

1789. ἐντρέφω [ĕntrĕphō][9회] 엔트레포

동 양육하다, 기르다, 교육시키다, 딤전4:6.

☞**양육을 받다**(딤전4:6).

1790. ἔντρομος, ον [ĕntrŏmŏs][3회] 엔트로모스

형 1722와 5156에서 유래: [두려워]떠는, 무서워하는, 행7:32, 16:29, 히12:21.

☞**무서운**(행7:32), **무서워 떠는**(행16:29), **떨리는**(히12:21).

1791. ἐντροπή, ῆς, ἡ [ĕntrŏpē][2회] 엔트로페

명 1788에서 유래:

1) 수치, πρὸς ἐντ- ροπήν τινι, 고전6: 5, 15:34.

2) 관계, 존경.

☞**숭배, 존경, 부끄럼, 수치**(고전6:5, 15:34).

1792. ἐντρυφάω [ĕntrüphaō][1회] 엔트뤼파오

동 주연을 베풀며 떠들다, ἐν ταῖς ἀ- πάταις, 벧후2:13.

☞**연회(宴會)하다**(벧후2:13).

1793. ἐντυγχάνω [ĕntüngchanō][5회] 엔튕카노

동 제2부정과거 ἐνέτυχον, 제1부정과거가정법중간태 ἐντεύξωμαι:

1) 만나다, 접근하다, 호소하다, 간청하다, 행25:24, 롬8:27.

2) 읽다.

☞**청원하다**(행25:24), **간구하다**(롬8:27,34, 히7:25), **고발하다**(롬11:2).

1794. ἐντυλίσσω [ĕntülissō][3회] 엔튈릿소

동 제1부정과거 ἐνετύλιξα, 완료수동태분사 ἐντετυλιγμένος:

1) [감아서] 싸다, 마27:59, 눅23:53.

2) 걷어 올리다.

☞**싸다**(마27:59, 눅23:53, 요20:7).

1795. ἐντυπόω [ĕntüpŏō][1회] 엔튀포오

동 새기다, 감명을 주다, 인상 지우다, 고후3:7.

☞**새기다**(고후3:7).

1796. ἐνυβρίζω [ĕnübrizō][1회] 에뉘브리조 동 제1부정과거 ἐνύβρισα: 모욕하다, 욕되게 하다, 히10:29.

☞**욕되게 하다**(히10:29).

1797. ἐνυπνιάζομαι [ĕnüpniazŏmai][2회]

에뉘프니아조마이

동 중간태. 미래 ἐνυπνιασθήσομαι, 1789에서 유래: 꿈꾸다, ἐνυπνίοις ἐ., 행2:17, 유1:8.

☞**꿈꾸다**(행2:17, 유1:8).

1798. ἐνύπνιον, ου, τό [ĕnüpniŏn][1회]
에뉘프니온

명 1722와 5258에서 유래: 꿈, 행2:17.

☞**꿈**(행2:17).

1799. ἐνώπιον [ĕnōpiŏn][94회] 에노피온

전 ἐνώπιος의 중성형[소유격을 지배하는 전치사형으로 사용됨], 1722의 합성어와 3700의 파생어에서 유래:

1) 앞에, 행10:30, 계7:15.
2) [문자적으로] 목전에, 눅13:26, 23:14, 24:43, 행19:9.
3) ~의 생각에, 롬12:17.
4) [여격 대신에] 고후7:12.

☞**앞에**(눅1:6).

1800. Ἐνώς, ὁ [Ĕnōs][1회] 에노스

고명 히브리어 583에서 유래: 셋의 아들 '에노스', 눅3:38.

☞**에노스**(눅3:38).

1801. ἐνωτίζομαι [ĕnōtizŏmai][1회]
에노티조마이

동 중간태. 제1부정과거 ἐνωτισάμην, 1722와 3775의 합성어에서 유래: 주목하다, 귀를 기울이다, 행2:14.

☞**귀를 기울이다**(행2:14).

1802. Ἐνώχ, ὁ [Hĕnōk][3회] 헤녹

고명 히브리어 2685에서 유래: 야렛의 아들 '에녹', 눅3:37.

☞**에녹**(눅3:37).

1803. ἕξ [hĕx][10회] 헥스

수 여섯, 마17:1, 막9:2, 눅4:25, 요2:6.

☞**엿새**(마17:1, 막9:2, 요12:1), **여섯**(눅4:25, 요2:6, 행11:12), **육**(행18:11, 약5:17).

1804. ἐξαγγέλλω [ĕxanggĕllō][2회] 엑상겔로

동 제1부정과거 ἐξήγγειλα, 1537과 32의 어간에서 유래: 선포하다, 전하다, 보고하다, 벧전2:9.

☞**선포하다**(벧전2:9).

1805. ἐξαγοράζω [ĕxagŏrazō][4회]
엑사고라조

동 제1부정과거 ἐξηγόρασα, 1537과 59에서 유래:

1) 사다, 구속하다, 속량하다, 구하여 내다, 갈4:5.
2) [중간태] 엡5:16, 골4:5.

☞**속량하다**(갈3:13, 4:5), **아끼다**(엡5:16).

1806. ἐξάγω [ĕxagō][12회] 엑사고

동 제2부정과거 ἐξήγαγον, 1537과 71에서 유래: 인도해 내다, 데리고 나가다.

1) [문자적] 눅24:50, 행7:36, 40, 13:17, 히8:9.
2) [상징적으로] 삶으로부터 옮겨가다.

☞**데리고 가다**(막8:23, 행16:37,39), **끌고 나가다**(막15:20), **끌어내다**(행5:19), **인도하여 내다**(요10:3, 행13:17, 히8:9), **인도하다**(행7:40), **이끌다**(행12:17), **거느리다**(행21:38).

1807. ἐξαιρέω [ĕxairĕō][8회] 엑사이레오

동 제2부정과거 ἐξεῖλον, 미완료 ἔξε- λε, 미완료중간태 ἐξειλάμην, 미완료부정사 ἐξελέσθαι, 미래 ἐξελῶ, 미래중간태 ἐξελοῦμαι, 1537과 138에서 유래:

1) [능동] 끄집어내다, 빼내다, 마5:29, 18:9.
2) [중간] 놓아주다, 구하다, 선택하다, 행7:34, 23:27, 26:17.

☞**빼어 내버리다**(마5:29, 18:9), **건져내다**(행7:10), **구원하다**(행7:34, 23:27, 26:17), **벗어나게 하다**(행12:11), **건지다**(갈1:4).

1808. ἐξαίρω [ĕxairō][1회] 엑사이로

동 제1부정과거 ἐξῆρα, 미완료2인칭 복수 ἐξάρατε:1537과 142에서 유래: 제거하다, 몰아내다, 고전5:13.

☞**쫓아내다**(고전5:2), **내쫓다**(고전5:13).

1809. ἐξαιτέομαι [ĕxaitĕŏmai][1회]
엑사이테오마이

동 중간태. 제1부정과거중간태 ἐξη- τησάμην, 1537과 154에서 유래: 요구하다, 눅22:31.

☞**요구하다**(눅22:31).

1810. ἐξαίφνης [ĕxaiphnēs][5회]
엑사이프네스

부 1537과 160의 어간에서 유래: 갑자기, 예기치 않게, 막13:36, 눅2:13, 행9:3.

☞**홀연히**(막13:36, 눅2:13, 행22:6), **갑자기**(눅9:39).

1811. ἐξακολουθέω [ĕxakŏlŏuthĕō][3회]
엑사콜루테오

동 미래 ἐξακολουθήσω, 제1부정과거 ἐξηκολούθησα, 1537과 190에서 유래: 복종하다, 따르다, 벧후1:16.

☞**따르다**(벧후1:16, 2:2,15).

1812. ἑξακόσιοι, αι, α [hĕxakŏsiŏi][1회] **헥사코시오이**

수 1803과 1540에서 유래: 육백, 계13:18, 14:20.

☞**육백**(계13:18, 14:20).

E

1813. ἐξαλείφω [ĕxalĕiphō][5회] **엑살레이포**

동 제1부정과거 ἐξήλειψα, 제1부정과거수동태 ἐξηλείφθην, 1537과 218에서 유래:

1) 지워버리다, 계3:5.

2) 삭제하다, 골2:14.

☞**없이하다**(행3:19), **지우다**(골2:14, 계3:5), **씻어주다**(계7:17), **닦아주다**(계21:4).

1814. ἐξάλλομαι [ĕxallŏmai][1회] **엑살로마이**

동 중간태. 미래 ἐξαλοῦμαι, 제1부정과거 ἐξηλάμην, 1537과 242에서 유래: 뛰어오르다, 행3:8.

☞**뛰어 서다**(행3:8).

1815. ἐξανάστασις, εως, ἡ [ĕxanasta- sis][1회] **엑사나스타시스**

명 1817에서 유래: 부활, 빌3:11.

☞**부활**(빌3:11).

1816. ἐξανατέλλω [ĕxanatĕllō][2회] **엑사나텔로**

동 제1부정과거 ἐξανέτειλα, 1537과 393에서 유래: 돋아나다, 발아하다.

☞**싹이 나오다**(마13:5, 막4:5).

1817. ἐξανίστημι [ĕxanistēmi][3회] **엑사니스테미**

동 미래 ἐξαναστήσω, 제1부정과거 ἐ- ξανέστησα, 제2부정과거 ἐξανέστην, 1537과 450에서 유래:

1) [타동사] 깨우다, 일으키다, 막12:19.

2) [자동사, 중간태형] 일어나다.

☞**세우다**(막12:19, 눅20:28), **일어나다**(행15:5).

1818. ἐξαπατάω [ĕxapataō][6회] **엑사파타오**

동 제1부정과거 ἐξηπάτησα, 1537과 538에서 유래: 속이다, 롬7:11, 살후2:3.

☞**속이다**(롬7:11, 고전3:18), **미혹하다**(롬16: 18, 고후11:3, 살후2:3).

1819. ἐξάπινα [ĕxapina][1회] **엑사피나**

부 1537과 160에서 유래: 갑자기, 막9:8.

☞**문득**(막9:8).

1820. ἐξαπορέομαι [ĕxapŏrĕŏmai][2회] **엑사포레오마이**

동 중간태. 1537과 639에서 유래: 큰 어려움에 빠지다, 매우 당황하다, 낙망하다, 고후1:8.

☞**소망까지 끊어지다**(고후1:8), **낙심하다**(고후4:8).

1821. ἐξαποστέλλω [ĕxapŏstĕllō][13회] **엑사포스텔로**

동 미래 ἐξαποστελῶ, 제1부정과거 ἐ- ξαπέστειλα, 1537과 649에서 유래: 내보내다, 파송하다, 눅1:53, 20:10, 행7:12, 17:14.

☞**보내다**(눅1:53, 행7:12, 갈4:4), **내보내다**(행17:14).

1822. ἐξαρτίζω [ĕxartizō][2회] **엑사르티조**

동 제1부정과거 ἐξήρτισα, 완료수동태분사 ἐξηρτισμένος, 1537과 739의 파생어에서 유래:

1) 완성하다, 행21:5.

2) 갖추다, 딤후3:17.

☞**날을 지내다**(행21:5), **완전히 갖추다**(딤후3:17).

1823. ἐξαστράπτω [ĕxastraptō][1회] **엑사스트랍토**

동 1537과 797에서 유래: 밝게 빛나다, 번쩍이다, 눅9:29.

☞**광채가 나다**(눅9:29).

1824. ἐξαυτῆς [ĕxautēs][6회] **엑사우테스**

부 1537과 846의 소유격 단수 여성형에서 유래: 곧, 즉시, ~하자마자, 막6:25, 행10:33, 11:11, 빌2:23.

☞**바로 그 시간에, 마침**(행11:11).

1825. ἐξεγείρω [ĕxĕgĕirō][2회] **엑세게이로**

동 미래 ἐξεγερῶ, 제1부정과거 ἐξή- γειρα, 1537과 1453에서 유래: 깨어나다, [죽음에] 일어나다, 나타나다, 롬9:17, 고전6:14.

☞**세우다**(롬9:17), **살리다**(고전6:14).

1826. ἔξειμι [ĕxĕimi][4회] **엑세이미**

동 부정사 ἐξιέναι, 분사 ἐξιών, 미완료 ἐξῄειν, 1537과 εἶμι '가다'에서 유래: 나가다, 떠나다, 행13:42.

☞**나가다**(행13:42, 27:43), **떠나다**(행17:15,

20:7).

1827. ἐξελέγχω [ĕxĕlĕngchō][1회] 엑셀렝코

동 제1부정과거부정사 ἐξελέγξαι, 1537과 1651에서 유래: 단죄하다, 유1:15.

☞**정죄하다**(유1:15).

1828. ἐξέλκω [ĕxĕlkō][1회] 엑셀코

동 1537과 1670에서 유래: 끌어내다, 약1:14.

☞**끌다**(약1:14).

1829. ἐξέραμα, ατος, τό [ĕxĕrama][1회] 엑세라마

명 토한 것, 벧후2:22.

☞**토한 것**(벧후2:22).

1830. ἐξερευνάω [ĕxĕrĕunaō][1회] 엑세류나오

동 1537과 2045에서 유래: 탐구하다, 부지런히 찾다, 벧전1:10.

☞**부지런히 살피다**(벧전1:10).

1831. ἐξέρχομαι [ĕxĕrchŏmai][218회] 엑세르코마이

동 중간태. 디포넌트. 미래 ἐξελεύσο- μαι, 제2부정과거 ἐξῆλθον, 행16:40, 고후6:17, 1537과 2064에서 유래:

1) [문자적] 나가다, 물러가다, 피하다, 눅5:8, 요10:39, 고전5:10.

2) 사라지다, 행16:19.

3) 널리 퍼져 나가다, 마20:1.

☞**나오다**(마2:6, 막3:21, 눅1:22), **나가다**(마8:34, 막1:45, 눅4:41), **퍼지다**(마9:26, 눅4: 14), **끊어지다**(행16:19), **들어가다**(마10:11), **돌아가다**(마12:44), **오다**(마13:49, 행28:15), **나다**(마24:27), **나아가다**(마26:30,71), **떠나다**(마28:8), **내리다**(막6:54, 눅2:1, 8:27), **벗어나다**(요10:39), **올려지다**(행1:21), **가다**(행10:23, 11:25).

1832. ἔξεστι [ĕxĕsti][32회] 엑세스티

동 ἔξειμι의 비인칭 동사, 1537과 1510의 합성어의 현재 직설법 3인칭 단수: ~은 적합하다.

1) [현재 부정사가 따르는 경우] 마12:2, 14:4, [부정과거 부정사가 따르는 경우] 마12:10.

2) [인격 존재의 여격과 현재 부정사 또는 부정과거 부정사형이 따르는 경우] 마20:15, 막6:18.

3) [부정사를 동반한 목적격이 따르는 경우] 막2:26.

4) [분사형] ἐξόν과 같은 뜻.

☞**옳다**(마12:10,12, 막12:14, 눅6:9, 20:22), **가하다**(고전6:12), **합당하다**(눅14:3), **권한이 없다**(요18:31).

1833. ἐξετάζω [ĕxĕtazō][3회] 엑세타조

동 제1부정과거 ἐξήτασα, 1537과 ἐ- τάζω에서 유래:

1) 세밀히 조사하다, 마2:8.

2) 질문하다, 신문하다, 요21:12.

☞**알아보다**(마2:8), **찾아내다**(마10:11), **묻다**(요21:12).

1834. ἐξηγέομαι [ĕxēgĕŏmai][6회] 엑세게오마이

동 중간태. 제1부정과거 ἐξηγησάμην, 1537과 2233에서 유래: 설명하다, 해석하다, 보고하다, 이야기하다, 묘사하다, 눅24:35, 행10:8.

☞**말하다**(눅24:35), **나타내다**(요1:18), **이르다**(행10:8).

1835. ἑξήκοντα [hĕxēkŏnta][6회] 헥세콘타

수 육십, 예순, 마13:8,23, 막4:8,20, 눅24:13.

☞**육십**(마13:8, 딤전5:9, 계11:3), **육십(스타디온, 이십오 리)**(눅24:13).

1836. ἑξῆς [hĕxēs][5회] 헥세스

부 2192에서 유래:

1) [연속하는] 후에, 다음.

2) [시간에 대하여] 다음의, [주] τῇ ἑ. ἡμέρᾳ: 다음날, 눅9:37, ἑξῆς, 행21:1, 25:17, 27:18, ἐν τῷ ἑξῆς, 눅7:11.

☞**그 후에**(눅7:11), **이튿날**(눅9:37, 행21:5, 27:18).

1837. ἐξηχέομαι [ĕxēchĕŏmai][1회] 엑세케오마이

동 완료 수동태 ἐξήχημαι, 1537과 2278에서 유래:

1) 울려나게 하다, 들리게 하다.

2) [수동으로] 울려 퍼지게 되다, [주] ἀφ' ὑμῶν ἐξήχηται ὁ λό- γος τοῦ κυρίου: 주의 말씀이 너희에게로부터 들리다, 살전1:8.

☞**들리다**(살전1:8).

1838. ἕξις, εως, ἡ [hĕxis][1회] 헥시스

명 2192에서 유래: 연습, 실습, 기술, 경험, 습관, [주] αἰσθη τήρια διὰ τὴν ἕ. γεγυμνα σμένα: 실습을 통하여 연단을 받은 지각,

E

히5:14.

☞**사용**(히5:14).

1839. ἐξίστημι [ĕxistēmi][17회] **엑시스테미**

동 ἐξιστάνω와 같음, 행8:9, 제1부정과거 ἐξέστησα, 제2부정과거 ἐξέστην, 완료 ἐξέστακα, 완료중간태 ἐξίστα- μαι, 미완료 ἐξιστάμην:

1) [타동사] 변하다, 옮겨 놓다, 의식을 잃게 하다, 혼란하게 하다, 놀라게 하다, 눅24:22, 행8:9,11.

2) [자동사: 제2부정과거와 완료 능동태에서] 어떤 것으로부터 분리되다, 어떤 것을 잊어버리다.

① 정신을 잃다, 의식을 잃다, 막3:21, 고후5:13.

② 깜짝 놀라다, ἐξίσ- ταντο πάντες οἱ ὄχλοι: 무리가 다 놀라다, 마12:23, 막2:12, 눅8:56, 행2:7,12, 8:13, 9:21, 10:45, 12:16, ἐ- ξίσταντλο ἐπὶ τῇ συνέσει αὐτοῦ, 눅2:47.

☞**놀라다**(마12:23, 막2:12, 행12:16), **미치다**(막3:21, 고후5:13), **놀랍게 여기다**(눅2:47), **놀라게 하다**(눅24:22, 행8:9).

1840. ἐξισχύω [ĕxischuō][1회] **엑시스퀴오**

동 제1부정과거 ἐξίσχυσα, 1537과 2480에서 유래: ~할 수 있다, ~할 만한 힘이 있다, 엡3:18.

☞**능히 ~할 수 있다**(엡3:18).

1841. ἔξοδος, ου, ἡ [ĕxŏdŏs][3회] **엑소도스**

명 1537과 3598에서 유래: 퇴장, 달아남.

1) [애굽으로부터의] 탈출, 히11:22.

2) [완곡한 표현으로] 떠남, 이탈, 죽음, 눅9:31, 벧후1:15.

3) 운명.

☞**별세하실 것**(눅9:31), **떠날 것, 떠남**(히11:22, 벧후1:15).

1842. ἐξολεθρεύω [ĕxŏlethrĕuō][1회] **엑솔레드류오**

동 제1부정과거 ἐξωλέθρευσα, 미래수동태 ἐξολεθρευθήσομαι, 1537과 3645에서 유래: 완전히 파괴하다, 멸망시키다, 근절하다, 행3:23.

☞**멸망 받다**(행3:23).

1843. ἐξομολογέω [ĕxŏmŏlŏgĕō][10회] **엑소몰로게오**

동 제1부정과거 ἐξωμολόγησα, 미래중간태 ἐξομολογήσομαι, 1537과 3670에서 유래:

1) [능동] 약속하다, 동의하다, 눅22:6.

2) [중간]

① 고백하다, 허락하다, 용인하다, [죄를] 자백하다, 마3:6, 막1:5, 행19: 18, 약5:16.

② 인정하다, 시인하다 [ὅτι 이하와 함께], 빌2:11.

③ [보다 일반적인 의미로] 하나님께 찬양하다, 마11:25, 눅10:21, 롬14:11, 15:9.

☞**자복하다**(마3:6, 막1:5, 행19:18), **감사하다**(마11:25, 눅10:21, 롬15:9), **허락하다**(눅22:6), **자백하다**(롬14:11), **시인하다**(빌2:11, 계3:5), **고백하다**(약5:16).

1844. ἐξορκίζω [ĕxŏrkizō][1회] **엑소르키조**

동 1537과 3726에서 유래: [ἐξορκόω와 거의 비슷하다] 맹세하다, 간청하다, 마26:63, [귀신을] 내쫓다.

☞**맹세하다**(마26:63).

1845. ἐξορκιστής, οῦ, ὁ [ĕxŏrkistēs][1회] **엑소르키스테스**

명 1844에서 유래: 귀신 쫓는 사람, 무당, 행19:13.

☞**마술하는 자**(행19:13).

1846. ἐξορύσσω [ĕxŏrüssō][2회] **엑소뤼소**

동 제1부정과거 ἐξώρυξα, 1537과 3736에서 유래: 파내다, [눈을] 뽑아내다, 갈4:15, 막2:4.

☞**뜯다**(막2:4), **빼다**(갈4:15).

1847. ἐξουδενόω [ĕxŏudĕnŏō][1회] **엑수데노오**

동 제1부정과거 ἐξουδενώθην ἐξου- δενήθην, 1537과 3762의 중성형의 파생어에서 유래: [ἐξουδενέω와 같음] 멸시하다, 막9:12, [1848을 보라].

☞**멸시 당하다**(막9:12).

1848. ἐξουθενέω [ĕxŏuthĕnĕō][11회] **엑수데네오**

동 제1부정과거 ἐξουθένησα, 완료수동태 ἐξουθένημαι, 1847의 변화형 [ἐξουθενόω와 같음]:

1) 멸시하다, 경멸하다, 업신여기다, 눅18:9, 롬14:3, 고전1:28, 6:4, 16:11, 고후10:10,

갈4:14.
2) 멸시하여 거절하다, 행4:11, 갈4:14, 살전5:20.
3) 멸시하여 박대하다, 무시해 버리다, 눅23:11.

☞**멸시하다**(눅18:9, 고전16:11, 살전5:20), **업신여기다**(눅23:11, 롬14:3, 갈4:14), **버리다**(행4:11), **멸시받다**(고전1:28), **경히 여기다**(고전6:4), **시원하지 않다**(고후10:10).

1849. ἐξουσία, ας, ἡ [ĕxŏusia][102회] **엑수시아**

명 1832 '능력'의 의미에서 유래:
1) 선택의 자유, 권리, 요10:18, 고전9:4이하, 살후3:9.
2) [무엇을 할 수 있는] 능력, 힘, 권세, ἡ ἐ. τ. ἵππον ἐν τ. στόματι αὐτῶν ἐστιν, 마9:8, 행8:19, 계9:19, 13:2,4, 18:1, ἐκβάλλειν τ. δαιμόνια, 막3: 15, ἐμβαλεῖν εἰς τ. γέενναν, 눅12:5, 10:19, 요1:12, 계9:10, 11:6, ποιεῖν ἐ., 계13:12, 20:6.
① [하나님의 능력에 대하여] 눅12:5, 행1:7, 유1:25.
② [사탄의 능력에 대하여] 행26:18.
③ [예수의 가르침의 능력에 대하여] 마7:29, 막1:22.
3) 권위, 절대적인 권세, 보증, 행26:12, ἐν ποίᾳ ἐξουσίᾳ ταῦτα πο- ιεῖς: 무슨 권세로 이런 일을 하느냐?, 마21: 23,24, 27, 막11:28,29,33, 눅20:2,8.
① [사도적 권위에 대하여] 고후10:8, 13:10.
② [예수의 절대적 권위에 대하여] 마28:18, 계12:10, ἐ. πνευμάτων ἀκαθάρτων: 더러운 영을 제어하는 능력, 마10:1, 막6:7, 요17:2.
㉠ [ἐπί+주격] 눅9:1, 계6:8, 13:7.
㉡ [ἐπί+소유격] 계2:26, 11:6, 14:18.
㉢ [παρά τινος: 권위의 근원을 가르침] 행9:14, 26:10.
㉣ [현재부정사와 함께] 마9:6, 막2: 10, 눅5:24, 요5:27.
4) 통치자나 기타 고위직에 있는 사람이 쓰는 권세.
① 통치권, 직권, 마8:9, 눅7:8, 19:17, 20:20, 요19:10이하, 계17:12이하.
② [능력이 행사되는] 영역, 세력, 범위, 눅4:6, 23:7, ἐ. τοῦ σκότους, 눅22:53, 골1:13.
③ ἐ. τοῦ ἀέρος: 단순한 공중의 권세, 엡2:2.
④ 권위를 가진 자.
㉠ 인간의 당국자, 권위, 집권자, 정부, 눅12:11, 롬13:1,2,3, 딛3:1.
㉡ [영계의 통치자들이나 권세를 잡은 자들에 대하여] 고전15:24, 엡1: 21, 3:10, 6:12, 골1:16, 2:10,15, 벧전3:22.
5) 기타 여러 가지 의미에 대한 다양한 견해들이 있다.

☞**권위**(마7:29, 눅4:6), **군사**(마8:9), **권능**(마10:1, 행8:19), **권한**(막13:34, 행1:7), **병사**(눅7:8), **관할**(눅23:7), **마음**(행5:4), **권리**(고전7:37, 9:5, 12, 살후3:9), **자유**(고전8:9), **힘**(계9:19).

1850. ἐξουσιάζω [ĕxŏusiazō][4회] **엑수시아조**

동 미래 수동태 ἐξουσιασθήσομαι, 1849에서 유래: [어떤 것이나 사람에 대해]능력이나 권위[권리]를 가지다, 눅22:25, 고전7:4, 6:12.

☞**주관하다**(눅22:25), **얽매이다**(고전6:12), **주장하다**(고전7:4).

1851. ἐξοχή, ῆς, ἡ [ĕxŏchē][1회] **엑소케**

명 1537과 2192의 합성어에서 유래: 탁월함, 뛰어남, ἄνδρες οἱ κατ' ἐ. τῆς πόλεως: 그 도시에서 가장 탁월한 사람들, 행25:23.

☞**높은 사람들**(행25:23).

1852. ἐξυπνίζω [ĕxüpnizō][1회] **엑쉬프니조**

동 미래 ἐξυπνίσω, 1853에서 유래: 깨우다, [잠을] 일깨우다, 요11:11.

☞**깨우다**(요11:11).

1853. ἔξυπνος, ον [ĕxüpnŏs][1회] **엑쉬프노스**

형 1537과 5238에서 유래: 깨어난, 잠에서 깬, 행16:27.

☞**자다가 깬**(행16:27).

1854. ἔξω [ĕxō][63회] **엑소**

부 [장소의 부사] 1537에서 유래:
1. 1) [부사로 사용될 때] 밖에, 바깥에.
① [동사와 함께] 막11:4, ἑστάναι ἔ.:밖에 서다, 마12:46이하, 26:69, 막3:31, 눅1:10, 8:20, 13:25, 요18:16, 20:11, 계22:15.

② [부정관사와 함께] οἱ ἔξω [제자단에 속하지 않는] 밖에 있는 사람들, 막4:11, [비기독교인들에 대한] 외인, 고전5:12 이하, 골4:5, 살전4:12.
③ [형용사적 용법으로] 밖의, 외부의.
㉠ αἱ ἔ. πόλεις: 외국 도시들, 행26:11.
㉡ ὁ ἔ. ἡμῶν ἄν- θρωπος: 우리의 외부 사람, 겉사람, 고후4:16.
2) 밖으로.
① ἐξέρχεσθαι ἔ.: 밖으로 나가다, 마26:75, 눅22:62, 요19:4,5, 계3:12.
② ἔ. ποιεῖν τινα: 누군가를 데리고 나가다, 행5:34.
③ [βά- λλειν 동사와 함께] 마5:13, 13:48, 눅14:35, 요15:6, 요일4:18.
④ [ἐκ- βάλλειν 동사와 함께] 눅13: 28, 요6:37, 9:34이하, 12;31, 행9:40.
⑤ δεῦ- ρο ἔ.: 밖으로 나오라, 요11: 43.

2. [부정 전치사로서]
1) ["어디?"라는 물음에 대한 대답으로] ~의 바깥, 눅13:33, 히13:11,12.
2) ["어디로?"라는 물음에 대한 대답으로] 밖으로, 마10:14, 21:17,39, 막8:23, 11:19, 12:8, 눅4:29, 20:15, 행4:15, 16:13, 히13:13.
☞**밖으로**(마21:17), **외인**(막4:11), **겉**(고후4:16), **밖**(마5:13, 막3:31, 눅1:10), **바깥**(마26:69, 막1:45), **외국**(행26:11).

1855. ἔξωθεν [ĕxōthĕn][13회] 엑소덴
부 [장소의 부사] 1854에서 유래:
1. [부사로 사용될 경우]
1) 밖으로부터, 막7:18. 2)밖에, 곁에.
① [ἔσωθεν의 대조어로] 마23:27이하, 고후7:5, 계5:1.
② [관사와 함께 명사로서]
㉠ οἱ ἔ.: 밖에 있는 사람들[즉 비기독교인], 딤전3:7.
㉡ τὸ ἔ.: 겉, 겉모습, 마23:25, 눅11:39이하.
③ [형용사를 대신하여] 외부적인, 벧전 3:3.
3) 밖으로, 계11:2.
2. [부정 전치사로서 소유격과 함께]
1) 밖으로부터, 막7:15.
2) 밖에 있는, 계14:20, [주] ἡ αὐλὴ ἡ ἔ. τοῦ ναοῦ: 성전 밖에 있는 마당, 계11:2.
☞**겉**(마23:25,28, 눅11:39), **외모**(벧전3:3), **밖**(막7:15).

1856. ἐξωθέω [ĕxōthĕō][2회] 엑소데오
동 제1부정과거 ἐξῶσα, ἐξώθω와 ὠ- θέω '밀다'에서 유래: 밀어내다, 몰아내다, 추방하다, 행7:45, 27:39.
☞**쫓아내다**(행7:45), **들여다 대다**(행27:39).

1857. ἐξώτερος, α, ον [ĕxōtĕrŏs][3회] 엑소테로스
형 1854의 합성어, 부사 ἔξω의 형용사적 변화:
1) [내부나 중심부에 대조되는] 바깥.
2) [최상급으로] 가장 멀리 떨어진, 극단의, [주] τὸ σκότος τὸ ἐ.: 바깥 어두움, 마8:12, 22:13, 25:30.
☞**더 바깥의**(마8:12, 22:13, 25:30).

1858. ἑορτάζω [hĕŏrtazō][1회] 헤오르타조
동 1859에서 유래: 기독교인의 한 모습으로서 [유월절의] 명절을 지키다, 명절을 축하하다, 고전5:8.
☞**명절을 지키다**(고전5:8).

1859. ἑορτή, ῆς, ἡ [hĕŏrtē][26회] 헤오르테
명 불확실한 유사어: 명절, 절기, 축제일, 골2:16.
① ἡ ἑ. τοῦ πάσχα: 유월절, 눅2:41, 요13:1.
② ἡ ἑ.: 명절[문맥으로 보아 유월절임], 마26:5, 눅2:42, 요4:45, 11:56, 12: 12,20.
③ ἐν τ. ἑ.: 명절 기간 동안에, 마26:5, 막14:2, 요4:45, 7:11, 12:20.
④ εἰς τ. ἑορτήν: 명절을 위하여, 요13:29.
⑤ κατὰ ἑορτήν: 명절마다, 마27:15, 막15:6, 눅23:17.
⑥ κατὰ τὸ ἔθος τ. ἑορτῆς: 명절의 습관을 따라서, 눅2:42.
☞**명절**(마26:5, 막15:6, 요4:45), **절기**(눅2: 42, 행18:21, 골2:16).

1860. ἐπαγγελία, ας, ἡ [ĕpanggĕlia][52회] 에팡겔리아
명 1861에서 유래: 통지, 예고, 서약, 제의.
1) 사람의 약속, 행23:21.
2) 신적인 약속.
① 하나님의 약속, 행2:39, 롬4:13이하, 16, 9:4,9, 고후7:1, 갈3:16,17, 벧후3:9, 히

7:6, 8:6, 11:17.
㉠ δι' ἐπαγγελίας: 약속 때문에, 갈3:18, 4:23.
㉡ ἐν ἐπαγγελίᾳ: 약속을 가지는, 엡6:2.
㉢ κατ' ἐπαγγελίαν: 약속대로, 행13: 23, 갈3:29.
㉣ (τ.) θε- οῦ, 롬4:20, 고후1:20, 갈3:21.
㉤ ἡ τ. ἐ: 약속의 땅, 히11:9.
㉥ τέκνα τ. ἐ.: 약속의 자녀들, 롬9: 8, 갈4:28.
② 약속된 것.
㉠ ἡ ἐ. τοῦ πνεύματος: 약속된 것[즉 성령], 행2:33, 갈3:14.
㉡ ἐ. τοῦ πατρός: 아버지의 약속, 눅24:49, 행1:4.
㉢ κομίσασθαι τὴν ἐ.: 히10:36, 11: 13,39.
③ [①과② 사이에 명확한 구별이 되지 않는 것] 행7:17, 갈3:22, 엡3:6, 히6:12, 15,17, 11:9,33.

☞**약속**(행2:39, 롬4:14, 고후1:20), **허락**(행23:21), **언약**(롬4:13), **소식**(요일1:5), **[동] 약속하다**(눅24:49, 행1:4).

1861. ἐπαγγέλλω [ĕpanggĕllō][15회] **에팡겔로**

동 제1부정과거 ἐπηγγειλάμην, 완료 ἐπήγγελμαι, 1909와 32의 어간에서 유래: 예고하다, 선포하다.
1) 약속하다, 제의하다.
① [인간의 약속과 제의에 대하여] τινί τι: 누구에게 무엇을 약속하다, 막14:11, 벧후2:19.
② 하나님의 약속, 행7:5, 롬4:21, 갈3:19, 딛1:2, 히10:23, 11:11, 12: 26, 약1:12, 요일2:25.
2) 고백하다, 주장하다, 딤전2:10, 6:21.

☞**약속하다**(막14:11, 행7:5, 롬4:21), **[명]약속**(갈3:19), **따르다**(딤전6:21).

1862. ἐπάγγελμα, ατος, τό [ĕpanggĕl- ma][2회] **에팡겔마**

명 1861에서 유래: [문자적으로] 약속, 예고, 하나님의 약속에 대해서만 쓰임.
1) 약속 자체, 벧후3:13.
2) 약속된 것, 벧후1:4.

☞**약속**(벧후1:4, 3:13).

1863. ἐπάγω [ĕpagō][3회] **에파고**

동 제1부정과거 분사 ἐπάξας, 제2부정과거 ἐπήγαγον, 1909와 71에서 유래: 가져오다, ~에게 무엇을 가져오다, 행5:28, 14:2, 벧후2:1,5.

☞**돌리다**(행5:28), **취(取)하다**(벧후2:1), **(홍수를) 내리다**(벧후2:5).

1864. ἐπαγωνίζομαι [ĕpagōnizŏmai][1회] **에파고니조마이**

동 1090와 75에서 유래: 싸우다, 투쟁하다, 유1:3.

☞**힘써 싸우다**(유1:3).

1865. ἐπαθροίζω [ĕpathrŏizō][1회] **에파드로이조**

동 1909와 ἀθροίζω '모으다'에서 유래: 더 모으다, 눅11:29.

☞**모이다**(눅11:29).

1866. Ἐπαίνετος, ου, ὁ [Ĕpainĕtŏs][1회] **에파이네토스**

고명 1867에서 유래: 아시아에 있는 첫 기독교인 중의 한 사람 '에배네도', 롬16:5.

☞**에배네도**(롬16:5).

1867. ἐπαινέω [ĕpainĕō][6회] **에파이네오**

동 미래 ἐπαινέσω, 제1부정과거 ἐπή- νεσα, 1909와 134에서 유래: 누군가를 찬양하다, 고전11:22, 무엇을 찬양하다, 고전11:22, [ὅτι와 함께] ~ 때문에 누군가를 찬양하다, 눅16:8, 고전11:2,17, 하나님을 찬양하다, 롬15:11.

☞**칭찬하다**(눅16:8, 고전11:2,22), **찬송하다**(롬15:11).

1868. ἔπαινος, ου, ὁ [ĕpainŏs][11회] **에파이노스**

명 1909와 134의 어간에서 유래:
1. 찬양, 승인, 인정.
1) 사람에 대하여
① 사람에게서 사람에게로, 롬2:29, 13: 3, 고후8:18, 벧전2:14.
② 하나님께 대한 것, 빌1:11, 엡1:6, 12,14.
2. 찬양할 가치가 있는 것, 빌4:8.

☞**포상**(벧전2:14), **찬송**(엡1:6,14, 빌1:11), **칭찬**(롬2:29, 고전4:5, 벧전1:7).

1869. ἐπαίρω [ĕpairō][19회] **에파이로**

동 제1부정과거 ἐπῆρα, 제1부정과거부정사 ἐ

πᾶραι, 제1부정과거분사 ἐπᾶ- ρας, 완료 ἐπῆρκα, 제1부정과거 수동태 ἐπήρθην, 1909와 142에서 유래:
1) 들어 올리다, 높이 치켜들다, 마17:8, 눅11:27, 16:23, 21:28, 24:50, 요4: 35, 6:5, 13:18, 17:1, 행2:14, 14:11, 22:22, 딤전2:8.
2) [수동으로]
① [문자적으로] 들리어 올라가다, 행1:9.
② [상징적으로] 들고 일어나다, 항거하다, 반대하다, 고후10:5.
3) 으시대다, 잘난 체하다, 고후11:20.
☞**들다**(마17:8, 눅6:20, 요6:5), **높이다**(눅11: 27, 행2:14), **올려져 가다**(행1:9), **스스로 높이다**(고후11:20), **달다**(행27:40), **높아지다**(고후10:5).

1870. ἐπαισχύνομαι [ĕpaischünŏmai][11회] **에파이스퀴노마이**
동 제1부정과거 ἐπαισχύνθην, 미래 수동태 ἐπαισχυνθήσομαι, 1909와 153에서 유래: 부끄러워하다.
1) [대격을 가진 경우] 막8:38, 눅9:26, 롬1:16.
2) [ἐπί τινι와 함께] 롬6:21.
3) [부정사와 함께] 히2:11, 11:16.
4) [독립적으로] 딤후1:12.
☞**부끄러워하다**(막8:38, 롬1:16, 딤후1:12), **부끄럽다**(딤후1:8,16, 히11:16).

1871. ἐπαιτέω [ĕpaitĕō][2회] **에파이테오**
동 1909와 154에서 유래: 애걸하다, 간청하다, 눅16:3.
☞**빌어먹다**(눅16:3).

1872. ἐπακολουθέω [ĕpakŏlŏuthĕō][4회] **에파콜루데오**
동 제1부정과거 ἐπηκολούθησα, 1909와 190에서 유래: 따르다, 뒤따르다.
1) [문자적으로] τοῖς ἴχνεσιν αὐτοῦ: 그의 발자취를 따르다, 벧전2:21.
2) [상징적으로] 헌신하다 모방하다, 뒤따르다, 막16:20, 딤전5:10,24.
☞**따르다**(막16:20, 딤전5:24, 벧전2:21), **(선한 일을) 행하다**, **헌신하다**(딤전5:10).

1873. ἐπακούω [ĕpakŏuō][1회] **에파쿠오**
동 미래 ἐπακούσομαι, 제1부정과거 ἐπήκουσα, 1909와 191에서 유래:
1) 듣다, 잘 듣다, 고후6:2.
2) 순종하다.
☞**듣다**(고후6:2).

1874. ἐπακροάομαι [ĕpakrŏaŏmai][1회] **에파크로아오마이**
동 미완료 ἐπηκροώμην, 1909와 202의 어간에서 유래: [~에게서] 잘 듣다, 귀를 기울이다. 행16:25
☞**듣다**(행16:25).

1875. ἐπάν [ĕpan][3회] **에판**
접 가정법과 함께 사용된다, 1909와 302에서 유래: ~할 때, ~하자마자, 마2:8, 눅11:22,34.
☞**~때**(눅11:22), **~면**(눅11:34).

1876. ἐπάναγκες [ĕpanangkĕs][1회] **에파낭케스**
접 1909와 318의 추정된 합성어에서 유래: 필연적으로, 어쩔 수 없이, [주] τὰ ἐ.: 필요한 것, 행15:28.
☞**요긴한**(행15:28).

1877. ἐπανάγω [ĕpanagō][3회] **에파나고**
동 제2부정과거 ἐπανήγαγον, 1909와 321에서 유래: 인도하다, 이끌어 올리다.
1) 나가다, 눅5:3,4.
2) 돌아오다, 마21:18.
☞**들어오다**(마21:18), **떼다**(눅5:3), **가다**, **떠나다**(눅5:4).

1878. ἐπαναμιμνήσκω [ĕpanamimnēs- kō][1회] **에파나밈네스코**
동 제1부정과거수동태 ἐπανεμνήσ- θην, 1909와 363에서 유래: [누군가를] 다시 기억나게 하다, 생각나게 하다, 롬15:15.
☞**생각나게 하다**(롬15:15).

1879. ἐπαναπαύομαι [ĕpanapauŏmai][2회] **에파나파우오마이**
동 중간태. 미래 ἐπαναπαύσομαι, 제2부정과거수동태 ἐπανεπάην, 미래수동 ἐπαναπαήσομαι, 완료중간태 ἐπα- ναπευπαυμαι, 1909와 373에서 유래:
1) 쉬다, 편히 휴식하다, 눅10:6.
2) 쉼을 얻다, 위안을 얻다, 의지하다, 롬2:17.
☞**머물다**(눅10:6), **의지하다**(롬2:17).

1880. ἐπανέρχομαι [ĕpanĕrchŏmai][2회] **에파네르켈코마이**
동 디포넌트. 제2부정과거 ἐπανῆλ- θον,

1909와 402에서 유래: 돌아오다, 눅10:35.
☞**돌아오다**(눅10:35, 19:15).

1881. ἐπανίσταμαι [ĕpanistamai][2회] **에파니스타마이**
동 중간태. 미래 중간태 ἐπαναστήσο– μαι, 제2부정과거 능동태 ἐπανέστην, 1909와 450에서 유래: 반역하다, 일어나다, 반란을 일으키다, 마10:21, 막13:12.
☞**대적하다**(마10:21, 막13:12).

1882. ἐπανόρθωσις, εως, ἡ [ĕpanŏrthō–sis][1회] **에파노르도시스**
명 1909와 461의 합성어에서 유래: 교정, 바로 잡음, 회복, 개선, 딤후3:16.
☞**바르게 함**(딤후3:16).

1883. ἐπάνω [ĕpanō][19회] **에파노**
부 1909와 507에서 유래: 위에, 이상(以上).
1) [부사로 사용될 때]
① [장소에 대하여] 눅11:44.
② [숫자와 함께 쓰일 때] ~이상, ~이 넘는, 막14:5, 고전15:6.
2) [속격과 함께 부정전치사로서] ~위에.
① [장소에 대하여]
㉠ ἐ. ὄρους: 언덕 위에, 마5:14.
㉡ ἐ. αὐτῶν, 마21:7.
㉢ ἐ. αὐτῆς, 마2:9, 눅4:39, 10:19.
② [상징적으로] 권위에 대하여, 눅19: 17, 요3:31.
☞**이상**(막14:5), **위에**(마2:9, 눅11:44, 계20: 3), **가까이**(눅4:39), **~여**(고전15:6).

1884. ἐπαρκέω [ĕparkĕō][3회] **에파르케오**
동 제1부정과거 ἐπήρκεσα, 1909와 714에서 유래: 돕다, 유익을 주다, 딤전5:10,16.
☞**구제하다**(딤전5:10), **도와주다**(딤전5:16).

1885. ἐπαρχία, ας, ἡ [ĕparchia][2회] **에파르키아**
명 1909와 757에서 유래: [장관이나 통치자에 의해서 다스림을 받는] 주(州), 도, 특별 지역, 행23:34, 25:1.
☞**영지**(행23:34), **[동]임지(에 올라가다)**, **부임하다**(행25:1).

1886. ἔπαυλις, εως, ἡ [ĕpaulis][1회] **에파울리스**
명 1909와 833의 동의어: 농가, 오두막, 주택, 행1:20.
☞**거처**(행1:20).

1887. ἐπαύριον [ĕpauriŏn][17회] **에파우리온**
부 1909와 839에서 유래: 내일, 다음날, [주] τῇ ἐ.: 이튿날, 마27:62, 막11:12, 요1:29,35,43, 6:22, 12:12, 행10:9,23이하, 14:20, 20:7, 21:8, 22:30, 23: 32, 25:6,23.
☞**이튿날**(마27:62, 막11:12, 행10:9).

1888. ἐπαυτοφώρῳ [ĕpautŏphōrō] **에파우토포로**
부 1909와 846과 φώρ '도둑'의 파생어에서 유래: 도둑질할 때, 요8:4.
☞**현장에서**(요8:4).

1889. Ἐπαφρᾶς, ᾶ, ὁ [Ĕpaphras][3회] **에파프라스**
고명 19891에서 유래: 골로새 교회의 교인 '에바브라', 골1:7, 4:12, 몬1:23.
☞**에바브라**(골4:12, 몬1:23).

1890. ἐπαφρίζω [ĕpaphrizō][1회] **에파프리조**
동 1909와 875에서 유래: 거품을 내다, 거품과 같이 쏟아내다, 유1:13.
☞**거품을 뿜다**(유1:13).

1891. Ἐπαφρόδιτος [Ĕpaphrŏditŏs][2회] **에파프로디토스**
고명 1909와 Ἀφροδίτη '비너스'에서 유래: 바울이 빌립보 교회에 보낸 사자 '에바브로디도'. 빌2:25, 4:18.
☞**에바브로디도**(빌2:25, 4:18).

1892. ἐπεγείρω [ĕpĕgĕirō][2회] **에페게이로**
동 제1부정과거 ἐπήγειρα, 제1부정과거수동태 ἐπηγέρθην, 1909와 1453에서 유래: 선동하다, 일으키다, [상징적으로] 격동시키다, 흥분시키다, 행13:50, 14:2.
☞**선동하다**(행14:2).

1893. ἐπεί [ĕpĕi][26회] **에페이**
접 1909와 1487에서 유래:
1) [시간적으로] ~때, ~후에, 눅7:1ⓢ.
2) [원인] ~때문에, ~이므로, 마18:32, 21:46, 27:6, 막15:42, 눅1:34, 요13: 29, 19:31, 고전14:12, 고후11:18, 13:3, 히5:2,11, 6:13, 9:17, 11:11.
3) ἐ. οὖν [추론의] 이므로, 히2:14, 4:6, 그렇지 않다면, 롬3:6, 11:6,22, 고전5:10, 7:14, 14:16, 15:29, 히9:26, 10:2.
☞**~이니까**(마18:32).

1894. ἐπειδή [ĕpĕidē][10회] 에페이데
접 1893과 1211에서 유래:
1) [시간] ~때, ~후에, 눅7:1.
2) [원인] ~이니까, ~인 이상, ~인 만큼, 눅11:6, 행13:46, 14:12, 15:24, 고전1:21,22, 15:21, 14:16, 빌2:26.
☞**~이니까**(마21:46).

1895. ἐπειδήπερ [ĕpĕidēpĕr][1회] 에페이데페르
접 1894와 4007에서 유래: [원인] ~이니까, ~때문에, 눅1:1.
☞**~인 까닭에**(눅1:1).

1896. ἐπεῖδον [ĕpĕidŏn] 에페이돈
동 ἐφοράω의 제2부정과거, 제2부정과거명령 ἔπιδε, 제2부정과거부정사 ἐπιδεῖν, 1909와 1492에서 유래: 주목하다, 주시하다, 관심을 가지다, 눅1:25, 행4:29.
☞**돌보다**(눅1:25), **굽어보다**(행4:29).

1897. ἐπείπερ [ĕpĕipĕr] 에페이페르
접 1893과 4007에서 유래: 사실 ~이므로, 롬3:30.
☞**~시니라**(롬3:30).

1898. ἐπεισαγωγή, ῆς, ἡ [ĕpĕisagōgē][1회] 에페이사고게
명 1909와 1521의 합성어에서 유래: 끌어들임, 소개, 들여옴, 초대, 히7:19.
☞**생김**(히7:19).

1899. ἔπειτα [ĕpĕita][16회] 에페이타
부 1909와 1543에서 유래: 그 후, 그리고 나서, 그 다음에.
1) [시간에 대하여] 눅16:7, 요11:7, 갈1: 18, 21, 약4:14.
2) [순서적으로 열거할 때]
① [연대적 순서를 나타낼 때] 고전15: 23, 46, 살전4:17, 히7:27.
② [단순한 순서를 나타낼 때] 고전12: 28, 히7:2, 약3:17.
☞**이에**(막7:5).

1900. ἐπέκεινα [ĕpĕkĕina][1회] 에페케이나
부 1909와 1565 [중성 대격복수]에서 유래: 더 멀리, 저편에, 행7:43.
☞**밖으로**(행7:43).

1901. ἐπεκτείνομαι [ĕpĕktĕinŏmai][1회] 에페크테이노마이
동 중간태로만 쓰임, 1909와 1614에서 유래: 손을 내밀다, 손을 앞으로 뻗다, 잡아당기다, 빌3:13.
☞**잡으려 하다**(빌3:13).

1902. ἐπενδύομαι [ĕpĕndüŏmai][2회] 에펜뒤오마이
동 중간태로만 쓰임, 1909와 1746에서 유래: 옷을 덧입다, 더 껴안다, 고후5:2,4.
☞**덧입다**(고후5:2,4).

1903. ἐπενδύτης, ου, ὁ [ĕpĕndütēs][1회] 에펜뒤테스
명 1902에서 유래: 외투, 저고리, 겉옷, 요21:7.
☞**겉옷**(요21:7).

1904. ἐπέρχομαι [ĕpĕrchŏmai][9회] 에페르코마이
동 미래 ἐπελεύσομαι, 제2부정과거 ἐπῆλθον, 1909와 2064에서 유래:
1) 오다, 나타나다.
① [장소에 대하여] 행14:19.
② [시간에 대하여] 도착하다, 가까이 오다. [시간 그 자체에 대하여] 눅21:26, 엡2:7, 약5:1.
2) 닥쳐오다.
① [좋지 못한 일에 대하여] 발생하다, 행8:24, 13:40.
② [적이] 공격하다, 눅11:22.
③ [성령이 위로부터] 이르다, 임하다, 행1:8.
☞**임하다**(눅1:35, 행1:8, 약5:1), **오다**(눅11:22, 행14:19, 엡2:7), **미치다**(행13:40).

1905. ἐπερωτάω [ĕpĕrōtaō][56회] 에페로타오
동 미완료 ἐπηρώτων, 미래 ἐπερωτή－σω, 제1부정과거 ἐπηρώτησα, 제1부정과거 수동분사 ἐπερωτηθείς, 1909와 2065에서 유래:
1) 간구하다, 물어보다, 질문하다.
① [일반적으로] 마22:46, 막7:17, 9: 32, 12:34, 눅2:46, 고전14:35, τινὰ περί τινος, 막10:10, λέγων과 함께, 마12:10, 17:10, 22: 23, 막9:11, 12:18, 눅3:10등.
② [재판관이 사실 여부를 묻기 위해] 심문하다, 마27:11, 막14:60이하, 15:2, 요9:23, 행5:27.
③ [하나님께 대하여] 질문하다, 롬10: 20.

2) 요구하다, 누군가에게 무엇을 달라고 구하다, 마16:1.

☞**고발하다**(마12:10), **시험하다**(마16:1), **묻다**(마17:10, 막5:9, 눅2:46, 롬10:20).

1906. ἐπερώτημα, ατος, τό [ĕpĕrōtē- ma][1회] **에페로테마**

명 1905에서 유래:

1) 질문, 물음.

2) 요구, 간청, 벧전3:21.

☞**간구**(벧전3:21).

1907. ἐπέχω [ĕpĕchō][5회] **에페코**

동 미완료과거 ἐπεῖχον, 제2부정과거 ἐπέσχον, 1909와 2192에서 유래:

1) [타동사] 굳게 잡다, 붙잡다, 빌2:16.

2) [자동사]

① 목표하다, 주목하다, 행3:5, 주의하다, 눅14:7, 딤전4:16.

② 멈추다, 체류하다, 행19:22.

☞**보다**(눅14:7), **바라보다**(행3:5), **살피다**(딤전4:16), **밝히다**(빌2:16).

1908. ἐπηρεάζω [ĕpērĕazō][2회] **에페레아조**

동 1909의 합성어와 ἀρειά '협박'에서 유래: 협박하다, 천대하다, [법을] 악용하다, 마5:44, 눅6:28, [선행을] 비방하다, 욕하다, 벧전3:16.

☞**박해하다, 모욕하다**(마5:44, 눅6:28), **욕하다**(벧전3:16).

1909. ἐπί [ĕpi][891회] **에피**

전 [속격, 여격, 대격을 지배하는 전치사]:

1. [속격과 함께 쓰일 때]

1) [장소에 대하여].

① [문자적으로].

㉠ ~위에, ~에, ἐπί (τῆς) γῆς: 땅에서, 마6:10,19, 9:6, 23:9, 막6:47, ἐ. τῆς θαλάσσης: 바다에서, 마14: 26, 막6:48이하, 요6:19, ἐ. τῶν νεφελῶν: 구름 위에서 마24:30, 26: 64, ἐ. κλίνης, 마9:2, 눅17:34, ἐ. τοῦδώματος: 지붕위에서, 마10: 27, 24:17, 눅17:31, [동사와 함께 사용될 때] κάθημαι ἐ- πί τινος: 어떤 것 위에 앉다, 마24:3, 27:19, 행8:28, 계6:16, 9:17, ἑστη- κέναι ἐπί τινος: 무엇 위에 서다, 행21:40, 계10:5,8, [몸의 일부를 나타낼 때] ἐ. χειρῶν αἴρειν: 손으로 옮기다, 마4:6, 눅4:11, ἐ. κεφαλῆς: 머리 위로, 요20:7, 고전11:10, 계12:1, ἐ. τοῦ μετώπου, 계7:3, 9:4, ἐ. γυμ- νοῦ: 벗은 몸으로, 막14:51.

㉡ ['어디로?'라는 물음에 대한 대답으로서의] 위에, 위로, βάλλειν τὸν σπόρον ἐ. τῆς γῆς, 막4:16, καθιέναι, 행10:11, τιθέναι, 눅8:16, 요19:19, 행5:15, ἔρχεχθαι, 히6:7, 계3:10, γίνεσ- θαι ἐ.: ~에 도착하다, 눅22:40, 요6:21, καθίζειν: 자리에 앉다, 마19:28, 23:2, 25: 31, 요19:13, κρεμαννύναι ἐ. ξύλου: 나무에 달다, 행5:30, 갈3:13.

㉢ [어떤 사물에 아주 가까움을 나타낼 때] ~가까이에, ~옆에, ἐ. τ. θυ- ρῶν: 문에, 행5:23, ἐ. τῆς θαλάσσης: 바닷가에, 요21:1, ἐ. τῆς ὁδοῦ: 길가에, ἐ. τῆς τραπέζης τινός: 누구의 식탁에서 먹다, 눅22:30, ἐ. τοῦ (τῆς) βάτου [가시나무 떨기에 관한 구절에서], 막12:26, 눅20:37.

㉣ 앞에, ἐ. τοῦ ἡγεμόνος: 총독 앞에, 마28:14, ἐπί σου: 당신 앞에, 행23:30, μαρτυρεῖν ἐ. Ποντίου Πιλάτου: 본디오 빌라도 앞에서 증언하다, 딤전6:13, ἑστὼς ἐπὶ τοῦ βήματος Καίσα- ρός εἰμι: 나는 가이사 법정에 있다, 행25:10, ἐ. Τίτου: 디도 앞에, 고후7:14.

② [상징적으로].

㉠ [어떤 사람 혹은 사물에 대한 권세, 권위, 지배력을 말할 때] ~을 다스리는, ~에 대한, ἐ- ξουσίαν ἔχειν ἐ. τινος: 어떤 사람을 다스리는 권세를 가지다, κα- θιστάναι τινὰ ἐπί τινος: ~을 세워 ~을 다스리게 하다, 마24:45, 눅12:42, 행6:3, [하나님께 대하여] ὁ ὤν ἐ. πάντων: 모든 것을 다스리시는 분, 롬9:5, 엡4:6, ὁ ἐπί τινος: 시종, 행12:20.

㉡ ~의 근거 위에, ~을 근거로 하여, ἐ. δύο ἢ τριῶν μαρτύρων: 두 세 사람의 증거로, 딤전5:19, ἐ. στό- ματος δύομαρτύρων: 두 증인의 입으로, 마18:16, 고후13:1, ἐπ' αὐτῆς: 그것을 근거로 하

여, 히7:11, ἐπ' ἀληθε- ίας: 진리에 입각해서, 막12:14,32, 눅4:25, 20:21, 행4:27, ἐφ' ἑαυτοῦ: 혼자서, 고후10:7.

ⓒ ~에 대하여, ~에 관하여 λέγειν ἐπί τινος: 무엇에 대하여 말하다, 갈3:16, ~에게, σημε- ῖα ποιεῖν ἐπί τῶν ἀσθενούντων: 병자들에게 기적을 행하다, 요6:2.

2) [시간에 대하여] ~때에, ~시대에: ἐ. Ἐλισαίου: 엘리야 시대에, 눅4:27, ἐ. τῆς μετοικεσίας; 유랑하던 때에, 마1:11, ~의 통치하에, 막2:26, 눅3:2, 롬1:10, 엡1:16, 히1:2, 벧전1: 20, 벧후3:3 등.

2. [여격과 함께 쓰일 때]

1) [장소에 대하여].

① [문자적으로]

㉠ ['어디?'라는 질문에 대답할 때] ~뒤에, ~에, ~안에: ἐ. πίνακι: 접시에, 마14:8,11, 막6:25,28, ἀνακλῖναι ἐ. τῷ χλωρῷ χόρτῳ: 푸른 잔디 위에, 막6:39, 눅23:38, 요11:38, 행27:44, 엡1:10, 계4:9, 5: 13, 7:10.

㉡ ['어디로?'란 질문에 대답할 때, 방향을 가리키는 동사와 함께 나온다] ~위에, ~에, οἰκοδομεῖν ἐπί τινι: 무엇 위에다 집을 세우다, 마9:16, 16:18, 요8:7, 행8:16, 엡2:20.

㉢ [적대의 의미로] ~에 대항하여, 눅12:52이하, 행11:19.

㉣ [매우 가까움을 나타낼 때] ~에, ~가까이에, ~옆에, ἐ. τῇ θύρᾳ: 문 옆에, 마24:33, 막13:29, 행5:9, ἐ. τῇ προβατικῇ: 강가에, 계9:14, ἐ. τῷ πο- ταμῷ: 양문 곁에, 요5:2, 행3:10, ἐφ' ὑμῖν: 너희 가운데, 행28:14, 고후7:7.

② [상징적으로].

㉠ [사람이나 물건에 대한 권세, 권위, 지배력을 말할 때] ~을 지배하여, 마24:47, 눅12:44.

㉡ ~에, ~에 더하여, 눅3:20, ἐ. τ. παρακλήσει ἡμῶν: 너희 마음을 넓히다, 고후7:13, λύπη ἐ. λύπῃ: 슬픔 위에 슬픔 [슬픔 중에 슬픔], ἐ. τῇ σῇ εὐχαριστίᾳ: 너희 감사의 기도에, 고전14: 16, 히8:1, ἐ. πᾶσι τούτοις: 이 모든 것 위에, 눅16: 26, 골3:14.

㉢ 어떤 상태, 행동, 결과 등의 기반과 근거가 되는 것을 가리킬 때, ἐπ' ἄρτῳ ζῆν: 빵으로 살다, 마4:4, 눅4:4, ἐ. τῷ ῥή- ματί σου: 당신의 말씀에 의지하여, 눅5:5, ἐ. τῇ πίστει: 믿음의 기초에, 행3:16, 빌3:9, ἐπ' ἐλπίδι: 희망에 근거하여, 행2:26, 26:6, 롬4:18, 8:20, 고전9:10, 딛1:2, ἐ. δυσὶν μάρτυσιν: 두 증인의 증언을 기초로 해서, 히10:28, [믿음, 소망, 신뢰의 동사와 함께] πεποιθέναι, 눅11:22, 18:9, 고후1:9, 히2:13, πιστεύεινη, 눅24:25, 롬9:33, 10:11, 벧전2:6, ἐλπίζειν, 롬15:12, 딤전4:10, παρρησιά- ζεσθαι, 행14:3, [감정이나 견해를 나타내는 동사 뒤에 쓰여서] ~에, ~때문에, ~로부터, ~을 가지고, διαταρά- σσεσθαι, 눅1:29, ἐκπλήσσεσθαι, 마7:28, 막1:22, 눅4:32, 행13:12, θαμ- βεῖσθαι, 막10:24, 눅5:9, 행3:10, μα- κροθυμεῖν, 마18:26, 29, 눅18:7, 약5:7, εὐχαριστεῖν: ~에 감사하다, 고전1:4, 고후9:15, 살전3:9, ἐφ' ᾧ=ἐπὶ τούτῳ ὅτι: 이 때문에, 왜냐하면, 롬5:12, 고후5:4, 빌3:12, 왜냐하면, 실제로, 빌4:10.

㉣ [어떤 사람이나 사물 때문에 또는 위해서 어떤 일이 일어나거나 생기는 경우].

2) [사물이나 사람을 소개하려 할 때] πράσσειν τι ἐπί- τινι: ~에게 ~을 행하다, 행5:35, γε- γραμμένα ἐπ' αὐτῷ: 그에 대하여 기록되어 있는, 요12:16, μαρτυρεῖν: ~에 대한 증거를 가지다, 히11:4, 계22:16.

① [목적, 목표, 결과를 나타낼 때] καλεῖν τινα ἐπί τινι: [~를]~을 위하여 부르다, 갈5:13, κτισθέντες ἐ. ἔγαθοῖς: 선행을 위하여, 엡2:10, 딤후2:14, 살전4:7.

② 양식이나 방식을 나타낼 때 ὁ σπείρων ἐπ' εὐλογίαις: 많이 뿌리는 자, 고후9:6.

3) [시간에 대하여] ~에, ~때에, ~하는 동안에, ἐ. τῇ πρώτῃ διαθήκῃ: 첫 언약의 때에, 히9:15, ἐ. συντελείᾳ τ. αἰώνων:

세상 끝에, 히9:26, ἐ. τῇ θυσίᾳ: 제사드릴 때, 빌2:17, ἐπάσῃ τῇ μνείᾳ ὑμῶν: 너희를 기억할 때마다, 빌1:3, ἐ. παροργισμῳ ὑμων: 너희가 노할 때, 엡4:26, ἐπὶ τούτῳ: 그 동안에, 요4:27.

4) [동사와 함께] ἐ. τῷ ὀνόματί τινος: [형식으로 사용될 때] ~의 이름으로, βαπτίζειν, 행2:38, δέχεσ- θαί τινα, 마18:5, 막9:37, 눅9:48, δι- δάσκειν, 행4:18, 5:28, δύναμιν ποι- εῖν, 마24:5, 막9:39 등, 막13:6, 눅9:49, 21:8, 24:22, 행4:17, 5:40, κα- λεῖν τινα ἐ. τῷ ὀν. τινος: ~에게 ~의 이름을 붙여 부르다, 눅1:59

3. [대격과 함께]

1) [장소에 대하여].

① [문자적으로]

㉠ 건너로, 위로, 마14:25,28이하, 27: 45, 눅23:44, 행7:11, 11:28, 계21: 16, ἐ. πλεῖον: 더욱더, 행4:17.

㉡ [목표에 완전히 도달하는 동작에 대하여] ~에, ~위에, 마13:5, 눅23:30, ἔρχεσθαι ἐ. τινα: 누구 위에 내리다, 마3:16, 21:5, 눅5:19, 요1:33, 행2:3, 9:4, 계16:21, ἐ. τὸ πλο- ῖον: 배를 타고, 행20:13, ἀναπεσεῖν ἐ. τὴν γῆν: 땅 위에 앉다, 마15:35, τιθέναι τι ἐ. τι: 무엇을 무엇 위에 놓다, 마5:15, 23:4, 막8:25, 눅11:33, 15:5, 요9:6,15, 행15:10, [주로 위치함, 놓는다는 등의 동사 뒤에 사용되어] ~위에, ~에, βρέχειν ἐ. τι- να: 누구에게 비를 내리게 하다, 마5:45, τυπτειν τινα ἐ. τὴν σιαγόνα: 뺨을 때리다, 눅6:29, πίπτειν ἐ. (τὸ) πρόσωπον: 얼굴에, 마17:6, 26:39, 눅5:12, 17:16, 고전14:25, 계7:11.

㉢ [사람이나 사물에게 가까이 가는 동작에 대하여] ~에게, ~에게까지, ~가까이에, ἐ. τὸ μνημεῖον: 무덤에까지, 막16:2, 눅24:1,22, 24, καταβαίνε- ιν ἐ. τὴν θάλασσαν: 바다까지 내려가다, 요6:16, ἀνέπεσεν ἐ. τὸ στῆ- θος: 가슴에 기대어 있다, 요21:20, 13:25, πίπτειν ἐ. τοὺς πόδας: [누군가의] 발 앞에 엎드리다, 행10:25, ἐ. τ. ἀκάνθας: 가시덤불 가운데, 마13:7, ἐ. τὸν Ἰησοῦν ἐλθόντες: 그들이 예수에게 왔다, 마27:27, 막5:21, 요19:33 등.

㉣ [특수한 방향을 취하는 동작에 대하여] ~쪽으로, ~을 향하여, ἐκ- τείνας τ. χεῖρα ἐ. τοὺς μαθητάς, 마12:49, 눅22:53, ἐπιστρέφειν ἐ.: 무엇에게로 돌아서다, 벧후2: 22, ὡς ἐ. λῃστήν: 도둑에게 대해서처럼, 마26:55, 막14:48, 눅22:52.

㉤ 적대적인 생각을 가지고 ~에 대항하여, 마10:21, 눅14:31, 행7:57, ἐφ' ἑαυτόν: 스스로 분열하다, 마12: 26, 막3:24 이하, 눅11:17이하 등.

㉥ ['어디?'라는 물음에 대한 대답으로] ~위에, καθεύδειν ἐπί τι: 무엇 위에서 잠자다, 막4:38, καθῆσθαι ἐπί τι: 무엇 위에 앉는다, 요12:15, 계4:4, 6:2, 11:16, ἐ. τήν δεξιάν: 오른편에, 계5:1, εἶναι ἐπὶ τὸ αὐτό: 함께 있다, 눅17:35, 행1:15, 2: 1,44, 고전7:5, [동작의 동사와 함께 쓰임] συνέρχεσθαι ἐπὶ τὸ αὐ- τό: 같은 징조에 함께 오다, 고전11:20, 14:23, συνάγεσθαι, 마22: 34, 행4:26, ~에, 곁에, 무엇 혹은 누구의 가까이에, καθῆσθαι ἐ. τὸ τελώνι- ον: 세관에 앉아 있다, 마9:9, 막2:14, ἐφ' ὑμᾶς: 너희 가운데, 행1:21, 살후1:10, ὀνομάζειν τὸ ὄνομα Ἰησοῦ ἐπί τινα: 누구 위에 예수의 이름을 불러대다, 행19:13.

② [상징적으로]

㉠ 어떤 사람이나 사물에 대한 권세, 지배, 통솔을 나타낼 때, βασιλεύειν ἐπί τι- να: 누군가를 지배하다, 눅1:33, 롬5:14, κριτὴν ἐφ' ὑμᾶς: 너희를 다스리는 재판관, 눅12:14, ἡ- γούμενον ἐπ' Αἴγυπτον, 행7:10, 히2:7, ὑπεραίρεσθαι ἐπί τινα: 자신을 무엇 위로 높이 올리다, 살후2:4, πιστὸς ἐ. τι: 무엇에 충실한, 마25:21,23.

㉡ [이미 있는 어떤 것에 더하여] ~에다, 마6:27, 눅12:25, 빌2:27, 계22:18.

㉢ [어떤 사람에게 임한 세력이나 조건 따위 또는 그런 것들의 영향하에 있는 것

을 스스로 발견하게 되는 경우] ~위에, ~을 지배하여, ~에, ἐγέ– νετο ῥῆμα θεοῦ ἐ. Ἰωάννην: 하나님의 말씀이 요한에게 임했다, 눅3:2,
[신적인 축복에 대하여], 마10:13, 12:28, 눅10:6,9 11: 20, 행10:10, 성령에 임함을 나타낼 때, 마12:18, 눅24:49, 요1:33, 행1:8, 2:17이하, 10:45, 딛3:6, 불쾌하거나 놀라운 경험, 눅1:12, 65, 4:36, 19:43, 21:35, 요18:4, 행13:11, 19:17, 엡5:6, 계11:11, [의인의 죄에 대하여], 마23:35, 27:25, 행5:28.

㉣ [목표를] 향하여, 눅1:17, 행9: 35, 11:21, 14:15, 26:20, 갈4:9, 벧전2:25.

㉤ [어떤 사람이나 사물을 지향하는 감정이나 행동에 대하여 믿음, 신뢰, 희망 등을 나타내는 말 뒤에서] ~에, ~을 향하여, πισ– τεύειν ἐ. τινα: 무엇을 믿는, 행9:42, 11: 17, 16:31, 22:19, 롬4:24.

㉥ [감정이나 감정을 나타내는 말 뒤에서] ~에 대하여, 마15:32, 막8:2, 계1:7, 18:9 등.

㉦ [어떤 사람이나 사물 때문에 어떤 일이 일어날 경우 그 사람이나 사물을 가리키면서] ~에, 막9:12이하, 요19:24, 행4:22, 롬4:9, 딤전1:18 등.

㉧ 목적, 목표, 결과에 대하여, 마3:7, ἐ. τὴν θεωρίανταύτην: 이것을 보기 위하여, 눅23:48, ἐ. σφα– γήν, 마22:5, 행8:32, ἐ. τοῦτο: 이것을 위하여, 눅4:43, ἐφ᾽ ὅ: 무엇 때문에, 마26:50.

2) [시간에 대하여]

① ['언제?'라는 질문에 대한 대답으로] ἐ. τὴν αὔριον: 이튿날에, 눅10:35, 행4:5.

② [어느 정도의 시간에 대하여] ἐ. ἔτη τρία:3년 동안, 눅4:25, ἐ. ἡμέρας πλείους: 여러 날 후에, 행13:31, 16:18, 17:2, 19:8,10,34, 27:20, 히11:30, ἐ. χρόνον: 그 동안, 눅18:4, ἐφ᾽ ὅσον χρόνον: 후에, 행28:6, ἐπὶ πολύ: ~하는 동안, 롬7:1, 고전7:39, 갈4:1.

3) 수나 척도를 나타낼 때, ἐ. τρίς: 세 번, 행10:16, 11:10, ἐπί πλεῖον: 더욱더, 딤후3:9, ἐπὶ τὸ χεῖρον, 딤후3:13, ἐφ᾽ ὅσον: 할 정도로, 마25: 40,45, 롬11:13.

☞**~위에**(마3:16), **~을 근거로 하여, 대해서, ~앞에, ~때, ~ 때문에.**

1910. ἐπιβαίνω [ĕpibainō][6회] 에피바이노

동 제2부정과거 ἐπέβην, 완료 ἐπιβέ– βηκα, 1909와 939의 어간에서 유래:

1) 올라가다, 올라타다. [주] ἐπὶ ὄν– ον: 배에 오르다, 마21:5, 행27:2.

2) 발을 내딛다, εἰς τ. Ἀσίαν: 아시아에 발을 들여놓다, 행20:18, 25:1.

☞**타다**(마21:5), **들어오다**(행20:18), **타고 가다**(행21:2), **오르다**(행21:6, 27:2).

1911. ἐπιβάλλω [ĕpiballō][18회] 에피발로

동 제2부정과거 ἐπέβαλον, 제2부정과거 복수3인칭 ἐπέβαλαν, 1909와 906에서 유래:

1) [능동, 타동]

① 던져 넣다, 고전7:35.

② 얹다, 입다, 막11:7, 눅9:62, 손을 대다, 마26:50, 눅20:19, 21: 12, 요7:44, 행5:18, 21:27 등.

2) [능동, 자동]

① 부딪다, 막4:37.

② [막14:72의 καὶ ἐπιβαλὼν ἔκλιεν의 뜻은 불확실하다]

③ ~에게 떨어지다, ~에게 속하다, 눅15:12.

3) [중간태] ~위에 스스로 떨어지다.

☞**붙이다**(마9:16, 눅5:36), **(손을) 대다**(마26:50, 막14:46, 요7:44), **부딪치다**(막4:37), **얹어놓다**(막11:7), **(올무를) 놓다**(고전7: 35), **생각하다**(막14:72), **(자기 몫에) 속하다, (자기에게) 돌아오다**(눅15:12), **붙들다**(행21:27).

1912. ἐπιβαρέω [ĕpibarĕō][3회] 에피바레오

동 제1부정과거 ἐπεβάρησα, 1909와 916에서 유래: 무겁게 하다, 짐을 지우다, 고후2:5, 살전2:9, 살후3:8.

☞**근심하게 하다**(고후2:5), **폐를 끼치다**(살전2:9, 살후3:8).

1913. ἐπιβιβάζω [ĕpibibazō][3회] 에피비바조

동 제1부정과거 ἐπεβίβασα, 1909와 939의 어간의 중복 파생어에서 유래: 누군가를 ~

에 올려놓다, 태우다, 눅10:34, 19: 35, 행23;24.

☞**태우다**(눅10:34, 19:35, 행23:24).

1914. ἐπιβλέπω [ĕpiblĕpō][3회] **에피블레포**

동 제1부정과거 ἐπέβλεψα, 1909와 991에서 유래: 응시하다, 바라보다, 자세히 보다, 생각하다, 약2:3, 관찰하다, 눅1: 48, 9:38.

☞**돌보다**(눅1:48), **돌보아주다**(눅9:38), **눈여겨 보다**(약2:3).

1915. ἐπίβλημα, ατος, τό [ĕpiblēma][4회] **에피블레마**

명 1911에서 유래: 헝겊조각, 마9:16, 막2:21, 눅5:36.

☞**조각**(마9:16, 막2:21, 눅5:36).

1916. ἐπιβοάω [ĕpibŏaō] **에피보아오**

동 1909와 994에서 유래: 큰소리로 부르짖다, 행25:24.

☞**외치다**(행25:24).

1917. ἐπιβουλή, ῆς, ἡ [ĕpibŏulē][4회] **에피불레**

명 1909와 1014의 추정된 합성어에서 유래: 음모, 책략, 행9:24, 23:30, 20:19.

☞**해하려고 공모함**(행20:3), **간계**(행20:19, 23:30), **계교**(행9:24).

1918. ἐπιγαμβρεύω [ĕpigambrēuō][1회] **에피감브류오**

동 1909와 1062의 파생어에서 유래: 결혼으로 친척관계를 맺다, 가까운 친척이 되다, 결혼하다, 마22:24.

☞**장가들다**(마22:24).

1919. ἐπίγειος, ον [ĕpigĕiŏs][7회] **에피게이오스**

형 1909와 1093에서 유래: 세상적.

1) [형용사] 땅에 속한, 고전15:40, 몸에 대하여, 고후5:1, 약3:15.

2) [명사]

① τὰ ἐ.: 세상적인 것, 요3:12, 빌3:19.

② οἱ ἐ.: 땅에 있는 사람들, 빌2:10.

☞**땅의, 땅에 속한**(요3:12, 고전15:40, 빌3:19), **땅 위의**(약3:15).

1920. ἐπιγίνομαι [ĕpiginŏmai][1회] **에피기노마이**

동 제2부정과거 ἐπεγενόμην, 1909와 1096에서 유래:

[바람이] 일어나다, 행28:13.

☞**일어나다**(행28:13).

1921. ἐπιγινώσκω [ĕpiginōskō][44회] **에피기노스코**

동 미래 ἐπιγνώσομαι, 제2부정과거 ἐπέβνων, 완료 ἐπέγνωκα, 제1부정과거 수동 ἐπεγνώσθην, 1909와 1097에서 유래: 알다, 이해하다, 인식하다.

1) [전치사의 뜻이 영향을 주는 경우]

① 정확히 알다, 확실히 알다, 철저하게 알다, 눅1:4, 롬1:32, 고전13:12, 고후6:9, 골1:6.

② 인식하다, 누군가를 다시 알다, 눅24:16,31, 행12:14.

③ 인정하다, 인지하다, 마17:12, 고전16:18.

2) [전치사의 뜻에 강조를 두지 않을 때]

① 알다, 마7:16,20, 11:27, 14:35, 막6:54, 행27:39, 고전14:37, 고후13:5, 딤전4:3.

② 배우다, 알게 되다, 막6:33, 눅7:37, 23:7, 행22:29, 28:1, 확실히 알아내다, 행22:24, 23:28, 24:8,11.

③ 지각하다, 알아채다, 막2:8, 5:30, 눅1:22, 행9:30.

④ 이해하다, 알다, 고후1:13이하, 행25:10.

⑤ 배워서 알다, 벧후2:21.

☞**알다**(마7:16, 막6:54, 눅1:22), **알아보다**(눅24:31), **알아주다**(고전16:18), **깨닫다**(골1:6), **유명하다**(고후6:9).

1922. ἐπίγνωσις, εως, ἡ [ĕpignōsis][20회] **에피그노시스**

명 1921에서 유래: 지식, 인식, 롬3:20, 골1:9, 2:2, 딤전2:4, 딤후2:25, 3:7, 딛1:1, 몬1:6, 히10:26, [주] ἐ. τοῦ: 하나님에 대한 지식, 롬1:28, 10:2, 엡1:17, 4: 13, 빌1:9, 골1:10, 3:10, 벧후1:2,3 등.

☞**마음**(롬1:28), **깨달음**(롬3:20), **지혜**(골1: 9), **지식**(롬10:2, 빌1:9, 딤후3:7), **알게 함**(엡1:17, 딤후2:25, 몬1:6), **아는 일**(엡4:13, 골1:10), **앎**(딤전2:4), **깨닫게 하려 함(골2:2)**.

1923. ἐπιγραφή, ῆς, ἡ [ĕpigraphē][5회] **에피그라페**

명 1924에서 유래: 비문, 표제, 마22:20, 막12:16, 15:26, 눅20:24, 23:38.

☞**글**(마22:20, 막12:16, 눅20:24), **(죄)패**(막15:26,

눅23:38).

1924. ἐπιγράφω [ĕpigraphō][5회] 에피그라포

동 미래 ἐπιγράψω, 완료수동태 ἐπι- γέγραμμαι, 과거완료수동태 ἐπεγεγ- ράμμην, 제2부정과거수동태 ἐπεγρά- φην, 1909와 1125에서 유래: 써넣다.

1) [문자적으로] 막15:26, 행17:23, 계21,12.

2) [상징적으로] 히8:10, 10:16.

☞**쓰다**(막15:26, 계21:12), **새기다**(행17:23), **기록하다**(히8:10, 10:16).

1925. ἐπιδείκνυμι [ĕpidĕiknümi][7회] 에피데이크뉘미

동 미래 ἐπιδείξω, 제1부정과거 ἐπέ- δειξα, 1909와 1166에서 유래:

1) 보이다, 나타내다, 마16:1, 22:19, 24: 1, 눅17:14.

2) [상징적으로]

① 나타내 보여주다.

② 보여주다, 증명하다.

☞**보이다**(마16:1, 눅17:14, 행9:39), **보다**(눅17:14), **증언하다**(행18:28), **나타내다**(히6:17).

1926. ἐπιδέχομαι [ĕpidĕchŏmai][2회] 에피데코마이

동 1909와 1209에서 유래:

1) 손님으로 영접하다, 요삼1:10, 데리고 가다.

2) 영접하다, 받아들이다, 인정하다, 요삼1:9.

☞**맞아들이다**(요삼1:9,10).

1927. ἐπιδημέω [ĕpidēmĕō][2회] 에피데메오

동 1909의 합성어와 1218에서 유래:

1) 나그네나 방문객으로 어떤 곳에 머물다, 한 동네에 살다, 행2:10, 17:21.

2) 집으로 돌아가다.

☞**나그네 되다**(행17:21), **[명] 나그네**(행2:10).

1928. ἐπιδιατάσσομαι [ĕpidiatassŏ- mai][1회] 에피디아탓소마이

동 법적용어, 1909와 1293에서 유래: 추가조항을 붙이다.

☞**더하다**(갈3:15).

1929. ἐπιδίδωμι [ĕpididōmi][9회] 에피디도미

동 미완료 3인칭단수 ἐπεδίδου, 미완료 복수3인칭 ἐπεδίδουν, 미래 ἐπιδώ- σω, 제1부정과거 ἐπέδωκα, 제2부정과거분사 ἐπιδούς, 완료 ἐπεδόθην, 1909와 1325에서 유래:

1) 주다, 건네주다, 내주다, 마7:9, 눅4: 17, 11:12, 행15:30.

2) 포기하다, 내어 맡기다, 행27:15.

☞**주다**(마7:9, 눅11:11, 요13:26ⓢ), **드리다**(눅4:17, 24:42), **전하다**(행15:30), **두다**(행27:15).

1930. ἐπιδιορθόω [ĕpidiŏrthŏō][1회] 에피디오르도오

동 제1부정과거가정법중간태 ἐπιδι- ορθώσῃ, 제1부정과거 가정법 능동태 ἐπιδιορθώσῃς, 1909와 3717에서 유래: 더욱 바르게 하다, 고쳐주다, 딛1:5.

☞**정리하다**(딛1:5).

1931. ἐπιδύω [ĕpidüō][1회] 에피뒤오

동 1909와 1416에서 유래: [해가] 지다, 엡4:26.

☞**지다**(엡4:26).

1932. ἐπιείκεια, ας, ἡ [ĕpiĕikĕia][2회] 에피에이케이아

명 1933에서 유래: 너그러움, 온화함, 공정함, 은혜로움, 행24:4, 고후10:1.

☞**관용**(고후10:1), **관용하다**(행24:4).

1933. ἐπιεικής, ές [ĕpiĕikēs][5회] 에피에이케스

형 1909와 1530에서 유래: 순한, 온화한, 친절한, 너그러운, 딤전3:3, 딛3:2, 약3: 17, 벧전2:18.

☞**관용하는**(빌4:5, 딤전3:3, 약3:17, 벧전2:18).

1934. ἐπιζητέω [ĕpizētĕō][13회] 에피제테오

동 미완료 ἐπεζήτουν, 제1부정과거 ἐπεζήτησα, 1909와 2212에서 유래:

1) 탐색하다, 찾다.

① [문자적으로] 눅4:42, 행12:19.

② 묻다, 알기 원하다, 행19:39.

③ 토론하다, 논쟁하다, 논란하다.

2) 애써 노력하다.

① 바라다, 원하다, 마6:32, 눅12:30, 행13:7, 롬11:7, 빌4:17, 히11:14, 13:14.

② 요구하다, 갈망하다, 마12:39, 16:4.

☞**구하다**(마6:32, 막8:12, 눅12:30), **찾다**(행12:19, 13:7), **원하다**(행19:39).

1935. ἐπιθανάτιος, ον [ĕpithanatiŏs][1회] 에피다나티오스

형 1909와 2288에서 유래: 사형 선고가 내려진, 고전4:9.

☞**죽이기로 작정된**(고전4:9).

1936. ἐπίθεσις, εως, ἡ [ĕpithĕsis][4회]

에피데시스

명 2007에서 유래: 없음, τῶν χειρῶν: 안수함, 행8:18, 딤후1:6, 딤전4:14, 히6:2.

☞**안수**(행8:18, 딤전4:14, 히6:2).

1937. ἐπιθυμέω [ĕpithümĕō][16회]
에피뒤메오

동 미완료 ἐπεθύμουν, 미래 ἐπιθυμή- σω, 제1부정과거 ἐπεθύμησα, 1909와 2372에서 유래: 바라다, 동경하다, 행20:33, 딤전3:1, 욕심을 품다, 마5:28, 13:17, 눅15:16, 16:21, 17:22, 롬7:7, 13:9, 고전10: 6, 약4:2, 벧전1:12, 계9:6, [주] ἐπιθυμίᾳ ἐπιθυμεῖν: 간절히 열망하다, 눅22:15, 갈5:17.

☞**음욕을 품다**(마5:28), **원하다**(눅22:15, 벧전1:12), **탐하다**(행20:33), **탐내다**(롬13:9), **즐겨하다**(고전10:6), **사모하다**(딤전3:1), **구하다**(계9:6), **[명] 탐심**(롬7:7), **소욕**(갈5: 17), **욕심**(약4:2).

1938. ἐπιθυμητής, οῦ, ὁ [ĕpithümē- tēs][1회]
에피뒤메테스

명 1937에서 유래: 바라는 사람, 욕심내는 사람, 고전10:6.

☞**즐겨하는 자**(고전10:6).

1939. ἐπιθυμία, ας, ἡ [ĕpithümia][38회]
에피뒤미아

명 1939에서 유래: 욕망, 동경, 사모함.
1) [중성의 뜻으로]
① αἱ περὶ τὰ λοιπὰ ἐ.: 다른 것에 대한 욕망, 막4:19.
② ἐ. τῆς ψυχῆς: 영혼의 욕망, 계18:14.
2) [좋은 뜻으로] 눅22:15, 빌1:23, 살전2:17.
3) [나쁜 뜻으로] 욕심, 욕정, 롬7:7이하, 골3:5, 약1:14이하, 벧후1:4.
① 성적 욕정, 살전4:5, [παθήματα와 함께] 갈5:24, 벧전4:3.
② ἐ. πολλαὶ ἀνόητοι: 어리석은 많은 욕망, 딤전6:9 등, 딤후2:22, 4:3, 벧전1:14, 4:2, 벧후2:10,18 등.

☞**욕심**(막4:19, 요8:44, 엡2:3), **정욕**(롬1:24, 골3:5, 딤후2:22), **사욕**(롬6:12, 딤후4:3), **탐심**(롬7:7,8), **열정**(살전2:17), **색욕**(살전4:5), **탐함**(계18:14), **원함**(눅22:15).

1940. ἐπικαθίζω [ĕpikathizō][1회]
에피카디조

동 제1부정과거 ἐπεκάθισα, 1509와 2524에서 유래: 앉다, 마21:7.

☞**타다**(마21:7).

1941. ἐπικαλέομαι [ĕpikalĕŏmai][30회]
에피칼레오마이

동 중간태. 제1부정과거 ἐπεκάλεσα, 미래 중간태 ἐπικαλέσομαι, 제1부정과거중간태 ἐπεκαλεσάμην, 완료수동태 ἐπικέκλημαι, 완료분사 ἐπικεκλ- μένος, 과거완료3인칭단수 ἐπεκέκ- λητο, 제1부정과거 수동태 ἐπεκλή- θην, 1909와 2564에서 유래:

1. [능동과 수동]
1) 부르다, 부르짖다.
2) 명령하다, 이름을 주다.
① 별명을 주다, 마10:25, 행4:36, 10: 18, 11:13, 12:12,25, 히11:16.
② [수동은 ὄ- νομα와 함께 쓰인다] 행15:17, 약2:7.

2. [중간태, 도움을 받기 위해 누군가를 부르다].
1) 법적용어.
① τινὰ μάρ- τυρα: 증인으로 누군가를 부르다, 고전1:2.
② 누군가에게 호소하다, 행25:11이하, 26:32, 28:19, 25:25.
2) [신적인 존재에게 청을 할 때] 행2:21, 9:14, 22:16, 롬10:12- 14, 고전1:2.

☞**부르다**(눅22:3, 행2:21, 롬10:12), **일컫다**(행4:36, 약2:7), **일컬음을 받다**(히11:16), **상소하다**(행25:11, 26:32, 28:19), **[명] 이름**(마10:3), **별명**(행1:23).

1942. ἐπικάλυμα, ατος, τό [ĕpikalüma][1회]
에피칼뤼마

명 1943에서 유래: 덮는 물건, 너울, 벧전2:16.

☞**가리는 것**(벧전2:16).

1943. ἐπικαλύπτω [ĕpikalüptō][1회]
에피칼륍토

동 제1부정과거 수동태 ἐπεκαλύφθην: 덮다, 가리다, 롬4:7.

☞**가리어짐을 받다**(롬4:7).

1944. ἐπικατάρατος, ον [ĕpikatara- tŏs][2회]
에피카타라토스

형 1909와 2672의 파생어에서 유래: 저주받

은, 갈3:10.

☞**저주받은**(요7:49), **저주 아래에 있는**(갈3:10,13).

1945. ἐπίκειμαι [ĕpikĕimai][7회]
에피케이마이

동 미완료 ἐπεκείμην, 1909와 2479에서 유래:
1) [문자적으로] ~위에 놓다, 요11:38, 21:9.
2) [상징적으로]
① 사면에서 몰려들다, ~에 몰려들다, 절박하다, 눅5:1, 23:23, 행27:20.
② 의무를 가지다, 고전9:16, 히9:10.

☞**몰려오다**(눅5:1), **재촉하다**(눅23:23), **(돌로) 막다**(요11:38), **놓이다**(요21:9).

1946. Ἐπικούρειος, ου, ὁ [Ĕpikŏurĕiŏs]
에피쿠레이오스

고명 '에피쿠로스'에서 유래: 에피쿠로스의 추종자, 행17:18.

☞**에비구레오파 사람**(행17:18).

1947. ἐπικουρία, ας, ἡ [ĕpikŏuria][1회]
에피쿠리아

명 1909와 2877에서 유래: 도움, 행26:22.

☞**도우심**(행26:22).

1948. ἐπικρίνω [ĕpikrinō][1회] **에피크리노**

동 제1부정과거 ἐπέκρινα, 1909와 2919에서 유래: 결정하다, 판결하다, 눅23:24.

☞**언도하다**(눅23:24).

1949. ἐπιλαμβάνομαι [ĕpilambanŏ-mai][19회] **에필람바노마이**

동 제2부정과거 ἐσεκαβόμην, 1909와 2983에서 유래:
1) 잡다, 붙들다, 붙잡다, 마14:31, 막8: 23, 행17:19, 21:30,33, 23:19, [문자적으로] 눅9:47, 23:26, 히8:9.
2) [상징적으로]
① 잡다, 눅20:20,26.
② 붙잡다, 딤전6:12, 19.
③ 관심을 가지다, 흥미를 가지다, 히2:16.

☞**붙잡다**(마14:31, 막8:23, 눅23:26), **붙들다**(행17:19, 히2:16), **데리다**(눅9:47, 14:4), **책잡다**(눅20:20,26), **잡다**(히8:9), **취하다**(딤전6:12,19).

1950. ἐπιλανθάνομαι [ĕpilanthanŏ-mai][8회] **에필란다노마이**

동 제2부정과거 ἐπελαθόμην, 완료 ἐπιλέλησμαι, 1909와 2990에서 유래:
1) [속격을 동반하여] 잊어버리다, 마16: 5, 막8:14, 빌3:13.
2) 소홀히 하다, 간과하다, 무관심하다, 눅12:6, 히6:10, 13:2,16.

☞**잊다**(마16:5, 막8:14, 히13:2), **잊어버리다**(눅12:6, 빌3:14, 히6:10).

1951. ἐπιλέγομαι [ĕpilĕgŏmai][2회]
에필레고마이

동 제1부정과거 ἐπελεξάμην, 1909와 3004에서 유래:
1) [능동과 수동] 부르다, 이름 붙이다, 요5:2.
2) [중간태] 선택하다, 택하다, 행15:40.

☞**~라 하다**(요5:2), **택하다**(행15:40).

1952. ἐπιλείπω [ĕpilĕipō][1회] **에필레이포**

동 미래 ἐπιλείψω, 1909와 3007에서 유래: 남기다, 남겨두고 떠나다, [주] ἐπιλείψει με ὁ χρόνος: 시간이 부족하다, 히11:32.

☞**부족하다**(히11:32).

1953. ἐπιλησμονή, ῆς, ἡ [ĕpilēsmŏnē][1회]
에필레스모네

명 1950의 파생어에서 유래: 무관심, 잊어버림, 약1:25.

☞**잊어버림**(약1:25).

1954. ἐπίλοιπος, ον [ĕpilŏipŏs][1회]
에필로이포스

형 1909와 3062에서 유래: 나머지의, 남아있는, 벧전4:2, [주] τὰ ἐπί－λοιπα, 나머지 모두.

☞**남은**(벧전4:2).

1955. ἐπίλυσις, εως, ἡ [ĕpilüsis][1회]
에필뤼시스

명 1956에서 유래: 설명, 해석, 벧후1:20.

☞**풀 것**(벧후1:20).

1956. ἐπιλύω [ĕpilüō][2회] **에필뤼오**

동 미완료 ἐπέλυον, 미래수동태 ἐπι－λυθήσομαι, 1909와 3089에서 유래: 놓아주다, 풀어주다.
1) [상징적으로]설명하다, 해석하다, 막4:34.
2) 결정하다, 결단하다, 행19:39.

☞**해석하다**(막4:34), **결정하다**(행19:39).

1957. ἐπιμαρτυρέω [ĕpimartürĕō][1회]
에피마르튀레오

동 1909와 3140에서 유래: 증언하다, 확증하다, 벧전5:12.

☞**증언하다**(벧전5:12).

1958. ἐπιμέλεια, ας, ἡ [ĕpimĕlĕia][1회]
에피멜레이아
명 1959에서 유래: 관심, 주의, 주목, 행27:3.
☞**친절**(행27:3).

1959. ἐπιμελέομαι [ĕpimĕlĕŏmai][3회]
에피멜레오마이
동 수동태. 디포넌트. 미래 ἐπιμελή-σομαι, 제1부정과거 ἐπεμελήθην, 제1부정과거 명령 ἐπιμελήθητι, 1909와 3199와 동일어에서 유래: 돌보다, 돌보아주다, 눅10:34 이하, 딤전3:5.
☞**돌보아주다**(눅10:34,35), **돌보다**(딤전3:5).

1960. ἐπιμελῶς [ĕpimĕlōs][1회] 에피멜로스
부 1959의 파생어에서 유래: 주의 깊게, 조심스럽게, 눅15:8.
☞**부지런히**(눅15:8).

1961. ἐπιμένω [ĕpimĕnō][17회] 에피메노
동 미완료 ἐπέμενον, 미래 ἐπιμενῶ, 제1부정과거 ἐπέμεινα, 1909와 3306에서 유래: 머물다.
1) [문자적으로] 고전16:8, 행21:4, 15:34.
① ἐ. ἡμέ-ρας τινάς: 며칠동안 그곳에 머물다, 행10:48, 21:10, 28:12,14.
② χρό- νον τινά: 얼마동안, 행28:14, 고전16:7, 갈1:18.
2) [상징적으로] 계속하다, 꾸준히 ~하다, 롬6:1, 11:23, 골1:23, 딤전4:16.
① ἐ. τῇ χρηστό-τητι: [하나님의] 인자하심에 거하다, 롬11:22, 행12:16.
② ἐπέμενον ἐρω- τῶντες αὐτόν: 그들이 계속 그에게 묻고 있다, 요8:7.
☞**마지 아니하다**(요8:7), **머물다**(행10:48, 15:34, 고전16:7), **그치지 아니하다**(행12:16), **거하다**(롬6:1, 11:23, 빌1:24), **계속하다**(딤전4:16).

1962. ἐπινεύω [ĕpinĕuō][1회] 에피뉴오
동 제1부정과거 ἐπένευσα, 1909와 3406에서 유래: 동의하다, 허락하다, 행18:20.
☞**허락하다**(행18:20).

1963. ἐπίνοια, ας, ἡ [ĕpinŏia][1회]
에피노이아
명 1909와 2563에서 유래: 생각, 개념, 의도, [주] τῆς καρδίας σου: 네 마음의 생각, 행8:22.
☞**마음에 품은 것**(행8:22).

1964. ἐπιορκέω [ĕpiŏrkĕō][1회] 에피오르케오
동 미래 ἐπιορκήσω, 1956에서 유래:
1) 거짓 맹세하다, 거짓 증거하다.
2) 서약을 어기다, 마5:33.
☞**헛 맹세를 하다**(마5:33).

1965. ἐπίορκος, ον [ĕpiŏrkŏs][1회]
에피오르코스
형 1909와 3727에서 유래: 맹세를 깨뜨린, 거짓 맹세하는, 딤전1:10.
☞**거짓 맹세하는**(딤전1:10).

1966. ἐπιοῦσα, ης, ἡ [ĕpiŏusa] 에피우사
명 1909와 εἶμι의 합성어의 여성 단수 분사, 잇달아 일어나는: 이튿날, 행16:11.
☞**이튿날**(행7:26, 16:11, 21:18).

1967. ἐπιούσιος, ον [ĕpiŏusiŏs][2회]
에피우시오스
형 아마도 1966과 동일어에서 유래: 그러나 더 확실히는 1909와 1510의 현재분사 여성형의 파생어에서 유래한 듯: 계속적인, 우리에게 필요한, 내일을 위한.
1) [ἐπί와 οὐσία에서 유래] 생존을 위해서 필요한.
2) [ἐπὶ τὴν οὖ- σαν의 명사화] 오늘을 위한, 내일을 위한.
2) [ἡ ἐπιοῦσα로부터 유래] 다음날을 위한.
4) [ἐπιέναι에서 유래]
① [τὸ ἐπιόν과 유사] 미래를 위한.
② 몫으로 돌아오는.
③ [ἐπιών과 같음] 다음의.
④ 오고있는.
☞**일용할**(마6:11, 눅11:3).

1968. ἐπιπίπτω [ĕpipiptō][11회] 에피핍토
동 제2부정과거 ἐπέπεσον, 완료 ἐπι- πέπτωκα, 1909와 4098에서 유래: ~위에 떨어지다.
1) [문자적으로]
① 무엇 위에 떨어지다.
② ~에게 아주 급히 접근하다, 막3: 10, 행20:10, ἐπὶ τὸν τράχηλόν τινος: 누구의 목에 떨어지다, 눅15:20, 행20:37.
2) [상징적으로] [특수한 사건이나 불행 등이] 닥쳐오다, 덮치다, 롬15:3, φόβος ἐ. ἐπί τινα: 두려움이 엄습하다, 행8:16, 10:44, 19:17, 계11:11.
☞**미치다**(롬15:3), **내려오다**(행10:44), **임하다**

E

(행11:15), **덮다**(행13:11), **(만지려고 하여) 몰려오다**(막3:10), **안다**(눅15:20), **의지하다**(요13:25), **엎드리다**(행20:10).

1969. ἐπιπλήσσω [ĕpiplēssō][1회] 에피플렛소
동 제1부정과거 ἐπέπληξα, 1909와 4141에서 유래: 책망하다, 징벌하다, 이하, 딤전5:1.
☞**꾸짖다**(딤전5:1).

1970. ἐπιπνίγω [ĕpipnigō] 에피프니고
동 1909와 4155에서 유래:
1) 호흡을 곤란하게 하다, 숨을 막다.
2) 방해하다, 만연하다, 눅8:7.
☞**기운을 막다**(눅8:7).

1971. ἐπιποθέω [ĕpipŏthĕō][9회] 에피포데오
동 제1부정과거 ἐπεπόθησα, 1909와 ποθέω '동경하다'에서 유래: 동경하다, 그리워하다, 롬1:11, 고후9:14, 빌1:8, 2:26, 살전3:6, 딤후1;4, 약4:5, 벧전2:2.
☞**간절히 사모하다**(고후5:2, 벧전2:2), **심히 원하다**(롬1:11), **원하다**(딤후1:4), **사모하다**(고후9:14)

1972. ἐπιπόθησις, εως, ἡ [ĕpipŏthē- sis][2회] 에피포데시스
명 1971에서 유래: 동경, 그리워함, 고후7:11.
☞**사모함**(고후7:7,11).

1973. ἐπιπόθητος, ον [ĕpipŏthētŏs][1회] 에피포데토스
형 1909와 1971의 후반부의 파생어에서 유래: 동경하는, 그리워하는, 열망하는, 빌4:1.
☞**사모하는**(빌4:1).

1974. ἐπιποθία, ας, ἡ [ĕpipŏthia][1회] 에피포디아
명 1971에서 유래: 동경, 열망, 그리워함, 롬15:23.
☞**진지한 욕구, 간절한 소망**(롬15:23).

1975. ἐπιπορεύομαι [ĕpipŏrĕuŏmai][1회] 에피포류오마이
동 1909와 4198에서 유래: 멀리 여행하다, 가다, 눅8:4.
☞**나아오다**(눅8:4).

1976. ἐπιῤῥάπτω [ĕpirrhaptō][1회] 에피르흐랍토
동 1909와 4476의 어근에서 유래: 꿰매다, 연결하다, 막2:21.
☞**~에 붙이다**(막2:21).

1977. ἐπιῤῥίπτω [ĕpirrhiptō][2회] 에피르흐립토
동 제1부정과거 ἐπέριψα, 제2부정과거수동태 ἐπερρίφην, 1909와 4496에서 유래: ~위에 던지다.
1) [문자적으로: 옷에 대하여] 눅19:35.
2) [상징적으로] τ. μέριμναν ἐ. ἐπὶ θεόν: 염려를 하나님께 맡기다, 벧전5:7.
☞**걸쳐놓다**(눅19:35), **맡기다**(벧전5:7).

1978. ἐπίσημος, ον [ĕpisēmŏs][2회] 에피세모스
형 1909와 4591의 어근과 같은 형에서 유래:
1) 훌륭한, 탁월한, 특출한, 롬16:7.
2) [나쁜 의미로] 유명한, 마27:16.
☞**유명한**(마27:16), **존중히 여김을 받는**(롬16:7).

1979. ἐπισιτισμός, οῦ, ὁ [ĕpisitismŏs][1회] 에피시티스모스
명 1909의 합성어와 4621의 파생어에서 유래: 공급, 비축, 눅9:12.
☞**먹을 것**(눅9:12).

1980. ἐπισκέπτομαι [ĕpiskĕptŏmai][11회] 에피스켑토마이
동 중간태. 미래 ἐπισκέψομαι, 제1부정과거 ἐπεσκεψάμην, 1909와 4649의 어간에서 유래:
1) 자세히 보다, 시험하다, 조사하다, 선택하다, 행6:3.
2) 보러가다, 방문하다, 마25:36,43, 행7: 23, [과부나 고아를] 돌보아주다.
3) [하나님께 구원하시려고 은혜스럽게 찾아오심을 말할 때] 찾아주시다, 눅1:68, 히2:6, 관심을 두시다, 행15:14.
☞**돌보다**(마25:36, 눅1:68, 행7:23, 히2:6), **임하다**(눅1:78), **택하다**(행6:3), **취하다**(행15:14), **방문하다**(행15:36).

1981. ἐπισκηνόω [ĕpiskēnŏō][1회] 에피스케노오
동 제1부정과거 ἐπεσκήνωσα, 1909와 4637에서 유래: 숙소를 정하다, 거주하다, 장막을 치다, 고후12:9.
☞**머물게 하다**(고후12:9).

1982. ἐπισκιάζω [ĕpiskiazō][5회] 에피스키아조

동 미래 ἐπισκιάσω, 제1부정과거 ἐ- πεσκίασα, 1909와 4639의 파생어에서 유래:
1) 그늘지게 하다, 그늘 지우다, 행5:15.
2) 덮다[하나님의 현존을 나타내는 구름에 대하여] 마17:5, 눅9:34, 막9:7.
3) [신적인 아들 '예수'를 마리아에게 낳게 하시려는 것에 대한 신비한 표현으로] 눅1:35.

☞**덮다**(마17:5, 막9:7, 눅9:34), **덮이다**(행5:15).

1983. ἐπισκοπέω [ĕpiskŏpĕō][2회]
에피스코페오
동 미래 ἐπισκοπήσω, 제1부정과거 ἐ- πεσκόπησα, 완료수동분사 ἐπεσκοπη- μένος, 1909와 4648에서 유래:
1) 주목하다, 주의하다, 히12:15.
2) 감독하다, 조심하다[기독교 교직자들이 행하는 독특한 의미에서], 벧전5:2.

☞**조심하다**(히12:15), **감독의 직무를 수행하다**(벧전5:2).

1984. ἐπισκοπή, ῆς, ἡ [ĕpiskŏpē][4회]
에피스코페
명 1980에서 유래:
1) [좋은 의미에서 대부분 신적인 능력의 증거로서] 방문, 찾아옴, 눅19:44, 벧전2:12.
2) [불쾌한 뜻에서의] 방문.
3) 감독의 직분이나 지위, 행1:20, 딤전3:1.

☞**직분**(행1:20), **감독의 직분**(딤전3:1), **(심판하러) 오심**(벧전2:12), **보살핌 받음**(눅19:44).

1985. ἐπίσκοπος, ου, ὁ [ĕpiskŏpŏs][5회]
에피스코포스
명 1909와 4649에서 유래: 감독.
1) [하나님에 대하여, 그리스도에 대하여] 벧전2:25.
2) [한 집단내에서 특정한 기능을 가진 사람에 대하여] 수호자, 감독, 빌1:1, 딤전3:2, 딛1:7.

☞**감독자**(행20:28), **감독**(딤전3:2, 딛1:7, 벧전2:25).

1986. ἐπισπάομαι [ĕpispaŏmai][1회]
에피스파오마이
동 중간태로만 사용됨, 1909와 4685에서 유래:
1) [문자적으로] 끌어당기다.
2) [상징적으로] 초래하다.
3) [의학용어] 표피를 끌어당기다, 고전7:18.

☞**무할례자가 되다**(고전7:18).

1987. ἐπίσταμαι [ĕpistamai][14회]
에피스타마이
동 미완료 수동태 ἠπιστάμην, 2186의 중간태인 듯:
1) 이해하다, 깨닫다, 막14:68, 딤전6:4.
2) 알다, 친숙해지다, 행18:25, 약4:14, 유1:10, ἐπίστα- ται περὶ τούτων ὁ βασιλεύς: 그 왕이 이것에 대하여 알다, 행10:28, 20:18, 15:7, 19:25, 22:19, 26:26, ποῦ ἔρχεται, 히11:8, ὄντα σε κριτὴν: 당신이 재판장이 된 것, 행24:10.

☞**깨닫다**(막14:68), **알다**(행10:28, 딤전6:4, 히11:8).

1988. ἐπιστάτης, ου, ὁ [ĕpistatēs][7회]
에피스타테스
명 1909와 2476의 추정된 파생어에서 유래: 주인, 우두머리, [누가복음에서만 6번 나옴] 5:5, 8:24,45, 9:33,49, 17:13.

☞**선생**(눅5:5), **선생님**(눅17:13), **주**(눅8:24, 9:33, 49).

1989. ἐπιστέλλω [ĕpistĕllō][3회] 에피스텔로
동 제1부정과거 ἐπέστειλα, 1909와 4724에서 유래: 편지로 알리다, 단순하게 편지를 쓰다, 행15:20, 히13:22.

☞**편지하다**(행15:20, 21:25), **쓰다**(히13:22).

1990. ἐπιστήμων, ον [ĕpistēmōn][1회]
에피스테몬
형 1987에서 유래: 전문가인, 유식한, 이해력이 있는, 약3:13.

☞**총명이 있는**(약3:13).

1991. ἐπιστηρίζω [ĕpistērizō][4회]
에피스테리조
동 제1부정과거 ἐστήριξα, 1909와 2476에서 유래: 힘있게 하다, 튼튼하게 하다, 행18:23, 14:22, 15:41.

☞**굳게 하다**(행15:32, 18:23).

1992. ἐπιστολή, ῆς, ἡ [ĕpistŏlē][24회]
에피스톨레
명 1989에서 유래: 편지, 서신, 고후7:8, 살후3:17, 편지로, 행15:30, 롬16:22, 살후2:2,15, 3:14, ἐν τῇ ἐπ., 고전5:9, 벧후3:1, ἀναδιδόναι τὴν ἐ- πιστολήν τινι: 누군가에게 편지를 전달하는 사람, 행23:33, δι' ἐπιστο- λῶν: 편지와 함께, 고전16:3, ἐ.

E

συσ- τατικαί: 추천서, 고후3:1, ἐπιστολὴ – πρός τινα: 누군가에게 보내는 편지, 행9:2, 22:5, 고후3:3.

☞**공문**(행9:2, 22:5), **편지**(행15:30, 롬16: 22, 고전5:9, 고후3:3), **추천서**(고후3:1).

E

1993. ἐπιστομίζω [ĕpistŏmizō][1회]
에피스토미조
동 1909와 4750에서 유래: 입을 막다, [대부분 상징적으로] 침묵시키다, 딛1:11.
☞**입을 막다**(딛1:11).

1994. ἐπιστρέφω [ĕpistrĕphō][36회]
에피스트레포
동 미래 ἐπιστρέψω, 제1부정과거 ἐ- πέστρεψα, 제2부정과거 수동태 ἐπεσ- τράφην, 1909와 4762에서 유래:
1. [능동]
1) [타동사] 돌아오게 하다, 눅1:16,17, 약5:20.
2) [자동사]
① [문자적으로] 돌아오다, 돌아서다, 마12:44, 막13:16, 눅2:39, 8:55, 17:31, 행15:36, 16:18, 계1:12b, ἐ. ὀπίσω, 마24:18, πρὸς τὸ σῶμα, 행9:40.
② [상징적으로] [좋은 뜻이나 나쁜 뜻으로 마음의 변화나 행동의 변화를 말할 때] 돌아서다, 돌아오다, 행9:35, 14:15, 고후3:16, 벧후2:21, 살전1:9 등.
2. [중간태]
1) [문자적으로]
① 돌아서다, 막5:30, 8:33, 요21:20.
② 돌아가다, 돌아오다, 마10:13.
2) [비유적으로] 돌아서다, 벧전2:25, 회개하다, 요12:40.
☞**돌이키다**(마9:22, 막13:16, 행16:18), **돌아오다**(마10:13, 눅8:55, 행11:21), **돌아가다**(마12:44, 눅2:20, 행26:20), **돌아서다**(약5:19, 20), **저버리다**(벧후2:21), **돌아오게 하다**(눅1:16, 행26:18), **다시 가다**(행15:36).

1995. ἐπιστροφή, ῆς, ἡ [ĕpistrŏphē][1회]
에피스트로페
명 1994에서 유래: 돌아섬,
1) 주목, 주의.
2) 회심, 회개, 행15:3.
☞**돌아옴**(행15:3).

1996. ἐπισυνάγω [ĕpisünagō][8회]
에피쉬나고
동 미래 ἐπισυνάξω, 제1부정과거부정사 ἐπισυνάξαι, 제2부정과거부정사 ἐ- πισυναγαγεῖν, 완료수동분사 ἐπισυ- νηγμένος, 제1부정과거 수동태 ἐπι- συνήχθην, 미래수동태 ἐπισυναχθή- σομαι, 1909와 4863에서 유래: 모으다, 마23:37, 눅13:34, 13:27, 함께 모이다, 막1:33, 눅12:1, 17:37.
☞**모으다**(마23:37, 막13:27, 눅13:34), **모이다**(막1:33, 눅12:1).

1997. ἐπισυναγωγή, ῆς, ἡ [ĕpisünagō- gē][2회]
에피쉬나고게
명 1996에서 유래:
1) 모임 [교회의]히10: 25.
2) 모이는 행동, 살후2:1.
☞**모임**(살후2:1), **모이기**(히10:25).

1998. ἐπισυντρέχω [ĕpisüntrĕchō][1회]
에피쉰트레코
동 1909와 4936에서 유래: 같이 달리다, 막9:25.
☞**달려와 모이다**(막9:25).

1999. ἐπισύστασις, εως, ἡ [ĕpisüstasis]
에피쉬스타시스
명 1909와 4921의 합성어의 중간태에서 유래: 반란, 폭동, 소동, 봉기, 행24:12, 고후11:28.
☞**모으는 것, 소동**(행24:12), **눌리는 일**(고후11:28).

2000. ἐπισφαλής, ές [ĕpisphalēs][1회]
에피스팔레스
형 1909와 σφάλλω '여행하다'의 합성어에서 유래: 불안정한, 여행에서의 위험한, 행27:9.
☞**위태한**(행27:9).

2001. ἐπισχύω [ĕpischüō][1회] 에피스퀴오
동 미완료 ἐπίσχυον, 1909와 2480에서 유래: [자동사] 강해지다, 눅23:5.
☞**더욱 강하다**(눅23:5).

2002. ἐπισωρεύω [ĕpisōrĕuō][1회] 에피소류오
동 1909와 4987에서 유래: 쌓아올리다, [상징적으로] 많이 모으다, 딤후4:3.
☞**많이 두다**(딤후4:3).

2003. ἐπιταγή, ῆς, ἡ [ĕpitagē][7회] 에피타게
명 2004에서 유래: 명령, 지시, 칙령, 롬16:26,

고전7:25, 딤전1:1, 딛1:3. κατ' ἐ. λέγειν: 명령하다, 고전7:6, 고후8:8, μετὰ πάσης ἐ: 모든 권면으로, 딛2:15.

☞**명**(롬16:26, 딛1:3), **명령**(고전7:6, 고후8:8, 딤전1:1), **계명**(고전7:25), **권위**(딛2:15).

2004. ἐπιτάσσω [ĕpitassō][10회] 에피탓소

동 제1부정과거 ἐπέταξα, 완료수동분사 ἐπιτεταγμένος, 1909와 5021에서 유래: 명령하다, 지시하다, 막1:27, 9:25, 막6:39, 눅4:36, 8:31, 행23:2, ἐπέταξεν ἐνέγκαι τὴν κεφαλὴν αὐ– τοῦ: 그가 그의 머리를 가져오라고 명령한다, 막6:27, 눅14:22.

☞**명하다**(막6:27, 눅4:36, 행23:2).

2005. ἐπιτελέω [ĕpitĕlĕō][10회] 에피텔레오

동 미래 ἐπιτελέσω, 제1부정과거 ἐπε– τέλεσα, 1909와 5055에서 유래:

1) 끝내다, 끝마치다, 완성하다, 롬15:28, 고후8:6, 갈3:3, 빌1:6.
2) 완성하다, 예식을 거행하다, 이룩하다, 수행하다, 눅13:32, 고후7:1, 히8:5, 9:6.
3) 이행하다, 완료하다.
4) ~을 ~에게 지우다, ~을 완성하다[수동으로], 벧전5:9.

☞**마치다**(롬15:28, 갈3:3), **이루다**(고후7:1, 빌1:6), **성취하다**(고후8:11), **짓다**(히8:5), **행하다**(히9:6), **당하다**(벧전5:9).

2006. ἐπιτήδειος, εία, ον [ĕpitēdĕiŏs][1회] 에피테데이오스

형 ἐπιτηδές '충분한'에서 유래: 필요한, 적당한, 약2:16.

☞**쓸**(약2:16).

2007. ἐπιτίθημι [ĕpitithēmi][39회] 에피티데미

동 복수3인칭 ἐπιτιθέασιν, 마23:4, 명령 ἐπιτίθει, 미완료복수3인칭 ἐπε– τίθεσαν, 미래 ἐπιθήσω, 제1부정과거 ἐπέθηκα, 제2부정과거 ἐπέθην, 제2부정과거명령 ἐπίθες, 제2부정과거분사 ἐπιθείς, 미래중간태 ἐπιθή– σομαι, 제2부정과거 중간태 ἐπεθεμην, 1909와 5087에서 유래:

1. [능동태]

1) 두다 또는 ~위에 놓다.

① [문자적으로] 마23:4, 눅15:5, 요9: 15, 행15:10, 28:3, χεῖρα(χεῖρας)ἐπί τινα: 손을 무엇[누구] 위에 얹다, 마9:18, 막8:25, 16:18, 행8:17, 9:17, τινὶ τὰς χεῖρας, 마19:13,15, 막5:23, 6:5, 8:23, 눅4:40, 13:13, 행6:6, 8:19, 9:12, 13:3, 19:6, 28:8 등.

② [상징적으로] 덮치다, 가져오다, 눅10:30, 행16:23, 계22:18, [수동으로] 막3:16이하, 행15:28, 계22:18.

2. [중간태]

1) 무엇을 누군가에게 주다, 행28:10.
2) 습격하다, 공격하다, 행18:10.

☞**얹다**(마9:18, 눅4:40, 계1:17), **안수하다**(마19:13, 눅13:13, 행6:6), **지우다**(마23:4, 행15: 28), **씌우다**(마27:29), **이다**(마27:37), **더하다**(마3:16,17), **두다**(눅8:16), **때리다**(눅10: 30), **메다**(눅15:5), **바르다**(요9:15), **치다**(행16:23), **대적하다**(행18:10), **넣다**(행28:3), **싣다**(행28:10).

2008. ἐπιτιμάω [ĕpitimaō][29회] 에피티마오

동 미완료 3인칭 단수 ἐπετίμα, 미완료3인칭 복수 ἐπετίμων, 제1부정과거 ἐπετίμησα, 1909와 5091에서 유래:

1) 책망하다, 경책하다, 진지하게 꾸짖다, 경고하다, 마8:26, 17:18, 막4: 39, 8:32이하, 10:13, 눅4:39,41, 8: 24, 9:21, 42,55, 17:3, 18:15, 19:39, 23:40 등, 딤후4:2.
2) 벌하다.

☞**꾸짖다**(마8:26, 막4:39, 유1:9), **경고하다**(마12:16, 막3:12), **항변하다**(마16:22, 막8: 32), **명하다**(눅9:21), **책망하다**(눅19:39).

2009. ἐπιτιμία, ας, ἡ [ĕpitimia][1회] 에피티미아

명 1909와 5092의 합성어에서 유래: 형벌, 고후2:6.

☞**벌, 형벌, 처벌**(고후2:6).

2010. ἐπιτρέπω [ĕpitrĕpō][18회] 에피트레포

동 제1부정과거 ἐπέρτεψα, 제2부정과거 수동태 ἐπετράπην, 완료 수동태 ἐπιτέτραμμαι, 1909와 5157의 어간에서 유래:

1) 허락하다, 승낙하다, 마8:21, 19:8, 막10:4, 눅8:32, 9:59, 행27:3, 딤전2:12, ἐπέτρεψεν αὐτοῖς: 그가 그들에게 허락해주다, 눅8:32, 행21:39ⓢ, 요19:38, 행21:40, [하나님께 대하여] 고전16: 7, 히6:3.
2) 명령하다, 지시하다.

☞**허락하다**(마8:21, 19:8, 막5:13, 눅8:32), **보내**

다(마8:31).

2011. ἐπιτροπή, ῆς, ἡ [ĕpitrŏpē][1회]
에피트로페
명 2010에서 유래: 허락, 승낙, 직권, 행26:12.
☞위임(행26:12).

2012. ἐπίτροπος, ου, ὁ [ĕpitrŏpŏs][3회]
에피트로포스
명 1909와 5158에서 유래:
1) 지배인, 감독자, 책임자, 청지기, 마20:8, 눅8:3.
2) 지배인, 총독, 행정장관.
3) 수호자, 갈4:2.
☞청지기(마20:8, 눅8:3, 갈4:2).

E

2013. ἐπιτυγχάνω [ĕpitŭngchanō][5회]
에피튕카노
동 제2부정과거 ἐπέτυχον, 1909와 5177에서 유래: 얻다, 도달하다, 롬11:7, 히6:15, 11:33, 약4:2.
☞얻다(롬11:7, 약4:2), 받다(히6:15, 11:33).

2014. ἐπιφαίνω [ĕpiphainō][4회] 에피파이노
동 제1부정과거 ἐπέφανα, 제1부정과거 부정사 ἐπιφᾶναι, 제1부정과거명령 ἐπίφανον, 제2부정과거수동태 ἐ- πεφάνην, 1909와 5316에서 유래:
1) [능동]
① [타동] 보이다.
② [자동] 나타나다, 보여주다, 눅1:79, 행27:20.
2) [수동] 자신을 보여주다.
① [하나님의 은혜에 대하여] 딛2:11.
② [그의 사랑에 대하여] 딛3:4.
☞비치다(눅1:79), 보이다(행27:20), 나타나다(딛2:11, 3:4).

2015. ἐπιφάνεια, ας, ἡ [ĕpiphanĕia][6회]
에피파네이아
명 2016에서 유래: 나타남, 출현, 현현.
1) 예수의 심판하기 위해 오심, 살후2:8, 딤전6:14, 딛2:13, 딤후4:8.
2) 예수의 첫 번째 지상 현현[초림], 딤후1:10.
3) 표면.
☞나타남(살후2:8, 딤후1:10, 딛2:13).

2016. ἐπιφανής, ές [ĕpiphanēs][1회]
에피파네스
형 2014에서 유래: 찬란한, 영광스러운, 놀라운[하나님의 심판의 날에 대하여], 행2:20.
☞영화로운(행2:20).

2017. ἐπιφαύσκω [ĕpiphauskō][1회]
에피파우스코
동 2014의 한 형태; 조명하다, 빛을 비추다, 엡5:14.
☞비추이다(엡5:14).

2018. ἐπιφέρω [ĕpiphĕrō][2회] 에피페로
동 제2부정과거 ἐπήνεγκον, 1909와 5342에서 유래:
1) 무엇을 누군가에게 가져오다, 주다,
2) ~위에 가져다 놓다.
① [문자적으로] 무엇을 가져다가 ~[누구] 위에 놓다, 행19:12.
② [상징적으로]. 빌1:16
3) 가져오다, 선언하다, 행25:18, 유1:9.
4) 입히다, 가하다, 롬3:5.
☞가지다(행19:12), 제시하다(행25:18), 내리다(롬3:5), 받다(빌1:16), 판결을 내리다(유1:9).

2019. ἐπιφωνέω [ĕpiphōnĕō][4회] 에피포네오
동 미완료 ἐπεφώνουν, 1909와 5455에서 유래: ~에게 크게 부르짖다, 눅23:21, 행12:22, 21:34, 22:24.
☞소리 지르다(눅23:21), 크게 부르다(행12:22), 떠들다(행22:24).

2020. ἐπιφώσκω [ĕpiphōskō][2회] 에피포스코
동 2017의 한 형태: 빛을 내다, 날이 밝아오다, 가까이 오다, 마28:1, 눅23:54.
☞날이 새다(마28:1), 시작에 가까워지다(눅23:54).

2021. ἐπιχειρέω [ĕpichĕirĕō][3회]
에피케이레오
동 미완료 ἐπεχείρουν, 제1부정과거 ἐπεχείρησα, 1909와 5495에서 유래: 손을 대다, 시도하다, 노력하다, 눅1:1, 행9:29, 19:13.
☞들다(눅1:2), 힘쓰다(행9:29), 시험 삼다(행19:13).

2022. ἐπιχέω [ĕpichĕō][1회] 에피케오
동 1909와 χέω '붓다'에서 유래:
1) ~위에 붓다, 눅10:34.
2) 부어 넣다.
☞붓다(눅10:34).

2023. ἐπιχορηγέω [ĕpichŏrēgĕō][5회]
에피코레게오

동 제1부정과거 ἐπεχορήγησα, 미래 수동태 ἐπιχορηγηθήσομαι, 1909와 5524에서 유래:
1) 공급하다, 원조하다[상징적으로] 벧후1:5,
2) 주다, 허락하다, 고후9:10, [수동으로] 벧후1:11.
3) 지원하다, 지지하다[수동으로], 골2:19.
☞**주다**(고후9:10, 갈3:5, 벧후1:11), **더하다**(골2:19, 벧후1:5).

2024. ἐπιχορηγία, ας, ἡ [ĕpichŏrēgia][2회] **에피코레기아**
명 2023에서 유래: 공급, 지원, 엡4:16, 빌1:19.
☞**도움**(빌1:19, 엡4:16).

2025. ἐπιχρίω [ĕpichriō][2회] **에피크리오**
동 제1부정과거 ἐπέχρισα, 1909와 5548에서 유래:
1) 바르다, 요9:6.
2) 기름을 붓다, 요9:11.
☞**바르다**(요9:6,11).

2026. ἐποικοδομέω [ĕpŏikŏdŏmĕō][7회] **에포이코도메오**
동 제1부정과거 ἐποικοκόμησα, 제1부정과거 수동태 ἐποικοδομήθην, 1909와 3618에서 유래: 무엇 위에 건축하다, 세우다.
1) [문자적으로] 망대를 세우다.
2) [상징적으로] 고전3:10,12, 엡2:20.
3) [비유적으로] 행20:32, 골2:7, 유1:20.
☞**세우다**(행20:32, 고전3:10, 엡2:20, 유1:20).

2027. ἐποκέλλω [ĕpŏkĕllō] **에포켈로**
동 제1부정과거 ἐπώκειλα, 1909와 ὀκέλλω '몰아내다'에서 유래: 좌초시키다, 행27:41.
☞**걸다**(행27:41).

2028. ἐπονομάζω [ĕpŏnŏmazō][1회] **에포노마조**
동 1909와 3687에서 유래: 부르다, 명명하다, 이름 붙이다[수동으로], 롬2:17.
☞**불리다**(롬2:17).

2029. ἐποπτεύω [ĕpŏptĕuō][2회] **에폽튜오**
동 제1부정과거 ἐπώπτευσα, 1909와 3700의 파생어에서 유래: 감시하다, 보다, 조사하다, 벧전2:12, 3:2.
☞**보다**(벧전2:12, 3:2).

2030. ἐπόπτης, ου, ὁ [ĕpŏptēs][1회] **에폽테스**
명 1909와 3700의 파생어에서 유래: 구경하는 사람, 감독하는 사람, 감시하는 사람, 목격자.
1) 하나님에 대하여.
2) 사람에 대하여, 벧후1:16.
☞**친히 본 자**(벧후1:16).

2031. ἔπος, ους, τό [ĕpŏs][1회] **에포스**
명 2036에서 유래: 말, 히7:9.
☞**말, 말로 표현된 것**(히7:9).

2032. ἐπουράνιος, ον [ĕpŏuraniŏs][19회] **에푸라니오스**
형 1909와 3772에서 유래: 하늘의, 하늘에 속한.
1. [형용사]
1) 하나님이 계신 곳으로서의 하늘을 가리킴.
① [하나님에게 적용됨] 마18:35.
② [그리스도에게 적용됨].
③ οἱ ἐ. (ἄνθρώ- ποι), 고전15:48, 히12:22. βασιλεία ἐ, 딤후4:18.
④ ζωὴ ἐ., 히3:1. δωρεὰ ἐ., 히6:4.
2) [해, 달, 별들이 있는 하늘을 가리킴] 고전15:40.
2. [명사적으로]
1) ① 하늘, 엡1:20, 2:6, 3:10, 6:12.
② 하늘의 것들, 천상적인 존재들, 요3:12, 히8:5, 9:23.
2) οἱ ἐπουράνι- οι: 하늘에 있는 자들, 빌2:10.
☞**하늘의, 하늘에 속한**(고전15:40, 엡1:20, 히3:1), **하늘에 있는**(히8:5).

2033. ἑπτά [hĕpta][88회] **헵타**
수 [기본형] 일곱, 마12:45, 15:34,36, 16:10, 22:25, 막8:5,8, 12:20, 눅8:2, 11:26, 20:29,31, 행6:3, 21:8 등.
☞**일곱**(마12:45, 막8:5, 눅11:26), **칠**(마22:25, 막12:20), **일곱째**(마22:26), **이레**(행20:6, 28: 14), **일곱 번**(마18:22).

2034. ἑπτακίς [hĕptakis][4회] **헵타키스**
수 2033에서 유래: 일곱 번, 마18:21이하, 눅17:4, [주] ἑ. τῆς ἡμέρας: 하루에 일곱 번씩, 눅17:4.
☞**일곱 번**(마18:21,22, 눅17:4).

2035. ἑπτακισχίλιοι, αι, α [hĕptakis-chiliŏi][1회] **헵타키스킬리오이**

수 2034와 5507에서 유래: 칠천, 롬11:4.
☞**칠천**(롬11:4).

2036. ἔπω [ĕpō] 에포

동 [기본형] 대화하다, 말하다, 대답하다, 명령하다, 말을 전하다, 부르다, 지시하다, 마5:11, 눅6:26, 행11:12. [주] 3004와 비교.
☞**이르다**(마2:8, 요20:25, 고전12:16), **말하다**(마5:11), **말씀하다**(막12:12, 눅5:24), 여쭙다(마11:3, 막5:33, 눅9:12), **알리다**(요11:46, 행4:23), **대답하다**(마21:24, 눅15:27, 요7:20), **명하다**(막3:9, 눅9:54, 행11: 12), **묻다**(마26:62, 행25:9). **[명] 말**(마9:5, 눅5:23, 요3:7), **말씀**(마26:44, 막14:16).

2037. Ἔραστος, ου, ὁ [Ĕrastŏs][3회]
에라스토스

고명 ἐράω '사랑하다'에서 유래: '에라스도'.
1) 고린도 교회의 기독교인, 롬16:23.
2) 바울의 동역자, 행19:22, 딤후4:20.
☞**에라스도**(롬16:23, 행19:22, 딤후4:20).

2038. ἐργάζομαι [ĕrgazŏmai][41회]
에르가조마이

동 중간태. 미완료 ἠργαζόμην, 제1부정과거 ἠργασάμην, εἰργασάμην, 완료분사 εἰργασμένος, 2041에서 유래:
1) [자동사] 일하다, 활동하다, 고전4:12, 살전4:11.
① νυκτὸς καὶ ἡμέρας: 밤낮으로 일하다, 마21:28, 살전2:9, 살후3:8.
② ἐ. ἐν αὐτοῖς: 그들과 함께 일하다, 마25:16, 눅13:14, 요9:4, 행18:3, 고전9:6, 살후3:10,12.
③ τῷ ἐργαζομένῳ: 일하는 사람에게, 롬4:4.
④ [하나님과 그리스도에 대하여] 일하시다, 요5:17.
2) [타동사]
① 하다, 성취하다, 실행하다, 마26:10, 막14:6, 요6:28, 9:4, 행13:41, 고전16:10, 요삼1:5.
㉠ ἔργα ἐν θεῷ εἰργασμένα: 하나님 안에서 행한 일들, 요3:21.
㉡ ἐ. τὸ ἀγαθόν: 선을 행하다, 롬2: 10, 갈6:10 등.
② 실행하다, 이행하다, 식을 거행하다, 고전9:13.
③ 가져오다, 일으키다, 고후7:10, 약1:20.
④ 벌이를 하다, 계18:17.
⑤ ἐ. τὴν βρῶσιν: 근무하다, 요6:27.
☞**행하다**(마7:23, 요3:21, 요삼1:5), **일하다**(마21:28, 요5:17, 살전2:9), **장사하다**(마25: 16), **짓다**(약2:9). **[명] 일**(요9:4).

2039. ἐργασία, ας, ἡ [ĕrgasia][6회]
에르가시아

명 2040에서 유래:
1) 실행, 종사함, 엡4:19.
2) 일함, 가능.
3) 무역, 사업, 행19:25.
4) 이익, 이득, 행16:19.
5) δὸς ἐργασίαν, 눅12:58.
☞**힘씀**(눅12:58), **이익을 줌**(행16:16), **행함**(엡4:19), **수익**(행16:19), **벌이**(행19:24), **생업**(행19:25).

2040. ἐργάτης, ου, τό [ĕrgatēs][16회]
에르가테스

명 2041에서 유래:
1) 일꾼, 노동자.
① [문자적으로] 마10:10, 눅10:7, 딤전5:18.
㉠ [농부] 마9:37이하, 눅10:2, 약5:4.
㉡ [들에서 일하는 사람] 마20:1,8, 행19:25.
② [상징적으로] 사도나 교사에 대하여, 빌3:2, 딤후2:15.
2)일하는 사람, 눅13:27.
☞**일꾼**(마9:38, 눅10:2, 고후11:13, 딤후2: 15), **품꾼**(마20:1,8), **직공**(행19:25), **행하는 자**(눅13:27).

2041. ἔργον, ου, ὁ [ĕrgŏn][169회] 에르곤

명 폐어가 된 기본어:
1. 행위, 행동.
1) [휴식의 반대 개념] 히4:3,4,10, [말의 반대개념] 눅24:19, 행7:22, ἐν λόγῳ ἢ ἐν ἔ.: 말과 행동으로, 롬15:18, 고후10:11, 골3:17, 살후2:17, 딛1:16, 요일3:18.
2) 표시, 실제적인 증거, 롬2:15, 살전1:3, 살후1:11, 엡4:12, 약1:4.
3) 행한 일, 공적.
① 하나님과 예수의 행위들[특히 기적에 대하여] 마11:2, 요5:20,36, 7:3, 21, 10:25,37이하, 14:10,11,12, 15: 24, 행13:41, 계15:3.
② 사랑의 행위에 대하여, 요3:20이하, 7:7,

약3:13, 요일3:12, 계2:2,19, κατὰ τὰ ἔργα: 행위에 따라서, 롬2: 6, 딤후4:14, 계22:12. ἔ. ἀγαθόν, 롬2:7, 13:3, 고후9:8, 빌1:6, 골1: 10. πλήρης ἔργων ἀγαθῶν: 선행에 풍부한, 행9:36. τὰ ἔ. τοῦ Ἀβραάμ: 아브라함과 같은 행위, 요8:39. ἔργα πονηρά: 악한 행위, 요3:19, 7:7, 골1:21, 요일3:12, 요이1:11. τὰ ἔ. τοῦ πατρὸς ὑμῶν: 너희 아버지와 같은 행위, 요8:41 등.

2. 일, 직업, 임무, 막13:34, 행14:26, 고전15:58, 16:10, 빌2:30, 사도들의 임무와 일에 대하여, 행13:2, 15:38, 빌1:22.

3. [수동의 의미로] 공적, 작품, 롬14:20, 고전3:13-15, 9:1. 하나님이 창조한 세계에 대하여, 히1:10.

4. 물건, 사건, 행5:38, 딤전3:1.

☞**행실**(마5:16, 딤전5:10, 벧후2:8), **행위**(마11:2, 요3:19, 롬2:15), **일**(마26:10, 눅24:19, 롬13:12), **사무**(막13:34), **역사**(요5:36), **소행**(행5:38), **사업**(롬14:20, 계2:19), **공적**(고전3:13,14), **실천함**(약1:25), **이룸**(약1:4), **지음**(히1:10), **행함**(롬2:6).

2042. ἐρεθίζω [ĕrĕthizō][2회] 에레디조

[동] 제1부정과거 ἠρέθισα, 2054의 연장형에서 유래: 흥분시키다, 자극하다, 격동시키다[좋은 뜻에서], 고후9:2.

☞**분발하게 하다**(고후9:2), **노엽게 하다**(골3:21).

2043. ἐρείδω [ĕrĕidō][1회] 에레이도

[동] 제1부정과거 ἤρεισα, 불확실한 유사어에서 유래: 꼭 끼우다, 고정시키다, 행27:41.

☞**단단히 고정시키다**(행27:41).

2044. ἐρεύγομαι [ĕrĕugŏmai][1회] 에류고마이

[동] 중간태. 미래 ἐρεύξομαι, 불확실한 유사어에서 유래: 발언하다, 선포하다, 마13:35.

☞**드러내다**(마13:35).

2045. ἐρευνάω [ĕrĕunaō] 에류나오

[동] 2046에서 유래한 것으로 보임: 찾다, 추적하다, 조사하다, 탐구하다, 살피다, 요5:39, 7:52, 롬8:27.

☞**생각하다**(요5:39), **상고하다**(벧전1:11), **살피다**(롬8:27), **통달하다**(고전2:10).

2046. ἐρέω [ĕrĕō] 에레오

[동] 4483의 보다 완전한 형태: 언급하다, 대화하다, 말하다, 부르다, 요4:18, 계17:7등.

☞**말하다**(마7:4, 눅23:29, 롬3:5), **명하다**(마17:20), **묻다**(마21:24, 눅19:31), **이르다**(막11:29, 고후12:9, 계17:7), **말씀하다**(눅2:24, 요12:50, 행2:16).

2047. ἐρημία, ας, ἡ [ĕrēmia][4회] 에레미아

[명] 2048에서 유래: 사람이 살지 않는 지역, 광야, 마15:33, 막8:4, 고후11:26.

☞**황야, 광야**(마15:33, 막8:14, 고후11:26).

2048. ἔρημος, ον [ĕrēmŏs][48회] 에레모스

[형][명] 불확실한 유사어에서 유래:

1) [형용사]

① [장소에 대하여] 버려진, 텅빈, 황막한, 마14:13,15, 막1:13,45, 6:31이하, 눅4:42, 9:12, 행1:20, 8:26.

② [사람에 대하여] 버림받는, 고독한, 갈4:27.

2) [명사] ἡ. ἔ.: 사막, 광야, [복수로] 한적한 곳, 막1:3,4, 눅1:80, 3:2, 5:16, 8:29, 요11:54 등. 아라비아 사막에 대하여, 행7:30, 고전10:5, 히3:8.

☞**광야**(마3:1, 막1:12, 고전10:5), **들**(눅15:4), **빈 들**(눅1:80, 3:2), **한적한 곳**(눅5:16), **황폐한**(마23:38, 눅13:35, 행1:20), **한적한**(막1: 35), **홀로 사는**(갈4:27).

2049. ἐρημόω [ĕrēmŏō][5회] 에레모오

[동] 수동태로만 사용됨, 완료분사 ἠρημωμένος, 제1부정과거 ἠρημώθην, 2048에서 유래: 황폐하게 하다, 전멸시키다, 계18:9. [상징적으로] 파멸하다, 마12: 25, 눅11:17, 계17:16, 18:17.

☞**황폐하여지다**(마12:25, 눅11:17), **망하다**(계18:17,19), **망하게 하다**(계17:16).

2050. ἐρήμωσις, εως, ἡ [ĕrēmōsis][3회] 에레모시스

[명] 1949에서 유래: 유린, 황폐, 파괴, 마24:15, 막13:14, 눅21:20.

☞**파멸, 멸망**(마24:15, 막13:14, 눅21:20).

2051. ἐρίζω [ĕrizō][1회] 에리조

[동] 미래 ἐρίσω, 2054에서 유래: 다투다, 쟁투하다, 마12:19.

☞**다투다**(마12:19).

2052. ἐριθεία, ας, ἡ [ĕrithĕia][7회] 에리데이아

[명] 2042와 동일어에서 유래: 다툼, 이기심, 이

기적인 야심, 롬2:8, 약3:14,16, [복수로] 이기심의 다툼, 고후12:20, 갈5:20.

☞**다툼**(빌2:3, 약3:14). **[동] 당을 짓다**(롬2:8).

2053. ἔριον, ον, τό [ĕriŏn][2회] **에리온**

명 불확실한 유사어에서 유래: 양털, 히9:19, 계1:14.

☞**양털**(히9:19, 계1:14).

2054. ἔρις, ιδος, ἡ [ĕris][9회] **에리스**

명 불확실한 유사어에서 유래: 다툼, 논쟁, 불화, 롬1:29, 고전3:3, 빌1:15, 딤전6:4, [복수로] 투쟁들, 고전1:11, 딛3:9, 롬13:13.

☞**분쟁**(롬1:29, 고전1:11, 빌1:15), **다툼**(롬13:13, 고후12:20).

2055. ἐρίφιον, ου, τό [ĕriphiŏn][1회] **에리피온**

명 2056에서 유래: 양의 새끼, 염소의 새끼, 마25:33.

☞**염소(새끼)**(마25:33).

2056. ἔριφος, ου, ὁ [ĕriphŏs][2회] **에리포스**

명 2053과 동일어에서 유래한 듯: 새끼 염소, 수 염소, 마25:32, 눅15:29.

☞**염소**(마25:32).

2057. Ἑρμᾶς, ᾶ, ὁ [Hĕrmas][1회] **헤르마스**

고명 2060에서 유래한 듯: 로마서에서 인사의 대상 중한 사람 '헤메', 롬16:14.

☞**허마**(롬16:14).

2058. ἑρμηνεία, οῦ, ὁ [hĕrmēnĕia][2회] **헤르메네이아**

명 2059와 동일어에서 유래: 해석, 번역, 고전12:10, 14:26.

☞**통역함**(고전12:10, 14:26).

2059. ἑρμηνεύω [Hĕrmēnĕuō][3회] **헤르메뉴오**

동 2060의 파생어에서 유래: 번역하다, 요1:38,42, 9:7, 히7:2.

☞**번역하다**(요1:38, 9:7, 히7:2).

2060. Ἑρμῆς, οῦ, ὁ [Hĕrmēs][2회] **헤르메스**

고명 2046에서 유래한 듯: '헤르메스'.

1) 헬라의 신, 행14:12.
2) 로마서에서 인사의 대상 중 한 명, 롬16:14.

☞**헤르메스**(행14:12).

2061. Ἑρμογένης [Hĕrmōgĕnēs][1회] **헤르모게네스**

고명 2060과 1096에서 유래: 아시아로부터 온 기독교인 '헤모게네', 딤후1:15.

☞**허모게네**(딤후1:15).

2062. ἑρπετόν, οῦ, τό [hĕrpĕtŏn][4회] **헤르페톤**

명 ἕρπω '가다'의 파생어의 중성: 파충류, 행10:12, 11:6, 롬1:23, 약3:7.

☞**기어다니는 동물, 벌레**(롬1:23, 약3:7), **기는 것**(행10:12, 11:6).

2063. ἐρυθρός, ά, όν [ĕrüthrŏs][2회] **에뤼드로스**

형 불확실한 유사어에서 유래: 붉은, ἐρυθρὰ θάλασσα: 홍해, 행7:36, 히11:29.

☞**붉은, 홍해**(행7:36, 히11:29).

2064. ἔρχομαι [ĕrchŏmai][636회] **에르코마이**

동 명령 ἔρχου, 미완료 ἠρχόμην, 미래 ἐλεύσομαι, 완료 ἐλήλυθα, 제2부정과거 ἦλθον, ἦλθα, 기본동사의 중간태:

1. 오다.

1) [문자적으로]

① [인격적 존재에 대하여]

㉠ [독립적으로] 돌아오다, 돌아가다, ἔρχου καὶ ἔρχε- ται, 마8:9, 22: 3, 눅7:8, 14:17, 요4:27, 5:7, 9:7, 행10:29, 롬9:9, 고전11:34, 계8: 3, [적의의 뜻으로]오다, 눅11:25.

㉡ [전치사와 함께 사용된 경우] 막7: 1, 15:21, 행18:2, 고후11:9등. [εἰς와 함께] 마2:11, 8:14, 막1:29등. [ἐν과 함께] 롬15:29, 고전4: 21등. [ἐπί와 함께] 마14:28, 눅19:5, 행12:10등. [κατά와 함께] 눅10:33, 행16:7. [παρά와 함께] 마15:29, 눅8:49. [πρός와 함께] 마3:14, 막9:14, 요1:29등.

㉢ [장소부사와 함께] 막5:27, 요3:31, 18: 3.

㉣ [전치사 없이 사용된 경우] 누군가에게 오다, 마21:5.

㉤ [오는 목적이 부사로 표현되는 경우] 마2:2, 막15:36등.

㉥ [ἐλθών와서] 마2:8, 행16:37등, ἔ. ἐν σαρκί: 육체로 오다, 요일4:2, 요이1:7, ἔ. ὀπίσω: ~을 찾다, 마3:11, 막1:7등.

㉦ [메시야의 선구자에 대하여] 나타나다. [엘리야에 대하여] 마11:14, 막9:11등. [세례요한에 대하여] 마

11:18, 눅7:33, 요1:31. [거짓 선생, 거짓메시아, 적그리스도에 대하여] 마24:5, 막13: 6, 요10:8, 고후11:4 등.
② [시간에 대하여]
㉠ [미래의 의미로] 눅23:29, 히8:8등.
㉡ [어떤 시간과 관련된 사건이나 상황에 대하여] 요4:35, 계19:7등.
③ [사물이나 사건에 대하여]
㉠ [자연현상에 대하여] 눅17:27, 행7:11 등.
㉡ 가져오다, 막4:21, 롬7:9.
2) [상징적으로]
① [하나님의 영적 임재에 대하여] 요14:23등.
② [존재의 상태에 대하여] 오다, 나타나다, 마18:7, 눅17:1, 롬3:8등.
③ [여러 가지 전치사의 결합형으로 나타날 때]
㉠ ἔ. ἐκ τ. θλίψεως: 환난에서 나오다, 계7:14.
㉡ ἔ. εἰς κρίσιν: 심판에 이르다, 요5:24.
㉢ εἰς φανερόν: 빛으로 나오다, 막4:22, 눅8:17.
㉣ ἔ. πρὸς τ. Ἰησοῦν: 예수에게 오다[예수의 제자가 되다]요5:40, 6:35,37등.
㉤ ἕως ἔρχομαι: 내가 올 때까지, 요21:22 이하, 딤전4:13.
2. 가다, 마16:24, 막8:34, 눅9:23, ἔ. ὁδόν, 여행을 가다, 눅2:44.
☞**오다**(마2:2, 막13:36, 눅1:59), **가다**(마2:8, 막5:38, 요3:26), **들어가다**(마2:11, 막1:29, 11:27), **임하다**(마3:16, 24:39, 골3:6), **나아오다**(마7:15, 8:2), **이르다**(마9:1, 27:33, 막2: 20), **나오다**(막1:45, 요7:42, 계7:14), **내려오다**(눅6:17), **나아가다**(눅7:7), **가서 보다**(눅11:25), **돌아오다**(눅12:36), **따르다**(눅14:27), **돌이키다**(눅15:17), **강림하다**(살후1:10), **내리다**(히6:7).

2065. ἐρωτάω [ĕrōtaō][63회] 에로타오
동 미래 ἐρωτήσω, 제1부정과거 ἠρώ－ τησα, 2046에서 유래된 듯:
1) 묻다, 질문하다, 눅22:68, 요1:25, 8:7, 9:21, 16:19,30, αὐτὸν τὰς παραβολάς: 비유에 대하여 그에게 물어보다, 막4:10, 요16:30.
2) 요구하다, 간청하다, 마15:23, 눅14:32, 요14:16, τινὰ περί τινος: 누구에게 무엇을 간청하다, 눅4:38, 요16:26, 17:9 등.
☞**청하다**(마15:23, 눅5:3, 요12:21), **묻다**(마16:13, 눅9:45, 요1:21), **간구하다**(막7:26), **구하다**(눅4:38, 8:37, 요14:16, 살전5:12), **빌다**(요17:9,15,20), **달라 하다**(요19:31), **구걸하다**(행3:3), **[명] 물음**(요16:30).

2066. ἐσθής, ῆτος, ἡ [ĕsthēs][8회] 에스데스
명 ἕννυμι '옷입다'에서 유래: 의복, 옷, 눅23:11, 24:4, 행10:30, 12:21, 약2:2이하.
☞**옷**(눅23:11, 행10:30, 약2:2).

2067. ἔσθησις [ĕsthēsis] 에스데시스
명 2066의 파생어에서 유래: 옷, 의복, 눅24:4.
☞**옷**(눅24:4).

2068. ἐσθίω [ĕsthiō][158회] 에스디오
동 미완료 ἤσθιον, 미래 ἔδομαι, φά－ γομαι, 제2부정과거 ἔφαγον, 제2부정과거, 단수 2인칭 φάγεσαι, 기본동사 ἔδω '먹다'의 강세형: 먹다.
1. [문자적으로]
1) [사물에 대하여]
① τα ἐκ τοῦ ἱ－ ερου: 성전에서 나는 음식, 고전9:13.
② πάντα: 모든 음식, 롬14:2.
③ ἄρ－ τον ἐσθίειν: 빵을 먹는다, 마15:2.
㉠ [메시아의 연회에 대하여]
㉡ [동물에 대하여] 눅15:16.
2) [전치사와 함께]
① ἀπό τινος, 마15:27, 막7:28등.
② ἔκ τινος, 고전11:28등.
③ [다른 전치사와 함께] 마9:11, 24:49, 막2:16, 눅22:30등.
3) [독립적으로] 마12:1,막7:3,행27:35 등. [주] διδόναι τινὶ φαγεῖν: 누군가에게 무엇을 주어서 먹게 한다. 마14:16, 막5:43 등.
2. [상징적으로] 소비하다, 탕진하다, 히10:27.
☞**잡수시다**(마9:11, 막2:16), **먹다**(마11:19, 막14:18, 눅5:30), **태우다**(히10:27).

2069. Ἐσλί, ὁ [Ěsli][1회] 에슬리

고명 기원은 히브리어 '에슬리': 예수의 족보에 나오는 이름, 눅3:25.

☞**에슬리**(눅3:25).

2070. ἐσμέν [ĕsmĕn] **에스멘**

동 1510의 직설법, 복수 1인칭: 우리는 ~이다, 요9:40.

2071. ἔσομαι [ĕsŏmai] **에소마이**

동 1510의 미래: ~일 것이다, 마5:21, 눅1:14.

2072. ἔσοπτρον, ου, τό [ĕsŏptrŏn][2회] **에솝트론**

명 1519와 추종된 3700의 파생어에서 유래: 거울, 고전13:12, 약1:23.

☞**거울**(고전13:12, 약1:23).

2073. ἑσπέρα, ας, ἡ [hĕspĕra][3회] **헤스페라**

명 ἑσπερός '저녁'의 여성형: 저녁, 행4:3, 28:23.

☞**저녁**(눅24:29, 행28:23, 행4:3).

2074. Ἐσρώμ, ὁ [Ĕsrōm][3회] **헤스롬**

고명 히브리어 2696에서 유래: 예수의 족보에 나오는 이름 '헤스론'.
마1:3, 눅3:33.

☞**헤스론**(마1:3, 눅3:33).

2075. ἐστέ [ĕstĕ] **에스테**

동 1510의 미래 직설법, 복수 2인칭: 너희는 ~이다, 고전1:30.

2076. ἐστί [ĕsti] **에스티**

동 1510의 현재 직설법, 단수 3인칭: 그는[그녀는]~이다, 마1:20, 눅24:6.

2077. ἔστω [ĕstō] **에스토**

동 1510의 현재명령형 단수3인칭: 너는 ~이 되라, 마5:37.

2078. ἔσχατος, η, ον [ĕschatŏs][52회] **에스카토스**

형 최상급, 2192에서 유래한 듯: 마지막, 최후의.

1) 장소에 대하여, 눅14:9이하, [명사적으로] τὸ ἔρχατον: 끝, 행1:8, 13:47.

2) 지위나 서열에 있어서 마지막, 맨 끝, 제일 보잘것없는, 마19:30, 20:16, 막9:35, 10:31, 눅13:30, 사도들에 대하여, 고전4:9.

3) [시간에 대하여] 제일 늦은, ~의 끝.

① [앞선 것과의 관계를 나타낼 때] 마20:12,14, 막12:6, 요8:9, τὰ ἔσχατα: 마지막 일, 마12:45, 눅11:26, 벧후2:20.

② [길 뒤에 아무 것도 뒤따라 올 것이 없는 정황을 나타낼 때] 마5:26, 눅12:59등, ὁ πρῶτος καὶ ὁ ἔ.: 처음과 마지막, 계1:17, 2:8, 22:13, ἡ ἐ. ἡμέρα: 마지막 날, 요6:39, 11:24, 12:48등.

☞**가장 멀리(까지)의, 마지막의, 최후의, 가장 낮은, 가장 어려운 곤경[입장, 처지]의.**

2079. ἐσχάτως [ĕschatōs][1회] **에스카토스**

부 2078에서 유래: 마지막으로, 마침내, 막5:23.

☞**극단으로, 극도로, 아주, (마지막 임종에 있습니다,** 막5:23).

2080. ἔσω [ĕsō][9회] **에소**

부 [장소부사] 1519에서 유래:

1) 안으로, 안에, 마26:58, 막14:54, 15:16.

2) 안에, 내부에, 요20:26, 행5:23, 롬7: 22, 고후4:16, 엡3:16, οἱ ἔ.: 교회내의 사람들[기독교인], 고전5:12.

☞**안에**(마26:58, 막14:54, 요20:26), **속에**(롬7:22, 엡3:16), **~안에(고전5:12), 안으로**(막15:16)

2081. ἔσωθεν [ĕsōthĕn][12회] **에소쎈**

부 [장소부사] 2080에서 유래:

1) 안으로부터, 막7:23, 눅11:7.

2) 안에, 내부에, 마7:15, 23:25,27, 고후7:5, 계5:1.

☞**속에는**(마7:15), **속에서**(막7:21,23), **안에는**(마23:25,27, 눅11:7), **안으로는**(마23:28), **속은**(고후4:16), **속도**(눅11:40).

2082. ἐσώτερος, α, ον [ĕsōtĕrŏs][2회] **에소테로스**

형 2080의 비교급: 안쪽의, 더 깊이, 행16:24, 히6:19.

☞**깊은**(행16:24), **안의**(히6:19).

2083. ἑταῖρος, ου, ὁ [hĕtairŏs] **헤타이로스**

명 ἔτης '같은 문중의 사람'에서 유래: 동료, 동포, 친구, 마11:16, 20:13, 22:12, 26:50.

☞**동무**(마11:16), **친구**(마20:13, 26:50).

2084. ἑτερόγλωσσος, ον [hĕtĕrŏglōs- sŏs][1회] **헤테로글롯소스**

형 2087과 1100에서 유래: 외국어를 말하는, 고전14:21.

☞**방언을 말하는**(고전14:21).

2085. ἑτεροδιδασκαλέω [hĕtĕrŏdidas-

kalĕō][2회] 헤테로디다스칼레오
동 2087과 1320에서 유래: 다른 교훈을 가르치다, 딤전1:3, 6:3.
☞**다른 교훈을 가르치다**(딤전1:3, 6:3).

2086. ἑτεροζυγέω [hĕtĕrŏzügĕō][1회] **헤테로쥐게오**
동 2087과 2218의 합성어에서 유래: 어울리지 않는 멍에를 메다, 멍에를 같이 메지 않다, 고후6:14.
☞**균형이 안 맞는 멍에를 메다**(고후6:14).

2087. ἕτερος, α, ον [hĕtĕrŏs][99회] **헤테로스**
형 불확실한 유사어에서 유래: 다른.
1. [수에 대하여]
1) 둘 가운데서 다른, 마21:30, 눅5:7, 23:40, 행23:6등.
2) 둘 이상 가운데서.
① 다른, 마8:21, 11:3, 눅6:6, 요19:37, 행1:20, 롬7:3, 갈1:19, 딤전1:10등.
② [복수로] 눅10:1, 행2:13,40, ἑπτὰ ἕ. πνεύματα: 다른 일곱 귀신, 마12: 45, 눅11:26.
③ [ἄλλος와 상호 교환적으로 사용] 마10:23, 고후11:4, 갈1:6.
④ [여럿을 열거할 때] 더러는~, 마16: 14, 눅8:6,7,8, 22:58, 고전12:9,10.
⑤ ὁ ἕτε- ρος: 이웃, 롬2:1, 13:8, 고전6:1, 10:24, 갈6:4등.
⑥ τῇ ἑτέρᾳ: 다음날, 행20:15, 27:3, ἐν ἑτέρῳ: 다른 곳에, 행13:35, 히5:6.
2. 또 하나의, 상이한, 막16:12, 눅9:29, 롬7:23, 고전15:40, 갈1:6, 약2:25.
☞**다른, 또[다른] 하나의, 다른 몇의, 그 밖의.**

2088. ἑτέρως [hĕtĕrōs][1회] **헤테로스**
부 2087에서 유래: 다르게, 그 밖에 다른, 빌3:15.
☞**달리**(빌3:15).

2089. ἔτι [ĕti][93회] **에티**
부 아마 2094의 유사어: 아직.
1. [시간에 대하여]
1) [긍정적인 진술에 있어서 주어진 정황이 계속되고 있는 것을 나타낼 때] 아직.
① [현재에 대하여] 눅14:32, 히11:4등.
② [과거에 대하여] 요11:30, 히7:10, ἔ. αὐτοῦ λαλοῦντος: 그가 아직 말하고 있을 때, 마12:46, 17:5, 막5:35, 눅8:49, 행10:44.
③ [미래에 대하여] 눅1:15, 고후1:10.
2) [부정적인 진술에 있어서]
① οὐδὲ ἔ. νῦν: 아직도 아닌, 고전3:2.
② [멈추어 있거나 멈추어질 어떤 것을 나타낼 때] 더 이상~이 아닌, οὐ- δύνῃ ἔ: 너는 더 이상 할 수 없다, 마5:13, 눅16:2, 계12:8, οὐ μὴ ἔ.: 다시 ~아닌, 히8:12, 10:17, 계18:21등.
3) [아직 되지 않은 시간에 대하여] 요7:33, 12:35, 13:33, 14:19, 히10:37.
2. [시간적인 것 이외의 뜻으로]
1) [남아있고 어떤 것에 대하여] 막12:6, τί ἔ. ὑστερῶ: 아직도 무엇이 부족합니까?, 마19:20, 눅18:22, 요16:12.
2) [이미 있는 것에 더 첨가된 것을 말할 때] 거기에다, 그 위에 또, 또 다른, 마18:16, 행2:26, 히11:36등.
3) [의문문에서 논리적인 추론을 나타냄] 무엇이 필요하겠습니까?, 히7:11, τί ἔ, μέμφεται: 어째서 그가 아직 허물을 잡느냐?, 롬9:19, 3:7, 갈5:11.
☞**후에**(마5:13, 갈3:25), **아직**(눅14:32), **아직도**(눅14:22), **여전히**(고전15:17), **지금까지**(갈1:10), **이후로는**(갈4:7), **다시**(계12:8), **그대로**(계22:11), **달리**(히7:11), **또 한 번**(히12:26), **이제**(막12:6).

2090. ἑτοιμάζω [hĕtŏimazō][40회] **헤토이마조**
동 미래 ἑτοιμάσω, 제1부정과거 ἡτο- ίμασα, 완료 ἡτοίμακα, 제1부정과거 수동태 ἡτοιμάσθην, 완료수동태 ἡ- τοίμασμαι, 2092에서 유래: 예비하다, 준비하다.
1) [사물에 대하여] 마3:3, 막1:3, 눅3:4, 계16:12등.
2) [인격적 존재에 대하여] 눅1:17, 행23: 23, 계21:2.
3) [준비하시는 분으로서의 하나님에 대하여] 마20:23, 25:34,41, 막10:40, 눅2:31, 고전2:9.
☞**예비하다**(마20:23, 고전2:9), **준비하다**(마22:4, 막14:16).

2091. ἑτοιμασία, ας, ἡ [hĕtŏimasia][1회] **헤토이마시아**

명 2090에서 유래: 준비, 예비, 엡6:15.
☞**준비한 것**(엡6:15).

2092. ἕτοιμος, η, ον [hĕtŏimŏs][17회] **헤토이모스**
형 구명사인 ἔτεος '적확함'에서 유래: 준비된.
1) [사물에 대하여] 마22:4, 눅14:17, σωτηρία ἑ. ἀποκαλυφθῆ- ναι: 나타내 보이기로 예비된, 벧전1:5.
2) [인격적 존재에 대하여] 준비된, 적절한, 마25:10, 행23:15,21.
① ἕ. γίνεσθαι: 준비된, 준비하고 있는, 마24:44, 눅12:40.
② ἐν ἑτοίμῳ ἔχειν: 준비된, 고후10:6.
☞**갖춘**(마22:4), **준비된**(마22:8, 막14:15, 눅12:40, 고후10:6).

2093. ἑτοίμως [hĕtŏimōs][3회] **헤토이모스**
부 2092에서 유래: 손쉽게, 언제든지, 행21:13, 고후12:14, 벧전4:5.
☞**예비하여**(벧전4:5), **각오하여**(행21:13).

2094. ἔτος, ους, τό [ĕtŏs][49회] **에토스**
명 기본어인 듯: 해, 년, 요8:57, 행7:30, 13:21, 히1:12, 벧후3:8, 계20:3, [주] 질문에 대한 대답에서 시간의 계속을 나타낼 때] 얼마동안이나? 마9:20, 막5:25, 눅2:36, 행7:6.
① ἐτῶν δώδεκα:12년 동안, 눅8:43.
② εἰς ἔ. πολλά: 여러 해 동안, 눅12:19.
③ με- τὰ τρία ἔ.:3년 후에, 갈1:18, 3:17등.
☞**해**(마9:20, 막5:25, 눅2:41), **연대**(히1:12), **년**(요2:20), **세(歲)**(행4:22).

2095. εὖ [ĕu][6회] **유**
부 기본어 εὖς의 중성: 잘, 좋게, εὖ ποιεῖν: 좋게 행하다, 친절을 보이다, 막14:7, 잘하다, 올바르게 행하다, 마25:21,23, 눅19:17, 엡6:3.
☞**잘, 좋게, 다행히**(마25:21, 눅19:17, 행15:29, 엡6:3).

2096. Εὕα, ας, ἡ [Ĕua][2회] **휴아**
고명 히브리어 2332에서 유래: 최초의 여인 '하와', 고후11:3, 딤전2:13.
☞**하와**(고후11:3, 딤전2:13).

2097. εὐαγγελίζω [ĕuanggĕlizō][54회] **유앙겔리조**
동 제1부정과거 εὐηγγέλισα, 제1부정과거중간태 εὐαγγελίζομαι, 미완료 εὐηγγελιζόμην, 완료 εὐηγγέλισμαι, 제1부정과거 수동태 εὐηγγελίσθην, 2098과 32에서 유래: 좋은 소식을 가져오다, 전하다.
1. [일반적인 의미] 눅1:19, 2:10, 살전3:6.
2. [신적 구원에 대한 메시지] 선포하다, 전파하다.
1) [중간태]
① ~을 ~에게 전하다, 눅4:43, 행8: 35, 고전15:1, 고후11:7, 갈1:8, εὐ. τὸν υἱὸν τ. θεοῦ ἐν τ. ἔ- θνεσιν: 이교도에게 하나님의 아들을 전파하다, 갈1:16.
② [선포의 대상을 언급하면서] 눅8:1, 행8:4, 10:36, 롬10:15, 갈1:23등.
③ [메시지를 받는 사람을 언급하면서] 롬1:15, 고전15:2, 갈1:8, 4:13, 벧전1:12, εἰς τ. ὑπ ερέκεινα ὑμῶν εὐ.: 너희 지경을 넘어 복음을 전하다, 고후10:16.
④ [독립적으로] 눅9:6, 20:1, 행14:7, 롬15:20, 고전1:17등.
2) [수동태]
① [전파되는 사물을 주어로 가지고] 전파되다, 눅16:16, 갈1:11, 벧전1:25.
② [인격적 존재를 주어로 가지고] 복음전도를 받다, 마11:5, 눅7:22, 히4:2,6.
☞**복음을 전하다**(눅4:43, 행8:25, 고전9:16), **복음이 전파되다**(마11:5), **좋은 소식을 전하다**(눅1:19), **기쁜 소식을 전하다**(살전3:6), **전하다**(갈1:23).

2098. εὐαγγέλιον, ου, τό [ĕuanggĕ- liŏn][76회] **유앙겔리온**
명 2095와 32에서 유래: 좋은 소식에 대한 보상, 단순한 의미로 좋은 소식, 복음.
1. [독립적으로]
1) τὸ εὐαγ- γέλιον, 막1:15, 8:35, 롬1:16, 10:16, 고전4:15, 고후8:18, 갈2:2, 엡3:6 등.
2) [다른 명사의 속격으로] ὁ λόγος τοῦ εὐ., 행15:7등, 갈2:5, 엡6:19, 빌1:7,12, 골1:5, ἀρχὴ τοῦ εὐ.: 복음의 시작, 막1:1, 빌4:15.
3) [동사와 결합되어] 마26:13, 막13:10, 14:9, 16:15, 갈1:11등.
2. [결합된 경우]
1) [형용사와 함께] 고후11:4, 갈1:6, 계

14:6.

2) [속격 명사와 함께]

① [목적격 속격] 마4:23, 9:35, 24:14, 막1:14, εὐ. τ. Χριστοῦ: 그리스도의 영광, 고후4:4, 딤전1:11등.

② [주격적 속격] 롬1:1, 15:16, 고후11: 7, 살전2:2,8,9, 벧전4:17등.

3. εὐ.: 예수의 생애와 가르침을 기록한 책[복음서], 막1:1.

☞**복음**(마4:23, 막16:15, 롬1:1).

2099. εὐαγγελιστής, οῦ, ὁ [ĕuanggĕ-listēs][3회] **유앙겔리스테스**

명 2097에서 유래: 복음 전파의 전도자, 행21:8, 엡4:11, 딤후4:5.

☞**전도자**(행21:8, 딤후4:5), **복음 전하는 자**(엡4:11).

2100. εὐαρεστέω [ĕuarĕstĕō][3회] **유아레스테오**

동 제1부정과거 εὐηρέστησα, 완료 εὐηρέστηκα, 2101에서 유래:

1) 기쁘게 하다, 기쁨이 되다, 히11:5,6.

2) 기뻐하다, 즐거워하다, [수동] 만족하다, 히13:16.

☞**기쁘게 하다**(히11:5), **기쁘다**(히11:6), **기뻐하다**(히13:16).

2101. εὐάρεστος, ον [ĕuarĕstŏs][9회] **유아레스토스**

형 2095와 701에서 유래: 기쁘게 하는, 기쁘게 받으실 만한.

1) [하나님께 대하여] 롬12:1, 14:18, 고후5:9, 빌4:18, 엡5:10, 히13:21등.

2) [종에 대하여] εὐ. εἶναι: 주인에게 만족을 주다, 딛2:9.

☞**기뻐하는**(롬12:1, 14:18), **기쁘게 하는**(고후5:9, 엡5:10, 딛2:9), **즐거운**(히13:21).

2102. εὐαρέστως [ĕuarĕstōs][1회] **유아레스토스**

부 2101에서 유래: 용납할 만하게, 매우 기쁘게, 히12:28.

☞**기쁘게**(히12:28).

2103. Εὔβουλος, ου, ὁ [Ĕubŏulŏs][1회] **유불로스**

고명 2095와 1014에서 유래: 선행자, 기독교인 '으불로', 딤후4:21.

☞**으불로**(딤후4:21).

2104. εὐγένης, ές, 속격 οῦς [ĕugĕnēs][3회] **유게네스**

형 2095와 1096에서 유래:

1) 좋은 가문에서 태어난, 잘 태어난, 눅19:12, 고전1:26.

2) 마음이 고상한, 대범한, 행17:11.

☞**고귀[존귀]한**(눅19:12), **너그러운**(행17:11), **문벌 좋은**(고전1:26).

2105. εὐδία, ας, ἡ [ĕudia][1회] **유디아**

명 2095와 2203의 변형에서 유래:

1) 맑게 갠 날씨, 마16:2.

2) 평온, 평화.

☞**좋은 날씨**(마16:2).

2106. εὐδοκέω [ĕudŏkĕō][21회] **유도케오**

동 미완료 ηὐδόκουν, 제1부정과거 εὐ- δόκησα, ηὐδόκησα, 2095와 1380에서 유래: 매우 기뻐하다.

1) 좋게 생각하다, 동의하다, 결정하다, 결심하다, 눅12:32, 롬15:26, 고전1: 21, 고후5:8, 갈1:15, 살전2:8, 3:1, 골1:19.

2) 기뻐하다, 즐거워하다.

① [목적어를 인격적 존재로] 마3:17, 12:18, 17:5, 막1:11, 눅3:22, 고전10:5, 히10:38, 벧후1:17.

② [목적어를 사물로] 기뻐하다, 좋아하다, 고후12:10, 살후2:12, 히10:6.

☞**기뻐하다**(마3:17, 눅3:22, 고전1:21), **기쁘다**(롬15:26), **원하다**(고후5:8), **좋게 생각하다**(살전3:1), **좋아하다**(살후2:12).

2107. εὐδοκία, ας, ἡ [ĕudŏkia][9회] **유도키아**

명 2095와 1380의 어간의 추정된 합성어에서 유래:

1) 선의, 좋은 뜻[인간의], 눅2:14, 빌1:15, 2:13, 살후1:11.

2) 은총, 기쁨, 즐거움, 마11:26, 눅10:21, 엡1:5,9.

3) 소원, 갈구, 롬10:1, 살후1:11.

☞**아버지의 뜻**(마11:26), **기쁜 뜻**(눅2:14, 엡1:5,9), **원하는 바**(롬10:1), **착한 뜻**(빌1:15).

2108. εὐεργεσία, ας, ἡ [ĕuĕrgĕsia][3회] **유에르게시아**

명 2110에서 유래:

1) 선을 행하는 것, 봉사, 딤전6:2.

2) 선행, 유익, 친절, 행4:9.

☞**착한 일**(행4:9), **유익**(딤전6:2).

E

2109. εὐεργετέω [ĕuĕrgĕtĕō][1회]
유에르게테오
동 2110에서 유래: 선을 행하다, 유익을 끼치다, 행10:38, [수동태] 잘 대우해 주다.
☞**착한 일을 행하다**(행10:38).

2110. εὐεργέτης, ου, ὁ [ĕuĕrgĕtēs][1회]
유에르게테스
명 2095와 2041의 어간에서 유래: 은혜를 베푸는 사람, 눅22:25.
☞**은인**(눅22:25).

2111. εὔθετος, ον [ĕuthĕtŏs][3회] **유데토스**
형 2095와 5087의 파생어에서 유래: 원래, 잘 놓인, 알맞는, 적합한, 유용한, 편리한, 눅9:62, 14:35, 히6:7.
☞**합당한**(눅9:62, 히6:7).

2112. εὐθέως [ĕuthĕōs][36회] **유데오스**
부 2117에서 유래: 즉시, 곧, 마4:20,22, 8:3, 13:5, 14:31, [마태10~11회, 누가6회, 요한3회, 행9회 사용] 갈1:16, 약1:24, 요삼1:14, 계4:2.
☞**즉시**(마8:3, 막1:31, 행9:18).

2113. εὐθυδρομέω [ĕuthüdrŏmĕō][2회]
유뒤드로메오
동 제1부정과거 εὐθυδρόμησα, 2117과 1408에서 유래: 직행하다, 곧바로 가다, 행16:11, 21:1.
☞**직행하다**(행16:11), **바로 가다**(행21:1).

2114. εὐθυμέω [ĕuthümĕō][3회] **유뒤메오**
동 2115에서 유래: [자동사] 기뻐하다, 약5:13, [타동사] 기쁘게 하다, 용기를 북돋아 격려하다, 행27:22,25.
☞**안심하다**(행27:22,25), **즐거워하다**(약5:13).

2115. εὔθυμος, ον [ĕuthümŏs][1회] **유뒤모스**
형 부 2095와 2372에서 유래: 유쾌한, 기분이 좋은, 행27:36.
☞**안심하는**(행27:36), **기꺼이**(행24:10).

2116. εὐθύνω [ĕuthünō][2회] **유뒤노**
동 제1부정과거 εὔθυνα, 2117에서 유래:
1) 곧게 하다, 요1:23.
2) 바르게 인도하다, 조종하다, [주] ὁ εὐθύνων: 키잡이, 약3:4.
☞**곧게 하다**(요1:23), **운행하다**(약3:4).

2117. εὐθύς, εῖα, 속격 έως [ĕuthüs][8회]
유뒤스
형 2095와 5087에서 유래한 듯: 곧은.
1) [문자적으로] [길이] 곧은, εὐ– θείας ποιεῖν τὰς τρίβους: 길을 곧게 만들다, 마3:3, 막1:3, 눅3:4,5, 행9:11.
2) [상징적으로]
① [상징적인 의미의 길에 대하여] 행13:10, κατα– λείποντες εὐ. ὁδόν: 바른길을 떠나, 벧후2:15.
② 마음[καρδία]에 대하여, 바른, 곧은, 행8:21.
☞**곧은, 똑바른**(마3:3, 막1:3, 눅3:4), **평탄한**(눅3:5), **바른**(행8:21, 13:10, 벧후2:15), **[부] 즉시**(마13:20).

2118. εὐθύτης, ητος, ἡ [ĕuthütēs][1회] **유뒤테스**
명 2117에서 유래: 곧음, 정직, 올바름, 히1:8.
☞**공평**(히1:8).

2119. εὐκαιρέω [ĕukairĕō][3회] **유카이레오**
동 미완료 εὐκαίρουν, ηὐκαίρουν, 제1부정과거가정 εὐκαιρήσω, 2121에서 유래: 좋은 시간을 갖다, 휴식을 갖다, 기회를 갖다, 막6:31, 행17:21, 고전16:12.
☞**쉬다**(막6:31), **시간을 쓰다**(행17:21), **기회가 있다**(고전16:12).

2120. εὐκαιρία, ας, ἡ [ĕukairia][2회] **유카이리아**
명 2121에서 유래: 좋은 기회, 절호의 순간, 마26:16, 눅22:6.
☞**기회**(마26:16, 눅22:6).

2121. εὔκαιρος, ον [ĕukairŏs][2회]
유카이로스
형 2095와 2540에서 유래: 시기가 좋은, 시기적절한, 막6:21, 히4:16.
☞**기회가 좋은**(막6:21), **때맞춘**(히4:16).

2122. εὐκαίρως [ĕukairōs][2회] **유카이로스**
부 2121에서 유래: 편리하게, 막14:11, 딤후4:2, εὐκαίρως ἔχειν: 휴식을 갖다.
☞**호기에, 기회를 타서**(막14:11), **때를 얻어**(딤후4:2).

2123. εὐκοπώτερος, α, ον [ĕukŏpōtĕ– rŏs][7회]
유코포테로스
형 2095와 2875와 2873의 합성어의 비교급: 보다 쉬운, 보다 알맞는, 마9:5, 19:24, 막2:9등.
☞**더 쉬운**(마9:5, 막10:25, 눅5:23).

2124. εὐλάβεια, ας, ἡ [ĕulabĕia][2회]

율라베이아
명 2126에서 유래: [하나님 현존에서의] 경외, 하나님을 두려워함, 히12:28, 5:7.
☞**경건함**(히5:7), **두려움**(히12:28).

2125. εὐλαβέομαι [ĕulabĕŏmai][1회]
율라베오마이
동 디포넌트, 제1부정과거분사 εὐλα- βηθεί ς, 2126에서 유래:
1) 두려워하다, 염려하다, 행23:10ⓢ, 히11:7.
2) 공경하다, 존경하다.
☞**경외하다**(히11:7).

2126. εὐλαβής, ές, οῦς [ĕulabēs][4회]
율라베스
형 2095와 2983에서 유래: 경건한, 신을 두려워하는, 눅2:25, 행22:12, ἄνδρες εὐ.: 경건한 사람, 행2:5, 8:2.
☞**경건한**(눅2:25, 행2:5, 8:2).

2127. εὐλογέω [ĕulŏgĕō][42회] 율로게오
동 미완료 ηὐλόγουν, εὐλόγουν, 미래 εὐλογ ήσω, 제1부정과거 εὐλόγη- σα, 완료 εὐλ όγηκα, 완료수동분사 εὐ- λογημένος, 미래 수동태 εὐλογηθή- σομαι, 1095와 3056의 합성어에서 유래:
1) 좋게 말하다, 찬양하다, 격찬하다, 마14:19, 26:26, 막6:41, 14:22, 눅1:64, 2:28, 24:30,53, 고전14:16, 약3:9.
2) [하나님의 은혜로운 능력을 불러내는 것으로서의] 축복하다.
① [인격적 존재에 대하여] 눅24:50, 히7:1,6, εὐ. τοὺς καταρωμένους: 저주하는 자에게 축복하다, 눅6: 28, 롬12:14, λοιδορούμενοι εὐλογοῦμεν: 모욕을 당할 때 축복하다, 롬12:14, 고전4:12, 벧전3:9.
② 사물에게 축복하다, [신에게] 바치다, 마8:7, 막6:41, 14:22, 눅9:16.
③ [하나님과 그리스도를 주어로 가질 때] 복을 내리다, 복을 주시다, 행3:26, 엡1:3, 히6:14, [수동으로] 마25:34, 눅1:42, 갈3:9.
☞**축복하다**(막10:16, 고전10:16), **축사하다**(마14:19, 막6:41, 눅24:30), **찬송하다**(마23: 39, 막11:9, 눅2:28), **복을 받다**(갈3:9), **복이 있다**(눅1:42), **복을 주다**(행3:26, 히6:14), **복을 빌다**(히7:6, 벧전3:9).

2128. εὐλόγητός, ή, όν [ĕulŏgētŏs][8회]
율로게토스
형 2127에서 유래: 복 받은, 찬양받을 만한, 롬1:25, 9:5, 고후11:31, 엡1:3, 벧전1:3, 그리스도에 대하여, 막14:61.
☞**찬송 받을**(막14:61), **찬송할**(눅1:68, 롬1:25, 고후11:31), **찬양 받을**(롬9:5).

2129. εὐλογία, ας, ἡ [ĕulŏgia][16회] 율로기아
명 2127과 동일어에서 유래:
1. 찬양, 계5:12, 7:12.
2. 아름다운 말, 감언이설, 아첨, 롬16:18.
3. 축복.
1) [능동] 축복하는 행위.
① 하나님의 은혜가 다른 사람에게 내리기를 비는, 약3:10, 히12:17.
② 복을 주시는 하나님의 행위를 나타냄.
2) 축복.
① [하나님이나 그리스도에 의해서 주어지는] 롬15:29, 갈3:14, 엡1:3, 히6:7, 12:17, 벧전3:9.
② [사랑에 의한] 고후9:5.
4. 헌신, 봉헌, 고전10:16.
5. 풍성한 선물, 관용, 고후9:5,6, 히6:7.
☞**축복**(고전10:16, 히12:17), **아첨**(롬16: 18), **연보**(고후9:5), **복**(롬15:29, 갈3:14, 엡1:3, 벧전3:9), **찬송**(계5:12,13, 7:12).

2130. εὐμετάδοτος, ον [ĕumĕtadŏtŏs][1회]
유메타도토스
형 2095와 추정된 3330에서 유래: 관대한, 딤전6:18.
☞**나누어주기를 좋아하는**(딤전6:18).

2131. Εὐνίκη, ης, ἡ [Ĕunikē][1회] 유니케
고명 2095와 3529에서 유래: 디모네의 어머니 '유니게', 딤후1:5.
☞**유니게**(딤후1:5).

2132. εὐνόεω [ĕunŏĕō][1회] 유노에오
동 2095와 3563의 합성어에서 유래: 좋은 생각을 가지다, 호의를 가지다, 친해지다, 마5:25.
☞**사화하다**(마5:25).

2133. εὔνοια, ας, ἡ [ĕunŏia][2회] 유노이아
명 2132와 동일어에서 유래: 선의.
1) 의, 애정, 자비심, 고전7:3.
2) 열심, 열정, 엡6:7.

E

☞**의무**(고전7:3), **기쁜 마음**(엡6:7).

2134. εὐνουχίζω [ĕunŏuchizō][2회] **유누키조**

동 2135에서 유래: 거세하다, 고자를 만들다, 마19:12b.

☞**고자로 만들다**(마19:12).

2135. εὐνοῦχος, ου, ὁ [ĕunŏuchŏs][8회] **유누코스**

명 '침대'와 2192에서 유래: 거세당한 사람, 고자.

1) [육체적으로 거세된 사람에 대하여] 마19:12, 행8:27,34,36,38.

2) [고자로 태어난 사람에 대하여] 마19:12.

3) [고자가 아니면서 결혼하지 않는 사람에 대하여] 마19:12.

☞**고자**(마19:12), **내시**(행8:27,36,39).

2136. Εὐοδία, ας, ἡ [Ĕuŏdia][1회] **유오디아**

고명 2137과 동일어에서 유래: 멋진 여행, 여성도 '유오디아', 빌4:2.

☞**유오디아**(빌4:2).

2137. εὐοδόω [ĕuŏdŏō][4회] **유오도오**

동 미래 수동태 εὐοδωθήσομαι, 2095와 3598의 합성어에서 유래: 잘 지내다, 일이 잘 되어 나가다, 성공하다, 롬1:10, 요삼1:2, θησαυρίζων ὅ τι ἐὰν εὐοδῶται: 수입만큼 저축하다, 고전16:2.

☞**좋은 길을 얻다**(롬1:10), **수입을 얻다**(고전16:2), **잘되다**(요삼1:2), **번영하게 하다**(요삼1:2).

2138. εὐπειθής, ές, οῦς [ĕupĕithēs][1회] **유페이데스**

형 2095와 3982에서 유래: 순종하는, 고분고분한, 약3:17.

☞**양순한**(약3:17).

2139. εὐπερίστατος, ον [ĕupĕristatŏs][1회] **유페리스타토스**

형 4012와 추정된 2476의 합성어에서 유래: 쉽게 혼란시키는, 히12:1.

☞**얽매이기 쉬운**(히12:1).

2140. εὐποιΐα, ας, ἡ [ĕupŏiïa][1회] **유포이이아**

명 2095와 4160의 합성어에서 유래:

1) 선을 행하는 것, 히13:16.

2) 선한 행동, 행위.

☞**선을 행함**(히13:16).

2141. εὐπορέω [ĕupŏrĕō][1회] **유포레오**

동 미완료단수3인칭중간태 εὐπορεῖ– το, 2090의 합성어와 4197의 어간에서 유래: 넉넉하다, 풍성히 가지다, 행11:29.

☞**힘～**(행11:29).

2142. εὐπορία, ας, ἡ [ĕupŏria][1회] **유포리아**

명 2141의 동일어에서 유래: 수입, 재원, 부, 행19:25.

☞**풍족함**(행19:25).

2143. εὐπρέπεια, ας, ἡ [ĕuprĕpĕia][1회] **유프레페이아**

명 2095와 4241의 합성어에서 유래: 우아함, 고상함, 아름다움, 약1:11.

☞**아름다움**(약1:11).

2144. εὐπρόσδεκτος, ον [ĕuprŏsdĕk–tŏs][5회] **유프로스덱토스**

형 2095와 4327의 파생어에서 유래: 쉽게 받아들일 만한, 찬성하는, 환영하는.

1) [사물에 대하여] 롬15:16,31, 고후6:2, 8:12, 벧전2:5.

2) [인격적 존재에 대하여].

☞**받을 만한**(롬15:16,31, 고후6:2), **받을**(고후8:12, 벧전2:5).

2145. εὐπρόσεδρος, ον [ĕuprŏsĕdrŏs] **유프로세드로스**

형 2095와 4332의 동일어에서 유래: 끈기 있는, 끊임없는, 고전7:35.

☞**흐트러짐 없이 섬기는**(고전7:35).

2146. εὐπροσωπέω [ĕuprŏsōpĕō][1회] **유프로소페오**

동 제1부정과거 εὐπροσώπησα, 2095와 4383의 합성어에서 유래: 보기에 좋게 하다, 갈6:12.

☞**아름다운 외모를 유지하다**(갈6:12).

2147. εὑρίσκω [hĕuriskō][176회] **휴리스코**

동 미래 εὑρήσω, 완료 εὕρηκα, 미완료 εὕρισκον, ηὕρισκον, 제2부정과거 εὗρον, 제2부정과거 복수 1인칭 εὕρα– μεν, 제2부정과거 중간태 εὑράμην, 제2부정과거 수동태 εὑρίσκομαι, 미완료수동 단수3인칭 ηὑρίσκετο, 제1부정과거 수동태 εὑρέθην, 미래 수동태 εὑρεθήσομαι, 기본어 εὕρω의 연장형[또 다른 어원인 εὑρέω와 함께]:

1. 찾다.

1) 찾다, 발견하다, 만나다, 마7:7, 12: 43, 26:60, 막14:55, 눅2:45, 11:9, 요7:34,

고후2:13, 딤후1:17, 계9:6등, εἴ τις οὐχ εὑρέθη ἐν τῇ βίβλῳ τῆς ζωῆς γεγραμμένος: 누군가 이 생명책에 기록되지 않는 사람이 발견된다면, 계20:15.
2) 우연히 발견하다, 만나다, 마18:28, 27:32, 요1:41,43, 5:14, 9:35, 행13: 6, 18:2, 19:1, 28:14등, οὐδὲ τόπος εὑρέθη αὐ– τῶν ἔτι ἐν τ. οὐρανῷ: 하늘에는 이미 그들이 있을 자리가 없다, 계12:8.
3) [어떤 사람이 존재하는 상태나 또는 그가 관계하는 행동을 나타내는 분사 혹은 형용사가 대격과 함께 나오는 경우]
① [분사와 함께 나올 때]
㉠ εὑ– ρίσκει σχολάζοντα: 그는 임자가 없는 곳을 찾아냈다, 마12:44.
㉡ εὗρεν ἄλλους ἑστῶτας: 그는 거기서 다른 사람을 발견하였다, 마20:6, 21:2, 26:40, 막11:2, 13:36, 눅2:12, 8:35, 행5:23등.
② [형용사와 함께] 행5:10, 고후9:4.
③ [절 전체를 생략하여] 막14:16, 눅19:32, 고후11:12, 12:20.
2. [상징적으로: 반성, 관찰, 시험, 조사 등에 기원하여 얻어진 지적인 발견에 대하여] 알아내다, 찾아내다, 눅23:2, 롬7:21, 행23:29, 계3:2.
1) εὑ. αἰ– τίαν θανάτου: 죽일 만한 죄를 찾지 못하다, 요18:38, 19:4, 행13:28, 23:9.
2) ἵνα εὕρωσιν κατηγορεῖν αὐτοῦ: 그를 고발한 증거를 찾기 위하여, 눅6:7.
3. 찾다, 얻다, 마10:39, 16:25, 눅1:30등, 행7:46, 히9:12, 12:17.
☞**나타나다**(마1:18), **찾다**(마2:8, 눅4:17, 요1:41), **보다**(마2:11, 8:10, 막14:37, 눅8:35), **만나보다**(눅7:9), **얻다**(마10:39, 막14:55, 눅15:32), **발견하다**(마13:44, 행23:29), **만나다**(눅2:46, 요9:35), **보이다**(눅9:36, 행5:23, 계5:4), **이루다**(히9:12), **깨닫다**(롬7:21), **발견되다**(고전15:15, 고후5:3, 빌3:9).

2148. Εὐροκλύδων, ωνος, ὁ [Ĕurŏklüdōn][1회] **유로클뤼돈**
고명 Εὖρος '동풍'과 2830에서 유래: '유로클루돈', '유라굴로', 파도를 일으키는 남동풍, 행27:14.
☞**유라굴로 광풍**(행27:14).

2149. εὐρύχωρος, ον [ĕurüchōrŏs][1회] **유뤼코로스**
형 '넓은'과 5561에서 유래: 넓은, 광활한, 자리가 넉넉한, 마7:13.
☞**넓은**(마7:13).

2150. εὐσέβεια, ας, ἡ [ĕusĕbĕia][15회] **유세베이아**
명 2152에서 유래: 경건, 신성, 종교, 행3:12, 딤전2:2, 4:7, 6:5,11, 벧후1:3, [하나님을 믿는 믿음] 딤전6:3, 딛1:1, [복수로] 경건한 행위, 벧후3:11.
☞**경건**(행3:12, 딤전3:16, 딤후3:5), **경건함**(딛1:1, 벧후3:11).

2151. εὐσεβέω [ĕusĕbĕō][2회] **유세베오**
동 2152에서 유래: 공경하다, 존경하다, 경건하다, 누군가에게 경건한 모습을 보여주다.
1) [신적인 존재에 대하여] 예배드리다, 행17:23.
2) [사람에 대하여] 딤전5:4.
☞**위하다**(행17:23), **효를 행하다**(딤전5:4).

2152. εὐσεβής, ές [ĕusĕbēs][3회] **유세베스**
형 2095와 4576의 어간에서 유래: 경건한, 경의심이 강한, 헌신적인, 행10:7, 벧후2:9.
☞**경건한**(행10:2, 22:12, 벧후2:9).

2153. εὐσεβῶς [ĕusĕbōs][2회] **유세보스**
부 2152에서 유래: 경건하게, 딤후3:12, 딛2:12.
☞**경건하게**(딤후3:12, 딛2:12).

2154. εὔσημος, ον [ĕusēmŏs][1회] **유세모스**
형 2095의 어간에서 유래: 알아보기 쉬운, 분명한, 명료한, 고전14:9.
☞**알아듣기 쉬운**(고전14:9).

2155. εὔσπλαγχνος, ον [ĕusplangchnŏs][2회] **유스플랑크노스**
형 2095와 4698에서 유래: 동정심이 많은, 온정이 많은, 벧전3:8, 엡4:32.
☞**불쌍히 여기는**(엡4:32, 벧전3:8).

2156. εὐσχημόνως [ĕuschēmŏnōs][3회] **유스케모노스**
부 2158에서 유래: 단정하게, 예의 바르게, 정직하게, 아담하게, 롬13:13, 고전14:40, 살전4:12.
☞**단정히**(롬13:13, 살전4:12), **품위 있게**(고전14:40).

2157. εὐσχημοσύνη, ης, ἡ [ĕuschēmŏ–

sünē][1회] 유스케모쉬네

명 2158에서 유래: 예의, 용모 단정함, [옷의] 모양이 있음, 고전12:23.

☞**아름다운 것**(고전12:23).

2158. εὐσχήμων, ον, ονος [ĕuschē-mōn][5회] 유스케몬

형 2095와 4976에서 유래:

1) 정당한, 보기 좋은, 고전12:24.

2) 탁월한, 훌륭한, 고상한, 막15:43, 행13:50, 17:12.

☞**존경받는**(막15:43), **경건한**(행13:50), **이치에 합당한**(고전7:35), **아름다운**(고전12:24).

2159. εὐτόνως [ĕutŏnōs][2회] 유토노스

부 2095의 합성어와 τείνω '확장하다'의 파생어에서 유래: 힘있게, 강렬하게, 눅23:10, 행18:28.

☞**힘써**(눅23:10), **힘있게**(행18:28).

2160. εὐτραπελία, ας, ἡ [ĕutrapĕlia][1회] 유트라펠리아

명 2095의 합성어와 5157의 어간의 파생어에서 유래: 험한 농담, 엡5:4.

☞**희롱의 말**(엡5:4).

2161. Εὔτυχος, ου, ὁ [Ĕutüchŏs][1회] 유튀코스

고명 2095와 5177의 파생어에서 유래: 운 좋은, 청년 이름 '유두고', 행20:9.

☞**유두고**(행20:9).

2162. εὐφημία, ας, ἡ [ĕuphēmia][1회] 유페미아

명 2163에서 유래: 좋은 소문, 좋은 명성, 고후6:8.

☞**아름다운 이름**(고후6:8).

2163. εὔφημος, ον [ĕuphēmŏs][1회] 유페모스

형 2095와 5345에서 유래: 경사스러운, 듣기 좋은, 칭찬할 만한, 매력있는, 빌4:8.

☞**칭찬할 만한**(빌4:8).

2164. εὐφορέω [ĕuphŏrĕō][1회] 유포레오

동 제1부정과거 εὐφόρησα, 2095와 5409에서 유래: 열매를 풍성히 내다, 비옥하다, 많은 것을 내다, 눅12:16.

☞**소출이 풍성하다**(눅12:16).

2165. εὐφραίνω [ĕuphrainō][14회] 유프라이노

동 제1부정과거 부정사 εὐφρᾶναι, 제1부정과거 수동태 ηὐφράνθην, 미래 수동태 εὐφρανθήσομαι, 2095와 5424에서 유래:

1) [능동으로] 즐겁게 해주다, 격려하다, 고후2:2.

2) [수동으로] 기뻐하다, 즐거워하다, 눅15:32, 행2:26, 7:41, 롬15:10, 갈4: 27, 계11:10, 12:12, 18:20등.

☞**즐거워하다**(눅12:19, 15:24, 계18:20), **즐기다**(눅15:23,29), **호화롭게 즐기다**(눅16: 19), **기뻐하다**(행2:26, 7:41), **기쁘게 하다**(고후2:2).

2166. Εὐφράτης, ου, ὁ [Ĕuphratēs][2회] 유프라테스

고명 기원은 외래어: 아시아의 강 이름 '유브라데', 계9:14, 16:12.

☞**유브라데**(계9:14, 16:12).

2167. εὐφροσύνη, ης, ἡ [ĕuphrŏsünē][2회] 유프로쉬네

명 2165와 동일어에서 유래: 기쁨, 희락, 열락, 행2:28, 14:17.

☞**즐거움, 기쁨**(행2:28, 14:17).

2168. εὐχαριστέω [ĕucharistĕō][38회] 유카리스테오

동 제1부정과거 εὐχαρίστησα, 제1부정과거 수동태가정법단수3인칭 εὐχα- ριστηθῇ, 2170에서 유래:

1) 감사하다, 감사한 마음을 가지다, 눅18:11, 롬16:4.

2) 감사하다, 감사를 돌리다, 눅17:16, 행28:15, 고전14:18, 빌1:3, 골1:3,12, 3:17, 살전5:18등.

① σὺ εὐχαριστεῖς: 너는 감사의 기도를 드린다, 고전14:17.

② εὐχαριστῶ τῷ θεῷ: 하나님께 대한 감사.

3) 기도한다.

☞**축사하다**(마15:36, 막8:6, 행27:35), **감사 기도하다**(마26:27, 눅22:19), **감사하다**(눅18:11, 요11:41, 고전10:30).

2169. εὐχαριστία, ας, ἡ [ĕucharistia][15회] 유카리스티아

명 2170에서 유래:

1) 감사, 감사한 마음, 행24:3.

2) 감사를 돌림, 감사함, 엡5:4, 고후9: 11, 빌4:6, 딤전4:3등.

① περισσεύειν ἐν εὐ.: 감사로 충만하다, 골2:7.

② εὐχαριστίαν τῷ θεῷ ἀνταποδοῦναι περὶ ὑμῶν: 너희를 인하여 하나님께 감사를

드린다, 살전3:9.
3) 주의 만찬, 성찬.
☞**감사**(행24:3, 빌4:6, 살전3:9, 고전14:16, 고후9:12, 딤전2:1).

2170. εὐχάριστος, ον [ĕucharistŏs][1회] 유카리스토스
형 2095와 5483의 파생어에서 유래: 감사하는, 감사하는 마음의, 골3:15.
☞**감사하는**(골3:15).

2171. εὐχή, ῆς, ἡ [ĕuchē][3회] 유케
명 2172에서 유래:
1) 기도, 약5:15.
2) 맹세, 서약, 행18:18, 21:23.
☞**서원**(행18:18, 21:23), **기도**(약5:15)

2172. εὔχομαι [ĕuchŏmai][7회] 유코마이
동 미완료 εὐχόμην, ηὐχόμην, 제1부정과거 εὐξάμην:
1) [하나님께] 기도하다, 행26:29, 고후13:7,9, 약5:16.
2) 바라다, 행27:29, 롬9:3, 요삼1:2.
☞**원하다**(행26:29, 롬9:3), **고대하다**(행27: 29), **구하다**(고후13:7,9), **기도하다**(약5:16), **간구하다**(요삼1:2).

2173. εὔχρηστος, ον [ĕuchrēstŏs][3회] 유크레스토스
형 2095와 5154에서 유래: 유용한, 쓸모 있는, 딤후2:21, 4:11.
☞**합당한**(딤후2:21), **유익한**(딤후4:11, 몬1:11).

2174. εὐψυχέω [ĕupsüchĕō][1회] 유프쉬케오
동 2095와 5590의 합성어에서 유래: 기뻐하다, 용기를 가지다, 빌2:19.
☞**안위를 받다**(빌2:19).

2175. εὐωδία, ας, ἡ [ĕuōdia][3회] 유오디아
명 2095의 합성어와 3605의 어간의 합성어에서 유래: 향기, 향내, 엡5:2, 빌4:18, [주] Χριστοῦ εὐ. ἐσμὲν τῷ θεῷ: 우리는 하나님을 향한 그리스도의 향기, 고후2:15.
☞**향기로운 제물**(엡5:2, 빌4:18), **향기**(고후2:15).

2176. εὐώνυμος, ον [ĕuōnümŏs][9회] 유오뉘모스
형 2095와 3686에서 유래: 왼쪽, 행21:3, 계10:2, [주] ἐξ εὐωνύμων: 왼쪽에, 마20:23, 25:33,41, 27:38, 막10:40.
☞**좌편의**(마20:21, 막10:37, 15:27), **왼편의**(마25:33, 행21:3), **왼발**(계10:2).

2177. ἐφάλλομαι [ĕphallŏmai][1회] 에팔로마이
동 제2부정과거 ἐφαλόμην, 1909와 242에서 유래: 뛰어들다, 솟아나다, 행19:16.
☞**뛰어오르다**(행19:16).

2178. ἐφάπαξ [ĕphapax][5회] 에파팍스
부 1909와 530에서 유래:
1) 한번에, 단번에, 고전15:6.
2) 한번에 다, 롬6:10, 히7:27, 9:12, 10:10.
☞**단번에**(롬6:10, 히7:27, 10:10), **일시에**(고전15:6).

2179. Ἐφεσῖνος [Ĕphĕsinŏs][5회] 에페시노스
형 2181에서 유래: 에베소인의, 에베소에 위치한, 에베소의, 계2:1.
☞**에베소의**(계2:1).

2180. Ἐφέσιος, ία, ιον [Ĕphĕsiŏs] 에페시오스
형 2181에서 유래: 에베소의 [주] οἱ Ἐ.: 에베소의 사람들, 행19:28,34, 21:29등.
☞**에베소의.**

2181. Ἔφεσος, ου, ἡ [Ĕphĕsŏs] 에ㅎ페소스
고명 외래어에서 유래한 것으로 보임: 에베소, 행18:19, 19:1, 20:16, 고전15:32, 16:8등.
☞**에베소**(행18:19,21,24, 고전15:32, 16:8).

2182. ἐφευρέτης, οῦ, ὁ [ĕphĕurĕtēs][1회] 에퓨레테스
명 1909와 2147의 합성어에서 유래: 발명자, 고안자, 계획자 롬1:30.
☞**도모하는 자**(롬1:30).

2183. ἐφημερία, ας, ἡ [ĕphēmĕria][2회] 에페메리아
명 2184에서 유래: 반, 교대, 구분, 눅1:5,8.
☞**(제사장의) 반열**(눅1:5,8).

2184. ἐφήμερος, ον [ĕphēmĕrŏs][1회] 에페메로스
형 1909와 2250에서 유래: 하루 동안의, 한 날을 위한. [주] ἡ ἐ. τροφή: 일용할 양식, 날을 위한 양식, 약2:15.
☞**일용할**(약2:15).

2185. ἐφικνέομαι [ĕphiknĕŏmai][2회] 에피크네오마이
동 제2부정과거 ἐφικόμην, 1909와 2240의

같은 어원에서 유래: 오다, 도착하다, 고후10:14.
☞**이르다**(고후10:13,14).

2186. ἐφίστημι [ĕphistēmi][21회] 에피스테미
동 제2부정과거 ἐπέστην, 제2부정과거 명령 ἐπίστηθι, 제2부정과거 분사 ἐπιστά, 완료 분사 ἐπεστώς, 완료 중간태 단수3인칭 직설 ἐπίσταται, 제1부정과거수동태 ἐπεστάθην, 1909와 2476에서 유래:
1) [현재와 단순과거] 곁에 서다, 가까이 오다. 나타나다.
① [인격적 존재에 대하여] 눅2:9, 24: 4, 행4:1, 12:7, 17:5, 22:13, 28:27. [주] ἐπίστηθι: 준비하다, 딤후4:2.
② [사물에 대하여] 눅21:34, 살전5:3.
2) [완료]
① 곁에 서 있다, 현존하다, 행22:20, 28:2.
② 다가오다, 임박하다, 딤후4:6.
3) 위에 있다, 맡고 있다.
☞**서다**(눅2:9, 행10:7), **나아오다**(눅2:38), **나아가다**(눅10:40), **임하다**(눅21:34), **이르다**(행4:1), **침입하다**(행17:5), **가다**(행23:27), **오다**(행28:2), **얻다**(딤후4:2), **가까이 오다**(딤후4:6).

2187. Ἐφραΐμ, ὁ [Ĕphraïm][1회] 에프라임
고명 기원은 히브리어 699 혹은 6085에서 유래: '에브라임'.
1) 요셉의 아들.
2) 도시의 이름, 요11:54.
☞**에브라임**(요11:54).

2188. ἐφφαθά [ĕphphatha][1회] 엡파다
동 기원은 아람어: 열려라, 막7:34.
☞**열리다**(막7:34).

2189. ἔχθρα, ας, ἡ [ĕchthra][6회] 에크드라
명 2190의 여성형: 증오, 적의, 엡2:14, 16, [주] ἔ. τοῦ θεοῦ: 하나님을 향한 적의, 눅23:12, 롬8:7, 갈5:20, 약4:4.
☞**원수 맺는 것**(갈5:20), **원수된 것**(엡2: 14,16, 약4:4), **원수**(눅23:12, 롬8:7).

2190. ἐχθρός, ά, όν [ĕchthrŏs][32회] 에크드로스
형 기본어 ἔχθω '미워하다'에서 유래: 적개심이 있는.
1. [수동으로] 미움을 받는, 롬11:28.
2. [능동으로] 미워하는, 적의를 가진.
1) [형용사] 마13:28.
2) [명사]
① 사람의 적들, 눅1:74, 살후3:15, 고전15:25, 골1:21등.
② [사람의 속격과 함께] 마5:43.
③ [사물의 속격과 함께] 행13:10, 빌3:18.
☞**미움받는, 적의가 있는, [실사]원수**(마5:43, 막12:36, 계11:5).

2191. ἔχιδνα, ης, ἡ [ĕchidna][5회] 에키드나
명 기원은 불확실:
1) 독사, 행28:3.
2) [상징적으로] 마3:7, 12:34, 23:33, 눅3:7.
☞**독사**(마3:7, 23:33, 행28:3).

2192. ἔχω [ĕchō][711회] 에코
동 미래 ἕξω, 미완료 εἶχον, 미완료 복수1인칭 εἴχαμεν, 미완료복수3인칭 εἶχαν, 또는 εἴχοσαν, 제2부정과거 ἔσχον, 완료 ἔσχηκα, 과거완료 ἐσ– χήκειν, 어떤 시제에서만 사용된 σχέω의 변형을 포함함:
1. [능동태, 타동사]
1) 가지다, 소유하다.
① [문자적으로] 손에 가지다, 마26:7, 막14:3, 계1:16, 6:5, 10:2, 17:4.
② [옷, 무기 등에 대하여] 입다, 쓰다, 마3:4, 22:12,
㉠ κατὰ κεφαλῆς ἔχων: 그의 머리에 쓰다, 고전11:4.
㉡ ἔ. μάχαιραν: 검을 가지다, 막11: 3, 요18:10.
③ 지키다, 간직하다.
㉠ [문자적으로] 잘 보관하다, 눅19:20.
㉡ [상징적으로] 막6:18, 딤전3:9, 계6:9, 12:17, 19:10.
④ [존재의 상태에 대하여] 사로잡다, 붙잡다, 손에 쥐다, 막16:8.
2) 소유하다, 가지다.
① [문자적으로] 마19:22, 막10:22, 눅15:4, 요10:16, 엡5:5, 계18:19.
㉠ μέρος ἔ. ἔν τινι: 무언가 속에 한 부분을 가지다, 계20:6.
㉡ ὅσα ἔχεις, 마13:44, 18:25, 막10: 21, 12:44.
㉢ ἔ. [부정어와 함께] 아무 것도 가진 것이 없다. 마13:12, 막4:25, 눅8:18등.
② [밀접한 관계를 가진 사람의 소유를 나타

낼 때]

㉠ [친척에 대하여] 눅16:28, 요8:41, 고전7:2, 갈4:27등, [주] ὥστε γυναῖκά τι- να τοῦ πατρὸς ἔ.: 누군가가 그의 아버지의 아내를 취한다, 고전5:1.

㉡ [더 일반적으로] 눅11:5, 고전4:15, 딤전5:16, κύριον ἔ.: 주인을 가지다, 주인의 다스림 속에 있다, 요19:5, 골4:1, 딤전6:2, ἔχων ὑπ'ἐμαυτὸν στρατιώτας: 나는 내 밑에 군대를 가지다, 눅7:8등.

③ [부분과 전체의 관계] 가지다, 소유하다.

㉠ [몸의 지체에 대하여] 눅24:39, 행11:3, 롬12:4, 고전12:12, 계2:7등.

㉡ [무생물에 대하여] 마13:6, 막4:6, 히11:10, 계21:14.

④ 손 가까이 가지다, 가지고 제 마음대로 하다, 마14:17, 15:34.

㉠ ἔχω ὅ παραθήσω αὐτῷ: 그에게 줄 것이 내게는 하나도 없다, 눅11:6.

㉡ μὴ ἐχόντων τί φάγωσι: 그들은 먹을 것이 전혀 없기에, 마15:32, 막8:1.

⑤ [몸과 정신의 모든 상태에 대하여]

㉠ 병, 막3:10, 요16:33b, 고전7:28, 계2:10, 13:14, [마귀의 소유물에 대하여] 마11:18, 눅7:33, 8;27, 요7:20등.

㉡ [조건, 특색, 능력, 감정, 내적 소유 등에 대하여] ἀγάπην ἔ.: 사람을 가지다, 요5:42, 13:35, 고전13:1, 고후2:4, 빌2:2, 벧전4:8, 요일4: 16, ζῆλον ἔ.: 열심을 가지다, 롬10:2, 약3:14, μνείαν τινὸς ἔ.: 누군가를 기억하다, χάριν ἔ. τινί: 누군가에게 감사하다, 눅17:9, 딤전1:12, 딤후1:3, σιγὴν ἔ.: 조용히 하다.

⑥ [시간과 연령에 관계된 것] πεντήκοντα ἔτη οὔπω ἔχεις: 너는 아직 50세가 안 되었다, 요5:5, 8:57, τέ- σσαρας ἡμέρας ἔ. ἐν τῷ:4일 동안, 무덤에 누워 있다, 요11:17 등.

⑦ [사람이 즐기는 이익, 위안 따위에 대하여] 요일5:15.

㉠ ἀνάπαυσιν ἔ.: 쉼을 얻다, 계4:8, 14:11.

㉡ ἀπόλαυσιν τι- νος ἔ.: 무엇인가를 즐기다, 마14:5, 막4:5, 롬5:1, 히11:25.

⑧ 가지다, 맡아 가지고 있다, 요12:6, 13:29, 계1:18, 3:17.

⑨ 가지다, 받들고 있다, ~아래 있다, 눅14:18, 고전7:37, 히7:27, τινός: 무엇인가를 필요로 하다, 마6:8, 9: 12, 막11:3, 눅19:17, 요13:29, 고전12:21, 히10:36등.

⑩ 품다, 속에 가지다.

㉠ ἐν γαστρὶ ἔ.: 임신하다, 아기를 배다, 마1:18,23, 24:19, 막13:17, 눅21:23, 살전5:3, 계12:2.

㉡ ἔ. τινὰ ἐν τῇ καρδίᾳ: 마음속에 무엇인가를 가지다, 빌1:7.

㉢ ζωήν, 요5:26등.

3) 함께 하다, 동반하다, 마15:30, 26:11, 막2:19, 14:7, 요12:8등.

4) 포함하다, 일으키다, 이루다, 약1:4, 2:17, 요일4:18.

5) 생각하다, 본다.

① ἔχε με παρῃτη- μένον: 미안하게 생각하다, 눅14:18,19.

② ἔ. τινὰ ὡς προφήτην: 누군가를 선지자라고 생각하다, 마14:5, 21:26, 46등.

6) [부정사가 수반될 경우]

① 가능성을 가지다, 할 수 있다, ~할 입장에 있다, 마18:25, 눅7:42, 14: 14, οὐδὲν ἔ. ἀντειπεῖν: 대답할 수 있다, 행4:14, 딛2:8등, ὅ ἔσχεν (i. e. ποιῆσαι) ἐποίησεν: 그녀는 그녀가 할 수 있는 것을 하였다, 막14:8.

② 해야 한다, βάπτισμα ἔχω βαπτισθῆ- ναι: 나는 세례를 받아야 한다. 눅12:50, ἔχεις μοι εἰπεῖν: 내가 너희에게 말할 것이 있다, 눅7:40등.

7) [특수한 결합]

① [전치사와 함께] ἐν. τὸν θε- ὸν ἔ. ἐν ἐπιγνώσει: 하나님을 알다, 롬1:28, ἐν ἑτοίμῳ ἔ., 고후10:6, ἐν ἐμοὶ οὐκ ἔχει οὐδέν: 그는 나와 상관이 없다, 요14:30, ἔ. τινὰ κατὰ πρό- σωπον: 누군가를 대면하다, 행25:16 등, μετά: ἔ. τι μετά τινος: ~와 함께 ~을 가지다[소송을], 고전6:7, πρός τινα, 행24:19, 25:19, 골3:13.

② τοῦ- το ἔχεις ὅτι: 너는 이것을 가지다,

행1:12, 계2:6, ἴδε ἔχεις τὸ σόν: 여기에 당신의 것을 당신이 가지다, 마25:25.
2. [능동태, 자동사] ~이다, ~형편에 있다.
1) [인격적 존재에 대하여] 행15:36, 21: 13, 고후12:14, 벧전4:5, ἐν ἑτοίμῳ ἔ., 고후10:6, κα- λῶς ἔ.: 좋다, 건강하다, 막6:18, κο- μψότερον ἔ.: 기분이 좋다, 요4:52.
2) [비인칭 동사] ~이다, 사정이 ~이다.
① [ἄλλως가 수반되는 경우] 딤전5:25.
② [οὕτως] 행7:1, 12:15, 17:11, 24:9.
③ τὸ νῦν ἔχον: 현재로서는, 행24:25.
3. [중간태] 굳게 하다, 매달리다.
1) [내적인 관계에 대하여] τὰ ἐχό- μενα σωτηρίας: 구원에 관한 것들, 히6:9.
2) [장소에 대하여] ἐχόμενος: 인접한, 막1:38.
3) [시간에 대하여] 바로 다음. [주] τῇ ἐ.: 이튿날, 눅13:33, 행20:15.
☞**잉태되다**(마1:18), **잉태하다**(마1:23), **입다**(마3:4), **얻다**(막3:29), **들리다**(마11:18), **생기다**(마13:27), **차지하다**(마14:4, 눅19:17), **가지다**(마18:8,9), **여기다**(마21:26), **알다**(마21:46, 몬1:17), **요구하다**(마26:65), **지피다**(막3:22), **배다**(막13:17), **다하다**(막14:8), **쓰다**(요13:29), **기다리다**(요16:30), **부리다**(계18:19). **[명] 소유**(마13:44,46).

2193. ἕως [hĕōs][146회] 헤오스
접 전 불확실한 유사어에서 유래:
1. [시간적 접속사]
1) [어떤 기간의 마지막을 나타낼 때] ~까지.
① [단순과거 직설법과 함께]
㉠ ἕως ἐστάθη: 그것이 정지하기까지, 마2:9.
㉡ ἕως ἦλ- θεν ὁ κατακλυσμός: 그 홍수가 오기까지, 마24:39, 행19:10.
② [단순과거 가정법과 ἄν이 따를 때] ἕως ἄν εἴ- πω σοι: 내가 너에게 말할 때까지, 마2:13, 5:18, 22:44, 막6:10, 9:1, 12:36, 눅20:43, 행2:35, 고전4:5, 히1:13등.
③ [현재직설법 동사와 함께] ἕως ἔρχομαι: 내가 올 때까지, 요21:22, 딤전4:13.
④ [미래 직설법 동사와 함께] ἕως ἥξει ὅτε εἴπητε: 너희가 말할 때가 오기까지, 눅13:35.
2) [동시대임을 나타낼 때] ~동안, ~한.
① [직설법 동사와 함께]
㉠ ἕ. ἡμέρα ἐστίν: 해가 있는 동안, 요9:4.
㉡ ἕ. αὐτὸς ἀπολύει τ. ὄχλον: 그가 친히 무리를 해산시키는 동안에, 막6:45.
② [가정법과 함께] 막14:32, 눅17:8.
2. [전치사격으로 사용됨] ~까지, ~에 이르기까지.
1) [시간에 대하여]
① [명사의 속격 혹은 그와 동등한 표현과 함께]
㉠ ἕως τῆς ἡμέρας, 마27:45, 눅1:80.
㉡ ἕ. τῆς ἡμέρας ἐκεί- νης, 마26: 29, 막14:25.
㉢ ἕ. τέλους: 끝까지, 고전1:8.
㉣ ἕ. αἰῶνος: 영원히.
㉤ ἕ. Ἰωάννου: 요한의 때까지, 마11: 13 등.
㉥ ἕ. τοῦ νῦν: 지금까지.
㉦ ἕ. τοῦ ἐλθεῖν αὐτὸν εἰς Καισάρειαν: 그가 가이사랴에 올 때까지, 행8:40.
② [중성관계 대명사 속격과 함께]
㉠ ἕ. οὗ: ~까지. 첫째[부정과거 직설법과 함께] 마1:25, 13:33, 눅13: 21, 행21:26, 둘째[부정과거 가정법과 함께] 마18:34, 눅15:8, 22: 18, 24:49, 행25:21, 벧후1:19, 셋째[부정어 이후에 쓰일 경우] ~까지, ~전에, 마17:9, 요13:38, 행23:12.
㉡ ἕ. ὅτου: ~까지. 첫째[부정과거 직설법과 함께] 요9:18, 둘째[부정과거 가정법과 함께] 눅13:8, 15:8, 22:16,18.
㉢ ~동안. 첫째[ἕ οὗ+가정법] 마14: 22, 26:36, 둘째[ἕ. ὅτου+직설법] 마5:25.
③ [시간부사와 함께]
㉠ ἕ. ἄρτι: 지금까지, 마11:12, 요2: 10, 5:17, 16:24, 고전4:13, 8:7, 15:6, 요일2:9.
㉡ ἕ. σήμερον, 고후3:15.
㉢ ἕ. πότε: 얼마동안, 마17:17, 막9: 19, 눅9:41, 요10:24, 계6:10. 2)[장소에 대하여]
① [장소의 속격과 함께] ~까지, 마11: 23,

누2:15, 4:29, 행11:19, 고후12: 2등.
② [인격적 존재의 속격과 함께] 누4: 42, 행8:40, 9:38.
③ [장소의 부사와 함께]
㉠ ἕ. ἄνω: 아구까지, 요2:7.
㉡ ἕ. ἔσω: 안에까지, 막14:54.
㉢ ἀπ' ἄνωθεν ἕ. κάτω: 위로부터 아래까지, 마27:51, 막15:38.
④ [전치사나 부정전치사와 함께]
㉠ ἕ. πρὸς Βη- θανίαν: 베다니까지, 누24:50.
㉡ ἕ. καὶ εἰς: 심지어 ~에까지, 행26:11.
3) [연속한 순서에 대하여] 마22:26, 행8:10, 히8:11.
4) [정도와 척도에 대하여]
① ἕ. ἑπτάκις: 일곱 번까지, 마18:21, 22.
② οὐκ ἔστιν ἕ. ἑνός: 하나도 없다, 롬3:12.
③ ἐᾶτε ἕ. τούτου: 이만해 두시오, 마26:38, 막14:34, 누22:51.

☞**~까지**(마1:17), **~전에는**(마5:8), **~도록**(마18:30), **~로**(막6:45), **얼마나**(막9:19), **동안에**(요12:35,36), **받은**(롬8:23), **가졌느니라**(고전2:16), **둘지니라**(고전11:10), **가진 바**(고전15:31), **얻을까**(고후2:3), **가진**(갈2:4), **받았으니**(엡1:7), **있음이며**(빌1:7), **계심을**(골4:1), **들어간**(살전1:9), **맡기심이니**(딤전1:12), **얻은**(딤전3:7), **둔**(딛1:6), **알진대**(몬17), **가졌으나**(히7:5), **바를**(요일1:3), **모시느니라**(요이9), **들고**(계10:2), **소유**(마13:44), **다음**(행20:15), **기다리라**(요16:30).

E

Z, ζ

Z

2194. Ζαβουλών, ὁ [Zabŏulōn][3회] 자불론
고명 히브리어 2074에서 유래: 이스라엘의 지파 '스불론', 계7:8, 영토, 마4:13.
☞**스불론**(마4:13).

2195. Ζακχαῖος, ου, ὁ [Zakchaiŏs][3회] 작카이오스
고명 히브리어 2140에서 유래: 여리고의 세리장 '삭개오', 눅19:2,5,8.
☞**삭개오**(눅19:2).

2196. Ζαρά, ὁ [Zara][1회] 자라
고명 히브리어 2226에서 유래: 예수의 족보에 나옴 '세라', 마1:3.
☞**세라**(마1:3).

2197. Ζαχαρίας, ου, ὁ [Zacharias][11회] 자카리아스
고명 히브리어 2148에서 유래: 이스라엘 사람 '사가랴'.
1) 세례요한의 아버지 제사장, 눅1:5,12, 18,21,40,59,67, 3:2.
2) 바라갸의 아들, 마23:35.
3) 예레미야 대신 나온 사람, 마27:9.
☞**사가랴**(마23:35, 눅1:5,12,40, 3:2).

2198. ζάω [zaō] 자오
동 [기본형] 단축형 ζῶ, 미완료 ἔζων, 미래 ζήσω, ζήσομαι, 제1부정과거 ἔ- ζησα:
1. 살다.
1) [죽음에 반대되는 육체적 삶에 대하여]
① [일반적으로] 롬7:1-3, 14:8, 고전7:39.
㉠ ψυχὴ ζῶ- σα: 살아있는 목숨, 고전15:45.
㉡ ὥσ- τε ἐξαπορηθῆναι ἡμᾶς καὶ τοῦζῆν: 살 소망까지 끊어지다, 고후1:8.
㉢ διὰ παντὸς τοῦ ζῆν: 일생동안, 히2:15.
㉣ ἔτι ζῶν: 그가 살아있는 동안, 마27:63.
㉤ ἡμεῖς οἱ ζῶντες: 우리가 살아있는 동안, 고후4:11, 살전4:15, 17.
㉥ ζῶντες καὶ νεκροί: 삶과 죽음, 행10:42, 롬14:9, 딤후4:1, 벧전4:5.
② [죽었다가 다시 산 사람에 대하여] 다시 살게 되다, 마9:18, 행9:41, 20:12, 계20:4,5, [예수에 대하여] 눅24:5,23, 행1:3, 롬14:9, 고후13:4, 계2:8.
③ [병든 사람에 대하여] 건강을 되찾다, 낫다, 막5:23, 요4:50, 51,53, 근심이 물러가는 것, 살전3:8.
④ [건강한 사람에 대하여] 살아가다, 살아남아 있다, 행25:24, 28:4, 약4:15.
⑤ [죽지 않을 존재에 대하여]
㉠ [멜기세덱에 대하여] 히7:8.
㉡ [하나님에 대하여] 마16:16, 26:63, 행14:15, 롬9:26, 고후3:3, 6:16, 살전1:9, 딤전3:15, 4:10, 히3:12, 9:14, 10:31, 12:22, 계7:2, ὁ ζῶν πατὴρ, 요6:57.
2) ① ζ. ἐν σαρκί [육체 안에], 갈2:20, 빌1:22.
② ἐν κόσμῳ: 세상에 산다, 골2:20.
③ ζ. ἐν θεῷ: 하나님 안에 산다, 행17:28.
3) [생을 의지하는 경우]
① ἐπί τινι: 무엇인가에 의지하여.
② ζ. ἐπ' ἄρτῳ: 빵으로 산다, 마4:4, 눅4:4.
③ ζ. ἔκ τινος: 무엇엔가로부터 먹고산다, 고전9:14.
2. [하나님의 자녀의 초자연적인 삶을 나타낼 때] 살다.
1) [세상에서] 요5:25, 6:57, 롬7:9, 6:11,13, 고후13:4, 갈5:25.
2) [내세의 영광 가운데서].
① [독립적으로] 눅10:28, 요11:25, 14:19, 롬8:13, 히12:9, ἐμοὶ τ. ζῆν Χριστός: 나에게서 삶은 그리스도가 계신 곳에서만 가능하다, 빌1:21.
② [보다 특별하게]
㉠ εἰς τὸν αἰῶνα: 영원한 생명을 가진다, 요6:51,58.
㉡ ἅμα σὺν αὐτῷ (i. e. Χριστῷ) ζ.: 그리스도와 함께 산다, 살전5:10.
㉢ ζ. κατὰ θεὸν πνεύματι: 하나님처럼 영으로 산다, 벧전4:6.

㉣ ὁ δίκαιος ἐκ πίστεως ζήσεται: 의로운 자는 믿음으로 말미암아 산다, 롬1:17, 갈3:11, 히10:38등.

3. [삶의 향방에 대하여]

1) [부사나 그 밖의 수식어를 동반하여]

① ἀσώτως, 눅15:13.

② ἐθνικῶς, 행26:5, 롬6:2, 갈2:14등, 골3:7, 딤후3:12, 딛2:12.

③ ζ. με- τὰ ἀνδρός: 남편과 함께 산다, 눅2:36.

2) ~을 위해 산다.

① ζ. τῷ θεῷ, 눅20:38, 롬6:10,11, 갈2:19.

② τῷ κυ- ριῳ, 롬14:8.

4. [분사는 사물에 대하여 비유적으로 사용된다].

1) [고여있는 물과 대조적인 생수에 대하여] ὕ- δωρ ζῶν, 요4:10, 7:38.

2) [하나님으로부터 오는 생명을 가졌거나 그것을 가져오는 모든 것에 대하여]

① λόγια ζῶντα: 생명의 말씀, 행7:38.

② λό- γος ζῶν θεοῦ, 벧전1:23, 히4:12 등.

③ λίθος ζῶν, 벧전2:4.

④ θυσία ζῶ- σα: 산 제물, 롬12:1.

⑤ λίθοι ζῶντες, 벧전2:5.

☞**살다**(마4:4, 눅2:36, 롬7:1), **살아 계시다**(마16:16, 26:63, 요4:57), **살리다**(요6:58, 롬1:17, 고전9:14), **살아나다**(행20:12). **[명] 살아있는 말씀**(행7:38).

2199. Ζεβεδαῖος, ου, ὁ [Zĕbĕdaiŏs][12회] **제베다이오스**

고명 히브리어에서 유래 [2067과 비교]: 사도 요한과 야고보의 아버지 '세베대', 마4:21, 10:2, 20:20, 26:37, 27:56, 막1:19, 3:17, 10:35, 눅5:10, 요21:2.

☞**세베대**(마4:21, 10:2, 20:20, 막1:19, 눅5:10, 요21:2).

2200. ζεστός, ή, όν [zĕstŏs][3회] **제스토스**

형 2204에서 유래: 뜨거운, 계3:15.

☞**뜨거운**(계3:15,16).

2201. ζεῦγος, ους, τό [zĕugŏs][2회] **쥬고스**

명 2218과 동일어에서 유래:

1) 멍에 ζεῦγος βοῶν, 눅14:19.

2) 쌍, 짝, 눅2:24.

☞**쌍**(눅2:24), **겨리**(눅14:19).

2202. ζευκτηρία, ας, ἡ [zĕuktēria][1회] **쥬크테리아**

명 2218과 동일어에서 유래한 파생어의 여성형: 띠, 끈, 행27:40.

☞**키**(행27:40).

2203. Ζεύς, Διός, 대격 Δία [Zĕus][2회] **쥬스**

고명 불확실한 어원에서 유래: 희랍신들의 우두머리 '제우스', 행14:12,13.

☞**제우스, 헤르메스**(행14:12,13).

2204. ζέω [zĕō][2회] **제오**

동 [기본형] 분사 ζέων: 끓이다, 삶다, ζέων τῷ πνεύματι; 끓는 열성으로, 행18: 25, τῷ πνεύματι ζέοντες, 롬12:11.

☞**열심을 내다**(행18:25, 롬12:11).

2205. ζηλός, ου, ὁ, ζηλός, ους, τό[zē- lŏs][16회] **젤로스**

명 2204에서 유래:

1) [좋은 의미로]열심, 열정, 고후9:2.

① κατὰ ζ.: 열심에 관한한, 빌3:6.

② ζ. θεοῦ: 하나님을 향한 열심, 롬10:2.

③ ζ. τοῦ οἴκου σου: 당신의 집에 대한 열심, 요2:17등, 고후7:7, 히10:27등.

2) [나쁜 의미로] 시기, 질투, 롬13:13, 고전3:3, 고후12:20, 갈5:20, πλησθῆναι ζή- λου: 시기로 가득 차게 되다, 행5:17, 13:45.

☞**열심**(요2:17, 롬10:2, 빌3:6), **시기**(행5:17, 롬13:13, 고전3:3, 고후12:20).

2206. ζηλόω [zēlŏō][11회] **젤로오**

동 제1부정과거 ἐζήλωσα, 2205에서 유래:

1. [좋은 의미로] 열심히 힘쓰다, 바라다, 노력하다.

1) [사물을 목적으로 하여]

① ζ. τὰ χαρί σματα τὰ μεί- ζονα: 더욱 가치 있는 영적 은사들을 찾는다, 고전12:31.

② τὸ προφητεύε- ιν, 고전14:39.

2) [사람을 목적으로 하여] ~에게 더욱 깊은 관심을 가지다, 누군가의 환심을 사려 하다, 고후11:2, 갈4:17.

3) [독립적으로] 열심을 나타내다, 갈4:18.

2. [나쁜 의미로] 질투로 가득하다, 누군가를 향하여 질투하다, 행7:9, 17:5, 고전13:4, 약4:2.

☞**시기하다**(행7:9, 고전 13:4, 약4:2), **사모하다**

(고전12:31, 갈4:18), **열심 내다**(고후11:2, 갈4:17, 계3:19).

2207. ζηλωτής, οῦ, ὁ [zēlōtēs][8회] **젤로테스**
명 2206에서 유래: 셀롯당, 열광자, 열심당원.
1. [열심 하려는 일의 대상이 밝혀져 있을 때]
1) [속격과 함께]
① [인격적 존재에 대하여] ζ. τοῦ θε- οῦ: 하나님을 향한 열심이 있는 사람, 행22:3.
② [사물에 대하여] ζ. ἐστε πνεμάτων: 너희는 성령을 소유하는데 열심이다, 고전14:12, ζ. καλῶν ἔρ- γων: 선한 일을 행하는데 열심이다, 행21:20, 갈1:14, 딛2:14, 벧전3:13.
2) [περί와 함께]
2. [독립적으로: 시몬 베드로와 구분하기 위하여 열심당 시몬을 나타낼 때] 눅6:15, 행1:13.
☞**열심 있는 자**(행21:20, 갈1:14, 딛2:14), **사모하는 자**(고전14:12)

2208. Ζηλωτής [Zēlōtēs] **젤로테스**
명 2207과 동일어에서 유래: 열광자[특히 유대의 정치적 독립을 추구하는 일당], 열심당원, 눅6:15.
☞**셀롯, 열심당원**(눅6:15).

2209. ζημία, ας, ἡ [zēmia][4회] **제미아**
명 1150의 어간과 유사: 손해, 손실, 분리한 것, μετὰ πολλῆς ζ. τινός: 무엇인가에 많은 손실을 가지고, 행27:10,21, 빌3:8.
☞**손해**(행27:10), **손상**(행27:21), **해**(빌3:7, 8).

2210. ζημιόω [zēmiŏō][6회] **제미오오**
동 제1부정과거 ἐζημιώθην, 제1부정과거가정법 ζημιωθῶ, 제1부정과거분사 ζημιωθείς, 미래수동태 ζημιωθή- σομαι, 2209에서 유래: 손해를 주다, 해치다, 벌을 주다.
1) 손해보다, 상실하다, 해를 입다, 마16: 26, 막8:36, 눅9:25, 고후7:9, 빌3:8.
2) 벌을 받다, 고전3:15.
☞**잃다**(마16:26, 막8:36, 눅9:25), **해(害)받다**(고전3:15, 고후7:9), **잃어버리다**(빌3:8).

2211. Ζηνᾶς, 대격 ᾶν, ὁ [Zēnas][1회] **제나스**
고명 2203과 1435의 시적 형태의 압축형: 신에게 바쳐진, 한 그리스도인 '세나', 딛3:13.
☞**세나**(딛3:13).

2212. ζητέω [zētĕō][117회] **제테오**
동 미완료 ἐζήτουν, 미완료 단수3인칭수동 ἐζητεῖτο, 미래 ζητήσω, 제1부정과거 ἐζήτησα, 미래수동태 ζητη- θήσομαι, 불확실한 유사어에서 유래:
1. 발견하려고 찾다, 구하다.
1) [문자적으로]
① [잃는 것을] 마28:5, 막1:37, 눅2: 48, 19:10, 요6:24,26, 7:34, 36등.
② [자기와 관계를 맺기 원하고 또 어디서 찾는지 알지 못하면서도 얻기를 원하고 존재를 찾을 때] 요18;4, 행10:19,21, 딤후1:17, ζητεῖν τ. θε- όν, εἰ ἄραγε αὐτὸν εὕροιεν: 그들이 하나님을 발견하기 원하여 하나님을 찾는다. 마2:13, 12:43, 눅11: 9,24등, 행17:27, 롬10:20등.
2) 찾아다니다, 누군가를 찾아 헤매다, 막3:32, 행9:11.
3) 조사하다, 검사하다, 생각하다, 궁리하다, 막11:18, 14:1,11, 요16:19, [법적 용어로] 요8:50, 11:56.
2. [찾는다는 기본적인 의미에서 상당히 멀어진 것]
1) 얻으려고 노력하다, 무엇인가를 소유하고자 하다, 마6:33, 26:16, 막14: 55, 눅12:31, 22:6, 요5:44, 7:18, 롬2:7, 고전7:27, 고후12:14, 골3:1, 벧전3:11등.
2) 애쓰다, 목표를 삼다, 원하다.
① [무엇을] 요5:30, 빌2:21등, 고전7: 27, 계9:6.
② [의문문과 함께] τί ζητεῖτε: 무엇을 원하는가, 요1:38, 4:27.
③ [부정사와 함께] 마12:46, 막12:12, 눅5:18, 9:9, 17:33, 요5:18, 7:1, 롬10:3, 갈2:17등.
④ ζ. τὴν ψυχήν τινος: 누군가의 생명을 찾는다, 마2:20, 롬11:3.
3) 요구하다, 막8:12, 고전1:22, 고후13:3등, ζητεῖται ἐν τ. οἰκονόμοις ἵνα: 관리자에게 ~을 요구하다, 고전4:2.
☞**찾다**(마2:13, 막1:37, 눅2:45), **구하다**(마6:33, 막8:11, 눅11:24), **잡다**(마21:46), **꾀하다**(막11:18), **힘쓰다**(눅6:19, 요19:12, 행16: 10), **보다**(눅9:9), **모의하다**(요5:18), **묻다**(요16:19), **요구하다**(히8:7).

2213. ζήτημα, ατος, τό [zētēma][5회] **제테마**
명 2212에서 유래: [논란이 되는] 문제, 논쟁, 행15:2, 26:3, περί τινος: 무엇인가에 대하여 문제를 갖다, 행18:15, 25:19.
☞**문제**(행15:2, 23:29, 26:3).

2214. ζήτησις, εως, ἡ [zētēsis][7회] **제테시스**
명 2212에서 유래:
1) 조사, 행25:20, 딤전6:4, 딤후2:23, 딛3:9.
2) 논란이 되는 문제, 논쟁, 딤전6:4.
3) 토론, 논쟁, 요3:25, 행15:2,7.
☞**변론**(요3:25, 딤전1:4, 딤후2:23), **심문**(행25:20).

2215. ζιζάνιον, ου, τό [zizaniŏn][8회] **지자니온**
명 기원은 불확실함: 독보리, 가라지, 마13:25,26,27,29,30,36,38,40.
☞**가라지**(마13:25,29,40).

2216. Ζοροβάβελ, ὁ [Zŏrŏbabĕl][3회] **조로바벨**
고명 히브리어 2216에서 유래: 다윗의 후손으로서 첫 포로 귀환 이후 예루살렘의 총독이 된 자 '스룹바벨', 마1:12, 눅3:27.
☞**스룹바벨**(마1:12, 눅3:27).

2217. ζόφος, ου, ὁ [zŏphŏs][5회] **조포스**
명 3509의 어간과 유사:
1) 어둠, 암흑, 히12:18.
2) 특별히 아래의 어둠, 땅 아래의 곳 자체, 벧후2:17, 유1:13, ὑπὸ ζόφον: 어둠 가운데, 유1:6.
☞**흑암**(유1:6), **어둠**(벧후2:17), **캄캄함**(벧후2:17, 유1:13).

2218. ζυγός, οῦ, ὁ [zügŏs][6회] **쥐고스**
명 ζεύγνυμι '연합하다'의 어간에서 유래:
1) 멍에, 마11:29, 행15:10, 갈5:1, 딤전6:1.
2) 저울대, 저울, 계6:5.
☞**멍에**(마11:29, 행15:10, 딤전6:1), **저울**(계6:5).

2219. ζύμη, ης, ἡ [zümē][13회] **쥐메**
명 2204에서 유래: 누룩, 효모.
1) [문자적으로] 마13:33, 16:12, 눅13:21, [주] μικρὰ ζύμη ὅλον τὸ φύραμα ζυ- μοῖ: 온 덩어리에 퍼지는 적은 누룩, 고전5:6, 갈5:9.
2) [상징적으로]
① [바리새파와 사두개파의 가르침에 대하여] 마16:6,11.
☞**누룩, 효모**(마13:33, 눅13:21, 고전5:8).

2220. ζυμόω [zümŏō][4회] **쥐모오**
동 2219에서 유래: 발효시키다, 고전5:6, 갈5:9, [수동으로] 마13:33, 눅13:21.
☞**발효시키다, 띠우다, 부풀게 하다**(고전5:6, 갈5:9, 마13:33, 눅13:21).

2221. ζωγρέω [zōgrĕō][2회] **조그레오**
동 완료 수동 분사 ἐζωγρημένος, 2226의 동일어와 64에서 유래: 생포하다[상징적으로], 눅5:10, 딤후2:26.
☞**취하다**(눅5:10), **사로잡히다**(딤후2:26).

2222. ζωή, ῆς, ἡ [zōē][135회] **조에**
명 2198에서 유래: 생명.
1. [육체적 생명에 대하여]
1) [반] θάνατος, 롬8:38, 고전3:22, 빌1:20, [때]
① ἐν τῇ ζωῇ σου: 네가 살아있는 동안, 눅16:25, 행8:33, 약4:14.
② ἐν τῇ ζ. ταύτῃ: 이생에, 고전15:19.
③ τέλος ζωῆς: 생의 마지막, 히7:3.
④ ζωὴ κ. πνοή: 생명과 숨, 행17:25.
⑤ πνεῦμα ζωῆς: 생기, 계11:11.
⑥ ψυχὴ ζωῆς; 살아있는 것, 계16:3.
㉠ [하늘의 몸으로 옷 입은 사람에 대하여] 고후5:4.
㉡ [부활하신 그리스도의 생명에 관하여] 롬5:10, 고후4:10.
2) 생의 도구, 생계.
2. [하나님과 그리스도에게 속한 초자연적인 생명에 대하여]
1) 하나님과 그리스도
① [하나님에 대하여] 요5:26, 12:50, 요일5:20.
② [그리스도에 대하여] 요1:4, 5:26, 행3:15등, 요일5:11.
2) ① [하나님과 그리스도에게서 얻은 신자들의 생명에 대하여]
㉠ ἐν καινότητι ζωῆς περιπατεῖν: 새 생명 가운데서 행한다, 롬6:4.
㉡ ἀπηλλοτριωμένοι τ. ζωῆς τ. θεοῦ: 하나님의 생명에서 떠나있다, 엡4:18.
㉢ ἡ ζωὴ τ. ἀνθρώπων [사람의 생명, 구원과 영광의 생명에 대하여] 요6:68, 행5:20, 고후4:12, 빌2:16, 딤후1:1,

10등.

② [종말의 축복된 시기에 있을 생명에 대하여]

㉠ ἐν τῷ αἰῶνι τῷ ἐρχομένῳ ζ. αἰ: 내세에서의 영생, 마19:29등, 막10:30, 눅18:30.

㉡ ζ. ἐκ νεκρῶν: 죽은 상태로부터 벗어난 사람의 생명, 롬11:15, 갈6:8, 딤전1:16등.

☞**생명**(마7:14), **이 세상의 삶**(고전15:19), **생기**(계11:11).

2223. ζώνη, ης, ἡ [zōnē][8회] 조네

명 2218의 어간과 유사: 허리끈, 띠, 마3:4, 막1:6.

1) [바울에 대하여] 행21:11.

2) [인자에 대하여] 계1:13.

3) [천사에 대하여] 계15:6등.

☞**전대**(마10:9, 막6:8), **띠**(행21:11).

2224. ζώννυμι, ζωννύω [zōnnümi][3회] 존뉘미

동 미완료 단수2인칭 ἐζώννυες, 미래 ζώσω, 제1부정과거 ἔζωσα, 제1부정과거 중간태 명령 ζῶσαι, 2226에서 유래: 묶다, 스스로 띠를 띠다, 행12:8.

☞**띠로 묶다**, **띠 띠우다**(요21:18).

2225. ζωογονέω [zōŏgŏnĕō][3회] 조오고네오

동 미래 ζωογονήσω, 2226의 동일어와 1096의 파생어에서 유래:

1) ~에게 생명을 주다, 살려주다, 딤전6:13.

2) 살려두다, 눅17:33, [수동으로] 행7:19.

☞**살리다**(눅17:33), **살다**(행7:19).

2226. ζῷον, ου, τό [zōŏn][23회] 조온

명 2198의 파생어의 중성형:

1) 살아있는 것[사람도 아니고 일반 동물도 아닌 존재를 나타낼 때] 계4:6-9, 5:6,8, 11,14, 6:1,3,5-7, 7:11, 14:3, 15:7, 19:4.

2) [일반 동물] 히13:11, 벧후2:12, 유1:10.

☞**짐승**(히13:11, 벧후2:12, 유1:10), **생물**(계19:4).

2227. ζωοποιέω [zōŏpŏiĕō][11회] 조오포이에오

동 미래 ζωοποιήσω, 제1부정과거 부정사 ζωοποιῆσαι, 제1부정과거 수동태 ἐζωοποιήθην, 제1부정과거 분사 ζωοποιηθείς, 2226의 동일어와 4160에서 유래: 살려주다, 생명을 주다.

1) [문자적으로]

① [하나님에 대하여] 딤전6:13.

② [초자연적인 생명에 대하여] 요5:21, 롬4:17, 8:11.

③ [그리스도에 대하여] 요6:63, 고전15:22, 고후3:6, 갈3:21, 벧전3:18.

2) [덜 강조되고 상징적으로]

3) [씨의 움틈에 대하여] 고전15:36.

☞**살리다**(요5:21, 롬4:17, 벧전3:18), **살아나다**(고전15:36), **살려주다**(고전15:45), **살게 하다**(갈3:21).

Η, η

2228. ἤ [ē][344회] 에

접 [기본불변사]

1. [접속사];

1) 분리.

① [서로 배타되는 반대를 나타냄] 마21:25, 막12:14, 눅2:24, 롬14:4, 고전7:11, 계3:15.

② [서로 관계되거나 유사한 숙어들, 즉 어느 하나가 다른 것을 대신하거나 하나가 다른 것을 보충하는 술어들인 경우] 마5:17, 10:11,14,37, 17: 25, 막14:17, 10:40, 눅14:12, 요2: 6, 행4:34, 롬14:13, 고전13:1, 벧전1:11.

2) ① ἤ–ἤ: ~이거나 ~또는, 마6:24, 12: 33, 눅6:13.

② ἤ–ἤ–ἤ: ~이든지 ~이든지 또는 ~이든지, 고전14:6.

③ ἤτοι–ἤ: ~이든지 ~이든지 ~또는, 롬6:16.

3) [부정적인 진술에서] 마5:18, 10:19, 막7:12, 요8:14, 행1:7, 롬1:21, 갈3: 15, ἵνα μή τις δύνηται ἀγοράσαι ἢ πωλῆσαι: 아무도 사거나 팔 수가 없기 때문에, 계13:17, [부정적인 수사 의문문에서] 마7:16, 막4:21, 고전1:13, 약3: 12.

4) ἤ가 종종 의문문에 나타난다.

① [수사적 질문에 소개하거나 첨가하기 위해서]

㉠ ἢ δοκεῖς ὅτι: 당신은 ~이라고 생각하는가?, 마26:53.

㉡ ἢ Ἰουδαίων ὁ θεὸς μόνον: 하나님이 유대인만의 하나님이시냐?, 롬3:29.

㉢ ἢ ἀγνοεῖτε: 당신은 알지 못하느냐?, 롬6:3, 7:1등.

② [앞에 나온 질문과 병립되거나 보충이 되는 질문을 소개한다] οὐκ ἀνέγνωτε...; ἢ οὐκ ἀ– νέγνωτε....: ~을 읽지도 못하였소?, 또 ~도 읽지 못하였소?, 마12:5, 눅13:4, 롬2:4, 고전9:6, 11:22, 고후3:1등.

③ [직접 혹은 간접적인 이중의 질문에 있어서 두 번째 것을 소개한다]

㉠ πότερον–ἤ: ~이든지 또는 ~이든지, 요7:17.

㉡ ἤ–ἤ–ἤ–ἤ: ~인지 ~인지 ~인지, 또는 ~인지, 막13:35.

㉢ [대부분 첫 번째는 분사 없이 나온다] 마27:17, 요18:34, 행8:34, 롬4:10, 고전4:21, 갈1:10, 3:2,5.

④ [의문사와 함께]

㉠ ἢ τίς, 마7:9, 막11:28, 눅14:31, 요9:21, 롬3:1등.

㉡ τίς ... τίς, ἢ τίς..., 고전9:7.

㉢ τί..., ἢ τί..., 마16:26, 고전7:16.

2. [비교급을 나타내는 불변사]

1) [비교급의 뒤, 비교되는 것의 앞에 나타난다] 마10:15, 11:22,24, 눅10:12, εὐκοπώτερο– νἤ, 마19:24, 막10:25등, μᾶλλον ἤ: 보다 오히려 더, 마18:13, 요3:19, 행4:19, 5:29, 고전9:15.

2) [비교급이 앞에 나오지 않는 경우]

① [μᾶλλον을 동반하지 않는 동사와 함께] 눅15:7, 17:2, θέλωἤ: ~보다 ~을 더 원한다, 고전14:19등.

② [원급 형용사 다음에서] καλόν ἐστιν–ἤ: ~보다 ~이 더 낫다, 마18:8,9, 막9:43,45,47.

③ [ἤ는 배타적인 사상을 가지고 비교급에서 사용된다] 눅18:14.

3) οὐδὲν ἕ– τερον ἤ: ~밖에 아무 것도 ~아닌, 행17:21, τί... ἤ: ~외에 무엇이, 행24:21.

4) πρὶν ἤ: ~전에.

① 제1부정과거와 함께, 마1:18, 막14: 30, 행7:2.

② [과거 가정법이나 ἄν이 따를 때] 눅2:26.

③ 현재 희구법이 따를 때, 행25:16.

5) 다른 불변사와 함께 사용될 때.

① ἀλλ' ἤ[ἀλλά 참조].

② ἤπερ: ~보다, 요12:43, ἢ γάρ, 눅18:14.

☞**~보다**(마18:8).

2229. ἦ [ē] 에

부 아마 2228의 강세형, 오직 3303앞에서만 사용: 참으로, 고전9:10,15, 히6:14. [주] ἦ μήν: 참으로.

2230. ἡγεμονεύω [hēgĕmŏnĕuō][2회] 헤게모뉴오
동 2232에서 유래: 지도자가 되다, 명령하다, 통치하다, 눅2:2, 3:1.
☞**통치하다, 총독이 되다**(눅2:2, 3:1).

2231. ἡγεμονία, ας, ἡ [hēgĕmŏnia][9회] 헤게모니아
명 2232에서 유래: 지배, 통치, 명령, 지시.
1) [제국의 통솔권에 대하여] 눅3:1.
2) [총독의 직권에 대하여].
☞**통치**(눅3:1).

2232. ἡγεμών, όνος, ὁ [hēgĕmōn][20회] 헤게몬
명 2233에서 유래:
1) 군주, 마2:6.
2) [한 영토의, 제국의]통치자, 마10:18, 막13:9, 눅21:12, 벧전2:14, [특별히 유대의 총독장관에 대하여] 마27:2, 11,14,21,27, 28;14, 눅20:20, 행23: 24,26,33, 24:1,10, 26:30.
☞**다스리는 자**(마2:6), **총독**(마10:18, 눅20:20, 행26:30, 벧전2:14), **권력자**(막13:9).

2233. ἡγέομαι [hēgĕŏmai][28회] 헤게오마이
동 제1부정과거 ἡγησάμην, 완료 ἥ- γημαι, 71의 강세형의 중간태:
1) 지도하다, 인도하다, [분사로] (ὁ) ἡγού- μενος: 지도자, 인도자, 통치자, 눅22:26.
① [장관의 권위에 대하여] 마2:6.
② [고위직에 대하여] 행7:10.
③ [기독교회의 우두머리에 대하여] 히13:7,17,24.
2) 생각하다, 사려하다, 간주하다, 고후9:5, 빌3:8, 벧후1:13. [주] [대격을 2개 동반하여] 무엇을 무엇이라고 또는 누군가를 누구라고 생각하다, 행26:2, 빌2:3,6, 3:7, 딤전1:12, 6:1, 히10:29, 11:11,26, 벧후2:13, 3:15등.
☞**지도하다, 인도하다, 통치하다, 생각하다, 여기다**(마2:6, 눅22:26, 행7:10, 행15:22, 행26:2, 빌2:3, 살전5:13, 고후9:5, 히13:7, 벧후3:9, 빌2:25).

2234. ἡδέως [hēdĕōs][5회] 헤데오스
부 2237의 어간의 파생어에서 유래: 기쁘게, 막6:20, 12:37.
[주] ἀνέ- χεσθαι: 너그럽게 봐주다, 고후11:19.
☞**달갑게**(막6:20), **즐겁게**(막12:37), **기쁘게**(고후11:19).

2235. ἤδη [ēdē][61회] 에데
부 2228과 1211에서 유래된 듯: 이제는, 지금, 이미.
1) [시간에 대하여]
① [현재 시제와 함께] 마3:10, 15:32, 막4:37, 8:2, 11:11, 눅7:6, 21:30, 요4:35, 11:39. [주] ἤδη καί: 지금조차, 이미, 눅3:9, 즉시, 눅21:30.
② [과거 시제와 함께] 마14:15,24, 17: 12, 막6:35, 13:28, 15:42,44, 눅12:49.
③ ἤδη ποτέ: 이제, 마침내, 롬1:10, 빌4:10.
2) [논리적 근사성 또는 직접성을 나타냄] 마5:28, 요3:18, 고전6:7.
☞**이제**(롬1:10, 빌4:10), **이미**(살후2:7), **마침내, 벌써**(막15:44).

2236. ἥδιστα [hēdista] 헤디스타
부 2234의 동일어의 최상급 중성 복수: 큰 기쁨을 가지고, 아주 기쁘게, 고후12:9,15.
☞**가장(매우) 기쁘게, 크게 기뻐함으로**(고후12:9,15).

2237. ἡδονή, ῆς, ἡ [hēdŏnē][5회] 헤도네
명 '기뻐하다'에서 유래:
1) 기쁨, 쾌락, 즐거워함, 눅8:14, 딛3:3, 벧후2:13.
2) 호감을 주는 기호.
☞**향락**(눅8:14), **행락**(딛3:3), **정욕**(약4:1,3), **연회**(벧후2:13).

2238. ἡδύοσμον, ου, τό [hēdüŏsmŏn][2회] 헤뒤오스몬
명 2234의 동일어와 3744의 합성어의 중성형: 박하, 마23:23, 눅11:42.
☞**박하**(마23:23, 눅11:42).

2239. ἦθος, ους, τό [ēthŏs][1회] 에도스
명 1485의 강세형: 풍속, 용도, 습관, 고전15:33.
☞**행실**(고전15:33).

2240. ἥκω [hēkō][26회] 헤코
동 [기본형] 미완료 ἧκον, 미래 ἥξω, 제1부정과거 ἧξα: 이르렀다, 임하여왔다.

1. [인격적 존재에 대하여]
1) [출발점이 언급되어 있는 경우]
① ἀ- πό τινος, 마8:11, 눅13:29.
② ἔκ τι- νος, 요4:47, 롬11:26.
③ μακρόθεν, 마8:3.
2) [목표가 언급되어 있는 경우]
① εἴς τι, 요4:47.
② πρός τινα, 행28:23, [적대적인 의미로] 계3:3.
3) [독립적으로] 마24:50, 눅12:46, 15: 27, 요8:42, 히10:7,9, 요일5:20.
4) [종교적인 용어로]
① [신성의 내림에 대하여] 요8:42.
② [예배자가 신성 앞에 오는 것에 대하여] 계15:4.
2. [시간이나 사건에 대하여] 마24:14, 요2:4, 벧후3:10, 계18:8등.
☞**이르다**(마8:11, 눅12:46, 요2:4, 계3:3), **돌아가다**(마23:36), **오다**(마24:14, 눅13:35, 요6:37), **돌아오다**(눅15:27).

2241. ἠλί [ēli][2회] **엘리**
명 히브리어에서 유래[410 참조]: 나의 하나님, 마27:46.
☞**엘리**(마27:46).

2242. Ἡλί [Hēli][1회] **헬리**
고명 히브리어 5941에서 유래: 예수의 족보에 나오는 요셉의 아버지 '헬리', 눅3:23.
☞**헬리**(눅3:23).

2243. Ἡλίας, ου, ὁ [Hēlias][29회] **헬리아스**
고명 히브리어 452에서 유래: 디셉 사람 선지자 '엘리야', 마11:14, 16:14, 17:3, 10, 27:47,49, 막6:15, 8:28, 9:4,11, 15: 35, 눅1:17, 4:25, 9:8,19,30,33,54, 요1:21,25, 약5:17.
☞**엘리야**(마11:14, 16:14, 막6:15, 8:28, 눅1:17, 4:25, 요1:21,25, 약5:17).

2244. ἡλικία, ας, ἡ [hēlikia][8회] **헬리키아**
명 3245와 동일어에서 유래:
1. 나이, 생애.
1) [일반적으로 지내는 시간에 대하여] 마6:27, 눅12:25.
2) [일반적인 의미의 나이] προκόπτειν ἐν τ. ἡ- λικίᾳ: 나이 들어감에 따라서, 눅2:52.
3) [어떤 사물에 있어서 효율적이거나 필요불가결한 나이에 대하여]
① [힘의 나이] παρὰ καιρὸν ἡλικίας: 정상적인 나이를 지나서, 히11:11, 엡4:13.
② [법적인 성숙의 나이에 대하여] ἡλικίαν ἔχειν: 장성하다, 요9:21,23.
2. 육체적인 크기, 키, 마6:27, 눅12:25, 19:3, 엡4:13.
☞**키**(마6:27, 눅2:52, 12:25), **나이**(히11:11), **장성**(요9:21,23, 엡4:13).

2245. ἡλίκος, η, ον [hēlikŏs][3회] **헬리코스**
형 ἧλιξ '동료, 동년배'에서 유래: 얼마나 큰, 얼마나 많은, 골2:1, 약3:5.
☞**~만큼 큰, 얼마나 큰**(골2:1), **얼마나 많은**(약3:5).

2246. ἥλιος, ου, ὁ [hēliŏs][32회] **헬리오스**
명 ἕλη '광선'에서 유래:
1) 태양, 마13:43, 17:2, 눅21:25, 행2:20, 26:13, 27:20, 고전15:41, 계1:16, 6:12, 8:12, 10:1, 12:1, 16:8, 19:17, 21:23.
2) ἥ.: 태양의 열기, 계7:16.
3) 태양빛, 행13:11, φῶς ἡλίου: 햇빛, 계22:5 등.
☞**해**(마5:45, 막1:32, 행2:20).

2247. ἧλος, ου, ὁ [hēlŏs][2회] **헬로스**
명 불확실한 유사어에서 유래: 못, 요20:25.
☞**못**(요20:25).

2248. ἡμᾶς [hēmas] **헤마스**
대 1473의 대격 복수: 우리를, 마6:13, 고후5:5등.
☞**우리를**(마6:13, 행1:21).

2249. ἡμεῖς [hēmĕis][864회] **헤메이스**
대 1473의 주격 복수: 우리, 행2:8등.
☞**우리가**(요1:16).

2250. ἡμέρα, ας, ἡ [hēmĕra][389회] **헤메라**
명 '앉다'의 파생어의 여성형: 날.
1. [해가 떠서 질 때까지의 자연적인] 날.
1) [문자적으로] 마4:2.
① ἡμέρα γίνε- ται: 날이 밝아온다, 눅4:42, 6:13, 22:66, 행12:18, 16: 35, 27:29,33.
② ἡμέρας μέσης: 대낮에, 정오에, 행26:13.
③ ἡμέρας καὶ νυκτός: 낮과 밤, 막5:5, 눅18:7, 행9:24, 살전2:9, 3: 10, 살후3:8.
④ τάς ἡμέρας: 매일, 눅21:37.

H

⑤ πᾶσαν ἡμέραν: 날마다, 행5:42.
⑥ [개별적인 의미를 나타내는 대격] συμφωνεῖν ἐκ δηναρίου τὴν ἡμέρα: 하루에 한 데나리온으로 합의하다, 마20:2.
2) [상징적으로] 하룻길, 눅2:44, υἱοὶ φωτὸς καὶ υἱοὶ ἡμέ-ρας: 빛과 낮의 아들들, 살전5:5.
2. [밤까지를 포함한] 하루, 마6:34, 15: 32, 막6:21, 눅13:14, [시간의 반대어] 마25:13, τεσσεράκοντα ἡμερῶν:40일 동안, 행1:3, μιᾷ ἡμέρᾳ: 하루에, 고전10:8, ὅλην τ. ἡμέραν; 하루 온종일, 롬10:21. [주] 전치사와 함께 쓰일 경우:
① [ἀπό와 함께] 마22:46, 요11:53, 행20:18.
② [διὰ와 함께] 막2:1, 14:58, 행1:3.
③ [ἐν과 함께] 눅5:17, 8:22, 요5:9등.
④ [ἐπί와 함께] 행13:31, 히11:30등.
⑤ [κατὰ와 함께] 마26:55, 눅11:3, 히3:13등.
⑥ [πρὸ와 함께] 요12:1등.
3. [매우 특수한 목적을 가지고 지정된] 날.
1) τακτῇ ἡμέρᾳ, 행12:21, ἡ-μέραν τάξασθαι, 행28:23, στῆσαι, 행17:31등.
2) 심판의 날.
① ἀνθρωπί-νη ἡμ.: 인간의 법정이 지정한 날, 고전4:3.
② 하나님의 최후의 심판의 날, 눅17: 30, 벧후3:12, 계16:14등, 예수가 심판주로 나타남, 고전5:5, 살전5: 2, 살후2:2, 벧후3:10.
4. [긴 시간을 가리킬 때] 시간, 시대.
1) [단수로] ἐν τ. ἡμέρᾳ τ. πονηρᾷ: 악한 날에, 엡6:13, ἐν ἡμ. σωτηρίας: 구원의 때에, 고후6:2, 이집트로부터 구출되던 때, 히8:9.
2) [주로 복수로 나타난다] ἐν ἡμέραις Ἡρῴδου: 헤롯의 통치시대에, 마2:1, 눅1:5, Νῶε: 노아의 때, 눅17:26, 벧전3:20, πάσας τὰς ἡμέρας: 언제나, 마28:20, ἐν τ. ἡμέραις ἐκεί-ναις: 그때에, 마3:1, 24:29,38, 막1:9, 눅2:1, 4:2, 5:35, πρὸς ὀλίγας ἡμ.: 잠깐 동안, 히12:10, [특별히 생애를 나타냄] πάσαις τ. ἡμέραις ἡμῶν: 우리의 일생동안에, 눅1:75, μήτε ἀρ- χὴν ἡμερῶν μήτε ζωῆς τέλος ἔχων: 생애의 시작도 끝도 없는, 히7:3.
☞**때**(마2:1, 막1:9, 눅23:7), **날**(마7:22, 막2: 20, 눅4:2), **하루**(눅2:44, 8:22), **시대**(눅4:25), **낮**(요11:9, 살전5:5), **나이**(눅1:7), **세**(눅2:37), **오래**(행15:7), **날짜**(행28:23), **주**(살후3:8), **무렵**(막8:1).

2251. ἡμέτερος, α, ον [hēmĕtĕrŏs][8회] **헤메테로스**
[형] 2349에서 유래: 우리의[명사와 함께 사용됨], 행2:11, 롬15:4, 딤후4: 15, 요일1:3, 2:2, οἱ ἡμ.: 우리 백성[즉 크리스천], 딛3:14.
☞**우리의**(행2:11, 롬15:4)

2252. ἤμην [ēmēn] **에멘**
[동] 나는 있다, 존재한다(1510)의 미완료, 2258의 연장형: 나는 ~였다, ἦ를 참조.

2253. ἡμιθανής, ές [hēmithanēs][1회] **헤미다네스**
[형] 2255의 어간과 추정된 2348의 합성어에서 유래: 거의 죽은, 눅10:30.
☞**거의 죽은**(눅10:30).

2254. ἡμῖν [hēmin] **헤민**
[대] 1473의 여격 복수: 우리에게, 눅1:1등.
☞**우리에게**(마3:15), **우리를**(눅22:8), **우리**(요1:14).

2255. ἥμισυς, εια, υ [hēmisu][5회] **헤미쉬쓰**
[형][명] 소유격 ἡμίσους, 중성 복수 ἡ-μίση, 260과 유사한 비분리 접두사로부터 온 파생어의 중성형: 절반.
1) [명사와 함께 사용된 형용사로] 눅19:8.
2) [명사로서] τὸ ἥ.: 절반, 계12:14, ἕως ἡμίσους τῆς βασιλείας μου: 내 나라의 절반까지라도, 막6:23.
☞**절반**(막6:23, 눅19:8), **반**(계11:9,11, 12:14).

2256. ἡμιώριον, ου, τό [hēmiōriŏn][1회] **헤미오리온**
[명] 2255의 어간과 5610으로부터 유래: 반 시간, 계8:1.
☞**반 시**(계8:1).

2257. ἡμῶν [hēmōn] **헤몬**
[대] 1473의 복수 속격: 우리의, 요3:11, 고후3:2등. 우리의(고전12:23), 우리와(골1:7).

2258. ἦν [ēn] **엔**
[동] 1510의 미완료형: 나는 ~이었다, 당신은 ~이었다, 막1:6, 요1:1.

2259. ἡνίκα [hēnika][2회] **헤니카**
부 시간을 가리키는 불변사, 불확실한 유사어에서 유래: ~때, ~한 그때에.
1) [현재 가정법+ἄν과 함께] ~때마다, 고후3:15.
2) [과거 가정법+ἐάν과 함께] ~때에, ~한 때마다, 고후3:16.
☞**때에**(고후3:15), **언제든지**(고후3:16).

2260. ἤπερ [ēpĕr][1회] **에페르**
불변사. 2228과 4007에서 유래: 보다, 요12:43.
☞**~보다, ~보다 더**(요12:43).

2261. ἤπιος, α, ον [ēpiŏs][1회] **에피오스**
형 아마도 2031에서 유래: 온순한, 친절한, 온화한, 부드러운 살전2:7, 딤후2:24.
☞**유순한**(살전2:7), **온유한**(딤후2:24).

2262. Ἤρ, ὁ [Ēr][1회] **에르**
고명 히브리어 6147에서 유래: 예수의 족보에 나오는 이스라엘 사람 '에르', 눅3:28.
☞**에르**(눅3:28).

2263. ἤρεμος, ον [ērĕmŏs][1회] **에레모스**
형 아마 2048의 도치: 조용한, 잔잔한, 고요한, 딤전2:2.
☞**고요한**(딤전2:2).

2264. Ἡρῴδης, ου, ὁ [Hērōdēs][43회] **헤로데스**
고명 ἥρως '영웅'과 1491의 합성어에서 유래: 유대의 왕들의 이름 '헤롯'.
1) 헤롯 대왕, 헤롯1세, 마2:1-22, 눅1:5, 행23:35.
2) 헤롯 대왕의 아들 헤롯 안티파스, 마14:1,3,6, 막6:14-22, 8:15, 눅3:1, 8:3, 9:7등.
3) 헤롯 아그립바1세, 행12:1,6,11,19,21.
☞**헤롯**(마2:1-22, 눅1:5, 행23:35), **안디바**(마14:1,3, 막6:14-22, 눅8:3, 9:7), **아그립바**(행12:1, 6,11).

2265. Ἡρῳδιανοί, ῶν, οἱ [Hērōdianŏi][3회] **헤로디아노이**
명 2264의 파생어의 복수: 헤롯 당원들, 헤롯의 일파, 마22:16, 막3:6, 12:13.
☞**헤롯 당원들**(마22:16, 막3:6, 12:13).

2266. Ἡρῳδιάς, άδος, ἡ [Hērōdias][6회] **헤로디아스**
고명 2264에서 유래: 헤롯 대왕의 손녀 '헤로디아', 마14:3,6, 막6:17,19,22, 눅3:19.
☞**헤로디아**(마14:3,6, 막6:17,19, 눅3:19).

2267. Ἡρῳδίων, ωνος, ὁ [Hērōdiōn][1회] **헤로디온**
고명 2264에서 유래: '헤로디온' [유대 크리스천], 롬16:11.
☞**헤로디온**(롬16:11).

2268. Ἡσαΐας, ου, ὁ [Hēsaïas][22회] **헤사이아스**
고명 히브리어 3470에서 유래: 이스라엘의 대선지자 '이사야', 마3:3, 4:14, 막7: 6, 눅3:4, 요1:23, 12:38, 행28:25, 롬9: 27등.
☞**이사야**(마3:3, 4:14, 막7:6, 눅3:4).

2269. Ἡσαῦ, ὁ [Ēsau][3회] **에사우**
고명 히브리어 6215에서 유래: 이삭의 첫째 아들 '에서', 롬9:13, 히11:20, 12:16.
☞**에서**(롬9:13, 히11:20, 12:16).

2270. ἡσυχάζω [hēsüchazō][5회] **헤쉬카조**
동 제1부정과거 ἡσύχασα, 명령 ἡσύ- χασον, 2272와 동일어에서 유래:
1) 조용히 하다, 쉬다, 눅23:56, 살전4:11.
2) 침묵을 지키다, 조용히 있다, 눅14:4, 행11:18, 21:14.
☞**잠잠하다**(눅14:4, 행11:18), **쉬다**(눅23: 56), **그치다**(행21:14), **조용하다**(살전4:11).

2271. ἡσυχία, ας, ἡ [hēsüchia][4회] **헤쉬키아**
명 2272의 여성형:
1) 적막, 휴식, 살후3:12.
2) 침묵, 행22:2, 딤전2:11.
☞**정숙, 무언, 조용함**(행22:2, 딤전2:12, 살후3:12, 딤전2:11).

2272. ἡσύχιος, ον [hēsüchiŏs][2회] **헤쉬키오스**
형 아마 1476의 어간과 파생어, 2192의 합성어의 연장형: 조용한, 딤전2:2, 벧전3:4.
☞**평안한**(딤전2:2), **안정한**(벧전3:4).

2273. ἤτοι [ētŏi][1회] **에토이**
접 2228과 5140에서 유래: 정말로 ~인지 아닌지, 롬6:16.
☞**~이든지**(롬6:16).

2274. ἡττάω [hēttaō][2회] **헷타오**
동 완료 수동태 ἥττημαι, 제1부정과거 수동태 ἡττήθην, 2276의 동일어에서 유래: 패배하다, 지다, 굴복하다, 고후12:13, 벧후2:19.

☞**부족하게 하다**(고후12:13), **지다**(벧후2:19).

2275. ἥττημα, ατος, τό [hēttēma][2회] 헷테마

명 2274에서 유래: 실패, 패배, 롬11:12, 고전6:7.

☞**허물**(고전6:7), **실패**(롬11:12).

2276. ἥττον [hēttŏn] 헷톤

형 2556을 위해 사용된 ἧκα '약간'의 비교급 중성: 보다 나쁜, 보다 적은, 고전11:17.

☞**도리어 해로운, ~만 못한**(고전11:17).

2277. ἤτω [ētō] 에토

동 1510의 3인칭 단수 명령형: 그가[그것이]~이게 하라, 고전16:22.

☞**(받을)지어다**(고전16:22, 약5:12).

2278. ἠχέω [ēchĕō][1회] 에케오

동 2279에서 유래: 소리내다, 크게 울리다, 고전13:1, 크게 소리내다, 눅21:25.

☞**소리나다**(고전13:1).

2279. ἦχος, ου, ὁ [ēchŏs][4회] 에코스

명 불확실한 유사어에서 유래:

1) 소리, 목소리, 행2:2, 히12:19.

2) 명성, 소식, 눅4:37.

☞**소문**(눅4:37), **소리**(행2:2, 히12:19).

H

Θ, θ

2280. Θαδδαῖος, ου, ὁ [Thaddaiŏs][2회]
닷다이오스
고명 기원은 불확실함: 사도 가운데 한 사람 '다대오', 마10:3, 막3:18.
☞**다대오**(마10:3).

2281. θάλασσα, ης, ἡ [thalassa][91회] 달랏사
명 251의 연장형:
1. 바다.
1) [일반적인 의미] 막9:42, 11:23, 눅17:2,6, 계8:8.
① 바닷가의 모래, 롬9:27.
② 바닷물결, 약1:6, 유1:13.
2) [특수한]바다.
① 홍해 [ἡ ἐρυθρὰ θ.] 행7:36, 히11: 29, [주] 부사 없이도 홍해를 가리킴, 고전10:1.
② 지중해, 행10:6,32, 17:14, 27:30, 38,40.
2. 호수, 마4:18, 15:29, 막1:16, 7:31.
☞**해변**(마4:15,18), **바다**(마4:18, 막2:3, 행4:24), 호수(마15:29, 막7:31), **파도**(요6:18).

2282. θάλπω [thalpō][2회] 달포
동 θάλλω '따뜻하게 하다'와 유사: [문자적으로] 따뜻하게 하다, [상징적으로] 귀여워하다, 안위하다, 살전2:7, 엡5:29.
☞**보호하다**(엡5:29), **기르다**(살전2:7).

2283. Θάμαρ, ἡ [Thamar][1회] 다마르
고명 히브리어 8559에서 유래: 한 이스라엘 여자 '다말', 마1:3.
☞**다말**(마1:3).

2284. θαμβέω [thambĕō][3회] 담베오
동 미완료 ἐθαμβούμην, 제1부정과거 ἐθαμβήθην, 미래 θαμβηθήσομαι, 2285에서 유래:
1) [자동사] 놀라다(행9:6ⓢ).
2) [타동사의 수동형으로 쓰이는 경우] 놀라게 하다, [수동] 놀라다, 막1:27, 10:32.
☞**놀라다**(막1:27, 10:32, 행9:6ⓢ).

2285. θάμβος, ους, τό, ου, ὁ [thambŏs][3회]
담보스
명 폐어가 된 τάφω '말문이 막히다'와 유사어: 놀람, 두려움, 눅4:36, 5:9, 행3:10.
☞**놀람**(눅4:36, 5:9, 행3:10).

2286. θανάσιμος, ον [thanasimŏs][1회]
다나시모스
형 2288에서 유래: 죽을, 독성이 있는, 막16:18.
☞**죽음의, 해를 받는**(막16:18).

2287. θανατήφορος, ον [thanatēphŏ- rŏs][1회] 다나테포로스
형 2288의 여성형과 5342에서 유래: 죽음을 가져오는, 약3:8.
☞**죽이는**(약3:8).

2288. θάνατος, ου, ὁ [thanatŏs][120회]
다나토스
명 2348에서 유래: 죽음.
1. [문자적으로]
1) 자연적인 죽음, 요11:4,13, 히7:23, 9:15, 계18:8.
2) 형벌로서의 죽음.
① 일반법정에서 과하는 형벌, 마26: 66, 막14:64, 눅23:15, 행23:29, 25:11,25, παραδιδόναι εἰς κρίμα θ.: 사형을 선고하다, 눅24:20.
② 그리스도의 죽음, 롬5:10, 6:3, 고전11:26, 빌2:8, 3:10, 골1:22, 히2: 14, τὸ πάθημα τ. θανάτου: 죽음의 고난, 히2:9.
③ 하나님이 주시는 벌로서의 자연적인 죽음, 롬5:12, 고전15:21.
3) 죽음의 위험, 고후1:10, 히5:7, μέχρι θανάτου ἐγγίζειν: 죽음에까지 이르다, 고후4:11, 빌2:30.
4) [죽음의 형식을 나타냄] ποίῳ θ.: 어떠한 죽음으로, 요12:33, 18:32, 21:19.
5) 죽음의 특수한 양식, 치명적인 병, 악질, 계2:23, 6:8, 18:8.
6) [죽음이 인격으로 취급됨] 롬5:14,17, 6:9, 고전15:26, 계1:18, 6:8, 20:13, 21:4.
2. [상징적으로]
1) 영적인 죽음, 요8:51, 롬7:10, 8:6, 요일

3:14, [이러한 죽음은 죄와 관련되어 있다] 롬7:13, 약1:15, 5:20.

2) [영원한 죽음] 롬1:32, 6:16, 21,23, 고후7:10, 딤후1:10, 히2:14.

☞**죽음**(눅1:79, 요8:51, 골1:22), **사망**(마4:16, 요5:24, 행2:24), **사형**(눅24:20).

2289. θανατόω [thanatŏō][11회] **다나토오**

동 미래 θανατώσω, 제1부정과거 ἐ- θανάτωσα, 제1부정과거 수동태 ἐθα- νατώθην, 2288에서 유래: 죽게 한다.

1) [문자적으로] 죽이다, 죽이는 데 넘겨주다, 마10:21, 26:59, 27:1, 막13:12, 14:55, 고후6:9, 벧전3:18.

2) [상징적으로]

① [영적인 죽음이나 영원한 죽음을 나타냄]

② [십자가에 못박힌 그리스도의 몸과 신비적으로 연합된 신자의 죽음] 롬7:4.

☞**죽게 하다**(마10:21, 막13:12), **죽이다**(마26:50, 27:1, 막14:55), **죽이게 하다**(눅21:16), **죽임을 당하다**(롬7:4, 고후6:9, 벧전3:18).

2290. θάπτω [thaptō][11회] **답토**

동 [기본형] 미완료 ἔθαπτον, 제1부정과거 ἔθαψα, 제2부정과거수동태 ἐ- τάφην: 매장하다, 묻다, 마8:21, 14:12, 눅9: 59, 행5:9등.

☞**장사하다**(마14:12, 행5:9,10), **장사되다**(눅16:22, 행2:29), **장사지내다**(고전15:4).

2291. Θάρα [Thara][1회] **다라**

고명 히브리어 8646에서 유래: 아브라함의 아버지 '데라', 눅3:34.

☞**데라**(눅3:34).

2292. θαῤῥέω [tharrhĕō][7회] **다르흐레오**

동 제1부정과거 부정사 θαρρῆσαι, 2293의 다른 형태: 자신을 가지다, 용기를 가지다, 고후5:6,8, ὥστε θαρ- ροῦντας ἡνᾶς λέγειν: 그래서 우리는 자신있게 말할 수 있다, 히13:6, θ. ἔν τινι: 의존할 수 있다, 고후7:16, 10:1.

☞**담대하다**(고후5:6, 7:16, 10:1). **[부] 담대히**(고후10:2, 히13:6).

2293. θαρσέω [tharsĕō][7회] **다르세오**

동 명령 θάρσει, θαρσεῖτε, 제1부정과거 ἐθάρσησα, 2234에서 유래: 용기를 갖다, 위로하다, θάρσει: 용기를 내라, 두려워하지 말라, 마9:22, 막10:49, 행23:11, [복수로] 마14:27, 막6:50, 요16:33.

☞**안심하다**(마9:22, 막6:50, 눅8:48㉢), **담대하다**(요16:33, 행23:11).

2294. θάρσος, ους, τό θάρσος [thar-sŏs][1회] **다르소스**

명 [감히]의 유사어: 용기, 행28:15.

☞**담대한 마음**(행28:15).

2295. θαῦμα, ατος, τό [thauma][2회] **다우마**

명 2300의 한 형태에서 유래한 뜻:

1. 놀랄 만한 일.

1) [일반적으로] 놀라운 일, 경이적인 일, 고후11:14.

2) [특별한 의미로] 기적, 이적, 놀라움.

2. 놀라움, 경이, 계17:6.

☞**놀랍게 여김**(계17:6).

2296. θαυμάζω [thaumazō][43회] **다우마조**

동 미완료 ἐδαύμαζον, 미래 θαυμάσο- μαι, 제1부정과거 ἐθαύμασα, 제1부정과거 수동태 ἐθαυμάσθην, 미래 수동태 θαυμασθήσομαι, 2295에서 유래:

1. [능동태]

1) [자동사] 놀라다, 이상히 여기다.

① [독립적으로] 마8:10, 15:31, 22:22, 27:14, 막5:20, 눅1:63, 요5:20, 행4:13 등.

② [전치사와 함께] 막6:6, 눅1:21, 2: 18, 행3:12등.

③ [ὅτι와 함께] ~을 놀랍게 여기다, 눅11:38, 요3:7, 4:27, 갈1:6, [εἰ와 함께] 막15:44, 요일3:13.

2) [타동사] 찬양하다, 이상히 여기다.

① 무엇인가를 이상히 여기다, 눅24:12, 요5:28, 행7:31.

② 누군가를 이상히 여기다, 눅7:9, [수동으로] 이상히 여김을 받다, 살후1:10.

2. [제1부정과거 또는 미래 수동과 함께 디포넌트로] 놀라다, 놀랍게 여기다, 계13:3, 17:8.

☞**놀랍게 여기다**(마8:10,27, 막5:20), **두려워하다**(마9:8), **이상히 여기다**(마21:20, 막15:44, 요7:21), **놀라다**(막6:51, 눅9:43, 행13:41), **자랑하다**(유1:16).

2297. θαυμάσιος, α, ον [thaumasiŏs][1회] **다우마시오스**

형 2295에서 유래: 놀라운, 기이한, 찬탄할 만한.
1) [사물에 대하여] 마21:15.
2) [인격적 존재에 대하여].
☞**이상한**(마21:15).

2298. θαυμαστός, ή, όν [thaumastŏs][6회] **다우마스토스**
형 2296에서 유래: 기이한, 놀라운, 주목할 만한.
1) [신에 대하여].
2) [신과 연관된 사물에 대하여] 마21:42, 막12:11, 요9:30, 고후11:14, 벧전2:9.
☞**기이한**(마21:42, 벧전2:9), **이상한**(요9:30, 고후11:14, 계15:1).

2299. θεά, ᾶς, ἡ [thĕa][1회] **데아**
명 2316의 여성형: 여신 [아데미의], 행19:27,37.
☞**여신**(행19:27,35,37).

2300. θεάομαι [thĕaŏmai][22회] **데아오마이**
동 제1부정과거 ἐθεασάμην, 완료 τε- θέαμαι, 제1부정과거수동태 ἐθεά- θην: 보다.
1. [육안으로 보는 것].
1) [아주 문자적으로] 마11:7, 눅7:24, 행21:27, 요일1:1.
① [ὡς와 함께] 눅23:55, 요6:5.
② [관계절과 함께] 요11:45.
2) 찾아보다, 방문하다, 마22:11.
3) [수동적인 의미에서]
① 누군가에게 발견되다, 막16:11.
② 누군가에게 주목되다, 마6:1, 23:5.
2. [육안을 가지고 보지만 초자연적인 인상을 얻기 위한 한 방법으로 보는 것] 요1:14,38, 요일4:14.
3. [완전히 초자연적인 지각] 알다, 지각하다.
☞**보이다**(마6:1, 막16:11), **보다**(마11:7, 눅5: 27, 요일1:11), **쳐다보다**(행1:11).

2301. θεατρίζω [thĕatrizō][1회] **데아트리조**
동 2302에서 유래: 창피를 주다, 폭로하다, 히10:33.
☞**구경거리가 되다**(히10:33).

2302. θέατρον, ου, τό [thĕatrŏn][3회] **데아트론**
명 2300에서 유래:
1) [공중집회를 위한 장소로서의] 극장, 행19:29,31.
2) 구경거리, 고전4:9.
☞**연극장**(행19:29,31), **구경거리**(고전4:9).

2303. θεῖον, ου, τό [thĕiŏn][7회] **데이온**
명 아마도 2304의 중성형: 유황, 눅17: 29, 계9:17, 19:20, 20:10, 21:8.
☞**유황**(눅17:29, 계9:17, 20:10).

2304. θεῖος, θεία, θεῖον [thĕiŏs][3회] **데이오스**
형 명 2316에서 유래:
1) [신성이나 거기 속한 모든 것에 대하여]
① [형용사] 신적인, 벧후1:3,4.
② [명사] τό θεῖον: 신적인 것, 신성, 행17:29.
2) [신성과 밀접하게 관계를 갖고 있는 사람에 대하여].
☞**하나님의, 신기한, 신성한**(행17:29, 벧후1:4, 벧후1:3).

2305. θειότης, ητος, ἡ [thĕiŏtēs][2회] **데이오테스**
명 2304에서 유래: 신성, 신적인 속성, 롬1:20.
☞**신성**(롬1:20).

2306. θειώδης, ες [thĕiōdēs][1회] **데이오데스**
형 2303과 1391에서 유래: 유황의, 유황 같은, 계9:17.
☞**유황의**(계9:17).

2307. θέλημα, ατος, τό [thĕlēma][62회] **델레마**
명 2309의 연장형: 뜻, 의지.
1. [객관적으로] 뜻하는 바.
1) [일반적으로] 마6:10, 26:42, 눅11:2, 요6:39, 행21:14, 골4:12, 히10:10.
2) [자신의 행동에 관하여 바라는 바] 요5:30, 6:38, 고전16:12, 엡1:9.
3) [다른 사람의 행동에 관하여 의지된 바]
① [인격적 존재에 대하여] 마21:31, 눅12:47.
② [마귀에 대하여] 딤후2:26.
③ [하나님이나 그리스도의 탁월성] 롬12:2, 엡5:17, 살전4:3, 5:18, 벧전2:15, 4:2, γινώσκειν τὸ θέλημα: 뜻을 알다, 롬2:18, 행22:14.
④ ποιεῖν τὰ θελήματα τ. σαρκός: 육체의

Θ

욕망을 행하다, 엡2:3.

2. [주관적으로 의도하거나 욕망하는 행동]

1) [인간의 뜻에 대하여] 고전7:37, 벧후1:21, [예수의 죽음을 갈망하는 유대인의 뜻에 대하여] 눅23:25.

2) [하나님의 뜻] 엡1: 11, 벧전3:17, διὰ θελήματος θεοῦ: 하나님의 뜻대로, 롬15:32, 고전1:1, 고후1:1, 8:5, 엡1:1, 골1:1, 딤후1:1등.

☞**뜻**(마7:21, 눅12:47, 고전1:1, 엡1:11), **원**(마26:42, 요5:30), **원하는 것**(엡2:3).

2308. θέλησις, εως, ἡ [thĕlēsis][1회] **델레시스**

명 2309에서 유래: 뜻[하나님 자신의 뜻] 히2:4.

☞**뜻(히2:4).**

2309. θέλω [thĕlo][209회] **델로**

동 미완료 ἤθελον, 미래 θελήσω, 제1부정과거 ἠθέλησα, 제1부정과거 수동태 가정법 θεληθῶ, 138의 변형에서 유래한 강세형인 듯:

1) 원하다, 바라다, 갈망하다, 마20:21, 막14:36, 눅5:39, 요15:7, 고전4:21, 고후11:12.

① [현재 부정사가 따르는 경우] 마19: 21, 요9:27, 행19:33, 갈4:20.

② [과거 부정사가 따르는 경우] 마5: 40, 12:38, 막10:43, 눅8:20, 요12: 21, 행25:9, 갈3:2, 약2:20, [부정] οὐ θέ－λω, 마23:4, 눅19:14, 고전10:20등.

2) [목적이나 결의를 나타낼 때] ~하고자 한다, ~할 생각이다, 롬7:15,19, 고전7:36, 갈5:17.

① [과거 부정사가 따르는 경우] 마20: 14, 23:37, 26:15, 막6:48, 눅13:31, 행25:9, 갈4:9등, εἰ θέλετε δέξασθαι: 네가 만일 받을 준비가 되었다면, 마11:14, 막3:13, 6:22, 요5:21, 롬9:18, 계11:6.

② [독립적으로] ὁ θέλων: 원하는 자, 롬9:16, τοῦ θεοῦ θέλοντος: 하나님의 뜻이라면, 행18:21.

3) τί θέλει τοῦ－το εἶναι: 이것이 무슨 뜻이겠는가?, 눅15:28, 행2:12, 17:20.

4) 기뻐하다, 좋아하다.

① [부정사가 따르는 경우] 막12:38, 눅20:46.

② τινά, 마27:43, τὶ, 마9:13, 12:7, 히10:5.

5) [참된 사태, 사건을 반대하여] 지지하다, 벧후3:5.

☞**원하다, 바라다, 기뻐하다, 지지하다, 좋아하다**(마8:2, 막1:40, 눅5:39, 마15:28, 27:15).

2310. θεμέλιος, ου, ὁ [thĕmĕliŏs][15회] **데멜리오스**

명 5087의 파생어에서 유래: 기초.

1) [문자적으로]

① 기초석, 주춧돌, 계21:14,19.

② [건물의] 기초, 눅6:49, 14:29, 히11:10.

2) [상징적으로]

① [어떤 것의 근본적인 시작에 대하여] 롬15:20, 고전3:10,12, [근본적인 가르침에 대하여] 히6:1.

② [어떤 것이 존재하는데 필수불가결한 것] 고전3:11, 엡2:20, 딤후2:19.

③ 쌓아둔 것, 저축해둔 것, 딤전6:19.

☞**주추**(눅6:48,49), **기초**(눅14:29), **터**(롬15: 20, 고전3:10, 딤후2:19), **기초석**(계21:14,19).

2311. θεμελιόω [thĕmĕliŏō][5회] **데멜리오오**

동 미래 θεμελιώσω, 제1부정과거 ἐ－θεμελίωσα, 완료 수동태 τεθεμελίω－μαι, 과거완료 단수3인칭 τεθεμελίω－το: 세우다, 기초를 두다.

1) [문자적으로] 마7:25, 눅6:48, 히1:10.

2) [상징적으로] 굳게 세우다, 튼튼하게 하다 [하나님이 세우신 신자에 대하여], 엡3:17, 골1:23, 벧전5:10.

☞**주추를 두다**(마7:25), **터를 닦다**(엡3:17, 골1:23, 벧전5:10), **기초를 세우다[두다]**(히1:10).

2312. θεοδίδακτος, ον [thĕŏdidaktŏs][1회] **데오디닥토스**

형 2316과 1321에서 유래: 하나님의 가르치심을 받은, 살전4:9.

☞**하나님의 가르치심을 받은**(살전4:9).

2312b. θεολόγος, ου, ὁ [thĕŏlŏgŏs] **데올로고스**

명 2316과 3004에서 유래: 신이나 신적인 것에 대하여 말하는 사람, 하나님의 전령, 계시록의 표제1절.

☞**하나님의 사신, 신학자.**

2313. θεομαχέω [thĕŏmachĕō][1회]
데오마케오

동 2314에서 유래: 하나님에 대항하여 싸우다, 하나님을 대적하다, 행23:9.

☞**하나님께 대적하다**(행23:9).

2314. θεόμαχος, ον [thĕŏmachŏs][1회]
데오마코스

형 2316과 3164에서 유래: 하나님을 대적하는, 행5:39.

☞**하나님을 대적하는**(행5:39).

2315. θεόπνευστος, ον [thĕŏpnĕus– tŏs][1회]
데오프뉴스토스

형 2316과 추정된 4154의 파생어에서 유래: 하나님의 감동으로 된, 딤후3:16.

☞**하나님의 감동으로 된**(딤후3:16).

2316. θεός, οῦ, ὁ, ἡ [thĕŏs][1318회] 데오스

명 불확실한 유사어에서 유래: 하나님, 신.

1. [신적 존재 일반에 대하여] 행28:6, 고전8:4, 살후2:4, ἡ θεός: 여신, 행19: 37, [복수] 행7:40, 고전8:5, 갈4:8.

2. [그리스도를 가리킴] 요1:1,18, 12:43, 20:28, 히1:8,9.

3. [참 하나님을 가리키는 경우]

1) ὁ θεός, 마1:23, 3:9, 막2:12, 13:19, 눅2:13, 요3:2, 행2:22, 갈2:6, [전치사와 함께] εἰς, 행24:15, ἐκ, 요8:42, 47, 고후3:5, 5:18, 요일3:9, ἐν, 롬5:11, 골3:3, ἔναντι, 눅1:47, παρὰ, 요8:40, πρὸς, 요1:2, 행24:16.

2) [관사없이] 마6:24, 눅2:14, 요1:18, 롬8:8, 고후1:21, 갈2:19, 살후1:8등, [전치사와 함께] ἀπὸ, 요3:2, ἐκ, 행5:39, 고후5:1, 빌3:9, κατὰ, 롬8:27, παρὰ, 마19:26.

3) [소유격이 뒤따르면서 특별한 관계를 나타낼 때] 마22:32, 막12:26, 롬1:8, 고후6:16, 빌1:3, 히11:16.

4) πατήρ ὁ θ. καὶ πατὴρ τοῦ κυ– ρίου ἡμῶν Ἰησοῦ Χριστοῦ, 롬15:6, 고후1:3, 엡1:3, 골1:3, 벧전1:3등.

5) [그의 본성과 관계되어] ὁ θ. τῆς εἰ– ρήνης: 평강의 하나님, 롬15:33, 살전5:23.

6) [속격으로 나타남]

① [주격적 소유격] τὸ μωρὸν τ. θ.: 하나님의 어리석음, 고전1:25.

② [목적격적 소유격] ἡ ἀγάπη τοῦ θ.: 하나님을 향한 사랑, 눅11:42, 요5:42등.

③ τὰ τοῦ θεοῦ: 하나님의 일들, 길, 생각, 비밀스런 목적, 고전2:11.

7) [여격으로 나타남]

① [이익을 나타내는 여격] 하나님을 위한, 롬6:10, 고후5:13, 10:4.

② [윤리적 여격] 하나님이 시기에, 행7:20, 고후10:4.

8) [ὁ θ.가 호격으로 사용됨] 막15:34, 눅18:11, 히1:8.

9) ὁ μόνος θεός: 유일하신 하나님, 요5:44, 딤전1:17.

4. [상징적으로: 존경을 받을 만한 것에 대하여]

1) [인격적 존재에 대하여] θεοί, 요10:34,35.

2) [식욕, 배를 가리키는 경우] 빌3:19.

5. [악마에 대하여] 고후4:4.

☞**하나님**(마3:9, 눅1:30, 행2:11), **신**(행7:40, 43), **주**(행8:22, 10:33, 롬10:17), **아버지**(고후1:3).

2317. θεοσέβεια, ας, ἡ [thĕŏsĕbĕia][1회]
데오세베이아

명 2318에서 유래: 하나님을 경외함, 경건, 종교심, 딤전2:10.

☞**하나님을 경외함**(딤전2:10).

2318. θεοσεβής, ές [thĕŏsĕbēs][1회]
데오세베스

형 2316과 4576에서 유래: 하나님을 경외하는, 경건한, 요9:31.

☞**경건한**(요9:31).

2319. θεοστυγής, ές [thĕŏstügēs][1회]
데오스튀게스

형 2316과 4767의 어간에서 유래: 하나님께 미움을 받은, 하나님께서 버리신, 롬1:30.

☞**하나님께서 미워하시는**(롬1:30).

2320. θεότης, ητος, ἡ [thĕŏtsē][1회]
데오테스

명 2316에서 유래: 신성, τὸ πλήρω– μα τῆς θ.: 신성의 충만함, 골2:9.

☞**신성**(골2:9).

2321. Θεόφιλος, ου, ὁ [Thĕŏphilŏs][2회]
데오필로스

고명 2316과5384에서 유래: 하나님의 친구: 한 그리스도인 '데오빌로', 눅1:3, 행1:1.
☞**데오빌로**(눅1:3, 행1:1).

2322. θεραπεία, ας, ἡ [thĕrapĕia][3회] **데라페이아**
명 2323에서 유래: 섬김, 봉사, 돌봄.
1) 병든 자에 대한 치료, 고침.
① [문자적으로] 눅9:11.
② [상징적으로] 계22:2.
2) οἱ θεράποντες: 종들, 마24:45, 눅12:42.
☞**집사람들**(마24:45), **병 고칠 자**(눅9:11) **집종**(눅12:42), **치료**(계22:2).

2323. θεραπεύω [thĕrapĕuō][43회] **데라퓨오**
동 미완료 ἐθεράπευον, 미완료 수동태 ἐθεραπευόμην, 미래 θεραπεύσω, 제1부정과거 ἐθεράπευσα, 완료 수동태분사 τεθεραπευμένος, 제1부정과거 수동태 ἐθεραπεύθην, 2324와 동일어에서 유래: 섬기다, 종이 되다.
1) 섬기다, 행17:25.
2) 돌보다, 시중들다, 치료하다, 고치다, 회복하다, 마4:24, 8:7,16, 10:8, 막1:34, 눅4:23등.
☞**고치다**(마4:23, 막1:34, 눅10:9), **고쳐주다**(마8:7, 12:22, 눅14:3), **병 고치다**(마12:10, 눅13:14), **섬김을 받다**(행17:25), **나음을 얻다**(행5:16), **고침 받다**(눅8:43, 13:14), **병 낫다**(요5:10, 행4:14), **낫다**(행8:7).

2324. θεράπων, οντος, ὁ [thĕrapōn][1회] **데라폰**
명 폐어가 된 2330의 어간의 파생어의 분사형인 듯: 종, 히3:5.
☞**종**(히3:5).

2325. θερίζω [thĕrizō][21회] **데리조**
동 미래 θερίσω, 제1부정과거 ἐθέρι－σα, 제1부정과거 수동태 ἐθερίσθην: 추수하다, 수확하다.
1) [문자적으로] 마6:26, 눅12:24, ὁ θερίσας: 추수꾼, 약5:4.
2) [상징적으로]
① [특별히 속담을 나타내는 표현] 마25:24, 요4:37, 갈6:7, [독립적으로] 고후9:6, 갈6:9.
② [마지막 심판 때의 추수] 계14:15,16.
☞**거두다**(마25:24, 고전9:11, 갈6:7), **추수하다**(약5:4).

2326. θερισμός, οῦ, ὁ [thĕrismŏs][13회] **데리스모스**
명 2325에서 유래: 추수.
1) 추수하는 과정, 마13:30, 막4:29.
2) [상징적으로] 추수될 곡식.
① [인격적 존재에 대하여] 마9:37, 눅10:2, 요4:35.
② [심판에 대하여] 계14:15.
☞**추수**(마9:38, 눅10:2, 요4:35), **거둠**(계14:15).

2327. θεριστής, ου, ὁ [thĕristēs][2회] **데리스테스**
명 2325에서 유래: 추수꾼, 추수하는 사람, 마13:30,39.
☞**추수꾼**(마13:30,39).

2328. θερμαίνω [thĕrmainō][6회] **데르마이노**
동 미완료 ἐθερμαινόμην: 따뜻하게 하다, 요18:18, 약2:16.
☞**쬐다**(요18:18,25), **덥게 하다**(약2:16).

2329. θέρμη, ης, ἡ [thĕrmē][1회] **데르메**
명 2330의 어간에서 유래: 열, 따뜻함. [주] ἀπὸ τῆς θ.: 열 때문에, 행28:3.
☞**뜨거움**(행28:3).

2330. θέρος, ους, τό [thĕrŏs][3회] **데로스**
명 기본동사 θέρω '덥게 하다'에서 유래: 여름, 마24:32, 막13:28, 눅21:30.
☞**여름**(마24:32, 막13:28, 눅21:30).

2331. Θεσσαλονικεύς, έως, ὁ [Thĕssalŏnikĕus][4회] **뎃살로니큐스**
명 2332에서 유래: 데살로니가 사람, 데살로니가 주민, 행20:4, 27:2, 살전1:1, 살후1:1.
☞**데살로니가 사람**(행20:4, 살전1:1, 살후1:1).

2332. Θεσσαλονίκη [Thĕssalŏnikē][5회] **뎃살로니케**
고명 Θεσσαλός '데살로니아 사람'과 3529에서 유래: 바울이 교회를 세웠던 소아시아의 한 도시 '데살로니가', 행17:1,11,13, 빌4:16, 딤후4:10.
☞**데살로니가**(행17:1,11, 빌4:16, 딤후4:10).

2333. Θευδᾶς, ᾶ, ὁ [Thĕudas][1회] **듀다스**
고명 기원은 불확실함: 한 이스라엘 사람 '드다', 행5:36.
☞**드다**(행5:36).

2334. θεωρέω [thĕōrĕō][58회] **데오레오**

동 미완료 ἐθεώρουν, 제1부정과거 ἐ- θεώρησα, 2300의 파생어에서 유래:
1) 구경하다, 보다, 관찰하다, 인지하다, 마27:55, 막15:40, 눅14:29, 23:35, 요6:40, 계11:11,12, 바라보다, 마28:1, 주목하다, 막3:11, 5:38.
2) [마음이나 영으로 깨닫는 것]
① 깨닫다, 감지하다, 관찰하다, 발견하다, 요4:19, 12:19, 행4:13, 28:6, 히7:4등.
② [하나님으로부터 보냄을 받는 사람을 영적으로 인지함] 요14:17,19, 17:24.
③ 경험하다, 요8:51.
☞**바라보다**(마27:55, 막15:40), **보다**(막3:11, 눅10:18), **구경하다**(눅23:35, 계11:12), **생각하다**(히7:4).

2335. θεωρία, ας, ἡ [thĕōria][1회] **데오리아**
명 2334와 동일어에서 유래: 구경거리, 광경, 눅23:48.
☞**구경**(눅23:48).

2336. θήκη, ης, ἡ [thēkē][1회] **데케**
명 5087에서 유래: 그릇. 1)무덤. 2)칼집, 요18:11.
☞**[칼]집**(요18:11).

2337. θηλάζω [thēlazō][5회] **델라조**
동 제1부정과거 ἐθήλασα, θηλή '젖꼭지'에서 유래:
1) 젖먹이다, 마24:19, 막13:17, 눅21:23.
2) 빨다, 마21:16, 눅11:27.
☞**젖먹이다**(마24:19, 막13:17, 눅21:23).

2338. θῆλυς, εια, υ [thēlüs][5회] **델뤼스**
명 2337과 동일어에서 유래: 여성.
1) ἡ θ.: 여자, 롬1:26.
2) ἄρσεν καὶ θ.: 남자와 여자, 마19:4, 막10:6, 갈3:28.
☞**여자**(마19:4, 막10:6, 롬1:26,27, 갈3:28).

2339. θήρα, ας, ἡ [thēra][1회] **데라**
명 θήρ '맹수'에서 유래: 그물, 덫, 함정, 롬11:9.
☞**덫(롬11:9).**

2340. θηρεύω [thērĕuō][1회] **데류오**
동 제1부정과거 ἐθήρευσα, 2339에서 유래: 사냥하다, 잡다, 눅11:54.
☞**잡다**(눅11:54).

2341. θηριομαχέω [thēriŏmachĕō][1회] **데리오마케오**
동 제1부정과거 ἐθηριομάχησα, 2342와 3164의 합성어에서 유래: [맹수, 야수와] 싸우다, 고전15:32.
☞**맹수와 더불어 싸우다**(고전15:32).

2342. θηρίον, ου, τό [thēriŏn][46회] **데리온**
명 2339와 동일어에서 유래: 짐승, 맹수.
1. [문자적으로]
1) [실제의 동물]
① [일반적으로] 히12:20.
② [특별한 종류의] 짐승들, 막1:13, 행11:6, 약3:7.
③ [종종 야수를 가리킴].
2) 짐승과 비슷한 초자연적인 존재, 계11:7, 13:1, 14:9, 15:2등.
2. [상징적으로: 짐승의 성격을 가진 인간을 나타냄] 딛1:12.
☞**들짐승**(막1:13, 행11:6), **짐승**(약3:7, 계13:15).

2343. θησαυρίζω [thēsaurizō][8회] **데사우리조**
동 제1부정과거 ἐθησαύρισα, 완료 수동태 분사 τεθησαυρισμένος, 2344에서 유래: 쌓아두다, 모으다, 저축하다.
1) [문자적으로] 마6:19, 눅12:21, 고전16:2, 고후12:14.
2) [상징적으로]
① [하늘에 있는 보화에 대하여] 마6:20.
② 쌓다, 롬2:5.
③ 저장하다, 남겨두다, 벧후3:7.
☞**쌓아두다**(마6:19, 눅12:21), **쌓다**(롬2:5, 약5:3), **저축하다**(고후12:14), **두다**(벧후3:7).

2344. θησαυρός, οῦ, ὁ [thēsaurŏs][17회] **데사우로스**
명 5087에서 유래:
1. 어떤 물건이 보관되어 있는 곳.
1) [문자적으로]
① 보배합, 마2:11.
② 창고, 곳간, 마13:52.
2) [상징적으로] 하늘의 보화, 마12:35, 눅6:45.
2. 저장되는 것, 보화 마6:21, 눅12:34.
1) [문자적으로] 마6:19, 13:44, 히11:26.
2) [상징적으로]
① 하늘에 있는 보화, 마6:20, 눅12:33, 18:22.
② [복음과 그 영광에 대하여] 고후4:7.

③ [그리스도에 대하여] 골2:3.

☞**보배합**(마2:11), **보물**(마6:10, 눅6:45, 12: 34), **보화**(마13:44,52, 골2:3), **보배**(고후4:7).

2345. θιγγάνω [thingganō][3회] 딩가노

동 제2부정과거 ἔθιγον, 폐어가 된 기본어 θίγω '손가락'의 연장형: 만지다, 골2:21, 히11:28, 12:20.

☞**만지다**(골2:21), **건드리다**(히11:28), **치다**(히12:20).

2346. θλίβω [thlibō][10회] 들리보

동 완료 수동태 분사 ἐθλιμμένος, 제2부정과거 수동태 ἐθλίβην, 5147의 어간과 유사:

1) 밀어내다, 막3:9,
2) 몰려들다, 에워싸다.
   ① 꽉 들어차다.
   ② 좁아지다, 한정되다, 마7:14.
3) 압박하다, 가해하다, 살후1:6, [수동] 압박당하다, 고후1:6, 4:8, 히11:37등.

☞**좁다**(마7:14), **에워싸다**(막3:9), **우겨싸다**(고후4:8), **환난 당하다**(고후7:5, 딤전5:10), **환난 받다**(살후1:6, 히11:37). **[명] 환난**(살전3:4).

2347. θλίψις, εως, ἡ [thlipsis][45회] 들립시스

명 2346에서 유래: 압박, 탄압, 곤란, 환난.

1) [외적 환경에 의하여 생기는] 환난, 행11:19, 롬5:3, 12:12, 고후1:8, 6:4, 계1:9, 2:9, [주] ἡ θ. ἡ μεγά– λη: 대 환난, 계7:14.
   ① [마지막 날의 환난에 대하여] 마24: 21, 막13:19,24, 어려운 처지, 고후8:13, 약1:27.
   ② [여인의 해산하는 고통에 대하여] 요16:21.
   ③ [그리스도의 고난에 대하여] 골1:24.
2) [상징적으로] 곤란, 괴로움 [마음의 정신적인 영적인 상태에서의] 고후2:4, 빌1:17.

☞**환난**(마13:21, 롬2:9, 고후1:4), **고통**(요16: 21), **괴로움**(빌1:17, 4:14), **고난**(골1:24), **곤고**(고후8:13).

2348. θνήσκω [thnēskō][9회] 드네스코

동 완료 τέθνηκα, 완료 부정사 τεθ– νηκέναι, 과거완료복수2인칭 τεθνή– κειτε, 보다 단순한 기본동사 θάνω의 강세형: 죽다.

1) [문자적으로] 마2:20, 막15:44, 눅8: 49, 요19:33등.
2) [상징적으로] [영적인 죽음에 대하여] 딤전5:6.

☞**죽다**(마2:20, 막15:44, 눅8:49).

2349. θνητός, ἡ, όν [thnētŏs][6회] 드네토스

형 2348에서 유래: 죽어야 할, 죽을, 롬6:12, 8:11, 고전15:53, 고후5:4, 4:11.

☞**죽을**(롬6:12, 고전15:53, 고후4:11).

2350. θορυβέω [thŏrŭbĕō][4회] 도뤼베오

동 미완료 ἐθορύβουν, 미완료 수동태 ἐθορυβούμην, 2351에서 유래:

1) [능동] 소동을 일으키다, 행17:5.
2) [수동] 야단 법석하다, 소동을 일으키다, 슬퍼하다, 마9:23, 막5:39, 행20:10.

☞**떠들다**(마9:23, 막5:39, 행20:10), **소동하게 하다**(행17:5).

2351. θόρυβος, ου, ὁ [thŏrŭbŏs][7회] 도뤼보스

명 2360의 어간에서 유래:

1) 소란, 소요, 행21:34.
2) 혼란, 소요.
3) 소동, 방해, 막5:38, 14:2, 행20:1, 24:18등.

☞**민란**(마26:5, 27:24, 막14:2), **소요**(행20:1), **소동**(행21:34, 24:18), **떠드는 것**(막5:38).

2352. θραύω [thrauō][1회] 드라우오

동 [기본형] 완료수동태분사 τεθρα– υσμένος, 제1부정과거수동태 ἐθραύσ– θην: 산산히 부수다.

1) [문자적으로] 막14:3.
2) [상징적으로]
   ① 맹세를 깨뜨리다.
   ② 깨뜨리다, 약하게 하다, 눅4:18.

☞**누르다**(눅4:18).

2353. θρέμμα, ατος, τό [thrĕmma][1회] 드렘마

명 5142에서 유래: 짐승, 동물, 요4:12.

☞**짐승**(요4:12).

2354. θρηνέω [thrēnĕō][4회] 드레네오

동 미완료 ἐθρήνουν, 미래 θρηνήσω, 제1부정과거 ἐθρήνησα, 2355에서 유래:

1) [자동사]
   ① 슬퍼하다, 요16:20.
   ② 곡하다, 마11:17, 눅7:32.
2) [타동사] ~를 슬퍼하다, 애통해 하다, 눅

23:27.

☞**곡하다**(눅7:32), **슬피 울다**(마11:17, 눅23: 27), **애통하다**(요16:20).

2355. θρῆνος, ον, ὁ [thrēnŏs] **드레노스**

명 2360의 어간에서 유래: 애도, 애곡, 마2:18.

☞**슬퍼함**(마2:18).

2356. θρησκεία, ας, ἡ [thrēskĕia][4회] **드레스케이아**

명 2357의 파생어에서 유래: 하나님 예배, 종교, 종교적 제의, 행26:5, 골2:18, 약1:26, 27.

☞**종교**(행26:5), **경건**(약1:26,27), **숭배함**(골2:18).

2357. θρῆσκος, όν [thrēskŏs][1회] **드레스코스**

형 아마도 2360의 어간에서 유래: 종교적인, 약1:26.

☞**경건한**(약1:26).

2358. θριαμβεύω [thriambĕuō][2회] **드리암뷰오**

동 제1부정과거 ἐθριάμβευσα, 2360의 어간과 680의 파생어의 연장된 합성어에서 유래:

1) 개선행진에서 누군가를 무엇을 끌고 가다, 고후2:14, 골2:15.

2) 개선하게 하다.

3) 공개적인 행진에 나타내 보이다.

☞**이기게 하다**(고후2:14), **이기다**(골2:15).

2359. θρίξ, τριχός, ἡ [thrix][15회] **드릭스**

명 불확실한 파생어에서 유래: 털.

1) 동물의 털, 마3:4, 막1:6, 계9:8.

2) 인간의 검고 하얀 머리털, 마5:36, 눅21:18, 행27:34, 계1:14. [주] αἱ τρίχες τῆς κεφαλῆς πᾶσαι: 모든 머리털, 마10:30, 눅12:7.

☞**터럭**(마5:36), **털**(막1:6, 계1:14), **머리**(벧전3:3).

2360. θροέω [thrŏĕō][3회] **드로에오**

동 제1부정과거수동태분사 θροηθείς, θρέομαι '울부짖다'에서 유래: 흥분하다, 놀라다, 겁먹게 하다, 마24:6, 막13:7, 살후2:2.

☞**두렵다**(마24:6, 막13:7), **두려워하다**(살후2:2).

2361. θρόμβος, ου, ὁ [thrŏmbŏs][1회] **드롬보스**

명 아마도 5142에서 유래: 덩어리, [부] θ. αἵμαυοσ: 핏덩어리, 핏방울, 눅22:44.

☞**핏방울**(눅22:44).

2362. θρόνος, ου, ὁ [thrŏnŏs][62회] **드로노스**

명 θράω '앉다'에서 유래: 왕좌, 보좌.

① [왕이나 통치자의 것] 눅1:52, 다윗의 보좌, 눅1:32, 행2:30.

② [하나님에 대하여] 마5:34, 23:22, 행7:49.

③ [그리스도에 대하여] 마19:28, 25:31, 히1:8, 계22:1.

④ [12사도의 보좌에 대하여] 마19:28, 눅22:30, 계20:4.

⑤ [12장로의 보좌에 대하여] 계4:4, 11:16.

2) [상징적으로] 큰 자연적 존재들의 한 계급의 이름, 골1:16.

☞**보좌(마19:28, 눅22:30, 계4:6), 왕위(位)(눅1:32).**

2363. Θυάτειρα, ων, τά [Thŭatĕira][4회] **뒤아테이라**

고명 불확실한 파생어에서 유래: 소아시아 루디아에 있는 한 도시 '두아디라' 행16:14, 계1:11, 2:18,24.

☞**두아디라**(행16:14, 계1:11, 2:18).

2364. θυγάτηρ, τρός, ἡ [thŭgatēr][28회] **뒤가테르**

명 기본형으로 보임: 딸.

1) [문자적으로] 마10:35,37, 눅8:42, 12: 53, [아버지나 어머니가 소유격으로 나온 경우] 마9:18, 막5:35, 눅2:36, 행2:17, 히11:24등.

2) [상징적으로]

① [호격을 사용하여 소녀나 부인들을 친절하게 부름] 마9:22, 막5:34, 눅8:48.

② [좀더 일반적인 관계를 지칭함] θυγατέρες Ἀαρών: 아론의 딸들, 눅1:5, 13:16.

③ [영적인 의미에서 하나님의 딸들] 고후6:18.

④ θυγατέρες Ἰερου- σαλήμ, 눅23:28은 예루살렘성의 여성시민 하나하나를 가리킴.

5) [단수로] θυγάτηρ Σιών: 시온성과 그 거주민을 지칭함, 마21:5, 요12:15.

☞**딸**(마9:22, 막5:34, 행7:21), **공주**(히11:24).

2365. θυγάτριον, ου, τό [thügatriŏn][2회] 뒤가트리온

명 2364에서 유래: 어린 딸, 막5:23, 7:25.

☞**어린 딸**(막5:23).

2366. θύελλα, ης, ἡ [thüĕlla][1회] 뒤엘라

명 2380에서 유래: 폭풍, 광풍, 히12:18.

☞**폭풍**(히12:18).

2367. θύϊνος, η, ον [thüïnŏs][1회] 뒤이노스

형 2380의 파생어에서 유래: 시트론[citron] 나무의, 시트론 나무로 만든, 계18:12.

☞**향목의**(계18:12).

2368. θυμίαμα, ατος, τό [thümiama][6회] 뒤미아마

명 2370에서 유래:

1) 향, 계5:8, 8:3, 18:13.

2) 분향, 향내, 눅1:10,11.

☞**분향**(눅1:10), **향**(계5:8, 8:3), **향료**(계18:13), **향연**(계8:4).

2369. θυμιατήριον, ου, τό [thümiatē-riŏn][1회] 뒤미아테리온

명 2370의 파생어에서 유래: 분향하는 단, 히9:4.

☞**향로**(히9:4).

2370. θυμιάω [thümiaō][1회] 뒤미아오

동 제1부정과거 부정사 θυμιάσαι, 2380의 파생어에서 유래: 분향하다, 눅1:9.

☞**분향하다**(눅1:9).

2371. θυμομαχέω [thümŏmachĕō][1회] 뒤모마케오

동 2372와 3164의 추정된 합성어에서 유래: 노여워하다, 행12:20.

☞**대단히 노여워하다**(행12:20).

2372. θυμός, οῦ, ὁ [thümŏs][18회] 뒤모스

명 2380에서 유래:

1) 열정, 욕정, 열망, 계14:8, 16:19, 18:3.

2) 분노, 진노, 계12:12, 14:10.

① [하나님에 대하여] 롬2:8.

② [인간에 대하여] 엡4:31, 골3:8, 히11:27.

☞**화**, **분노**(눅4:28, 행19:28, 골3:8), **분냄**(고후12:20, 갈5:20), **노함**(히11:27), **진노**(계14:8, 15:1, 19:15).

2373. θυμόω [thümŏō] 뒤모오

동 2372에서 유래: 화나게 하다, [수동] 화나다, 노하다, 마2:16.

☞**노하다**(마2:16).

2374. θύρα, ας, ἡ [thüra][39회] 뒤라

명 기본형으로 보임: 문.

1. [문자적으로]

1) 행5:19, 16:26.

① κρούειν τὴν θ.: 문을 두드리다, 눅13:25, 행12:13.

② πρὸς (τὴν) θ.: 문에, 막1:33, 11:4.

③ πρὸς τῇ θ.: 문 가까운 곳, 막2:2.

④ τὰ πρὸς τὴν θ.: 문밖으로, 요18:16등.

2) [무덤의] 입구, 마27:60, 막15:46, 16: 3, 계4:1.

2. [상징적으로]

1) ἐγγύς ἐστιν ἐπὶ θύραις: 그가 문 가까이에 있다, 마24:33, 막13:29.

2) [하늘의 왕국에 들어가는 문] 눅13: 25, 계3:8.

3) θύραμοι ἀνέῳγεν μεγάλη, 고전16:9, 고후2:12, 골4:3.

4) [요한복음에서 예수가 자신을 문이라고 함] 요10:9.

☞**문**(마6:6, 요10:1, 고후2:12).

2375. θυρεός, οῦ, ὁ [thürĕŏs][1회] 뒤레오스

명 2374에서 유래: 방패, 엡6:16.

☞**방패**(엡6:16).

2376. θυρίς, ίδος, ἡ [thüris][2회] 뒤리스

명 2374에서 유래: 창문, 행20:9, 고후11:33.

☞**창**(행20:9), **들창문**(고후11:33).

2377. θυρωρός, οῦ [thürōrŏs][4회] 뒤로로스

명 2374와 οὖρος '파수꾼'에서 유래: 문지기.

1) [ὁ]남자, 문지기, 막13:34, 요10:3.

2) [ἡ]여자 문지기, 요18:16.

☞**문지기**(막13:34, 요10:3), **문지키는 여종**(요18:16,17).

2378. θυσία, ας, ἡ [thüsia][28회] 뒤시아

명 2380에서 유래:

1) 제사 드리는 행위, 빌2:17.

2) 희생제물, 제물.

① [문자적으로] 마9:13, 12:7, 막9:49, 눅13:1, 히10:1등.

㉠ ἀνάγειν θυσίαν: 제사 드리다, 행7:41.

㉡ ἐσθίειν τὰς θ.: 희생제물을 먹다, 고전10:18.

② [상징적으로] 빌2:17, 히13:15.

㉠ θ. δεκτή: 받을 만한 제물, 빌4:18, 히13:16.

㉡ πνευματι καὶ θ.: 영적 제사, 벧전2:5.

☞**제사**(마9:13, 롬12:1, 히9:26), **제물**(막12: 33, 눅13:1, 빌2:17), **희생**(행7:42).

2379. θυσιαστήριον, ου, τό [thüsiastēriŏn][23회] **뒤시아스테리온**

명 2378의 파생어에서 유래: 제단.

1. [문자적으로]

1) [예루살렘 성전의 번제단을 지칭] 마5:23, 23:18-20, 눅11:51, 히7:13, 계11:1.

2) [향단을 지칭]

① [예루살렘 성전에 있는 것] 눅1:11,

② 하늘의 향단, 계6:9, 8:3, 9:13, 14: 18등.

3) 일반적인 제단, 롬11:3, 약2:21.

2. [상징적으로] ἔχομεν θ. ἐξ οὗ φαγεῖν οὐκ ἔχουσιν ἐξουσίαν οἱ τῇ σκηνῇ λατρεύοντες: 우리에게 한 제단이 있는데 장막에서 섬기는 자들은 그 제단의 것을 먹을 권리가 없다, 히13:10.

☞**제단**(마5:23, 눅11:51, 고전9:13, 계8:5).

2380. θύω [thüō][14회] **뒤오**

동 [기본형] 미완료 ἔθυον, 제1부정과거 ἔθυσα, 완료수동태분사 τεθυμέ- νος, 제1부정과거 수동태 ἐτύθην:

1) 희생하다, 행14:13,18.

2) 잡다, 죽이다, 눅15:23,27,30.

① [수동] 마22:4, 막14:12, 눅22:7.

② [독립적으로] 행10:13, 11:7.

3) [일반적인 의미로] 죽이다, 요10:10.

4) 경축하다, 막14:12, 눅22:7.

☞**잡다**(마22:4, 눅15:23, 행10:13), **죽이다**(요10:10), **제사하다**(행14:13), **희생되다**(고전5:7).

2381. Θωμᾶς, ᾶ, ὁ [Thōmas][11회] **도마스**

고명 아람어에서 유래[히브리어 8380과 비교]: 12사도 중 1인 '도마', 마10:3, 막3:18, 눅6:15, 요11:16, 14:5, 20:24, 행1:13등.

☞**도마**(막3:18).

2382. θώραξ, ακος, ὁ [thōrax][5회] **도락스**

명 불확실한 유사어에서 유래:

1) 호심경, 계9:17, [상징적으로] 엡6:14, 살전5:8.

2) [호심경으로 가리워진 신체의 부위] 가슴, 계9:9.

☞**호심경**(엡6:14, 살전5:8, 계9:9,17).

I, ι

2383. Ἰάειρος, ου, ὁ [Iaĕirŏs][2회] 이아에이로스
고명 히브리어 2971에서 유래: 회당장 '야이로', 막5:22.
☞**야이로**(막5:22).

2384. Ἰακώβ, ὁ [Iakōb][27회] 이아콥
고명 히브리어 3290에서 유래: '야곱'.
1) 이삭의 아들, 마1:2, 눅3:34, 요4:5, 행7:8,12, 롬9:13, 히11:9등.
2) [이스라엘 민족에 대하여] 야곱의 후손들, 롬11:26.
3) 요셉의 아버지 [예수의 족보에 나오는] 마1:15.
☞**야곱**(마1:2,15, 눅3:34, 요4:5, 행7:8, 롬9: 13, 11:26, 히11:9).

2385. Ἰάκωβος, ου, ὁ [Iakōbŏs][42회] 이아코보스
고명 2384의 그리스화된 인명: '야고보'.
1) 갈릴리 어부 세베대의 아들이요 요한의 형제로 헤롯 아그립바 1세에게 처형된 12사도 중 1인 '야고보', 마4:21, 10: 2, 막1:19, 눅5:10, 6:14, 행1:13, 12:2등.
2) 12제자 중의 하나인 알패오의 아들 '야고보', 마10:3, 눅6:15, 행1:13.
3) 마리아의 아들 '야고보', 마27:56, 막16:1, 눅24:10.
4) 주의 형제 '야고보' [후에 예루살렘 교회의 수령이 됨], 마13:55, 막6:3, 행12:17, 15:13, 21:18등, 고전15:7, 갈1:19, 2:9.
5) 유다의 아버지 '야고보', 눅6:16, 행1:13.
6) 세리 '야고보'(마3:18).
☞**야고보**(마4:21, 10:3, 13:55, 막1:19, 16:1, 눅5:10, 6:14, 24:10, 행1:13, 12:17, 15:13, 21:8, 고전15:7, 갈1:19).

2386. ἴαμα, ατος, τό [iama][3회] 이아마
명 2390에서 유래: 치료, [주] χαρίσ- ματα ἰαμάτων: 병고침의 은사, 고전12:9, 28,30.
☞**병고침**(고전12:9,28,30).

2387. Ἰαμβρῆς, ὁ [Iambrēs][1회] 이암브레스
고명 애굽어에서 유래: 애굽사람 '얌브레', 딤후3:8, 2389를 보라.
☞**얌브레**(딤후3:8).

2388. Ἰαννά, ὁ [Ianna][1회] 이안나
고명 아마도 기원은 히브리어(3238과 비교): 이스라엘 사람 '얀나', 눅3:24.
☞**얀나**(눅3:24).

2389. Ἰαννῆς, ὁ [Iannēs][1회] 이안네스
고명 애굽어에서 유래: 바로 앞에서 모세를 대항한 애굽 요술사 중 하나 '얀네', 딤후3:8.
☞**얀네**(딤후3:8).

2390. ἰάομαι [iaŏmai][26회] 이아오마이
동 디포넌트, 미완료 ἰώμην, 미래 ἰά- σομαι, 제1부정과거 ἰασάμην, [수동의 의미를 갖는 수동태] 제1부정과거 수동 ἰάθην, 제1부정과거 수동, 명령 ἰαθήτω, 미래 수동 ἰαθήσομαι, 완료 수동 ἴαμαι: 고치다, 치료하다.
1) [문자적으로] 눅5:17, 6:19, 요4:47, 행9:34, 10:38등, [수동] 마8:8, 15:28, 눅7:7, 8:47, 요5:13, 약5:16등.
2) [상징적으로] [여러 종류의 병으로부터 온전하게 됨] 회복하다, 마13:15, 요12:40, 행28:27.
☞**낫다**(마8:8, 막5:29, 행3:11ⓢ), 고침 받다(마13:15, 요12:40, 행28:27), **고치다**(눅4:18, 행10:38), **병 고치다**(눅5:17, 요4:47), **낫게 하다**(눅7:7, 행28:8), **병 낫다**(약5:16), **나음을 얻다**(벧전2:24).

2391. Ἰάρεδ, ὁ [Iarĕd][1회] 이아레드
고명 히브리어 3382에서 유래: 에녹의 아버지로 예수의 족보에 나옴 '야렛', 눅3:37.
☞**야렛**(눅3:37).

2392. ἴασις, εως, ἡ [iasis][3회] 이아시스
명 2390에서 유래: 고침, 치료.
1) [문자적으로]
① εἰς ἴασιν: 고치기 위하여, 행4:30.
② ἰάσεις ἀποτελ- εῖν: 완전히 치료되다, 눅13:32.
2) [상징적으로] 죄의 용서.
☞**병을 낫게 함, 병이 나음**(눅13:32, 행4:22,30),

2393. ἴασπις, ιδος, ἡ [iaspis][4회] 이아스피스

명 외래어에서 유래한 것으로 보임 [히브리어 3471 참조] 벽옥, 계4:3, 21:11,18.
☞**벽옥**(계4:3, 21:11,19).

2394. Ἰάσων, ονος, ὁ [Iason][5회] **이아손**
고명 2390의 미래능동태 분사 남성형: '야손'.
1) 데살로니가에서 바울과 실라를 대접한 사람, 행17:5-7,9.
2) 로마서 끝에서 인사의 대상, 롬16:21.
3) Ἰάσονι가 Μνάσωνι로 나타남, 행21: 16.
☞**야손**(행17:5-9, 롬16:21).

2395. ἰατρός, οῦ, ὁ [iatrŏs][7회] **이아트로스**
명 2390에서 유래: 의사.
1) [문자적으로] 마9:12, 막2:17, 눅5:31.
2) [상징적으로] 하나님과 예수에 대하여 쓰임.
☞**의사**(마9:12, 눅4:23, 골4:14).

2396. ἴδε [idĕ][34회] **이데**
동 1492의 미완료 능동태단수2인칭: 보라!
1) [말하는 사람이 어떤 것에 주의를 끌려고 할 때 그것을 가리키며] 막2:24, 13:1, 요5:14, 18:21등.
2) [기대하지 않던 것을 소개할 때] 요3: 26, 7:26, 11:3, 12:19.
3) 자!
① ἴ. ὁ τόπος: 자! 여기 있다, 막16:6.
② ἡ μήτηρ μου καὶ οἱ ἀδελφοί μου: 여기 나의 어머니와 나의 형제들이 있다, 마25:20, 막11:21, 요1:29, 36,47, 19:14.
4) [원래의 뜻이 상실 된 경우]
① ἴ. νῦν ἠκούσατε: 자 이제 너희가 들었다, 마26:65, 막15:4.
② ἴ. Ἠλίαν φωνεῖ: 자 그가 엘리야를 부른다, 막15:35.
5) [단순히] 여기, 마25:25.
☞**보라**(마25:20, 26:65, 요5:14).

2397. ἰδέα, ας, ἡ [idĕa] **이데아**
명 1492에서 유래:
1) 모습, 모양, 마28:3.
2) 모양, 모습, 종류.
☞**형상**(마28:3).

2398. ἴδιος, ία, ον [idiŏs][114회] **이디오스**
형 불확실한 유사어에서 유래: 자기자신의.
1. 한 개인에게 속한.
1) [공중의 소유나 다른 사람의 소유와 반대로] 사사로운, 자기자신의, 누구에게 고유한.
① οὐδὲ εἷς τι τῶν ὑπαρχόν- των αὐτῷ ἔλεγεν ἴδιον εἶναι: 어떤 것을 자기의 것이라고 주장하는 사람이 하나도 없다, 행4:32,
② κατὰ τὴν ἰδίαν δύναμιν: 자신의 능력에 따라, 마25:15, 요7:18등.
2) [대조의 뜻이 분명하게 나타난 경우] 한 개인에게 속한, 고유한, 눅6:44, 행1:25, 롬8:32, 고전7:4, τὰ ἴδια πρόβατα: 그의 양, 요10:3.
2. [αὐτός의 속격 또는 소유대명사 대신에 사용되며 ἑαυτοῦ, ἑ- αυτῶν 대신에 사용됨]
1) [1인칭과 함께] 고전4:12.
2) [2인칭과 함께] ἐν τῷ ἰ. ὀφθαλμῷ: 네 눈에, 눅6:41, 엡5:22, 살전2:14, 벧전3:1, 벧후3:17.
3) [3인칭과 함께] 요4:44, 고전6:18, 딤전6:1등, 벧후2:22.
3. [명사로서]
1) οἱ ἴδιοι:
① 동료 크리스천, 행4:23, 24:23.
② 제자들, 요13:1.
③ 친척들, 요1:11, 딤전5:8.
2) τὰ ἴδια:
① 집, 고향, 요16:32, 19:27등.
② 소유, 재산, 눅18:28, 요1:11.
③ τὰ ἴδια: 자기 자신의 일, 살전4:11.
4. [부사]
1) ἰδίᾳ: 혼자서, 고전12:11.
2) κατ' ἰ- δίαν: 혼자서, 개인적으로, 마14:13,23, 17:1, 막4:34, 6:31, 눅9:10, 갈2:2등.
☞**본**(마9:1), **자기**(마22:5, 요15:19), **개인**(행3:12). **[부] 따로**(마14:13, 17:1, 20:17), **혼자**(막4:34), **조용히**(막9:28, 13:3, 눅10:23), **친히**(고전4:12), **사사로이**(갈2:2), **스스로**(벧후3:16), **도로**(벧후2:22).

2399. ἰδιώτης, ου, ὁ [idiōtēs][5회] **이디오테스**
명 2398에서 유래:
1) 평범한 사람, 아마추어. ἰ τῷ λόγῳ: 말재주가 없는, 행4:13, 고후11:6.
2) 고전14:23,24의 ἰδιῶται와 ἄπιστοι는 크

리스천 회중과 대조되는 집단을 형성하고 있다. 개종한 사람이나 혹은 아직 입교하지 못한 사람들을 가리키는 것 같다.

☞**알지 못하는 자**(고전14:16,23,24), **평범한 인간**(고후11:6), **범인(凡人)**(행4:13).

2400. ἰδού [idŏu][200회] 이두

동 지시하는 역할의 불변사, 1492의 미완료 중간태, 단수2인칭: 보라!

1) [이야기에 생기를 돋워 주는 역할을 함]

① [듣는 자나 읽는 자의 주의를 환기시켜 줌] 눅22:10, 요4:35, 고전15: 51, 고후5:17, 약5:9, 유1:14.

② [새로운 어떤 것을 소개함] 마1:20, 2:1, 눅2:25, 10:25, 행12:7등.

③ [좀더 깊이 생각해 보기를 촉구함] 기억해 보라, 생각해 보라, 마10: 16, 11:8, 22:4, 막14:41, 눅2:48, 7:25등.

2) [정동사가 없이 명사와 함께 사용됨]

① καὶ ἰ. φωνὴ ἐκ τ. οὐρανῶν: 그리고 하늘에서 한 소리가 들려온다, 마3:17.

② καὶ ἰ. ἄνθρωπος: 그리고 한 사람이 있었다, 마12:10.

③ ἰ. ἄνθρω– πος φάγος: 여기 먹기를 탐하는 사람이 있다, 마11:19, 눅7:34.

④ ἰ. ὁ νυμ– φίος: 여기 신랑이 있다, 마25:6.

☞**보라**(마1:23), **보다**(계6:5).

2401. Ἰδουμαία, ας, ἡ [Idŏumaia][2회] 이두마이아

고명 히브리어 123에서 유래: 유대 남쪽 산간지방 '이두매', 막3:8, 행2:9.

☞**이두매**(막3:8, 행2:9).

2402. ἱδρώς, ῶτος, ὁ [hidrōs][1회] 히드로스

명 기본동사 ἴδος '땀흘리다'의 강세형: 땀, 눅22:44.

☞**땀**(눅22:44).

2403. Ἰεζαβήλ, ἡ [Iĕzabēl][1회] 이에제벨

고명 히브리어 348에서 유래: 아합왕의 아내 '이세벨', 계2:20.

☞**이세벨**(계2:20).

2404. Ἱεράπολις, εως, ἡ [Hiĕrapŏlis][1회] 히에라폴리스

고명 2413과 4172에서 유래: 소아시아에 있는 '히에라볼리', 골4:13.

☞**히에라볼리**(골4:13).

2405. ἱερατεία, ας, ἡ [hiĕratĕia][2회] 히에라테이아

명 2407에서 유래: 제사장직, 눅1:9, 히7:5, 제사장 신분, 계5:10.

☞**제사장**(눅1:9), **제사장 직분**(히7:5).

2406. ἱεράτευμα, ατος, τό [hiĕratĕu–ma][2회] 히에라튜마

명 2407에서 유래: 제사장직, 제사장 신분, 벧전2:5,9.

☞**제사장**(벧전2:5,9).

2407. ἱερατεύω [hiĕratĕuō][1회] 히에라튜오

동 2409의 연장형: 제사장의 일을 하다, 제사장직을 수행하다, 눅1:8.

☞**제사장직의 직무를 행하다**(눅1:8).

2408. Ἱερεμίας, ου, ὁ [Hiĕrĕmias][3회] 히에레미아스

고명 히브리어 3414에서 유래: 이스라엘의 선지자 '예레미야', 마2:17, 16:14, 27:9.

☞**예레미야**(마2:17, 16:14, 27:9).

2409. ἱερεύς, έως, ὁ [hiĕrĕus][31회] 히에류스

명 2413에서 유래: 제사장.

1. [문자적으로]

1) 이방의 제사장, 행14:13.

2) 유대의 제사장.

① 일반 제사장, 마8:4, 막1:44, 눅5:14, 행4:1, 6:7, 히7:14,20등.

② 대제사장, 행5:27.

2. [상징적으로]

1) 그리스도에 대하여, 히5:6, 7:17, 10:21.

2) ἰ. τοῦ θεοῦ: 하나님의 제사장, 계20: 6등.

☞**제사장**(마12:5, 막2:26, 계20:6).

2410. Ἱεριχώ, ἡ [Hiĕrichō][7회] 히에리코

고명 히브리어 2305에서 유래: 유대에 있는 한 도시 '여리고', 마20:29, 막10:46, 눅18:35, 히11:30등.

☞**여리고**(마20:29, 막10:46, 눅18:35, 히11: 30).

2411. ἱερόν, οῦ, τό [hiĕrŏn][71회] 히에론

명 2413의 중성형: 성소, 성전.

1) 이방성전, 행19:27.

2) 예루살렘 성전[건물과 뜰 모두를 포함하여] 마12:6, 24:1, 막13:3, 눅21:5, 행24:6, στρα– τηγὸς τ. ἱεροῦ: 성전의 두령, 행4:1, 5:24.

☞**성전**(마24:1, 막11:15, 고전9:13), 신전(행19:27).

2412. ἱεροπρεπής, ές [hiĕrŏprĕpēs][1회] **히에로프레페스**

형 2413과 4241의 동일어에서 유래: 거룩한 사람이나 거룩한 것에 알맞는, 거룩한, 존경을 받을 만한, 딛2:3.

☞**거룩한**(딛2:3).

2413. ἱερός, ά, όν [hiĕrŏs][4회] **히에로스**

형 불확실한 유사어에서 유래: 거룩한.

1) [형용사] 딤후3:15.

2) [명사로] τὰ ἱερά: 거룩한 것, 고전9:13.

☞**거룩한**(고전9:13).

2414. Ἱεροσόλυμα, ἡ, τά [Hiĕrŏsŏlü-ma][62회] **히에로솔뤼마**

고명 히브리어 3389에서 유래: '예루살렘'.

1) [그 이름을 지칭함]

① [그 도시 자체를 가리킴] 마2:1, 막3:8, 눅2:25,41, 요1:19, 롬15:19등.

② [그 도시의 주민을 가리킴] πᾶσα Ἱ: 예루살렘 온 도시가, 마2:3, 3:5, 눅2:38, 13:34, 행21:31등.

2) [상징적으로] 종말론적으로 쓰임, ἄνω Ἱ.: 하늘의 예루살렘, 갈4:25, Ἱ. ἐπουράνοις, 히12:22, ἡ καινὴ Ἱ.: 새 예루살렘, 계21:2 등.

☞**예루살렘**(마2:1, 3:5, 막3:8, 눅2:25,38, 13: 34, 요1:19, 행21:31, 롬15:19, 갈4:25).

2415. Ἱεροσολυμίτης, ου, ὁ [Hiĕrŏsŏlu-mitēs][2회] **히에로솔뤼미테스**

명 2414에서 유래: 예루살렘의 주민, 막1:5, 요7:25.

☞**예루살렘 사람**(막1:5).

2416. ἱεροσυλέω [hiĕrŏsülĕō][1회] **히에로쉴레오**

2417에서 유래: 성전을 털다, 도둑질하다, 롬2:22.

☞**신전 물건을 도둑질하다**(롬2:22).

2417. ἱερόσυλος, ον [hiĕrŏsülŏs][1회] **히에로쉴로스**

형 2411과 4813에서 유래: 성전 터는 도둑의, [명사로] οἱ: 성전, 도둑, 행19:37.

☞**신전의 물건을 도둑질하는**(행19:37).

2418. ἱερουργέω [hiĕrŏurgĕō][1회] **히에루르게오**

동 2411과 2041의 어간의 합성어에서 유래: 거룩한 직무를 수행하다, 제사장의 일을 맡다, 롬15:16.

☞**제사장 직무를 수행하다**(롬15:16).

2419. Ἱερουσαλήμ [Hiĕrŏusalēm][77회] **히에루살렘**

고명 히브리어 3389에서 유래: '예루살렘', 롬15:19, 계21:2, 2414참조.

☞**예루살렘**(롬15:19, 계21:2).

2420. ἱερωσύνη, ης, ἡ [hiĕrōsünē][3회] **히에로쉬네**

명 2413에서 유래: 제사장직, 제사장 신분, 히7:11,12,24.

☞**제사장 직분**(히7:11,12,24), **제사장**(히7:14).

2421. Ἰεσσαί, ὁ [Iĕssai][5회] **이엣사이**

고명 히브리어 3448에서 유래: 다윗의 아버지 '이새', 행13:22, [예수의 족보에 나옴] 마1:5, 눅3:32, [메시아적인 왕은 이새의 줄기에서] 롬15:12.

☞**이새**(마1:5, 눅3:32, 행13:22, 롬15:12).

2422. Ἰεφθάε [Iĕphthaĕ][1회] **이에프다에**

고명 히브리어 3316에서 유래: 길르앗 사람으로서 이스라엘 사사 중의 한명 '입다', 히11:32.

☞**입다**(히11:32).

2423. Ἰεχονίας, ου, ὁ [Iĕchŏnias][2회] **이에코니아스**

고명 히브리어 3240에서 유래: 유다의 왕 '여고냐', 마1:11,12, 눅3:23.

☞**여고냐**(마1:11,12, 눅3:23).

2424. Ἰησοῦς, οῦ, οῦ, οῦν, οῦ, ὁ [Iē- sŏus][919회] **이에수스**

고명 히브리어3091에서 유래: '예수'.

1) 여호수아 [모세의 후계자], 행7:45, 히4:8.

2) 예수[예수의 족보에 나오는 엘리에셀의 아들], 눅3:29.

3) 예수 그리스도, 마1:1,21,25등.

4) 예수 바라바.

5) Ἰ. ὁ λεγόμενος Ἰοῦστος: 유스도라고 불리는 예수, 골4:11, 몬1:23.

☞**예수**(눅3:29), **여호수아**(행7:45, 히4:8).

2425. ἱκανός, ή, όν [hikanŏs][39회] **히카노스**

형 ἵκω '도착하다'에서 유래:

1) 충분한, 넉넉한, 큰, 많은 [수와 양에 있어서]

① ὄχλος: 많은 무리, 막10:46, 눅7: 12, 행11:24, 19:26, ἐν λόγοις ἱ.: 많은 말로,

눅23:9.

② [특별히 시간에 대하여] ἱκανῷ χρόνῳ: 오랜 시간 동안, 눅8:27, 행8:11, [복수로] 눅20:9, ἀπὸ ἱ. ἐτῶν: 수년 동안, ἡμέραι ἱ.: 여러 날 동안, 행9:43, 18:18.

③ [독립적으로] ἱκανοί: 여러 번, 수차례, 행12:12, 14:21, 고전11:30등.

2) 적당한, 알맞는, 자격 있는, 유능한, 가치 있는, 고후2:16, [부정사가 뒤따르는 경우] 마3:11, 막1:7, 눅3:16, 고전15:9, 고후3:5, 딤후2:2등.

☞**감당하는**(고후2:16), **만족하는**(고후3:5), **많은**(눅7:12, 행5:37, 딤후2:2), **허다한**(막10: 46, 눅7:11, 행19:26), **만족을 주는**(막15:15), **족한**(눅22:38), **큰**(행11:24, 22:6). **[부] 많이**(마28:12), **오랫동안**(눅8:27, 행8:11, 20:11), **오래**(눅20:9, 행14:3), **여러**(눅23:9, 행9:23, 12:12).

2426. ἱκανότης, ητος, ἡ [hikanŏtēs][1회] **히카노테스**

명 2425에서 유래: 알맞음, 능력, 자격, 고후3:5.

☞**만족**(고후3:5).

2427. ἱκανόω [hikanŏō][2회] **히카노오**

동 제1부정과거 ικάνωσα, 2425에서 유래: 충분하게 하다, 자격을 갖추다, 고후3:6, 골1:12.

☞**합당하게 하다**(골1:12), **만족하게 하다**(고후3:6).

2428. ἱκετηρία, ας, ἡ [hikĕtēria][1회] **히케테리아**

명 2425의 어간의 파생어에서 유래: 기원, 탄원, 기도, 히5:7.

☞**소원**(히5:7).

2429. ἰκμάς, άδος, ἡ [hikmas][1회] **히크마스**

명 불확실한 유사어에서 유래: 습기[토양의], 눅8:6.

☞**습기**(눅8:6).

2430. Ἰκόνιον, ου, τό [Ikŏniŏn][6회] **이코니온**

명 아마 1504에서 유래한 듯: 바울이 여러 번 방문한 곳 '이고니온', 행13:51, 14:1,19,21, 16:2, 딤후3:11.

☞**이고니온**(행13:51, 14:1,19, 16:2, 딤후3:11).

2431. ἱλαρός, ά, όν [hilarŏs][1회] **힐라로스**

형 2436의 동일어에서 유래: 유쾌한, 기쁜, 즐거운, 친절한, 은혜스러운, 고후9:7.

☞**즐거운**(고후9:7).

2432. ἱλαρότης, ητος, ἡ [hilarŏtēs][1회] **힐라로테스**

명 2431에서 유래: 유쾌함, 기쁨, 즐거움, 롬12:8.

☞**즐거움**(롬12:8).

2433. ἱλάσκομαι [hilaskŏmai][2회] **힐라스코마이**

동 중간태. 디포넌트. 제1부정과거 수동태 명령 ἱλάσθητι, 2436의 동일어에서 유래:

1) 진정시키다, 화해시키다, [수동] 진정하게 되다, 자비를 베풀다, 눅18:13.

2) [대제사장으로서의 예수께서] 속죄하다, εἰς τὸ ἱλάσκε- σθαι τὰς ἁμαρτίας τοῦ λαοῦ: 백성의 죄악을 속하시려고, 히2:17.

☞**불쌍히 여기다**(눅18:13), **속량하다**(히2: 17).

2434. ἱλασμός, οῦ, ὁ [hilasmŏs][2회] **힐라스모스**

명 1) 속죄, 화해, 레25:9.

2) 속죄를 위한 제물, 겔44:27.

☞**화목제물**(요일2:2, 4:10).

2435. ἱλαστήριον, ου, τό [hilastēriŏn][2회] **힐라스테리온**

명 2433의 파생어에서 유래:

1) 속죄하는 것, 화해하게 하는 것, 속죄의 방편 [그리스도에 대하여] 롬3:25.

2) 속죄의 장소, 속죄, 히9:5.

☞**화목제물**(롬3:25), **속죄소**(히9:5).

2436. ἵλεως, ων [hilĕōs][2회] **힐레오스**

형 138의 변형에서 유래한 듯: 은혜로운, 자비로운[하나님에 대하여] 마16:22, 히8:12.

☞**긍휼히 여기는**(히8:12).

2437. Ἰλλυρικόν, οῦ, τό [Illürikŏn][1회] **일뤼리콘**

고명 불확실한 파생어로 된 이름에서 온 형용사의 중성형: 유럽의 한 도시 '일루리곤', 롬15:19.

☞**일루리곤**(롬15:19).

2438. ἱμάς, αντος, ὁ [himas][4회] **히마스**

명 260의 동일어에서 유래한 듯: 가죽 끈, 줄, 막1:7, 눅3:16, 요1:27, 행22:25.

☞**신발 끈**(막1:7, 눅3:16, 요1:27), **가죽 줄**(행22:25).

2439. ἱματίζω [himatizō][2회] **히마티조**

동 완료 수동 분사 ἱματισμένος, 2440에서 유래: [옷을] 입다, 막5:15, 눅8:35.

☞**옷을 입다**(막5:15, 눅8:35).

2440. ἱμάτιον, ου, τό [himatiŏn]60회 **히마티온**

명 ἕννυμι '입다'의 파생어의 중성형: 옷.

1) 일반적으로 모든 옷을 가리킴: [단수로] 마9:16, 막2:21, 5:27, 눅5:36, 히1:11등. [복수로] 마27:35, 막5:28, 9: 3, 15:24, ἱ. μαλακά: 부드러운 옷, 눅7:25.

2) 겉옷, 외투, 마9:20, 24:18, 눅8:44, 요19:2, 계19:16등.

☞**겉옷**(마5:40, 24:18, 눅6:29), **옷**(마26:65, 요19:23, 계19:16), **속옷**(행9:39).

2441. ἱματισμός, οῦ, ὁ [himatismŏs]5회 **히마티스모스**

명 2439에서 유래: 옷, 의류, 복장, 눅9:29, 요19:24, 행20:33, ἱ. ἔνδο– ξος: 좋은 옷, 눅7:25, ἱ. πολυτελής: 비싼 옷, 딤전2:9.

☞**옷**(마27:35, 요19:24, 딤전2:9), **의복**(행20:33).

2442. ἱμείρομαι [himĕirŏmai] **히메이로마이**

동 중간태 ἵμερος '동경'에서 유래: 동경하다, 애정을 가지고 열망하다, 살전2:8, ὁμείρο μαι를 참조.

☞**사모하다**(살전2:8).

2443. ἵνα [hina]663회 **히나**

접 1438의 전반부의 동일어에서 유래한 듯:

1. [목적이나 목표를 나타냄] ~위하여.

1) [가정법과 함께 쓰임]

① [현재시제 뒤에서] 막4:21, 7:9, 눅6:34, 요3:15, 행2:25, 롬1:11, 고전9:12등.

② [완료동사 뒤에서] 마1:22, 21:4, 요5:23, 6:38, 고전9:22등.

③ [현재나 과거 명령 뒤에서] 마7:1, 14:15, 17:27, 막11:25, 요4:15, 고전7:5, 딤전4:15등.

④ [미래 동사 위에서] 눅16:4, 18:5, 요5:20, 14:3, 고전15:28, 빌1:26등.

⑤ [제2시상 뒤에서].

㉠ [미완료] 막3:2, 6:41, 눅6:7등.

㉡ [과거완료] 요4:8.

㉢ [부정과거] 마19:13, 막3:14, 눅19: 4, 요7:32, 히2:14, 11:35등.

2) [미래 직설법과 함께 쓰임] 막15:20, 눅14:10, 20:10, 요7:3, 고전9:21, 벧전3:1, 계8:3.

3) [현재 직설법과 함께 쓰임] 고전4:6, 갈4:17, 6:12, 딛2:4, 요일5:20, 계13:17, 20:3.

4) [기원법으로 쓰이는 경우] ἵ– να λάβοι, 막12:2, ἵνα δῴη, 엡1:17, ἵνα παραδοῖ, 요13:2. [주] 이외에는 가정법으로 사용됨.

5) [지시대명사에 잇달아 나오는 경우] εἰς τοῦτο: 이것을 위하여, 요18:37, 롬14:9, 고후2:9, 요일3:8, διὰ τοῦτο: 바로 이 목적을 위하여, 고후13:10, 딤전1:16, 몬1:15, διὰ τοῦτο, 요1:31.

6) [고전적인 용례] 막2:10.

2. [목적어의 뜻이 매우 약해졌거나 아주 없어진 경우]

1) [동사를 보조해주는 부정사 또는 대격 부정사를 대신하여 쓰임]

① [다음의 뜻을 가진 동사 뒤에서 쓰임]

㉠ 원하다, 바라다, 힘쓰다, θέ– λειν ἵνα, 마7:12, 막9:30, 10:35, 눅6: 31, 요17:24, 고전14:5, βου λεύεσ– θαι, 요11:53, 12:10, ζητεῖν, 고전4:2, 14:12등.

㉡ 조심하다, 부끄러워하다, 두려워하다, 고전16:10, 벧후3:17.

㉢ 요청하다, 요구하다, δεῖσθαι, 눅9:40, 21:36, 22:32, ἐρωτᾶν, 막7:26, 눅7:36, 16:27, 요4:47, 17: 15, προσεύχ εσθαι, 마24:20, 26:41, 막14:35, 눅22:46, 고전14:13등.

㉣ 호출하다, 권장하다, 명령하다, ἐντέλ– λεσθαι, 막13:34, 요15:17, διαστέλ– λεσθαι, 마16:20, 막5: 43, 7:36, 9:9, ἐπιτιμᾶν, 마16: 20, 20:31, 막8:30, 10:48, 눅18: 39, λέγειν, 마4:3, 20:21, 막3:9, 9:9, 눅4:3, 10:40등.

㉤ 야기하다, 재기하다, ποιεῖν, 요11: 37, 골4:16, 계3:9, 13:16등.

㉥ 허락하다, 허용하다, 막11:16, διδόναι, 막10:37, 계9:5.

② [무인칭적 표현 뒤에 쓰임] ἀρκετόν(ἔσ τι), 마10:25, συμφέρει, 마5:29, 18:6,

I

요11:50, ἐμοὶ εἰς ἐλά- χιστόν ἐστιν: ~은 나에게는 극히 사소한 일이다, 고전4:3.

③ [명사나 형용사 뒤에 쓰임. 특히 그것들이 고정된 표현법들의 일부분일 때]

㉠ χρεί- αν ἔχειν, 요2:25, 16:30, 요일2:27, θέλημά ἐστιν, 마18:14, 요6:40, 고전16:12, ἐντολή, 요15:12, 11:57, 13:34, 행17:15등.

㉡ οὐκ εἰμὶ ἱκα- νός, 마8:8, 눅7:6, οὐκ εἰμὶ ἄξιος, 요1:27.

④ [시간의 뜻을 가진 명사 뒤에서 쓰임] χρόνον διδόναι, ἵνα: ~할 시간을 주다, 계2:21, ἔρχεται ἡ ὥρα: ~할 시간이 되다, 요12:23, 13:1, 16:2,32.

⑤ [지시대명사 뒤에 오는 설명적 부정사의 역할을 할 수 있다] 막11:28, τοῦτο προσεύχομαι ἵνα, 고전9:18, 빌1:9, μείζονα ταύτης ἀγά- πην οὐδεὶς ἔχει, 요14:13, 요삼1:4.

2) [결과를 나타내는 부정사와 같은 역할을 함] 고후1:17, 갈5:17, 살전5:4, 요일1:9, 계9:20. 13:13, τίς ἥμαρ- τεν, ἵνα τυφλὸς γεννηθῇ, 요9:2등.

3. [ἵνα는 생략된 문장에서도 사용된다]

1) ἀλλ' ἵνα μαρτυρήσῃ, 요1:8, ἀλλ (ἐγένετο ἀπόκρυφον) ἵνα ἔλθῃ εἰς φανερόν: 그러나 숨기워졌던 것이 계시되어진다, 막4:22, 막14:49, 요9:3, 11:52, 13:18.

2) [가정법과 함께 쓰인 ἵνα는 명령의 뜻을 나타낸다] ἵνα ἐπιθῇς τὰς χεῖρας αὐτῇ: 네 손을 그녀에게 얹어라, 막5:23, ἡ δὲ γυ- νὴ ἵνα φοβῆται τ. ἄνδρα: 여자는 그녀의 남편을 존경해야 한다, 마20:33, 막10:51, 고전7: 29, 16:16, 고후8:7, 갈2:10, 엡5:33비교.

3) [본동사를 가지지 않는 경우 문맥을 보충할 수 있다] 갈2:9, ἵνα κατὰ χάριν (γένη - ται), 롬4:16, ἵνα ἄλλοις ἄνεσις (γέ - νηται), 고후8:13.

4. [때로는 ἵνα가 마디의 맨 앞자리를 다른 단어에 양보하고 뒤로 들어감으로써 그 앞에 나오는 말을 강조할 때도 있다] 요13:29, 고전9:19, 갈2:10, 골4:16, τὴν ἀ- γάπην ἵνα γνῶτε, 고후2:4, τῷ ὑμετέ- ρῳ ἐλέει ἵνα, 롬11:31.

☞**~하기 위하여, ~ 때문에, 즉, ~하지 않도록, ~라는 것을.**

2444. ἱνατί [hinati][6회] **히나티**

부 2443과 5101에서 유래: 무슨 이유로?, 무엇 때문에?, 마9:4, 27:46, 눅13:7, 행4:25, 고전10:29.

☞**어찌하여, 무엇 때문에.**

2445. Ἰόππη, ης, ἡ [Iŏppē][10회] **이옾페**

고명 히브리어 3305에서 유래: 팔레스틴의 한 도시 '욥바', 행9:36,38,42, 10:5, 8,32, 11:5,13.

☞**욥바**(행9:36,38,42, 11:5,13).

2446. Ἰορδάνης, ου, ὁ [Iŏrdanēs][15회] **이오르다네스**

고명 히브리어 3383에서 유래: 팔레스타인의 주요 강 '요단', 마3:5, 4:15, 19:1, 막1:5, 10:1, 눅4:1, 요1:28, 3:26, 10:40등.

☞**요단**(마3:5, 4:15, 19:1, 막1:5, 10:1, 눅4:1, 요1:28, 3:26, 10:40).

2447. ἰός, οῦ, ὁ [iŏs][3회] **이오스**

명 εἶμι '가다' 또는 ἵημι '보내다'에서 유래:

1) 독.

① [문자적으로] ἰὸς ἀσπίδων, 롬3:13.

② [상징적으로] 약3:8.

2) 녹, 약5:3.

☞**독**(롬3:13, 약3:8), **녹**(약5:3).

2448. Ἰουδά [Iŏuda] **이우다**

고명 히브리어 3063 혹은 3194에서 유래: 팔레스틴의 한 지방 '유다', 눅1:39등.

☞**유다**(눅1:39).

2449. Ἰουδαία, ας, ἡ [Iŏudaia][44회] **이우다이아**

고명 2453의 여성형: '유대'.

1) [팔레스틴 남쪽지방. 사마리아, 갈릴리, 베레아, 이두매와 대조되는 지명] 마2:1, 4:25, 24:16, 막1:5, 요4:3, 7:1, 행8:1, 12:19, 롬15:31, 고후1:16, 갈1:22등. [은유적으로 주민을 지칭함] 마3:5.

2) [넓은 의미로 유대 나라의 전국토를 지칭함] 눅1:5, 4:44, 행10:37, 11:1, 살전2:14등.

☞**유대**(마2:1, 4:25, 24:16, 막1:5, 요4:3, 행8:1, 12:19, 롬15:31, 고후1:16, 갈1:22).

2450. Ἰουδαΐζω [Iŏudaïzŏ][1회] **이우다이조**

동 2453에서 유래: 유대인이 되다, 유대 풍속을 따라 유대인으로 생활하다, 갈2:14.
☞**유대인답게 살다**(갈2:14).

2451. Ἰουδαϊκός, ή, όν [Iŏudaïkŏs][1회]
이우다이코스
형 2453에서 유래: 유대의, 유대인의, 딛1:14.
☞**유대인의**(딛1:14).

2452. Ἰουδαϊκῶς [Iŏudaïkōs][1회]
이우다이코스
부 2451에서 유래: 유대적으로, 유대식으로, 유대 풍속대로, 갈2:14.
☞**유대 풍속에 따라**(갈2:14).

2453. Ἰουδαῖος, αία, αῖον [Iŏudaiŏs][195회]
이우다이오스
형 명 2448에서 유래: 유대의.
1) [형용사로]
① ἀνὴρ Ἰ.: 유대인, 행10:28, 22:3.
② ἄνθρωπος, 행21:39.
③ γῆ, 요3:22.
2) [명사로]
① ὁ Ἰ.: 유대인, 요3:1, 4:9, 18:35, 행18:2, 19:34, 롬1:16, 2:9.
② ἡ Ἰουδ αία: 유대 여자, 행24:24.
③ οἱ Ἰ.: 유대인들, 막7:3, 요2:13, 눅23:51, 행10:22, 12:11, Ἰ. καὶ Ἕλληνες: 유대인과 이방인, 행14:1, 18: 4. 19:10, 고전1:24, 10:32, 12:13등.
④ [유대 크리스천에 대하여] 행21:20, 갈2:13.
⑤ [요한복음에서 Ἰουδαῖοι는 예수의 적으로 나타남] 요1:19, 2:18, 5:10, 15, 6:41, 7:1, 9:18,22, 10:24등.
☞**유대의, 유대인, 유대 여자**(요3:22, 행10:28, 21:39).

2454. Ἰουδαϊσμός, οῦ, ὁ [Iŏudaismŏs][2회]
이우다이스모스
명 2450에서 유래: 유대주의, 갈1:13이하.
☞**유대교**(갈1:13).

2455. Ἰουδάς, α, ὁ [Iŏudas][45회] **이우다스**
고명 히브리어 3063에서 유래: '유다'.
1) 유다[족장 야곱의 아들]
① [개인] [예수의 족보에 나옴] 마1:2이하 눅3:30.
② 유다 지파, 히7:14, 계5:5, 7:5.
③ [유다 지파에 속한 나라] 마2:6, 눅1:39, [그 땅의 주님] 히8:8.
2) [예수의 족보에 나오는] 유다, 눅3:30.
3) [갈릴리 사람] 유다, 행5:37.
4) [다메섹의] 유다, 행9:11.
5) [야고보의 아들, 사도] 유다, 눅6:16, 요14:22, 행1:13.
6) 가룟 유다, 마10:4, 26:14, 27:3, 막3: 19, 눅6:16, 22:3, 요12:4, 행1:16등.
7) [바사바라 하는] 유다, [기독교 예언자] 행15:22,27,32.
8) [예수의 형제] 유다, 마13:55, 막6:3, 유1:1.
☞**유다**(마1:2, 눅3:33, 행5:37, 9:11, 유1:1).

2456. Ἰουλία, ας, ἡ [Iŏulia][1회] **이울리아**
고명 2457과 동일어의 여성: 여성도 '율리아', 롬16:15.
☞**율리아**(롬16:15).

2457. Ἰούλιος, ου, ὁ [Iŏuliŏs][2회]
이울리오스
고명 기원은 라틴어: 백부장 '율리오', 행27:1,3.
☞**율리오**(행27:1,3).

2458. Ἰουνίας, ᾶ, ὁ [Iŏunias][1회] **이우니아스**
고명 기원은 라틴어: 기독교인 '유니아', 롬16:7.
☞**유니아**(롬16:7).

2459. Ἰοῦστος, ου, ὁ [Iŏustŏs][3회]
이우스토스
고명 라틴어 '의로운'에서 유래: '유스도'.
1) [요셉 바사바를 가리킴] 행1:23.
2) [개종한 고린도인 디도를 가리킴] 행18:7.
3) [예수라고 불리는 유대 크리스천을 가리킴] 골4:11.
☞**유스도**(행1:23).

2460. ἱππεύς, έως, ὁ [hippĕus][2회] **힙퓨스**
명 2462에서 유래: 기병, 행23:23,32.
☞**기병**(행23:23,32).

2461. ἱππικόω [hippikŏn][1회] **힙피콘**
명 2463의 파생어의 중성: 기병력, τὸ ἱ.: 기병, 계9:16.
☞**마병대**(계9:16).

2462. ἵππος, ου, ὁ [hippŏs][17회] **힙포스**
명 불확실한 유사어에서 유래: 말, 군마, 약3:3, 계9:9, 14:20, 18:13, 19:18등.
☞**말(馬)**(약3:3, 계6:2, 9:7).

2463. ἶρις, ιδος, ἡ [iris][2회] 이리스

명 2046에서 유래:
1) 무지개, 계10:1.
2) 후광, 광채, 계4:3.
☞**무지개**(계4:3, 10:1).

2464. Ἰσαάκ, ὁ [Isaak][20회] 이사악

고명 히브리어 3327에서 유래: 아브라함의 아들 '이삭', 마8:11, 눅13:28, 20:37, 행3:13, 7:32, [약속의 담지자] 롬9:7,10, 갈4:28, 히11:9,18, 이삭의 제사, 히11: 17, 약2:21 등.
☞**이삭**(마8:11, 눅13:28, 20:37, 행3:13, 7:32).

2465. ἰσάγγελος, ον [isanggĕlŏs][1회] 이상겔로스

형 2470과 32에서 유래: 천사와 같은, 눅20:36.
☞**천사와 동등한**(눅20:36).

2466. Ἰσαχάρ [Isachar] 이사카르

고명 히브리어 3485에서 유래: 야곱의 아들 '잇사갈', 계7:7등.
☞**잇사갈**(계7:7).

2467. ἴσημι [hisēmi] 히세미

동 1492의 불규칙적인 형의 어간과 같은 말에서 추정: 알다, 행26:4.
☞**알다**(행26:4).

2468. ἴσθι [isthi] 이스디

동 1510의 현재 명령형 2인칭: 네가 되라, 네 자신을 전부 드려라, εἰμί를 참조.
☞**있으라**(마2:13), **~지어다**(막5:34), **하라**(눅19:17).

2469. Ἰσκαριώτης, ου, ὁ [Iskariōtēs][8회] 이스카리오테스

고명 히브리어 377과 7149에서 유래한 듯: '이스카리옷', '가룟', 배반자, 유다의 별명, '가리옷 출신'이라고 해석하는 사람도 있고 시카리 즉 '자객', '비적'과 관계된 것이라고 보기도 함, 마10:4, 26:14, 막3:19, 눅6:16, 22:3, 요6:71, 12:4, 13:2, 14:22등.
☞**가룟**(마10:4).

2470. ἴσος, η, ον [isŏs][8회] 이소스

형 1492에서 유래한 듯: [수, 크기, 질에 있어서] 동등한, 계21:16, ἡ ἴ. δωρεά: 같은 선물, 행11:17, τὰ ἴσα: 똑같은 양, 눅6:34, 중성 복수 ἴσα는 부사로 사용됨, 빌2:6, ἐξ ἴσου: 똑같이, 유사하게.
☞**같은**(마20:12), **일치하는**(막14:56,59), **동등한**(요5:18), **동등된**(빌2:6).

2471. ἰσότης, ητος, ἡ [isŏtēs][3회] 이소테스

명 1) 동등함, ἐξ ἰσότητος: 동등하게, 고후8:13,14.
2) 공평, 골4:1.
☞**균등**(고후8:13,14), **공평**(골4:1).

2472. ἰσότιμος, ον [isŏtimŏs][1회] 이소티모스

형 2470과 5092에서 유래: 동등한 가치와, 같은 종류의, 벧후1:1.
☞**동일하게 보배로운**(벧후1:1).

2473. ἰσόψυχος [isŏpsuchŏs][1회] 이솝쉬코스

형 2470과 5590에서 유래: 동일한 정신의, 같은 마음의, 빌2:20.
☞**뜻을 같이 하는**(빌2:20).

2474. Ἰσραήλ, ὁ [Israēl][68회] 이스라엘

고명 히브리어 3478에서 유래: '이스라엘'.
1) 족장 야곱.
① οἱ ἐξ Ἰ.: 이스라엘의 자손들, 롬9:6.
② ἐκ γένους Ἰ., 빌3:5.
③ οἶκος Ἰ.: 이스라엘의 집, 족장 야곱의 모든 자손들, 마10:6, 15:24, 행2:36, 7:42, 히8:10.
④ υἱοὶ Ἰ.,마27:9, 눅1:16, 행5:21, 7: 23, 롬9:27.
2) 이스라엘 나라, 눅1:54, 롬9:27, 11:25등.
☞**이스라엘**(마10:6, 15:24, 27:9, 눅1:16, 행5:21, 7:23, 롬9:6, 계7:4, 갈6:16).

2475. Ἰσραηλίτης, ου, ὁ [Israēlitēs][9회] 이스라엘리테스

명 2474에서 유래: 이스라엘 사람, 요1:47, 롬9:4, 11:1, 고후11:22, ἄνδ− ρες Ἰσραηλῖται: 이스라엘 사람들, 행2:22, 3:12, 5:35, 13:16, 21:28.
① τὸν λαόν μου τὸν Ἰ., 마2:6.
② ἄκουε Ἰ., 막12:29.
③ αἱ φυλαὶ τοῦ Ἰ.: 이스라엘의 부족들, 마19:28, 눅22:30, 계7:4.
3) 상징적인 의미에서 참 이스라엘 백성이 된 크리스천을 가리킴, ὁ Ἰ. τοῦ θεοῦ: 하나님의 이스라엘, 롬9:6, 갈6:16.
☞**이스라엘 사람**(요1:47, 롬9:4, 11:1, 행2:22, 3:12, 5:35, 고후11:22).

2476. ἵστημι [histēmi][154회] 히스테미

동 미래 στήσω, 제1부정과거 ἔστησα, 제2부정과거 ἔστην, 제2부정과거명령 στῆθι, 제2부정과거 부정사 στῆ- ναι, 제2부정과거 분사 στάς, 완료 ἕσ- τηκα, 완료 분사 ἑστηκώς, ός, ἑστώς, 완료 부정사 ἑστάναι, 과거완료 εἱσ- τήκειν 또는 ἱστήκειν, 과거완료복수3인칭 εἱστήκεισαν, 미래 중간 στή- σομαι, 제1부정과거수동태 ἐστάθην, 미래 수동태 σταθήσομαι, 기본 동사 στάω의 연장형:

1. [타동사, 현재, 미완료, 미래, 제1부정과거 능동태] 놓다, 두다, 위치해주다.
 1) [문자적으로]
  ① 두다, 놓다, 세우다, 데려 오다, 오게 하다, 행5:27, 22:30.
   ㉠ ἐν μέ- σῳ: 중간에, 마18:2, 막9: 36, 요8:3.
   ㉡ ἐνώπιόν τινος: 누군가 앞에, 행6:6.
  ② 내세우다, 제출하다, 행6:13.
 2) [상징적으로]
  ① 굳게 세우다, 위로하다, 유효하게 하다, 유효하다고 생각하다, 롬10:3, 히10:9.
  ② [누군가를] 서게 하다, 롬14:4.
  ③ 정하다, 확실히 고정하다, 마26:15, 행7:60, 17:31.

2. [자동사, 제2부정과거, 완료, 과거완료 능동태, 미래 중간과 수동태, 제1부정과거 수동태]
 1) [부정과거와 미래 형태]
  ① 서 있다, 멈추어서다, 마20:32. 막10:49, 눅7:14, 24:17, 행8:38, 계18:17.
  ② 나서다, 서다, 나타나다, 마27:11, 눅21:36, 행10:30. [주] σταθήσεσθε: 너희가 나서게 될 것이다, 막13:9.
  ③ 대항하다, 엡6:11, 항거하다, 엡6:13.
  ④ 확고히 서다, 굳게 서다, 엡6:14, 롬14:4, 계6:17, 벧전5:12, [집이나 도시나 왕국에 대하여] 마12:25, 막3:24, 눅11:18.
  ⑤ 일어서다, 행3:8, 26:16, 계11:11.
 2) [현재완료와 과거완료] 나는 서 있다, 나는 서 있었다.
  ① [육체적인 자세] 요7:37, 행5:25, 16:9 등.
  ② ['선다'는 뜻보다 '있다', '존재하다'는 뜻이 더 강조되기도 한다]
   ㉠ [장소 부사와 함께] 마12:46, 눅8:20, 13:25, ἀπὸ μακρόθεν: 멀리 서 있다, 눅23:49, 계18:10등.
   ㉡ [전치사에 의해 장소가 제시된 경우] ἐκ δεξιῶν τινος: 누군가의 오른쪽에, 눅1:11, 행7:55, ἐν αὐτοῖς: 그들 가운데, 행24:21, κύκλῳ τινός: 누군가의 주위에, 계7:11등, 시중들다, 섬기다, 계8:2.
   ㉢ [독립적으로] 마26:73, 요1:35, 3: 29, 20:14, 행22:25, εἱστήκει- σαν ἐνεοί: 그들은 말없이 거기에 서 있었다, 행9:7.
  ③ [상징적으로]
   ㉠ 견고히 서다, 고전10:12, τ. πίστει ἕσ- τηκας: 너는 믿음 때문에 견고히 서 있다, 롬11:20, 고전7:37, 딤후2:19.
   ㉡ ~안에 있다, ~안에 서 있다, 롬5:2, 고전15:1, 고후1:24등.

☞**서다**(마2:9, 막9:1, 요1:35), **세우다**(마4:5, 행6:6, 롬3:31), **데리고 가다**(마18:16), **서 있다**(마20:6), **두다**(마25:33), **멈추다**(행8:38), **작정하다**(행17:31), **그대로 두다**(고전7:37), **확정하다**(고후13:1), **대적하다**(엡6:13), **앉다**(약2:3), **일어서다**(계11:11).

2477. ἱστορέω [histŏrĕō][1회] **히스토레오**
 동 제1부정과거 ἱστόρησα, 1492의 파생어에서 유래: 방문하다, 갈1:18.

☞**방문하다**(갈1:18).

2478. ἰσχυρός, ά, όν [ischürŏs][29회] **이스퀴로스**
 형 2479에서 유래: 강한, 힘있는, 강력한.
 1) [살아있는 존재에 대하여 육체적, 정신적, 영적인 힘을 가리킴]
  ① [초인간적인 존재에 대하여]
   ㉠ [하나님에 대하여] 계18:8.
   ㉡ [천사에 대하여] 계5:2, 10:1, 18:21.
   ㉢ [그리스도에 대하여] 눅11:22, 고전10:22.
   ㉣ [세례 요한 뒤에 올 이에 대하여] 마3:11, 막1:7, 눅3:16, 고전1:25.
   ㉤ [사탄에 대하여] 마12:29, 막3:27, 눅11:21.
  ② [인간에 대하여] 고전4:10, 요일2:14.
   ㉠ ἰ. ἐν πολέμῳ: 전쟁에서 강력한, 히

11:34.
ⓛ οἱ ἰσχυροί, 계6:15, 19:18.
2) [사물에 대하여] 격렬한, 마14:30, 계19:6, 히5:7. [주] λιμός: 심한 기근, 눅15:14.
☞**강한**(마12:29, 눅11:22, 고전1:27), **큰**(눅15:14, 계19:6), **힘있는**(고후10:10, 계5:2), **심한**(히5:7), **힘센**(계10:1, 18:21), **견고한**(계18:10). **[명] 장사**(계19:18), **능력**(마3:11, 막1:7).

2479. ἰσχύς, ύος, ἡ [ischüs][10회] **이스퀴스**
명 ἴς의 파생어에서 유래: 강력한, 힘, 능력, ἐξ ἰ.: 강력히, 벧전4:11, ἐξ ὅ- λης τῆς ἰ.: 전심전력으로, 막12:30, 33, 눅10:27, 엡1:19, 계5:12, 7:12.
☞**힘**(막12:33, 엡1:19, 살후1:9). **[동] 힘세다**(계18:2).

2480. ἰσχύω [ischüō][28회] **이스퀴오**
동 미래 ἰσχύσω, 제1부정과거 ἴσχυ- σα, 2479에서 유래: 힘있다, 강하다.
1) 힘을 갖다, 건강하다, 마9:12, 막2:17.
2) 능력이 있다, 할 수 있다.
① πο- λύ: 큰 능력이 있다, 약5:16, πάντα, 빌4:13, εἰς οὐδέν, 마5:13.
② [부정사가 뒤따르는 경우] 마8:28, 26:40, 막5:4, 눅6:48, 요21:6, 행6:10.
3) 힘이 있다, 강하다, 행19:20,16, 계12:8.
4) 의미 있다, 가치가 있다, 갈5:6, 히9:17.
☞**쓸데 있다**(마5:13), **건강하다**(마9:12, 막2:17), **능히~하다**(막9:18, 눅6:48, 행25:7), **눌러 이기다**(행19:16), **효력 있다**(갈5:6).

2481. ἴσως [isōs][1회] **이소스**
부 2470에서 유래: 아마도, 그럴 듯한, 눅20:13.
☞**혹**(눅20:13).

2482. Ἰταλία [Italia][4회] **이탈리아**
고명 기원은 외래어인 듯: '이탈리아', 행18:2, 27:1,6, 글자, 히13:24.
☞**이달리야**(행18:2, 27:1,6, 히13:24).

2483. Ἰταλικός, ἡ, όν [Italikŏs][1회] **이탈리코스**
형 2482에서 유래: 이탈리아의, σπεῖ- ρα Ἰ.: 이탈리아의 군대, 행10:1.
☞**이달리야의**(행10:1).

2484. Ἰτουραῖος, αία, αῖον [Itŏuraiŏs][1회] **이투라이오스**
형 히브리어 3195에서 유래: 이두래의, 눅3:1.
☞**이두래의**(눅3:1).

2485. ἰχθύδιον, ου, τό [ichthüdiŏn][2회] **익뒤디온**
명 2486에서 유래: 작은 물고기, 마15: 34, 막8:7.
☞**작은 생선**(마15:34, 막8:7).

2486. ἰχθύς [ichthüs][20회] **익뒤스**
명 불확실한 유사어에서 유래: 물고기, 마7:10, 막6:38, 눅5:6, 요21:6.
☞**생선**(마7:10, 15:36, 눅11:11), **물고기**(마14: 17, 막6:41, 고전15:39), **고기**(마17:27, 눅5:9, 요21:8).

2487. ἴχνος, ους, τό [ichnŏs][3회] **이크노스**
명 ἰκνέομαι에서 유래: 발자취, 롬4:12, 고후12:18, 벧전2:21.
☞**자취**(롬4:12, 벧전2:21), **보조**(고후12:18).

2488. Ἰωαθάμ, ὁ [Iōatham][2회] **요아담**
고명 히브리어 3147에서 유래: 이스라엘인 '요담', 마1:9, 눅3:23.
☞**요담**(마1:9, 눅3:23).

2489. Ἰωάν(ν)α, ας, ἡ [Iōanna][2회] **요안나**
고명 2491과 동일어원: 여성도 '요안나', 눅8:3, 24:10.
☞**요안나**(눅8:3, 24:10).

2490. Ἰωαννᾶς [Iōannas] **요안나스**
고명 2491의 한 형태: 이스라엘인 '요아난', 눅3:27.
☞**요아난**(눅3:27).

2491. Ἰωάν(ν)ης, ου, ὁ [Iōannēs][135회] **요안네스**
고명 히브리어 3110에서 유래: '요한'.
1) 세례요한, 마3:14, 막1:4, 눅1:13, 요1:6, 행1:5.
2) 세베대의 아들 '요한' 12제자 중 하나이며 야고보의 동생, 마4:21, 막1:19, 눅5:10, 행1:13.
3) [교회의 전통으로 세베대의 아들 요한과 같은 사람으로 봄], 계1:1,4,9, 22:8.
4) 베드로의 아버지 '요한', 요1:42, 21:15-17.
5) 최고회의 회원의 하나, 행4:6.
6) 마리아의 아들 마가의 별명, 행12:12, 25, 13:5,13, 15:37.
☞**(세례) 요한**(마3:14), **(사도) 요한**(마4:21), **요한(마가)**(행12:25).

2492. Ἰώβ, ὁ [Iōb][1회] **욥**

고명 히브리어 347에서 유래: 족장 '욥', 약 5:11.
☞욥(약5:11).

2493. Ἰωήλ, ὁ [Iōēl][1회] 요엘
고명 히브리어 3100에서 유래: 이스라엘인 '요엘', 행2:16.
☞**요엘**(행2:16).

2494. Ἰωνάμ, ὁ [Iōnam][1회] 요남
고명 2491 또는 2495의 대용으로 보임: '요남', 눅3:30.
☞**요남**(눅3:30)

2495. Ἰωνᾶς [Iōnas][4회] 요나스
고명 히브리어 3124에서 유래: '요나'.
1) 구약의 예언자, 마12:39-41, 16:4, 눅11:29, 30,32.
2) 베드로와 안드레의 아버지, 마16:17, 요1:42, 21:15-17.
☞**요나**(눅11:29,30, 요1:42).

2496. Ἰωράμ, ὁ [Iōram][2회] 요람
고명 히브리어 3141에서 유래: 유다왕 '요람', 마1:8.
☞**요람**(마1:8).

2497. Ἰωρίμ, ὁ [Iōrim][1회] 요림
고명 2496의 대용: 이스라엘인 '요림', 눅3:29.
☞**요림**(눅3:29).

2498. Ἰωσαφάτ, ὁ [Iōsaphat][2회] 요사팟
고명 히브리어 3092에서 유래: 이스라엘인 '여호사밧', 마1:8, 눅3:23-25.
☞**여호사밧**(마1:8, 눅3:23-25).

2499. Ἰωσή [Iōsē][3회] 요세
고명 2500의 소유격: 이스라엘인 '요세', 눅3:29.
☞**요세의**(눅3:29).

2500. Ἰωσῆς, ῆ or ῆτος [Iōsēs][3회] 요세스
고명 2501의 대용: '요세스'.
1) 예수의 동생 중 하나, 마13:55, 막6:3.
2) 마리아의 아들 [젊은 야고보의 형제] 막15:40,47.
3) 바나바의 별명, 행4:36.
☞**요셉**(마13:55, 눅3:24).

2501. Ἰωσήφ, ὁ [Iōsēph][35회] 요셉
고명 히브리어 3130에서 유래: '요셉'.
1) 족장 중의 한 사람, 요4:5, 행7:9, 히11:21.
2) 요남의 아들, 눅3:23.
3) 맛디아의 아들, 눅3:24.
4) 예수 어머니 마리아의 남편, 마1:16, 눅1:27, 요1:45, 7:42.
5) 예수의 동생, 마13:55.
6) 아리마대 요셉, 마27:57, 막15:43, 눅23:50, 요19:38.
7) 바나바의 별명, 행4:36.
8) 바사바의 별명, 행1:23.
9) 마리아라는 여인의 아들, 마27:56.
☞**(아리마대) 요셉**(마27:57), **(야고보의 아들) 요셉**(요4:5), **(마리아의 남편) 요셉**(눅1:27), **(맛다디아의 아들) 요셉**(눅3:24), **(요남의 아들) 요셉**(눅3:30), **(야곱의 아들) 요셉**(요4:5).

2502. Ἰωσίας, ου, ὁ [Iōsias][2회] 요시아스
고명 히브리어 2977에서 유래: 이스라엘인 '요시야', 마1:10,11, 눅2:23, 24.
☞**요시야**(마1:10).

2503. ἰῶτα, τό [iōta][1회] 이오타
명 기원은 히브리어: 점, 그리스어 알파벳의 19번째 글자, 어떤 것의 매우 작은 부분을 지칭, 마5:18.
☞**점, 미량**(마5:18).

Κ, κ

K

2504. κἀγώ [kagō][84회] 카고

대 2532+1473의 단축형, 여격 κἀ- μοί, 대격 κἀμέ:

1) 그리고 나는, 눅2:48, 요6:57, 고후12: 20, 갈6:14.
2) 그러나 나는, 요12:32, 행22:19, 약2: 18.
3) 나 역시, 나도.
① 남들과 같이 나도, 마2:8, 10:32, 눅1:3, 요5:17, 15:9, 계3:10.
② [비교하는 문장에 있어서] 고전7:8, 엡 1:15.
4) 특히 내가, 이를테면, 롬3:7.

☞**그리고 나, 그러나 나, 나 역시.**

2505. καθά [katha][1회] 카다

접 부 2596과 3739의 중성 복수에서 유래: 마치 ~같이, 마27:10.

☞**~바와 같다**(마27:10).

2506. καθαίρεσις, εως, ἡ [kathairĕsis][3회] 카다이레시스

명 2507에서 유래: 헐어내림, 파괴.

1) [문자적] 고후10:4.
2) [비유적] 고후10:8, 13:10.

☞**파괴, 폭파, 분쇄**(고후10:4,8, 13:10).

2507. καθαιρέω [kathairĕō][9회] 카다이레오

동 미래 καθελῶ, 제2부정과거 κα- θεῖλον, 제2부정과거분사 καθελών, 2596과 138에서 유래:

1) 끌어내리다, 내리다, 막15:36,46, 눅23:53, 행13:29.
2) 헐어버리다, 파괴하다, 압도하다.
① [문자적] 헐다, 정복하다, 파멸하다, 눅 12:18, 행13:19.
② [비유적] 없이하다, 파멸시키다, 행 19:27, 고후10:4.

☞**내려주다**(막15:36), **내리다**(막15:46, 행 13:29), **내리치다**(눅1:52), **떨어지다**(행19: 27), **복종하게 하다**(고후10:4).

2508. καθαίρω [kathairō][1회] 카다이로

동 제1부정과거 분사 καθάρας, 완료 수동 분사 κεκαθαρμένος, 2513에서 유래: 깨끗하게 하다, 요15:2.

☞**깨끗하게 하다**(요15:2), **정결하게 하다**(히 10:2).

2509. καθάπερ [kathapĕr][13회] 카다페르

접 부 2505와 4007에서 유래: ~같이, 마치 ~같이, 롬4:8, 고전10:10, 12:12, 고후 3:13,18, 8:11, 히4:2.

☞**마침[바로] ~할 때에, 꼭 ~처럼**

2510. καθάπτω [kathaptō][1회] 카답토

동 제1부정과거 καθῆψα, 2596과 680에서 유래: 붙잡다, 쥐다, 행28:3.

☞**물고 있다**(행28:3).

2511. καθαρίζω [katharizō][31회] 카다리조

동 미래 καθαριῶ, 제1부정과거 ἐκα- θάρισα, 제1부정과거명령 ἐκτίθεσ- θαι, 완료분사 κεκαθαρισμένος, 2513에서 유래: 깨끗하게 하다.

1) [문자적]
① 육체적인 불결에 대해서, 마23:25, 26, 눅11:39, 막7:19.
② 나병 같은 병을 깨끗하게 하는 것, 마 8:2,3, 막1:40, 눅5:12.
2) [비유적]
① 깨끗하게 하다, 깨끗하게 여기다, 깨끗하다고 선언하다, 행10:15, 11:9, 막 7:19.
② [도덕적, 종교적 정결에 대해서] 깨끗하게 하다, 순결하게 하다, 마23: 26, 행 15:9, 고후7:1, 히9:14.

☞**깨끗하게 하다**(마8:2, 막1:40, 요일1:9), **깨끗하다**(마10:8, 막1:42, 7:19), **정결하게 하다**(히 9:23), **정결하게 되다**(히9:22).

2512. καθαρισμός, οῦ, ὁ [katharis-mŏs][7회] 카다리스모스

명 2511에서 유래: 깨끗하게 함, 정결하게 함, 결례, 정결 예법.

1) [의식적인 의미에서] 막1:44, 눅2:22, 5:14, 요2:6.
2) [비유적] 히1:3, 벧후1:9.

☞**깨끗하게 됨[함]**(막1:44, 눅5:14, 벧후1:9), **정결하게 하는 일**(히1:3), **정결예식**(눅2:22).

2513. καθαρός, ά, όν [katharŏs][27회]

카다로스
형 불확실한 유사어에서 유래: 깨끗한, 정결한, 순결한.
1) [문자적] 물질적인 의미에서, 마23:26, 요13:10, 히10:22, 계15:2.
2) 의식적으로, 롬14:20, 딛1:15.
3) 도덕적으로, 종교적으로.
① 사람에 대해서, 마5:8, 요13:10, 행20:26, 딛1:15.
② 물건에 대해서, 딤전1:5, 딤후2:22, 벧전1:22.
4) 의식적 정결과 도덕적 결백이 혼합, 눅11:41.
☞**청결한**(마5:8, 딤전1:5, 딤후1:3), **깨끗한**(마27:59, 눅11:41, 행20:26, 딛1:15), **정결한**(약1:27), **맑은**(계15:6, 21:21, 22:1).

2514. καθαρότης, ητος, ἡ [katharŏtēs][1회] 카다로테스
명 2513에서 유래: 정결, 순결, 깨끗함, 히9:13.
☞**정결**(히9:13).

2515. καθέδρα, ας, ἡ [kathĕdra][3회] 카데드라
명 2596과 1476의 동일어에서 유래: 의자, 자리, 마21:12, 23:2, 막11:15.
☞**의자**(마21:12, 막11:15), **자리**(마23:2).

2516. καθέζομαι [kathĕzŏmai][7회] 카데조마이
동 중간태. 미완료 ἐκαθεζόμην, 2596과 1476에서 유래:
1) 앉다, 집에 머물러 있다, 마26:55, 눅2:46, 요11:20, 20:12.
2) 주저앉다, 요4:6.
☞**앉다**(마26:55, 요4:6, 행6:15).

2517. καθεξῆς [kathĕxēs][5회] 카덱세스
부 2596과 1836에서 유래: 순서대로, 차례대로, 눅1:3, 행18:23, 11:4. [주] οἱ κ.: 후계자들, 행3:24.
☞**차례대로**(눅1:3), **두루**(눅8:1), **이어**(행3: 24), **차례로**(행11:4, 18:23).

2518. καθεύδω [kathĕudō][22회] 카듀도
동 미완료 ἐκάθευδον, 2596과 εὕδω '자다'에서 유래: 자다.
1) [문자적] 마8:24, 막4:27, 눅22:46, 살전5:7.
2) [비유적]
① [죽음을 가리킴] 살전5:10.
② [영적인 무관심] 엡5:14.
☞**주무시다**(마8:24, 막4:38), **자다**(마13:25, 막14:41, 살전5:10), **잠자다**(엡5:14).

2519. καθηγητής, οῦ, ὁ [kathēgētēs][2회] 카데게테스
명 2596과 2233에서 유래: 교사, 스승, 마23:10.
☞**선생**(마23:8), **지도자**(마23:10).

2520. καθήκω [kathēkō][2회] 카데코
동 2596과 2240에서 유래: 이르다, 롬1:28.
☞**합당하다**(롬1:28).

2521. κάθημαι [kathēmai][91회] 카데마이
동 미완료 ἐκαθήμην, 미래 καθήσο- μαι, 2596과 ἧμαι '앉다'에서 유래:
1) 앉다.
① [문자적] 마11:16, 막5:15, 눅5:27, 요12:15, 행23:3.
② [비유적] 머물다, 있다, 살다, 지내다, 눌러앉다, 눅1:79, 21:35, 계14:16.
2) 주저앉다, 앉다, 마22:44, 막12:36, 눅20:42, 행2:34, 히1:13.
☞**앉다**(마4:16, 막2:6, 요2:14), **거하다**(눅21:35), **타다**(요12:15, 행8:28, 계6:4).

2522. καθημερινός, ἡ, όν [kathēmĕrinŏs][1회] 카데메리노스
형 2596과 2250에서 유래: 매일의, 일상적인, 행6:1.
☞**매일의**(행6:1).

2523. καθίζω [kathizō][46회] 카디조
동 미래 καθίσω, 제1부정과거 ἐκάθι- σα, 제1부정과거 명령 κάθισον, 완료 κεκάθικα, 2516의 다른 형:
1) [타동사로서] 앉게 하다.
① [문자적] 요19:13, 행2:30, 엡1:20.
② [비유적] 임명하다, 세우다, 고전6:4.
2) [자동사]
① [능동, 문자적]
㉠ 앉다, 마20:21, 막10:37, 요8:2, 행13:14.
㉡ 성령이 임한다, 행2:3.
㉢ 머문다, 정주한다, 눅24:49, 행18: 11.
② [중간] 앉는다, 마19:28.
☞**앉다**(마19:28, 눅22:30, 고전10:7), **타다**(막11:2,

K

요12:4), **머물다**(눅24:49), **임하다**(행2:3, 18:11), **세우다**(엡1:20).

2524. καθίημι [kathiēmi][4회] **카디에미**

동 제1부정과거 καθῆκα, 2596과 ἵη- μι '보내다'에서 유래: 내려보내다, 눅5:19, 행9:25, 10:11.

☞**달아 내리다**(눅5:19, 행9:25), **내려오다**(행10:11), **내리다**(행11:5).

2525. καθίστημι [kathistēmi][21회] **카디스테미**

동 미래 καταστήσω, 제1부정과거 κα- τέστησα, 완료수동분사 καθεσταμέ- νος, 제1부정과거 수동태 καθεστά- θην, 미래 수동태 κατασταθήσομαι, 2596과 2476에서 유래:

1) 데려가다, 행17:15.

2) 지명하다, 임명하다, 책임을 맡기다, 마24:45, 눅12:42, 행6:3, 세우다, 눅12:14, 행7:10, 히8:3, 딛1:5.

3) 만들다, ~하도록 하다, 벧후1:8.

4) [수동]되다, 롬5:19, 약3:6, 4:4.

☞**맡다**(마24:45, 눅12:42), **맡기다**(마25:21, 눅12:44, 행6:3), **세우다**(눅12:14, 행7:27, 히7:28), **인도하다**(행17:15), **택하다**(히5:1).

2526. καθό [kathŏ][4회] **카도**

부 2596과 3739에서 유래:

1) [종류나 양식에 대해서] ~대로, ~같이, 롬8:26.

2) [정도에 대해서] ~만큼, 고후8:12, 벧전4:13.

☞**~대로**(고후8:12), **~으로**(벧전4:13)

2526b. καθολικός, ή, όν [kathŏlikŏs] **카돌리코스**

형 2527에서 유래: 일반적인, 보편적인

2527. καθόλου [kathŏlŏu][1회] **카돌루**

부 2596과 3650에서 유래: 전적으로, 완전히, 아주, 행4:18.

☞**도무지**(행4:18).

2528. καθοπλίζω [kathŏplizō][1회] **카도플리조**

동 중간태 καθοπλίζομαι, 제1부정과거분사 καθοπλισάμενος, 완료수동 분사 καθωπλισμένος, 2596과 3695에서 유래: [능동] 완전히 무장하다, 눅11:21.

☞**무장하다**(눅11:21).

2529. καθοράω [kathŏraō][1회] **카도라오**

동 2596과 3708에서 유래: 지각하다, 깨달아 알다, 롬1:20.

☞**분명히 보다**(롬1:20).

2530. καθότι [kathŏti][6회] **카도티**

2596과 3739와 5100에서 유래:

1) ~같이, ~만큼, 행2:45, 4:35.

2) 왜냐하면, ~때문에, 눅1:7, 19:9, 행2:24, 17:31.

☞**~하므로**(눅1:7), **따라**(행2:45), **~음이라**(행2:24), **임이로다**(눅19:9).

2531. καθώς [kathōs][182회] **카도스**

부 1596과 5613에서 유래:

1) [비교를 나타낼 때] ~과 같이, 마치 ~같이, ~또 그렇게, 마26:24, 막1:2, 눅2:23, 6:31, 11:30, 요3:14, 골3:13.

2) ~만큼, ~대로, 막4:33, 행2:4, 11:29, 고전12:11.

3) ~한 이상, ~이므로, 요17:2, 롬1:28, 고전1:6, 5:7, 엡1:4.

☞**~같이**(롬1:13), **~대로**(골2:7), **~바**(요6:31), **~처럼**(행22:3), **~따라**(행2:4).

2532. καί [kai][9164회] **카이**

접 **1**. [연결어] ~과, 그리고.

1) [낱말을 연결하는 경우]

① [일반적으로] 마2:11, 롬7:12, 고전15:24, 고후1:3, 히1:1.

② [수사에 있어서는 큰 것을 먼저하고 작은 것은 나중에 둔다] 눅1:36, 요2:20, 행13:20, 고후13:1.

③ [전체를 부분에다 더할 때] 마26: 59, 행5:29.

④ [부분을 전체에 더하는 경우] 막16: 7, 행1:14.

⑤ [καί로 연결된 표현이 중언법(重言法)의 형식으로 연결될 수도 있다] 눅2:47, 21:15, 행14:17, 23:6.

⑥ [두 동사를 대등하게 연결해 준다] 눅6:46, 요8:59, 롬10:20, 골2:5.

2) [마디나 문장을 연결한다]

① [일반적으로] 마1:23, 3:12, 행5:21.

② [두 개의 질문을 연결시키는 경우] 마21:23.

③ [다른 불변사가 와야 할 자리에 대신 나타나는 경우] 마9:10, 막2:15, 6: 14,

9:5, 눅5:1.

④ [καί가 시간표현과 그 시간에 일어난 일과를 연결할 때 종속적인 형식보다 대등한 형식으로 나타난다] 마26:45, 막15:25, 요2:13.

⑤ [귀결문을 소개하는 καί는 완전히 히브리어의 영향을 받음] 눅2:21, 7:12, 행1:10, 계3:20.

⑥ [부정문과 긍정문을 연결] 눅3:14, 요4:11, 행28:27, 히12:15, 계16:15.

⑦ [앞에서 나온 것으로부터 오는 결과를 소개할 때] 그러면, 그래서, 마5:15, 23:32, 고후11:9, 히3:19, [명령이나 명령적 표현 뒤에 올 때] 그리하면, 마4:19, 막6:22, 요14:16, 계4:1.

⑧ [어떤 사실에 놀라거나, 불의한 것이나 주목할 만한 것을 강조할 때] 그래도, 그런데, 또 그렇다 하더라도, 그러나, 마3:14, 12:43, 13:17, 막12:12, 눅13:7, 요1:5, 고전5:2, 히3:9.

⑨ [놀라움, 악의, 의심 등을 나타내는 뜻밖의 질문에 소개한다] 막10:26, 눅10:29, 요9:36, 14:22, 고후2:2, 빌1:22.

⑩ [삽입구 소개] 롬1:13.

3) [앞에 나온 것을 설명하기 위하여 낱말이나 마디가 나올 때 그것들을 καί로 연결한다] 그래서, 다시 말하자면, 마8:33, 요1:16, 롬1:5, 13:11, 고전2:2, 3:5, 15:38, 엡2:8, 히11:12.

4) [πολύς뒤에, 그리고 둘째 번 형용사 앞에 나오는 καί는 있으나 없으나 마찬가지이다] 눅3:18, 요20:30, 행25: 7, 딛1:10.

5) [밀접한 관계가 없는 새 것을 소개할 때] 마4:23, 8:14, 요1:19.

6) καί...καί: 과 ~이다, 뿐만 아니라 ~도 역시, 마10:28, 막4:41, 롬11:33, [마디나 문장전체를 연결하는 경우] 막9:13, 요7:28, 고전1:22.

2. [부사처럼 사용] ~도 역시, 마찬가지로.

1) κ. τὴν ἄλλην: 다른 이도 역시, 마5:39, 40. 6:21, 막1:38, [대명사와 함께 사용되는 경우] 마26:73, 20:4, 7, 눅21:31, 요7:47.

2) [강의적(強意的)인 것] ~까지도, 마5:46, 47, 막1:27, 행5:39. 3)[대조를 나타내는 문장에 있어서] 요6:11, 행11:17, 롬4:6, 5:19, 6:11, 11:30, 31, 15:7, 고전11:25, 고후1:14, 8:11, 갈4:29, 딤후3:8.

4) [원인이나 결과를 소개하는 표현에 있어서 καί가 거의 쓸데없는 존재로 나타남] 눅1:35, 11:49, 요12:18, 행10: 29, 고후2:9, 히7:25, 11:19, 13:12, 벧전4:19.

5) [의문사 뒤에 오는 경우] 눅13:7, 롬8: 24, 고전15:29,30.

6) [관계대명사와 함께 사용되어 그 아래 따라오는 관계마디에서 독립되어 있음을 강조] 눅10:30, 행1:3, 롬9:24, 고전11:23.

7) [별로 쓸데없이 전치사와 함께 사용되는 경우] 빌4:3.

8) [이름이 둘 있는 사람] ~라고도 하는, 행13:9.

☞**그리고, ~와, 또한, 그래서, 그리하면, 그리하여, 그런데, 그러나, 그러면, 역시, 까지도 ~조차도**(마5:39).

2533. Καϊάφας, α, ὁ [Kaïaphas][9회] **카이아파스**

고명 아람어에서 유래: 대제사장 '가야바' [A.D.18~36], 마26:3,57, 눅3:2, 요11:49.

☞**가야바**(마26:3).

2534. καίγε [kaigĕ] **카이게**

접 [후접어] 낱말에 뒤따르며 그 낱말은 강조하는 역할을 한다, 2532와 1065에서 유래: 그리고 적어도, 눅19:42.

☞**그리고 적어도**(눅19:42).

2535. Κάϊν, ὁ [Kaïn][3회] **카인**

고명 히브리어 7014에서 유래: 아담의 아들 '가인', 히11:4, 요일3:12, 유1:11.

☞**가인**(히11:4, 요일3:12, 유1:11).

2536. Καϊνάν, ὁ [Kaïnan][2회] **카이난**

고명 히브리어 7018에서 유래: '가이난'.

1) 아박삿의 아들, 눅3:36.

2) 에노스의 아들, 눅3:37.

☞**가이난**(눅3:36,37).

2537. καινός, ή, όν [kainŏs][42회] **카이노스**

형 불확실한 유사어에서 유래: 새로운.

1) 쓰지 않은, 써보지 않은, 마9:17, 막2:22,

누5:38.

2) [전에는 없었던 이라는 뜻으로] 알려지지 않은, 낯설은, 놀라운, 막1:27, 요13:34, 행17:19, 계2:17.

3) [옛 것이나 낡은 것의 반대] 마26:28, 막14:24, 눅22:20, 고전11:25, 고후5: 17, 갈6:15, 엡4:24, 벧후3:13, 계21:1.

☞**새**(마9:17, 눅5:36, 계2:17, 마13:52, 막2:21, 고후5:17), **새로운**(고후5:17, 계21:5), **새로 되는**(행17:21).

2538. καινότης, ητος, ἡ [kainŏtēs][2회] **카이노테스**

명 2537에서 유래: 새로움, 롬6:4, 7:6.

☞**새로움**(롬6:4), **새로운 것**(롬7:6).

K

2539. καίπερ [kaipĕr][5회] **카이페르**

접 2532와 4007에서 유래: [분사와 함께 사용됨] 비록 ~일지라도, ~더라도, 빌3:4, 히5:8, 벧후1:12.

☞**그러나**(빌3:4), **~라도**(히5:8), **~되**(히12:17), **~으나**(벧후1:12).

2540. καιρός, οῦ, ὁ [kairŏs][86회] **카이로스**

명 불확실한 유사어에서 유래: 때, 시점, 기간, 시기.

1) [일반적으로] 달가운 때, 고후6:2, 어려운 때, 딤후3:1, 열매 맺는 때, 행14:17, 때때로, 정규적으로, 요5:4.

2) 옳은 때, 알맞은 때, 좋은 때, 제때에, 마24:45, 눅12:42, 행24:25.

3) 정한 때, 마13:30, 21:34, 막1:15, 행17:26, 갈4:10, 6:9, 딤전2:6, 딤후4:6, 딛1:3.

4) [종말론적 술어] 마8:29, 16:3, 눅21: 8, 고전4:5, 엡1:10, 계1:3, 22:10.

☞**때**(마8:29, 눅8:13, 딤후3:1), **날**(마16:3, 눅1:20, 고후6:2), **세월**(골4:5), **연대**(행17:26), **틈**(행24:25), **현재**(롬8:18, 히9:9), **기회**(갈6:10), **항상**(엡6:18).

2541. Καῖσαρ, αρος, ὁ [Kaisar][29회] **카이사르**

고명 라틴어에서 유래: 황제 '가이사', 마22:17, 막12:14, 눅20:22, 요19:12.

☞**가이**사(마22:17, 막12:14, 눅20:22, 요19:12).

2542. Καισάρεια, ας, ἡ [Kaisarĕia][17회] **카이사레이아**

고명 2541에서 유래: '가이사랴'.

1) 빌립보 가이사랴 [헬몬산 밑에 있는 도시] 마16:13, 막8:27.

2) 갈멜산 남쪽에 있는 도시, 행8:40, 9:30.

☞**가이사랴**(마16:13, 막8:27, 행8:40, 9:30).

2543. καίτοι [kaitŏi][3회] **카이토이**

부 정동사와 함께 사용, 2532와 5104에서 유래: 그래도, 그렇다 하더라도, 행14:17, 히4:3.

☞**~으나**(히4:3).

2544. καίτοιγε [kaitŏigĕ][1회] **카이토이게**

καίτοι와 같은 뜻으로 사용됨, 요4:2.

2545. καίω [kaiō][12회] **카이오**

동 [기본형] 제1부정과거 ἔκαυσα, 완료 수동분사 κεκαυμένος, 제1부정과거 수동태 부정사 καῆναι, 미래 수동태 καυθήσομαι, καυθήσωμαι:

1) 불붙이다.

① [문자적] 등불을 켜다, 켜지다, 눅12:35, 요5:35, 계4:5, 8:10.

② [비유적] 마음이 타다, 불붙다, 눅24:32.

2) 태우다, 불사르다, [수동] 불타다, 요15:6.

☞**켜다**(마5:15, 요5:35, 계4:5), **뜨겁다**(눅24: 32), **사르다**(요15:6), **불사르다**(고전13:3), **불붙다**(히12:18), **타다**(계8:10, 21:8), **붙다**(계19:20).

2546. κἀκεῖ [kakĕi][10회] **카케이**

부 2532와 1563에서 유래:

1) 그리고 거기에, 마5:23, 10:11, 막1:35, 요11:54, 행14:7.

2) 거기에 또한, 막1:38, 행17:13.

☞**거기서**(마5:23), **거기**(요11:54), **거기서도**(막1:38).

2547. κἀκεῖθεν [kakĕithĕn][10회] **카케이덴**

부 2532와 1564에서 유래:

1) [장소] 그리고, 거기서부터, 막9:30, 눅11:53, 행7:4.

2) [시간] 그때부터, 행13:21.

☞**거기(서, 서부터)**, **그후에**(막10:1, 행7:4).

2548. κἀκεῖνος, η, ο [kakĕinŏs][22회] **카케이노스**

대 2532와 1565에서 유래:

1) [비교적으로 더 거리에 있는 것을 가리킬 때]

① 그리고 저 사람, 눅11:7, 행18:19, [ταῦτα 뒤에 나오는 경우] 이것 ~또 저것, 이 사람 ~또 다른 사람, 마23:23, 눅11:42.

② 저 사람도 또한, 행15:11, 롬11:23, 고전

10:6.

2) [비교적 가까운 것을 가리킬 때]

① 그리고 그는, 그리고 그것은, 마15: 18, 막16:11, 요7:29.

② 그 역시, 그도 또한, 막12:4,5, 눅20:11, 요14:12.

☞**이것이야말로**(마15:18), **그들에게**(마20:4), **저것도**(마23:23), **그리하면 그가**(눅22: 12), **그가**(요7:29), **그도**(눅20:11), **그들을**(요10:16), **그들이**(고전10:6), **주로**(딤후2:12).

2549. κακία, ας, ἡ [kakia][11회] 카키아

명 2556에서 유래: 나쁜 것, 좋지 못함, 결점이 있음, 불완전한.

1) 도덕적인 의미

① 타락, 부패, 사악, 부정, 악, 악적, 비행, 악습, 행8:22, 고전14:20, 벧전2:16.

② 도덕적 결함, 악의, 롬1:29, 엡4:31, 골3:8, 딛3:3, 벧전2:1.

2) 괴로움, 불행, 마6:34.

☞**괴로움**(마6:34), **악의**(롬1:29, 골3:8), **악**(고전14:20, 약1:21), **악독**(엡4:31, 딛3:3, 벧전2:1), **악행**(행8:22).

2550. κακοήθεια, ας, ἡ [kakŏēthĕia][1회] 카코에데이아

명 2556과 2239에서 유래: 악의, 적의, 원한, 교활함, 롬1:29.

☞**악의**(롬1:29).

2551. κακολογέω [kakŏlŏgĕō][4회] 카콜로게오

동 2556과 3056에서 유래: 중상하다, 욕하다, 모욕하다, 마15:4, 막9:39, 행19:9.

☞**비방하다**(마15:4, 막7:10, 막9:39, 행19:9).

2552. κακοπάθεια, ας, ἡ [kakŏpathĕ-ia][1회] 카코파데이아

명 2556과 3806의 합성어에서 유래: 괴로움, 고생, 불행, 약5:10.

☞**고난**(약5:10).

2553. κακοπαθέω [kakŏpathĕō][3회] 카코파데오

동 제1부정과거 ἐκακοπάθησα, 제1부정과거 명령 κακοπάθησον, 2552와 동일어에서 유래:

1) 불행을 겪다, 고생을 당하다, 딤후2:19, 약5:13.

2) 어려움을 견디다, 참다, 딤후4:5.

☞**고난받다**(딤후2:3,9, 4:5), **고난당하다**(약5:13).

2554. κακοποιέω [kakŏpŏiĕō][4회] 카코포이에오

동 제1부정과거 ἐκακοποίησα, 2555에서 유래:

1) [자동사] 잘못하다, 행악자가 되다, 벧전3:17, 요삼1:11.

2) 해하다, 막3:4, 눅6:9.

☞**악을 행하다**(막3:4, 벧전3:17, 요삼1:11).

2555. κακοποιός, όν [kakŏpŏiŏs][3회] 카코포이오스

형 2556과 4160에서 유래: [명사로] 행악자, 악인, 벧전2:14, 4:15.

☞**행악자**(요18:30), **악행**(벧전4:15). **[형] 악행하는**(벧전2:12,14). **비방하는**(벧전3:16㉯)

2556. κακός, ἡ, όν [kakŏs][50회] 카코스

형 [기본형] 나쁜, 가치 없는, 낮은,

1) [도덕적인 의미에서] 나쁜, 악한, 막7: 21, 롬13:3, 고전15:33, 골3:5.

2) 유해한, 위험한, 흉악한, 유독한, 눅16:25, 행28:5, 롬14:20, 딛1:12, 약3:8, 계16:2.

☞**악한**(마21:41, 막15:14, 롬13:3), **잘못하는**(요18:23), **상하게 하는**(행16:28, 28:5), **행악하는**(빌3:2), **악행하는**(벧전3:12). **[명] 고난**(눅16:25), **해**(행9:13, 딤후4:14).

2557. κακοῦργος, ον [kakŏurgŏs][4회] 카쿠르고스

명 2556과 2041의 어간에서 유래: 악한 일을 하는 자, 죄인, 눅23:32,33, 39, 딤후2:9.

☞**행악자**(눅23:32,33,39), **죄인**(딤후2:9).

2558. κακουχέω [kakŏuchĕō][2회] 카쿠케오

동 2556과 2192의 합성어에서 유래: 학대하다, 못 살게 하다, 고문하다, 히11: 37, 13:3.

☞**학대받다**(히11:37, 13:3).

2559. κακόω [kakŏō][6회] 카코오

동 미래 κακώσω, 제1부정과거 ἐκά- κωσα, 완료수동태 부정사 κεκακῶσ- θαι, 2556에서 유래:

1) 해를 주다, 학대하다, 행7:6, 벧전3:13.

2) 노하게 하다, 격분시키다, 행14:2.

☞**괴롭게 하다**(행7:6,19), **해하다**(행12:1), **악감을 품다**(행14:2), **해롭게 하다**(행18:10).

2560. κακῶς [kakŏs][16회] 카코스

부 2556에서 유래: 나쁘게, 악하게.

1) [육체적인 의미] 마4:24, 15:22, 17: 15, 막1:32, 눅5:31.

2) [도덕적인 의미] 요18:23, 행23:5, 약4:3.

☞**흉악하게**(마15:22), **병들어**(막1:34, 눅7:2), **잘못하여**(요18:23), **비방하여**(행23:5). **[명] 병**(마4:24), **병든 자**(마8:16, 14:35, 눅5:31), **병자**(막1:32).

2561. κάκωσις, εως, ἡ [kakōsis][1회] 카코시스

명 2559에서 유래: 학대, 압박, 행7:34.

☞**괴로움 받음**(행7:34).

2562. καλάμη, ης, ἡ [kalamē][1회] 칼라메

명 2563의 여성형: 짚, 줄기, 고전3:12.

☞**짚**(고전3:12).

2563. κάλαμος, ου, ὁ [kalamŏs][12회] 칼라모스

명 불확실한 유사어에서 유래:

1) 마11:7, 12:20, 눅7:24.

2) 줄기, 지팡이, 마 27:29, 30,48, 막15: 19,36.

3) 자 막대기, 계11:1, 21:15,16.

4) 갈대, 펜, 요삼1:13.

☞**갈대**(마11:7, 막15:19, 계11:1), **붓**(요삼1:13).

2564. καλέω [kalĕō][148회] 칼레오

동 미완료 ἐκάλουν, 미래 καλέσω, 제1부정과거 ἐκάλεσα, 완료 κέκληκα, 완료 수동태 κέκλημαι, 제1부정과거 수동태 ἐκλήθην, 미래 수동태 κλη- θήσομαι, 2753의 어간과 유사:

1) 부르다.

① ㉠ ~라고 부르다, 이름하다, 일컫다, 마21:13, 눅20:44, 롬9:25, 약2:23.

㉡ 이름을 주다, 명명하다, 눅1:59.

㉢ [수동] 이름을 받다, 이름을 가지다, 일컬음을 받다, 눅1:60, 행1:19.

㉣ ~라고 한다, 마2:23, 눅1:32, 고전15:9, 히3:13.

② 초대하다, 마22:3, 눅14:8, 고전10:27.

③ 불러모으다, 마20:8, 22:3, 25:14, 눅19:13.

④ 부르다, 마2:15, 행3:11, 히11:8.

⑤ 호출하다, 마4:21, 막1:20, 행4:18, 24:2.

2) [비유적] 부르다, 마9:13, 막2:17, 롬4:17, 고전1:9, 벧전5:10.

☞**부르다**(마2:7, 막2:17, 행4:18), **일컬음을 받다**(마5:19), **청하다**(마22:3, 눅14:10, 12), **칭하다**(마22:43, 눅20:44, 행3:11), **일컫다**(마27:8, 눅1:32, 요일3:1), **이름을 짓다**(눅1:62), **청함을 받다**(눅14:8, 요2:2), **부르심을 받다**(고전7:18,22, 엡4:1, 골3:15, 딤전6: 12), **부르심을 입다**(갈5:13).

2565. καλλιέλαιος, ου, ἡ [kalliĕlaiŏs][1회] 칼리엘라이오스

명 2566의 어간과 1636에서 유래: 재배된 올리브나무, 좋은 올리브나무, 롬11:24.

☞**좋은 감람나무**(롬11:24).

2566. καλλίον [kalliŏn] 칼리온

형 2570에서 유래: 많은 것보다 나은, 매우 좋은, 행25:10, καλῶς 참조(2753).

☞**더 아름다운**(행25:10).

2567. καλοδιδάσκαλος, ον [kalŏdidas-kalŏs][1회] 칼로디다스칼로스

형 2570과 1320에서 유래: 좋은 것을 가르치는, 딛2:3.

☞**선한 것을 가르치는**(딛2:3).

2568. Καλοὶ λιμένες, Καλῶν λιμένων, οἱ [kalŏi limĕnĕs] 칼로이 리메네스

고명 2570과 3040의 복수: 그레데섬 남쪽 해안의 만 이름 '미항', 행27:8.

☞**미항**(행27:8).

2569. καλοποιέω [kalŏpŏiĕō][1회] 칼로포이에오

동 2570과 4160에서 유래: 옳은 일을 하다, 살후3:13.

☞**선을 행하다**(살후3:13).

2570. καλός, ή, όν [kalŏs][101회] 칼로스

형 불확실한 유사어에서 유래:

1) 아름다운, 눅21:5.

2) 좋은 유용한.

① 흠이 없는, 좋은, 귀한, 마13:48, 12:33, 눅6:43.

② 도덕적으로 선한, 고상한, 칭찬할 만한, 마5:16, 막14:6, 요10:32, 딤전5:10, 히10:24.

③ 흠잡을 것 없는, 훌륭한, 눅6:38, 요10:11,14, 딤전6:19, 딤후1:14, 2:3, 히6:5, 약2:7, 벧전4:10.

3) [ἐστιν과 결합될 경우] ~은 좋은.

① 기분 좋다, 바람직하다, 유익하다, 마17:4, 18:8,9, 막9:5, 눅9:33, 고전7:26.

K

② [도덕적으로] 선하다, 고후8:21, 히13:9.

☞**좋은**(마3:10, 막4:8, 요2:10), **아름다운**(마7:19), **착한**(마5:16), **마땅한**(마15:26), **나은**(마18:8,9, 막9:45), **선한**(요10:11, 고후8:21, 딤전1:8), **옳은**(고전5:6), **잘하는**(딤전3:13), **유익을 얻는**(히13:9).

2571. κάλυμμα, ατος, τό [kalümma][4회] 칼뤼마

명 2572에서 유래: 덮개, 너울.

1) [문자적] 고후3:13.

2) [비유적] 가리는 것, 고후3:14-16.

☞**수건**(고후3:13,15,16).

2572. καλύπτω [kaluptō][8회] 칼륍토

동 미래 καλύψω, 제1부정과거 ἐκάλυ- ψα, 완료수동태 분사 κεκαλυμμένος, 2813과 2928에서 유래: 덮다, 감추다.

1) 덮다, 마8:24, 눅8:16, 23:30.

2) [비유적]

① 덮어 버리다, 보이지 않게 해버리다, 약5:20, 벧전4:8.

② 감추다, 마10:26, 고후4:3.

☞**덮이다**(마8:24), **숨다**(마10:26), **덮다**(눅8:16, 약5:20, 벧전4:18), **가리다**(고후4:3).

2573. καλῶς [kalōs][37회] 칼로스

부 2570에서 유래: 잘, 아름답게.

1) 알맞게, 적절하게, 바로, 훌륭하게, 막7:37, 눅6:48, 고전14:17, 갈5:7.

2) [도덕적] 훌륭하게, 흠잡을 것 없이, 갈4:17, 히13:18.

3) 선하게, 받을 만하게, 마12:12, 눅6:27.

4) 잘, 바로, 바르게.

① 고전7:37, 약2:8,19.

② [말하다, 듣다, 깨닫다 등의 동사와 함께] 바로, 잘, 마15:7, 막7:6, 눅20:39, 요4:17.

③ [감탄사로] 옳다!, 막12:32, 롬11:20.

5) [빈정대는 말로] 잘도, 막7:9, 고후11:4.

6) [비교급] κάλλιον: 매우 잘, 행25:10.

☞**사랑하여**(마5:44, 눅6:27), **옳게**(막12:32, 벧후1:19), **낫게**(막16:18), **잘**(요18:23, 행10: 33, 고전14:17), **선하게**(히13:18), **합당하게**(요삼1:6). **[명] 선**(마12:12). **[부] 잘**(마15:7, 막7:9, 행25:10).

2574. κάμηλος, ου, ὁ and ἡ [kamēlŏs][6회] 카멜로스

명 히브리어 1581에서 유래: 낙타, 약대, 마19:24, 23:24, 막10:25, 눅18:25.

☞**낙타**(마19:24, 막10:25, 눅18:25).

2575. κάμινος, ου, ὁ [kaminŏs] 카미노스

명 2545에서 유래: 화덕, 화로, 아궁이, 마13:42,50, 계1:15, 9:2.

☞**풀무**(마13:42, 계1:15, 9:2).

2576. καμμύω [kammüō][2회] 캄뮈오

동 제1부정과거 ἐκάμμυσα, 2596과 3466의 어간의 합성어에서 유래: 눈을 감다, 마13:15, 행28:27.

☞**(눈을) 감다**(마13:15, 행28:27).

2577. κάμνω [kamnō][2회] 캄노

동 [기본형] 제2부정과거 ἔκαμον, 완료 κέκμηκα, 완료 분사 κεκμηκώς:

1) 피곤하다, 지치다, 히12:3.

2) 앓다, 약5:15.

3) 죽다.

☞**피곤하다**(히12:3), **게으르다**(계2:3), **병들다**(약5:15).

K

2578. κάμπτω [kamptō][4회] 캄프토

동 [기본형] 미래 κάμψω, 제1부정과거 ἔκαμψα:

1) [타동사] 굽히다, 롬11:4, 엡3:14.

2) [자동사] 굽히다, 롬14:11, 빌2:10.

☞**무릎을 꿇다**(롬11:4, 엡3:14), **꿇다**(롬14:11, 빌2:10).

2579. κἄν [kan][17회] 칸

부 2532와 1437에서 유래:

1) 그리고 만일, 막16:18, 눅13:9, 요8:55, 약5:15.

2) 비록 ~일지라도, 마21:21, 26:35, 요8:14.

3) ~만이라도, 막5:28, 6:56, 행5:15, 고후11:16.

☞**만일**(눅13:9, 고후11:16), **혹**(행5:15), **혹시**(약5:15).

2580. Κανά, ἡ [kana][4회] 카나

고명 히브리어 7071에서 유래: 갈릴리 지방의 한 도시 '가나', 요2:1,11, 4:46, 21:2.

☞**가나**(요2:1,11, 4:46, 21:2).

2581. Καναvίτης, ου, ὁ [Kananitēs] Καναναιος, ου, ὁ [Kananaios][2회] 카나니테스, 카나나이오스

명 아람어에서 유래: 가나 사람, 열심당원

열두 제자 중의 한 사람인 시몬의 별명.
☞**가나나인**(마10:4, 막3:18).

2582. Κανδάκη, ης, ἡ [Kandakē][1회] **칸다케**
고명 외래어: 에디오피아 여왕 이름 '간다게', 행8:27.
☞**간다게(행8:27).**

2583. κανών [kanōn][4회] **카논**
명 κάνη에서 유래:
1) 규칙, 표준, 갈6:16, 빌3:16.
2) 영역, 한계, 고후10:13,15,16.
☞**한계**(고후10:13,15,16), **규례**(갈6:16).

2584. Καπερναούμ [Kapĕrnaŏum] **카페르나움**
고명 히브리어 3723과 5151에서 유래: 팔레스틴의 도시 '가버나움', 마8:5.
☞**가버나움**(마8:5).

2585. καπηλεύω [kapēlĕuō][1회] **카펠류오**
동 κάπηλος에서 유래: 장사하다, 소매하다, 교역하다, 섞음질 하다, 고후2:17.
☞**혼잡하게 하다**(고후2:17).

2586. καπνός, οῦ, ὁ [kapnŏs][13회] **카프노스**
명 불확실한 유사어에서 유래: 연기, 행2:19, 계8:4, 9:2,3,17,18, 14:11, 15:8, 18:9,18, 19:3.
☞**연기(煙氣)**(행2:19, 계9:2, 19:3), **향연(香煙)**(계8:4).

2587. Καππαδοκία, ας, ἡ [Kappadŏkia][2회] **캅파도키아**
고명 외래어에서 유래: 소아시아의 한 지방 '갑바도기아', 행2:9, 벧전1:1.
☞**갑바도기아**(행2:9, 벧전1:1).

2588. καρδία, ας, ἡ [kardia][157회] **카르디아**
명 기본형 κάρ에서 유래:
1) 마음[육체적·영적·심적 생명의 좌소를 의미].
① [육체적 생명의 중심과 원천이 되는 곳] 마18:35, 눅16:15, 21:14, 행5: 3,4, 14:17, 롬2:15, 8:27, 고전14: 25, 고후4:6, 9:7, 엡1:18, 히3:8, 약5:5, 벧전3:4, 벧후1:19.
② [도덕적 결정] 마5:8, 눅21:34, 행15:9, 롬2:5, 히10:22, 약4:8.
③ [감정, 소원을 가리키는 경우] 롬1: 24, 엡6:22, 골4:8, 히10:22.
④ [사랑에 대해서] 마22:37, 막12:30, 눅10:27, 고후7:3, 빌1:7.
2) [비유적] 속, 내부, 가운데, 중심, 마12:40.
☞**마음**(마13:15, 18:35, 막12:33, 계18:7), **뱃속**(마12:40), **심중**(눅3:15), **생각**(행7:23), **마음판**(고후3:3).

2589. καρδιογνώστης, ου, ὁ [kardiŏg-nōstēs][2회] **카르디오그노스테스**
명 2588과 1097에서 유래: 마음을 아시는 이, 행1:24, 15:8.
☞**마음을 아시는 이**(행1:24, 15:8).

2590. καρπός, οῦ, ὁ [karpŏs][66회] **카르포스**
명 726의 어간에서 유래: 열매.
1) [문자적] 나무의 열매, 마12:33, 막11: 14, 눅6:44.
① 농작물, 수확, 딤후2:6, 약5:7,18.
② 자손, 후손, 눅1:42, 행2:30.
2) [비유적, 심리적, 영적 영역에서]
① 결과, 결실, 산물, 요15:5, 갈5:22, 엡5:9, 빌1:11, 약3:18.
② 유익, 이득, 롬1:13, 빌1:22, 4:17.
☞**열매**(마7:17, 마12:33, 갈5:22, 히12:11), **결실**(마13:8, 눅8:8), **소출**(막12:2, 눅20:10), **아이**(눅1:42), **곡식**(눅12:17, 딤후2:6), **자손**(행2:30).

2591. Κάρπος [Karpŏs][1회] **카르포스**
고명 2590의 대용: 기독교인의 이름 '가보', 딤후4:13.
☞**가보**(딤후4:13).

2592. καρποφορέω [karpŏphŏrĕō][8회] **카르포포레오**
동 미래 καρποφορήσω, 제1부정과거 ἐκαρποφόρησα, 2593에서 유래: 열매를 맺다, 수확을 내다.
1) [문자적] 막4:28.
2) [비유적: 내적 생활의 결실로서의 실천적 행동] 마13:23, 막4:20, 눅8:15.
☞**결실하다**(마13:23, 눅8:15), **열매맺다**(막4:28, 롬7:5, 골1:10).

2593. καρποφόρος, ον [karpŏphŏrŏs][1회] **카르포포로스**
형 2590과 5342에서 유래: 열매 맺는, 행14:17.
☞**결실기를 주시는**(행14:17).

2594. καρτερέω [kartĕrĕō][1회] **카르테레오**
동 제1부정과거 ἐκαρτέρησα, 2094의 파생어에서 유래: 굳세다, 견디어내다, 히11:27.

☞**참다**(히11:27).

2595. κάρφος [karphŏs][6회] **카르포스**

명 κάρφω '시들다'에서 유래: 티, 깨진 조각, 마7:3–5, 눅6:41,42.

☞**티**(마7:4, 눅6:41,42).

2596. κατά [kata][476회] **카타**

전 [기본 불변사]

1. [속격을 지배하는 경우]

1) [장소에 대해서]

① ~에서 내리, 마8:32, 막5:13, 눅8: 33, 고전11:4.

② ~안으로, ~에 이르는, 고후8:2.

③ 널리, 도처에, 눅4:14, 23:5, 행9:42, 10:37.

2) [비유적]

① [서약이나 맹세를 나타내는 동사와 함께] ~을 두고, ~을 걸고, ~에 의하여, 마26:63, 히6:13,16.

② [적대적인 의미] ~에 대하여, ~에게, 마10:35, 행19:16, 고후10:5, 벧전2:11.

2. [대격을 취하는 경우]

1) [장소에 대하여]

① ~을 따라서, 위로, 두루, 안에, 위에, 마24:7, 막13:8, 눅8:39, 10:4, 행13:1, 21:21, 24: 14, 25:3.

② ~을 향하여, ~에까지, 행25:16, 17: 12, 고후10:1, 갈2:11, 빌3:14.

③ [격리] 따로, 롬14:22, 16:5, 행28: 16, 고전16:9, 약2:17.

④ [개별적] ~마다, 행2:46, 5:42, 8:3, 15:21, 딛1:5.

2) [시간에 대하여]

① [시간을 확정적으로 지적할 때] ~에, ~동안, 마1:20, 2:12, 행12:1, 19:23, 롬5:6, 9:9, 히1:10, 3:8.

② [시간을 막연하게 지시] ~ 경우, ~쯤에, 행8:26, 16:25, 27:27.

3) [보다 큰 전체가 낱개로 나누어짐을 나타냄] 막6:40, 행21:19, 고전14: 27, 14:31.

4) [목표, 목적을 나타냄] ~할 목적으로, ~위하여, 요2:6, 고후11:21.

5) [규범, 유사성, 동질성에 대해] ~에 따라서, ~에 부합하여.

① 마16:27, 눅2:22, 22:22, 행18:14, 롬8:27, 15:5, 고후11:17, 히7:5.

② ~대로, ~과 같이, ~과 비슷하게, 마23:3, 눅6:23,26, 갈4:28, 엡4: 24, 8:5.

6) [어떤 것과의 관계를 말한다] ~에 관해서, ~에 관하여, 롬1:3, 4:1, 7:22, 행17:22, 24:22, 엡6:22, 빌1:12, 골3:20, 히2:17.

7) ① [형용사로 사용되는 경우] 롬11: 21, 엡6:5, 딤전6:3.

② [소유대명사와 같이 사용되는 경우] 행17:28, 롬1:15, 엡1:15.

③ [명사의 속격처럼 사용됨] 행26:3, 롬9:11, 히11:7.

☞**아래로, 낮은 데로, 밑에, 대항하여, ~에 대하여, ~에 관하여, ~에 따라서, ~에 의해, ~의 방향에서, 가까이에, ~사이에, ~을 향하여, ~동안, ~의, ~에**(마1:20, 막41:27, 요2:6).

2597. καταβαίνω [katabainō][82회] **카타바이노**

동 미완료 κατέβαινον, 미래 καταβή– σομαι, 제2부정과거 κατέβην, 제2부정과거 명령 κατάβηθι, 또는 κατά– βα, 완료 καταβέβηκα, 2596과 939의 어간에서 유래: 내려오다, 내려가다.

1. [문자적]

1) [인격적 존재에 대해] 마8:1, 17:9, 막9:9, 15:30.

① [장소를 알 수 있는 경우] 막13:15, 눅19:5, 요5:7.

② [예루살렘이나 팔레스틴에서] 막3: 22, 눅10:30, 행25:7.

③ [하늘에서부터] 요6:38, 살전4:16, 계10:1.

④ [내려가는 목적지가 밝혀있는 경우] 요5:4, 행8:38, 계12:2.

⑤ [성령] 마1:10, 요1:32,33.

2. [비유적] 끌려 내려가다, 마11:23, 눅10:15.

☞**내리다**(마3:16, 요1:33, 계3:12), **내려오다**(마8:1, 눅6:17, 약1:17), **내려가다**(마24:17, 눅2:51, 행14:25), **강림하다**(눅3:22), **내리치다**(눅8:23), **떨어지다**(눅22:44).

2598. καταβάλλω [kataballō][2회] **카타발로**

동 2596과 906에서 유래:
1) [능동과 수동] 내려 던지다, 내리치다, 고후4:9.
2) [중간] 놓다, 세우다, 두다, 히6:1.
☞**거꾸러뜨리다**(고후4:9), **닦다**(히6:1), **쫓겨나다**(계12:10).

2599. καταβαρέω [katabarĕō][1회] **카타바레오**
동 제1부정과거 κατεβάρησα, 2596과 916에서 유래: 부담시키다, 짐을 지우다, 짐이 되다, 고후12:16.
☞**짐을 지우다**(고후12:16).

2600. κατάβασις [katabasis][1회] **카타바시스**
명 2597에서 유래: 비탈, 비탈길. [명사] 눅19:37.
☞**내리막길**(눅19:37).

2601. καταβιβάζω [katabibazō] **카타비바조**
동 미래 수동태 καταβιβασήσομαι, 2596과 939의 파생어에서 유래: 이끌어 내리다, 데려 내려오다, 내리몰다, 내려오게 하다, 마11:23, 눅10:15.
☞**끌어내리다, 내려가게 하다**(마11:23, 눅10:15).

2602. καταβολή, ῆς, ἡ [katabŏlē][11회] **카타볼레**
명 2598에서 유래:
1) 창설, 창건, 시초, 마25:34, 눅11:50, 히4:3.
2) 종자를 뿌리는 것, 히11:11.
☞**창조**(히4:3), **잉태**(히11:11), **창세**(마13:35, 눅11:50, 계17:8).

2603. καταβραβεύω [katabrabĕuō][1회] **카타브라뷰오**
동 2596과 1018에서 유래: ~에게 불리하게 판결짓다, 상을 빼앗다, 정죄하다, 골2:18.
☞**정죄하다**(골2:18).

2604. καταγγελεύς, έως, ὁ [katanggĕlĕus][1회] **카탕겔류스**
명 2605에서 유래: 선포자, 설교자, 전파자, 행17:18.
☞**전하는 사람**(행17:18).

2605. καταγγέλλω [katanggĕllō][18회] **카탕겔로**
동 미완료 κατήγγελλον, 제1부정과거 κατήγγειλα, 완료 κατήγγελκα, 제2부정과거 수동태 κατηγγέλην, 2596과 32의 어간에서 유래: 엄숙히 선포하다.
1) [사물을 목적어로 가지는 경우] 행16: 21, 고전9:14.
2) [인격적 존재를 목적어로] 행17:3, 빌1:17, 골1:28.
☞**전하다**(행13:5, 고전2:1, 11:26), **알게 하다**(행17:23), **전파되다**(롬1:8), **변증하다**(빌1: 16), **전파하다**(골1:28). **[명] 가르침**(행4:2).

2606. καταγελάω [katagĕlaō][3회] **카타겔라오**
동 [기본형] 미완료 κατεγέλων, 제1부정과거 κατεγέλασα, 비웃다, 마9:24, 막5: 40, 눅8:53.
☞**놀리다, 비웃다**(마9:24, 막5:40, 눅8:53).

2607. καταγινώσκω [kataginōskō][3회] **카타기노스코**
동 완료 수동태 분사 κατεγνωσμένος, 2596과 1097에서 유래: 정죄하다, 갈2:11, 요일3:20,21.
☞**책망하다**(갈2:11, 요일3:20,21).

2608. κατάγνυμι [katagnumi][4회] **카타그뉘미**
동 미래 κατεάξω, 제1부정과거 κατέ- αξα, 제2부정과거 수동태 κατεάγην, 2596과 4486의 어간에서 유래: 꺾다, 마12: 20, 요19:32,33.
☞**꺾다**(마12:20, 요19:31,33).

2609. κατάγω [katagō][9회] **카타고**
동 제2부정과거 κατήγαγον, 제1부정과거 수동태 κατήχθην, 제1부정과거 수동 분사 καταχθείς, 2596과 71에서 유래:
1) 끌어내리다, 끌고 내려가다, 데리고 내려가다, 행9:30, 23:30, 롬10:6.
2) 끌어다 대다, 대다, 눅5:11, 행27:3, 28:12.
☞**대다**(눅5:11, 행28:12), **데리다**(행9:30, 22: 30, 23:28), **상륙하다**(행21:3), **모시다**(롬10:6).

2610. καταγωνίζομαι [katagōnizŏmai][1회] **카타고니조마이**
동 중간태. 디포넌트. 제1부정과거 κα- τηγωνισάμην, 2596과 75에서 유래: 정복하다, 이기다, 지게 하다, 히11:33.
☞**이기다**(히11:33).

2611. καταδέω [katadĕō][1회] **카타데오**

동 제1부정과거 κατέδησα, 2596과 1210에서 유래: 싸매다, 매다, 눅10:34.

☞**(상처를) 싸매다**(눅10:34).

2612. κατάδηλος, ον [katadēlŏs][1회] **카타델로스**

형 2596의 강세어와 1212에서 유래: 매우 명확한, 아주 명백한, 히7:15.

☞**더욱 분명한**(히7:15).

2613. καταδικάζω [katadikazō][5회] **카타디카조**

동 제1부정과거 κατεδίκασα, 제1부정과거 수동태 κατεδικάσθην, 2596과 1349의 파생어에서 유래: 정죄하다, 유죄 선언을 하다, 마12:7,37, 눅6:37, 약5:6.

☞**정죄하다**(눅6:37, 약5:6), **정죄받다**(눅6: 37).

2614. καταδιώκω [katadiōkō][1회] **카타디오코**

동 제1부정과거 κατεδίωξα, 2596과 1377에서 유래: 열심히 찾다, 탐색하다, 수색하다, 막1:36.

☞**뒤를 따라가다**(막1:36).

2615. καταδουλόω [katadŏulŏō][2회] **카타둘로오**

동 미래 καταδουλώσω, 2596과 1402에서 유래: 노예로 삼다, 노예가 되게 하다, 고후11:20, 갈2:4.

☞**종을 삼다**(고후11:20, 갈2:4).

2616. καταδυναστεύω [katadünastĕ-uō][2회] **카타뒤나스튜오**

동 2596과 1413에서 유래: 압박하다, 부려먹다, 착취하다, 지배하다, 행10:38, 약2:6.

☞**눌리다**(행10:38), **억압하다**(약2:6).

2617. καταισχύνω [kataischünō][13회] **카타이스퀴노**

동 미완료 수동태 κατῃσχυνόμην, 제1부정과거 수동태 κατῃσχύνθην, 미래 수동태 καταισχυνθήσομαι, 완료 분사 κατῃσχυμμένος, 2596과 153에서 유래:

1) 모욕을 주다, 보기 흉하게 하다, 고전11:4,5.
2) 부끄럽게 하다, 창피를 주다, 눅13:17, 고전1:27, 11:22, 고후7:14, 9:4, 벧전3:16.
3) 실망케 하다, 롬5:5. [주] 실망하다 [수동태], 롬9:33, 10:11, 벧전2:6.

☞**부끄러워하다**(눅13:17), **부끄럽다**(롬5:5), **욕되게 하다**(고전11:4,5). **[명] 부끄러움**(롬9:33, 고후9:4, 벧전3:16).

2618. κατακαίω [katakaiō][12회] **카타카이오**

동 미완료 κατέκαιον, 미래 κατακαύσω, 제1부정과거 κατέκαυσα, 제2부정과거 수동 κατεκαύθην, 제1부정과거수동태 κατεκάην, 미래 κατακαήσομαι 혹은 κατακαυθήσομαι, 2596과 2545에서 유래: 다 태워버리다, 불태워 없애다, 마13:30, 눅3:17, 행19:19, 고전3:15.

☞**태우다**(마3:12, 눅3:17), **불사르다**(마13:30, 행19:19, 히13:11), **사르다**(마13:40, 계17:16), **불타다**(고전3:15), **풀어지다**(벧후3:10), **타다**(계8:7), **살라지다**(계18:8).

2619. κατακαλύπτω [katakalüptō][3회] **카타칼륍토**

동 완료수동태분사 κατακεκαλυμμένος, 2596과 2572에서 유래: 씌우다, 가리다, 덮다, 고전11:6.

☞**가리다**(고전11:6,7).

2620. κατακαυχάομαι [katakauchaŏ-mai][4회] **카타카우카오마이**

동 디포넌트. 2596과 2744에서 유래:

1) 뽐내다, 으시대다, 자랑하다, 롬11:18, 약3:14.
2) 이기다, 약2:13.

☞**자랑하다**(롬11:18, 약2:13, 3:14).

2621. κατάκειμαι [katakĕimai][12회] **카타케이마이**

동 디포넌트. 미완료 κατεκείμην, 2596과 2749에서 유래: 눕다,

1) [앓은 사람] 눕다, 요5:3,6, 행28:8.
2) [식사하는 자가] 기대다, 식사하다, 막2:15, 14:3, 눅5:29, 고전8:10.

☞**눕다**(막1:30, 눅5:25, 행28:8), **앉다**(막2: 15, 눅5:29, 고전8:10).

2622. κατακλάω [kataklaō][2회] **카타클라오**

동 제1부정과거 κατέκλασα, 2596과 2806에서 유래: 조각을 내다, 여러 조각으로 뜯다, 막6:41, 눅9:16.

☞**떼다**(막6:41, 눅9:16).

2623. κατακλείω [kataklĕiō][2회] **카타클레이오**

동 제1부정과거 κατέκλεισα, 2596과

K

2808에서 유래: 가두어 버리다, 채워버리다, 눅3:20, 행26:10.

☞**가두다**(눅3:20, 행26:10).

2624. κατακληροδοτέω [kataklērŏdŏtĕō][1회] **카타클레로도테오**

동 2596과 2819, 1325의 파생어에서 유래: 제비뽑아 나누다, 행13:19.

☞**기업(基業)으로 주다**(행13:19).

2625. κατακλίνω [kataklinō][5회] **카타클리노**

동 제1부정과거 κατέκλινα, 수동태 κατεκλίθην, 2596과 2827에서 유래:

1) [능동태] 눕게 하다, 뉘우다, 앉게 하다, 눅9:14,15.

2) 식탁에 앉다, 기대어 앉다, 눅7:36, 14:8, 24:30.

☞**앉히다**(눅9:14), **앉다**(눅14:8), **기대어 앉아 (음식을 잡수시다)**(눅24:30).

2626. κατακλύζω [kataklüzō][1회] **카타클뤼조**

동 제1부정과거 수동태 κατεκλύσθην, 2596과 2827에서 유래: 범람시키다, 넘쳐흐르게 하다, 벧후3:6.

☞**넘치다**(벧후3:6).

2627. κατακλυσμός, οῦ, ὁ [kataklüsmŏs][4회] **카타클뤼스모스**

명 2626에서 유래: 홍수, 범람, 마24:38, 39, 눅17:27, 벧후2:5.

☞**홍수**(마24:38, 눅17:27, 벧후2:5).

2628. κατακολουθέω [katakŏlŏuthĕō][2회] **카타콜루데오**

동 제1부정과거 κατηκολούθησα, 1596과 190에서 유래: 따라가다, 따르다, 행16:17, 눅23:55.

☞**뒤를 따르다**(눅23:55), **따라오다**(행16:17).

2629. κατακόπτω [katakŏptō][1회] **카타콥토**

동 미완료 κατέκοπτον, 2596과 2875에서 유래:

1) 치다, 상처를 내다, 베다, 막5:5.

2) 부수다.

☞**해치다**(막5:5).

2630. κατακρημνίζω [katakrēmnizō][1회] **카타크렘니조**

동 제1부정과거 κατεκρήμνισα, 2596과 2911에서 유래: 절벽으로 내리 던지다, 눅4:29.

☞**밀쳐 떨어뜨리다**(눅4:29).

2631. κατάκριμα, ατος, τό [katakrima][3회] **카타크리마**

명 2632에서 유래: 형벌, 심판, 롬5:16, 18, 8:1.

☞**정죄**(롬8:1, 롬5:16,18).

2632. κατακρίνω [katakrinō][18회] **카타크리노**

동 미래 κατακρινῶ, 제1부정과거 κατέκρινα, 제1부정과거 수동태 κατεκρίθην, 미래수동태 κατακριθήσομαι, 완료 κατακέκριμαι, 2596과 2919에서 유래: 정죄하다, 마20:18, 막10:33, 롬8:34.

☞**정죄하다**(마12:41, 막14:64, 히11:7), **정죄되다**(마27:3, 롬14:23), **고발하다**(요8: 10), **죄 정하다**(롬8:3, 고전11:32), **정하다**(벧후2:6).

2633. κατάκρισις, εως, ἡ [katakrisis][2회] **카타크리시스**

명 2632에서 유래: 정죄, 단죄, 고후3:9, 7:3.

☞**정죄**(고후3:9, 7:3).

2634. κατακυριεύω [katakürieuō][4회] **카타퀴리유오**

동 미래 κατακυριεύσω, 제1부정과거 κατεκυρίευσα, 제1부정과거 명령 κατακυρίευσον, 제1부정과거 수동태 κατεκυριεύθην, 2596과 2961에서 유래:

1) 주인 노릇하다, 지배하다, 정복하다, 행19:16.

2) 주인이 되다, 통치하다, 마20:25, 막10:42, 벧전5:3.

☞**임의로 주관하다**(마20:25, 막10:42), **누르다**(행19:16), **주장하다**(벧전5:3).

2635. καταλαλέω [katalalĕō][5회] **카탈랄레오**

동 2637에서 유래: ~에 반대하다, 쳐서 말하다, 나쁘게 말하다, 비방하다, 비난하다, 약4:11, 벧전2:12, 3:16.

☞**비방하다**(약4:11, 벧전2:12, 3:16).

2636. καταλαλιά, ᾶς, ἡ [katalalia][2회] **카탈랄리아**

명 2637에서 유래: 나쁜 말, 험구, 비방, 욕지거리, 고후12:20, 벧전2:1.

☞**비방**(고후12:20, 벧전2:1).

2637. κατάλαλος, ον [katalalŏs][1회]

카탈랄로스

형 2596과 2980의 어간에서 유래: 남을 욕하는, 남을 비방하는, 롬1:30

☞**비방하는**(롬1:30).

2638. καταλαμβάνω [katalambanō][15회] 카탈람바노

동 제2부정과거 κατέλαβον, 완료 κα- τείληφα, 제2부정과거 중간태 κατε- λαβόμην, 완료 수동태 3인칭 단수 κατείληπται, 완료 수동 분사 κατει- λημμένος, 제1부정과거 수동태 κατε- λήμφθην, 2596과 2983에서 유래:

1) 붙잡다, 얻다, 자기 것으로 삼다, 롬9: 30, 고전9:24, 빌3:12, 움켜잡다, 이해하다, 정복하다, 요1:5, 빼앗다, 덮치다, 요1:5, 붙들다, 닥쳐오다, 요12: 35, 살전5:4, 잡다, 요8:3,4.

2) [중간태] 파악하다, 깨닫다, 찾아내다, 행25:25, 엡3:18.

☞**잡다**(막9:18, 빌3:12,13), **깨닫다**(요1:5), **끌다**(요8:3), **잡히다**(요8:4, 빌3:12), **붙잡히다**(요12:35), **알다**(행4:13, 엡3:18), **보다**(행10:34), **살피다**(행25:25), **얻다**(고전9:24), **임하다**(살전5:4).

2639. καταλέγω [katalĕgō][1회] 카탈레고

동 2596과 3004에서 유래: 뽑다, 모집하다, 명부에 올리다, 딤전5:9.

☞**명부에 올리다**(딤전5:9).

2640. κατάλειμμα, ατος, τό [katalĕim-ma] 카탈레임마

명 2641에서 유래: 나머지, 남은 것, 롬9:27.

☞**남은 자**(롬9:27).

2641. καταλείπω [katalĕipō][24회] 카탈레이포

동 미완료 κατέλειπον, 미래 κατα- λείψω, 제1부정과거 κατέλειψα, 제2부정과거 κατέλιπον, 완료수동 부정사 καταλελεῖφθαι, 완료 수동 분사 καταλελειμμένος, 제1부정과거 수동태 κατελείφθην, 2596과 3007에서 유래: 남겨놓다, 남겨두다.

1) [사람에 대해]

① 버리고 가다, 두고가다, 마19:5, 막10:7, 엡5:31.

② 남겨 놓다, 막12:19,21, 눅20:31.

③ 남기다, 롬11:4.

④ 내버려두다, 혼자 버려두다, 눅10:40.

2) [비인격적 대상에 대해]

① 버려두다, 눅15:4.

② 떠나다, 마4:13, 히11:27, 벧후2:15.

③ 소홀히 하다, 행6:2.

④ 버리다, 막14:52, 눅5:28.

⑤ 남기다, 남아 있다, 히4:1.

☞**떠나다**(마19:5, 막10:7, 히11:27), **버리다**(막14:52, 눅5:28, 행2:31), **두다**(눅10:40, 행18:19, 딛1:5), **나가다**(요8:9), **놓다**(행6:2), **머물다**(살전3:1).

2642. καταλιθάζω [katalithazō][1회] 카탈리다조

동 미래 καταλιθάσω, 2596과 3034에서 유래: 돌로 쳐 죽이다, 눅20:6.

☞**돌로 치다**(눅20:6).

2643. καταλλαγή, ῆς, ἡ [katallagē][4회] 카탈라게

명 2644에서 유래: 화해, 롬5:11, 11:15, 고후5:18,19.

☞**화목**(롬5:11, 11:15), **화목하게 함**(고후5:18,19).

2644. καταλλάσσω [katallassō][6회] 카탈랏소

동 제1부정과거 κατήλλαξα, 제2부정과거 수동태 κατηλλάγην, 제2부정과거 수동 분사 καταλλαγείς, 2596과 236에서 유래: 화해시키다.

1) 화해하게 하다, 고후5:18,19.

2) 화해하다, 롬5:10, 고전7:11.

☞**화목하게 되다**(롬5:10), **화합하다**(고전7:11), **화목하게 하다**(고후5:18,19), **화목하다**(고후5:20).

2645. κατάλοιπος, ον [katalŏipŏs][1회] 카탈로이포스

형 2596과 3062에서 유래: 남은, 나머지의, 행15:17.

☞**남은 (사람)**(행15:17).

2646. κατάλυμα, ατος, τό [katalŭma][3회] 카탈뤼마

명 2647에서 유래: 여인숙, 하숙, 사관, 손님방, 식당, 막14:14, 눅22:11.

☞**객실**(막14:14, 눅22:11), **여관**(눅2:7).

2647. καταλύω [katalŭō][17회] 카탈뤼오

동 미래 καταλύσω, 제1부정과거 κα- τέλυσα

α, 제1부정과거 수동태 κατελύ- θην, 미래수동태 καταλυθήσομαι, 2596과 3098에서 유래:
1) 떨어뜨리다, 분리하다, 마24:2, 막13:2, 눅21:6.
2) 헐다, 파괴하다, 무너뜨리다, 마26:61, 27:40, 막14:58, 행6:14, 롬14:20, 고후5:1, 갈2:18.
3) 없이 하다, 폐하다, 무효화하다, 마5: 17, 눅9:12, 행5:38.

☞**폐하다**(마5:17), **무너뜨리다**(마24:2, 막13: 2, 행5:39), **헐다**(마26:61, 막15:29, 갈2:18), **유하다**(눅9:12, 19:7), **무너지다**(행5:38, 롬14:20, 고후5:1).

K

2648. καταμανθάνω [katamanthanō][1회] 카타만다노
동 제2부정과거 κατέμαθον, 2596과 3129에서 유래: 잘 관찰하다, 주목해보다, 배우다, 마6:28.
☞**생각하다**(마6:28).

2649. καταμαρτυρέω [katamartürĕō][3회] 카타마르튀레오
동 2596과 3140에서 유래: 불리한 증언을 하다, 반대 증언을 하다, 마26:62, 27:13, 막14:60.
☞**증언하다**(마27:13).**고발하다**(막15:4ⓢ) **[명] 증거**(마26:62, 막14:60).

2650. καταμένω [kataměnō][1회] 카타메노
동 미래 καταμενῶ, 2596과 3306에서 유래: 머물다, 살다, 행1:13.
☞**유하다**(행1:13).

2651. καταμόνας [katamŏnas] 카타모나스
부 2596과 3441의 대격. 복수. 여성형에서 유래: 혼자, 홀로.
☞**홀로**(막4:10), **따로**(눅9:18).

2652. κατανάθεμα [katanathĕma] 카타나데마
명 2596과 331에서 유래: 어떤 신에게 봉헌된 것, 저주받아 어떤 신에게 내어줌을 당한 것, 저주 받은 것, 계22:3.
☞**저주**(계22:3).

2653. καταναθεματίζω [katanathĕmatizō] 카타나데마티조
동 2596과 332에서 유래: 저주하다, 마26:74.
☞**저주하다**(마26:74).

2654. καταναλίσκω [katanaliskō][1회] 카타날리스코
동 2596과 332에서 유래: 소멸시키다, 다 타버리다, 히12:29.
☞**소멸하다**(히12:29).

2655. καταναρκάω [katanarkaō][3회] 카타나르카오
동 미래 καταναρκήσω, 제1부정과거 κατενάρκησα, 2596과 ναρκάω '무감각하게 되다'에서 유래: 짐을 지우다, 짐이 되다, 고후11:9, 12:13,14.
☞**누를 끼치다**(고후11:9), **폐 끼치다**(고후12:13,14).

2656. κατανεύω [kataněuō][1회] 카타뉴오
동 제1부정과거 κατένευσα, 2596과 3506에서 유래: 신호하다, 눅5:7.
☞**손짓하다**(눅5:7).

2657. κατανοέω [katanŏěō][14회] 카타노에오
동 미완료 κατενόουν, 제1부정과거 κατενόησα, 2596과 3539에서 유래:
1) 주목해보다, 자세히 보다, 마7:3, 눅6: 41, 행27:39.
2) 보다, 생각해 보다, 약1:23,24, 눅12: 27, 행27:39.
3) [영적인 의미에서] 생각하다, 주목하다, 눅12:24, 히3:1, 10:24.

☞**깨닫다**(마7:3, 눅6:41), **생각하다**(눅12:24, 27, 히3:1), **알아보다**(행7:31,32), **보다**(행11: 6, 약1:23,24), **알다**(행27:39, 롬4:19), **돌아보다**(히10:24).

2658. καταντάω [katantaō][13회] 카탄타오
동 제1부정과거 κατήντησα, 완료 κα- τήντηκα, 2596과 473의 파생어에서 유래: 이르다, 도달하다.
1) [문자적: εἰς와 함께] 행16:1.
2) [비유적]
① ~에 이르다, 얻다, 행26:7, 엡4:13, 빌3:11.
② [어떤 것이 사람에게 도달하는 경우] 고전10:11, 14:36.

☞**이르다**(행16:1, 엡4:13, 빌3:11), **오다**(행18:19, 25:13), **얻다**(행26:7), **가다**(행27:12), **만나다**(고전10:11), **임하다**(고전14:36).

2659. κατάνυξις, εως, ἡ [katanüxis][1회] 카타뉙시스
명 2600에서 유래: 마취, 몽롱, 몽혼, 롬11:8.

☞**혼미**(롬11:8).

2660. καταvύσσω [katanüssō][1회] **카타뉫소**

동 제2부정과거 수동태 κατενύγην, 2596과 473의 파생어에서 유래: 찔리다, 행2:37.

☞**찔리다**(행2:37).

2661. καταξιόω [kataxiŏō][3회] **카탁시오오**

동 제1부정과거 κατηξίωσα, 제1부정과거 수동태 κατηξιώθην, 2596과 515에서 유래: 가치 있다고 보다, 합당하다고 생각하다, 눅20:35, 21:36, 행5:41, 살후1:5.

☞**합당히 여기다**(눅20:35, 행5:41, 살후1:5).

2662. καταπατέω [katapatĕō][5회] **카타파테오**

동 미래 καταπατήσω, 제1부정과거 κατεπάτησα, 제1부정과거 수동태 κα- τεπατήθην, 2596과 3961에서 유래: 짓밟다.

1) [문자적] 마7:6, 5:13, 눅8:5, 12:1.

2) [비유적] 히10:29.

☞**밟히다**(마5:13, 눅8:5, 12:1), **밟다**(마7:6, 히10:29).

2663. κατάπαυσις, εως, ἡ [katapausis][9회] **카타파우시스**

명 2664에서 유래:

1) 쉼, 안식, 행7:49.

2) 안식처, 쉴 곳, 히3:11,18, 4:1,3,5, 10,11.

☞**안식**(히3:11, 4:3,11, 행7:49).

2664. καταπαύω [katapauō][4회] **카타파우오**

동 미래 καταπαυσομαι, 제1부정과거 κατέπαυσα, 2596과 3961에서 유래:

1) [타동사]

① 멈추다, 끝내다.

② 쉬게 하다, 제지하다, 그만두게 하다, 행14:18, 히4:8.

2) [자동사] 멎다, 쉬다, 히4:4,10.

☞**말리다**(행14:18), **쉬다**(히4:4,10), **안식을 주다**(히4:8).

2665. καταπέτασμα, ατος, τό [katapĕ- tasma][6회] **카타페타스마**

명 2596과 4095에서 유래: 휘장, 마27: 51, 막15:38, 눅23:45, 히6:19, 9:3, 10:20.

☞**휘장**(마27:51, 눅23:45, 히10:20).

2666. καταπίνω [katapinō][7회] **카타피노**

동 제2부정과거 κατέπιον, 제1부정과거 수동태 κατεπόθην, 2596과 4095에서 유래: 삼키다.

1) [문자적]

① 삼키다, 삼켜 버리다, 마23:24, 계12:16.

② 게걸스럽게 먹다, 먹어 치우다, 벧전5:8.

③ [물, 파도가] 삼켜 버리다, 히11:29.

2) [비유적] 삼키다, 고전15:54, 고후5:4.

☞**삼키다**(마23:24, 고전15:54, 계12:16), **빠지다**(히11:29).

2667. καταπίπτω [katapiptō][3회] **카타핖토**

동 제2부정과거 κατέπεσον, 2596과 4095에서 유래: 떨어지다, 넘어지다, 눅8:6, 행26:14, 28:6.

☞**엎드러지다**(행26:14, 28:6).

2668. καταπλέω [kataplĕō][1회] **카타플레오**

동 제1부정과거 κατέπλευσα, 2596과 4126에서 유래: 배를 저어 내려가다, 항해하여 내려가다, ~을 향하여 항해하다, 눅8:26, 육지에 이르다, 상륙하다, 배를 저어 나가다.

☞**이르다**(눅8:26).

2669. καταπονέω [katapŏnĕō][2회] **카타포네오**

동 2596과 4192의 파생어에서 유래: 억제하다, 괴롭게 하다, 압박하다, 행7:24, 벧후2:7.

☞**압제받다**(행7:24), **고통당하다**(벧후2:7).

2670. καταποντίζω [katapŏntizō][2회] **카타폰티조**

동 제1부정과거 수동태 κατεποντίσ- θην, 2596과 4195의 파생어에서 유래: 바다에 던지다, 물에 빠뜨리다, 잠기다, 빠지다, 마14:30, 18:6.

☞**빠지다**(마14:30), **빠뜨리다**(마18:6).

2671. κατάρα, ας, ἡ [katara][6회] **카타라**

명 2596과 685에서 유래: 저주, 갈3:10, 13, 히6:8, 약3:10, 벧후2:14.

☞**저주**(갈3:10, 약3:10, 벧후2:14, 히6:8).

2672. καταράομαι [kataraŏmai][5회] **카타라오마이**

동 중간태. 디포넌트. 제1부정과거 κατηρασάμην, 2671에서 유래: 저주하다, 막11:21, 눅6:28, 롬12:14, 약3:9.

☞**저주하다**(막11:21, 눅6:28, 약3:9), **저주받다**(마25:41).

2673. καταργέω [katargĕō][27회] **카타르게오**

동 미래 καταργήσω, 제1부정과거 κα- τήργ

ησα, 완료 κατήργηκα, 제1부정과거수동태 κατηργήθην, 미래수동태 καταργηθήσομαι, 완료 수동태 κα- τήργημαι, 2596과 691에서 유래:
1) 무력하게 하다.
① 다 써버리다, 못쓰게 만들다, 눅13:7.
② [비유적] 무효하게 하다, 롬3:3, 갈3:17.
2) 폐지하다, 폐하다, 치워 버리다, 고전13:11, 없애다, 고전15:24, 살후2:8, 멸하다, 끊어지다, 고전13:8.
☞**버리다**(눅13:7, 고전13:11), **폐하다**(롬3:3, 고전1:28, 엡2:15), **멸하다**(고전15:24), **벗어나다**(롬7:2,6), **없어지다**(고전2:6, 고후3:7, 갈3:17), **멸망받다**(고전15:26), **떨어지다**(갈5:4), **제거되다**(갈5:11), **없게하다**(히2:14), **죽다**(롬6:6).

K

2674. καταριθμέω [katarithmĕō][1회] **카타리드메오**
동 완료 수동 분사 κατηριθμημένος, 2596과 705에서 유래:
1) 계수하다.
2) ~가운데 들다, 속하다, 행1:17.
☞**수 가운데 참여하다**(행1:17).

2675. καταρτίζω [katartizō][13회] **카타르티조**
동 미래 καταρτίσω, 제1부정과거 κα- τήρτισα, 제1부정과거 중간태 κατηρ- τισάμην, 완료 수동태 κατήρτισμαι, 2596과 739의 파생어에서 유래:
1) 정돈하다, 복구시키다.
① 원상으로 복구시키다, 정돈하다, 정리하다, 고치다, 마4:21, 막1:19, 고후13:11, 갈6:1.
② 완전하게 하다, 채우다, 눅6:40, 고전1:10, 살전3:10, 히13:21.
2) 마련하다, 준비하다, 만들다, 짓다.
① [능동, 수동] 롬9:22, 히11:3.
② [중간] 마21:16, 히10:5.
☞**깁다**(마4:21, 막1:19), **온전하게 하다**(마21:16, 살전3:10, 벧전5:10), **온전하게 되다**(눅6:40, 고후13:11), **짓다**(히11:3), **바로잡다**(갈6:1), **예비하다**(히10:5).

2676. κατάρτισις, εως, ἡ [katartisis][1회] **카타르티시스**
명 2675에서 유래: 완전하게 됨, 완성, 고후13:9.
☞**온전하게 되는 것**(고후13:9).

2677. καταρτισμός, οῦ, ὁ [katartismŏs][1회] **카타르티스모스**
명 2675에서 유래: 완전, 준비, 갖추기, 완전하게 함, 엡4:12.
☞**온전하게 함**(엡4:12).

2678. κατασείω [katasĕiō][4회] **카타세이오**
동 제1부정과거 κατέσεισα, 2596과 4579에서 유래:
1) 흔들다, 행19:33.
2) 몸짓하다, 신호하다, 행12:17, 13:16, 21:40.
☞**손짓하다**(행12:17, 13:16, 21:40).

2679. κατασκάπτω [kataskaptō][2회] **카타스캎토**
동 제1부정과거 κατέσκαψα, 2596과 4626에서 유래: 헐어 버리다, 행15:16, 롬11:3.
☞**허물어지다**(행15:16), **헐어 버리다**(롬11: 3).

2680. κατασκευάζω [kataskĕuazō][11회] **카타스큐아조**
동 미래 κατασκευάσω, 제1부정 과거 κατεσκεύασα, 제1부정과거 수동태 κατεσκευάσθην, 완료 수동 분사 κα- τεσκευασμένος, 2596과 4632의 파생어에서 유래:
1) 준비하다, 예비하다, 마11:10, 막1:2, 눅1:17, 7:27.
2) 짓다, 세우다, 창조하다, 히11:7, 벧전3:20.
3) 설치하다, 설비하다, 갖추다, 히9:2,6.
☞**준비하다**(마11:10, 눅7:27, 히11:7), **짓다**(히3:3,4).

2681. κατασκηνόω [kataskēnŏō][4회] **카타스케노오**
동 미래 κατασκηνώσω, 제1부정 과거 κατεσκήνωσα, 2596과 4637에서 유래:
1) [타동사] 살게 하다.
2) [자동사] 살다, 깃들이다, 마13:32, 막4:32, 눅13:19, 거주하다, 행2:26.
☞**거하다**(행2:26), **깃들이다**(마13:32, 막4:32).

2682. κατασκήνωσις, εως, ἡ [kataskēnōsis][2회] **카타스케노시스**
명 2681에서 유래:
1) 거처를 마련하는 것, 야영.
2) 살 곳, 편한 자리, 집, 보금자리, 둥지, 마

8:20, 눅9:58.

☞**거처**(마8:20), **집**(눅9:58).

2683. κατασκιάζω [kataskiazō][1회]
카타스키아조

동 2596과 4639에서 유래: 그늘을 지우다, 그늘지게 하다, 내리덮다, 히9:5.

☞**덮다**(히9:5).

2684. κατασκοπέω [kataskŏpĕō][1회]
카타스코페오

동 제1부정과거 κατεσκόπησα, 2584에서 유래: 탐지해 내다, 엿보다, 갈2:4.

☞**엿보다**(갈2:4).

2685. κατάσκοπος, ου, ὁ [kataskŏpŏs][1회]
카타스코포스

명 2596과 4649에서 유래: 정탐꾼, 히11: 31, 약2:25.

☞**정탐꾼**(히11:31).

2686. κατασοφίζομαι [katasŏphizŏmai][1회] 카타소피조마이

동 중간태. 디포넌트. 제1부정과거 κατεσοφισάμην, 2596과 4679에서 유래: 속여서 이익을 얻다, 속여서 이용해 먹다, 행7:19.

☞**교활한 방법을 쓰다**(행7:19).

2687. καταστέλλω [katastĕllō][2회]
카타스텔로

동 제1부정과거 κατέστειλα, 완료수동태분사 κατεσταλμένος, 2596과 4724에서 유래: 제지하다, 조용하게 하다, 행19: 35,36.

☞**진정시키다**(행19:35), **가만히 있다**(행19:36).

2688. κατάστημα, ατος, τό [katastēma][1회] 카타스테마

명 2525에서 유래: 행동, 처신, 태도, 딛2:3.

☞**행실**(딛2:3).

2689. καταστολή, ῆς, ἡ [katastŏlē][1회]
카타스톨레

명 2687에서 유래: 의복, 옷, 딤전2:9.

☞**옷**(딤전2:9).

2690. καταστρέφω [katastrĕphō][2회]
카타스트레포

동 제1부정과거 κατέστρεψα, 완료수동태 분사 κατεστραμμένος, 2596과 4762에서 유래:

1) 뒤집어엎다, 마21:12, 막11:15.
2) 파괴하다, 파멸하다.

☞**둘러엎다**(마21:12, 막11:15).

2691. καταστρηνιάω [katastrēniaō][1회]
카타스트레니아오

동 제1부정과거 κατεστρηνίασα, 2596과 4763에서 유래: 방자하게 되다, 방탕하게 되다, 방종하게 되다, 성적 욕구를 느끼다, 딤전5:11.

☞**정욕으로 배반하다**(딤전5:11).

2692. καταστροφή, ῆς, ἡ [katastrŏphē][2회] 카타스트로페

명 2690에서 유래: 파멸, 파괴, 딤후2: 14, 벧후2:6.

☞**망하게 함**(딤후2:14), **멸망**(벧후2:6).

2693. καταστρώννυμι [katastrōnnümi][1회] 카타스트론뉘미

동 제1부정 과거 κατέστρωσα, 제1부정과거 수동태 κατεστρώθην, 2596과 4766에서 유래:

1) 죽이다, 고전10:5.
2) 넓게 펴다.

☞**멸망 받다**(고전10:5).

2694. κατασύρω [katasürō][1회] 카타쉬로

동 2596과 4951에서 유래: 끌고 가다, 눅12:58.

☞**끌어가다**(눅12:58).

2695. κατασφάττω [katasphattō][1회]
카타스팟토

동 2596과 4969에서 유래: 도살하다, 학살하다, 눅19:27.

☞**죽이다**(눅19:27).

2696. κατασφραγίζω [katasphragizō][1회]
카타스프라기조

동 완료수동분사 κατεσφραγισμένος, 2596과 4972에서 유래: 인봉하다, 계5:1.

☞**봉하다**(계5:1).

2697. κατάσχεσις, εως, ἡ [kataschĕsis][2회] 카타스케시스

명 2722에서 유래:

1) 소유, 행7:5,45.
2) 머뭇거림, 억제.

☞**소유**(행7:5), **땅을 점령함**(행7:45).

2698. κατατίθημι [katatithēmi][2회]
카타티데미

동 제1부정 과거 κατέθηκα, 제2부정과거 중간태 κατεθέμην, 2596과 5087에서 유래:

1) 뉘다, 두다, 모시다, 막15:46.
2) [중간태] 허용하다, 해주다, 행24:27, 25:9.
☞**넣어두다**(막15:46), **얻다**(행24:27, 25:9).

2699. κατατομή, ῆς, ἡ [katatŏmē][1회]
카타토메
명 2596과 τέμνω에서 유래: 절단, 훼손, 빌3:2.
☞**상해하는 일**(빌3:2).

2700. κατατοξεύω [katatŏxĕuō][1회]
카타톡슈오
동 미래수동태 κατατοξευθήσομαι, 2596과 5115의 파생어에서 유래: 쏘아 넘어뜨리다, 히12:20.
☞**화살로 쏘아 넘어뜨리다**(히12:20).

K

2701. κατατρέχω [katatrĕchō][1회]
카타트레코
동 제2부정과거 κατέδραμον, 2596과 5143에서 유래: 서두르다, 달려 내려가다, 행21:32.
☞**달려 내려가다**(행21:32).

2702. καταφέρω [kataphĕrō][4회] 카타페로
동 제1부정과거 κατήνεγκα, 제1부정과거 수동태 κατέφυγον, 2596과 5342에서 유래:
1) 가지고 내려오다.
2) [수동] 빠지다, 빠져 들어가다, 행20:9.
☞**졸다**(행20:9), **이기지 못하다**(행20:9).

2703. καταφεύγω [kataphĕugō][2회]
카타퓨고
동 제2부정과거 κατηνέχθην, 2596과 5343에서 유래:
1) [문자적] 도망하다, 행14:6.
2) [비유적] 피난하다, 히6:18.
☞**도망하여 가다**(행14:6, 히6:18).

2704. καταφθείρω [kataphthĕirō][2회]
카타프데이로
동 완료수동태 분사 κατεφθαρμένος, 제2부정과거 수동태 κατεφθάρην, 미래수동태 καταφθαρήσομαι, 2596과 5343에서 유래:
1) 파괴하다, 멸하다, [주]파멸을 당하다 [수동], 벧후2:12.
2) 썩히다, 못쓰게 하다, 망하게 하다, 딤후3:8.
☞**부패하다**(딤후3:8), **멸망 당하다**(벧후2:12).

2705. καταφιλέω [kataphilĕō][6회]
카타필레오
동 미완료 κατεφίλουν, 제1부정과거 κατεφίλησα, 2596과 5368에서 유래: 입맞추다, 마26:49, 눅7:38,45 막14:45, 행20:37.
☞**(열렬히) 입맞추다**(마26:49, 막14:45, 행20:37).

2706. καταφρονέω [kataphrŏnĕō][9회]
카타프로네오
동 미래 καταφρονήσω, 제1부정 과거 κατεφρόνησα, 2596과 5426에서 유래:
1) 깔보다, 업신여기다, 비웃다, 멸시하다, 마6:24, 눅16:13, 고전11:22, 딤전4:12, 벧후2:10.
2) 가볍게 보다, 잘못 생각하다, 롬2:4, 딤전6:2.
3) 무시하다, 개의치 않다, 히12:2.
☞**경히 여기다**(마6:24, 눅16:13), **업신여기다**(마18:10, 고전11:22, 딤전4:12), **개의치 아니하다**(히12:2), **멸시하다**(벧후2:10).

2707. καταφρονητής, οῦ, ὁ [kataphrŏnētēs][1회] 카타프로네테스
명 2706에서 유래: 멸시하는 자, 업신여기는 자, 조롱하는 자, 비웃는 자, 행13:41.
☞**멸시하는 사람**(행13:41).

2708. καταχέω [katachĕō][2회] 카타케오
동 제1부정과거3인칭단수 κατέχεεν, 2596과 χέω에서 유래: ~위에 내리붓다, 마26:7, 막14:3.
☞**붓다**(마26:7, 막14:3).

2709. καταχθόνιος, ον [katachthŏniŏs][1회] 카타크도니오스
형 2596과 χθών에서 유래: 땅 밑의, 빌2:10.
☞**땅 아래에 있는**(빌2:10).

2710. καταχράομαι [katachraŏmai][2회]
카타크라오마이
동 중간태. 디포넌트. 제1부정과거 κατεχρησάμην, 2596과 5530에서 유래; 사용하다, 쓰다, 고전7:31, 9:18.
☞**다 쓰다**(고전7:31, 9:18).

2711. καταψύχω [katapsüchō][1회] 카탑쉬코
동 제1부정 과거 κατέψυξα: 식히다, 차게 하다, 서늘하게 하다, 눅16:24.
☞**서늘하게 하다**(눅16:24).

2712. κατείδωλος, ον [katĕidōlŏs][1회]

카테이돌로스
형 2596과 1497에서 유래: 우상이 가득한, 행 17:16.
☞**우상이 가득한**(행17:16).

2713. κατέναντι [katĕnanti][8회] **카테난티**
부 2596과 1725에서 유래: 반대로, 반대의, 눅19:30. [주] [속격을 취하는 전치사격으로]
① 마21:2, 막11:2, 12:41, 13:3.
② [비유적으로] ~앞에서, 롬4:17, 고후2:17, 12:19.
☞**맞은편에**(막11:2, 눅19:30), **대하여**(막12: 41, 13:3).

2714. κατενώπιον [katĕnōpiŏn][3회]
카테노피온
부 1596과 1700에서 유래:
1) 앞에, 유1:24.
2) 볼 수 있는 곳에서, 엡1:4, 골1:22.
☞**앞에**(고후2:17, 엡1:4, 유1:24).

2715. κατεξουσιάζω [katĕxŏusiazō][2회]
카텍수시아조
동 2596과 1850에서 유래: 세도를 휘두르다, 압제하다, 권세를 부리다, 마20: 25, 막 10:42.
☞**임의로 주관하다**(마20:25, 막10:42).

2716. κατεργάζομαι [katĕrgazŏmai][22회]
카테르가조마이
동 중간태. 디포넌트. 제1부정과거 κατειργασάμην, 제1부정과거 수동태 κατειργάσθην, 2596과 2038에서 유래:
1) 성취하다, 완수하다, 행하다, 롬1:27, 2:9, 7:15, 15:18, 고전5:3, 고후12:12, 엡6:13, 벧전4:3.
2) 가져오다, 이루다, 산출하다, 창조하다, 롬4:15, 5:3, 7:8, 고후4:17, 7:10,11, 9:11, 빌2:12, 약1:3.
3) 억누르다, 압도하다, 정복하다, 엡6:13.
☞**행하다**(롬1:27, 고후12:12, 엡6:13), **이루다**(롬 7:8, 고후7:10), **만들다**(롬7:13, 약1:3), **역사하다**(롬15:18).

※ 2717. (지정된 낱말이 없음)

2718. κατέρχομαι [katĕrchŏmai][16회]
카테르코마이
동 중간태. 디포넌트. 제2부정과거 κατῆλθον, 2596과 2064에서 유래: 내려오다.
1) [문자적으로] 눅9:37, 행15:1, 도착하다, 배를 대다, 행18:22, 21:3, 27:5.
2) [비유적으로] 내려오다, 약3:15.
☞**내려오다**(눅4:31, 행18:5, 약3:15), **내려가다**(행8:5, 12:19, 18:22), **이르다**(행11:27, 27:5).

2719. κατεσθίω [katĕsthiō][15회] **카테스디오**
동 [기본형] 제2부정과거 κατέφαγον, 미래 καταφάγομαι: 먹어버리다, 삼키다.
1) [문자적으로] 마13:4, 막4:4, 눅8:5, 계 10:9,10, 12:4.
2) [비유적으로] 멸하다, 삼켜버리다, 소진하다, 탕진하다, 눅15:30, 요2:17, 계11:5, 20:9.
3) 먹어버리다, 막12:40, 눅20:47, 고후 11:20, 갈5:15.
☞**삼키다**(막12:40, 눅20:47, 계11:5), **잡아먹다**(고후11:20), **먹다**(갈5:15).

2720. κατευθύνω [katĕuthünō][3회] **카튜뒤노**
동 제1부정 과거 κατεύθυνα, 제1부정과거 희구법3인칭단수 κατευθύναι, 제1부정과거 명령 κατεύθυνον, 제1부정과거부정사 κατευθῦναι, 2596과 2116에서 유래: 곧게 하다, 인도하다, 지도하다, 똑바르게 하다, 눅1:79, 살전3:11, 살후3:5.
☞**인도하다**(눅1:79), **갈 수 있게 하다**(살전 3:11).

2721. κατεφίστημι [katĕphistēmi][1회]
카테피스테미
동 2596과 2186에서 유래: 돌진하다, 습격하다, 반란을 저지하다.
☞**일제히 일어나 대적하다**(행18:12).

2722. κατέχω [katĕchō][18회] **카테코**
동 미완료 κατεῖχον, 제2부정과거 κα- τέσχον, 2596과 2192에서 유래:
1) [타동사]
① 제지하다, 억제하다, 막다, 눅4:42, 롬 1:18, 살후2:6,7, 몬1:13.
② 굳게 붙들다, 눅8:15, 고전11:2, 15: 2, 히3:6,14, 10:23.
③ 차지하다, 점유하다, 눅14:9.
④ [수동] 매이다, 잡히다, 롬7:6.
2) [자동사] 향하여 나가다[항해술어] 행

K

27:40.

☞**만류하다**(눅4:42), **지키다**(눅8:15, 고전11:2, 15:2), **가다**(눅14:9), **걸리다**(요5:4), **들어가다**(행27:40), **막다**(롬1:18, 살후2:6), **얽매이다**(롬7:6), **가지다**(고후6:10), **취하다**(살전5:21), **머물다**(몬1:13), **잡다**(히3:6,14, 10:23), **차지하다**(마21:38ⓢ).

2723. κατηγορέω [katēgŏrĕō][23회] 카테고레오

동 미완료 κατηγόρουν, 미래 κατηγο- ρήσω, 제1부정과거 κατηγόρησα, 2725에서 유래: 고소하다.

1) 고발하다, 고소하다, 마12:10, 요8:6, 행25:5, 계12:10.

2) 나무라다, 책망하다, 롬2:15.

☞**고발하다**(마12:10, 막15:3, 눅23:10, 요5:45, 행22:30, 롬2:15), **참소하다**(계12:10), **차지하다**(마21:38ⓢ).

2724. κατηγορία, ας, ἡ [katēgŏria][3회] 카테고리아

명 2725에서 유래: 고발, 비난, 불평, 요18:29, 딤전5:19, 딛1:6.

☞**고발**(요18:29, 딤전5:19), **비방**(딛1:6).

2725. κατήγορος, ου, ὁ [katēgŏrŏs][5회] 카테고로스

명 2596과 58에서 유래: 고소인, 원고, 행23:30,35, 24:18ⓢ, 25:16,18, 계12:10.

☞**원고**(행25:16,18), **비난하던 자**(요8:10), **고발하는 사람**(행23:30, 24:8ⓢ), **참소하던 자**(계12:10).

2726. κατήφεια, ας, ἡ [katēphĕia][1회] 카테페이아

명 2596과 5316의 어간의 파생어에서 유래: 우울함, 낙담, 실심, 약4:9.

☞**근심**(약4:9).

2727. κατηχέω [katēchĕō][8회] 카테케오

동 제1부정 과거 κατήχησα, 제1부정과거 수동태 κατηχήθην, 완료수동태 κατήχ ημαι, 2596과 2279에서 유래: 깨닫게 하다.

1) 보고하다, 알리다, 통지하다, [수동] 배우다, 지식을 얻다, 들어서 알다, 행21: 21,24.

2) 가르치다, 배워주다, 눅1:4, 롬2:18, 행18:25, 고전14:19, 갈6:6.

☞**배우다**(행18:25), **가르치다**(행21:21, 고전14:19, 갈6:6), **듣다**(행21:24), **교훈을 받다**(롬2:18).

2728. κατιόω [katiŏō][1회] 카티오오

동 2596과 2447의 파생어에서 유래: 녹슬다, 약5:3.

☞**녹이 슬다**(약5:3).

2729. κατισχύω [katischüō][3회] 카티스퀴오

동 미완료 κατίσχυον, 미래 κατισχύ- σω, 제1부정과거 κατίσχυσα, 2596과 2480에서 유래: 강하다, 득세하다.

1) 지배하다, 이기다, 극복하다, 우세하다, 눅21:36, 23:23.

2) [속격을 취하여] 승리를 거두다, 마16:18.

☞**이기다**(마16:18, 눅23:23).

2730. κατοικέω [katŏikĕō][44회] 카토이케오

동 미래 κατοικήσω, 제1부정과거 κα- τῴκησ α, 2596과 3611에서 유래:

1) [자동사] 살다, 거주하다, 자리잡다.

① [장소가 지시되어 있는 경우] 마2: 23, 4:13, 행1:20, 2:5, 7:2, 17:26, 히11:9, 계2:13.

② [하나님, 그리스도, 성령과 가지는 관계] 마12:45, 눅11:26, 엡3:17, 골2:9, 벧후3:13.

2) [타동사] ~에 살다, 서식하다, 유숙하다, 눅13:4, 행1:19, 계17:2.

☞**살다**(마2:23, 행1:19, 9:22), **거하다**(마12: 45, 행1:20), **계시다**(마23:21, 행17:24, 엡3: 17), **머물러 있다**(행2:5).

2731. κατοίκησις, εως, ἡ [katŏikēsis][1회] 카토이케시스

명 2730에서 유래: 생활처, 거처, 막5:3.

☞**거처**(막5:3).

2732. κατοικητήριον, ου, τό [katŏikē-tēriŏn][2회] 카토이케테리온

명 2730의 3717의 파생어에서 유래: 거처, 집, 엡2:22, 계18:2.

☞**처소**(엡2:22, 계18:2).

2733. κατοικία, ας, ἡ [katŏikia][1회] 카토이키아

명 거처, 거주지, 영토, 행17:26.

☞**거주**(행17:26).

2734. κατοπτρίζομαι [katŏptrizŏmai][1회]

카톱트리조마이

동 중간태. 2596과 3700에서 유래: 거울로 보는 것처럼 보다, 심사숙고하다, 반영하다, 고후3:18.

☞**거울을 보는 것 같이 보다**(고후3:18).

2735. κατόρθωμα, ατος, τό [katŏrthōma][1회] 카토르도마

명 2596과 3717의 파생어에서 유래: 성공, 번영, 정연한 질서, 행24:3.

☞**개선된 것**(행24:3).

2736. κάτω [katō][9회] 카토

부 2596에서 유래:

1) 밑에, 막14:66, 요8:23, 행2:19.

2) 내리, 밑으로, 아래로, 마4:6, 눅4:9, 요8:6ⓢ, 12:31.

☞**아래**(마2:16, 막14:66, 요8:6).

2737. κατώτερος, α, ον [katōtĕrŏs][1회] 카토테로스

형 2736의 비교급: 더 낮은, 엡4:9.

☞**아래의**(엡4:9).

2738. καῦμα, ατος, τό [kauma][2회] 카우마

명 2545에서 유래: 불태움, 더위, 열, 계7:16, 16:9.

☞**뜨거운 기운**(계7:16), **태움**(계16:9).

2739. καυματίζω [kaumatizō][4회] 카우마티조

동 제1부정과거 ἐκαυμάτισα, 제1부정과거 수동태 ἐκαυματίσθην, 2738에서 유래: 태우다, 사르다, 마13:6, 막4:6, 계16:8,9.

☞**태우다**(계16:8), **태워지다**(계16:9).

2740. καῦσις, εως, ἡ [kausis][1회] 카우시스

명 2545에서 유래: 불태움, 불탐, 히6:8.

☞**불사름**(히6:8).

2741. καυσόω [kausŏō][2회] 카우소오

동 2740에서 유래: [수동] 타버리다, 벧후3:10,12.

☞**불타다, 맹렬히 타다**(벧후3:10,12).

2742. καύσων, ωνος, ὁ [kausōn][3회] 카우손

명 2741에서 유래: 열, 불탐, 마20:12, 눅12:55, 약1:11.

☞**더위**(마20:12), **뜨거움**(약1:11), **더움**(눅12:55).

2743. καυτηριάζω [kautēriazō][1회] 카우테리아조

동 2545의 파생어에서 유래: 불에 그슬리다, 태우다, 딤전4:2.

☞**화인 맞다**(딤전4:2).

2744. καυχάομαι [kauchaŏmai][37회] 카우카오마이

동 중간태. 디포넌트. 미래 καυχήσο- μαι, 제1부정과거 ἐκαυχησάμην, 완료 κεκαύχημαι, 폐어가 된 어떤 어간과 2172에서 유래:

1) [자동사] 자랑하다, 뽐내다, 고전1:31, 4:7, 13:3, 고후10:17.

2) [타동사] 자랑하다, 자랑삼아 말하다, 고후10:8, 11:16,30.

☞**자랑하다**(롬2:17, 고전1:31, 약1:9), **즐거워하다**(롬5:2,3,11), **칭찬받다**(고후12:11).

2745. καύχημα, ατος, τό [kauchēma][11회] 카우케마

명 2744에서 유래:

1) 자랑, 자랑할 것, 롬4:2, 고전9:16, 갈6:4, 빌1:26, 히3:6.

2) 자랑하기, 고후5:12, 9:3.

☞**자랑**(고후1:14, 빌1:26, 히3:6, 롬4:2, 고전9:16, 빌2:16).

2746. καύχησις, εως, ἡ [kauchēsis][11회] 카우케시스

명 2744에서 유래:

1) 자랑, 자랑하기, 롬3:27, 고후11:10, 살전2:19, 약4:16.

2) 자랑할 것, 고후1:12.

☞**자랑**(고전15:31, 고후7:4, 8:24, 살전2:19, 롬3:27).

2747. Κεγχρεαί, ῶν, αἱ [Kĕngchrĕai][2회] 켕크레아이

고명 κέγχρος에서 유래: 고린도의 항구 '겐그리아', 행18:18, 롬16:1.

☞**겐그리아**(행18:18, 롬16:1).

2748. Κεδρών, ὁ [Kĕdrōn][1회] 케드론

고명 히브리어 6939에서 유래: 예루살렘 근처의 시내 '기드론', 요18:1.

☞**기드론**(요18:1).

2749. κεῖμαι [kĕimai][24회] 케이마이

동 기본동사의 중간태. 미완료 3인칭단수 ἔκειτο: 눕다, 기대다, 비스듬히 눕다.

1) [문자적으로]

① 마28:6, 눅2:12,16, 23:53, 요20:12.

② 놓여있다, 있다, 마5:14, 고후3:15, 서 있다, 요2:6, 19:29, 계4:2.

2) [비유적으로]

K

① 작정되어 있다, 임명되어 있다, 눅2: 34, 빌1:16, 살전3:3.

② 주어져 있다, 존재하다, 목적하다, 딤전1:9, 있다, 요일5:19.

☞**놓이다**(마3:10, 눅3:9, 요20:7), **눕다**(마28: 6), **누이다**(눅2:12,16), **세움을 받다**(눅2:34), **두다**(눅12:19, 23:53), **처하다**(요일5:19), **세우다**(살전3:3, 딤전1:9), **베풀다**(계4:2).

2750. κειρία, ας, ἡ [kĕiria][1회] **케이리아**

명 불확실한 유사어에서 유래: 붕대, 수의, 요11:44.

☞**베**(요11:44).

2751. κείρω [kĕirō][4회] **케이로**

동 [기본형] 제1부정과거 ἔκειρα, 제1부정과거중간태 ἐκειράμην: 털을 깎다, 행8:32, 18:18, 고전11:6.

☞**털 깎다**(행8:32), **깎다**(행18:18, 고전11:6).

2752. κέλευσμα, ατος, τό [kĕlĕusma][1회] **켈류스마**

명 2753에서 유래: 외침, 명령, 살전4:16.

☞**호령**(살전4:16).

2753. κελεύω [kĕlĕuō][26회] **켈류오**

동 미완료 ἐκέλευον, 제1부정과거 ἐ- κέλευσα, 기본형 κέλλω '강권하다'에서 유래: 명령하다, 강권하다, 마14:19, 눅18: 40, 행4:15.

☞**명하다**(마8:18, 눅18:40, 행25:6), **명령하다**(마27:58,64).

2754. κενοδοξία, ας, ἡ [kĕnŏdŏxia][1회] **케노독시아**

명 2755에서 유래:

1) 허영, 자만, 과도한, 야심, 빌2:3.

2) 환각, 착각, 잘못.

☞**허영**(빌2:3).

2755. κενόδοξος, ον [kĕnŏdŏxŏs][1회] **케노독소스**

형 2756과 1391에서 유래: 잘난 체하는, 자기자랑하는, 갈5:26.

☞**헛된 영광을 구하는**(갈5:26).

2756. κενός, ή, όν [kĕnŏs][18회] **케노스**

형 [기본형] 빈, 헛된.

1) [문자적으로] 막12:3, 눅1:53, 20:10,11.

2) [비유적으로]

① 내용이 없는, 아무 해 없는, 허무맹랑한, 고전15:14, 엡5:6, 골2:8, 쓸데없는, 공연한, 행4:25, 고전15:10,58, 고후6:1, 갈2:2, 빌2:16.

② 어리석은, 의심 없는, 약2:20.

☞**헛된**(고전15:10, 엡5:6, 살전2:1), **헛되게 하는**(살전3:5), **허탄한**(약2:20). **[명] 빈 손**(눅1:53), **허사**(행4:25), **헛것**(고전15:14).

2757. κενοφωνία, ας, ἡ [kĕnŏphōnia][2회] **케노포니아**

명 2756과 5456의 합성어에서 유래: 잡담, 딤전6:20, 딤후2:16.

☞**헛된 말**(딤전6:20, 딤후2:16).

2758. κενόω [kĕnŏō][5회] **케노오**

동 미래 κενώσω, 제1부정과거 ἐκένω- σα, 제1부정과거 수동태 ἐκενώθην, 완료수동태 κεκένωμαι, 2756에서 유래:

1) 비게 하다, 빌2:7.

2) 멸하다, 헛되게 하다, 롬4:14, 고전1: 17, 9:15.

3) 박탈하다, 잃게 하다, 고후9:3.

☞**헛되다**(고전1:17, 9:15), **헛것이 되다**(롬4:14), **헛된 데로 돌리다**(고전9:15), **비게 하다**(빌2:7).

2759. κέντρον, ου, τό [kĕntrŏn][4회] **켄트론**

명 κεντέω '찌르다'에서 유래: 바늘, 가시, 계9:10, 뾰족한 막대기, 행26:14.

☞**가시채**(행26:14), **쏘는 것**(고전15:55, 56), **쏘는 살**(계9:10).

2760. κεντυρίων, ωνος, ὁ [kĕntüriōn][3회] **켄튀리온**

명 라틴어: 백부장, 막15:39,44,45.

☞**백부장**(막15:39,44,45).

2761. κενῶς [kĕnōs][1회] **케노스**

부 1756에서 유래: 헛되게, 쓸데없이, 공연히, 약4:5.

☞**헛되이**(약4:5).

2762. κεραία, ας, ἡ [kĕraia][2회] **케라이아**

명 2768의 파생어에서 유래: 뿔, 돌기, 획, 마5:18, 눅16:17.

☞**획**(눅16:17).

2763. κεραμεύς, έως, ὁ [kĕramĕus][3회] **케라뮤스**

명 2766에서 유래: 토기장이, 마27:7,10, 롬9:21.

☞**토기장이**(마27:7,10, 롬9:21).

2764. κεραμικός, ή, όν [kĕramikŏs][1회] 케라미코스
형 2766에서 유래: 토기장이의, 흙으로 만든, 계2:27.
☞**흙으로 만든 (질그릇)**(계2:27).

2765. κεράμιον, ου, τό [kĕramiŏn][2회] 케라미온
명 2766의 파생어의 중성: 토기, 동이, 단지, 막14:13, 눅22:10.
☞**동이**(눅22:10).

2766. κέραμος, ου, ὁ [kĕramŏs][1회] 케라모스
명 2767의 어간에서 유래: 진흙, 토기, 기와, 눅5:19.
☞**기와**(눅5:19).

2767. κεράννυμι [kĕrannümi][3회] 케란뉘미
동 [기본형] 제1부정 과거 ἐκέρασα, 제1부정 과거 수동태 ἐκράθην, 완료 수동태 분사 κεκερασμένος: 혼합하다, 섞다, 계14: 10, 18:6.
☞**섞다**(계14:10, 18:6).

2768. κέρας, ατος, τό [kĕras][11회] 케라스
명 기본형 κάρ '머리털'에서 유래: 뿔,
1) [문자적으로] 계5:6, 12:3, 13:1,11, 17:3.
2) [제단에 달린 뿔 같은 모양] 계9:13.
3) [비유적으로] 힘[세력을 의미] 눅1:69.
☞**뿔**(눅1:69, 계9:13, 17:16).

2769. κεράτιον, ου, τό [kĕratiŏn][1회] 케라티온
명 2768의 파생어의 중성: 작은 뿔, 캐롭나무 열매, 캐롭 꼬투리, 눅15:16.
☞**쥐엄 열매**(눅15:16).

2770. κερδαίνω [kĕrdainō][17회] 케르다이노
동 미래 κερδήσω, 제1부정과거 ἐκέρ- δησα, 2771에서 유래:
1) 얻다.
① [문자적으로] 이익을 얻다, 마16: 26, 25:16,17, 막8:36, 눅9:25, 약4:13.
② [비유적으로] 마18:15, 고전9:19- 22, 빌3:8, 벧전3:1.
2) 당하지 않다, 입지 않다, 행27:21.
☞**얻다**(마16:26, 눅9:25, 고전9:19), **이익을 얻다**(마25:17,22), **받게 하다**(벧전3:1), **이익을 보다**(약4:13).

2771. κέρδος, ους, τό [kĕrdŏs][3회] 케르도스
명 불확실한 유사어에서 유래: 이득, 이, 딛1:11, 빌1:21.
☞**유익**(빌1:21, 3:7), **이득을 취함**(딛1:11).

2772. κέρμα, ατος, τό [kĕrma][1회] 케르마
명 2751에서 유래: 동전, 주화, 요2:15.
☞**돈**(요2:15).

2773. κερματιστής, οῦ, ὁ [kĕrmatis-tēs][1회] 케르마티스테스
명 2772의 파생어에서 유래: 돈 장수, 환전업자, 요2:14.
☞**돈 바꾸는 사람**(요2:14).

2774. κεφάλαιον, ου, τό [kĕphalaiŏn][2회] 케팔라이온
명 2776의 파생어의 중성:
1) 주요한 것, 요점, 요약, 히8:1.
2) 자본, 금액, 행22:28.
☞**돈**(행22:28), **요점**(히8:1).

2775. κεφαλαιόω [kĕphalaiŏō][1회] 케팔라이오오
동 제1부정과거 ἐκεφαλίωσα, 2774와 동일어에서 유래: 머리를 때리다, 막12:4.
☞**머리에 상처를 내다**(막12:4).

2776. κεφαλή, ῆς, ἡ [kĕphalē][75회] 케팔레
명 기본형 κάπτω '잡다'에서 유래: 머리.
1) [문자적으로]
① 사람이나 짐승의 머리, 마5:36, 막6:24, 요13:9, 계10:1.
② [은유적으로] 그리스도를 가리킴, 골1:18, 2:19.
2) [비유적으로]
① 우두머리, 두목, 고전11:3, 엡4:15, 5:23.
② 최고의 부분, 극단, 끝, 마21:42, 막12:10, 눅20:17, 행4:11, 벧전2:7.
☞**머리**(마5:36, 행18:6, 계1:14), **머릿돌**(마21:42, 막12:10, 벧전2:7).

2777. κεφαλίς, ίδος, ἡ [kĕphalis][1회] 케팔리스
명 2776에서 유래:
1) 작은 머리.
2) 끝, 히10:7.
☞**두루마리**(히10:7).

2778. κῆνσος, ου, ὁ [kēnsŏs][4회] 켄소스
명 라틴어: 세금, 인두세, 마17:25, 22:17,19, 막12:14.
☞**국세**(마17:25), **세금**(마22:17, 막12:14).

2779. κῆπος, ου, ὁ [kēpŏs][5회] 케포스

K

명 불확실한 유사어에서 유래: 동산, 정원, 눅13:19, 요18:1, 19:41.
☞**채소밭**, **정원**(눅13:19), **동산**(요18:1, 26, 19:41).

2780. κηπουρός, οῦ, ὁ [kēpŏurŏs][1회] 케푸로스
명 2779와 οὖρος에서 유래: 동산지기, 정원지기, 요20:15.
☞**동산지기**(요20:15).

2781. κηρίον, ου, τό [kēriŏn] 케리온
명 κηός의 단축형: 밀초, 벌집, 눅24:42.
☞**(벌집)**(눅24:42).

2782. κήρυγμα, ατος, τό [kērügma][9회] 케뤼그마
명 2784에서 유래:
1) 전령이나 선구자가 외치는 선포, 공포, 성명, 발표, 통지.
2) 하나님이 보낸 사자의 메시지, 선포, 설교, 전도, 마12:41, 눅11:32, 롬16:25.
☞**전도**(마12:41, 고전1:21, 딛1:3), **전파함**(롬16:25, 고전15:14).

2783. κῆρυξ, υκος, ὁ [kērüx][3회] 케뤽스
명 2784에서 유래:
1) 전령, 선구자.
2) 전도자, 선포하는 자, 딤전2:7, 딤후1: 11, 벧후2:5.
☞**선포자**(딤후1:11), **전파하는 자**(딤전2:7).

2784. κηρύσσω [kērüssō][61회] 케뤼쏘
동 미완료 ἐκήρυσσον, 미래 κηρύξω, 제1부정과거 ἐκήρυξα, 제1부정과거 부정사 κηρύξαι, 제1부정과거 수동태 ἐκηρύχθην, 미래 수동태 κηρυχθήσο- μαι. 불확실한 유사어에서 유래:
1) 공포하다, 알리다, 계5:2.
2) 크게 선포하다.
① 공공연히 말하다, 막1:45, 5:20, 눅8:39.
② 종교적인 내용을 전하다, 전파하다, 설교하다, 마4:23, 막1:7, 16:15, 행15:21, 롬2:21, 갈5:11.
☞**전파하다**(마4:17, 눅3:3, 딤후4:2), **가르치다**(마9:35, 11:1), **전파되다**(마24:14, 고후1: 19, 딤전3:16), **전도하다**(막1:38), **전하다**(행15:21, 고전1:23, 갈5:11), **외치다**(계5:2).

2785. κῆτος, ους, τό [kētŏs][1회] 케토스
명 5490의 어간에서 유래: 바다의 괴물, 큰 물고기, 마12:40.
☞**큰 물고기**(마12:40).

2786. Κηφᾶς, ᾶ, ὁ [Kēphas][9회] 케파스
고명 아람어, 반석: 시몬의 별명 '게바', 요1:42, 고전1:12, 3:22, 9:5, 15:5, 갈1:18, 2:9,11,14.
☞**게바**(요1:42, 고전1:12, 3:22, 9:5, 갈1:18, 2:9).

2787. κιβωτός, οῦ, ἡ [kibōtŏs][6회] 키보토스
명 불확실한 유사어에서 유래: 상자, 궤.
1) 노아의 방주, 마24:38, 눅17:27, 히11: 7, 벧전3:20.
2) 법궤, 히9:4, 계11:19.
☞**방주**(마24:38, 히11:7, 벧전3:20), **언약궤**(히9:4, 계11:19).

2788. κιθάρα, ας, ἡ [kithara][4회] 키다라
명 불확실한 유사어에서 유래: 수금, 거문고, 고전14:7, 계5:8.
☞**거문고**(고전14:7, 계5:8, 15:2).

2789. κιθαρίζω [kitharizō][2회] 키다리조
동 2788에서 유래: 거문고를 타다, 고전14:7, 계14:2.
☞**거문고를 타다**(고전14:7, 계5:8, 14:2).

2790. κιθαρῳδός, οῦ, ὁ [kitharō1dŏs][2회] 키다로도스
명 2788과 5603의 파생어에서 유래: 거문고 타는 사람, 계14:2, 18:22.
☞**거문고 타는 자**(계14:2, 18:22).

2791. Κιλικία, ας, ἡ [Kilikia][8회] 킬리키아
고명 외래어: 소아시아 남동쪽에 있는 도시명 '길리기아', 행6:9, 15:23, 갈1:21.
☞**길리기아**(행6:9, 15:23, 갈1:21).

2792. κινάμωμον [kinamōmŏn] 키나모몬
명 히브리어 7076참조: 유계, 계피, 계18:13.
☞**계피**(계18:13).

2793. κινδυνεύω [kindüněuō][4회] 킨뒤뉴오
동 미완료 ἐκινδύνευον, 2794에서 유래: 위험이 있다, 위험을 무릅쓰다, 눅8:23, 행19:27,40, 고전15:30.
☞**위태하다**(눅8:23), **위험을 무릅쓰다**(고전15:30), **위험이 있다**(행19:27,40).

2794. κίνδυνος, ου, ὁ [kindünŏs][9회] 킨뒤노스
명 불확실한 파생어에서 유래: 위험, 롬8:35, 고후11:26.
☞**위험**(롬8:35, 고후11:26).

2795. κινέω [kiněō][8회] 키네오
동 미래 κινήσω, 제1부정과거 ἐκίνη- σα, 제1부정과거 수동태 ἐκινήθην, κίω '가다'에서 유래: 움직이다.
1) 옮기다, 이전하다, 마23:4, 계2:5, 6:14.
2) 흔들다, 마27:39, 막15:29, 일으키다, 자극하다, 행21:30.
3) [비유적으로]일으키다, 행24:5.
☞**움직이다**(마23:4), **흔들다**(마27:39, 막15: 29), **기동하다**(행17:28), **소동하다**(행21:30), **소요하게 하다**(행24:5), **옮기다**(계2:5), **옮겨지다**(계6:14).

2796. κίνησις, εως, ἡ [kinēsis][1회] 키네시스
명 2795에서 유래: 움직임, 요동, 이동, 요5:3.
☞**움직임**(요5:3).

2797. Κίς, ὁ [Kis][1회] 키스
고명 히브리어 7027에서 유래: 사울의 아버지 '기스', 행13:21.
☞**기스**(행13:21).

2798. κλάδος [kladŏs][11회] 클라도스
명 2806에서 유래: 가지, 마13:32, 24: 32, 막4:32, 13:28, 눅13:19, 롬11:16.
☞**가지**(마13:32, 눅13:19, 롬11:21).

2799. κλαίω [klaiō][40회] 클라이오
동 미완료 ἔκλαιον, 미래 κλαύσω, 제1부정과거 ἔκλαυσα, 불확실한 유사어에서 유래:
1) 울다, 막14:72, 눅7:38, 요11:31.
2) 슬퍼하다, 비탄하다, 마2:18, 계18:9.
☞**슬퍼하다**(마2:18), **울다**(마26:75, 막16:10, 계18:19), **통곡하다**(눅22:62), **곡하다**(요11: 31, 16:20), **눈물 흘리다**(빌3:18).

2800. κλάσις, εως, ἡ [klasis][2회] 클라시스
명 2806에서 유래: 떼어 냄, 떼는 일, 눅24:35, 행2:42.
☞**뗌**(눅24:35, 행2:42).

2801. κλάσμα, ατος, τό [klasma][9회] 클라스마
명 2806에서 유래: 조각, 부스러기, 마14:20, 15:37, 막6:43, 8:8, 눅9:17, 요6:12,13.
☞**조각**(마14:20, 막8:8, 요6:13).

2802. Κλαύδη [Klaudē] 클라우데
고명 불확실한 파생어에서 유래: '가우다', 행27:16.
☞**가우다**(행27:16).

2803. Κλαυδία, ας, ἡ [Klaudia][1회] 클라우디아
고명 2804의 여성형: 여자 성도 '글라우디아', 딤후4:21.
☞**글라우디아**(딤후4:21).

2804. Κλαύδιος, ου, ὁ [Klaudiŏs][3회] 클라우디오스
고명 라틴어: '글라우디오'.
1) 로마황제였던 자, 행11:28, 18:2.
2) 예루살렘에 와 있던 로마 관리, 행23:26.
☞**글라우디오**(행11:28, 18:2, 23:26).

2805. κλαυθμός, οῦ, ὁ [klauthmŏs][9회] 클라우드모스
명 2799에서 유래: 울음, 울기, 마2:18, 8:12, 13:42,50, 22:13, 24:51, 25:30, 눅13:28, 행20:37.
☞**통곡**(마2:18), **울음**(마13:50, 눅13:28, 행20:37).

2806. κλάω [klaō][14회] 클라오
동 [기본형] 제1부정과거 ἔκλασα: 떼다, 뜯다, 깨뜨리다, 마14:19, 15:36, 26:26, 막8:6, 눅22:19, 행2:46, 고전11:24.
☞**떼다**(마14:19, 막8:19, 눅22:19).

2807. κλείς, κλειδός, ἡ [klěis][6회] 클레이스
명 2808에서 유래: 열쇠.
1) [문자적으로] 마16:19, 계1:18, 3:7, 9: 1, 20:1.
2) [비유적으로] 눅11:52.
☞**열쇠**(마16:19, 눅11:52, 계20:1).

2808. κλείω [klěiō][16회] 클레이오
동 [기본형] 미래 κλείσω, 제1부정과거 ἔκλει σα, 제1부정과거 수동태 ἐκ- λείσθην, 완료수동태 κέκλεισμαι, 완료수동분사 κεκλ εισμένος: 닫다, 잠그다.
1) [문자적으로] 마6:6, 눅11:7, 요20:19, 계3:8.
2) [비유적으로] 마23:13, 눅4:25, 요일3:17, 계11:6.
☞**닫다**(마6:6, 계3:7, 21:25), **닫히다**(마25:10, 눅4:25, 행21:30), **잠기다**(행5:23), **잠그다**(계20:3).

2809. κλέμμα, ατος, τό [klěmma][1회] 클렘마
명 2813에서 유래: 도둑질, 계9:21.
☞**도둑질**(계9:21).

2810. Κλεοπᾶς, ᾶ, ὁ [Klěŏpas][1회] 클레오파스
고명 2811과 3962의 합성어의 축약형: 한 그리스도인의 이름 '글로바', 눅24:18.

K

☞**글로바**(눅24:18).

2811. κλέος, ους, τό [klĕŏs][1회] **클레오스**

명 2564의 단축형: 명성, 영예, 면목, 벧전 2:20.

☞**칭찬**(벧전2:20).

2812. κλέπτης, ου, ὁ [klĕptēs][16회] **클렙테스**

명 2813에서 유래: 도둑, 도적, 마6:19, 24:43, 눅12:33,39, 요10:1,10, 벧전 4:15.

☞**도둑**(마6:19, 눅12:33, 고전6:10), **도둑질**(마6:20, 벧전4:15), **절도**(요10:1, 8).

2813. κλέπτω [klĕptō][13회] **클렙토**

동 [기본형] 미래 κλέψω, 제1부정과거 ἔκλεψα, 제2부정과거 수동태 ἐκ- λάπην: 도둑질하다, 훔치다, 마27:64, 28:13, 막10:19, 눅18:20, 롬13:9.

☞**도둑질하다**(마6:19, 막10:19, 엡4:28).

2814. κλῆμα, ατος, τό [klēma][4회] **클레마**

명 2806에서 유래: 가지, 포도나무가지, 요15:2,4,5,6.

☞**가지**(요15:2,4,6).

2815. Κλήμης, εντος, ὁ [Klēmēs][1회] **클레메스**

고명 라틴어; 자비로운: 한 그리스도인의 이름 '글레멘드', 빌4:3.

☞**글레멘드**(빌4:3).

2816. κληρονομέω [klērŏnŏmĕō][18회] **클레로노메오**

동 미래 κληρονομήσω, 제1부정과거 ἐκληρονόμησα, 완료 κεκληρονόμη- κα, 2818에서 유래:

1) 물려받다, 상속받다, 상속자가 되다, 갈4:30.
2) 얻다, 받다, 차지하다, 소유하다, 마5: 5, 고전6:9,10.

☞**상속하다**(마19:29, 25:34), **얻다**(막10:17, 눅18:18), **유업으로 받다**(고전6:9, 갈5:21), **유업을 얻다**(갈4:30, 계21:7), **기업(基業)으로 받다**(마5:5), **(구원을) 상속하다**(히1:14).

2817. κληρονομία, ας, ἡ [klērŏnŏmia][14회] **클레로노미아**

명 2818에서 유래:

1) 기업, 유산, 상속물, 마21:38, 막12:7, 눅20:14.
2) 소유, 재산, 행7:5, 히11:8. 3)구원, 갈3:18, 엡1:14, 5:5, 골3:24, 히9:15, 벧전1:4.

☞**유산**(마21:38, 눅12:13), **기업(基業)**(행20:32, 엡5:5).

2818. κληρονόμος, ου, ὁ [klērŏnŏ-mŏs][15회] **클레로노모스**

명 2819와 3551와 어근에서 유래: 상속자, 후사.

1) [문자적으로] 마21:38, 막12:7. 2)[비유적으로]
① [그리스도를 가리키는 경우] 히1:2.
② [신자들을 가리키는 경우] 롬8:17, 갈4:7, 히6:17, 약2:5.

☞**상속자**(마21:38, 막12:7, 눅20:14, 롬4:13, 딛3:7, 히11:7), **기업(基業)으로 받는 자**(히6:17).

2819. κλῆρος, ου, ὁ [klērŏs][11회] **클레로스**

명 2806에서 유래:

1) 제비, 마27:35, 막15:24, 눅23:34, 요19:24.
2) 제비뽑아 얻은 것, 분깃, 행1:17, 골1: 12, 벧전5:3.

☞**부분**(행1:17), **분깃**(행8:21), **기업**(골1:12), **맡은 자**(벧전5:3), **제비**(마27:35, 막15:24, 행1:26).

2820. κληρόω [klērŏō][1회] **클레로오**

동 완료수동태분사 κεκληρωμένος, 제1부정과거 수동태 ἐκληρώθην, 2819에서 유래:

1) [능동] 추첨하여 지정하다, 엡1:11.
2) [중간태] 추첨으로 얻다.

☞**기업(基業)이 되다**(엡1:11).

2821. κλῆσις, εως, ἡ [klēsis][11회] **클레시스**

명 2564의 단축형:

1) 부름, 초대, 롬11:29, 엡1:18, 빌3:14, 히3:1.
2) 지위, 처지, 직업, 고전7:20.

☞**부르심**(롬11:29, 고전1:26, 엡4:1, 벧후1:10), **부름**(빌3:14).

2822. κλητός, ή, όν [klētŏs][10회] **클레토스**

형 2821과 동일어에서 유래: 부름을 받은, 초대받은, 롬1:6, 고전1:24, 계17:14.

☞**부르심을 받은**(롬1:1,7, 고전1:24, 유1:1), **청함을 받은**(마22:14).

2823. κλίβανος, ου, ὁ [klibanŏs][2회] **클리바노스**

명 불확실한 파생어에서 유래: 화덕, 아궁이, 마6:30, 눅12:28.

☞**아궁이**(마6:30, 눅12:28).

2824. κλίμα, ατος, τό [klima][3회] **클리마**

명 2827에서 유래: 지방, 롬15:23, 고후11:10, 갈1:21.

☞**지방(地方)**(롬15:23, 고후11:10, 갈1:21).

2825. κλίνη, ης, ἡ [klinē][9회] **클리네**

명 2827에서 유래: 침대, 침상, 막4:21, 7:30, 눅8:16, 17:34,

1) 들것, 마9:2,6, 눅5:18.

2) 병상, 계2:22.

☞**침상**(마9:2, 막7:30, 계2:22), **평상**(막4:21, 눅8:16), **자리**(눅17:34), **침대**(행5:15).

2826. κλινίδιον, ου, τό [klinidiŏn][2회] **클리니디온**

명 2825의 파생어의 중성: 침대, 침상, 들 것, 눅5:19,24.

☞**침상**(눅5:19,24).

2827. κλίνω [klinō][7회] **클리노**

동 [기본형] 제1부정과거 ἔκλινα, 완료 κέκλικα, 제1부정과거수동태 ἐκλί- θην:

1) [타동사]

① 숙이다, 떨어뜨리다, 눅24:5, 요19: 30.

② 뉘다, 누이다, 두다, 마8:20, 눅9:58.

③ [비유적으로] 함락시키다, 패주하게 하다, 히11:34.

2) [자동사] 저물다, 기울어지다, 눅9:12, 24:29.

☞**두다**(마8:20, 눅9:58), **저물다**(눅9:12, 24: 29), **대다**(눅24:5), **숙이다**(요19:30), **물리치다**(히11:34).

2828. κλισία, ας, ἡ [klisia][1회] **클리시아**

명 2827의 파생어에서 유래: 식탁의 한 무리, 눅9:14.

☞**식사자리에 앉은 자들, 떼**(눅9:14).

2829. κλοπή, ῆς, ἡ [klŏpē][2회] **클로페**

명 2813에서 유래: 도둑질, 마15:19, 막7:21.

☞**도둑질**(마15:19, 막7:21).

2830. κλύδων, ωνος, ὁ [klüdōn][2회] **클뤼돈**

명 κλύζω '굽이치다'에서 유래: 거친 물결, 파도, 눅8:24, 약1:6.

☞**물결**(눅8:24, 약1:6).

2831. κλυδωνίζομαι [klüdōnizŏmai][1회] **클뤼도니조마이**

동 중간태. 2830에서 유래: 파도에 뒤흔들리다, 엡4:14.

☞**밀리다**(엡4:14).

2832. Κλωπᾶς, ᾶ, ὁ [Klōpas][1회] **클로파스**

고명 갈대아어: 한 이스라엘 사람 '글로바', 요19:25.

☞**글로바**(요19:25).

2833. κνήθω [knēthō][1회] **크네도**

동 κνάω에서 유래: 가려워하다, 가려움을 느끼다, 딤후4:3.

☞**가려움을 느끼다**(딤후4:3).

2834. Κνίδος, ου, ἡ [Knidŏs][1회] **크니도스**

고명 외래어: 소아시아의 연안에 위치한 도시 '니도', 행27:7.

☞**니도**(행27:7).

2835. κοδράντης, ου, ὁ [kŏdrantēs][2회] **코드란테스**

명 라틴어: '고드란트'[두 렙돈에 해당하는 돈], 막12:42.

☞**푼**(마5:26), **고드란트**(막12:42).

2836. κοιλία, ας, ἡ [kŏilia][22회] **코일리아**

명 κοῖλος에서 유래: 배.

1) 소화기관, 마15:17, 막7:19, 복부, 마12:40, 눅15:16, 롬16:18, 고전6:13, 빌3:19, 계10:9.

2) 생산하는 기관으로서 자궁, 태, 눅1:41, 2:21.

3) 인체의 숨은 곳, 속, 마음, 요7:38.

☞**배**(마15:17, 고전6:13, 계10:10), **태**(마19:12, 눅11:27, 갈1:15), **모태**(눅1:15, 요3:4), **복중**(눅1:41,44).

2837. κοιμάω [kŏimaō][18회] **코이마오**

동 제1부정과거 수동태 ἐκοιμήθην, 미래 수동태 κοιμηθήσομαι, 완료수동태 κεκοίμημαι, 2749에서 유래: 자다, 잠들다.

1) [문자적으로] 마28:13, 눅22:45, 요11:12, 행12:6.

2) [비유적으로: 죽음에 대해서] 잠들다, 죽다, 요11:11, 행7:60, 고전7:39.

☞**자다**(마27:52, 행12:6, 살전4:13), **잠들**다(눅22:45, 요11:11, 행13:36), **죽다**(고전7:39), **잠자다**(고전11:30, 15:18).

2838. κοίμησις, εως, ἡ [kŏimēsis][1회] **코이메시스**

명 2837에서 유래: 잠.

1) [문자적으로] ἡ κ. τοῦ ὕπνου: 잠.

2) [비유적으로] 죽음, 요11:13.

☞쉼(요11:13).

2839. κοινός, ἡ, όν [kŏinŏs][14회] 코이노스

형 4862에서 유래: 일반적인, 공통된.

1) 공공의, 공중의, 행2:44, 4:32. 딛1:4, 유1:3.

2) 보통의, 평범한, 속된, [의식적으로] 불결한, 계21:27, 더러운, 깨끗하지 않은, 막7:2,5, 롬14:14, 히10:29.

☞**부정한**(막7:2), **통용하는**(행2:44, 4:32), **속된**(행10:14, 11:8, 롬14:14), **같은**(딛1:4), **욕된**(히10:29), **일반적인**(유1:3).

2840. κοινόω [kŏinŏō][14회] 코이노오

동 제1부정과거 ἐκοίνωσα, 완료 κε- κοίνωκα, 완료수동태분사 κεκοινωμέ- νος 2839에서 유래:

1) 속되게 하다, 불결하게 만들다, 더럽히다.

① [사람을] 마15:11,18,20, 막7:15,18, 20,23, 히9:13.

② [물건을] 행21: 28.

③ [독립적으로] 계21:27ⓢ.

2) 더럽게 생각하다, 더럽다고 선언하다, 행10:15, 11:9.

☞**더럽게 하다**(마15:11, 막7:15,23), **속되다**(행10:15, 11:9), **부정하다**(히9:13).

2841. κοινωνέω [kŏinōnĕō][8회] 코이노네오

동 미래 κοινωνήσω, 제1부정과거 ἐ- κοινώνησα, 완료 κεκοινώνηκα, 2844에서 유래:

1) 참여하다, 같이하다, 한몫하다.

① [속격을 취하여] 히2:14.

② [여격을 취하여] 롬15:27, 딤전5:22, 벧전4:13, 요이1:11.

2) 한몫을 내다, 갈6:6, 빌4:15.

☞**공급하다**(롬12:13), **나눠 갖다**(롬15:27), **함께 하다**(갈6:6), **참여하다**(빌4:15, 벧전4:13, 요이1:11), **속하다**(히2:14).

2842. κοινωνία, ας, ἡ [kŏinōnia][19회] 코이노니아

명 2844에서 유래:

1) 합동, 교제, 친교, 고전1:9, 고후13:13, 갈2:9, 빌2:1.

2) 관대, 동정, 애타주의, 고후9:13, 빌2: 1, 히13:16.

3) 교제의 표, 형제 화합의 증거, 롬15:26.

4) 참여, 나눔, 고전1:9, 10:16, 고후8:4, 13:13, 빌3:10, 몬1:6.

☞**교제**(행2:41, 빌2:1, 몬1:6), **연보**(롬15:26), **참여**(고전10:16, 빌3:10), **사귐**(고후6:14, 요일1:3,6,7), **교통**(고후13:13), **나눠줌**(히13: 16), **경륜**(엡3:9), **친교**(갈2:9).

2843. κοινωνικός, ἡ, όν [kŏinōnikŏs][1회] 코이노니코스

형 2844에서 유래: 주는, 같이 하는, 나누는, 너그러운, 후한, 딤전6:18.

☞**나누어주기를 좋아하는**(딤전6:18).

2844. κοινωνός, οῦ, ὁ and ἡ [kŏinō- nŏs][10회] 코이노노스

명 2839에서 유래:

1) 동무, 반려, 친구, 마23:30, 눅5:10, 고후8:23, 몬1:17, 히10:33.

2) 참여자, 동참자, 고전10:18,20, 고후1:7, 벧전5:1, 벧후1:4.

☞**동업자**(눅5:10), **동역자**(고후8:23, 몬1:17), **사귀는 자**(히10:33), **참여하는 자**(마23:30, 고전10:18, 벧후1:4), **교제하는 자**(고전10:20).

2845. κοίτη, ης, ἡ [kŏitē][4회] 코이테

명 2749에서 유래:

1) 침상.

① [일반적으로] 눅11:7.

② [특별히] 부부생활의 침상, 히13:4.

2) [완곡어법] 성교, 롬13:13.

☞**침실**(눅11:7), **침소**(히13:4), **음란**(롬13:13), **임신**(롬9:10).

2846. κοιτών, ῶνος, ὁ [kŏitōn][1회] 코이톤

명 2845에서 유래: 침실, 행12:20.

☞**침소**(행12:20).

2847. κόκκινος, η, ον [kŏkkinŏs][6회] 콕키노스

형 2848에서 유래: 붉은, 진홍색의, 마27:28, 히9:19, 계17:3,4, 18:16.

☞**붉은**(히9:19, 계17:3, 18:16).

2848. κόκκος, ου, ὁ [kŏkkŏs][7회] 콕코스

명 [기본형] 씨, 낟알, 각종 식물의 씨, 겨자씨, 마13:31, 17:20, 막4:31, 눅13:19, 17:6, 고전15:37.

☞**알**(막4:31, 요12:24), **알맹이**(고전15:37).

2849. κολάζω [kŏlazō][2회] 콜라조

동 미래 κολάσω, 제1부정과거중간태 ἐκολασάμην, 미래수동태 κολασθή- σομαι, κόλος에서 유래: 벌하다, 벌주다, 행4: 21, 벧

후2:9.

☞**벌하다**(행4:21, 벧후2:9).

2850. κολακεία, ας, ἡ [kŏlakĕia][1회] **콜라케이아**

명 κόλαξ '아첨하는 자'의 파생어에서 유래: 아첨, 아양, 치렛말, 추종, 살전2:5.

☞**아첨**(살전2:5).

2851. κόλασις, εως, ἡ [kŏlasis][2회] **콜라시스**

명 2849에서 유래: 벌, 징벌, 혼냄, 마25: 46, 요일4:18.

☞**벌**(마25:46), **형벌**(요일4:18).

2852. κολαφίζω [kŏlaphizō][5회] **콜라피조**

동 제1부정과거 ἐκολάφισα, 2849의 어간의 파생어에서 유래: 주먹으로 치다.

1) [문자적으로] 학대하다, 마26:67, 막14:65, 고전4:11. 벧전2:20.

2) [비유적으로: 병에 걸려 몹시 아픈 것] 고후12:7.

☞**주먹으로 치다**(마26:67, 막14:65), **매 맞다**(고전4:11, 벧전2:20), **치다**(고후12:7).

2853. κολλάω [kŏllaō][12회] **콜라오**

동 제1부정과거 수동태 ἐκολλήθην, 미래 수동태 κολληθήσομαι, κόλλα '아교'에서 유래: 밀착시키다, 연합하다.

1) [능동] 굳게 결합하다, 합하게 하다.

2) [수동] 달라붙다, 눅10:11.

① 닿다, 미치다, 계18:5.

② 붙다, 함께 하다, 연합하다, 행5:13, 8:29, 9:26, 10:28, 17:34, 고전6:16.

③ 매달리다, 집착하다, 롬12:9.

☞**묻다**(눅10:11), **붙이다**(눅15:15), **상종하다**(행5:13), **사귀다**(행9:26), **교제하다**(행10:28), **가까이하다**(행17:34), **속하다**(롬12: 9), **합하다**(고전6:16,17).

2854. κολλούριον [kŏllŏuriŏn][1회] **콜루리온**

명 κολλύρα '과자'의 파생어에서 유래:

1) 작은 말은 빵.

2) 안약, 계3:18.

☞**안약**(계3:18).

2855. κολλυβιστής, οῦ, ὁ [kŏllübistēs][3회] **콜뤼비스테스**

명 κόλλυβος에서 유래: 돈 장수, 환금업자, 마21:12, 막11:15, 요2:15.

☞**돈 바꾸는 자**(마21:12, 막11:15), **돈 바꾸는 사람**(요2:15).

2856. κολοβόω [kŏlŏbŏō][4회] **콜로보오**

동 제1부정과거 ἐκολόβωσα, 제1부정과거수동태 ἐκολοβώθην, 미래수동태 κολοβωθήσομαι, 완료분사 κε- κολοβωμένος, 2849의 어간의 파생어에서 유래: 절단하다, 줄이다, 단축하다, 마24:22, 막13:20.

☞**감하다**(마24:22, 막13:20).

2857. Κολοσσαί, ῶν, αἱ [Kŏlŏssai][1회] **콜롯사이**

고명 κολοσσός '거대한'에서 유래: 소아시아의 한 도시 '골로새', 골1:2.

☞**골로새**(골1:2).

2858. Κολοσσαεύς, έως [Kŏlŏssaĕus] **콜롯사유스**

형 2857에서 유래: 골로새의, 골로새인의.

☞**골로새의, 골로새인.**

2859. κόλπος, ου, ὁ [kŏlpŏs][6회] **콜포스**

명 [기본형]

1) 품, 가슴, 눅16:23, 요1:18, 13:23.

2) 항만, 행27:39.

☞**품**(눅16:23, 요1:18, 13:23), **항만**(행27: 39), **안김**(눅6:38).

2860. κολυμβάω [kŏlümbaō][1회] **콜륌바오**

동 κόλυμβος에서 유래:

1) 바닷속에 뛰어내리다.

2) 수영하다, 헤엄치다, 행27:43.

☞**헤엄치다**(행27:43).

2862. κολωνία, ας, ἡ [kŏlōnia][1회] **콜로니아**

명 라틴어: 식민지, 행16:12.

☞**식민지**(행16:12).

2863. κομάω [kŏmaō][2회] **코마오**

동 2864에서 유래: 머리털을 길게 하다, 길게 자라게 하다, 고전11:14,15.

☞**긴 머리를 하다**(고전11:14,15).

2864. κόμη, ης, ἡ [kŏmē][1회] **코메**

명 2865와 동일어에서 유래: 머리털, 고전11:15.

☞**긴 머리**(고전11:15).

2865. κομίζω [kŏmizō][10회] **코미조**

동 제1부정과거 ἐκόμισα, 제1부정과거 중간태 ἐκομισάμην, 미래중간태 κομίσομαι, κομέω에서 유래:

1) [능동] 가져오다, 눅7:37.

2) [중간태]

① 마련하다, 획득하다, 얻다, 받다, 고후

K

5:10, 엡6:8, 골3:25, 히10:36, 11:19,39, 벧전5:4, 벧후2:13.
② 회수하다, 다시 받다, 마25:27, 히11:19.
☞**가지다**(눅7:37), **받다**(고후5:10, 골3:25, 히10:36), **얻다**(벧전5:4), **당하다**(벧후2:13).

2866. κομψότερον [kŏmpsŏtĕrŏn][1회] 콤프소테론
부 2865의 파생어의 비교급: 병이 호전되어, 요4:52.
☞**더 나은 건강에**(요4:52).

2867. κονιάω [kŏniaō][2회] 코니아오
동 완료 수동태 분사 κεκονιαμένος, κονία '먼저'에서 유래: 회칠하다, 희게 하다, 마23:27, 행23:3.
☞**회칠하다**(마23:27, 행23:3).

2868. κονιορτός, οῦ, ὁ [kŏniŏrtŏs][5회] 코니오르토스
명 2867과 κονία '일으키다'의 어간에서 유래: 먼지, 마10:14, 눅9:5, 10:11, 행13:51, 22:23.
☞**먼지**(마10:14, 눅9:5, 10:11), **티끌**(행13:51, 22:23).

2869. κοπάζω [kŏpazō][3회] 코파조
동 제1부정과거 ἐκόπασα, 2873에서 유래: [바람이] 잦다, 멎다, 마14:32, 막4:39, 6:51.
☞**그치다**(마14:32, 막4:39, 6:51).

2870. κοπετός, οῦ, ὁ [kŏpĕtŏs][1회] 코페토스
명 2875에서 유래: 통곡, 애곡, 행8:2.
☞**통곡**(행8:2).

2871. κοπή, ῆς, ἡ [kŏpē][1회] 코페
명 2875에서 유래: 베어넘기기, 살육, 격멸, 히7:1.
☞**쳐서 죽임**(히7:1).

2872. κοπιάω [kŏpiaō][23회] 코피아오
동 제1부정과거 ἐκοπίασα, 완료 κεκο– πίακα, 완료 2인칭단수 εκοπίακες, 2873의 파생어에서 유래:
1) 피곤하다, 마11:28, 계2:3.
2) 열심히 일하다, 수고하다, 애쓰다, 마6:28, 눅5:5, 12:27, 요4:38, 행20:35, 고전4:12.
☞**수고하다**(마11:28, 고전4:12, 딤후2:6), **만들다**(눅12:27), **피곤하다**(요4:6), **노력하다**(요4:38), **게으르지 아니하다**(계2:3).

2873. κόπος, ου, ὁ [kŏpŏs][18회] 코포스
명 2875에서 유래:
1) 고난, 어려움, 마26:10, 막14:6, 눅11:7, 18:5, 갈6:17.
2) 일, 수고, 노동, 고후11:27.
☞**수고**(고전15:58, 살전1:3, 계14:13), **수고로움**(고후6:5), **괴로움**(마26:10, 막14:6, 눅11:7), **번거로움**(눅18:5), **노력**(요4:38), **일**(고전3:8).

2874. κοπρία, ας, ἡ [kŏpria][1회] 코프리아
명 κόπρος에서 유래: 똥 무더기, 퇴비, 쓰레기 더미, 눅14:35.
☞**거름**(눅13:8, 14:35).

2875. κόπτω [kŏptō][8회] 콮토
동 [기본형] 미완료 ἔκοπτον, 제1부정과거 ἔκψα, 제1부정과거중간태 ἐ– κοψάμην, 미래 중간태 κόψομαι, 완료수동태분사 κεκομμένος, 제2부정과거수동태 ἐκόπην:
1) [능동] 자르다, 끊어내다, 꺾다, 마21:8, 막11:8.
2) [중간] 치다, 때리다, 슬퍼하다, 마24:30, 11:17, 눅23:27, 8:52, 계1:7, 18:9.
☞**베다**(마21:8, 막11:8), **통곡하다**(마24:30, 눅8:52), **애곡하다**(계1:7), **(가슴을) 치다**(마11:17).

2876. κόραξ, ακος, ὁ [kŏrax][1회] 코랔스
명 2880에서 유래: 까마귀, 눅12:24.
☞**까마귀**(눅12:24).

2877. κοράσιον, ου, τό [kŏrasiŏn][8회] 코라시온
명 κόρη '처녀'에서 유래: 소녀, 마9:24, 25, 14:11, 막5:41,42, 6:22,28.
☞**소녀**(마9:24,25, 막5:41, 6:22,28).

2878. κορβᾶν [kŏrban][1회] 코르반
명 히브리어 7133에서 유래: 고르반, 예물, 막7:11.
☞**성전고**(마27:6), **고르반**(막7:11).

2879. Κόρε, ὁ [Kŏrĕ][1회] 코레
고명 히브리어 7141에서 유래: 한 이스라엘 사람 '고라', 유1:11.
☞**고라**(유1:11).

2880. κορέννυμι [kŏrĕnnumi][2회] 코렌뉘미
동 [기본형] 완료수동태 분사 κεκο– ρεσμένος, 제1부정과거수동태 ἐκο– ρέσθην: 만족하게 하다, 가득하게 하다, [수동] 만족하다, 행27:38, 고전4:8.
☞**배부르게 먹다**(행27:38), **배부르다**(고전

4:8).

2881. Κορίνθιος, ου, ὁ [Kŏrinthiŏs][2회] 코린디오스
명 2882에서 유래: 고린도인, 행18:8, 고후6:11.
☞고린도 사람(행18:8, 고후6:11).

2882. Κορινθος, ου, ἡ [Kŏrinthŏs][6회] 코린도스
고명 불확실한 파생어: 그리스의 한 도시 '고린도', 행18:1, 19:1, 고전1:2, 고후1:1, 23, 딤후4:20.
☞고린도(행18:1, 19:1, 고전1:2, 고후1:1).

2883. Κορνήλιος, ου, ὁ [Kŏrnēliŏs][8회] 코르넬리오스
고명 라틴어: 한 로마인 '고넬료', 행10:1, 3,17,22,24,25,30,31.
☞고넬료(행10:1,3,7,22-25).

2884. κόρος, ου, ὁ [kŏrŏs][1회] 코로스
명 히브리어 3734에서 유래: 코르[15 부셸 (약 36리터, 약 2말)에 해당하는 히브리인의 도량 단위], 눅16:7.
☞석, 고르(눅16:7).

2885. κοσμέω [kŏsmĕō][10회] 코스메오
동 미완료 ἐκόσμουν, 제1부정과거 ἐκόσμησα, 완료수동태 3인칭단수 κε- κόσμηται, 완료수동분사 κεκοσμημέ- νος, 과거완료 3인칭단수 ἐκεκόσμη- το, 2889 에서 유래:
1) 정비하다, 손질하다, 마25:7.
2) 꾸미다, 장식하다, 치장하다, 마12:44, 눅11:25, 계21:19.
☞수리되다(마12:44, 눅11:25), 꾸미다(마23:29, 눅21:5, 계21:19), 준비하다(마25:7), 단장하다(딤전2:9, 벧전3:5, 계21:2), 빛나다(딛2:10).

2886. κοσμικός, ή, όν [kŏsmikŏs][2회] 코스미코스
형 2889에서 유래:
1) 지상적, 히9:1.
2) 세상적, 딛2:12.
☞세상에 속한(딛2:12, 히9:1).

2887. κόσμιος, (ία), ον [kŏsmiŏs][2회] 코스미오스
형 2889에서 유래:
1) 존경할 만한, 딤전3:2.
2) 적당한, 수수한, 딤전2:9.
☞단정한(딤전2:9, 3:2).

2888. κοσμοκράτωρ, ορος, ὁ [kŏsmŏk-ratōr][1회] 코스모크라토르
명 2889와 2902에서 유래: 세상의 지배자, 세상 통치자, 주관자, 엡6:12.
☞세상 주관자(엡6:12).

2889. κόσμος, ου, ὁ [kŏsmŏs][186회] 코스모스
명 2865의 어간에서 유래:
1) 장식, 치장, 단장, 벧전3:3.
2) 세상, 우주, 마24:21, 눅11:50, 롬1:20, 히4:3.
3) [동물 이상의 모든 존재 총칭] 세상, 고전4:9.
4) [사람이 사는] 땅, 세상, 마4:8, 막16: 15, 요16:21, 롬1:8, 고전5:10, 14:10, 골1:6. [하늘과 대조되는] 땅, 세계, 요6:14, 9:39, 11:27, 딤전1:15, 히10:5.
5) [인류를 가리켜서] 세상, 마18:7, 요8: 12, 롬5:13, 고전1:27.
6) 지상적 기쁨, 소유, 근심, 고난의 무대로서의 세상, 마16:26, 막8:36, 눅9:25, 고전7:33.
7) 하나님과 원수가 된 것으로서의 세상, 요8:23, 12:25, 고전3:19, 엡2:2. 8)전체, 총체, 약3:6.
☞천하(마4:8, 막8:36, 눅9:25), 세상(마5:14, 고전1:27, 계11:15), 천지(행17:24), 세속(약1:27), 세계(약3:6), 단장(벧전3:3).

2890. Κούαρτος, ου, ὁ [Kŏuartŏs][1회] 쿠아르토스
고명 라틴어: 한 기독교인 '구아도', 롬16:23.
☞구아도(롬16:23).

2891. κοῦμι [kŏumi][1회] 쿠미
동 아람어: 일어나라, 막5:41.
☞일어나라(막5:41), 달리다굼(막5:41).

2892. κουστωδία, ας, ἡ [kŏustōdia][3회] 쿠스토디아
명 라틴어: 호위, 수위, 마27:65,66, 28:11.
☞경비병(마27:65,66, 28:11).

2893. κουφίζω [kŏuphizō][1회] 쿠피조
동 미완료 ἐκούφιζον, κοῦφος '가벼운'에서 유래: 가볍게 하다, 행27:38.
☞가볍게 하다(행27:38).

2894. κόφινος, ου, ὁ [kŏphinŏs][6회] 코피노스

K

명 불확실한 파생어에서 유래: 광주리, 바구니, 마14:20, 막6:43, 눅9:17, 요6:13.
☞**바구니**(마14:20, 막6:43, 요6:13).

2895. κράβαττος, ου, ὁ [krabbatŏs][11회] 크라빳토스
명 외래어: 자리, 짚이불, 침대, 막2:4,9, 11,12, 6:55, 요5:8-11, 행5:15, 9:33.
☞**상(床)**(막2:4,12, 행9:33), **침상**(막6:55), **자리**(요5:8,10,12), **침대**(행5:15).

2896. κράζω [krazō][56회] 크라조
동 [기본형] 미완료 κρᾶζον, 미래 κ- ράξω와 κεκράξομαι, 제1부정과거 ἔκ- ραξα와 εκέκραξα, 완료 κέκραγα:
1) 소리지르다, 막5:5, 9:26, 눅9:39, 계12:2.
2) 부르다, 외치다.
① [문자적으로] 마15:23, 막10:48, 눅18:39, 행19:34.
② [비유적으로] 눅19:40, 롬9:27, 갈4:6, 약5:4.
☞**소리지르다**(마8:29, 눅18:39, 약5:4), **지르다**(막1:26, 행7:57), **외치다**(요1:15, 롬9:27, 계18:18), **부르짖다**(눅9:39), **부르다**(행7:60, 갈4:6, 계6:10).

2897. κραιπάλη, ης, ἡ [kraipalē][1회] 크라이팔레
명 726과 동일어에서 유래: 도취, 술 취함, 술로 인한 두통, 숙취, 눅21:34.
☞**방탕**(눅21:34).

2898. κρανίον, ου, τό [kraniŏn][4회] 크라니온
명 2768의 파생어의 단축형: 두개골, 마27:33, 막15:22, 요19:17.
☞**해골**(마27:33, 막15:22, 요19:17).

2899. κράσπεδον, ου, τό [kraspĕdŏn][5회] 크라스페돈
명 불확실한 파생어에서 유래:
1) 옷의 가장자리, 옷단, 도련, 마9:20, 14:36, 막6:56, 눅8:44.
2) 술, 술장식, 마23:5.
☞**옷가**(마9:20, 막6:56, 눅8:44), 옷술(마23:5).

2900. κραταιός, ά, όν [krataiŏs][1회] 크라타이오스
형 2904에서 유래: 강력한, 힘있는, 벧전5:6.
☞**능한(벧전5:6)**.

2901. κραταιόω [krataiŏō][4회] 크라타이오오
동 미완료수동태 ἐκραταιούμην, 제1부정과거 수동태 κραταιωθῆναι, 2900에서 유래: 강하게 하다. [수동] 강해지다, 눅1:80, 2:40, 고전16:13, 엡3:16.
☞**강하여지다**(눅1:80, 2:40), **강건하다**(고전16:13), **강건하게 하다**(엡3:16).

2902. κρατέω [kratĕō][47회] 크라테오
동 미완료 ἐκράτουν, 미래 κρατήσω, 제1부정과거 ἐκράτησα, 완료 부정사 κεκρατηκέναι, 미완료수동태 ἐκρατο- ύμην, 완료수동태 κεκράτημαι, 2904에서 유래:
1) 손에 넣다, 수감하다, 체포하다.
① 체포하다, 붙잡다, 마14:3, 21:46, 막3:21, 행24:6, 계20:2.
② 붙잡다, 쥐다, 붙들다, 마26:48, 18: 28, 막1:31, 눅8:54.
③ [목적을] 달하다, 이루다, 행27:13.
2) 쥐다.
① 잡다, 행3:11.
② 쥐다, 계2:1.
③ 제지하다, 억제하다, 눅24:16, 계7:1.
④ 꽉 잡다, 꽉 붙들다, 행2:24.
☞**잡다**(마14:3, 계2:13), **붙잡다**(행3:11, 계2:1), **붙들다**(막3:21, 골2:19), **지키다**(막7:3,8), **두다**(막9:10, 요20:23), **뜻을 이루다**(행27:13), **매이다**(행2:24).

2903. κράτιστος [kratistŏs][4회] 크라티스토스
형 2904의 파생어의 최상급: 가장 숭고한, 지존하신, 눅1:3, 행23:26, 24:3.
☞**가장 존경하는, 가장 고상한, 각하**(눅1:3, 행23:26, 26:25).

2904. κράτος, ους, τό [kratŏs][12회] 크라토스
명 [기본형]
1) 권능, 세력, 힘, 행19:20, 골1:11.
2) 권능있는 일, 눅1:51.
3) 권세, 지배, 주권, 딤전6:16, 히2:14, 벧전4:11, 계1:6.
☞**힘**(눅1:51), **능력**(엡1:19, 6:10), **권능**(딤전6:16, 벧전5:11, 계5:13), **세력**(히2:14), **권력**(유1:25).

2905. κραυγάζω [kraugazō][9회] 크라우가조
동 미완료 ἐκραύγαζον, 미래 κραυγά- σω, 제1부정과거 ἐκραύγασα, 2906에서 유래: 소리지르다, 큰 소리를 내다, 부르짖다, 마

K

12:19, 요12:13, 18:40, 행22:23.

☞**들레다**(마12:19), **소리 지르다**(마15:22, 요18:40, 19:15), **부르다**(요11:43), **떠들다**(행22:23).

2906. κραυγή, ῆς, ἡ [kraugē][6회] **크라우게**

명 2896에서 유래:

1) 소리지르기, 떠들기, 엡4:31, 아우성, 계21:4.

2) 고함, 부르짖음, 마25:6, 눅1:42.

☞**소리**(마25:6), **크게 떠듦**(행23:9), **통곡**(히5:7), **음성**(계14:18), **곡하는 것**(계21:4), **떠드는 것**(엡4:31).

2907. κρέας, κρέως, τό [krĕas][2회] **크레아스**

명 [기본형] 고기, 살. [주] 복수 τά κρέα, 롬14:21, 고전8:13.

☞**고기**(롬14:21, 고전8:13).

2908. κρείσσων [krĕissŏn][19회] **크레잇손**

형 2909의 대체어에서 유래된 중성: [명사로] 좋은 것, 고전7:38.

☞**더 잘하는**(고전7:38).

2909. κρείττων, ον [krĕittōn][19회] **크레잇톤**

형 2904의 파생어의 비교급:

1) 더 뛰어난, 더 높은, 더 나은, 히1:4, 7:7, 19,22, 8:6, 9:23, 10:34, 11:16, 35,40.

2) 더 유용한, 더 유익한, 더 좋은, 고전7: 9, 11:17, 빌1:23, 히6:9, 벧전3:17, 벧후2:21.

3) [부사] 더 잘, 히12:24.

☞**보다 나은**(고전7:9, 히6:9, 10:34), **더 좋은**(빌1:23, 히7:19), **높은**(히7:7), **더 유익한**(고전11:17).

2910. κρεμάννυμι [krĕmannümi][7회] **크레만뉘미**

동 [기본형] 제1부정과거 ἐκρέμασα, 제1부정과거 수동태 ἐκρεμάσθην:

1) [타동] 매달다, 단, 행5:30, 10:39, [수동] 마18:6, 눅23:39.

2) [자동사, 디포넌트] κρέμαμαι: 매달리다, 갈3:13.

☞**달리다**(마18:6, 눅23:39, 행28:4, 갈3:13), **달다**(행5:30, 10:39).

2911. κρημνός, οῦ, ὁ [krēmnŏs][3회] **크렘노스**

명 2910에서 유래: 가파른 언덕, 절벽, 마8:32, 막5:13, 눅8:33.

☞**비탈**(마8:32, 막5:13, 눅8:33).

2912. Κρής, ητός, ὁ [Krēs][2회] **크레스**

명 2914에서 유래: 크레데 사람, 행2:11, 딛1:12.

☞**그레데 사람**(행2:11, 딛1:12).

2913. Κρήσκης, εντος, ὁ [Krēskēs][1회] **크레스케스**

고명 라틴어; 성장: 한 기독교인 '그레스게', 딤후4:10.

☞**그레스게**(딤후4:10).

2914. Κρήτη, ης, ἡ [Krētē][5회] **크레테**

고명 불확실한 파생어: 지중해의 한 섬 '그레데', 행27:7,12,13,21, 딛1:5.

☞**그레데**(행27:7,12,21, 딛1:5).

2915. κριθή, ῆς, ἡ [krithē][1회] **크리데**

명 불확실한 파생어: 보리, 계6:6.

☞**보리**(계6:6).

2916. κρίθινος, η, ον [krithinŏs][2회] **크리디노스**

형 2915에서 유래: 보리로 만든, 보리의, 요6:9,13.

☞**보리로 된**(요6:9,13).

2917. κρίμα, ατος, τό [krima][28회] **크리마**

명 2919에서 유래:

1) 소송, 쟁의, 고전6:7.

2) 결정, 섭리, 롬11:33.

3) 심판, 재판, 행24:25, 히6:2, 벧전4:17, 계20:4.

4) 판결, 정죄, 롬2:2,3, 3:8, 5:16, 벌, 심판, 고전11:34, 벧후2:3, 계17:1.

☞**비판**(마7:2), **판결**(막12:40, 눅24:20), **정죄**(눅23:40), **심판**(행24:25, 롬2:2, 13:2, 벧전4:17), **판단**(롬11:33), **죄**(고전11:29), **고발**(고전6:7).

2918. κρίνον, ου, τό [krinŏn][2회] **크리논**

명 [기본형] 백합, 마6:28, 눅12:27.

☞**백합화**(마6:28, 눅12:27).

2919. κρίνω [krinō][115회] **크리노**

동 미래 κρινῶ, 제1부정과거 ἔκρινα, 완료 κέκρικα, 과거완료3인칭단수 κε– κρίκει, 미완료 수동태 ἐκρινόμην, 완료 수동태 κέκριμαι, 제1부정과거 수동태 ἐκρίθην, 미래 수동태 κριθήσο– μαι:

1) 나누다, 구별하다, 선택하다, 인정하다, 승인하다, 롬14:5.

2) 판단하다, 생각하다, 행13:46, 16:15, 26:8, 고전10:15, 고후5:14.

K

3) 결정하다, 계획하다, ~할 작정이다, 행3:13, 20:16, 고전2:2.
4) 판결하다, 언도하다, 처벌하다, 눅12: 57, 19:22, 행13:27.
① 고발하다, 송사하다, 마5:40, 고전6:6.
② 심판하시다, 마7:1, 눅6:37, 요5:30, 계11:18.
③ 정죄하다, 벌하다, 벧전4:6, 계18:8.
5) 비판하다, 판단하다, 마7:1,2, 눅6:37, 요7:24, 8:15, 비난하다, 헐뜯다, 롬2:1,3, 14:3,4,10, 약4:11,12.

☞**고발하다**(마5:40, 고전6:6), **비판하다**(마7:1), **심판하다**(마19:28, 눅19:22, 요3:17, 계18:8), **정죄받다**(눅6:37), **판단하다**(요8:16, 롬2:1), **다스리다**(눅22:30), **심판받다**(요3: 18, 벧전4:6, 계20:12), **재판하다**(요18:31), **결의하다**(행3:13, 21:25), **작정하다**(행20:16, 고전2:2, 딛3:12), **심문받다**(행23:6, 24:21, 25:20), **판단받다**(롬3:4, 고전11:32), **정죄하다**(롬14:22), **결심하다**(고후2:1).

2920. κρίσις, εως, ἡ [krisis][47회] 크리시스
명 1) 심판, 마10:15, 눅10:14, 요5:22, 살후1:5.
① 정죄, 형벌, 마23:33, 행8:33, 계18: 10.
② 재판, 판단, 요7:24, 8:16.
2) 재판소, 법정, 마5:21,22.
3) 옳음, 공의, 의, 마12:18, 눅11:42, 요7:24, 행8:33.

☞**심판**(마5:21, 눅10:14, 벧후3:7), **정의**(마23:23), **판결**(마23:33, 유1:9), **죄**(막3:29), **공의**(눅11:42), **정죄**(요3:19), **재판**(행8:33), **고발**(벧후2:11).

2921. Κρίσπος, ου, ὁ [Krispŏs][2회] 크리스포스
고명 라틴어: 한 고린도의 그리스도 사람 '그리스보', 행18:8, 고전1:14, 딤후4:10.

☞**그리스보**(행18:8, 고전1:14, 딤후4:10).

2922. κριτήριον, ου, τό [kritēriŏn][3회] 크리테리온
명 2923의 파생어의 중성: 법정, 재판소, 고전6:2,4, 약2:6.

☞**법정**(약2:6), **판단**(고전6:2).

2923. κριτής, οῦ, ὁ [kritēs][19회] 크리테스
명 2919에서 유래: 재판하는 사람, 재판장, 판사.
1) 재판관.
① [법률적으로]
㉠ [사람에 대해서] 마5:25, 눅12:14, 18:2, 행24:10.
㉡ [하나님에 대해서] 행10:42, 딤후4:8, 히12:23, 약4:12.
② [일반적 의미] 심판하는 사람, 마12: 27, 눅11:19, 약2:4, 4:11.
2) 사사, 행13:20.

☞**재판관**(마5:25, 눅11:19), **재판장**(눅12:58, 18:2, 행10:42, 딤후4:8), **사사**(행13:20), **심판자**(히12:23), **심판주**(약5:9), **판단하는 자**(약2:4, 4:11).

2924. κριτικός, ή, όν [kritikŏs][1회] 크리티코스
형 2923에서 유래: 분별할 수 있는, 판단할 수 있는, 히4:12.

☞**판단할 수 있는**(히4:12).

2925. κρούω [krŏuō][9회] 크루오
동 [기본형] 제1부정과거 ἔκρουσα: 두드리다, 때리다, 마7:7,8, 눅11:9, 10, 행12:16.

☞**두드리다**(마7:8, 행12:16, 계3:20).

2926. κρύπτη, ης, ἡ [krüptē][1회] 크륍프테
명 2927의 여성형: 골방, 어둡고 감추인 곳, 지하실, 눅11:33.

☞**움**(눅11:33).

2927. κρυπτός, ή, όν [krüptŏs][17회] 크륍프토스
형 2928에서 유래: 감추인, 비밀의.
1) [형용사] 막4:22, 눅12:2, 벧전3:4.
2) [명사로 사용할 때] 숨은 것, 숨은 생각, 눅8:17, 롬2:16, 고전14:25.

☞**은밀한**(마6:6, 롬2:16), **숨은**(마10:26, 눅8:17, 벧전3:4), **숨기는**(막4:22), **감추인**(눅12:2, 고전4:5), **묻힌**(요7:4), **은밀히**(요7:10, 18:20), **이면적**(롬2:29).

2928. κρύπτω [krüptō][19회] 크륍프토
동 [기본형] 미완료 중간태 ἐκρυβό－μην, 제1부정과거 ἔκρυψα, 완료수동태 3인칭단수 κέκρυπται, 완료수동분사 κεκρυμμένος, 제2부정과거 수동태 ἐκρύβην, 미래수동태 κρυβήσομαι: 숨기다, 감추다, 덮다.
1) [문자적으로]
① 감춰 두다, 마25:18, 13:44, 히11: 23, 계6:16.
② 숨다, 요8:59, 12:36.

③ 섞다, 두다, 눅13:21.
2) [비유적으로]
① 보이지 않게 하다, 알지 못하게 하다, 감추다, 숨기다, 마11:25. [수동] 눅18:34, 19:42, 딤전5:25.
② 안전한 곳에 숨겨두다, 골3:3.
☞**숨기다**(마5:14, 눅19:42, 딤전5:25), **감추이다**(마13:35, 눅18:34, 골3:3), **감추다**(마25: 25, 계2:17), **숨다**(요8:59, 12:36, 계6:15), **숨기다**(요19:38), **가리다**(계6:16).

2929. κρυσταλλίζω [krüstallizō][1회] 크뤼스탈리조
동 2903에서 유래: 수정같이 빛나다, 수정같이 투명하다, 계21:11.
☞**수정같이 맑다**(계21:11).

2930. κρύσταλλος, ου, ὁ [krüstallŏs][2회] 크뤼스탈로스
명 κρύος '서리'의 파생어에서 유래: 맑은 얼음, 수정, 계4:6, 22:1.
☞**수정**(계4:6, 22:1).

2931. κρυφῆ [krüphē][1회] 크뤼페
부 2928에서 유래: 비밀히, 몰래, 엡5:12.
☞**은밀히**(엡5:12).

2932. κτάομαι [ktaŏmai][7회] 크타오마이
동 [기본형] 미래 κτήσομαι, 제1부정과거 ἐκτησάμην, 완료 κέκτημαι: 얻다, 획득하다, 마10:9, 눅18:12, 행8:20, 22:28.
☞**가지다**(마10:9), **얻다**(눅21:19), **사다**(행1:18), **주다**(행8:20), **대하다**(살전4:4).

2933. κτῆμα, ατος, τό [ktēma][4회] 크테마
명 2932에서 유래:
1) [일반적] 소유, 재산, 마19:22, 막10:22, 행2:45.
2) 토지, 땅, 행5:1.
☞**재물**(마19:22, 막10:22), **재산**(행2:45), **소유**(행5:1).

2934. κτῆνος, ους, τό [ktēnŏs][4회] 크테노스
명 2932에서 유래: 가축, 짐승, 고전15:39.
① 짐을 나르는 짐승, 눅10:34, 행23:24.
② 소, 계18:13.
☞**짐승**(눅10:34, 행23:24, 고전15:39), **소**(계18:13).

2935. κτήτωρ, ορος, ὁ [ktētōr][1회] 크테토르
명 2935에서 유래: 소유자, 행4:34.
☞**소유자, 있는 자**(행4:34).

2936. κτίζω [ktizō][15회] 크티조
동 제1부정과거 ἔκτισα, 완료 수동태 ἔκτισμαι, 제1부정과거 수동태 ἐκτίσ- θην, 2932와 유사어에서 유래: 창조하다, 막13:19, 고전11:9, 엡3:9, 골1:16, 3:10.
☞**창조하다**(막13:19, 엡3:9, 계10:6), **지음을 받다**(고전11:9, 엡2:10), **짓다**(엡2:15, 4:24), **창조되다**(골1:16). **[명] 조물주**(롬1:25).

2937. κτίσις, εως, ἡ [ktisis][19회] 크티시스
명 2936에서 유래:
1) 창조.
① 창조하는 동작, 롬1:20.
② 창조된 것, 피조물, 롬8:39, 고후5: 17, 갈6:15, 골1:15, 히4:13, 창조, 세계, 막13:19, 롬1:25, 히9:11, 벧후3:4.
2) 권위, 제도, 벧전2:13.
☞**창조**(막10:6, 히9:11, 계3:14), **피조물**(롬1: 25, 고후5:17), **창세**(롬1:20), **제도**(벧전2:13), **지으신 것**(히4:13), **지음을 받는 것**(갈6:15), **만민**(골1:23).

2938. κτίσμα, ατος, τό [ktisma][4회] 크티스마
명 2936에서 유래: 창조된 것, 피조물, 딤전4:4, 약1:18, 계5:13, 8:9.
☞**피조물**(약1:18, 계5:13, 8:9).

2939. κτίστης, ου, ὁ [ktistēs][1회] 크티스테스
명 2936에서 유래: 창조자, 벧전4:19.
☞**창조주**(벧전4:19).

2940. κυβεία, ας, ἡ [kübĕia][1회] 퀴베이아
명 κύβος '육면체 주사위'에서 유래: 주사위 놀이, 노름, 속임수, 엡4:14.
☞**속임수**(엡4:14).

2941. κυβέρνησις, εως, ἡ [kübĕrnēsis][1회] 퀴베르네시스
명 라틴어에서 유래: 관리, 행정, 고전12:28.
☞**다스리는 것**(고전12:28).

2942. κυβερνήτης, ου, ὁ [kübĕrnētēs][2회] 퀴베르네테스
명 2941과 동일어에서 유래: 키잡이, 조종사, 행27:11, 계18:17.
☞**선장**(행27:11, 계18:17).

2943. κυκλόθεν [küklŏthĕn][3회] 퀴클로텐
부 2945와 동일어에서 유래: 주위에, 사방에, 사방에서, 계4:3.
☞**둘리다**(계4:3,4).

2944. κυκλόω [küklŏō][4회] 퀴클로오

동 제1부정과거 ἐκύκλωσα, 제1부정과거 수동태 ἐκυκλώθην, 2945와 동일어에서 유래:

1) 둘러싸다, 에워싸다, 눅21:20, 요10:24, 행14:20.

2) 돌다, 빙돌다, 히11:30.

☞**에워싸이다**(눅21:20), **에워싸다**(요10:24), **둘러서다**(행14:20), **돌다**(히11:30), **두르다**(계20:9).

2945. κύκλῳ [küklō1][8회] 퀴클로

부 형 전 κύκλος '원'에서 유래: 사방에, 도처에, 여기저기에.

1) [부사로 쓰일 경우] 막3:34, 6:6, 롬15:19.

2) [형용사로 쓰일 경우] 가까운, 막6:36, 눅9:12.

3) [전치사로 쓰일 경우] ~주위에, ~을 둘러싸고, 계4:6, 5:11, 7:11.

☞**두루**(롬15:19), **주위에, 근방에**(계4:6, 7:11).

K

2946. κύλισμα, ματος, τό [külisma][1회] 퀼리스마

명 2947에서 유래: 굴기, 뒹굴기, 벧후2: 22.

☞**구르기, 굴리기, 뒹굴기**(벧후2:22).

2947. κυλιόω [küliŏō][1회] 퀼리오오

동 2949에서 유래: 뒹굴다, 탐닉하다, ~에 빠지다.

☞**구르다**(막9:20).

2948. κυλλός, ἡ, όν [küllŏs][4회] 퀼로스

형 2947과 동일어에서 유래: 불구의, 못쓰는, 저는, 마15:30,31, 18:8, 막9:43.

☞**불구의, 장애자**(마15:30, 18:8, 막9:43).

2949. κῦμα, ατος, τό [küma][5회] 퀴마

명 κύω '부풀다'에서 유래: 파도, 마8:24, 14:24, 막4:37, 유1:13.

☞**물결**(마8:24, 행27:41, 유1:13).

2950. κύμβαλον, ου, τό [kümbalŏn][1회] 큄발론

명 2949의 파생어에서 유래: 심벌, 꽹과리, 고전13:1.

☞**꽹과리**(고전13:1).

2951. κύμινον, ου, τό [küminŏn][1회] 퀴미논

고명 외래어: 커민(미나리과 식물), 근채, 구민초, 마23:23.

☞**근채**(마23:23).

2952. κυνάριον, ου, τό [künariŏn][4회] 퀴나리온

명 2965의 파생어의 중성: 강아지, 작은 개, 마15:26,27, 막7:27,28.

☞**개, 강아지**(마15:26,27, 막7:28).

2953. Κύπριος, ου, ὁ [Küpriŏs][3회] 퀴프리오스

명 2954에서 유래: 구브로인, 행4:36, 11:20, 21:16.

☞**구브로인**(행4:36, 11:20, 21:16).

2954. Κύπρος, ου, ἡ [Küprŏs][5회] 퀴프로스

고명 불확실한 어원에서 유래: 지중해의 한 섬 '구브로', 행11:19, 13:4, 15:39, 27:4.

☞**구브로**(행11:19, 13:4, 15:39, 27:4).

2955. κύπτω [küptō][2회] 큅토

동 제1부정과거 ἔκυψα, 2949의 어간에서 유래: 굽히다, 막1:7, 요8:6,8.

☞**굽히다**(막1:7), **몸을 굽히다**(요8:6, 8).

2956. Κυρηναῖος, ου, ὁ [Kürēnaiŏs][6회] 퀴레나이오스

명 2957에서 유래: 구레네, 구레네 사람, 마27:32, 막15:21, 눅23:26, 행6:9, 11:20.

☞**구레네 사람**(마27:32, 막15:21, 눅23:26), **구레네인**(행6:9).

2957. Κυρήνη, ης, ἡ [Kürēnē][1회] 퀴레네

고명 불확실한 파생어에서 유래: 아프리카의 한 장소 '구레네', 행2:10.

☞**구레네**(행2:10).

2958. Κυρήνιος [Kürēniŏs][1회] 퀴레니오스

고명 라틴어: 한 로마인 '구레뇨', 눅2:2.

☞**구레뇨**(눅2:2).

2959. κυρία, ας, ἡ [Küria][2회] 퀴리아

명 2962의 여성형: 숙녀, 부인, 요이1:1,5.

☞**부녀**(요이1:1,5).

2960. κυριακός, ἡ, όν [küriakŏs][2회] 퀴리아코스

형 2962에서 유래: 주께 속하는, 주의, 고전11:20, 계1:10.

☞**주의, 주님의**(고전11:20).

2961. κυριεύω [kürlĕuō][7회] 퀴리유오

동 미래형 κυριεύσω, 제1부정과거 ἐ- κυρίευσα, 2962에서 유래: 주가 되다, 다스리다, 통치하다, 지배하다, 눅22:25, 롬6:9, 14:9, 고후1:24.

☞**주관하다**(눅22:25, 롬7:1, 고후1:24), **주장하다**(롬6:9), **주가 되시다**(롬14:9), **주인 행세하다**

(딤전6:15).

2962. κύριος, ου, ὁ [küriŏs][719회] 퀴리오스

명 남 κῦρος '초교통치'에서 유래: 주, 주인.

1) [일반적으로]

① 주인, 마20:8, 막12:9, 눅20:13, 요13:16, 행16:16.

② 높은 지위에 있는 사람, 마21:30, 27:63, 벧전3:6.

2) [종교적 용법]

① [하나님을 가리켜] 마5:33, 막5:19, 눅1:6, 히7:21.

② [왕이나 통치자를 신처럼 부름] 행25:26.

③ [예수를 가리켜서] 마3:3, 막1:3, 눅3:4, 요1:23, 행5:14, 9:10, 롬10: 13, 12:11, 고전1:31, 6:13, 갈1:19, 골1:10.

☞**주**(마1:20, 요1:23, 고전7:12), **주인**(마6:24, 눅6:5, 요15:15), **상전**(마10:24, 25, 엡6:5), **아버지**(마21:30), **구주**(눅2:11), **임자**(눅19:33), **하나님**(행13:48), **선생**(행16:30), **주재**(행17:24), **그리스도**(엡5:29), **만주**(계19:16).

2963. κυριότης [küriŏtēs][4회] 퀴리오테스

명 2962에서 유래:

1) 주의 본성.

2) 통치권, 주권, 벧후2:10, 유1:8.

3) 지배권, 통치권, 엡1:21, 골1:16.

☞**주권**(엡1:21, 골1:16), **권위**(유1:8), **주관하는 이**(벧후2:10).

2964. κυρόω [kürŏō][2회] 퀴로오

동 제1부정과거 ἐκύρωσα, 완료 수동태분사 κεκυρωμένος, 2962와 동일어에서 유래:

1) 확인하다, 확정하다, 비준하다, 재가하다, 갈3:15.

2) 맺다, 체결하다, 고후2:8.

☞**나타내다**(고후2:8), **정하다**(갈3:15).

2965. κύων, κυνός, ὁ [küōn][5회] 퀴온

명 [기본형]

1) [문자적으로] 마7:6, 눅16:21, 벧후2:22.

2) [비유적으로] 빌3:2, 계22:15.

☞**개**(마7:6, 눅16:21, 계22:15).

2966. κῶλον, ου, τό [kōlŏn][1회] 콜론

명 2849의 어간에서 유래: (신체의) 사지, 수족, 지체, 시체, 히3:17.

☞**시체**(히3:17).

2967. κωλύω [kōlüō][23회] 콜뤼오

동 미완료 ἐκώλυον, 제1부정과거 ἐ- κώλυσα, 제1부정과거 수동태 ἐκωλύ- θην, 2849의 어간에서 유래:

1) [인격적 존재에 대해서] 금하다, 막다, 못하게 하다, 막9:38,39, 눅9:50, 행11:17, 히7:23.

2) [사물에 대해서] 고전14:39, 딤전4:3, 벧후2:16.

3) 거부하다, 거절하다, 눅6:29, 행10:47.

☞**금하다**(마19:14, 눅23:2, 살전2:16), **막다**(눅11:52), **거리끼다**(행8:36), **막히다**(롬1: 13), **못하다**(히7:23), **저지하다**(벧후2:16).

2968. κώμη, ης, ἡ [kōmē][27회] 코메

명 2749에서 유래: 마을, 촌락, 작은 도시.

1) [문자적으로] 마9:35, 막6:36, 눅9:12, 요11:1.

2) [비유적으로] 마을 주민들, 행8:25.

☞**마을**(마9:35, 막6:56, 요11:1).

2969. κωμόπολις, εως, ἡ [kōmŏpŏlis][1회] 코모폴리스

명 여 2968과 4172에서 유래: 시골동네, 막1:38.

☞**마을**(막1:38).

2970. κῶμος, ου, ὁ [kōmŏs][3회] 코모스

명 남 2749에서 유래: 술마시기, 떠들기, 롬13:13, 갈5:21, 벧전4:3.

☞**방탕**(롬13:13, 벧전4:3), **방탕함**(갈5:21).

2971. κώνωψ, ωπος, ὁ [kōnōps][1회] 코놉스

명 남 2795의 어간과 3700의 파생어에서 유래: 모기, 각다귀, 마23:24.

☞**하루살이**(마23:24).

2972. Κῶς, Κῶ, ἡ [Kōs][1회] 코스

고명 불확실한 어원에서 유래: 지중해의 한 섬 '고스', 행21:1.

☞**고스**(행21:1).

2973. Κωσάμ [Kōsam][1회] 코삼

고명 히브리어 7081과 비교: 한 이스라엘 사람 '고삼', 눅3:28.

☞**고삼**(눅3:28).

2974. κωφός, ἡ, όν [kōphŏs][14회] 코포스

형 2875에서 유래: 둔한, 무딘, 예민하지 못한.

1) 벙어리의, 마9:32, 12:22, 15:30,31, 눅1:22, 11:14.

2) 귀먹은, 마11:5, 막7:32,37, 9:25, 눅7:22.

3) 귀먹고 말못하는.

☞**말 더듬는**(막7:32), **말 못하는**(마9:32, 막9:25, 눅11:14), **못 듣는**(마11:5, 눅7:22).

K

Λ, λ

2975. λαγχάνω [langchanō][4회] **랑카노**
동 제2부정과거 ἔλαχον, 제2부정과거 가정법 λάχω, 제2부정과거 분사 λαχών:
1) 받다, 얻다, 행1:17, 벧후1:1.
2) 제비뽑아 지명되다, 택정되다, 눅1:9.
3) 제비뽑다, 요19:24.
☞**제비뽑다**(눅1:9, 요19:24), **맡다**(행1:17), **받다**(벧후1:1).

2976. Λάζαρος, ου, ὁ [Lazarŏs][15회] **라자로스**
고명 히브리어 499에서 유래: '나사로'.
1) 마리아와 마르다의 동생, 요11:1,2,5, 11,14,43, 12:1,2,9,10,17.
2) 거지 나사로, 눅16: 20.
☞**나사로**(요11:1,2,5, 12:1,9,17, 눅16:20).

2977. λάθρα [lathra][4회] **라드라**
부 2990에서 유래: 비밀히, 몰래, 가만히, 마1:19, 2:7, 요11:28, 행16:37.
☞**가만히**(마1:19, 요11:28, 행16:37), **자세히**(마2:7).

2978. λαῖλαψ, απος, ἡ [lailaps][3회] **라이랍스**
명 불확실한 파생어에서 유래: 회리바람, 폭풍, 태풍, 막4:37, 눅8:23, 벧후2:17.
☞**광풍**(막4:37, 눅8:23, 벧후2:17).

2979. λακτίζω [laktizō][1회] **락티조**
동 λάξ에서 유래: 발로 차다, 행9:5, 26:14.
☞**박해하다**(행9:5, 26:14).

2980. λαλέω [lalĕō][296회] **랄레오**
동 미완료 ἐλάλουν, 미래 λαλήσω, 제1부정과거 ἐλάλησα, 완료 λελάλη- κα, 완료 수동태 λελάλημαι, 제1부정과거 수동태 ἐλαλήθην, 미래 수동태 λαληθήσομαι 사용되지 않는 어원의 연장형:
1) [무생물에 대해서] 소리를 내다, 히12: 24, 계10:4.
2) [인격존재에 대해서]
① 말하다, 마9:33, 12:22, 막1:34, 7: 37, 눅1:20, 24:44, 행18:9, 약1:19, 2:12.
② [타동사] 말하다, 주장하다, 언명하다, 마10:19, 막13:11, 요12:49.
☞**말씀하다**(마9:18, 눅1:70), **말하다**(마10:19, 막14:9, 딛2:15, 계10:3,4), **이르다**(마14:27, 눅2:20), **이야기하다**(눅9:11), **전하다**(요14:25), **가르치다**(막4:33), **화답하다**(엡5:19), **말을 하다**(유16).

2981. λαλιά, ᾶς, ἡ [lalia][3회] **랄리아**
명 2980에서 유래:
1) 말, 연설, 요4:42.
2) 말씨, 말투, 마26:73, 요8:43.
☞**말소리**(마26:73), **말**(막14:70, 요4:42, 8:43).

2982. λαμά [lama][1회] **라마**
부 히브리어 4100에서 유래: 어찌하여, 마27:46, 막15:34.
☞**라마, 어찌하여**(마27:46, 막15:34).

2983. λαμβάνω [lambanō][260회] **람바노**
동 미완료 ἐλάμβανον, 미래 λήμψο- μαι, 제2부정과거 ἔλαβον, 명령 λά- βε, 완료 εἴληφα, 완료분사 εἰληφώς, 완료수동태 3인칭단수 εἴληπται, 어떤 시제에서는 대체어로만 사용되는 기본동사의 연장형:
1) [능동적으로] 취하다, 가지다.
① 손에 들다, 쥐다, 잡다, 마26:26, 막14:22, 행27:35, 계5:8,9, 받다, 마26:26.
② 가져가다, 옮겨가다, 치우다, 걷어치우다, 마27:6, 계3:11, 6:4.
③ 가지다, 차지하다, 얻다, 마5:40, 눅19:12, 요3:27.
㉠ 붙들다, 잡다, 마21:35, 막12:3,8.
㉡ 사로잡다, 덮치다, 눅5:26.
㉢ 이용하다, 속이다, 고후11:20.
④ 받다, 영수하다, 징수하다, 마17:24, 21:34, 막12:2, 요5:34, 히7:8,9.
⑤ 받아들이다, 영접하다, 모시다, 마13:20, 막4:16, 요6:21, 12:48, 19: 27.
2) [수동적으로] 얻다, 받다, 마7:8, 눅11:10, 요16:24.
☞**얻다**(행3:5), **담당하다**(마8:17), **받다**(마10:8, 막12:40, 행2:33), **지다**(마10:38), **영접하다**(마10:41, 요5:43, 13:20), **가지다**(마14: 19, 막14:23, 요21:13), **취하다**(마15:26, 막12: 21, 요19:23), **가**

져가다(마16:5), **가져오다**(마16:7), **줍다**(마16:9,10), **잡다**(마21:35,39), **걸리다**(마22:15), **들다**(마25:1), **담다**(마25: 4), **거두다**(마27:6), **빼앗다**(마27:30, 고후11:20), **데리다**(막9:36), **입다**(요13:12), **모시다**(요19:27), **받게 하다**(행8:19), **먹다**(행9: 19), **이어받다**(행24:27), **있다**(행25:16), **받아 가지다**(행26:10), **얻게 하다**(행26:18), **타다**(롬7:8), **감당하다**(고전10:13), **세우다**(고전14:5), **받게 하려하다**(갈3:14), **기다리다**(약5:7), **제하다**(계6:4).

2984. Λάμεχ, ὁ [Laměch][1회] 라메크

고명 히브리어 3929에서 유래: 고대의 족장 '라멕', 눅3:36.

☞**라멕**(눅3:36).

2985. λαμπάς, άδος, ἡ [lampas][9회] 람파스

명 2989에서 유래:

1) 횃불, 요18:3, 계4:5, 8:10.

2) 등, 마25:1,3,4,7,8, 행20:8.

☞**등**(마25:1,4, 요18:3), **등불**(행20:8, 계4:5), **횃불**(계8:10).

2986. λαμπρός, ά, όν [lamprŏs][9회] 람프로스

형 2985와 동일어에서 유래: 빛나는, 번쩍이는, 찬란한.

1) [전체에 대해서] 계22:16.

2) [옷에 대해] 눅23:11, 행10:30, 계19:8.

3) [물에 대해] 맑은, 투명한, 계22:1.

4) [명사로 사용할 때] 빛남, 광채, 계18:14.

☞**빛난**(눅23:11, 행10:30, 계15:6), **아름다운**(약2:2,3), **맑은**(계22:1), **광명한**(계22:16).

2987. λαμπρότης, ητος, ἡ [lamprŏtēs][1회] 람프로테스

명 여 2896에서 유래: 찬란함, 광채, 빛남, 행26:13.

☞**밝은 빛**(행26:13).

2988. λαμπρῶς [lamprōs][1회] 람프로스

부 2896에서 유래: 호화스럽게, 굉장하게, 훌륭하게, 눅16:19.

☞**호화롭게**(눅16:19).

2989. λάμπω [lampō][7회] 람포

동 [기본형] 미래 λάμψω, 제1부정과거 ἔλαμψα:

1) [문자적으로]

① 비치다, 번쩍이다, 마5:15, 눅17:24.

② 빛을 발하다, 광채를 내다, 마17:2, 행12:7, 고후4:6.

2) [비유적으로] 마5:16, 고후4:6.

☞**비치다**(마5:15, 고후4:6), **비치게 하다**(마5:16), **빛나다**(마17:2, 행12:7).

2990. λανθάνω [lanthanō][6회] 란다노

동 제2부정과거 ἔλαθον, 어떤 시제에서는 대체어로만 사용되는 기본동사의 연장형: 숨어 있다, 눈에 띄지 않다, 막7:24, 눅8:47, 행26:26, 히13:2, 벧후3:5,8.

☞**숨기다**(막7:24, 눅8:47), **알지 못하다**(행26:26), **잊다**(벧후3:5,8). **[부] 부지중에**(히13:2).

2991. λαξευτός, ἡ, όν [laxĕutŏs][1회] 락슈토스

형 λᾶς '돌'과 3584의 어간의 합성어에서 유래: 쪼아 만든, 까서 만든, 뚫어 만든, 눅23:53.

☞**(바위에) 판**(눅23:53).

2992. λαός, οῦ, ὁ [laŏs][142회] 라오스

명 [기본형으로 보임] 백성.

1) [일반적으로]

① 대중, 군중, 무리, 마27:25, 눅1:21, 요8:2, 행3:9.

② 인민, 민중, 사람들, 마4:23, 27:64, 행6:8.

③ 백성, 마26:5, 막14:2.

㉠ [바리새인과 대조] 눅7:29.

㉡ [제사장과 대조] 히2:17, 5:3, 7: 5,27.

2) 나라의 백성, 눅2:31, 계5:9, 13:7.

3) 하나님의 백성.

① 이스라엘, 행3:23, 7:17, 벧후2:1.

② [그리스도인을 가리키는 경우] 행15:14, 롬9:25, 히4:9, 벧전2:9,10.

☞**백성**(마1:21, 막11:32, 행3:9), **만민**(눅2:31), **사람**(눅8:47, 행5:13), **족속**(행4:25), **민간**(행5:12, 6:8), **이스라엘**(행26:17).

2993. Λαοδίκεια, ας, ἡ [Laŏdikĕia][6회] 라오디케이아

고명 2992와 1349의 합성어에서 유래: 소아시아의 한 장소 '라오디게아', 골2:1, 4:13, 계1:11.

☞**라오디게아**(골2:1, 계1:11, 3:14).

2994. Λαοδικεύς, έως, ὁ [Laŏdikĕus][1회] 라오디큐스

명 2993에서 유래: '라오디게아인', 골4:16.

☞**라오디게아인**(골4:16).

2995. λάρυγξ, γγος, ὁ [larüngx][1회] **라룅크스**

명 불확실한 파생어: 목구멍, 롬3:13.

☞**목구멍**(롬3:13).

2996. Λασαία, ας or Λασέα, ας, ἡ [La- saia][1회] **라사이아**

고명 유래가 불확실함: 그레데 섬 남쪽 해안에 있는 도시 '라새아', 행27:8.

☞**라새아**(행27:8).

2997. λάσχω [laschō] **라스코**

동 [기본형] 제1부정과거 ἐλάκησα, 기본동사의 강세형: 부서지다, 파괴되다, 추락하다, 깨지다, 행1:18.

☞**터지다**(행1:18).

2998. λατομέω [latŏmĕō][2회] **라토메오**

동 제1부정과거 ἐλατόμησα, 완료수동태분사 λελατομημένος, 2991의 동일어간과 5114의 어간에서 유래: 돌을 쪼아내다, 캐내다, 마27:60, 막15:46.

☞**파다**(마27:60, 막15:46).

2999. λατρεία, ας, ἡ [latrĕia][5회] **라트레이아**

명 3000에서 유래: 섬김, 예배, 요16:2, 롬9:4, 12:1, 히9:6.

☞**섬기는 일, 예식**(요16:2, 히9:6), **예배**(롬9:4, 12:1), **섬기는 예법**(히9:1).

3000. λατρεύω [latrĕuō][21회] **라트류오**

동 미래 λατρεύσω, 제1부정과거 ἐλά- τρευσα, λάτρις '고용된 하인'에서 유래:

1) 섬기다, 마4:10, 눅4:8, 행7:7, 롬1:25.
2) 예배하다, 빌3:3, 히9:9, 10:2.

☞**섬기다**(마4:10, 행7:7, 딤후1:3), **봉사하다**(빌3:3), **받들다**(행26:7).

3001. λάχανον, ου, τό [lachanōn][4회] **라카논**

명 λαχαίνω에서 유래: 채소, 푸성귀, 마13:32, 막4:32, 눅11:42, 롬14:2.

☞**풀**(마13:32, 막4:32), **채소**(눅11:42, 롬14:2).

3002. Λεββαῖος, ου, ὁ [Lĕbbaiŏs] **렙바이오스**

고명 유래가 불확실함: 다대오의 다른 이름, 한 기독교인 '레배오'.

☞**다대오.**

3003. λεγιών, ῶνος, ἡ [lĕgiōn][4회] **레기온**

명 라틴어에서 유래: '레기온'[로마 군대를 말함], 마26:53, 막5:9,15, 눅8:30.

☞**군단**(마26:53), **군대**(막5:9,15, 눅8:30).

3004. λέγω [lĕgō][2262회] **레고**

동 [기본형] 미완료 ἔλεγον, 제2부정과거 εἶπον: 말하다.

1) [일반적으로] 글로 말하다, 표현하다, 이야기하다.
2) [특수한 의미로]
   ① 묻다, 마9:14, 막5:30.
   ② 대답하다, 마17:25, 막8:24, 요1:21.
   ③ 명령하다, 이르다, 지시하다, 눅6:46, 요2:5, 행19:4, 계2:1.
   ④ 확언하다, 주장하다, 언명하다, 마11:22, 막11:24, 눅4:25.
   ⑤ 선언하다, 선포하다, 주장하다, 마22:23, 막12:18, 눅20:41, 롬15:8, 갈4:1.
   ⑥ 고하다, 보고하다, 막7:37, 눅9:31, 행1:3, 엡5:12.
   ⑦ 부르다, ~라고 부르다, 막10:18, 눅18:19, 요5:18. [주] [수동] 불리다, 마13:55, 히11:24.

☞**칭하다**(마1:16, 눅20:37), **말씀하다**(마2: 15, 눅11:45, 요2:22), **이르다**(마5:18), **말하다**(마6:29, 12:38, 요8:25), **대답하다**(마13: 51, 요9:17), **논의하다**(마16:7), **여쭙다**(마19: 7, 26:22, 막1:30), 묻다(마22:35, 막8:29), **일컫다**(행15:17), **고발하다**(롬11:2), **고하다**(막9:5, 행5:25). **[명] 말**(막13:37, 14:58, 행15: 24), **대답**(롬11:4).

3005. λεῖμμα, ατος, τό [lĕimma][1회] **레임마**

명 3007에서 유래: 남은 것, 나머지, 롬11:5.

☞**남은 자**(롬11:5).

3006. λεῖος, α, ον [lĕiŏs][1회] **레이오스**

형 기본형으로 보임: 평평한, 눅3:5.

☞**평탄한**(눅3:5).

3007. λείπω [lĕipō][6회] **레이포**

동 [기본형] 제2부정과거 ἔλιπον, 가정법 3인칭단수 λίπῃ:

1) [타동사] 남겨두다, 두고 가다.
   ① 남아 있다, 떨어져 있다, 모자라다, ~보다 못하다, 약1:4.
   ② ~이 없다, 부족하다, 약1:5, 2:15.
2) [자동사] 결핍되다.

☞**부족하다**(눅18:22, 딛3:13), **헐벗다**(약2:15).

3008. λειτουργέω [lĕitŏurgĕō][3회] **레이투르게오**

Λ

동 미완료 ἐλειτούργουν, 제1부정과거 ἐλειτούργησα, 3011에서 유래: 공무를 수행하다, 공무에 봉사하다.
1) [제사장, 레위인이 성전에서 수행하는 봉사] 히10:11.
2) [비유적으로] [종교인이 하나님을 섬기는 방도] 행13:2.
3) 섬기다, 롬15:27.
☞**섬기다**(행13:2, 롬15:27, 히10:11).

3009. λειτουργία, ας, ἡ [lĕitŏurgia][6회] **레이투르기아**
명 3008에서 유래: 봉사.
1) 의식적 봉사, 제사장의 임무, 눅1:23, 히8:6, 9:21.
2) 하나님께 대한 기타의 봉사, 고후9:12, 빌2:17,30.
☞**직무**(눅1:23, 고후9:12), **일**(빌2:30), **섬기는 일**(히9:21), **직분**(히8:6), **섬김**(빌2:17).

Λ

3010. λειτουργικός, ή, όν [lĕitŏurgi- kŏs][1회] **레이투르기코스**
형 3008과 동일어에서 유래: 봉사의, 봉사하는 일의, 히1:14.
☞**섬기는**(히1:14).

3011. λειτουργός, οῦ, ὁ [lĕitŏurgŏs][5회] **레이투르고스**
명 2992와 2041의 파생어에서 유래: 종.
1) [문자적으로] 하나님의 종, 롬13:6.
① [천사를 가리켜서] 히1:7.
② [제사장을 가리켜서] 히8:2, 바울, 롬15:16.
2) [비유적으로] 빌2:25.
☞**일꾼**(롬13:6, 15:16), **사역자**(히1:7), **섬기는 이**(히8:2), **돕는 자**(빌2:25).

3012. λέντιον, ου, τό [lĕntiŏn][2회] **렌티온**
명 라틴어에서 유래: 아마포, 수건, 요13:4,5.
☞**수건**(요13:4,5).

3013. λεπίς, ίδος, ἡ [lĕpis][1회] **레피스**
명 λέπω '껍질을 벗기다'에서 유래: 비늘, 행9:18.
☞**비늘**(행9:18).

3014. λέπρα, ας, ἡ [lĕpra][4회] **레프라**
명 3013과 동일어에서 유래: 문둥병, 나병, 마8:3, 막1:42, 눅5:12,13.
☞**나병**(마8:3, 막1:42, 눅5:13).

3015. λεπρός, ά, όν [lĕprŏs][9회] **레프로스**
형 3014와 동일어에서 유래: 나병에 걸린, 마8:2, 10:8, 11:5, 막1:40, 눅4:27, 7:22, 17:12.
☞**나병환자**(마8:2, 막1:40, 눅17:12, 마10:8, 막14:3, 눅7:22).

3016. λεπτός, ή, όν [lĕptŏs][3회] **렙토스**
형 3013과 동일어의 파생어: 작은, 가벼운, 엷은, 막12:42, 눅12:59, 21:2.
☞**렙돈**(막12:42, 눅21:2), **한 푼**(눅12:59).

3017. Λευί(לֵוִי), ὁ [Lĕuï][6회] **류이**
고명 히브리어 3878에서 유래: '레위'.
야곱의 아들, 히7:5,9.
☞**레위**(히7:9).

3018. Λευΐς [Lĕuïs] [6회] **류이스**
고명 3017에서 유래: 한 기독교인 '레위', 막2:14, 눅3:29.
1) 멜기의 아들, 눅3:24.
2) 시므온의 아들, 눅3:29.
3) 예수의 제자, 막2:14, 눅5:27,29.
☞**레위**(눅3:24).

3019. Λευίτης, ου, ὁ [Lĕuïtēs][3회] **류이테스**
명 3017에서 유래: 레위 사람, 눅10:32, 요1:19, 행4:36.
☞**레위인**(눅10:32, 요1:19, 행4:36).

3020. Λευιτικός, ή, όν [Lĕuïtikŏs][1회] **류이티코스**
형 3019에서 유래: 레위의, 레위적, 히7:11.
☞**레위 계통의**(히7:11).

3021. λευκαίνω [lĕukainō][2회] **류카이노**
동 제1부정과거 ἐλεύκανα, 제1부정과거 부정사 λευκᾶναι, 3022에서 유래: 희게 하다.
1) [문자적으로] 막9:3.
2) [비유적으로] 계7:14.
☞**희게 하다**(막9:3, 계7:14).

3022. λευκός, ή, όν [lĕukŏs][25회] **류코스**
형 λύκη '빛나다'에서 유래:
1) 빛나는, 밝은, 광채가 나는, 찬란한, 마17:2.
2) 흰, 하얀.
① [머리칼] 마5:36, 계1:14.
② [염소 가죽].
③ [수정] 계2:17.
④ [양털] 계1:14.
⑤ [상징적인 흰 말] 계6:2, 19:11.
⑥ [상징적인 괴물].
⑦ [구름] 계14:14.

⑧ [돌].
⑨ [의자].
⑩ [추수할 때가 된 들판] 요4:35.
⑪ [산].
⑫ [바위].
⑬ [보좌] 계20:11.
⑭ [옷] 막9:3, 16:5, 행1:10, 계3:5,18, 4:4, 6:11, 7:9,13.

☞**흰**(마5:36, 요20:12, 계1:14), **백마**(계19:11).

3023. λέων, οντος, ὁ [lĕōn][9회] 레온

명 [기본형] 사자.
1) [문자적으로] 히11:33, 벧전5:8, 계4:7.
2) [비유적으로] 딤후4:17, 계5:5.

☞**사자(獅子)**(딤후4:17, 히11:33, 벧전5:8), **(구세주)**(계5:5).

3024. λήθη, ης, ἡ [lēthē][1회] 레데

명 2990에서 유래: 건망증, 벧후1:9.

☞**잊음**(벧후1:9).

3025. ληνός, οῦ, ἡ [lēnŏs][5회] 레노스

명 기본형으로 보임: 포도주 짜는 틀, 마21:33, 계14:20, 19:15.

☞**즙 짜는 틀**(마21:33), **틀**(계14:19,20), **포도주 틀**(계19:15).

3026. λῆρος, ου, ὁ [lērŏs][1회] 레로스

명 기본형으로 보임: 잡담, 헛소리, 쓸데없는 이야기, 눅24:11.

☞**허탄한[헛된, 공허한] 이야기**(눅24:11).

3027. λῃστής, οῦ, ὁ [lēlstēs][15회] 레스테스

명 ληΐζομαι '노획하다'에서 유래:
1) 강도, 도둑, 노상강도, 눅10:30, 고후11:26, [십자가에 못 박힌] 강도, 마27:38,44, 막15:27.
2) 폭도, 반도[바라바와 같은], 마26:55, 막14:48, 눅22:52, 요18:40.

☞**강도**(마21:13, 막11:17, 고후11:26).

3028. λῆψις [lēpsis][1회] 렙시스

명 2983에서 유래: 받은 일, 받음, 빌4:15.

☞**받음**(빌4:15).

3029. λίαν [lian][12회] 리안

부 불확실한 유사어에서 유래: 매우, 대단히, 굉장히, 상당히.
1) [동사와 함께]
① λ. ἀντέστη: 그는 열렬히 반대했다, 딤후4:15.
② ἐθυμώθη λ.: 그는 매우 화가 났다, 마2:16.
③ ἔκλαυ- σα λ.: 나는 몹시 울었다.
2) [형용사와 함께]
① [속성을 나타냄]
㉠ ὄρος ὑψηλὸν λ.: 매우 높은, 마4:8.
㉡ χα- λεποὶ λ.: 매우 위험한, 마8:28.
② [술어로 쓰일 경우] αἰσχρὰ καὶ λ. α- ἰσχρά: 몹시 수치스런.
3) [또다른 부사와 함께]
① [뒤에 나올 경우] πρωΐ ἔννυχα λ.: 아침 일찍, 어둠이 가시기 전에, 막1:35.
② [앞에 나올 경우] λ. πρωΐ: 꼭두새벽에, 막16:2.

☞**심히**(마2:16, 딤후4:15), **지극히**(마4:8, 고후11:5, 12:11), **아직도**(막1:35), **매우**(막9:3, 16:2).

Λ

3030. λίβανος, ου, ὁ [libanŏs][2회] 리바노스

명 외래어에서 유래[히브리어 3828 참고]: 유향[아라비아에서 자라나는 여러 종류의 나무로부터 추출한 하얀 진액으로 의료용이나 제사용으로 쓰임], 계18:13.

☞**유향**(마2:11, 계18:13).

3031. λιβανωτός, οῦ, ὁ [libanōtŏs][2회] 리바노토스

명 3030에서 유래:
1) 유향, 향.
2) 향로, 계8:3,5.

☞**향로**(계8:3,5).

3032. Λιβερτῖνος, ου, ὁ [Libĕrtinŏs][1회] 리베르티노스

명 라틴어: 자유인, 행6:9.

☞**자유민**(행6:9).

3033. Λιβύη, ης, ἡ [Libüē][1회] 리뷔에

고명 3047에서 유래한 듯: 애굽과 구레네 사이에 있는 북아프리카의 지방 이름 '리비아', 행2:10.

☞**리비아**(행2:10).

3034. λιθάζω [lithazō][9회] 리다조

동 제1부정과거 ἐλίθασα, 제1부정과거 수동태 ἐλιθάσθην, 3037에서 유래: 돌로 치다, 돌로 쳐죽이다, 요8:5, 10:31- 33, 행14:19, 고후11:25, 히11:37.

☞**돌을 던지다, 돌로 쳐죽이다**(요10:31, 행14:19, 고후11:25).

3035. λίθινος, ίνη, ον [lithinŏs][3회] 리디노스

형 3037에서 유래: 돌로 된, 돌로 만든, 요2:6, 고후3:3, 계9:20.

☞**돌로 만들어진**(요2:6, 고후3:3).

3036. λιθοβολέω [lithŏbŏlĕō][7회]
리도볼레오

동 미완료 ἐλιθοβόλουν, 제1부정과거 ἐλιθοβόλησα, 미래 수동태 λιθο- βοληθήσομαι, 3037과 906의 합성어에서 유래:

1) 돌을 던지다, 마21:35, 막12:4, 행14:5.
2) 돌로 쳐죽이다, 마23:37, 눅13:34, 행7:58,59, 히12:20.

☞**돌로 치다**(마21:35, 요8:5, 행14:5).

3037. λίθος, ου, ὁ [lithŏs][59회] **리도스**

명 [기본형] 돌:

1) [문자적으로]
   ① [일반적인] 돌, 마3:9, 막5:5, 눅3: 8, 요8:7.
   ② [건축에 쓰이는] 돌, 마24:2, 막13: 1, 눅19:44.
   ③ 보석[금, 은, 진주 이외의 것], 고전3:12, 계17:4, 18:12.
   ④ 맷돌, 눅17:2, 계18:21.
   ⑤ 무덤을 막은 큰 돌, 막15:46, 마27:60,66, 눅24:2, 요11:38, 고후3:7.
   ⑥ 돌우상, 행17:29.
2) [비유적] 그리스도, 그리스도인, 막12:10, 마21:42, 눅20:17, 롬9:32, 벧전2:4,5.

☞**돌**(마3:9, 눅24:2, 계18:21), **벽옥**(계21:11), **맷돌**(막9:42), **아름다운 돌**(눅21:5), **보석**(고전3:12), **홍보석**(계4:3), **(건축)돌**(막13:1), **산 돌**(벧전2:4).

3038. λιθόστρωτος, ον [lithŏstrōtŏs][1회]
리쏘스트로토스

형 3037과 4766의 파생어에서 유래: 돌을 깐, 돌을 편, 돌로 포장한, 요19:13.

☞**돌을 깐, 돌로 포장한, 박석**(요19:13).

3039. λικμάω [likmaō][2회] **릭마오**

동 λικμός에서 유래:

1) 까부르다, 키질하다.
2) 흩다, 헤치다, 눌러 터뜨리다, 부수다, 마21:44, 눅20:18.

☞**가루로 만들다**(마21:44, 눅20:18).

3040. λιμήν, ένος, ὁ [limēn][3회] **리멘**

명 기본형으로 보임: 항구, 포구, 행27: 8,12.

☞**미항**(행27:8), **항구**(행27:12).

3041. λίμνη, ης, ἡ [limnē][11회] **림네**

명 3040에서 유래한 것으로 보임:

1) 호수, 눅5:1, 계20:14,15.
   ① [게네사렛 호수] 눅5:1.
   ② [불못] 계20:14.
   ③ [불과 유황못] 계20: 10. 2)못.

☞**호수**(눅5:1, 8:33), **못**(계19:20, 21:8).

3042. λιμός, οῦ, ὁ and ἡ [limŏs][12회] **리모스**

명 3007에서 유래한 듯:

1) 굶주림, 배고픔, 눅15:17, 롬8:35, 고후11:27.
2) 기근, 마24:7, 막13:8, 눅4:25, 21:11, 행7:11.

☞**기근**(마24:7, 눅21:11, 롬8:35), **흉년**(눅4: 25, 행7:11, 계6:8), **주림**(눅15:17, 고후11:27).

3043. λίνον, ου, τό [linŏn][2회] **리논**

명 기본형으로 보임: 삼, 삼베.

1) 심지, 마12:20.
2) 삼베, 옷, 계15:6.
3) 그물, 어망.

☞**(등불의) 심지**(마12:20), **세마포**(계15:6).

3044. Λίνος, ου, ὁ [Linŏs][1회] **리노스**

고명 3043에서 유래한 듯: 한 기독교인 '리노', 딤후4:21.

☞**리노**(딤후4:21).

3045. λιπαρός, ά, όν [liparŏs][1회] **리파로스**

형 λίπος '지방질'에서 유래: 기름진.

1) 부요한.
2) 화려한, 찬란한, 값비싼, 계18:14.

☞**맛있는**(계18:14).

3046. λίτρα, ας, ἡ [litra][2회] **리트라**

명 라틴어에서 유래: 근[로마의 중량 단위], 327.45그램 요12:3, 19:39.

☞**근**(요12:3).

3047. λίψ, λιβός, acc. λίβα, ὁ [lips][1회]
립스

명 λείβω '제사술을 붓다'에서 유래: 남서쪽[항구의], 행27:12.

☞**서남쪽, 서남풍**(행27:12).

3048. λογεία, ας, ἡ [lŏgĕia][2회] **로게이아**

명 3056에서 유래: 수집, 수금, 모집, 고전16:1,2.

☞**연보**(고전16:1,2).

3049. λογίζομαι [lŏgizŏmai][41회]
로기조마이

동 중간태. 미완료 ἐλογιζόμην, 제1부정과거 ἐλογισάμην, 제1부정과거수동태 ἐλογίσθην, 미래 수동태 λο- γισθήσομαι, 3056에서 유래:

1) 세다, 계산하다.
① 계산에 넣다, 고려하다, 롬4:8, 고전13:5, 고후5:19.
② 돌리다, 생각하다, 롬4:3,5,9, 갈3: 6, 약2:23.
③ 여기다, 생각하다, 평가하다, 행19: 27, 롬9:8.
④ 축에 넣다, 취급하다, 막15:28, 눅22:37.
2) 심사숙고하다, 생각해보다, 요11: 50, 고후10:11, 히11:19.
① 마음먹다, 제의하다, 목적하다, 고후3:5, 10:2.
② 추리하다, 계획하다, 고전13:11.
3) ~라고 생각하다, 믿다, 의견을 가지다, 롬8:18, 고후11:5, 빌3:13, 벧전5:12.

☞**의논하다**(막11:31), **여기다**(눅22:37, 롬2: 26), **행하다**(롬2:3), **알다**(벧전5:12), **생각하다**(고전13:5, 고후10:7), **돌리다**(고후5:19), **정하다**(갈3:6), **인정하다**(롬4:8), **대하다**(고후10:2).

3050. λογικός, ή, όν [lŏgikŏs][2회] 로기코스

형 3050에서 유래: 합리적인, 영적인, 롬12:1, 벧전2:2.

☞**영적**(롬12:1), **신령한**(벧전2:2).

3051. λόγιον, ου, τό [lŏgiŏn][4회] 로기온

명 3052의 중성: 말씀, 행7:38, 롬3:2, 히5:12, 벧전4:11.

☞**말씀**(행7:38, 롬3:2, 히5:12, 벧전4:11).

3052. λόγιος, ία, ιον [lŏgiŏs][1회] 로기오스

형 3056에서 유래: 말 잘하는, 학식이 있는, 유식한, 행18:24.

☞**학문이 많은**(행18:24).

3053. λογισμός, οῦ, ὁ [lŏgismŏs][2회] 로기스모스

명 3049에서 유래:

1) 계산, 논의, 사색, 반성, 롬2:15, 고후10:4.
2) 사고력.

☞**생각**(롬2:15, 고후10:4).

3054. λογομαχέω [lŏgŏmachĕō][1회] 로고마케오

동 3056과 3146의 합성어에서 유래: 말싸움을 하다, 말씨름을 하다, 딤후2:14.

☞**말다툼하다**(딤후2:14).

3055. λογομαχία, ας, ἡ [lŏgŏmachia][1회] 로고마키아

명 3054와 동일어에서 유래: 논쟁, 말싸움, 말씨름, 딤전6:4, 딛3:9.

☞**언쟁**(딤전6:4).

3056. λόγος, ου, ὁ [lŏgŏs][330회] 로고스

명 3004에서 유래:

1. 말하기.
1) [일반용법]
① 말[반 ἔργον: '행동'], 눅24:19. [주] 롬15:18, 고후10:11, 골3:17, 살후2:17, 요일3:18 참고.
② [문맥에 따라 의미 변화]
㉠ 너의 말, 마5:37.
㉡ 설명, 눅20:20.
㉢ 질문, ἐ- ρωτήσω ὑμᾶς λόγον: 내가 네게 물을 것이다, 마21:24.
㉣ 기도, 마26:44, 막14:39.
㉤ 예언, 요2:22, 18:32.
㉥ 명령, 계명, 눅4:36, 벧후3:5,7.
㉦ 보고, 소문, 이야기, 마28:15, 막1: 45, 눅5:15.
㉧ 잠언, 속담, 요4:37.
㉨ 선포, 교훈, 훈계, 가르침, 눅4:32, 10:39, 요4:41, 17:20, 행2:41, 4: 4, 10:44, 고전1:17, 2:1.
③ [제한된 내용의 진술] 주장, 선언, 연설, 마12:32, 15:12, 막5:36, 7:29, 눅1:29, 요4:39, 행6:5, 7:29, 11:1, 살전4:15.
④ [복수로 쓰일 경우] 무성한 말, 마12:37, 24:35, 막13:31, 눅21:33, 행2:40, 7:22, 15:24, 20:35, 고전2: 4, 14:19.
⑤ 토론 주제, 문제, 일반적인 것, 막9: 10, 행8:21, 15:6.
2) [하나님의 계시]
① 하나님의 말씀, 행4:29,31, 13:46, 빌1:14, 히13:7, 계1:2.
② 복음, 눅5:1, 8:11,21, 11:28, 행6:2, 13:44, 16:32, 고전14:36, 고후2: 17, 4:2, 골1:25, 벧전1:23, 계1:9, 6:9.
③ 말씀, 마13:20, 막2:2, 4:14–20,33, 8:32, 16:20, 눅1:2, 8:12,15, 행6: 4, 8:4, 10:36, 11:19, 14:25, 16:6, 17:11,

Λ

18:5, 갈6:6, 골4:3, 살전1:6, 딤후4:2, 약1:21, 벧전2:8, 3:1, 요일2:7.

2. 셈, 계산.

1) 이야기, 설명, 롬14:12.

2) 정리, 해결, 청산, 빌4:15.

3) 존경, 안부, 존중, 관심, εἰς λόγον τινός: ~에 관하여, ~을 위하여.

4) 이유, 원인, 동기.

① τίνιλόγῳ: 무슨 이유로, 행10:29.

② κατά λόγον, 행18:14.

③ παρεκτόγου, 마5:32.

3. 도, 로고스, 말씀, 요일1:1, 계19:13.

☞**말**(마5:37, 눅1:20, 행2:22), **말씀**(마8:8, 막4:15, 행6:2, 11:19, 14:25, 살전1:6), **소리**(눅3:4), **소문**(눅7:17, 행11:22), **이야기**(눅24: 17), **글**(행1:1), **언변**(고전1:5), **모양**(골2: 23), **일**(행15:6, 18:15, 19:40), **고발**(행19: 38), **전도**(골4:3), **결산**(마18:23, 25:19), **전파**(막1: 45), **말씀**(막2:2, 요2:22, 행20:35), **고**(벧전4:5), **예언**(벧후1:19), **이유**(마5:32, 벧전3:15).

3057. λόγχη, ης, ἡ [lŏngchē][1회] 롱케

명 [기본형으로 보임]: 창, 작살, 마27:49, 요19:34[무기].

☞**창**(요19:34).

3058. λοιδορέω [lŏidŏrĕō][4회] 로이도레오

동 제1부정과거 ἐλοιδόρησα, 3060에서 유래: 욕하다, 꾸짖다, 요9:28, 행23:4, 고전4:12, 벧전2:23.

☞**모욕을 당하다**(고전4:12), **욕을 당하다**(벧전2:23), **욕하다**(요9:28, 행23:4).

3059. λοιδορία, ας, ἡ [lŏidŏria][3회] 로이도리아

명 3060에서 유래: 욕설, 책망, 딤전5:14, 벧전3:9.

☞**욕**(벧전3:9), **비방**(딤전5:14).

3060. λοίδορος, ου, ὁ [lŏidŏrŏs][2회] 로이도로스

명 λοιδός '해독'에서 유래: 욕하는 사람, 욕 잘하는 사람, 고전5:11, 6:10.

☞**모욕하는 자**(고전5:11, 6:10).

3061. λοιμός, οῦ, ὁ [lŏimŏs][2회] 로이모스

명 불확실한 유사어에서 유래: 악질, 유행병, 눅21:11.

☞**전염병**(눅21:11, 행24:5).

3062. λοιπος [lŏipŏi][55회] 로이포스

명 3007의 파생어의 남성 복수: 남은 사람들, 잔여, 남는 자, 마27:49, 계11:13.

☞**남은 자**(마22:6, 계11:13), **기타**(막4:19), **그 밖의**(빌1:13), **다른 사람**(눅8:10, 18:11), **다른 이**(엡2:3, 살전4:13, 5:6), **나머지**(행5:13, 딤전5:20, 계20:5), **다른 것**(눅24:10, 고전9:5, 벧후3:16).

3063. λοιπόν, ἡ, όν [lŏipŏs][55회] 로이폰

형 명 3062와 동일어; 남은:

1. 나머지, 남겨진.

1) [형용사] 다른, 계8:13.

2) [명사] 남은 사람, 계9:20, 11:13.

3) [형용사] 행2:37, 고전9:5, 고후12: 13, 갈2:13.

① [명사] 다른 사람들, 마22:6, 막16: 13, 눅8:10, 행5:13, 고후13:2.

② 다른 것들, 눅12:26, 고전11:34.

2. [부사적 용법]

1) [시간에 대해]

① 이후로는, 앞으로는, 장래에는, 고전7:29, 딤후4:8, 히10:13.

② 마침내, 행27:20.

2) 마지막으로, 끝으로, 그 외에, 그뿐 아니라, 고전1:16, 고후13:11, 빌3:1, 4:8, 살전4:1, 살후3:1.

☞**마지막**(고후13:11), **끝**(엡6:10, 빌4:8, 살전4:1).

3064. λοιποῦ [lŏipŏu] 로이푸

부 3062와 동일: 이제부터, 앞으로, 갈6:17.

☞**이후로는**(갈6:17).

3065. Λουκᾶς, ᾶ, ὁ [Lŏukas][3회] 루카스

고명 라틴어에서 유래한 축약형: 기독교인 '누가', 골4:14, 딤후4:11, 몬1:24.

☞**누가**(골4:14, 딤후4:11, 몬1:24).

3066. Λούκιος, ου, ὁ [Lŏukiŏs][2회] 루키오스

고명 라틴어에서 유래: 기독교인 '루 기오', 행13:1, 롬16:21.

☞**루기오**(행13:1, 롬16:21).

3067. λουτρόν, οῦ, τό [lŏutrŏn][2회] 루트론

명 3068에서 유래: 목욕, 씻음, 세례, 엡5:26, 딛3:5.

☞**씻음**(엡5:26, 딛3:5).

3068. λούω [lŏuō][5회] 루오

동 [기본형] 제1부정과거 ἔλουσα, 완료수동분사 λελουμένος: 씻다, 목욕 하다.

1) [능동] 행9:37, 16:33, 계1:5.

2) [중간]

① 자기 몸을 씻는다, 목욕하다, 요13: 10, 벧후2:22.
② 나를 위하여 ~을 씻는다, 히10:22.
☞**씻다**(요13:10, 행9:37, 벧후2:22), **씻기다**(행16:33).

3069. Λύδδα, ἡ [Lüdda][3회] **룻따**
고명 히브리어 3850에서 유래: 욥바에서 남동쪽으로, 101/2마일 지점에 위치한 도시 '룻다', 행9:32,35,38.
☞**룻다**(행9:32,35,38).

3070. Λυδία, ας, ἡ [Lüdia][2회] **뤼디아**
고명 Λύδιος의 여성형: 여성도 '루디아', 행16:14,40.
☞**루디아**(행16:14,40).

3071. Λυκαονία, ας, ἡ [Lükaŏnia][1회] **뤼카오니아**
고명 3074에서 유래된 것으로 보임: 소아시아의 한 지방 '루가오니아', 행14:6.
☞**루가오니아**(행14:6).

3072. Λυκαονιστί [Lükaŏnisti][1회] **뤼카오니스티**
부 3071에서 파생: 루가오니아 말로, 루가오니아적으로, 행14:11.
☞**루가오니아 방언으로**(행14:11).

3073. Λυκία, ας, ἡ [Lükia][1회] **뤼키아**
고명 3074와 연관된 듯함: 소아시아의 한 지방 '루기아', 행27:5.
☞**루기아**(행27:5).

3074. λύκος, ου, ὁ [lükŏs][6회] **뤼코스**
명 3022의 어간과 동일하게 보임: 이리.
1) [상징적으로] 마10:16, 눅10:3, 요10:12.
2) [비유적으로] 마7:15, 행20:29.
☞**이리**(마7:15, 요10:12, 행20:29).

3075. λυμαίνομαι [lümainŏmai][1회] **뤼마이노마이**
동 3089의 파생어에서 유래: 깨뜨리다, 폭행하다, 파괴하다, 행8:3.
☞**잔멸하다**(행8:3).

3076. λυπέω [lüpĕō][26회] **뤼페오**
동 제1부정과거 ἐλύπησα, 완료 λελύ－πηκα, 제1부정과거 수동태 ἐλυπήθην, 미래수동태 λυπηθήσομαι, 3077에서 유래: 매우 슬퍼하게 하다, 비탄하게 하다, 마음 아프게 하다, 고통을 주다.
1) [능동] 고후2:5.
2) [수동] 슬퍼하다, 마음 상하다, 괴로워하다, 고민스럽다, 마14:9, 17:23, 19: 22, 막10:22, 요16:20, 롬14:15, 고후2:4, 6:10.
☞**근심하다**(마14:9, 요16:20, 고후6:10), **딱하게 여기다**(마18:31), **고민하다**(마26:37), **슬퍼하다**(살전4:13).

3077. λύπη, ης, ἡ [lüpē][16회] **뤼페**
명 기본형으로 보임: 슬픔, 아픔, 심뇌, 근심, 요16:6, 고후2:7, 히12:11.
☞**슬픔**(눅22:45, 벧전2:19), **근심**(요16:20, 고후2:1, 빌2:27).

3078. Λυσανίας, ου, ὁ [Lüsanias][1회] **뤼사니아스**
고명 3080과 ἀνία '고통'에서 유래; 슬픔을 쫓아버리는: 아빌레네의 통치자 '루사니아', 눅3:1.
☞**루사니아**(눅3:1).

3079. Λυσίας, ου, ὁ [Lüsias][3회] **뤼시아스**
고명 불확실한 유사어에서 유래: 로마여인 '루시아', 행23:26, 24:7,22.
☞**루시아**(행23:26, 24:7,22).

3080. λύσις, εως, ἡ [lüsis][1회] **뤼시스**
명 3089에서 유래: 해방, 놓아줌, 분리, 결별, 이혼, 고전7:27.
☞**놓이기**(고전7:27).

3081. λυσιτελεω [lüsitĕlĕi] **뤼시텔레오**
동 3인칭 단수. 3080과 5056의 합성어의 파생어: ~이보다 낫다, 유익이 되다, 눅17:2.
☞**낫다**(눅17:2).

3082. Λύστρα, ἡ, τά [Lüstra][6회] **뤼스트라**
고명 유래가 불확실함: 소아시아의 한 도시 '루스드라', 행14:6,8,21, 16:1,2, 딤후3:11.
☞**루스드라**(행14:6,8,21, 16:1, 딤후3:11).

3083. λύτρον, ου, τό [lütrŏn][2회] **뤼트론**
명 3089에서 유래: 속전, 석방금, 마20: 28, 막10:45.
☞**대속물**(마20:28, 막10:45).

3084. λυτρόω [lütrŏō][3회] **뤼트로오**
동 제부정과거 중간태 ἐλυτρωσάμην, 제1부정과거 명령형 λύτρωσαι, 제1부정과거 수동태 ἐλυτρώθην, 3083에서 유래:
1) 속전을 내고 놓아 주다, 구속하다, 속량하다, 벧전1:18.
2) 놓아주다, 구출하다, 구원하다, 눅24: 21,

Λ

딛2:14.

☞**속량하다**(눅24:21, 딛2:14), **대속(代贖)함을 받다**(벧전1:18).

3085. λύτρωσις, εως, ἡ [lütrōsis][3회] 뤼트로시스

명 3084에서 유래: 구속, 속량, 해방, 눅1:68, 2:38, 히9:12.

☞**속죄**(히9:12), **속량**(눅1:68, 2:38).

3086. λυτρωτής, οῦ, ὁ [lütrōtēs][1회] 뤼트로테스

명 3084에서 유래: 구속자, 구출자, 구원자, 행7:35.

☞**속량하는 자**(행7:35).

3087. λυχνία, ας, ἡ [lüchnia][12회] 뤼크니아

명 3088에서 유래: 등대, 등경, 마5:15, 막4:21, 눅8:16, 11:33, 히9:2, 계11:4.

☞**등경**(마5:15, 막4:21, 눅11:33), **등잔대**(히9:2), **촛대**(계1:13, 2:5, 11:4).

3088. λύχνος, ου, ὁ [lüchnŏs][14회] 뤼크노스

명 3022의 어간에서 유래: 등.

1) [문자적으로] 눅11:36, 계22:5.

2) [비유적으로] 마6:22, 눅11:34, 계21: 23.

☞**등불**(마5:15, 눅11:33, 벧후1:19, 계21:23).

3089. λύω [lüō][42회] 뤼오

동 [기본형] 미완료 ἔλυον, 제1부정과거 ἔλυσα, 미완료 수동태 ἐλυόμην, 완료 수동태 λέλυμαι, 2인칭단수 λε- λυμένος, 완료 수동분사 λέλυσαι, 제 1부정과거 수동태 ἐλύθην, 미래 수동태 λυθήσομαι:

1. 풀다[결박, 족쇄 등을].

1) [문자적] 깨다, 열다.

2) [비유적] 열다, 펴다, 막7:35.

2. 놓아 주다, 풀어주다.

1) [문자적]

① [죄수를] 행22:30.

② [천사를] 계9:14.

③ [사탄] 계20:3.

④ [나사로] 요11:44.

⑤ [동물] 마21:2, 막11:2,4, 눅19:30.

2) [비유적] 해방시키다, 자유하게 하다, 풀어주다.

3) 파괴하다, 부수다, 헐다, 행27:41, 벧후3:10-12.

4) 절멸시키다, 끝내다, 폐지하다, 없애다, 마5:19, 요5:18, 행2:24, 요일3:8.

☞**버리다**(마5:19), **풀다**(마16:19, 눅19:33, 행2:24), **헐다**(요2:19), **범하다**(요5:18, 7:23), **폐하다**(요10:35), **벗다**(행7:33), **놓아주다**(행24:26), **깨어지다**(행27:41), **놓이다**(계9: 14), **풀어지다**(벧후3:10,11,12), **멸하다**(요일3:8), **떼다**(계5:2,5).

3090. Λωΐς, ΐδος, ἡ [Lōïs][1회] 로이스

고명 유래가 불확실함: 디모데의 조모 '로이스', 딤후1:5.

☞**로이스**(딤후1:5).

3091. Λώτ, ὁ [Lōt][4회] 롯

고명 히브리어 3876에서 유래: 족장 '롯', 눅17:28,29,32, 벧후2:7.

☞**롯**(눅17:28).

M, μ

3092. Μάαθ, ὁ [Maath][1회] 마아드
고명 히브리어에서 유래: 이스라엘인으로 그리스도의 조상 중의 한 사람, '마앗', 눅3:26.
☞마앗(눅3:26).

3093. Μαγδαλά [Magdala] 막달라
고명 아람어에서 유래; 탑: 팔레스틴의 한 동네, '막달라'.
☞막달라.

3094. Μαγδαληνή, ῆς, ἡ [Magdalē- nē][12회] 막달레네
명 3093의 파생어의 여성형: 막달라인, 마27:56,61, 28:1, 막15:40, 눅8:2, 요19:25.
☞막달라인(막15:40).

3095. μαγεία, ας, ἡ [magĕia][1회] 마게이아
명 3096에서 유래: 마술, 행8:11.
☞마술, 마법(행8:11).

3096. μαγεύω [magĕuō][1회] 마규오
동 3097에서 유래: 마술을 하다, 요술을 부리다, 행8:9.
☞마법[마술]을 행하다(행8:9).

3097. μάγος, ου, ὁ [magŏs][6회] 마고스
명 외래어에서 유래[히브리어 7248 참고]:
1) 박사, 마2:1,7,16.
2) 마술가, 요술가, 행13:6,8.
☞박사(마2:1,7,16), 마술사(행13:6,8).

3098. Μαγώγ, ὁ [Magōg][1회] 마곡
고명 히브리어 4031에서 유래: 나라이름 '마곡', [상징적으로] 적그리스도의 무리, 계20:8.
☞마곡(계20:8).

3099. Μαδιάμ, ὁ [Madiam][1회] 마디암
고명 히브리어 4080에서 유래: 아라비아의 한 지방 '미디안', 행7:29.
☞미디안(행7:29).

3100. μαθητεύω [mathētĕuō][4회] 마데튜오
동 제1부정과거 ἐμαθήτευσα, 제1부정과거수동태 ἐμαθητεύθην, 3101에서 유래:
1) [자동사] 생도가 되다, 제자가 되다, 마27:57.
2) [수동태 디포넌트 동사] ~에게 사사하다, 마13:52, 27:57.
3) [타동사] 가르치다, 제자를 만들다, 마28:19, 행14:21.
☞제자되다(마13:52), 제자로 삼다(마28:19, 행14:21), 제자이다(마27:57).

3101. μαθητής, οῦ, ὁ [mathētēs][261회] 마데테스
명 3129에서 유래: 제자, 배우는 자, 생도.
1) [일반적으로] 생도, 견습자, 마10:24, 25, 눅6:40.
2) 제자, 귀의자, 마9:14, 10:1, 11:1, 22: 16, 막2:18, 5:31, 눅5:33, 6:17, 8:9, 19:37, 요1:35, 6:66, 9:28.
☞제자(마9:10, 막8:27, 요6:3), 형제(행1:15).

3102. μαθήτρια, ας, ἡ [mathētria][1회] 마데트리아
명 3101에서 유래한 여성형: 여제자, 여신도, 행9:36.
☞여제자(행9:36).

3103. Μαθουσάλα, ὁ [Mathŏusaia][1회] 마두살라
고명 히브리어 4968에서 유래: 에녹의 아들이며 노아의 조부인 이스라엘의 한 조상 '므두셀라', 눅3:37.
☞므두셀라(눅3:37).

3104. Μαϊνάν [Maïnan] 마이난
고명 히브리어에서 유래: 소아시아에 있는 강, 그리스도의 조상 중의 한 사람, '멘나', 눅3:31.
☞멘나(눅3:31).

3105. μαίνομαι [mainŏmai][5회] 마이노마이
동 중간태. 기본형 μάω '기다리다'에서 유래: 미치다, 정신이 나가다, 요10:20, 행12:15, 26:24,25, 고전14:23.
☞미치다(요10:20, 행12:15, 고전14:23).

3106. μακαρίζω [makarizō][2회] 마카리조
동 미래형 μακαριῶ, 제1부정과거 ἐμα- κάρισα, 3107에서 유래: 복되다고 부르다, 복되다고 생각하다, 행복하다고 보다, 부르다, 눅1:48, 약5:11.
☞복이 있다(눅1:48), 복되다 하다(약5:11).

3107. μακάριος, ία, ιον [makariŏs][50회] 마카리오스
형 μάκαρ의 연장형: 복된, 축복된, 행운의, 행복한.
1) [사람에 대해서]
① [종교적 느낌없이] 행26:2, 고전7:40.
② [종교적 의미로서] 마5:3, 요13:17, 약1:25, 벧전3:14.
2) [하나님에 대한 것] 딤전1:11, 6:15.
3) [비인격적 존재에 대해서] 마13:16, 눅10:23, 행20:35, 딛2:13.
☞**복 있는**(마5:3, 눅6:21, 고전7:40), **복된**(눅14:15, 딤전6:15), **복이 되는**(눅14:14), **복스러운**(딛2:13), **다행한**(행26:2), **복 받을**(약1:25).

3108. μακαρισμός, οῦ, ὁ [makarismŏs][3회] 마카리스모스
명 3106에서 유래: 축복, 롬4:6,9, 갈4:15.
☞**복**(롬4:6,9, 갈4:15).

3109. Μακεδονία, ας, ἡ [Makĕdŏnia][22회] 마케도니아
고명 3110에서 유래: 그리스의 북반부 지방 '마게도냐', 행16:9, 고후2:13, 빌4:15.
☞**마게도냐**(행16:9, 고후2:13, 빌4:15).

3110. Μακεδών, όνος, ὁ [Makĕdōn][5회] 마케돈
명 불확실한 파생어: 마게도니아 사람, 행16:9, 19:29, 27:2, 고후9:2,4.
☞**마게도냐에 사는 사람**(행16:9).

3111. μάκελλον, ου, τό [makĕllŏn][1회] 마켈론
명 라틴어: 고기시장, 음식시장, 고전10: 25.
☞**시장**(고전10:25).

3112. μακράν [makran][10회] 마크란
부 3117의 여성단수대격:
1) 멀리.
① [장소에 대해서] 마8:30, 눅15:20, 행22:21. [비유적으로] 막12:34, 엡2:13,17.
② 시간에 대해서, 행2:39.
2) [속격을 가진 전치사격으로] ~에서 먼, ~에서 떨어진, 눅7:6.
☞**멀리**(마8:30, 행17:27, 엡2:13), **먼데**(엡2:17).

3113. μακρόθεν [makrŏthĕn][14회] 마크로텐
부 3117에서 유래: 멀리서부터, 먼 곳으로부터, 멀리, 멀리 떨어져서, 마27:55, 막8:3, 15:40, 눅16:23, 18:13, 22:54, 계18:10.
☞**멀찍이**(마26:58, 막14:54, 눅22:54), **멀리[멀리서]**(마27:55, 막11:13, 계18:10).

3114. μακροθυμέω [makrŏthümĕō][10회] 마크로뒤메오
동 제1부정과거 ἐμακροθύμησα, 3116과 동일어에서 유래:
1) 참다, 인내하다, 기다리다, 히6:15, 약5:7,8.
2) 견디다, 마18:26,29, 눅18:7, 고전13: 4, 살전5:14.
☞**참다**(마18:26, 고전13:4, 히6:15), **길이 참다**(약5:7,8), **오래 참다**(벧후3:9).

3115. μακροθυμία, ας, ἡ [makrŏthü- mia][14회] 마크로뒤미아
명 3116과 동일어에서 유래:
1) 인내, 확고부동, 참을성, 골1:11, 딤후3:10, 히6:12, 약5:10.
2) 관용, 참음.
① [인간의] 고후6:6, 갈5:22, 골3:12.
② [신적인 존재의]
㉠ [하나님 자신] 롬2:4, 9:22, 벧전3:20.
㉡ [그리스도] 딤전1:16, 벧후3:15.
☞**길이 참으심**(롬2:4), **오래 참음**(고후6:6, 딤전1:16, 벧전3:20).

3116. μακρόθυμος, ον [makrŏthümŏs][1회] 마크로뒤모스
형 부 3117과 2372의 합성어: 참을성 있는, 인내심을 가진, 관용성 있는, 행26:3.
☞**너그러이**(행26:3).

3117. μακρός, ά, όν [makrŏs][5회] 마크로스
형 3372에서 유래:
1) [시간이나 장소 범위] 긴, 막12:40, 눅20:47.
2) [거리가] 먼, 눅15:13, 19:12.
☞**긴**(막12:40, 눅20:47), **먼**(눅15:13, 19:12).

3118. μακροχρόνιος, ον [makrŏchrŏni-ŏs][1회] 마크로크로니오스
형 3117과 5550에서 유래: 오래 사는, 엡6:3.
☞**장수하는**(엡6:3).

3119. μαλακία, ας, ἡ [malakia][3회] 말라키아
명 3120에서 유래: 부드러움, 연약, 병약, 쇠약, 병, 마4:23, 9:35, 10:1.
☞**병**(마4:23, 9:35, 10:1).

3120. μαλακός, ή, όν [malakŏs][4회] 말라코스
형 불확실한 유사어에서 유래:1)부드러운, 연한, 마11:8, 눅7:25. 2)[사람에 대해] 유익한, 고전6:9.
☞부드러운(마11:8, 눅9:35), 탐색하는(고전6:9).

3121. Μαλελεήλ, ὁ [Malĕlĕēl][1회] 말렐레엘
고명 히브리어 4111에서 유래: 예수의 족보에 나오는 인물 '마할랄렐', 눅3:37.
☞**마할랄렐**(눅3:37).

3122. μάλιστα [malista][12회] 말리스타
부 μάλα의 최상급: 무엇보다도, 특히, 매우, 행20:38, 딤전4:10, 딤후4:13.
☞**더욱**(행20:38, 갈6:10), **특히**(행25:26, 딤전5:8), **특별히**(벧후2:10).

3123. μᾶλλον [mallŏn][81회] 말론
부 3122와 같은 어원의 비교급 중성: 더욱, 오히려, 도리어.
1) 더욱 더, 막10:48, 눅18:39, 빌1:12.
2) ① 도리어 더, 고전7:21, 빌2:12, 딤전6:2, 히10:25, 12:9.
② 더 확실히, 마7:11, 10:25, 눅11: 13, 롬5:9, 고전9:12, 히9:14.
3) ~대신에, 도리어, 마10:6, 25:9, 막5:26, 15:11, 롬14:13, 고후2:7, 12:9.
☞**보다**(마6:26), **하물며**(마10:25), **차라리**(막9:42), **더욱**(눅5:15), **더**(요3:19), **특별히**(고전14:1), **점점 더**(빌1:9), **도리어**(빌1:12), **~뿐만 아니라**(롬8:34), **더욱 크게**(눅18: 39), **오히려**(고전5:2, 엡5:4), **~뿐 아니라**(갈4:9), **다시**(엡4:28), **더욱 그렇게**(살전4:10), **더 잘**(딤전6:2), **더하여**(딤후3:4).

3124. Μάλχος, ου, ὁ [Malchŏs][1회] 말코스
고명 히브리어 4429에서 유래: 예수를 체포한 것으로 인하여 베드로가 귀를 자른 대제사장의 종 '말고', 요18:10.
☞**말고**(요18:10).

3125. μάμμη, ης, ἡ [mammē][1회] 맘메
명 자생어:
1) 어머니.
2) 할머니, 딤후1:5.
☞**외조모**(딤후1:5).

3126. μαμωνᾶς, ᾶ, ὁ [mamōnas][4회] 마모나스
명 아람어에서 유래: 부, 재산, 소유, 눅16:9,11.
☞**재물**(마6:24, 눅16:9,13).

3127. Μαναήν, ὁ [Manaēn][1회] 마나엔
고명 히브리어 4505에서 유래; 위안자: 안디옥 교회의 선지자들과 교사들 가운데 한 사람 '마나엔', 행13:1.
☞**마나엔**(행13:1).

3128. Μανασσῆς, ῆ, acc. ῆ, ὁ [Manassēs][3회] 마낫세스
고명 히브리어 4519에서 유래: '므낫세'.
1) 요셉의 첫 아들, 계7:6.
2) 히스기야의 아들, 마1:10.
☞**므낫세**(마1:10), **므낫세 지파**(계7:6).

3129. μανθάνω [manthanō][25회] 만다노
동 제2부정과거 ἔμαθον, 제2부정과거 복수명령 μάθετε, 제2부정과거분사 μαθών, 완료능동 분사 μεμαθηκώς, 기본동사 μαθέω의 연장형: 배우다, 익히다.
1) [문자적, 교훈을 통하여]
① [익혀진 일의 대격과 함께] 고전14:35.
② [관계대명사에 뒤따르는 경우] μένε ἐν οἷς ἔμαθες: 네가 배운 것에 거하라, 딤후3:14.
③ [목적어와 함께] μ. τι ἀπό τινος: 어떤 사람으로부터 어떤 것을 배우다.
④ [접속사 ὅτι가 수반될 경우]
⑤ [부정사가 수반될 경우]
⑥ [간접의문문이 수반될 경우] τί ἐστιν: 이게 무어냐? 마9:13.
2) 알다, 알게 되다.
3) 찾아내다, 발견하다, 행23:27.
4) 깨우치다[교훈보다는 경험이나 실천을 통해서] ἔμα- θεν ἀφ' ὧν. ἔπαθεν τήν ὑπακοήν: 그는 당했던 고난으로 순종을 배웠다, 히5:8.
☞**배우다**(마9:13, 요6:45, 딤전2:11), **알다**(행23:27), **살피다**(롬16:17), **익히다**(딤전5:13).

3130. μανία, ας, ἡ [mania][1회] 마니아
명 3105에서 유래: 광기, 흥분, 난심, 정신착란, 행26:24.
☞**미침**(행26:24).

3131. μάννα, τό [manna][4회] 만나
명 히브리어 4478에서 유래: 애굽을 떠난 이스라엘 백성이 광야에서 먹던 음식 '만나', 요6:31,49, 히9:4, 계2:17.

☞**만나**(요6:31, 히9:4, 계2:17).

3132. μαντεύομαι [mantĕuŏmai][1회] 만튜오마이
동 중간태, 디포넌트, 3105의 파생어에서 유래: 예언하다, 점치다, 행16:16.
☞**점치다**(행16:16).

3133. μαραίνω [marainō][1회] 마라이노
동 완료수동분사 μεμαραμμένος, 제1부정과거 수동태 ἐμαράνθην, 미래수동태 μαρανθήσομαι, 불확실한 유사형에서 유래: 끝나다, 파멸하다, 사라지다, 없어지다, 시들다, 약1:11.
☞**쇠잔하다**(약1:11).

3134. μαράν ἀθά [maran atha][1회] 마란 아다
동 아람어에서 유래: 주가 오셨다, 주여 오시옵소서, 고전16:22.
☞**주여 오시옵소서**(고전16:22).

M

3135. μαργαρίτης, ου, ὁ [margaritēs][9회] 마르가리테스
명 μάργαρος '조개 속의 진주'에서 유래: 진주, 마7:6, 13:45,46, 딤전2:9, 계17: 4, 18:12, 21:21.
☞**진주**(마13:45, 딤전2:9, 계21:21).

3136. Μάρθα, ας, ἡ [Martha][13회] 마르다
고명 아람어에서 유래한 듯: 마리아의 언니이며 나사로의 여동생 '마르다', 눅10:38,40,41, 요11:1,5,19, 12:2.
☞**마르다**(눅10:38, 요11:1,5, 12:2).

3137. Μαρία, ας, ἡ [Maria][27회] 마리아
고명 히브리어 4813에서 유래: '마리아'.
1) 예수의 모친, 마1:16,18, 2:11, 막6:3, 눅1:41.
2) 막달라 마리아, 마27:56, 막15:40, 눅8:2.
3) 야고보의 어머니, 마27:56,61, 막15:40,47, 16:1, 눅24:10.
4) 글로바의 아내, 요19:25.
5) 마르다의 아우, 눅10:39,42, 요11:1,2.
6) 마가 요한의 어머니, 행12:12.
7) 로마서에 나타난 여자, 롬16:6.
☞**마리아**(마1:16, 2:11, 27:56, 막6:3, 눅8:2, 10:42, 요11:2, 행12:12, 롬16:6).

3138. Μᾶρκος, ου, ὁ [Markŏs][8회] 마르코스
고명 라틴어에서 유래: '마가', 행12:12, 25, 15:37,39, 골4:10, 딤후4:11, 몬1: 24, 벧전5:13.
☞**마가**(행12:12,25, 15:37, 골4:10, 딤후4:11, 몬1:24, 벧전5:13).

3139. μάρμαρος, ου, ὁ [marmarŏs][1회] 마르마로스
명 μαρμαίρω '빛나다'에서 유래: 대리석, 계18:12.
☞**대리석**(계18:12).

3140. μαρτυρέω [martürĕō][76회] 마르튀레오
동 미완료 ἐμαρτύρουν, 미래 μαρτυ- ρήσω, 제1부정과거 ἐμαρτύρησα, 완료 μεμαρτύρηκα, 수동태: 미완료 ἐμα- ρτυρούμην, 완료 μεμαρτύρημαι, 제1부정과거 ἐμαρτυρήθην, 3144에서 유래:
1. [능동태]
1) 증언하다, 증인이 되다, 요15:27, 행26:5, 히11:4.
2) 입증하다, 언명하다, 선언하다, 확증하다, 요3:11, 19:35, 행23:11, 계1:2.
3) 유리하게 증언하다, 눅4:22, 요3:26, 행13:22, 14:3.
2. [수동태]
1) 증거를 받다, 입증되다, 롬3:21, 히7:8,17.
2) 인정되다, 칭찬받다, 행6:3, 딤전5:10, 히11:4.
☞**증명하다**(마23:31), **증언하다**(눅4:22, 요일1:2), **경계하다**(살전2:12), **칭찬하다**(행10:22).

3141. μαρτυρία, ας, ἡ [martüria][37회] 마르튀리아
명 3144에서 유래:
1) [능동형] 증언, 증거, 요1:7, 계11:7.
2) [수동형] 증언, 증명.
① [법정에서] 막14:55,56,59, 눅22:71, 요8:17.
② [역사적인 시련] 요19:35, 21:24.
③ [종교적 도덕적 의미] 딛1:13, 요일5:9, 요삼1:12.
④ [예수에 관하여]
㉠ [세례 요한의 증거] 요1:19.
㉡ [바울의 증거] 행22:18.
㉢ [신도들의 증거] 계12:11.
㉣ [예수 자신의 증거] 요3:11,32, 8: 14, 계1:2,9.
㉤ [하나님의 증거] 요5:32,36.
3) 순교자의 죽음, 순교.

☞**증거**(막14:55, 눅22:71, 딤전3:7).

3142. μαρτύριον, ου, τό [martüriŏn][19회] 마르튀리온

명 3144의 파생어: 증거가 되는 것, 증거.

1) [증거의 역할을 하는 행동이나 환경, 사물로 구성된 것] 마8:4, 막1:44, 눅5:14, 딤전 2:6, 히3:5.

2) [말로 구성된 것] 행4:33, 고전1:6, 2:1.

☞**증거**(막6:11, 고전1:6).

3143. μαρτύρομαι [martürŏmai][1회] 마르튀로마이

동 중간태. 3144에서 유래:

1) 증거하다, 증언하다, 행20:26, 26:22, 갈 5:3.

2) 단언하다, 확언하다, 애원하다, 엡4: 17, 살전2:12.

☞**증언하다**(행20:26, 갈5:3, 엡4:17).

3144. μάρτυς, μάρτυρος, ὁ [martüs][35회] 마르튀스

명 불확실한 유사어에서 유래; 증거, 증인:

1) [문자적으로, 법적 의미에서] 마18:16, 막 14:63, 행7:58, 고후13:1.

2) [비유적으로]

① [하나님이나 그리스도가 증인이 되시는 경우] 롬1:9, 빌1:8, 살전2:5,10.

② [사람의 눈이나 귀로 듣고 보고 증언하는 것] 살전2:10, 딤전6:12, 딤후2:2.

③ [하나님의 메시지에 대한] 증인, 계11:3.

3) 순교자, 행22:20, 계2:13, 17:6.

☞**증인**(마18:16, 막14:63, 눅24:48).

3145. μασσάομαι [massaŏmai][1회] 맛사오마이

동 중간태. 미완료 ἐμασώμην, 기본형 μάσσω '압착하다'에서 유래: 물다, 깨물다, 계 16:10.

☞**깨물다**(계16:10).

3146. μαστιγόω [mastigŏō][7회] 마스티고오

동 미래 μαστιγώσω, 제1부정과거 ἐ- μαστίγωσα, 제1부정과거수동태 ἐμασ- τιγώθην, 3148에서 유래: 채찍질하다, 채찍으로 치다.

1) [문자적으로] 마10:17, 23:34, 요19:1.

2) [비유적으로] 징벌하다, 히12:6.

☞**채찍질하다**(마23:34, 눅18:33, 히12:6).

3147. μαστίζω [mastizō][1회] 마스티조

동 3149에서 유래: 채찍질하다, 채찍으로 때리다, 행22:25.

☞**채찍질하다**(행22:25).

3148. μάστιξ, ιγος, ἡ [mastix][6회] 마스틱스

명 3145의 어간에서 유래한 듯함: 채찍.

1) [문자적으로] 채찍, 행22:24, 히11:36.

2) [비유적으로] 고난, 고통, 괴로움, 막3:10, 5:29, 눅7:21.

☞**병**(막5:29,34), **고통**(눅7:21), **채찍질**(히11:36).

3149. μαστός, οῦ, ὁ [mastŏs][3회] 마스토스

명 3145의 어간에서 유래: 가슴.

1) [남자의] 계1:13.

2) [여자의] 눅11:27, 23:29.

☞**젖**(눅11:27, 23:29), **가슴**(계1:13).

3150. ματαιολογία, ας, ἡ [mataiŏlŏ-gia][1회] 마타이올로기아

명 3151에서 유래: 공허한 말, 쓸데없는 말, 잡담, 딤전1:6.

☞**헛된 말**(딤전1:6).

3151. ματαιολόγος, ον [mataiŏlŏgŏs][1회] 마타이올로고스

형 3152와 3004에서 유래: 무익한, 쓸데없이 말하는, 딛1:10.

☞**헛된 말 하는**(딛1:10).

3152. μάταιος, αία, αιον [mataiŏs][6회] 마타이오스

형 3155의 어간에서 유래: 게으른, 빈, 열매없는, 쓸데없는, 행14:15, 고전3:20, 15:17, 딛3:9, 약1:26.

☞**헛된**(행14:15, 고전15:17, 딛3:9, 벧전1:18), **헛것**(고전3:20, 약1:26).

3153. ματαιότης, ητος, ἡ [mataiŏtēs][3회] 마타이오테스

명 3152에서 유래: 빈, 공허, 텅빈, 목적없음, 덧없음, 무상, 롬8:20, 엡4:17, 벧후2:18.

☞**허무한 데**(롬8:20), **허망한 것**(엡4:17), **허탄한 것**(벧후2:18).

3154. ματαιόω [mataiŏō][1회] 마타이오오

동 제1부정과거 수동태 ἐματαιώθην, 3152에서 유래: 쓸데없는 것이 되게 하다, 가치없는 것으로 만들다, 롬1:21.

☞**허망하여지다**(롬1:21).

3155. μάτην [matēn][2회] 마텐

부 3145의 어간의 파생어: 쓸데없이, 공연히, 마15:9, 막7:7.

M

☞헛되이(마15:9, 막7:7).

3156. Ματθαῖος, ου, ὁ [Matthaiŏs] 맛다이오스

고명 3161의 단축형:12사도 중의 하나 '마태', 마10:3, 막3:18, 눅6:15, 행1:13.

☞마태(마10:3, 막3:18, 눅6:15, 행1:13).

3157. Ματθάν, ὁ [Matthan][2회] 맛단

고명 히브리어 4977에서 유래: 한 이스라엘 사람 '맛단', 마1:15.

☞맛단(마1:15).

3158. Ματθάτ, ὁ [Matthat] 맛다트

고명 히브리어 4991에서 유래: 예수의 족보에 나타나는 사람 '맛닷', 눅3:24,29.

☞맛닷(눅3:24,29).

3159. Ματθίας, ου, ὁ [Matthias] 맛디아스

고명 3161의 단축형으로 보임: 유다의 사도직을 대신한 사람 '맛디아', 행1:23,26.

☞맛디아(행1:23,26).

3160. Ματταθά, ὁ [Mattatha][1회] 맛타다

고명 히브리어 4992에서 유래: 나단의 아들이며 다윗의 손자 '맛다다', 눅3:31.

☞맛다다(눅3:31).

3161. Ματταθίας, ου, ὁ [Mattathias][2회] 맛타디아스

고명 히브리어 4993에서 유래: 예수의 족보에 나타나는 사람 '맛다디아', 눅3: 25,26.

☞맛다디아(눅3:25,26).

3162. μάχαιρα, ης, ἡ [machaira][29회] 마카이라

명 3163의 파생어; 검:
1) [문자적으로] 마26:47,55, 막14:43, 눅22:36,38, 계6:4.
2) [비유적으로]
① [횡사를 가리킴] 롬8:35.
② [전쟁을 가리킴] 마10:34.
③ [당국의 세력을 나타냄] 롬13:4.
④ [하나님 말씀을 상징] 엡6:17.

☞검(마10:34, 막14:48, 엡6:17), 칼(롬8:35, 히11:34, 계13:10).

3163. μάχη, ης, ἡ [machē][4회] 마케

명 3164에서 유래: 전투, 다툼, 쟁론, 고후7:5, 딤후2:23, 딛3:9, 약4:1.

☞다툼(고후7:5, 딤후2:23, 약4:1).

3164. μάχομαι [machŏmai][4회] 마코마이

동 중간태. 디포넌트. 미완료 ἐμαχό- μην: 싸우다.
1) [실제적 싸움] 행7:26.
2) [비유적으로] 다투다, 논쟁하다, 요6: 52, 딤후2:24, 약4:2.

☞다투다(요6:52, 딤후2:24, 약4:2), 싸우다(행7:26).

3165. μέ [mĕ] 메

대 [인칭대명사] 1691의 단축형: 나, 나를, 요15:9, 계21:10.

☞나의(요15:9).

3166. μεγαλαυχέω [mĕgalauchĕō] 메갈라우케오

동 3173과 αὐχέω '자랑하다'의 합성어에서 유래: 뽐내다, 자랑하다, 약3:5.

☞큰 것을 자랑하다(약3:5).

3167. μεγαλεῖος, α, ον [mĕgalĕiŏs][1회] 메갈레이오스

형 3173에서 유래: 굉장한, 훌륭한, 장엄한, 위대한, 눅1:49, 행2:11.

☞장엄한, 큰 일(눅1:49, 행2:11).

3168. μεγαλειότης, ητος, ἡ [mĕgalĕiŏ- tēs][3회] 메갈레이오테스

명 3167에서 유래: 웅대, 장엄, 숭고, 위엄, 눅9:43, 행19:27, 벧후1:16.

☞위엄(눅9:43, 행19:27, 벧후1:16).

3169. μεγαλοπρεπής, ές [mĕgalŏprĕ- pēs][1회] 메갈로프레페스

형 3173과 4241에서 유래: 굉장한, 웅대한, 장엄한, 숭고한, 벧후1:17.

☞지극히 큰(벧후1:17).

3170. μεγαλύνω [mĕgalünō][8회] 메갈뤼노

동 미완료 ἐμεγάλυνον, 미완료 중간태 ἐμεγαλυνόμην, 미래 μεγαλυνῶ, 제1부정과거수동태 ἐμεγαλύνθην, 3173에서 유래: 크게 하다, 길게 하다, 확대하다.
1) [문자적으로] 마23:5, 눅1:58, 고후10:15.
2) [비유적으로] 높이다, 영광스럽게 하다, 찬양하다, 눅1:47, 행10:46, 19:17, 빌1:20.

☞길게 하다(마23:5), 찬양하다(눅1:47), 크다(눅1:58), 칭송하다(행5:13), 높이다(행10: 46, 19:17), 풍성하다(고후10:15). [부] 존귀히(빌1:20).

3171. μεγάλως [mĕgalōs][1회] 메갈로스

부 3173에서 유래: 매우 크게, 빌4:10.

☞**크게**(빌4:10).

3172. μεγαλωσύνη, ης, ἡ [mĕgalōsü-nē][3회] 메갈로쉬네

명 3173에서 유래: 위엄, 장엄, 위대함, 히1:3, 8:1, 유1:25.

☞**위엄**(히1:3, 8:1, 유1:25).

3173. μέγας, μεγάλη, μέγα [mĕgas][243회] 메가스

형 비교급 μείζων, 최상급 μέγιστος: 큰, 위대한.

1. [문자적]

1) [공간의 연장] 마27:60, 막16:4, 눅13:19, 요21:11, 계8:8.

2) [공간적인 의미] 막14:15, 눅16:26, 22:12, 고전16:9, 계14:19.

3) [수의 개념을 지닌 말과 함께 사용]

① ἀγέλη μ.: 큰 무리, 막5:11.

② δεῖπνον: 성대한 잔치, 눅14:16.

2. [비유적]

1) [분량]

① [연령에 대해] 늙은, 나이 많은, 나이가 든, 큰, 자라난, 행26:22, 히8:11, 11:24, 계11:18.

② [양에 대해] 부유한, 풍요한, 상당한, 딤전6:6, 히10:35.

③ [밀도, 강도에 대해]

㉠ [소리] 마24:31, 막1:26, 15:37, 눅4:33, 8:28, 17:15, 19:37, 23:23, 요11:43, 행7:57,60, 8:7, 계5:12, 6:10.

㉡ [자연 현상] 마8:24,26, 28:2, 막4:37,39, 눅21:11, 행16:26, 계11: 19, 14:2, 16:21.

㉢ [놀랍거나 불쾌한 사건] 마24:21, 눅21:11, 행6:8, 7:11, 8:1, 계2: 22, 15:3.

㉣ [감정] 마2:10, 28:8, 막4:41, 눅2:9,10, 8:37, 24:52, 행5:5, 11, 계12:12.

2) [지위와 권위]

① [인격]

㉠ [하나님과 다른 신들에 대해 사용] 행19:27,34, 딛2:13.

㉡ [신과 관련된 사람에 대해 사용] 마5:19, 20:25.

☞**큰**(마2:10, 막1:26, 계11:15), **심한**(마7:27, 눅6:49), **중한**(눅4:38), **높은**(행8:10, 26:22), **과한**(고전9:11), **광대한**(고전16:9), **장성한**(히11:24), **힘찬**(계18:2).

3174. μέγεθος, ους, τό [mĕgĕthŏs][1회] 메게도스

명 3173에서 유래: 위대함, 큼, 크기, 엡1:19.

☞**크심**(엡1:19).

3175. μεγιστάν, ᾶνος, ὁ [mĕgistan][3회] 메기스탄

명 3176에서 유래: 큰 사람, 높은 사람, 고관, 막6:21, 계6:15, 18:23.

☞**대신**(막6:21), **왕족**(계6:15, 18:23).

3176. μέγιστος [mĕgistŏs] 메기스토스

형 3173의 최상급: 가장 훌륭한, 벧후1:4.

☞**지극히 큰**(벧후1:4).

3177. μεθερμηνεύω [mĕthĕrmēnĕuō][8회] 메데르메뉴오

동 3326과 2059에서 유래: 번역하다, 해석하다, 마1:23, 막5:41, 요1:38, 행4:36.

☞**번역하다(마1:23, 막15:22, 행13:8).**

3178. μέθη, ης, ἡ [mĕthē][3회] 메데

명 술취함, 눅21:34, 롬13:13, 갈5:21.

☞**술취함**(눅21:34, 롬13:13, 갈5:21).

3179. μεθίστημι [mĕthistēmi][5회] 메디스테미

동 제1부정과거 μετέστησα, 제1부정과거수동태 μετεστάθην, 제1부정과거가정법 μετασταθῶ, 3326과 2476에서 유래: 자리를 옮기다.

1) 옮기다, 눅16:4, 행13:22, 고전13:2, 골1:13.

2) 다른 의견을 가지게 하다, 행19:26.

☞**빼앗다**(눅16:4), **폐하다**(행13:22), **옮기다**(고전13:2, 골1:13).

3180. μεθοδεία, ας, ἡ [mĕthŏdĕia][2회] 메도데이아

명 3326과 3593의 합성어에서 유래: 음모, 모략, 교활함, 엡4:14, 6:11.

☞**유혹**(엡4:14), **간계**(엡6:11).

3181. μεθόριον, ου, τό [mĕthŏriŏn][1회] 메도리온

명 3326과 3725에서 유래: 경계, 지방, 지경, 막7:24.

☞**지방**(막7:24).

M

3182. μεθύσκω [měthüskō][3회] 메뒤스코
동 제1부정과거 수동태 ἐμεθύσθην, 3184의 연장형[수동태로 쓰임]: 술취하게 하다, 술취하다, 눅12:45, 엡5:18, 살전5:7.
☞**취하게 되다**(눅12:45), **취하다**(엡5:18, 살전5:7).

3183. μέθυσος, ου, ὁ [měthüsŏs][2회] 메뒤소스
명 3184에서 유래: 술고래, 술망나니, 고전5:11, 6:10.
☞**술 취하는 자**(고전5:11, 6:10).

3184. μεθύω [měthüō][7회] 메뒤오
동 3178의 다른 형에서 유래: 술 취하다, 마24:49, 행2:15, 살전5:7, 계17:6.
☞**취하다**(요2:10, 행2:15, 고전11:21), **술친구**(마24:49).

3185. μεῖζον [měizŏn] 메이존
부 3187의 중성: 더 큰, 더욱 더, 마20:31.
☞**더욱(마20:31)**.

3186. μειζότερος [měizŏtěrŏs] 메이조테로스
형 3187의 계속적인 비교급: 더 위대한, 요삼1:4.
☞**더 큰**(요삼4).

3187. μείζων [měizōn] 메이존
형 3173의 비교급:3173 참조.
☞**큰**(막4:32), **더 큰**(약3:1, 요15:13, 롬9:12), **제일의**(고전13:13), **더욱 큰**(약4:6).

3188. μέλαν, τό [mělan][6회] 멜란
명 3189의 중성: 먹물, 고후3:3. 3189 참조.
☞**먹**(고후3:3, 요이1:12, 요삼1:13).

3189. μέλας, μέλαινα, μέλαν gen. ανος, αίνης, ανος [mělas][6회] 멜라스
형 기본형으로 보임:
1) 검은, 까만, 마5:36, 계6:5,12.
2) 먹, 잉크, 고후3:3, 요이1:2, 요삼1:3.
☞**검은**(계6:5,12).

3190. Μελεά, ὁ [Mělěa][1회] 멜레아
고명 유래가 불확실함: 한 이스라엘 사람 '멜레아', 눅3:31.
☞**멜레아**(눅3:31).

3191. μελετάω [mělětaō][2회] 멜레타오
동 제1부정과거 ἐμελέτησα, 3199의 파생어에서 유래:
1) 조심하다, 힘쓰다.
2) 연습하다, 개발하다, 연마하다, 양성하다, 애쓰다, 힘쓰다, 딤전4:15.
3) 생각하다, 꾀하다, 묵상하다, 행4:25.
4) 근심하다, 막13:11.
☞**염려하다**(막13:11), **경영하다**(행4:25), **전심전력하다**(딤전4:15).

3192. μέλι, ιτος, τό [měli][4회] 멜리
명 기본형으로 보임: 꿀, 마3:4, 막1:6, 계10:9,10.
☞**꿀**(계10:9,10), **석청**(마3:4).

3193. μελίσσιος, ιον [mělissiŏs] 멜릿시오스
형 3192에서 유래: 벌이 만든, 벌의, 눅24:42.
☞**(벌의)**(눅24:42).

3194. Μελίτη, ης, ἡ [Mělitē][1회] 멜리테
고명 유래가 불확실함: 지중해의 한 섬 '멜리데', 행28:1.
☞**멜리데**(행28:1).

3195. μέλλω [měllō][109회] 멜로
동 미래 μελλήσω, 미완료 ἔμελλον, ἤμελλον 3199의 강세형:
1) [부정사가 뒤따를 때]
① ~에 일어날 것이다, 있을 것이다, 행11:28, 24:15, 27:10.
② ~하려고 하다, 롬8:18, 행12:6, 계3:2.
③ ~하게 되어 있다, ~할 수밖에 없다, 갈3:23.
2) [분사 단독으로] 장차, 장래, 오는 마12:32, 행24:25, 엡1:21, 히2:5.
3) 지체하다, 늦다, 행22:16.
☞**임박하다**(마3:7), **오다**(마12:32, 16:27), **하려하다**(마2:13).

3196. μέλος, ους, τό [mělŏs][34회] 멜로스
명 불확실한 유사어에서 유래: 지체, 부분, 사지.
1) [문자적으로] 마5:29, 롬12:4, 고전12: 12.
2) [비유적으로] 롬12:5, 고전12:27, 엡4:25.
☞**백체(百體)**(마5:29,30), **지체(肢體)**(롬6: 13, 고전6:15, 약4:1).

3197. Μελχί, ὁ [Mělchi][2회] 멜키
고명 히브리어 4428에 대명사 접미어가 붙음; 나의 왕: 멜기, 눅3:24,28.
☞**멜기**(눅3:24,28).

3198. Μελχισέδεκ, ὁ [Mělchisěděk][8회]

멜기세덱

고명 히브리어 4442에서 유래: '멜기세덱', 히 5:6,10, 6:20, 7:1,10,11,15,17.

☞**멜기세덱**(히5:6,10, 6:20, 7:1,10,11,15,17).

3199. μέλω [mĕlō] **멜로**

동 [기본형]

1) 관심을 가지다.

2) ~와 상관있다[현재 직설법에서 비인칭 동사로 사용], 마22:16.

☞**꺼리다**(마22:16, 막12:14), **돌보다**(막4:38, 요10:13, 벧전5:7), **생각하다**(요12:6), **상관하다**(행18:17), **염려하다**(고전7:21, 9:9).

3200. μεμβράνα, ης, ἡ [mĕmbrana][1회] **멤브라나**

명 라틴어에서 유래: 양피지, 딤후4:13.

☞**가죽 종이에 쓴 것**(딤후4:13).

3201. μέμφομαι [mĕmphŏmai][2회] **멤포마이**

동 기본 동사의 중간태. 제1부정과거 ἐμεμψάμην: 흠잡다, 비난하다, 롬9:19, 히8:8.

☞**허물하다**(롬9:19), **지적하다**(히8:8), **부정한 것을 보다**(막7:2).

3202. μεμψίμοιρος ον [mĕmpsimŏi- rŏs][1회] **멤프시모이로스**

형 3201과 μοῖρα '운명'의 파생어에서 유래: 흠잡는, 험담하는, 불평하는, 유1:16.

☞**불만을 토하는**(유1:16).

※ 3203~3302 (지정된 낱말이 없음)

3303. μέν [mĕn][180회]

불변사.

1. [다른 불변사와 상관적으로 사용됨].

1) [반의적 불변화사를 가진 절을 뒤에 대동하는 양보절을 소개한다] 사실 ~이지만, 그러나, 한편 ~하지만, 또 한편, 그러나, 마3:11, 막14:21, 롬6:11, 히3:5.

2) μέν을 해석할 필요가 없는 경우, 행13:36, 18:14, 고전1:12,18, 23, 빌3:1.

3) μὲν...δέ가 대조를 강조하지 않고 연속되어 나오는 한 사상과 다른 사상을 분리시킨다, 마13:8,23, 16:14, 21:35, 25:15, 눅23:33, 행14:4, 27: 21, 롬9:21, 고전15:39,40, 갈4:24, 빌1:15, 딤후2:20.

2. μέν이 파격적 구문에 나타나는 경우도 있다.

1) 대조가 문맥을 통하여 보충될 수 있는 경우, 롬10:1, 고전6:7, 고후12:12, 골2:23.

2) 반의적 형식은 아니면서도 실제로 대조가 표시된 경우, 요11:6, 롬7:12, 11:13.

3) καί, 막4:4,, 눅8:5.

4) μὲν οὖν은 계속을 의미함, 그래서, 그러면, 눅3:18, 행1:6,18, 히7:11, 8:4.

☞**과연**(마17:11, 20:23, 막9:12), **실로**(고전5:3).

3304. μενοῦνγε [mĕnŏunge][3회] **메눈게**

부 3303과 3767에서 유래: 도리어, 반대로, 참으로, 롬9:20, 10:18.

☞**오히려**(눅11:28), **감히**(롬9:20), **또한**(빌3:8).

3305. μέντοι [mĕntŏi][8회] **멘토이**

부 3303과 5104에서 유래:

1) 사실, 실지로, 약2:8.

2) 비록 ~일지라도, 확실히, 참으로, 요4:27, 그러나, 딤후2:19, 그래도, ~하더라도, 요12:42, 그러나, 유1:8.

☞**그러나**(요7:13), **그러한데**(유8).

3306. μένω [mĕnō][118회] **메노**

동 [기본형] 미완료형 ἔμενον, 미래 μενῶ, 제1부정과거 ἔμεινα, 제1부정과거명령 μεῖνον, 과거완료 μεμενήκε- ιν:

1) [자동사] 남아있다, 머물다, 머물러있다, 살다, 거주하다, 투숙하다, 요1: 38, 행9:43, 딤후4:20, 그대로 남아있다, 요19:31, 영존하다, 존속하다, 요12:34, 히7:24, 고전15:6, 남아있다, 마11:23, 고전3:14, 고후3:11.

2) [타동사] 기다리다.

① [사람이] 기다리다.

② [위험이] 기다리다, 위협하다, 행20:23.

☞**머물다**(마10:11, 요1:32, 행21:8, 딤후4:20), **유하다**(막6:10, 눅24:29), **거하다**(눅8:27, 요8:35, 요일2:27), **계시다**(요1:38, 2:12, 히7: 24), **머물러 있다**(요3:36), **붙어있다**(요15: 4), **두다**(요19:31, 행5:4), **붙다**(행27:41), **지내다**(고전7:8,40), **영존하다**(히12:27), **계속하다**(히13:1).

3307. μερίζω [mĕrizō][14회] **메리조**

동 제1부정과거 ἐμέρισα, 완료 μεμέ- ρικα, 완료수동태 μεμέρισμαι, 제1부정과거중간태 부정사 μερίσασθ, 제1부정과거수동태 ἐμερίσθηναι, 3313에서 유래:

1) 나누다.

M

① [능동태, 수동태, 비유적으로] 마12:25, 막3:24-26, 고전1:13, 7:34.
② [중간태] 눅12: 13.
2) ① 분배하다, 나눠주다, 막6:41.
② 할당하다, 배당하다, 지정하다, 롬12:3, 고후10:13, 히7:2.
☞**분쟁하다**(마12:25, 막3:24,25), **떼다**(막6: 41), **분별하다**(롬12:3), **나누이다**(고전1:13), **나누어주다**(고전7:17, 10:13, 히7:2).

3308. μέριμνα, νς, ἡ [měrimna][6회] **메림나**
명 3307에서 유래: 근심, 걱정, 염려, 마13:22, 막4:19, 눅8:14, 21:34, 벧전5:7, 고후11:28.
☞**염려**(마13:22, 눅8:14, 벧전5:7).

3309. μεριμνάω [měrimnaō][19회] **메림나오**
동 미래형 μεριμνήσω, 제1부정과거 ἐμερίμνησα, 3308에서 유래:
1) 염려하다, 근심하다, 걱정하다, 마6:28, 눅12:25, 빌4:6.
2) 돌보다, 걱정하다, 관심을 가지다, 마6:34, 고전7:32, 12:25, 빌2:20.
☞**염려하다**(마6:27, 눅12:26, 고전7:33), **돌보다**(고전12:25), **생각하다**(빌2:20).

3310. μερίς, ίδος, ἡ [měris][5회] **메리스**
명 3313의 여성:
1) 부분, 지방, 지역, 행16: 12.
2) 분깃, 몫, 눅10:42, 행8:21, 고후6:15, 골1:12.
☞**편**(눅10:42), **관계**(행8:21), **지방**(행16:12), **부분**(골1:12), **상관하다**(고후6:15).

3311. μερισμός, οῦ, ὁ [měrismŏs][2회] **메리스모스**
명 3307에서 유래:
1) 나눔, 쪼갬, 분리, 히4:12.
2) 분배, 배당, 히2:4.
☞**나누어주신 것**(히2:4), **찔러 쪼개기**(히4:12).

3312. μεριστής, οῦ, ὁ [měristēs][1회] **메리스테스**
명 3307에서 유래: 나누는 자, 분배하는 자, 중재인, 눅12:14.
☞**물건 나누는 자**(눅12:14).

3313. μέρος, ους, τό [měrŏs][42회] **메로스**
명 1) [전체에 대조되는 부분] [일반적으로] 눅11:36, 15:12, 요19:23, 행5: 2, 계16:19, 지체, 엡4:16, 지방, 마2:22, 막8:10, 행2:10, 편, 쪽, 요21:6, 조각, 눅24:42, 당, 파, 당파, 행23:6,9, 일, 경우, 사건, 고후3:10, 9:3.
2) 몫, 계20:6, 22:19, 자리, 마24:51, 눅12:46, 요13:8, 계21:8.
☞**지방**(마2:22, 16:13, 행19:1), **벌**(마24:51, 눅12:46), **분깃**(눅15:12), **토막**(눅24:42), **편**(요21:6), **얼마**(행5:2), **일부**(행23:6), **얼마간**(롬15:24), **어느 정도**(고전11:18), **부분적**(고전13:9,12), **차례**(고전14:27), **정도**(고후2:5), **일**(고후9:3), **지체**(엡4:16), **갈래**(계16:19), **참여**(계20:6, 21:8, 22:19).

3314. μεσημβρία, ας, ἡ [měsēmbria][2회] **메셈브리아**
명 3319와 2250에서 유래: 정오, 대낮, 행8:26, 22:6.
☞**남**(행8:26), **정오**(행22:6).

3315. μεσιτεύω [měsitěuō][1회] **메시튜오**
동 제1부정과거 ἐμεσίτευσα, 3316에서 유래: 중재하다, 중개하다, 보증인의 역할을 하다, 보증하다, 히6:17.
☞**보증하다**(히6:17).

3316. μεσίτης, ου, ὁ [měsitēs][6회] **메시테스**
명 3319에서 유래: 중재자, 갈3:19,20, 딤전2:5, 히8:6, 9:15, 12:24.
☞**중보자**(갈3:19, 딤전2:5, 히12:24).

3317. μεσονύκτιον, ου, τό [měsŏnüktiŏn][4회] **메소뉘크티온**
명 밤중, 야밤, 막13:35, 눅11:5, 행16:25.
☞**밤중**(막13:35, 눅11:5, 행20:7).

3318. Μεσοποταμία, ας, ἡ [Měsŏpŏtamia][2회] **메소포타미아**
고명 3319와 4215에서 유래: 메소포타미아, 행2:9, 7:2.
☞**메소보다미아**(행2:9, 7:2).

3319. μέσος, η, ον [měsŏs][58회] **메소스**
형 명 3326에서 유래: 중간의, 가운데 있는.
1) [형용사] 마25:6, 눅22:55, 요1:26, 19:18, 행26:13.
2) [중성명사로] 중앙, 가운데, 마13:25, 14:6, 막3:3, 7:31, 눅4:30,35, 17:11, 요8:3,59, 20:19, 행4:7, 계7:17.
3) [중성 μέσον이 부사로 사용됨] 빌2:15.
☞**가운데**(마10:16), **중에서**(고전5:2), **한 가운**

데(막3:3), **속에**(눅8:7), **사이로**(눅17:11), **정오**(행26:13).

3320. μεσότοιχον, ου, τό [mĕsŏtŏi-chŏn][1회] **메소토이콘**

명 3319와 5109에서 유래: 장벽, 막는 담, 가르는 담, 엡2:14.

☞**중간에 막힌 담**(엡2:14).

3321. μεσουράνημα, ατος, τό [mĕsŏu-ranēma][3회] **메수라네마**

명 3319와 3772의 파생어에서 유래: 하늘 꼭대기, 중천, 계8:13, 14:6, 19:17.

☞**공중**(계8:13, 14:6, 19:17).

3322. μεσόω [mĕsŏō][1회] **메소오**

동 3319에서 유래: 가운데 있다, 가운데 오다, 요7:14.

☞**중간이 되다**(요7:14).

3323. Μεσσίας, ου, ὁ [Mĕssias][2회] **멧시아스**

고명 히브리어 4899에서 유래: '메시아'[기름부음을 받은 자], 요1:41, 4:25.

☞**메시아**(요1:41, 4:25).

3324. μεστός, ή, όν [mĕstŏs][9회] **메스토스**

형 불확실한 파생어: 가득 찬.

1) [문자적으로] 요19:29, 21:11, 약3:8.

2) [비유적으로] 마23:28, 롬1:29, 15:14, 약3:17, 벧후2:14.

☞**가득한**(마23:28, 롬15:14, 벧후2:14). **[부] 가득히**(요19:29, 21:11).

3325. μεστόω [mĕstŏō][1회] **메스토오**

동 3324에서 유래: 가득 채우다, 가득하게 하다, 행2:13.

☞**취하다**(행2:13).

3326. μετά [mĕta][473회] **메타**

전 신약에선 소유격과 목적격만 수반됨:

Ⅰ. [소유격이 수반될 경우] ~와 함께, ~와 더불어.

1. [장소의 뜻을 나타냄] ~가운데, ~속에, ~중에서.

1) ἦνμετά τῶν θηρίων: 그는 들짐승들과 같은 상황 속에 있었다, 막1:13.

2) ἦν συγκαθήμενος μ. τῶν ὑπηρετῶν: 그는 종들과 함께 앉았다.

3) μετὰ τῶν νεφελῶν: 구름 속에, 계1:7.

2. [사건을 일으키는 무리를 나타냄]

1) [사건을 일으키는 인물의 소유격 수반]

① ['가다', '남다' 등의 동사가 수반됨]

㉠ προσέρχεσθαι μ. τινος: 어떤 사람과 같이 오다, 마20:20, 막1:29, 3:7, 5:24,37, 11:11, 눅2:51, 6:17, 9:49, 14:31, 요3:22, 11:54, 행24: 1, 갈2:1.

㉡ γίνεσθαι μ. τινος: 어떤 사람과 함께 남다, 행7:38, 9:19, 20:18.

② [타동사와 함께 쓰임] ἄγειν τινὰ μ. ἑαυτοῦ: 어떤 사람을 데려오다, 딤후4:11.

③ εἶναι μ. τινος: 어떤 사람과 함께 있다, 어떤 사람과 가깝게 지내다.

㉠ [문자적인 의미] 마26:69,71, 막3: 14, 14:67, 눅22:59, 요15:27, 17: 24.

㉡ [비유적 의미: 도움, 원조] 요3:2, 8:29, 16:32, 행7:9.

㉢ [서신 끝에 사용하는 안부] ἡ ἀγάπη μου μ. πάντων ὑμῶν ἐν Χριστῷ Ἰησοῦ: 나의 사랑이 그리스도 예수 안에서 너희 모두와 함께 할 것이다, 고전16:24.

㉣ [εἶναι κατά τινος: '어떤 사람에게 대항하다'의 반대어] 누구의 편을 들다, 누구 편에 서다, 마12:30, 눅11:23.

2) [활동과 경험을 일으키는 무리를 나타냄] 마9:11, 24:49, 26:38,40, 막2:16, 14:14, 눅5:30, 24:30, 롬15: 10, 갈4:30.

3) [서로 다른 집단 사이의 활동이나 경험과 관련하여]

① [적대적 관계]

㉠ πολεμεῖν μ. τινος: 어떤 사람과 싸우다, 계2:16, 12:7, 13:4, 17:14.

㉡ κρίματα ἔχεινμ. τινος: 어떤 사람에게 소송을 걸다, 고전6:7.

② [호의적 관계] 마17:3, 18:23, 막3: 6, 행25:12, 롬12:18, 딤후2:22, 히12:14, 요일1:3.

4) [사람 사이의 관계] 마2:11, 고후8:18, 살후1:7.

5) [사물의 관계] 마 27:34, 눅13:1.

6) [두 명사 사이의 밀접한 관계를 나타낼 경우] ἀγάπη μ. πίστεως: 믿음있는 사람, 엡6:23, 골1:11, 딤전1:14.

3. [어떤 일에 수반되는 배경을 나타냄]

1) [마음이나 몸의 기분, 감정, 바램, 느낌, 흥분 등을 나타냄]

① μ. αἰ- δοῦς: 겸손하게, 딤전2:9.

② μ. αἰσ- χύνης: 부끄럽게, 눅14:9.
③ μετά χα- ρᾶς: 기쁨으로, 살전1:6, 히10:34, 13:17.
④ [기타] 마28:8, 막3:5, 6:25, 눅1:39, 행2:29, 4:29,31, 28:31, 히5:7.
2) [기타 현상] 마24:30, 막13:26, 눅21: 27, 행14:23, 26:12, 27:10, 고후8:4.
3) [도구로서의 구체적 대상을 나타냄] 마26:47,55, 막14:43,48, 눅22:52.
II. [대격이 수반될 경우] ~후에, ~뒤에, ~을 따라서.
1. [장소적인 뜻] μ. τὸ δεύτερον κατα- πέτασμα: 둘째 장막 뒤에, 히9:3.
2. [시간적인 뜻]
1) [구체적인 시간과 함께] 마25:19, 히4:7.
① μ. τρεῖς ἡ- μέρας: 삼일 후에, 마27:63, 막8:31, 10:34, 눅2:46.
② οὐ μ. πολλὰς ταύ- τας ἡμέρας: 이삼일 내에, 행1:5.
2) [시간의 뜻을 가진 일반적인 명칭과 함께] μ. τὸ πάσχα: 유월절 후에, 행12:4.
3) [일반적 용법]
① μ. τοῦτο: 이후, 후에, 요2:12, 11: 7,11, 19:28, 히9:27.
② μ. μικρόν: 잠시 후에, 마26:73.
☞**후에**(요2:12), **~와 함께**(마4:21, 살전3:13), **동행하고**(마5:41), **으로**(엡4:2), **더불어**(갈4:25), **데리고**(마20:20), **지나면**(마26:2), **가지고**(마26:47), **다음**(마27:62), **만에**(막8:31), **겸하여**(막10:30), **타고**(계1:7), **동류로**(눅22: 37), **가운데서**(눅24:5), **뒤에**(히9:3), **겸한**(엡6:23), **취하여**(히9:19), **후로는**(히10:16), **에게**(계1:12).

3327. μεταβαίνω [mĕtabainō][12회] 메타바이노
동 미래 μεταβήσομαι, 제2부정과거 μετέβην, 제2부정과거명령형 μετά- βηθι, 완료형 μεταβέβηκα, 3326과 939의 어간에서 유래: 옮아가다, 옮기다, 업어가다, 건너가다, 마11:1, 17:20, 요7:3, 행18:7.
☞**떠나다**(마8:34, 15:29, 요7:3), **옮기다**(마17:20, 눅10:7, 요일3:14).

3328. μεταβάλλω [mĕtaballō][1회] 메타발로
동 제2부정과거 중간태 μετεβαλόμην, 3326과 906에서 유래:
1) 돌아서다.
2) 마음을 변하다, 개심하다, 행28:6.
☞**마음을 바꾸다, 돌이켜 생각하다**(행28:6).

3329. μετάγω [mĕtagō][2회] 메타고
동 제2부정과거 μετήγαγον:
1) 인도하다, 이끌다, 약3:3.
2) 운반되어 들어오다.
☞**제어하다**(약3:3), **운행하다**(약3:4).

3330. μεταδίδωμι [mĕtadidōmi][5회] 메타디도미
동 제2부정과거 가정법 μεταδῶ, 제2부정과거명령법 μεταδότω, 제2부정과거부정사 μεταδοῦναι, 3326과 1325에서 유래: 주다, 나눠주다, 갈라주다, 나눠가지다, 눅3:11, 롬1:11, 엡4:28, 살전2:8.
☞**나누어 주다**(눅3:11, 롬1:11), **구제하다**(롬12:8, 엡4:28), **주다**(살전2:8).

3331. μετάθεσις, θέσεως, ἡ [mĕtathĕ- sis][3회] 메타데시스
명 3346에서 유래:
1) 제거, 없이함, 히12:27, 승천, 히11:5,
2) 변화, 변모, 히7:12.
☞**바꾸어짐**(히7:12), **옮기움**(히11:5), **변동됨**(히12:27).

3332. μεταίρω [mĕtairō][2회] 메타이로
동 제1부정과거 μετῆρα, 3326과 142에서 유래: 떠나가다, 가버리다, 마13:53, 19:1. [타동사] 옮겨가다.
☞**떠나다**(마13:53, 19:1).

3333. μετακαλέω [mĕtakalĕō][4회] 메타칼레오
동 제1부정과거중간태 μετεκαλεσά- μην, 미래 μετακαλέσομαι, 3326과 2564에서 유래: 불러오다, 부르러 보내다, 행7:14, 10:32, 20:17, 24:25.
☞**청하다**(행7:14, 10:32, 20:17), **부르다**(행24:25).

3334. μετακινέω [mĕtakinĕō][1회] 메타키네오
동 3326과 2795에서 유래: 옮기다, 제거하다, 물러가다, 이사하다, 벗어나다, 골1:23.
☞**흔들리다**(골1:23).

3335. μεταλαμβάνω [mĕtalambanō][7회] 메타람바노
동 미완료 μετελάμβανον, 제2부정 과거 μετέλαβον, 제2부정과거부정사 μεταλαβεῖν,

M

제2부정과거분사 μετα- λαβών, 완료 μετείληφα, 3326과 2983에서 유래: 자기 몫을 받다, 한몫끼다, 받다, 행2:46, 27:33,34, 24:25, 딤후2:6, 히6: 7, 12:10.

☞**먹다**(행2:46, 27:33), **받다**(딤후2:6, 히6:7), **참여하다**(히12:10), **있다**(행24:25).

3336. μετάληψις [mětalēpsis][1회] **메타렙시스**

명 3335에서 유래: 분배함, 나누어 가짐, 받기, 딤전4:3.

☞**받음**(딤전4:3).

3337. μεταλλάσσω [mětallassō][6회] **메탈랏소**

동 제1부정과거 μετήλλαξα, 3326과 236에서 유래: 바꾸다, 교환하다, 롬1:25,26.

☞**바꾸다**(롬1:25,26).

3338. μεταμέλλομαι [mětamĕllŏmai][6회] **메타멜로마이**

동 수동태. 디포넌트, 미완료 μετεμε- λόμην, 제1부정과거수동태 μετεμε- λήθην, 미래수동태 μεταμεληθήσο- μα, 3326과 3199의 중간태에서 유래: 후회하다, 뉘우치다, 마21:32, 27:3, 고후7:8, 히7:21.

☞**뉘우치다**(마21:29, 27:3, 히7:21), **후회하다**(고후7:8).

3339. μεταμορφόω [mětamŏrphŏō][4회] **메타모르포오**

동 완료수동분사 μεταμεμορφωμένος, 제1부정과거 수동태 μετεμορφώθην, 3326과 3445에서 유래; 변화하다, 변형하다.

1) 외형적 변화, 마17:2, 막9:2.

2) 눈에 보이지 않는 변화, 롬12:2, 고후3:18.

☞**변형되다**(마17:2, 막9:2), **변화받다**(롬12: 2), **변화하다**(고후3:18).

3340. μετανοέω [mětanŏĕō][34회] **메타노에오**

동 미래 μετανοήσω, 제1부정과거 με- τενόησα, 3326과 3539에서 유래: 마음을 고치다, 바꾸다, 뉘우치다, 회개하다, 마3:2, 막1:15, 눅10:13, 행2:38, 8:22, 고후12:21, 계2:21,22, 16:11.

☞**회개하다**(마3:2, 눅10:13, 계2:5).

3341. μετάνοια [mětanŏia][22회] **메타노이아**

명 3340에서 유래: 개심, 회개, 돌아섬, 마3:8, 눅3:8, 행26:20, 고후7:9, 히12:17.

☞**회개**(마3:8, 눅3:8, 행20:21, 고후7:9, 딤후2:25, 벧후3:9), **후회**(고후7:10).

3342. μεταξύ [mĕtaxü][9회] **메탁쉬**

부 전 3326과 4682의 한 형태에서 유래:

1) [부]

① [공간] ~사이에, ~가운데.

② [시간]

㉠ ~사이에. [주] ἐν τῷ μεταξύ: 한동안, 요4:31.

㉡ 후에, 그 후 즉시. [주] εἰς τό μεταξὺ σάβ- βατον: 다음 안식일에, 행13:42.

2) [전치사, 소유격과 함께] ~사이에, ~가운데.

① [공간] μ. τοῦ ναοῦ καὶ τοῦ θυσις στηρίου: 성소와 제단 사이에, 마23:35, 눅11:51.

② [상호관계]

㉠ μ. σοῦ καὶ αὐτοῦ μονου: 너와 그 사이에, 마18:15.

㉡ διακρίνε- ιν μ. τινος καί τινος: 사람과 사람 사이를 구별하다, 행15:9.

☞**상대하여**(마18:15), **사이에서**(마23:35), **틈에서**(행12:6), **다음**(행13:42).

3343. μεταπέμπω [mĕtapĕmpō][9회] **메타펨포**

동 제1부정과거중간태 μετεπεμψάμην, 제1부정과거 명령 μετάπεμψαι, 제1부정과거 수동 분사형 μεταπεμφθείς, 3326과 3992에서 유래: 부르러 보내다, 불러오다, 호출하다, 행10:5,22,29, 11:13, 20:1, 24:24,26, 25:3.

☞**청하다**(행10:5,22, 25:3), **부르다**(행10:29, 24:24,26).

3344. μεταστρέφω [mĕtastrĕphō][2회] **메타스트레포**

동 제1부정과거 μετέστρεψα, 제2부정과거 수동태 μετεστράφην, 제2부정과거명령형 μεταστραφήτω, 미래형 μεταστραφήσομαι, 3326과 4726에서 유래: 변하다, 변화시키다, 바꾸다, 왜곡하다, 행2:20, 갈1:7, 약4:9.

☞**변하다**(행2:20, 갈1:7), **바꾸다**(약4:9).

3345. μετασχηματίζω [mĕtaschēmati- zō][5회] **메타스케마티조**

동 미래형 μετασχηματίσω, 제1부정과거 μετε

M

σχη μάτισα, 3326과 4972의 파생어에서 유래:
1) 모양을 변경하다, 변화하다, 변형하다, 변하다, 빌3:21.
2) [중간태] 변장하다, 가장하다, 꾸미다, 고전4:6, 고후11:13,14,15.
☞**본을 보이다**(고전4:6), **가장하다**(고후11:13, 14,15), **변하게 하다**(빌3:21).

3346. μετατίθημι [mĕtatithēmi][6회] **메타티데미**
동 제1부정과거 μετέθηκα, 제1부정과거분사 μεταθείς, 제1부정과거 수동태 μετετέθην, 3326과 5087에서 유래: 위치를 변경하다, 자리를 옮기다.
1) 다른 곳으로 옮기다, 이전하다, 행7: 16, 승천하다, 히11:5.
2) 변하다, 바꾸다, 히7:12, 유1:4.
3) [중간태] 마음이 변하다, 돌아서다, 버리다, 배신하다, 갈1:6.
☞**옮기다**(행7:16, 히11:5), **떠나다**(갈1:6), **바꾸다**(히7:12, 유1:4).

3347. μετέπειτα [mĕtĕpĕita][1회] **메테페이타**
부 3326과 1899에서 유래: 후에, 히12:17.
☞**그 후에**(히12:17).

3348. μετέχω [mĕtĕchō][8회] **메테코**
동 제1부정과거 μετέσχον, 제2부정과거부정사 μετασχεῖν, 완료 μετέσ– χηκα, 3326과 2109에서 유래:
1) 같이 가지다, 참여하다, 나누다, 같이하다. 고전10:21, 히2:14, 7:13.
2) 먹다, 마시다, 즐기다, 고전9:10,12, 10:17,30, 히5:13.
☞**함께 얻다**(고전9:10), **쓰다**(고전9:12), **참여하다**(고전10:17,30), **속하다**(히2:14, 7:13), **겸하다**(고전10:21).

3349. μετεωρίζω [mĕtĕōrizō][1회] **메테오리조**
동 3326과 142의 파생어와 109의 합성어에서 유래: 의심하다, 의심하는 마음이 되다, 눅12:29.
☞**근심하다**(눅12:29).

3350. μετοικεσία, ας, ἡ [mĕtŏikĕsia][4회] **메토이케시아**
명 3326과 3624의 합성어의 파생어에서 유래: 이주, 추방, 이송, 마1:11,12,17.
☞**사로잡혀 감**(마1:11,12,17).

3351. μετοικίζω [mĕtŏikizō][2회] **메토이키조**
동 제1부정과거 μετοικιῶ, 미래 μετῷ– κισα, 3350과 동일형에서 유래: 이주시키다, 다시 정주시키다, 옮겨놓다, 추방하다, 행7:4,43.
☞**옮기다**(행7:4,43).

3352. μετοχή, ῆς, ἡ [mĕtŏchē][1회] **메토케**
명 3328에서 유래: 같이하기, 같이 나누기, 분배, 배당, 공유, 동참, 교제, 친교, 고후6:14.
☞**함께 함**(고후6:14).

3353. μέτοχος, ον [mĕtŏchŏs][6회] **메토코스**
형 명 3348에서 유래:
1) [형용사] 같이 나누는, 참여하는, 히3:1, 14, 6:4, 12:8.
2) [명사] 짝, 패, 동무, 눅5:7, 히1:9.
☞**동무**(눅5:7), **동류**(히1:9), **형제**(히3:1), **참여한 자**(히3:14, 6:4).

3354. μετρέω [mĕtrĕō][11회] **메트레오**
동 제1부정과거 ἐμέτρησα, 미래수동태 μετρηθήσομαι, 3358에서 유래: 재다, 측량하다.
1) 재다.
① [문자적으로] [대격 목적어를 가질 때] 계11:1,2, 21:15.
② [비유적으로] 고후10:12.
2) 내주다, 나눠주다, 마7:2, 막4:24, 눅 6:38.
☞**비판받다**(마7:2), **헤아림을 받다**(막4:24, 눅6:38), **헤아리다**(고후10:12), **측량하다**(계11:1, 21:15,17).

3355. μετρητής, οῦ, ὁ [mĕtrētēs][1회] **메트레테스**
명 3354에서 유래: 말, 되[액체를 재는 도량형], 약39리터, 요2:6.
☞**통**(요2:6).

3356. μετριοπαθέω [mĕtriŏpathĕō][1회] **메트리오파데오**
동 3357과 3806의 어간의 합성어에서 유래: 감정을 완화시키다, 유순하게 대하다, 히5:2.
☞**용납하다**(히5:2).

3357. μετρίως [mĕtriōs][1회] **메트리오스**
부 3358의 파생어에서 유래: 적당히, 약간, 대단히, 행20:12.
☞**적지 않게**(행20:12).

3358. μέτρον, ου, τό [mĕtrŏn][14회] **메트론**

명 기본형으로 쓰임; 척도:
1) 측정하는 도구.
① 양을 재는 것, 마7:2, 23:32, 막4: 24, 눅6:38.
② 길이를 재는 것, 계21:15,17.
2) [측정결과로서의] 양, 수, 척도, 요3: 34, 롬12:3, 고후10:13, 엡4:7,13,16.
☞**분량**(마23:32, 엡4:7,16), **측량**(계21:17), **헤아림**(마7:2, 막4:24, 눅6:38).

3359. μέτωπον, ου, τό [mĕtōpŏn][8회] **메토폰**
명 3326에서 유래: 이마, 계7:3, 9:4, 13:16.
☞**앞면, 이마**(계7:3, 14:1, 22:4).

3360. μέχρι [mĕchri][17회] **메크리**
전 접 3372에서 유래: ~까지.
1) [전치사, 소유격 지배]
① [공간] ~까지. [주] ἀπὸ Ἰερουσαλὴμ... μ. τοῦ Ἰλλυ- ρικοῦ: 예루살렘에서 일루리곤까지, 롬15:19.
② [시간] ~하는 한, ~까지.
[주] ㉠ μ. τῆς σήμερον: 오늘까지, 마11:23, 28:15.
㉡ μ. μεσονυκτίου: 한밤까지, 행20:7.
☞까지(행10:30), 전에(막13:30), 이르러도(빌2:30).

3361. μή [mē][1043회] **메**
접 [불변사] 아니, [의지, 소원, 의심에 대한 부정] οὐ는 사실을 부정하고, μή는 그 개념을 부정한다:
Ⅰ. [부정을 나타내는 부정사로서]
1. [절을 부정하는 경우]
1) [조건문에서: ἐάν 뒤에 나타남] 마5: 20, 10:14, 막3:27, 6:11, 눅8:18, 요3:2.
① εἰ μή: 만일 ~아니라면, ~외에는.
② εἰ δὲ μήγε: ~하지 않았더라면, 그렇지 않았더라면, 마5:13, 6:1.
2) 목적절 ἵνα μή: ~하지 않기 위해서, 마5:29, 6:18, 막3:9, 눅8:18, 16:26, 고전1:29.
3) [결과절에서] ὥστε μή+부정사: 그래서~하지 않는다, 마8:28, 막3:20, 고전1:17, 고후3:7, 살전1:8.
4) [의심의 요소를 가진 의문문에] 막12:14.
5) [관계절에서] 행15:19, 딛1:11, 벧후1:9, 요일4:3.
6) [원인절에 나타나는 경우] 요3:18.

2. [여러 가지 태와 같이 사용됨]
1) [부정사와 함께]
① [부정적 개념을 나타내는 동사 뒤에 온다] 마6:1, 눅20:27, 22:34, 행4:20, 갈5:7, 히12:19.
② [말하다, 보고하다, 명하다, 심판하다, 따위의 동사 뒤에 온다] 마2:12, 5:34, 22:23, 막12:18, 눅2:26, 20: 7,16, 행15:38, 21:4, 25:24, 롬2: 21, 13:3, 고전5:9,11, 7:10, 고후13:7, 엡3:13, 히3:18.
③ [부정사에 의하여 표시된 일에 판단을 포함하는 술부 뒤에 온다] 행25:27, 27:21, 고전7:1, 갈4:8, 벧후2:21.
④ [관사를 가진 부정사의 속격과 방해, 차단의 뜻을 가진 동사 뒤에 온다] 눅4:42, 24:16, 행10:47, 14:18, 벧전3:10.
⑤ [τοῦ μή+부정사] 그래서 ~아니, ~하지~않기 위해서, 마13:5, 막4:5, 행7:19, 고전10:6, 고후3:13, 4:4, 살전2:9, 살후2:2, 3:8.
⑥ [τῷ μή+부정사] ~하지 않기 때문에, 고후2:13.
⑦ [명사적 부정사의 주격이나 대격과 함께 나타나는 경우] 롬14:13, 고후2:1, 10:2, 살전4:6.
2) [분사와 함께 나올 때]
① [관사를 가진 분사를 부정하는데 사용] 마12:30, 눅11:23, 요3:18.
㉠ πᾶς ὁ μή, 마7:26, 요일3:10.
㉡ πάντες οἱ μή, 살후2:12.
② [조건, 원인, 양보의 뜻을 가진 분사와 함께 사용] 마7:19, 18:25, 눅11:24, 롬2:14, 5:13, 갈6:9.
③ [진술하는 것이 주관적 정당성을 가지고 있다는 것이 표시되어야 할 때] 고전4:7, 4:18.
3. [독립절에서 금지적 의미로 사용되며 부정적 소원 혹은 경고를 나타냄]
1) [가정법과 함께] ~하지 맙시다, ~해서는 안된다, ~하지 않아야 한다, 눅20:16, 롬3:4, 고전6:15, 갈6:14, 딤후4:16.
2) [현재 명령과 함께]
① [일반적으로 정당한 명령] 마6:16, 19,25, 눅12:22.

② [존재하는 상태를 정지시키기 위해서] 마14:27, 요2:16, 눅2:10, 7:13, 행10:15.
3) [명령법과 함께] 마24:17,18, 막13: 15, 눅17:31.
4) [가정법과 함께]
① [처음부터 금지된 행동을 막기 위해서] 마1:20, 3:9, 5:17, 10:26, 고전16:11, 살후2:3, 히3:8,15.
② [현재 명령법이 나타날 자리에 과거 가정법이 사용된 곳] 요3:7.
5) [동사없이 나타나는 무뚝뚝한 표현에] 마26:5, 막14:2, 요18:40, 롬3: 8, 12:11, 14:1, 갈5:13.
II. [접속사로 사용될 때]
1. ['두려워하다' 등의 동사 뒤에 온다] ~지나지 않을까 하여, ~하지 않도록, ~지 않도록.
1) [현재 가정법과 함께] 히12:15.
2) [과거 가정법과 함께] 마24:4, 막13: 5, 눅21:8, 행23:10, 고후8:20, 살전5:15, 계19:10, 22:9.
3) [가정법 대신 미래 직설법이 따르는 경우] 골2:8, 히3:12.
2. [목적절에 대신한다] 막13:36, 행27: 42, 고후12:6.
III. [질문에 대해 부정적 대답이 기대되는 의문을 나타내는 불변사로 사용될 때]
1. [직접적 질문에서] 마7:9, 막2:19, 눅22:35, 요3:4, 행7:28.
2. [간접질문에서] ~이나 아닌가, 눅11:35.
IV. [οὐ, μή 함께 나타나는 경우, οὐ, μή는 부정을 강화한다]
1. [가정법과 함께]
1) [과거 가정법과 함께] 결코, 확실히 ~아니, 마5:18, 막13:2, 눅1:15, 요8: 52, 18:11, 계15:4, [관계절에서] 마16:28, 24:21, 막9:1, 눅22:16, 행13:41.
2) [현재가정법과 함께] 히13:5.
2. [미래 직설법과 함께] 마16:22, 눅21: 33, 요4:14, 갈4:30.

☞**아니하고**(마1:19), **말라**(마23:3), **만일 아니라면, 결코~아니**(마5:18).

3362. ἐὰν μή [ĕan mē] **에안 메**

접 1437과 3361의 합성어:
1) ~을 제외하고[except], 만일 ~않는다면[unless], 고전14:11.
2) 접속사 '그러나'에 해당함, 갈2:16.

☞**아니하거든**(마10:14), **아니하면**(요8:24), **없으면**(요일3:21).

3363. ἵνα μή [hina mē] **히나 메**

접 복합어[2443과 3361]: ~하지 않도록, ~에도 불구하고, 마7:1, 눅8:12, 고후1:9 참고. [주] 신약에서는 ὅπως μή [~하도록]이란 접속사와 동등한 의미로 사용.

☞**아니하려거든**(마7:1), **말라**(마12:16), **못하게**(눅8:12), **않고**(요3:16), **않게**(행2:25), **면하게**(빌2:27).

3364. οὐ μή [ŏu mē] **우 메**

부 복합어[3765과 3361]. 강한 부정을 의미하는 이중부정어: 전혀~아니다, 결코~아니다, 전연~아니다, 눅6:37. [주] 3378과 비교.

☞**아니하겠느냐**(요18:11), **아니하였느냐**(롬10:18), **못하였느냐**(롬10:19), **없겠느냐**(고전9:4), **없느냐**(고전11:22).

3365. μηδαμῶς [mēdamōs][2회] **메다모스**

부 3361과 ἀμός '어떤 사람'의 합성어에서 유래: 결코~아니, 절대로~아니, 행10:14, 11:8.

☞**그럴 수 없다**(행10:14).

3366. μηδέ [mēdĕ][56회] **메데**

부 부정불변사. 3361과 1161에서 유래:
1) 그리고~아니, 그러나~아니.
① [두 부정어가 한 동사를 공통적으로 수식할 경우] 마6:25, 22:29, 막12: 24, 눅12:22, 고전5:8, 요일2:15, 3:18.
② [μή가 μηδέ 다음에 여러 개의 각각 다른 동사를 수식할 경우] 마10:14, 요4:15.
③ [조건문의 귀결구에 나타날 때] 살후3:10.
2) ~도~아니, ~까지도~아니, 막2:2, 3: 20, 8:26, 고전5:11, 엡5:3.

☞**않게**(요4:15).

3367. μηδείς, μηδεμία, μηδέν [mēdĕis][89회] **메데이스**

형 대 3361과 1520에서 유래:
1) [형용사] ~아닌, 행13:28, 28:18, 고전1:7, 딤전5:14, 히10:2. [주] 또 다른 부정어와 결합될 경우: 결코 ~아니다, 고후6:3,

13:7, 벧전3:6.

2) [대명사]

① [사람] 아무도 ~아니다, 마8:4, 17: 9, 막5:43, 7:36, 눅3:14, 10:4, 행9:7, 11:19, 롬12:17, 고전3:18, 갈6:17, 엡5:6, 딤전4:12.

② [사물] 아무것도~아니다.

㉠ μηδὲν αἴρειν εἰς (τὴν) ὁδόν, 막6:8, 눅9:3, 행8:24, 고전10:25,27.

㉡ [대격으로] 전혀 ~아닌. [주] μηδὲν ὠφεληθεῖσα: 그녀는 전혀 이익을 얻지 않았다, 막5:26.

㉢ μηδὲν εἶναι: 아무것도~아닌, 갈6:3.

3368. μηδέποτε [mēděpŏtě][1회] **메데포테**

부 3366과 4218에서 유래: 절대로, 결코~아니다, 딤후3:7.

3369. μηδέπω [mēděpō][1회] **메데포**

부 3366과 4452에서 유래: 아직도~아니다, 히11:7.

☞**아직 ~않는**(히11:7).

3370. Μῆδος, ου, ὁ [Mēdŏs][1회] **메도스**

명 남 외래어에서 유래: 메대 사람, 행2:9.

☞**메대인**(행2:9).

3371. μηκέτι [mēkěti][22회] **메케티**

부 3361과 2089에서 유래: 이제는 ~아니다, 이제부터는 ~아니다:

1) [목적절에서 ἵνα 뒤에] 고후5:15, 엡4:14.

2) [결과절에서 ὥστε 뒤에] 막1:45, 2:2, 벧전4:2.

3) [분사와 함께] 행13:34, 롬15:23.

4) [부정사와 함께] 행4:17, 롬6:6, 엡4:17.

5) [독립절에서]

① [명령법과 함께] 마21:19, 눅8:49, 요5:14.

② [희구법과 함께] 막11:14.

③ [권유적 가정법과 함께] 롬14:13.

☞**이제부터(는)~못하다(아니하다)**(마21:19), **이제부터~말고**(딤전5:23), **다시는~못하다**(막1:45), **없게**(막2:2), **다시(는) 말다**(막9:25), **이 후에는~말게 하고**(행4:17), **다시~않게**(행13:34), **~아니하다**(롬6:6), **이제는~없고**(롬15:23).

3372. μῆκος, ους, τό [mēkŏs][3회] **메코스**

명 3173과 유사하게 보임: 길이, 엡3:18, 계21:16.

☞**길이**(엡3:18, 계21:16).

3373. μηκύνω [mēkünō][1회] **메퀴노**

동 3372에서 유래: 길게 하다, [수동] 길어지다, 크다, 막4:27.

☞**자라다**(막4:27).

3374. μηλωτή, ῆς, ἡ [mēlōtē][1회] **멜로테**

명 μῆλον '양'에서 유래: 양의 가죽, 양피, 히11:37.

☞**양의 가죽**(히11:37).

3375. μήν [mēn][18회] **멘**

부 [불변사] 3303의 강세형: 참으로, 확실히, 히6:14.

☞**반드시**(히6:14).

3376. μήν, μηνός, ὁ [mēn][1회] **멘**

명 [기본형]

1) 달, 월, 눅1:36, 행7:20.

2) 새달, 갈4:10.

☞**달**(눅1:24, 행7:20, 계22:2), **개월**(약5:17), **월**(계9:15).

3377. μηνύω [mēnüō][4회] **메뉘오**

동 제1부정과거 ἐμήνυσα, 완료 μεμή-νυκα, 제1부정과거 수동분사 μηνυ-θείς, 3145의 동일어간과 3415에서 유래:

1) 알게 하다, 계시하다, 드러내다, 눅20: 37, 고전10:28.

2) 고발하다, 고해바치다, 요11:57.

3) [수동태] 행23:30.

☞**알다**(요11:57), **알게 하다**(행23:30, 고전10:28).

3378. μὴ οὐκ [mē ŏuk] **메 우크**

부 부정불변사. 3361과 3756의 합성어: ~아니다, 결코~아니다, 고전9:4.

3379. μήποτε [mēpŏtě][25회] **메포테**

불변사. 3361과 4218에서 유래:

1) [직설법 동사와 함께 사용되는 부정적 불변사] 히9:17.

2) [접속사로 사용됨]

① ~하지나 않을까, 눅21:34, 히4:1, 3:12.

② 목적을 나타냄, ~하지 않기 위해서, 마4:6, 7:6, 막4:12, 14:2, 눅14:29.

3) [의문불변사] 혹시~하지나 않았는지, 눅3:15, 요7:26, 딤후2:25.

4) 아마, 혹시, 마25:9.

☞**않게**(마4:6), **~까**(마25:9), **못하게**(막4: 12), **혹~까**(히2:1), **없다**(히9:17).

3380. μήπω [mēpō][2회] **메포**

M

부 3361과 4452에서 유래: 아직 아니다. 롬9:11, 히9:8.

☞아직~아니하다(롬9:11).

3381. μήπως [mēpōs][11회] 메포스

접 3361과 4458에서 유래:

1. [목적을 나타냄]

1) [목적절에서] ~하지 않기 위해서, 고전9:27, 고후2:7, 9:4.

2) [φοβεῖσθαι 다음에 올 때] 행27:29, 고전8:9, 고후11:3, 12:20, 갈4:11.

2. [간접질문을 소개함] 갈2:2.

☞**~까**(행27:29), **아니하시리라**(롬11:21), **않도록**(고후8:9), **못하여**(살전3:5).

3382. μηρός [mērŏs][1회] 메로스

명 [기본형] 넓적다리, 계19:16.

☞**다리**(계19:16).

M

3383. μήτε [mētě][34회] 메테

부 [부정적 계사] 3361과 5037에서 유래: 그리고~아니다, 또~아니다, μή– τε~ μήτε: ~도 아니고~도 아니다, 마5:34–36, 11:18, 막3:20, 눅7:33, 딤전1:7.

☞**~조차 않다**(막3:20), **아니하여**(눅7:33).

3384. μήτηρ, τρός, ἡ [mētēr][83회] 메테르

명 [기본형] 어머니:

1) [문자적으로]마1:18, 막6:24, 딤후1:5.

2) [어머니같이 존경과 사랑을 받는 사람] 마12:49, 막3:31–35, 요19:27.

3) [시민에 대조해서 도시를 가리키는 경우] 갈4:26.

4) [상징적으로] 계17:5.

☞**어머니**(마1:18, 막3:32, 행1:14).

3385. μήτι [mēti][18회] 메티

부정적불변사. 3361과 5100의 중성에서 유래: 아니다. μήτι συλλέγου– σιν κτλ.: 분명 그들은 모이지 않아 그렇지?, 마7:16, 막4:21, 요8:22, 행10:47, 혹시, 마12:23, 요4:29.

☞**~도 아니다**(마12:23).

3386. μήτιγε [mētigĕ][1회] 메티게

부 μήτι γε의 강조형. 3385와 1065에서 유래: 말할 것도 없고, 물론이고, 더군다나, 더구나, 고전6:3.

☞**하물며**(고전6:3).

3387. μήτις [mētis] 메티스

부정불변사. 3361과 1065에서 유래: 도대체 누가?, 요4:33.

☞**누가**(요4:33).

3388. μήτρα, ας, ἡ [mētra][2회] 메트라

명 3384에서 유래: 자궁, 모체, 눅2:23, 롬4:19.

☞**태**(눅2:23, 롬4:19).

3389. μητραλῴας [mētralōlas][1회] 메트랄로아스

명 3384와 257의 어간에서 유래: 어머니를 죽이는 자, 어머니를 치는 자, 딤전1:9.

☞**어머니를 죽이는 자**(딤전1:9).

3390. μητρόπολις, εως, ἡ [mētrŏpŏlis] 메트로폴리스

명 3184와 4172에서 유래: 수도, 대도시.

3391. μία [mia] 미아

수 1520의 불규칙 여성형: 하나, 첫째, 눅9:33, 계6:1.

☞**일**(마5:18, 계17:12), **하나**(마5:19, 막9:5, 행4:32), **하루**(눅5:17, 행28:13, 계 18:8), **첫째**(계9:12), **한**(엡5:31), **첫**(요20:1), **일치**(눅14:18).

3392. μιαίνω [miainō][5회] 미아이노

동 미래 μιανῶ, 제1부정과거 ἐμίανα, 제1부정과거 분사 μιάνας, 제1부정과거 수동태 ἐμιάνθην, 완료 수동태 με– μίαμμαι, 완료수동태분사 μεμιαμμέ– νος: 더럽히다, 흠을 내다.

1) [의식적인 불결] 요18:28.

2) [죄와 악덕에 의한, 도덕적 흠] 딛1:15, 히12:15, 유1:8.

☞**더럽힘을 받다**(요18:28), **더럽다**(딛1:15), **더럽히다**(유1:8), **더럽게 되다**(히12:15).

3393. μίασμα, ατος, τό [miasma][1회] 미아스마

명 3392에서 유래: 더러움, 더럽힘, 퇴폐, 부패, 잘못, 범행, 죄, 벧후2:20.

☞**더러움**(벧후2:20).

3394. μιασμός, οῦ ὁ [miasmŏs][1회] 미아스모스

명 3392에서 유래: 더럽힘, 더러움, 썩음, 벧후2:10.

☞**더러움**(벧후2:10).

3395. μίγμα, ατος, τό [migma][1회] 미그마

명 3396에서 유래: 혼합물, 섞은 것, 요19:39.

☞**섞은 것**(요19:39).

3396. μίγνυμι [mignümi][4회] 미그뉘미

동 [기본형] 섞다, 혼합하다, 마27:34, 눅13:1, 계8:7, 15:2.

☞**타다**(마27:34), **섞다**(눅13:1), **섞이다**(계8: 7, 15:2).

3397. μικρόν, ά, όν [mikrŏs] 미크론

명 3398의 남성 혹은 중성단수:

1) 적음, 소량, 고후11:16.
2) 무의미함, 사 소한 것.
3) 짧은 거리, 작은 길, 마26:39, 막14:35.
4) 잠시, 잠깐.
① μικρόν: 잠시 동안.
② μετὰ μικρόν: 잠시 후, 마26:73, 막14:70.
③ μικρὸν καί...: 요14:19, 16:16−19.

☞**조금**(마26:39, 막14:35, 요16:17), **잠시**(요13:33).

3398. μικρός [mikrŏs][46회] 미크로스

형 기본형으로 보임; 작은:

1. [사람에 대해서]
1) [키에 대해] 눅19:3.
2) [연령] 어린이, 어린아이, 마18:6,10, 14.
3) [존귀성, 중요성, 세력, 힘 등에 있어서] 마10:42, 11:11, 막9:42, 눅7:28, 17:2.

2. [사물에 대해서]
1) [부피로서] 마13:32, 막4:31, 고전5:6, 갈5:9, 약3:5.
2) [수에 대해서] 짧은, 요7:33, 12:35, 계6:11, 20:3.

☞**작은**(마11:11, 눅9:48, 히8:11, 계3:8), **적은**(눅12:32, 갈5:9), **낮은**(행8:10, 26:22). **[명] 잠깐**(계20:3), **작은 자**(마10:42, 18:14, 막9: 42), **조금**(요7:33, 고후11:16), **잠시**(요12:35, 히10:37).

3399. Μίλητος, ου, ἡ [Milētŏs][3회] 밀레토스

고명 유래가 불확실함: 소아시아의 한 도시 '밀레도', 행20:15,17, 딤후4:20.

☞**밀레도**(행20:15,17, 딤후4:20).

3400. μίλιον, ου, τό [miliŏn][1회] 밀리온

명 라틴어에서 유래: 마일[일천 걸음], 마5:41. [주] 1마일은 1478.5m.

☞**오 리**(마5:41).

3401. μιμέομαι [mimĕŏmai][4회] 미메오마이

동 중간태. 디포넌트, 명령 μιμοῦ, 미완료 ἐμιμούμην, 미래 μιμήσομαι, 제1부정과거 ἐμιμησάμην, '흉내내다'에서 유래: 모방하다, 본따다, 본받다, 따르다, 살후3:7,9, 히13:7, 요삼1:11.

☞**본받다**(살후3:7, 히13:7, 요삼1:11).

3402. μιμητής, οῦ, ὁ [mimētēs][6회] 미메테스

명 3401에서 유래: 모방자, 본받는 사람, 고전4:16, 엡5:1, 살전1:6, 히6:12.

☞**본받은 자**(고전4:16, 엡5:1, 살전2:14), **행하는 자**(벧전3:13).

3403. μιμνήσκω [mimnēskō][23회] 밈네스코

동 제1부정과거 ἐμνήσθην, 미래 μ− νησθήσομαι, 완료 μέμνημαι, 3415의 연장형:

1) [재귀동사]
① 회상하다, 기억하다, 마5:23, 26:75, 눅16:25, 24:8, 요2:17, 고전11:2.
② 생각하다, 관심을 가지다, 눅23:42, 히2:6, 8:12.

2) [수동태]
① 언급되다, 말하여지다, 행10:31, 계16:19.
② 기억되다, 행10:31, 계16:19.

☞**마음에 새기다, 생각하다**(히2:6, 13:3).

3404. μισέω [misĕō][40회] 미세오

동 미완료 ἐμίσουν, 미래 μισήσω, 제1부정과거 ἐμίσησα, 완료 μεμίσηκα, 완료수동분사 μεμισημένος, 기본형 μῖσος, '증오'에서 유래: 미워하다, 미워서 박해하다, 싫어하다, 마5:43, 눅1:71, 요15:24, 히1:9, 계18:2.

☞**미워하다**(마5:43, 눅6:22, 요15:23, 유1:23), **미움을 받다**(마10:22, 24:9, 막13:13), **가증하다**(계18:2).

3405. μισθαποδοσία, ας, ἡ [misthapŏdŏsia][3회] 미스다포도시아

명 3406에서 유래: 보상, 보응, 히2:2, 10:35, 11:26.

☞**보응**(히2:2), **상**(히10:35, 11:26).

3406. μισθαποδότης, ου, ὁ [misthapŏdŏtēs][1회] 미스다포도테스

명 3409와 591에서 유래: 보상자, 보응자, 히11:6.

☞**상주시는 이**(히11:6).

3407. μίσθιος [misthiŏs][2회] 미스디오스

명 3408에서 유래: 날품꾼, 삯꾼, 눅15:17,19.

☞**품꾼**(눅15:17,19).

M

3408. μισθός, οῦ, ὁ [misthŏs][29회] 미스도스
명 기본형으로 보임:
1) 품삯, 삯, 임금, 눅10:7, 딤전5:18.
2) 보수, 보상, 마5:46, 고전9:17.
3) 보응, 벌, 계22:12.
☞**상**(마5:12, 막9:41, 계22:12), **삯**(마20:8, 눅10:7, 벧후2:15), **값**(벧후2:13).

3409. μισθόω [misthŏō] 미스도오
동 제1부정과거 중간태 ἐμισθωσά– μην, 3408에서 유래: 고용하다, 일시키다, 마20:1,7.
☞**품꾼으로 쓰다**(마20:7), **얻다**(마20:1).

3410. μίσθωμα, ατος, τό [misthōma][1회] 미스도마
명 3409에서 유래: 약정 가격, 집세, 빌린 것, 셋집, 행28:30.
☞**셋집**(행28:30).

M

3411. μισθωτός [misthōtŏs][3회] 미스도토스
명 3409에서 유래: 삯꾼, 품꾼, 막1:20, 요10:12,13.
☞**삯꾼**(요10:12,13).

3412. Μιτυλήνη, ης, ἡ [Mitülēnē][1회] 미튈레네
고명 μυτιλήνη '조개가 많은'에서 유래: 미스보스섬의 한 마을 '미둘레네', 행20:14.
☞**미둘레네**(행20:14).

3413. Μιχαήλ, ὁ [Michaēl][2회] 미카엘
고명 히브리어 4317에서 유래: 천사장 '미가엘', 유1:9, 계12:7.
☞**미가엘**(유1:9, 계12:7).

3414. μνᾶ, μνᾶς, ἡ [mna][9회] 므나
명 라틴어에서 유래: 희랍의 화폐 이름 '므나', 눅19:13,16,18,24,25.
☞**므나**(눅19:13,18,24).

3415. μνάομαι [mnaŏmai] 므나오마이
동 중간태. 3306의 파생어 또는 3145의 어간에서 유래: 구혼하다, 눅1:27.
☞**생각나다**(마5:23, 요12:16), **기억하다**(눅23:42).

3416. Μνάσων, ωνος, ὁ [Mnasōn][1회] 므나손
고명 유래가 불확실함: 한 기독교인 '나손', 행21:16.
☞**나손**(행21:16).

3417. μνεία, ας, ἡ [mnĕia][7회] 므네이아
명 3415 또는 3403에서 유래:
1) 기억, 살전3:6, 딤후1:3.
2) 언급, 관설, 롬1:9, 엡1:16, 빌1:3.
☞**말**(롬1:9), **기억**(엡1:16, 살전1:2), **생각**(빌1:3, 살전3:6, 딤후1:3).

3418. μνῆμα, ατος, τό [mnēma][8회] 므네마
명 3415에서 유래: 기념의 표, 무덤, 막5:3,5, 눅8:27, 행2:29, 계11:9.
☞**무덤**(막5:5, 눅24:1, 계11:9), **묘**(행2:29).

3419. μνημεῖον, ου, τό [mnēmĕiŏn][40회] 므네메이온
명 3420에서 유래; 기념의 표:
1) 묘, 기념비, 눅11:47.
2) 무덤, 마23:29, 막5:2, 눅11:44.
☞**무덤**(마27:60, 막15:46, 요20:11).

3420. μνήμη, ης, ἡ [mnēmē][1회] 므네메
명 3403에서 유래: 기억, 벧후1:15.
☞**생각나게 함**(벧후1:15).

3421. μνημονεύω [mnēmŏnĕuō][21회] 므네모뉴오
동 미완료 ἐμνημόνευον, 제1부정과거 ἐμνημόνευσα, 3420의 파생어에서 유래: 기억하다, 마음에 간직하다, 생각하다, 언급하다.
1) [속격을 취할 때] 눅17:32, 요15:20, 갈2:10, 골4:18, 히13:7.
☞**깨닫다**(마16:9), **기억하다**(막8:18, 눅17:32, 행20:35, 갈2:10, 살전2:9), **생각하다**(계2:5), **기억나다**(요16:4), **말하다**(히11:22).

3422. μνημόσυνον, ου, τό [mnēmŏsünŏn][3회] 므네모쉬논
명 3421에서 유래:
1) 기념, 마26:13, 막14:9.
2) 기념예물, 기념제물, 행10:4.
☞**기억**(마26:13, 막14:9), **기억하신 바**(행10:4).

3423. μνηστεύω [mnēstĕuō][3회] 므네스튜오
동 완료수동분사 ἐμνηστευμένη, 제1부정과거 수동분사 μεμνηστευμένη, 3415의 파생어에서 유래: 사랑을 구하여 얻다, 약혼하다, 마1:18, 눅1:27, 2:5.
☞**약혼하다**(마1:18, 눅1:27, 2:5).

3424. μογιλάλος, ον [mŏgilalŏs][1회] 모길랄로스
형 3425와 2980에서 유래: 쉰 목소리로 말하는, 어렵게 말하는, 막7:32.
☞**말 더듬는**(막7:32).

3425. μόγις [mŏgis][2회] 모기스

부 기본형 μόγος '고동'에서 유래: 겨우, 어렵게, 눅9:39, 행14:18.

☞**몹시**(눅9:39).

3426. μόδιος, ίου, ὁ [mŏdiŏs][3회] **모디오스**

명 라틴어에서 유래: 말, 되, 약8.75리터, 마5:15, 막4:21, 눅11:33.

☞**말**(마5:15, 막4:21, 눅11:33).

3427. μοί [mŏi] **모이**

대 ἐμοί의 단수여격: 나에게, 나의 것, 요13:36, 행1:8.

☞**내게**(마2:8), **나를**(눅1:25).

3428. μοιχαλίς, ίδος, ἡ [mŏichalis][7회] **모이칼리스**

명 1698의 비강조형: 음녀, 간음하는 여인.

1) [문자적으로] 롬7:3, 벧후2:14.

2) [비유적으로, 하나님과의 관계를 나타냄]

① [형용사적으로] 음란한, 마12:39, 16:4, 막8:38.

② [명사로] 약4:4.

☞**음녀**(롬7:3), **음심**(벧후2:14). **[동] 음란하다**(마12:39, 16:4, 막8:38), **간음하다**(약4:4).

3429. μοιχάω [mŏichaō][4회] **모이카오**

동 3432에서 유래: [수동] 간음하는 자가 되다, 간음하다, 마5:32, 19:9, 막10:11,12.

☞**음행하다**(마5:32, 19:9), **간음하다**(마5:32, 19:9).

3430. μοιχεία, ας, ἡ [mŏichĕia][3회] **모이케이아**

명 3431에서 유래: 간음, 마15:19, 막7: 21, 요8:3.

☞**간음**(마15:19, 요8:3), **음란**(막7:21), **음행**(갈5:19).

3431. μοιχεύω [mŏichĕuō][15회] **모이큐오**

동 미래 μοιχευσω, 제1부정과거 ἐμο- ίχευσα, 제1부정과거수동부정사 μοι- χευθῆναι, 3432에서 유래: 간음하다, 마5:27, 막10:19, 눅16:18, 롬2:22.

☞**간음하다**(마19:18, 롬2:22, 약2:11), **(영적으로) 간음하다, 우상 숭배하다**(마5:27).

3432. μοιχός, οῦ, ὁ [mŏichŏs][3회] **모이코스**

명 남 기본형으로 보임: 간음하는 자, 눅18:11, 고전6:9, 히13:4.

☞**간음하는 자**(눅18:11, 고전6:9, 히13:4).

3433. μόλις [mŏlis][6회] **몰리스**

부 3425의 변형으로 보임: 겨우, 간신히, 어렵게, 드물게, 혹간, 행14:18, 롬5:7, 벧전4:18.

☞**간신히**(행27:7,8,16), **겨우**(행14:18), **쉽지 않고**(롬5:7).

3434. Μολόχ, ὁ [Mŏlŏch][1회] **몰록**

고명 히브리어 4432에서 유래: 우상의 이름 '몰록', 행7:43.

☞**몰록**(행7:43).

3435. μολύνω [mŏlünō][3회] **몰뤼노**

동 제1부정과거 ἐμόλυνα, 제1부정과거수동태 ἐμολύνθην, 3198에서 유래한 것으로 보임: 더럽히다, 순결치 않게 하다.

1) [문자적으로] 불결한, 씻지 않은, 계3:4.

2) [비유적으로] 타락한, 부도덕한, 고전8:7, 계14:4.

☞**더러워지다**(고전8:7), **더럽히다**(계3:4, 14:4).

3436. μολυσμός, οῦ, ὁ [mŏlüsmŏs][1회] **몰뤼스모스**

명 3435에서 유래: 더러움, 불결, 고후7:1.

☞**더러운 것**(고후7:1).

3437. μομφή, ῆς, ἡ [mŏmphē][1회] **몸페**

명 3201에서 유래: 비난, 비난거리, 골3:13.

☞**불만**(골3:13).

3438. μονή, ῆς, ἡ [mŏnē][2회] **모네**

명 3306에서 유래:

1) 체류, 요14:23.

2) 거처, 자리, 요14:2.

☞**거하는 곳**(요14:2), **거처**(요14:23).

3439. μονογενής, ές [mŏnŏgĕnēs][9회] **모노게네스**

형 3441과 1096에서 유래:

1) 오직, 하나밖에 없는, 유일한, 눅7:12, 9:38, 8:42, 히11:17.

2) 독생하신, 요1:14, 18, 3:16, 요일4:9.

☞**독생한**(요1:18). **[명] 외아들**(눅9:38, 히11:17), **독생자**(요1:14, 요일4:9).

3440. μόνον [mŏnŏn] **모논**

부 3441 2)항. 참조.

☞**만**(요12:9), **다만**(마8:8), **이라도**(마10:42), **밖에**(마21:19), **외에는**(막6:8), **오직**(갈5:13), **다만 이뿐 아니라**(롬5:3).

3441. μόνος, η, ον [mŏnŏs][115회] **모노스**

형 3306에서 유래한 것으로 보임: 오직, 홀로, 유일한.

M

1) [형용사]
① 홀로 있는, 혼자 있는.
㉠ [εἶναι, εὑρίσκε- θαι, καταλείπειν 등과 같은 동사와 함께 쓰일 경우] 마14:23, 눅9:36, 딤후4:11. [주] κἀγώ ὑπελείφθην μό- νος: 나는 유일한 생존자다, 롬11:3.
㉡ [명사, 대명사와 함께 사용되는 경우] 마4:10, 눅24:12, 요6:22, 히9:7.
㉢ [부정어나 부정접속사와 함께 쓰일 경우] 마12:4, 17:8, 24:36, 막9: 8, 눅5:21, 계9:4.
㉣ μόνος θεός: 유일신, 요5:44, 딤전1:17.
② 버려진, 무기력한, 외로운, 요8:29, 16:32.
③ 격리된, 고립된, 분리된, 요12:24.
2) [부사, 부정 μόνον은 부사로 쓰임] 홀로, 유일하게, 오직, 다만.
① [행동이나 상태를 제한] 마9:21, 14: 36, 막5:36, 눅8:50, 고전15:19, 갈1:23.
② [다른 것들과 분리시키고자 하는 사람이나 사물에 함께 사용] 마5:47, 10:42, 행18:25, 롬3:29, 갈2:10, 히9:10.
③ [부정어와 함께 쓰임] μ. μή ~만은 아니다, 갈5:13. [주] οὐ (or μὴ) μ.... ἀλλὰ καί ~뿐 아니라~도, 마21:21, 요5:18, 행19:27, 26:29, 27:10, 롬1:32, 고후7:7, 엡1:21.
☞**유일한**(요17:3). **[부] 오직**(마17:8, 막9:8, 계15:4), **홀로**(막6:47, 딤전1:17 히9:7), **혼자**(눅10:40, 요8:29, 16:32), **다만**(마4:10), **외에는**(마12:4), **따로**(마14:23), **그대로**(요12:24), **외에**(빌4:15).

3442. μονόφθαλμος, ον [mŏnŏphthal-mŏs][2회] **모노프달모스**
형 3441과 3788에서 유래: 애꾸눈의, 한 눈의, 외눈의, 마18:9, 막9:47.
☞**한 눈의**(마18:9, 막9:47).

3443. μονόω [mŏnŏō] **모노오**
동 완료수동분사 μεμονωμένος, 3441에서 유래: 외롭게 만들다, 홀로 남겨두다, 딤전5:5.
☞**외롭다**(딤전5:5).

3444. μορφή, ῆς, ἡ [mŏrphē][3회] **모르페**
명 3313의 어간에서 유래한 것으로 보임: 모양, 형상, 외양, 막16:12, 빌2:6,7.
☞**모양**(막16:12), **본체**(빌2:6), **형체**(빌2:7).

3445. μορφόω [mŏrphŏō][1회] **모르포오**
동 제1부정과거 수동태 ἐμορφώθην, 3449와 동일어에서 유래: 형성하다, 꼴을 이루다, 형을 이루다, 갈4:19.
☞**형상을 이루다**(갈4:19).

3446. μόρφωσις, εως, ἡ [mŏrphōsis][2회] **모르포시스**
명 3445에서 유래:
1) [구체적 표현]화신, 공식, 표시, 롬2:20.
2) 외양, 모습, 딤후3:5.
☞**모본**(롬2:20), **모양**(딤후3:5).

3447. μοσχοποιέω [mŏschŏpŏiĕō][1회] **모스코포이에오**
동 제1부정과거 ἐμοσχοποίησα, 3448과 4160에서 유래: 송아지를 만들다, 행7:41.
☞**송아지 형상(우상)을 만들다**(행7:41).

3448. μόσχος, ου, ὁ [mŏschŏs][6회] **모스코스**
명 혼선 ὄσχος '새로나온 가지'의 강세형으로 보임: 송아지, 눅15:23,27,30, 히9: 12,19, 계4:7.
☞**송아지**(눅15:23, 히9:12, 계4:7).

3449. μόχθος, ου, ὁ [mŏchthŏs][3회] **목도스**
명 3425의 어간에서 유래: 노력, 진력, 수고, 고생, 고후11:27, 살전2:9, 살후3:8.
☞**애씀**(고후11:27, 살전2:9, 살후3:8).

3450. μοῦ [mŏu] **무**
대 1인칭단수속격. 1700의 축약형: 나의, 눅9:35.
☞**내, 나의**(마2:6), **내가**(마13:30).

3451. μουσικός, ή, όν [mŏusikŏs][1회] **무시코스**
형 Μοῦσα '뮤즈신'에서 유래: 음악하는, 계18:22.
☞**노래하는, 풍류하는 자**(계18:22).

3452. μυελός, οῦ, ὁ [müĕlŏs][1회] **뮈엘로스**
명 기본형으로 보임: 골수, 히4:12.
☞**골수**(히4:12).

3453. μυέω [müĕō][1회] **뮈에오**
동 완료수동태 μεμύημαι, 3466의 어간에서 유래: 비밀을 전하다, 가르치다, 빌4:12.
☞**배우다**(빌4:12).

3454. μῦθος, ου, ὁ [müthŏs][5회] **뮈도스**
명 3453과 동일어에서 유래한 듯함: 이야기, 옛말, 옛이야기, 신화, 딤전1:4, 4:7, 딤후

4:4, 딛1:14, 벧후1:16.
☞**신화**(딤전1:4, 4:7), **이야기**(벧후1:16), **허탄한 이야기**(딤후4:4).

3455. μυκάομαι [mükaŏmai][1회] 뮈카오마이
동 중간태. μύζω '음메하고 울다'의 가정된 파생어에서 유래: 으르렁거리다, 울다, 계10:3.
☞**부르짖다**(계10:3).

3456. μυκτηρίζω [müktērizō][1회] 뮠테리조
동 3455의 파생어에서 유래: 코를 돌려대다, 비웃다, 눅23:35, 갈6:7.
☞**업신여기다**(갈6:7).

3457. μυλικός, ή, όν [mülikŏs][2회] 뮐리코스
형 3458에서 유래: 연자의, 맷돌의, 막9:42ⓢ 눅17:2.
☞**맷돌의, 연자맷돌**(막9:42ⓢ, 눅17:2).

3458. μύλος, ου, ὁ [mülŏs][4회] 뮐로스
명 3433에서 유래:
1) 맷돌, 연자맷돌, 마18:6, 막9:42, 계18:21.
2) 연자, 매, 계18:22.
☞**연자맷돌**(마18:6, 눅17:2), **맷돌**(계18:21, 22).

3459. μυλών, ῶνος, ὁ [mülōn] 뮐론
명 3458에서 유래: 연잣간, 방앗간, 마24:41.
☞**방앗간, 맷돌질**(마24:41).

3460. Μύρα [Müra][1회] 뮈라
고명 불확실한 파생어: 소아시아의 한 도시 '무라', 행27:5.
☞**무라**(행27:5).

3461. μυριάς, άδος, ἡ [mürias][8회] 뮈리아스
수 3463에서 유래: 일만.
1) [문자적으로] 행19:19.
2) [비유적으로] 대단히 많은 것, 허다한 것, 무수한 것, 눅12:1, 행21:20, 계9:16.
☞**수만**(눅12:1, 행21:20, 유1:14), **만**(행19:19), **천만**(히12:22), **만만**(계5:11, 9:16).

3462. μυρίζω [mürizō][1회] 뮈리조
동 제1부정과거 ἐμύρισα, 3464에서 유래: 기름을 바르다, 막14:8.
☞**붓다**(막14:8).

3463. μύριοι, αι, α [müriŏi][3회] 뮈리오이
수 기본형의 복수: 일만, 마18:24.
☞**만**(마18:24), **일만**(고전4:15, 14:19).

3464. μύρον, ου, τό [mürŏn][14회] 뮈론
명 외래어에서 유래한 것으로 보임: 고약, 향유, 마26:12, 눅7:38, 요11:2, 계18:13.
☞**향유**(마26:7, 눅7:37, 계18:13).

3465. Μυσία, ας, ἡ [Müsia][2회] 뮈시아
고명 불확실한 어원에서 유래: 소시아의 한 도시 '무시아', 행16:7,8.
☞**무시아**(행16:7,8).

3466. μυστήριον, ου, τό [müstēriŏn][28회] 뮈스테리온
명 μύω '입을 다물다'에서 유래: 비밀, 비밀 의례, 비밀 교훈, 신비.
1) 마13:11, 막4:11, 눅8:10.
2) 비밀, 신비, 롬11:25, 고전15:51, 골2:2.
3) [계시록에서] 계1:20, 10:7, 17:5,7.
☞**비밀**(마13:11, 눅8:10, 살후2:7).

3467. μυωπάζω [müōpazō][1회] 뮈오파조
동 3466의 어간과 ὤψ '얼굴'의 합성어에서 유래: 근시안이 되다, 벧후1:9.
☞**멀리 보지 못하다**(벧후1:9).

3468. μώλωψ, ωπος, ὁ [mōlōps][1회] 몰롭스
명 μῶλος '검은점'과 ὤψ '얼굴'에서 유래: 채찍자국, 타박상, 상처, 벧전2:24.
☞**채찍에 맞은 자국**(벧전2:24).

3469. μωμάομαι [mōmaŏmai][2회] 모마오마이
동 중간태. 디포넌트, 제1부정과거 ἐ-μωμησάμην, 제1부정과거 수동태 ἐμω-μήθην, 3470에서 유래: 흠잡다, 비난하다, 책하다, 고후6:3, 8:20.
☞**비방을 받다**(고후6:3), **비방하다**(고후8:20).

3470. μῶμος, ου, ὁ [mōmŏs][1회] 모모스
명 3201에서 유래한 것으로 보임: 결점, 흠, 벧후2:13.
☞**흠**(벧후2:13).

3471. μωραίνω [mōrainō][4회] 모라이노
동 제1부정과거 ἐμώρανα, 제1부정과거수동태 ἐμωράνθην, 3472에서 유래:
1) 어리석게 만들다, 어리석은 것이 드러나다, 고전1:20.
2) [수동태] 어리석게 되다, 롬1:22.
3) 무의미하게 만들다, 마5:13, 눅14:34.
☞**어리석게 되다**(롬1:22), **미련하게 하다**(고전1:20), **맛을 잃다**(마5:13).

3472. μωρία, ας, ἡ [mōria][5회] 모리아
명 3474에서 유래: 어리석음, 우둔함, 고전1:18,21,23, 2:14, 3:19.
☞**미련하게 보임**(고전1:18, 2:14, 3:19).

3473. μωρολογία, ας, ἡ [mōrŏlŏgia][1회] 모롤로기아
명 3473와 3004의 합성에서 유래: 어리석은 말, 엡5:4.
☞**어리석은 말[잡담], 익살**(엡5:4).

3474. μωρός, ά, όν [mōrŏs][12회] 모로스
형 3466의 어간에서 유래한 듯: 어리석은, 마5:22, 막7:13, 고전3:18, 딤후2:23.
☞**미련한**(마5:22), **어리석은**(고전1:25, 4:10, 딤후2:23, 딛3:9). **[명] 어리석은 맹인**(마23:17), **미련한 자**(마25:3), **어리석은 자**(고전3:18).

3475. Μωσεύς [Mōsĕus][80회] 모슈스
고명 히브리어 4872에서 유래: '모세', 마8:4, 눅2:22, 요7:23, 행13:38, 고전9:9, 히10:28.
☞**모세**(눅2:22).

N, ν

3476. Ναασσών, ὁ [Naassōn][3회] **나앗손**
고명 히브리어 5177에서 유래: 한 이스라엘 사람 '나손', 마1:4, 눅3:32.
☞**나손**(마1:4).

3477. Ναγγαί, ὁ [Nanggai][1회] **낭가이**
고명 히브리어에서 유래[505와 비교]: 이스라엘인 '낙개', 눅3:25.
☞**낙개**(눅3:25).

3478. Ναζαρά, Ναζαρέτ, Ναζαρέθ (Ναζαράτ, Ναζαράθ), ἡ [Nazara, Nazarĕt, Nazarĕth][2회] **나자라**
고명 불확실한 파생어: 팔레스타인의 한 마을 '나사렛', 막1:9, 눅1:26, 2:4, 요1:45.
☞**나사렛**(마2:23).

3479. Ναζαρηνός, ή, όν [Nazarēnŏs][6회] **나자레노스**
형 3478에서 유래: 나사렛에서 온, 막1:24, 눅4:34.
☞**나사렛 출신의, 나사렛 사람**(막1:24).

3480. Ναζωραῖος, ου, ὁ [Nazōraiŏs][13회] **나조라이오스**
명 3478에서 유래: 나사렛 사람[예수에게만 적용됨], 마2:23, 눅18:37, 요18:5, 7, 행2:22.
☞**나사렛 사람**(마2:23).

3481. Ναθάμ, ὁ [Natham][1회] **나담**
고명 히브리어 5416에서 유래: 다윗의 아들 '나단', 삼하5:14, 슥12:12, 눅3:31.
☞**나단**(눅3:31).

3482. Ναθαναήλ, ὁ [Nathanaēl][6회] **나다나엘**
고명 히브리어 5417에서 유래: 예수의 한 제자 '나다나엘', 요1:45-49, 21:2.
☞**나다나엘**(요1:45-49, 21:2).

3483. ναί [nai][33회] **나이**
불변사[긍정, 동의, 강조].
1) [질문에 대한 대답에 나타남]
① 예, 그렇습니다, 마9:28, 요11:27, 행5:8.
② 옳습니다, 그렇습니다, 마11:9, 눅7:26, 물론입니다, 롬3:29.
2) [다른 사람의 진술에 찬의를 선언하는 말] 맞습니다, 마15:27, 막7:28, 계14: 13, 16:7.
3) [자신의 진술에 대한 강조 반복] 사실입니다, 마11:26, 눅10:21, 11:51.
4) [엄숙한 확언에 나타남] 계1:7.
☞**그렇다**(마9:28), **과연**(눅11:51), **참으로**(눅12:5), **예**(행5:8, 고후1:17), **진실로**(롬3:29). **[동] 옳다**(마5:37, 눅7:26, 10:21).

3484. Ναΐν, ἡ [Naïn][1회] **나인**
고명 히브리어에서 유래: 팔레스틴의 한 성 '나인', 눅7:11.
☞**나인**(눅7:11).

3485. ναός, οῦ, ὁ [naŏs][45회] **나오스**
명 ναίω '거하다'에서 유래; 성전:
1) [문자적으로]
① 예루살렘 성전, 마23:17,35, 27:5, 40, 막14:58, 눅1:21, 요2:20, 행7: 48, 계11:2.
② 하늘의 성소, 계14:15, 15:6.
③ 일반적 신전, 행17:24, 19:24, 신사, 신당.
2) [비유적으로]
① 예수 그리스도의 몸, 요2:19, 고전6:19.
② 교회, 고전3:16,17, 고후6:16, 엡2, 21.
☞**성전**(마23:16, 막15:29, 눅1:9, 고후6:16), **성소**(마27:5, 23:45), **전**(행17:24, 고전6:19).

3486. Ναούμ, ὁ [Naŏum][1회] **나움**
고명 히브리어 5151에서 유래: 한 이스라엘 사람 '나훔', '위로'라는 뜻, 눅3:25.
☞**나훔**(눅3:25).

3487. νάρδος, ου, ἡ [nardŏs][2회] **나르도스**
명 기원은 외국어: '나드'.
① 인도를 원산지로 하는 식물.
② 나드 향유[기름], 막14:3, 요12:3.
☞**나드**(막14:3, 요12:3).

3488. Νάρκισσος, ου, ὁ [Narkissŏs][1회] **나르킷소스**
고명 ναρκη '마취'에서 유래: 로마사람 '나깃수', 롬16:11.
☞**나깃수**(롬16:11).

3489. ναυαγέω [nauagĕō][2회] **나우아게오**

동 제1부정과거 ἐναυάγησα, 3491과 71의 합성에서 유래: 파선하다, 고후11:25, 딤전 1:19.

☞**파선하다**(고후11:25, 딤전1:19).

3490. ναύκληρος [nauklērŏs][1회] **나우클레로스**

명 3491과 2819에서 유래: 선주, 선장, 행 27:11.

☞**선주**(행27:11).

3491. ναῦς, ἡ [naus][1회] **나우스**

명 '띄우다'에서 유래: 배, 행27:41.

☞**선박, 배**(행27:41).

3492. ναύτης, ου, ὁ [nautēs][3회] **나우테스**

명 3491에서 유래: 선원, 뱃사공, 뱃사람, 행 27:27,30, 계18:17.

☞**사공**(행27:27,30), **선원**(계18:17).

3493. Ναχώρ, ὁ [Nachōr][1회] **나코르**

고명 히브리어 5152에서 유래: 아브라함의 조부 '나홀', 눅3:34.

☞**나홀**(눅3:34).

N

3494. νεανίας, ου, ὁ [nĕanias][3회] **네아니아스**

명 3501의 파생어에서 유래: 청년, 젊은이, 행 7:58, 20:9, 23:17,18.

☞**청년**(행7:58, 20:9, 23:22).

3495. νεανίσκος, ου, ὁ [nĕaniskŏs][11회] **네아니스코스**

명 3493와 동일어에서 유래:

1) 청년, 젊은이, 마19:20, 막14:51, 눅7: 14, 행2:17.

2) 종, 행5:10.

☞**청년**(마19:20, 막14:51, 요일2:13), **젊은이**(행2:17).

3496. Νεάπολις [Nĕapŏlis][1회] **네아폴리스**

고명 3501과 4172에서 유래: 마케도니아 한 도시 '네아볼리', 행16:11.

☞**네압볼리**(행16:11).

3497. Νεεμάν [Nĕĕman] **네에만**

고명 히브리어 5283에서 유래: 시리아 사람 '나아만', 눅4:27.

☞**나아만**(눅4:27).

3498. νεκρός, ά, όν [nĕkrŏs][128회] **네크로스**

형 명 기본형 νέκυς '시체'에서 유래:

1. [형용사] 죽은.

1) [문자적]

① [생물] 마28:4, 막9:26, 행28:6, 계1:18.

② [무생물, 놋뱀, 우상에 대해 사용]

2) [비유적]

① [사람]

㉠ [방탕한 아들에 대해 사용] 죽은 것 같은, 타락한, 눅15:24,32.

㉡ [비활동적인 교회에 대해 사용] 계3:1.

㉢ [세례받기 전에 있는 사람에 대해 사용] 롬6:11, 엡2:1,5, 골2:13.

② [사물] ν. ἔργα: 죽은 일, 히6:1, 9:14.

2. [명사] 죽은 자, 사자,

1) [문자적] 마17:9, 막6:14, 눅9:7, 요2:22, 12:1, 행3:15, 4:10, 13:30, 롬6:4, 7:4, 고전15:12, 갈1:1, 엡1:20, 골2:12, 벧전 1:21.

2) [비유적] ἄφες τοὺς ν. θάψαι τοὺς ἑαυτῶν: 죽은 자들로 저희 죽은 자를 장사하게 하라, 마8:22, 눅9:60.

☞**죽은**(마10:8, 막9:9, 롬1:4), **헛것인**(약2:20).

3499. νεκρόω [nĕkrŏō][3회] **네크로오**

동 제1부정과거 ἐνέκρωσα, 완료수동분사 νενεκρωμένος, 3498에서 유래:

1) 죽게 하다, 죽이다, 골3:5.

2) [수동] 녹초가 되다, 무기력해지다, 롬 4:19, 히11:12.

☞**죽다**(롬4:19, 히11:12), **죽이다**(골3:5).

3500. νέκρωσις, εως, ἡ [nĕkrōsis][2회] **네크로시스**

명 3499에서 유래:

1) 죽음, 죽임, 고후4:10.

2) 죽음의 상태.

① [문자적으로] 롬4:19.

② [비유적으로].

☞**죽은 것**(롬4:19), **죽인 것**(고후4:10).

3501. νέος, α, ον [nĕŏs][24회] **네오스**

형 명 기본형. 비교급 νεώτερος:

1. [형용사]

1) 새로운, 신선한, 참신한.

① [문자적, 사물에 대해] [주] 상징적으로 쓰일 경우.

㉠ [그리스도인] 고전5:7.

㉡ [그리스도] οἶνος ν.: 새 술, 마9:17, 막 2:22, 눅5:37.

② [비유적, 사람에 대해] ἐνδύσασθαι τὸν ν.: 새사람을 입다, 골3:10.

2) 젊은, 어린.

① [원급] ὁλοτελῶς νέον εἶναι: 아주 젊다.

② [대부분 비교급] ὁ νεώτε- ρος υἱός: 둘째 아들[작은 아들], 눅15:13.

2. [명사]

1) 초보자, 신참, 풋내기.

2) ['젊은'의 뜻을 가짐]

① [원급]

㉠ (οἱ) νέοι: 젊은 사람들.

㉡ αἱ νέαι: 젊은 여인들, 딛2:4.

② [비교급] οἱ νεώτεροι: 젊은 사람들, 행5:6, 딤전5:1, 딛2:6.

☞**젊은**(요21:18, 행5:6, 딤전5:11). **[명] 젊은이**(딤전5:1,14), **젊은 자**(눅22:26).

3502. νεοσσός [nĕŏssŏs] **네옷소스**

명 3501에서 유래: 새 새끼, 어린 새, 눅2:24.

☞**어린 새, 병아리**(눅2:24).

3503. νεότης, τητος, ἡ [nĕŏtēs][4회] **네오테스**

명 3501에서 유래: 젊음, 막10:20, 눅18:21, 행26:4, 딤전4:12.

☞**어림**(막10:20, 눅18:21), **젊음**(행26:4), **연소함**(딤전4:12).

3504. νεόφυτος, ον [nĕŏphütŏs][1회] **네오퓌토스**

형 3501과 5453의 파생어에서 유래: 새로 심은, [비유적 의미로] 새로 개종한[신 개종자], 초심자, 딤전3:6.

☞**새로 입교한**(딤전3:6).

3505. Νέρων, ωνος, ὁ [Nĕrōn] **네론**

고명 라틴어에서 유래: 로마의 황제 '네로'

3506. νεύω [nĕuō][2회] **뉴오**

동 [기본형] 제1부정과거 ἔνευσα: 고개를 끄덕거리다, 고갯짓으로 암호하다, 요13:24, 행24:10.

☞**머리로 표시하다**(행24:10), **머리짓을 하다**(요13:24).

3507. νεφέλη, ης, ἡ [nĕphĕlē][25회] **네펠레**

명 3509에서 유래: 구름, 마17:5, 막9:7, 눅9:34, 행1:9.

☞**구름**(마17:5, 눅9:34, 계14:15), **안개**(벧후2:17).

3508. Νεφθαλίμ, ὁ [Nĕphthalim][3회] **네프달림**

고명 히브리어 5321에서 유래: '납달리', 마4:13,15, 계7:6.

☞**납달리**(마4:13,15, 계7:6).

3509. νέφος, ους, τό [nĕphŏs][1회] **네포스**

명 기본형: 구름, 히12:1.

☞**구름**(히12:1).

3510. νεφρός, οῦ, ὁ [nĕphrŏs][1회] **네프로스**

명 불확실한 유사어: 콩팥, 마음, 계2:23.

☞**뜻**(계2:23).

3511. νεωκόρος, ου, ὁ [nĕōkŏrŏs][1회] **네오코로스**

명 3485와 κορέω '휩쓸다'에서 유래: 성전지기, 성전 지키는 사람, 행19:35.

☞**신전지기**(행19:35).

3512. νεωτερικός, ἡ, όν [nĕōtĕrikŏs][1회] **네오테리코스**

형 3501의 합성에서 유래: 젊은, 딤후2:22.

☞**청년의**(딤후2:22).

3513. νή [nē][1회] **네**

부 νέω 강한 긍정을 나타내는 불변사. 3483의 강조형으로 보임: ~을 걸고, ~두고, 고전15:31.

☞**~을 두고 (단언하노니)**(고전15:31).

3514. νήθω [nēthō][2회] **네또**

동 νέω에서 유래: 방직하다, 실을 잣다, 마6:28, 눅12:27.

☞**길쌈하다**(마6:28), **짜다**(눅12:27).

3515. νηπιάζω [nēpiazō][1회] **네피아조**

동 3516에서 유래: 어린이가 되다, 아기가 되다, 고전14:20.

☞**아이가 되다**(고전14:20).

3516. νήπιος, ία, ιον [nēpiŏs][15회] **네피오스**

형 사용되지 않는 불변사 νη–와 2031에서 유래: 어린, 유아의, 작은.

1) [어린아이에 대해서] 마21:16, 롬2:20, 고전3:1, 13:11, 엡4:14, 히5:13.

2) 어린이 같은, 천진난만한, 마11:25, 눅10:21.

3) [법적 의미에서] 미성년의, 연소한, 갈4:1, 살전2:7.

☞**어린**(고전13:11, 갈4:3). **[명] 어린아이**(마11:25, 눅10:21, 고전13:11).

3517. Νηρεύς, έως, ὁ [Nērĕus][1회] **네류스**

고명 3491의 파생어에서 유래한 듯함: 한 기독교인 '네레오', 롬16:15.

☞**네레오**(롬16:15).

3518. Νηρί, ὁ [Nēri][1회] **네리**

고명 히브리어 5364에서 유래: 한 이스라엘 사람 '네리', 눅3:27.

☞**네리**(눅3:27).

3519. νησίον, ου, τό [nēsiŏn][1회] **네시온**

명 3520의 단축형: 작은 섬, 행27:16.

☞**섬**(행27:16).

3520. νῆσος, ου, ἡ [nēsŏs][9회] **네소스**

명 3491의 어간에서 유래한 듯함: 섬, 행13:6, 27:26, 계1:9, 16:20.

☞**섬**(행13:6, 28:11, 계16:20).

3521. νηστεία, ας, ἡ [nēstĕia][6회] **네스테이아**

명 3522에서 유래: 금식, 단식, 굶주림.

1) [없어서 못 먹어 굶주린 것] 고후6:5, 11:27.

2) [종교의식으로서의] 금식, 마17:21, 막9:29, 눅2:37, 행14:23, 27:9.

☞**금식**(마17:21, 행14:23), 행27:9), **먹지 못함**(고후6:5).

3522. νηστεύω [nēstĕuō][20회] **네스튜오**

동 미래 νηστεύσω, 제1부정과거 ἐνή－στευσα, 제1부정과거부정사 νηστεῦ－σαι, 제1부정과거명령 νηστεύσατε, 제1부정과거분사 νηστεύσας, 3523에서 유래: 금식하다, 단식하다, 마4:2, 막2:18－20, 눅5:33－35, 행13:2,3.

☞**금식하다**(마4:2, 막2:19, 행13:3).

3523. νῆστις, ὁ, ἡ [nēstis][2회] **네스티스**

형 불변사 νη－와 2068에서 유래: 먹지 않은, 굶주린, 마15:32, 막8:3.

☞**굶은**(마15:32, 막8:3).

3524. νηφαλιος, α, ον [nēphaliŏs][3회] **네팔리오스**

형 3525에서 유래: 절제 있는, 근실한, 딤전3:2,11, 딛2:2.

☞**절제하는**(딤전3:2,11, 딛2:2).

3525. νήφω [nēphō][6회] **네포**

동 제1부정과거 ἔνηψα, 불확실한 유사어: 술 취하지 않다, 정신차리고 있다, 자제하다, 살전5:8, 벧전1:13.

☞**정신을 차리다**(살전5:6,8), **신중하다**(딤후4:5), **근신하다**(벧전1:13, 5:8).

3526. Νίγερ, ὁ [Nigĕr][1회] **니게르**

명 라틴어에서 유래: 검은 빛의 얼굴 '니게르', 행13:1.

☞**니게르**(행13:1).

3527. Νικάνωρ, ορος, ὁ [Nikanŏr][1회] **니카노르**

고명 3528에서 유래한 듯함: 한 기독교인 '니가노르', 행6:5.

☞**니가노르**(행6:5).

3528. νικάω [nikaō][28회] **니카오**

동 분사 νικῶν, 분사여격 νικοῦντι, 미래 νικήσω, 제1부정과거 ἐνίκησα, 완료 νενίκηκα, 제1부정과거 수동분사 νικηθείς, 3529에서 유래:

1) [자동사] 승리자가 되다, 이기다, 롬3:4, 계2:7, 3:5,21, 5:5.

2) [타동사]

① [능동태] 이기다, 정복하다, 지우다, 격파하다, 눅11:22, 요16:33, 계11:7.

② [수동] 정복을 당하다, 지다, 롬12:21.

☞**이기다**(요일2:13, 계21:7).

3529. νίκη, ης, ἡ [nikē][1회] **니케**

명 기본형으로 보임: 승리, 승리를 얻는 수단, 요일5:4.

☞**이김**(요일5:4).

3530. Νικόδημος, ου, ὁ [Nikŏdēmŏs][5회] **니코데모스**

고명 3534와 1218에서 유래; 백성 중에서 승리하는: 산헤드린 공회의 회원 '니고데모', 요3:1,4,9, 7:50, 19:39.

☞**니고데모**(요3:1,4,9, 7:50, 19:39).

3531. Νικολαΐτης, ου, ὁ [Nikŏlaïtēs][2회] **니콜라이테스**

명 3532에서 유래: 니골라 당원, 계2: 6,15.

☞**니골라 당**(계2:6,15).

3532. Νικόλαος, ου, ὁ [Nikŏlaŏs][1회] **니콜라오스**

고명 3534와 2992에서 유래: 한 이교도 '니골라', 행6:5.

☞**니골라**(행6:5).

3533. Νικόπολις, εως, ἡ [Nikŏpŏlis][1회] **니코폴리스**

고명 3534와 4172에서 유래; 승리의 섬: 마케도니아의 한 도시 '니고볼리', 딛3:12.

☞**니고볼리**(딛3:12).

3534. νῖκος, ους, τό [nikŏs][4회] **니코스**

명 3529에서 유래: 승리, 마12:20, 고전15:54,55,57.

☞**이김**(마12:20), **이기는 것**(고전15:54,57).

3535. Νινευΐ [Nineŭi] **니뉴이**

고명 히브리어 5210에서 유래: 앗수르의 수도 '니느웨', 눅11:32.

☞**니느웨**(눅11:32).

3536. Νινευΐτης, ου, ὁ [Nineŭitēs][3회] **니뉴이테스**

명 3535에서 유래: 니느웨 사람, 마12: 41, 눅11:30,32.

☞**니느웨 사람**(마12:41, 눅11:30,32).

3537. νιπτήρ, ῆρος, ὁ [niptēr][1회] **닙테르**

명 3538에서 유래: 물항아리, 대야, 요13:5.

☞**대야**(요13:5).

3538. νίπτω [niptō][17회] **닙토**

동 제1부정과거 ἔνιψα, 제1부정과거 중간태 ἐνιψάμην, 제1부정과거 명령 νίψαι:

1) [능동태] 씻다, 요13:5,6,8, 12,14, 딤전5:10.

2) [중간태] 제몸을 씻다, 자신을 위해서 씻다, 마6:17, 요9:7, 13:10.

☞**씻다**(마6:17, 막7:3, 요9:7), **씻기다**(요13: 5,14, 딤전5:10).

3539. νοέω [nŏiĕō][14회] **노에오**

동 제1부정과거 ἐνόησα, 완료 νενόη- κα, 3563에서 유래:

1) 지각하다, 이해하다, 깨닫다, 통찰하다, 마16:9, 막8:17, 요12:40, 롬1:20.

2) 생각하다, 주의하다, 마24:15, 막13: 14, 딤후2:7.

3) 상상하다, 엡3:20.

☞**알다**(마15:17), **깨닫다**(마16:9, 요12:40, 엡3:4), **알게 되다**(롬1:20), **생각하다**(엡3:20). **[명] 총명**(딤후2:7), **깨달음**(막7:18).

3540. νόημα, ατος, τό [nŏēma][6회] **노에마**

명 3539에서 유래:

1) 생각, 마음, 고후3:14, 4:4, 11:3, 빌4:7.

2) 목적, 계략, 음모, 고후2:11, 10:5.

☞**계책**(고후2:11), **마음**(고후3:14, 11:3, 빌4: 7), **생각**(고후10:5).

3541. νόθος, η, ον [nŏthŏs][1회] **노도스**

명 불확실한 유사어:

1) 사생아, 히12:8.

2) 천한 소생.

☞**사생자**(히12:8).

3542. νομή, ῆς, ἡ [nŏmē][2회] **노메**

명 3551과 동일어에서 유래:

1) 목장, 목초, 요10:9.

2) [비유적으로] 퍼져나감, 만연, 딤후2:17.

☞**꼴**(요10:9), **퍼져나감**(딤후2:17).

3543. νομίζω [nŏmizō][15회] **노미조**

동 미완료 ἐνόμιζον, 미완료수동태 ἐνομιζόμην, 제1부정과거 ἐνόμισα, 3551에서 유래:

1) [공동으로] 사용하다, 행16:13.

2) 생각하다, 믿다, 마5:17, 10:34, 눅2: 44, 행7:25, 고전7:26.

☞**생각하다**(마5:17, 눅2:44, 딤전6:5), **알다**(마20:10, 행14:19), **여기다**(행17:29).

3544. νομικός, ἡ, όν [nŏmikŏs][9회] **노미코스**

형 3551에서 유래:

1) 율법에 관한, 딛3:9.

2) 율법을 잘 아는, 마22:35, 눅7:30, 10: 25, 딛3:13.

☞**율법사**(마22:35), **율법**(딛3:9), **율법교사**(눅10:25, 14:3, 딛3:13).

3545. νομίμως, η, ον [nŏmimōs] **노미모스**

부 3551의 파생어에서 유래: 법대로, 딤전1:8, 딤후2:5.

☞**법대로, 법 있게**(딤전1:8, 딤후2:5).

3546. νόμισμα, ατος, τό [nŏmisma][1회] **노미스마**

명 3543에서 유래: 주화, 마22:19.

☞**돈**(마22:19).

3547. νομοδιδάσκαλος, ου, ὁ [nŏmŏdi-daskalŏs][3회] **노모디다스칼로스**

명 3551과 1320에서 유래: 율법교사, 율법선생, 눅5:17, 행5:34, 딤전1:7.

☞**율법교사**(눅5:17, 행5:34), **율법의 선생**(딤전1:7).

3548. νομοθεσία, ας, ἡ [nŏmŏthĕsia][1회] **노모데시아**

명 3550에서 유래: 율법, 입법, 율법 수여, 롬9:4.

☞**율법을 세우신 것**(롬9:4).

3549. νομοθετέω [nŏmŏthĕtĕō][2회] **노모데테오**

동 제1부정과거 ἐνομοθέτησα, 완료수동태 νε

νομοθέτημαι, 완료수동분사 νενομοθετη μένος, 3550에서 유래:
1) 율법 수여자의 역할을 하다, 입법하다, 히7:11.
2) 제정하다, 규정하다, 히8:6.
☞**율법을 받다**(히7:11), **세우다**(히8:6).

3550. νομοθέτης, ου, ὁ [nŏmŏthĕtēs][1회] **노모데테스**
명 3551과 5087의 파생어에서 유래: 율법 수여자, 약4:12.
☞**입법자**(약4:12).

3551. νόμος, ου, ὁ [nŏmŏs][195회] **노모스**
명 기본형 νέμω '분배하다'에서 유래: 율법, 법.
1) [일반적인 것] 롬3:27, 7:12.
2) 규칙, 법규, 원리, 규범, 롬7:21, 23, 히7:16.
3) [모세의 율법을 가리키는 경우] 눅2: 22, 요7:23, 행15:5.
4) 성서.
① 모세오경, 갈3:10.
② 성서[전체], 요10:34, 12:34, 15:25, 롬3:19, 고전14:21.
5) [비교용법] 기독교의 새법.
① 그리스도의 법, 갈6:2.
② 복음, 롬3:27.
☞**율법**(마5:18, 눅2:23, 롬2:14), **법**(눅2:22, 요18:31, 행18:15).

3552. νοσέω [nŏsĕō][1회] **노세오**
동 3554에서 유래: 앓다, 병들어 있다, 아프다, 어떤 것에 병적인 욕망과 강한 열망을 가지다, 지나치게 좋아하다, 맹목적으로 사랑하다, 딤전6:4.
☞(병적으로) 좋아하다(딤전6:4).

3553. νόσημα, ατος, τό [nŏsēma][1회] **노세마**
명 3552에서 유래: 병, 요5:4.
☞**병**(요5:4).

3554. νόσος, ου, ἡ [nŏsŏs][11회] **노소스**
명 불확실한 유사어: 병, 마4:23, 눅9:1, 행19:12.
☞**병**(마4:23, 눅4:40, 행19:12), **질병**(눅7:21).

3555. νοσσιά, ᾶς, ἡ [nŏssia][1회] **놋시아**
명 3502에서 유래: 보금자리, 한배 병아리, 한배 새끼, 눅13:34.
☞**새끼**(눅13:34).

3556. νοσσίον, ου, τό [nŏssiŏn][1회] **놋시온**
명 3502의 단축형: 새 새끼, 어린 새, 마23:37.
☞**새끼**(마23:37).

3557. νοσφίζομαι [nŏsphizŏmai][3회] **노스피조마이**
동 중간태. νοσφί '남몰래'에서 유래: 횡령하다, 가로채다, 행5:2, 딛2:10.
☞**감추다**(행5:2,3), **훔치다**(딛2:10).

3558. νότος, ου, ὁ [nŏtŏs][7회] **노토스**
명 불확실한 유사어:
1) 남풍, 남서풍, 눅12:55, 행27:13, 28:13.
2) 남쪽, 눅13:29, 계21:13.
3) 남쪽 나라, 마12:42, 눅11:31.
☞**남방**(마12:42, 눅11:31), **남**(눅13:29, 행28:13), **남쪽**(계21:13).

3559. νουθεσία, ας, ἡ [nŏuthĕsia][3회] **누데시아**
명 3563과 5087의 파생어에서 유래: 훈계, 경고, 간언, 견책, 고전10:11, 엡6:4, 딛3:10.
☞**깨우침**(고전10:11), **훈계**(엡6:4).

3560. νουθετέω [nŏuthĕtĕō][8회] **누데테오**
동 3559와 동일어에서 유래: 훈계하다, 경고하다, 간하다, 견책하다, 행20:31, 롬15:14, 고전4:14, 골1:28, 3:16, 살전5:12,14, 살후3:15.
☞**훈계하다**(행20:31), **권하다**(롬15:14, 고전4:14), **권면하다**(골3:16, 살전5:14, 살후3:15).

3561. νουμηνία [nŏumēnia] **누메니아**
명 3501과 3376의 합성어: 신월(新月), 초생달, 초하루, 골2:16.
☞**초하루**(골2:16).

3562. νουνεχῶς [nŏunĕchōs][1회] **누네코스**
부 3563의 대격과 2192의 합성에서 유래: 슬기 있게, 생각깊게, 잘 생각해서, 막12:34.
☞**지혜 있게**(막12:34).

3563. νοῦς, νοός, νοΐ, νοῦν, ὁ [nŏus][24회] **누스**
명 1097의 어간에서 유래한 듯함:
1) 이해력, 마음, 눅24:45, 고전14:14, 계13:18.
2) 지성, 정신, 롬7:23,25.
3) 마음, 태도, 생각하는 방식, 롬12:2, 고전1:10, 엡4:17, 딤전6:5.
4) 생각, 의견, 마음, 사상, 명령, 법령, 롬14:5, 11:34, 고전2:16.

☞**마음**(롬7:23, 고전2:16, 딤전6:5), **영**(살후2:2), **총명**(계13:18), **뜻**(계17:9).

3564. Νυμφᾶς [Nümphas][1회] **뉨파스**

고명 3565와 1435의 합성어의 축약형; 요정이 점지한: 한 기독교인 '눔바', 골4:15.

☞**눔바**(골4:15).

3565. νύμφη, ης, ἡ [nümphē][8회] **뉨페**

명 사용되지 않는 νύπτω '베일로 가리다'에서 유래:

1) 신부, 요3:29, 계18:23, 21:2, 9, 22:17.
2) 며느리, 마10:35, 눅12:53.

☞**며느리**(마10:35, 눅12:53), **신부**(요3:29, 계18:23, 22:17).

3566. νυμφίος, ου, ὁ [nümphiŏs][16회] **뉨ㅎ피오스**

명 3565에서 유래: 신랑, 마9:15, 25:1,6, 10, 막2:19, 눅5:34.

☞**신랑**(마9:15, 막2:19, 계18:23).

3567. νυμφών, ῶνος, ὁ [nümphōn][3회] **뉨ㅎ폰**

명 3565에서 유래:

1) 결혼식장, 마22:10.
2) 신부 방, 마9:15, 막2:19, 눅5:34.

☞**혼인집**(마9:15, 막2:19, 눅5:34).

3568. νῦν [nün][148회] **뉜**

명 [현재를 나타내는 기본 불변사] 지금, 이제, 현재:

1. [문자적, 시간에 대해]

1) 지금, 현재[어떤 한 시점과 그 어간을 나타냄]

① [현재시제] 눅 16:25, 요4:18, 9:21, 16:29, 고후13:2, 갈1:23, 벧전3:21, 요일3:2.

② [완료시제, 현재적인 의미] ἔρχε- ται ὥρα καὶ ν. ἐλήλυθεν: 그 때가 이제 여기 있다, 요16:32.

③ [부정과거시제, 어떤 행동이나 조건이 현재에 시작하고 있음을 나타냄] νῦν ἐ δοξάσ- θη ὁ υἱὸς τοῦ ἀνθρώπου: 지금 인자가 영광을 얻었다, 요13:31. [참고] 롬5:11, 11:31, 엡3:5, 딤후1:10, 벧전1:12.

④ [명령법, 한 순간에 명령이나 요구가 이루어지게 하는 것을 나타냄] καταβάτω ν. ἀπὸ τοῦ σταυροῦ: 이제 그로 하여금 십자가에서 내려오게 해 보라, 마27:42, 막15:32.

2) [현재의 직전이나 직후에 대하여]

① 방금, ν. ἐζήτουν σε λιθάσαι: 그들이 방금 당신을 돌로 치려 했습니다, 요11:8, 행7:52.

② 곧, 눅2:29, 빌1:20.

③ [다른 불변사와 함께 사용될 경우] 눅22:36, 요11:22, 롬8:1, 13:11, 고후5:16, 골1:26, 히2:8.

2. [현재보다는 어떤 순간에 관한 상황을 나타낼 경우] νῦν οὖν τί πειράζετε τ. θεόν: 일이 그러한데 너희는 어찌하여 하나님을 시험하느냐?, 행15:10.

3. [관사와 함께 사용될 경우]

1) [형용사]

① ὁ, ἡ, τὸ νῦν: 현재.

② ὁ ν. αἰων: 현재, 딤전6:17, 딤후4:10, 딛2:12.

③ ὁ ν. καιρός: 이 때, 롬3:26, 8:18, 11:5, 고후8:14.

2) [명사, 전치사와 함께]

① ἀπὸ τοῦ ν.: 이제부터 계속, 장차, 눅1:48, 5:10, 12:52, 22:69, 행18: 6, 고후5:16.

② ἄχρι τοῦ ν.: 이제까지, 롬8:22, 빌1:5.

③ ἕως τοῦ ν.: 지금까지, 마24:21, 막13:19.

3) [부사] τὰ ν.: 현재로, 현재, 행4:29, 17:30, 20:32, 27:22.

☞**지금**(마24:21, 눅19:42, 살후2:6), **방금**(요11:8), **현재**(롬8:18), **이때**(요4:23), **벌써**(요16:32), **금생**(딤전4:8).

3569. τὰ νῦν [ta nün] **타뉜**

부 3588과 3568의 중성, 복수에서 유래: 지금, 행4:29.

☞**이제**(행4:29), **지금**(행20:32).

3570. νυνί [nüni][20회] **뉘니**

부 3568의 강조형: 지금.

1) [시간에 대해서]

① [현재동사와 함께] 행24:13, 롬15: 23.

② [완료동사와 함께] 롬3:21.

③ [단순과거와 함께] 롬6:22, 엡2:13.

④ [명사와 함께] 행22:1.

2) [시간 개념이 약하거나 전혀 없는 경

우]

① 그러나 이제는, 롬7:17, 고전13:13, 14:6.

② 그러나 사실은, 고전5:11, 히8:6, 9: 26, 11:16.

☞**이제**(롬6:22), **그런즉**(고전14:6), **지금**(몬9).

3571. νύξ, νυκτός, ἡ [nux][61회] 뉙스

명 기본형: 밤.

1) ① 마14:25, 막6:48, 요13:30, 행16:33.

② 밤에, 마2:14, 28:13, 요3:2, 행9: 25, 23:31, 5:19, 16:9.

③ ['언제?' 라는 질문에] 막14:30, 눅 12:20, 행18:9, 살전5:2.

④ ['얼마나 오래?' 라는 질문에] 마4: 2, 12:40, 막4:27, 눅2:37, 21:37, 행 20:31, 26:7.

2) [비유적으로] [일하다 쉬는 시간] 요9:4, 롬13:12, 살전5:5.

☞**밤**(마14:25, 막6:48, 눅21:37, 요13:30, 행16:33, 롬13:12, 살전5:5).

3572. νύσσω [nüssō][1회] 뉘쏘

동 제1부정과거 ἔνυξα: 찌르다, 요19:34.

☞**찌르다**(요19:34).

3573. νυστάζω [nüstazō][2회] 뉘스타조

동 제1부정과거 ἐνύσταξα, 3506의 파생어에서 유래:

1) 끄덕거리다, 졸다, 마25:5.

2) [비유적으로] 졸리다, 놀고 있다, 게으르다, 벧후2:3.

☞**졸다**(마25:5), **자다**(벧후2:3).

3574. νυχθήμερον, ου, τό [nüchthēmĕrŏn][1회] 뉘크데메론

명 3571과 2250에서 유래: 밤과 낮, 하루, 온종일, 고후11:25.

☞**일 주야**(고후11:25).

3575. Νῶε, ὁ [Nōĕ][8회] 노에

고명 히브리어 5146에서 유래: '노아', 마24:37,38, 눅3:36, 17:26, 히11:7.

☞**노아**(마24:37,38, 눅3:36, 17:26, 히11:7).

3576. νωθρός, ά, όν [nōthrŏs][2회] 노드로스

형 3541의 파생어에서 유래: 게으른, 느린, 히5:11, 6:12.

☞**둔한**(히5:11), **게으른**(히6:12).

3577. νῶτος, ου, ὁ [nōtŏs][1회] 노토스

명 불확실한 유사어: 등, 뒷잔등, 롬11:10.

☞**등**(롬11:10).

N

Ξ, ξ

3578. ξενία, ας, ἡ [xĕnia][2회] 크세니아

명 3581에서 유래:

1) 환대, 후한 접대[많은 경우는 손님을 맞이할 때 쓰임].

2) [가끔] 손님이 투숙하는 객실:

① ἑτοιμάζειν τινὶ ξενίαν: 누군가를 위하여 객실을 준비하다, 몬1:22.

② 로마에 있던 바울의 숙소[하숙방 또는 셋방], 행28:23.

☞**숙소**(몬1:22), **유숙하는 집**(행28:23).

3579. ξενίζω [xĕnizō][10회] 크세니조

동 제1부정과거 ἐξένισα, 제1부정과거 수동태 ἐξενίσθην, 미래수동태 ξε- νισθήσομαι, 3581에서 유래:

1) 손님을 영접하다, 대접하다.

① [사람을] 행10:23.

② [천사를] 히13:2.

③ 행28:7.

④ [수동태] 손님으로 환대 받다, 머물다, 행10:18.

2) 놀라다, [새로운 것이나 낯선 것으로] 깜짝 놀라다.

① ξενίζοντά τινα: 놀라운 것들, 행17:20.

② [수동태] 놀라다, 이상히 여기다, 벧전4:12.

☞**유숙하다**(행10:6,23,18,32), **머물다**(행21: 16), **머물게 하다**(행28:7), **대접하다**(히13: 2), **[명] 이상한 것**(행17:20).

3580. ξενοδοχέω [xĕnŏdŏchĕō][1회] 크세노도케오

동 제1부정과거 ἐξενοδόχησα, 3581과 1209에서 유래: [손님을] 환대하다, 호의를 보이다, 딤전5:10.

☞**나그네를 대접하다**(딤전5:10).

3581. ξένος, η, ον [xĕnŏs][14회] 크세노스

형 명 외래어:

1. [형용사] 낯선, 이상한.

1) [문자적인 뜻] 낯선, 외국의.

① ξ. δαιμόνια: 이방 신들, 행17:18.

② 여러 가지 다른 교훈, 히13:9.

2) [상징적인 뜻]

① [어떤 것에] 흥미가 없는, 친근하지 않은, 엡2:12.

② 이상한, 놀라운, 전례가 없는, 벧전4:12.

2. [명사]

1) ὁ ξένος: 낯선 사람, 객, 외국인.

① 마25:35,38.

② πάροικοι, 엡2:19.

③ [παρεπίδημοι 함께] 히11:13.

④ οἱ ἐπιδημοῦντες ξ. 거기에 살고 있는 객, 행17:21.

2) 환대를 베푸는 자, 주인, 롬16:23.

☞**나그네**(마25:35,44, 요삼1:5), **이방**(행17: 18), **돌보아 주는 주인**(롬16:23), **외인**(엡2: 12,19), **외국인**(히11:13) **[형] 다른**(히13:9), **이상한**(벧전4:12).

3582. ξέστης, ου, ὁ [xĕstēs][1회] 크세스테스

명 ξέω '부드럽게 하다'에서 유래한 것으로 보임:

1) 액체를 재는 로마의 용량 단위[약1/2리터에 해당되는 용량].

2)물 주전자, 용기, 항아리, 막7:4.

☞**주발**(막7:4,8).

3583. ξηραίνω [xērainō][15회] 크세라이노

동 제1부정과거 ἐξήρανα, 제1부정과거 수동태 ἐξηράνθην, 완료 수동태 ἐξήραμμαι, 완료수동분사 ἐξηραμμέ- νος, 3584에서 유래:

1. [능동] 말리다, 건조시키다.

2. [수동] 건조하다, 마르다.

1) [문자적인 뜻]

① [뿌리가 좋지 못한 식물에 대해] 마13:6, 막4:6, 눅8:6, 벧전1:24, 계14:15.

② [강물에 대해] 계16:12.

③ [혈액순환에 대해] 막5:29.

2) [가뭄으로 나무가 말라죽거나, 어떤 사고로 몸이 부상을 입음을 뜻함] 막3:1,3.

☞**마르다**(마21:19, 막3:3, 벧전1:24), **파리해지다**(막9:18).

3584. ξηρός, ά, όν [xērŏs][8회] 크세로스

형 3582에서 유래:

1) [문자적인 뜻]
① 건조된, 마른, 눅23:31.
② [땅이] 마른, 마23:15.
2) [상징적인 뜻, 병든 상태] [주] χεὶρ ξηρά α.: 마른 손, 마12:10, 막3:3.
☞**마른, 위축된**(마12:10, 눅6:6, 요5:3), **[명] 육지**(마23:15).

3585. ξύλινος, η, ον [xülinŏs][2회] **크쉴리노스**
형 3586에서 유래: 나무의, 나무로 만든, 딤후2:20.
☞**나무의**(딤후2:20).

3586. ξύλον, ου, τό [xülŏn][20회] **크쉴론**
명 3582에서 유래:
1) 나무, 나무 차꼬, 십자가.
2) 막대기, 지팡이, 나뭇가지, 행5:30.
☞**몽치**(마26:47,55, 눅22:52), **나무**(행5:30, 고전3:12, 벧전2:24, 계18:12), **차꼬**(행16:24).

3587. ξυράω [xüraō][3회] **크쉬라오**
동 3586과 동일 어원에서 유래: 깎다, 자르다, [머리털을] 깎다, 고전11:5.
☞**깎다**(행21:24), **(머리를)밀다**(고전11:5,6).

Ξ

O, o

3588. ὁ, ἡ, τό pl. οἱ, αἱ, τά [hŏ] 호
관 불변사.
1. [지시대명사] 이 사람, 저 사람, 이것.
1) [서사시 형태에 따라] τοῦ γὰρ καὶ γένος ἐσμέν: 왜냐하면 우리도 그의 자손이기 때문이다, 행17:28.
2) ὁ μὲν... ὁ δέ: 하나는~다른 하나는. [주] [복수로 쓰일 경우] οἱ μὲν.... οἱ δέ: 일부는~나머지는~, 행14:4, 17: 32, 28:24, 고전7:7, 갈4:23, 빌1:16.
3) [이야기의 진행을 나타내는 경우] 마2:9,14, 4:4, 9:31.
① ὁ μὲν οὖν, 행23:18, 28:5.
② οἱ μὲν οὖν, 행1:6, 5:41, 15:3,30.
2. [정관사]
1) [명사와 함께]
① [특별하고도 개별적인 이중 의미를 지님]
② [사람의 이름과 함께] 마26:69, 27:17,22, 행1:14.
③ [나라의 이름과 함께] 행27:27, 갈4:25, 계3:12.
④ [대명사의 소유격이 동반되는 명사 앞에 올 경우] 마1:21,25, 5:45, 6: 10-12, 12:49, 막9:17, 눅6:27, 10:7, 16:6, 롬4:19, 6:6.
⑤ [소유대명사가 동반될 경우 명사는 항상 관사를 가짐] 마18:20, 막8: 38, 눅9:26, 행26:5, 롬3:7.
⑥ [형용사가 명사를 수식할 때] 막3: 29, 눅10:42, 요7:24, 행1:8, 히3:7, 9:8.
⑦ [지시대명사가 붙어 강조할 경우]
㉠ οὗτος ὁ ἄνθρωπος: 바로 이 사람, 눅14:30, 요9:24.
㉡ οὗτος ὁ λαός: 이 백성, 막7:6.
㉢ οὗτος ὁ υἱός μου: 나의 이 아들, 눅15:24.
⑧ [명사의 주격 앞에 붙어 호격을 나타낼 경우]
㉠ ὁ πατήρ 아버지여!, 마11:25.
㉡ τὸ κοράσιον, ἔγειρε 소녀야! 일어나라, 막5:41.
2) [형용사와 함께 사용되어 명사화됨]
① ㉠ [남성]고전1:27, 엡6:16.
㉡ [중성] 눅18:27, 히7:7.
㉢ 소유격이 수반될 경우] 고전1:25, 고후4:2.
② [명사가 수식된 형용사와 함께 사용될 경우] 마3:5, 6:3, 11:7, 23:15, 행16:11.
③ [추상명사의 의미를 가질 경우] τὸ χρηστὸν τοῦ θεοῦ: 하나님의 친절, 롬2:4. [참고] 롬9:22, 고전7:35, 고후8:8, 빌4:5.
④ [숫자와 함께 쓰일 경우 이미 알려진 수의 한 부분을 나타냄]
㉠ οἱ ἐννέα: 다른 아홉은, 눅17:17.
㉡ οἱ δέκα: 다른 열은, 마20:24, 막10:41.
3) [분사와 함께 쓰일 경우]
① [명사적 의미] ὁ πειρά-ζων: 시험하는 자, 마4:3, 살전3:5. [참고] 마13:3, 막6:14, 눅8:5, 고전14:7, 히11:24.
② [관계대명사로 쓰일 경우] ὁ δεχόμενος ὑμᾶς: 너를 영접하는 자는 누구나, 마10:40. [참고] 눅6:29, 요15:23, 행4:12, 갈1:7.
4) [부정사와 함께 쓰일 경우, 중성으로]
① [명사로 쓰임] 마15:20, 20:23, 막9:10, 12:33, 롬7:18, 고후8:10.
② [부정사의 소유격을 나타낼 경우]
㉠ [소유격을 지배하는 단어 뒤에서] ἔ-λαχε τοῦ θυμιᾶσαι, 눅1:9.
㉡ [명사 뒤에서] 눅1:57, 2:6, 10:19, 22:6, 행27:20, 롬15:23, 고전9: 10, 히5:12.
㉢ [권고, 명령을 나타내는 동사 뒤에 부정사 소유격이 올 경우] 눅4:10, 5:7, 행15:20, 20:3, 27:1.
㉣ [소유격과 함께 쓰인 부정사가 목적을 나타낼 경우] 마13:3, 눅1: 77, 22:31, 롬6:6, 갈3:10.
㉤ [결과를 나타낼 경우] 마21:32, 행7:19,

롬7:3.

5) [전치사와 함께 사용된 경우]

① τοῖς ἐν τῇ οἰ- κίᾳ: 집에 있는 사람들에게, 마5:15.

② πάτερ ἡμῶν ὁ ἐν τ. οὐρανοῖς: 하늘에 계신 우리 아버지, 마6:9.

③ οἱ ἀπὸ τῆς Ἰταλίας: 이탈리아에서 온 사람들, 히13:24.

④ τὰ κατὰ τὸν νό- μον, 율법에 따른 행위, 눅2:39. [참고] 마12:3, 25: 41, 3:21, 4:10, 눅22:49, 행27:44, 롬8:1, 12:18, 엡6:21, 빌1:27, 2:23, 4:22, 골4:7.

6) [부사와 함께 쓰일 경우] 마8:18,28, 23:25, 막13:16, 눅19:8, 요8:23, 행3:24, 롬9:5, 고전13:10, 골3:1.

7) [소유격이 수반되어 친척이나 소유관계를 나타낼 경우]

① Ἰάκωβος ὁ τοῦ Ζεβεδαίου: 세베대의 아들 야고보, 마10:2.

② ἡ τοῦ Οὐρίου: 우리아의 아내, 마1:6.

③ τὰ τοῦ θεοῦ, τῶν ἀν- θρώπων: 하나님의 사역, 마16:23. [참고] 눅24:10, 고전1:11, 고후12:14.

☞**그, 이것, 저것, 그녀, 그것 등.**

3589. ὀγδοήκοντα [ŏgdŏēkŏnta][1회] 옥도에콘타

수 3590에서 유래: 팔십, 여든, 눅2:37, 16:7.

☞**팔십**(눅2:37, 16:7).

3590. ὄγδοος, η, ον [ŏgdŏŏs][5회] 옥도오스

형 3638에서 유래: 여덟째, 눅1:59, 행7:8, 계17:11, 21:20.

☞**팔일**(눅1:59), **여드레**(행7:8), **여덟째**(계17:11, 21:20).

3591. ὄγκος, ου, ὁ [ŏngkŏs][1회] 옹코스

명 43과 동일어에서 유래한 듯: 무거운 것, 짐, 방해, 히12:1.

☞**무거운 것**(히12:1).

3592. ὅδε, ἥδε, τόδε [hŏdĕ][10회] 호데

대 [지시대명사] 3588과 1161에서 유래: 이것, 이 사람, 여기.

1) [뒤에 나오는 말을 지시할 때] τάδε λέγει, 계2:1,8,12.

2) [앞에 나오는 말을 지시할 때] γυνὴ τις... καί τῇδε ἦν ἀδελ- φή: 그녀에게는 한 자매가 있다, 눅10:39.

3) εἰς τήνδε τὴν πόλιν: 이성 저성으로, 약4:13.

☞**그**(눅10:39), **이**(행15:23), **그러므로**(행21:11), **어떤**(약4:13).

3593. ὁδεύω [hŏdĕuō][1회] 호듀오

동 제1부정과거부정사 ὁδεῦσαι, 3598에서 유래: 여행하다, 눅10:33.

☞**여행하다**(눅10:33).

3594. ὁδηγέω [hŏdēgĕō][5회] 호데게오

동 미래 ὁδηγήσω, 3595에서 유래: 인도하다, 안내하다, 눅6:39.

☞**인도하다**(마15:14, 요16:13, 계7:17), **지도하다**(행8:31).

3595. ὁδηγός, οῦ, ὁ [hŏdēgŏs][5회] 호데고스

명 3598과 2233에서 유래: 인도자, 안내자.

1) [문자적으로] 행1:16.

2) [상징적으로] ὁδηγὸς τυφλῶν, 마15: 14, 롬2:19.

☞**인도하는 자**(마15:14, 롬2:19), **인도자**(마23:16,24), **길잡이**(행1:16).

3596. ὁδοιπορέω [hŏdŏipŏrĕō][1회] 호도이포레오

동 3598과 4198의 합성에서 유래: 여행하다, 길을 가다, 행10:9.

☞**길을 가다**(행10:9).

3597. ὁδοιπορία, ας, ἡ [hŏdŏipŏria][2회] 호도이포리아

명 3596과 동일어에서 파생: 걷기, 여행, 고후11:26.

☞**길 가시다가**(요4:6), **여행**(고후11:26).

3598. ὁδός, οῦ, ἡ [hŏdŏs][101회] 호도스

명 기본형으로 보임: 길.

1. [문자적]

1) [장소적 개념] 길, 도로, 대로, 공로, 마2:12, 21:8, 막11:8, 눅3:5, 19:36, 행8:26. [주] 길가.

① [무화과나무가 있는 곳] 마21:19.

② [거지가 앉은 곳] 마20:30, 막10: 46, 눅18:35.

③ [씨가 뿌려진 곳] 마13:4, 막4:4, 눅8:5.

2) [행위 개념] 진행, 진보, 여행.

[주] ① εἰς (τὴν) ὁδ.: 여행을 위해, 막10:17.

② ἐν τῇ ὁδῷ: 길에서, 여행에서, 마

15:32, 20:17, 막8:3,27, 9:33, 10:52, 눅9:57, 12:58, 24:32, 행9:27.
③ τὰ ἐν τῇ ὁδῷ: 도중에 그들에게 일어난 일, 눅24:35.

2. [비유적, 주로 사람의 마음의 상태와 관련하여 사용됨]
1) 길[생명의 길, 평강의 길, 이방인의 길, 사랑의 길, 구원의 길], 마7:14, 10:5, 눅1:79, 행2:28, 16:17, 롬3: 17, 히10:20, 요14:6.
2) 생활방식, 행동 양식, 행위[사람의 의지와 관련하여], 마21:32, 벧후2:21. [주] [복수로 쓰일 경우] 전체로서 통일적으로 나타나는 행위에 대해 사용, 마22:16, 행14:16, 롬3:16, 히3: 10, 계15:3.
3) 길, 교훈[도덕적이고 종교적인 관점에서], 행9:2, 18:25, 19:9, 22:4, 24:14,22, 고전12:31, 벧후2:2.

☞**길**(마2:12, 막1:3, 고전12:31), **여행**(마10: 10, 막6:8, 눅9:3), **도**(마22:16, 막12:14, 행18: 25), **행사**(고전4:17), **일**(약1:8).

3599. ὀδούς, ὀδόντος, ὁ [ŏdŏus][12회] 오두스
명 2068의 어간에서 유래한 듯함: 이, 계9:8, [오직 지옥 고통과 관련하여서만 '이를 갊' 이란 말을 사용함] 마8:12, 13: 42,50, 22:13, 눅13:28.
☞**이, 치아**(마5:38, 행7:54, 계9:8).

3600. ὀδυνάω [ŏdünaō][4회] 오뒤나오
동 3601에서 유래: 괴롭히다. [주] [수동태로만 쓰임] ὀδυνάομαι: 고통을 느끼다.
1) [육체적 고통, 특히 지옥 고통] 눅16:24,25.
2) [정신적, 영적 고통] 눅2:48, 행20:38.
☞**근심하**다(눅2:48, 행20:38), **괴로워하다**(눅16:24), **고난받다**(눅16:25).

3601. ὀδύνη, ης, ἡ [ŏdünē][2회] 오뒤네
명 1461에서 유래:
1) 아픔, 마지막 날에 있을 화.
2) 정신적 고통, 롬9:2, 딤전6:10.
☞**고통**(롬9:2), **근심**(딤전6:10).

3602. ὀδυρμός, οῦ, ὁ [ŏdürmŏs][2회] 오뒤르모스
명 1416의 어간의 파생어에서 유래: 슬픔, 애도, 비탄, 마2:18, 고후7:7.
☞**슬픔, 통곡**(마2:18), **애통**(고후7:7).

3603. ὅ ἐστι [hŏ esti]호 에스티
부 3739의 중성과 1510의 현재직설법 3인칭 단수에서 유래: 소위, 막7:11, 골1:24.
☞**곧, 이는, 이라는, 이것이, 불리다.**

3604. Ὀζίας, ου, ὁ [Ŏzias][2회] 오지아스
고명 히브리어 5818에서 유래: 이스라엘 왕 '웃시야', 마1:8이하.
☞**웃시야**(마1:8).

3605. ὄζω [ŏzō][1회] 오조
동 [기본형] 악취를 풍기다, 냄새를 풍기다, 요11:39.
☞**냄새가 나다**(요11:39).

3606. ὅθεν [hŏthĕn][15회] 호텐
부 출처를 나타내는 후접사와 함께 3739에서 유래: 어디로부터, 따라서, 어떤 것으로부터.
1) [장소] 마12:44, 행14:26, 28:13.
2) [어떤 사실로부터] 요일2:18.
3) 이유 때문에, [문장의 시작 부분에서] 그러므로, 그렇기 때문에, 마14:7, 행26:19, 히2:17, 3:1.
☞**~데서**(마25:24), **이곳은**(행14:26), **그러므로**(행26:19, 히8:3), **거기서**(행28:13).

3607. ὀθόνη, ης, ἡ [ŏthŏnē][2회] 오도네
명 불확실한 유사어: 베옷, 돛, 홑이불, 행10:11, 11:5.
☞**보자기**(행10:11, 11:5).

3608. ὀθόνιον, ου, τό [ŏthŏniŏn][5회] 오도니온
명 3607의 추정된 파생어의 중성:
1) 베옷, 요20:5.
2) 특히 시체를 싸는 베로 된 붕대, 눅24:12.
☞**세마포**(눅24:12, 요19:40, 20:7).

3609. οἰκεῖος, (α,) ον [ŏikĕiŏs][3회] 오이케이오스
형[명사로만 쓰임]:
1) [문자적으로] 가족, 식구, 딤전5:8.
2) [상징적으로] 하나님의 권속, 갈6:10, 엡2:19.
☞**가정**(갈6:10), **권속**(엡2:19), **가족**(딤전5:8).

3610. οἰκέτης, ου, ὁ [ŏikĕtēs][4회] 오이케테스
명 3611에서 유래: [문자적으로] 집안 사람, 특히 집의 하인 종. ⓑ δεσ− πότης, 주인, 눅16:13, 벧전2:18.

☞**집 하인**(눅16:13), **하인**(롬14:4), **사환**(벧전2:18).

3611. οἰκέω [ŏikĕō][9회] **오이케오**

동 미래 οἰκήσω, 3624에서 유래:

1) [타동사] 살다, 거주하다, 어떤 사람 안에 거주하다, 고전7:12이하.
   ① [성령에 대해서] 롬8:9,11, 고전3:16.
   ② [선에 대해서] 롬7:18.
   ③ [죄에 대해서] 롬7:20. 2)[자동사] 어떤 것 안에 거하다, 거주하다, 딤전6:16.

☞**거하다**(롬7:17, 딤전6:16), **살다**(고전7:12,13).

3612. οἴκημα, ατος, τό [ŏikēma][1회] **오이케마**

명 3611에서 유래:

1) [일반적으로] 방, 셋방.
2) [특히] 감옥, 행12:7.

☞**옥**(행12:7).

3613. οἰκητήριον, ου, τό [ŏikētēriŏn][2회] **오이케테리온**

명 3611의 가정된 파생어의 중성: 거주, 주거:

1) [문자적으로, 천사에 관하여]
2) [상징적으로] 부활 때 영광스럽게 변화될 기독교인의 몸, 고후5:2.

☞**처소**(고후5:2, 유1:6).

3614. οἰκία, ας, ἡ [ŏikia][94회] **오이키아**

명 3624에서 유래:

1) 집.
   ① [문자적으로] 건물, 마2:11, 7:24- 27, 24:43, 막10:29이하, 요12:3, 행10:6.
   ② [상징적으로] 영혼의 거주지로서의 몸, 고후5:1.
2) 가족, 집안, 마12:25, 13:57, 막3:25, 6:4, 요4:53.
3) [1)과2)의 중간형태] 마10:12, 빌4:22.

☞**집**(마2:11, 막3:25, 눅22:10, 고전11:22), **가산**(막12:40).

3615. οἰκιακός, οῦ, ὁ [ŏikiakŏs][2회] **오이키아코스**

명 3614에서 유래: 가족, 마10:25, 36[엄밀한 의미에서 이 절에서는 가족이라기보다는 친지를 가리킴].

☞**집 사람**(마10:25), **식구**(마10:36).

3616. οἰκοδεσποτέω [ŏikŏdĕspŏtĕō][1회] **오이코데스포테오**

동 3617에서 유래: 집을 다스리다, 집을 돌보다, 딤전5:14.

☞**집을 다스리다**(딤전5:14).

3617. οἰκοδεσπότης, ου, ὁ [ŏikŏdĕspŏtēs][12회] **오이코데스포테스**

명 3624와 1203에서 유래:

1) 집주인, 마24:43, 막14:14, 눅12:39.
2) [비유적으로]
   ① 하나님, 마13:27.
   ② 그리스도 자신, 마10:25, 눅13:25.

☞**집 주인**(마10:25, 막14:14, 눅22:11).

3618. οἰκοδομέω [ŏikŏdŏmĕō][40회] **오이코도메오**

동 미완료 ᾠκοδόμουν, 미래 οἰκοδο- μήσω, 제1부정과거 ᾠκοδόμησα, 미완료수동태 3인칭단수형 ᾠκοδομεῖτο, 완료수동부정사 ᾠκοδομέσθαι, 완료수동분사 οἰ κοδομημένος, 과거완료수동태 3인단수 ᾠκοδόμητο, 제1부정과거 수동태 ᾠκοδομήθην, 미래수동태 οἰκοδομηθήσομαι, 3619와 동일어에서 유래: 건축하다.

1) [실제적인 건물에 대해서] 마21:42, 막12:10, 눅11:48.
2) [교회를 세우는 일에 대해서] 마16:18, 벧전2:5.
3) [덕을 세우는 일에 대해서] 롬15:2, 고전14:17.

☞**짓다**(마7:26, 눅6:48, 행7:49), **세우다**(마16:18, 눅14:28, 살전5:11), **만들다**(마23:29, 눅11:48), **건설되다**(눅4:29), **서다**(행9:31), **건축하다**(롬15:20), **세워지다**(벧전2:5).

3619. οἰκοδομή, ῆς, ἡ [ŏikŏdŏmē][18회] **오이코도메**

명 3624와 1430의 어간의 합성의 여성형:

1) 건축, 짓는 일, 고전14:12, 고후12:19.
2) [건물, 덕 등을 세우는 일 특히 성전 건축에 사용됨] 마24:1, 막13:1이하, 고후5:1, 엡2:21.

☞**건물**(마24:1, 막13:1, 엡2:21), **집**(고전3:9), **세우는 일**(롬14:19, 고전14:3, 엡4:29).

3620. οἰκοδομία, ας, ἡ [ŏikŏdŏmia][9회] **오이코도미아**

명 3619와 동일어에서 유래: 건축, 덕 세움, 딤전1:4.

3621. οἰκονομέω [ŏikŏnŏmĕō][1회] **오이코노메오**

동 3623에서 유래:
1) 청지기의 업무를 담당하다, 관리인이 되다, 눅16:2.
2) 관리하다, 경영하다, 계획하다, 단속하다.
☞**청지기 직무를 담당하다**(눅16:2).

3622. οἰκονομία, ας, ἡ [ŏikŏnŏmia][9회]
오이코노미아
명 3623에서 유래:
1) [집의] 관리, 지도, 업무.
① [문자적으로] οἰκονό－μος의 업무, 눅16:2－4.
② [바울은 이 개념을 사도적 업무에 적용함] 고전9:27, 엡3:2, 골1:25.
2) 배열, 질서, 계획, 엡1:10, 3:9.
3) 훈련, 딤전1:4.
☞**일**(눅16:2), **청지기**(눅16:3), **직분**(눅16:4, 골1:25), **경륜**(딤전1:4).

3623. οἰκονόμος, ου, ὁ [ŏikŏnŏmŏs][10회]
오이코노모스
명 3624와 3551의 어간에서 유래; [집의] 청지기, 관리인:
1) [문자적으로] 일반 관리인, 눅12:42, 롬16:23, 고전4:2.
2) [상징적으로] 신적인 업무를 맡은 자, 고전4:1, 딛1:7, 벧전4:10.
☞**청지기**(눅12:42, 갈4:2, 딛1:7), **재무관**(롬16:23), **일꾼**(고전4:1), **맡은 자**(고전4:2).

3624. οἶκος, ου, ὁ [ŏikŏs][114회] **오이코스**
명 불확실한 어원에서 유래: 집.
1) [문자적으로]
① 주거, 눅11:17, 12:39, 14:23.
② 큰 건물, 마21:13.
③ 성읍, 마12:44.
2) 식구, 가족, 눅10:5, 19:9, 행10:2, 11:14, 16:31, 18:8.
3) 전체 집단, 종족, 국가, 눅1:27,33, 15: 25, 행2:36, 7:42,46.
4) 집에 속한 것[즉 재산 등 소유물], 행7:10.
☞**집**(마10:6, 눅7:10, 딤후1:16), **전(殿)** (마12:4, 눅6:4, 요2:17), **성전**(눅11:51), **가족**(눅9:61).

3625. οἰκουμένη, ης, ἡ [ŏikŏumĕnē][15회]
오이쿠메네
명 3611의 현재수동태 분사여성형:
1) 거주하는 땅, 세상, 마24:14, 행11:28.
2) 로마제국, 행24:5.
☞**세상**(마24:14, 히1:6, 계3:10), **천하**(눅2:1, 행17:6), **땅**(롬10:18).

3626. οἰκουρός, όν [ŏikŏurŏs][1회]
오이쿠로스
형 3624와 οὐρος '보초'에서 유래: 집에 머무르고 있는, 가사에 충실한, 딛2:5.
☞**집안 일을 하는**(딛2:5).

3627. οἰκτείρω [ŏiktĕirō][2회] **오이크테이로**
동 οἶκτος '동정'에서 유래: 긍휼히 여기다, 롬9:15.
☞**불쌍히 여기다**(롬9:15).

3628. οἰκτιρμός, οῦ, ὁ [ŏiktirmŏs][5회]
오이크티르모스
명 3627에서 유래: 자비, 동정, 긍휼, 히10:28.
1) [사람에 대해서] 빌2:1.
2) [하나님에 대해서] 롬12:1, 고후1:3.
☞**자비하심**(롬12:1), **불쌍히 여김**(히10:28). **자비**(고후1:3, 빌2:1, 골3:12).

3629. οἰκτίρμων, ον [ŏiktirmōn][3회]
오이크티르몬
형 3627에서 유래: 자비로운, 동정심 있는.
1) [하나님에 대해서] 약5:11.
2) [인간에 대해서] 눅6:36.
☞**자비한**(눅6:36; 약5:11).

3630. οἰνοπότης, ου, ὁ [ŏinŏpŏtēs][2회]
오이노포테스
명 3631과 4095의 대체어의 파생어에서 유래: 술꾼, 술고래, 마11:19, 눅7:34.
☞**포도주를 즐기는 사람**(마11:19, 눅7:34).

3631. οἶνος, ου, ὁ [ŏinŏs][34회] **오이노스**
명 기본형: 포도주.
1) [문자적으로] 막15: 23.
2) [상징적으로] 하나님의 진노, 계14:10, 17:2.
3) 포도원, 계6:6.
☞**포도주**(마9:17, 롬14:21, 딤전5:23), **술**(엡5:18, 딤전3:8, 딛2:3).

3632. οἰνοφλυγία, ας, ἡ [ŏinŏphlügia][1회]
오이노플뤼기아
명 3631과 5397의 어간에서 유래: 술 취함, 벧전4:3.
☞**술 취함**(벧전4:3).

3633. οἴομαι [ŏiŏmai][3회] **오이오마이**
동 제1부정과거 ᾠήθην, 3634에서 유래한 듯함: 상상하다, 생각하다, 기대하다, 빌1:17,

약1:7.
☞**생각하다**(빌1:17, 약1:7).

3634. οἶος, α, ον [hŏiŏs][15회] 호이오스
대 [관계대명사] 3588, 3739, 3745와 유사: 어떤 종류의, ~와 같은, θλî－ψις, οἷα οὐ γέγονεν, 마24:21, 막9:3, 고후12:20, 딤후3:11, 계16:18, οὐχ οἶον ὅτι, 롬9:6.
☞**이런**(마24:21, 고후10:11), **그렇게**(막9:3), **같지**(롬9:6, 고후12:20), **바요**(빌1:30), **속한**(고전15:48), **와 같이**(살전1:5), **일과**(딤후3:11), **이같이**(계16:18).

3635. ὀκνέω [ŏknĕō][1회] 오크네오
동 제1부정과거 ὤκνησα, ὄκνος '주저'에서 유래: 연기하다, 망설이다, 행9:38.
☞**지체하다**(행9:38).

3636. ὀκνηρός, ά, όν [ŏknērŏs][3회] 오크네로스
형 3635에서 유래:
1) 게으른, 나태한, 지루한, 마25:26, 롬12:11.
2) 두려움 혹은 싫어함을 일으키는, 빌3:1.
☞**게으른**(마25:26, 롬12:11), **수고로운**(빌3:1).

3637. ὀκταήμερος, ον [ŏktaēmĕrŏs][1회] 옥타에메로스
형 3638과 2250에서 유래: 여덟째 되는 날의, 빌3:5.
☞**팔일의**(빌3:5).

3638. ὀκτώ [ŏktō][6회] 옥토
수 여덟, 눅2:21, 벧전3:20. [주] δε－ καοκτώ: 열여덟, 눅13:4,11.
☞**팔**(눅2:21, 요5:5, 행9:33), **여덟**(눅13:4, 벧전3:20), **여드레**(요20:26).

3639. ὄλεθρος, ου, ὁ [ŏlĕthrŏs][4회] 올레드로스
명 ὄλλυμι '파괴하다'에서 유래: 파멸, 멸망, 사망, 고전5:5, 살전5:3, 살후1:9.
☞**멸망**(살전5:3, 살후1:9, 딤전6:9).

3640. ὀλιγόπιστος, ον [ŏligŏpistŏs][5회] 올리고피스토스
형 3641과 4102에서 유래: 믿음이 작은, 마6:30, 8:26, 16:8, 눅12:28.
☞**믿음이 작은**(마6:30, 16:8, 눅12:28).

3641. ὀλίγος, η, ον [ŏligŏs][41회] 올리고스
형 불확실한 유사어에서 유래; 적은, 작은:
1) [복수, 수적으로 사용됨]
① [명사와 함께 사용될 경우] 두셋의, 몇몇의, 마9:37, 15:34, 막8:7, 눅10:2, 히12:10, 계3:4.
② [독립적으로 사용될 경우] 적은, 많지 않은, 거의 없는, 마7:14, 20:16, 22:14, 눅13:23, 벧전3:20.
2) [단수] 적은, 작은, 짧은.
① [양에 대해 사용] 적은, 보잘것없는, 작은, 행19:24, 고후8:15, 딤전5:23.
② [정도에 대해 사용] 위대한, 심각한, 행12:18, 19:23, 27: 20.
③ [기간에 대해 사용] 짧은, 행14:28, 계12:12.
3) [부사적으로 사용될 경우, 중성]
① ὀλίγον.
㉠ [거리에 대해] 조금, 막1:19, 눅5:3.
㉡ [시간에 대해] 잠깐, 잠시, 막6:31, 벧전1:6, 5:10, 계17:10.
㉢ [정도에 대해] 적게, 눅7:47.
② [전치사와 함께] 간단히, 빨리, 잠시 후, 행26:28, 엡3:3.
☞**작은**(마25:21, 약3:5), **적은**(마7:14, 행26: 29, 고후8:15). **[명] 두어 마리**(마15:34), **두어 가지**(계2:14), **조금**(막1:19, 눅5:3), **소수**(막6:5), **잠깐**(막6:31, 약4:14, 벧전1:6). **[부] 약간**(딤전4:8), **조금씩**(딤전5:23), **잠시**(히12:10), **몇**(벧전3:20), **간단히**(엡3:3, 벧전5:12).

3642. ὀλιγόψυχος, ον [ŏligŏpsüchŏs][1회] 올리고프쉬코스
형 3641과 5590에서 유래: 낙심한, 낙담한, 살전5:14.
☞**마음이 약한**(살전5:14).

3643. ὀλιγωρέω [ŏligōrĕō][1회] 올리고레오
동 3641과 ὤρα '돌보다'에서 유래: 경멸하다, 멸시하다, 히12:5.
☞**경히 여기다**(히12:5).

3644. ὀλοθρευτής, οῦ, ὁ [ŏlŏthrĕutēs][1회] 올로드류테스
명 3645에서 유래: 파괴자, 고전10:10.
☞**멸망시키는 자**(고전10:10).

3645. ὀλοθρεύω [ŏlŏthrĕuō][1회] 올로드류오
동 3639에서 유래: 파멸하다, 멸망시키다, 히11:28.
☞**멸하다**(히11:28).

3646. ὁλοκαύτωμα, ατος, τό [hŏlŏkau－

tōma][3회] 홀로카우토마
명 3650과 2545의 파생어와의 합성어에서 유래: 번제.
1) [문자적으로] 막12:33, 히10:6,8.
2) [상징적으로] 순교자.
☞**전체로 드리는 번제물**(막12:33), **전체로 번제함**(히10:6,8).

3647. ὁλοκληρία, ας, ἡ [hŏlŏklēria][1회] 홀로클레리아
명 3648에서 유래: 전체, 완전, 모든 면에서 건전함, 건강. [주] 행3:16에서는 나면서 못 걷게 된 이의 치유에 사용됨.
☞**완전히 나음**(행3:16).

3648. ὁλόκληρος, ον [hŏlŏklērŏs][2회] 홀로클레로스
형 3650과 2819에서 유래: 완전한, 전체적인, 건전한, 건강한, 살전5:23.
☞**온전한**(살전5:23, 약1:4).

3649. ὀλολύζω [ŏlŏlüzō][1회] 올롤뤼조
동 크게 울다, 울부짖다, 약5:1.
☞**통곡하다**(약5:1).

3650. ὅλος, η, ον [hŏlŏs][110회] 홀로스
형 [기본형] 전체의, 모든, 완전한.
1) [관사없는 명사와 함께] 딛1:11.
2) [관사있는 명사와 함께]
① [명사 앞에 위치] 마14:35, 막6:55.
② [명사 뒤에 위치] 마16:26, 눅9:25.
③ [문맥에서 명사가 보충될 경우] 마13:33, 눅13:21.
3) [대명사와 함께] 마1:22, 21:4.
4) [전치사와 함께] 요19:23.
☞**모든**(마1:22), **온**(살전4:10), **전부**(마13:33, 눅13:21), **다**(마22:37), **사방**(눅4:14), **온전히**(눅11:36, 요9:34), **전신**(요7:23), **각각**(요19: 23), **~간**(행11:26), **두루**(행13:49), **종일**(롬8:36, 10:21), **전체**(갈5:3), **온통**(딛1:11).

3651. ὁλοτελής, ές [hŏlŏtĕlēs][1회] 홀로텔레스
형 3650과5056에서 유래: 아주 완전한, 전혀 흠이 없는, 살전5:23.
☞**온전한**(살전5:23).

3652. Ὀλυμπᾶς, ᾶ, ὁ [Olümpas][1회] 올륌파스
고명 Ὀλυμπιόδωρος '올림피아 산에서 수여된'에서 유래된 압축형: 바울이 문안한 자 '올름바', 롬16:15.
☞**올름바**(롬16:15).

3653. ὄλυνθος, ου, ὁ [ŏlünthŏs][1회] 올륀도스
명 불확실한 파생어: 철늦은 혹은 여름의 무화과, 익지 않은 무화과, 겨울동안 자라나지만 완전히 익지 못하고 봄에 떨어져 버리는 무화과, 계6:13.
☞**설익은 열매**(계6:13).

3654. ὅλως [hŏlōs][4회] 홀로스
부 3650에서 유래: 일반적으로 말해서, 실제적으로, 어디든지, 마5:34, 고전5:1.
☞**심지어**(고전5:1), **도무지**(마5:34), **이미**(고전6:7).

3655. ὄμβρος, ου, ὁ [ŏmbrŏs][1회] 옴브로스
명 불확실한 어원에서 유래: 폭풍우, 소나기, 뇌우, 눅12:54.
☞**폭풍우, 소나기**(눅12:54).

3656. ὁμιλέω [hŏmilĕō][4회] 호밀레오
동 미완료 ὡμίλουν, 제1부정과거 ὡ－μίλησα, 3658에서 유래: 말하다, 대화하다, 이야기하다, 행24:26.
☞**이야기하다**(눅24:14, 행20:11, 24:26).

3657. ὁμιλία, ας, ἡ [hŏmilia][1회] 호밀리아
명 3658에서 유래:
1) 교제, 친교, 교섭, 고전15:33.
2) 말, 설교.
☞**동무**(고전15:33).

3658. ὅμιλος, ου, ὁ [hŏmilŏs] 호밀로스
명 3674의 어간과 138의 대체어의 파생어에서 유래: 군중, 무리, 계18:17.
☞**선객**(계18:17).

3659. ὄμμα, ατος, τό [ŏmma][2회] 옴마
명 3700에서 유래:1)눈.
1) [문자적으로, 복수형] 마20:34, 막8:23.
2) [상징적으로] 영혼의 눈.
☞**눈**(막8:23).

3660. ὀμνύω [ŏmnüō][26회] 옴뉘오
동 제1부정과거 ὤμοσα, 사용되지 않는 ὄμω의 연장형: 맹세하다, 서원하다, 마5:34, 26:74, 약5:12.
☞**맹세하다**(마5:34, 막14:71, 히3:18), **약속하다**(행7:17, 히6:13).

3661. ὁμοθυμαδόν [hŏmŏthümadŏn][11회] 호모뒤마돈
부 3674의 어간과 2372의 합성에서 유래:

1) 한 마음으로, 한 목적으로, 한 동기로, 행1:14, 2:1, 롬15:6.
2) 만장일치로, 행15:25.
☞**마음을 같이하여**(행1:14, 2:46, 5:12), **한마음으로**(행4:24, 8:6, 12:20, 롬15:6), **만장일치로**(행15:25), **일제히**(행18:12, 19:29).

3662. ὁμοιάζω [hŏmŏiazō] 호모이아조
동 3664에서 유래: 유사하다, 닮다, 막14:70.
☞**(일치하다)**(막14:70).

3663. ὁμοιοπαθής, ές [hŏmŏiŏpathēs][2회] 호모이오파데스
형 3664와 3598의 대체어에서 유래: 동일한 성질의, 행14:15, 약5:17.
☞**같은 성정을 가진**(행14:15, 약5:17).

3664. ὅμοιος, οία, οιον [hŏmŏiŏs][45회] 호모이오스
형 3674의 어간에서 유래: 유사한, 동일한 성질의, ~같은, 유사한.
1) [비교하는 대상이 여격일 경우] 요9:9, 갈5:21, 계1:15, 2:18, 4:6이하.
2) [비교하는 대상이 소유격일 경우] 요8:55.
3) [비교하는 대상이 목적격일 경우] 계1:13, 14:14.
☞**같은**(마11:16, 눅13:21, 계2:18), **비슷한**(요9:9).

3665. ὁμοιότης, ητος, ἡ [hŏmŏiŏtēs][2회] 호모이오테스
명 3664에서 유래: 유사, 닮음, 히7:15.
☞**같음**(히7:15).

3666. ὁμοιόω [hŏmŏiŏō][15회] 호모이오오
동 미래 ὁμοιώσω, 제1부정과거 수동태 ὡμοιώθην, 롬9:29, 부정과거 능동태 주격 ὁμοιώσω, 막4:30, 미래 수동태 ὁμοιωθήσομαι, 3664에서 유래:
1) 동일하게 하다, 어떤 다른 사람, 혹은 어떤 것과 같이 만들다.
2) [수동태] 같이 되다, 막4:30, 눅13:20.
☞**본받다**(마6:8), **같다**(마7:24, 눅7:31, 롬9:29), **비유하다**(마11:16), **비교하다**(막4:30, 눅13:20).

3667. ὁμοίωμα, ατος, τό [hŏmŏiōma][6회] 호모이오마
명 3666에서 유래:
1) 닮음, 유사, 롬5:14.
2) 형상, 사본, 롬1:23.
3) 형태, 외형, 계9:7.
☞**모양**(롬6:5, 8:3).

3668. ὁμοίως [hŏmŏiōs][30회] 호모이오스
부 3664에서 유래: 같이, 유사하게, 동일하게, 막4:16, 눅3:11, 10:37, 롬1:27, 고전7:3.
☞**그렇게**(마22:26), **이와 같이**(막4:16), **그와 같이**(요5:19), **~도**(눅5:10), **그리하되**(눅5: 33), **같으리니**(눅17:28), **그리하고**(눅22:36), **그러하더라**(계8:12).

3669. ὁμοίωσις, εως, ἡ [hŏmŏiōsis][1회] 호모이오시스
명 3666에서 유래: 유사, 닮음, 약3:9.
☞**형상**(약3:9).

3670. ὁμολογέω [hŏmŏlŏgĕō][26회] 호몰로게오
동 미완료 ὡμολόγουν, 미래 ὁμολο- γήσω, 제1부정과거 ὡμολόγησα, 3674의 어간과 3056에서 유래:
1) 약속하다, 확언하다, 마14:7, 행7:17.
2) 동의하다, 시인하다, 히11:13.
3) 고백하다.
① [법적으로] 요1:20, 행24:14.
② [종교적, 윤리적으로] 요일1:9.
4) 공언하다, 인정하다, 마7:23, 딛1:16.
5) 찬양하다, 히13:15.
☞**말하다**(마7:23, 요9:22), **시인하다**(마10:32, 딛1:16, 요일4:2), **고백하다**(행24:14), **증언하다**(딤전6:12, 히11:13, 13:15), **자백하다**(요일1:9), **드러나게 말하다**(요12:42), **약속하다**(마14:7).

3671. ὁμολογία, ας, ἡ [hŏmŏlŏgia][6회] 호몰로기아
명 3670과 동일어에서 유래: 고백.
1) 능동적 고백행위, 고후9:13.
2) 수동적인 고백, 딤전6:12, 히3:1, 4: 14, 10:23.
☞**믿음**(고후9:13), **증언**(딤전6:12,13), **믿는 도리**(히3:1, 10:23).

3672. ὁμολογουμένως [hŏmŏlŏgŏumĕ- nōs][1회] 호몰로구메노스
부 3670의 현재 수동태 분사형에서 유래: 명백하게, 부인할 수 없이 매우 분명하게, 딤전3:16.
☞**널리 인정되어, 공공연하게**(딤전3:16).

3673. ὁμότεχνος, ον [hŏmŏtĕchnŏs][1회] 호모테크노스
형 3674의 어간과 5078에서 유래: 동일한 장사를 하는, 행18:3.

☞**생업이 같은**(행18:3).

3674. ὁμοῦ [hŏmŏu][4회] 호무

부 ὁμός의 소유격: 함께.

1) [동일한 장소] 함께, 요21:2, 행2:1.

2) [동일한 시간에] 동시에, 요4:36, 20:4.

☞**함께**(요4:36, 21:2), **같이**(요20:4).

3675. ὁμόφρων, ον [hŏmŏphrōn][1회] 호모프론

형 3674와 5424의 어원에서 유래: 같은 생각의, 기분이 맞는, 일치하는, 사이가 좋은, 벧전3:8.

☞**마음을 같이하는**(벧전3:8).

3676. ὅμως [hŏmōs][3회] 호모스

부 3674의 어간에서 유래: 심지어, 그럼에도 불구하고, 그런데, 요12:42, 고전14:7, 갈3:15.

☞**그러나**(요12:42), **혹**(고전14:7), **~이라도**(갈3:15).

3677. ὄναρ, τό [ŏnar][6회] 오나르

명 불확실한 파생어: 꿈[마1,2,27장에서만 나타남].

☞**꿈**(마2:12, 27:19), **몽(夢)**(마1:20).

3678. ὀνάριον, ου, τό [ŏnariŏn][1회] 오나리온

명 3688의 파생어로 보임: 새끼 나귀, 나귀, 요12:14.

☞**어린 나귀**(요12:14).

3679. ὀνειδίζω [ŏnĕidizō][9회] 오네이디조

동 미완료 ὠνείδιζον, 제1부정과거 ὠνείδισα, 3681에사 유래:

1) 책망하다, 욕하다, 모욕하다.

① [예수님에 대하여] 막15:32.

② [예수님의 제자에 대하여] 마5:11, 눅6:22.

2) 비난하다, 막16:14.

☞**욕하다**(마5:11, 막15:32, 눅6:22), **책망하다**(마11:20), **꾸짖다**(막16:14, 약1:5), **비방하다**(롬15:3).

3680. ὀνειδισμός, οῦ, ὁ [ŏnĕidismŏs][5회] 오네이디스모스

명 3679에서 유래: 책망, 모욕, 불명예, 롬15:3, 딤전3:7.

☞**모욕, 비방**(롬15:3, 딤전3:7, 히10:33), **수모, 치욕**(히11:26, 13:13).

3681. ὄνειδος, ους, τό [ŏnĕidŏs][1회] 오네이도스

명 3686의 어간과 유사하게 보임: 치욕, 불명예.

☞**부끄러움**(눅1:25).

3682. Ὀνήσιμος, ου, ὁ [Ŏnēsimŏs][2회] 오네시모스

고명 3685에서 유래: 빌레몬의 종 '오네시모', 몬1:10.

☞**오네시모**(몬1:10).

3683. Ὀνησίφορος, ου, ὁ [Ŏnēsiphŏ-rŏs][2회] 오네시포로스

고명 3685의 파생어와 5411에서 유래; 유익한 자: 에베소 교인 '오네시보로', 딤후1:16.

☞**오네시보로**(딤후1:16, 4:19).

3684. ὀνικός, ή, όν [ŏnikŏs][2회] 오니코스

형 3688에서 유래: 나귀에 의한, 마18:6, 막9:42, 눅17:2.

☞**당나귀가 끄는 (연자 맷돌)**(마18:6, 눅17:2).

3685. ὀνίνημι [ŏninēmi][1회] 오니네미

동 중간태. 제1부정과거희구법, ἐγώ σου ὀναίμην ἐν κυρίῳ, 몬1:20; 기본형으로 추정되는 ὄνομαι '연결하다'의 연장형: 기쁨을 주다, 좋아하다.

☞**기쁨을 얻다**(몬1:20).

3686. ὄνομα, ατος, τό [ŏnŏma][231회] 오노마

명 1097의 어간에서 파생된 것으로 보임:

1. 이름[고유명사].

1) [일반적 용법] 마10:2, 막5:9, 14:32, 눅1:59, 8:30, 24:13, 요18:10, 행13: 6, 계6:8.

2) [동사와 함께 사용될 경우]

① [목적어로서] 마1:21,25, 눅1:13,31, 2:21, 계9:11.

② [기타] ~라 불리는, ~라는, 눅1:59, 61, 19:2.

3) [전치사와 함께 사용될 경우] ~의 이름으로, 개별적으로, 하나씩, 요10:3.

4) [하나님이나 예수와 결합되는 경우]

① [속성을 나타냄] 눅1:49, 히1:4.

② [동사와 함께 쓰일 경우] 마6:9, 12: 21, 행2:21, 9:14, 22:16, 롬2:24, 9:17, 10:13, 고전1:2, 히2:12, 계15:4.

③ [전치사와 함께 쓰일 경우]

㉠ [소유격을 수반하는 διά가 올 경우] ~의 이름으로, ~의 이름을 통하여, 행

4:30, 10:43. [주] 목적격을 수반하는 διά가 올 경우, μισού μενοι... διὰ τὸ ὄν. μου: 내 이름 때문에 미움을 받은, 마10:22, 24:9, 막13:13, 눅21:17.
ⓛ [εἰς와 함께 쓰일 경우] ~의 이름을 생각하여, 마18:20, 히6:10.
ⓒ [ἐν과 함께 쓰일 경우] ~의 이름을 부를 때, 막9:38, 16:17, 눅9:49, 요15:16, 행2:38, 4:7,10, 9:27, 14:10, 엡5:20, 빌2:10.
ⓔ [ἕνεκα와 함께 쓰일 경우] ~의 이름을 위하여, 마19:29, 눅21:12.
ⓜ [여격을 수반하는 ἐπί와 함께 쓰일 경우] ~의 이름이 불려질 때, 마18:5, 24:5, 막9:37, 13:6, 눅21:8, 행4:17, 5:40.
ⓗ [소유격을 수반하는 περί와 함께 쓰일 경우] ~의 이름에 관한, 행8:12.
ⓢ [대격을 수반하는 πρός와 함께 쓰일 경우] 행26:9.
ⓞ [소유격을 수반하는 ὑπέρ와 함께 쓰일 경우] ~의 이름을 위하여, 행5:41, 9:16, 롬1:5.

2. 칭호, 제목, 범주, 반열, 마10:41, 막9: 41, 눅9:48.
3. 사람, 사람들, 행1:15, 18:15, 계3:4, 11:13.
4. 평판, 명성, 유명, 막6:14, 계3:1,
5. 일, 직분, 업무.

☞**이름**(마1:21, 눅1:5, 롬1:5), **명칭**(행18:15).

3687. ὀνομάζω [ŏnŏmazō][10회] 오노마조
동 제1부정과거 ὠνόμασα, 제1부정과거수동태 ὠνομάσθην, 3686에서 유래: ~에 이름을 붙이다.
1) 이름을 주다, 부르다, 명명하다, 막3: 14, 눅6:13.
2) 이름짓다, 이름을 사용하다, 행19:13, 엡5:3, 딤후2:19.
3) [수동태로] 알려지다, 롬15:20, 고전5:11.

☞**칭하다**(눅6:13), **이름을 주다**(눅6:14, 엡3:15), **부르다**(행19:13, 롬15:20, 딤후2:19), **일컫다**(고전5:11, 엡1:21).

3688. ὄνος, ου, ὁ and ἡ [ŏnŏs][5회] 오노스
명 기본형으로 보임: 나귀, 암나귀, 눅13:15, 14:5, 요12:15.

☞**나귀**(마21:2, 눅13:15, 14:5).

3689. ὄντως [ŏntōs][10회] 온토스
부 5607의 대격: 실제로, 확실히, 진실로.
1) [문자적으로] 막11:32, 눅23:47, 24: 34, 요8:36, 고전14:25.
2) [한정적으로] 딤전5:3,5,16, 벧후2:18.

☞**참**(막11:32, 딤전5:3,16), **정녕**(눅23:47), **과연**(눅24:34), **참으로**(요8:36, 고전14:25), **반드시**(갈3:21), **겨우**(벧후2:18).

3690. ὄξος, ους, τό [ŏxŏs][6회] 옥소스
명 3691에서 유래: 신포도주, 포도주의 초[십자가 상에서 예수님께 주어짐], 마27:48, 막15:36, 눅23:36, 요19:29이하.

☞**포도주**(마27:34), **신 포도주**(마27:48, 눅23:36, 요19:29).

3691. ὀξύς, εῖα, ύ [ŏxus][8회] 옥쉬스
형 188의 어간과 유사하게 보임:
1) 날카로운, 계1:16, 2:12, 19:15.
2) 신속한, 빠른, 롬3:15.

☞**빠른**(롬3:15), **날선**(계1:16, 2:12), **예리한**, **날카로운**(계14:14).

3692. ὀπή, ῆς, ἡ [ŏpē][2회] 오페
명 3700에서 유래한 듯함: 틈, 구멍, 히11:38, 약3:11.

☞**토굴**(히11:38), **구멍**(약3:11).

3693. ὄπισθεν [ŏpisthĕn][7회] 오피스텐
부 원인의 후접사와 함께 ὄπις '간주하다'에서 유래:
1) [부사]
① 뒤로부터, 마9:20, 막5:27, 눅8:44.
② 뒤에. 반 ἔμπροσθεν 앞에, 계4:6, 5:1.
2) [소유격과 함께 전치사로]
① [장소적] 뒤에, 다음에, 마15:23.
② [시간적] 뒤에, 후에.

☞**뒤로**(마9:20), **뒤에**(마15:23), **~의 안팎으로**(계5:1).

3694. ὀπίσω [ŏpisō][35회] 오피소
방향을 나타내는 후접사와 함께 3693 과 동일어에서 유래:
1) [장소적]
① 뒤에['어디에'라는 질문에 대한 대답으로], 막13:16, 요18:6.
② ['어디로'라는 질문에 대한 대답으로] 눅7:38.
2) [소유격과 함께 전치사로]

① [장소적으로] 뒤에, 눅4:8Ⓢ, 계1:10.
② [시간적으로] 후에, 마3:11, 막1:7, 요1:15,27,30.

☞**뒤에**(요1:15), **따라**(유1:7), **뒤로**(눅7:38).

3695. ὁπλίζω [hŏplizō][1회] 호플리조
[동] 제1부정과거 중간태 τὴν αὐτὴν, 3696에서 유래: 갖추다, 무장하다, [중간태. 상징적으로] 무장하다, 벧전4:1.
☞**갑옷을 삼다**(벧전4:1).

3696. ὅπλον, ου, τό [hŏplŏn][6회] 호플론
[명] 기본형 ἕπω '열중하다'에서 유래한 듯:
1) 도구, 롬6:13.
2) 무기[복수]
① [문자적으로] 요18:3.
② [상징적으로, 악에 대해 싸우는 기독교인의 삶에 대해서] 롬13:12, 고후6:7, 10:4.
☞**무기**(요18:3, 롬6:13, 고후10:4), **갑옷**(롬13:12).

3697. ὁποῖος, οία, οἶον [hŏpŏiŏs][5회] 호포이오스
[대] [관계대명사] 3739와 4169에서 유래: 어떤 종류의, ~와 같은[간접적 질문에서 대명사로 사용됨], 고전3:13, 갈2:6, 살전1:9, 약1:24.
☞**같이**(행26:29), **어떠한 것을**(고전3:13), **어떤**(갈2:6), **어떠한**(약1:24), **어떻게**(살전1:9).

3698. ὁπότε [hŏpŏtĕ] 호포테
[부] [시간적] 3739와 4218에서 유래: 때.
☞**때에**(눅6:3Ⓢ).

3699. ὅπου [hŏpŏu][84회] 호푸
[부] [장소적] 3739와 4225에서 유래:
1) [문자적. 장소를 나타내는 불변사로]
① 곳, 마6:19이하.
② 아무데나, 막6:56.
2) [상징적으로, 좀더 직접적인 환경이나 전제를 제시] 골3:11, 히10:18, 약3:16.
☞**거기**(행17:1), **거기는**(마6:20), **곳에**(요7: 34), **어디로**(눅9:57), **데서**(마25:24), **곳으로**(요6:62), **거기서**(요19:18), **그리로**(히6:20), **곳에서**(계2:13), 곳(요7:34Ⓢ).

3700. ὀπτάνομαι [ŏptanŏmai] 옵타노마이
[동] ὤφθην이라는 부정과거 수동태에서 유래한 새로운 현재형: 나타나다, 보여지다[부활하신 그리스도에 대하여], 행1:3.
☞**보다**(마5:8, 눅13:28, 행2:17), **보이다**(마17:3, 행7:30, 고전15:5), **나타나다**(막9:4, 눅1:11, 행9:17).

3701. ὀπτασία, ας, ἡ [ŏptasia][4회] 옵타시아
[명] 3700의 가정된 파생어에서 유래: 환상, 환영(幻影), 눅24:23, 행26:19, 고후12:1.
☞**환상**(눅1:22, 고후12:1), **보이신 것**(행26: 19).

3702. ὀπτός, ἡ, όν [ŏptŏs][1회] 옵토스
[형] '담그다'와 유사한 동사에서 유래: [빵, 고기를] 구운, 삶은, 눅24:42.
☞**구운**(눅24:42).

3703. ὀπώρα, ας, ἡ [ŏpōra][1회] 오포라
[명][여] 3796의 어간과 5610에서 유래한 듯: 과일, 계18:14.
☞**과일**(계18:14).

3704. ὅπως [hŏpōs][53회] 호포스
[부][접] 3739와 4459에서 유래:
1. [부사] 어떻게, 어떤 방법으로.
2. [접속사]
1) [목적] ~하기 위하여, 눅24:20.
① [ἄν 없이] 마5:45, 히9:15, 벧전2:9.
② [ἄν과 함께] 눅2:35, 행3:20.
2) [요구를 뜻하는 동사 뒤에 오는 부정사를 대신하다]
① αἰτέομαι, 행25:3.
② δέομαι, 마9:38, 눅10:2, 행8:24.
③ ἐρωτάω, 눅7:3, 11:37, 행23:20.
④ παρακαλέω, 마8:34.
⑤ προσεύ－ χομαι, 행8:15, 약5:16.
☞**~하기 위하여**(마2:8, 2:23, 12:14, 몬6).

3705. ὅραμα, ατος, τό [hŏrama][12회] 호라마
[명] 3708에서 유래:
1) 환상, 실제적으로 보여질 수 있는 어떤 것을 뜻함, 마17:9, 행7:31.
2) 환상을 받는 행동 혹은 상태, 행10:3, 18:9.
☞**본 것**(마17:9), **광경**(행7:31), **환상**(행9:10, 11:5, 18:9).

3706. ὅρασις, εως, ἡ [hŏrasis][4회] 호라시스
[명] 3708에서 유래:
1) 보는 기관, 시각, 외모, 얼굴.
2) 보이는 것.
① 외형, 계4:3.
② 광경.
3) 놀라운 환상, 계9:17, 행2:17.
☞**환상**(행2:17), **모양**(계4:3).

3707. ὁρατός, ἡ, όν [hŏratŏs][1회] 호라토스

형 3708에서 유래: 볼 수 있는, 보이는 것들과 보이지 않는 것, 골1:16.

☞**보이는**(골1:16).

3708. ὁράω [hŏraō][449회] **호라오**

동 미완료 3인칭 단수 ἑώρων, 완료 ἑώρακα 그리고 ἑόρακα, 완료 3인칭복수 ἑώρακαν, 과거완료 ἑωράκειν, 미래 ὄψομαι, 미래2 인칭 단수 ὄψῃ, 제1부정과거 수동태 ὤφθη ν, 미래수동태 ὀφθήσομαι, 완료수동태 3 인칭단수 ὦπται:

1. [타동사]

1) 보다, 찾아내다, 주목하다, 관찰하다.

① [사람의 대격과 함께 쓰임] 마28:7, 10, 막16:7, 눅16:23, 요8:57, 9:37, 14:9, 16:16,19,22, 20:18,25,29, 요일 4:20, 계1:7.

② [사물의 대격과 함께 쓰임] 눅1:22, 23:49, 24:23, 요4:45, 6:22, 행2:17.

③ [완곡어법]

㉠ ὁρ. τὸ πρό－σωπόν τινος, 얼굴을 보다, 행20:25, 골2:1, 계22:4.

㉡ ὁρ. τὴν δόξαν τοῦ θεοῦ: 하나님의 영광을 보다, 요11:40.

④ [수동태] 보이다, 나타나다, 드러나다, 행2:3, 16:9, 계11:19, 12:1, 3.

2) 경험하다, 목격하다, 증언하다, 눅17:22, 요1:50, 3:36.

3) [비유적, 정신적이고 영적인 개념]

① 인식하다, 깨닫다, 이해하다, 행8:23, 히2:8.

② 바라보다, 주목하다[정신적으로], 롬 15:21.

2. [자동사]

1) 바라보다, 보다, 요19:37.

2) 조심하다, 주의하다.

① 본대로 하다, 그대로 하다, 마27:4, 행 18:15, 22:26, 히8:5.

② 지키다, 경계하다, 마8:4, 18:10, 막1:44, 살전5:15.

☞**보이다**(마8:4), **알리다**(마9:30), **주의하다**(마16:6), **보다**(눅1:22, 요1:18, 고전9:1).

3709. ὀργή, ῆς, ἡ [ŏrgē][36회] **오르게**

명 3713에서 유래: 노, 진노, 분노.

1) [인간의 감정] 엡4:31, 딤전2:8.

2) 하나님의 진노.

① [과거 및 현재의] 심판, 요3:36, 롬1:18, 12:19, 히3:11, 4:3.

② [미래의] 심판, 마3:7, 눅3:7, 롬3:5, 엡 2:3.

☞**진노**(마3:7, 요3:36, 롬2:5,8, 13:5), **분냄**(엡4:31), **분함**(골3:8), **분노**(딤전2:8).

3710. ὀργίζω [ŏrgizō][8회] **오르기조**

동 수동태 ὀργίζομαι, 제1부정과거수동태 ὠρ γίσθην, 제1부정과거수동분사 ὀργισθείς, 3709에서 유래: 화를 내다, 마18:34, 눅 15:28, 계11:18.

☞**노하다**(마18:34, 눅14:21, 15:28), **분노하다**(계11:18, 12:17).

3711. ὀργίλος, η, ον [ŏrgilŏs][1회] **오르길로스**

형 3709에서 유래: 화를 잘내는, 성미가 급한, 딛1:7.

☞**급히 분내는**(딛1:7).

3712. ὀργυιά, ᾶς, ἡ [ŏrguia][2회] **오르귀아**

명 3713에서 유래: 길[6인치, 1.85미터]. [주] 물의 깊이를 재는데 사용됨, 행27:28.

☞**길**(행27:28).

3713. ὀρέγομαι [ŏrĕgŏmai][3회] **오레고마이**

동 중간태:

1) 뻗치다, 손을 내미다.

2) [상징적으로] 열망하다, 애쓰다, 간절히 바라다, 원하다, 딤전3:1, 6:10, 히11:16.

☞**사모하다**(딤전3:1, 히11:16).

3714. ὀρεινός, ἡ, όν [ŏrĕinŏs][2회] **오레이노스**

형 3735에서 유래: 산지의, 산지 많은. [주] ἡ ὀρεινή: 산지, 눅1:39,65.

☞**산골에**(눅1:39,65).

3715. ὄρεξις, εως, ἡ [ŏrĕxis][1회] **오렉시스**

명 3713에서 유래: 음욕, 욕망, 롬1:27.

☞**음욕**(롬1:27).

3716. ὀρθοποδέω [ŏrthŏpŏdĕō][1회] **오르도포데오**

동 3717과 4228의 합성에서 유래:

1) 똑바로 걷다.

2) [상징적으로] 올바로 행하다, 솔직하게 살다, 갈2:14.

☞**바르게 행하다**(갈2:14).

3717. ὀρθός, ἡ, όν [ŏrthŏs][2회] **오르도스**

형 3735의 어간에서 유래한 듯:

1) [문자적으로] 올바로, 똑바로, 행14: 10, 곧게, 히12:13.
2) [상징적으로] 정확히, 참으로.
☞**바로, 곧은**(행14:10, 히12:13).

3718. ὀρθοτομέω [ŏrthŏtŏmĕō][1회] 오르도토메오
동 3717과 5114의 어간의 합성에서 유래: 올바로 가르치다, 딤후2:15.
☞**옳게 분별하다**(딤후2:15).

3719. ὀρθρίζω [ŏrthrizō][1회] 오르드리조
동 미완료 ὤρθριζον, 3722에서 유래: 아침 일찍 일어나다.
☞**이른 아침에 나아가다**(눅21:38).

3720. ὀρθρινός, ή, όν [ŏrthrinŏs][1회] 오르드리노스
형 3722에서 유래: 아침 일찍.
새벽의(계22:16ⓢ)

3721. ὄρθριος, ία, ιον [ŏrthriŏs][1회] 오르드리오스
형 3722에서 유래: 이른 아침의, 눅24:22.
☞**[부] 새벽에**(눅24:22).

3722. ὄρθρος, ου, ὁ [ŏrthrŏs][3회] 오르드로스
명 3735와 동일어에서 유래: 새벽, 이른 아침 ὄρθρου βαθέως: 꼭두새벽에, 눅24:1.
☞**새벽**(눅24:1, 행5:21), **아침**(요8:2).

3723. ὀρθῶς [ŏrthōs][4회] 오르도스
부 3717에서 유래: 올바로, 정확하게.
① ὀρ. κρίνειν, 눅7:43.
② ὀρ. ἀποκρί– νεσθαι, 눅10:28.
③ ὀρ. λέγειν καὶ διδάσκειν, 눅20:21.
☞**바로**(눅20:21), **분명하게**(막7:35), **바르게, 옳게**(눅7:43, 10:28).

3724. ὁρίζω [hŏrizō][8회] 호리조
동 제1부정과거 ὥρισα, 제1부정과거수동분사 ὁρισθείς, 완료수동분사 ὡ– ρισμένος, 3725에서 유래:
1) 결정하다, 지정하다, 정하다.
① [어떤 것을]행17:26, 히4:7.
② [사람을] 지정하다, 지명하다, 공표하다, 행17:31, 롬1:4,
2) 한계를 두다, 한정하다, 설명하다.
☞**작정되다**(눅22:22), **정하다**(행2:23, 17:26, 히4:7), **작정하다**(행11:29), **선포되다**(롬1:4).

3725. ὅριον, ου, τό [hŏriŏn][12회] 호리온
명 기본형 ὅρος '경계'의 파생어: 경계, 지역, 영역, 마2:16, 8:34, 15:22,39, 막5: 17, 행13:50.
☞**지경**(마2:16, 15:22), **지방**(마8:34, 막5:17).

3726. ὁρκίζω [hŏrkizō][2회] 호르키조
동 3727에서 유래: 간청하다, 탄원하다, 애원하다, 막5:7, 행19:13, 살전5:27.
☞**명하다**(행19:13, 살전5:27), **맹세하다**(막5:7).

3727. ὅρκος, ου, ὁ [hŏrkŏs][10회] 호르코스
명 남 ἕρκος '담장'에서 유래: 서약, 맹세, ὅρκον ὀμνύειν, 약5:12, ὅρκῳ ὀμνύειν τινί, 눅1:73, 행2:30, ἀποδι– δόναι τῷ κυριῳ τούς ὅρκους, 마5:33, μεσιτεύειν ὅρκῳ, 마14:7, 26:72, 히6:17.
☞**맹세**(마14:7, 눅1:73, 히6:16).

3728. ὁρκωμοσία, ας, ἡ [hŏrkōmŏsia][4회] 호르코모시아
명 3727과 3660의 파생어에서 유래: 맹세, 맹세하기, 히7:20이하,28.
☞**맹세**(히7:20,21,28).

3729. ὁρμάω [hŏrmaō][5회] 호르마오
동 제1부정과거 ὥρμησα, 3730에서 유래[자동사로만 쓰임]: 떠나다, 출발하다, 돌진하다.
① [가축의 무리가] 마8:32, 막5:13.
② [군중, 무리] 행19:29.
☞**내리닫다**(마8:32, 막5:13, 눅8:33), **달려들다**(행19:29).

3730. ὁρμή, ῆς, ἡ [hŏrmē][2회] 호르메
명 불확실한 유사어에서 유래: 충동, 격렬한 움직임, 자극, 강습, 습격, 달려듦, 경향, 마음의 충동, 목적, 의지, 뜻, 소원, 행14:5, 약3:4.
☞**뜻**(약3:4).

3731. ὅρμημα, ατος, τό [hŏrmēma][1회] 호르메마
명 3730에서 유래: 격렬한 돌진, 공격, 돌격, 충동, 충격, 거친 동작, 계18:21.
☞**비참하게 던져짐**(계18:21).

3732. ὄρνεον, ου, τό [ŏrnĕŏn][3회] 오르네온
명 3733의 파생어로 추정됨: 새, 계18:2, 19:17,21.
☞**새**(계18:2, 19:17,21).

3733. ὄρνις, ιθος, ὁ and ἡ [ŏrnis][2회] 오르니스

ㅇ

명 3735의 어간의 연장형에서 유래: 새[특별히 수탉 혹은 암탉, 보호와 관심의 상징으로서의 어미 새, 특별히 암탉의 행동], 마23:37, 눅13:34.
☞**암탉**(마23:37, 눅13:34).

3734. ὁροθεσία, ας, ἡ [hŏrŏthĕsia][1회] **호로데시아**
명 여 3725의 어간과 5087의 어간의 합성에서 유래: 정해진 한계[하나님에 대해서], 행17:26.
☞**경계(境界)**(행17:26).

3735. ὄρος, ους, τό [ŏrŏs][63회] **오로스**
명 소멸된 ὄρω '일어나다'에서 유래된 듯함: 산, 언덕.
1) [βουνός와 함께] 눅3:5, 23:30.
2) [πέτρα와 함께] 계6:16.
3) [νῆσος와 함께] 마21:1, 26:30, 막14:26, 행7:30,38, 갈4:24이하, 계6:14, 16:20, 21:10.
☞**산**(마4:8, 행1:12, 벧후1:18), **산악**(계16:20).

3736. ὀρύσσω [ŏrüssō][3회] **오뤼소**
동 제1부정과거 ὤρυξα, 제2부정과거 수동태 ὠρύγην, 불확실한 어원에서 유래:
1) 파다, [어떤 것을 숨기기 위해] 땅을 파다, 마25:18.
2) 파내다, [파서] 준비하다, 마21:33, 막12:1.
☞**파다, 만들다**(마21:33, 25:18, 막12:1).

3737. ὀρφανός, ἡ, όν [ŏrphanŏs][2회] **오르파노스**
형 불확실한 어원에서 유래: 고아의,
1) [문자적으로] 부모를 잃은.
2) [상징적으로] 홀로 된, 요14:18.
☞**고아의**(요14:18, 약1:27).

3738. ὀρχέομαι [ŏrchĕŏmai][4회] **오르케오마이**
동 중간태. 디포넌트, 미완료 ὠρχού－μην, 제1부정과거 ὠρχησάμην, ὄρ－ χος '원'에서 유래: 춤추다, 마11:17, 14:6, 막6:22, 눅7:32.
☞**춤추다**(마11:17, 눅7:32).

3739. ὅς, ἥ, ὅ [hŏs][1365회] **호스**
대 기본형으로 보임:
1. [관계대명사] ~한 자, ~한 것.
1) [일반용법, 선행사의 성, 수와 일치하며 격은 영향을 미치는 동사나 명사나 전치사에 의해 결정됨] 마2:9, 눅9:9, 요1:47, 행17:3, 롬2:29.
2) [지시대명사가 관계대명사 내에 내포된 경우]
① [두 대명사가 같은 격으로 쓰인 경우]
㉠ ὅς ~한 자가, 마10:38.
㉡ οὗ ~한 자의, 요18:26.
㉢ ᾧ ~한 자에게, 롬6:16.
㉣ οἷς ~한 자를, 막15:12, 요1:45.
㉤ ὅν ~한 자들에게, 마20:23.
② [두 대명사가 다른 격으로 쓰인 경우]
㉠ [지시대명사가 주격으로 쓰인 경우] ~한 자가, ~한 것이, 마13:12, 25:29, 26:13, 막11:23, 눅12:3, 롬4:7, 15:21, 행13:25.
㉡ [지시대명사가 목적격으로 쓰인 경우] ~한 자를, ~한 것을, 눅5:25, 요13:29, 행24:13, 롬6:21, 14:21, 딤후1:12, 벧후2:12.
3) [특별구문]
① [인칭대명사를 중복해서 사용한 경우] γυνὴ ἧς εἶχεν τὸ θυγάτρι－ ον αὐτῆς: 어린 딸을 둔 한 여자가, 막7:25.
② [내용으로 관련되는 경우]
㉠ [단수 관계대명사가 복수선행사를 수식하는 경우] 빌3:20.
㉡ [복수관계대명사가 단수선행사를 수식하는 경우] 눅6:17, 행15:36, 벧후3:1.
㉢ [관계대명사가 문법적인 성보다 자연적인 성에 일치되는 경우]
ⓐ τέκνα μου, οὕς, 갈4:19.
ⓑ ἔθνη, οἵ, 행15:17.
ⓒ τὴν κεφαλήν, ἐξ οὗ 골2:19.
4) [관계대명사의 동화기능]
① [목적격으로 쓰여야 할 관계대명사가 선행사로 인해 소유격이나 여격으로 쓰일 경우] 마18:19, 행3:25.
② [관계대명사 여격은 잘 동화되지 않음] 행1:22, 엡1:6, 4:1, 딤전4:6.
③ [관계대명사와 선행사의 성과 수가 일치하지 않는 경우] 갈3:16, 엡1:4.
5) [선행사가 뒷 문장에 통합될 경우] 마24:44, 막4:24, 눅3:19, 요11:6, 행15:11, 롬6:17, 골1:6,9.

6) [관계대명사 앞에 놓이는 전치사가 생략되는 경우] 행1:21, 13:2, 계18:6.
7) [중성 관계대명사가 쓰일 경우]
① [외래어나 비유어를 설명할 경우] 마1:23, 막5:41, 15:22, 행4:36, 골1:24.
② [관계대명사로 한 문장 전체를 나타낼 경우] 행2:32.
8) [결과와 목적의 의미를 지닐 경우] 마11:10, 고전2:16, 4:17.
9) [의문대명사의 역할을 할 경우] 요13: 7, 딤전1:7.
10) [접속사와 결합될 경우]
① [ἄν]
② [γέ] 롬8:32.
③ [δήποτε] 무엇이든지, 요5:4.
④ [καί] 막3:19, 눅6:13.
⑤ [περ] ~한 자만은, 막15:6.
11) [전치사와 함께 사용될 경우]
① [ἀν- τί] ~때문에, 그러므로, 눅1: 20, 19:44, 행12:23, 살후2:10.
② [εἰς] 이런 목적으로, 살후1:11.
③ [ἐν] 어떤 상황 속에서, 눅12:1, 행24:18, 26:12.
④ [ἐπί] ~한 이유로, ~때문에, 롬5: 12, 고후5:4, 빌3:12.

2. [지시대명사] 이것, 이 사람.
1) ὅς δέ: 그러나 그는, 막15:23, 요5:11.
2) [특별용법]
① ὅς μὲν δέ: 한편은~다른 편은, 마22:5, 눅23:33, 행27:44, 롬14:5, 고전11:21, 고후2:16.
② ὅ μὲν... ὅ δέ 후자는~전자는, 롬9:21.
③ ἅ μὲν... ἅ δέ: 일부는~나머지는, 딤후2:20.
④ ὅς μὲν ... ὅς δὲ... ὅς δέ, 마21:35, 25:15.
⑤ ᾧ μὲν... ἄλλῳ δὲ... ἑτέρῳ, 고전12:8-10.

☞**〈지시대명사〉그러나 그는, 이것, 이 사람, 저것, 〈관계대명사〉~하는(한) 바(것, 일)(사람), ~하는 바의, (~하는) 바(것, 일).**

3740. ὁσάκις [hŏsakis][3회] 호사키스
부 3739에서 유래: 얼마든지, ~할 /때마다, 할 만큼 자주, 언제든지[ἐάν과 함께], 고전11:25이하, 계11:6.
☞**~때마다**(고전11:25,26), **~때든지**(계11:6).

3741. ὅσιος, ία, ον [hŏsiŏs][8회] 호시오스
형 명 불확실한 어원에서 유래:
1) [형용사]
① [사람에 대해] 헌신적인, 경건한, 하나님을 기쁘게 하는, 거룩한[δίκαιος와 함께 사용], 딛1:8.
② [하나님에 대해] 거룩한, 성스런, 히7:26.
2) [명사]
① τὰ ὅσια: 거룩하고 미쁜 은사, 행13:34.
② ὁ ὅσιος: 거룩한 자.
㉠ [하나님과 관련] 계16:5.
㉡ [그리스도와 관련] 행2:27, 13:35.
☞**거룩한**(행2:27, 딤전2:8, 계16:5), **의로운**(계15:4).

3742. ὁσιότης, τητος, ἡ [hŏsiŏtēs][2회] 호시오테스
명 3741에서 유래: 경건, 거룩, ἐνόσ. καὶ δικαιοσύνῃ: 경건과 의로, 눅1:75, 엡4:24.
☞**성결**(눅1:75), **거룩함**(엡4:24).

3743. ὁσίως [hŏsiōs][1회] 호시오스
부 3741에서 유래: 경건하게, 하나님을 기쁘게 해드리는 방식으로, 거룩한 방식으로, 살전2:10.
☞**거룩하게**(살전2:10).

3744. ὀσμή, ῆς, ἡ [ŏsmē][6회] 오스메
명 3605에서 유래; 향기, 냄새:
1) [문자적으로]
① 좋은 냄새, 요12:3.
② 좋지 않은 냄새.
2) [상징적으로]
① ἡ ὀ- σμὴ τῆς γνώσεως αὐτοῦ: 그를 알게 하는 향기, 고후2:14,16.
② ὀσμὴ εὐω- δίας: 향기로운 제물, 엡5:2, 빌4:18.
☞**냄새**(고후2:14,16). **향기**(엡5:2, 빌4:18).

3745. ὅσος, η, ον [hŏsŏs][110회] 호소스
부 [관계부사: πόσος, τοσοῦτος와 함께 쓰임]. 3739에서 유래: ~만큼, ~하는 한, ~한 동안, ~까지, ~정도로.
1) [시간과 공간에 대해]
① τό μῆκος αὐτῆς (τοσοῦτόν ἐστιν), ὅσον τὸ πλάτος: 그 넓이만큼 길이도 크

ㅇ

다, 계21:16.

② ἐφ' ὅσ. χρόνον: ~하는 동안, 롬7:1, 고전 7:39, 갈4:1.

③ ἔτι μι– κρὸν ὅσον: 순식간에, 히10:37.

2) [양과 수에 대해] ~만큼, 얼마나, 많이.

① ἅπαντες ὅσοι: ~한 모든 자, 눅4: 40, 요10:8, 행3:24.

② πάντα ὅσα: ~한 모든 것, 마13:46, 18:25, 28:20, 막6:30, 11:24, 12: 44, 눅18:12,22.

3) [정도에 대해]

① ὅσον...., μᾶλλον περισσότερον ~한 만큼, 마7:36.

② ὅσον..., πλειόνως: ~하면 할수록~하다.

③ καθ' ὅσον..., κατὰ τοσοῦτο ~한 정도로, ~와 같은 정도로, 히7:20,22.

④ καθ' ὅσον..., οὕτως ~한 것처럼~하다.

☞**무엇이든지**(마7:12), **많은**(막3:8), **모든**(마18:25), **얼마만큼 큰, ~만큼 큰, ~만큼 먼, ~만큼 많은, 얼마나 많은.**

3746. ὥσπερ [hŏspĕr] **호스페르**

대 [의문대명사]. 3739와 4007에서 유래: 누구, 누구든지.

☞**누구에게나.**

3747. ὀστέον, ου [hŏstĕŏn][4회] **오스테온**

명 복수 ὀστέα, 복수소유격 ὀστέων, 불확실한 유사어: 뼈, 눅24:39, 엡5:30.

☞**뼈**(마23:27, 눅24:39, 요19:36, 히11:22).

3748. ὅστις, ἥτις, ὅ τι [hŏstis][148회] **호스티스**

대 [복합관계대명사]. 3739와 5100에서 유래:

1. [일반적으로] 누구든지, ~한 모든 사람.

1) [현재 직설법과 함께] 마5:39, 막4:20.

2) [부정과거 직설법과 함께] 롬11:4, 계1:7.

3) [미래직설법과 함께] 마5:41, 18:4.

4) [부정과거 가정법과 함께] 마10:33.

5) [ἄν(ἐάν)과 함께] 갈5:10.

2. [질적으로]

1) [사람이나 사물이 어떤 부류에 속하는 것을 가리킬 경우] 마7:15, 행10:47.

2) [앞의 진술이 확정될 수 있도록 하는 특징적 내용을 강조할 경우] 갈2:4, 엡4:19, 빌2:20.

☞**누구든지**(마5:39).

3749. ὀστράκινος, η, ον [ŏstrakinŏs][2회] **오스트라키노스**

형 ὄστρακον '벽돌'에서 유래: 흙으로 만든, 진흙으로 만든.

[주] ① 질그릇[흙으로 만든 그릇], 딤후2:20.

② 깨지기 쉬운 것[흙으로 만든 우상에 대해], 고후4:7.

☞**진흙의, 질그릇**(고후4:7, 딤후2:20).

3750. ὄσφρησις, εως, ἡ [ŏsphrēsis][1회] **오스프레시스**

명 3605의 파생어에서 유래: 후각, 코, 고전 12:17.

☞**냄새 맡는 곳**(고전12:17).

3751. ὀσφύς [ŏsphus][8회] **오스퓌스**

명 불확실한 어원에서 유래:

1) 허리, 마3:4, 막1:6, 엡6:14, 벧전1: 13.

2) [생식기관으로서의] 허리, 히7:5,10, 행2:30.

☞**허리**(마3:4, 히7:5, 벧전1:13).

3752. ὅταν [hŏtan][123회] **호탄**

부 [시간적] 3753과 302에서 유래; ~때, ~때는 언제든지:

1) [가정법과 함께]

① [현재가정법] 마6:2, 막13:11.

② [미래가정법] 마5:11, 막4:15.

2) [직설법과 함께]

① [미래직설법] 눅13:28, 계4:9.

② [현재직설법] 막11:25, 눅 11:2, 요7:27.

③ [미완료직설법] 막3:11.

④ [과거직설법] 막11:19, 계8:1.

☞**때에는**(마5:11), **때에**(마6:2).

3753. ὅτε [hŏtĕ][103회] **호테**

부 [시간적] 3739와 5037에서 유래:

1) [문자적으로, 접속사] 때, 동안.

① [미완료와 함께] 막14:12, 행12:6.

② [부정과거와 함께] 마9:25, 요1:19.

③ [완료와 함께] 고전13:11.

④ [현재와 함께] 히9:17.

2) [관계대명사를 대신하여]

① [직설법과 함께]

㉠ [미래] 눅17:22.

㉡ [현재] 요9:4.

② [부정과거 가정법과 함께] 눅13:35.

☞**때에**(마13:26).

3754. ὅτι [hŏti][1297회] **호티**

접 3748의 중성:

1. [영어의 that에 해당]

1) [앞에 나온 지시대명사를 다시 설명] 요3:19.

2) [지각, 감정동사, 즉 ἀπαγγέλλω, ἀποκρίνομαι, δείκνυμι, δῆλόν(ἐστιν), διδάσκω, εἶπον, ἐμφα– νίζω, λέγω, μαρτυρέω, ὁμολογέω, φημί, ἀκούω, θεάομαι, θεωρέω, ἀγ– νοέω, γινώσκω, ἐπίσταμαι, νοέω, ὁ– ράω, δοκέω 등의 동사 뒤에].

3) [생략문에서]

4) [특별용법]

① [θεωρεῖν 뒤에] 행27:10.

② ὡς ὅτι, 고후5:19.

③ [결과] 요7:35.

2. [직접화법을 소개] 마26:72–77, 눅1:25.

3. [원인적 접속사]

1) [종속절에서] ~때문에, 마2:18, 요20:29.

2) 왜냐하면, 마7:13, 11:29, 눅7:47, 9: 12, 13:31, 고전1:25, 고후4:6, 7:8,14.

☞**~것을, 왜냐하면, 그래서, ~ 때문에.**

3755. ὅτου [hŏtŏu][5회] 호투

부 3748의 남성[중성]단수 소유격: ~동안, 눅22:16. ~때에(마5:25).

3756. οὐ [ŏu] [17회] 우

부 [부정어]

1) [악센트를 가질 경우 부정적인 답변을 나타냄] 아니오, 마13:29, 요1:21, 7: 12, 21:5.

2) [어떤 단어나 절을 부정할 때 사용됨] ~아니다.

① [일반적] 마7:21, 19:11, 롬9:6, 10: 16, 고전15:51.

② [대조문에서] τῷ κυρίῳ καὶ οὐκ ἀνθρώποις, 골3:23.

③ [동사의 완곡어법]

㉠ οὐκ ἀγνοεῖν: 아주 잘 안다, 고후2:11.

㉡ οὐκ ἐᾶν: 막다, 보호하다, 지키다, 행16:7, 19:30.

㉢ οὐ θέλειν: 거절하다, 살후3:14.

3) [분사와 함께 사용될 경우]

① πράγματα οὐ βλεπόμενα: 보이지 않는 것, 히11:1.

② [강한 강조나 대조] ἄνθρωπον οὐκ ἐνδεδυμένον ἔνδυμα γάμου: 결혼 예복을 입지 않은 한 사람을, 마22:11.

㉠ [강조] 눅6:42, 행7:5, 벧전1:8.

㉡ [대조] 요10:12, 행28:19, 갈4:8, 빌3:3, 골2:19.

③ [구약 번역자의 습관적 표현] 롬9: 25, 갈4:27, 벧전2:10.

4) [주절에서 사용될 경우]

① [단순 설명] 마1:25, 6:24, 막1:34, 눅1:7, 행1:7, 롬1:16.

② [미래와 관련하여] 마5:21,33, 눅4: 12, 행23:5, 고전9:9.

③ [긍정적인 대답이 예상되는 의문문에서 사용] ὁ διδάσκαλος ὑμῶν οὐ τελεῖ δίδραχμα: 당신들의 선생께서 두 드라크마의 세금을 내셨죠, 그렇지 않나요?, 마17:24. [참고] 막6:3, 7:18, 12:24, 눅11:40, 요4: 35, 6:70, 7:25, 행9:21.

5) [종속절에서 사용될 경우] 마10:38, 12:2, 막4:25, 눅6:2, 요6:64, 롬15: 21, 갈3:10, 히12:25.

6) [다른 부정어와 함께 사용될 경우]

① [강한 부정] 마22:16, 막5:37, 눅4: 2, 23:53, 요6:63, 11:49, 12:19, 15: 5, 행8:39, 고후11:9.

② [긍정을 나타내는 경우] 행4:20, 고전12:15.

7) [대등하거나 대조적인 두 절 가운데 하나에 쓰일 경우]

① οὐ...ἀλλά, 살전2:4.

② οὐ..., δέ, 행12:9, 14, 히4:13,15.

③ .., ἀλλ' οὐ 고전10:5,23.

④ οὐ μόνον, ἀλλὰ (καί) ς. μόνος.

☞**아니, 아닌, 아니요, 결코~아니다, 아무도.**

3757. οὗ [hŏu][24회] 후

부 3739의 소유격[장소의 개념을 지님]:

1. 어디에.

1) [문자적, 장소]

① οὗ.., ἐκεῖ: ~한 거기에, 마18:20, 롬9:26.

② [지역을 나타내는 명사 뒤에서] εἰς Ναζαρά, οὗ ἦν τεθραμμένος: 그가 자라난 나사렛으로, 눅4:16. [참고] 눅23:53, 행1:13, 2:2, 7:29, 12:12, 16:13.

2) [비유적, 주변 지역을 나타낼 때] 롬4:15,

ㅇ

고후3:17.

2. 어디로, 어느 곳으로.

[주] 1) εἰς πᾶσαν πόλιν... οὗ ἤμελλεν αὐτὸς ἔρχεσ- θαι: 그가 가려 했던 모든 성으로, 눅10:1.

2) εἰς τὸ ὄρος οὗ ἐτάξατο αὐ- τοῖς ὁ Ἰησοῦς: 예수가 그들에게 지시했던 산으로, 마28:16.

☞**~곳**(마2:9), **~곳으로**(고전16:6), **곳에는**(마18:20), **곳에**(롬5:20), **데를**(눅4:17), **거기는**(골3:1).

3758. οὐά [ŏua][1회] 우아

감 아![경멸적인 놀라움의 표시로], 막15:29.

☞**아하**(막15:29).

3759. οὐαί [ŏuai][47회] 우아이

감 화로다, 아아![고통이나 불만감을 표시]

1) [감탄적으로]

① [여격과 함께] 눅21:23, 22:22.

② [관사를 가지고 호격으로] 눅6:25.

③ [여격과 함께] 계12:12.

2) [명사로 사용될 경우] 고전9:16, 계9: 12, 11:14.

☞**화 있을진저**(마11:21, 고전9:16, 계8:13), **화가 있도다**(마18:7), **화로다**(눅17:1), **화가 있을 것이로다**(고전9:16).

3760. οὐδαμῶς [ŏudamōs][1회] 우다모스

부 3762에서 유래: 결코~않다, 마2:6.

☞**아니하도다**(마2:6).

3761. οὐδέ [ŏudĕ][144회] 우데

접 [부정문에만 사용]. 3756과 1161에서 유래:

1) …아니고…도 아닌, 마16:9, 막8:17, 계5:3.

2) ~도 아니고…도 역시 아니다, 눅16: 31, 요15:4, 롬4:15.

3) ~까지도 아닌, 눅7:9, 요21:25, 고전5:1, 마27:14.

☞**그리고~아니, 또~아니**(마6:20, 막4:22), **~도~아니, ~도 역시~아니**(마6:15, 눅16:31), **~까지도~아니**(마6:29).

3762. οὐδείς, οὐδεμία, οὐδέν [ŏudĕis][227회] 우데이스

형 명 3761과 1520에서 유래:

1. [형용사] 아닌, 눅4:24, 행25:18, 27: 22, 고전8:4.

2. [명사]

1) 누구도~아닌, 아무도~아닌, 마6:24, 8:10, 눅5:36, 요1:18.

2) 어떤 것도…아닌, 마17:20, 26:62, 27: 12, 막7:15, 고전9:15, 계3:7, 행18:17.

☞**아무~없이**(마5:13), **자가 없느니라**(막10:29), **이가 없다**(눅1:61), **없나니**(롬8:1), **어떤 사람도**(고후5:16), **것이 없나니**(딤전4:4), **자가 하나도 없나니**(딤후2:4), **아무~아니하고**(빌1:20), **누구든지~않고**(엡5:29), **아무 것도**(몬14), **하나도 없어야**(히2:8), **아무도 아니하시느니라**(약1:13), **조금도 없으시니라**(요일1:5), **자~없느니라**(계2:17).

3763. οὐδέποτε [ŏudĕpŏtĕ][16회] 우데포테

부 3761과 4218에서 유래:

1) 결코~이 아닌, 마7:23, 9:33, 막2:12, 눅15:29, 요7:46.

2) [의문문에서] οὐδέπο- τε ἀνέγνωτε…: 너는 읽어 본 적이 없느냐?, 마21:16, 42. 결코~아니, 한번도~아니(마7:23, 막2:12, 눅15:29), 없다하되(마9:33), 없느냐(마21:16).

3764. οὐδέπω [ŏudĕpō][4회] 우데포

부 3761과 4452에서 유래: 아직~이 아닌, οὐ οὐδεὶς οὐδέπω: 아무도 결코~아닌, 눅23:53㉦, 요19:41.

☞**아직~아니, 아직 한번도~아니**(눅23:53㉦, 요19:41).

3765. οὐκέτι [ŏukĕti][47회] 우케티

부 3765과 2089에서 유래: 더 이상 ~아닌

1) [시간에 대해] 마19:6, 막10:8, 요4: 42, 14:19㉦, 16:10㉦

2) [바울서신에서, 논리적 의미로] 롬7: 17,20, 11:6, 14:15, 갈3:18.

☞**더 이상~아니, 이제는~아니, 다시는~아니**(마19:6, 막10:8, 눅15:19, 행20:25, 롬6:9).

3766. οὐκοῦν [ŏukŏun][1회] 우쿤

부 3756과 3767에서 유래:

1) [추리적으로] 그러므로, 그래서, 따라서.

2) [의문적으로] 그런데, 요18:37.

☞**그러면**(요18:37).

3767. οὖν [ŏun][501회] 운

접 1) [추론적으로] 그래서, 그러므로, 결국, 따라서, 그렇다면, 마1:17, 눅3:7, 요4:6, 행8:25.

2) [역사적 진술에서]

① 그래서, 말했던 바와 같이, 그렇다면, 이제는[요한복음에서 두드러지게 나타남], 요1:22, 2:18, 3:25.
② 거기에 응해서, 그쪽에서는, 요4:9, 48, 6:53.
3) [강조적으로] 확실히, 실지로, 마3:8, 요20:30.
4) [반대어] 하지만, 그러나, 요9:18.
5) [타불변사와 더불어] 마5:19, 요2:22.
☞**그런즉**(마1:17, 롬3:31), **그러면, 이에**(요1:22, 2:18), **거기에 대해서**(요4:9, 6:53), **실로 그러나**(마3:8, 요9:18), **그러므로**(마18:4).

3768. οὔπω [ŏupō][26회] 우포
부 3756과 4452에서 유래:
1) 아직~아닌, 마24:6, 막13:7, οὐδεὶς οὔπω.
2) 누구도 아직~이 아닌, 막11:2, 눅23: 53, οὔπω γάρ, 요3:24.
☞**아직~아니, 결코 아무도~아니**(마24:6, 막13:7, 눅23:53, 요2:4).

3769. οὐρά, ς, ἡ [ŏura][5회] 우라
명 기본형으로 보임: 꼬리, 계9:10, 19, 12:4.
☞**꼬리**(계9:10,19, 12:4).

3770. οὐράνιος, ον [ŏuraniŏs][9회] 우라니오스
형 3772의 유래: 하늘의, 하늘에 속한, 하늘로부터 내려온, 하늘에 거주하는, ὁ πατὴρ ὑμῶν, 마5:48, 6:14, 26,32, 15:13, 18:14, στ - ρατιὰ οὐράνιος 눅2:13, ἡ οὐράνοις ὀπτασία, 행26:19.
☞**하늘의**(행26:19).

3771. οὐρανόθεν [ŏuranŏthĕn][2회] 우라노덴
부 3772와 원인의 후접사에서 유래: 하늘로부터, 행14:17, 26:13.
☞**하늘로부터**(행14:17).

3772. οὐρανός, οῦ, ὁ [ŏuranŏs][274회] 우라노스
명 3735와 동일어에서 유래한 듯함; 하늘:
1. [우주의 일부]
1) [땅과 함께 쓰임] 마5:18, 11:25, 행4:24, 계14:7.
2) [땅과 독립하여 혹은 대조적으로 쓰일 경우] 마5:34, 고전8:5, 계5:13.
3) 땅 위의 궁창, 공중, 행10:12, 계12: 1,3.
2. [신적 존재의 거주지]
1) [하나님] 마23:13.
2) [그리스도] 행1:10.
3) [천사] 눅2:15.
4) [죽은 신자들] 마5:12.
5) [인격화됨] 계12:12.
3. [상징적으로 하나님과 동의어] 마21: 25, 막11:30, 눅20:4,5.
☞**하늘**(마3:16,17, 계3:12), **공중**(마6:26, 막4:4, 눅8:5, 계16:17).

3773. Οὐρβανός, οῦ, ὁ [Ŏurbanŏs][1회] 우르바노스
고명 라틴어에서 유래; 도시의: 바울의 동역자이며 로마의 그리스도인 '우르바노', 롬16:9.
☞**우르바노**(롬16:9).

3774. Οὐρίας, ου, ὁ [Ŏurias][1회] 우리아스
고명 히브리어 223에서 유래; 빛: 다윗의 충성된 군인으로 밧세바의 남편 '우리야', 마1:6.
☞**우리야**(마1:6).

3775. οὖς, ὠτός, τό [ŏus][37회] 우스
명 기본형으로 보임: 귀.
1) [문자적으로] 막7:33, 눅22:50.
2) [정신적, 영적 이해력] τοῖς ὠσὶ βαρέως ἀκούε- ιν, 마13:15, 막4:9, 행7:51, 28:27.
☞**귀**(마13:9, 행28:27, 계2:7).

3776. οὐσία, ας, ἡ [ŏusia][2회] 우시아
명 5607의 여성형에서 유래: 재산, 부, 눅15:12,13.
☞**재산**(눅15:12,13).

3777. οὔτε [ŏutĕ][87회] 우테
부 3756과 5037에서 유래:<부정을 나타내는 불변사> 그리고 ~아니다.
1) [한 문장에서 2번 사용되었을 경우] 마6:20, 막12:25, 눅12:24, 요4:21.
2) [3번 사용되었을 경우] 행25:8.
3) [7번 사용되었을 경우] 고전6:9이하.
4) [10번 사용되었을 경우] 롬8:38,39.
☞**그리고~아니, 또~아니**(마6:20, 막12:25, 눅12:24, 요4:21, 롬8:38).

3778. οὗτος, αὕτη, τοῦτο [hŏutŏs][1391회] 후토스
대 [지시대명사]. 3588과 846에서 유래: 이것.
1. [명사적]

ㅇ

1) [일반적으로] 마3:17, 막4:18, 눅8: 21, 요11:37, 행4:11, 7:19. [주] [αὐτός와 함께 쓰일 경우] αὐτὸς οὗτος: 그 자신, 행25:25.
2) [중성이 사용될 경우]
① [앞에 오는 것을 지시] 요6:61.
② [뒤에 오는 것을 지시] 갈3:17, 요일2:3.
③ καὶ τοῦτο: 그리고, 게다가.
④ τοῦ− το μὲν... τοῦτο δέ, 어떤 때.
⑤ τοῦτ' ἔστιν, τουτέστι[ν] 곧, 즉.
⑥ [좋지 않은 뜻을 내포] 고전6:11.
2. [형용사적] 마12:32, 막12:16, 눅1:36, 요4:18.
☞**이것, 이**(마3:17, 막9:7, 눅5:21, 행1:21, 요3:26).

3779. οὕτω [hŏutō][208회] 후토
부 3778에서 유래: 이와 같은 방식으로, 이와 같이, 그렇게.
1) [앞에 나온 것을 지시] 요3:14, 롬12:5, 고전8:12, 딤후3:8.
2) [뒤에 나오는 것을 지시] 이와 같이, 다음과 같이, 마2:5, 요21:1, 행14:1, 고전9:24.
3) [형용사, 부사 앞에서 정도를 뜻함] 그렇게, 갈3:3, 계16:18.
4) 더 이상…아닌, 즉시, 단지, 요4:6, 8:59.
5) [형용사적] 이와 같은, 다음과 같은, 마1:18, 19:10, 롬4:18.
☞**이렇게, 이와 같이, 그렇게, ~같이, ~그렇게**(눅11:30, 요3:14, 롬12:5, 고후1:5), **그대로**(요4:6).

3780. οὐχί [ŏuchi][54회] 우키
부 3756의 강조형태: 아니다.
1) [단순한 부정어로] 요13:11, 14:22, 고전6:1.
2) [대답으로] 눅12:51, 13:3,5.
3) [긍정의 대답이 예상되는 의문사로] 마5:46, 10:29, 눅6:39, 12:6, 15:8, 17:8, 고전6:7.
☞**~아니, ~아닌**(요13:11, 고전6:1, 고후10: 13), **아니요**(눅1:60, 요9:9).

3781. ὀφειλέτης, ου, ὁ [ŏphĕilĕtēs][7회] 오페일레테스
명 3748에서 유래:
1. [문자적] 채무자, 마18:24.
2. [비유적] 빚진 자.
1) [죄로]
2) [의무로] 롬1:14, 8:12, 15:27.
3) 죄인, 범죄자.
① [사람에 대해] 마6:12.
② [하나님에 대해] 눅13:4.
☞**죄 지은 자**(마6:12, 눅13:4), **빚진 자**(마18:24, 롬1:14, 15:27), **의무를 가진 자**(갈5:3).

3782. ὀφειλή, ῆς, ἡ [ŏphĕilĕ][3회] 오페일레
명 3784에서 유래:
1) [일반적인 의미] 빚, 부채, 채무.
2) [종교적인 의미] 죄, 죄악, 잘못.
☞**빚**(마18:32), **줄 것**(롬13:7).

3783. ὀφείλημα, ατος, τό [ŏphĕilēma][2회] 오페일레마
명 3784에서 유래:
1. [문자적 의미] 빚지고 있다.
2. [비유적 의미]
1) [일반용법]
은혜를 입다, 도움을 받다.
2) [종교적 의미] ἄφες ἡμῖν τὰ ὀφ. ἡ− μῶν, 면제하다, 마6:12.
☞**죄, 허물**(마6:12), **빚**(롬4:4).

3784. ὀφείλω [ŏphĕilō][35회] 오페일로
동 미완료 ὤφειλον, 3786의 어간에서 유래한 듯함:
1. [문자적으로] 빚지다, 마18:28, 눅7: 41, 16:5, 몬1:18.
2. [상징적으로]
1) [일반적 용법]
① 빚지다, 롬13:8, 고전7:3.
② 의무가 있다, 마땅히…해야 한다, 눅17:10, 요19:7, 롬15:1, 고전7:36, 9:10.
③ [부정어와 함께] 마땅히~해야 한다, 눅17:10, 요19:7, 롬15:1, 고전7:36, 9:10.
③ [부정어와 함께] 마땅히~해서는 안된다, 행17:29, 고전5:10, 11:7.
2) [랍비적 용법]
① [단독적 사용] 마23:16,18.
② 죄를 범하다, 눅11:4.
☞**빚지다**(마18:28, 롬15:27), **옳다, 마땅하다**(요13:14, 고후12:11, 히2:17, 요일4:11). **[명] 빚**(마18:30, 롬13:8), **죄**(눅11:4), **의무**(고전7:3), **필요**(고전7:36). **[부] 당연히**(요19:7), **마땅히**(롬15:1,

고전11:7, 살후2:13).

3785. ὄφελον [ŏphĕlŏn][4회] 오펠론

동 3784의 제2부정과거: [고정된 형태로 성취할 수 없는 소원을 소개할 때 사용]

1) [미완료와 함께 사용되어 현재를 나타냄] ~하면 얼마나 좋을까?, 고후11:1, 계3:15.

2) [부정과거 직설법과 함께 사용되어 과거를 나타냄] 고전4:8.

3) [미래직설법과 함께] 갈5:12.

☞**원하다**(고전4:8, 갈5:12, 계3:15), **원하건대**(고후11:1).

3786. ὄφελος, ους, τό [ŏphĕlŏs][3회] 오펠로스

명 ὀφέλλω '모으다'에서 유래: 이익, 좋은 것, 고전15:32, 약2:16.

☞**유익**(고전15:32, 약2:14,16).

3787. ὀφθαλμοδουλία, ας, ἡ [ŏphthal-mŏdŏulia][2회] 옾달모둘리아

명 3788과 1397에서 유래: 눈가림식의 봉사 [즉 그 자체로나, 하나님이나, 자신의 양심이나 관심을 끌기 위해서만 하는 눈속임적인], 봉사, 엡6:6, 골3:22.

☞**눈가림**(엡6:6, 골3:22).

3788. ὀφθαλμός, οῦ, ὁ [ŏphthalmŏs][100회] 옾달모스

명 3700에서 유래: 눈.

1) [문자적으로] 시각 기관, 마5:29,38, 21:42, 막9:47.

2) 정신적, 영적 이해력. [주] ὀφθαλμοὺς ἔχοντες οὐ βλέπετε: 마13:15, 막8:18, 눅19:42.

☞**눈**(마5:38, 눅6:42, 계5:6), **안목**(요일2:16).

3789. ὄφις, εως, ὁ [ŏphis][14회] 오피스

명 3700에서 유래한 듯: 뱀.

1) [문자적으로] 마7:10, 막16:18, 눅11: 11, 고전10:9, 계9:19.

2) [상징적으로] 타락한 사람, 마23:33.

3) 마귀, 계12:14이하, 20:2. [주] 바울은 하와를 유혹했던 뱀을 마귀로 생각, 고후11:3.

☞**뱀**(마23:33, 고전10:9, 계20:2).

3790. ὀφρύς [ŏphrüs][1회] 오프뤼스

명 3700에서 유래한 듯함: [눈썹, 절벽 혹은 언덕의] 가장자리, 모서리, 눅4:29.

☞**낭떠러지**(눅4:29).

3791. ὀχλέω [ŏchlĕō][1회] 오클레오

동 3793에서 유래: 괴롭히다, 혼란하게 하다, 눅6:18, 행5:16.

☞**고난받다**(눅6:18), **괴로움 받다**(행5:16).

3792. ὀχλοποιέω [ŏchlŏpŏiĕō][1회] 오클로포이에오

동 제1부정과거 분사 ὀχλοποιήσας, 3793과 4160에서 유래: 무리를 이루다, 행17:5.

☞**떼를 짓다**(행17:5).

3793. ὄχλος, ου, ὁ [ŏchlŏs][175회] 오클로스

명 2193의 파생어에서 유래:

1) 군중, 무리, 마9:23,25, 15:35, 막2:4, 행14:14.

2) [일반] 대중, 민중.

① [통치자와 대조하여] 마14:5, 15:10, 21:26.

② 천민, 행24:12.

3) 다수[소유격과 함께], 눅5:29, 행1:15, 6:7.

4) 복수형 ὄχλοι는 λαοί ἔθνη와 동의어.

☞**무리**(마4:25, 눅3:7, 계19:6), **백성**(마21: 26), **사람**(눅5:29, 7:12, 19:3), **모임**(행24:18).

3794. ὀχύρωμα [ŏchürŏma][1회] 오퀴로마

명 2192의 파생어에서 유래: 요새, 성채, 감옥, 고후10:4.

☞**견고한 진**(고후10:4).

3795. ὀψάριον, ου, τό [ŏpsariŏn][5회] 옾사리온

명 3702의 어간의 파생어에서 유래: 물고기, δύο ὀψάρια, 요6:9. [주] 공관복음서에서는 δύο ἰχθύας로 되어있음, 마14:17, 19, 막6:38,41, 눅9:13,16.

☞**(작은) 물고기**(요6:9), **생선**(요21:9,10,13).

3796. ὀψέ [ŏpsĕ][3회] 옾세

부 3694와 동일어에서 유래:

1) 늦게[소유격과 함께].

2) 저녁 늦게, 막13:35, 11:11,19.

3) [전치사적으로 사용, 소유격과 함께] 마28:1.

☞**다 지나고**(마28:1), **저물매**(막11:19, 13:35).

3797. ὄψιμος, ον [ŏpsimŏs][1회] 옾시모스

형 3796에서 유래: 늦은[계절적으로], 늦은 이, 약5:7.

☞**늦은**(약5:7).

3798. ὄψιος, α, ον [ŏpsiŏs][1회] 옾시오스

ㅇ

형 명 3796에서 유래:
1) [형용사] 늦은, 막11:11.
2) [명사] 저녁, ὀψίας δὲ γενομέ νης: 저녁 때가 되다, 마8:16, 14:15,23, 20: 8, 26:20, 요20:19.

☞**늦은, 저문**(마8:16, 막1:32). **[명] 저녁**(마16:2, 요20:19).

3799. ὄψις, εως, ἡ [ŏpsis][3회] 옵시스

명 3700에서 유래:
1) 보기, 시각.
2) 외모, 외형, 요7:24.
3) 얼굴, 요11:44, 계1:16.

☞**외모**(요7:24), **얼굴**(요11:44, 계1:16).

3800. ὀψώνιον, ου, τό [ŏpsōniŏn][4회] 옵소니온

명 3795와 동일어로 가정되는 파생어에서 유래: [군인에게 지불되는] 급료, 임금, 삯.
1) [문자적으로] 눅3:14, 고전9:7.
2) [상징적으로, 군사로서의 기독교인에 대해서] 고후11:8.

☞**급료, 비용**(눅3:14, 고후11:8), **삯**(롬6:23).

3801. ὁ ὢν καί ὁ ἦν καί ὁ ἐρχόμενος [hŏ ōn kai hŏ ēn kai hŏ ĕrchŏmĕnŏs] 호 온 카이 호 엔 카이 호 엘코메노스

2532의 의미와 1510의 미완료 현재분사, 2064의 현재분사가 3588에 혼합된 구: 이제도 계시고 전에도 계셨고 장차 오실 이, 계1:4,8.

Π, π

3802. παγιδεύω [pagidĕuō][1회] **파기듀오**

동 제1부정과거 가정법 παγιδεύσω, 3803에서 유래: 올무를 놓다, 덫을 걸다, 올무에 걸리게 하다, 함정에 빠뜨리다, 마22:15.

☞**올무에 걸리게 하다**(마22:15).

3803. παγίς, ίδος, ἡ [pagis][5회] **파기스**

명 4078에서 유래: 덫, 올가미, 올무, 함정.

1) [문자적으로] 눅21:35.

2) [상징적으로] 갑작스레 또는 뜻밖의 위험이나 죽음을 가져오게 하는 물건, 롬11:9, 딤전6:9.

☞**덫**(눅21:34), **올무**(롬11:9, 딤전3:7, 딤후2:26).

3804. πάθημα, ατος, τό [pathēma][16회] **파데마**

명 3806의 파생어에서 유래한 듯함:

1) 고난, 고생, 불행, 롬8:18, 고후1:6, 딤후3:11, 벧전5:9.

2) 정욕, 롬7:5.

☞**정욕**(롬7:5, 갈5:24), **고난**(롬8:18, 빌3:10, 히2:10), **괴로움**(골1:24).

3805. παθητός, ἡ, όν [pathētŏs][1회] **파데토스**

형 3804와 동일어에서 유래: 고생할, 고난당할, 행26:23.

☞**고난을 받는**(행26:23).

3806. πάθος, ους, τό [pathŏs][3회] **파도스**

명 3958의 변형에서 유래:

1) 수난, 고난.

2) 욕정, 롬1:26, 골3:5, 살전4:5.

☞**(부끄러운) 욕심**(롬1:26), **정욕**(골3:5), **색욕**(살전4:5).

3807. παιδαγωγός, οῦ, ὁ [paidagōgŏs][3회] **파이다고고스**

명 3816과 71의 중복형에서 유래: 시중하는 사람, 관리인, 후견인, 안내자, 고전4:15, 갈3:24,25.

☞**스승**(고전4:15), **초등교사**(갈3:24, 25).

3808. παιδάριον, ου, τό [paidariŏn][1회] **파이다리온**

명 3816의 파생어로 보임:

1) 작은 아이, 소년.

① 장난하는 아이, 마11:16.

② 젊은이, 요6:9.

2) 젊은 종.

☞**아이**(마11:16, 요6:9).

3809. παιδεία, ας, ἡ [paidĕia][6회] **파이데이아**

명 3811에서 유래: 양육, 훈련, 가르침, 교정, 엡6:4, 히12:5,8,11, 딤후3:16.

☞**교훈**(엡6:4), **교육**(딤후3:16), **징계**(히12:5,8,11).

3810. παιδευτής, οῦ, ὁ [paidĕutēs][2회] **파이듀테스**

명 3811에서 유래: 양육, 훈련, 가르침, 교정.

☞**교사**(롬2:20), **징계함**(히12:9).

3811. παιδεύω [paidĕuō][13회] **파이듀오**

동 미완료 ἐπαίδευον, 제1부정과거 ἐπαίδευσα, 제1부정과거수동태 ἐπαι－δεύθην, 완료수동분사 πεπαιδευμέ－νος, 3816에서 유래:

1. 양육하다, 가르치다, 훈련시키다, 교육하다, 행7:22, 22:3.

2. 훈련하다.

1) 교정하다, 고쳐주다, 지도하다, 딤후2:25, 딛2:12.

2) 훈계하다, 징계하다.

① [하나님의 징계의 뜻으로] 고전11: 32, 고후6:9, 딤전1:20, 히12:6, 계3:19.

② [채찍, 초달] 눅23:16,22.

☞**때리다**(눅23:16,22), **배우다**(행7:22), **징계를 받다**(고전11:32, 고후6:9, 딤전1:20), **훈계하다**(딤후2:25), **징계하다**(히12:10, 계3: 19), **양육하다**(딛2:12).

3812. παιδιόθεν [paidiŏthĕn][1회] **파이디오덴**

부 3813에서 유래: 어렸을 적부터, 아이 때부터, 막9:21.

☞**어릴 때부터**(막9:21).

3813. παιδίον, ου, τό [paidiŏn][52회] **파이디온**

명 3816의 중성:
1) 매우 어린아이, 아기, 마2:8,9,11, 눅2:21, 요16:21, 히11:23.
2) 어린아이, 아이.
① [연역적으로] 마18:2, 막9:36, 눅9:47.
② [부모와의 관계에서] 막9:24, 눅11:7, 요4:49.
3) [비유적으로]
① [지성에 관해서] 고전14:20.
② [진리에 대한 태도에 있어서] 마18:3.
③ [하나님의 자녀에 대해서] 히2:13, 14.
④ [친밀한 관계에서 부자의 관계와 같은 느낌을 가진 말로서] 요21:5, 요일2:18.
☞**아기**(마2:8, 눅2:27), **아이**(막5:40, 눅1:66), **어린아이**(눅9:48, 18:17), **자녀**(히2:13,14).

3814. παιδίσκη, ης, ἡ [paidiskē]13회 파이디스케
명 3916의 여성형: 소녀, 어린 여종, 마26:69, 막14:66,69, 눅22:56, 행12:13.
☞**여종**(마26:69, 막14:69, 눅22:56), **종**(눅12:45), **여자 아이**(행12:13).

3815. παίζω [paizō]1회 파이조
동 3816에서 유래: 놀다, 즐겁게 놀다, 춤추다. 고전10:7.
☞**뛰놀다**(고전10:7).

3816. παῖς, παιδός, ὁ or ἡ [pais]24회 파이스
명 3817에 유래한 듯:
1. 아이
1) [사람과 사람과의 관계]
① [연령의 측면] 소년, 젊은이, 마17: 18, 눅9:42, 행20:12.
② [혈통관계] 아들, 마8:6,8,13, 요4:51.
③ [사회적 지위] 종, 노예, 하인, 마14: 2, 눅7:7, 15:26.
2) [하나님과 관계] 종, 눅1:54, 행4:25.
3) [하나님께 대한 그리스도와의 관계] 종, 마12:18, 행3:13,26, 4:27,30.
2. 소녀, 눅8:51.
☞**사내아이**(마2:16), **하인**(마8:6,8,13), **종**(마12:18, 눅1:69, 행4:30), **신하**(마14:2), **아이**(마17:18, 눅8:51).

3817. παίω [paiō]5회 파이오
동 [기본형] 제1부정과거 ἔπαισα:
1) 때리다, 치다, 마26:68, 눅22:64.
2) 상처를 내다, 막14:47, 요18:10.
3) 쏘다, 찌르다, 계9:5.
☞**치다**(마26:68, 눅22:64, 요18:10), **쏘다**(계9:5).

3818. Πακατιανή [Pakatianē] 파카티아네
형 불확실한 파생어의 형용사의 여성: '버가디아노 사람', 브루기아 지방의.

3819. πάλαι [palai]7회 팔라이
부 3825의 다른 형으로 보임:
1) [과거의 어느 시점을 가리킴] 옛날, 오래 전에, 전에, 마11:21, 눅10:13, 히1:1.
2) [과거의 얼마 동안의 연장된 시간을 가리킴]
① 오랫동안, 벧후1:9, 유1:4.
② 이미, 막15:44.
☞**옛적에**(히1:1, 유1:4), **옛**(벧후1:9).

3820. παλαιός, ά, όν [palaiŏs]19회 팔라이오스
형 3819에서 유래: 낡은, 오랜, 옛.
1) [문자적으로] 마9:16, 막2:21, 고후3: 14, 요일2:7.
2) [상징적으로]
① 늙은이, 롬6:6, 엡4: 22, 골3:9.
② 낡은 누룩, 고전5:7,8.
☞**낡은**(마9:16, 막2:21, 눅5:37), **묵은**(고전5: 7,8). **[명] 옛것**(마13:52), **옛**(롬6:6, 엡4:22, 요일2:7).

3821. παλαιότης, ητος, ἡ [palaiŏtēs]1회 팔라이오테스
명 3820에서 유래: 낡음, 늙음, 낡아빠짐, 롬7:6.
☞**묵은 것**(롬7:6).

3822. παλαιόω [palaiŏō]4회 팔라이오오
동 완료 πεπαλαίωκα, 제1부정과거수동태 ἐπαλαιώθην, 3820에서 유래:
1) [능동] 낡게 하다, 늙게 하다, 낡아빠진 것으로 취급하다, 낡은 것으로 여기다, 히8:13.
2) [수동태] 낡아지다, 눅12:33, 히1:11, 8:13.
☞**낡아지다**(눅12:33, 히1:11), **낡아지게 하다**(히8:13).

3823. πάλη, ης, ἡ [palē]1회 팔레
명 πάλλω '진동하다'에서 유래: 투쟁, 싸움, 엡6:12.
☞**씨름**(엡6:12).

3824. παλιγγενεσία, ας, ἡ [palinggĕnĕsia]2회 팔링게네시아

명 3825와 1078에서 유래: 중생, 재생, 거듭남.
1) [세계에 대해서] 마19:28.
2) [구속받은 사람의 재생에 대해서] 딛3:5.
☞**중생**(딛3:5), **새롭게 됨**(마19:28).

3825. πάλιν [palin][141회] **팔린**
부 3823과 동일어에서 유래한 듯:
1) 다시, 돌아, 도로.
① [가다, 보내다, 돌아서다, 부르다 등의 동사와 함께] 돌아가다, 막11:3, 요6:15, 11:7, 갈2:1.
② [전에 있던 상태로 다시 떨어지거나 전에 하던 동작으로 돌아가는 것을 나타내는 표현] 요4:13, 고전7:5, 갈2:18.
2) [이미 한 일을 반복하거나 어떤 일이 전에 생겼던 것과 같은 식으로 생긴다든가, 어떤 존재 상태가 전과 같이 다시 일어날 때] 다시, 또 한 번, 또 다시, 새로, 막2:13, 눅23:20, 요1:35.
3) 그 위에, 더욱이, 더군다나, 거기서, 마5:33, 13:45, 19:24, 눅13:20, 롬15:10−12, 고전3:20.
4) 반면에, 차례로, 마4:7, 요12:22, 고전12:21, 고후10:7.
☞**또**(행10:15), **다시**(갈1:9), **또한**(고전12:21).

3826. παμπληθεί [pamplēthĕi][1회]
팜플레데이
부 3956과 4128의 합성의 여격: 다같이, 눅23:18.
☞**일제히**(눅23:18).

3827. πάμπολυς, παμπόλλη, πάμπολυ [pampŏlüs] **팜폴뤼스**
형 3956과 4183에서 유래: 매우, 큰, 많은, 막8:1.
☞**큰**(막8:1).

3828. Παμφυλία, ας, ἡ [Pamphülia][5회]
팜퓔리아
고명 3956과 5443의 합성어에서 유래: 소아시아의 섬 이름 '밤빌리아', 행2:10, 13: 13, 14:24, 15:38, 27:5.
☞**밤빌리아**(행2:10, 13:13, 14:24, 15:38).

3829. πανδοχεῖον, ου, τό [pandŏchĕiŏn][1회] **판도케이온**
명 3956과 1209의 파생어의 합성어: 여인숙, 하숙, 눅10:34.
☞**주막**(눅10:34).

3830. πανδοχεύς, έως, ὁ [pandŏchĕus][1회]
판도큐스
명 3829와 동일어에서 유래: 여관주인, 하숙주인, 눅10:35.
☞**주막 주인**(눅10:35).

3831. πανήγυρις, εως, ἡ [panēgüris][1회]
파네귀리스
명 3956과 58의 파생어에서 유래: 명절의 모임, 대 집회, 축제의 모임, 히12:22.
☞**모임**(히12:23).

3832. πανοικεί [panŏiki][1회] **파노이케이**
부 3956과 3624에서 유래: 온 가족과 함께, 행16:34.
☞**온 집안이 함께**(행16:34).

3833. πανοπλία, ας, ἡ [panŏplia][3회]
파노플리아
명 3956과 3696의 합성어에서 유래: 전신무장, 전신갑주:
1) [문자적으로] 눅11:22.
2) [상징적으로] 엡6:11,13.
☞**무장**(눅11:22), **전신 갑주**(엡6:11,13).

3834. πανουργία, ας, ἡ [panŏurgia][5회]
파누르기아
명 3835에서 유래: 교활, 간교, 속임수, 눅20:23, 고전3:19, 고후4:2, 엡4:14.
☞**간계**(눅20:23, 고후11:3), **자기 꾀**(고전3:19), **속임**(고후4:2), **간사한 유혹**(엡4:14).

3835. πανοῦργος, ον [panŏurgŏs][1회]
파누르고스
형 3956과 2041에서 유래: 꾀있는, 교활한, 교묘한, 간교한, 고후12:16.
☞**교활한**(고후12:16).

3836. πανταχόθεν [pantachŏthĕn]
판타코덴
부 3837에서 유래: 사방으로부터, 막 1:45.
☞**사방에서**(막1:45).

3837. πανταχοῦ [pantachŏu][7회] **판타쿠**
부 3837에서 유래:
1) 어디서나, 어디서든, 막16:20, 눅9:6, 행28:22.
2) 사방으로, 막1:28.
☞**곳곳에**(눅9:6), **어디든지**(행17:30), **각처에서**(행21:28), **어느 곳에서나**(행24:3).

3838. παντελής, ές [pantĕlēs][2회] **판텔레스**

형 3956과 5056에서 유래: 원만한, 완전한, 절대적인.
1) 완전하게, 충분히, 눅13:11, 히7:25.
2) 전혀, 눅13:11.
3) 영원히, 언제까지나, 히7:25.
☞**조금도**(눅13:11), **온전한**(히7:25).

3839. πάντη [pantē][1회] **판테**
부 3956에서 유래: 다 합해서, 어떤 길로나, 어떤 방도나, 전체적으로, 행24:3.
☞**어느 모양으로나**(행24:3).

3840. παντόθεν [pantŏthĕn][3회] **판토덴**
부 3956에서 유래: 사방에서, 막1:45, 눅19:43, 히9:4.
☞**사면으로**(눅19:43, 히9:4).

3841. παντοκράτωρ, ορος, ὁ [pantŏkra-tōr][10회] **판토크라토르**
명 3956과 2904에서 유래: 주권자, 전능하신 분, 고후6:18, 계1:8, 4:8, 11:17.
☞**전능하신 이**(계4:8, 16:14, 21:22). **[형] 전능한**(고후6:18, 계1:8).

3842. πάντοτε [pantŏtĕ][41회] **판토테**
부 3956과 3753에서 유래: 언제나, 항상, 마26:11, 막14:7, 눅15:31, 요6:34.
☞**항상**(마26:11, 요18:20, 빌4:4), **늘**(요7:6), **언제든지**(갈4:18), **지금도 전과 같이**(빌1:20), **때마다**(골1:3).

3843. πάντως [pantōs][8회] **판토스**
부 3956에서 유래:
1) 반드시, 확실히, 아마도, 틀림없이, 의심없이, 눅4:23, 행28:4, 고전9:10.
2) 적어도, 고전9:22.
3) [부정어와 함께]
① 전혀~아니, 고전16:12.
② 천만에요, 롬3:9.
③ 결코~아니, 고전5:10.
☞**필연**(행21:22), **진실로**(행28:4), **결코**(롬3:9), **오로지, 전혀**(고전9:10, 16:12), **아무쪼록**(고전9:22), **도무지**(고전5:10), **반드시**(눅4:23).

3844. παρά [para][194회] **파라**
전 [속격, 여격, 대격을 취하는 전치사]
1. [대개 사람을 가리키는 속격을 취하며, 그 사람에게서 무엇이 나옴을 말해준다] ~에게서, ~에게서부터.
1) [장소적인 의미가 있고, 오다, 가다, 보내다, 발생하다, 나가다 등의 동사와 함께 사용된다] 막14:43, 요15:26, 17:7.
2) [발생시키거나 지시하는 자를 가리킬 때] παρὰ κυρί-ου ἐγένετο αὕτη: 이것은 주께서 하시는 일이었다, 마21:42, 막12:11, 눅1:37, 눅1:45, 요1:6.
3) [일반적으로 어떤 동작이 발생하는 시점을 가리킨다]
① [구하다, 요구하다는 동사의 뒤에서] 막8:11, 눅11:16, 요4:9, 행3:2.
② [받다라는 동사 뒤에서] 막12:2, 눅6:34, 요5:34, 행2:33.
③ [배우다, 알게 되다, 듣다, 묻다 등의 동사 뒤에서] 마2:7,16, 요1:40, 행10:22.
4) [형용사와 같이 사용됨] ~에 의해서 만들어진, 주어진, ~에게서 온, ~가 만든.
① [명사와 함께 나오는 경우] 롬11:27.
② [단독으로] 눅10:7, 막5:26, 3:21, 빌4:18.
2. [여격을 취할 때-대개는 사람의 여격-는 공간적 접근성을 나타낸다] ~에, ~에서, 곁에, 가까이, 함께.
1) [문자적으로]
① 가까이, 곁에, 눅9:47, 요19:25.
② [어떤 사람의 집, 도시, 일행 안에 있거나 무엇을 할 때]
㉠ 집에서, 눅11:37, 요1:39, 행9:43.
㉡ 도시에서, 요4:40, 계2:13.
㉢ 기타, 마6:1, 28:15, 요8:38, 14:23, 25, 행28:14.
2) [상징적으로] παρά τινι.
① ~의 심판석 앞에, 벧후2:11.
② ~가 보기에, 눅1:30, 2:52, 롬2: 13, 고전3:19, 갈3:11.
③ [여격과 거의 같은 뜻을 가짐] 마19:26, 21:25, 막10:27, 롬2:11, 9:14, 고후1:17, 엡6:9, 약1:17.
3. [사람이나 사물의 대격을 취할 때]
1) [공간적으로]
① 곁에, 따라서, 마4:18, 막1:16.
② 가에, 가장자리에, 마13:1, 15:29, 20:30, 막2:13, 4:1, 10:46, 행16:13.
③ [일반적으로] 가까이, ~아래, 마15: 30, 눅7:38, 행4:35.
④ ~위에, 마13:4, 막4:4, 눅8:5, 히11:12.
2) [비교적인 뜻으로]

① ~에 비하여, ~보다 더, ~보다 낫게, 눅3:13, 롬14:5, 히1:4, 2:7,9.
② ~대신에, ~보다 도리어, 눅18:14, 롬1:25, 12:3, 고전3:11, 히1:9, 11:11.
3) 거의.
4) 때문에, 고전12:15,16.
5) [반의적인 뜻으로] ~대항하여, 거슬러, 반대로, 롬1:26, 16:17, 갈1:8,9.
6) 보다 적은, 못한, 고후11:24.

☞**〈전치사〉〈속격〉~에게서**(마21:42), **〈여격〉같이, 곁에**(마6:1), **〈대격〉곁에, 가까이, 따라서**(마13:1).

3845. παραβαίνω [parabainō][3회] **파라바이노**

동 제2부정과거 παρέβην, 3844와 939의 어간에서 유래:
1) [자동사] 곁길로 가다, 옆길로 빗나가다, 행1:25.
2) [타동사] 범하다, 깨뜨리다, 마15:2,3.

☞**범하다**(마15:2,3), **버리다**(행1:25), **지나치다**(요이1:9).

3846. παραβάλλω [paraballō][1회] **파라발로**

동 미래 παραβαλῶ, 제2부정과거 πα- ρέβαλον, 3844와 906에서 유래:
1) [타동사]
① 던지다.
② 비교하다, 막4:30.
2) [자동사]
① 가까이 가다, 접근하다.
② [항해술어] 배로 가까이 가다, 건너가다, 행20:15.

☞**비교하다, 나타내다**(막4:30), **들리다**(행20:15).

3847. παράβασις, εως, ἡ [parabasis][7회] **파라바시스**

명 3845에서 유래: 밟고 넘어감, 범죄, 롬4:15, 5:14, 갈3:19, 딤전2:14, 히2:2.

☞**범죄**(롬5:14), **죄**(딤전2:14), **범죄함**(히2:2), **범법함**(갈3:19).

3848. παραβάτης, ου, ὁ [parabatēs][5회] **파라바테스**

명 3845에서 유래: 범죄자, 범법자, 롬2:25,27, 갈2:18, 약2:9,11.

☞**범법자**(약2:9). **[동] 범하다**(롬2:25, 27, 약2:11), **범법하다**(갈2:18).

3849. παραβιάζομαι [parabiazŏmai][2회] **파라비아조마이**

동 중간태. 디포넌트. 제1부정과거 παρεβολ ευσάμην, 3844와 971의 중간태에서 유래: 폭력을 쓰다, 강요하다, 강제하다, ~을 설복하다, 눅24:29, 행16:15.

☞**강권하다**(눅24:29, 행16:15).

3850. παραβολή, ῆς, ἡ [parabŏlē][50회] **파라볼레**

명 3846에서 유래: 비교.
1) 전형, 모형, 상징, 표상, 히9:9, 11:19.
2) [공관복음에서 예수님의 교훈 형식의 특색을 가리킨다] 비유, 예, 마13:3, 10, 막4:2,10, 눅8:4,9-11.

☞**비유**(마13:3, 눅8:4, 히9:9), **속담**(눅4:23). **[동] 비유하다**(눅5:36).

3851. παραβουλεύομαι [parabŏulĕuŏ-mai][1회] **파라불류오마이**

동 디포넌트. 제1부정과거 παρεβου- λευσάμην, 3844와 1011의 중간태에서 유래: 부주의하다, 관심이 없다, 빌2:30.

☞**돌보지 않다**(빌2:30).

3852. παραγγελία, ας, ἡ [paranggĕlia][5회] **파랑겔리아**

명 3853에서 유래: 명령, 지시, 교훈, 충고, 행5:28, 16:24, 살전4:2, 딤전1:18.

☞**명령**(행16:24, 살전4:2), **교훈**(딤전1:5, 18), **엄금**(행5:28).

3853. παραγγέλλω [paranggĕllō][32회] **파랑겔로**

동 미완료 παρήγγελλον, 제1부정과거 παρήγγειλα, 3844과 32의 어간에서 유래: 명령을 내리다, 명령하다, 가르치다, 지시하다, 행15:5, 고전11:17, 딤전4:11.

☞**명하다**(마10:5, 행15:5, 딤전6:17), **경고하다**(눅5:14, 행4:18), **경계하다**(행23:22), **분부하다**(행1:4), **엄금하다**(행5:28), **금하다**(행5:40).

3854. παραγίνομαι [paraginŏmai][37회] **파라기노마이**

동 디포넌트, 미완료3인칭복수 παρε- γίνοντο, 제2부정과거 παρεγενόμην, 과거완료 3인칭 단수 παραγεγόνει, 3844와 1096에서 유래:
1) 오다, 이르다, 도달하다, 나타나다, 마2:1, 요8:2, 행9:26.

2) 나타나다, 눅12:51, 히9:11.
3) 돕기 위해서 가까이 있어 주다, 돕기 위하여 오다, 딤후4:16.

☞**이르다**(마2:1, 행9:39, 17:10), **오다**(막14: 43, 행21:18), **나아오다**(눅7:4), **나아가다**(눅7:20), **돌아오다**(눅14:21), **가다**(행9:26, 18: 27), **나오다**(행25:7).

3855. παράγω [paragō][10회] **파라고**

동 미완료 παρῆγον, 3844와 71에서 유래:
1) [타동사]
① [능동태] 끌어들이다, 소개하다.
② [수동태] 지나가나, 사라지다, 요일2:8,17.
2) [자동사]
① 옆으로 지나가다, 지나가다, 마20: 30, 막2:14, 15:21, 요9:1.
② 지나가버리다, 사라지다, 고전7:31.
③ 가버리다, 사라지다, 마9:9,27, 요8:59.

☞**지나가다**(마9:9, 막2:14, 요일2:17), **떠나가다**(마9:27), **나가다**(요8:59), **가다**(요9:1).

3856. παραδειγματίζω [paradĕigmatizō][1회] **파라데이그마티조**

동 제1부정과거부정사 παραδειγμα- τίσαι, 3844와 71에서 유래:
1) 드러내 보이다, 본보기로 삼다, 마1:19.
2) 멸시하다, 히6:6.

☞**드러내다**(마1:19), **욕되게 하다**(히6:6).

3857. παράδεισος, ου, ὁ [paradĕisŏs][3회] **파라데이소스**

명 '동양'이라는 뜻의 어원에서 유래: 낙원, 눅23:43, 고후12:4, 계2:7.

☞**낙원**(눅23:43, 고후12:4, 계2:7).

3858. παραδέχομαι [paradĕchŏmai][6회] **파라데코마이**

동 디포넌트. 미래 παραδέξομαι, 제1부정과거 παρεδεξάμην, 제1부정과거수동태 παρεδέχθην, 미래수동태 πα- ραδεχθήσομαι, 3844와 1209에서 유래:
1) 받아들이다, 받다, 인정하다, 막4:20, 행16:21, 딤전5:19.
2) 환영하다, 행15:4, 히12:6.

☞**받다**(막4:20, 행16:21, 히12:6).

3859. παραδιατριβή, ῆς, ἡ [paradiatribē] **파라디아트리베**

명 3844와 1304의 합성에서 유래: 쓸데없는 일, 딤전6:5.

☞**다툼**(딤전6:5).

3860. παραδίδωμι [paradidōmi][119회] **파라디도미**

동 현재가정법 3인칭단수 παραδιδῷ, 미완료3인칭단수 παρεδίδου, 미완료3인칭복수 παρεδίδουν, 미래 παραδώ- σω, 제1부정과거 παρέδωκα, 제1부정과거직설법 παρέδοσαν, 제2부정과거가정법3인칭단수 παραδῷ, 제2부정과거명령 παραδοῖ, 제2부정과거분사 πα- ραδούς, 완료 παραδέδωκα, 완료분사 παραδεδωκώς, 과거완료3인칭복수 πα- ραδεδώκα, 미완료수동태3인칭단수 παρεδίδετο, 완료수동태3인칭단수 παραδέδοται, 완료수동분사 παραδε- δομένος, 제1부정과거수동태 παρεδό- θην, 미래수동태 παραδοθήσομαι, 3844와 1325에서 유래:
1) 넘겨주다, 내주다, 맡기다, 마25:14, 20,22, 눅4:6, 요19:30, 행28:17, 롬8:32, 갈2:20.
2) 천거하다, 천하다, 맡기다, 위탁하다, 내맡기다, 행14:26, 15:40, 벧전2:23.
3) [전통 따위] 물려주다, 전해주다, 말해주다, 가르치다, 눅1:2, 행6:14, 고전11:2.
4) 허락하다, 허용하다, 막4:29.

☞**잡히다**(마4:12, 막1:14), **내어주다**(마5:25, 막13:12, 행28:17), **팔다**(마10:4, 막14:21, 요18:2), **넘겨주다**(마10:17, 막13:9, 눅21:12), **주다**(마11:27, 행16:4, 엡5:25), **잡아주다**(마24:10), **맡기다**(마25:14), **팔리다**(마26:2, 막14:18), **넘기다**(요18:30,35), **버려두다**(행7: 42), **떠나가다**(요19:30), **부탁하다**(행14:26, 15:40), **택하다**(행15:26), **전하다**(고전11:23, 15:3), **바치다**(고전15:24), **방임하다**(엡4:19), **버리다**(엡5:2).

3861. παράδοξος, ον [paradŏxŏs][1회] **파라독소스**

형 3844와 1391에서 유래: 의견 혹은 기대에 어긋나는, 기이한, 놀라운, 눅5:26.

☞**놀라운**(눅5:26).

3862. παράδοσις, εως, ἡ [paradŏsis][13회] **파라도시스**

명 3860에서 유래: 전해 내려오기, 전해주기, [교훈, 계명, 이야기들의]전통, 유전, 전승, 마15:2, 막7:5, 갈1:14, 골2:8, 살후3:6.

☞**전통**(마15:2, 고전11:2, 살후2:15).

3863. παραζηλόω [parazēlŏō][4회]
파라젤로오

동 미래 παραζηλώσω, 제1부정과거 παρεζήλωσα, 3844와 2206에서 유래: 시기하게 하다, 질투하게 하다, 롬10:19, 11: 11,14.

☞**시기하게 하다**(롬10:19, 11:11,14), **노여워하게 하다**(고전10:22).

3864. παραθαλάσσιος, ία [parathalassiŏs][1회] 파라달랏시오스

형 3844와 2281에서 유래: 바닷가에 있는, 호수가에 있는, 마4:13, 눅4:31.

☞**해변에 있는**(마4:13).

3865. παραθεωρέω [parathĕōrĕō][1회]
파라데오레오

동 3844와 2334에서 유래: 간과하다, 보지 않고 버려두다, 무시하다, 소홀히 하다, 행6:1.

☞**빠지다**(행6:1).

3866. παραθήκη, ης, ἡ [parathēkē][3회]
파라데케

명 3908에서 유래: 기탁물, 남에게 맡긴 재산, 딤전6:20, 딤후1:12,14.

☞**의탁한 것**(딤후1:12).

3867. παραινέω [parainĕō][2회] 파라이네오

동 미완료 παρῄνουν, 3844와 134에서 유래: 충고하다, 추천하다, 역설하다, 주장하다, 행27:9,22.

☞**권하다**(행27:9,22).

3868. παραιτέομαι [paraitĕŏmai][12회]
파라이테오마이

동 디포넌트, 중간태. 명령 παραιτοῦ, 미완료 παρῃτούμην, 제1부정과거 παρῃτησάμην, 완료수동분사 παρῃτημένος, 3844와 2523에서 유래:

1) 요구하다, 구하다, 용서하다, 면하게 하다, 막15:6, 눅14:18,19.
2) 거절하다, 거부하다, 피하다, 딤전5: 11, 딛3:10, 히12:25, 딤후2:23.

☞**사양하다**(눅14:18, 행25:11), **양해하다**(눅14:18, 19), **버리다**(딤전4:7, 딤후2:23), **멀리하다**(딛3:10), **구하다**(히12:19), **거역하다**(히12:25).

3869. παρακαθίζω [parakathizō][1회]
파라카디조

동 3844와 2523에서 유래: 옆에 앉다, 눅10:39.

☞**앉다**(눅10:39).

3870. παρακαλέω [parakalĕō][109회]
파라칼레오

동 미완료 παρεκάλουν, 제1부정과거 παρεκάλεσα, 완료수동태 παρακέκλημαι, 제1부정과거수동태 παρεκλήθην, 미래 수동태 παρακληθήσομαι, 3844와 2564에서 유래:

1) ~곁에서 부르다, 옆으로 부르다, 호출하다, 소집하다.
   ① [τινά+부정사가 따르는 경우] 행28:20.
   ② 청하다, 이끌다, 권하다, 눅8:41, 행8:31.
   ③ ~의 도움을 청하다, 마26:53, 고후12:8.
2) 호소하다, 강권하다, 역설하다, 권면하다, 격려하다, 행16:40, 고후10:1, 히3:13.
3) 요구하다, 간청하다, 마8:5, 막1:40, 눅8:31, 행28:14.
4) 위로하다, 격려하다, 마5:4, 눅16:25, 고후1:4, 엡6:22.
5) 위로해보다, 정답게 말하다, 눅15:28, 행16:39, 고전4:13, 살전2:12, 딤전5:1.

☞**위로받다**(마2:18, 5:4, 고후13:11), **간구하다**(마8:5, 눅8:31, 몬1:10), **빌다**(마18:32), **구하다**(마26:53, 막5:10, 눅7:4), **권하다**(눅3: 18, 행11:23, 빌4:2), **청하다**(행8:31, 13:42, 28: 14), **간청하다**(행9:38), **권면하다**(행15:32, 고전4:13, 살전2:11), **위로하다**(행16:40, 고후7:6, 엡6:22), **여쭈다**(행24:4), **원하다**(히13: 19), **위로하다**(롬12:8), **위안받다**(골2:2).

3871. παρακαλύπτω [parakalŭptō][1회]
파라칼뤼프토

동 완료수동태분사 παρακεκαλυμμένος, 3844와 2572에서 유래: 감추다, 숨기다, 눅9:45.

☞**숨기다**(눅9:45).

3872. παρακαταθήκη, ης, ἡ [parakatathēkē] 파라카타데케

명 3844와 2698의 합성어에서 유래: 기탁물, 맡긴 물건, 딤전6:20, 딤후1:14.

☞**부탁한 것(딤전6:20, 딤후1:14).**

3873. παράκειμαι [parakĕimai][2회]
파라케이마이

동 3844와 2749에서 유래: 옆에 있다, 인접해 있다, 가까이 있다, 준비되어 있다, 참석하다, 롬7:18,21.

☞**함께 있다**(롬7:21).

3874. παράκλησις, εως, ἡ [paraklē-sis][29회] **파라클레시스**

명 3870에서 유래:
1) 격려, 권면, 권고, 고전14:3, 살전2:3, 히12:5.
2) 간청, 청원, 고후8:4,17.
3) 위로, 위안, 행9:31, 고후1:4.

☞**위로**(눅2:25, 행9:31, 롬15:4,5, 고후1:3, 행4:36), **권면**(빌2:1, 살전2:3, 히13:22). **[동] 권하다**(행13:15, 딤전4:13, 히12:5), **위로하다**(행15:31, 고후1:4, 롬12:8), **권면하다**(고전14:3).

3875. παράκλητος, ου, ὁ [paraklētŏs][5회] **파라클레토스**

명 3870에서 유래: 남을 위해 나타난 자, 중재자, 조정자, 돕는 자, 변호자, 위로자, 중보자.
1) [그리스도를 가리켜서] 요일2:1.
2) [성령을 가리켜서] 요14:16,26, 15:26, 16:7.

☞**보혜사**(요14:16,26, 16:7), **대언자**(요일2:1).

3876. παρακοή, ῆς, ἡ [parakŏē][3회] **파라코에**

명 3878에서 유래: 듣고 싶지 않음, 복종하지 않은, 불복, 롬5:19, 고후10:6ⓢ, 히2:2.

☞복종하지 않은것(고후10:6ⓢ), **순종하지 아니함**(롬5:19, 고후10:6ⓢ, 히2:2).

3877. παρακολουθέω [parakŏlŏuthĕō][4회] **파라콜루데오**

동 미래 παρακολουθήσω, 제1부정과거 παρηκολούθησα, 완료 παρηκολού- θηκα, 3844와 190에서 유래: 따르다, 좇다, 따라가다.
1) 동반하다, 따르다, 수반하다.
2) 마음으로 따르다, 이해하다, 자기 것을 삼다, 충실히 따르다, 법으로 여겨 따르다, 딤전4:6, 딤후3:10.
3) 뒤쫓다, 뒤밟다, 조사하다[여격을 취함], 눅1:3.

☞**따르다**(막16:17, 딤전4:6), **미루어 살피다**(눅1:3, 딤후3:11).

3878. παρακούω [parakŏuō][3회] **파라쿠오**

동 미래 παρακούσομαι, 제1부정과거 παρήκουσα, 3844와 191에서 유래:
1) 엿듣다, 무심코 듣다, 몰래 듣다, 막5: 36.
2) 주의하지 않다, 무시하다, 막5:36.
3) 듣기를 거부하다, 복종하지 않다[속격을 취함], 마18:17.

☞**듣지 않다**(마18:17).

3879. παρακύπτω [paraküptō][5회] **파라큅토**

동 제1부정과거 παρέκυψα, 3844와 2955에서 유래; 굽히다:
1) [문자적으로] 눅24:12, 요20:5,11.
2) [상징적으로]
① 들여다보다, 약1:25.
② 엿보다, 똑똑히 보다, 벧전1:12.

☞**구부리다**(눅24:12, 요20:5,11), **들여다보다**(약1:25), **살펴보다**(벧전1:12).

3880. παραλαμβάνω [paralambanō][50회] **파랄람바노**

동 미래 παραλήμψομαι, 제2부정과거 παρέλαβον, 미래수동태 παραλη- μφθήσομαι, 3844와 2983에서 유래:
1) 데리고 가다, 데려오다, 마2:13, 막4: 36, 행15:39.
2) 인계하다, 받다, 받아들이다, 요19:16, 갈1:12, 골4:17, 히12:28.
3) οἱ ἴδιοι αὐτὸν οὐ παρέ- λαβον: 자기 백성이 그를 인정하지 않았다, 요1:11, 고전15:1, 빌4:9.

☞**데려오다**(마1:20), **데리고 가다**(마2:13, 눅11:26, 행28:18ⓢ), **모시다**(막4:36), **오다**(막7:4), **영접하다**(요14:3), **넘겨주다**(요19: 16), **거느리다**(행21:32), **받다**(고전11:23, 갈1:9, 살전2:13). **[명] 영접**(요1:11).

3881. παραλέγομαι [paralĕgŏmai][2회] **파랄레고마이**

동 디포넌트, 중간태. 미완료 παρελε- γόμην, 3844와 3004의 중간태에서 유래: [항해술어] 항해하여 지나가다, 해안을 끼고 항해하다, 행27:8,13.

☞**연안을 지나다**(행27:8), **해변을 끼고 항해하다**(행27:13).

3882. παράλιος, ον [paraliŏs][1회] **파랄리오스**

형 3844와 251에서 유래: 바닷가에 있는, 해변지방의, 눅6:17.

☞**해안의**(눅6:17).

3883. παραλλαγή, ῆς, ἡ [parallagē][1회]

파랄라게

명 3844의 236의 합성어에서 유래: 변동, 변화, 약1:17.

☞**변함**(약1:17).

3884. παραλογίζομαι [paralŏgizŏmai][2회] 파랄로기조마이

동 중간태. 디포넌트, 제1부정과거 παρελογισάμην, 3844와 3049에서 유래: 속이다, 어리벙벙하게 하다, 약1:22.

☞**속이다**(골2:4, 약1:22).

3885. παραλυτικός, ἡ, όν [paralütikŏs][10회] 파랄뤼티코스

형 3886의 파생어에서 유래: 중풍 걸린, 중풍 맞은, 마4:24, 막2:3, 눅5:24.

☞**마비된, 중풍병자**(마4:24, 9:6, 막2:10), **중풍병**(마8:6).

3886. παραλύω [paralüō] 파랄뤼오

동 완료수동태 분사 παραλελυμένος, 3844와 3089에서 유래: 망하게 하다, 약하게 하다, 불구자로 만들다, 눅5:18, 행9:33, 히12:12.

☞**기력을 빼앗다, 약하게 하다**(히12:12), **중풍에 걸리다**(행9:33), **[명]중풍병자**(눅5:18, 24, 행8:7).

3887. παραμένω [paramĕnō][4회] 파라메노

동 미래 παραμενῶ, 제1부정과거 πα- ρέμεινα, 제1부정과거명령 παράμει- νον, 3844와 3306에서 유래: 머물다, 남아있다, 체류하다.

1) [문자적으로, 여격을 취하여] ~와 함께 머물러 있다, 고전16:6, 빌1:25.

2) 계속하여 한 직업을 갖다, 히7:23, 약1:25.

☞**머물다**(고전16:6), **항상 있다**(히7:23).

3888. παραμυθέομαι [paramüthĕŏmai][4회] 파라뮈데오마이

동 중간태. 디포넌트. 3844와 3454의 파생어에서 유래:

1) 격려하다, 살전2:11, 5:14.

2) 위로하다, 위안하다, 요11:31,19.

☞**위문하다**(요11:19), **위로하다**(요11:31, 살전2:12), **격려하다**(살전5:14).

3889. παραμυθία, ας, ἡ [paramüthia][1회] 파라뮈디아

명 3888에서 유래: 격려, 위안, 위로, 고전14:3.

☞**위로하는 것**(고전14:3).

3890. παραμύθιον, ου, τό [paramüthiŏn][1회] 파라뮈디온

명 3889의 중성: 격려, 위로, 위자, 빌2:1.

☞**위로**(빌2:1).

3891. παρανομέω [paranŏmĕō][1회] 파라노메오

동 3844와 3551의 합성어에서 유래: 율법을 어기다, 율법을 거슬러 행하다, 행23:3.

☞**율법을 어기다**(행23:3).

3892. παρανομία, ας, ἡ [paranŏmia][1회] 파라노미아

명 3891과 동일어근에서 유래: 범법, 무법, 행악, 벧후2:16.

☞**불법**(벧후2:16).

3893. παραπικραίνω [parapikrainō][1회] 파라피크라이노

동 제1부정과거 παρεπίκρανα, 제1부정과거 수동태 παρεπικράνθην, 3894와 4087에서 유래: 격분시키다, 불복하다, 복종하지 않다, 거역하다, 히3:16.

☞**격노하게 하다**(히3:16).

3894. παραπικρασμός, οῦ, ὁ [parapikrasmŏs][2회] 파라피크라스모스

명 3893에서 유래: 격분, 격화, 반역, 히3:8,15.

☞**거역, 격노**(히3:8,15).

3895. παραπίπτω [parapiptō][1회] 파라핖토

동 제2부정과거 παρέπεσον, 3844와 4098에서 유래: 곁으로 떨어지다, 길을 잃다, 놓치다, 낙심하다, 저버리다, 배반하다, 배교하다, 배신하다, 히6:6.

☞**타락하다**(히6:6).

3896. παραπλέω [paraplĕō][1회] 파라플레오

동 제1부정과거부정사 παραπλεῦσαι, 3844와 4126에서 유래: 항해하여 지나가다, 행20:16.

☞**배타고 가다**(행20:16).

3897. παραπλήσιος, ία, ιον [paraplēsiŏs][1회] 파라플레시오스

형 3844와 4126에서 유래: 근접해 오는, 닮은, 유사한, 빌2:27.

☞**~게 된**(빌2:27).

3898. παραπλησίως [paraplēsiōs][1회] 파라플레시오스

부 3897과 동일어에서 유래: 마찬가지로, 같은 모양으로, 유사하게, 히2:14.
☞**같은 모양으로**(히2:14).

3899. παραπορεύομαι [parapŏrĕuŏmai][5회] **파라포류오마이**
동 중간태. 디포넌트, 미완료 παρετο- ρευόμην, 3844와 4198에서 유래:
1) 지나가다, 지나치다, 마27:39, 막11:20, 15:29.
2) 통과하다, 지나서 가다, 막2:23, 9:30.
☞**지나가다**(마27:39, 막2:23, 15:29), **지나다**(막9:30).

3900. παράπτωμα, ατος, τό [paraptōma][20회] **파라프토마**
명 3895에서 유래: 걸림, 실책, 범죄, 죄, 마6:15, 막11:25, 롬5:15, 갈6:1.
☞**잘못**(마6:14), **혐의**(막11:25), **범죄**(롬5:15, 20, 골2:13), **죄**(고후5:19, 골2:13, 약5:16), **허물**(엡2:1,5), **넘어짐**(롬11:11).

3901. παραῤῥυέω [pararrhuĕō][1회] **파라르뤼에오**
동 3844와 4483의 대체어에서 유래:
1) 흐르다.
2) [상징적으로] 부주의하게 지나다, 히2:1.
☞**흘러 떠내려가다**(히2:1).

3902. παράσημος, ον [parasēmŏs][1회] **파라세모스**
형 3844와 4591의 어간에서 유래:
1) 특별한, 이상한.
2) 구별된, 식별되는, 표를 한, 표시가 있는, 행28:11.
3) [명사] τὸ παράσημον, 상징, 기장, 문장, 표[뱃머리 양편에 있는].
☞**머리 장식**(행28:11).

3903. παρασκευάζω [paraskĕuazō][4회] **파라스큐아조**
동 미래 중간태 παρασκευάσομαι, 완료중간태수동태 παρεσκεύασμαι, 3844와 4623의 파생어에서 유래: 예비하다, 준비하다.
1) [능동] 행10:10.
2) [중간] 고전14:8, 고후9:2,3.
☞**준비하다**(행10:10, 고전14:8, 고후9:2), **준비하게 하다**(고후9:3).

3904. παρασκευή, ῆς, ἡ [paraskĕuē][6회] **파라스큐에**
명 3903과 동일한 유래: 준비, 준비일, 마27:62, 막15:42, 요19:31.
☞**준비일**(마27:62, 막15:42, 요19:42).

3905. παρατείνω [paratĕinō][1회] **파라테이노**
동 제1부정과거 παρέτεινα, 3844와 τείνω '잡아당기다'에서 유래: 늘이다, 늘여놓다, 연장하다, 행20:7.
☞**계속하다**(행20:7).

3906. παρατηρέω [paratērĕō][6회] **파라테레오**
동 미완료 παρετήρουν, 미완료중간태 παρετηρούμην, 제1부정과거 παρε- τήρησα, 3844와 5038에서 유래: 가까이서 지켜보다, 자세히 관찰하다.
1) 악의를 가지고 지켜보다, 잠복하고 기다리다, 막3:2. 눅6:7, 14:1.
2) 기회를 노리다, 눅20:20.
3) 파수하다, 지키다, 준수하다, 갈4:10.
☞**엿보다**(눅6:7, 14:1), **지키다**(행9:24, 갈4:10).

3907. παρατήρησις, εως, ἡ [paratērēsis][1회] **파라테레시스**
명 3906에서 유래: 준행, 준수, 눅17:20.
☞**볼 수 있게 임함**(눅17:20).

3908. παρατίθημι [paratithēmi][19회] **파라티데미**
동 미래 παραθήσω, 제1부정과거 πα- ρέθηκα, 제2부정과거 가정법 παρα- θῶ, 제2부정과거 부정사 παραθεῖναι, 제2부정과거 중간태 παρεθέμην, 제2부정과거명령 παράθου, 제1부정과거수동태 παρετέθην, 3844와 5087에서 유래: 옆에 놓다, 곁에 놓다, 앞에 놓다.
1) [능동]
① [음식을] 내어놓다, 차려놓다, 막6: 41, 눅9:16, 행16:34.
② [가르치는 일에 있어서] 내어놓다, 마13:24,31.
2) [중간태]
① 놓다, 펼치다.
② 넘기다, 양도하다, 위임하다, 추천하다, 눅23:46, 행14:23, 딤전1:18, 딤후2:2.
③ 증명하다, 설명하다, 지적하다, 행17:3-28.
☞**들다**(마13:24,31), **나누어주게 하다**(막6: 41, 눅9:16), **차려놓다**(눅10:8), **맡다**(눅12: 48), **부**

탁하다(눅23:46, 행14:23, 12:48), **명하다**(딤전 1:18).

3909. παρατύγχάνω [paratüngchanō][1회] 파라튕카노

동 3844와 5177에서 유래: 우연히 가까이에서 만나다, 아는 사이가 되다, 만나다, 행17:17.

☞**만나다**(행17:17).

3910. παραυτίκα [parautika][1회] 파라우티카

부 3844와 846의 파생어에서 유래: 당장에, 곧, 즉시, 현재에, 즉각적으로, 고후4:17.

☞**잠시**(고후4:17).

3911. παραφέρω [paraphĕrō][4회] 파라페로

동 미완료 παρεφερον, 제2부정과거 παρή νεγκον, 제2부정과거부정사 πα- ρενέ γκαι, 제1부정과거수동태 παρη- νέχθ ην, 완료분사 παρενηνεγμένος, 3844와 5342에서 유래: 옆으로 데리고 가다.

1) 데리고 가버리다, 가져가 버리다, 유1:12.
2) [상징적으로: 진리의 길에서] 빼앗아 가다, 끌고가다, 히13:9.
3) 치워버리다, 없애버리다, 막14:36, 눅22:42.

☞**옮기다**(막14:36, 눅22:42).

3912. παραφρονέω [paraphrŏnĕō][1회] 파라프로네오

동 3844와 5426에서 유래: 정신을 잃다, 미치다, 고후11:23.

☞**정신 없다**(고후11:23).

3913. παραφρονία, ας, ἡ [paraphrŏnia][1회] 파라프로니아

명 여 3912에서 유래: 미침, 정신나감, 광기, 벧후2:16.

☞**미친 행동**(벧후2:16).

3914. παραχειμάζω [parachĕimazō][4회] 파라케이마조

동 미래 παραχειμάσω, 제1부정과거 παρεχείμ ασα, 완료분사 παρακεχει- μακώς, 3844와 5492에서 유래: 겨울을 나다, 겨울을 지내다, 행27:12, 28:11, 고전16:6.

☞**겨울을 지내다**(행27:12, 고전16:6, 딛3:12).

3915. παραχειμασία, ας, ἡ [parachĕimasia][1회] 파라케이마시아

명 3914에서 유래: 겨울나기, 겨울을 지내기, 행27:12.

☞**겨울을 지내기**(행27:12).

3916. παραχρῆμα [parachrēma][18회] 파라크레마

부 3844와 5536에서 유래: 곧, 즉시로, 즉각적으로, 바로, 마21:19,20, 눅1:64, 행3:7.

☞**곧**(마21:19), **즉시**(눅8:44), **당장에**(눅19:11).

3917. πάρδαλις, εως, ἡ [pardalis][1회] 파르달리스

명 πάρδος '표범'의 여성형: 암표범, 계13:2.

☞**표범**(계13:2).

3918. πάρειμι [parĕimi][24회] 파레이미

동 분사 παρών, 미완료3인칭복수 πα- ρῆσαν, 미래3인칭단수 παρέσται, 3844와 다양한 변화를 포함하는 1510에서 유래: 있다.

1) [인격 존재에 대해서] 요11:28, 행10:21, 17:6, 계17:8.
2) [비인격 존재에 대해서] 왔다, 요7:6, 골1:6, 히12:11, 13:5, 벧후1:9,12.

☞**오다**(마26:50, 눅13:1, 행24:19), **이르다**(요7:6, 행17:6, 골1:6), **나아오다**(행12:20). **[부] 당시에는**(히12:11).

3919. παρεισάγω [parĕisagō][1회] 파레이사고

동 미래 παρεισάξω, 3844와 1521에서 유래: 몰래 끌어들이다, 벧후2:1.

☞**가만히 끌어들이다**(벧후2:1).

3920. παρείσακτος, ον [parĕisaktŏs][1회] 파레이삭토스

형 3919에서 유래: 몰래 들어온, 슬그머니 들어온, 갈2:4.

☞**가만히 들어온**(갈2:4).

3921. παρεισδύνω [parĕisdünō][1회] 파레이스뒤노

동 3844와 1519와 1416의 합성어에서 유래: 몰래 들어오다, 살금살금 들어오다, 유1:4.

☞**가만히 들어오다**(유1:4).

3922. παρεισέρχομαι [parĕisĕrchŏ-mai][2회] 파레이세르코마이

동 중간태, 디포넌트, 제2부정과거 παρεισῆλ θον, 3844와 1525에서 유래:

1) 끼어 들어오다, 들어오다, 롬5:20.
2) 슬그머니 들어오다, 갈2:4.

☞**들어오다**(롬5:20), **가만히 들어오다**(갈2:4).

3923. παρεισφέρω [parĕisphĕrō][1회]

파레이스페로

동 제1부정과거 παρεισήνεγκα, 3844와 1533에서 유래: 적용하다, 집중하다, 효과 있게 쓰다, 노력하다, 벧후1:7.

☞**더하다**(벧후1:7).

3924. παρεκτός [parĕktŏs][3회] 파렉토스

부 3844와 1525에서 유래:

1) [부사로 사용된 경우] 외에, 밖에, 고후11:28.

2) [속격을 지배하는 전치사로] 떠나서, 외에, 밖에, 이외에, 마5:32, 행26:29.

☞**~없이**(마5:32), **~외에는**(행26:29), **~외의**(고후11:28).

3925. παρεμβολή, ῆς, ἡ [parĕmbŏlē][10회] 파렘볼레

명 3844와 1685의 합성어에서 유래:

1) 야영지, 진영, 히13:11, 계20:9.

2) 병사, 본영, 사령부, 행21:34,37, 22:24, 23:10,16,32.

3) 군대, 전선, 히11:34.

☞**영문(營門)**(히13:13), **진**(히11:34, 계20:9).

3926. παρενοχλέω [parĕnŏchlĕō][1회] 파레노클레오

동 3844와 1776에서 유래: 어려움을 주다, 괴롭게 한다, 행15:19.

☞**괴롭히다**(행15:19).

3927. παρεπίδημος, ον [parĕpidĕmŏs][3회] 파레피데모스

형 3844와 1927의 어간에서 유래: 거류하는, 머무는. [주] ὁ παρεπίδη- μος: 낯선 사람, 외국인, 손님, 거류인, 히11:13, 벧전1:1, 2:11.

☞**[명]나그네**(히11:13, 벧전1:1, 2:11).

3928. παρέρχομαι [parĕrchŏmai][30회] 파렐코마이

동 중간태. 디포넌트. 미래 παρελεύ- σομαι, 제2부정과거 παρῆλθον, 제2부정과거명령 3인칭단수 παρελθάτω, 완료 παρελήλυθα, 3844와 2094에서 유래:

1. 옆으로 지나가다, 지나가다.

1) [문자적으로]

① 지나가다, 막6:48, 눅18:37.

② [시간이] 지나가다, 마14:15, 행27: 9, 벧전4:3.

2) [상징적으로]

① 사라지다, 없어지다, 마5:18, 막13: 31, 눅16:17, 고후5:17, 약1:10.

② 지나치다, 범하다, 넘다, 멸시하다, 소홀히 하다, 불복하다, 눅11:42, 15:29.

③ [고통, 불행] 지나가버리다, 마26: 39,42, 막14:35.

2. 통과하다, 행16:8.

3. ~에게 오다, 이리로 오다, 오다, 눅12: 37, 17:7, 행24:7.

☞**없어지다**(마5:18, 막13:31, 눅21:32), **지나가다**(마8:28, 막6:48, 고후5:17), **저물다**(마14:15), **버리다**(눅11:42), **나아오다**(눅12:37), **어기다**(눅15:29), **오다**(눅17:7), **지나다**(눅18:37, 행16:8, 27:9), **떠나가다**(벧후3:10).

3929. πάρεσις, εως, ἡ [parĕsis][1회] 파레시스

명 3935에서 유래: 넘어감, 빠뜨림, 지나감, 벌하지 않고 넘김, 관용, 용서, 롬3:25.

☞**간과하심**(롬3:25).

3930. παρέχω [parĕchō][16회] 파레코

동 미완료 παρεῖχον, 미완료3인칭복수 παρεῖχαν, 미래 παρέξω, 제2부정과거 παρέσχον, 완료 παρέσχηκα, 미완료중간태 παρειχόμην, 미래중간태2인칭단수 παρέξῃ:

1) [능동]

① 바치다, 드리다, 눅6:29.

② 보이다, 보여주다, 주다, 수여하다, 행22:2, 28:2, 17:31, 딤전6:17.

③ 일으키다, 일어나게 하다, 가져다주다, 마26:10, 막14:6, 눅11:7, 행16:16, 갈6:17.

2) [중간태]

① ἑαυτόν τι: 자신을 ~으로 보이다, 딛2:7.

② 주다, 수여하다, 눅7:4, 골4:1.

③ 자신을 위하여 얻다, 행19:24.

☞**돌려대다**(눅6:29), **베풀다**(골4:1), **주다**(딤전6:17), **보이다**(딛2:7).

3931. παρηγορία [parēgŏria][1회] 파레고리아

명 3844와 58의 파생어에서 유래: 위로, 위안, 골4:11.

☞**위로**(골4:11).

3932. παρθενία [parthĕnia][1회] 파르데니아

명 3933에서 유래: 처녀성, 동정성, 처녀, 처녀시절, 눅2:36.

☞**결혼한 후**(눅2:36).

3933. παρθένος, ου, ἡ and ὁ [parthĕ- nŏs][15

회 파르데노스

명 유래가 불확실함:

1) 처녀, 눅1:27, 마25:1,7,11, 고전7:25, [교회를 가리키는 경우] 고후11:2.

2) [여자와 성적 관계를 갖지 않은 남자] 순결한 남자, 계14:4.

☞**처녀**(마1:23, 행21:9, 고후11:2).

3934. Πάρθος, ων, οἱ [Parthŏi][1회] 파르도스

고명 외래어에서 유래한 듯: '바대인', 행2:9.

☞**바대인**(행2:9).

3935. παρίημι [pariēmi][2회] 파리에미

동 제2부정과거부정사 παρεῖναι, 완료수동분사 παρειμένος, 3844와 ἵη- μι '보내다'에서 유래:

1) 내버려두다, 등한히 하다, 눅11:42.

2) 늦추다, 약하게 하다, 옆으로 떨어뜨리다. [주] [완료수동태분사] 약해진, 맥풀린, 노곤한, 기운없는, 맥빠진, 히12:12.

☞**피곤하다**(히12:12).

3936. παρίστημι [paristēmi][41회] 파리스테미

παριστάνω [paristanō] 파리스타노

동 미래 παραστήσω, 제1부정과거 πα- ρέστησα, 제2부정과거 παρέστην, 완료 παρέστηκα, 완료분사 παρεστηκώς, 과거완료 παρεστώς, 미래중간태 πα- ραστήσομαι, 제1부정과거수동태 πα- ρεσταθην, 3844와 2476에서 유래:

1. [타동사, 현재, 미래, 제1부정과거능동태]

1) 옆에 놓다, 맡기다, 마음대로 하게 하다, 마26:53, 제공하다, 행23:24, 롬6:13.

2) 나타내다, 보이다, 알리다, 밝히다, 눅2:22, 행1:3, 9:41, 23:33, 고후11:2.

3) 만들다, ~되게 하다, 엡5:27, 골1: 22,28, 딤후2:15.

4) 바치다, 드리다, 롬12:1.

5) [법적 술어] 앞에 내세우다, 앞에 끌어내다, 고전8:8, 고후4:14.

6) 증명하다, 행24:13.

2. [자동사, 중간태, 완료, 과거완료, 제2부정과거능동태]

1) [현재, 미래, 단순과거]

① 가까이 가다, 오다, 행9:39, 27:23.

② [법적 술어로서] 출두하다, 앞에 나서다, 행27:24, 롬14:10.

③ 도우러 오다, 돕다, 편을 들다, 롬16:2, 딤후4:17.

2) [완료, 과거완료] 곁에 서 있다, 가까이 서 있다, 있다, 막4:29, 14:47, 15: 39, 눅1:19, 19:24, 행1:10, 4:10.

☞**드리다**(롬6:13, 고후11:2, 딤후2:15), **보내다**(마26:53), **이르다**(막4:29), **서다**(막14:47, 눅1:19, 행4:10), **보이다**(행1:3), **나서다**(행4:26), **준비하다**(행23:24), **세우다**(행23:33, 골1:28), **내세우다**(행24:13, 고전8:8), **도와주다**(롬16:2).

3937. Παρμενᾶς, ᾶ, ὁ acc. -ᾶν [Parmĕ- nas][1회] 파르메나스

고명 3844와 3306의 합성어 파생어에서 유래: 예루살렘 일곱 집사 중 하나 '바메나', 행6:5.

☞**바메나**(행6:5).

3938. πάροδος, ου, ἡ [parŏdŏs][1회] 파로도스

명 여 3844와 3598에서 유래:

1) 통로, 도로, 왕래, 통행.

2) 지나감, 고전16:7.

☞**지나는 길**(고전16:7).

3939. παροικέω [parŏikĕō][2회] 파로이케오

동 제1부정과거 παρῴκησα, 3844와 3611에서 유래:

1) [장소의 대격을 취하여]

① 거류하다, ~에서 나그네로 살다, 눅24:18.

② 이주하다, 옮아가다, 히11:9.

2) 거주하다, 들어와 살다, 눅24:18.

☞**체류하다, 거류하다**(눅24:18, 히11:9).

3940. παροικία, ας, ἡ [parŏikia][2회] 파로이키아

명 3941에서 유래:

1) 낯선 곳에서의 거주, 거류.

① [문자적으로] 행13:17.

② [상징적으로] 벧전1:17.

2) 회중, 교구.

☞**나그네 됨**(행13:17), **나그네로 있음**(벧전1:17).

3941. πάροικος, ου, ὁ [parŏikŏs][4회] 파로이코스

명 3844와 3624에서 유래: 나그네, 낯선 사람, 손님, 외인.

1) [문자적으로] 행7:6,29.

2) [상징적으로] 엡2:19.

Π

☞**나그네**(행7:6,29, 벧전2:11), **손님, 외인**(엡2:19).

3942. παροιμία, ας, ἡ [parŏimia][5회] 파로이미아

명 3844와 3633의 합성어에서 유래:

1) 격언, 잠언, 벧후2:22.
2) 비유, 은유, 요10:6, 16:25,29.

☞**비유**(요10:6, 16:25,29), **속담**(벧후2:22).

3943. πάροινος, ον [parŏinŏs][2회] 파로이노스

형 3844와 3631에서 유래: 술 취한, 술에 미친, 딤전3:3, 딛1:7.

☞**술을 즐기는**(딤전3:3, 딛1:7).

3944. παροίχομαι [parŏichŏmai][1회] 파로이코마이

동 중간태. 디포넌트. 완료분사 παρῳ－χημένος, 3844와 οἴχομαι '분리하다'에서 유래: 지나가다, 가버리다, 행14:16.

☞**지나가다**(행14:16).

3945. παρομοιάζω [parŏmŏiazō][1회] 파로모이아조

동 3946에서 유래: [여격을 취하여] ~와 같다, 닮다, 마23:27.

☞**~와 같다**(마23:27).

3946. παρόμοιος, (α), ον [parŏmŏiŏs][1회] 파로모이오스

형 3844와 3664에서 유래: 같은, 유사한, 비슷한, 막7:8,13.

☞**같은**(막7:13).

3947. παροξύνω [parŏxünō][2회] 파록쉬노

동 미완료수동태 παρωξυνόμην, 3844와 3691의 파생어에서 유래: 몰아내다, 자극하다, 흥분시키다, 성나게 하다, 행17:16, 고전13:5.

☞**격분하다**(행17:16), **성내다**(고전13:5).

3948. παροξυσμός, οῦ, ὁ [parŏxüsmŏs][2회] 파록쉬스모스

명 3947에서 유래:

1) 격려함, 격동시킴, 히10:24.
2) 자극, 격심한, 불화, 행15:39.

☞**심히 다툼**(행15:39), **격려함**(히10:24).

3949. παροργίζω [parŏrgizō][2회] 파로르기조

동 미래 παροργιῶ, 제1부정과거 πα－ρώργισα, 3844와 3710에서 유래: 노하게 하다, 성나게 하다, 롬10:19, 엡6:4.

☞**노엽게 하다**(롬10:19, 엡6:4).

3950. παροργισμός, οῦ, ὁ [parŏrgismŏs][1회] 파로르기스모스

명 3949에서 유래: 성냄, 분기, 노기, 분노, 진노, 엡4:26.

☞**분**(엡4:26).

3951. παροτρύνω [parŏtrünō][1회] 파로트뤼노

동 제1부정과거 παρώτρυνα, 3844와 ὀτρύνω '박차를 가하다'에서 유래: 깨우다, 재촉하다, 자극하다, 격려하다, 충동질하다, 흥분시키다, 행13:50.

☞**선동하다**(행13:50).

3952. παρουσία, ας, ἡ [parŏusia][24회] 파루시아

명 3918의 현재분사에서 유래:

1) 현존, 임재, 고후10:10.
2) 오심, 강림, 내림.
   ① [인간에 대해서] 고후7:6,7, 빌1:26.
   ② [특수한 전문 술어로서 그리스도가 세상 마지막에 임하시는 일을 가리킴] 재림, 마24:3, 살전4:15, 약5:7.
   ③ [적그리스도의 출현] 살후2:9.

☞**임함**(마24:3, 벧후3:12), **강림**(고전15:23, 살전2:19, 약5:7), **옴**(고전16:17, 고후7:6,7).

3953. παροψίς, ίδος, ἡ [parŏpsis][1회] 파롶시스

명 3844와 3795의 어간에서 유래: 반찬, 반찬 그릇, 접시, 마23:25,26.

☞**대접**(마23:25).

3954. παρρησία, ας, ἡ [parrhēsia][31회] 파르레시아

명 3956과 4483의 파생어에서 유래:

1) 숨김없음, 솔직, 명백, 막8:32, 요7: 13, 16:29. [주] μετὰ παρρησίας: 분명히, 노골적으로, 자신있게, 확신을 가지고, 행2:29.
2) παρρησίᾳ: 공공연히, 내어놓고, 요7: 26, 11:54, 18:20, 골2:15.
3) 용기, 확신, 대담, 담대, 두려움 없음, 행2:29, 고후7:4, 엡3:12, 히4:16, 요일2:28.

☞**담력**(딤전3:13, 히10:19). **[동] 드러내다**(막8:32, 요18:20), **드러나게 말하다**(요7:13, 26), **드러나다**(요11:54), **담대하다**(고후7:4, 빌1:20, 히3:6). **[부] 밝히**(요10:24, 11:14, 16:29), **담대히**

(행2:29, 엡6:19, 히4:16), **담대하게**(행4:13).

3955. παῤῥησιάζομαι [parrhēsiazŏmai][9회] **파르레시아조마이**

동 중간태. 디포넌트. 미완료 ἐπαρρη- σιαζό μην, 미래 παρρησιάσομαι, 제1부정과거 ἐ παρρησιασάμην, 3954에서 유래:

1) 자유롭게 말하다, 공공연히 말하다, 두려움 없이 말하다, 행9:27, 엡6:20.

2) 용기를 가지고~하다, 살전2:2.

☞**전하다**(살전2:2), **담대히 말하다**(행9:27, 19:8, 엡6:20).

3956. πᾶς, πᾶσα, πᾶν, gen. παντός, πάσης, παντός [pas][1244회] **파스**

형 명 기본형으로 보임:

1. [형용사, 명사와 함께 사용되는 경우]

1) [관사 없는 단수 명사와 함께 그 명사가 지시하는 종류의 개개의 대상을 하나하나 강조한다]

① 매, 각, 마3:10, 눅3:9, 요1:9, 롬3:4.

② [그 명사가 지시하는 종류에 속하는 것을 모두 다 내포시킨다] 모든 종류의, 온갖, 마4:23, 행2:5.

③ 어떤 것이든지 다, 아무 것이나 다, 마18:19, 19:3, 고후1:4, 엡4:14, 요일4:1.

④ [최고의 정도를 나타내기 위해서] 완전한, 가장 큰, 모든, 고후9:8, 엡4:2, 빌1:20, 골1:11.

⑤ [고유명사 앞에 와서] 온, 전체, 마2:3, 롬11:26, 행2:36.

2) [관사없는 복수 명사와 함께] πάντες, ἄν θρωποι: 모든 사람들, 누구든지, 행22:15, 롬5:12, 고전7:7, 히1:6.

3) [관사를 가진 단수 명사와 함께]

① 그 온, 그 전체, 마3:5, 8:32, 막2: 13, 롬8:22, 엡3:19.

② 모든, 고후1:4, 7:4, 빌1:1, 살전3:7, 벧전5:7.

③ 누구든지 ~사람은, 마5:22, 눅6:47, 엡5:14, 요일5:4.

4) [관사를 가진 복수 명사와 함께]

① 모든.

② [명사와 함께] 마1:17, 눅1:48, 요18:20, 행1:18.

③ [분사와 함께] 마4:24, 눅1:48, 행1:19.

5) [대명사와 함께]

① [인칭대명사]

㉠ 우리가 다, 행2:32, 롬4:16.

㉡ 당신들이 모두, 마23:8, 눅9:48, 행4:10.

㉢ 그들이 다, 행4:33, 20:36.

② [지시대명사와 함께] 행1:14, 2:7, 히11:13.

6) [관사와 명사 사이에 한정적으로 사용될 때] 행20:18, 27:37, 롬16:15, 갈1:2, 5:14.

7) [수사와 함께] 행19:7.

2. [명사]

1) [관사없이]

① 누구든지, 눅16:16.

② [전치사와 함께] 마10:22, 막1:37, 눅1:63, 고전1:5, 고후9:11, 엡5:24.

③ 모든 것, 무엇이든지 다, 요1:3, 고전2:10.

④ 전부, 마18:26, 막4:34.

2) [관사와 함께] 롬11:32,36 고전8:6, 9:22, 엡3:9, 모든 것, 무엇이든지, 막4:11, 행17:25, 롬8:32.

☞**[형] 마다, 각**(마3:10, 눅3:9, 요1:9), **무엇이든지 다**(마18:19, 고후1:4), **온, 전체**(마2:3, 롬11:26), **모든**(고후1:4, 빌1:1), **[명] 누구든지**(눅16:16), **다**(마18:26), **모든 사람**(롬11:32), **만물**(롬11:36), **무엇이**(행17:25).

3957. πάσχα, τό [pascha][29회] **파스카**

고명 아람어 פִּסְחָא or פַּסְחָא 히브리어 6453에서 유래: 유월절.

1) 유대인의 명절, 막14:1, 요2:23.

2) 유월절 양, 막14:12, 눅22:7, 고전5:7.

3) 유월절 식사, 마26:19, 막14:16, 눅22:8.

☞**유월절**(마26:2, 요2:13, 히11:28), **유월절 잔치**(요18:28).

3958. πάσχω [paschō][42회] **파스코**

동 [기본형] 미래3인칭단수 παθεῖται, 제2부정과거 ἔπαθον, 완료 πέπονθα, 완료분사 πεπονθώς: 경험하다, 겪다, 당하다.

1) 잘못 살다, 비참한 상태에 있다, 마17:15.

2) 고난당하다, 겪다, 견디다.

① 고난당하다, 마17:12, 눅22:15, 행1:3, 고전12:26, 빌1:29.

② 견디다, 당하다, 행28:5, 고후1:6, 히5:8.

II

☞**고난받다**(마16:21, 살전2:14, 벧전4:1), **고생하다**(마17:15), **괴로움을 받다**(막5:26, 갈3:4), **애쓰다**(마27:19), **해 받다**(눅13:2, 행1:3, 9:16), **상하다**(행28:5), **고통받다**(고전12:26), **환난 당하다**(고후1:6), **고난당하다**(히2:18).

3959. Πάταρα, ων, τά [Patara][1회] **파타라**

고명 외래어에서 유래한 듯함: 소아시아 남동 해안에 있는 루시아의 도시 '바다라', 행21:1.

☞**바다라**(행21:1).

3960. πατάσσω [patassō][10회] **파탓소**

동 미래 πατάξω, 제1부정과거 ἐπάτα- ξα, 3817에서 유래:

1) 치다, 때리다, 마26:51, 눅22:49,50, 행12:7.

2) 때려눕히다, 죽이다, 마26:31, 막14:27, 행7:24.

☞**치다**(마26:31, 막14:27, 눅22:49).

3961. πατέω [patĕō][5회] **파테오**

동 미래 πατήσω, 제1부정과거수동태 ἐπατήθην, 3817의 파생어에서 유래한 듯함; 밟다:

1) [타동사] [문자적으로]

① 밟다, 계19:15, 14:20.

② 짓밟다, 마구 밟다, 눅21:24, 계11:2.

2) [자동사] 걷다, 밟다, 눅10:19.

☞**밟다**(눅10:19, 계19:15), **밟히다**(눅21:24, 계11:2, 14:20).

3962. πατήρ, πατρός, ὁ [patēr][414회] **파테르**

명 기본형으로 보임: 아버지.

1. [문자적으로]

1) 아버지, 마2:22, 막5:40, 눅1:17, 요4:53.

2) 조상, 선조, 마3:9, 눅1:73, 요4:53.

2. [상징적으로]

1) 영적인 아버지, 고전4:15.

2) [경칭] 마23:9, 행7:2, 22:1.

3) 교회의 늙은 회원, 요일2:13,14.

4) 이미 죽은 여러 세대의 기독교인들, 벧후3:4.

5) [구약의 위대한 종교적 영웅을 가리킨 경우] 롬4:11,12.

3. [하나님을 가리키는 경우]

1) 창시자 또는 지배자로서의 아버지, 히12:9, 약1:17.

2) 인류의 아버지.

① [예수님의 증거에 나타난 것] 마11:27, 눅2:49, 요2:16.

4) [그리스도인의 고백에 나타난 것] 롬15:6, 고후1:3, 계1:6.

5) [하나님을 단순히 아버지라 부른 경우] 엡2:18, 3:14, 요일1:2.

4. [귀신에 대해서]

1) 유대인의 조상, 요8:44.

2) 거짓말의 아버지, 요8:44.

☞**아버지**(마2:22, 눅1:59, 요5:17, 행16:3, 살전1:1), **조상**(마3:9, 눅1:32, 고전10:1), **열조**(히3:9, 8:9), **부모**(히11:23).

3963. Πάτμος, ου, ὁ [Patmŏs][1회] **파트모스**

고명 불확실한 파생어: 지중해의 한 섬 '밧모' [요한이 유배당한 곳], 계1:9.

☞**밧모**(계1:9).

3964. πατραλῴας [patralōlas] **파트랄로아스**

명 3962와 3389의 한 부분에서 유래: 아버지를 죽이는 사람, 양친 살해, 아버지를 치는 자, 딤전1:9.

☞**아버지를 죽이는 자**(딤전1:9).

3965. πατριά, ᾶς, ἡ [patria][3회] **파트리아**

명 3962의 파생어:

1) 가족, 가문, 일족, 친족, 관계, 눅2:4.

2) 백성, 국가, 행3:25.

3) 족속, 종속, 엡3:15.

☞**족속**(눅2:4, 행3:25, 엡3:15).

3966. πατριάρχης, ου, ὁ [patriarchēs][4회] **파트리아르케스**

명 3965와 757에서 유래: 한 나라의 조상, 족장, 행2:29, 7:8,9, 히7:4.

☞**조상**(행2:29, 7:9, 히7:4).

3967. πατρικός, ή, όν [patrikŏs][1회] **파트리코스**

형 3962에서 유래: 아버지에게서 전해 내려온, 아버지에게서 나온, 아버지의, 아버지 편의, 세습적, 갈1:14.

☞**조상의**(갈1:14).

3968. πατρίς, ίδος, ἡ [patris][8회] **파트리스**

명 3962에서 유래:

1) 조국, 고국, 요4:44, 히11:14.

2) 고향, 마13:54, 막6:1, 눅4:23.

☞**고향**(마13:54, 눅4:23, 요4:44), **본향**(히11:14).

3969. Πατροβᾶς, ᾶ, ὁ [Patrŏbas][1회] **파트로바스**

고명 Πατρόβιος의 단축형; 아버지의 생애: 로마의 기독교인 '바드로바', 롬16:14.
☞**바드로바**(롬16:14).

3970. πατροπαράδοτος, ον [patrŏpara-dŏtŏs][1회] **파트로파라도토스**
형 3962와 3860의 파생어에서 유래: 조상에게서 물려받은, 전해 받은, 벧전1:18.
☞**조상이 물려준**(벧전1:18).

3971. πατρῷος, α, ον [patrōlŏs][3회] **파트로오스**
형 3962에서 유래: 아버지의, 아버지에게 속한, 아버지에게서 물려받은, 전해온, 행22:3, 24:14, 28:17.
☞**조상들의**(행22:3), **조상의**(행24:14, 28:17).

3972. Παῦλος, ου, ὁ [Paulŏs][158회] **파울로스**
고명 라틴어에서 유래:
1) 서기오 '바울'.
2) 사도 '바울'
☞**바울**(롬1:1, 고전1:1, 16:21, 고후1:1, 10:1, 갈1:1, 5:2, 엡1:1, 3:1, 빌1:1, 골1:1, 살전1:1, 살후3:15, 몬1:9, 벧후3:15).

3973. παύω [pauō][15회] **파우오**
동 [기본형] 제1부정과거 ἔπαυσα, 제1부정과거명령형 3인칭단수 παυσάτω, 미완료중간태 ἐπαυόμην, 미래중간태 παύσομαι, 제1부정과거중간태 ἐπαυ-σάμην, 제1부정과거명령 παῦσαι, 완료 중간태 πέπαυμαι, 제2부정과거수동태부정사 παῆναι:
1) [능동] 멎게 하다, 조용하게 하다, 막다, 못하게 하다, 벧전3:10.
2) [중간]
① 멎다, 멈추다, 눅5:4, 행21:32, 엡1: 16, 골1:9.
② 그치다, 눅11:1, 행20:1, 고전13:8.
☞**마치다**(눅5:4, 11:1, 벧전3:10), **그치다**(눅8:24, 행13:10, 고전13:8), **금하다**(벧전3:10), **말다**(행6:13).

3974. Πάφος, ου, ἡ [Paphŏs][2회] **파포스**
고명 불확실한 어원에서 파생: 구브로에 있는 도시 '바보', 행13:6,13.
☞**바보**(행13:6,13).

3975. παχύνω [pachünō][2회] **파퀴노**
동 제1부정과거 수동태 ἐπαχύνθην, 4078의 파생어에서 유래:
1) [문자적으로] 살찌게 하다, 잘 먹이다.
2) [상징적으로]
① 둔하게 하다.
② [수동태] 둔해지다, 행28:27.
☞**완악하여지다, 우둔하여지다**(마13:15, 행28:17).

3976. πέδη, ης, ἡ [pĕdē][3회] **페데**
명 4228에서 유래: 족쇄, 차꼬, 쇠고랑, 막5:4, 눅8:29.
☞**고랑**(막5:4, 눅8:29).

3977. πεδινός, ή, όν [pĕdinŏs][1회] **페디노스**
형 4228의 파생어에서 유래: 평평한, 눅6:17.
☞**평지의**(눅6:17).

3978. πεζεύω [pĕzĕuō][1회] **페쥬오**
동 3979에서 유래: 육지 여행을 하다, 육로를 가다, 도보로 여행하다, 행20:13.
☞**도보로 가다**(행20:13).

3979. πεζῇ [pĕzēl][2회] **페제**
부 4228의 파생어에서 유래된 여성 여격: 땅으로 해서, 육로로, 막6:33, 마14:13.
☞**걸어서**(마14:13), **도보로**(막6:33).

3980. πειθαρχέω [pĕitharchĕō][4회] **페이다르케오**
동 제1부정과거 분사 πειθαρχήσας, 3982와 757의 합성어에서 유래: 복종하다, 순종하다, 행5:29, 27:21, 딛3:1.
☞**순종하다**(행5:29,32), **듣다**(행27:21).

3981. πειθός, ή, όν [pĕithŏs][1회] **페이도스**
형 3982에서 유래: 설복적인, 말 잘하는, 고전2:4.
☞**(권)하는**(고전2:4).

3982. πειθώ [pĕithō][52회] **페이도**
동 [기본형] 미완료 ἔπειθον, 미래 πε- ίσω, 제1부정과거 ἔπεισα, 명령 πεῖ - σον, 완료 πέποιθα, 과거완료 ἐπεποί- θειν, 미완료 중간태 또는 수동태 ἐ- πειθόμην, 완료수동태 πέπεισμαι, 제 1부정과거 ἐπείσθην, 미래 πεισθήσο- μαι:
1. [현재완료, 과거완료 외의 능동태]
1) 확신을 가지게 하다, 수긍시키다, 행18:4, 19:29.
2) 설복하다, 호소하다, 애원하다, [나쁜 의미로] 감언으로 속이다, 그릇 인도하다, 고후5:11, 갈1:10.

Π

3) 끌어들이다, 기쁘게 하려고 애쓰다, 행12:20, 14:19, 갈1:10.
4) 화해하게 하다, 만족시키다, 마28: 14, 달래다, 요일3:19.

2. [현재완료가 현재의 뜻을 가진다]
1) 의뢰하다, 의지하다, 신뢰하다, 믿다, 눅11:22, 갈5:10, 빌1:14.
2) 확신을 가지다, 확신하다, 롬2:19, 히13:18, 빌1:6.

3. [수동완료형 이외의 수동태]
1) 설복을 당하다, 확신을 가지다, 믿게 되다, 믿다, 행17:4.
2) 복종하다, 따르다, 롬2:8, 갈3:1, 히13:17.

4. [완료수동태 πέπεισμαι] 확신하다, 확실하다, 눅20:6, 롬8:38, 히6:9.

☞**권하다**(마27:20, 행13:43, 고후5:11), **신뢰하다**(마27:43, 빌1:14, 3:4), **믿다**(눅11:22, 행26:26, 롬2:19), **인정하다**(눅20:6), **따르다**(행5:36,37, 롬2:8), **옳게 여기다**(행5:40), **화목하다**(행12:20), **권면하다**(행18:4, 19:8), **권유하다**(행19:26), **순종하다**(히13:17), **확신하다**(롬8:38, 고후2:3, 빌2:24), **의지하다**(고후1:9, 히2:13).

3983. πεινάω [pĕinaō][23회] **페이나오**

동 미래형 πεινάσω, 제1부정과거 ἐ- πείνασα, 3993과 동일어에서 유래:
1) [문자적으로] 주리다, 마4:2, 막2:25, 눅4:2, 롬12:20.
2) [비유적으로] 강한 욕망, 마5:6, 요6:35.

☞**주리다**(마4:2, 눅6:25, 계7:16), **시장하다**(마12:1, 막11:12, 고전11:21), **배고프다**(빌4:12), **목마르다**(마5:6).

3984. πεῖρα, ας, ἡ [pĕira][2회] **페이라**

명 4008의 어간에서 유래:
1) [능동] 시도, 시험, 실험, 히11:29.
2) [수동] 경험, 히11:36.

☞**시련**(히11:36), **시험하다**(히11:29).

3985. πειράζω [pĕirazō][38회] **페이라조**

동 미완료 ἐπείραζον, 미래 πειράσω, 제1부정과거 ἐπείρασα, 제1부정과거중간태, 2인칭단수 ἐπειράσω, 수동태, 제1부정과거 ἐπειράσθην, 완료분사 πεπειρασμένος, 3984에서 유래:
1) 시도하다, ~해보다, 행9:26, 16:7, 24:6.
2) 시험하다.
① [일반적으로] 고후13:5, 계2:2.
② [좋은 의미로] 요6:6, 고전10:13, 히2:18, 11:17.
③ [나쁜 의미에서] 유혹하다, 갈6:1, 약1:13, 계2:10.
④ 사람이 하나님을 시험하는 것, 고전10:9, 히3:9.

☞**시험받다**(마4:1, 약1:13, 히4:15), **시험하다**(마4:3, 눅11:16, 고전7:5), **애쓰다**(행16:7), **시험 당하다**(고전10:13, 히 11:37, 계3:10).

3986. πειρασμός, οῦ, ὁ [pĕirasmŏs][21회] **페이라스모스**

명 3085에서 유래:
1) 시험, 벧전4:12.
2) 유혹, 꾀임.
① [능동] 눅4:13.
② [수동] 딤전6:9, 약1:12, 벧전1:6.
3) 사람이 하나님을 시험하는 경우, 히3:8.

☞**시험**(마6:13, 행20:19, 계3:10), **시험하는 것**(갈4:14, 히3:8), **시련, 재앙, 재난, 불행**(눅22:28).

3987. πειράω [pĕiraō][1회] **페이라오**

동 미완료중간태 3인칭단수 ἐπειρᾶ- το, 완료분사 πεπειρα μένος, 3984에서 유래:
1) 시도하다, ~해보다, 힘쓰다, 행26:21.
2) 경험하다, 알다, 히4:15.

☞**시도하다, 힘쓰다**(행26:21), **경험하다, 알다**(히4:15).

3988. πεισμονή, ῆς, ἡ [pĕismŏnē][1회] **페이스모네**

명 3982의 파생어에서 유래한 듯함: 설득, 설복, 갈5:8.

☞**권면**(갈5:8).

3989. πέλαγος, ους, τό [pĕlagŏs][2회] **펠라고스**

명 불확실한 어원에서 유래:
1) 넓은 바다, 깊은 바다, 마18:6.
2) 바다, 행27:5.

☞**깊음**(마18:6), **바다**(행27:5).

3990. πελεκίζω [pĕlĕkizō][1회] **펠레키조**

동 완료수동분사 πεπελεκισμένος, 4114의 파생어에서 유래: [도끼로] 목을 베다, 계20:4.

☞**목 베임을 받다**(계20:4).

3991. πέμπτος, η, ον [pĕmptŏs][4회] **펨프토스**

형 4002에서 유래: 다섯째, 계6:9, 9:1, 16:10, 21:20.

☞**다섯째**(계6:9, 16:10, 21:20).

3992. πέμπω [pĕmpō][79회] 펨포

동 [기본형] 미래 πέμψω, 제1부정과거 ἔπεμψα, 완료 πέπομφα, 제1부정과거수동태 ἐπέμφθην: 보내다.

1) [인격적 존재를 보내는 일] 요1:22, 눅20:11, 빌2:23.

2) [물건을 보내는 일] 행11:29, 빌4:16, 계11:10.

☞**보내다**(마2:8, 요1:22, 고전4:17), **통지하다**(행19:31),

3993. πένης, ητος [pĕnēs][1회] 페네스

형 기본형 πένω '수고하다'에서 유래: 가난한, 궁핍한, 고후9:9.

☞**가난한, 곤궁한**(고후9:9).

3994. πενθερά, ᾶς, ἡ [pĕnthĕra][6회] 펜데라

명 3995의 여성형: 장모, 마8:14, 10:35, 막1:30, 눅4:38, 12:53.

☞**장모**(마8:14, 막1:30, 눅4:38), **시어머니**(마10:35, 눅12:53).

3995. πενθερός, οῦ, ὁ [pĕnthĕrŏs][1회] 펜데로스

명 남 불확실한 어원에서 유래: 장인, 요18:13.

☞**장인**(요18:13).

3996. πενθέω [pĕnthĕō][10회] 펜데오

동 미래 πενθήσω, 제1부정과거 ἐπέν- θησα, 3997에서 유래:

1) [자동사] 슬퍼하다, 근심하다, 애통하다, 마5:4, 막16:10, 고전5:2.

2) [타동사] 슬퍼하다, 한탄하다, 고후12: 21.

☞**애통하다**(마5:4, 눅6:25, 계18:11), **슬퍼하다**(마9:15, 막16:10), **근심하다**(고후12:21), **통한히 여기다**(고전5:2).

3997. πένθος, ους, τό [pĕnthŏs][5회] 펜도스

명 3958의 대체어에서 유래: 슬픔, 애도, 비탄, 약4:9, 계18:7,8, 21:4.

☞**애통**(약4:9, 계18:7,8), **애통하는 것**(계21:4).

3998. πενιχρός, ά, όν [pĕnichrŏs][1회] 페니크로스

형 3993의 어간에서 유래: 가난한, 궁핍한, 눅21:2.

☞**가난한**(눅21:2).

3999. πεντακίς [pĕntakis][1회] 펜타키스

부 4002에서 유래: 다섯 번, 고후11:24.

☞**다섯 번**(고후11:24).

4000. πεντακισχίλιοι αι, α [pĕntakis-chiliŏi][6회] 펜타키스킬리오이

수 3995와 5507에서 유래: 오천, 마14: 21, 막6:44.

☞**오천**(마14:21, 막8:19, 요6:10).

4001. πεντακόσιοι, αι, α [pĕntakŏsiŏi][2회] 펜타코시오이

수 4002와 1540에서 유래: 오백, 눅7:41, 고전15:6.

☞**오백**(눅7:41, 고전15:6).

4002. πέντε [pĕntĕ][36회] 펜테

수 다섯, 마14:17,19, 16:9.

☞**다섯**(마14:17, 눅1:24, 요4:18), **닷새**(행20:6, 24:1).

4003. πεντεκαιδέκατος, η, ον [pĕntĕ-kaidĕkatŏs][1회] 펜테카이데카토스

수 4002와 2532와 1183에서 유래: 열다섯째, 눅3:1.

☞**열다섯**(눅3:1).

4004. πεντήκοντα [pĕntēkŏnta][5회] 펜테콘타

수 4002의 배수: 오십, 눅7:41, 16:6, 요8:57.

☞**오십**(막6:40, 요8:57, 행13:20), **쉰**(요21:11).

4005. πεντηκοστή, ῆς, ἡ [pĕntēkŏstē][3회] 펜테코스테

명 4004의 서수[πεντηκοστός]의 여성형:

1) [일반적으로] 오십 번째.

2) [특별하게]

① ἡ π. ἡμέρα: 오순절[유월절로부터 50번째].

② ἕως τῆς π.: 오순절까지, 고전16:8.

③ ἡ ἡμέρα τῆς π.: 오순절날, 행2:1, 20:16.

☞**오순절**(행2:1, 20:16, 고전16:8).

4006. πεποίθησις, εως, ἡ [pĕpŏithē-sis][6회] 페포이데시스

명 3958의 대체어의 완료시제에서 유래: 신임, 신뢰, 확신, 신념, 고후1:15, 3:4, 10:2, 8:22, 엡3:12, 빌3:4.

☞**확신**(고후1:15, 3:4), **믿음**(엡3:12), **신뢰함**(빌3:4), **담대함**(고후10:2).

4007. περ [pĕr] 페르

접 [후접어] 4008의 어간에서 유래: 뜻을 강조하거나 범위를 넓혀 주는 역할을 한다. 참으로, 실로, [신약에서는 다른 낱말에 붙어 다니는 것이 상례이다] διόπερ, ἐάνπερ, εἴπερ ἐπειδήπερ, ἐπείπερ, ἤπερ, καθάπερ, καίπερ ὅσ- περ, ὥσπερ.

☞**~대로**(막15:6, 히3:6,14, 6:3).

4008. πέραν [pĕran] [23회] **페란**

부 [장소] '꿰뚫다'의 파생어의 대격으로 보임:

1) [부사로, 전치사와 함께] 건너편으로, 마8:18,28, 14:22, 16:5, 막4:35, 5:21, 6:45, 8:13.

2) [속격을 지배하는 전치사격으로]

① ['어디로?'라는 질문에 대한 대답으로] 요6:1.

② ['어디서?'라는 질문에 대한 대답으로] 막5:1, 마19:1, 눅8:22, 요1:28.

③ [많은 장소들이 열거되는 앞에] 마4:25, 막3:8.

☞**저편**(눅8:22, 요3:26), **건너편**(마4:25, 요1:28), **건너**(마19:1, 요6:17).

4009. πέρας, ατος, τό [pĕras] [4회] **페라스**

명 4008의 동일어에서 유래: 끝, 한계, 견계.

1) [장소에 대하여] 끝, 마12:42, 눅11:31, 롬10:18.

2) [사건이나 행동에 대해서] 끝, 결말, 히6:16.

☞**끝**(마12:42, 눅11:31, 롬10:18), **최후**(히6:16).

4010. Πέργαμος, ου, ἡ [Pĕrgamŏs] 페르가모스

Πέργαμον, ου, τό [Pĕrgamŏn] [2회] **페르가몬**

고명 4444에서 유래; 강하게 하다: 소아시아의 한 도시 '버가모', 계1:11, 2:12.

☞**버가모**(계1:11, 2:12).

4011. Πέργη, ης, ἡ [Pĕrgē] [3회] **페르게**

고명 4010과 동일어에서 유래; 탑: 소아시아의 한 도시 '버가', 행13:14, 14:25.

☞**버가**(행13:14).

4012. περί [pĕri] [334회] **페리**

전 4008의 어간에서 유래:

1. [속격지배, 어떤 행동과 사물이나 사람의 관련됨을 표시]

1) [어떤 말이나 글로 된 표현과 그 평가를 나타내는 정신적인 행위를 의미하는 동사 뒤에서] ~에 대하여. δοκεῖ περὶ τοῦ Χριστοῦ τί ὑ- μῖν: 너희는 그리스도에 대하여 어떻게 생각하느냐, 마22:42, 18:19, 요7:17.

2) [고려하다, 묻다, 꾸짖다, 칭찬하다, 제출(고발)하다 등의 동사 뒤에서] ~때문에, ~위하여. περὶ οὗ... οἱ κατήγοροι οὐδεμίαν αἰτίαν ἔφερον: 원고들이 이런 종류의 일 때문에 고발하지 않았다, 눅3:15, 19:37, 요8:26, 행25:18, 골1:3.

3) [다른 동사 뒤에서] ~와 관련하여, ἀναβαίνειν περὶ τοῦ ζητήματος: 그 문제와 관련하여 올려보내다, 행15:2, 고전7:37, 골4:10, 히11:20, 요삼1:2.

4) [관사와 함께] ~의 처지, 입장, 상태. τὰ περὶ (τοῦ) Ἰησοῦ [기적과 관련되어] 예수에 대한 소문, 막5:27, 눅24: 19, 행18:25.

2. [대격지배]

1) [장소에 대하여]

① 주위, 둘레, 두루, 근처. ἕως ὅτου σκάψω περὶ αὐτήν: 내가 두루 팔 때까지, 눅13:8, 행22:6.

② 가까운 장소. αἱ περὶ αὐτὰς πόλεις: [소돔과 고모라와] 그 이웃 도시들, 행28:7, 유1:7.

2) [시간에 대하여] 경, 쯤, χθὲς περὶ ἕκτην ὥραν: 세 시경, 마20:3, 막6:48, 행22:6.

3) ~으로, ~가지고, ~에, 눅10:40, 행19:25.

4) ~에 대한, ~에 관한. αἱ. π. τὰ λοιπὰ ἐπιθυμίαι: 재물에 대한 욕심, 막4:19, 빌2:23, 딤전6:21, 딤후2:18, 딛2:7.

☞**〈속격〉관하여, 대하여**(마18:19, 요7:17), **위하여**(눅3:15), **관하여**(고전7:37), **〈대격〉주위, 둘레**(눅13:8), **가까운, 근처**(막3:8), **〈시간〉경, 쯤**(마20:3), **~으로, ~에**(눅10: 40), **~관한**(딤전6:21).

4013. περιάγω [pĕriagō] [6회] **페리아고**

동 미완료 περιῆγον, 4012와 71에서 유래:

1) [타동사] 데리고 다니다, 고전9:5.

2) [자동사] 돌아다니다, 이리저리 다니다, 마4:23, 23:15, 막6:6, 행13:11.

☞**두루 다니다**(마4:23, 막6:6), **데리고 다니다**(고전9:5).

4014. περιαιρέω [pĕriairĕō] [4회]

페리아이레오

동 제2부정과거 부정사 περιελεῖν, 제2부정과거 분사 περιελών, 미완료수동태 3인칭단수 περιῃρεῖτο, 4012와 138에서 유래:

1) [문자적으로] 주위에서 발견되는 것을 치워버리다, 치워버리다, 없이하다, 제거하다, 행27:40, 고후3:16.
2) 죄를 없이하다, 제거하다, 히10:11. [수동태] 행27:20.

☞**없어지다**(행27:20), **끊다**(행27:40), **벗겨지다**(고후3:16), **죄를 제거하다, 죄를 속하다, 없게 하다**(히10:11).

4015. περιαστράπτω [pĕriastraptō][2회] **페리아스트랍토**

동 제1부정과거 περιήστραψα, 4012와 797에서 유래:

1) [타동사] 두루 비치다, 행9:3, 22:6.
2) [자동사] 빛나다, 행22:6.

☞**둘러 비추다**(행9:3, 22:6).

4016. περιβάλλω [pĕriballō][23회] **페리발로**

동 미래 περιβαλῶ, 제2부정과거 πε- ριέβαλον, 제2부정과거명령 περίβα- λε, 제2부정과거 부정사 περιβαλεῖν, 제2부정과거 중간태 περιεβαλόμην, 미래 중간태 περιβαλοῦμαι, 완료수동태, 완료수동분사 περιβεβλημένος, 4012와 906에서 유래:

1) 주위에 놓다. περιβαλοῦσιν οἱ ἐχθροί σου χά- ρακά σοι: 너를 둘러 토성을 쌓는다, 눅19:43.
2) 옷을 입히다, περιβεβλη- μένος σινδόνα ἐπὶ γυμνοῦ: 벗은 몸에 베 홑이불을 두르고, 마6:31, 막14:51, 눅12:27, 계3:5,18.

☞**입다**(마6:29, 눅12:27, 계17:4), **입히다**(마25:36, 눅23:11, 요19:2), **두르다**(막14:51), **쌓다**(눅19:43).

4017. περιβλέπω [pĕriblĕpō][7회] **페리블레포**

동 중간태 περιβλέπομαι, 미완료, 3인칭단수 περιεβλέπετο, 제1부정과거분사, περιβλεψάμενος, 4012와 991에서 유래: 둘러보다, 막3:34, 9:8, 눅6:10.

☞**둘러보다**(막3:5, 11:11, 눅6:10).

4018. περιβόλαιον, ου, τό [pĕribŏla-iŏn][2회] **페리볼라이온**

명 4016의 가정된 파생어의 중성: 덮는 것, 쓰는 것, 싸는 것, 외투, 휘장, 덮개, 고전11:15, 히1:12.

☞**가리는 것**(고전11:15), **의복**(히1:12).

4019. περιδέω [pĕridĕō][1회] **페리데오**

동 과거완료수동태 3인칭단수 περιε- δέδετο, 4012와 1210에서 유래: 두루싸다, 요11:44.

☞**싸이다**(요11:44).

4020. περιεργάζομαι [pĕriĕrgazŏmai][1회] **페리에르가조마이**

동 중간태. 디포넌트. 4012와 2038에서 유래: 필요 없이 ~을 하다, 쓸데없이 ~을 하다, 남의 일을 참견하다, 살후3:11.

☞**일을 만들기만 하는 사람이 되다**(살후3:11).

4021. περίεργος, ον [pĕriĕrgŏs][2회] **페리에르고스**

형 4012와 2041에서 유래:

1) [사람에 대해서] 쓸데없이 참견하는, [명사] 쓸데없이 참견하는 사람.
2) [사물에 대해서] 요술에 속한, 행19:19.

☞**마술을 행하는**(행19:19), **쓸데없는 말을 하는**(딤전5:13).

4022. περιέρχομαι [pĕriĕrchŏmai][4회] **페리에르코마이**

동 디포넌트. 제2부정과거 περιῆλ- θον, 4012와 2192에서 유래: 돌아다니다, 이리저리 다니다, 행19:13, 히11:37, 딤전5:13, 돌아서 가다, 행28:13.

☞**돌아다니다**(행19:13, 딤전5:13), **둘러가다**(행28:13), **유리하다**(히11:37).

4023. περιέχω [pĕriĕchō][2회] **페리에코**

동 제2부정 과거 περιέσχον, 4012와 2192에서 유래:

1) 둘러싸다, 엄습하다, 눅5:9.
2) [타동사] 내포하다, 포함하다, 행23:25.
3) [자동사] 벧전2:6.

☞**(두려움이) 둘러싸다, 놀라다**(눅5:9), **기록하다**(벧전2:6).

4024. περιζώννυμι and περιζωννύω [pĕrizōnnümi][6회] **페리존뉘미**

동 미래 중간태, περιζώσομαι, 제1부정과거 중간태 περιεζωσάμην, 제1부정과거명령 περίζωσαι, 제1부정과거완료수동분사 περιεζωσμένος, 4012와 2224에서 유래: 둘러

띠다.
1) [능동태] 동이다, 계1:13, 15:6, 눅12:35.
2) [중간태] 동이다, 눅12:37, 17:8, 행12:8, 엡6:14, 계1:13, 15:6.
☞**동이다, 띠를 띠다**(눅12:35, 행12:8, 계15:6).

4025. περίθεσις, εως, ἡ [pĕrithĕsis][1회] **페리데시스**
명 4060에서 유래: 둘러차는 것, 입는 것, 벧전3:3.
☞**차는 것**(벧전3:3).

4026. περιίστημι [pĕriistēmi][4회] **페리이스테미**
동 제2부정과거 περιέστην, 제2부정과거완료분사 περιεστώς, 현재, 중간태, 명령, 2인칭단수 περιίστασο, 4012와 2476에서 유래:
1) [능동태] 주위에 놓다.
① 둘러서다[제2부정 과거로 쓰인 경우] 행25:7.
② 둘러서다, 곁에 서다[완료형으로 쓰인 경우] 요11:42.
2) [중간태] 피하다, 딤후2:16, 딛3:9.
☞**둘러서다**(요11:42, 행25:7), **피하다**(딛3: 9), **~로부터 떨어져 있다, 버리다**(딤후2:16).

4027. περικάθαρμα, ατος, τό [pĕrikatharma][1회] **페리카다르마**
명 4012와 2508의 합성어에서 유래: [철저히 청소함으로써 제거된 것] 때, 쓰레기, 찌끼, 더러운 물건, 화해의 제물, 고전4:13.
☞**더러운 것**(고전4:13).

4028. περικαλύπτω [pĕrikalüptō][3회] **페리칼뤼프토**
동 제1부정과거분사 περικαλύψας, 완료수동분사 περικεκαλυμμένος, 4012와 2572에서 유래: 덮다, 가리다, 씌우다, 막14:65, 눅22:64, 싸다, 히9:4.
☞**얼굴을 가리다**(막14:65), **눈을 가리다**(눅22:64), **씌워지다, 싸다**(히9:4).

4029. περίκειμαι [pĕrikĕimai][5회] **페리케이마이**
동 중간태. 디포넌트. 4012와 2749에서 유래:
1) 주위에 놓여있다, 위치하다.
① [문자적으로] 막9:42, 눅17:2.
② [상징적으로] 둘러서다, 둘러있다, 히12:1.
2) 입다.
① [문자적으로] 행28:20.
② [상징적으로] 지배를 받다, 지니다, 히5:2.
☞**매이다**(막9:42, 눅17:2, 행28:20), **휩싸이다, 지배를 받다**(히5:2), **둘러싸다**(히12:1).

4030. περικεφαλαία, ας, ἡ [pĕrikĕphalaia][2회] **페리케팔라이아**
명 4012와 2776의 합성어: 투구, 엡6:17, 살전5:8.
☞**투구**(엡6:17, 살전5:8).

4031. περικρατής, ές [pĕrikratēs][1회] **페리크라테스**
형 4012와 2904에서 유래: 권세를 가지는, 자유로 구사할 수 있는, 제어할 수 있는, 행27:16.
☞**저항할 수 없는, 압도적인**(행27:16).

4032. περικρύπτω [pĕrikrüptō][1회] **페리크뤼토**
동 4012와 2928에서 유래: 주위를 감추다, 숨기다, 눅1:24.
☞**숨기다**(눅1:24).

4033. περικυκλόω [pĕriküklŏō][1회] **페리퀴클로오**
동 미래형 περικυκλώσω, 둘러싸다, 포위하다, 눅19:43.
☞**두르다**(눅19:43).

4034. περιλάμπω [pĕrilampō][2회] **페리람포**
동 제1부정과거 περιέλαμψα, 4012와 2989에서 유래: 두루 비치다, 눅2:9, 행26:13.
☞**두루 비추다**(눅2:9), **둘러 비추다**(행26: 13).

4035. περιλείπω [pĕrilĕipō][2회] **페릴레이포**
동 4012와 3007에서 유래: 주위에 남아있다, [수동태] 살아남다, 잔류하다, 살전4:15.
☞**남아있다**(살전4:15), **남다**(살전4:17).

4036. περίλυπος, ον [pĕrilüpŏs][5회] **페릴뤼포스**
형 4012와 3077에서 유래: 매우 슬픈, 막6:26, 눅18:23.
☞**매우 고민하는**(마26:38, 막14:34, 눅18:24), **심히 근심하는**(막6:26, 눅18:23).

4037. περιμένω [pĕrimĕnō][1회] **페리메노**
동 제1부정과거 περιέμεινα, 제1부정과거명령 περίμεινον, 기다리다, 행1:4, 10:24.

☞**기다리다**(행1:4).

4038. πέριξ [pĕrix][1회] **페릭스**

부 4012에서 유래: 주변에, 두루, 도처에, ~의 근처에, ~의 사방에, 행5:16.

☞**부근에**(행5:16).

4039. περιοικέω [pĕriŏikĕō][1회] **페리오이케오**

동 4012와 3611에서 유래: 주위에서 살다, 이웃에서 살다, 눅1:65.

☞**근처에 살다**(눅1:65).

4040. περίοικος, ον [pĕriŏikŏs][1회] **페리오이코스**

형 4012와 3624에서 유래: 주위에 사는, 이웃에 사는, 눅1:58.

☞**이웃에 사는, 이웃**(눅1:58).

4041. περιούσιος, ον [pĕriŏusiŏs][1회] **페리우시오스**

형 4012와 1501의 합성어의 분사여성형에서 유래: 독특한, 택함을 받은, 특별한, 자기 자신의, ~의 자기 소유의, 딛2:14.

☞**자기**(딛2:14).

4042. περιοχή, ῆς, ἡ [pĕriŏchē][1회] **페리오케**

명 4023에서 유래:
1) 성서 구절의 내용, 문구.
2) 성서의 부분, 행8:32.

☞**구절**(행8:32).

4043. περιπατέω [pĕripatĕō][95회] **페리파테오**

동 미완료 περιεπάτουν, 미래 περιπα- τήσω, 제1부정 과거 περιεπάτησα, 과거완료3인칭단수 πεπατήκει, 4012와 3961에서 유래: 돌아다니다.
1) [문자적으로]
① 두루 다니다, 머물러 있다, 막11:27, 요10:23, 계2:1.
② 나타나다, π. ἐν τοῖς Ἰουδαίοις: [예수께서] 유대인 앞에 나타나다, 요11:54.
③ 걷다, 가다, π. διὰ τοῦ φωτός: 빛 가운데로 가다, 마14:26, 막6:48, 요6:19, 계21:24.
2) [상징적으로]
① 살아가다, 살다, 엡4:1, 골1:10, 롬13:13.
② [육체적인 생활을 가리키는 경우] διὰ πίστεως περιπατοῦμεν, οὐ διὰ εἴδους, 고후5:7, 10:3.

☞**다니다**(마4:18, 눅20:46, 요21:18), **걸어가다**(마9:5, 눅5:23, 요5:9), **걷다**(마14:25, 막6:48, 행3:9), **걸어오다**(마14:26, 막6:49), **지나가다**(막1:16), **준행하다**(막7:5), **밟다**(눅11:44), **가다**(눅24:17), **지키다**(행21:21), **행하다**(롬8:4, 고전3:3, 엡2:2).

4044. περιπείρω [pĕripĕirō][1회] **페리페이로**

동 제1부정과거 περιέπειρα, 4012와 4008에서 유래: 꿰뚫다, 찌르다, 딤전6:10.

☞**찌르다**(딤전6:10).

4045. περιπίπτω [pĕripiptŏ][3회] **페리핍토**

동 제2부정과거 περιέπεσον, 4012와 4098에서 유래: 우연히 ~와 만나다, ~에 빠지다.
1) [문자적으로] 만나다, 눅10:30, 행27: 41.
2) [상징적으로] πειρασμοῖς ποικίλοις, 약1:2.

☞**만나다**(눅10:30, 행27:41, 약1:2).

4046. περιποιέομαι [pĕripŏiĕŏmai][3회] **페리포이에오마이**

동 4012와 4160에서 유래된 중간태: 만나다, 얻다, 딤전3:13.

☞**삼다**(행20:28), **얻다**(딤전3:13).

4047. περιποίησις, εως, ἡ [pĕripŏiē-sis][5회] **페리포이에시스**

명 4046에서 유래:
1) 보호, 보전, 구원, 히10:39.
2) 얻는 것, 살전5:9, 살후2:14.
3) 소유, 재산, 엡1:14, 벧전2:9.

☞**얻음**(엡1:14, 살전5:9, 살후2:14), **구원함**(히10:39), **소유**(벧전2:9).

4048. περιῤῥήγνυμι [pĕrirrhĕgnümi][1회] **페리르레그뉘미**

동 제1부정과거분사 περιρήξας, 4012와 4486에서 유래: 찢어버리다, 행16:22.

☞**찢어버리다**(행16:22).

4049. περισπάω [pĕrispaō][1회] **페리스파오**

동 미완료수동태 2인칭단수 περιεσ- πᾶτο, 4012와 4685에서 유래:
1) [수동태] 끌리다, 끌려가다.
2) 마음이 어수선하다, 아주 바쁘다, 과로하다, 눅10:40.

Π

☞**마음이 분주하다**(눅10:40).

4050. περισσεία, ας, ἡ [pĕrissĕia][4회] **페릿세이아**

명 4052에서 유래:

1) 나머지, 풍부, 많음, 롬5:17, 고후8:2, 10:15, 약1:21.

☞**넘침**(롬5:17, 고후8:2, 약1:21).

4051. περίσσευμα, ατος, τό [pĕrissĕuma][5회] **페릿슈마**

명 4052에서 유래:

1) 풍부, 충만, 마12:34, 눅6:45, 고후8:14.

2) 나머지, 부스러기, 막8:8.

☞**가득한 것**(마12:34, 눅6:45), **남은 (것)**(막8:8), **넉넉한 것**(고후8:14).

4052. περισσεύω [pĕrissĕuō][39회] **페릿슈오**

동 미완료 ἐπερίσσευον, 미래 περισ- σεύσω, 제1부정과거 ἐπερίσσευσα, 미래수동태 περισσευθήσομαι, 4053에서 유래:

1. [자동사]

1) [물건에 대하여]

① 남다, 마14:20, 요6:13.

② 풍성하다, 마5:20, 막12:44, 고후1: 5, 빌1:26.

③ 매우 부하다, 넘치다, 고후3:9, 9:12, 롬3:7.

④ 늘다, 자라다, 행16:5, 빌1:9.

2) [사람에 대하여]

① 풍부하게 가지고 있다, 넉넉하다, 부하다, 롬15:13, 고전8:8, 고후9:8.

② 뛰어나다, 탁월하다, 고전15:58, 골2:7.

③ 발전하다, 살전4:1,10.

2. [타동사] 풍부하게 하다, 매우 부하게 하다, 마13:12, 엡1:8, 살전3:12.

☞**낫다**(마5:20), **넉넉하다**(마13:12, 눅12:15), **남다**(마14:20, 15:37, 눅9:17), **풍족하다**(마25:29, 막12:44, 눅15:17), **늘어가다**(행16:5), **풍성하다**(롬3:7, 고전8:8, 빌1:9), **넘치다**(고후1:5, 엡1:8, 골2:7), **풍부하다**(빌4:18), **넘치게 하다**(롬15:13, 살전3:12). **[명] 풍부**(빌4:12).

4053. περισσός, ή, όν [pĕrissŏs][6회] **페릿소스**

형 4012에서 유래:

1) 비상한, 비범한, 놀라운, 마5:47, 롬3:1.

2) 풍성한, 풍부한.

① 필요한 것 이상의, 요10:10.

② 남는, 쓸데없는, 고후9:1.

3) 이상의 것, 마5:37, 막6:51.

☞**지나는**(마5:37), **나은**(마11:9), **풍성한**(요10:10), **더하는**(고전12:24), **너무 많은**(고후2:7), **지나친**(고후10:8), **넘치는**(엡3:20).

4054. περισσότερον [pĕrissŏtĕrŏn] **페릿소테론**

형 4055의 중성.

☞**더 많은**(막7:36, 고전15:10, 히6:17).

4055. περισσότερος, τέρα, ον [pĕrissŏtĕrŏs][17회] **페릿소테로스**

형 4053의 비교급: 더 큰, 더 한,

1) [명사와 함께 사용되는 경우] 막12:40, 눅20:47, 고전12:23,24.

2) 더욱더, 눅12:48, 고후10:8, 훨씬, 마11:9, 눅7:26.

3) [중성단수는 부사로 사용됨]

① 더욱 더, 히6:17, 7:15.

② 훨씬 더, 막7:36.

☞**더 나은**(마11:9), **더 풍부한**(고전12:24), **지나친**(고후10:8), **더 많은**(눅12:48).

4056. περισσοτέρως [pĕrissŏtĕrōs][12회] **페릿소테로스**

부 4055에서 유래:

1) [비교적으로]

① 더욱 더, 고후11:23, 갈1:14.

② 훨씬 더, 빌1:14, 히2:1, 13:19.

2) 특별히, 고후1:12, 2:4, 7:15.

3) 더욱, 가일층, 살전2:17.

☞**더욱**(막15:14, 고후7:15, 살전2:17), **특별히**(고후1:12), **많이**(고후7:13), **넘치도록**(고후2:4, 11:23).

4057. περισσῶς [pĕrissōs] **페릿소스**

부 4053에서 유래: 굉장히, 한량없이, 매우, 더욱 더, 마27:23, 막15:14, 10:26.

☞**더욱**(마27:23), **매우**(막10:26), **심히**(행26:11).

4058. περιστερά, ᾶς, ἡ [pĕristĕra][1회] **페리스테라**

명 불확실한 파생어에서 유래: 비둘기, 마21:12, 막11:15, 눅2:24, 요2:14.

☞**비둘기**(마3:16, 눅2:24, 요2:16).

4059. περιτέμνω [pĕritĕmnō][17회] **페리템노**

동 제2부정과거 περιέτεμον, 수동태: 완료분사 περιτετμημένος, 제1부정과거 περιετμήθην, 4012와 5114의 어간에서 유래: 잘라내다, 할례를 행하다.

Π

1) [문자적으로] 눅1:59, 요7:22, 행7:8.
2) [상징적으로] 세례에 대하여, 골2:11.
☞**할례하다**(눅1:59, 행21:21), **할례 행하다**(요7:22, 행15:5, 고전7:18), **할례 받다**(행15:1, 갈2:3, 골2:11).

4060. πεgιτίθημι [pĕritithēmi][8회] **페리티데미**
통 제1부정과거 περιέθηκα, 제2부정과거명령 2인칭복수 περίθετε, 제2부정과거분사 περιθείς, 수동태미완료 περιετιθέμην, 완료분사 περιτεθει- μένος, 제1부정과거 περιετέθην, 4012와 5087에서 유래:
1) 주위에 놓다, 두다, 마21:33, 막12:1, 15:36, 27:48.
2) 입히다, 마27:28.
3) 씌우다, 막15:17.
4) [상징적으로] 입히다, 부여하다, 주다, 고전12:23.
☞**두르다**(마21:33, 막12:1), **꿰다**(마27:48, 막15:36), **씌우다**(막15:17), **매다**(요19:29), **입혀 주다**(고전12:23).

4061. περιτομή, ῆς, ἡ [pĕritŏmē][36회] **페리토메**
명 4059에서 유래: 할례.
1) [종교적 의식으로서의] 할례, 요7:22, 행7:8, 갈5:11, 빌3:5.
2) [수동태] 할례 받은 상태, 롬2:25, 고전7:19, 갈5:6.
3) [비유적으로] 영적 할례, 롬2:29, 골2:11.
4) 할례 받은 자.
① 유대인, 롬3:30, 골3:11, 딛1:10.
② 그리스도인, 빌3:3.
☞**할례**(요7:22, 롬2:25, 갈5:6), **할례자**(행11:2, 롬3:30, 갈2:7), **할례파**(빌3:3, 딛1:10).

4062. περιτρέπω [pĕritrĕpō][1회] **페리트레포**
통 4012와 5157에서 유래: 돌리다, 변하게 하다, 행26:24.
☞**돌리다, ~하게 하다**(행26:24).

4063. περιτρέχω [pĕritrĕchō][1회] **페리트레코**
통 미완료 περιέτρεχον, 제2부정과거 περιέδραμον, 제2부정과거분사 πε- ριδραμών, 4012와 5143에서 유래: 뛰어 돌아다니다, 막6:55.
☞**돌아 다니다**(막6:55).

4064. περιφέρω [pĕriphĕrō][3회] **페리페로**
통 4012와 5342에서 유래:
1) 지니고 다니다, 가지고 다니다, 막6:55, 고후4:10.
2) [상징적으로, 수동태] 밀려다니다, 끌려 다니다, 엡4:14.
☞**메다**(막6:55), **짊어지다**(고후4:10), **밀리다**(엡4:14), **끌리다**(히13:9), **불려가다**(유1:12).

4065. περιφρονέω [pĕriphrŏnĕō][1회] **페리프로네오**
통 4012와 5426에서 유래: 무시하다, 깔보다, 멸시하다, 딛2:15.
☞**업신여기다**(딛2:15).

4066. περίχωρος, ον [pĕrichōrŏs][9회] **페리코로스**
형 4012와 5561에서 유래: 인근의, 이웃의, 마14:35, 막6:55, 눅4:14.
☞**사방의**(마3:5, 막1:28, 눅4:14), **근방의**(마14:35, 눅8:37, 행14:6), **부근의**(눅3:3).

4067. περίψημα, ατος, τό [pĕripsĕma][1회] **페립세마**
명 4012와 ψάω '문지르다'의 합성어에서 유래: 때, 쓰레기, 고전4:13, 대속물, 희생.
☞**찌꺼기**(고전4:13).

4068. περπερεύομαι [pĕrpĕrĕuŏmai][1회] **페르페류오마이**
통 디포넌트, πέρπερος '허풍선'에서 유래: 자랑하다, 뽐내다, 고전13:4.
☞**자랑하다**(고전13:4).

4069. Περσίς, ίδος, ἡ [Pĕrsis][1회] **페르시스**
고명 로마 기독교인 '버시', 롬16:12.
☞**버시**(롬16:12).

4070. πέρυσι [pĕrüsi] **페뤼시**
부 4009에서 유래: 작년, 일 년 전, 고후8:10, 9:2.
☞**일 년 전에**(고후8:10), **일 년 전부터**(고후9:2).

4071. πετεινόν, οῦ, τό [pĕtĕinŏn][14회] **페테이논**
명 4072의 파생어에서 유래: 새, 마13:4, 막4:4, 눅12:24.
☞**새**(마6:26, 눅12:24, 롬1:23, 약3:7), **나는 것**(행10:12, 11:6).

4072. πέτομαι [pĕtŏmai][5회] **페토마이**

동 중간태. 디포넌트: 날다, 계4:7, 8:13, 12:14, 14:6, 19:17.

☞**날아가다**(계4:7, 8:13, 12:14), **날다**(계19: 17).

4073. πέτρα, ας, ἡ [pĕtra][15회] **페트라**

명 4074와 동일어의 여성형:

1) 바위.

① [문자적으로] 마27:60, 막15:46.

② Πέτρος: '베드로'의 이름과 관련된 것, 마16:18.

2) 돌, 롬9:33, 벧전2:8.

☞**반석**(마7:24, 눅6:48, 롬9:33), **바위**(마27: 51, 눅8:6, 계6:15).

4074. Πέτρος, ου, ὁ [Pĕtrŏs][156회] **페트로스**

고명 기본형으로 보임; 반석, 바위:12사도 중의 한 사람 '베드로', 마4:18, 10:2, 막3:16, 눅5:8.

☞**반석**(요1:42), **베드로.**

4075. πετρώδης, ες [pĕtrōdēs][4회] **페트로데스**

형 4073과 1491에서 유래: 바위로 된, 돌이 많은, 마13:5,20, 막4:5,16.

☞**돌이 많은**(마13:5, 막4:5,16).

4076. πήγανον, ου, τό [pēganŏn][1회] **페가논**

명 4078에서 유래: 운향[남부 유럽 원산의 약초; 잎은 쓰고 강한 향기가 있으며 흥분제·자극제로 쓰임], 눅11:42.

☞**운향**(눅11:42).

4077. πηγή, ῆς, ἡ [pēgē][11회] **페게**

명 4078에서 유래: 샘.

1) [문자적으로] 약3:11,12, 벧후2:17.

2) [상징적으로] 근원, 공급원, 우물, 요4:14, 계21:6.

☞**근원**(막5:29, 계14:7, 16:4), **우물**(요4:6), **샘물**(요4:14, 계21:6), **샘**(약3:11, 벧후2:17, 계7:17).

4078. πήγνυμι [pēgnümi][1회] **페그뉘미**

동 제1부정과거 ἔπηξα, 제1부정과거분사 πήξας,

1) 튼튼하게 하다, 확정하다.

2) 세우다, 천막을 치다, 히8:2.

☞**장막을 세우다[베풀다]**(히8:2).

4079. πηδάλιον, ου, τό [pēdaliŏn][2회] **페달리온**

명 πηδόν '노의 모서리'의 파생어로 추정: [배의] 키, 약3:4, 행27:40.

☞**키**(행27:40, 약3:4).

4080. πηλίκος, η, ον [pēlikŏs][2회] **펠리코스**

대 [관계대명사]: 얼마나 큰가?

1) [문자적으로] ἴδετε πηλίκοις ὑμῖν γράμμασιν ἔγραψα: 내 손으로 너희에게 이렇게 큰 글자로 쓴 것을 보라, 갈6:11.

2) [상징적으로] 얼마나 위대한, θεωρεῖτε πηλίκος οὗτος: [이러한] 이 사람이 얼마나 위대한가를 생각해보라, 히7:4.

☞**이렇게 큰**(갈6:11), **얼마나 위대한[높은]**(히7:4).

4081. πηλός, οῦ, ὁ [pēlŏs][6회] **펠로스**

명 기본형으로 보임: 진흙, 롬9:21, 요9:6.

☞**진흙**(요9:6,15, 롬9:21).

4082. πήρα, ας, ἡ [pēra][6회] **페라**

명 불확실한 어원에서 유래: 전대, 배낭, 여행주머니, 자루, 마10:10, 막6:8, 눅9:3.

2) 구걸주머니, 거지자루.

☞**배낭**(마10:10), 막6:8, 눅22:36).

4083. πῆχυς, εως, ὁ [pēchüs][4회] **페퀴스**

명 불확실한 어원에서 유래: 앞 팔, 규빗[측정단위, 약18인치] 마6:27, 눅12:25, 요21:8, 계21:17.

☞**자**(마6:27, 눅12:25), **칸**(요21:8), **규빗**(계21:17).

4084. πιάζω [piazō][12회] **피아조**

동 제1부정과거 ἐπίασα, 제1부정과거수동태 ἐπιάσθην, 971의 다른 형으로 보임: 붙잡다, 잡다, 쥐다.

1) 쥐다, 행3:7.

2) 적의를 가지고 잡다, 체포하다, 감금하다, 요7:30,32,44, 행12:4, 고후11:32.

3) 잡다, 낚다, 요21:3, 10, 계19:20.

☞**잡다**(요7:30, 행3:7, 고후11:32), **잡히다**(계19:20).

4085. πιέζω [piĕzō][1회] **피에조**

동 완료수동분사 πεπιεσμένος, 4084의 다른 형: 누르다, 눅6:38.

☞**누르다**(눅6:38).

4086. πιθανολογία, ας, ἡ [pithanŏlŏ- gia][1회] **피다놀로기아**

명 3982와 3056의 파생어의 합성어에서 유래: 설복적인 말, 설득력 있는 말, 설복하는 기술, 골2:4.

☞**교묘한 말**(골2:4).

4087. πικραίνω [pikrainō][4회] **피크라이노**

동 미래 πικρανῶ, 제1부정과거수동태 ἐπικρ

άν, 4089에서 유래: 가혹하게 만들다, 쓰게 하다, 쓰라리게 하다.
1) [문자적으로] 계10:9.
2) [상징적으로]비참하게 하다, 골3:19.
☞**괴롭게 하다**(골3:19), **쓰게 하다**(계8:11), **쓰다**(계10:9,10).

4088. πικρία, ας, ἡ [pikria][4회] 피크리아
명 4089에서 유래: 씀.
1) [문자적으로]
① 쓴 쓸개, 행8:23.
② 쓴 뿌리, 히12:15.
2) [상징적으로] 신랄함, 괴로움, 증오, 분노, 가혹, 롬3:14, 엡4:31.
☞**악독**(행8:23, 롬3:14, 엡4:31), **쓴 뿌리, 씀**(히12:15).

4089. πικρός, ά, όν [pikrŏs][2회] 피크로스
형 4078에서 유래한 듯함: 쓴, 쓰라린.
1) [문자적으로] 약3:11.
2) [상징적으로] 쓰라린, 몹쓸, 심한, 약3:14.
☞**가혹한, 쓴**(약3:11), **독한**(약3:14).

4090. πικρῶς [pikrōs][2회] 피크로스
부 4089에서 유래: 아프게, 쓰라리게, 심하게, 마26:75, 눅22:62.
☞**심히**(마26:75, 눅22:62).

4091. Πιλᾶτος, ου, ὁ [Pilatŏs][55회] 필라토스
고명 라틴어에서 유래: 로마인 '빌라도', 막15:1, 마27:2, 눅3:1.
☞**빌라도**(마27:2, 막15:1, 눅3:1, 13:1, 행3:13, 4:27, 13:28, 딤전6:13).

4092. πίμπρημι [pimprēmi][1회] 핌프레미
동 수동태 πίμπραμαι, 미완료 πίμπ- ρασθαι, 제1부정과거분사 πρησθίς, 기본형 πρέω의 연장형과 중복형: [수동] 열을 내며 타다, 부풀다, 붓다, 부어 오르다, 행28:6.
☞**붓다**(행28:6).

4093. πινακίδιον, ου, τό [pinakidiŏn][1회] 피나키디온
명 4094의 단축형: 작은 판, 눅1:63.
☞**서판**(눅1:63).

4094. πίναξ, ακος, ἡ [pinax][5회] 피낙스
명 4109의 한 형태로 보임: 쟁반, 접시, 마14:8,11, 막6:25,28, 눅11:39.
☞**소반**(마14:8, 막6:28), **대접**(눅11:39).

4095. πίνω [pinō][73회] 피노
동 미완료 ἔπινον, 미래 πίομαι, 미래2인칭단수 πίεσαι, 제2부정과거 ἔπιον, 제2부정과거 명령 πίε, πιέτω, 제2부정과거부정사 πιεῖν, 완료 πέπωκα, πίω의 연장형에서 유래: 마시다.
1) [문자적으로] 마6:25, 막16:18, 눅1: 15, 요6:53.
2) [상징적으로]
① [땅에 대해서] 히6:7.
② [사람에 대해서] πι- εῖν τὸ ποτήριον: 잔을 마시다, 마20:22,23, 막10:38,39, 요4:14, 7:37, 18:11, 계14:10.
☞**마시다**(마6:25, 눅1:15, 요4:12,13, 14, 고전9:4), **흡수하다**(히6:7).

4096. πιότης, τητος, ἡ [piŏtēs][1회] 피오테스
명 여 πίων '살진'에서 유래: 기름짐, 살찜, 윤택, 롬11:17.
☞**진액**(롬11:17).

4097. πιπράσκω [pipraskō][9회] 피프라스코
동 미완료 ἐπίπρασκον, 완료 πέπρακα, 수동태완료 분사 πεπραμένος, 제1부정과거 ἐπράθην, πράω '가로 지르다'에서 유래: 팔다, 마13:46, 행2:45.
☞**팔다**(마13:46, 막14:5, 행4:34), **팔리다**(롬7:14).

4098. πίπτω [piptō][90회] 핍토
동 미완료 ἔπιπτον, 미래 πεσοῦμαι, 제2부정과거 ἔπεσον, 완료 πέπτωκα, 완료 2인칭단수 πέπτωκες, πέπτωκαν: 넘어지다, 떨어지다.
1) [문자적으로]
① 떨어지다, 마15:27, 눅16:21, 행20:9.
② 넘어지다, 박살이 나다, 엎드러지다, 자빠지다, 마17:15, 막9:20, 마2: 11, 계5:14.
③ 무너지다, 박살나다, 붕괴되다, 마7:25, 행15:16, 히11:30, 계11:13.
2) [상징적으로]
① 망하다, 멸망하다, 계14:8, 18:2.
② 아주 망하다, 롬11:11,22, 히4:11.
③ 떨어지다, 계2:5.
④ 사라지다, 없어지다, 망해버리다, 계17:10.
⑤ 닥치다, 오다, 행13:11, 계11:11.
⑥ 무능해지다, 끝나다, 실패하다, 약해지다, 눅17:16, 고전13:8.
☞**엎드리다**(마2:11, 눅8:41, 계7:11), **무너지다**

(마7:25, 행15:16, 히11:30), **떨어지다**(마10:29, 눅8:14, 계8:10), **빠지다**(마15:14, 눅6:39, 히4:11), **넘어지다**(마17:15, 롬11:11, 14:1), **잃다**(행27:34), **죽다**(고전10:8), **망하다**(계17:10).

4099. Πισιδία, ας, ἡ [Pisidia][2회] 피시디아
고명 외래어에서 유래한 듯: 소아시아의 한 지방 '비시디아', 행13:14, 14:24.
☞**비시디아**(행13:14, 14:24).

4100. πιστεύω [pistěuō][243회] 피스튜오
동 미완료 ἐπίστευον, 제1부정과거 ἐ- πίστευσα, 완료 πεπίστευκα, 과거완료 πεπιστεύκειν, 수동태완료형 πεπί- στευμαι, 제1부정과거 ἐπιστεύθην, 4102에서 유래:
1. 믿다, 확신하다, 신용하다.
2. 신뢰하다, 신앙하다, 믿다.
1) 목적어를 가진 경우
① [여격으로 나오는 경우] 행16:34, 요6:30.
② [εἰς+대격] 요12:44, 갈2:16, 롬10: 14.
③ [ἐπί+여격] 롬9:33, 벧전2:6.
④ [ἐπί+대격] 마27:42, 행9:42.
⑤ [ἔν+여격] 엡1:13, 요3:15.
2) [목적어가 없는 경우] 막15:32, 행4:4.
3) 확신하다, 마8:13, 눅8:50.
3. 맡기다, 눅16:11, 요2:24, 갈2:7.
☞**믿다**(마8:13, 눅1:45, 벧전1:8), **맡기다**(눅16:11, 갈2:7, 딛1:3), **의탁하다**(요2:24, 딤후1:12), **맡다**(롬3:2, 고전9:17).

4101. πιστικός, ἡ, όν [pistikŏs][2회] 피스티코스
형 [νάρδος의 수식어로 나타난다] 막14:3, 요12:3.
1) [πίστις에서 왔다고 볼 때] 신실한, 믿을 만한, 순수한.
2) [πίνω에서 왔다고 볼 때] 마실 수 있는, 액체로 된.
3) [어떤 종류의 이름에서 파생되었다고 볼 때] πιστάκια 혹은 νάρδος: '나드'에서 온 것인지도 모른다.
☞**순전한, 순수한**(막14:3, 요12:3).

4102. πίστις, εως, ἡ [pistis][243회] 피스티스
명 3982에서 유래: 믿음, 신뢰, 신용.
1. [신용이나 신앙을 일으키게 하는 그 무엇]
1) 신실성, 신임성, 마23:23, 롬3:3.
2) 엄숙한 약속, 서약, 딤전5:12.
3) 증거, 담보, 보증, 행17:31.
2. 신뢰, 확신, 신앙.
1) [하나님께 대하여] πίστις θεοῦ: 하나님께 대한 신앙, 신뢰, 확신, 막11:22, 벧전1:21, 히6:1.
2) [그리스도께 대하여] 마8:10, 막2:5, 롬3:22, 갈2:16.
3) ἡ πίσ- τις τοῦ ὀνόματος αὐτοῦ: 그 이름을 믿는 믿음, 행3:16, 빌1:27.
4) [목적어가 없이 나오는 경우가 많다] 롬10:8, 딤전4:6, 행14:27, 갈3:7,9, 히11:1, 고후5:7, 히4:2.
5) [그리스도인의 덕 중의 하나] 살전3: 6, 딤전1:14, 계13:10.
6) [기독교 교훈에 대한 인정과 수락을 의미할 때] 신앙의 자유, 힘, 확신, 약2:14,17,18,20,22,24,26, 롬14:22,23.
7) [신앙의 특별한 은사] 눅17:5, 고전12:9, 13:2.
3. 신앙의 내용, 교리, 롬1:5, 12:6, 갈1: 23, 3:23-25, 딤전1:19, 4:1,6, 6:10, 딤후2:18, 4:7, 유3,20.
☞**믿음**(마8:10, 롬1:8, 히10:22), **도**(행6:7), **충성**(갈5:22), **신앙**(빌1:27, 히6:1).

4103. πιστός, ἡ, όν [pistŏs][67회] 피스토스
형 3082에서 유래:
1. [수동] 믿을 만한, 신실한, 신뢰할 만한, 믿을 마음을 일으켜 주는,
1) [인격적 존재에 대하여]
① [인간에 대해] 마25:21, 눅12:42, 히2:17.
② [하나님에 대하여] 고전1:9, 고후1: 18, 히10:23.
2) [사물에 해하여] 딤전1:15, 딤후2:11.
2. [능동] 신임하는, 신뢰하는, 믿는, 믿음을 가진, 믿음이 가득한, 믿음 있는, 갈3:9, 요20:27, 행16:15.
☞**충성된**(마24:45, 딤전1:12, 계1:5), **충성하는**(마25:21, 계2:10), **진실한**(눅12:42, 엡6:21), **미쁜**(행13:34, 고후1:18, 살후3:3), **믿는**(행16:1, 고후6:15, 딤전4:3), **신실한**(엡1:1, 골1:9, 히3:2, 벧전5:12, 계22:6). **[명] 충신**(계19:11), **충성**(고전4:2), **믿음**(요20:27, 딤전4:12), **신자**(행10:45).

4104. πιστόω [pistŏō][1회] 피스토오
동 제1부정과거수동태 ἐπιστώθην: 확신하

다, 딤후3:14.

☞**확신하다**(딤후3:14).

4105. πλανάω [planaō][39회] 플라나오

동 미래 πλανήσω, 제1부정과거 ἐπλά- νησα, 수동태 완료 πεπλάνημαι, 제1부정과거 ἐπ λανήθην, 4106에서 유래:

1. [능동]

1) 길을 잃게 하다, 나쁜 길로 이끌다, 방황하게 하다.

2) 그릇되게 인도하다, 속이다, 마24:4, 막13:5, 요7:12, 계2:20.

2. [수동] 길을 잃다, 그릇된 길을 가다, 방황하다.

1) [문자적으로] 마18:12,13, 히11:38, 벧전2:25.

2) [상징적으로] 벧전2:25, 벧후2:15, 히5:2, 딛3:3, 히3:10.

① 그릇된 길을 가다, 방황하다, 딛3:3, 히3:10, 5:2.

② 떠나가 버리다, 약5:19.

③ 잘못 생각하다, 잘못하다, 자신을 속이다, 마22:29, 막12:24, 갈6:7.

④ 속다, 미혹 당하다, 눅21:8, 요7:47, 계18:23.

☞**길을 잃다**(마18:12,13), **오해하다**(마22:29, 막12:27), **미혹받다**(마24:4, 고전6:9), **속다**(고전15:33, 딛3:3, 약1:16), **속이다**(갈6:7), **속다**(고전15:33, 딛3:3, 약1:16), **속이다**(갈6:7, 요일1:8), **미혹되다**(히3:10, 5:2, 벧후2: 15), **미혹하다**(계13:14), **유리하다**(히11:38), **꾀다**(계2:20, 12:9).

4106. πλάνη, ης, ἡ [planē][10회] 플라네

명 4108의 여성형: 배회, 잘못, 미혹, 속임, 마27:64, 롬1:27, 엡4:14.

☞**유혹**(마27:64, 엡4:14), **간사**(살전2:3), **미혹**(살후2:11, 벧후3:17, 요일4:6), **어그러짐**(유1:11), **그릇됨**(롬1:27).

4107. πλανήτης, ου, ὁ [planētēs][1회] 플라네테스

명 4107에서 유래: 배회하는 자, 길 잃은 자, 유1:13.

☞**유리(遊離)하는 자**(유1:13).

4108. πλάνος, ον [planŏs][5회] 플라노스

명 형 불확실한 어원에서 유래: 그릇되게 인도하는, 잘못 인도하는, 길을 잃게 하는, 속이는.

1) [형용사] 딤전4:1.

2) [명사] 속이는 자, 사기꾼, 마27:63, 고후6:8, 요이1:7.

☞**속이는 (자)**(마27:63, 고후6:8), **미혹하는 (자)**(요이1:7).

4109. πλάξ, πλακός, ἡ [plax][3회] 플락스

명 4111에서 유래: 넓적한 돌, 판, 고후3:3, 히9:4.

☞**돌판**(고후3:3, 히9:4).

4110. πλάσμα, ατος, τό [plasma][1회] 플라스마

명 4111에서 유래: 빚어진 것, 상, 형상, 그릇, 토기, 질그릇, 롬9:20.

☞**지음을 받은 물건**(롬9:20).

4111. πλάσσω [plassō][2회] 플랏소

동 제1부정 과거 ἔπλασα, 완료 분사 πεπλακώς, 제1부정과거수동태 πεπ- λακώς, 형성하다, 빚다.

1) [어떤 물체를 제조하는 일] 롬9:20.

2) [하나님의 창조 행위] 딤전2:13.

☞**짓다**(롬9:20), **지음을 받다**(딤전2:13).

4112. πλαστός, ή, όν [plastŏs][1회] 플라스토스

형 4111에서 유래: 만들어진, 꾸며놓은, 날조된, 거짓된, 벧후2:3.

☞**지은**(벧후2:3).

4113. πλατεῖα, ας, ἡ [platĕia][9회] 플라테이아

명 4116에서 유래: 넓은 길, 거리, 마12:19, 눅10:10, 행5:15.

☞**큰 거리**(마6:5, 눅10:10, 행5:15), **길**(마12:19, 계21:21, 22:2), **길거리**(눅13:26).

4114. πλάτος, ους, τό [platŏs][4회] 플라토스

명 4116에서 유래: 너비, 엡3:18, 계20:9, 21:16.

☞**너비**(엡3:19, 계21:16). **[부] 널리**(계20:9).

4115. πλατύνω [platünō][3회] 플라튀노

동 수동태, 완료3인칭단수 πεπλάτυν- ται, 제1부정과거 ἐπλατύνθην, 4116에서 유래: 넓게 하다, 확대하다.

1) [문자적으로] 마23:5.

2) [비유적으로] 고후6:11,13.

☞**넓다**(고후6:11), **넓히다**(고후6:13), **넓게 하다**(마23:5).

4116. πλατύς, εῖα, ύ [platüs][1회] 플라튀스

Π

[형] 4111에서 유래: 넓은, 마7:13.
☞**큰**(마7:13).

4117. πλέγμα, ατος, τό [plĕgma][1회]
플레그마
[명] 4120에서 유래: 엮은 것, 짠 것, 꼰 것, 딤전 2:9.
☞**땋은 머리**(딤전2:9).

4118. πλείων, πλειόνως, πλεῖστος [plĕistŏs] 플레이스토스
[형] 4183(πολυς)의 불규칙적인 최상급과 비교급: <최상급>가장 많은, 매우 많은(마11:20, 막4:1)<비교급>더 많은(마21:36, 요4:1).
☞**가장 많은**(마11:20), **대다수의**(마21:8), **많아야, 최대한**(고전14:27).

4119. πλείων [plĕiōn] 플레이온
[형] 4183의 비교급: 더 큰, 마12:41.
☞**더 많은, 더 큰, 더 높은, 더 귀한, 더 오랜, 대다수, 대부분, [부]더, 더욱 더, 더 많이.**

4120. πλέκω [plĕkō][3회] 플레코
[동] [기본형] 제1부정과거 ἔπλεξα, 완료수동분사 πεπλεγμένος: 엮다, 꼬다, 짜다, 땋다, 마27:29, 막15:17, 요19:2.
☞**엮다**(마27:29, 막15:17, 요19:2).

4121. πλεονάζω [plĕŏnazō][9회] 플레오나조
[동] 제1부정과거 ἐπλεόνασα, 4119에서 유래:
1) [자동사]
① 더 많아지다, 커지다, 풍성해지다, 증가하다, 롬5:20, 고후4:15, 살후1:3, 빌4:17.
② 너무 많이 가지다, 고후8:15.
2) [타동사] 증가하게 하다, 더하게 하다, 풍부하게 하다, 살전3:12.
☞**더하다**(롬5:20, 6:1), **남다**(고후8:15), **넘치다**(살전3:12), **풍성하다**(빌4:17, 살후1:3), **흡족하다**(벧후1:8).

4122. πλεονεκτέω [plĕŏnĕktĕō][5회]
플레오넥테오
[동] 제1부정과거 ἐπλεονέκτησα, 제1부정과거 수동태 ἐπλεονεκτήθην, 4123에서 유래:
1) 이용하다, 속이다.
① [사람에 대하여] 고후7:2, 12:18, 살전4:6.
② [사탄에 대하여] 고후2:11. 2)수를 늘이다.
☞**속다**(고후2:11), **해롭게 하다**(고후7:2), **이득을 취하다**(고후12:17,18), **해하다**(살전4:6).

4123. πλεονέκτης, ου, ὁ [plĕŏnĕktēs][4회]
플레오넥테스
[명] 4119와 2192에서 유래: 욕심꾸러기, 탐심 많은 사람, 고전5:10, 6:10, 엡5:5.
☞**탐하는 자**(고전5:10, 엡5:5), **탐욕을 부리는 자**(고전5:11, 6:10).

4124. πλεονεξία, ας, ἡ [plĕŏnĕxia][10회]
플레오넥시아
[명] 4123에서 유래: 탐심, 탐욕, 눅12:15, 롬1:29, 고후9:5.
☞**탐욕**(막7:22, 롬1:29, 벧후2:14), **탐심**(눅12: 15, 골3:5, 벧후2:3), **억지**(고후9:5).

4125. πλευρά, ᾶς, ἡ [plĕura][5회] 플류라
[명] 불확실한 어원에서 유래: 옆구리, 옆, 늑골, 요19:34, 행12:7.
☞**옆구리**(요19:34, 행12:7).

4126. πλέω [plĕō][6회] 플레오
[동] 미완료. 1인칭단수 ἐπλέομεν, 4150의 한 형태로 보임: 항해하다, 바다로 가다, 눅8:23, 행27:24.
☞**행선하다, 항해하다**(눅8:23, 행21:3, 27:24).

4127. πληγή, ῆς, ἡ [plēgē][22회] 플레게
[명] 4141에서 유래: 구타, 강타, 타격, 때림.
1) [문자적으로] 눅12:48, 행16:23, 고후6:5, 11:23.
2) 상처, 행16:33, 계13:14.
3) [비유적으로] 재난, 불행, 계9:18,20, 11:6.
☞**재앙**(계9:20, 11:6, 22:18), **상처**(계13:3,12), **침**(행16:23), **때림**(눅10:30), **맞음**(눅12:48, 행16:33, 고후11:23), **상함**(계13:14).

4128. πλῆθος, ους, τό [plēthŏs][31회]
플레도스
[명] 4130에서 유래:
1. 양, 수, 히11:12.
2. 다수.
1) [물질에 대하여] 행28:3, 약5:20, 벧전4:8,
2) [사람에 대하여]
① 무리, 군중, 눅6:17, 행5:14, 21:36.
② 천사, 눅2:13.
③ 회중, 회, 눅23:1, 행23:7.

④ 민중, 인민, 백성, 눅8:37, 행2:6, 14:4.
⑤ 교제, 단체, 교회, 눅1:10, 19:37, 행15:30, 19:9.

☞**허다함**(히11:12, 약5:20), **무리**(막3:7,8), **백성**(눅1:10), **수많은 사람**(행5:16).

4129. πληθύνω [plēthünō][12회] 플레뒤노

동 미래 πληθυνῶ, 제1부정과거 희구법3인칭 단수 πληθύναι, 수동태미완료 ἐπληθυνόμην, 제1부정과거 ἐπλη– θύνθην, 4128의 다른 형태에서 유래:

1) [타동사]
① [능동] 많아지다, 증가하다, 행6:7, 7:17, 벧전1:2, 벧후1:2.
2) [자동사] 자라다, 증가하다, 행6:1.

☞**성하다**(마24:12), **더 많아지다**(행6:1, 7:17, 9:31), **더하다**(행12:24), **번성하다**(히6:14), **더욱 많다**(벧전1:2, 벧후1:2, 유1:2).

4130. πλήθω [plēthō] 플레도

동 πλέω의 연장형: 채우다, 영향을 주다, 완수하다, 공급하다, 눅1:15.

☞**가득하다**(마22:10, 눅4:28, 행5:17), **적시다**(마27:48), **충만함을 받다**(눅1:15, 41), **차다**(눅1:57, 2:6,22), **채우다**(눅5:7), **충만하다**(행4:8,31, 13:9).

4131. πλήκτης, ου, ὁ [plēktēs][2회] 플렉테스

명 4141에서 유래: 싸움을 좋아하는 사람, 싸움꾼, 딤전3:3, 딛1:7.

☞**구타하는 자**(딤전3:3, 딛1:7).

4132. πλημμύρα, ης [plēmmüra][1회] 플렘뮈라

명 4130의 연장형: 만조, 홍수, 눅6:48.

☞**큰 물**(눅6:48).

4133. πλήν [plēn][31회] 플렌

부 4119에서 유래:

1) [문장이나 절 앞에 나타나 접속사 역할]
① [반의적으로] 그러나, 눅22:22.
② 다만, 그러나, 마11:22,24, 눅6:24.
③ 도리어, 눅23:28, 12:31.
④ 어쨌든, 아무튼, 오직, 고전11:11, 엡5:33, 빌3:16, 4:14. 계2:25.
⑤ ~밖에, ~외에, 행20:23, 빌1:18.
2) [속격을 가지는 전치사격으로] 막12: 32, 요8:10, 행15:28, 27:22.

☞**그밖에, 그 외에, 그러나**(눅22:22), **그렇지만, 게다가, 그럼에도, 다만**(마11:22), **오히려**(눅23:28), **아무튼, 오직**(고전11:11, 엡5:33), **~외에, 밖에**(막12:32).

4134. πλήρης, ες [plērēs][16회] 플레레스

형 4130에서 유래:

1) 가득 찬, 가득한.
① [물건에 대해]
㉠ [속격을 가져]막6:43, 8:19.
㉡ [단독으로] 마15:37.
② [사람에 대해, 속격을 가져] 눅5:12, 행7:55.
2) 완전한, 충분한, 충만한, 막4:28, 요1:14, 요이1:8.

☞**찬**(마14:20, 막6:43), **충실한**(막4:28), **충만한**(눅4:1), **심히 많은**(행9:36), **가득한**(행13:10, 19:28), **온전한**(요이1:8).

4135. πληροφορέω [plērŏphŏrĕō][6회] 플레로포레오

동 제1부정과거명령 πληροφόρησον, 제1부정과거부정사 πληροφορῆσαι, 수동태, 1부정과거부정사 πληροφο– ρηθῆσαι, 제1부정과거수동분사 πλη– ροφορηθείς, 완료수동태 πεπληροφό– ρημαι, 수동태분사 πεπληροφορημέ– νος, 4134와 5409에서 유래:

1) 온전히 채우다, 성취하다, 완성하다, 눅1:1, 딤후4:5, 골4:12.
2) [수동] 확신을 가지다, 확신하다, 골4:12, 롬4:21, 14:5.

☞**이루어지다**(눅1:1), **확신하다**(롬4:21), **확정하다**(롬14:5), **다하다**(딤후4:5), **온전히 (이행하다)**(딤후4:17).

4136. πληροφορία, ας, ἡ [plērŏphŏria][4회] 플레로포리아

명 4135에서 유래:

1) 확신, 골2:2, 살전1:5, 히6:11, 10:22.
2) 충만, 골2:2, 히6:11, 10:22.

☞**확신**(살전1:5), **풍성함**(골2:2, 히6:11), **온전함**(히10:22).

4137. πληρόω [plērŏō][87회] 플레로오

동 미완료3인칭단수 ἐπλήρου, 미래 πληρώσω, 제1부정과거 ἐπλήρωσα, 완료 πεπλήρωκα, 과거완료3인칭 단수 πεπληρώκει, 수동태, 미완료 ἐπλη– ρούμην, 수동태완료 πεπλήρωμαι, 수동과거완료3인칭 단수 πε πλήρωτο, 제1부정과거수동 ἐπληρώθην, 미래수동 πληρωθήσομαι, 4134에서 유래:

1) 가득하게 하다, 충만하게 하다.
2) 시간을 채우다, 완성하다, [수동] 차다, 막1:15, 행7:30, 24:27.
3) 마치다, 완성하다, 롬15:19, 빌2:2, 골1:25.
4) 이루다, 성취하다, 마1:22, 3:15, 막14:49, 요12:38.
5) 끝내다, 마감하다, 눅7:1, 행12:25.
6) 수를 채우다, 계6:11.

☞**이루어지다**(마2:23, 26:54), **이루다**(마3: 15, 27:9, 행3:18), **완전하게 하다**(마5:17), **가득하다**(마13:48, 고후7:4, 빌1:11), **채우다**(마23:32, 골1:9), **차다**(막1:15, 행7:30, 롬15:14), **메워지다**(눅3:5), **응하다**(눅4:21), **마치다**(눅7:1, 행12:25, 13:25), **별세하다**(눅9: 31), **충만하다**(눅2:40, 요3:29, 행13:52, 엡1:23, 5:18, 골2:10), **응하게 하다**(요15:25, 19:36), **지나다**(행24:27), **편만하다**(롬15:19), **풍족하다**(빌4:18), **온전하다**(계3:2).

4138. πλήρωμα, ατος, τό [plērōma][17회] 플레로마

명 4137에서 유래:

1) 채우는 것, 가득하게 하는 것.
   ① 내용, 가득 찬 것, 막6:43, 8:20, 고전10:26.
   ② 가득하게, 완전하게 하는 것, 보유, 보충하는 것, 마9:16, 막2:21, 엡1:23.
2) 가득하여진 것, 완성된 것.
   ① 완전한 수, 롬11:25.
   ② 전체, 총합, 충만, 풍성, 롬15:29, 골2:9, 엡4:13, 3:19, 요1:16.
3) 성취, 롬11: 12, 13:10.
4) 때가 참, 갈4:4, 엡1:10.

☞**완성**(롬13:10), **충만**(골1:19, 2:9), **충만함**(요1:16, 롬11:12, 고전10:26), **참**(갈4:4, 엡1: 10), **기운 천 조각[헝겊]**(마9:16, 막2:21).

4139. πλησίον [plēsiŏn][17회] 플레시온

부 πέλας '가까운'의 파생어의 중성:

1) [부사] 가까이.
2) [명사]
   ① 이웃, 가까이 있는 사람, 동료, 마5:43, 막12:31, 눅10:27,29, 롬13:9.
   ② 동포, 행7:27.
   ③ 동료 그리스도인, 롬15:2, 엡4:25, 약4:12.
3) [속격을 가지는 전치사격으로] 가까이, 요4:5.

☞**가까이**(요4:5). **[명] 이웃**(마19:19, 눅10: 36, 롬13:9), **동무**(행7:27).

4140. πλησμονή, ῆς, ἡ [plēsmŏnē][1회] 플레스모네

명 4130의 파생어에서 유래한 듯함: 만족, 충족, 골2:23.

☞**따르는 것**(골2:23).

4141. πλήσσω [plēssō][1회] 플렛소

동 미완료 ἔπλησσον, 제2부정과거 수동태 ἐπλήγην, 4111의 다른 형: 때리다, 치다, 계8:12.

☞**타격을 받다**(계8:12).

4142. πλοιάριον, ου, τό [plŏiariŏn][5회] 플로이아리온

명 4143의 파생어로 보임: 작은 배, 요21:8, 요6:22,23,24, 막3:9.

☞**작은 배**(막3:9, 요21:8), **배**(막4:36ⓢ, 요6:22,23).

4143. πλοῖον, ου, τό [plŏiŏn][68회] 플로이온

명 4126에서 유래: [모든 종류의] 배.

1) 바다에 다니는 배, 약3:4, 행20:13,38, 21:2, 계8:9.
2) 작은 배, 마4:21, 막1:19, 눅5:2.

☞**배**(마4:21, 요6:17, 계8:9), **선체**(행27:17).

4144. πλόος [plŏŏs] 플로오스

명 4126에서 유래: 항해, 행21:7, 27:9,10.

☞**항해(행21:7, 27:9).**

4145. πλούσιος, ία, ιον [plŏusiŏs][28회] 플루시오스

형 4149에서 유래: 부한, 부요한, 풍부한, 마27:57, 눅12:16, 엡2:4, 계2:9.

☞**부요한**(눅6:24, 고후8:9, 계2:9), **부한**(눅14:12, 딤전6:17, 약5:1), **풍성한**(엡2:4).

4146. πλουσίως [plŏusiōs][4회] 플루시오스

부 4145에서 유래: 풍부하게, 풍성하게, 골3:16, 벧후1:11, 딤전6:17, 딛3:6.

☞**풍성히**(골3:16, 딛3:6), **후히**(딤전6:17), **넉넉히**(벧후1:11).

4147. πλουτέω [plŏutĕō][12회] 플루테오

동 제1부정과거 ἐπλούτησα, 완료 πε- πλούτηκα, 4148에서 유래: 부하다, 부요하다, [단순과거] 부해지다, [완료] 부요해졌다.

1) [문자적으로] 눅1:53, 딤전6:9, 계

18:15.

2) [비유적으로] 눅12:21, 롬10:12, 고전4:8, 고후8:9, 딤전6:18, 계3:17,18.

☞**부요하다**(눅12:21, 롬10:12, 계3:17), **부하다**(딤전6:9,18), **치부하다**(계18:3, 15,19).

4148. πλουτίζω [plŏutizō][3회] 플루티조

동 제1부정과거 ἐπλούτισα, 제1부정과거수동태 ἐπλουτίσθην, 4149에서 유래: 부하게 하다, 풍부하게 하다, 고전1:5, 고후6:10, 9:11.

☞**풍족하다**(고전1:5), **부요하다[하게 하다]**(고후6:10, 9:11).

4149. πλοῦτος, ου, ὁ [plŏutŏs][22회] 플루토스

명 4130의 어간에서 유래: 부유.

1) [문자적으로, 세상적인 소유가 많음을 가리키는 경우] 마13:22, 막4:19, 딤전6:17.

2) [비유적으로] 풍성, 윤택, 부유, 빌4: 19, 엡3:8, 히11:26, 계5:12.

☞**재물**(마13:22, 막4:19, 눅8:14), **부**(계5:12, 18:17), **풍성함**(롬2:4, 고후8:2, 엡1:18, 3:8, 16, 골1:27, 2:2), **부함**(딤전6:17).

4150. πλύνω [plünō][3회] 플뤼노

동 미완료 ἔπλυνον, 미래 πλυνῶ, 제1부정과거 ἔπλυνα, 제1부정과거명령 πλῦνον, πλύω '흐르다'의 연장형: 씻다, 빨다, 눅5:2, 계7:14, 22:14.

☞**씻다**(계7:14).

4151. πνεῦμα, ατος, τό [pnĕuma][379회] 프뉴마

명 4154에서 유래:

1) 불기, 숨.

① 바람, 요3:8, 히1:7.

② 숨 내쉬기, 숨, 살후2:8.

2) 기운, 목숨, 생명, 영혼, 마27:50, 눅8:55, 행7:59, 히12:23.

3) [인간의 인격의 일부분으로서의] 영.

① 고후7:1, 골2:5.

② [통찰력, 감정, 의지의 원천 또는 좌소, 사람의 내적 생활의 대표적인 부분] 막2:8, 눅1:47, 행17:16, 롬8:16, 고전16:18.

③ 영적 상태, 마음의 상태, 성질, 기질, 의향, 고전4:21, 갈6:1, 엡4:23, 벧전3:4.

4) [독립적 존재로서의] 영.

① 하나님을 가리키는 것, 요4:24.

② 영, 영물, 행23:8,9, 히1:14, 12:9, 계1:4, 3:1.

③ 유령, 눅24:37,39.

④ 악한 영, 귀신, 마12:43, 막1:23, 눅8:29, 행5:16.

5) [하나님과 하나님 아닌 모든 것과를 구별짓는] 참된 영.

① 하나님의 영, 주의 영, 고전2:11, 롬8:11, 살전4:8.

② 그리스도의 영, 주님의 영, 행16:7, 고후3:17, 갈4:6, 빌1:19.

③ 성령, 마12:32, 눅2:26, 행2:4, 히2:4.

☞**성령**(마4:1, 막1:10, 눅2:27), **심령**(마5:3, 눅1:17), **귀신**(마8:16, 눅4:36, 요16:18), **마음**(마26:41, 막8:12), **영혼**(마27:50, 눅23:46, 요19:30), **중심**(막2:8), **하나님의 말씀**(행18: 5), **영**(눅24:37,39, 엡1:17), **빛**(엡5:9), **한마음**(빌1:27), **기운**(살후2:8), **바람**(히1:7), **생기**(계11:11, 13:15).

4152. πνευματικός, ή, όν [pnĕumatikŏs][26회] 프뉴마티코스

형 4151에서 유래: 영에 관한, 영적.

1) 영으로 말미암은, 성령이 가득한, 성령의 감동을 받은, 성령에 관한, 성령에 부합한.

① [형용사]

㉠ [예수에 대하여] 고전15:46.

㉡ [비인격적 존재에 대해서] 롬7:14, 엡1:3, 골3:16.

② [명사적으로] 롬15:27, 고전9:11.

㉠ 영적 선물, 은사, 고전12:1, 14:1, 고전15:46.

㉡ 성령을 가진 사람, 고전14:37.

㉢ 성령 충만한 사람, 고전3:1, 갈6:1.

2) 영에 속한, 악의 영적 세력, 엡6:12.

☞**신령한**(롬1:11, 벧전2:5), **영적인**(고전2:13, 엡6:12).

4153. πνευματικῶς [pnĕumatikōs][2회] 프뉴마티코스

부 4152에서 유래: 영적으로, 성령의 감동으로, 고전2:14, 계11:8.

☞**영적으로**(고전2:14, 계11:8).

4154. πνέω [pnĕō][7회] 프네오

동 [기본형] 제1부정과거 ἔπνευσα: (바람이) 불다, 숨을 쉬다, 마7:25, 눅12:55, 요3:8, 계7:1.

☞**불다**(마7:25, 요3:8, 계7:1). **[명] 바람**(행

Π

27:40).

4155. πνίγω [pnigō][3회] **프니고**

동 미완료 ἔπνιγον, 제1부정과거 ἔπ– νιξα, 4154에서 유래된 강세형:

1) 숨막히게 하다, 목을 졸라 죽이다, 마18:28.

2) [잡초와 좋은 씨앗의 관계] 질식시키다, 숨을 막다, 마13:7.

3) [수동] 질식하다, 숨이 막히다, 막5:13.

☞**목을 잡다**(마18:28), **몰사하다**(막5:13).

4156. πνικτός, ή, όν [pniktŏs][3회] **프닠토스**

형 4155에서 유래: 목매 죽은, 목 졸려 죽은, 행15:20,29, 21:25.

☞**목매어 죽인[죽은]**(행15:20,29, 21:25).

4157. πνοή, ῆς, ἡ [pnŏē][2회] **프노에**

명 4154에서 유래:

1) 바람, 행2:2.

2) 숨, 행17:25.

☞**바람**(행2:2), **호흡**(행17:25).

4158. ποδήρης, ες [pŏdērēs][1회] **포데레스**

형 4228과 불확실한 어원에서 유래: 발에 닿는, 계1:13.

☞**발에 끌리는**(계1:13).

Π

4159. πόθεν [pŏthĕn][29회] **포덴**

부 [의문사] 기원을 나타내는 후접어와 함께 4213의 어간에서 유래: 어디서, 무엇으로부터, μνημόνευε πόθεν πέπτωκες: 무엇으로부터 떨어져 있는지를 생각하라, 계2:5.

1) [공간적인 의미에서] 어느 곳으로부터, 마15:33, 막8:4, 눅13:25, 요3:8.

2) [기원, 원천에 대해서] 어디로부터, 무엇으로부터, 마13:27, 막6:2, 눅20:7.

3) [원인, 이유에 대해서] 어떻게, 어째서, 어떻게 하여, 막12:37, 요1:48, 6:5.

☞**어디서**(요2:9), **어디로부터**(마21:25, 약4:1), **어찌**(막12:37), **어떻게**(요1:48).

4160. ποιέω [pŏiĕō][568회] **포이에오**

동 미완료 ἐποίουν, 미래 ποιήσω, 제1부정과거 ἐποίησα, 완료 πεποίηκα, 과거완료 πεποιήκειν, 중간태, 미완료 ἐποιούμην, 중간태 제1부정 과거 ἐποιησάμην, 중간태완료 πεποίημαι, 수동완료 분사 πεποιημένος, 히12:27, 미래수동 ποιηθήσομαι:

1. [능동]

1) 하다, 만들다.

① [외적 사물에 대하여] 제조하다, 산출하다, 만들다, 행9:39, 요18:18, 창조하시다, 행7:50, 히1:2, 12:27.

② 행하다, 이루다, 일으키다, 완수하다, 이루다, 준비하다, 요7:21, 8:39, 딤후4:5, 계2:5.

③ [이적을] 행하다, 수행하다, 마7:22, 행19:11, 계13:13.

④ [상태, 조건을] 이루다, 가져오다, 만들다, 세우다, 일으키다, 롬16:17, 고전10:13, 엡2:15, 약3:18.

⑤ 베풀다, 눅14:12, 요12:2.

⑥ 지키다, 마26:18, 히11:28.

⑦ 내다, 산출하다, 맺다, 마3:10, 눅3:8, 약3:12.

2) [대격+부정사로 표시된 경우]

① ~하도록 만들다, ~하도록 하다, ~하게 하다, 마5:32, 막1:17, 눅5:34, 요6:10, 행17:26.

② ~을~이 되게 하다, ~을~으로 만들다, 마4:19, 막11:17, 눅19:46.

3) 지키다, 실행하다, 마7:21, 막3:35, 요4:34, 갈5:3, 계13:12.

① [도덕, 윤리를] 실행하다, 실천하다, 요3:21, 롬3:12.

② 범하다, 요8:34, 고후11:7, 벧전2:22.

4) [특수한 표현들]

① 가지다, 얻다, 요4:1, 눅12:33, 16:9.

② 생각하다, 상상하다, 마12:33.

③ 지내다, 유하다, 행15:33, 18:23, 20:3, 고후11:25, 약4:13.

5) 행하다, 행동하다, 나아가다, 마12:12, 고전7:37.

6) [단독적으로] 일하다, 활동하다, 마20:12, 계13:5.

2. [중간태] 자신을 위하여 ~을 하다, 만들다.

1) [대개의 경우는 단순한 동사 개념을 둘러 말하는 역할을 한다] 행25:17, 빌1:4, 롬13:14.

2) [이중 목적어를 가진 경우] 벧후1:10.

☞**행하다**(마1:24, 몬1:21), **맺다**(마3:8, 7:18), **짓다**(마17:4, 막9:5, 눅9:33), **만들다**(눅11:40, 요4:46), **베풀다**(마22:2, 눅10:37, 14:13,16), **얻다**(마23:15), **남기다**(마25:16), **지키다**(마26:18), **시키다**(마26:19), **세우다**(막3:14, 히8:9), **행하다**(요14:13,14), **피우다**(요18:18), **이루다**(행

4:28), **실행하다**(행11:30), **떠나다**(행18:23), **가지다**(행24:17), **지내다**(고후11:25), **머물다**(약4:13), **일으키다**(계11:7), **지어내다**(계22:15).

4161. πoίημα, ατος, τό [pŏiēma][2회] 포이에마

명 4160에서 유래: 만들어진 것, 작품, 피조물, 롬1:20, 엡2:10.

☞**만드신 만물**(롬1:20), **만드신 바**(엡2:10).

4162. ποίησις, εως, ἡ [pŏiēsis][1회] 포이에시스

명 4160에서 유래:

1) 행함, 일함, 약1:25.
2) 작품, 피조물.

☞**행하는 일**(약1:25).

4163. ποιητής, οῦ, ὁ [pŏiētēs][6회] 포이에테스

명 4160에서 유래:

1) 하는 사람, 만드는 사람, 시인, 행17:28.
2) 행하는 자, 롬2:13, 약1:22,23,25, 4:11.

☞**시인**(행17:28), **준행자**(약4:11), **행하는 자**(롬2:13, 약1:23), **실천하는 자**(약1:25).

4164. ποικίλος, η, ον [pŏikilŏs][10회] 포이킬로스

형 불확실한 파생어에서 유래:

1) 여러 가지의, 온갖, 잡다한, 마4:24, 막1:34, 딤후3:6, 히2:4.
2) 여러 색깔의, 다채로운.

☞**각종의, 온갖**(마4:24, 눅4:40), **여러 가지의**(딤후3:6, 딛3:3, 히13:9, 벧전1:6), **각각의**(벧전4:10).

4165. ποιμαίνω [pŏimainō][11회] 포이마이노

동 미래 ποιμανῶ, 제1부정과거 ἐποί- μανα, 제1부정과거명령 2인칭복수 ποιμάνατε, 4166에서 유래: 먹이다, 치다, 사육하다.

1) [문자적으로] 눅17:7.
2) [비유적으로, 보호하고, 지배하고, 다스리고, 양육하는 행동에 대해서]
   ① 인도하다, 안내하다, 다스리다, 마2:6, 요21:16, 행20:28, 벧전5:2, 계2:27, 12:5, 19:15.
   ② 보호하다, 돌보다, 양육하다, 유1: 12. 계7:17.

☞**양을 치다**(눅17:7, 요21:16), **보살피다, 치다**(행20:28, 벧전5:2), **기르다**(고전9:7), **다스리다**(계2:27, 12:5, 19:15), **목자가 되다**(마2:6).

4166. ποιμήν, ένος, ὁ [pŏimēn][18회] 포이멘

명 불확실한 어원에서 유래: 목동, 목자, 양치는 사람,

1) [문자적으로] 마9:36, 막6:34, 눅2:8.
2) [비유적으로]
   ① [그리스도를 가리키는 경우] 히13: 20, 벧전2:25, 요10:12.
   ② [인간 지도자를 가리켜서] 목사, 엡4:11.

☞**목자**(마9:36, 막14:27, 벧전2:25), **목사**(엡4:11).

4167. ποίμνη, ης, ἡ [pŏimnē][5회] 포임네

명 4165에서 유래된 압축형: 떼, 양떼, 마26:31, 눅2:8, 요10:16, 고전9:7.

☞**떼**(마26:31), **양 떼**(눅2:8, 고전9:7), **무리**(요10:16).

4168. ποίμνιον, ου, τό [pŏimniŏn][5회] 포임니온

명 4167의 파생어로 보임: 떼, 양 떼, 무리, 눅12:32, 행20:28,29, 벧전5:2, 3.

☞**무리**(눅12:32), **양 떼**(행20:28,29), **양 무리**(벧전5:2,3).

4169. ποῖος, α, ον [pŏiŏs][33회] 포이오스

대 [의문대명사] 4226과 3634의 어간에서 유래:

1) 어떤 종류의.
   ① [명사와 함께] 눅6:32, 요12:33, 행7:49.
2) 어느, 무슨, 어떤.
   ① [명사와 함께] 마24:42, 막11:28, 눅20:2,8.
   ② [명사 없이] 마19:18, 눅24:19, 5:19.

☞**어느**(행23:34), **무슨**(마21:23,24, 27), **무엇**(막12:28), **어떤**(요10:32).

4170. πολεμέω [pŏlĕmĕō][7회] 폴레메오

동 미래 πολεμήσω, 제1부정과거 ἐπο- λέμησα, 미래 수동태 πλεμηθήσομαι, 4171에서 유래:

1) [문자적으로, 능동] 전쟁하다, 싸우다, 계12:7, 13:4.
2) [비유적으로] 약4:2.

☞**싸우다**(약4:2, 계2:16, 19:11).

4171. πόλεμος, ου, ὁ [pŏlĕmŏs][18회] 폴레모스

명 πέλομαι '소동하다'에서 유래:

1) [문자적으로]
   ① 전쟁, 마24:6, 막13:7, 히11:34, 계11:7.
   ② 전투, 싸움, 고전14:8, 계9:7,9. 2)[비유

Π

적으로] 다툼, 충돌, 알력, 약4:1.
☞**난리**(마24:6, 막13:7, 눅21:9), **전쟁**(고전14:8, 히11:34, 계19:19), **싸움**(약4:1, 계20:8), **전쟁터**(계9:9).

4172. πόλις, εως, ἡ [pŏlis][164회] **폴리스**
명 4171과 동일어에서 유래되거나 4183에서 유래: 도시, 도시국가.
1) [문자적으로]
① 도시, 마5:14, 눅10:8, 요4:8, 행8:9.
② 수도, 행8:5, 눅8:27.
2) [하늘의 도성, 새 예루살렘에 대해서] 히11:10,16, 12:22, 계21:2.
3) [비유적으로, 주민을 가리키는 경우] 마8:34, 21:10, 막1:33, 눅4:43, 행13: 44, 14:21, 16:20, 21:30.
☞**동네**(마2:23, 9:1, 눅10:10), **성**(마4:5, 눅7:11, 행11:5), **시내**(마8:33, 눅14:21, 고후11:26), **고을**(마10:5, 11:20, 눅9:10), **읍내**(막5:14), **도시**(막6:56, 눅8:27, 약4:13), **고향**(눅2:3), **도성**(히12:22, 13:14), **소읍**(행21:39).

4173. πολιτάρχης, ου, ὁ [pŏlitarchēs][2회] **폴리타르케스**
명 4172와 757에서 유래: 시정관[마케도니아 등지에 있는 도시의 시 의회를 구성하는 회원들을 가리킴], 행17:6,8.
☞**읍장**(행17:6,8).

4174. πολιτεία, ας, ἡ [pŏlitĕia][2회] **폴리테이아**
명 4177에서 유래:
1) 시민권, 행22:28.
2) 나라, 국가, 엡2:12.
☞**시민권**(행22:28), **국가, 나라, 지역사회**(엡2:12).

4175. πολίτευμα, ατος, τό [pŏlitĕuma][1회] **폴리튜마**
명 4176에서 유래: 나라, 국가, 빌3:20.
☞**시민권**(빌3:20).

4176. πολιτεύομαι [pŏlitĕuŏmai][2회] **폴리튜오마이**
동 중간태. 제1부정과거 ἐπολιτευσά- μην, 가정법1인칭복수 πολιτευσώμε- θα, 완료 πεπολίτευμαι, 4177의 파생어에서 유래:
1) 시민권을 가지다, 집을 가지다.
2) 나라를 다스리다.
3) 살다, 생활하다, 행23:1, 빌1:27.
☞**섬기다**(행23:1), **생활하다**(빌1:27).

4177. πολίτης, ου, ὁ [pŏlitēs][4회] **폴리테스**
명 4172에서 유래:
1) 시민, 눅15:15,행21: 39.
2) 동료 시민, 히8:11.
3) 동포, 눅19:14.
☞**백성**(눅15:15, 19:14), **시민**(행21:39).

4178. πολλάκις [pŏllakis][18회] **폴라키스**
부 4183에서 유래: 여러 번, 자주, 마17: 15, 막5:4, 요18:2.
☞**자주**(딤후1:16), **가끔**(요18:2), **여러 번**(막5:4).

4179. πολλαπλασίων, ον, gen. ονος [pŏllaplasiōn][1회] **폴라플라시온**
형 4183과 3056의 합성어에서 유래: 그렇게, 여러 번, 수다한, 여러 가지의, 마19:27, 눅18:30.
☞**여러 배**(눅18:30).

4180. πολυλογία, ας, ἡ [pŏlülŏgia][1회] **폴뤼로기아**
명 4183과 3056의 합성어에서 유래: 많은 말을 하는 것, 말 많음, 수다, 마6:7.
☞**말을 많이 함**(마6:7).

4181. πολυμέρως [pŏlümĕrōs][1회] **폴뤼메로스**
부 4183과 3313의 합성어에서 유래: 많은 모양으로, 여러 모양으로, 히1:1.
☞**여러 부분으로**(히1:1).

4182. πολυποίκιλος, ον` [pŏlüpŏiki-lŏs][1회] **폴뤼포이킬로스**
형 4183과 4164에서 유래: 여러 방면의, 다방면의, 엡3:10.
☞**각종**(엡3:10).

4183. πολύς, πολλή, πολύ, gen. πολλοῦ, ῆς, οῦ [pŏlüs][418회] **폴뤼스**
형 속격. πολλός에서 유래:
1. [원급]많은.
1) [명사 앞에나 뒤에 오는 형용사]
① [복수명사와 함께]
㉠ 많은, 마7:22, 막2:15, 눅4:25, 요4:39.
㉡ 큰, 광범위한, 많은, 마4:25, 막10: 22, 눅5:15, 요3:23, 계1:15.
② [단수명사와 함께]
㉠ [양을 말할 때] 맹렬한, 심한, 강한, 세찬, 깊은, 심각한, 굉장한, 행27: 10, 롬9:22, 엡2:4, 히10:32.

2) [명사적으로]
① πολλοί: 많은 사람.
㉠ [관사 없이] 마7:22, 막2:2, 눅1:1, 요2:23.
㉡ [관사와 함께] οἱ πολλοί: 그 많은 [사람], 대다수, 대개, 마24:12, 막6:2, 롬12:5, 고후2:17, 히12:15.
② πολλά: 많은 것, 마13:3, 막4:2, 눅9:22. [주, 대격은 부사로 쓰임] 크게, 매우, 열심히, 엄격히, 큰소리로, 종종, 막15:3, 고전16:12, 롬15:22.
③ πολύ: 많은 것, 많이, 눅12:48, 롬3:2, 약5:16.
㉠ [시간에 대해서] 오랫동안, 그 뒤 곧, 더욱더, 히12:9,25, 고후8:22.
㉡ 더욱더, 마6:30, 막10:48, 눅18:39, 롬5:9.
㉢ [대격은 부사로 쓰임] 크게, 매우, 깊히, 눅7:47, 막12:27, 행18:27, 계5:4.

2. [비교급] πλείων, πλεῖον 혹은 πλέον, ονος 복수 πλείονες πλείλους, 중성 πλείονα 와 πλείω, 더 많은.
1) [형용사]
① [복수명사와 함께] 행2:40, 13:31, 21:10.
② [단수명사와 함께] 요15:2, 행18:20, 히3:3.
2) [명사적으로]
① 대다수, 대개, 더 많은 사람, 더 많은 수, 마20:10, 요4:41, 행19:32, 27:12, 28:23, 고전15:6, 고후4:15.
② 더 많은 것, 여러 가지 것, 마20:10, 눅11:53.
③ 더 많은 것, 더 많은 액수, 마6:25, 눅7:43, 12:23, 요21:15, 행15:28.
④ [대격 부사로] 더, 더욱더, 마5:20, 눅7:42.

3. [최상급] πλεῖστος.
1) [형용사적으로]
① [복수 명사와 함께] 대부분의, 대개의, 많은, 마11:20.
② [단수 명사와 함께] 매우 큰, 매우 많은, 대부분, 마21:8, 막4:1.
2) [명사적으로]
① 대다수, 행19:32.
② [중성 대격이 부사로 사용되는 경우] 많아서, 고전14:27.

☞**큰**(마2:18, 막4:1, 눅16:10), **많은**(마3:7, 막6:33, 요10:20), **수많은**(행11:21), **후한**(행28: 10), **허다한**(행14:1), **여러**(행9:13), **심히**(막5:38), **매우**(눅2:36), **가끔**(눅8:29), **몇**(행1:5), **여러 번**(롬15:22).

4184. πολύσπλαγχνος, ον [pŏlüsplang-chnŏs][1회] 폴뤼스플랑크노스
형 4183과 4698에서 유래: 동정심이 많은, 자비로운, 인정 깊은, 약5:11.
☞**가장 자비로운**(약5:11).

4185. πολυτελής, ές [pŏlütĕlēs][3회] 폴뤼텔레스
형 4183과 5056에서 유래: 매우, 값진, 비싼, 막14:3, 딤전2:9, 벧전3:4.
☞**값진**(막14:3, 딤전2:9, 벧전3:4).

4186. πολύτιμος, ον [pŏlütimŏs][3회] 폴뤼티모스
형 4183과 5092에서 유래: 매우, 귀한, 가치 있는, 마13:46, 요12:3, 벧전1:7.
☞**극히 값진**(마13:46), **비싼**(요12:3).

4187. πολυτρόπως [pŏlütrŏpōs][1회] 폴뤼트로포스
부 4183과 5158의 합성어에서 유래: 여러 가지 모양으로, 히1:1.
☞**여러 모양으로**(히1:1).

4188. πόμα, ατος, τό [pŏma][2회] 포마
명 4095의 대체어에서 유래: 한 모금, 마실 것.
1) [복수] 마실 것, 음료, 히9:10.
2) [상징적으로] 고전10:4.
☞**음료**(고전10:4), **마시는 것**(히9:10).

4189. πονηρία, ας, ἡ [pŏnēria][7회] 포네리아
명 4190에서 유래: 악함, 추악, 악독, 죄악, 마22:18, 눅11;39, 롬1:29.
☞**악독**(막7:22, 눅11:39), **악의**(롬1:29, 고전5:8), **악**(엡6:12), **악함**(마22:18, 행3:26).

4190. πονηρός, ά, όν [pŏnērŏs][78회] 포네로스
형 4192의 파생어에서 유래:
1. [형용사]
1) [육체적으로]
① 허약한, 앓는, 마6:23, 눅11:34.
② 아픈, 지독한, 독이 있는, 계16:2.
③ 나쁜, 못쓰게 된, 가치 없는, 마7:17, 18.

2) [윤리적으로] 악한, 비열한, 무가치한, 악독한, 타락한.

2. [명사적]

1) 악한 사람, 악의를 가진 자, 행악자, 마5:39,45, 22:10, 눅6:35.

2) ὁ πονηρός: 그 악한 자, 마6:13, 13: 19, 요17:15, 엡6:16, 요일2:13.

3) 악한 것, 악, 눅6:45, 롬12:9, 살전5:22.

☞**악한**(마5:11, 막7:23, 엡5:16), **나쁜**(마6:23, 7:18), **심한**(마12:45), **불량한**(행17:5, 18:14), **좋지 못한**(행28:21), **흉악한**(요일2:14). **[명] 악**(마5:37, 눅6:45, 요17:15), **악독**(막7:22).

4191. πονηρότερος [pŏnērŏtĕrŏs] 포네로테로스

4190의 비교급: 더욱 악한, 마12:45.

☞**더 악한**(마12:45).

4192. πόνος, ου, ὁ [pŏnŏs][4회] 포노스

명 3993의 어간에서 유래:

1) 노동, 수고, 골4:13.

2) 아픔, 고통, 어려움, 계16:10, 21:4.

☞**아픈 것**(계16:10,11, 21:4).

4193. Ποντικός, ή, όν [Pŏntikŏs][1회] 폰티코스

형 4195에서 유래: 본도의, 본도에서 온, 행18:2.

☞**본도의**(행18:2).

4194. Πόντιος, ου, ὁ [Pŏntiŏs][3회] 폰티오스

고명 라틴어에서 유래; 다리를 놓은: 빌라도의 고향 '본디오', 마27:2, 눅3:1, 행4:27, 딤전6:13.

☞**본디오**(마27:2, 눅3:1, 행4:27, 딤전6:13).

4195. Πόντος, ου, ὁ [Pŏntŏs][2회] 폰토스

고명 소아시아의 한 지방 '본도', 행2:9, 벧전1:1.

☞**본도**(행2:9, 벧전1:1)

4196. Πόπλιος, ου, ὁ [Pŏpliŏs][2회] 포플리오스

고명 라틴어에서 유래; 유명한: 바울을 선대한 로마인 '보블리오', 행28:7,8.

☞**보블리오**(행28:7).

4197. πορεία, ας, ἡ [pŏrĕia][2회] 포레이아

명 4198에서 유래: 가기, 감.

1) [문자적으로] 여행, 눅13:22, 약1:11.

2) 생활양식, 행위, 약1:11.

☞**여행**(눅13:22), **행하는 일**(약1:11).

4198. πορεύομαι [pŏrĕuŏmai][154회] 포류오마이

동 중간태. 미완료 ἐπορευόμην, 미래 πορεύσομαι, 제1부정과거 ἐπορεύθην, 완료분사 πεπορευμένος, 3894의 동일어에서 유래: 가자, 여행하다, 계속하다.

1) [문자적으로] 가버리다, ~로부터 떠나다, 마19:15, 25:41, 눅4:42, 7:50, 8:48, 13:31, 고전16:4, 행23:23.

2) [비유적으로]

① [완곡어법으로] 죽다, 눅22:22.

② 살다, 걷다, 눅1:6.

☞**가다**(마2:8, 막16:10, 행1:11), **나가다**(마11: 7, 눅22:39), **떠나다**(마19:15), **들어가다**(마25:41, 28:11), **다니다**(막16:15, 눅15:4), **행하다**(눅1:6, 벧후2:10, 유1:16), **돌아가다**(눅2:3, 요7:53), **떠나가다**(행21:5, 22:21), **올라가다**(행25:20), **지나가다**(롬15:24).

4199. πορθέω [pŏrthĕō][3회] 포르데오

동 [기본형] 미완료 ἐπόρθουν, 제1부정과거 ἐπόρθησα, πέρθω '자루에 넣다'의 연장형: 약탈하다, 때려부수다, 파멸시키다, 행9:21, 갈1:13.

☞**멸하다**(행9:21, 갈1:13,23).

4200. πορισμός, οῦ, ὁ [pŏrismŏs][2회] 포리스모스

명 πόρος '길'의 파생어에서 유래: 이득의 수단, 방편, 딤전6:5,6.

☞**이익**(딤전6:5,6).

4201. Πόρκιος, ου, ὁ [Pŏrkiŏs][1회] 포르키오스

고명 라틴어에서 유래; 더러운: 로마인 '보르기오', 행24:27.

☞**보르기오**(행24:27).

4202. πορνεία, ας, ἡ [pŏrnĕia][25회] 포르네이아

명 4203에서 유래: 매음, 음란, 부정, 간음, 행15:20, 고전5:1, 갈5:19.

☞**음란**(마15:19, 막7:21, 고전6:13), **음행**(마5: 32, 행15:20, 고전5:1, 계2:21), **추악**(롬1:29).

4203. πορνεύω [pŏrnĕuō][8회] 포르뉴오

동 미래 πορνεύσω, 제1부정과거 ἐ- πόρνευσα: 몸을 팔다, 매음하다, 매음행위를 하다, 음란한 일을 하다.

1) [문자적으로] 고전6:18, 10:8, 계2:14, 20.

2) [비유적으로, 우상 숭배하는 일을 가리킴] 계17:2, 18:3,9.

☞**음행하다**(고전6:18, 10:8, 계17:2, 18:9), **행음하다**(계2:14).

4204. πόρνη, ης, ἡ [pŏrnē][12회] 포르네

명 4205의 여성형: 창녀, 음녀.

1) [문자적으로] 눅15:30, 고전6:15,16, 히11:31, 약2:25.

2) [비유적으로] 계17:15,16, 17:5, 19:2.

☞**창녀**(마21:31, 눅15:30, 고전6:15), **기생**(히11:31, 약2:25), **음녀**(계17:1,5, 19:2).

4205. πόρνος, ου, ὁ [pŏrnŏs][10회] 포르노스

명 πέρνημι '팔다'에서 유래:

1) 남창.

2) 간음하는 자, 음행하는 자, 고전5:9, 11, 엡5:5, 계21:8.

☞**음행하는 자**(고전5:9, 엡5:5, 딤전1:10, 계21:8, 22:15).

4206. πόῤῥω [pŏrrhō][4회] 포르로

부 멀리, 마15:8, 막7:6.

☞**멀리**(눅14:32). **[형] 먼**(마15:8, 막7:6).

4207. πόῤῥωθεν [pŏrrhōthĕn][2회] 포르로텐

부 4253에서 유래: 멀리서부터, 히11:13, 멀리서, 멀리, 눅17:12.

☞**멀리(서)**(눅17:12, 히11:13).

4208. ποῤῥωτέρω [pŏrrhōtĕrō] 포르로테로

부 4206의 비교급: 더 멀리, 눅24:28.

☞**더 (지나서)**(눅24:28).

4209. πορφύρα, ας, ἡ [pŏrphüra][4회] 포르퓌라

명 4209에서 유래:

1) 자색, 자주 빛, 자주 빛 옷감, 눅16:19.

2) 자색 옷, 막15:17,20, 계18:12.

☞**자색 옷**(막15:17,20, 눅16:19), **자주 빛**(계17:4), **자주 옷감**(계18:12).

4210. πορφυροῦς, ᾶ, οῦν [pŏrphürŏus][4회] 포르퓌루스

명 자색 외투, 요19:2,5, 자색 옷, 계17:4.

☞**자색 옷**(요19:2,5), **자주 옷**(계18:16).

4211. πορφυρόπωλις [pŏrphürŏpōlis][1회] 포르퓌로폴리스

명 4209와 4453의 합성어에서 유래: 자색 옷 파는 사람, 자색 옷감 파는 여자, 행16:14.

☞**자색 옷감 장사**(행16:14).

4212. ποσάκις [pŏsakis][3회] 포사키스

부 4095의 대체어에서 유래: 몇 번이나, 얼마나, 자주, 마18:21, 23:37, 눅13:34.

☞**몇 번이나**(마18:21).

4213. πόσις, εως, ἡ [pŏsis][3회] 포시스

명 1) 마심, 마시기, 마시는 일, 롬14:17, 골2:16.

2) 마실 것, 요6:55.

☞**음료**(요6:55), **마시는 것**(롬14:17, 골2:16).

4214. πόσος, η, ον [pŏsŏs][27회] 포소스

대 [상관대명사] 사용되지 않는 πός '무엇'과 3739에서 유래:

1) 얼마나, 큰, 마6:23, 얼마나 긴, 막9: 21, 얼마나 많이, 고후7:11, 얼마나, 마12:12, 히9:14.

2) 얼마나 많은.

① [복수 명사와 함께] 마15:34, 막6: 38, 행21:20.

② [명사 없이] 마27:13, 막15:4, 눅16: 5,7.

☞**얼마나 큰, 얼마나 많은**(마6:23), **언제부터, 얼마나 오랫동안**(막9:21), **얼마나 많이**(마15:34, 16:9,10).

4215. ποταμός, οῦ, ὁ [pŏtamŏs][17회] 포타모스

명 4095의 파생어에서 유래한 듯함: 강, 시내.

1) [문자적으로] 마3:6, 막1:5, 눅6:48, 계9:14.

2) [복수] 흐르는 많은 양의 물, 요7:38.

☞**창수**(마7:25,27), **탁류**(눅6:48,49), **강**(요7:38, 고후11:26, 계12:15), **강물**(계12:16).

4216. ποταμοφόρητος, ον [pŏtamŏphŏrētŏs][1회] 포타모포레토스

형 4215와 5409의 파생어에서 유래: 강에 의하여 쓸려간, 강물에 압도당한, 계12:15.

☞**물에 떠내려간**(계12:15).

4217. ποταπός, ή, όν [pŏtapŏs][7회] 포타포스

형 4219와 4226의 어간에서 유래된 듯함: 어떤 종류의, 마8:27, 막13:1, 눅1: 29, 벧후3:11.

☞**어떠한**(마8:27), **어찌함인가**(눅1:29).

4218. ποτέ [pŏtĕ][29회] 포테

부 [후접어] 4225의 어간과 5037에서 유래:

1) [시간에 대하여]

① [과거] 언젠가, 일찍이, 전에, 눅22: 32, 요9:13, 롬7:9, 갈1:13.

② ἤδη ποτέ: 이제야 비로소, 롬1:10, 빌4:10.

Π

③ [부정이 뒤에 올 때] 일찍이 한번도, 벧후 1:21, 살전2:5, 엡5:29.

2) [관계 대명사 뒤에 와서 일반화되는 역할을 함] ~든지, 갈2:6.

☞**후에**(눅22:32), **어떻게 하든지**(롬1:10), **전에**(요9:13), **(언제까지)**(고전9:7), **이전에**(갈1:13), **그때에**(엡2:2), **아무 때에도**(살전2:5), **어느 때에**(히1:5), **이제 다시**(빌4:10).

4219. πότε [pŏtĕ][19회] 포테

부 [시간에 대한 의문부사] 4226과 5047에서 유래: 언제, 마24:3, 눅12:36, 요6:25.

☞**얼마나**(마17:17), **어느 때에**(막13:4), **언제인지**(막13:33), **언제**(막13:35), **어느 때까지**(계6:10), **두드릴 때**(눅12:36).

4220. πότερον [pŏtĕrŏn][1회] 포테론

부 [의문부사] 4226의 어간의 비교급의 중성: 둘 중 어느 것, 어느 편, 요7:17.

☞**인지 어떤지**(요7:17).

4221. ποτήριον, ου, τό [pŏtēriŏn][31회] 포테리온

명 4095의 파생어: 잔, 마시는 그릇.

1) [문자적으로] 마23:25, 막7:4, 눅11:39.

2) [비유적으로] 고난, 죽음, 순교, 막10: 38, 요18:11, 계14:10, 16:19.

☞**그릇**(막9:41), **잔**(마20:22, 고전10:21, 계14:10).

4222. ποτίζω [pŏtizō][15회] 포티조

동 미완료 ἐπότιζον, 제1부정과거 ἐ- πότισα, 완료 πεπότικα, 수동태미완료 ἐποτιζόμην, 제1부정과거수동태 ἐποτίσθην, 완료분사수동 πεποτισμέ- νος, 4095의 파생어에서 유래: 마실 수 있게 하다.

1) 마시게 하다, 마실 것을 주다, 마25: 35, 막9:41.

2) 물을 먹이다, 눅13:15.

3) 물을 주다, 고전3:6-8.

☞**마시다**(마25:35,37), **마시게 하다**(마27: 48, 막15:36), **먹이다**(고전3:2), **물주다**(고전3:6-8).

4223. Ποτίολοι, ων, οἱ [Pŏtiŏlŏi][1회] 포티올로이

고명 라틴어에서 유래: 나폴리만에 있는 도시 '보디올', 행28:13.

☞**보디올**(행28:13).

4224. πότος, ου, ὁ [pŏtŏs][1회] 포토스

명 4095의 대체어에서 유래: 주연, 술 마시기, 술잔치, 벧전4:3.

☞**향락**(벧전4:3).

4225. πού [pŏu][4회] 푸

대 [장소에 대한 의문 대명사, 어떤 경우에는 부정대명사] πός '어떤'의 소유격:

1) 어디, 어디서.

① [직접질문에서] 마2:2, 막14:12, 요1:38.

② [간접질문에서 ὅπου 대신으로] 마2:4, 막15:47.

2) 어디, 어디로.

① [직접질문] 요7:35, 13:36, 16:5.

② [간접질문] 요3:8, 8:14, 히11:8.

☞**~정도, ~쯤, ~나**(롬4:19), **어디**(히2:6).

4226. ποῦ [pŏu][48회] 푸

부 [후접어] 사용되지 않는 의문대명사 πός '무엇'의 소유격:1)어디엔가, 어느 곳엔가. 2)약, …쯤.

☞**어디**(요1:38), **어디서**(마2:4), **곳**(마8:20), **어디로**(막14:12), **어디든지**(막14:14), **데를**(요1:39), **곳을**(요12:35).

4227. Πούδης, εντος, ὁ [Pŏudēs][1회] 푸데스

고명 로마의 기독교인으로 디모데에게 문안한 '부데', 딤후4:21.

☞**부데**(딤후4:21).

4228. πούς, ποδός, ὁ [pŏus][93회] 푸스

명 [기본형] 발.

1) [문자적으로] 마4:6, 요20:12, 행22:3, 계3:9.

2) [비유적으로] 마22:44, 막12:36, 롬3: 15, 고전15:25.

☞**발**(마4:6, 눅1:79, 계22:8), **문하**(행22:3).

4229. πρᾶγμα, ατος, τό [pragma][11회] 프라그마

명 4238에서 유래:

1) 되어진 일, 행위, 일, 사건, 눅1:1, 행5:4, 고후7:11,히6:18.

2) 되어질 일, 맡은 일, 업무, 과업, 직부, 롬16:2, 살전4:6.

3) [일반적으로] 일, 사물, 마18:19, 히10:1, 11:1, 약3:16.

4) 소송, 논쟁, 고전6:1.

☞**이루어진 일, 사실, 무엇이든지**(마18: 19), **사실, 내력, 일**(눅1:1, 행5:4, 고후7:11, 약3:16, 히6:18).

4230. πραγματεία, ας, ἡ [pragmatĕia][1회] 프라그마테이아
명 4231에서 유래: 활동, 직업, 사업, 생활, 딤후2:4.
☞**생활**(딤후2:4).

4231. πραγματεύομαι [pragmatĕuŏ-mai][1회] 프라그마튜오마이
동 중간태. 디포넌트. 제1부정과거 ἐ- πραγματευσάμην, 4229에서 유래: 사업을 하다, 장사하다, 눅19:13.
☞**장사하다**(눅19:13).

4232. πραιτώριον, ου, τό [praitōriŏn][8회] 프라이토리온
명 라틴어에서 유래: 병영, 본영, 시위대, 사령부, 마27:27, 막15:16, 요18:28,33, 19:9, 행23:35, 빌1:13.
☞**관정(官庭)**(마27:27, 요18:28, 19:9), **브라이도리온이라는 뜰**(막15:16), **궁**(행23:35), **시위대**(빌1:13).

4233. πράκτωρ, ορος, ὁ [praktōr][2회] 프락토르
명 4238의 파생어에서 유래: [세금 징수원이나 기타 재무관계를 가리키는 칭호] 집달리, 집행관, 눅12:58.
☞**옥졸**(눅12:58).

4234. πρᾶξις, εως, ἡ [praxis][6회] 프락시스
명 4238에서 유래:
1) 행동, 활동, 작용, 마16:27, 롬12:4.
2) 행위, 행한 일, 활약.
3) 악 또는 수치스러운 행위, 행19:18.
☞**행사**(눅23:51), **행실**(롬8:13), **기능**(롬12:4), **행위**(골3:9), **행함**(마16:27), **행한 일**(행19:18).

4235. πρᾶος [pra1ŏs][4회] 프라오스
형 4239의 한 형태: 온화한, 겸손한, 온유한, 마11:29.
☞**온유한(마11:29)**.

4236. πρᾳότης [pra1ŏtēs][11회] 프라오테스
명 4235에서 유래: 온유, 온순, 겸손, 엡4:2.
☞**온유**(고후10:1, 갈5:23, 딤전6:11), **온유함**(고전4:21, 갈6:1, 딤후2:25).

4237. πρασιά, ᾶς, ἡ [prasia][2회] 프라시아
명 πράσον, '양파'에서 유래된 듯함: [문자적으로] 마당 터, 꽃밭, 사람들의 집단, 사람들의 떼, 막6:40.
☞**떼**(막6:40).

4238. πράσσω [prassō][39회] 프랏소
동 [기본형] 미완료 ἔπρασσον, 미래 πράξω, 제1부정과거 ἔπραξα, 완료 πέ- πραχα, 제1부정과거수동태 ἐπράχθην, 완료수동분사 πεπραγμένο:
1) [타동사]
① 행하다, 하다, 완수하다, 행5:35, 19: 19, 롬7:19, 고후5:10, 12: 21, 살전4:11.
② 모으다, 징수하다, 눅19:23.
2) [자동사]
① 하다, 행하다, 행3:17, 17:7.
② 있다, 살아가다, 지내다, 행15:29, 엡6:21.
☞**거두다**(눅3:13), **찾다**(눅19:23), **행하다**(눅22:23, 행19:19, 고후12:21), **범하다**(행25: 25), **일하다**(살전4:11).

4239. πραΰς [praüs][4회] 프라우스
형 [기본형] 온유한, 친절한, 얌전한, 겸손한, 동정심 있는, 마5:5, 11:29, 21:5, 벧전3:4.
☞**온유한**(마5:5, 벧전3:4), **겸손한**(마21:5).

4240. πραΰτης, ητος, ἡ [praütēs][11회] 프라우테스
명 4239에서 유래: 온유, 친절, 얌전, 겸손, 동정심, 공손, 고후10:1, 갈5:23, 골3:12.
☞**온유**(벧전3:16), **온유함**(약1:21, 3:13).

4241. πρέπω [prĕpō][7회] 프레포
동 [기본형] 적당하다, 알맞다, 마3:15, 고전11:13, 엡5:3, 딤전2:10, 딛2:1, 히2: 10, 7:26.
☞**마땅하다**(고전11:13, 엡5:3, 딤전2:10), **합당하다**(딛2:1, 히2:10, 7:26).

4242. πρεσβεία, ας, ἡ [prĕsbĕia][2회] 프레스베이아
명 4243에서 유래: 사절, 사신, 대신, 눅14:32, 19:14.
☞**사신**(눅14:32), **사자(使者)**(눅19:14).

4243. πρεσβεύω [prĕsbĕuō][2회] 프레스뷰오
동 미래 πρεσβεύσω, 제1부정과거 ἐπ- ρέσβευσα, 4245에서 유래: 사신이 되다, 대사로 여행하다, 대사로 일하다, 고후5:20, 엡6:20.
☞**사신(使臣)이 되다**(고후5:20, 엡6:20).

4244. πρεσβυτέριον, ου, τό [prĕsbütĕ-riŏn][3회] 프레스뷔테리온
명 4245의 파생어로 보임: 장로들의 회의.

1) 예루살렘 최고 회의, 눅22:46, 행22:5.
2) 장로회, 노회, 딤전4:14.
☞**장로, 장로의 회**(눅22:66, 행22:5, 딤전4:14).

4245. πρεσβύτερος, α, ον [prĕsbütĕrŏs][66회] **프레스뷔테로스**
형 πρέσβυς '나이 많은'의 비교급:
1. [연령에 대해서]
1) 나이가 더 많은, 눅15:25, 요8:9, 행2:17, 딤전5:1,2, 벧전5:5.
2) [시간에 대해서] 옛 사람들, 우리 조상, 마15:2, 막7:3,5, 히11:2.
2. [직원의 명칭] 장로.
1) [유대인 사이에서]
① 지방의회의 의원, 눅7:3.
② 산헤드린 회원, 마16:21, 막8:31, 행6:12.
2) [그리스도인 가운데서] 행11:30, 딛1:5, 약5:14, 벧전5:1. [주] 하늘에 있는 장로, 계4:4, 5:6.
☞**장로**(마15:2, 막14:43, 벧전5:1), **어른**(요8:9), **늙은이**(행2:17, 딤전5:1), **늙은 여자**(딤전5:2), **선진**(히11:2).

4246. πρεσβύτης, ου, ὁ [prĕsbütēs][3회] **프레스뷔테스**
명 4245와 동일어에서 유래: 늙은이, 눅1:18, 딛2:2, 몬1:9.
☞**늙은 (자)(남자)**(눅1:18, 몬1:9, 딛2:2).

4247. πρεσβῦτις, ιδος, ἡ [prĕsbütis][1회] **프레스뷔티스**
명 4246에서 유래: 늙은 여인, 딛2:3.
☞**늙은 여자**(딛2:3).

4248. πρηνής, ές, gen. οῦς [prĕnēs][1회] **프레네스**
형 4253에서 유래: 거꾸로, 부풀은, 팽창된, 곤두박질하는, 거꾸로 떨어지는, 행1:18.
☞**곤두박질하는**(행1:18).

4249. πρίζω [prizō][1회] **프리조**
동 제1부정과거 수동태 ἐπρίσθην, 기본형 πρίω '톱질하다'의 강세형: 톱으로 베다, 히11:37.
☞**톱으로 켜다**(히11:37).

4250. πρίν [prin][13회] **프린**
부 4253에서 유래: 전에.
1) [시간을 나타내는 접속사]
① [과거 가정법과 함께 나오는 경우] 눅2:26, 22:34.
② [희구법과 함께] 행25:16.
③ [대격과 과거부정사와 함께] 마1: 18, 요8:58, 행7:2.
2) [속격을 지배하는 전치사격으로] 전에, 마26:34, 막14:72, 요8:58, 11:55.
☞**전에**(마1:18), **전부터**(요8:58), **~전**(행7:2).

4251. Πρίσκα [Priska][3회] **프리스카**
고명 라틴어에서 유래: 고대의 여성도 '브리스가', 딤후4:19.
☞**브리스가**(롬16:3, 고전16:19, 딤후4:19).

4252. Πρίσκιλλα [Priscilla][3회] **프리스킬라**
고명 4251의 지소형: 여성도 '브리스길라', 행18:2.
☞**브리스길라**(행18:2,18,26).

4253. πρό [prŏ][47회] **프로**
전 [속격을 가진]. 전에, 앞에.
1) [장소에 대하여] 앞에, 마11:10, 막1:2, 눅7:27, 행12:6.
2) [시간에 대하여] 전에, 눅11:38, 요17: 24, 엡1:4.
3) πρὸ πάντων: 무엇보다도, 특히, 약5:12, 벧전4:8.
☞**~전에**(고전2:7), **~앞에**(마11:10), **앞서**(눅9:52), **먼저**(요5:7), **이전에**(행5:36), **전**(행12:6), **~밖에**(행12:14), **~전부터**(요17: 24), **~보다도**(약5:12).

4254. προάγω [prŏagō][20회] **프로아고**
동 미완료 προῆγον, 미래 προάξω, 제2부정과거 προήγαγον, 4253과 71에서 유래:
1) [타동사] 앞으로 인도하다, 인도해내다, 이끌어내다, 앞서다.
① [장소적으로] 마2:9, 막11:9, 눅18: 39.
② [시간에 대하여] 먼저 가다, 먼저 오다, 마14:22, 막14:28, 딤전5:24.
☞**앞서 (인도하여) 가다**(마14:22, 막11:9, 눅18:39), **잡아(끌어)내다**(행12:6), **데리고 나가다**(행16:30), **지도하다**(딤전1:18).

4255. προαιρέομαι [prŏairĕŏmai][1회] **프로아이레오마이**
동 4253과 138에서 유래: 앞으로 가져가다, 선호하다, 제안하다, 뜻하다, 목적하다, 고후9:7.
☞**정하다**(고후9:7).

4256. προαιτιάομαι [prŏaitiaŏmai][1회]

프로아이티아오마이
동 중간태. 디포넌트. 제1부정과거 π− ροηтι αάμην, 4253과 138에서 유래: 앞서 고발하다, 비난하다, 롬3:9.
☞**이미 선언하다**(롬3:9).

4257. προακούω [prŏakŏuō][1회] 프로아쿠오
동 제1부정과거 προήκουσα, 4253과 191에서 유래: 전에 듣다, 앞서듣다, 미리 듣다, 골1:5.
☞**전에 듣다**(골1:5).

4258. προαμαρτάνω [prŏamartanō][2회]
프로아마르타노
동 완료분사 προημαρτηκώς, 4253과 264에서 유래: 전에 죄를 짓다, 앞서 죄를 짓다, 미리 죄를 짓다, 고후12:21, 13:2.
☞**전에 죄를 짓다**(고후12:21, 13:2).

4259. προαύλιον, ου, τό [prŏauliŏn][1회]
프로아울리온
명 4253과 833의 합성어: 앞뜰, 앞마당, 출입구, 통로, 막14:68.
☞**앞뜰**(막14:68).

4260. προβαίνω [prŏbainō][5회] 프로바이노
동 제2부정과거 προέβην, 분사 προ− βάς, 완료분사 προβεβηκώς, 4253과 939의 어간에서 유래: 앞서가다, 나아가다.
1) [문자적으로] 나아가다, 마4:21, 막1:19.
2) [비유적으로] 눅1:7,18, 2:36.
☞**더 가다**(마4:21, 막1:19), **많다**(눅1:7,18), **나이가 많다**(눅2:36).

4261. προβάλλω [prŏballō][2회] 프로발로
동 미완료 προέβαλλον, 제2부정과거 προέβαλον: 앞으로 던지다, 앞에 놓다.
1) 앞에 내세우다, 행19:33.
2) 나다, 눅21:30.
☞**싹이 나다**(눅21:30), **앞으로 밀어내다**(행19:33).

4262. προβατικός, ή, όν [prŏbatikŏs][1회]
프로바티코스
형 4263에서 유래: 양의, 양에 대한, 요5:2.
☞**양의, 양문**(요5:2).

4263. πρόβατον, ου, τό [prŏbatŏn][39회]
프로바톤
명 4260의 파생어로 추정됨: 어린 양, 양, 요21:16,17.
☞**(어린) 양**(마7:15, 요2:14, 벧전2:25).

4264. προβιβάζω [prŏbibazō][1회]
프로비바조
동 제1부정과거 προεβίβασα, 수동분사 προβιβασθείς, 4253과 971의 중복된 형에서 유래: 이끌어내다, 앞에 내세우다, 마14:8, 행19:33.
☞**시키다**(마14:8), **권하다**(행19:33).

4265. προβλέπω [prŏblĕpō][1회] 프로블레포
동 미완료 προέβλεπον, 제1부정과거 προέβλεψα, 4253과 991에서 유래: 내다보다, 미리 보다, 앞서 보다, 준비하다, 공급하다, 택하다, 히11:40.
☞**예비하다**(히11:40).

4266. προγίνομαι [prŏginŏmai][1회]
프로기노마이
동 중간태, 완료분사 προγεγονώς, 4253과 1096에서 유래: 전에 발생하다, 생기다, ~전에 일어나다, 되어지다, 롬3:25.
☞**전에 짓다**(롬3:25).

4267. προγινώσκω [prŏginōskō][5회]
프로기노스코
동 제2부정과거 προέγνων, 제2부정과거분사 προγνούς, 완료수동분사 π− ροεγνωσμένος, 4253과 1097에서 유래: 미리 알다, 행26:5, 롬8:29, 11:2, 벧전1:20, 벧후3:17.
☞**알다**(행26:5), **미리 알다**(롬8:29, 벧후3: 17, 벧전1:20).

4268. πρόγνωσις, εως, ἡ [prŏgnōsis][2회]
프로그노시스
명 4267에서 유래: 예지, 미리 앎, 선견, 이전에 결정, 결심, 행2:23, 벧전1:2.
☞**미리 아심**(행2:23, 벧전1:2).

4269. πρόγονος, ον [prŏgŏnŏs][2회]
프로고노스
형 4266에서 유래: 일찍이 또는 앞서 태어난 [양친, 어버이, 선조, 조상] 딤전5:4, 딤후1:3.
☞**부모**(딤전5:4), **조상**(딤후1:3).

4270. προγράφω [prŏgraphō][4회]
프로그라포
동 제1부정과거 προέγραψα, 수동태 제2부정과거 προεγράφην, 완료수동분사형 προγεγραμμένος, 4253과 1125에서 유래:
1) 미리 쓰다, 앞서 쓰다, 전에 쓰다.
① [같은 문서내의 앞부분에] 엡3:3.

② [다른 문서 전에 쓴 것] 롬15:4, 유1:4.
2) 내보이다, 그려 내 놓다, 공포하다, 내붙이다, 갈3:1.
☞**기록하다**(엡3:3), **기록되다**(롬15:4, 유1:4).

4271. πρόδηλος, ον [prŏdēlŏs][3회] 프로델로스
형 명백한, 누구에게나 알려진, 딤전5:24, 25, 히7:14.
☞**분명한**(히7:14), **밝히 드러난**(딤전5:24, 25).

4272. προδίδωμι [prŏdidōmi][1회] 프로디도미
동 제1부정과거 προέδωκα, 제2부정과거분사 προδούς, 4253과 1325에서 유래:
1) 미리 주다, 롬11:35.
2) 넘겨 주다, 배신하다.
☞**먼저 드리다**(롬11:35).

4273. προδότης, ου, ὁ [prŏdŏtēs][3회] 프로도테스
명 4272에서 유래: 반역자, 배신자, 눅6:16, 행7:52, 딤후3:4.
☞**파는 자**(눅6:16), **잡아준 자**(행7:52), **배신하여 (팔) 자**(딤후3:4).

4274. πρόδρομος, ον [prŏdrŏmŏs][1회] 프로드로모스
형 4390에서 유래: 앞에 가는, 앞서 가는, 선구자의, 히6:20.
☞**앞서 가는**(히6:20).

4275. προείδω [prŏĕidō] 프로에이도
동 4253과 1492에서 유래: 예견하다, 행2:31.
☞**미리 보다**(행2:31), **미리 알다**(갈3:8).

4276. προελπίζω [prŏĕlpizō][1회] 프로엘피조
동 완료 προήλπικα, 4253과 1679에서 유래: 앞서 희망하다, 미리 바라다, 처음으로 바라다, 희망하다, 제일 먼저 바라다, 엡1:12.
☞**전부터 바라다**(엡1:12).

4277. προέπω [prŏĕpō] 프로에포
동 4253과 2036에서 유래: 먼저 말하다, 예언하다, 미리 경고하다, 갈5:21.
☞**미리 말하다**(살전4:6), **미리 말씀하시다**(행1:16), **전에 경계하다**(갈5:21).

4278. προενάρχομαι [prŏĕnarchŏmai][2회] 프로에나르코마이
동 중간태. 제1부정과거 προενηρξά- μην, 4253과 1728에서 유래: 미리 시작하다, 고후8:6,10.
☞**(먼저) 시작하다**(고후8:6,10).

4279. προεπαγγέλλομαι [prŏĕpaggĕl-lŏmai][2회] 프로에팡겔로마이
동 중간태. 4253과 1861에서 유래: 먼저 약속하다, 롬1:2.
☞**미리 약속하다(알리다)**(롬1:2).

4280. προερέω [prŏĕrĕō] 프로에레오
동 4253과 2046에서 유래: 이미 말하다, 예언하다, 히10:15.
☞**미리 말하다**(마24:25, 막13:23, 롬9:29), **이전에 말하다**(고후7:3), **이미 말하다**(고후13:2), **전에 말하다**(갈1:9), **예언하다**(벧후3:2).

4281. προέρχομαι [prŏĕrchŏmai][9회] 프로에르코마이
동 디포넌트. 미완료 προηρχόμην, 제2부정과거 προῆλθον, 미래 προε- λεύσομαι, 4253과 2064에서 유래:
1) 앞으로 나아가다, 나아가다, 마26:39, 막14:35, 행12:10.
2) 앞서 가다, 눅1:17, 22:47.
3) 앞에 오다, 앞에 가다, 앞서 나아가다, 막6:33, 행20:5, 고후9:5.
4) 나오다, 나아오다.
☞**(앞으로) 나아가다**(마26:39, 막14:35), **먼저 가다**(막6:33, 행20:5, 고후9:5), **앞에 가다**(눅1:17).

4282. προετοιμάζω [prŏĕtŏimazō][2회] 프로에토이마조
동 제1부정과거 προητοίμασα, 중간태 προητοιμασάμην, 4253과 2090에서 유래: 미리 준비하다, 롬9:23, 엡2:10.
☞**(전에) 예비하다**(롬9:23, 엡2:10).

4283. προευαγγελίζομαι [prŏĕuaggĕli-zŏmai][1회] 프로유앙겔리조마이
동 중간태. 제1부정과거 προευηγγε- λισάμην, 4253과 2097에서 유래: 미리 좋은 소식을 전하다, 갈3:8.
☞**먼저 복음을 전하다**(갈3:8).

4284. προέχομαι [prŏĕchŏmai][1회] 프로에코마이
동 중간태. 4253과 2192에서 유래:
1) 스스로 옹호하다, 핑계하다, 롬3:9.
2) [수동] 능가하다, 뛰어나다, 롬3:9.
☞**낫다**(롬3:9).

4285. προηγέομαι [prŏēgĕŏmai][1회] 프로에게오마이

동 중간태. 디포넌트. 미래 προηγήσο– μαι, 4253과 2233에서 유래: 앞서 가다, 앞장서다, 더 낫게 생각하다, 더 존경하다, 롬12:10.

☞**먼저 하다**(롬12:10).

4286. προθεσις, εως, ἡ [prŏthĕsis][12회]

프로데시스

명 4388에서 유래:

1) 내어 놓음, 베풂, 차려 놓음, 진설, 마12:4, 막2:26, 눅6:4, 히9:2.

2) 계획, 목적, 결의.

① 사람의 것, 딤후3:10, 행11:23, 27:13.

② 하나님의 것, 롬8:28, 9:11, 엡1:11, 3:11, 딤후1:9.

☞**진설병**(마12:4, 막2:26, 눅6:4), **뜻**(롬8: 28, 엡1:11, 딤후1:9), **의향**(딤후3:10).

4287. προθέσμιος [prŏthĕsmiŏs][1회]

프로데스미오스

명 4253과 5087에서 유래; 미리부터 고정된: 작정된 날, 지명받을 때, 정한 때, 갈4:2.

☞**정한 때**(갈4:2).

4288. προθυμία, ας, ἡ [prŏthümia][5회]

프로뒤미아

명 4289에서 유래: 즐거움, 봉사, 용의, 자진해서 하기, 호의, 성의, 기꺼이 하는 것, 행17:11, 고후8:11,12,19, 9:2.

☞**원하는 것**(고후8:11), **간절한 마음**(행17:11), **원함**(고후9:2).

4289. πρόθυμος, ον [prŏthümŏs][3회]

프로뒤모스

형 4253과 2372에서 유래:

1) 언제든지 기꺼이 ~하는, 자진해서 하는, 열성 있는, 마26:41, 막14:38.

2) [명사] 소원, 열성, 롬1:15.

☞**마음에 원하는**(마26:41, 막14:38), **원하는**(롬1:15).

4290. προθύμως [prŏthümōs][1회]

프로뒤모스

부 4289에서 유래: 자진해서, 열성적으로 너그럽게, 기꺼이, 쾌히, 자진해서, 아낌없이, 벧전5:2.

☞**즐거운 뜻으로, 기꺼이**(벧전5:2).

4291. προΐστημι [prŏïstēmi][8회]

프로이스테미

동 제2부정과거 부정사 προστῆναι, 완료3인칭 복수 προεστᾶσιν, 4253과 2476에서 유래:

1) [속격을 취하여] 앞장서다, 다스리다, 지휘하다, 관리하다, 롬12:8, 딤전3:4, 5:17, 살전5:12.

2) [속격을 취하여]

① 관심을 가지다, 근심하다, 돌보다, 도움을 주다, 롬12:8, 살전5:12.

② 바쁘게 하다, 종사하다, 딛3:8.

☞**다스리다**(롬12:8, 살전5:12, 딤전5:17), **힘쓰다**(딛3:14).

4292. προκαλέομαι [prŏkalĕŏmai][1회]

프로칼레오마이

동 중간태. 4253과 2564에서 유래: 도전하다, 자극하다, 노하게 하다, 갈5:26.

☞**노엽게 하다**(갈5:26).

4293. προκαταγγέλλω [prŏkatanggĕl– lō][2회]

프로카탕겔로

동 제1부정과거 προκατήγγειλα, 완료수동분사 προκατηγγελμένος, 4253과 2605에서 유래: 미리 알리다, 미리 광포하다, 예고하다, 행3:18,24, 7:52, 고후9:5.

☞**미리 알다**(행3:18), **예고하다(행7:52).**

4294. προκαταρτίζω [prŏkatartizō][1회]

프로카타르티조

동 제1부정과거가정법 προκαταρτίσω, 4253과 2657에서 유래: 대비하다, 미리 착수하다, 미리 준비하다, 고후9:5.

☞**미리 준비하게 하다(고후9:5).**

4295. πρόκειμαι [prŏkĕimai][5회]

프로케이마이

동 디포넌트. 4253과 2749에서 유래:

1) 노출되다, 드러나다, 유1:7.

2) 앞에 있다, 고후8:12, 히12:2, 6:18.

3) 앞에 놓여 있다, 히12:1. 4)가망이 있다, 히12:2.

☞**앞에 있다**(히6:18), **앞에 당하다**(히12:1), **되다**(유7).

4296. προκηρύσσω [prŏkērüssō][1회]

프로케뤼소

동 제1부정과거분사 προκηρύξας, 완료 수동분사 προκεκηρυγμένος, 4253과 2784에서 유래: 공개적으로 선포하다, 미리 선포하다, 행3:20, 13:24.

☞**예정하다**(행3:20), **먼저 전파하다**(행13:24).

Π

4297. προκοπή, ῆσ, ἡ [prŏkŏpē][3회] 프로코페
명 4298에서 유래: 발전, 진전, 빌1:12, 25, 딤전4:15.
☞**진전(빌1:12), 성숙함(딤전4:15).**

4298. προκόπτω [prŏkŏptō][6회] 프로콥토
동 미완료 προέκοπτον, 미래 προκό- ψω, 제1부정과거 προέκοψα, 4253과 2875에서 유래:
1) [시간에 대해서] ψεν ἡ νὺξ προέκο: 밤이 깊었다, 롬13:12.
2) 발전하다, 진전하다, 눅2:52, 갈1:14, 딤후2:16, 3:9,13.
☞**자라가다**(눅2:52), **깊다**(롬13:12), **지나치게 믿다**(갈1:14), **나아가다**(딤후2:16, 3:9).

4299. πρόκριμα, ατος, τό [prŏkrima][1회] 프로크리마
명 4253과 2919에서 유래: 심리전에 내린 판결, 선입견, 구별, 편파적인 차별, 딤전5:21.
☞**편견**(딤전5:21).

4300. προκυρόω [prŏkürŏō][1회] 프로퀴로오
동 완료수동분사 προκεκυρωμένος: 미리[먼저] 유효하게 하다, 미리 재가하다, 비준하다, 갈3:17.
☞**미리 정하다**(갈3:17).

4301. προλαμβάνω [prŏlambanō][3회] 프롤람바노
동 제2부정과거 προέλαβον, 제1부정과거 수동태 προσελήμφθην, 4253과 2983에서 유래: 미리 취하다.
1) [προ-가 시간적인 뜻을 가지는 경우] 미리 ~하다, 앞질러 처리하다, 막14:8.
2) [προ-가 시간적 의미를 갖지 않는 경우]
① 음식을 먹다, 취하다, 고전11:21.
② 탐지하다, 발각하다, 기습하여 잡다, 갈6:1.
☞**미리 준비하다**(막14:8), **먼저 가지다**(고전11:21), **바로잡다**(갈6:1).

4302. προλέγω [prŏlĕgō][15회] 프롤레고
동 완료수동태 3인칭 단수 προλέλεκ- ται, 4253과 3004에서 유래: 미리 말하다, 예고하다, 고후13:2, 갈5:21, 살전3:4.
☞**이미 말하다**(고후13:2), **전에 경계하다**(갈5:21), **미리 말하다**(살전3:4).

4303. προμαρτύρομαι [prŏmartürŏmai][1회] 프로마르튀로마이
동 중간태. 디포넌트. 4253과 3143에서 유래: 미리 증언하다, 예언하다, 벧전1:11.
☞**미리 증언하다**(벧전1:11).

4304. προμελετάω [prŏmĕlĕtaō][1회] 프로멜레타오
동 4253과 3191에서 유래: 미리 연습하다, 준비하다, 눅21:14.
☞**미리 궁리하다**(눅21:14).

4305. προμεριμνάω [prŏmĕrimnaō][1회] 프로메림나오
동 4253과 3309에서 유래: 미리 걱정하다, 막13:11.
☞**미리 염려하다**(막13:11).

4306. προνοέω [prŏnŏĕō][3회] 프로노에오
동 4253과 3539에서 유래: 미리 생각하다, 조심하다.
1) 돌보다, 공급하다, 딤전5:8.
2) 고려하다, 생각해 주다, ~을 걱정하다, 롬12:17, 고후8:21.
☞**도모하다**(롬12:17), **조심하다**(고후8:21), **돌보다**(딤전5:8).

4307. πρόνοια, ας, ἡ [prŏnŏia][2회] 프로노이아
명 4306에서 유래: 선견지명.
1) 하나님의 섭리, 앞선 생각[선지].
2) 사람의 선견, 걱정, 근심, 행24:2, 롬13:14.
☞**선견**(행24:3), **일**(롬13:14).

4308. προοράω [prŏŏraō][4회] 프로오라오
동 제2부정과거 προεῖδον, 완료형 π- ροεώρακα, 미완료 중간태 προορώ- μην, 4253과 3724에서 유래:
1) 미리 보다, 행21:29.
2) 내다보다, 미리 내다보다, 행2:31, 갈3:8.
3) [중간태] 앞에서 보다, 눈앞에 가지다, 행2:25.
☞**뵙다**(행2:25), **전에 보다**(행21:29).

4309. προορίζω [prŏŏrizō][6회] 프로오리조
동 제1부정과거 προώρισα, 제1부정과거수동태 προωρίσθην, 4253과 3724에서 유래: 미리 결정하다, 예정하다, 롬8:30, 행4:28, 고전2:7, 엡1:5,11.
☞**예정하다**(행4:28, 엡1:5), **미리 정하다**(롬8:29,30, 고전2:7), **예정을 입다**(엡1:11).

4310. προπάσχω [prŏpaschō][1회] 프로파스코
동 제2부정과거 προέπαθον, 4253과 3958에서 유래: 전에 고난을 당하다, 살전2:2.
☞**먼저 능욕을 당하다**(살전2:2).

4311. προπέμπω [prŏpĕmpō][9회] 프로펨포
동 미완료 προέπεμπον, 제1부정과거 προεπέμφθην, 제1부정과거수동태 π- ροέπεμψα, 4253과 3958에서 유래:
1) 동반하다, 수행하다, 호송하다, 행20: 38, 21:5.
2) 여행을 도와주다, 길을 떠나보내다, 행15:3, 롬15:24, 고전16:6,11, 고후1:16.
☞**전송받다**(행15:3), **전송하다**(행20:38, 21: 5, 요삼1:6), **보내주다**(롬15:24), **보내다**(고전16:11, 딛3:13).

4312. προπετής, ές gen. οῦς [prŏpĕtēs][2회] 프로페테스
형 4253과 4098의 합성어에서 유래: 경솔한, 생각 없는, 행19:36, 딤후3:4.
☞**경솔한**(행19:36), **조급한**(딤후3:4).

4313. προπορεύομαι [prŏpŏrĕuŏmai][2회] 프로포류오마이
동 미래 προπορεύσομαι, 4253과 4198에서 유래: 앞서가다, 앞장서다, 눅1:76, 행7:40.
☞**앞서 가다**(눅1:76), **인도하다**(행7:40).

4314. πρός [prŏs][699회] 프로스
전 [속격, 여격, 대격을 지배]. 4253에서 유래:
1. [속격을 지배하는 경우] ~에게 유리하게, ~에 좋게, πρ. τῆς σωτηρίας: 안전에 좋게, 행27:34.
2. [여격과 함께] 가까이, 곁에, 옆에, πρ. τῇ κεφαλῇ, τοῖς ποσίν: 머리 옆에, 발 옆에, 막5:11, 요20:12, 18:16, 계1:13.
3. [대격을 취하는 경우]
1) [장소에 대하여] 향하여, 막1:33, 눅23:7, 요12:32, 행12:21, 고후13:7.
2) [시간에 대하여]
① [접근을 의미함] ~에 가까이에, ~쯤, πρὸς ἑσπέραν: 저녁 가까이, 눅24:29.
② [계속된 시간을 가리킴] 동안, 눅8:13, 요5:35, 고전7:5, 고후7:8, 갈2:5, 몬1:15, 살전2:17, 히12:10, 11, 약4:14.
3) [목적하고 애쓰는 목표에 대해서]
① 위하여, 목적으로, οὗτος ἦν ὁ πρὸς τὴν ἐλεημοσύνην καθήμενος: 이는 동냥을 위하여 구걸하며 앉아있던 사람이다, 마23:5, 막13:22, 행3:10.
② 어떤 환경에 뒤따르는 결과에 대해서, πάν- τα πρὸς οἰκοδομὴν γινέσθω: 모든 것은 덕을 세우기 위한 방편으로 행해져야 한다, 고전14: 26, 골2:23, 딤전4:7.
③ [대개 목적, 숙명을 나타낸다] τῇ πυρώσει πρὸς πειρασμὸν ὑμῖν γινο- μένῃ, 벧전4:12.
4) [적대적 관계 또는 정다운 관계를 가리킬 때]
① [적대적인 관계] ~대하여, ~와 함께, ~와, 눅23:12, 행24:19, 28:25, 엡6:12, 골5:13.
② [정다운 관계] ~에게 향하여, ~와 함께, 앞에, 고후7:4, 롬5:1, 갈6:10.
5) [관련성을 나타내 준다]
① 관해서, 더해서, ἔγνωσαν ὅτι πρὸς αὐτοὺς τὴν παραβολὴν εἶπεν: 그들은 그[예수]가 자기들과 관련해서 그 비유를 말씀하신 것을 깨달았다, 마19:8, 막12:12, 눅20:19, 요13:28, 히1:7.
② ~에 관한 한, 관해서는, 롬15:17, 히6:11, 고후4:2.
③ 생략적으로, τί πρὸς ἡμᾶς (sc. ἐστιν): 그것이 우리에게 무슨 상관이 있느냐, 마27:4, 요21:22,23.
④ ~을 따라서, ~대로, ~에 비하여, ~할 목적으로, 막13:22, 행3:19.
6) [부사적 표현] 약4:5.
7) ~와 함께, 마13:56, 막6:3, 눅9:41, 요1:1.
☞**~에게로**(마2:12), **~을 향하여**(눅22:56).

4315. προσάββατον, ου, τό [prŏsabbatŏn][1회] 프로삽바톤
명 4253과 4521에서 유래: 안식일 전날, 금요일, 막15:42.
☞**안식일 전날**(막15:42).

4316. προσαγορεύω [prŏsagŏrĕuō][1회] 프로사고류오
동 제1부정과거 προσηγόρευσα, 제1부정과거 수동태 προσηγορεύθην, 4314와 53의 파생어에서 유래:
1) 인사하다.
2) 부르다, 이름을 주다, 지명하다, 일컫다, 히

5:10.
☞칭하다(히5:10).

4317. προσάγω [prŏsagō][4회] 프로사고
동 제2부정과거 προσήγαγον, 제2부정과거명령형 προσάγαγε, 제2부정과거부정사 προσαγαγεῖν, 미완료 수동태 προσηγόμην, 제1부정과거 수동태 προσήχθην, 4314와 71에서 유래:
1) [타동사] 데려오다, 데려가다,
① [문자적으로] 눅9:41, 행16:20.
② [비유적으로] 벧전3:18.
2) [자동사] 가까이 오다, 가까이 가다, 행27:27.
☞**데리고 오다**(눅9:41), **데리고 가다**(행16:20), **가까워지다**(행27:27), **인도하다**(벧전3:18).

4318. προσαγωή, ῆς, ἡ [prŏsagōgē][3회] 프로사고게
명 4317에서 유래: 접근, 가까이 감, 롬5:2, 엡2:18, 3:12.
☞**들어감**(롬5:2), **나아감**(엡2:18, 3:12).

4319. προσαιτέω [prŏsaitĕō][1회] 프로사이테오
동 4314와 154에서 유래: 구걸하다, 애걸하다, 막10:46, 눅18:35, 요9:8.
☞**구걸하다**(눅18:35, 요9:8). **[명] 거지**(막10:46).

4320. προσαναβαίνω [prŏsanabainō][1회] 프로사나바이노
동 제2부정과거 προσανέβην, 제2부정과거명령형 προσανάβηθι, 4314와 305에서 유래: 올라가다, 승진하다, 눅14:10.
☞**올라 앉다**(눅14:10).

4321. προσαναλίσκω or προσαναλόω [prŏsanaliskō][1회] 프로사날리스코
동 제1부정과거 분사 προσαναλώσας, 4314와 355에서 유래: 아낌없이 쓰다, 눅8:43.
☞**(다 써버리다, 탕진하다)**(눅8:43).

4322. προσαναπληρόω [prŏsanaplērŏō][2회] 프로사나플레로오
동 제1부정과거 προσανεπλήρωσα, 4341과 378에서 유래: 더 채우다, 공급하다, 보급하다, 배당해주다, 고후9:12, 11:9.
☞**보충하다**(고후9:12, 11:9).

4323. προσανατίθημι [prŏsanatithēmi][2회] 프로사나티데미
동 제2부정과거중간태 προσανεθέ- μην, 중간태로만 나타남, 4314와 394에서 유래:
1) 더하다, 가하다, 기여하다, 주다, 갈2:6.
2) 상의하다, 협의하다, 갈1:16.
☞**의논하다**(갈1:16), **더하다**(갈2:6).

4324. προσαπειλέω [prŏsapĕilĕō][1회] 프로사페일레오
동 제1부정과거중간태분사 προσαπε- ιλησάμενος, 4341과 546에서 유래: 더욱 위협하다, 행4:21.
☞**다시 위협하다**(행4:21).

4325. προσδαπανάω [prŏsdapanaō][1회] 프로스다파나오
동 제1부정과거 προσεδαπάνησα, 4314와 1159에서 유래: 더 쓰다, 그 위에 더 소비하다, 눅10:35.
☞**더 들다**(눅10:35).

4326. προσδέομαι [prŏsdĕŏmai][1회] 프로스데오마이
동 수동태. 디포넌트. 4314와 1189에서 유래: 그 위에 더 원하다, 더 필요하다, 행17:25.
☞**부족하다**(행17:25).

4327. προσδέχομαι [prŏsdĕchŏmai][14회] 프로스데코마이
동 중간태. 디포넌트. 미완료 προσεδε- χόμην, 제1부정과거 προσεδεξάμην, 제1부정과거수동태 προσεδέχθην, 4314와 1209에서 유래:
1) 집어 올리다, 받다, 환영하다, 영접하다, 눅15:2, 행24:15, 롬16:2, 빌2:29, 히10:34.
2) 기다리다, 기대하다, 눅12:36, 행23: 21, 딛2:13.
☞**기다리다**(막15:43, 눅12:36, 행23:21), **바라다**(눅2:38), **영접하다**(눅15:2, 롬16:2, 빌2:29), **당하다**(히10:34), **풀려나기를 원하다**(히11:35).

4328. προσδοκάω [prŏsdŏkaō][16회] 프로스도카오
동 미완료 προσεδόκων, 미완료수동태 προσεδοκώμην, 제1부정과거 προ- σεδόκησα, 4314와 '지켜보다'에서 유래: 기다리다, 찾다, 기대하다, 마24:50, 눅3:15, 행27:33, 벧후3:12-14.

☞**기다리다**(마11:3, 눅7:19, 행10:24), **바라보다**(행3:5, 벧후3:12,13), **(예기하다)**(마24: 50).

4329. προσδοκία, ας, ἡ [prŏsdŏkia][2회] 프로스도키아

명 4328에서 유래: 기대, 대망, 눅21:26, 행12:11.

☞**생각함**(눅21:26), **기대**(행12:11).

4330. προσεάω [prŏsĕaō][1회] 프로세아오

동 4314와 1448에서 유래: 더 가도록 허락하다, 행27:7.

☞**(접근을) 허락하다**(행27:7).

4331. προσεγγίζω [prŏsĕnggizō][1회] 프로셍기조

동 제1부정과거 προσηγγισα, 4314와 1448에서 유래: 가까이 가다, 가까이 오다, 접근하다, 막2:4.

☞**(접근하다)**(막2:4).

4332. προσεδρεύω [prŏsĕdrĕuō] 프로세드류오

동 4314와 1476의 어간의 합성어에서 유래: 가까이 앉다, 시중하다, 섬기다, 고전9:13.

☞**섬기다**(고전9:13).

4333. προσεργάζομαι [prŏsĕrgazŏ- mai][1회] 프로세르가조마이

동 디포넌트. 제1부정과거 προσηργα- σάμην 혹은 προσειργασάμην, 4314와 2038에서 유래: 더 만들다, 더 벌다, 눅19:16.

☞**남기다**(눅19:16).

4334. προσέρχομαι [prŏsĕrchŏmai][86회] 프로세르코마이

동 중간태. 디포넌트. 미완료 προσηρ- χόμην, 미래 προσελεύσομαι, 제2부정과거 προσῆλθον, 완료 προσελήλυ- θα, 4314와 2064에서 유래: ~에게 오다, 가다, 접근하다.

1) [문자적으로] 마5:1, 눅23:52, 요12: 21, 행9:1.

2) [비유적으로]

① 나아가다, 나아오다, 히4:16, 7:25, 벧전2:4.

② ~에 동의하다, ~에 종사하다, 딤전6:3.

☞**나아오다**(마4:3, 막14:45, 벧전2:4), **오다**(마9:20, 눅7:14, 행28:9), **가다**(마21:28, 눅23:52, 행22:26), **내려오다**(마28:2), **나아가다**(막1:31, 행8:29, 히7:25), **따르다**(딤전6:3), **이르다**(히12:22).

4335. προσευχή, ῆς, ἡ [prŏsĕuchē][37회] 프로슈케

명 4336에서 유래:

1) 기도, 마17:21ⓢ, 막9:29, 눅22:45, 행3:1.

2) 기도처, 기도소, 교회당, 행16:13,16.

☞**기도**(막9:29, 행3:1, 딤전2:1), **기도하는 곳, 기도실**(행16:13), **구하는 것**(마21:22), **기도하기**(행2:42).

4336. προσεύχομαι [prŏsĕuchŏmai][86회] 프로슈코마이

동 디포넌트. 미완료 προσηυχόμην, 미래 προσεύξομαι, 제1부정과거 προ- σηυξάμην, 4314와 2172에서 유래: 기도하다, 막1:35, 눅1:10, 행1:24.

☞**기도하다**(마5:44, 눅1:10, 행1:24), **간구하다**(롬8:26).

4337. προσέχω [prŏsĕchō][24회] 프로세코

동 미완료 προσεῖχον, 제2부정과거 προσεσχον, 완료 προσέσχηκα, 4314와 2192에서 유래:

1) 마음을 ~에게 돌리다.

① 주목하다, 주의하다, 따르다, 딤전4:1, 행8:6, 히2:1, 벧후1:19.

② 관심을 가지다, 걱정하다, 조심하다, 마7:15, 10:17, 눅17:3, 21:34.

③ 종사하다, 전심하다, 전념하다, 열중하다, 딤전4:13.

④ 의식을 집행하다, 히7:13.

⑤ 몰두하다, ~에 빠지다, 딤전3:8.

2) [중간태] 매달리다, 달라붙다, 딤전6:3.

☞**주의하다**(마6:1, 눅12:1, 벧후1:19), **삼가다**(마7:15, 눅20:46, 히2:1), **조심하다**(눅17:3, 행5:35), **따르다**(행8:6, 딤전4:1, 딛1:14), **몰두하다**(딤전1:4, 4:13), **받들다**(히7:13).

4338. προσηλόω [prŏsēlŏō][1회] 프로셀로오

동 제1부정과거 προσήλωσα, 4314와 2247의 파생어에서 유래: 못박다, 못박아 고정시키다, 골2:14.

☞**못박다**(골2:14).

4339. προσήλυτος, ου, ὁ [prŏsēlütŏs][4회] 프로셀뤼토스

명 4334의 대체어에서 유래: 개종자, 마23:15, 행2:11, 6:5, 13:43.

☞**유대교에 들어온 사람**(행2:11), **유대교에 입교한 사람**(행6:5, 13:43), **교인**(마23:15).

4340. πρόσκαιρος, ον [prŏskaïrŏs][4회] 프로스카이로스

형 4314와 2540에서 유래: 잠깐 동안만 있는, 임시적인, 과도적인, 마13:21, 막4:17, 고후4:18.

☞**잠시**(마13:21, 히11:25), **잠깐**(막4:17, 고후4:18).

4341. προσκαλέομαι [prŏskalĕŏmai][29회] 프로스칼레오마이

동 중간태. 제1부정과거 προσεκαλε- σάμην, 완료 προσκέκλημαι, 4314와 2546에서 유래: 소환하다, 호출하다.

1) [문자적으로] 부르다, 호출하다, 초대하다, 마10:1, 막3:23, 눅7:18.

2) [비유적으로] 하나님이 부르시다, 부르다, 행2:39, 13:2, 16:10.

☞**부르다**(마10:1, 눅7:29, 행23:23), **불러들이다**(행5:40), **청하다**(행23:17, 약5:14), **불러 시키다**(행13:2).

4342. προσκαρτερέω [prŏskartĕrĕō][10회] 프로스카르테레오

동 4314와 2594에서 유래: 집착하다, 꾸준히 하다, 지속하다.

1) ~에 애착을 가지다, ~에 속하다, 시중들다, ~에게 충성하다, 행8:13, 10:7.

2) 대기하다, 막3:9.

3) ~에 분주하다, 분주하게 하다, 전념하다, 행1:14, 6:4, 롬12:12, 13:6, 골4:2.

4) 꾸준히 ~하다, 계속하다, 행2:42.

5) ~에서 많은 시간을 보내다, 행2:46.

☞**대기하다**(막3:9), **힘쓰다**(행1:14, 2:46, 6:4, 롬12:12), **전심으로 따라다니다**(행8:13).

4343. προσκαρτέρησις, εως, ἡ [prŏs-kartĕrēsis][1회] 프로스카르테레시스

명 4342에서 유래: 견인불발, 참을성, 인내, 엡6:18.

☞**인내, 힘씀**(엡6:18).

4344. προσκεφάλαιον, ου, τό [prŏskĕ-phalalŏn][1회] 프로스케팔라이온

명 4314와 2776의 합성어로 보임: 베개, 막4:38.

☞**베개**(막4:38).

4345. προσκληρόω [prŏsklērŏō][1회] 프로스클레로오

동 제1부정과거 수동태 προσεκληρώ- θην, 4314와 2820에서 유래: 분배하다, 할당하다, 배당하다, 제자로서 따르다, 행17:4.

☞**따르다**(행17:4).

4346. πρόσκλισις, εως, ἡ [prŏsklisis][1회] 프로스클리시스

명 4314와 2827의 합성어에서 유래: ~에 기대기, ~로 기울어짐, 편파, 불공평, 치우침, 경향, 성향, 딤전5:21.

☞**편견**(딤전5:21).

4347. προσκολλάω [prŏskŏllaō][2회] 프로스콜라오

동 미래수동태 προσκολληθήσομαι, 4314와 2853의 합성어에서 유래: 꼭 달라붙다, 충성하다, 열성을 다하다, 합하다, 막10:7, 엡5:31.

☞**합하다**(마19:5, 엡5:31), **따르다**(행5:36).

4348. πρόσκομμα, ατος, τό [prŏskōm-ma][6회] 프로스콤마

명 4350에서 유래: 걸려 넘어짐, 비틀거림, 차질, 죄, 허물, 과실.

1) 걸림돌, 롬9:32,33, 벧전2:8.

2) 범죄할 기회, 실족할 기회, 롬14:13, 방해물, 고전8:9.

☞**부딪칠 돌**(롬9:32, 14:13, 벧전2:8), **거리낌**(롬14:20), **걸려 넘어지게 하는 것**(고전8:9).

4349. προσκοπή, ῆς, ἡ [prŏskŏpē][1회] 프로스코페

명 4350에서 유래: 범죄할 기회, 실족할 기회, 고후6:3.

☞**거리낌, 기분을 상하게 하는 것**(고후6:3).

4350. προσκόπτω [prŏskŏptō][8회] 프로스콥토

동 제1부정과거 προσέκοψα, 4314와 2875에서 유래.

1) [문자적으로]

① [타동사] 때리다, 치다, 마4:6, 눅4:11.

② [자동사] 부딪다, 걸려 비틀거리다, 마7:27, 요11:9,10.

2) [비유적으로]

① 성내다, 기분을 상하다, 혐오하다, 거절하다, 롬9:32, 14:21, 벧전2:8.

② 성나게 하다.

☞**부딪치다**(마4:6, 눅4:11, 롬9:32), **실족하다**(요11:9,10), **거리끼게 하다**(롬14:21).

4351. προσκυλίω [prŏskŭliō][2회] 프로스퀼리오
동 제1부정과거 προσεκύλισα, 4314와 2947에서 유래: 굴려내다, 마27:60, 막15:46.
☞**굴리다**(마27:60, 막15:46).

4352. προσκυνέω [prŏskŭnĕō][60회] 프로스퀴네오
동 미완료 προσεκύνουν, 미래 προσ- κυνήσω, 제1부정과거 προσεκύνησα, 4314와 2965에서 유래: 예배하다, 절하다, 부복하다, 꿇어 엎드리다, 경배하다, 숭배하다, 요4:20, 행8:27, 히11:21, 계4:10.
☞**경배하다**(마2:2, 눅24:52, 계22:9), **절하다**(마8:2, 행10:25, 계3:9), **예배하다**(요4:20, 행8:27, 24:11).

4353. προσκυνητής, οῦ, ὁ [prŏskŭnē-tēs][1회] 프로스퀴네테스
명 4352에서 유래: 예배하는 자, 예배자, 요4:23.
☞**예배하는 자**(요4:23).

4354. προσλαλέω [prŏslalĕō][2회] 프로스랄레오
동 제1부정과거 προσελάλησα, 4314와 2980에서 유래: ~에게 말하다, ~와 말하다, 행13:43, 행28:20.
☞**더불어 말하다**(행13:43), **함께 이야기하다**(행28:20).

4355. προσλαμβάνω [prŏslambanō][12회] 프로스람바노
동 제2부정과거 προσέλαβον, 완료 προσείληφα, 제2부정과거 중간태 προ- σελαβόμην, 4314와 2983에서 유래:
1) [능동태]
① 음식을 먹다, 같이 먹다, 행27:34.
② 이용하다.
2) [중간태]
① 옆으로 데리고 가다, 행18:26.
② 영접하다, 받아들이다, 행28:2, 롬14:1, 15:7, 몬1:12.
③ 데리고 가다, 행17:5.
④ 먹다, 행27:33,36.
☞**붙들다**(마16:22, 막8:32), **데려가다**(행17: 5, 18:26), **받다**(행27:36, 롬14:1, 15:7), **영접하다**(행28:2, 몬1:17), **먹다**(행27:33).

4356. πρόσλημψις or πρόσληψις [prŏs-lēmpsis][1회] 프로스렘프시스
명 4355에서 유래: 수납, 수락, 받아줌, 롬11:15.
☞**받아들이는 것**(롬11:15).

4357. προσμένω [prŏsmĕnō][7회] 프로스메노
동 제1부정과거 προσέμεινα, 4314와 3730에서 유래:
1) ~와 함께 머물다, 남아 있다.
① [여격을 취함, 문자적으로] 마15:32, 막8:2.
② [물건의 여격을 취하여] 언제나 ~안에 있다, ~안에 존속하다, 계속하여 ~하다, 딤전5:5, 행13:43.
2) 더 오래 유하다, 머물다, 행18:18, 딤전1:3.
☞**함께 있다**(마15:32, 막8:2), **머물러 있다**(행11:23), **함께 하다**(행18:18), **머물다**(딤전1:3), **계속 머물다, 항상~하다**(딤전5:5).

4358. προσορμίζω [prŏsŏrmizō][1회] 프로소르미조
동 제1부정과거 수동태 προσωρμίσ- θην, 4314와 3730과 같은 파생어에서 유래: 항구에 들어가다, 정박하다, 배를 대다, 막6:53.
☞**대다**(막6:53).

4359. προσοφείλω [prŏsŏphĕilō][1회] 프로소페일로
동 4314와 3784에서 유래: 그 위에 또 빚지다, 몬1:19.
☞**이외에 빚지다**(몬1:19).

4360. προσοχθίζω [prŏsŏchthizō][2회] 프로속디조
동 제1부정과거 προσώχθισα, 4314와 ὀχθέω '싫증을 느끼다'에서 유래: 노하다, 성나다, 히3:10,17.
☞**노하다**(히3:10,17).

4361. πρόσπεινος, ον [prŏspĕinŏs][1회] 프로스페이노스
형 4314와 3983과 동일어에서 유래: 주린, 굶주린, 행10:10.
☞**시장한**(행10:10).

4362. προσπήγνυμι [prŏspēgnŭmi][1회] 프로스펙뉘미
동 제1부정과거 προσέπηξα, 4314와 4078에서 유래: ~에다 고정시키다, ~에 못 박다, 행2:23.

☞못 박다(행2:23).

4363. προσπίπτω [prŏspiptō][8회]
프로스핖토
동 미완료 προσέπιπτον, 부정과거 π- ροσέπεσον, προσέπεσα, 4314와 4098에서 유래:
1) ~앞에 엎드리다, ~발 앞에 엎드리다, 막3:11, 눅8:28, 행16:29.
2) 들이치다, 부딪다, 마7:25.
☞부딪치다(마7:25), 엎드리다(막3:11, 눅5:8, 8:47, 행16:29).

4364. προσποιέομαι [prŏspŏiĕŏmai][1회]
프로스포이에오마이
동 중간태. 4314와 4160에서 유래: 스스로 드러나게 일하다, 마치 ~한 것 같이하다, 눅24:28.
☞~같이 하다(눅24:28).

4365. προσπορεύομαι [prŏspŏrĕuŏmai][1회] 프로스포류오마이
동 디포넌트. 4314와 4198에서 유래: ~에게 나아가다, 가까이 가다, 눅10:35.
☞나아오다(막10:35).

4366. προσρήγνυμι [prŏsrēgnümi][2회]
프로스렠뉘미
동 4314와 4486에서 유래:
1) [타동사] 부수다, 깨뜨려 부수다.
2) [자동사] 습격하다, 왈칵 달려들다, 눅6:48.
☞부딪치다(눅6:48,49).

4367. προστάσσω [prŏstassō][7회]
프로스탓소
동 제1부정과거 προσέταξα, 수동태, 완료 προστέταγμαι, 완료수동 분사 προστεταγμένος, 제1부정과거 수동태 προσετάχθην, 제2부정과거수동 προσετάγην, 4314와 5021에서 유래: 명령하다, 지시하다, 마1:24, 21:6, 막1:44.
☞명하다(마8:4, 눅5:14, 행10:48), 분부하다(마1:24), 정하다(행17:26).

4368. προστάτις, ιδος, ἡ [prŏstatis][1회]
프로스타티스
명 4291의 파생어: 여 후원자, 여 보호인, 롬16:2.
☞보호자(롬16:2).

4369. προστίθημι [prŏstithēmi][18회]
프로스티데미
동 미완료3인칭단수 προσετίθει, 미래 προσθήσω, 제1부정과거 προσέθη- κα, 제2부정과거가정법 προσθῶ, 제2부정과거명령 πρόσθες, 제2부정과거부정사 προσθεῖναι, 제2부정과거 분사 προσθείς, 제2부정과거 중간태 π- ροσεθέμην, 수동태미완료3인칭복수 προσετίθεντο, 제1부정과거수동태 προσετέθη, 미래 수동태 προστεθήσομαι, 4314와 5087에서 유래:
1) 더하다, 가하다,
① [물건에 대하여] 막4:24, 눅12:25, 갈3:19, 히12:19.
② [사람에 대하여] 행2:47, 5:14.
2) 공급하다, 주다, 하다, 마6:33, 눅12:31.
☞더하다(마6:27, 행2:41, 갈3:19), 다시 보내다(눅20:12), 더 말씀하다(히12:19).

4370. προστρέχω [prŏstrĕchō][3회]
프로스트레코
동 제2부정과거 προσέδραμον, 4314와 5143에서 유래: ~에게 달려가다, 막9:15, 10:17, 행8:30.
☞달려오다(막9:15, 10:17), 달려가다(행8:30).

4371. προσφάγιον, ου, τό [prŏsphagiŏn][1회] 프로스파기온
명 4314와 5315의 합성어의 파생어로 보임: 반찬, 물고기, 요21:5.
☞고기(요21:5).

4372. πρόσφατος, ον [prŏsphatŏs]
프로스파토스
형 4253과 4969의 파생어에서 유래: 새로운, 최근의, 히10:20.
☞새로운(히10:20).

4373. προσφάτως [prŏsphatōs][1회]
프로스파토스
부 4372에서 유래: 근자에, 최근에, 행18:2.
☞새로(행18:2).

4374. προσφέρω [prŏsphĕrō][47회] 프로스페로
동 미완료 προσέφερον, 부정과거 π- ροσήνεγκον, 또는 προσήνεγκα, 완료 προσενήνοχα, 제1부정과거 수동태 προσηνέχθην, 4314와 5342에서 유래:
1) [능동태와 수동태] ~에게 데려가다, 오다, 마4:24, 막2:4, 눅23:36.
2) 바치다, 드리다, 마2:11, 히8:3, 요16:2
3) [수동태] 만나다, 취급하다.

☞**드리다**(마2:11, 행7:42, 히9:7), **데려오다**(마4:24, 9:32, 18:24), **데리다**(마8:16, 행21: 26), **가져오다**(마22:19), **가지다**(마25:20), **끌고 가다**(눅12:11), **끌어 오다**(눅23:14), **섬기다**(요16:2), **매다**(요19:29), **받다**(행8:18, 히12:7), **올리다**(히5:7).

4375. προσφιλής, ές [prŏsphilēs][1회] 프로스필레스

형 4314와 5368의 합성어에서 유래한 듯함: 기쁘게 하는, 뜻에 맞은, 사랑스러운, 빌4:8.

☞**사랑할 만한**(빌4:8).

4376. προσφορά, ᾶς, ἡ [prŏsphŏra][9회] 프로스포라

명 4374에서 유래:

1) 가져오는 동작, 바침, 드림, 희생, 히10:10, 14,18, 행24:17.

2) 예물, 헌물, 제물, 행21:26, 엡5:2, 히10:5.

☞**제사**(행21:26, 히10:14), **제물**(행24:17, 롬15:16), **예물**(히10:5,8), **제사 드릴 것**(히10:18).

4377. προσφωνέω [prŏsphōnĕō][7회] 프로스포네오

동 미완료 προσεφώνουν, 제1부정과거 προσεφώνησα, 4314와 5455에서 유래:

1) ~향하여 소리치다, 마11:16, 눅7:32, 23:20, 행22:2.

2) ~를 자기에게로 부르다, 눅6:13, 13:12, 행11:2.

☞**부르다**(마11:16, 눅6:13, 13:12), **말하다**(눅23:20, 행21:40, 22:2).

4378. πρόσχυσις, εως, ἡ [prŏschüsis][1회] 프로스퀴시스

명 4314와 χέω, '붓다'의 합성어에서 유래: 부음, 뿌림, 바름, 히11:28.

☞**뿌리기**(히11:28).

4379. προσψαύω [prŏspsauō][1회] 프로스프사우오

동 4314와 ψαύω, '만지다'에서 유래: 만지다, 대다, 눅11:46.

☞**대다**(눅11:46).

4380. προσωποληπτέω [prŏsōpŏlēptĕō][1회] 프로소폴렘테오

동 4381에서 유래: 외모로 판단하다, 불공평하게 하다, 약2:9.

☞**차별하여 대하다**(약2:9).

4381. προσωπολήμπτης, ου, ὁ [prŏsōpŏlēmptēs][1회] 프로소폴렘프테스

명 4383과 2983에서 유래: 외모로 사람을 판단하는 사람, 개인적인 정을 두는 사람, 행10:34.

☞**사람의 외모를 보는 자**(행10:34).

4382. προσωπολημψία, ας, ἡ [prŏsōpŏlēmpsia][4회] 프로소폴렘프시아

명 4381에서 유래: 외모로 판단하기, 편파심, 롬2:11, 엡6:9, 골3:25, 약2:1.

☞**외모로 취하는 일**(롬2:11, 골3:25, 약2:1).

4383. πρόσωπον, ου, τό [prŏsōpŏn][76회] 프로소폰

명 4314와 ὤψ, '얼굴'에서 유래:

1. 얼굴.

1) [문자적으로] 마6:16, 막14:65, 눅9:29.

2) [비유적으로]

① 낯을 모르는, 갈1:22.

② 외부적으로, 살전2:17.

3) [전치사와 함께]

① ~앞에서부터, ~에게서부터, 행5:41, 살후1:9.

② 앞에, 고후8:24.

③ [그리스도의] 면전에서, 고후2:10, 4:6.

④ 면대하여, 직접, 행25: 16, 고후10: 1, 갈2:11.

4) 겉모양, 마16: 3, 고후5:12, 약1:11.

5)표면, 눅21:35, 행17:26.

2. 사람, 고후1:11.

☞**얼굴**(마6:16, 행20:25, 살전2:17, 벧전3:12, 계6:16), **외모**(마22:16, 고후5:12, 갈2:6), **용모**(눅9:29), **사람**(고후1:11), **모양**(약1:11), **낯**(계12:14).

4384. προτάσσω [prŏtassō] 프로탓소

동 4353과 5021에서 유래: 미리 정하다, 결정하다, 앞서 배정하다, 행17:26.

☞**(미리) 정하다**(행17:26).

4385. προτείνω [prŏtĕinō][1회] 프로테이노

동 제1부정과거 προέτεινα, 4253과 τείνω, '뻗치다'에서 유래: 벌리다, 펴다, 뻗게 하다, 행22:25.

☞**잡아당기다, 매다**(행22:25).

4386. πρότερον [prŏtĕrŏn] 프로테론

부 4387의 중성: 전에, 옛날에, 요7:50, 51, 고후1:15, 딤전1:13, 히4:6, 10:32, 벧전1:14.

☞**이전에**(요6:62), **전에**(요7:50), **먼저**(고후1:15), **처음에**(갈4:13).

4387. πρότερος, α, ον [prŏtĕrŏs][11회] 프로테로스
형 4253의 비교급:
1) [시간상] 더 이른, 옛, 이전의, 엡4:22.
2) [계급상] 더 높은.
☞**옛, 이전의**(엡4:22).

4388. προτίθεμαι [prŏtithĕmai][3회] 프로티데마이
동 디포넌트, 4253과 5087에서 유래: 전시하다, 예정하다, 롬3:25.
☞**세우다**(롬3:25), **예정하다**(엡1:9).

4389. προτρέπομαι [prŏtrĕpŏmai][1회] 프로트레포마이
동 디포넌트, 4253에서 유래: 격려하다, 행18:27.
☞**격려하다**(행18:27).

4390. προτρέχω [prŏtrĕchō][2회] 프로트레코
동 제2부정과거 προέδραμον, 4253과 5143에서 유래: 앞서 달리다, 눅19:4, 요20:4.
☞**앞으로 달려가다**(눅19:4), **(앞서) 달리다**(요20:4).

4391. προϋπάρχω [prŏüparchō][2회] 프로위파르코
동 미완료 προϋπῆχον, 4253과 5225에서 유래: [자동사] 전에 존재하다, 행8:9.
☞**전에는 ~이다**(눅23:12), **전에는 ~하고 있었다**(행8:9).

4392. πρόφασις, εως, ἡ [prŏphasis][7회] 프로파시스
명 4253과 5316의 합성어에서 유래:
1) 실제적 동기, 이유, 정당한 핑계, 요15:22.
2) 거짓된 동기, 핑계, 구실, 막12:40, 눅20:47, 행27:30, 빌1:18, 살전2:5.
☞**외식**(막12:40, 눅20:47), **겉치레**(빌1:18), **탈**(살전2:5), **핑계**(요15:22), **체**(행27:30).

4393. προφέρω [prŏphĕrō][2회] 프로페로
동 4253과 5342에서 유래: 앞에 가져오다, 제출하다, 내놓다, 산출하다, 낳다, 눅6:45.
☞**내다**(눅6:45).

4394. προφητεία, ας, ἡ [prŏphētĕia][19회] 프로페테이아
명 4396에서 유래: 예언.
1) 예언적 활동, 예언활동, 계11:6.
2) 예언의 은사, 예언하는 은사, 롬12:6, 고전12:10, 계19:10.
3) 예언의 말씀, 마13:14, 고전14:6, 벧후1:20, 살전5:20.
☞**예언**(마13:14, 살전5:20, 계22:7). **[동] 예언하다**(고전12:10, 13:2).

4395. προφητεύω [prŏphētĕuō][28회] 프로페튜오
동 미완료 ἐπροφήτευον, 미래 προφη- τεύσω, 제1부정 과거 ἐπροφήτευσα, 4396에서 유래: 예언하다.
1) 하나님의 계시를 선포하다, 마7:22, 행2:17, 고전11:4.
2) 알아 맞추다, 마26:68, 막14:65, 눅22:64.
3) 예고하다, 미리 일을 예언하다, 마15: 7, 막7:6, 벧전1:10.
☞**선지자 노릇하다**(마7:22, 막14:65, 눅22: 64), **예언하다**(마11:13, 행2:17, 벧전1:10), **미리 말하다**(요11:51).

4396. προφήτης, ου, ὁ [prŏphētēs][144회] 프로페테스
명 4253과 5346의 합성어에서 유래: 예언자.
1) [구약의 예언자] 마2:23, 막6:15.
2) [세례요한] 마14:5, 21:26, 막11:32, 눅1:76.
3) [예수] 마21:11, 막6:15, 눅7:16, 요6:14.
4) [특별한 준비와 특별한 사명을 가지고 하나님의 메시지를 선포하는 사람] 마11:9, 눅10:24, 행7:52.
5) [예언의 은사를 받은 신자] 행15:32, 고전14:29, 계22:6.
6) [이방의 예언자] 딛1:12.
☞**선지자**(마1:22, 행26:22, 계22:9), **예언하는 자**(고전14:29,32).

4397. προφητικός, ή, όν [prŏphēti- kŏs][2회] 프로페티코스
형 4396에서 유래: 예언의, 예언적인, 선지자들의, 벧후1:19, 롬16:26.
☞**선지자들의**(롬16:26), **예언**(벧후1:19).

4398. προφῆτις, ιδος, ἡ [prŏphētis][2회] 프로페티스
명 4396의 여성형: 여 선지자, 눅2:36, 계2:20.
☞**선지자**(눅2:36, 계2:20).

4399. προφθάνω [prŏphthanō][1회]

프로프다노
동 제1부정과거 προέφθασα, 4253과 5348에서 유래: 앞에 오다, 앞지르다, 앞서다, 마17:25.
☞**먼저 (~하다)**(마17:25).

4400. προχειρίζομαι [prŏchĕirizŏmai][3회] 프로케이리조마이
동 중간태. 제1부정과거 προεχειρισά- μην, 완료 수동분사 προκεχειρισμέ- νος, 4253과 5495에서 유래: 골라 가지다, 택하다, 지명하다, 임명하다, 행3:20, 22:14.
☞**택하다**(행22:14), **삼다**(행26:16).

4401. προχειροτονέω [prŏchĕirŏtŏ-nĕō][1회] 프로케이로토네오
동 완료수동분사 προκεχειροτονημέ- νος, 4253과 5500에서 유래: 미리 정하다, 임명하다, 행10:41.
☞**미리 택하다**(행10:41).

4402. Πρόχορος, ου, ὁ [Prŏchŏrŏs][1회] 프로코로스
고명 4253과 5525에서 유래: 무도회의 사회자, 기독교인 '브로고로', 행6:5.
☞**브로고로**(행6:5).

4403. πρύμνα, ης, ἡ [prümna][3회] 프륌나
명 πρυμνός '뒤쪽'의 여성형: 고물, 선미(船尾), 막4:38, 행27:29,41.
☞**고물**(막4:38, 행27:29,41).

4404. πρωΐ [prōï][12회] 프로이
부 4253에서 유래: 일찍이, 아침, 일찍, 마16:3, 막1:35, 16:2.
☞**아침에**(마16:3, 요20:1, 행28:23), **새벽에**(막1:35, 13:35,15:1), **해 돋을 때**(막16:2).

4405. πρωΐα, ας, ἡ [prōïa][2회] 프로이아
명 4404의 파생어의 여성: 새벽, 마27:1, 요18:28.
☞**아침**(마21:18), **새벽**(마27:1, 요18:28), **날**(요21:4).

4406. πρώϊμος [prōïmŏs] 프로이모스
형 4404에서 유래:
1) 이른.
2) [명사로 사용되어] 이른 비, 약5:7.
☞**이른**(약5:7).

4407. πρωϊνός, ἡ, όν [prōïnŏs][2회] 프로이노스
형 4404에서 유래: 이른 아침의, 새벽의, 계2:28, 22:16.
☞**새벽의**(계2:28).

4408. πρῷρα, ης, ἡ [prōra][2회] 프로라
명 4253의 파생어의 여성형: 뱃머리, 이물, 행27:30,41.
☞**이물**(행27:30,41).

4409. πρωτεύω [prōtĕuō][1회] 프로튜오
동 4413에서 유래: 첫째가 되다, 으뜸이 되다, 골1:18.
☞**으뜸이 되다**(골1:18).

4410. πρωτοκαθεδρία, ας, ἡ [prōtŏka-thĕdria][4회] 프로토카데드리아
명 4413과 2515에서 유래: 제일 좋은 자리, 특석, 마23:6, 막12:39, 눅11:43, 20:46.
☞**윗자리**(마23:6, 막12:39, 눅20:46), **높은 자리**(눅11:43).

4411. πρωτοκλισία, ας, ἡ [prōtŏklisia][5회] 프로토클리시아
명 4413과 2828에서 유래: 식탁에 있어서 높은 자리, 상좌, 마23:6, 막12:39, 눅14:7,8, 20:46.
☞**높은 자리**(마23:6, 막12:39, 눅14:7, 8, 20:46).

4412. πρωτον [prōtŏn] 프로톤
부 4413의 중성:
1) [시간적으로] 첫째, 처음에, ~하기 전에, 마8:21, 막16:9, 눅11:38, 행11:26.
2) [계산할 때의 순서] 첫째, 고전12:28.
3) [정도 표시] 첫째로, 무엇보다 먼저, 특히, 마6:33, 행3:26, 롬1:16.
☞**처음**(막4:28, 요10:40, 행15:14), **일찍이**(요19:39), **먼저**(롬1:8, 고전11:18), **첫째**(약3:17).

4413. πρωτος, η, ον [prōtŏs][156회] 프로토스
형 4253의 단축형:
1) 첫째.
① [시간적으로] 첫째, 첫 번, 처음, 먼저, 제일 이른, 먼저 번, 마12:45, 요20:4, 빌1:5.
② [수나 차례에 있어서] 첫, 첫 번의, 마21:28, 막12:20, 눅14:18.
③ [지위나 계급 등의] 으뜸이 되는, 제일 높은, 가장 훌륭한, 마22:38, 막9:35, 엡6:2.
④ 바깥, 히9:2.
2) 중성 σ- κηνὴ은 부사.

① [시간적으로] 먼저, ~전에, 우선, 마8:21, 막7:27, 눅9:59, 요7:51, 처음에, 먼저, 요12:16.
② 차례를 지킬 때, 첫째로, 롬1:8, 고전12:28, 히7:2, 약3:17.

☞**으뜸되는**(마20:27, 막10:44), **맏아들**(마21:28), **처음**(마21:36, 눅2:2, 딤전5:12, 계2:5), **맏이**(마22:25, 막12:20, 눅20:29), **첫째**(마22:38, 막12:29, 계4:7), **첫날**(막14:12, 빌1:15), **하나**(눅14:18), **먼저**(눅16:5), **지도자**(눅19:47), **유력자**(행13:50), **앞서는**(요1:15, 30), **높은**(행25:2, 28:17).

4414. πρωτοστάτης, ου, ὁ [prōtŏsta-tēs][1회] 프로토스타테스

명 4413과 2476에서 유래: 지도자, 주동자, 장, 두목, 행24:5.

☞**우두머리**(행24:5).

4415. πρωτοτόκια, ων, τά [prōtŏtŏkia][1회] 프로토토키아

명 4416에서 유래: 장자권, 장자의 권리, 히12:16.

☞**장자의 명분**(히12:16).

Π

4416. πρωτότοκος, ον [prōtŏtŏkŏs][8회] 프로토토코스

형 4413과 5088의 대체어에서 유래: 처음 난.
1) [문자적으로] 마1:25, 눅2:7, 히11:28.
2) [비유적으로]
① [그리스도] 롬8:29, 골1:18, 히1:6, 계1:5.
② [사람에 대해서] 히12:23.

☞**맏**(롬8:29, 히1:6), **먼저 나신**(골1:15), **장자**(히11:28, 12:23).

4417. πταίω [ptaiō][5회] 프타이오

동 제1부정과거 ἔπταισα, 4098의 한 형태: 걸려서 넘어지다.
1) 걸려서 비틀거리다, 롬11:11.
2) 과오를 범하다, 길을 잃다, 죄를 짓다, 약2:10, 3:2.
3) 망하다, 파멸당하다, 벧후1:10.

☞**죄를 범하다, 실족하다**(롬11:11, 벧후1:10), **범하다**(약2:10). **[명] 실수**(약3:2).

4418. πτέρνα, ης, ἡ [ptĕrna][1회] 프테르나

명 불확실한 파생어에서 유래: 발뒤축, 뒤꿈치, 요13:18.

☞**발꿈치**(요13:18).

4419. πτερύγιον, ου, τό [ptĕrügiŏn][2회] 프테뤼기온

명 4420의 파생어의 중성: 작은 날개, 끝, 첨탑, 꼭대기, 마4:5, 눅4:9.

☞**꼭대기**(마4:5, 눅4:9).

4420. πτέρυξ, υγος, ἡ [ptĕrüx][5회] 프테뤼크스

명 4072의 파생어에서 유래: 날개, 마23:37, 눅13:34, 계4:8, 9:9, 12:14.

☞**날개**(마23:37, 눅13:34, 계12:14).

4421. πτηνός, (ἡ), όν [ptēnŏs][1회] 프테노스

형 4471의 단축형: 털 돋은, 날개 돋은, 고전15:39.

☞**새의**(고전15:39).

4422. πτοέω [ptŏĕō][2회] 프토에오

동 제1부정과거 수동태 ἐπτοήθην, 4098 또는 4072의 대체어와 유사: 무섭게 하다, 놀라게 하다, 눅21:9, 24:37.

☞**두려워하다**(눅21:9), **놀라다**(눅24:37).

4423. πτόησις, εως, ἡ [ptŏēsis][1회] 프토에시스

명 4422에서 유래:
1) [능동] 무서워하게 함, 놀라게 함, 겁나게 함.
2) [수동] 두려움, 공포, 경악, 벧전3:6.

☞**두려운 일**(벧전3:6).

4424. Πτολεμαΐς, ΐδος, ἡ [Ptŏlĕmaïs][1회] 프톨레마이스

고명 Πτολεμαῖος에서 유래: '돌레마이'[베니게의 항구], 행21:7.

☞**돌레마이**(행21:7).

4425. πτύον, ου, τό [ptüŏn][2회] 프튀온

명 4429에서 유래: 까부르는 삼지창[삽, 가래], 마3:12, 눅3:17.

☞**키**(마3:12, 눅3:17).

4426. πτύρω [ptürō][1회] 프튀로

동 4429의 파생어에서 유래된 듯함: 놀라게 하다, 무서워하게 하다, [수동] 놀라다, 무서워하다, 빌1:28.

☞**두려워하다**(빌1:28).

4427. πτύσμα, ατος, τό [ptüsma][1회] 프튀스마

명 4429에서 유래: 침, 요9:6.

☞**침(唾)**(요9:6).

4428. πτύσσω [ptüssō][1회] 프튓소

동 제1부정과거 ἔπτυξα, πετάννυμι '넓히다'의 개념으로 4027와 유사: 접다, 감다, 눅4:20.

☞**덮다**(눅4:20).

4429. πτύω [ptüō][3회] **프튀오**

동 [기본형] 제1부정과거 ἔπτυσα: 뱉다, 침뱉다, 막8:23, 7:33, 요9:6.

☞**침을 뱉다**(막7:33, 8:23, 요9:6).

4430. πτῶμα, ατος, τό [ptōma][7회] **프토마**

명 4098의 대체형에서 유래: 떨어진 것, 넘어진 것, 시체, 마14:12, 24:28, 계11: 8,9.

☞**주검**(마24:28), **시체**(막6:29, 계11:8,9).

4431. πτῶσις, εως, ἡ [ptōsis][2회] **프토시스**

명 4098의 대체형에서 유래: 넘어짐, 무너짐, 마7:27, 눅2:34.

☞**무너짐**(마7:27), **패함**(눅2:34).

4432. πτωχεία, ας, ἡ [ptōchĕia][3회] **프토케이아**

명 4433에서 유래: 빈곤, 궁핍, 고후8:2, 9, 계2:9.

☞**가난**(고후8:2), **궁핍**(계2:9), **가난함**(고후8:9).

4433. πτωχεύω [ptōchĕuō] **프토큐오**

동 제1부정과거 ἐπτώχευσα, 4434에서 유래: 가난하다, 빈곤하다, 고후8:9.

☞**가난하게 되다**(고후8:9).

4434. πτωχός, ή, όν [ptōchŏs][34회] **프토코스**

형 πτώσσω '웅크리다'에서 유래:

1) 구걸하는, 의지하고 사는, 가난한, 마5:3, 11:5, 눅21:3, 계3:17.
2) 불쌍한, 가련한, 하찮은, 빈약한, 무력한, 갈4:9.

☞**가난한**(마5:3, 요12:5, 고후6:10, 계13:16), **천박한**(갈4:9). **[명] 거지**(눅16:20,22).

4435. πυγμή, ῆς, ἡ [pügmē][1회] **퓌그메**

명 기본형 πύξ '주먹'에서 유래: 주먹, 막7:3.

☞**손**(막7:3).

4436. Πύθων, ωνος, ὁ [Püthōn][1회] **퓌돈**

고명 Πυθώ에서 유래: '피돈', 점치는 영, 행16:16.

☞**점**(행16:16).

4437. πυκνός, ή, όν [püknŏs][3회] **퓌크노스**

형 4635와 동일어에서 유래: 잦은, 수많은, 딤전5:23, 종종 자주, 더 자주, 매우 자주, 할 수 있는 대로 자주, 행24:26.

☞**잦은, 자주**(눅5:33, 행24:26, 딤전5:23).

4438. πυκτεύω [püktĕō][1회] **퓌크튜오**

동 4435와 동일어의 파생어에서 유래: 주먹으로 싸우다, 권투하다, 고전9:26.

☞**싸우다**(고전9:26).

4439. πύλη, ης, ἡ [pülē][10회] **퓔레**

명 기본형으로 보임: 문, 대문, 마7:13, 16:18, 눅7:12, 행9:24.

☞**문**(마7:13, 눅13:24, 행12:10), **성문**(행9:24).

4440. πυλών, ῶνος, ὁ [pülōn][18회] **퓔론**

명 4439에서 유래:

1) 대문, 눅16:20, 행14:13, 계21:25.
2) 입구, 정문, 현관, 행12:13,14.
3) 본관에서 떨어진 행랑 대문, 대문간, 마26:71.

☞**대문**(눅16:20, 행12:13, 14:13), **문**(행10: 17, 계21:12, 22:14).

4441. πυνθάνομαι [pünthanŏmai][12회] **퓐다노마이**

동 중간태, 디포넌트. 미완료 ἐπυνθα- νόμην, 제2부정과거 ἐπυθόμην, 기본형 πύθω의 연장형:

1) 물어보다, 묻다, 탐문하다, 마2:4, 눅15:26, 행10:18.
2) 물어서 알다, 행23:34.

☞**묻다**(마2:4, 눅18:36, 요4:52), **알다**(행23: 34).

4442. πῦρ, ός, τό [pür][73회] **퓌르**

명 [기본형] 불, 마3:10, 막9:22, 눅3:9, 22:55, 요15:6, 행2:19, 고전3:13, 히12: 29, 약3:6.

☞**불**(마3:10, 막9:22, 행2:3), **불꽃**(행7:30, 히1:7).

4443. πυρά, ᾶς, ἡ [püra][2회] **퓌라**

명 4442에서 유래: 연소물의 더미, 불, 행28:2,3.

☞**불**(행28:2,3).

4444. πύργος, ου, ὁ [pürgŏs][4회] **퓌르고스**

명 기본형으로 보임: 탑, 망대, 마21:33, 막12:1, 눅13:4, 14:28.

☞**망대**(마21:33, 눅13:4, 14:28),

4445. πυρέσσω [pürĕssō][2회] **퓌렛소**

동 4443에서 유래: 열병을 앓다, 마8:14, 막1:30.

☞**열병을 앓다**(마8:14, 막1:30).

4446. πυρετός, οῦ, ὁ [pürĕtŏs][6회] **퓌레토스**

명 4445에서 유래: 열, 열병, 마8:15, 막1:31, 눅4:39, 요4:52.

☞**열병**(마8:15, 눅4:38, 행28:8), **열기**(요4: 52).

4447. πύρινος, η, ον [pürinŏs][1회] 퓌리노스

형 4443에서 유래: 불같은, 불로 된, 계9:17.

☞**(번쩍거리는) 불빛**(계9:17).

4448. πυρόω [pürŏō][6회] 퓌로오

동 완료수동 분사 πεπυρωμένος, 제1부정과거 ἐπυρώθην, 4442에서 유래:

1) 불을 붙이다, 사르다, 태우다, 엡6:16, 벧후 3:12, 고전7:9.

2) 빨갛게 달구다, 완전히 데우다, 계1:15.

☞**불같이 타다**(고전7:9), **불에 타다**(벧후3:12, 계3:18), **풀무불에 단련하다**(계1:15).

4449. πυῤῥάζω [pürrhazō][2회] 퓌르라조

동 4450에서 유래: 불같이 붉어지다, 마 16:2,3.

☞**(불같이) 붉어지다**(마16:2,3).

4450. πυῤῥός, ά, όν [pürrhŏs][2회] 퓌르로스

형 불같이 붉은, 계6:4, 12:3.

☞**붉은**(계6:4, 12:3).

4451. πύρωσις, εως, ἡ [pürōsis][3회] 퓌로시스

명 4418에서 유래:

1) [문자적으로, 수동] 연소, 불타기, 계 18:9,18.

2) [비유적으로] 불같은 시험이 생기다, 벧전 4:12.

☞**불 시험**(벧전4:12), **불 붙음**(계18:9,18).

4452. -πω [-pō] 포

부 4458의 어간의 다른 형: 아직, ~조차도.

4453. πωλέω [pōlĕō][22회] 폴레오

동 미완료 ἐπώλουν, 제1부정과거 ἐ- πώλησα, πέλομαι '바쁘다'에서 유래: 팔다, 마 13:44, 막10:21, 눅12:33, 요2:14.

☞**팔리다**(마10:29, 눅12:6), **팔다**(마13:44, 눅12:33, 행5:1), **매매하다**(마21:12, 막11:15, 계13:17), **장사하다**(눅19:45).

4454. πῶλος, ου, ὁ [pōlŏs][12회] 폴로스

명 기본형으로 보임: 망아지, 어린 짐승, 나귀 새끼, 마21:2,5,7, 막11:2,4,5,7, 눅 19:30,33,35, 요12:15.

☞**나귀 새끼**(마21:2, 막11:7, 요12:15), **새끼**(마 21:5).

4455. πώποτε [pōpŏtē][6회] 포포테

부 4452와 4218에서 유래: 아무 때든지, 일찍이 한번도, 눅19:30, 요1:18, 6:35, 8:33, 요일4:12.

☞**아직**(눅19:30), **본래**(요1:18), **아무 때**(요5: 37), **영원히**(요6:35), **어느 때나**(요일4:12).

4456. πωρόω [pōrŏō][5회] 포로오

동 제1부정과거 ἐπώρωσα, 완료 πεπώ- ρωκα, 제1부정과거 수동 ἐπωρώθην, 완료수동분사 πεπωρωμένος, πῶρος '돌'에서 유래된 듯함: 굳게 하다, 돌같이 굳게 하다, 둔하게 하다, 무디게 하다, 어둡게 하다, 막6:52, 요12:40, 롬11:7, 고후3:14.

☞**둔하게 하다**(막8:17), **완고하게 하다**(요 12:40, 고후3:14), **우둔하여지다**(롬11:7).

4457. πώρωσις, εως, ἡ [pōrōsis][3회] 포로시스

명 4456에서 유래: 굳게 함, 둔하게 함, 무감각, 완고, 둔함, 막3:5, 롬11:25, 엡4:18.

☞**완악함**(막3:5), **굳어짐**(엡4:18).

4458. πώς [pōs][15회] 포스

부 [의문불변사] 4225의 어간에서 유래: 어떻게, 어떻게 하여.

1) [직접 질문에 있어서]

① [어떤 일이 어떻게 일어났으며 어떻게 일어나고 있으며 어떻게 일어날 것인가를 정하기 위해서 직설법과 함께] πώς ἔσται τοῦτο, 눅1:34, 요9:10, 롬4:10.

② 무슨 권리로, 어떤 의미에서, πῶς λέγουσιν οἱ γραμματεῖς ὅτι ὁ Χριστὸς υἱὸς Δα- υίδ ἐστιν, 마22:43, 막12:35, 눅 20:41,44, 요12:34.

③ [놀람을 나타내는 질문에] 어떻게 된 일인가, πῶς παρ' ἐ- μοῦ αἰτεῖς, 요4:9, 7:15, 행2:8, 갈4:9.

④ [불찬성, 거절을 암시하는 질문에] 무슨 권리로, 어떻게 감히, πῶς ἐρεῖς τῷ ἀδελφῷ σου, 마7:4, 22:12, 고전15:12.

⑤ [수사적 질문에] 어떻게 ~수 있는가, 마 12:26, 눅11:18, 요3:12.

⑥ [토의적 질문에 가정법 동사와 함께] 마 26:54, 막4:30, 롬10:14.

2) [간접질문에 있어서]

① [직설법 동사와 함께] 알다, 말하다, 묻다, 마6:28, 막5:16, 요9:21.

② [가정법 동사와 함께] μὴ μεριμνήσητε πῶς ἢ τί- λαλήσητε, 마10:19, 눅 12:11.

3) [감탄문에서] 어찌나, 얼마나, 막10: 24.

아무쪼록(행27:12), 어떠하든지(롬1:10), ~않도록(고전8:9), ~할까(살전3:5).

4459. πῶς [pōs][103회] 포스
부 [후접적 불변사] 4226의 어간에서 유래: 혹시나, 혹시, 그럭저럭, 아무튼.
☞**어떻게**(마6:28, 고전15:35), **어찌**(요일3:17), **어떠하겠느냐**(눅12:50), **어찌 됨이냐**(행2:8), **어떠한가**(행15:36), **무슨 방도**(눅22:2).

Ρ, ρ

4460. Ῥαάβ (רָחָב) ἡ [Rhaab][2회] **ㅎ라압**
고명 히브리어 7343에서 유래: 여리고에 살던 기생으로 이스라엘 정탐꾼들을 숨겨주었던 자 '라합', 수6:17, 25. [주]믿음의 의로움과 환대의 모델로서 언급됨, 히11:31, 약2:25.
☞**라합**(히11:31).

4461. ῥαββί [rhabbi][15회] **ㅎ랍비**
명 어원은 히브리어:
1) 인사말, 존칭어.
2) 율법의 현명한 선생으로서의 명예로운 칭호, 마23:7이하.
① [세례 요한에 대해] 요3:26.
② [예수님에 대해] 마26:25,49, 막9: 5, 요1:49, 4:31, 6:25, 9:2, 11:8.
☞**랍비**(마23:7, 막9:5, 요11:8).

4462. ῥαββονί [rhabbŏni][2회] **ㅎ랍보니**
명 아람어에서 유래 [4461과 상응] [주] 히브리어 רַבּוֹנִי '나의 주님'을 헬라어로 표기한 것: 나의 주, 나의 주인[예수님을 지칭], 막10:51, 요20:16.
☞**선생님**(막10:51), **랍오니**(요20:16).

4463. ῥαβδίζω [rhabdizō][2회] **ㅎ랍디조**
동 제1부정과거 수동태 ἐραβδίσθην, 4464에서 유래: 막대기로 때리다, 고후11:25, 행16:22.
☞**매로 치다**(행16:22), **맞다**(고후11:25).

4464. ῥάβδος, ου, ἡ [rhabdŏs][12회] **ㅎ랍도스**
명 4474의 어간에서 유래: 막대기, 지팡이, 규, 계11:1.
1) 시험의 막대기, 히9:4.
2) 목자의 지팡이, 계2:27, 12:5, 19:15.
3) 여행자의 지팡이, 마10:10, 막6:8, 눅9:3.
4) 통치자의 지팡이, 규, 히1:8.
5) 막대기 [징계의 의미], 출21:20, 사10: 24.
6) 노인의 지팡이, 히11:21.
☞**지팡이**(마10:10, 눅9:3, 히11:21), **매**(고전4:21), **규**(히1:8), **철장**(계2:27, 12:5, 19:15).

4465. ῥαβδοῦχος, ου, ὁ [rhabdŏuchŏs][2회] **ㅎ랍두코스**
명 4464와 2192에서 유래: 몽둥이로 때리는 사람, [로마의] 몽둥이를 가지고 죄인을 다스리는 관리, 경관, 순경, 행16: 35,38.
☞**부하**(행16:35,38).

4466. Ῥαγαύ (רְעוּ), ὁ [Rhagau][1회] **ㅎ라가우**
고명 히브리어 7466에서 유래: 벨렉의 아들이며 스룩의 아버지 '르우', 창11:18- 21, 눅3:35.
☞**르우**(눅3:35).

4467. ῥᾳδιούργημα ατος, τό [rhaldi-ŏurgēma][1회] **ㅎ라디우르게마**
명 ῥᾴδιος '분별없는'과 2041의 합성어에서 유래:
1) 간계, 사악한 책략.
2) 부정행위, 못된 짓, 범죄[심히 그릇된 행동으로서], 행18:14.
☞**불량한 행동**(행18:14).

4468. ῥᾳδιουργία, ας, ἡ [rhadiŏurgia][1회] **ㅎ라디우르기아**
명 4467과 동일어에서 유래:
1) 경솔한 언동 [약간 온화한 표현임].
2) 사악함, 악행, 속임, 거만, 무엄함, 행13:10.
☞**악행**(행13:10).

4469. ῥακά [rhaka][1회] **ㅎ라카**
명 히브리어 7386에서 유래:
1) 욕설적인 말, 마5:22.
2) 아람어로 רֵיקָא 또는 רֵיקָה: 텅빈 사람.
3) 바보, 머리가 텅빈 자.
☞**라가**(마5:22).

4470. ῥάκος, ους, τό [rhăkŏs][2회] **ㅎ라코스**
명 4486에서 유래:
1) 누더기.
2) 천 조각, 마9:16, 막2:21.
☞**베**(마9:16, 막2:21).

4471. Ῥαμά (רָמָה), ἡ [Rhama][1회] **ㅎ라마**
고명 히브리어 7414에서 유래: 베냐민 지파에 속한 한 도시 '라마'[예루살렘에서 북쪽으로 약10㎞ 떨어진 곳], 마2:18.
☞**라마**(마2:18).

4472. ῥαντίζω [rhantizō][2회] **ㅎ란티조**
동 미래 ῥαντιῶ, 제1부정과거 ἐράν- τισα, 완료 수동분사 ῥεραντισμένος, ῥαίνω '뿌

P

리다'의 파생어에서 유래:
1) 뿌리다.
① [대격과 함께 쓰임] 히9:19.
② [대격이 없는 경우] 히8:3이하, 9: 21.
③ [수동태로 쓰일 경우] 계19:13.
2) 정결케 하고 있다[중간태].
① 깨끗이 하다, 씻다, 막7:4.
② 정결케 하다, 히10:22.
☞**뿌리다**(히9:13,21, 10:22).

4473. ῥαντισμός, οῦ, ὁ [rhantismŏs][2회] ㅎ란티스모스
명 4472에서 유래: 물 뿌림, 히12:24, 벧전1:2.
☞**뿌림**(히12:24, 벧전1:2).

4474. ῥαπίζω [rhapizō][2회] ㅎ라피조
동 미래 ῥαπίσω, 제1부정과거 ἐράπι－σα, 기본형 ῥέπω '떨어지게 하다'의 파생어에서 유래:
1) 곤봉이나 막대기로 때리다, 마26:67.
2) 손바닥으로 세게 치다, 마5:39.
☞**치다**(마5:39), **손바닥으로 때리다**(마26:67).

4475. ῥάπισμα, ατος, τό [rhapisma][3회] ㅎ라피스마
명 4474에서 유래:
1) [곤봉이나 막대기로] 강타 혹은 후려침, 막14:65.
2) [얼굴을] 손바닥으로 침, 요18:22.
☞**손바닥으로 침**(막14:65), **손으로 침**(요18:22).

4476. ῥαφίς, ίδος, ἡ [rhaphis][2회] ㅎ라피스
명 바늘, 마19:24, 막10:25.
☞**바늘**(마19:24, 막10:25, 눅18:25).

4477. Ῥαχάβ (רָחָב) ἡ [Rhachab][1회] ㅎ라캅
고명 4460과 동일어에서 유래: 예수의 족보 안에 나오는 보아스의 어머니이며 살몬의 처 '라합', 마1:5.
☞**라합**(마1:5).

4478. Ῥαχήλ (רָחֵל), ἡ [Rhachēl][1회] ㅎ라켈
고명 히브리어 7354에서 유래: 야곱의 아내 '라헬', 마2:18.
☞**라헬**(마2:18).

4479. Ῥεβέκκα, ας (רִבְקָה), ἡ [Rhĕ－bĕkka][1회] ㅎ레벡카
고명 히브리어 7559에서 유래: 이삭의 아내 '리브가', 롬9:10.
☞**리브가**(롬9:10).

4480. ῥέδη, ης, ἡ [rhĕdē][1회] ㅎ레데
명 라틴어에서 유래:4륜마차, 수레, 계18:13.
☞**수레**(계18:13).

4481. Ῥεμφάν [Rhĕmphan] ㅎ렘판
고명 히브리어 3594를 잘못 음역한 것: 애굽의 신 '레판', 행7:43.
☞**레판**(행7:43).

4482. ῥέω [rhĕō][1회] ㅎ레오
동 [기본형] 미래 ῥεύσω:
1) 흐르다[구세주의 은혜], 요7:38.
2) 흐르다[젖과 꿀이 흐르는 땅].
☞**흘러나오다**(요7:38).

4483. ῥέω [rhĕō] ㅎ레오
동 미래 ῥεύσω, 4482와 유사:
1) 말하다, 마3:3, 5:21.
2) 지시하다, 명하다.
☞**말하다**(마2:15, 5:21, 12:17, 24:15), **이르다**(롬9:12).

4484. Ῥήγιον [Rhēgiŏn][1회] ㅎ레기온
고명 시실리아의 메시나 도시 맞은편에 위치한 이탈리아 남단에 있는 불티움의 중심 도시 '레기온', 행28:13.
☞**레기온**(행28:13).

4485. ῥῆγμα [rhēgma][1회] ㅎ레그마
명 4486에서 유래: 꾸겨진 것, 낡은 것, 와해된 것, 부서진 것, 파괴, 눅6:49.
☞**파괴됨**(눅6:49).

4486. ῥήγνυμι [rhēgnümi][7회] ㅎ레그뉘미
동 다른 형태로는 ῥήσσω로 쓰임. 미래 ῥήξω, 제1부정과거 ἔρ(ρ)ηξα, 제1부정과거명령 ῥῆξον, 미래수동태 ῥα－γήσομαι, ῥήκω의 연장형:
1) [산산조각으로] 찢다, 찢어 조각을 내다, 깨뜨리다, 막2:22, 마7:6, 9:17, 눅5:37.
2) 탈출하다, 속박에서 벗어나다, 사54:1.
☞**찢다**(마7:6), **터지다**(마9:17), **터뜨리다**(막2:22, 눅5:37), **거꾸러지다**(막9:18), **거꾸러뜨리다**(눅9:42).

4487. ῥῆμα [rhēma][68회] ㅎ레마
명 4483에서 유래:
1) ① 말하여진 것, 말, 격언, 발표, 표현, 마12:36, 27:14, 눅2:17,50, 20:26, 24:11, 행16:38, 28:25, 고후12:4, 히12:19.

P

② 예언, 예고, 마26:75, 막9:32, 14: 72, 눅1:38, 2:29, 9:45.
③ 명령, 지시, 눅5:5, 히11:3.
④ 연설, 설교, 선언, 눅7:1, 행2:14, 요8:20, 롬10:18.
2) [히브리어에서와 같이] 물건, 사물, 사건, 일, 마18:16, 눅1:37, 고후13:1.
☞**말씀**(마4:4, 눅1:37, 행5:20), **말**(마5:11, 행2:14, 고후12:4), **일**(눅2:15, 행5:32).

4488. Ῥησά [Rhēsa][1회] ㅎ레사
고명 히브리어 7509에서 유래함: '레사' [예수 그리스도의 족보에 등장], 눅3:27.
☞**레사**(눅3:27).

4489. ῥήτωρ [rhētōr][1회] ㅎ레토르
명 4483에서 유래:
1) 연사, 강연자, 웅변가.
2) [특별하게는] 변호사, 옹호자, 행24:1.
☞**변호사**(행24:1).

4490. ῥητῶς [rhētōs][1회] ㅎ레토스
부 4483의 파생어에서 유래: 분명하게, 똑똑하게, 딤전4:1.
☞**밝히**(딤전4:1).

4491. ῥίζα [rhiza][17회] ㅎ리자
명 기본형으로 보임:
1) 뿌리.
① [문자적으로] 마3:10, 눅3:9.
② [상징과 비유] 마13:21, 막4:17, 눅8:13.
2) [상징적 후손의 의미를 가진] 새로 나온 가지, 어린 가지, 롬15:12, 계5:5, 22:16.
☞**뿌리**(마3:10, 롬11:16, 계22:16).

4492. ῥιζόω [rhizŏō][2회] ㅎ리조오
동 완료수동분사 ἐρριζωμένος, 4496의 파생어에서 유래: 뿌리를 박게 하다, 굳게 자리를 잡다, 튼튼한 기초를 가지다, 엡3:17, 골2:7.
☞**뿌리가 박히다**(엡3:17), **뿌리를 박다**(골2:7).

4493. ῥιπή [rhipē][1회] ㅎ리페
명 4496에서 유래: 급격한 움직임, 빠른 동작, 던짐, ἐν ῥιπῇ ὀφθαλμοῦ: 눈 깜빡하는 사이에, 고전15:52.
☞**눈 깜빡할 사이, 순식간에**(고전15:51).

4494. ῥιπίζω [rhipizō][1회] ㅎ리피조
동 4496의 파생어에서 유래: 이리저리 불다, 바람에 흔들리다, 약1:6.
☞**요동하다**(약1:6).

4495. ῥιπτέω [rhiptĕō][1회] ㅎ립테오
동 미완료 ἐ(ρ)ρίπτουν, 제1부정과거 ἔ(ρ)ριψα, 제1부정과거명령 ῥῖψον, 완료수동분사 ἐ(ρ)ριμμένος, 4496의 파생어에서 유래: 던지다, 내던지다, 마27:5, 행27:19, 눅17:2, 행22:23.
☞**벗어 던지다**(행22:23).

4496. ῥίπτω [rhiptō][7회] ㅎ립토
동 4495와 동일: 던지다, 맡기다, 놓다, 눕다[사나움이나 강렬함을 내포하지 않고], 마9:36, 15:30.
☞**앉히다**(마15:30), **던져 넣다**(마27:5), **넘어뜨리다**(눅4:35), **던지다**(눅17:2), **내버리다**(행27:19).

4497. Ῥοβοάμ [Rhŏbŏam][2회] ㅎ로보암
고명 히브리어 7346에서 유래: 솔로몬의 아들이며 왕위 계승자 '르호보암', 마1:7.
☞**르호보암**(마1:7).

4498. Ῥόδη [Rhŏdē][1회] ㅎ로데
고명 ῥοδή '장미'에서 유래: 마가의 집 여종 '로데', 행12:13.
☞**로데**(행12:13).

4499. Ῥόδος, ου, ἡ [Rhŏdŏs][1회] ㅎ로도스
고명 ῥόδον '장미'에서 유래한 듯함: 소아시아 남서쪽 지중해 연안에 위치한 섬 '로도', 행21:1.
☞**로도**(행21:1).

4500. ῥοιζηδόν [rhŏizēdŏn][1회] ㅎ로이제돈
부 ῥοῖζος '휙하는 소리'의 파생어에서 유래: 윙소리가 나는, 깨지는 소리를 내는, 큰 소리를 내는, 벧후3:10.
☞**큰 소리로**(벧후3:10).

4501. ῥομφαία, ας, ἡ [rhŏmphaia][7회] ㅎ롬파이아
명 외래어에서 유래한 듯함:
1) [야만인들이 사용하던] 크고 폭넓은 칼, 계2:16, 6:8, 19:15.
2) 예리하고 양날인 칼, 계2:12.
☞**칼**(눅2:35), **검**(계1:16, 2:16, 19:15).

4502. Ῥουβήν (רְאוּבֵן), ὁ [Rhŏubēn][1회] ㅎ루벤
고명 히브리어 7205에서 유래: 야곱과 레아의 장자 '르우벤', 계7:5.
☞**르우벤**(계7:5).

4503. Ῥούθ (רוּת), ἡ [Rhŏuth][1회] ㅎ루드
고명 히브리어 7327에서 유래: 모압 여인, 보아스의 아내이며 예수의 계보에 등장하는 '룻', 마1:5.
☞**룻**(마1:5).

4504. Ῥοῦφος, ου, ὁ [Rhŏuphŏs][2회] ㅎ루포스
고명 라틴어에서 유래: 알렉산더의 형제, 구레네 사람 시몬의 아들 '루포', 막15:21, 롬16:13.
☞**루포**(막15:21).

4505. ῥύμη, ης, ἡ [rhümē][4회] ㅎ뤼메
명 4506에서 유래한 연장형: 좁은 길, 길, 마6:2, 눅14:21, 행9:11, 12:10.
☞**거리**(마6:2, 행9:11, 12:10), **골목**(눅14:21).

4506. ῥύομαι [rhüŏmai][17회] ㅎ뤼오마이
동 중간태. 디포넌트. 미래 ῥύσομαι, 제1부정과거 ἐ(ρ)ρυσάμην, 제1부정과거명령 ῥῦσαι, 제1부정과거수동태 ἐ(ρ)ρύσθην: 구원하다, 구출하다, 건져내다, 보존하다, 마6:13, 27:43, 눅1:74, 11:4, 롬7:24, 11:26, 벧후2:9, 딤후4:18.
☞**구원하다**(마27:43), **구하다**(마6:13, 눅11: 4), **건져내다**(롬7:24, 골1:13, 딤후4:18), **건짐 받다**(롬15:31), **건지다**(고후1:10, 살전1: 10, 벧후2:9). **[명] 구원자**(롬11:26).

4507. ῥυπαρία, ας, ἡ [rhüparia][1회] ㅎ뤼파리아
명 4508에서 유래: [도덕적으로] 불결, 부도덕, 더러운 탐욕, 약1:21.
☞**더러운 것**(약1:21).

4508. ῥυπαρός, ά, όν [rhüparŏs][2회] ㅎ뤼파로스
형 4509에서 유래: 더러운.
1) [문자적으로] 값싼, 초라한, 불결한, 약2:2.
2) [도덕적으로] 악한, 야비한, 계22:11.
☞**남루한**(약2:2).

4509. ῥύπος, ου, ὁ [rhüpŏs][1회] ㅎ뤼포스
명 불확실한 유사어에서 유래:
1) [문자적으로] 기름을 함유한 것으로 끈적끈적한 것, 더러운 것, 벧전3:21.
2) [도덕적으로] 부패함, 불결함.
☞**더러운 것**(벧전3:21).

4510. ῥυπόω [rhüpŏō][1회] ㅎ뤼포오
동 제1부정과거 명령3인칭단수 ῥυπω- σάτω, 4509에서 유래: 더럽히다, 오염되다, 계22:11.
☞**더럽히다**(계22:11).

4511. ῥύσις, εως, ἡ [rhüsis][3회] ㅎ뤼시스
명 4506에서 유래: 흐름, 흘러나옴, 유출, 혈루증, 막5:25, 눅8:43,44.
☞**혈루증**(막5:25, 눅8:43,44).

4512. ῥυτίς, ίδος, ἡ [rhütis][1회] ㅎ뤼티스
명 4506에서 유래: 주름살, 주름, 엡5:27.
☞**주름 잡힌 것**(엡5:27).

4513. Ῥωμαϊκός, ή, όν [Rhōmaïkŏs] ㅎ로마이코스
명 4514에서 유래: 로마인, 라틴.
☞**로마의**(눅23:38Ⓢ)

4514. Ῥωμαῖος, α, ον [Rhōmaiŏs][12회] ㅎ로마이오스
명 4515에서 유래: 로마 시민, 요11:48, 행2:10, 16:21,37, 22:25-29, 23:27.
☞**로마인**(요11:48).

4515. Ῥωμαϊστί [Rhōmaïsti][1회] ㅎ로마이스티
부 4516의 파생어에서 유래: 라틴말로, 로마말로, 요19:20.
☞**로마 말로**(요19:20).

4516. Ῥώμη, ης, ἡ [Rhōmē][8회] ㅎ로메
고명 4517의 어간에서 유래: 로마, 행18: 2, 19:21, 23:11, 28:14,16, 롬1:7.
☞**로마**(행18:2).

4517. ῥώννυμι [rhōnnümi][1회] ㅎ론뉘미
동 완료수동 ἔρρωμαι, 완료수동명령 ἔρρωσθε, ἔρρωσο, ῥώομαι '던지다'에서 유래한 연장형: [인사말] 안녕히 계세요, 행15:29.
☞**평안함을 원하노라**(행15:29).

Σ, σ

4518. σαβαχθανί [sabachthani][2회] **사박다니**

[동] 아람어에서 유래: 저버리다, 당신이 나를 버렸나이까, 왜 나를 저버리셨나이까? 절망의 외침, 마27:46, 막15:34.

☞**사박다니**(마27:46, 막15:34).

4519. σαβαώθ [sabaōth][2회] **사바오드**

[명] 히브리어 6635의 여성 복수: 군대, 만군, 대군, 큰 군대, 하나님의 군대의 총칭, 롬9:29, 약5:4.

☞**만군**(롬9:29, 약5:4).

4520. σαββατισμός, οῦ, ὁ [sabbatismŏs][1회] **삽바티스모스**

[명] 4521의 파생어에서 유래: 안식일의 휴식, 안식일 준수, 히4:9.

☞**안식일의 휴식, 안식일의 지킴**(히4:9).

4521. σάββατον, ου, τό [sabbatŏn][68회] **삽바톤**

[명] 히브리어 7676에서 유래:

1) 안식일 [유대 달력에서 한 주간의 일곱 번째의 날].
   ① [단수] 마12:8, 막2:27, 눅6:5, 23:54, 요5:9, 9:14.
   ② [복수]
      ㉠ '한 안식일보다 더'란 뜻, 행17:2.
      ㉡ [단수처럼 사용되기도 함] 마28:1, 12:1,5,10-12, 막1:21, 2:23,24, 눅4:16,31, 6:2, 13:10, 행13:14, 16:13.
2) 주간, 마28:1, 막16:2,9, 눅18:12, 24: 1, 고전16:2, 요20:1,19, 행20:7.

☞**안식일**(마12:1, 눅4:16, 골2:16), **안식**(막16:2, 눅24:1, 요20:19), **일주일(一週日)**, **이레**(눅18:12), **주간(週間)**(고전16:2).

4522. σαγήνη, ης, ἡ [sagēnē][1회] **사게네**

[명] σάττω '장비를 갖추다'의 파생어에서 유래: 그물망, 큰 그물, 마13:47.

☞**그물**(마13:47).

4523. Σαδδουκαῖος, ου, ὁ [Saddŏukaiŏs][14회] **삿두카이오스**

[명] 4524에서 유래한 듯함: '사두개인' [예수님 시대에 예루살렘에 있었던 유대인의 파당], 행5:17, [죽은 자의 부활을 부정하기도 함] 마22:23, 막12:18, 눅20:27, 행23:8.

☞**사두개인**(마22:23, 막12:18, 눅20:27, 행23:8).

4524. Σαδώκ (צָדוֹק), ὁ [Sadōk][2회] **사독**

[고명] 히브리어 6659에서 유래: '사독' [예수 그리스도의 족보에 등장], 마1:14.

☞**사독**(마1:14)

4525. σαίνω [sainō][1회] **사이노**

[동] 4579와 유사: [개가] 꼬리를 흔들다, 아양을 부리다, 아첨하다, 살전3:3.

☞**흔들리다**(살전3:3).

4526. σάκκος, ου, ὁ [sakkŏs][4회] **삭코스**

[명] 히브리어 8242에서 유래: 부대용 삼베, 거칠은 삼베, 눅10:13, 계6:12, 11:3.

☞**베옷(마11:21, 눅10:13, 계11:3), 총담, (검은 털로 짠) 상복(喪服)**(계6:12).

4527. Σαλά (שֶׁלַח), ὁ [Sala] **살라**

[고명] 히브리어 7974에서 유래:

1) 보아스의 아버지, 나손의 아들 '살몬', 눅3:32.
2) 헤버의 아버지, 가이난의 아들 '살라', 눅3:35.

☞**살라**(눅3:35), **살몬**(눅3:32).

4528. Σαλαθιήλ (שְׁאַלְתִּיאֵל), ὁ [Salathiēl][3회] **살라디엘**

[명] 히브리어 7597에서 유래: 이스라엘인 '스알디엘', 마1:12.

☞**스알디엘**(마1:12, 눅3:27).

4529. Σαλαμίς ῖνος, ἡ [Salamis][1회] **살라미스**

[고명] 4535에서 유래한 듯함: 구브로 섬의 동쪽 해안에 위치한 큰 도시 '살라미', 행13:5.

☞**살라미**(행13:5).

4530. Σαλείμ, τό [Salim][1회] **살레임**

[고명] 4531과 동일어에서 유래: 요한이 세례를 주던 곳[세겜의 동쪽 6㎞에 위치] '살렘', 요3:23.

☞**살렘**(요3:23).

4531. σαλεύω [salĕuō][15회] **살류오**

[동] 제1부정과거 ἐσάλευσα, 완료수동분사 σεσ

αλευμένος, 제1부정과거 수동태 ἐσαλεύθην, 미래수동태 σαλευ- θήσομαι, 4535에서 유래:

1) 흔들다, 이리저리 움직이게 하다, 비틀거리게 하다. [집을] 흔들다, 흔들리다(마11:7, 눅7:24, 21:26), 요동하다(눅6:48), 흔들다(눅6:38), 진동하다(행4:31, 히12:26), 열리다(행16:26), 움직이다(행17:13), 변동되다(히12:27).
2) [수동] 흔들리다, 비틀거림을 당하다, 마11:7, 눅7:24.
3) [비유용법] 방해하다, 선동하다, 행4: 31.

☞**흔들리다**(마11:7), **흔들다**(눅6:38), **요동하다**(눅6:48), **진동하다**(행4:31), **움직이다**(행16:26), **소동하게 하다**(행17:13), **마음이 흔들리다**(살후2:2).

4532. Σαλήμ(שָׁלֵם), ἡ [Salēm][2회] **살렘**
고명 히브리어 8004에서 유래: 팔레스틴의 한 도시 '살렘', 히7:1.
☞**살렘**(히7:1).

4533. Σαλμών(שַׂלְמוֹן), ἡ [Salmōn][2회] **살몬**
고명 히브리어 8012에서 유래: 보아스의 아버지, 나손의 아들 '살몬', 마1:4.
☞**살몬**(마1:4).

4534. Σαλμώνη, ης, ἡ [Salmōnē][1회] **살모네**
명 4529와 유사한 어원에서 유래한 듯함: 크레타 북동쪽에 위치한 도시 '살모네', 행27:7.
☞**살모네**(행27:7).

4535. σάλος, ου, ὁ [salŏs][1회] **살로스**
명 4525의 어간에서 유래한 듯함: 흔들림, 너울거림, 파도, 진동, 눅21:25.
☞**파도**(눅21:25).

4536. σάλπιγξ, ιγγος, ἡ [salpingx][11회] **살핑크스**
명 4535에서 유래한 듯함: 나팔.

1) 나팔 자체, 고전14:8, 히12:19, 계1:10, 4:1, 8:2,6,13, 9:14.
2) 나팔이 내는 소리나 신호, 나팔신호, 나팔소리, 마24:31, 고전15:52, 살전4:16.

☞**나팔**(마24:31, 살전4:16, 계9:14).

4537. σαλπίζω [salpizō][12회] **살피조**
동 미래 σαλπίσω, 제1부정과거 ἐσάλ- πισα, 4536에서 유래: 나팔을 불다, 마6:2, 계8:6-13, 9:1, 11:15.
☞**나팔 불다**(6:2, 계8:6, 9:1, 11:15), **나팔소리가 나다**(고전15:52).

4538. σαλπιστής, οῦ, ὁ [salpistēs][1회] **살피스테스**
명 4537에서 유래: 나팔수, 계18:22.
☞**나팔 부는 자**(계18:22).

4539. Σαλώμη, ης, ἡ [Salōmē][2회] **살로메**
고명 히브리어 7965의 여성형으로 보임: 예수님을 따르던 갈릴리 여자 중 한 사람 '살로메', 막15:40, 16:1.
☞**살로메**(막15:40, 16:1).

4540. Σαμάρεια, ας, ἡ [Samarĕia][11회] **사마레이아**
고명 히브리어 8111에서 유래: 팔레스틴의 한 도시 '사마리아', 요4:4,7, 행8:9,14, 눅17:11.
☞**사마리아**(요4:4,7, 눅17:11, 행8:9).

4541. Σαμαρίτης, ου, ὁ [Samaritēs][9회] **사마리테스**
명 4540에서 유래: 사마리아인, 마10:5, 눅17:16, 10:33.
☞**사마리아인**(눅17:16).

4542. Σαμαρῖτις, ιδος, ἡ [Samaritis][2회] **사마리티스**
명 4541의 여성형: 사마리아 여인, 요4:9.
☞**사마리아 여자**(요4:9).

4543. Σαμοθράκη, ης, ἡ [Samŏthrakē][1회] **사모드라케**
고명 4544와 Θράκη '드라게'에서 유래: 에게해 북편에 위치한 섬 '사모드라게', 행16:11.
☞**사모드라게**(행16:11).

4544. Σάμος, ου, ἡ [Samŏs][1회] **사모스**
고명 불확실한 유사어에서 유래: 지중해의 한 섬 '사모', 행20:15.
☞**사모**(행20:15).

4545. Σαμουήλ (שְׁמוּאֵל), ὁ [Samŏuēl][3회] **사무엘**
고명 히브리어 8050에서 유래: 이스라엘인 '사무엘', 행3:24, 13:20, 히11:32.
☞**사무엘**(행3:24, 13:20, 히11:32).

4546. Σαμψών [Sampsōn][1회] **삼프손**
고명 히브리어 8123에서 유래: '삼손', 히11:32.

Σ

☞**삼손**(히11:32).

4547. σανδάλιον, ου, τό [sandaliŏn][2회] 산달리온

명 σάνδαλον '샌들'의 파생어의 중성: 샌들 [나무와 가죽으로 만든 신발], 막6:9, 행12:8.

☞**신발**(막6:9, 행12:8).

4548. σανίς, ίδος, ἡ [sanis][1회] 사니스

명 불확실한 유사어에서 유래: 널빤지, 판자, 행27:44.

☞**널조각**(행27:44).

4549. Σαούλ [Saŏul][9회] 사울

고명 히브리어 7586에서 유래: '사울'.

1) 이스라엘 초대 왕, 기스의 아들, 행13:21.

2) 사도 바울의 유대 이름, 행9:4,17, 22:7,13, 26:14.

☞**사울**(행9:4, 13:21, 22:7, 26:14).

4550. σαπρός, ά, όν [saprŏs][8회] 사프로스

형 4595에서 유래: 썩은, 무가치한.

1) [문자적으로]

① 고기의 부패한, 마13:48.

② 썩은 나무의, 마7:17, 12:33, 눅6:43.

③ 썩은 과일, 마12:33, 눅6:43. 2)나쁜, 악한, 건전하지 못한, 엡4:29.

☞**못된**(마7:17,18, 눅6:43), **좋지 않은**(마12:33), **더러운**(엡4:29).

4551. Σαπφείρη [Sapphĕirē][1회] 삽페이레

고명 4552의 여성형: 즐거움; 아나니아의 처 '삽비라', 행5:1.

☞**삽비라**(행5:1).

4552. σάπφιρος, ου, ἡ [sapphirŏs][1회] 삽피로스

고명 히브리어 5601에서 유래: 사파이어, 청보석, 계21:19.

☞**보석**(계21:19).

4553. σαργάνη, ης, ἡ [sargane][1회] 사르가네

명 히브리어 8276에서 유래한 듯함: 광주리, 고후11:33.

☞**광주리**(고후11:33).

4554. Σάρδεις, εων, αἱ [Sardĕis][3회] 사르데이스

고명 불확실한 파생어에서 유래한 복수형: 소아시아 서쪽의 한 도시 '사데', 계1:11, 3:1,4.

☞**사데**(계1:11, 3:1,4).

4555. σάρδινος, ου, ὁ [sardinŏs][2회] 사르디노스

명 4556과 동일어에서 유래: 홍보석, 계4:3.

☞**홍보석**(계4:3).

4556. σάρδιον, ου, τό [sardiŏn][2회] 사르디온

형 불확실한 어간에서 유래: 홍보석, 계21:20.

☞**홍보석**(계21:20).

4557. σαρδόνυξ, υχος, ὁ [sardŏnüx][1회] 사르도뉘크스

명 4556의 어간과 ὄνυξ '손톱'에서 유래: 보석의 일종 '홍마노', 계21:20.

☞**홍마노**(계21:20).

4558. Σάρεπτα [Sarĕpta][1회] 사렙타

고명 히브리어 6886에서 유래: 팔레스틴의 한 고을명 '사렙다', 눅4:26.

☞**사렙다**(눅4:26).

4559. σαρκικός, ή, όν [sarkikŏs][7회] 사르키코스

형 4561에서 유래: 육체에 관한, 육적인, 육신에 속한, 육신의 방식대로의, 육욕적인.

1) 지상적인, 물질적인, 롬15:27, 고전9:11.

2) 육으로 된.

3) 육신에 속한, 고전3:3, 고후1:12, 10:4, 히7:16.

☞**육신의**(고전3:3, 9:11), **사람의**(고전3:4), **육체의**(고후1:12, 벧전2:11).

4560. σάρκινος, η, ον [sarkinŏs][4회] 사르키노스

형 4561에서 유래:

1) 살로 된, 살의, 고후3:3.

2) 육신에 속한, 롬7:14, 고전3:1, 히7:16.

☞**육(肉)의**(고후3:3).

4561. σάρξ, σαρκός, ἡ [sarx][147회] 사르크스

명 4563의 어간에서 유래한 듯함: 육체.

1) [문자적으로] 인간이나 동물의 뼈를 덮고 있는 물질을 총칭, 살, 고전15:39, 계19:18, 눅24:39, 약5:3.

2) 몸, 신체, 행2:31, 2:26, 고전5:5, 고후7:1, 히9:13, 벧전3:21, 히10:20, 벧전3:18.

3) 육신, 혈육을 가진 인간, 마16:17, 24: 22, 막13:20, 눅3:6, 요17:2, 행2:17, 롬3:20, 고전1:29, 갈1:16, 2:16, 엡6:12, 벧전1:24.

4) 인간성, 세상적 혈통, 고전10:18, 롬4: 1,

8:3, 히9:8, 11:14, 5:7, 12:9.
5) 유형성, 구체성, 육체적 제한성, 이 세상 생활, 고전7:28, 고후10:3, 갈2:20, 빌1:24.
6) 생의 외부적인 면 [인간적 표준에 의하여], 외부적 환경, 고전1:26, 고후1:18.
7) [바울 사상에 있어서] 육신[육신은 죄를 의도하는 기관으로 육신이 있는 곳에는 죄가 있다, 즉 육신대로 살면 좋은 것이 없다], 롬7:18, 7:25, 갈5:13, 골2:23.
8) [성적 충동의 근원으로서] 육체, 요1:13.
☞**몸**(마19:5, 막10:8), **육체**(마24:22, 요8:15, 고후1:17), **육신**(마26:41, 롬1:3, 딤전3:16), **살**(눅24:39, 요6:55,56), **육정**(요1:13), **육**(요3:6, 6:63, 고전15:50), **골육**(롬11:14).

4562. Σαρούχ [Sarŏuch] 사룩
고명 히브리어 8286에서 유래: 족장의 한 사람 '스룩', 눅3:35.
☞**스룩**(눅3:35).

4563. σαρόω [sarŏō][3회] 사로오
동 제1부정과거 ἐσάρωσα, 제1부정과거수동 ἐσαρώθην, 완료수동분사 σε- σαρωμένος, σαίρω '솔질하다'의 파생어에서 유래: 쓰다, 깨끗하게 쓰다, 마12:44, 눅11:25.
☞**청소되다**(마12:44, 눅11:25), **쓸다**(눅15:8).

4564. Σάρρα, ας, ἡ [Sarrha][4회] 사르라
고명 히브리어 8283에서 유래: 아브라함의 아내, 이삭의 어머니 '사라', 롬4:19, 9:9, 히11:11, 벧전3:6.
☞**사라**(롬4:19, 9:9, 히11:11, 벧전3:6).

4565. Σαρων, ωνος, ὁ [Sarōn][1회] 사론
고명 히브리어 8289에서 유래: 팔레스틴의 한 고을 '사론', 행9:35.
☞**사론**(행9:35).

4566. Σατᾶν [Satan] 사탄
고명 히브리어 7854에서 유래: 사탄, 마귀, 상대자, 적.

4567. Σατανᾶς, ᾶ, ὁ [Satanas][36회] 사타나스
명 대적자, 마귀왕.
☞**사탄**(살전2:18, 막1:13, 3:26, 눅11:18, 22:3, 계20:2).

4568. σάτον, ου, τό [satŏn][2회] 사톤
명 히브리어 5429에서 유래: 말, 되, 마13:33, 눅13:21.
☞**말**(마13:33, 눅13:21).

4569. Σαῦλος, ου, ὁ [Saulŏs][15회] 사울로스
고명 히브리어에서 유래[4549와 동일]: 바울의 유대 이름 '사울', 행7:58, 8:1, 9:1,8,11,22,24, 11:25,30, 12:25, 13:1.
☞**사울**(행7:58, 8:1, 11:25, 12:25).

4570. σβέννυμι [sbĕnnümi][8회] 스벤뉘미
동 미래 σβέσω, 제1부정과거 ἔσβεσα, 제1부정과거부정사 σβεσθήσομαι, 미래수동태 σβέσω: 불을 끄다.
1) [문자적으로] 불을 끄다, 히11:34, 화전을 소멸하다, 엡6:16.
2) [비유적으로] 냉각시키다, 억압하다, 억압, 살전5:19.
☞**끄다**(마12:20), **꺼져 가다**(마25:8), **꺼지다**(막9:48), **소멸하다**(살전5:19), **멸하다**(히11:34).

4571. σέ [sĕ] 세
대 4771의 단수, 대격: 당신을, 눅14:9.
☞**너**(눅14:9).

4572. σεαυτοῦ [sĕautŏv][43회] 세아우투
대 [재귀대명사] 4571과 846에서 유래: 너 자신.
1) [속격] 요1:22, 딤후4:11.
2) [여격] 요17:5, 행9:34.
3) [대격] 마4:6, 막1:44.
☞**스스로**(마4:6), **네 몸**(눅5:14), **자기**(마27:40), **너**(요8:13), **자신**(요7:4), **자칭**(요10: 33), **~사람, 네 자신**(갈6:1), **네 스스로**(딤전4:7), **남**(롬2:1).

4573. σεβάζομαι [sĕbazŏmai][1회] 세바조마이
동 중간태. 제1부정과거 ἐσεβάσθην=σέβομαι, 4576의 파생어에서 유래: 경배하다, 예배하다, 공경하다, 롬1:25.
☞**경배하다**(롬1:25).

4574. σέβασμα, ατος, τό [sĕbasma][2회] 세바스마
명 4573에서 유래: 경배물, 숭배물, 경배의 대상, 신전, 행17:23, 살후2:4.
☞**위하는 것**(행17:23), **숭배함을 받는 것**(살후2:4).

4575. σεβαστός, ή, όν [sĕbastŏs][3회] 세바스토스
형 4573에서 유래: 존경받는, 존경할 만한, 존엄한, 당당한, 존엄한, 이 의미에서 아우구스투스, 행25:21,25, 27:1.

Σ

☞**아구스도의**(행27:1).

4576. σέβομαι [sĕbŏmai][10회] 세보마이
동 디포넌트: 경의를 표한다, 예배한다, 숭배한다, 마15:9, 행19:27.
☞**경배하다**(마15:9, 막7:7), **경건하다**(행13: 43, 17:4,17), **경외하다**(행18:7,13), **위하다**(행19:27).

4577. σειρά, ᾶς, ἡ [sĕira][1회] 세이라
명 εἴρω '묶다'와 유사어로 4951에서 유래: 사슬, 줄, 끈, σειρος, 함정, 굴, 소굴, 동굴, 벧후2:4.
☞**구덩이**(벧후2:4).

4578. σεισμός, οῦ, ὁ [sĕismŏs][14회] 세이스모스
명 4579에서 유래: 흔들림, 소동, 폭풍, 지진, 마8:24, 27:54, 계11:13.
☞**놀**(마8:24), **지진**(마24:7, 행16:26, 계16:18).

4579. σείω [sĕiō][5회] 세이오
동 [기본형] 미래 σείσω, 제1부정과거 ἐσείσθην: 흔들다, 떨리게 하다, 일으키다.
1) [문자적으로] 히12:26, [수동] 계6:13.
2) 뒤끓게 하다, 뒤흔들다, 마21:10, 떨다, 마28:4.
☞**소동하다**(마21:10), **진동하다**(마27:51, 히12:26), **떨다**(마28:4), **흔들리다**(계6:13).

4580. Σεκοῦνδος [Sĕkŏundŏs][1회] 세쿤도스
고명 라틴어에서 유래: 두 번째 데살로니가인, 바울을 따라 아시아까지 간 사람 '세군도', 행20:4.
☞**세군도**(행20:4).

4581. Σελεύκεια, ας, ἡ [Sĕlĕukĕia][1회] 셀류케이아
고명 Σέλευκος[시리아의 왕명 '셀류코스']에서 유래: 시리아 안디옥 도시의 한 곳 '실루기아', 행13:4.
☞**실루기아**(행13:4).

4582. σελήνη, ης, ἡ [sĕlēnē][9회] 셀레네
명 σέλας '빛남'에서 유래: 달, 마24:29, 막13:24, 눅21:25, 행2:20, 고전15:41.
☞**달**(마24:29, 고전15:41, 계21:23).

4583. σεληνιάζομαι [sĕlēniazŏmai][2회] 셀레니아조마이
동 중간태 또는 수동태. 4582의 파생어에서 유래한 듯함: 미치다, 발광하다, 간질하다, 마17:15, 4:24.
☞**간질하다**(마4:24). **[명] 간질**(마17:15).

4584. Σεμεΐν [Sĕmĕin][1회] 세메인
명 히브리어 8096에서 유래: 이스라엘인 '서머인', 눅3:26.
☞**서머인**(눅3:26).

4585. σεμίδαλις, εως, ἡ [sĕmidalis][1회] 세미달리스
명 외래어에서 유래한 듯함: 고운 가루, 계18:13.
☞**고운 밀가루**(계18:13).

4586. σεμνός, ἡ, όν [sĕmnŏs][4회] 셈노스
형 4576에서 유래:
1) 존경할 만한, 고상한, 위엄있는, 진지한, 딤전3:8, 딛2:2.
2) [존재, 사물의 상태] 존귀한, 가치있는, 존엄한, 거룩한, 빌4:8.
☞**경건한**(빌4:8, 딛2:2), **정중한**(딤전3:8,11).

4587. σεμνότης, τητος, ἡ [sĕmnŏtēs][3회] 셈노테스
명 4586에서 유래:
1) 위덕, 위엄, 진심, 정중, 거룩함, 성실, 딤전3:4, 2:2, 딛2:7.
2) [신의] 거룩.
☞**단정함**(딤전2:2, 3:4, 딛2:7).

4588. Σέργιος, ου, ὁ [Sĕrgiŏs][1회] 세르기오스
고명 라틴어에서 유래: 로마인 '서기오 바울', 행13:7.
☞**서기오 바울**(행13:7).

4589. Σήθ (שֵׁת), ὁ [Sēth][1회] 세드
고명 히브리어 8035에서 유래: 에노스의 아버지, 아담의 아들 '셋', 눅3:38.
☞**셋**(눅3:38).

4590. Σήμ (שֵׁם), ὁ [Sēm][1회] 셈
고명 히브리어 8035에서 유래: 노아의 큰아들, 족장이름 '셈', 눅3:36.
☞**셈**(눅3:36).

4591. σημαίνω [sēmainō][6회] 세마이노
동 미완료 ἐσήμαινον, 제1부정과거 ἐσήμανα, σῆμα '표'에서 유래:
1) 알리다, 전달하다, 행25:27, 계1:1.
2) 미리 지시하다, 예고하다, 미리 말하다, 행11:28, 요12:33, 18:32, 21:19.
☞**보이다**(요12:33, 계1:1), **가리키다**(요21: 19), **밝히다**(행25:27).

4592. σημεῖον, ου, τό [sēmĕiŏn] 세메이온

명 4592의 어간에서 파생된 중성: 표징, 표시, 이적.
1) 표, 표시, 증거, 상징, 마24:3, 26:48, 막13:4, 눅2:12, 21:7, 살후3:17.
2) 기적, 표징.
① 기적, 이적 [그리스도, 하나님, 하나님의 사람이 행한 기적], 막8:11, 눅11:16, 요2:11,18,23, 3:2, 4:54, 6: 2,14,30, 7:31, 9:16, 10:41, 11:47, 요2:11, 4:48, 행2:43, 4:30, 5:12, 6:8, 7:36, 14:3, 15:12, 롬15:19, 히2:4, 고후12:12.
② [사탄이나 그의 대행자들이 행한] 기적, 마24:24, 막13:22, 계13:13, 16: 14, 19:20.
③ [마지막 날에 나타날] 전조, 징조, 눅21:11,25, 행2:19, 계12:1,3, 15:1.
☞**표적**(마12:38, 행2:22, 살후2:9), **징조**(마24:3, 눅21:7, 행2:19), **군호**(마26:48), **이적**(막13:22, 눅23:8), **표**(롬4:11, 고후12:12).

4593. σημειόω [sĕmĕiŏō][1회] **세메이오오**
동 제1부정과거 중간태 ἐσημειωσά- μην, 4592에서 유래:
1) 표하다, 표시하다, 구별하다.
2) 특별히 주목하다, 살후3:14.
☞**지목하다**(살후3:14).

4594. σήμερον [sēmĕrŏn][41회] **세메론**
부 3588과 2250의 합성어의 중성:
1) 오늘, 금일, 마6:11, 11:23, 16:3, 21: 28, 28:15, 눅4:21, 23:43, 행4:9, 20: 26, 롬11:8, 고후3:14, 히1:5, 5:5, 약4:13.
2) 오늘 저녁, 막14:30, 마27:19, 눅2:11, 22:34. 지금, 마6:30, 눅12:28, 13:32, 히13:8.
☞**오늘**(마6:11,30, 눅2:11, 행4:9, 고후3:14, 히4:7).

4595. σήπω [sēpō][1회] **세포**
동 [기본형] 완료 σέσηπα:
1) 썩어지게 하다.
2) [수동] 썩다, 약5:2.
☞**썩다**(약5:2).

4596. σηρικός [sērikŏs] **세리코스**
명 Σήρ에서 유래: 비단, 명주, 계18:12.
☞**비단**(계18:12).

4597. σής [sēs][3회] **세스**
명 히브리어 5580에서 유래한 듯함: 좀, 옷감이나 옷을 좀먹는 벌레, 마6:19, 눅12:33.
☞**좀**(마6:19,20, 눅12:33).

4598. σητόβρωτος, ον [sētŏbrōtŏs][1회] **세토브로토스**
형 4597과 977의 파생어에서 유래: 좀먹는, 약5:2.
☞**좀먹는**(약5:2).

4599. σθενόω [sthĕnŏō][1회] **스데노오**
동 미래 σθενώσω, σθένος '힘센'에서 유래: 힘있게 하다, 강하게 만들다, 벧전5:10.
☞**강하게 하다**(벧전5:10).

4600. σιαγών, όνος, ἡ [siagōn][2회] **시아곤**
명 턱, 턱뼈, 뺨, 마5:39, 눅6:29.
☞**뺨**(마5:39, 눅6:29).

4601. σιγάω [sigaō][10회] **시가오**
동 제1부정과 ἐσίγησα, 완료수동 분사 σεσιγημένος, 4602에서 유래:
1) 침묵을 지키다, 가만히 있다.
① 아무 말도 안하다, 조용히 있다, 막14:61, 눅19:40, 20:26, 행12:17, 15:12, 고전14:28.
② 말을 멈추다, 가만히 있다, 눅18:39, 행15:13, 고전14:30.
③ 입을 다물다, 눅9:36.
2) 비밀을 지키다, 은닉하다, 감추다, 롬16:25.
☞**잠잠하다**(눅9:36, 고전14:28,34), **조용하다**(행12:17), **말을 마치다**(행15:13), **감추어지다**(롬16:25).

4602. σιγή, ῆς, ἡ [sigē][2회] **시게**
명 σίζω ['쉿'소리를 내다]에서 유래한 듯함: 침묵, 고요, 행21:40, 계8:1.
☞**조용함**(행21:40), **고요함**(계8:1).

4603. σιδήρεος [sidērĕŏs] **시데레오스**
형 4604에서 유래: 쇠, 철로 만든 막대기, 쇠, 빗장.
☞**쇠**(행12:10), **철**(계2:27, 12:5, 19:15, 9:9).

4604. σίδηρος, ου, ὁ [sidērŏs][1회] **시데로스**
명 불확실한 파생어에서 유래: 철, 계18:12.
☞**쇠, 철**(계18:12).

4605. Σιδών, ῶνος, ἡ [Sidōn][9회] **시돈**
고명 히브리어 6721에서 유래: 팔레스틴의 고대 왕국 도시 '시돈', 마11:21, 막3:8, 눅6:17, 10:13, 마15:21.
☞**시돈**(마11:21, 막3:8, 눅6:17).

4606. Σιδώνιος, ία, ιον [Sidōniŏs][2회] 시도니오스
형 명 4605에서 유래: 시돈 사람, 시돈의.
1) 시돈 지방, 눅4:26.
2) 시돈 사람들, 행12:20.
☞**시돈의, 시돈 사람.**

4607. σικάριος, ου, ὁ [sikariŏs][1회] 시카리오스
명 라틴어에서 유래: 단도 쓰는 사람, 자객, 행21:38.
☞**자객**(행21:38).

4608. σίκερα [sikĕra][1회] 시케라
명 히브리어 7941에서 유래: 강한 술, 독한 술, 눅1:15.
☞**독한 술**(눅1:15).

4609. Σίλας, α or Σιλᾶς, ᾶ [Silas][13회] 실라스
고명 4610의 단축형: 기독교인 '실라', 행15:22,27.
☞**실라**(행15:22,27).

4610. Σιλουανός, οῦ, ὁ [Silŏuanŏs][4회] 실루아노스
고명 라틴어에서 유래: 바울과 디모데의 동역자 '실루아노', 고후1:19, 살전1:1, 벧전5:12.
☞**실루아노**(고후1:19, 살전1:1, 살후1:1, 벧전5:12).

4611. Σιλωάμ (שִׁלֹחַ), ὁ [Silōam][3회] 실로암
고명 히브리어 7975에서 유래: 예루살렘 연못 이름 '실로암', 눅13:4.
☞**실로암**(눅13:4).

4612. σιμικίνθιον, ου, τό [simikinthi- ŏn][1회] 시미킨디온
명 라틴어에서 유래: 앞치마, 행19:12.
☞**앞치마**(행19:12).

4613. Σίμων, ωνος, ὁ [Simōn][75회] 시몬
고명 히브리어 8095에서 유래: '시몬'.
1) 베드로의 별명, 마4:18, 막1:16, 눅4:38.
2) 가나나인 '시몬', 마10:4, 막3:18.
3) 예수의 동생, 마13:55, 막6:3.
4) 구레네 사람 '시몬', 마27:32, 막15:21, 눅23:26.
5) 가룟 유다의 아버지, 요6:71, 12:4.
6) 나병환자 '시몬', 마26:6, 막14:3.
7) 예수를 초대했던 바리새인, 눅7:40.
8) 욥바에서 가죽을 무두질하는 피장이 '시몬', 행9:43, 10:6,7,32.
9) 마술장이 '시몬', 행8:9,13, 18,24.
☞**시몬**(마4:18, 10:4, 막1:16, 3:18, 27:32, 눅4:38, 23:26, 요6:71, 12:4, 행9:43, 10:6).

4614. Σινᾶ [Sina][4회] 시나
고명 히브리어 5514에서 유래: 아라비아의 산 이름 '시내산', 행7:30,38, 갈4: 24,25.
☞**시내산**(행7:30,38, 갈4:24,25).

4615. σίναπι, εως, τό [sinapi][5회] 시나피
명 σίνομαι '쏘다'에서 유래: 겨자, 겨자씨, 마13:31, 막4:31, 눅13:19.
☞**겨자씨**(마13:31, 막4:31, 눅13:19).

4616. σινδών, όνος, ἡ [sindōn][6회] 신돈
명 외래어에서 유래한 듯함: 삼베, 고운 삼베.
1) 고운 삼베, 마27:59, 막15:46, 눅23:53.
2) 무릎까지 내려오는 속옷, 막14:51,52.
☞**세마포**(마27:59, 막15:46, 눅23:53), **베**(막14:51,52).

4617. σινιάζω [siniazō][1회] 시니아조
동 제1부정과거 ἐσινίασα, σινίον '체'에서 유래: 체질하다, 체로 치다, 눅22:31.
☞**까부르다**(눅22:31).

4618. σιτευτός, ή, όν [sitĕutŏs][3회] 시튜토스
형 4621의 파생어에서 유래: 기름진, 살진, 눅15:23,27,30.
☞**살진**(눅15:23,27,30).

4619. σιτιστός, ή, όν [sitistŏs][1회] 시티스토스
형 4621의 파생어에서 유래: 알찬, 알진, 마22:4.
☞**살진**(마22:4).

4620. σιτομέτριον, ου, τό [sitŏmĕtri- ŏn][1회] 시토메트리온
명 4621과 3358에서 유래: 곡식의 측정량의 양식, 배급량, 음식, 눅12:42.
☞**양식**(눅12:42).

4621. σῖτος, ου, ὁ [sitŏs][14회] 시토스
명 불확실한 파생어에서 유래: 마른 곡식, 마3:12, 막4:28, 눅3:17, 행7:12.
☞**알곡**(마3:12, 눅3:17), **곡식**(마13:25, 30, 행7:12), **밀**(눅16:7, 고전15:37, 계18:13).

4622. Σιών, ἡ [Siōn][7회] 시온
고명 히브리어 6726에서 유래: '시온'.
1) 시온산을 가리킴, 히12:22.

2) 예루살렘성을 가리킴, 마21:5, 요12: 15, 롬11:26, 벧전2:6.

☞**시온**(마21:5, 요12:15, 롬11:26, 벧전2:6, 히12:22).

4623. σιωπάω [siōpaō][10회] **시오파오**

동 미완료 ἐσιώπων, 미래 σιωπήσω, 제1부정과거 ἐσιώπησα, σιωπή '침묵'에서 유래: 침묵하다.

1) 침묵을 지키다, 말하지 않다, 소리내지 않다, 마26:63.

2) 말을 멈추다, 조용히 하다, 마20:31, 막10:48, 눅18:39, 19:40.

☞**잠잠하다**(마20:31, 눅18:39, 행18:9) **벙어리가 되다**(눅1:20).

4624. σκανδαλίζω [skandalizō][29회] **스칸달리조**

동 제1부정과거 ἐσκανδάλισα, 완료수동분사 ἐσκανδαλισμένος, 제1부정과거수동태 ἐσκανδαλίσθην, 미래수동태 σκανδαλισθήσομαι, 4625에서 유래:

1) 걸리게 하다, 넘어지게 하다.

① [대격을 취하여] 마5:29, 18:6,9, 막9:42,45,47, 눅17:2, 고전8:13, [수동] 죄에 빠지다, 고후11:29, 배반하다, 마13:21, 24:10, 막4:17, 14:27, 29, 요16:1.

② 죄를 짓게 되다, ~ 때문에 성내다, 불쾌해하다, 마11:6, 13:57, 26:31, 33, 막6:3, 눅7:23, 롬14:21.

2) 성나게 하다, 노하게 하다, 분개시키다, 마17:27, 요6:61, [수동] 마15:12, 고후11:29.

☞**실족하게 하다**(마5:29, 눅17:2, 고전8:13), **실족하다**(마11:6, 눅7:23, 고후11:29), **넘어지다**(마13:21, 막4:17), **배척하다**(마13:57), **걸림이 되다**(마15:12, 요6:61), **범죄하다**(막9:43), **거리끼다**(롬14:21).

4625. σκάνδαλον, ου, τό [skandalŏn][15회] **스칸달론**

명 2578의 파생어에서 유래한 듯함:

1) 함정, 올가미, 덫, 롬11:9.

2) 죄짓게 하는 유혹, 유혹물, 마18:7, 눅17:1, 계2:14, 롬16:17, 마16:23, 롬9: 33, 벧전2:8.

3) 성나게 하는 것, 반감을 일으키는 것, 반대를 일으키게 하는 것, 성낼 만한 것, 거침거리, 비난거리, 오점, 흠, 마13:41, 고전1:23, 갈5:11, 요일2:10.

☞**넘어지게 하는 것**(마13:41, 16:23), **실족하게 하는 일**(마18:7, 눅17:1), **걸림돌, 걸려 넘어지게 하는 것**(롬9:33, 계2:14), **거치는 것**(롬11:9, 갈5:11, 벧전2:8).

4626. σκάπτω [skaptō][3회] **스캅토**

동 기본형 미래 σκάψω, 제1부정과거 ἔσκαψα, 완료수동 분사 ἐσκαμμένος, 제2부정과거 수동태 ἐσκάφην:

1) 파다, 눅16:3, 6:48, 13:8.

2) 삽으로 파다, 파내다.

☞**파다**(눅6:48, 13:8, 16:3).

4627. σκάφη, ης, ἡ [skaphē][3회] **스카페**

명 [작은]배, 거룻배, 행27:16,30,32.

☞**거루**(행27:16,30,32).

4628. σκέλος, ους, τό [skĕlŏs][3회] **스켈로스**

명 σκέλλω '여위다'에서 유래한 듯함: 다리, 요19:31.

☞**다리**(요19:31,32,33).

4629. σκέπασμα, ατος, τό [skĕpasma][1회] **스케파스마**

명 σκέπας의 파생어에서 유래: 덮는 것, 의류, 옷, 딤전6:8.

☞**입을 것**(딤전6:8).

4630. Σκευᾶς, ᾶ, ὁ [Skĕuas][1회] **스큐아스**

고명 라틴어에서 유래한 듯함: 왼손잡이 대제사장 '스게와', 행19:14.

☞**스게와**(행19:14).

4631. σκευή, ῆς, ἡ [skĕuē][1회] **스큐에**

명 4632에서 유래: 비품, 장비, 가재도구, 행27:19.

☞**기구**(행27:19).

4632. σκεῦος, ους, τό [skĕuŏs][23회] **스큐오스**

명 불확실한 유사어에서 유래:

1) [일반적으로]

① 물건, 막11:16, 계18:12, 눅17:31, 마12:29, 막3:27, 행27:17.

② 그릇, 단지, 접시, 눅8:16, 요19:29, 딤후2:20, 계2:27, 롬9:21, 딤후2:21.

2) [비유적으로] 도구, 행9:15, 롬9:22, 고후4:7.

☞**세간**(마12:29, 막3:27, 눅17:31), **물건**(막11:16), **그릇**(눅8:16, 롬9:21, 벧전3:7, 계18: 12), **연장**(행27:17), **아내**(살전4:4).

Σ

4633. σκηνή, ῆς, ἡ [skēnē][20회] 스케네
명 4632와 4639와 유사어로 보임: 천막, 초막, 오두막 집, 거처, 마17:4, 막9:5, 눅9:33, 히8:5, 9:21, 13:10, 행7:43.
☞**초막**(마17:4, 막9:5, 눅9:33), **처소**(눅16: 9), **장막**(행7:43, 히8:2, 계13:6).

4634. σκηνοπηγία, ας, ἡ [skēnŏpēgia][1회] 스케노페기아
명 4636과 4078에서 유래: 장막절, 천막 치기, 초막 짓기, 요7:2.
☞**초막절**(요7:2).

4635. σκηνοποιός, οῦ, ὁ [skēnŏpŏiŏs][1회] 스케노포이오스
명 4633과 4160에서 유래: 장막 제조자, 천막 제조업자, 행18:3.
☞**천막을 만드는 것**(행18:3).

4636. σκῆνος, ους, τό [skēnŏs][2회] 스케노스
명 4633에서 유래: 천막, 거처, 집[사람의 몸을 영혼의 거처로 비유함], 고후5:1,4.
☞**장막집**(고후5:1), **장막**(고후5:4).

4637. σκηνόω [skēnŏō][5회] 스케노오
동 미래 σκηνώσω, 제1부정과거 ἐσκή- νωσα, 4636에서 유래: 살다, 거주하다, 계13:6, 21:3, 요1:14.
☞**거하다**(요1:14, 계13:6, 21:3), **장막을 치다**(계7:15).

4638. σκήνωμα, ατος, τό [skēnōma][3회] 스케노마
명 4637에서 유래: 성전, 천막, 거처.
1) [하나님이 계신] 성전, 행7:46.
2) 몸, 벧후1:13.
☞**처소**(행7:46), **장막**(벧후1:13,14).

4639. σκιά, ᾶς, ἡ [skia][7회] 스키아
명 기본형으로 보임:
1) 그림자, 그늘, 행5:15.
2) 그림자, 예표, 전조, 히8:5.
☞**그늘**(마4:16, 막4:32, 눅1:79), **그림자**(행5:15, 골2:17, 히10:1).

4640. σκιρτάω [skirtaō][3회] 스키르타오
동 제1부정 과거 ἐσκίρτησα, σκαίρω '껑충뛰다'와 유사: 뛰다, 이리저리 뛰다, 눅6:23, 1:41,44.
☞**뛰놀다**(눅1:41,44, 6:23).

4641. σκληροκαρδία, ας, ἡ [sklērŏkardia][3회] 스클레로카르디아
명 4642와 2588의 합성어의 여성: 굳은 마음, 냉담, 완고, 막10:5, 마19:8.
☞**완악함**(마19:8, 막10:5, 16:14).

4642. σκληρός, ά, όν [sklērŏs][5회] 스클레로스
형 4628의 어간에서 유래: 굳은, 거칠은.
1) [물건에 대하여]
① 딱딱한, 거칠은.
② [사람에 대하여] 혹독한, 엄한, 거치른, 잔인한, 무자비한, 마25:24.
3) [중성] σκληρόν σοι: 네게 어렵다, 행9:5, 26:14.
☞**굳은**(마25:24), **어려운**(요6:60), **완악한**(유1:15), **박해하는**(행9:5).

4643. σκληρότης, ητος, ἡ [sklērŏtēs][1회] 스클레로테스
명 4642에서 유래: 무감각, 완고, 완악, 롬2:5.
☞**고집**(롬2:5).

4644. σκληροτράχηλος, ον [sklērŏtrachēlŏs][1회] 스클레로트라켈로스
형 4642와 5137에서 유래: 목이 곧은, 완고한, 행7:51.
☞**목이 곧은**(행7:51).

4645. σκληρύνω [sklērunō][6회] 스클레뤼노
동 [기본형] 미래 σκληρυνῶ, 제1부정과거 ἐσκλήρυνα, 미완료수동 ἐσκ- ληρυνόμην, 제1부정과거수동태 ἐσκ- ληρύνθην, 4642에서 유래:1)[능동] 굳게 하다, 히3:8, 4:7. 2)[수동] 굳어지다, 행19:9, 히3:13.
☞**마음이 굳다**(행19:9), **완악하게 하다**(롬9:18, 히3:8, 4:7).

4646. σκολιός, ά, όν [skŏliŏs][4회] 스콜리오스
형 4628의 어간에서 유래: 굽은, 비뚤어진.
1) [문자적으로] 눅3:5.
2) [상징적으로] 구부러진, 무법한, 비겁한, 파렴치한, 정직하지 못한, 무정한, 불의한, 행2:40, 빌2:15, 벧전2:18.
☞**굽은**(눅3:5), **패역한**(행2:40), **거스르는**(빌2:15), **까다로운**(벧전2:18).

4647. σκόλοψ, οπος, ὁ [skŏlŏps][1회] 스콜롭스
명 4628과 3700의 어간에서 유래한 듯함: 말뚝, 막대기, 가시, 고후12:7.

Σ

☞가시(고후12:7).

4648. σκοπέω [skŏpĕō][6회] 스코페오

동 4649에서 유래: 돌보다, 주목하다, 감시하다, 롬16:17, 눅11:35, 고후4:18, 빌2:4, 3:17, 갈6:1.

☞보다(눅11:35), 살피다(롬16:17), 살펴보다(갈6:1), 돌보다(빌2:4).

4649. σκοπός, οῦ, ὁ [skŏpŏs][1회] 스코포스

명 σκέπτομαι '주시하다'에서 유래: 목표, 표적, 빌3:14.

☞푯대(빌3:14).

4650. σκορπίζω [skŏrpizō][5회] 스코르피조

동 제1부정과거 ἐσκόρπισα, 제1부정과거수동태 ἐσκορπίσθην, 4651과 동일어에서 유래:

1) 뿌리다, 뿌려 흐뜨리다, 마12:30, 눅11:23.

2) 뿌려지다, 나눠주다, 분배하다, 고후9:9.

☞헤치다(마12:30, 눅11:23, 요10:12), 흩어지다(요16:32), 흩다(고후9:9).

4651. σκορπίος, ου, ὁ [skŏrpiŏs][5회] 스코르피오스

명 사용하지 않는 σκέρπω; 관통하다에서 유래: 전갈, 눅10:19, 11:12, 계9:3,5,10.

☞전갈(눅10:19, 11:12, 계9:10).

4652. σκοτεινός, ή, όν [skŏtĕinŏs][3회] 스코테이노스

형 4655에서 유래: 어두운, 마6:23, 눅11:34,36.

☞어두운(눅11:34,36).

4653. σκοτία, ας, ἡ [skŏtia][16회] 스코티아

명 4655에서 유래: 어둠, 마10:27, 눅12:3, 요6:17.

☞어둠(요1:5, 12:35, 요일2:8), 어두운 데(마10:27, 눅12:3, 요일2:11).

4654. σκοτίζω [skŏtizō][5회] 스코티조

동 완료수동 ἐσκότισμαι, 제1부정과거수동태 ἐσκοτίσθην, [수동만 사용됨]: 어두워지다, 어둡게 되다, 마24:29, 막13:24, 롬1:21.

☞어두워지다(마24:29, 눅23:45, 롬1:21), 흐리다(롬11:10).

4655. σκότος, ους, τό [skŏtŏs][31회] 스코토스

명 4639의 어간에서 유래:

1) [문자적으로] 어둠 [히12장 18절에서만은 ὁ σκ.로 나타난다], 마27:45, 막15:33, 눅23:44, 벧후2:17, 요일1:6, 엡5:8.

2) [비유적으로]

① 알려지지 않은 상태를 나타냄, τὰ κρυπτὰ τοῦ σκότο- υς: 어둠 속에 감추어져 있으므로 아무에게도 알려져 있지 않은 것, 고전4:5.

② 종교적 도덕적 암흑, 죄에 의한 어둠, 불신앙으로 인한 상태, 마4:16, 요3:19, 롬2:19, 벧전2:9, 눅22:53, 엡6:12.

☞흑암(마4:16, 골1:13, 유1:13), 어둠(행26: 18, 벧후2:17, 마6:23, 고후4:6, 요일1:6).

4656. σκοτόω [skŏtŏō][3회] 스코토오

동 완료수동분사 ἐσκοτωμένος, 제1부정과거수동태 ἐσκοτώθην, 4655에서 유래: 어둡게 되다, 어두워지다.

1) [문자적으로] 계9:2, 16:10.

2) [상징적으로] 엡4:18.

☞어두워지다(계16:10).

4657. σκύβαλον, ου, τό [skübalŏn] 스퀴발론

명 1519와 2965와 906의 파생어의 중성으로 보임: 폐물, 찌끼, 쓰레기, 오물, 똥, 빌3:8.

☞배설물(빌3:8).

4658. Σκύθης, ου, ὁ [Sküthēs][1회] 스퀴데스

고명 외래어에서 유래한 듯함: 야만인 '스구디아인', 골3:11.

☞스구디아인(골3:11).

4659. σκυθρωπός, (ή), όν [sküthrō-pŏs][2회] 스퀴드로포스

형 σκυθρός '음침한'과 3700의 파생어에서 유래: 슬픈 기색을 한, 우울한 얼굴을 한, 마6:16, 눅24:17.

☞슬픈 빛을 띤(눅24:17).

4660. σκύλλω [sküllō][4회] 스퀼로

동 [기본형] 완료수동분사 ἐσκυλμέ- νος:

1) 피곤하게 하다, 괴롭히다, 애먹이다.

2) [능동] 귀찮게 하다, 못살게 굴다, 수고하다, 막5:35, 눅8:49.

3) [수동] 수고하다, 눅7:6.

☞괴롭히다(눅8:49), 수고하다(눅7:6).

4661. σκῦλον, ου, τό [skülŏn][1회] 스퀼론

명 4660의 중성: 전리품, 노획품, 약탈품, 눅11:22.

☞노략물, 재물(눅11:22).

4662. σκωληκόβρωτος, ον [skōlēkŏbrōtŏs][1회] 스콜레코브로토스

형 4663과 977의 파생어에서 유래: 벌레 먹은, 행12:23.

☞**벌레 먹은**(행12:23).

4663. σκώληξ, ηκος, ὁ [skōlēx][3회] 스콜렉스

명 불확실한 파생어에서 유래: 벌레, 막9:48.

☞**구더기**(막9:44㉧,46㉧,48).

4664. σμαράγδινος, η, ον [smaragdi-nŏs][1회] 스마라그디노스

형 4665에서 유래: 에메랄드의, 벽옥의, 계4:3.

☞**녹보석의**(계4:3).

4665. σμάραγδος, ου, ὁ [smaragdŏs][1회] 스마라그도스

명 불확실한 파생어에서 유래: 에메랄드, 비취옥, 계21:19.

☞**녹보석**(계21:19).

4666. σμύρνα, ης, ἡ [smürna][2회] 스뮈르나

명 3464의 강세형으로 보임: 몰약, 마2:11, 요19:39.

☞**몰약**(마2:11, 요19:39).

4667. Σμύρνα, ης, ἡ [Smürna][2회] 스뮈르나

고명 소아시아의 한 도시 '서머나', 계1:11, 2:8.

☞**서머나**(계1:11, 2:8).

4668. Σμυρναῖος, α, ον [Smurnaiŏs] 스뮈르나이오스

형 4666에서 유래: 서머나의, 서머나 사람, 계2:8.

☞**서머나의**(계2:8).

4669. σμυρνίζω [smurnizō][1회] 스뮈르니조

동 완료수동분사 ἐσμυρνισμένος, 4667에서 유래: 몰약을 치다, 몰약을 바르다, 몰약을 넣다, 막15:23.

☞**몰약을 타다**(막15:23).

4670. Σόδομα, ων, τά [Sŏdŏma][9회] 소도마

고명 히브리어 5467에서 유래: 팔레스틴의 한 도시 '소돔', 마10:15, 눅10:12, 롬9:29.

☞**소돔**(눅17:29, 마11:23, 막6:11, 롬9:29, 벧후2:6, 유1:7).

4671. σοί [sŏi] 소이

대 4771의 단수, 여격: 너, 당신, 주 등으로 번역됨, 당신에게, 눅10:13.

☞**당신에게**(마2:13).

4672. Σολομῶν, ῶντος, ὁ [Sŏlŏmōn][12회] 솔로몬

고명 히브리어 8010에서 유래: 다윗의 아들 '솔로몬', 마1:6,7, 6:29, 눅11:31, 요10:23.

☞**솔로몬**(마6:29, 눅12:27, 행7:47, 요10:23).

4673. σορός, οῦ, ἡ [sōrŏs][1회] 소로스

명 4987의 어간과 유사하게 보임: 관, 상여, 눅7:14.

☞**상여, 관**(눅7:14).

4674. σός, σή, σόν [sŏs][27회] 소스

대 4771에서 유래:

1) [소유대명사] 당신의 것, 너의 것.
   ① [명사와 함께] 마7:3, 13:27, 막2: 18, 요4:42, 18:35, 행5:4, 24:2,4.
   ② [명사로 쓰여] 당신의 사람들, 막5:9.
2) [중성] 당신의 것, 마20:14, 25:25, 눅6:30, 요17:10.

☞**너의, 당신의**(마7:3).

4675. σοῦ [sŏu] 수

대 4771의 단수, 속격: 당신(주)의, 마7:22, 너의, 네, 너희, 당신의, 등으로 번역 됨

☞**당신의**(마1:20).

4676. σουδάριον, ου, τό [sŏudariŏn][4회] 수다리온

명 라틴어에서 유래: 수건, 손수건, 눅19:20, 요11:44, 20:7, 행19:12.

☞**수건**(눅19:20, 요11:44, 20:7), **손수건**(행19:12).

4677. Σουσάννα, ης [Sŏusanna][1회] 수산나

고명 히브리어 7799의 여성형: 백합, 이스라엘 여인 '수산나', 눅8:3.

☞**수산나**(눅8:3).

4678. σοφία, ας, ἡ [sŏphia][51회] 소피아

명 4680에서 유래: 지혜.

1) [이 세상에 속한 자연적] 지혜, 고전1:19, 고후1:12, 약3:15.
2) [하나님께서 주시는] 지혜, 마12:42, 눅11:31, 행7:10, 계13:18.
3) [그리스도와 하나님의] 지혜, 눅2:40, 고전1:21, 엡3:10, 계7:12.
4) [인격화된] 지혜, 마11:19, 눅7:35.

☞**지혜**(마11:19, 롬11:33, 고후1:12, 마12:42, 눅11:31, 골2:23).

4679. σοφίζω [sŏphizō][2회] 소피조

동 미완료 ἐσόφιζον, 제1부정 과거 ἐ- σόφισα, 4680에서 유래:

Σ

1) [능동]
① 지혜 있게 하다, 가르치다, 교훈하다, 딤후3:15.
② 속이다, 잘못 인도하다.
2) [중간] 생각해내다, 교묘하게 꾸미다, 교묘하게 고안하다, 벧후1:16.
☞**지혜롭게 만들다**(딤후3:15), **교묘히 만들다**(벧후1:16).

4680. σοφός, ή, όν [sŏphŏs][20회] **소포스**
형 σαφής '깨끗한'과 유사:
1) 현명한, 꾀 있는, 기술 있는, 경험 있는, 고전3:10.
2) 지혜 있는, 유식한, 롬1:14, 고전1:26.
3) [신적인 성질이나 기원을 가지고 있는] 지혜 있는, 고전3:18, 약3:13, 롬16:19.
4) [하나님을 가리켜서] 롬16:27, 딤전1: 17, 유1:25, 고전1:25.
☞**지혜로운**(마11:25, 눅10:21, 딤전1:17), **지혜 있는**(마23:34, 롬1:22, 고전3:18, 약3:13).

4681. Σπανία, ας, ή [Spania][2회] **스파니아**
고명 외래어에서 유래한 듯함: 스페인, '서바나', 롬15:24,28.
☞**서바나**(롬15:28).

4682. σπαράσσω [sparassō][3회] **스파랏소**
동 제1부정과거 ἐσπάραξα, σπαίρω '숨차다'에서 유래: 찢다, 이리저리 당기다, 떨리게 하다, 경련을 일으키게 하다, 막1: 26, 9:20, 눅9:39, 막9:26.
☞**경련을 일으키다**(막1:26, 9:26, 눅9:39).

4683. σπαργανόω [sparganŏō][2회] **스파르가노오**
동 제1부정과거 ἐσπαργάνωσα, 완료수동분사 ἐσπαργανωμένος, σπάργα- νον '작은 조각'에서 유래: 강보로 싸다, 눅2:7,12.
☞**강보에 싸이다**(눅2:12).

4684. σπαταλάω [spatalaō][2회] **스파탈라오**
동 제1부정과거 ἐσπατάλησα, σπατά- λη '사치'에서 유래: 사치하게 살다, 관능적으로 살다, 딤전5:6, 약5:5.
☞**방종하다**(약5:5), **향락을 좋아하다**(딤전5:6).

4685. σπάω [spaō] **스파오**
동 [기본형] 제1부정과거 중간태 ἐσ- πασάμην: 끌다, 당기다, 빼다, 뽑다, 막14: 47, 행16:27.
☞**빼다**(막14:47, 행16:27).

4686. σπεῖρα, ης [spěira][7회] **스페이라**
명 라틴어에서 유래: 보병대, 소대, 마27: 27, 막15:16, 요18:3,12, 행21:31.
☞**군대**(마27:27, 요18:12, 행21:31), **대(隊)**(행27:1).

4687. σπείρω [spěirō][52회] **스페이로**
동 제1부정과거 ἔσπειρα, 제2부정과거수동태 ἐσπάρην, 완료수동 분사 ἐσ- παρμένος, 4685의 강세형으로 보임:
1) 씨를 뿌리다, 마13:3, 6:26, 눅12:24, 막4:3, 눅8:5, 요4:37, 고전9:11, 약3:18.
2) 흩어지게 하다.
☞**심다**(마6:26, 눅12:24, 고전15:42), **뿌리다**(마13:3, 막4:4, 고전15:36), **덧뿌리다**(마13: 25), **심기다**(막4:32).

4688. σπεκουλάτωρ, ορος, ὁ [spěkŏula-tōr][1회] **스페쿨라토르**
명 라틴어에서 유래: 스파이, 탐정, 정탐꾼, 급사, 집행관, 막6:27.
☞**시위병**(막6:27).

4689. σπένδω [spěndō][2회] **스펜도**
동 [기본형] 제주(祭酒)를 바치다, 봉헌하다, 딤후4:6, 빌2:17.
☞**전제(奠祭)로 드리다**(빌2:17), **부어지다**(딤후4:6).

4690. σπέρμα, ατος, τό [spěrma][43회] **스페르마**
명 4687에서 유래: 씨.
1) [문자적으로]
① 식물의 씨, 마13:32, 막4:31, 고전15:38.
② [남성의] 정충, 요7:42, 롬1:3, 히11:11, 딤후2:8.
2) [상징적으로]
① 잔존자, 롬9:29.
② 후손, 자손, 마22:24, 눅1:55, 요7: 42, 롬1:3.
③ 하나님의 씨, 요일3:9.
☞**씨**(마13:24, 요7:42, 롬9:7), **상속자**(마22: 24, 막12:22, 롬4:13), **자손**(눅1:55, 갈3:19, 히11:18), **혈통**(롬1:3), **후손**(롬4:18), **종자**(고전15:38), **잉태**(히11:11).

4691. σπερμολόγος, ον [spěrmŏlŏgŏs][1회] **스페르몰로고스**

Σ

형 4690과 3004에서 유래: 까마귀 같은, [명사로] 씨를 줍는 수다스런 사람, 땅 까마귀, 지절대는 사람, 넝마주이, 행17:18.
☞**수다쟁이, 말쟁이**(행17:18).

4692. σπεύδω [spĕudō][6회] **스퓨도**
동 미완료 ἔσπευδον, 제1부정과거 ἔσπευσα, 4228에서 유래된 강세형으로 보임:
1) [자동사] 서두르다, 급하게 하다, 행20:16, 22:18.
2) [타동사] 서둘러 ~을 하다, 급히 ~하다, 열심히 ~하다, 벧후3:12.
☞**서두르다**(눅19:5, 행22:18), **속히~하다**(눅19:6, 행20:16).

4693. σπήλαιον, ου, τό [spēlaiŏn][6회] **스펠라이온**
명 σπέος '동굴'의 파생어의 중성으로 보임: 굴, 소굴, 동굴, 요11:38, 히11:38, 계6:15, 마21:13, 막11:17, 눅19:46.
☞**소굴**(마21:13, 막11:17, 눅19:46), **동굴, 굴**(히11:38, 계6:15).

4694. σπιλάς, άδος, ἡ [spilas][1회] **스필라스**
명 불확실한 파생어에서 유래: [상징적으로 사용]
1) 바다에 씻긴 바위, 암초, 유1:12.
2) 점, 흠.
☞**암초**(유1:12).

4695. σπίλος, ου, ὁ [spilŏs][2회] **스필로스**
명 4696에서 유래: 점, 흠, 엡5:27, 벧후2:13.
☞**티**(엡5:27), **점**(벧후2:13).

4696. σπιλόω [spilŏō][2회] **스필로오**
동 완료수동분사 ἐσπιλωμένος, 불확실한 파생어에서 유래: 더럽히다, 흠을 내다, 약3:6, 유1:23.
☞**더럽히다**(약3:6, 유1:23).

4697. σπλαγχνίζομαι [splangchnizŏmai][12회] **스플랑크니조마이**
동 중간태. 제1부정과거 ἐσπλαγχνίσθην, 미래 σπλαγχνισθήσομαι, 4698에서 유래: 불쌍히 여기다, 동정하다, 측은히 여기다, 마14:14, 막6:34, 눅7:13.
☞**불쌍히 여기다**(마9:36, 14:14, 막6:34, 눅10:33), **측은히 여기다**(눅15:20).

4698. σπλάγχνον, ου, τό [splangchnŏn][11회] **스플랑크논**
명 복수 σπλάγχνα, ων, τά, σπλήν '지라'에서 유래된 강세형으로 보임:
1) [문자적으로] 내장, 행1:18.
2) [비유적으로] 애타는 마음, 눅1:78.
3) 사랑, 애정, 빌1:8, 몬1:12.
☞**긍휼**(눅1:78, 빌2:1, 골3:12), **창자**(행1:18), **심정**(고후6:12), **심장**(빌1:8), **마음**(몬1:7,20, 요일3:17), **심복**(몬1:12).

4699. σπόγγος, ου, ὁ [spŏnggŏs][3회] **스퐁고스**
명 외래어에서 유래된 듯함: 갯솜, 해면, 마27:48, 막15:36, 요19:29.
☞**해면**(마27:48, 막15:36, 요19:29).

4700. σποδός, οῦ, ἡ [spŏdŏs][3회] **스포도스**
명 불확실한 파생어에서 유래: 재, 마11:21, 눅10:13, 히9:13.
☞**재**(마11:21, 눅10:13, 히9:13).

4701. σπορά, ᾶς, ἡ [spŏra][1회] **스포라**
명 4687에서 유래: 뿌리는 것, 생식, 뿌려진 것, 씨, 벧전1:23.
☞**씨**(벧전1:23).

4702. σπόριμος, ον [spŏrimŏs][3회] **스포리모스**
형 4703에서 유래: 뿌려진, [명사로]곡식, 밭, 마12:1, 막2:23, 눅6:1.
☞**밀밭**(마12:1, 막2:23, 눅6:1).

4703. σπόρος, ου, ὁ [spŏrŏs][6회] **스포로스**
명 4687에서 유래:
1) 뿌리기.
2) 씨, 막4:27, 눅8:11, 막4:26, 눅8:5, 고후9:10.
☞**씨**(막4:26, 눅8:11, 고후9:10).

4704. σπουδάζω [spŏudazō][11회] **스푸다조**
동 미래 σπουδάσω, 제1부정과거 ἐσπούδασα, 4710에서 유래:
1) 서둘러 ~하다, 급히 ~하다, 딤후4:9, 21, 딛3:12.
2) 열심히, 애써서 ~하다, 갈2:10, 엡4:3, 히4:11.
☞**힘쓰다**(갈2:10, 딤후2:15, 벧후3:14). **[부] 속히**(딤후4:9), **급히**(딛3:12).

4705. σπουδαῖος, α, ον [spŏudaiŏs][3회] **스푸다이오스**
형 4710에서 유래: 열렬한, 열심 있는, 부지런한, 고후8:22.

☞**간절한**(고후8:22).

4706. σπουδαιότερον [spŏudaiŏtĕrŏn][4회] 스푸다이오테론

부 4707의 중성: 열심히 정성을 다하여, 딤후 1:17.

☞**부지런히**(딤후1:17).

4707. σπουδαιότερος [spŏudaiŏtĕrŏs] 스푸다이오테로스

형 4705의 비교급: 더욱 진지한, 더욱 신속한, 더욱 부지런한.

☞**더욱 간절한**(고후8:17).

4708. σπουδαιοτέρως [spŏudaiŏtĕrōs] 스푸다이오테로스

부 4707에서 유래: 더욱 부지런히, 빌2:28.

☞**더욱 급히**(빌2:28).

4709. σπουδαίως [spŏudaiōs][4회] 스푸다이오스

부 4705에서 유래:
1) 서둘러, 분주히, 급히.
2) 부지런히, 열심히, 딤후1:17, 딛3:13, 눅 7:4.

☞**간절히**(눅7:4), **급히**(딛3:13).

4710. σπουδή, ῆς, ἡ [spŏudē][12회] 스푸데

명 4692에서 유래:
1) 서두름, 급속, 속력, 신속, 막6:25, 눅1:39.
2) 열심, 전심, 부지런함, 열정, 롬12:11, 고후 7:11, 8:7, 롬12:8, 고후7:12, 8:16, 히 6:11, 벧후1:5.

☞**서두름, 부지런함**(벧후1:5), **열심**(고후7: 11). **[부] 급히**(막6:25), **빨리**(눅1:39). **[형] 부지런한**(롬12:8,11), **간절한**(고후7:12, 8:16, 유1:3).

4711. σπυρίς, ίδος, ἡ [spüris][5회] 스퓌리스

명 4687에서 유래: 바구니, 광주리, 구덕, 마 15:37, 16:10, 막8:8,20, 행9:25.

☞**광주리**(마15:37, 막8:8, 행9:25).

4712. στάδιον, ου, τό [stadiŏn][7회] 스타디온

명 2476의 어간에서 유래: 스타디온.
1) 거리의 단위 [약 600척=192미터], 마 14:24, 눅24:13, 요6:19, 11:18, 계14:20, 21:16.
2) 경기장, 고전9:24.

☞**리**(눅24:13, 요11:18), **운동장**(고전9:24), **스다디온**(계14:20, 21:16).

4713. στάμνος, ου [stamnŏs][1회] 스탐노스

명 2476의 어간에서 유래: 항아리, 단지, 히 9:4.

☞**항아리**(히9:4).

4714. στάσις, εως, ἡ [stasis][9회] 스타시스

명 2476의 어간에서 유래:
1) 존재, 족속, 히9:8, 장소, 위치.
2) 봉기, 폭동, 반란, 반역, 막15:7, 눅23:19, 행19:40.
3) 다툼, 불화, 분열, 행23:7, 15:2, 24:5.

☞**민란**(막15:7), **다툼**(행15:2, 23: 7), **소요**(행19:40), **분쟁**(행23:10).

4715. στατήρ, ῆρος, ὁ [statēr][1회] 스타테르

명 2746의 어간에서 유래: 스타텔[화폐의 이름], 은전, 마17:27.

☞**돈 한 세겔**(마17:27).

4716. σταυρός, οῦ, ὁ [staurŏs][27회] 스타우로스

명 2476의 어간에서 유래: 십자가.
1) [문자적으로] 형틀, 마27:32,40, 막15: 21,30, 눅23:26, 요19:17,19,25,31, 빌 2:8, 히12:2.
2) [상징적] 수난과 죽음의 상징, 마10: 38, 16:24, 막8:34, 눅9:23.
3) 기독교와 그 전파 내용의 가장 중요한 요소의 하나인 그리스도의 십자가, 갈5:11, 6:12, 고전1:18, 엡2:16, 골2:14.

☞**십자가**(마10:38, 막8:34, 골1:20).

4717. σταυρόω [staurŏō][46회] 스타우로오

동 미래 σταυρώσω, 제1부정과거 ἐσ– ταύρωσα, 완료수동태 ἐσταύρωμαι, 제1부정과거수동태 ἐσταυρώθην, 4716에서 유래: 십자가에 못박다, 십자가에 처형하다.
1) [문자적으로] 마20:19, 23:34, 26:2, 27:22,26,31,35,38, 28:5, 막15:13, 눅 23:33, 요19:6, 행2:36, 고전1:13.
2) [상징적으로] 갈5:24, 6:14.

☞**십자가에 못박다**(마20:19, 눅23:23, 갈5:24), **십자가에 못 박히다**(마26:2, 요19:16, 고후13:4), **못 박히다**(요19:20).

4718. σταφυλή, ῆς, ἡ [staphülē][3회] 스타퓔레

명 4735의 어간에서 유래한 듯함: 포도, 포도송이, 마7:16, 눅6:44, 계14:18.

☞**포도**(마7:16, 눅6:44), **포도송이**(계14:18).

4719. στάχυς, υος, ὁ [stachüs][5회]

Σ

스타퀴스

명 2476의 어간에서 유래: 이삭, 마12:1, 막4:28, 2:23, 눅6:1.

☞**이삭**(마12:1, 막2:23, 눅6:1).

4720. Στάχυς, υος, ὁ [Stachŭs][1회] 스타퀴스

고명 4719와 동일: 로마인으로 바울과 친하게 지낸 기독교인 '스다구', 롬16:9.

☞**스다구**(롬16:9).

4721. στέγη, ης, ἡ [stĕgē][3회] **스테게**

명 기본형 τέγος '지붕'에서 유래된 강세형: 지붕, 마8:8, 막2:4, 눅7:6.

☞**지붕**(막2:4).

4722. στέγω [stĕgō][4회] **스테고**

동 4721에서 유래:

1) 덮다, 조용히 건너가다, 넘다, 비밀을 지키다, 고전 13:7.

2) 견디다, 고전9:12, 살전3:5.

☞**참다**(고전9:12, 살전3:1).

4723. στεῖρος [stĕirŏs][5회] **스테이로스**

형 남 4731에서 유래된 압축형: 수태하지 못하는, 아이를 낳을 수 없는, 눅1:7,36, 23:29, 갈4:27, 히11:11.

☞**임신하지 못하는**(눅1:36), **잉태하지 못한**(갈4:27).

Σ

4724. στέλλω [stĕllō][2회] **스텔로**

동 2476의 어간에서 유래된 강세형:

1) 가까이 하지 않다. 살후3:6.

2) 피하다, 피하려고 하다, 고후8:20.

☞**조심하다**(고후8:20), **떠나다**(살후3:6).

4725. στέμμα, ατος, τό [stĕmma][1회] **스템마**

명 4735의 어간에서 유래: 화환, 화관, 행14:13.

☞**화환**(행14:13).

4726. στεναγμός, οῦ, ὁ [stĕnagmŏs][2회] 스테낙모스

명 4727에서 유래: 탄식, 신음, 행7:34, 롬8:26.

☞**탄식**(롬8:26), **탄식하는 소리**(행7:34).

4727. στενάζω [stĕnazō][6회] **스테나조**

동 미래 στενάξω, 제1부정과거 ἐστέ- ναξα, 4728에서 유래: 탄식하다, 신음하다, 막7:34, 롬8:23, 고후5:2, 히13:17, 약5:9.

☞**탄식하다**(막7:34, 롬8:23, 고후5:2), **원망하다**(약5:9).

4728. στενός, ἡ, όν [stĕnŏs][3회] **스테노스**

형 2476의 어간에서 유래된 듯함: 좁은, 마7:13,14, 눅13:24.

☞**좁은**(마7:13,14, 눅13:24).

4729. στενοχωρέω [stĕnŏchōrĕō][3회] **스테노코레오**

동 4730과 동일어에서 유래:

1) [타동사] ~에 꽉 채우다, 틀어넣다, 가두다, 제한하다.

2) [수동]

① 제한을 받다, 발이 묶이다, 고후6:12.

② 짓눌리다, 궁색함을 당하다, 고후4:8.

☞**싸이다**(고후4:8), **좁아지다**(고후6:12).

4730. στενοχωρία, ας, ἡ [stĕnŏchōria][4회] **스테노코리아**

명 4728과 5561의 합성어에어 유래:

1) [문자적으로] 좁음, 옹색.

2) [상징적으로] 곤궁, 곤란, 괴로움, 고통, 고민, 롬2:9, 8:35, 고후6:4, 12:10.

☞**곤고**(롬2:9, 8:35), **환난**(고후6:4).

4731. στερεός, ά, όν [stĕrĕŏs][4회] **스테레오스**

형 2476에서 유래:

1) [문자적으로] 확고한, 굳은, 견고한, 강한, 딤후2:19, 히5:12,14.

2) [상징적으로, 사람의 성격에 대하여] 꾸준한, 확고한, 불변의, 벧전5:9.

☞**견고한**(딤후2:19), **단단한**(히5:12,14), **굳건한**(벧전5:9).

4732. στερεόω [stĕrĕŏō][3회] **스테레오오**

동 제1부정과거 ἐστερέωσα, 미완료수동태 ἐστερεούμην, 제1부정과거수동태 ἐστερεώθην, 4731에서 유래: 강하게 하다, 확고하게 하다.

1) [문자적으로] [약한 사지를] 튼튼하게 하다, 행3:7,16.

2) [상징적으로] 행16:5.

☞**힘을 얻다**(행3:7), **성하게 하다**(행3:16), **굳게 하다**(행16:5).

4733. στερέωμα, ατος, τό [stĕrĕōma][1회] **스테레오마**

명 4732에서 유래:

1) 튼튼한 부분, 궁창.

2) 확고함, 견고함, 골2:5.

☞**굳은 것**(골2:5).

4734. Στεφανᾶς, ᾶ, ὁ [Stěphanas][3회]
스테파나스

고명 στεφανωτός '면류관을 쓰다'에서 유래: 기독교인 '스데바나', 고전1:16.

☞**스데바나**(고전1:16).

4735. στέφανος, ου, ὁ [stěphanŏs][18회]
스테파노스

명 기본형 στέφω '화관을 쓰다'에서 유래된 듯함: 화환, 월계관.

1) [문자적으로] 마27:29, 막15:17, 요19:2,5.

2) [상징적으로]

① 상, 보수, 딤후4:8, 약1:12, 벧전5:4, 계2:10.

② 장식, 자랑, 살전2:19.

☞**관, 면류관**(마27:29, 살전2:19, 계14:14).

4736. Στέφανος, ου, ὁ [stěphanŏs][7회]
스테파노스

고명 4735와 동일형: 기독교인 '스데반', 행6:5,8,9, 7:59, 8:2, 11:19, 22:20.

☞**스데반**(행6:5).

4737. στεφανόω [stephanŏō][3회] 스테파노오

동 제1부정과거 ἐστεφάνωσα, 제1부정과거수동태 ἐστεφανώθην, 완료수동분사 ἐστεφανωμένος, 4735에서 유래: 월계관을 씌우다, 화관을 씌우다.

1) [문자적으로] 딤후2:5.

2) [상징적으로] 명예를 주다, 상주다, 관을 씌우다, 히2:7.

☞**관을 얻다**(딤후2:5), **관을 씌우다**(히2:7), **관을 쓰다**(히2:9).

4738. στῆθος, ους, τό [stēthŏs][5회]
스테도스

명 2476에서 유래: 흉부, 가슴, 눅18:13, 23:48, 요13:25, 21:20, 계15:6.

☞**가슴**(눅18:13, 요13:25, 계15:6), **품**(요21:20).

4739. στήκω [stēkō][10회] 스테코

동 2476의 완료시제에서 유래:

1) [문자적으로] 서다, 막11:25, 요1:26.

2) [상징적으로] 굳게 서다, 확고하다, 롬14:4, 고전16:13, 갈5:1, 빌4:1, 살전3:8, 살후2:15.

☞**서다**(막11:25, 빌4:1, 살후2:15).

4740. στηριγμός, οῦ, ὁ [stērigmŏs][1회]
스테리그모스

명 4741에서 유래: 확고성, 부동성, 견고함, 벧후3:17.

☞**굳센 데**(벧후3:17).

4741. στηρίζω [stērizō][13회] 스테리조

동 미래 στηρίξω, 제1부정과거 ἐστή-ριγμαι 또는 ἐστηρίχθην, 완료수동태 ἐστήριγμαι, 제1부장과거수동태 ἐστηρίχθην, 2476의 파생어에서 유래된 듯함: 세우다, 굳게 고정시키다, 확립시키다, 힘을 돋우다.

1) [문자으로] 눅9:51.

2) 확실히 하다, 확립하다, 힘있게 하다, 굳세게 하다, 눅22:32, 롬16:25, 살전3:2, 살후3:3, 벧전5:10, 계3:2.

☞**굳게 결심하다**(눅9:51), **굳게 하다**(눅22: 32, 살전3:13, 계3:2), **견고하게 하다**(롬1:11, 16:25), **굳게 서다**(벧후1:12).

4742. στίγμα [stigma][1회] 스티그마

명 στίζω '찌르다'에서 유래: 표, 흔적, 낙인, 갈6:17.

☞**흔적**(갈6:17).

4743. στιγμή, ῆς, ἡ [stigmē][1회] 스티그메

명 4742의 여성형:

1) [어떤 일에 대하여] 요점.

2) [시간에 대하여] 순간, 눅4:5.

☞**순식간**(눅4:5).

4744. στίλβω [stilbō][1회] 스틸보

동 [기본형] 빛나다, 광채가 나다, 막9:3.

☞**광채가 나다**(막9:3).

4745. στοά, ᾶς, ἡ [stŏa][4회] 스토아

명 2476에서 유래된 듯함: [지붕 있는] 화랑, 현관, 요5:2, 10:23, 행3:11, 5:12.

☞**행각**(요5:2, 행3:11, 5:12).

4746. στοιβάς [stŏibas] 스토이바스

명 기본형 στείβω '인을 찍다'에서 유래: 널빤지, 나무가지, 줄기, 나뭇잎사귀.

☞**가지**(막11:8).

4747. στοιχεῖον, ου, τό [stŏichĕiŏn][7회]
스토이케이온

명 4748의 어간에서 파생된 중성으로 보임:

1) 원리, 기초, 히5:12.

2) 원소, 요소, 벧후3:10,12.

3) 세상의 원리, 세상의 주요한 영들.

2) 천체, 갈4:3,9, 골2:8,20.

☞**초등 학문**(갈4:3, 골2:8,20), **초보**(히5:12).

Σ

4748. στοιχέω [stŏichĕō][5회] 스토이케오

동 미래 στοιχήσω, στείχω '진열하다'에서 유래: 줄에 들어서다, ~과 일치하다, 나란히 서다, 따르다, 굳게 지키다, 행21:24, 롬4:12, 갈5:25, 6:16, 빌3:16.

☞**행하다**(행21:24, 갈5:25, 빌3:16), **따르다**(롬4:12).

4749. στολή, ῆς, ἡ [stŏlē][9회] 스톨레

명 4724에서 유래: 길게 끌리는 옷, 눅15:22, 막12:38, 16:5, 계6:11.

☞**긴옷**(막12:38, 눅20:46), **옷**(막16:5, 눅15:22, 계7:14), **두루마기**(계6:11).

4750. στόμα, ατος, τό [stŏma][78회] 스토마

명 5114의 어간에서 파생된 강세형으로 보임:

1) 입, 마15:11, 눅4:22, 11:54, 요19:29, 행11:8, 23:2, 롬10:8, 엡4:29, 살후2: 8, 약3:10, 계1:16, 2:16, 3:16, 10:9, 19:15,21.

2) 칼날, 눅21:24, 히11:34.

☞**입**(마4:4, 롬10:10, 계10:10), **입술**(마15: 8), **말**(눅19:22), **구변(口辯)**(눅21:15), **대면(對面)**(요이12).

4751. στόμαχος, ου, ὁ [stŏmachŏs][1회] 스토마코스

명 4750에서 유래: 배, 위, 딤전5:23.

☞**위장**(딤전5:23).

4752. στρατεία, ας, ἡ [stratĕia][2회] 스트라테이아

명 4754에서 유래: 원정, 출정, 전쟁, 고후10:4, 딤전1:18.

☞**싸움**(딤전1:18). **[동] 싸우다**(고후10:4).

4753. στράτευμα, ατος, τό [stratĕuma][8회] 스트라튜마

명 4754에서 유래: 군대, 마22:7, 행23: 10, 계19:19.

☞**군대**(마22:7, 계19:14,19), **군인**(눅23:11, 행23:10), **마병대**(계9:16).

4754. στρατεύομαι [stratĕuŏmai] 스트라튜오마이

동 중간태. 4756의 어간에서 유래: 군에 복무하다, 군사, 업무에 종사하다.

1) [문자적으로] 군인으로 봉사하다, 눅3: 14, 고전9:7, 딤후2:4.

2) [비유적으로] 영적으로 전투하다, 고후10:3.

☞**군인으로 봉사하다**(눅3:14), **군 복무를 하다**(고전9:7), **병사로 복무하다**(딤후2:4), **싸우다**(고후10:3, 딤전1:8, 벧전2:11).

4755. στρατηγός, οῦ, ὁ [stratēgŏs][10회] 스트라테고스

명 4756과 71 또는 2233의 기본형에서 유래: 집정관, 치안관, 원님, 행16:20,22, 35,36,38, 성전관리인의 장, 행정장관, 행5:24.

☞**경비대장**(눅22:4,52), **맡은 자**(행4:1, 5:24, 26), **상관**(행16:20,35,38).

4756. στρατιά, ᾶς, ἡ [stratia][2회] 스트라티아

명 στρατός '군대'의 파생어의 여성형:

1) 군대, 눅2:13, 행7:42.

2) [στρα τεία와 같은 뜻으로 사용됨] 고후10:4.

☞**천군**(눅2:13), **군대**(행7:42).

4757. στρατιώτης, ου, ὁ [stratiōtēs][26회] 스트라티오테스

명 4756의 동일어로 추정된 파생어에서 유래: 군인, 병정.

1) [문자적으로] 마8:9, 막15:16, 눅7:8, 요19:2, 행10:7.

2) [상징적으로] 그리스도의 군사, 딤후2:3.

☞**군사**(마8:9, 행12:6, 딤후2:3), **군병**(마27:27), **병사**(눅7:8), **부하**(행10:7), **보병**(행23:23,31).

4758. στρατολογέω [stratŏlŏgĕō] 스트라톨로게오

동 제1부정과거 ἐστρατολόγησα, 4756의 기본형과 3004의 합성어에서 유래: 군인을 뽑다, 군인을 모집하다, 딤후2:4.

☞**병사로 모집하다**(딤후2:4).

4759. στρατοπεδάρχης [stratŏpĕdar-chēs] 스트라토페다르달케스

명 4760과 757에서 유래: 사령관, 군대의 통솔자, 행28:16.

☞**한글성경에는 번역이 안됨.**

4760. στρατόπεδον, ου, τό [stratŏpĕ-dŏn][1회] 스트라토페돈

명 4756의 어간과 3977의 동일어에서 유래: 야영대, 군영, 군대, 부대, 눅21:20.

☞**군대**(눅21:20).

4761. στρεβλόω [strĕblŏō][1회] 스트레블로오

동 2인칭단수명령형 στρέβλου, 4762의 파생어에서 유래: 꼬다, 비틀다, 왜곡하

다.
1) 고문하다, 고통을 주다.
2) 꼬다, 벧후3:16.
☞**억지로 풀다**(벧후3:16).

4762. στρέφω [strĕphō][21회] 스트레포
동 제1부정과거 ἔστρεψα, 제2부정과거수동태 ἐστράφην, 5157의 어간에서 유래된 강세형:
1) [능동]
① [타동사] 돌리다. 돌아서게 하다, 마5:39, 행7:42.
② 변하게 하다, 변화하게 하다, 계11:6.
③ 돌려주다, 마27:3.
2) [수동]
① 뒤로 돌아서다, ~에게 돌아서다, 마7:6, 눅7:9, 행13:46, 7:39.
② 변하다, 회개하다, 마18:3, 요12:40.
☞**돌려대다**(마5:39), **돌이키다**(마7:6, 눅7: 9, 요1:38), **돌아보다**(눅7:44, 10:23), **향하다**(행13:46), **변하다**(계11:6). **[부] 도리어**(행7:39).

4763. στρηνιάω [strēniaō][2회] 스트레니아오
동 제1부정과거 ἐστρηνίασα, 4764의 파생어에서 유래: 사치스럽게 살다, 육욕적인 생활을 하다, 계18:7.
☞**사치하다**(계18:7,9).

4764. στρῆνος, ους, τό [strēnŏs][1회] 스트레노스
명 4731과 유사: 관능성, 호색, 사치, 계18:3.
☞**사치**(계18:3).

4765. στρουθίον, ου, τό [strŏuthiŏn][4회] 스트루디온
명 στρουθός '참새'의 단축형: 참새, 마10:29,31, 눅12:6,7.
☞**참새**(마10:29,31, 눅12:6).

4766. στρώννυμι [strōnnumi][6회] 스트론뉘미
동 미완료 ἐστρώννυον, 제1부정과거 ἔστρωσα, 완료수동분사 ἐστρωμένος:
1) 펼치다, 마21:8, 막11:8.
2) 잔치를 위한 자리를 마련하다, 막14: 15, 눅22:12.
☞**펴다**(마21:8, 막11:8), **마련하다**(눅22:12), **정돈하다**(행9:34).

4767. στυγητός, ή, όν [stugētŏs][1회] 스튀게토스
형 사용하지 않는 στύγω '미워하다'의 파생어에서 유래: 미움받는, 미워할 만한, 딛3:3.
☞**가증스러운**(딛3:3).

4768. στυγνάζω [stugnazō][2회] 스튀그나조
동 제1부정과거 ἐστύγνασα, 4767과 동일어에서 유래:
1) 놀래다, 깜짝 놀래다, 막10:22.
2) 침울해지다, 어두워지다, 마16:3, 막10:22.
☞**흐리다**(마16:3), **슬픈 기색을 띠다**(막10:22).

4769. στῦλος, ου, ὁ [stulŏs][4회] 스튈로스
명 στύω '뻣뻣하게 하다'에서 유래: 기둥.
1) [문자적으로] 계10:1.
2) [상징적] 갈2:9, 계3:12.
☞**기둥**(갈2:9, 딤전3:15, 계3:12).

4770. Στωϊκός [Stōïkŏs][1회] 스토이코스
고명 4745에서 유래: '스토아 학파', 어떤 철학의 주종자, 행17:18.
☞**스토아 학파**(행17:18).

4771. σύ [su][1066회] 쉬
대 [2인칭대명사], 4571, 4671, 4675참조: 당신, 너, 마2:6, 3:14, 11:3, 26:39, 막14:36, 눅1:76, 17:8, 요13:7, 행1:24, 약2:18, 딤전6:11.
☞**너, 당신**(마2:6).

4772. συγγένεια, ας, ἡ [sünggĕnĕia][3회] 슁게네이아
명 4773에서 유래: 친척, 혈족, 친족, 눅1:61, 행7:3,14.
☞**친족**(눅1:61, 행7:14), **친척**(행7:3).

4773. συγγενής, ές [sünggĕnēs][9회] 슁게네스
형 4862와 1085에서 유래:
1) 관계된, 친족의.
2) [명사] 동포, 막6:4, 눅1:58, 롬9:3, 16:7,21.
☞**친척**(막6:4, 눅14:12, 요18:26, 행10:24, 롬9:3), **친족**(눅1:36,58).

4774. συγγνώμη, ης, ἡ [sünggnōmē][1회] 슁그노메
명 4862와 1097의 합성어에서 유래: 양보, 타협, 관대, 사면, 용서, 고전7:6.
☞**허락**(고전7:6).

4775. συγκάθημαι [sungkathēmai][2회] 슁카데마이

Σ

동 4862와 2521에서 유래: 함께 앉다, 막14:54.

☞**함께 앉다**(막14:54, 행26:30).

4776. συγκαθίζω [sungkathizō][2회] **슁카디조**

동 제1부정과거 συνεκάθισα, 4862와 2523에서 유래:

1) [타동사] 함께 앉게 하다, 엡2:6.

2) [자동] 함께 앉다, 동석하다, 눅22:55.

☞**함께 앉다**(눅22:25), **함께 앉히다**(엡2:6).

4777. συγκακοπαθέω [sungkakŏpathĕō][2회] **슁카코파데오**

동 제1부정과거명령 συγκακοπάθη- σον, 4862와 2553에서 유래: 함께 수난 당하다, ~와 함께 어려움을 당하다, 딤후2:3.

☞**함께 고난을 받다**(딤후1:8).

4778. συγκακουχέω [sungkakŏuchĕō][1회] **슁카쿠케오**

동 4862와 2558에서 유래: ~와 함께 고통하다, 하나님의 사람들과 함께 학대받다, 히11:25.

☞**함께 고난을 받다**(히11:25).

4779. συγκαλέω [süngkalĕō][8회] **슁칼레오**

동 제1부정과거 συνεκάλεσα, 중간태 συνεκαλεσάμην, 4802와 2564에서 유래: 함께 부르다.

1) [능동] 막15:16, 눅15:6, 행5:21.

2) [중간] 소환하다, 호출하다, 눅9:1, 23:13, 행10:24.

☞**모으다**(막15:16, 행5:21), **불러모으다**(눅9:1, 23:13), **청하여 모이다**(행28:17).

4780. συγκαλύπτω [süngkalüptō][1회] **슁칼륖토**

동 완료수동 분사 συγκεκαλυμμένος, 4862와 2572에서 유래: 아주 덮다, 감추다, 눅12:2.

☞**감추이다**(눅12:2).

4781. συγκάμπτω [süngkamptō][1회] **슁캄프토**

동 제1부정 과거 συνέκαμψα, 4862와 2578에서 유래: 굽히다, 굽게 하다, 롬11: 10.

☞**굽게 하다**(롬11:10).

4782. συγκαταβαίνω [süngkatabainō][1회] **슁카타바이노**

동 제1부정과거분사 συγκαταβάς, 4862와 2575에서 유래: 같이 내려가다, 행25:5.

☞**함께 내려가다**(행25:5).

4783. συγκατάθεσις, εως, ἡ [süngkatathĕsis][1회] **슁카타데시스**

명 4784에서 유래: 합의, 합동, 고후6:16.

☞**일치**(고후6:16).

4784. συγκατατίθεμαι [süngkatatithĕmai][1회] **슁카타티데마이**

동 중간태. 4862와 2698에서 유래: 동의하다, 눅23:51.

☞**찬성하다**(눅23:51).

4785. συγκαταψηφίζω [süngkatapsēphizō][1회] **슁카탑세피조**

동 제1부정과거 수동태 συγκατεψη- φίσθην, 4862와 2596, 5585의 합성어에서 유래: [수동] 함께 뽑히다, 택함을 받다, 행1:26.

☞**수에 들어가다**(행1:26).

4786. συγκεράννυμι [süngkĕrannumi][2회] **슁케란뉘미**

동 제1부정과거 συνεκέρασα, 완료수동분사 συγκεκερασμενος 혹은 συγκε- κραμένος, 과거완료, 3인칭단수 συνε- κεκρατο, 4862와 2767에서 유래: 섞다, 혼합하다, 합치다, 연합하다, 결합하다, 고전12:24, 히4:2.

☞**고르게 하다**(고전12:24), **결부시키다**(히4:2).

4787. συγκινέω [süngkinĕō][1회] **슁키네오**

동 제1부정과거 συνεκίνησα, 미완료수동태 συνεκινούμην, 4682와 2795에서 유래: 동요하게 하다, 선동하다, 행6:12.

☞**충동시키다**(행6:12).

4788. συγκλείω [süngklĕiō][4회] **슁클레이오**

동 제1부정과거 συνέκλεισα, 4862와 2808에서 유래: 함께 닫아 버리다, 둘러막다, 둘러싸다.

1) [문자적으로] 눅5:6.

2) [상징적으로] 구속하다, 감금하다, 옥에 가두다, 롬11:32, 갈3:22,23.

☞**잡다**(눅5:6), **가두다**(롬11:32, 갈3:22), **갇히다**(갈3:23).

4789. συγκληρονόμος, ον [süngklērŏnŏmŏs][4회] **슁클레로노모스**

형 4862와 2818에서 유래:

1) 함께 상속하는, 엡3:6, 히11:9, 벧전3:7.

2) [명사로] 그리스도와 함께 한 상속자, 롬8:17.

☞**함께 한 (상속자)**(롬8:17, 엡3:6), **유업으로 함께 받은**(히11:9, 벧전3:7).

4790. συγκοινωνέω [süngkŏinōnĕō][3회] **슁코이노네오**

동 제1부정과거 συνεκοινώνησα, 4862와 2841에서 유래:

1) ~와 함께 참여하다, ~에 관련되다, 엡5:11, 빌4:14, 계18:4.

2) ~와 같이 나누다, ~와 같이 나눠 가지다.

☞**참여하다**(엡5:11, 빌4:14, 계18:4).

4791. συγκοινωνός, οῦ, ὁ [süngkŏinōnŏs][4회] **슁코이노노스**

명 4862와 284에서 유래: 참여자, 관계자, 공동 참가자, 동반자, 롬11:17, 고전9:23, 빌1:7, 계1:9.

☞**참여자**(고전9:23, 빌1:7), **동참하는 자**(계1:9).

4792. συγκομίζω [süngkŏmizō][1회] **슁코미조**

동 제1부정과거 συνεκόμισα, 제1부정과거수동태 συνεκομίσθην, 4862와 2865에서 유래:

1) 거두어들이다.

2) 묻다, 매장하다, 행8:2.

☞**장사(葬事)하다**(행8:2).

4793. συγκρίνω [süngkrinō][3회] **슁크리노**

동 제1부정과거 συνέκρινα, 4862와 2919에서 유래:

1) 모으다, 연결하다, 결합시키다, 고전2:13.

2) 비교하다, 고전2:13, 고후10:12.

3) 설명하다, 해석하다, 고전2:13.

☞**분별하다**(고전2:13), **비교하다**(고후10:12).

4794. συγκύπτω [süngkuptō][1회] **슁큅토**

동 4862와 2955에서 유래: 완전히 눕다, 눅13:11.

☞**꼬부라지다**(눅13:11).

4795. συγκυρία, ας, ἡ [süngkuria][1회] **슁퀴리아**

명 4862와 κυρέω '발생하다'의 합성어에서 유래: 우연한 일치, 우연, 눅10:31.

☞**마침**(눅10:31).

4796. συγχαίρω [süngchairō][7회] **슁카이로**

동 미완료 συνέχαιρον, 미래 συγχα- ρήσομαι, 부정과거 συνεχάρην, 4862와 5463에서 유래:

1) 즐거워하다, 함께 기뻐하다, 눅1:58, 빌2:17, 고전12:26, 13:6.

2) 축하하다.

☞**함께 즐거워하다**(눅1:58, 고전12:26), **함께 즐기다**(눅15:6,9), **함께 기뻐하다**(고전13:6, 빌2:17,18).

4797. συγχέω [süngchĕō] **슁케오**

동 미완료 συνέχεον, 제1부정과거 συ- νέχεα, 완료수동태 συγκέχυμαι, 제1부정과거수동태 συνεχύθην, 4862와 χέω '붓다'에서 유래:

1) 혼란시키다, 혼동케 하다, 어지르다, 소란케 하다, 뒤끓게 하다, 행21:27, 31.

2) 당황하게 하다, 행9:22.

3) [수동] 놀래다, 흥분되다, 행2:6.

☞**충동하다**(행21:27), **소동하다**(행2:6), **당혹하게 하다**(행9:22), **분란하다**(행19:32), **요란하다**(행21:31).

4798. συγχράομαι [süngchraŏmai][1회] **슁크라오마이**

동 중간태. 디포넌트. 부정사 συγχ- ρᾶσθαι, 4862와 5530에서 유래:

1) 이용하다.

2) 관계가 있다, 친하게 지내다, 요4:9.

☞**상종하다**(요4:9).

4799. σύγχυσις, εως, ἡ [süngchüsis][1회] **슁퀴시스**

명 4797에서 유래: 혼란, 소란, 행19:29.

☞**요란**(행19:29).

4800. συζάω [süzaō][3회] **쉬자오**

동 미래 συζήσω, 4862와 2198에서 유래: 함께 살다, 롬6:8, 고후7:3, 딤후2:11.

☞**함께 살다**(롬6:8, 고후7:3, 딤후2:11).

4801. συζεύγνυμι [süzĕugnumi][2회] **쉬쥬그뉘미**

동 제1부정과거 συνέζευξα, 4862와 2201의 어간에서 유래: 같이 멍에를 메우게 하다, 결합시키다, 짝을 짓다, 마19:6, 막10:9.

☞**짝지어 주다**(마19:6)

4802. συζητέω [süzētĕō][10회] **쉬제테오**

동 미완료 συνεζήτουν, 4862와 2212에서 유래:

1) 토의하다, 막1:27, 9:10, 눅24:15.

2) 논쟁하다, 분쟁하다, 다투다, 막8:11, 9:14, 눅22:23, 행6:9, 9:29.

3) 반영하다, 숙고하다, 명상하다.

☞**묻다**(막1:27, 눅22:23), **시험하다**(막8:11), **문의하다**(막9:10, 눅24:15), **변론하다**(막9: 14, 12:28, 행6:9).

4803. συζήτησις, εως, ἡ [süzētēsis][1회]
쉬제테시스
명 4802에서 유래: 토론, 토의, 행15:2, 7, 28:29.
☞**변론**(행15:7, 28:29).

4804. συζητητής, οῦ, ὁ [süzētētēs][1회]
쉬제테테스
명 4802에서 유래: 논쟁하는 사람, 토론, 토의, 고전1:20.
☞**변론가**(고전1:20).

4805. σύζυγος, ον [süzügŏs][1회] 쉬쥐고스
명 4801에서 유래: 참된 동료, 진실한 짝, 빌4:3.
☞**멍에를 같이한 자**(빌4:3).

4806. συζωοποιέω [süzōŏpŏiĕō][2회]
쉬조오포이에오
동 제1부정과거 συνεζωοποίησα, 4862와 227에서 유래: 같이 살아있게 하다, 엡2:5, 골2:13.
☞**함께 살리다**(엡2:5, 골2:13).

4807. συκάμινος, ου, ἡ [sükaminŏs][1회]
쉬카미노스
명 히브리 8256에서 유리: 뽕나무, 눅17:6.
☞**뽕나무**(눅17:6).

4808. συκῆ, ῆς, ἡ [sükē][16회] 쉬케
명 4810에서 유래: 무화과나무, 마24:32, 막13:28, 눅13:6, 21:29, 요1:48, 약3:12, 계6:13.
☞**무화과나무**(마21:19, 요1:48, 계6:13).

4809. συκομορέα, ας, ἡ [sükŏmōrea][1회]
쉬코모레아
명 4810과 μόρον '돌무화과나무'에서 유래: 돌무화과나무, 무화과나무, 눅19:4.
☞**돌무화과나무**(눅19:4).

4810. σῦκον, ου, τό [sükŏn][4회] 쉬콘
명 기본형으로 보임: 무화과, 익은 무화과, 마7:16, 막11:13, 눅6:44, 약3:12.
☞**무화과**(마7:16, 막11:13, 약3:12).

4811. συκοφαντέω [sükŏphantĕō][2회]
쉬코판테오
동 제1부정과거 ἐσυκοφάντησα, 4810과 5316의 파생어의 합성어에서 유래:
1) 참소하다, 중상하다, 괴롭히다, 압박하다, 눅3:14.
2) 강청하다, 강요하다, 강탈하다, 눅19:8.
☞**강탈하다**(눅3:14), **속여 빼앗다**(눅19:8).

4812. συλαγωγέω [sülagōgĕō][1회]
쉴라고게오
동 4813의 어간과 71에서 유래: 노획물을 가져가다, 끌어가다, 골2:8.
☞**사로잡다**(골2:8).

4813. συλάω [sülaō][1회] 쉴라오
동 제1부정과거 ἐσύλησα, σύλλω '벗기다'의 파생어에서 유래: 강탈하다, 빼앗다, 고후11:8.
☞**탈취하다**(고후11:8).

4814. συλλαλέω [süllalĕō][6회] 쉴랄레오
동 미완료 συνελάλουν, 제1부정과거 συνελάλησα, 4862와 2980에서 유래: 같이 이야기하다, 같이 토의하다, 막9:4, 눅9:30, 22:4, 행25:12.
☞**더불어 말하다**(마17:3, 막9:4), **의논하다**(눅22:4), **상의하다**(행25:12).

4815. συλλαμβάνω [süllambanō][16회]
쉴람바노
동 미래 συλλήμψομαι, 제2부정과거 συνέλαβον, 제2부정과거 중간태 συ- νελαβόμην, 완료 συνείληφα, 제1부정과거 수동태 συνελήμφθην, 4862와 2983에서 유래:
1. [능동]
1) 붙잡다, 쥐다, 체포하다, 잡다.
① [죄수를 감옥으로 보내는 경우] 마26:55, 막14:48, 눅22:54, 요18:12, 행1:16, 12:3.
② [동물을 잡는 경우] 눅5:9.
2) 잉태하다, 임신하다, 눅1:24, 2:21, 약1:15.
3) 함께 잡다, 지탱하다, 구원하다, 돕다.
2. [중간]
1) 붙잡다, 체포하다, 행26:21.
2) 돕다, 눅5:7, 빌4:3.
☞**잡다**(마26:55, 요18:12, 행26:21), **잉태하다**(눅1:24,31, 2:21, 약1:15), **배다**(눅1:36), **잡히다**(눅5:9, 행23:27), **돕다**(빌4:3).

4816. συλλέγω [süllĕgō][8회] 쉴레고
동 미래 συλλέξω, 제1부정과거 συνέ- λεξα,

4862와 3004에서 유래: 모으다, 잡아뜯다, 고르다, 마7:16, 13:28-30,41, 눅6:44.
☞**따다**(마7:16), **뽑다**(마13:28,29), **거두다**(마13:30,40,41), **담다**(마13:48).

4817. συλλογίζομαι [süllŏgizŏmai][1회] 쉴로기조마이
동 중간태. 제1부정과거 συνελογισά- μην, 4862와 3049에서 유래: 논하다, 토의하다, 토론하다, 눅20:5.
☞**의논하다**(눅20:5).

4818. συλλυπέω [süllupĕō][1회] 쉴뤼페오
동 4862와 3076에서 유래:
1) [타동] 같이 상하게 하다, 슬프게 하다.
2) [수동] 같이 슬퍼하다, 동정하다, 막3:5.
☞**탄식하다**(막3:5).

4819. συμβαίνω [sümbainō][8회] 쉼바이노
동 미완료 συνέβαινον, 미래 συμβή- σομαι, 제2부정과거 συνέβην, 완료 συμβέβηκα, 4862와 939의 어간에서 유래: 만나다, 일어나다, 발생하다, 막 10:32, 눅24:14, 행3:10, 고전10:11.
☞**당하다**(막10:32, 행3:10, 벧전4:12), **되다**(눅24:14), **(발생하다)**(행21:35), **응하다**(벧후2:22).

4820. συμβάλλω [sümballō][6회] 쉼발로
동 미완료 συνέβαλλον, 제2부정과거 συνέβα λον, 제2부정과거 중간태 συ- νεβαλόμη ν, 완료 συμβέβληκα, 4862와 906에서 유래:
1. [능동]
1) [타동사]
① 함께 이야기하다, 담화하다, 친교 하다, 협의하다, 행4:15, 17:18.
② 고려하다, 숙고하다, 깊이 생각하다, 눅2:19.
③ 비교하다, 대조하다.
2) [자동사]
① 만나다, 교전하다, 싸우다, 눅14:31.
② 다투다, 논쟁하다.
2. [중간] 돕다, 지원을 받다, 행19:27.
☞**생각하다**(눅2:19), **쟁론하다**(행17:18), **의논하다**(행4:15), **유익을 주다**(행18:27), **만나다**(행20:14).

4821. συμβασιλεύω [sümbasilĕuō][2회] 쉼바실류오
동 미래 συμβασιλεύσω, 4862와 936에서 유래: 함께 다스리다, 함께 왕 노릇하다, 함께 통치하다, 고전4:8, 딤후2:12.
☞**함께 왕 노릇하다**(고전4:8, 딤후2:12).

4822. συμβιβάζω [sümbibazō][7회] 쉼비바조
동 미래 συμβιβάσω, 제1부정과거 συ- νεβίβ ασα, 수동 분사 συμβιβασθείς, 4862와 βι βάζω '강세하다'에서 유래:
1) 연결시키다, 모으다, 엡4:16, 골2:2,19.
2) 미루어 판단하다, 추론하다, 행16:10.
3) 논증하다, 증명하다, 행9:22.
4) 가르치다, 훈계하다, 교훈하다, 지시하다, 충고하다, 행19:33, 고전2:16.
☞**증언하다**(행9:22), **인정하다**(행16:10), **가르치다**(고전2:16), **연결되다**(엡4:16), **연합하다**(골2:2,19).

4823. συμβουλεύω [sümbŏulĕuō][4회] 쉼불류오
동 제1부정과거 συνεβούλευσα, 4862와 1011에서 유래:
1) [능동] 충고하다, 권하다, 요18:14, 계3:18.
2) [중간] 협의하다, 상의하다, 모의하다, 마26:4, 요11:53, 행9:23.
☞**의논하다**(마26:4), **모의하다**(요11:53), **공모하다**(행9:23), **권하다**(계3:18).

4824. συμβούλιον, ου, τό [sümbŏuliŏn][8회] 쉼불리온
명 4825의 파생어의 중성으로 보임:
1) 계획, 목적.
2) 의회, 회의, 모임.
3) [법률적인] 상의, Φῆστος συλλαλή- σας μετὰ τοῦ συμβουλίου: 베스도가 배석자들과 상의하고, 행25:12. [동사로 쓰여] 1) 계획을 세우다, 결정하다, 협의하다, 모의하다, 마12:14, 22:15, 막3:6. 2)결론에 도달하다, 막15:1.
☞**의논**(마12:14, 28:12, 막3:6), **상의하다**(마22:15, 행25:12).

4825. σύμβουλος, ου, ὁ [sümbŏulŏs][1회] 쉼불로스
명 4862와 1012에서 유래: 고문, 충고자, 상담자, 롬11:34.
☞**모사**(롬11:34).

4826. Συμεών, ὁ [Sümĕōn][7회] 쉬메온

고명 4813과 동일어에서 유래: '시므온'.
1) 야곱의 아들, 계7:7.
2) 예수의 족보에 나타난 사람, 눅3:30.
2) 예루살렘에 있던 경건한 노인, 눅2: 25,34.
4) 니게르란 별명을 가진 사람, 행 13:1.
5) 베드로의 본명, 행15:14, 벧후1:1.
☞**시므온**(눅3:30, 행13:1, 15:14, 벧후1:1, 계7:7).

4827. συμμαθητής, οῦ, ὁ [sümmathē-tēs][1회] **쉼마데테스**
명 4862와 3129의 합성어에서 유래: 동료, 사제, 급우, 요11:16.
☞**다른 제자**(요11:16).

4828. συμμαρτυρέω [sümmartürĕō][3회] **쉼마르튀레오**
동 4862와 3140에서 유래: 시험하다, 검증하다, 확증하다, 입증하다, 롬2:15, 8: 16, 9:1.
☞**증언하다**(롬8:16, 9:1, 계22:18), **증거가 되다**(롬2:15).

4829. συμμερίζομαι [sümmĕrizŏmai][1회] **쉼메리조마이**
동 중간태. 4862와 3307에서 유래: 나누다, 분배하다, 고전9:13.
☞**함께 나누다**(고전9:13).

4830. συμμέτοχος, ον [sümmĕtŏchŏs][2회] **쉼메토코스**
형 4862와 3353에서 유래: 같이 나누는, 같이 분배하는, 엡3:6, 5:7.
☞**참여하다**(엡3:6, 5:7).

4831. συμμιμητής, οῦ, ὁ [sümmimē-tēs][1회] **쉼미메테스**
명 4862와 3401의 합성어에서 유래: 같이 모방하는 자, 빌3:17
☞**함께 본받는 자**(빌3:17).

4832. σύμμορφος, ον [sümmŏrphŏs][2회] **쉼모르포스**
형 4862와 3444에서 유래: 같은 모양을 가진, 모양이 유사함, 빌3:21.
☞**본받는**(롬8:29), **형체와 같이**(빌3:21).

4833. συμμορφόω [sümmŏrphŏō] **쉼모르포오**
동 4832에서 유래: 같은 모양을 주다, [수동] 같은 모양을 가지다, 빌3:10.
☞**본받다**(빌3:10).

4834. συμπαθέω [sümpathĕō][2회] **쉼파데오**
동 제1부정과거 συνεπάθησα, 4835에서 유래: 동정하다, 동정을 보이다, 히4:15, 10:34.
☞**동정하다**(히4:15, 히10:34).

4835. συμπαθής, ές [sümpathēs][1회] **쉼파데스**
형 4841에서 유래: 동정적인, 호위적인, 벧전3:8.
☞**동정하는**(벧전3:8).

4836. συμπαραγίνομαι [sümparaginŏ-mai][2회] **쉼파라기노마이**
동 중간태. 디포넌트. 제2부정 과거 συμπαρεγενόμην, 4862와 3854에서 유래:
1) 같이 오다, 눅23:48.
2) 도우러 오다, 딤후4:16.
☞**모이다**(눅23:48), **함께 하다**(딤후4:16).

4837. συμπαρακαλέω [sümparakalĕō][1회] **쉼파라칼레오**
동 4862와 3870에서 유래: 격려받다, 위로하다, 롬1:12.
☞**피차 안위하다**(롬1:12).

4838. συμπαραλαμβάνω [sümparalam-banō][4회] **쉼파라람바노**
동 4862와 3880에서 유래: 제2부정과거 συμπαρέλαβον: 가지고 가다, 갈2:1.
☞**데리고 가다**(행12:25, 갈2:1, 행15:37,38).

4839. συμπαραμένω [sümparamĕnō] **쉼파라메노**
동 미래 συμπαραμενῶ, 4862와 3887에서 유래: 돕기 위하여 함께 머물다, 빌1:25.
☞**함께 거하다**(빌1:25).

4840. συμπάρειμι [sümparĕimi][1회] **쉼파레이미**
동 4862와 3918에서 유래: 같이 있다, 행25:24.
☞**같이 있다**(행25:24).

4841. συμπάσχω [sümpascho][2회] **쉼파스코**
동 제2부정과거 συνέπαθο, 4862와 3958에서 유래: 같이 견디다, 함께 고난을 당하다, 같은 고난당하다, 롬8:17, 고전12:26.
☞**고난을 함께 받다**(롬8:17), **함께 고통받다**(고전12:26).

4842. συμπέμπω [sümpĕmpō][2회] **쉼펨포**
동 제1부정과거 συνέπεμψα, 4862와 3992에서 유래: 동시에 보내다, 함께 보내다, 고후8:18,22.

☞**함께 보내다**(고후8:18,22).

4843. συμπεριλαμβάνω [sümpĕrilambanō][1회] **쉼페리람바노**

[동] 제2부정과거 분사 συμπεριλαβών, 4862와 4012,2982의 합성어에서 유래: 껴안다, 포옹하다, 행20:10.

☞**안다**(행20:10).

4844. συμπίνω [sümpinō][1회] **쉼피노**

[동] 제2부정과거 συνέπιον, 4862와 4095에서 유래:

1) 마시다[어떤 사람과 함께] 행10:41.

2) 완전히 채우다, 가득 차다.

① [문자적으로] 가득하게 되고 있었다.

② [상징적으로] [때가] 차다, 가까워 오다, 오다.

☞**(함께 먹다)**(행10:41).

4845. συμπληρόω [sümplērŏō][3회] **쉼플레로오**

[동] 미완료수동태 συνεπληρούμην, 4862와 4155에서 유래: 완전히 채워지다.

1) [문자적으로] 폭풍으로 배에 물이 가득하다, 눅8:23.

2) [상징적으로] 때가 가까워지다, 기약이 차다, 눅9:51.

☞**가득하게 되다**(눅8:23), **차다**(눅9:51), **이미 이르다**(행2:1).

4846. συμπνίγω [sümpnigō][5회] **쉼프니고**

[동] 미완료 συνέπνιγον, 제1부정과거 συνέπνιξα, 4862와 4155에서 유래:

1) 숨막히게 하다, 질식시키다, 마13:22, 막4:19.

2) 밀려들다, 몰려들다, 눅8:42.

☞**막히다**(마13:22, 눅8:14), **막다**(막4:7,19), **밀려들다**(눅8:42).

4847. συμπολίτης, ου, ὁ [sümpŏlitēs][1회] **쉼폴리테스**

[명] 4862와 4198에서 유래: 동료 시민, 같은 시민, 같은 도시의 주민, 엡2:19.

☞**동일한 시민**(엡2:19).

4848. συμπορεύομαι [sümpŏrĕuŏmai][4회] **쉼포류오마이**

[동] 중간태. 미완료 συνεπορευόμην, 4862와 4198에서 유래:

1) 함께 가다, 눅7:11, 14:25, 24:15.

2) 함께 오다, 모이다, 막10:1.

☞**모여들다**(막10:1), **동행하다**(눅7:11, 24:15), **함께 가다**(눅14:25).

4849. συμπόσιον, ου, τό [sümpŏsiŏn][2회] **쉼포시온**

[명] 4844의 교체어에서 파생: 패거리, 무리, 그룹, 떼, 막6:39.

☞**떼를 지어 (모인 사람들)**(막6:39).

4850. συμπρεσβύτερος, ου, ὁ [sümprĕsbutĕrŏs][1회] **쉼프레스뷔테로스**

[명] 4862와 4245에서 유래: 협동 장로, 동료, 장로, 벧전5:1.

☞**함께 장로된 자**(벧전5:1).

4851. συμφέρω [sümphĕrō][15회] **쉼페로**

[동] 미완료 συνέφερον, 제1부정과거 συνήνεγκα, 제1부정과거분사 συνε- νέγκας, 4862와 5342에서 유래:

1. 가져다 쌓다, 모으다, 행19:19.

2. 돕다, 유익을 주다, 유리하다, 유익하다, 유용하다.

1) [비인칭으로 사용될 때] 마18:6, 요11:50, 고전6:12, 고후8:10, 12:1.

2) [분사 μφέρων로 쓰일 경우] 이로운, 유익한.

① 네게 이로운 것, 행20:20.

② 네게 유익이 되다, 고후12:1.

③ 이익, 이점, 고전7:35, 히12:10.

☞**유익하다**(마5:29, 요11:50, 고전6:12), **낫다**(마18:6), **좋다**(마19:10), **유익하게 하다**(고전12:7). **[명] 유익**(요16:7,고전7:35, 히12:10).

4852. σύμφημι [sümphēmi][1회] **쉼페미**

[동] 4862와 5346에서 유래: 동의하다, 롬7:16.

☞**시인하다**(롬7:16).

4853. συμφυλέτης, ου, ὁ [sümphülĕtēs][1회] **쉼퓔레테스**

[명] 5443의 파생어와 4862에서 유래: 동포, 살전2:14.

☞**동족**(살전2:14).

4854. σύμφυτος, ον [sümphütŏs][1회] **쉼퓌토스**

[형] 5453의 파생어와 4862에서 유래: 같이 자란, 연합된, 롬6:5.

☞**연합한**(롬6:5).

4855. συμφύω [sümphüō][1회] **쉼퓌오**

Σ

동 제2부정과거 수동 분사 συμφυείς, 5453과 4862에서 유래: 자라나다, 성장하다, 크다 [수동태], 눅8:7.

☞**함께 자라다**(눅8:7).

4856. συμφωνέω [sümphōnĕō][6회] 쉼포네오

동 미래 συμφωνήσω, 제1부정과거 συ- νεφώνη, 제1부정과거수동태 συνεφω- νήθην, 4859에서 유래:

1) [사물에 대해]

① 어울리다, 들어맞다, 적합하다, 일치하다, 눅5:36, 행15:15.

② 조화를 이루다.

2) [사람에 대해]

① 동의하다, 합의하다, 잘 어울리다, 잘 맞다, 마18:19, 20:2,13, 행5:9.

② 일치하다.

☞**합심하다**(마18:19), **어울리다**(눅5:36), **약속하다**(마20:2,13), **함께 꾀하다**(행5:9).

4857. συμφώνησις, εως, ἡ [sümphōnē- sis][1회] 쉼포네시스

명 5856에서 유래: 합의, 일치, 고후6:15.

☞**조화**(고후6:15).

4858. συμφωνία, ας, ἡ [sümphōnia][1회] 쉼포니아

명 4859에서 유래:

1) 합주곡, 악대, 관현 악대.

2) 악기, 눅15:25.

☞**풍악**(눅15:25).

4859. σύμφωνος, ον [sümphōnŏs][1회] 쉼포노스

형 4862와 5456에서 유래:

1) 조화되는.

2) 합의하는, 일치하는, 합의하에, 고전7:5.

☞**합의상**(고전7:5).

4860. συμψηφίζω [sümpsēphizō][1회] 쉼프세피조

동 제1부정과거 συνεψήφισα, 4862와 5590에서 유래: 계산하다, 회계하다, 행19:19.

☞**계산하다**(행19:19).

4861. σύμψυχος, ον [sümpsüchŏs][1회] 쉼프쉬코스

형 4862와 5590에서 유래: 조화되는, 영적으로 합치된.

☞**마음을 같이 하는**(빌2:2).

4862. σύν [sun][128회] 쉰

전 함께.

1. [인칭의 여격을 취하여] ~와 같이, ~와 함께.

1) 함께 남다, 함께 머물다, 함께 지탱하다, ἀνακεῖσθαι σύν τινι: 함께 앉아 있다, 눅1:56, 요12:2, 행14:28.

2) 함께 가다, 같이 여행하다, 눅7:6, 행10:20, 고후9:4.

3) 같이 있다, 눅24:44, 빌1:23, 골2:5, 벧후1:18.

① 동반하다, 따르다, 눅7:12.

② ~의 친구가 되다, 제자가 되다, 눅22:56, 행4:13.

③ ~의 수행원이 되다, ~의 일행이 되다, 막2:26, 행22:9.

4) 함께 하다, 함께 가입하다, 눅2:13, 행8:31.

2. [어떤 일을 같이 행할 경우 사용] ~와 함께.

1) 하다, 행하다, 행5:1, 18:8, 빌2:22.

2) 경험하다, 견디다, 마26:35, 27:38, 눅23:32, 행8:20, 고전11:32, 고후13:4, 갈3:9, 살전5:10.

3) [동시에 같은 경험을 하는 다른 사람들을 목적격으로 나타낼 때] ~와 더불어, 고후1:21, 4:14, 골2:13, 살전4:14.

3. [도움을 나타내는 경우] 고전15:10.

4. [사람이나 사물을 결합시킬 때]

1) 같이, 동시에, 마25:27, 눅5:19, 롬8: 32, 고전10:13.

2) [καί와 같은 뜻을 가짐] 눅23:11, 행2: 14, 3:4, 10:2, 14:5, 23:15, 갈5:24, 엡3:18, 4:31, 빌1:1.

5. [새 요소가 소개될 때] ~뿐 아니라, ~외에도, σὺν πᾶσιν τούτοις: 이 모든 것 이외에, 눅24:21.

☞**함께, ~와, 더불어**(마25:27).

4863. συνάγω [sünagō][59회] 쉰아고

동 미래 συνάξω, 제1부정과거 부정사 συνάξαι, 제2부정과거 συνήγαγον, 완료 수동 분사 συνηγμένος, 제1부정과거 수동태 συνήχθην, 미래 수동태 συ- ναξθήσομαι, 4862와 71에서 유래:

1) 모아들이다, 모으다, 요15:6, 6:12, 모으다, 마12:30, 13:47, 눅3:17, 11:23, 12:17, 요

4:36.
2) 모이게 하다, 불러모으다, 마22:10, 요11:47, 행15:30.
3) 같이 모이다, 화해하다.
4) 인도하다.
5) 손님으로 초대하다, 영접하다, 마25:35,38,43.
6) 나아가다, 전진하다, 움직이다, 마18: 20.
☞**모으다**(마2:4, 눅11:23, 계16:14), **모이다**(마18:20, 막2:2, 고전5:4), **모여들다**(마13:2), **데려오다**(마22:10), **영접하다**(마25:35,43), **쌓다**(눅12:17), **쌓아두다**(눅12:18), **모아 가지다**(눅15:13), **거두다**(요6:12,13), **합세하다**(행4:27).

4864. συναγωγή, ῆς, ἡ [sünagōgē][56회] 쉰아고게
명 4863에서 유래:
1) 집회소, 모이는 곳.
2) 회당.
① [유대인의 회당] 마4:23, 막1:39, 눅4:15.
② [그리스도인의 집회소] 약2:2
3) 회당의 회중, 행6:9, 9:2.
4) 그리스도인에게 적의를 가진 유대인들, 사탄의 회당, 계2:9, 3:9.
5) 회합, 회, 행13:5, 약2:2.
☞**회당**(마23:34, 눅12:11, 약2:2, 계2:9, 3:9).

4865. συναγωνίζομαι [sünagōnizŏmai][1회] 쉰아고니조마이
동 중간태. 디포넌트. 제1부정 과거 συνηγωνισάμην, 4862와 71에서 유래: 같이 싸워 나가다, 돕다, 조력하다, 롬15:30.
☞**힘을 같이 하다**(롬15:30).

4866. συναθλέω [sünathlĕō][2회] 쉰아들레오
동 제1부정과거 συνήθλησα, 4862와 118에서 유래: 같이 싸워 나가다, 같이 투쟁하다, 빌1:27, 4:3.
☞**협력하다**(빌1:27), **함께 힘쓰다**(빌4:3).

4867. συναθροίζω [sünathrŏizō][2회] 쉰아드로이조
동 제1부정과거 συνήθροισα, 제1부정과거수동태 συνηθροίσθην, 완료수동 분사 συνηθροισμένος, 4862와 ἀθροίζω '저장하다'에서 유래:
1) 모으다, 행19:25.
2) [수동] 모이다, 눅24:33, 행12:12.
3) 만나다, 회합하다.
☞**모여 있다**(눅24:33), **모이다**(행12:12), **모으다**(행19:25).

4868. συναίρω [sünairō][3회] 쉰아이로
동 제1부정과거부정사 συνᾶραι, 4862와 142에서 유래: 회계를 청산하다, 회계를 맞추다, 마18:23,24, 25:19.
☞**결산하다**(마18:23,24, 25:19).

4869. συναιχμάλωτος, ου, ὁ [sünaichmalōtŏs][3회] 쉰아익말로토스
명 4862와 142에서 유래: 동료 죄수, 같이 포로된 자, 롬16:7, 골4:10, 몬1:23.
☞**함께 갇힌 자**(롬16:7, 골4:10, 몬1:23).

4870. συνακολουθέω [sünakŏlŏuthĕō][3회] 쉰아콜루데오
동 미완료 συνηκολούθουν, 제1부정과거 συνηκολούθησα, 4862와 190에서 유래: 따르다, 동반하다, 막14:51, 눅23:49.
☞**따라오다**(막5:37, 눅23:49).

4871. συναλίζω [sünalizō][1회] 쉰알리조
동 4862와 αἰλιζω '모여들다'에서 유래:
1) 같이 먹는다.
2) 모으다, [수동] 모이다, 행1:4.
3) 같이 밤을 지내다, 같이 있다, 같이 머물다.
☞**같이 모이다**(행1:4).

4872. συναναβαίνω [sünanabainō][2회] 쉰아나바이노
동 제2부정과거 συνανέβην, 4862와 305에서 유래: 같이 올라가다, 함께 올라가다, 막15:41, 행13:31.
☞**함께 올라가다**(행13:31), **함께 올라오다**(막15:41).

4873. συνανάκειμαι [sünanakĕimai][7회] 쉰아나케이마이
동 미완료 συνανεκείμην, 4862와 345에서 유래: 함께 식탁에 앉다, 같이 식사하다, 마9:10, 막2:15, 6:22,26, 눅7:49, 14:10,15, 요12:2.
☞**함께 앉다**(마9:10, 막2:15, 요12:2), **앉다**(막6:26), **함께 먹다**(눅14:15).

4874. συναναμίγνυμι [sünanamignumi][3회] 쉰아나믹뉘미
동 4862와 303, 3396의 합성어에서 유래: 함께 섞다, [수동] 같이 섞이다, ~와 교제하다, 고전5:9,11, 살후3:14.

Σ

☞**사귀다**(고전5:9,11, 살후3:14).

4875. συναναταύομαι [sünanapauŏmai][1회] 쉰아나파우오마이

동 중간태. 디포넌트. 제1부정 과거 συνανεπαυσάμην, 4862와 373에서 유래: 같이 쉬다, 함께 휴식을 취하다, 롬15:32.

☞**함께 쉬다**(롬15:32).

4876. συναντάω [sünantaō][6회] 쉰안타오

동 미래 συναντήσω, 제1부정과거 συνήντησα, 4862와 472에서 유래: 만나다.

1) [문자적으로, 사람에 대해 사용] 눅9: 37, 22:10, 행10:25, 히7:1.

2) [상징적으로, 사건에 대해 사용] 일어나다, 생기다, 행20:22.

☞**맞다**(눅9:37, 행10:25), **만나다**(눅22:10, 행20:22, 히7:10).

4877. συνάντησις, εως, ἡ [sünantēsis] 쉰안테시스

명 4876에서 유래: 만나기, 만남. [주] εἰς συνάντησίν: 만남을 위하여, ~를 만나기 위하여, 마8:34.

☞**만남**(마8:34).

4878. συναντιλαμβάνομαι [sünantilambanŏmai][2회] 쉰안티람바노마이

동 중간태. 제2부정과거 συναντελαβόμην, 4862와 482에서 유래: ~에 가담하다, 돕다, 원조하다, 눅10:40, 롬8:26.

☞**도와주다**(눅10:40), **도우다**(롬8:26).

4879. συναπάγω [sünapagō][3회] 쉰아파고

동 제1부정과거 수동태 συναπήχθην, 4862와 520에서 유래: 같이 데리고 가 버리다.

1) [수동] 끌려가 버리다, 갈2:13, 벧후3:17.

2) 비천한 사람들과 사귀다.

☞**유혹되다**(갈2:13), **이끌리다**(벧후3:17).

4880. συναποθνήσκω [sünapŏthnēskō][3회] 쉰아포드네스코

동 제2부정과거 συναπέθανον, 4862와 599에서 유래: 같이 죽다, 막14:31, 고후7:3, 딤후2:11.

☞**함께 죽다**(막14:31, 고후7:3, 딤후2:11).

4881. συναπόλλυμι [sünapŏllumi][1회] 쉰아폴뤼미

동 미래 중간태 συναπολοῦμαι, 제2부정과거 συναπωλόμην, 4862와 622에서 유래: 같이 파괴하다, [중간] 함께 망하다, 멸망하다, 히11:31.

☞**함께 멸망하다**(히11:31).

4882. συναποστέλλω [sünapŏstĕllō][1회] 쉰아포스텔로

동 제1부정과거 συναπέστειλα, 4862와 649에서 유래: 같이 보내다, 함께 보내다, 고후12:18.

☞**함께 하다**(고후12:18).

4883. συναρμολογέω [sünarmŏlŏgĕō][2회] 쉰아르몰로게오

동 4862와 649에서 유래: 서로 들어맞게 하다, 연결시키다, 엡2:21, 4:16.

☞**연결하다**(엡2:21, 4:16).

4884. συναρπάζω [sünarpazō][4회] 쉰아르파조

동 제1부정과거 συνήρπασα, 과거 완료 συνηρπάκειν, 제1부정과거수동태 συνηρπάσθην, 4862와 726에서 유래:

1) [폭력으로] 붙잡다, 끌고가다, 행6:12, 19:29, 눅8:29.

2) [수동] 습격을 당하다, 바람을 만나다, 행27:15.

☞**붙잡다**(눅8:29), **잡아 가지다**(행6:12), **밀려 가다**(행27:15).

4885. συναυξάνω [sünauxanō][1회] 쉰아욱사노

동 4862와 837에서 유래: 같이 자라다, 마13:30.

☞**함께 자라다**(마13:30).

4886. σύνδεσμος, ου, ὁ [sundĕsmŏs][4회] 쉰데스모스

명 4862와 1199에서 유래: 같이 매는 것.

1) 매는 것, 결속, 기반, 속박.

① [문자적으로] 골2:19.

② [상징적으로] 엡4:3, 골3:14.

2) 차꼬, 올가미, 행8:23.

☞**힘줄**(골2:19), **매는 줄**(엡4:3), **매인 바**(행8:23), **매는 띠**(골3:14).

4887. συνδέω [sündĕō][1회] 쉰데오

동 완료 수동태 분사 συνδεδεμένος, 4862와 1210에서 유래: 사슬로 함께 묶다, 같이 매다, 히13:3.

☞**함께 갇히다**(히13:3).

4888. συνδοξάζω [sündŏxazō][1회] 쉰독사조

동 제1부정과거 συνεδόξασα, 제1부정과거

수동태 συνεδοξάσθην, 4862와 1329에서 유래:
1) 함께 찬양하다.
2) [수동] 같이 영광을 받다, 영광을 같이 나누다, 롬8:17.
☞**함께 영광을 받다**(롬8:17).

4889. σύνδουλος, ου, ὁ [sündŏulŏs][10회] **쉰둘로스**
명 4862와 1401에서 유래: 동료 노예, 같이 노예된 자:
1) [문자적으로] 마24:49.
2) [신하와 왕 사이의 관계를 나타낼 경우] 마18:28,29,31,33.
3) [신적인 존재와의 관계를 나타낼 경우] 골1:7, 4:7, 계6:11.
4) [계시록에서 장래 일을 계시하는 천사가 자신을 나타낼 때 사용] 계19:10, 22:9.
☞**동료**(마18:28,31,33, 24:49), **함께 종이 된 자**(골1:7, 4:7, 계19:10, 22:9).

4890. συνδρομή, ῆς, ἡ [sündrŏmē][1회] **쉰드로메**
명 4936에서 유래: 같이 달림, 폭로를 이룸, 행21:30.
☞**달려와 모임**(행21:30).

4891. συνεγείρω [sünĕgĕirō][3회] **쉰에게이로**
동 제1부정과거 συνήγειρα, 제1부정과거수동태 συνηγέρθην, 4862와 1453에서 유래: 함께 소생시키다, 골2:12, 함께 일어나게 하다, 엡2:6, 골3:1.
☞**함께 일으키다**(엡2:6, 골2:12), **함께 살리다**(골3:1).

4892. συνέδριον, ου, τό [sünĕdriŏn][22회] **쉰에드리온**
명 4862와 1476의 어간의 합성어에서 파생:
1) [일반적으로] 회, 회의.
2) 산헤드린[유대인의 최고회의], 마5:22, 막14:55, 눅22:66.
3) 지방회의, 마10:17.
☞**공회**(마5:22, 눅22:66, 행22:30).

4893. συνείδησις, εως, ἡ [sünĕidēsis][30회] **쉰에이데시스**
명 4894의 연장형에서 유래:
1) 의식, 고전8:7, 히10:2, 벧전2:19.
2) 양심, 도덕의식, 롬2:15, 고전10:29, 고후1:12.
3) 양심.
☞**양심**(요8:9, 고전8:7, 히9:9), **깨닫는 일**(히10:2), **생각함**(벧전2:19).

4894. συνείδω [sünĕidō] **쉰에이도**
동 4862와 1492에서 유래: 완전하게 보다, 깨닫다, 이해하다, 의식이 있다, 알게 되다, 생각하다, 은밀히 알다, 행12:12.
☞**알다**(행5:2, 14:6), **깨닫다**(행12:12, 고전4:4).

4895. σύνειμι [sünĕimi][2회] **쉰에이미**
동 4862와 1510에서 유래: 같이 가다, 같이 오다, 모이다, 눅8:4.
☞**함께 있다**(눅9:18, 행22:11).

4896. σύνειμι [sünĕimi][1회] **쉰에이미**
동 미완료 3인칭단수 συνῆν 4862와 εἶμι '가다'에서 유래: 같이 있다, 눅9:18, 행22:11.
☞**큰 무리를 이루다**(눅8:4).

4897. συνεισέρχομαι [sünĕisĕrchŏmai][2회] **쉰에이스에르코마이**
동 중간태. 제2부정과거 συνεισῆλ- θον, 4862와 1525에서 유래: 같이 들어가다, 요6:22, 18:15.
☞**함께 오르다**(요6:22), **함께 들어가다**(요18:15).

4898. συνέκδημος, ου, ὁ [sünĕkdēmŏs][2회] **쉰엑데모스**
명 4862와 1553의 어간에서 유래: 길동무, 여행 동무, 행19:29, 고후8:19.
☞**같이 다니다**(행19:29), **동행하다**(고후8:19).

4899. συνεκλεκτός, ή, όν [sünĕklĕktŏs][1회] **쉰에클렉토스**
형 4862와 1586의 합성어에서 유래: 같이 택함 받은, 벧전5:13.
☞**택함을 함께 받은**(벧전5:13).

4900. συνελαύνω [sünĕlaunō] **쉰엘라우노**
동 제1부정과거 συνήλασα, 4862와 1643에서 유래: 함께 몰고 가다, 만나도록 촉구하다, 화해시키다, 억지로 하게 하다, ~로 이끌다, 행7:26.
☞**화해시키려 하다**(행7:26).

4901. συνεπιμαρτυρέω [sünĕpimarturĕō][1회] **쉰에피마르튀레오**
동 4862와 1957에서 유래: 동시에 증언하다, 히2:4.
☞**함께 증언하다**(히2:4).

4902. συνέπομαι [sünĕpŏmai][1회]

Σ

쉰에포마이
동 중간태. 디포넌트. 미완료 συνειπό− μην, 4862와 기본형 ἕπω '따르다'에서 유래: 동반하다, 행20:4.
☞**함께 가다**(행20:4).

4903. συνεργέω [sünĕrgĕō][5회] 쉰에르게오
동 미완료 συνήργουν, 제1부정과거 συνήργησα, 4904에서 유래: 함께 일하다, 협력하다, 돕다, 막16:20, 롬8:28, 고전16:16, 고후6:1.
☞**함께 역사(役事)하다**(막16:20), **합력하다**(롬8:28), **함께 일하다**(고전16:16, 고후6:1, 약2:22).

4904. συνεργός, όν [sünĕrgŏs][13회] 쉰에르고스
형 4862와 2041의 어간의 합성어에서 유래:
1) 함께 일하는, 돕는.
2) [명사로 사용될 경우] 조수, 동역자, 동료, 일꾼, 롬16:3,9,21, 빌2:25.
☞**돕는**(고후1:24), **함께 수고하는**(빌2:25, 요삼1:8). **[명] 함께 역사하는 자**(골4:11), **일꾼**(살전3:2), **동역자**(롬16:3, 고전3:9, 빌4:3).

4905. συνέρχομαι [sünĕrchŏmai][30회] 쉰에르코마이
동 중간태. 미완료 συνηρχόμην, 미래 συνελεύσομαι, 제2부정과거 συνῆλ− θον, 완료분사 συνεληλυθώς, 과거완료 3인칭복수 συνεληλύθεισαν, 4862와 2064에서 유래:
1) 같이 오다, 모이다.
① [문자적으로] 모이다, 막3:20, 행1:6.
② 모이다, 만나다, 같이 살다, 마1:18, 고전7:5.
2) 같이 가다, 오다, 여행하다, 눅23:55, 요11:33, 행25:17.
☞**동거하다**(마1:18), **모이다**(막3:20, 행10:27, 고전14:26), **모여 오다**(눅5:15), **함께 오다**(눅23:55, 요11:33, 행25:17), **교제하다**(행1: 21), **함께 가다**(행9:39, 10:23, 11:12), **데리고 가다**(행15:38), **오다**(행21:22), **합하다**(고전7:5), **함께 모이다**(고전14:23). **[명] 모임**(고전11:17,34).

4906. συνεσθίω [sünĕsthiō][5회] 쉰에스디오
동 미완료 συνήσθιον, 제2부정 과거 συνέφαγον, 4862와 2068에서 유래: 같이 먹다, 눅15:2, 행11:3, 고전5:11.
☞**같이 먹다**(눅15:2, 행10:41, 고전5:11).

4907. σύνεσις, εως, ἡ [sünĕsis][7회] 쉰에시스
명 4920에서 유래:
1) 지각, 지능, 이해력, 예리함, 약삭 빠름, 막12:33, 눅2:47, 고전1:19.
2) 통찰력, 이해력, 엡3:4, 딤후2:7, 골1:9.
☞**지혜**(막12:33, 눅2:47), **총명**(고전1:19, 골1:9, 딤후2:9), **이해**(골2:2), **깨달은 것**(엡3:4).

4908. συνετός, ἡ, όν [sünĕtŏs][4회] 쉰에토스
형 4920에서 유래: 이해력 있는, 총명한, 슬기로운, 훌륭한 판단력을 가진, 마11: 25, 눅10:21, 행13:7.
☞**슬기 있는**(마11:25, 눅10:21), **지혜 있는**(행13:7), **총명한**(고전1:19).

4909. συνευδοκέω [sünĕudŏkĕō][6회] 쉬뉴도케오
동 제1부정과거 συνηυδόκησα, 4862와 2106에서 유래: 동의하다, 합의하다, 승인하다, 인정하다, 찬동하다, 동정하다, 눅11:48, 행8:1, 롬1:32.
☞**옳게 여기다**(눅11:48), **찬성하다**(행22:20), **옳다 하다**(롬1:32), **좋아하다**(고전7:12,13).

4910. συνευωχέω [sünĕuōchĕō][2회] 쉰유오케오
동 4862와 2095, 2192의 합성어에서 유래: 함께 잔치를 베풀다, 벧후2:13, 유1:12.
☞**함께 연회(宴會)하다**(벧후2:13), **함께 먹다**(유1:12).

4911. συνεφίστημι [sünĕphistēmi][1회] 쉰에ㅎ피스테미
동 제2부정과거 συνεπέστην, 4862와 2186에서 유래: 같이 일어나다, 공격에 가담하다, 행16:22.
☞**일제히 일어나다**(행16:22).

4912. συνέχω [sünĕchō][12회] 쉰에코
동 미래 συνέξω, 제2부정과거 συνέσ− χον, 미완료수동태 συνειχόμην, 4862와 2192에서 유래:
1) 결합하다, 유지하다, 지탱하다,
2) 막다, 멈추다, 닫다, 행7:57.
3) 밀어내다, 몰려들다, 눅8:45.
4) 감금하다, 눅22:63.
5) 붙들다, 공격하다, 괴롭히다, 아프게 하다, 마4:24, 눅4:38, 빌1:23.
6) 정신이 팔리다, 열중하다, 행18:5.
7) 역설하다, 주장하다, 강권하다, 제어하다,

내포하다, 고후5:14.

☞**앓다**(마4:24, 눅4:38), **밀려들다**(눅8:45), **답답하다**(눅12:50), **가두다**(눅19:43), **지키다**(눅22:63), **막다**(행7:57), **붙잡히다**(행18: 5), **걸리다**(행28:8), **강권하다**(고후5:14), **끼이다**(빌1:23).

4913. συνήδομαι [sünēdŏmai][1회]
쉰에도마이
동 수동태. 디포넌트. 4862와 2237의 어간에서 유래: 율법에 동의하다, 롬7:22.
☞**(율법을) 즐거워하다**(롬7:22).

4914. συνήθεια, ας, ἡ [sünēthĕia][3회]
쉰에데이아
명 4862와 2239의 합성어에서 유래:
1) 우정, 우의, 친교, 친밀.
2) 버릇, 습관, 풍속, 익숙함.
① [주관적으로] 익숙함, 고전8:7.
② [객관적으로] 습관, 풍속, 관례, 요18:39, 고전11:16.
☞**전례(前例)**(요18:39), **관례**(고전11:16).

4915. συνηλικιώτης, ου, ὁ [sünēlikiō- tēs][1회]
쉰엘리키오테스
명 4862와 2244의 파생어에서 유래: 동갑내기, 동년배, 동시대인, 갈1:14.
☞**연갑자**(갈1:14).

4916. συνθάπτω [sünthaptō][2회] 쉰닾토
동 제2부정과거수동태 συνετάφην, 4862와 2290에서 유래: 같이 묻다, 함께 매장하다, 롬6:4, 골2:12.
☞**함께 장사(葬事)되다**(롬6:4, 골2:12).

4917. συνθλάω [sünthlaō][2회] 쉰들라오
동 미래 수동태 συνθλασθήσομαι, 4862와 θλάω '충돌하다'에서 유래: 부수다, 박살을 내다, 마21:44, 눅20:18.
☞**깨어지다**(마21:44, 눅20:18).

4918. συνθλίβω [sünthlibō][2회] 쉰들리보
동 미완료 συνέθλιβον, 4862와 2346에서 유래: 함께 밀어내다, 밀려들다, 막5: 24,31.
☞**에워싸 밀다**(막5:24,31).

4919. συνθρύπτω [sünthrüptō][1회] 쉰드뤂토
동 4862와 θρύπτω에서 유래: 산산이 부수다, 뭉개다, 행21:13.
☞**상하게 하다**(행21:13).

4920. συνίημι [süniēmi][26회] 쉰이에미
동 미래 συνησω, 제1부정과거 συνῆ- κα, 제1부정과거 가정법 συνῆτε, συ- νῶσιν, 제2부정과거 명령 2인칭복수 σύνετε, 4862와 ἵημι '보내다'에서 유래: 깨닫다, 이해하다, 통찰하다, 마13:51, 눅2:50, 롬3:11, 고후10:12.
☞**깨닫다**(마13:13, 막4:12, 롬3:11), **이해하다**(엡5:17), **지혜가 있다**(고후10:12).

4921. συνίστημι [sunistemi][16회]
쉰이스테미
동 제1부정과거 συνέστησα, 완료 συ- νέστηκα, 완료 분사 συνεστως, 제1부정과거 중간태 συνεστησάμην, 제1부정과거 수동 분사 σcσταθείς, 4862와 2476에서 유래:
1. [타동사]
1) [능동태와 수동태]
① 모으다, 합치다.
② 내어놓다, 소개하다, 천거하다, 롬3:5, 고후5:12.
③ 보여주다, 드러내다, 발표하다, 롬3:5, 고후7:11, 갈2:18.
2) [중간태] 짜 맞추다, 구성하다, 세우다, 준비하다.
2. [자동사]
1) 함께 서다, 옆에 서다, 눅9:32.
2) 구성되다.
3) 계속하다, 지속하다, 존재하다, 골1: 17, 벧후3:5.
☞**자천하다**(고후3:1, 5:12, 6:4), **칭찬하다**(고후10:12), **함께 서다**(눅9:32, 골1:17), **드러나게 하다**(롬3:5), **확증하다**(롬5:8), **추천하다**(롬16:1, 고후4:2), **나타내다**(고후7:11), **칭찬받다**(고후12:11), **만들다**(갈2:18), **성립하다**(벧후3:5).

4922. συνοδεύω [sünŏdĕuō][1회] 쉰오듀오
동 제1부정과거 συνώδευσα, 4862와 3593에서 유래: 같이 가다, 같이 여행하다, 행9:7.
☞**같이 가다**(행9:7).

4923. συνοδία, ας, ἡ [sünŏdia][1회] 쉰오디아
명 4862와 3598에서 유래: 대상, 여행자의 무리, 여행단, 눅2:44.
☞**동행**(눅2:44).

4924. συνοικέω [sünŏikĕō][1회] 쉰오이케오
동 4862와 3611에서 유래: 같이 살다, 함께 살다.
☞**동거하다**(벧전3:7).

Σ

4925. συνοικοδομέω [sünŏikŏdŏmĕō][1회]
쉰오이코도메오
동 제1부정과거 수동태 συνῳκοδομή- θην, 4862와 3618에서 유래: 함께 짓다, 함께 세우다, 엡2:22.
☞**함께 짓다**(엡2:22).

4926. συνομιλέω [sünŏmilĕō][1회]
쉰오밀레오
동 4862와 3656에서 유래: 같이 이야기하다, 함께 담화하다, 행10:27.
☞**더불어 말하다**(행10:27).

4927. συνομορέω [sünŏmŏrĕō][1회]
쉰오모레오
동 제2부정과거 συνεῖδον, 4862와 3647의 어간과 3725의 어간이 합성된 파생어에서 유래: 알게 되다, 깨닫다, 접촉[접근, 인접, 이웃, 연속]하다, 행18:7.
☞**깨닫다.**

4928. συνοχή, ῆς, ἡ [sunŏchē][2회] 쉰오케
명 4912에서 유래:
1) 감옥.
2) 고통, 근심, 고민, 눅21:25, 고후2:4.
☞**곤고**(눅21:25), **고통, 걱정**(고후2:4).

4929. συντάσσω [süntassō][3회] 쉰탓소
동 제1부정과거 συνέταξα, 4862와 5021에서 유래: (함께) 정리하다, 명령하다, 지시하다, 규정짓다, 마27:10.
☞**시키다**(마26:19), **명하다**(마27:10).

4930. συντέλεια, ας, ἡ [süntĕlĕia][6회]
쉰텔레이아
명 4931에서 유래: 완료, 끝, 마감, 마13: 39. 24:3, 히9:26.
☞**끝**(마13:39, 24:3, 히9:26), **끝날**(마28:20).

4931. συντελέω [süntĕlĕō][6회] 쉰텔레오
동 미래 συντελέσω, 제1부정과거 수동태 συνετελέσθην, 미래 수동태 συντε- λεσθήσομαι, 4862와 5055에서 유래:
1) 끝내다, 완료하다, 마치다, 마감하다, 막13:4, 눅4:13, 행21:27.
2) 완수하다, 수행하다, 성취하다, 이루다, 롬9:28, 히8:8.
3) [수동] 고갈되다, 다 되다.
☞**마치다**(마7:28), **이루다**(막13:4, 롬9:28), **다하다**(눅4:2,13), **차다**(행21:27), **맺다**(히8:8).

4932. συντέμνω [süntĕmnō][1회] 쉰템노
동 완료 συντέτμηκα, 완료 수동 분사 συντετμημένος, 4862와 5114의 어간에서 유래: 짧게 베다, 짧게 하다, 단축하다, 제한하다, 롬9:28.
☞**속히 (시행)하다**(롬9:28).

4933. συντηρέω [süntērĕō][3회] 쉰테레오
동 미완료 συνετήρουν, 미래 συντη- ρήσω, 4862와 5083에서 유래:
1) 보호하다, 방어하다, 막6:20.
2) [수동] 구원을 받다, 보전되다, 마9: 17, 눅5:38.
3) 간직하다, 눅2:19.
☞**보전되다**(마9:17), **보호하다**(막6:20), **새기다**(눅2:19).

4934. συντίθεμαι [süntithĕmai][3회]
쉰티데마이
동 제2부정과거 중간태 συνεθέμην, 복수완료형 ετεθείμην, 4862와 5087에서 유래: 허락하다, 동의하다, 결정하다, 눅22:5, 요9:22, 행23:20, 24:9.
☞**언약하다**(눅22:5), **결의하다**(요9:22), **공모하다**(행23:20), **참가하다**(행24:9).

4935. σύντομως, ον [süntŏmōs][2회]
쉰토모스
부 4932의 파생어에서 유래:
1) 잠깐 동안, 곧, 쉽사리, 선뜻.
2) 간단히, 간결하게, 행24:4.
☞**대강(행24:4).**

4936. συντρέχω [süntrĕchō][3회] 쉰트레코
동 제2부정과거 συνέδραμον, 4862와 5143에서 유래: 함께 달리다.
1) 달려서 모여들다, 막6:33, 행3:11.
2) 함께 가다, 같이 뛰어들다, 벧전4:4.
☞**달려오다**(막6:33), **달리다**(행3:11), **달음질하다**(벧전4:4).

4937. συντρίβω [süntribō][7회] 쉰트리보
동 미래 συντρίψω, 제1부정과거 συ- νέτριψα, 완료수동태부정사 συντετ- ρῖφθαι, 완료수동분사 συντετριμμέ- νος, 제2부정과거 수동태 συνετρίβην, 미래수동태 συντριβήσομαι, 4862와 5147의 어간에서 유래: 산산이 부수다, 때려부수다, 박살을 내다.
1. [문자적으로]
1) [물건에 대해] 깨뜨리다, 막14:3. [수동]

① 꺾어지다, 마12:20, 요19:36.
② 끊어지다, 막5:4.
③ 깨어지다, 계2:27.

2) [사람에 대해] 학대하다, 심히 때리다, 녹초되게 하다, 상처를 내다, 멸절시키다, 부수다, 눅9:39, 롬16:20.

2. [상징적으로, 심적, 감상적 상태에 대해] 눅4:18.

☞**상하다**(마12:20), **상하게 하다**(눅9:39), **깨뜨리다**(막14:3, 계2:27), **꺾이다**(요19:36).

4938. σύντριμμα, ατος, τό [süntrimma][1회] 쉰트림마

명 4937에서 유래: 깨뜨림, 짓이김, 파괴, 재난, 참화, 불행, 롬3:16.

☞**파멸**(롬3:16).

4939. σύντροφος, ον [süntrŏphŏs][1회] 쉰트로포스

형 4862와 5162에서 유래:
1) 함께 양육 받은, 낯익은, 친한.
2) [명사로 쓰일 경우] 젖 형제, 동무, 친한 친구, 행13:1.

☞**젖동생**(행13:1).

4940. συντυγχάνω [süntüngchanō][1회] 쉰튕카노

동 제2부정과거 συνέτυχον, 4862와 5177에서 유래: 같이 모이다, 만나다, 눅8:19.

☞**가까이 하다**(눅8:19).

4941. Συντύχη, ης, ἡ [Süntuchē][1회] 쉰튀케

고명 4940에서 유래: 빌립보 교회의 여신도 '순두게', 빌4:2.

☞**순두게**(빌4:2).

4942. συνυποκρίνομαι [sünupŏkrinŏmai][1회] 쉬뉘포크리노마이

동 디포넌트. 제1부정과거 συνυπεκρί- θην, 4862와 5271에서 유래: 함께 위선을 행하다, 위선을 같이 행하다, 갈2:13.

☞**외식하다**(갈2:13).

4943. συνυπουργέω [sünupŏurgĕō][1회] 쉬뉘푸르게오

동 4862와 5259, 2041의 어간이 합성된 파생어에서 유래: 같이 돕다, 협력하다, 고후1:11.

☞**돕다**(고후1:11).

4944. συνωδίνω [sünōdinō][1회] 쉬노디노

동 4862와 5605에서 유래: 같이 진통을 겪다, 함께 번민하다, 롬8:22.

☞**함께 고통을 겪다**(롬8:22).

4945. συνωμοσία, ας, ἡ [sünōmŏsia][1회] 쉬노모시아

명 4862와 3660의 합성어에서 유래: 음모, 모의, 행23:13.

☞**동맹**(행23:13).

4946. Συράκουσαι, ῶν, αι [Sürakŏusai][1회] 쉬라쿠사이

고명 불확실한 파생어의 복수: 시실리아 동쪽 해안에 있는 도시 '수라구사', 행28:12.

☞**수라구사**(행28:12).

4947. Συρία, ας, ἡ [Süria][8회] 쉬리아

고명 히브리어 6865에서 유래한 듯함: 팔레스타인의 한 지방 이름 '수리아', 마4: 24, 눅2:2, 행15:23.

☞**수리아**(마4:24, 눅2:2, 행15:23).

4948. Σύρος, ου, ὁ [Sürŏs][1회] 쉬로스

명 4947과 동일어에서 유래: 수리아인, 눅4:27.

☞**수리아인**(눅4:27).

4949. Συροφοινίκισσα, ης, ἡ [Sürŏphŏinikissa][1회] 쉬로ㅎ포이니킷사

명 4948과 5403의 합성어의 여성형: '수로보니게 여자', 막7:26.

☞**수로보니게 여자**(막7:26).

4950. Σύρτις, εως, ἡ [sürtis][1회] 쉬르티스

고명 4951에서 유래: '여울'의 뜻, 리비아 해안에 있는 커다란 두 사구(砂丘)의 명칭 '스르디스', 행27:17.

☞**스르디스**(행27:17).

4951. σύρω [sürō][5회] 쉬로

동 미완료 ἔσυρον, 138과 유사하게 보임: 잡아끌다, 당기다, 끌어가다, 요21:8, 행8:3, 17:6, 계12:4.

☞**끌고 오다**(요21:8), **끌다**(행8:3, 17:6, 계12:4).

4952. συσπαράσσω [susparassō][2회] 쉬스파랏소

동 제1부정과거 συνεσπάραξα, 4682와 2862에서 유래: 갈래갈래 찢다, 이리저리 끌고 다니다, 경련 시키다, 눅9:42.

☞**심한 경련을 일으키게 하다**(눅9:42).

4953. σύσσημον, ου, τό [süssēmŏn][1회] 쉿세몬

Σ

명 4862와 4591의 어간의 합성어의 중성: 암호, 신호, 막14:44.

☞**군호**(막14:44).

4954. σύσσωμος, ον [süssōmŏs][1회] 쉿소모스

형 4862와 4983에서 유래: 같은 몸에 속한, 엡3:6.

☞**함께 지체가 되는**(엡3:6).

4955. συστασιαστής, οῦ, ὁ [süstasias- tēs] 쉬스타시아스테스

명 4862와 4714의 파생어의 합성어에서 유래: 반군, 폭도, 막15:7.

☞**민란**(막15:7).

4956. συστατικός, ή, όν [süstatikŏs][1회] 쉬스타티코스

형 4921의 파생어에서 유래: 소개하는, 천거하는, 고후3:1.

☞**추천서**(고후3:1).

4957. συσταυρόω [süstaurŏō][5회] 쉬스타우로오

동 완료 수동태 συνεσταύρωμαι, 제1부정과거 수동태 συνεσταυρώθην, 4862와 4717에서 유래: 같이 십자가에 달다, 마27:44, 막15:32, 요19:32, 롬6:6, 갈2:20.

☞**십자가에 못 박히다**(마27:44, 갈2:19), **함께 못 박히다**(요19:32).

4958. συστέλλω [süstĕllō][3회] 쉬스텔로

동 제1부정과거 συνέστειλα, 완료수동 분사 συνεσταλμένος, 4862와 4724에서 유래:

1) 한데 모으다, 제한하다, 짧게 하다, 고전7:29.

2) ① 덮다, 감싸다.

② 싸다, 포장하다, 접다.

③ 데려가 버리다, 옮겨가다, 행5:6.

☞**싸다**(행5:6), **단축하여지다**(고전7:29).

4959. συστενάζω [süstĕnazō][1회] 쉬스테나조

동 4862와 4727에서 유래: 같이 탄식하다, 신음하다, 롬8:22.

☞**함께 탄식하다**(롬8:22).

4960. συστοιχέω [süstŏichĕō][1회] 쉬스토이케오

동 4862와 4748에서 유래: 같은 줄에 서다, 일치하다, 상통하다, 갈4:25.

☞**같다**(갈4:25).

4961. συστρατιώτης,ου, ὁ [süstratiō- tēs][2회] 쉬스트라티오테스

명 4862와 4757에서 유래: 동료, 군인, 군우, 빌2:25, 몬1:2.

☞**함께 군사 된 자**(빌2:25, 몬1:2).

4962. συστρέφω [süstrĕphō][2회] 쉬스트레포

동 제1부정과거 συνέστρεψα, 4862와 4762에서 유래:

1) 모으다, 행28:3.

2) 모이다, 마17:22, 행16:39.

☞**거두다**(행28:3).

4963. συστροφή, ῆς, ἡ [süstrŏphē][2회] 쉬스트로페

명 4962에서 유래:

1) 무질서한 모임, 선동적 모임, 소동, 행19:40, 23:12.

2) 음모, 모의.

☞**불법집회**(행19:40), **당**(행23:12).

4964. συσχηματίζω [süschēmatizō][2회] 쉬스케마티조

동 4862와 4976의 파생어에서 유래:

1) ~을 본따서 형성하다.

2) [수동] ~와 같은 모양이 되다, 따르다, 이끌리다, 롬12:2, 벧전1:14.

☞**본받다**(롬12:2), **본 삼다**(벧전1:14).

4965. Συχάρ, ἡ [Süchar][1회] 쉬카르

고명 히브리어 7941에서 유래: 사마리아의 한 도시 이름 '수가', 요4:5.

☞**수가**(요4:5).

4966. Συχέμ [Süchĕm][2회] 쉬켐

고명 히브리어 7927에서 유래: '세겜'.

1) 사마리아에 있는 도시, 행7:16.

2) 하몰의 아들, 행7:16.

☞**세겜**(행7:16).

4967. σφαγή, ῆς, ἡ [sphagē][3회] 스파게

명 4969에서 유래: 도살, 행8:32, 롬8: 36, 약5:5.

☞**도살자**(행8:32), **살륙**(약5:5), **도살**(롬8:36).

4968. σφάγιον, ου, τό [sphagiŏn][1회] 스파기온

명 4967의 파생어의 중성: 희생물, 제물, 예물, 행7:42.

☞**희생**(행7:42).

4969. σφάζω [sphazō][10회] 스파조

동 미래 σφάξω, 제1부정과거 ἔσφαξα, 완료

Σ

수동 분사 ἐσφαγμένος: 도살하다, 잡다, 살륙하다, 죽이다, 요일3:12, 계5:6, 12, 6:4, 13:8, [수동태] 계5:9, 6:9, 18:24.

☞**죽이다**(요일3:12), **죽임을 당하다**(계5:6, 6:9, 18:24), **죽이게 하다**(계6:4), **죽게 되다**(계13:8).

4970. σφόδρα [sphŏdra][11회] 스포드라

부 σφοδρός '난폭하게'의 중성 복수: 매우, 극히, 심히, 크게, 마2:10, 17:6,23, 18:31, 19:25, 26:22, 27:54, 막16:4, 눅18:23, 행6:7, 계16:21.

☞**매우**(마2:10), **심히**(마17:6, 눅18:23, 계16:21).

4971. σφοδρῶς [sphŏdrōs][1회] 스포드로스

부 4970과 동일어에서 유래: 매우, 크게, 심히, 행27:18.

☞**심히**(행27:18).

4972. σφραγίζω [sphragizō][15회] 스프라기조

동 제1부정과거 ἐσφράγισα, 제1부정과거 중간태 ἐσφραγισάμην, 완료 수동태분사 ἐσφραγίσθην, 제1부정과거 수동태 ἐσφραγίσθην, 4973에서 유래: 인치다, 봉인을 하다.

1) [문자적으로] 인봉하다, 봉인을 하다, 마27:66, 계20:3.

2) [상징적으로]

① 밀봉하다, 봉하다, 계10:4, 22:10.

② 표하다[인장으로], 요6:27, 고후1: 22, 엡1:13, 4:30, 계6:3.

③ 증명하다, 인정하다, 요3:33.

☞**인봉하다**(마27:66, 계10:4, 22:10), **인치다**(요3:33, 고후1:22, 계7:3), **확증하다**(롬15: 28), **막히다**(고후11:10), **인침을 받다**(엡1:13, 4:30, 계7:4,5,7).

4973. σφραγίς, ῖδος, ἡ [sphragis][16회] 스프라기스

명 5420에서 유래된 강세형으로 보임: 인, 인장.

1) [문자적으로]

① 인장, 봉인, 계5:1,2,5.

② 도장, 계7:2.

③ 인장의 표, 인증하는 것, 롬4:11, 고전9:2.

2) [상징적으로] 확신하다, 증명하다, 롬4:11, 고전9:2.

☞**인친 것**(롬4:11, 딤후2:19), **인 침**(계9:4), **인**(계5:1, 6:1, 8:1), **인봉**(계5:9).

4974. σφυδρόν, οῦ, τό [sphüdrŏn] 스퓌드론

명 σφαῖρα '영역'과 동일한 어원에서 파생한 것으로 보임: 발목, 행3:7.

☞**발목**(행3:7).

4975. σχεδόν [schĕdŏn][3회] 스케돈

부 2192의 대체어에서 유래: 근처에, 가까이, 거의, 행13:44, 19:26, 히9:22

☞**거의, 가까이**(행13:44).

4976. σχῆμα, ατος, τό [schēma][2회] 스케마

명 2192의 대체어에서 유래: 태도, 모양, 거동, 처신, 행실.

1) [사람의] 외모, 형상, 모습, 빌2:7.

2) [사물의]모양, 고전7:31.

☞**외형**(고전7:31), **모양**(빌2:8).

4977. σχίζω [schizō][11회] 스키조

동 미래 σχίσω, 제1부정과거 ἔσχισα, 제1부정과거 수동태 ἐσχίσθην, 외견상 기본형으로 보임: 찢다, 쪼개다, 나누다, 가르다.

1) [문자적으로]

① [능동] 눅5:36.

② [수동] 갈라지다, 쪼개지다, 찢어지다, 마27:51, 막1:10, 15:38, 요21:11.

2) [상징적으로]

① [능동] 분열을 일으키다,

② [수동] 갈라지다, 분열되다, 행14:4, 23:7.

☞**찢어지다**(마27:51, 눅23:45, 요21:11), **갈라지다**(막1:10), **찢다**(눅5:36, 요19:24), **나뉘다**(행14:4, 23:7).

4978. σχίσμα, ατος, τό [schisma][8회] 스키스마

명 4977에서 유래: 찢어지기, 분열.

1) [문자적으로] 터진 곳, 찢어진 곳, 마9:16, 막2:21.

2) [상징적으로] 분열, 불화, 요7:43, 9:16, 고전1:10.

☞**쟁론**(요7:43), **분쟁**(고전1:10, 12:25), **해어짐**(마9:16, 막2:21).

4979. σχοινίον, ου, τό [schŏiniŏn][2회] 스코이니온

명 σχοῖνος '골풀'의 단축형: 밧줄, 끈, 요2:15, 행27:32.

☞**노끈**(요2:15), **(거룻) 줄**(행27:32).

4980. σχολάζω [schŏlazō][3회] **스콜라조**

동 제1부정과거 ἐσχόλασα, 4981에서 유래: 시간을 가지다, 짬을 가지다, 여유를 가지다.

1) [사람에 대해] 전심 전념하다, 시간을 기울이다, 한가하다, 틈을 가지다, 고전7:5.

2) [장소, 집에 대해] 비어있다, 마12:44.

☞**비어있다**(마12:44), **틈이 나다**(고전7:5).

4981. σχολή, ῆς, ἡ [schŏlē][1회] **스콜레**

명 2192의 대체어에서 유래: 학교, 행19:9.

☞**서원**(행19:9).

4982. σῴζω [sōzō][107회] **소조**

동 미래 σώσω, 제1부정과거 ἔσωσα, 완료 σέσωκα, 미완료수동태 ἐσῳζόμην, 현재완료수동태 3인칭단수 σέῳσται, 완료수동분사 σεσῳσμένος, 제1부정과거 수동태 ἐσώθην, 미래 수동태 σω- θήσομαι, 기본형 σῶς '안전'에서 유래: 구원하다, 해 받지 않게 하다, 보전하다, 구출하다.

1. [자연적인 위험이나 피해에서 구출하거나 그것을 당하지 않는 것]

1) [죽음에서] 구하다, 마14:30, 막15:30, 눅23:35.

2) [위험에서] 구출하다, 요12:27, 히5:7.

3) [병에서] 구하다, 놓아주다, 마9:21, 22, 막5:23,28,34, 6:56, 눅8:48, 17: 19, 18:42, 행4:9, 14:9, 약5:15.

4) 지키다, 보존하다.

5) [수동] 번창하다, 낫다, 건강해지다.

2. [영원한 죽음에서] 구원하다, [영원한 죽음을] 당하지 않게 하다.

1) 구원하시다 [하나님이나 그리스도가], 요12:47, 고전1:21, 딤후1:9, 히7:25.

3) [구원에 이르게 하는 길이] 눅7:50, 약1:21, 2:14, 벧전3:21.

4) [수동] 구원을 얻다, 마10:22, 막10: 26, 요5:34, 행2:21.

3. [어떤 구절은 1,2에 다 속한다] 막8:35, 눅9:24, 롬9:27, 고전3:15.

☞**구원하다**(마1:21, 요12:27, 딤전1:15), **구원받다**(마9:21, 행14:9, 딤전2:4), **구원을 얻다**(마10:22, 요10:9, 고전1:18), **구하다**(막3:4, 눅6:9, 9:56), **보전하다**(눅17:33), **낫다**(요11:12), **성함을 얻다**(막6:56), **[명] 구원**(행27:20).

4983. σῶμα, ατος, τό [sōma][142회] **소마**

명 4982에서 유래: 몸.

1) [사람이나 동물의] 신체, 몸.

① 시체, 마14:12, 27:52,58,59, 막15: 43,45, 눅17:37, 23:52,55, 24:3, 23, 요19:31,38, 행9:40, 히13:11, 유1:9.

② 산 몸, 마5:29, 6:22, 26:12, 막5: 29, 14:8, 눅11:34, 요2:21, 롬1:24, 고전6:18.

2) [복수로] 종들, 노예들, 계18:13.

3) [그림자를 만드는 것] 실재, 사물, 자체, 골2:17.

4) 그리스도의 공동체, 교회, 롬12:5, 고전10:17, 12:12,27, 엡1:23, 2:16, 4: 4,12,16, 5:23,30, 골1:18,24, 2:19, 3:15.

☞**몸**(마5:29, 눅11:34, 고후4:10), **시체**(마14: 12, 요19:31, 유1:9), **주검**(눅17:37), **육체**(요2:21, 히13:11), **형체**(고전15:37,38,40), **종**(계18:13).

4984. σωματικός, ή, όν [sōmatikŏs][2회] **소마티코스**

형 4983에서 유래: 신체적, 육신의.

1) 신체의, 신체로 된, 눅3:22.

2) 신체에 대한, 딤전4:8.

☞**형체의**(눅3:22), **육체의**(딤전4:8).

4985. σωματικῶς [sōmatikōs][2회] **소마티코스**

부 4984에서 유래: 육체적으로, 구체적으로, 몸으로, 골2:9.

☞**육체로**(골2:9).

4986. Σώπατρος, ου, ὁ [Sōpatrŏs][1회] **소파트로스**

고명 4982와 3962의 어간에서 유래: 믿을 만한 아버지의, 베뢰아 사람 부로의 아들 '소바더', 행20:4.

☞**소바더**(행20:4).

4987. σωρεύω [sōrĕuō][2회] **소류오**

동 미래 σωρεύσω, 완료수동분사 σεσω- ρευμένος, 4673의 다른 형태에서 유래:

1) 쌓다, 쌓아올리다, 롬12:20.

2) 채우다, 가득 채우다, [수동] 딤후3:6.

☞**쌓아 놓다**(롬12:20), **(죄를) 중히 지다**(딤후3:6).

4988. Σωσθένης, ους, ὁ [Sōsthĕnēs][2회] **소스데네스**

Σ

고명 4982와 455의 어간에서 유래: '소스데네'.
1) 고린도 회당의 지도자, 행18:17.
2) 바울이 '형제'라고 부른 사람, 고전1:1.
☞**소스데네**(행18:17).

4989. Σωσίπατρος, ου, ὁ [Sōsipatrŏs][1회] 소시파트로스
고명 4986의 연장형: 아버지의 구주, 바울의 동역자 '소시바더', 롬16:21.
☞**소시바더**(롬16:21).

4990. σωτήρ, ῆρος, ὁ [sōtēr][24회] 소테르
명 4982에서 유래: 구주, 구출자, 구원자, 보전자.
1) [하나님을 지칭] 눅1:47, 딤전1:1, 딛1:3.
2) [그리스도에 대해] 눅2:11, 행13:23, 빌3:20.
☞**구주**(눅1:47, 행13:23, 요1:25), **구원하는 자**(빌3:20).

4991. σωτηρία, ας, ἡ [sōtēria][46회] 소테리아
명 4990의 파생어의 여성형: 구원, 구출, 보존.
1) [위함이나 임박한 죽음에서의 구출] 눅 1:71, 행7:25, 히11:7.
2) 구원, 눅1:69,77, 행13:26, 롬1:16, 10:1,10, 고후7:10, 빌1:28, 2:12, 살전5: 8,9, 히5:9.
☞**구원**(눅1:69, 롬1:16, 히2:3), **구원하여 주시는 것**(눅1:71, 행7:25, 히11:7).

4992. σωτήριος, ον [sōtēriŏn][1회] 소테리오스
형 4991과 동일어의 중성: 구원하는, 구출하는, 구원을 가져오는, 눅3:6.
☞**구원을 주시는**(눅2:30, 행28:28, 딛2:11), **[명] 구원하심**(눅3:6).

4993. σωφρονέω [sōphrŏnĕō][6회] 소프로네오
동 제1부정과거 ἐσωφρόνησα, 4998에서 유래: 건전한 마음을 가지다.
1) 제 정신을 가지고 있다[심적 건강에 대해 사용], 막5:15, 눅8:35, 고후5:13.
2) 이성이 있다, 지각이 있다, 진실하다, 침착하다, 롬12:3, 딛2:6, 벧전4:7.
☞**정신이 온전하다**(막5:15, 눅8:35, 고후5: 13), **지혜롭다**(롬12:3), **신중하다**(딛2:6), **정신차리다**(벧전4:7).

4994. σωφρονίζω [sōphrŏnizō][1회] 소프로니조
동 4998에서 유래: 정신차리게 하다, 격려하다, 충고하다, 강조하다, 딛2:4,5.
☞**교훈하다**(딛2:4).

4995. σωφρονισμός, οῦ, ὁ [sōphrŏnismŏs][1회] 소프로니스모스
동 4998에서 유래: 도덕적 교훈, 좋은 판단, 절제, 충고, 개선, 자제, 자기 수양, 분별력, 딤후1:7.
☞**절제하다**(딤후1:7).

4996. σωφρόνως [sōphrŏnōs][1회] 소프로노스
부 4998에서 유래: 정신차려서, 절제있게, 자제하여, 딛2:12.
☞**신중하게**(딛2:12).

4997. σωφροσύνη, ης, ἡ [sōphrŏsünē][3회] 소프로쉬네
명 4998에서 유래:
1) 온당함, 합리성, 건전한 마음, 행26:25.
2) 선한 판단, 절제, 자제, 정절, 단정, 딤전2:9.
☞**정절**(딤전2:9,15), **온전함**(행26:25).

4998. σώφρων, ον, gen. ονος [sōphrōn][4회] 소프론
형 4982의 어간과 5424의 어간에서 유래: 지각 있는, 분별력 있는, 생각 있는, 자제하는 딤전3:2, 딛2:5.
☞**신중한**(딤전3:2, 딛1:8, 2:5).

Σ

Τ, τ

4999. ταβέρνη, ῶν, αἱ [taběrne][1회] **타베르네**

명 라틴어의 복수: 상점, 여인숙, 오두막, 행28:15.

☞**타베르네, 여관**(행28:15).

5000. Ταβιθά, ἡ [Tabitha][2회] **타비다**

고명 어원은 아람어 6646에서 유래: 욥바 성의 여성도 '다비다' '도르가', 행9:36,40

☞**다비다**(행9:36).

5001. τάγμα, ατος, τό [tagma][1회] **타그마**

명 5021에서 유래: 명령된 것.

1) 분대, 단체, 그룹, 계급, 고전15:23.

2) 서열, 차례, 배열.

☞**차례**(고전15:23).

5002. τακτός, ή, όν [taktŏs][1회] **탁토스**

형 5021에서 유래: 정돈된, 고정된, 일정한, 지정한, 행12:21.

☞**택한**(행12:21).

5003. ταλαιπωρέω [talaipōrĕō][1회] **탈라이포레오**

동 미완료 ἐταλαιπώρουν, 제1부정과거 ἐταλαιπώρησα, 5005에서 유래:

1) [자동사]

① 슬픔을 겪다, 비참하다.

② 탄식하다, 한탄하다, 약4:9.

2) [타동] 괴롭게 하다, 고통을 주다.

☞**슬퍼하다**(약4:9).

5004. ταλαιπωρία, ας, ἡ [talaipōria][2회] **탈라이포리아**

명 5005에서 유래: 비참, 불행, 고민, 근심, 고통, 롬3:16, 약5:1.

☞**고생**(롬3:16, 약5:1).

5005. ταλαίπωρος, ον [talaipōrŏs][2회] **탈라이포로스**

형 5007의 어간과 3984의 어간의 파생어에서 유래: 비참한, 고민하는, 근심하는, 곤궁한, 롬7:24, 계3:17.

☞**곤고한**(롬7:24, 계3:17).

5006. ταλαντιαῖος, α, ον [talantiaiŏs][1회] **탈란티아이오스**

형 5007에서 유래: 한 달란트 무게의, 계16:21.

☞**무게가 한 달란트 되는**(계16:21).

5007. τάλαντον, ου, τό [talantŏu][14회] **탈란톤**

명 τλάω '참다'의 원형의 파생어의 중성: 균형, '달란트'[중량의 단위(26 ~36kg) 또는 화폐의 이름], 마18:24, 15:25-28.

☞**달란트**(마18:24, 25:20,28).

5008. ταλιθά [talitha][1회] **탈리따**

명 아람어 2925에서 유래: 신선함, 소녀. 막5:41. *달리다굼: 소녀야 일어나라.

☞**달리다굼, 소녀**(막5:41).

5009. ταμεῖον, ου, τό [taměiŏn][4회] **타메이온**

명 ταμίας '조제자'의 파생어의 중성 압축형:

1) 창고, 곳간, 눅12:24.

2) 숨겨진 골방, 밀실, 마6:6, 24:26, 눅12:3.

☞**골방**(마6:6, 24:26, 눅12:24).

5010. τάξις, εως, ἡ [taxis][9회] **탁시스**

명 5021에서 유래:

1) 일정한 순서, 계열, 계통, 눅1:8.

2) 질서, 고전14:40, 골2:5.

3) 지위.

4) 본성, 성질, 품질, 양식, 조건, 모양, 히5:6,10, 6:20, 7:11, 17,21.

☞**차례**(눅1:8), **질서**(고전14:40), **규모**(골2: 5), **반차**(히5:6, 6:20, 7:17).

5011. ταπεινός, ή, όν [tapěinŏs][8회] **타페이노스**

형 불확실한 어원에서 파생:

1) 낮은 지위의, 천한, 보잘것없는, 눅1: 52, 롬12:16, 고후7:6, 약1:9.

2) [감정의 상태나 사고방식에 있어서]

① [나쁜 의미] 비굴한, 비열한, 고후10:1.

② [좋은 의미] 겸손한, 겸비한, 마11: 29, 약4:6, 벧전5:5.

☞**겸손한**(마11:29, 약4:6, 벧전5:6), **비천한**(눅1:52, 고후7:6), **낮은**(롬12:16, 약1:9), **유순한**(고후10:1).

5012. ταπεινοφροσύνη, ης, ἡ [tapěi- nŏphrŏsünē][7회]

타페이노프로쉬네
명 5011과 5424의 어간의 합성어에서 유래: 겸손, 겸양, 행20:19, 엡4:2, 빌2:3, 골3:12.
☞**겸손**(행20:19, 엡4:2, 벧전5:5, 빌2:3, 골2:18).

5013. ταπεινόω [tapĕinŏō][14회] **타페이노오**
동 미래 ταπεινώσω, 제1부정과거 ἐ- ταπείν ωσα, 완료 수동태 분사 ἐταπεί- νωσα, 제1부정과거수동태 ἐταπεινώ- θην, 미래수동태 ταπεινωθήσομαι, 5011에서 유래: 낮게 하다.
1) [문자적으로] 산을 낮추다, 평평하게 하다, 눅3:5.
2) [상징적으로]
① [나쁜 의미로] 천하게 하다, 낮게 하다, 굴종시키다, 굴욕을 주다, 마23:12, 고후11:7, 12:21, 빌2:8.
② [좋은 의미로] 겸손하게 하다, 낮추다, 마18:4, 눅14:11.
3) [구약의 용법으로 쓰인 경우] 빌4:12.
☞**낮추다**(마18:4, 고후12:21, 약4:10), **낮아지다**(눅3:5, 18:14), **겸손하다**(벧전5:6), **비천에 처하다**(빌4:12).

5014. ταπείνωσις, εως, ἡ [tapĕinōsis][4회] **타페이노시스**
명 5013에서 유래:
1) 창피 줌, 창피, 굴욕, 약1:10.
2) 비천, 낮은 자리, 눅1:48, 빌3:21.
☞**비천함**(눅1:48), **굴욕을 당함**(행8:33), **낮음**(빌3:21), **낮아짐**(약1:10).

5015. ταράσσω [tarassō][18회] **타랏소**
동 미완료 ἐτάρασσον, 제1부정과거 ἐτάραξ α, 미완료 수동태 ἐταρασσό- μην, 완료 수동태 τετάραγμαι, 완료 수동 분사 τεταρ αγμένος, 제1부정과거 수동태 ἐταράχθην, 불확실한 어원에서 유래:
1) [문자적으로] 뒤흔들다, 요5:4,7.
2) [상징적으로] 뒤끓게 하다, 선동하다, 교란하다, 혼란케 하다, 마2:3, 막6: 50, 눅1:12, 요11:33, 행17:8, 갈1:7.
☞**소동하다**(마2:3, 행17:8, 벧전3:14), **놀라다**(마14:26, 막6:50, 눅1:12), **두려워하다**(눅24:38), **움직이다**(요5:7), **불쌍히 여기다**(요11:33), **괴롭다**(요12:27, 13:21), **근심하다**(요14:1,27), **괴롭게 하다**(행15:24), **교란하다**(갈1:7), **요동하게 하다**(갈5:10).

5016. ταραχή, ῆς, ἡ [tarachē][1회] **타라케**
명 5015에서 유래:
1) [문자적으로] 뒤끓음, 동함, 요5:4,
2) [상징적으로] 소란, 소동, 반란
☞**움직임**(요5:4).

5017. τάραχος, ου, ὁ [tarachŏs][2회] **타라코스**
명 5015에서 유래: 정신적 흥분, 놀람(5016과 같다).
☞**소동**(행19:23, 12:18).

5018. Ταρσεύς, έως, ὁ [Tarsĕus][2회] **타르슈스**
명 5019에서 유래: 다소 사람, 행9:11, 21:39.
☞**다소 사람**(행9:11).

5019. Ταρσός, οῦ, ἡ [Tarsŏs][3회] **타르소스**
고명 ταρσός '평평한 바구니'와 동일어: 소아시아의 한 도시 '다소', 행9:30, 11:25.
☞**다소**(행9:30, 11:25).

5020. ταρταρόω [tartarŏō][1회] **타르타로오**
동 제1부정과거 ἐταρτάρωσα, Τάρτα- ρος [음부의 '심연']에서 유래: 타르타루스(지옥)에 가두다, 감금하다, 벧후2:4.
☞**지옥에 던지다**(벧후2:4).

5021. τάσσω [tassō][8회] **탓소**
동 제1부정과거 ἔταξα, 제1부정과거 중간태 ταξάμην, 완료 τέταχα, 완료 수동태 τέταγ μαι, 완료 수동 분사 τε- ταγμένος:
1) 일정한 곳에 놓다, 두다.
① 임명하다, 자리에 세우다, 롬13:1.
② [전치사와 함께] 막8:9, 눅7:8, 행13:48, 고전16:15.
2) 명하다, 정하다, 지정하다.
① [능동태와 수동태 혼용] 행15:2, 22:10.
② [중간태와 능동태 혼용] 마28:16, 행28:23.
☞**지시하다**(마28:16), **(수하에) 들다**(눅7:8), **작정되다**(행13:48), **작정하다**(행15:2), **정하다**(롬13:1).

5022. ταῦρος, ου, ὁ [taurŏs][4회] **타우로스**
명 기본형으로 보임: 황소, 소, 마22:4, 행14:13, 히9:13, 10:4.
☞**소**(마22:4, 행14:13), **황소**(히9:13, 10:4).

5023. ταῦτα [tauta] **타우타**
대 [지시대명사]. 3778의 복수 대격: 이것들, 그것들.

T

5024. ταῦτά [tauta] 타우타
부 3588과 846의 중성 복수: 그렇게, 그와 같이, 눅6:23, 17:30, 살전2:14.
☞**이와 같이**(눅6:23), **같이**(살전2:14).

5025. ταύταις [tautais] 타우타이스
대 [지시대명사] 3778의 여성 복수 대격: 그녀들을.
☞**이(들)**(마22:40).

5026. ταύτῃ [tautē1] 타우테
대 [지시대명사] 3778의 여성 단수: 그녀.

5027. ταφή, ῆς, ἡ [taphē][1회] 타페
명 2290에서 유래된 남성:
1) 매장.
2) 매장지, 묻는 장소, 마27:7.
☞**묘지**(마27:7).

5028. τάφος, ου, ὁ [taphŏs][7회] 타포스
명 2290에서 유래: 무덤, 묘, 마23:27,29, 27:61, 28:1, 64:66, 롬3:13.
☞**무덤**(마23:27, 28:1).

5029. τάχα [tacha][2회] 타카
부 5036의 중성 복수형: 아마, 혹시, 롬5: 7, 몬1:15.
☞**혹**(롬5:7), **잠시**(몬1:15).

5030. ταχέως [tachĕōs][15회] 타케오스
부 5036에서 유래:
1) [원급]
① 속히, 당장에, 곧, 지체 말고, 눅14: 21, 요11:31, 고전4:19, 빌2:19.
② 너무 빨리, 너무 쉽게, 조급하게, 갈1:6, 살후2:2, 딤전5:22.
2) [비교급 τάχιον]
① 더 속히, 더 빨리.
② [비교하는 뜻 없이] 속히, 곧, 지체없이, 요13:27, 딤전3:14.
3) [최상급 τάχιστα] 할 수 있는대로 빨리, 행17:15.
☞**빨리**(눅14:21, 16:6), **급히**(요11:31), **속히**(고전4:19, 빌2:19, 딤후4:9), **경솔히**(딤전5:22), **쉽게**(살후2:2).

5031. ταχινός, ή, όν [tachinŏs][2회] 타키노스
형 5034에서 유래: 급속한, 빠른, 곧 오게 될, 임박한, 벧후1:14, 2:1.
☞**임박한**(벧후1:14, 2:1).

5032. τάχιον [tachiŏn] 타키온
부 5036의 비교급의 중성 단수: 더 빠르게, 요13:27.
☞**속히**(요13:27, 딤전3:14㊁, 히13:23), **더 빨리**(요20:4), **더 속히**(히13:19).

5033. τάχιστα [tachista] 타키스타
부 5036의 최상급의 중성 복수: 가장 빨리, 가능한 빨리, 행17:15.
☞**속히**(행17:15).

5034. τάχος, ους, τό [tachŏs][8회] 타코스
명 부 5036과 동일어에서 유래:
1) [명사] 속력, 빠름, 신속.
2) [부사]
① 곧, 속히, 당장에, 행12:7, 22:18.
② 오래지 않아, 곧 얼마 안 있어, 눅18:8, 행25:4, 롬16:20.
☞**속히**(눅18:8, 행22:18, 계22:6), **급히**(행12:7).

5035. ταχύ [tachü] 타퀴
부 5036의 중성 단수: 서둘러서 빨리, 갑자기, 빌4:3.
1) 속히, 빨리, 마28:8, 막16:8.
2) 지체 말고, 당장에, 마5:25, 28:7, 눅15:22, 요11:29.
☞**급히**(마5:25, 요11:29), **빨리**(마28:7, 8), **속히**(계2:16, 11:14, 22:20).

5036. ταχύς, εῖα, ύ [tachüs][13회] 타퀴스
형 불확실한 어원에서 유래: 급속한, 빠른, 날쌘, 약1:19.
☞**속히**(약1:19).

5037. τε [tĕ][215회] 테
접 [후접사]
1) [단독으로 사용되는 경우] 그리고, ~와, 또 [절을 연결하여 서로의 밀접한 관계를 보여준다] 요4:42, 6:18, 행2:37,40, 롬2:19, 히12:2.
2) ~같이, ~그렇게, 뿐만 아니라 ~또한, 행26:16, 롬14:8.
3) ① [같은 종류나 반대되는 개념들을 연결] 마22:10, 행1:1, 5:24, 히5:1, 10:33.
② [문장 전체를 연결] 행16:26, 21:30.
☞**그리고, 또, ~와**(요4:42, 행2:40, 롬2:19).

5038. τεῖχος, ους, τό [tĕichŏs][9회] 테이코스
명 5088의 어간과 유사: 벽, 성벽, 성, 행9:25, 고후11:33, 히11:30, 계21:12.
☞**성**(행9:25, 히11:30), **성벽**(고후11:33), **성곽**(계21:12,15,19).

T

5039. τεκμήριον, ου, τό [tĕkmēriŏn][1회]
테크메리온

명 τεκμάρ '목적'의 파생어의 중성으로 추정: 증거, 확실한 증거, 행1:3.

☞**확실한 증거**(행1:3).

5040. τεκνίον, ου, τό [tĕkniŏn][8회]
테크니온

명 5043의 단축형: 작은 아이, 어린 아이, 요13:33, 요일2:12,28, 3:7.

☞**작은 자**(요13:33), **자녀**(갈4:19, 요일2:1, 4:4).

5041. τεκνογονέω [tĕknŏgŏnĕō][1회]
테크노고네오

동 5043과 1096의 어간의 합성어에서 유래: 자녀를 낳다, 딤전5:14.

☞**아이를 낳다**(딤전5:14).

5042. τεκνογονία, ας, ἡ [tĕknŏgŏnia][1회]
테크노고니아

명 5041의 동일어에서 유래: 아기 낳는 것, 아기 낳기, 딤전2:15.

☞**해산함**(딤전2:15).

5043. τέκνον, ου, τό [tĕknŏn][99회] 테크논

명 5088의 어간에서 유래: 아이.

1) [문자적으로]
① [부모와의 관계에서] 자녀, 아들, 마10:21, 21:28, 막13:12, 눅1:7, 2: 48, 15:31, 행7:5, 빌2:22, 계21:5.
② 자손, 후손, 마2:18, 행2:39, 롬9:8.

2) [상징적으로]
① [친한 사이에] 애야, 이 사람아, 마9:2, 막2:5.
② [스승, 사도, 교사, 영적, 정신적] 자녀, 고전4:14, 고후6:13, 딤전1:2.
③ 교회의 회원, 갈4:31, 요이1:1,4,13.
④ [믿음으로 연결된 아브라함의 후예들에 대해] 마3:9, 눅3:8, 요8:39, 롬9:7, 벧전3:6.
⑤ [신자와 하나님과의 관계] 요1:12, 빌2:15.
⑥ 도시의 거주민[히브리적 표현], 마23:37, 눅13:34.

☞**자식**(마2:18, 눅1:17, 벧후2:14), **자손**(마3: 9, 요8:39), **작은 자**(마9:2, 막2:5), **자녀**(마15:26, 행2:39, 계2:23), **아들**(마21:28, 행21: 21, 딤후1:2), **아이**(눅2:48, 계12:4), **새끼**(눅13:34), **어린 아이**(고후12:14), **딸**(벧전3:6).

5044. τεκνοτροφέω [tĕknŏtrŏphĕō][1회]
테크노트로페오

동 제1부정과거 ἐτεκνοτρόφησα, 5043과 5142의 복합어에서 유래: 아이를 양육하다, 기르다, 딤전5:10.

☞**자녀를 양육하다**(딤전5:10).

5045. τέκτων, ονος, ὁ [tĕktōn][2회] 텍톤

명 4088의 어간에서 유래: 목수, 마13: 55, 막6:3.

☞**목수**(마13:55, 막6:3).

5046. τέλειος, α, ον [tĕlĕiŏs][19회]
텔레이오스

형 5056에서 유래: 목적을 달성한, 완전한, 완성한.

1) [사물에 대하여]
① [형용사로] 히9:11, 약1:4,17, 요일4:18.
② [명사로] 롬12:2, 고전13:10.

2) [사람에 대하여]
① [연령] 장성한, 성숙한, 고전2:6, 14:20, 엡4:13, 히5:14.
② 신비종교의 전문술어, 비전(秘傳)을 받은[사람].
③ [도덕적으로] 완전한, 원만한, 마5: 48, 19:21, 골4:12, 약3:2.
④ [하나님을 수식] 마5:48.

☞**온전한**(마5:48, 고전13:10, 약1:4), **장성한**(고전14:20, 히5:14). **[부] 온전히**(빌3:15, 약1:4).

5047. τελειότης, ητος, ἡ [tĕlĕiŏtēts][2회]
텔레이오테스

명 5046에서 유래: 완전, 완성, 성숙, 골3:14, 히6:1.

☞**온전함**(골3:14), **완전함(히6:1*한글성경은 번역상 6:2에 나옴).**

5048. τελειόω [tĕlĕiŏō][23회] 텔레이오오

동 제1부정과거 ἐτελείωσα, 완료 τε- τελείωκα, 완료수동태 τετελείωμαι, 제1부정과거 수동태 ἐτελειώθην, 미래 수동태 τελειωθήσομαι, 5046에서 유래:

1) 완성하다, 끝마치다, 끝내다, 성취하다, 눅13:32, 요4:34, 17:4, 행20:24, 계12:5

2) 완성하다, 완수하다.
① [예수님에 대하여] 히2:10, 5:9, 7:28.
② [예언이나 약속에 대하여] 요19:28.
③ [전에 이미 선하던 사람을] 완전하게 하

다, 히10:1.

④ 완전하게 만들다, 요17:23, 히10:1, 약2:22, 요일2:5, 4:12.

3) 성별하다, 비전을 전하다, 빌3:12.

☞**마치다**(눅2:43, 행20:24), **완전하다**(눅13: 32), **온전히 이루다**(요4:34, 17:4, 19:28), **온전하다**(요17:23, 고후12:9), **온전하게 하다**(히2:10, 10:1,14). **[부] 온전히**(요일4:12,17).

5049. τελείως [tĕlĕiōs][1회] **텔레이오스**

부 5046에서 유래: 충분히, 완전히, 벧전1:13.

☞**온전히**(벧전1:13).

5050. τελείωσις, εως, ἡ [tĕlĕiōsis][2회] **텔레이오시스**

명 5048에서 유래:

1) 완성, 히7:11.

2) 성취, 눅1:45.

☞**이룸**(눅1:45), **온전함**(히7:11).

5051. τελειωτής, οῦ, ὁ [tĕlĕiōtēs][1회] **텔레이오테스**

명 5048에서 유래: 완성하는 자, 완성자, 히12:2.

☞**온전하게 하시는 이**(히12:2).

5052. τελεσφορέω [tĕlĕsphŏrĕō][1회] **텔레스포레오**

동 5056과 5342의 합성어에서 유래: 성숙한 열매를 내다, 눅8:14.

☞**온전히 결실하다**(눅8:14).

5053. τελευτάω [tĕlĕutaō][13회] **텔류타오**

동 미래 τελευτήσω, 제1부정과거 ἐ– τελεύτησα, 완료 분사 τετελευτη– κώς, 5055의 파생어에서 유래된 듯함: [자동사] 종국에 이르다, 죽다, 마2:19, 15:4, 막7:10, 눅7:2, 요11:39, 행2:29.

☞**죽다**(마2:19, 막7:10, 행7:15), **죽게 되다**(눅7:2). **[명] 임종**(히11:22).

5054. τελευτή, ῆς, ἡ [tĕlĕutē][1회] **텔류테**

명 5053에서 유래: 끝, 죽음, 마2:15.

☞**죽기**(마2:15).

5055. τελέω [tĕlĕō][28회] **텔레오**

동 미래 τελέσω, 제1부정과거 ἐτέλε– σα, 완료 τετέλεκα, 완료수동태 τετέ– λεσμαι, 제1부정과거 수동태 ἐτελέσ– θην, 미래 수동태 τελεσθήσομαι, 5056에서 유래:

1) 끝내다, 마치다, 완성하다.

2) 수행하다, 성취하다, 행13:29, 롬2:27, 갈5:16, 약2:8.

3) 완납하다, 바치다, 마17:24, 롬13:6.

☞**마치다**(마11:1, 26:1, 눅2:39, 계11:7), **내다**(마17:24), **이루다**(눅12:50, 요19:28, 계10:7), **응하다**(눅18:31, 행13:29), **바치다**(롬13:6).

5056. τέλος, ους, τό [tĕlŏs][40회] **텔로스**

명 기본형 τέλλω '제한하다'에서 유래:

1) 끝.

① 결말, 정지, 눅1:33, 히7:3, 벧전4:7.

② 마지막, 종말, 종국, 마24:6, 막13: 7, 고전10: 11.

③ 결국, 목표, 결과, 마26:58, 롬10:4, 딤전1:5, 히6:8.

④ [부사적 표현] 마침내, 결국, 끝까지, 마10:22, 24:13, 눅18:5, 고전1:8, 15:24, 고후1:13, 살전2:16, 히6:11.

2) 세금, 관세, 마17:25, 롬13:7, 고전10:11.

☞**끝**(마10:22, 24:6, 막13:13, 눅21:9), **마지막**(롬6:21,22, 고전15:24), **결말**(마26:58, 약5: 11), **결국**(고후3:13), **관세**(마17:25, 롬13:7), **마침**(롬10:4), **목적**(딤전1:5), **말세**(고전10:11).

5057. τελώνης, ου,ὁ [tĕlōnēs][21회] **텔로네스**

명 5056과 5608에서 유래: 세금 징수원, 세리, 세무관리, 마5:46, 눅3:12, 막2: 15,16.

☞**세리**(마5:46, 막2:16, 눅18:11).

5058. τελώνιον, ου, τό [tĕlōniŏn][3회] **텔로니온**

명 5057의 파생어의 중성으로 추정: 세무서, 세관, 마9:9, 막2:14, 눅5:27.

☞**세관**(마9:9, 막2:14, 눅5:27).

5059. τέρας, ατος, τό [tĕras][16회] **테라스**

명 불확실한 어원에서 유래: 경이, 전조, 징조, 기사, 마24:24.

☞**기사(奇事)**(마24:24, 행2:19, 고후12:12), **기적(奇蹟)**(살후2:9).

5060. Τέρτιος, ου, ὁ [Tĕrtiŏs][1회] **테르티오스**

고명 라틴어에서 유래: 바울에게 많은 도움을 준 그리스도인 '더디오', 롬16:22.

☞**더디오**(롬16:22).

5061. Τέρτουλλος, ου, ὁ [Tĕrtüllŏs][2회] **테르툴로스**

고명 어원이 불확실한 파생어: 바울을 고발했던 사람의 이름 '더둘로', 행24:1,2.

☞**더둘로**(행24:1,2).

T

5062. τεσσαράκοντα [tĕssarakŏnta][15회] 텟사라콘타
수 5064의 10배: 마흔, 사십, 마4:2, 막1:13, 눅4:2, 요2:20, 행1:3.
☞**사십**(마4:2, 행7:36, 고후11:24), **마흔**(계11: 2, 13:5).

5063. τεσσαρακονταετής, ές [tĕssarakŏntaĕtēs][2회] 텟사라콘타에테스
명 5062와 2094에서 유래: 마흔 살, 사십 년간, 행7:23, 13:18.
☞**나이 사십**(행7:23), **사십 년**(행13:18).

5064. τέσσαρες [tĕssarēs][30회] 텟사레스
수 사, 넷, 마24:31, 막2:3, 눅2:37, 요11:17.
☞**넷**(막2:3, 행10:11, 계5:14), **사**(눅2:37, 계4:10, 21:17).

5065. τεσσαρεσκαιδέκατος, η, ον [tĕssarĕskaidĕkatŏs][2회] 텟사레스카이데카토스
형 5064와 2532와 1182에서 유래: 열넷째의, 행27:27,33.
☞**열나흘째의**(행27:27,33).

5066. τεταρταῖος, α, ον [tĕtartaiŏs][1회] 테타르타이오스
형 5064에서 유래: 나흘째 된, 나흘 된, 나흘째에 생긴, 요11:39.
☞**나흘째의**(요11:39).

5067. τέταρτος, η, ον [tĕtartŏs][10회] 테타르토스
수 5064에서 유래: 넷째, 계6:8.
☞**사**(마14:25, 계6:8), **나흘**(행10:30), **넷째**(계4:7, 8:12, 21:19).

5068. τετράγωνος, ον [tĕtragōnŏs][1회] 테트라고노스
명 5064와 1137에서 유래: 네모, 사각, 네모꼴, 계21:16.
☞**네모**(계21:16).

5069. τετράδιον, ου, τό [tĕtradiŏn][1회] 테트라디온
명 τέτρας의 파생어의 중성: 네 명, 사인분대, 행12:4.
☞**네 패**(행12:4).

5070. τετρακισχίλιοι, αι, α [tĕtrakis-chiliŏi][5회] 테트라키스킬리오이
수 5064와 5507의 배수 부사에서 유래:4천, 마15:38, 16:10, 막8:9, 행21:38.
☞**사천**(마15:38, 막8:9, 행21:38).

5071. τετρακόσιοι, αι, α [tĕtrakŏsiŏi][2회] 테트라코시오이
수 복 5064와 1540에서 유래:4백, 행5: 36, 7:6, 갈3:17.
☞**사백**(행5:36, 13:20, 갈3:17).

5072. τετράμηνος, ον [tĕtramēnŏs][1회] 테트라메노스
명 5064와 3376의 합성어의 중성: 넉 달, 4개월, 요4:35.
☞**넉 달**(요4:35).

5073. τετραπλοῦς, ῆ, οῦν [tĕtraplŏus][1회] 테트라플루스
형 5064와 4118의 어간의 파생어에서 유래:4배의, 네 갑절의, 네 번의, 눅19:8.
☞**네 갑절의**(눅19:8).

5074. τετράπους, ουν, ποδος [tĕtra- pŏus][3회] 테트라푸스
명 5064와 4228에서 유래: 네 발 가진 짐승, 행10:12, 갈3:17.
☞**네 발 가진 짐승**(행10:12), **네 발 가진 것**(행11:6), **새와 짐승**(롬1:23).

5075. τετραρχέω [tĕtrarchĕō] 테트라르케오
동 5076에서 유래: 영토의 4분의 1 영주가 되다, 분봉왕이 되다, 눅3:1.
☞**분봉왕이 되다**(눅3:1).

5076. τετράρχης, ου, ὁ [tĕtrarchēs] 테트라르케스
명 5064와 757에서 유래: 사분왕, 분봉왕, 마14:1, 눅3:19, 9:7, 행13:1.
☞**분봉왕**(마14:1, 눅9:7, 행13:1).

5077. τεφρόω [tĕphrŏō][1회] 테프로오
동 제1부정과거 ἐτέφρωσα, τέφρα '재'에서 유래: 재로 씌우다, 덮다, 재가 되게 하다, 벧후2:6.
☞**재가 되게 하다**(벧후2:6).

5078. τέχνη, ης, ἡ [tĕchnē][3회] 테크네
명 5088의 어간에서 유래: 기술, 장사, 직업, 행17:29, 18:3, 계18:22.
☞**기술**(행17:29), **생업**(행18:3), **세공업자**(계18:22).

5079. τεχνίτης, ου, ὁ [tĕchnitēs][4회] 테크니테스
명 5078에서 유래: 직공, 공인, 기술자, 고안

T

자, 건축가, 행19:24, 계18:22, 히11:10.
☞**직공**(행19:24,38), **세공업자**(계18:22), **계획하심**(히11:10).

5080. τήκω [tēkō][1회] **테코**
동 [기본형] 미래 수동태 τακήσομαι: 녹이다, 녹슬다, 풀어지다, 해체되다, 벧후3:12.
☞**녹아지다**(벧후3:12).

5081. τηλαυγῶς [tēlaugōs][1회] **텔라우고스**
부 5056과 827의 파생어의 복합어에서 유래: 명백하게, 분명히 막8:25.
☞**밝히**(막8:25).

5082. τηλικοῦτος, αύτη, οῦτο[tēlikŏutōs][4회] **텔리쿠토스**
대 [지시대명사] 2245가 부가된 3588과 3778의 복합어에서 유래:
1) 그렇게 큰, 매우 건장한, [몸이] 아주 큰, 약3:4.
2) 매우 중요한, 아주 훌륭한, 대단히 강한, 고후1:10, 히2:3.
☞**이같이 큰**(고후1:10, 히2:3, 계16:18).

5083. τηρέω [tērĕō][70회] **테레오**
동 미완료 ἐτήρουν, 미래 τηρήσω, 제1부정과거 ἐτήρησα, 완료 τετήρηκα, 미완료 수동태 ἐτηρούμην, 완료수동태 τετήρημαι, 제1부정과거 수동태 ἐτηρήθην, τηρός '감시'에서 유래:
1) 지켜보다, 감시하다, 파수하다, 마28: 4, 행12:5.
2) 지키다, 간직하다, 보존하다, 보호하다, 요2:10, 행25:21, 고전7:37, 딤전6:14, 벧전1:4.
3) 유지하다, 붙들다, 엡4:3, 딤후4:7, 유1:6.
4) 보호하다, 요17:15, 계3:10.
5) 준수하다, 준행하다, 지키다, 유의하다, 마23:3, 요14:15, 계12:17, 22:7.
☞**지키다**(마19:17, 마28:4, 딤전5:22, 계3:3), **지키게 하다**(마28:20), **두다**(요2:10, 12:7), **보전하다**(요17:11,15), **갇히다**(행12:5), **간직하다**(벧전1:4), **구류하다**(행25:4), **지켜주다**(행25:21), **그대로 두다**(고전7:37), **조심하다**(고후11:9), **보전되다**(살전5:23), **예비되다**(유13).

5084. τήρησις, εως, ἡ [tērēsis][3회] **테레시스**
명 5083에서 유래:
1) 감금, 구속.
2) 감옥, 행4:3, 5:18.
3) 준행, 준수, 고전7:19.
☞**가둠**(행4:3, 5:18), **지킴**(고전7:19).

5085. Τιβεριάς, άδος, ἡ [Tibĕrias][3회] **티베리아스**
고명 5086에서 유래: 게네사렛 호수 서안에 있는 한 도시 '디베랴', 요6:1,23, 21:1.
☞**디베랴**(요6:23, 21:1).

5086. Τιβέριος, ου, ὁ [Tibĕriŏs][1회] **티베리오스**
고명 라틴어에서 유래: 한 로마 황제의 이름 '디베료', 눅3:1.
☞**디베료**(눅3:1).

5087. τίθημι [tithēmi][100회] **티데미**
동 미완료 3인칭단수 ἐτίθει, 미완료 3인칭복수 ἐτίθεσαν, ἐτίθουν, 미래 θήσω, 제1부정과거 ἔθηκα, 제2부정과거 가정법 θῶ, 제2부정과거 2인칭복수명령형 θέτε, 제2부정과거 분사 θείς, 완료 τέθεικα, 미래 중간태 θή- σομαι, 제2부정과거부정사 θεῖναι, 제2부정과거 중간태 ἐθέμην, 완료수동태 τέθειμαι, 완료 수동 분사 τεθει- μένος, 제1부정과거수동태 ἐτέθην.

1. [능동과 수동으로]
1) 뉘우다.
① [일반적 의미로] 요11:34, 롬14:13, 계10:2.
② [특수한 표현] 막15:19, 눅22:41, 요2:10, 행7:60.
③ [상업 술어] 예금하다, 예치하다, 저축하다, 눅19:21.
④ [기타]
㉠ 벗다, 요13:4.
㉡ 버리다, 요10:11,15,17,18.
㉢ 결심하다, 눅21:14.
㉣ 나타내다, 막4:30.
⑤ [율법에 대해] 세우다, 주다, 갈3:19.
2) 삼다, 되게 하다.
① [이중 목적어를 취하여] 마22:44, 눅10:43, 롬4:17, 고전9:18, 히1:2.
② [수동태] 행13: 47.

2. [중간태로]
1) 놓다, 두다, 뉘우다.
① [대격과 함께] 배정하다, 정하다, 세우다, 행1:7, 고전12:18, 고후5:19.

T

② 행5:18,25, 12:4.
③ 눅1:66, 행5:4.
2) 만들다.
① [대격과 함께] 행27:12.
② [2중 대격] 행20:28, 고전12:28.
③ 살전5:9, 딤전1:12.

☞**두다**(마5:15, 눅1:66, 고전16:2), **주다**(마12: 18), **가두다**(마14:3, 행4:3, 12:4), **처하다**(마24:51, 눅12:46), **넣어두다**(마27:60), **장사하다**(막6:29, 눅23:53), **떠나다**(행27:12), **절하다**(막15:19), **놓다**(눅5:18, 6:48), **담아두다**(눅9:44), **쌓다**(눅14:29), **닦아두다**(고전3:11), **버리다**(요10:11,18), **벗다**(요13:4), **세우다**(요15:16, 살전5:9, 히1:2), **붙이다**(요19:19), **누이다**(행5:15), **장사되다**(행7:16), **꿇다**(행9:40, 21:5), **삼다**(행13:47), **작정하다**(행19:21).

5088. τίκτω [tiktō][18회] **틱토**

동 미래 τέξομαι, 제2부정과거 ἔτε- κον, 제1부정과거수동태 ἐτέχθην, 기본형 τέκω의 강세형: 낳다, 해산하다.
1) [문자적으로] 마1:21, 눅1:31, 계12:4.
2) [상징적으로] 내다, 산출하다, 히6:7, 약1:15.

☞**낳다**(마1:21, 눅1:31, 계12:13), **나다**(마2:2), **해산하다**(눅2:6, 계12:4), **잉태하다**(갈4:27).

5089. τίλλω [tillō][3회] **틸로**

동 미완료 ἔτιλλον, 138의 대체어와 4951과 유사: 따다, 뜯다, 마12:1, 막2:23, 눅6:1.

☞**자르다**(마12:1, 막2:23, 눅6:1).

5090. Τιμαῖος, ου, ὁ [Timaiŏs][1회] **티마이오스**

고명 아람어 2931에서 유래: 한 이스라엘 사람 '디매오', 막10:46.

☞**디매오**(막10:46).

5091. τιμάω [timaō][21회] **티마오**

동 미래 τιμήσω, 제1부정과거 ἐτίμη- σα, 제1부정과거중간태 ἐτιμησάμην, 완료 수동태 τετίμημαι, 완료수동분사 τετιμημένος, 5093에서 유래:
1) 값을 치다, 평가하다, 값을 정하다, 마27:9.
2) 존경하다, 공경하다, 마15:8, 막7:6, 요5:23.

☞**공경하다**(마15:4, 막7:6, 요5:23, 벧전2:17), **가격매기다**(마27:9), **귀히 여기다**(요12:26), **대접하다**(행28:10), **존대하다**(딤전5:3).

5092. τιμή, ῆς, ἡ [timē][41회] **티메**

명 5099에서 유래:
1) 값, 가치, 마27:9, 행19:19, 고전6:20.
2) 존경, 공경.
① [능동적 의미] 존경함, 공경하는 것, 행28:10, 딤전6:1.
② [수동적 의미] 존경, 영예, 요4:44, 롬13:7, 히3:3.
③ [존재의 상태] 존경받을 만함, 존경할 만함, 살전4:4.
④ 존귀한 자리, 히5:4.
⑤ 사례금, 보상, 골2:23, 딤전5:17.

☞**값**(마27:6, 고전6:20), **가격**(마27:9), **예**(행28:10), **유익**(골2:23), **보배**(벧전2:7), **존귀**(롬2:7, 살전4:4, 딤전1:17, 계21:26), **존경**(롬12:10, 13:7, 딤전5:17), **귀한 것**(고전12:23), **공경**(딤전6:1), **귀함**(벧전3:7), **높임**(요4:44).

5093. τίμιος, α, ον [timiŏs][13회] **티미오스**

형 5092에서 유래: 값있는, 가치있는, 고귀한,
1) [물건에 대해]
① 값진, 귀한, 고전3:12, 계17:4.
② 매우 가치있는, 귀중한, 약5:7, 벧전1:19, 벧후1:4.
③ 귀하게 여김 받는, 히13:4.
2) [사람에 대해] 존경받는, 행5:34.

☞**존경받는**(행5:34), **(귀중한)**(고전3:12, 계 17:4, 21:19), **귀한**(행20:24), **귀히 여기는**(히13:4), **보배로운**(벧전1:19, 벧후1:4).

5094. τιμιότης, ητος, ἡ [timiŏtēs][1회] **티미오테스**

명 5093에서 유래: 값비싼, 고귀한 물건들의 풍성함, 계18:19.

☞**보배로운 상품**(계18:19).

5095. Τιμόθεος, ου, ὁ [Timŏthĕŏs][24회] **티모데오스**

고명 5092와 2316에서 유래: 하나님께 사랑받는, 바울의 동역자 '디모데', 행17: 14, 18:5, 롬16:21.

☞**디모데**(행17:14, 18:5, 롬16:21).

5096. Τίμων, ωνος, ὁ [Timōn][1회] **티몬**

고명 5092에서 유래: 가치 있는, 예루살렘 교회의 일곱 집사 중 한 사람 '디몬', 행6:5.

☞**디몬**(행6:5).

5097. τιμωρέω [timŏrĕō][2회] **티모레오**

T

동 제1부정과거 수동태 ἐτιμωρήθην, 5092와 οὖρος '명예를 지키다'의 복합어에서 유래: 벌하다, 벌받게 하다, 행22:5, 26:11.

☞**형벌받다**(행22:5), **형벌하다**(행26:11).

5098. τιμωρία, ας, ἡ [timōria][1회] **티모리아**

명 5097에서 유래: 벌, 형벌, 히10:29.

☞**형벌**(히10:29).

5099. τίνω [tinō][1회] **티노**

동 미래 τίσω, 기본형 τίω의 강세형: 받다, 당하다, 겪다, 살후1:9.

☞**(멸망의 형벌을) 받다**(살후1:9).

5100. τὶς, τὶ [tis][555회] **티스**

대 [부정대명사] 속격 τίνος, 여격 τί－ν ι, 대격 τίνα: 어떤 사람, 어떤 것.

1) [명사적으로]

① 어떤 사람, 마12:29, 막8:4, 눅13:1, 몇, 마9:3, 막7:1, 눅6:2.

② 어느 사람, 눅9:49, 롬3:8, 고후2:5.

③ 어떤 것, 얼마, 마5:23, 막8:23.

④ 아무 것도 아닌, 행25:8, 딤전6:7.

2) [형용사적으로] 어떤, 어느, 마18:12, 막15:21, 눅1:5, 10:31, 17:12, 23:26, 행8:9,34, 10:5,6, 21:16, 25:26, 고전1:16.

☞**(어떤) 사람**(마12:29), **(어떤) 것**(마5:23), **어떤, 어느**(마18:12).

5101. τίς, τί, gen. τινός, dat. τινί acc. τινά τὶ [tis][526회] **티스**

대 [의문대명사] 5100의 강세형으로 보임: 누구, 어느 것, 무엇.

1) [명사적으로]

① 누구, 어느 사람, 마3:7, 눅3:7, 행8:33.

② 어떤 사람, 마27:17, 눅5:21, 22:27, 요8:53, 9:2, 행11:17.

③ 무엇, 마17:25, 21:28, 요1:22.

2) [부사적으로]

① 무엇에, 눅13:18,20.

② 어째서, 무엇 때문에, 마5:13, 12:27, 행4:9.

☞**누가?**(마3:7), **무엇?**(요1:22), **어떤 것?**(막1:27).

5102. τίτλος, ου, ὁ [titlŏs][2회] **티틀로스**

명 라틴어에서 유래: 칭호, 비문, (책의) 표제, 제목, 명패, 요19:19,20.

☞**패(牌)**(요19:19,20).

5103. Τίτος, ου, ὁ [Titŏs][13회] **티토스**

고명 라틴어에서 유래:

1) '디도', 고후2:13, 갈2:1, 딤후4:10.

2) 유스도의 별명 '디도', 행18:7.

☞**디도**(행18:7, 고후2:13, 7:6, 갈2:1,3, 딤후4:10).

5104. τοί [tŏi] **토이**

부 3588의 여격의 대용: 진실로, 그러나.

☞**그러나.**

5105. τοιγαροῦν [tŏigarŏun][2회] **토이가룬**

부 5104, 1063과 3767에서 유래: 그런 이유로, 그러므로, 살전4:8, 히12:1.

☞**그러므로**(살전4:8, 히12:1).

5106. τοίνυν [tŏinün][3회] **토이뉜**

부 5104, 1063과 3767에서 유래: 그래서, 그러니까, 따라서, 눅20:25, 고전9:26, 약2:24.

☞**그런즉**(눅20:25), **그러므로**(고전9:26).

5107. τοιόσδε, ἅδε, όνδε [tŏiŏsdĕ][1회] **토이오스데**

부 5104와 1161의 파생어에서 유래: 이와 같은, 이런 종류의, 벧후1:17.

☞**이러한**(벧후1:17).

5108. τοιοῦτος, αύτη, οῦτον [tŏiŏu－tŏs][57회] **토이우토스**

부 5104와 3778의 파생어에서 유래: 이와 같은 종류의, 이와 같은.

1) [상관적 형용사로] 행26:29, 고전15: 48, 고후10:11.

2) ① [명사와 함께] 마9:8, 막4:33, 6:2, 9:37, 요9:16, 고전5:1, 고후12:3, 히8:1.

② 요4:23, 몬1:9.

☞**이런**(갈5:21), **이같이**(눅13:2), **이렇게**(요4:23), **그런**(고전5:11), **(이와 같이)**(몬9).

5109. τοῖχος, ου, ὁ [tŏichŏs][2회] **토이코스**

명 5038의 다른 형태: 벽, 행23:3.

☞**담**(행23:3).

5110. τόκος, ου, ὁ [tŏkŏs][2회] **토코스**

명 5088의 어간에서 유래: 이자, 마25: 27, 눅19:23.

☞**이자**(마25:27, 눅19:23).

5111. τολμάω [tŏlmaō][16회] **톨마오**

동 제1부정과거 ἐτόλμησα, τόλμα '대담함'에서 유래:

1) [부정사와 함께]

① 감히 ~하다, 용기를 가지다, ~할 만큼 용감하다, 마22:46, 막12:34, 눅20:40,

요21:12.

② 할 마음이 들다, ~할 생각을 하다, 롬15:18, 고전6:1, 고후10:12, 유1:9.

2) [단독으로] 용기가 있다, 용기를 보이다, 용기를 내다, 막15:43, 고후10:2, 11:21.

☞**담대하다**(고후11:21), **감히~하다**(마22:46, 막12:34, 유1:9), **당돌히~하다**(막15:43), **용감히~하다**(롬5:7), **담대히~하다**(고후10:2, 빌1:14).

5112. τολμηρῶς [tŏlmērŏtĕros][1회] **톨메로스**

부 5111의 어간의 파생어의 비교급: 더 대담하게, 더 용감하게, 더 배짱좋게, 더 도덕적으로, 더 무엄하게, 더 뻔뻔스럽게, 롬15:15.

☞**더욱 담대히**(롬15:15).

5113. τολμητής, οῦ, ὁ [tŏlmētēs][1회] **톨메테스**

명 5111에서 유래: 대담한, 뱃심 좋은 사람, 벧후2:10.

☞**당돌한 자**(벧후2:10).

5114. τομός [tŏmōtĕrŏs][1회] **토모스**

형 기본형 τέμνω의 파생어의 비교급: 더 예민한, 더 예리한[하나님의 말씀을 상징], 히4:12.

☞**예리한(히4:12).**

5115. τόξον, ου, τό [tŏxŏn][1회] **톡손**

명 5088의 어간에서 유래: 활, 계6:2.

☞**활**(계6:2).

5116. τοπάζιον, ου, τό [tŏpaziŏn][1회] **토파지온**

명 τόπαζος '황옥석'의 파생어의 중성: 황옥, 계21:20.

☞**담황옥**(계21:20).

5117. τόπος, ου, ὁ [tŏpŏs][94회] **토포스**

명 기본형으로 보임: 장소, 곳, 위치, 지방, 지역.

1) [문자적으로]

① 곳, 마14:35, 막6:11, 눅4:37, 행6:13.

② 장소, 지점, 장면, 마14:13, 막1:35, 눅6:17, 10:32, 요5:13.

③ 지방, 지역, 마12:43, 눅14:22, 계12:14.

2) [특수한 의미로]

① 책의 귀절, 곳, 눅4:17.

② 지위, 직임, 행1:25.

③ 가능성, 기회, 행25:16, 엡4:27, 히12:17.

☞**곳**(롬9:26), **빈들**(마14:13,15, 눅9:12), **곳곳**(마24:7, 막13:8), **자리**(눅14:9,22), **땅**(요11:48), **거처**(요14:2,3), **처소**(행7:49), **지역**(행16:3), **기회**(행25:16), **틈**(엡4:27), **토지**(행28:7), **처지**(고전14:16), **평지**(눅6:17), **끝자리**(눅14:10).

5118. τοσοῦτος, αὕτη, οῦτον [tŏsŏu-tŏs][20회] **토수토스**

형 τόσος '매우 많이'와 3778에서 유래: 이렇게 큰, 이렇게 많은[명사와 함께].

① [단수, 양적으로] 계18:17.

② [시간] 그렇게 오랜, 요14:9, 히4:7.

③ [질적으로] 마8:10, 눅7:9.

④ [복수, 수적으로] 요6:9, 갈3:4.

☞**이만한**(마8:10), **이런~만큼**(마15:33), **이렇게 많은**(요12:37), **이렇게 오래**(요14:9), **이같이 많은**(요21:11), **그러한**(계18:17).

5119. τότε [tŏtĕ][160회] **토테**

부 [관계부사] 3588과 3753에서 유래:

1) 그때에.

① [과거에 대해서] 그때에, 마2:17, 27:9, 눅16:16, 벧후3:6.

② [미래에 대하여] 그때에, 마13:43, 고전13:12.

③ 아무 때나, 고후12:10.

2) [시간적으로 뒤를 나타냄] 그 다음에, 그리고 나서, 그리고, 그 후, 곧, 마2: 7, 막13:21, 눅11:26, 21:27, 행1:12.

☞**(이)에**(행1:12), **이때에**(마3:5), **그때에**(골3:4), **그 후에**(마5:24), **그리하면**(갈6:4), **곧**(마8:26), **때에**(마13:26), **그제서야**(마16: 12), **후에**(막3:27).

5120. τοῦ [tŏu] **투**

관 3588의 속격: 그의, 행17:28.

☞**그의**(행17:28).

5121. τοὐναντίον [tŏunantiŏn][3회] **투난티온**

부 3588의 중성과 1726의 축약형: 반대로, 도리어, 갈2:7.

☞**도리어**(갈2:7, 벧전3:9), **그런즉 (반대로)**(고후2:7).

5122. τοὔνομα [tŏunŏma][1회] **투노마**

형 3588의 중성과 3686의 축약형: 이름이 ~이라 하는, 마27:57.

☞~이라 하는(마27:57).

5123. τουτέστι [tŏutĕsti] 투테스티
5124와 2076의 축약형: 말하자면, 의미하는, 행1:19, 19:4.
☞(이는) 곧(마27:46), 곧(롬7:18), 이는(행1:19).

5124. τοῦτο [tŏutŏ] 투토
대 [지시대명사] 3778의 중성 단수 주격 혹은 목적격: 그것이, 그것을, 마6:25, 눅22:15, 롬5:12.

5125. τούτοις [tŏutŏis] 투토이스
대 [지시대명사] 3778의 남성 혹은 중성 복수 여격: 이들[사람, 사물]에게, 이들과 함께, 행4:16.

5126. τοῦτον [tŏutŏn] 투톤
대 [지시대명사] 3778의 남성 단수 목적격: 이 남자를, 요18:40, 행2:23.

5127. τούτου [tŏutŏu] 투투
대 [지시대명사] 3788의 남성 혹은 중성 단수 소유격: 이 사람의, 이 사물의, 요12:31.

5128. τούτους [tŏutŏus] 투투스
대 [지시대명사] 3778의 남성 복수 목적격: 이 남자들을, 이 사람들을, 눅9:28.

5129. τούτῳ [tŏutō1] 투토
대 [지시대명사] 3778의 남성 혹은 중성 단수 여격: 이 남자에게, 이 사람에게, 이것에게, 행1:6. [주] 여격은 ~에 있어서, ~와 함께, ~에 의해서 등으로 해석될 수 있다.

5130. τούτων [tŏutōn] 투톤
대 [지시대명사] 3778의 남성 복수 속격: 이들의, 눅7:18.

5131. τράγος, ου, ὁ [tragŏs][4회] 트라고스
명 5176의 어간에서 유래: 수염소, 염소, 히9:12,13,19, 10:4.
☞염소(히9:12,19, 10:4).

5132. τράπεζα [trapĕza][15회] 트라페자
명 5064와 3974에서 유래된 축약형:
1) 대, 탁자[어떤 것을 올려놓을 수 있는 것], 히9:2.
2) 식탁, 마15:27, 막7:28, 눅16:21, 22:21.
3) 음식, 양식[식탁 위에 있는 것을 비유적으로 표현할 경우], 행16:34.
4) 상[환전상이 돈을 늘어놓는 곳], 은행, 마21:12, 막11:15.
☞상(마15:27, 눅16:21, 고전10:21), 은행(눅19:23), 접대(행6:2), 음식(행16:34), 밥상(롬11:9).

5133. τραπεζίτης, ου, ὁ [trapĕzitēs][1회] 트라페지테스
명 5132에서 유래: 환전업자, 돈 장수, 고리대금업자, 마25:27.
☞취리하는 자(마25:27).

5134. τραῦμα, ατος, τό [trauma][1회] 트라우마
명 τιτρώσκω '상하게 하다'에서 유래: 상처, 눅10:34.
☞상처(눅10:34).

5135. τραυματίζω [traumatizō] 트라우마티조
동 제1부정과거 ἐτραυμάτισα, 제1부정과거 수동태 ἐτραυματίσθην, 완료수동 분사 τετραυματισμένος, 5134에서 유래: 상처를 주다, 상처를 가하다, 상하다, 눅20:12, 행19:16.
☞상하게 하다(눅20:12), 상하다(행19:16).

5136. τραχηλίζω [trachēlizō][1회] 트라켈리조
동 완료수동 분사 τετραχηλισμένος, 5137에서 유래: 드러나다, 명백해지다, 히4:13.
☞드러나다(히4:13).

5137. τράχηλος, ου, ὁ [trachēlŏs] 트라켈로스
명 5143에서 유래: 목, 목구멍, 눅15:20, 행15:10, 20:37, 롬16:4.
☞목(마18:6, 행15:10, 롬16:4).

5138. τραχύς, εῖα, ύ [trachüs][2회] 트라퀴스
형 4486의 어간에서 유래한 듯: 거친, 평탄하지 않은, 울퉁불퉁한, 눅3:5, 행27:29.
☞험한(눅3:5), 거친[모난] (곳), (암초) (행27:29).

5139. Τραχωνῖτις, ιδος [Trachōnitis][1회] 트라코니티스
고명 5138의 파생어에서 유래: 시리아의 한 지방 이름 '드라고닛', 눅3:1.
☞드라고닛(눅3:1).

5140. τρεῖς, τρία [trĕis][67회] 트레이스
수 속격 τριῶν, 여격 τρισίν: 셋, 마12:40.
☞사흘(마12:40, 눅2:46, 계11:9), 셋(마17:4, 눅9:33, 고전14:29), 세 번(고후13:1).

5141. τρέμω [trĕmō][3회] 트레모
동 τρέω '무섭다'의 강세형: 떨다, 무서워하다, 두려워하다, 벧후2:10.

T

☞**떨다**(막5:33, 눅8:47, 벧후2:10).

5142. τρέφω [trĕphō][9회] 트레포

동 제1부정과거 ἔθρεψα, 완료수동분사 τεθραμμένος, 5157의 어간에서 유래:

1) 먹이다, 양육하다, 부양하다, 사육하다, 마6:26, 눅12:24, 계12:6.
2) 원조하다, 후원하다, 지지하다, 행12:20.
3) [아들을] 기르다, 양육하다, 훈련하다. [주] 수동태: 자라다, 눅4:16.

☞**기르다**(마6:26, 눅12:24), **대접하다**(마25: 37), **자라나다**(눅4:16), **나다**(행12:20), **살찌게 하다**(약5:5), **양육하다**(계12:6), **양육받다**(계12:14).

5143. τρέχω [trĕchō][20회] 트레코

동 [기본형] 미완료 ἔτρεχον, 제2부정과거 ἔδραμον: 달리다, 뛰다.

1) [문자적으로] 막5:6, 눅15:20, 요20:2.
2) [비유적으로]
   ① 힘써 나아가다, 애써 전진하다, 롬9: 16, 고전9:24, 갈5:7, 히12:1.
   ② 빨리 나아가다, 살후3:1.

☞**달려가다**(마27:48, 눅24:12, 요20:2), **달음질하다**(마28:8, 요20:4, 살후3:1), **달려오다**(막5:6), **경주하다**(히12:1). **[명] 달음질**(갈2:2, 5:7, 빌2:16).

5144. τριάκοντα [triakŏnta][9회] 트리아콘타

수 5140의 10배: 서른, 삼십, 마13:8, 막4:8.

☞**삼십 배**(마13:8,23, 막4:8), **삼십**(마26:15, 요5:5, 갈3:17).

5145. τριακόσιοι, αι, α [triakŏsiŏi][2회] 트리아코시오이

수 5140과 1540에서 유래된 복수: 삼백, 막14:5, 요12:5.

☞**삼백**(막14:5, 요12:5).

5146. τρίβολος, ου, ὁ [tribŏlŏs][2회] 트리볼로스

명 5140과 956에서 유래: 엉겅퀴, 마7: 16, 히6:8.

☞**엉겅퀴**(마7:16, 히6:8).

5147. τρίβος, ου, ἡ [tribŏs][3회] 트리보스

명 5131과 5134의 어간과 유사: 밟아 다져진 길, 소로, 오솔길, 마3:3, 막1:3, 눅3:4.

☞**길**(마3:3, 막1:3, 눅3:4).

5148. τριετία, ας, ἡ [triĕtia][1회] 트리에티아

명 5140과 2094에서 유래: 삼 년간, 행20:31.

☞**삼 년**(행20:31).

5149. τρίζω [trizō][1회] 트리조

동 [기본형] 찢는 듯 소리내다, 삐걱삐걱하다, 갈다, 막9:18.

☞**(이를) 갈다**(막9:18).

5150. τρίμηνος, ον [trimēnŏs][1회] 트리메노스

형 5140과 3376의 합성어의 중성: 석 달의, 삼 개월의, 석 달 동안의, 히11:23.

☞**석 달의**(히11:23).

5151. τρίς [tris][12회] 트리스

부 5140에서 유래: 세 번, 마26:34, 막14:30, 눅22:34.

☞**세 번**(마26:34, 행10:16, 고후11:25).

5152. τρίστεγον, ου, τό [tristĕgŏn][1회] 트리스테곤

명 5140과 4721의 복합어의 중성: 삼 층.

☞**삼 층**(행20:9).

5153. τρισχίλιοι, αι, α [trischiliŏi][1회] 트리스킬리오이

수 5151과 5507에서 유래: 삼천, 행2:41.

☞**삼천**(행2:41).

5154. τρίτος, η, ον [tritŏs][56회] 트리토스

수 5140에서 유래: 셋째.

① [형용사로 사용된 경우] 마16:21, 눅9:22, 고후12:2.
② [명사로 사용된 경우] τὸ νενομισμένον τρίτον: 셋째 것, 삼분의 일, 계8:7–12, 9:15,18, 12:4.
③ [부사로 사용된 경우] 세 번째로, 막14:41, 눅23:22, 요21:17.

☞**삼일**(마16:21, 눅13:32, 고전15:4), **삼**(마20:3, 계8:12), **셋째**(마22:26, 막12:21, 계4:7), **세 번째**(막14:41, 눅23:22, 고후13:1).

5155. τρίχινος, η, ον [trichinŏs][1회] 트리키노스

형 2359에서 유래: 털로 만든, 머리카락으로 만든, 계6:12.

☞**검은 털로 짠 (상복)(총담)**(계6:12).

5156. τρόμος, ου, ὁ [trŏmŏs][5회] 트로모스

명 5141에서 유래: 떨림, 떠는 것, 막16: 8, 고후7:15, 엡6:5.

☞**떪**(막16:7, 고전2:3, 고후7:15, 엡6:5), **떨림**(빌2:12).

5157. τροπή, ῆς, ἡ [tropē][1회] 트로페

명 회전, 변화, 약1:17.
☞**회전**(약1:17).

5158. τρόπος, ου, ὁ [trŏpŏs][13회] 트로포스
명 5157과 동일어에서 유래:
1) 태도, 양상, 습관, 풍습, 방도, 종류, 자태, 모양, 행1:11, 살후3:16, 딤후3:8.
2) 생활방도, 마음가짐, 행위, 성격, 히13:5.
☞**행동**(유1:7), **방도**(빌1:18).

5159. τροποφορέω [trŏpŏphŏrĕō][1회] 트로포포레오
동 제1부정과거 ἐτροποφόρησα, 5158과 5409에서 유래: [~의 행동을] 용서하다, 참아주다, 행13:18.
☞**(소행을) 참다**(행13:18).

5160. τροφή, ῆς, ἡ [trŏphē][16회] 트로페
명 5141에서 유래: 음식물.
1) [문자적으로] 마3:4, 6:25, 눅12:23, 행14:17.
2) [상징적으로] 히5:12,14.
☞**음식**(마3:4, 눅12:23, 행27:34, 히5:12,14), **먹을 것**(마10:10, 요4:8), **양식**(마24:45, 약2:15).

5161. Τρόφιμος, ου, ὁ [Trŏphimŏs][3회] 트로피모스
고명 5160에서 유래: 바울과 함께 예루살렘까지 동행했던 사람 '드로비모', 행20: 4, 21:29, 딤후4:20.
☞**드로비모**(행20:4, 21:29, 딤후4:20).

5162. τροφός, οῦ, ἡ [trŏphŏs][1회] 트로포스
명 5142에서 유래: 유모, 어머니, 살전2:7.
☞**유모**(살전2:7).

5163. τροχιά, ᾶς, ἡ [trŏchia][1회] 트로키아
명 5164에서 유래: 수레바퀴 자국, 길, 히12:13.
☞**길**(히12:13).

5164. τροχός, οῦ, ὁ [trŏchŏs][1회] 트로코스
명 5143에서 유래: 수레바퀴, 약3:6.
☞**수레바퀴**(약3:6).

5165. τρύβλιον, ου, τό [trübliŏn][2회] 트뤼블리온
명 불확실한 어원에서 유래: 대접, 접시, 마26:23, 막14:20.
☞**그릇**(마26:23, 막14:20).

5166. τρυγάω [trügaō][3회] 트뤼가오
동 [기본형] 미래 τρυγήσω, 제1부정과거 ἐτρύγησα: 거두다, 따다, 눅6:44, 계14: 18,19.
☞**따다**(눅6:44), **거두다**(계14:18,19).

5167. τρυγών, όνος, ἡ [trügōn][1회] 트뤼곤
명 τρύζω '중얼거리다'에서 유래: 호도애[비둘기 종류], 눅2:24.
☞**산비둘기**(눅2:24).

5168. τρυμαλιά, ᾶς, ἡ [trümalia][1회] 트뤼말리아
명 τρύω '닳아 빠지다'에서 유래: 구멍, 바늘귀, 막10:25.
☞**바늘귀**(막10:25, 눅18:25).

5169. τρύπημα, ατος, τό [trüpēma][1회] 트뤼페마
명 5168의 파생어에서 유래: 뚫린 것, 구멍, 바늘귀, 마19:24.
☞**바늘귀**(마19:24).

5170. Τρύφαινα, ης, ἡ [Trüphaina][1회] 트뤼파이나
고명 5172에서 유래: 로마서에서 안부를 받는 여자 그리스도인 '드루배나', 롬16:12.
☞**드루배나**(롬16:12).

5171. τρυφάω [trüphaō][1회] 트뤼파오
동 제1부정과거 ἐτρύφησα, 5172에서 유래: 사치한 생활을 하다, 방종한 생활을 하다, 마시고 흥청거리다, 약5:5.
☞**사치하다**(약5:5).

5172. τρυφή, ῆς, ἡ [trüphē][2회] 트뤼페
명 θρύπτω '깨뜨리다'에서 유래:
1) 방종, 마시고 흥청댐, 벧후2:13.
2) 사치, 방탕, 호화찬란함, 눅7:25.
☞**즐기고 노는 것**(벧후2:13), **사치하게 지내는 자**(눅7:25).

5173. Τρυφῶσα, ης, ἡ [Trüphōsa][1회] 트뤼포사
고명 5172에서 유래: 한 여자 그리스도인의 이름 '드루보사', 롬16:12.
☞**드루보사**(롬16:12).

5174. Τρῳάς, άδος, ἡ [Trōas][6회] 트로아스
고명 5172에서 유래: 소아시아의 북서부에 위치한 도시와 그 주변 지역의 이름 '드로아', 행16:8,11, 20:5,6, 고후2:12, 딤후4:13.
☞**드로아**(행16:8,11, 20:6, 고후2:12, 딤후4:13).

5175. Τρωγύλλιον, ου, τό [Trōgülliŏn] 트로귈리온
고명 불확실한 파생어에서 유래: 소아시아의

에베소 남쪽 지방에 있는 곳의 이름 '드로 굴리온', 행20:15.

☞(행20:15). **한글성경에 번역 안됨.**

5176. τρώγω [trōgō][6회] **트로고**

동 5167과 5149의 어간의 강세형: 쏠아먹다, 갉아먹는다, 와삭와삭 먹다, 먹다, 마24:38, 요6:54.

☞**먹다**(마24:38, 요6:56, 13:18).

5177. τυγχάνω [tüngchanō][12회] **튕카노**

동 미완료 ἐτύγχανον, 미래 τεύξομαι, 제2부정과거 ἔτυχον, 완료 τέτευχα, 5088의 어근과 유사:

1) 당하다, 달하다, 얻다, 찾다, 체험하다[속격을 취함], 눅20:35, 행24:2.

2) [자동사] 생기다, 일어나다, ~으로 되다.

① 우연히 ~되다, 눅10:30.

② εἰ τύχοι: 만일 그렇게 된다면, 아마, 고전14:10.

③ τυχόν: 그렇게 된다면, 아마 ~할 수 있으면, 행12:15, 고전16:6.

④ ὁ τυχών: 길에서 우연히 만난 첫 사람. [예] οὐχ ὁ τυχών: 보통 사람이 아닌.

☞**얻다**(눅20:35, 히8:6, 11:35), **누리다**(행24:2 *한글성경에 번역상 3절에 나타남), **받다**(행26:22).

5178. τυμπανίζω [tümpanizō][1회] **튐파니조**

동 제1부정과거 수동태 ἐτυπανίσθην, 5180의 파생어에서 유래: 아프게 때리다, 아프게 하다, 히11:35.

☞**심한 고문을 받다**(히11:35).

5179. τύπος, ου, ὁ [tüpŏs][15회] **튀포스**

명 5180에서 유래:

1) 찍힌 자리, 맞은 자리, 표, 흔적, 요20:25.

2) 모형, 형상.

3) 형성된 것, 빚어진 것, 초상, 행7:43.

4) 모양, 형성, 형식, 행23:25, 롬6:17.

5) 원형, 전형, 표본.

① [기술적 의미에서] 모형, 원형, 행7:44, 히8:5.

② [도덕적 의미에서] 모범, 귀감, 빌3:17, 딤전4:12.

☞**자국**(요20:25), **형상**(행7:43), **양식**(행7: 44), **모형**(롬5:14), **본**(롬6:17, 살후3:9, 벧전5:3), **본보기**(고전10:6,11).

5180. τύπτω [tüptō][13회] **튑토**

동 [기본형] 미완료 ἔτυπτον: 때리다, 치다, 마24:49, 막15:19, 행23:3.

☞**때리다**(마24:49, 눅12:45, 행18:17), **치다**(마27:30, 눅22:64, 행23:3), **상하게 하다**(고전8:12).

5181. Τύραννος, ου, ὁ [Türannŏs][1회] **튀란노스**

고명 2962에서 파생된 방언형: 폭군, 에베소 사람의 이름 '두란노', 행19:9.

☞**두란노**(행19:9).

5182. τυρβάζω [türbazō] **튀르바조**

동 2351의 유사형에서 유래: 괴롭히다, 뒤끓게 하다, [중간과 수동] 괴로워하다, 골치를 앓다, 눅10:41.

☞**근심하다**(눅10:41).

5183. Τύριος, ου, ὁ [Türiŏs][1회] **튀리오스**

명 5184에서 유래: 두로 사람, 행12:20.

☞**두로 사람**(행12:20).

5184. Τύρος, ου, ἡ [Türŏs][11회] **튀로스**

고명 히브리어 6865에서 유래: 페니키아에 있는 한 도시의 이름 '두로', 막3:8, 행21:3,7.

☞**두로**(마11:21, 15:21, 막3:8, 7:24, 눅6:17).

5185. τυφλός, ἡ, όν [tüphlŏs][50회] **튀플로스**

명 5187에서 유래: 눈이 먼.

1) [문자적으로]

① [형용사] 막10:46, 요9:1, 행 13:11.

② [명사] 눈 먼 사람, 맹인, 마9:27,28, 11:5, 막8:22.

2) [상징적으로]마음과 영혼이 눈 먼 것.

① [형용사] 마15:14, 요9:40.

② [명사] 마23:17.

☞**맹인**(마11:5, 눅6:39, 벧후1:9), **눈 먼 자**(눅4:18). **[동] 눈 멀다**(마12:22, 계3:17), **맹인 되다**(요9:1,24,41).

5186. τυφλόω [tüphlŏō][3회] **튀플로오**

동 제1부정과거 ἐτύφλωσα, 완료 τε- τύφλωκα, 5185에서 유래: 눈멀게 하다, 시력을 빼앗다, 요12:40, 고후4:4, 요일2:11.

☞**눈멀게 하다**(요12:40, 요일2:11), **혼미하게 하다**(고후4:4).

5187. τυφόω [tüphŏō][3회] **튀포오**

동 완료 수동태 τετύφωμαι, 제1부정과거수동태 ἐτυφώθην, 5188의 파생어에서 유래: 흐리게 하다, 어둡게 하다, 속이다, 어리벙벙하게 하다,

1) [수동태] 잘난 체하다, 으시대다, 딤전3:6,

6:4, 딤후3:4.

2) 눈이 어두워지다, 어리석어지다.

☞**교만하다**(딤전3:6, 6:4), **자만하다**(딤후3:4).

5188. τυφώ [tüphō][1회] **튀포**

동 [기본형] 연기를 내다, 김을 내다, 연기 피우다, 어렴풋이 빛나다, 마12:20.

☞**연기를 내다, 꺼져가다(마12:20).**

5189. τυφωνικός, ή, όν [tüphōnikŏs][1회] **튀포니코스**

형 5188의 파생어에서 유래: 회오리바람 같은, 행27:14.

☞**폭풍의, 광풍의**(행27:14).

5190. Τυχικός, οῦ, ὁ [Tüchikŏs][5회] **튀키코스**

고명 5177의 파생어에서 유래: 뜻밖의, 바울과 예루살렘까지 동행한 아시아 지방의 한 사람 '두기고', 행20:4, 엡6:21, 골4:7, 딤후4:12, 딛3:12.

☞**두기고**(엡6:21).

T

Υ, υ

5191. ὑακίνθινος, ίνη, ινον[hüakin-thinŏs][1회] **휘아킨디노스**
형 5192에서 유래: 히아신스색의, 감 청색의, 자줏빛의, 계9:17.
☞**자줏빛의**(계9:17).

5192. ὑάκινθος, ου, ὁ [hüakinthŏs][1회] **휘아킨도스**
고명 불확실한 파생어에서 유래: 히아신스 보석, 풍신자석(風信子石) 계21:20.
☞**청옥**(계21:20).

5193. ὑάλινος, η, ον [hüalinŏs][3회] **휘알리노스**
형 5194에서 유래: 유리로 된, 유리처럼 투명한, 계4:6.
☞**유리(로 된)**(계4:6, 15:2).

5194. ὕαλος, ου, ἡ [hüalŏs][2회] **휘알로스**
명 5105의 동일어에서 유래: 유리, 수정, 계21:18.
☞**유리**(계21:18,21).

5195. ὑβρίζω [hübrizō][5회] **휘브리조**
동 제1부정과거 ὕβρισα, 제1부정과거 수동태 ὑβρίσθην, 미래 수동태 ὑ- βρισθήσομαι, 5196에서 유래: 거만한 태도나 앙심을 품고 대하다, 학대하다, 조롱하다, 모욕하다, 마22:6, 행14:5. [주][수동] 눅18:32, 살전2:2.
☞**모욕하다**(마22:6, 행14:5, 눅11:45), **능욕을 당하다**(눅18:32, 살전2:2).

5196. ὕβρις, εως, ἡ [hübris][3회] **휘브리스**
명 5228에서 유래:
1) [능동] 거만, 오만.
2) [수동] 수치, 모욕, 학대, 고후12:10.
3) 재난, 고난, 손해, 손상, 행27:10.
☞**타격**(행27:10,21), **능욕**(고후12:10).

5197. ὑβριστής, οῦ, ὁ [hübristēs][2회] **휘브리스테스**
명 5195에서 유래: 난폭한 사람, 오만한 사람, 롬1:30, 딤전1:13.
☞**폭행자**(딤전1:13), **능욕하는 자**(롬1:30).

5198. ὑγιαίνω [hügiainō][12회] **휘기아이노**
동 5199에서 유래: 건강하다.
1) [문자적, 육체적 건강] 눅5:31, 7:10, 15:27.
2) [비유적으로] 건전하다, 딤전1:10, 딤후4:3, 딛1:9.
☞**건강하다**(눅5:31, 15:27), **강건하다**(요삼1:2), **바르다**(딤전1:10, 딤후4:3, 딛2:1), **온전하게 하다**(딛1:13, 2:2).

5199. ὑγιής, ές [hügiēs][12회] **휘기에스**
형 대격 ὑγιῆ, 837의 어간에서 유래: 건강한, 건전한.
1) [문자적으로]
① [사람에 대해서] 마15:31, 눅6:10, 요5:4,6,9,14, 행4:10.
② [물건에 대해서] 건전한, 상하지 않은.
2) [비유적으로] 딛2:8.
☞**성한**(마12:13), **온전한**(마15:31), **건강한**(막5:34), **나은**(요5:6,9,14), **고친**(요5:15), **바른**(딛2:8).

5200. ὑγρός, ά, όν [hügrŏs][1회] **휘그로스**
형 5205에서 유래: 젖은, 물기 많은, 푸른, 눅23:31.
☞**푸른**(눅23:31).

5201. ὑδρία, ας, ἡ [hüdria][3회] **휘드리아**
명 5204에서 유래: 물독, 물항아리.
☞**항아리**(요2:6,7), **물동이**(요4:28).

5202. ὑδροποτέω [hüdrŏpŏtĕō][1회] **휘드로포테오**
동 5204와 4095의 합성어에서 유래: 물[만] 마시다, 딤전5:23.
☞**물 마시다**(딤전5:23).

5203. ὑδρωπικός, ή, όν [hüdrōpikŏs][1회] **휘드로피코스**
형 5204와 3700의 합성어에서 유래: 수종(水腫) 걸린, 수종으로 앓는, 눅14:2.
☞**수종병 든**(눅14:2).

5204. ὕδωρ, ατος, τό [hüdōr][78회] **휘도르**
명 5205의 어간에서 유래: 물, 마3:16, 막1:10, 눅7:44, 요4:7.
☞**물**(마3:11, 행8:36, 계16:4), **물(결)**(눅8:24), **(강)물**(계16:12), **(샘)물**(계21:6), **(생)수**(요4:10), **(생명)수**(계7:17).

5205. ὑετός, οῦ, ὁ [hüĕtŏs][5회] 휘에토스
명 ὕω '비오다'에서 유래: 비, 행14:17, 28:2, 히6:7, 약5:18, 계11:6.
☞**비**(행14:17, 히6:7, 약5:7, 계11:6).

5206. υἱοθεσία, ας, ἡ [hüiŏthĕsia][5회] 휘오데시아
명 5087의 파생어와 5207의 합성어에서 유래: 양자 삼기, 아들 삼기, 롬8:15, 9:4, 갈4:5, 엡1:5.
☞**양자**(롬8:15,23, 9:4), **아들의 명분**(갈4:5), **(양자 결연)**(엡1:5).

5207. υἱός, οῦ, ὁ [hüiŏs][379회] 휘오스
명 아들.
1. [일반적으로]
1) [문자적으로]
① 사람의 남자 자식, 마1:21, 눅1:13.
② 동물의 수컷 새끼, 마21:5.
2) [좀 더 넓은 의미에서]
① 자손, 후손, 마1:20, 눅1:16, 행5:21.
② 양자, 요19:26, 행7:21.
3) [비유적으로]
① 생도, 추종자, 기타 정신적인 아들, 마12:27, 눅11:19, 히12:5.
② 서로 엉킨 큰 그룹의 각 구성원, 막3:28, 엡3:5.
4) [인격적인 관계에서] 아들, 마5:45, 롬8:14, 갈3:7.
5) [속격으로 나타나는 사물과 연결될 때] 그 물건에 참여하거나 그 사물에 합당하거나 기타 그 사물과 밀접한 관계가 있는 사람, 마8:12, 눅10:6, 요12:36, 엡2:2.
2. [메시아의 이름]
1) 다윗의 아들, 마22:42-45, 막12: 35-37, 눅20:41-44.
2) 하나님의 아들, 마3:17, 막1:11, 눅3: 22, 롬1:3,4.
3) 사람의 아들, 인자, 마8:20, 막2:10, 눅5:24, 요1:51.
☞**자손**(마1:1, 막12:37, 고후3:7), **아들**(마1: 21, 행7:29, 계12:5), **새끼**(마21:5), **인자**(막14:41), **자녀**(눅20:34,36), **자식**(요17:12), **족속**(행5:21), **후손**(행13:26).

5208. ὕλη, ης, ἡ [hülē][1회] 휠레
명 3586의 유사형:
1) 수풀, 화목, 재목, 땔감, 장작더미, 약3:5.
2) 재료, 물건.
☞**나무**(약3:5).

5209. ὑμᾶς [hümas] 휘마스
대 5210의 대격: 너, 너를.

5210. ὑμεῖς [hüměis][1847회] 휘메이스
대 [인칭대명사] 4771의 복수: 너희들[당신들 자신], 요8:14.

5211. Ὑμέναιος, ου, ὁ [Hüměnaiŏs][2회] 휘메나이오스
고명 Ὑμήν '결혼의 신'에서 유래: 결혼식, 기독교를 반대한 사람 '후메네오', 딤전1:20, 딤후2:17.
☞**후메네오**(딤전1:20, 딤후2:17).

5212. ὑμέτερος, α, ον [hümětěrŏs][11회] 휘메테로스
대 인칭대명사 2인칭복수속격, 5210에서 유래: 너희의.
1) 너희에게 속한, 눅6:20, 요8:17.
2) [목적의 의미] 롬11:31, 고전15:31.
☞**(너희들에게 속한)**(눅6:20).

5213. ὑμῖν [hümin] 휘민
대 5210의 여격: 너에게.

5214. ὑμνέω [hümněō][4회] 휨네오
동 미완료 ὕμνουν, 미래 ὑμνήσω, 제1부정과거 ὕμνησα, 5215에서 유래:
1) [타동사] 찬송하다, 찬미가를 부르다, 행16:25, 히2:12.
2) [자동사] 노래하다, 마26:30, 막14:26.
☞**찬미하다**(마26:30, 막14:26, 행16:25), **찬송하다**(히2:12).

5215. ὕμνος, ου, ὁ [hümnŏs][2회] 휨노스
명 ὑδέω '찬양하다'의 축약형: 찬송, 노래, 엡5:19, 골3:16.
☞**찬송**(엡5:19, 골3:16).

5216. ὑμῶν [hümōn] 휘몬
대 5210의 속격: 너의, 너 자신의.

5217. ὑπάγω [hüpagō][79회] 휘파고
동 미완료 ὑπῆγον, 5259와 71에서 유래: 가버리다, 물러가다, 가다.
1) 사람 앞에서 떠나 가버리다, 사라지다, 가버리다, 마4:10, 막8:33, 눅4:8, 요18:8.
2) 어떤 목적지를 향해서 가다, 마9:6, 막2:11, 눅19:30, 요6:21, 계13:10.
3) 그리스도께서 아버지께로 가다, 요7: 33, 13:3, 16:5.

☞**물러가다**(마4:10, 막8:33, 눅4:8), **가다**(마5:24, 요3:8, 요일2:11), **돌아가다**(막5:19, 7: 29, 요13:3), **다니다**(요11:44), **들어가다**(계17:8).

5218. ὑπακοή, ῆς, ἡ [hüpakŏē][15회] **휘파코에**

명 5219에서 유래: 순종, 복종, 롬6:16, 고후7:15, 10:6, 몬1:21.

☞**순종**(롬6:16), **복종**(고후10:5:6).

5219. ὑπακούω [hüpakŏuō][21회] **휘파쿠오**

동 미완료 ὑπήκουον, 미래 ὑπακούσο- μαι, 제1부정과거 ὑπήκουσα, 5295와 191에서 유래: 잘 듣다, 말을 듣다.

1) 순종하다, 따르다, 복종하다[속격을 취함], 롬6:16, 엡6:5, 골3:22, 살후1:8.

2) 듣다, 들어주다.

3) 열어주다, 대답하다, 응수하다, 응하다, 행12:13.

☞**순종하다**(마8:27, 엡6:1, 히11:8), **복종하다**(행6:7, 빌2:12, 살후1:8), **영접하다**(행12:13).

5220. ὕπανδρος, ον [hüpandrŏs][1회] **휘판드로스**

형 5259와 435에서 유래: 남자의 권세 아래 있는, 남자의 지배를 받는, 롬7:2.

☞**남편 있는**(롬7:2).

5221. ὑπαντάω [hüpantaō][10회] **휘판타오**

동 미완료 ὑπήντων, 제1부정과거 ὑ- πήντησα, 5259와 473의 파생어에서 유래:

1) 만나러 가다, 만나러 오다, 만나다, 마8:28, 막5:2, 눅8:27.

2) 대항하다, 눅14:31.

☞**만나다**(마8:28, 눅8:27), **맞다**(요11:20, 30, 12:18).

5222. ὑπάντησις, εως, ἡ [hüpantēsis][3회] **휘판테시스**

명 5221에서 유래: 만나러 감, 만나러 옴, 조우, 마8:34, 요12:13.

☞**만남**(요12:13).

5223. ὕπαρξις, εως, ἡ [hüparxis][2회] **휘팔크시스**

명 5225에서 유래: 존재, 소유권, 재산, 부, 물건, 산업, 행2:45, 히10:34.

☞**소유**(행2:45, 히10:34).

5224. ὑπάρχοντα [hüparchŏnta] **휘파르콘타**

명 5225의 능동태 현재분사 중성 복수: 있는 것, 소유한 것, 소유, 눅11:21.

☞**소유**(마19:21, 눅11:21, 19:8), **재물**(행4:32), **있는 것**(고전13:3).

5225. ὑπάρχω [hüparchō][60회] **휘파르코**

동 미완료 ὑπῆρχον, 5295와 756에서 유래:

1) 실재하다, 있다, ~의 뜻대로 되다, 마19:21, 눅11:21, 행19:40, 빌3:20.

2) [εἶναι 대신으로 사용되는 경우] 눅8: 41, 행7:55, 고전7:26, 약2:15, 벧후3:11.

☞**지내다**(눅7:25), **받다**(행8:16), **계시다**(행17:27).

5226. ὑπείκω [hüpĕikō][1회] **휘페이코**

동 5259와 εἴκω '굴복하다'에서 유래: 항복하다, 굴복하다, 히13:17.

☞**복종하다**(히13:17).

5227. ὑπεναντίος, α, ον [hüpĕnantiŏs][2회] **휘페난티오스**

형 5259와 1727에서 유래: 대립되는 반대의, 적대하는, 골2:14. [주] οἱ ὑ- πεναντίοι: 대적, 히10:27.

☞**거스르는**(골2:14), **대적하는**(히10:27).

5228. ὑπέρ [hupĕr][149회] **휘페르**

전 [속격과 대격을 취함].

1. [속격을 취할 때]

1) ~을 위하여, 대신하여, 막 9:40, 14: 24, 요10:11, 행21:26, 롬8:31, 고전5:7, 엡5:2, 딤전2:1,2.

2) [사물에 대한 속격을 취하여] ~을 위하여.

① ὑπὲρ (τῶν) ἁμαρτιῶν: 죄를 속하기 위하여, 죄를 없이하기 위하여, 갈1:4, 히5:1.

② ὑπὲρ τῆς τοῦ κόσ- μου ζωῆς: 세상에 생명을 가져오기 위해서, 요6: 51, 롬1:5, 15:8, 살전3:2.

3) ~대신에, ~의 이름으로, 롬9:3, 고전15:29, 고후5:14.

4) ~때문에, ~관해서, 요1:30, 롬9:27, 고후8:23.

2. [대격을 취하여] ~위에, 넘어서, 넘는, ~이상의, 마10:24, 눅6:40, 고전10:13, 고후1:8, 엡1:22.

3. [부사적 용법] 고전4:6, 고후11:23.

☞**〈속격〉위하여**(요10:11, 행5:41), **(대해서)**(요1:30), **〈대격〉~위에, 이상의**(고전10:13), **〈부사〉더욱 더**(고전4:6).

5229. ὑπεραίρομαι [hüpĕrairŏmai] 휘페라이로마이
동 중간태. 5228과 142에서 유래: 일어나다, 스스로 높아지다, 의기양양하다, 고후12:7, 살후2:4.
☞**자만하다**(고후12:7), **자기를 높이다**(살후2:4).

5230. ὑπέρακμος, ον [hüpĕrakmŏs][1회] 휘페락모스
형 5228과 188의 어간에서 유래: 가장 좋은 시기를 지나 보낸, 결혼 적령기를 지나친, 한창 청춘을 지나 보낸, 고전7:36.
☞**혼기가 지난**(고전7:36).

5231. ὑπεράνω [hüpĕranō][3회] 휘페라노
부 5228과 507에서 유래: 위에[속격을 취하는 전치사격으로], 엡1:21, 4:10, 히9:5.
☞**위에**(엡1:21).

5232. ὑπεραυξάνω [hüpĕrauxanō][1회] 휘페라욱사노
동 5228과 837에서 유래: [자동사] 놀랍게 자라다, 풍성하게 증가하다, 살후1:3.
☞**더욱 자라다**(살후1:3).

5233. ὑπερβαίνω [hüpĕrbainō][1회] 휘페르바이노
동 5228과 939의 어간에서 유래:
1) [문자적으로] 지나가다.
2) 도를 넘다, 지나치다, 범하다, 저지르다, 범죄하다, 죄짓다, 살전4:6.
☞**분수를 넘다**(살전4:6).

5234. ὑπερβαλλόντως [hüpĕrballŏntōs][1회] 휘페르발론토스
부 5235의 현재 분사에서 유래: 극히, 한정없이, 헤아릴 수 없으리 만큼. [주] 비교급으로 쓰일 경우: 굉장하게, 훨씬 더, 고후11:23.
☞**수없이**(고후11:23).

5235. ὑπερβάλλω [hüpĕrballō][5회] 휘페르발로
동 5228과 906에서 유래: 지나치다, 능가하다, ~보다 뛰어나다. [주] 분사 ὑπερ βάλλων, ουσα, ον: 탁월한, 비상한, 뛰어난, 고후3:10, 9:14, 엡1:19, 3:19.
☞**더 크다**(고후3:10), **지극하다**(고후9:14), **지극히 크다**(엡1:19), **지극히 (풍성하다)**(엡2:7).

Y

5236. ὑπερβολή, ῆς, ἡ [hüpĕrbŏlē][8회] 휘페르볼레
명 5235에서 유래: 초과, 과도, 비범한 성품, 성격, 고후4:7. [주] καθ' ὑ- περ βολήν: 엄청나게, 대단히, 한량없이, 극도로, 고후1:8, 갈1:13.
☞**가장 좋음**(고전12:31), **심히 큼**(고후4:17, 12:7), **심함**(롬7:13, 고후4:7).

5237. ὑπερείδω [hüpĕrĕidō] 휘페레이도
동 5228과 1491에서 유래: 검열하다, 훑어보다.
☞**간과하다**(행17:30).

5238. ὑπερέκεινα [hüpĕrĕkĕina][1회] 휘페레케이나
부 5228과 1565의 중성 복수에서 유래: 넘어서, 지나서, τὰ ὑπερέκεινα ὑ- μῶν: 너희가 마주보고 있는 땅, 고후10:16.
☞**넘어**(고후10:16).

5239. ὑπερεκτείνω [hüpĕrĕktĕinō][1회] 휘페렉테이노
동 5228과 1632에서 유래: 지나치게 손을 내밀다, 지나치게 내뻗다, 고후10:14.
☞**지나쳐 나아가다**(고후10:14).

5240. ὑπερεκχύνω [hüpĕrĕkchunō][1회] 휘페렉퀴노
동 5228과 1632의 대체어에서 유래: [수동] 넘쳐흐르다, 눅6:38.
☞**넘치도록 하다**(눅6:38).

5241. ὑπερεντυγχάνω [hüpĕrĕntungchanō][1회] 휘페렌튕카노
동 5228과 1793에서 유래: 변호하다, 중재하다, 조정하다, 롬8:26.
☞**간구하다**(롬8:26).

5242. ὑπερέχω [hüpĕrĕchō][5회] 휘페레코
동 미래 ὑπερέξω, 5228과 1793에서 유래:
1) ~위에 올라가다, 능가하다, ~보다 낫다, 지배하다, 권세를 가지다, 롬13:1, 벧전2:13.
2) ~보다 우세하다, 능가하다, 빌4:7.
☞**낫다**(빌2:3), **고상하다**(빌3:8), **뛰어나다**(빌4:7).

5243. ὑπερηφανία, ας, ἡ [hüpĕrēphania][1회] 휘페레파니아
명 5244에서 유래: 오만, 거만, 자랑, 막7:22.
☞**교만**(막7:22).

5244. ὑπερήφανος, ον [hüpĕrēphanŏs][5회]
휘페레파노스
형 5228과 5316에서 유래: 거만한, 오만한, 자랑하는, 눅1:51, 롬1:30, 딤후3:3, 약4:6, 벧전5:5.
☞**교만한**(눅1:51, 롬1:30, 벧전5:5).

5245. ὑπερνικάω [hüpĕrnikaō][1회]
휘페르니카오
동 5228과 3528에서 유래: 가장 영광스러운 승리를 거두다, 대승을 거두다, 롬8:37.
☞**넉넉히 이기다**(롬8:37).

5246. ὑπέρογκος, ον [hüpĕrŏgkŏs][2회]
휘페롱코스
형 5228과 3591에서 유래: 너무 큰, 부풀은, 거만한, 과장한, 벧후2:18, 유1:16.
☞**자랑의, 자랑하는**(벧후2:18, 유1:16).

5247. ὑπεροχή, ῆς, ἡ [hüpĕrŏchē][2회]
휘페로케
명 5242에서 유래: 돌출, 튀어나옴, 현저, 탁월.
1) 풍성, 우월성, 고전2:1.
2) 뛰어난 자리, 권위의 자리, 딤전2:2.
☞**높은 지위**(딤전2:2), **아름다운 것**(고전2:1).

5248. ὑπερπερισσεύω [hüpĕrpĕrissĕu-ō][2회] 휘페르페릿슈오
동 5228과 4052에서 유래: 제1부정과거 ὑπε ρεπερίσσευσα.
1) [자동사] 풍성하게 있다, 롬5:20.
2) [타동사] 넘쳐흐르게 하다. [주] 수동: 넘쳐흐르다, 고후7:4.
☞**넘치다**(롬5:20), **가득하다**(고후7:4).

5249. ὑπερπερισσῶς [hüpĕrpĕrissŏs][1회]
휘페르페릿소스
부 5228과 4075에서 유래: 대단히, 굉장히, 엄청나게, 막7:37.
☞**심히(막7:37).**

5250. ὑπερπλεονάζω [hüpĕrplĕŏnazō][1회]
휘페르플레오나조
동 제1부정과거 ὑπερεπλεόνασα, 5228과 4121에서 유래:
1) 대단히 풍성하다, 딤전1:14.
2) 넘쳐흐른다.
☞**넘치다**(딤전1:14).

5251. ὑπερυψόω [hüpĕrupsŏō][1회]
휘페륖소오
동 제1부정과거 ὑπερύψωσα, 5228과 5312에서 유래:
1) [능동] 가장 높은 데까지 올리다, 빌2:9.
2) [중간] 일어나다.
☞**지극히 높이다**(빌2:9).

5252. ὑπερφρονέω [hüpĕrphrŏnĕō][1회]
휘페르프로네오
동 5228과 5426에서 유래: 자신을 너무 높이 평가하다, 거만하다, 롬12:3.
☞**(마땅히 생각할 그) 이상의 생각을 품다, 높은 생각을 품다**(롬12:3).

5253. ὑπερῷον, ου, τό [hüpĕrōlŏn][4회]
휘페르오온
명 5228에서 파생된 중성: 상층, 다락방, 행1:13, 9:37,39, 20:8.
☞**다락방**(행9:37,39, 20:8).

5254. ὑπέχω [hüpĕchō][1회] 휘페코
동 제2부정과거 ὑπέσχον, 5259와 2192에서 유래: δίκην ὑπέχειν: 벌을 받다[문자적인 의미로만 쓰임] 유1:7.
☞**형벌을 받다**(유1:7).

5255. ὑπήκοος, ον [hüpēkŏŏs][3회]
휘페코오스
형 5219에서 유래: 순종하는, 복종하는, 말 잘 듣는, 빌2:8, 행7:39, 고후2:9.
☞**순종하는**(고후2:9), **복종하는**(빌2:8).

5256. ὑπηρετέω [hüpērĕtĕō][3회] 휘페레테오
동 5257에서 유래: 제1부정과거 ὑπη- ρέτησα: 섬기다, 봉사하다, 도움이 되다, 행13:36, 20:34, 24:23.
☞**섬기다**(행13:36), **충당하다**(행20:34), **돌보아주다**(행24:23).

5257. ὑπηρέτης, ου, ὁ [hüpērĕtēs][20회]
휘페레테스
명 5259와 ἐρέσσω에서 유래: 하인, 사환, 조수, 마26:58, 막14:54, 눅4:20.
☞**옥리(獄吏), 아랫사람**(마5:25, 막14:54, 요7:32), **일꾼**(눅1:2, 고전4:1), **맡은 자**(눅4: 20), **종**(요18:36, 행26:16), **부하**(행5:22, 26), **수행원**(행13:5).

5258. ὕπνος, ου, ὁ [hüpnŏs][6회] 휲노스
명 폐어가 된 기본어에서 유래: 잠, 수면, 마1:24, 눅9:32, 요11:13, 행20:9, 롬13:11.
☞**잠**(마1:24, 롬13:11), **죽음**(요11:13), **졸음**(행20:9, 눅9:32).

5259. ὑπό [hüpŏ][220회] **휘포**
전 속격과 대격을 취하는 전치사:
1. [속격을 취할 때] ~에 의하여, ~로 말미암아.
1) [수동태 동사와 함께] 마1:22, 막1:13, 눅2:18, 요14:21, 행27:41, 롬3:21.
2) [수동적 의미를 가진 동사와 동사적 표현과 함께] 마17:12, 막5:26, 고전10:9, 히12:3.
3) [명사와 함께] 고후2:6.
4) [능동태 동사와 함께 나온 경우] ἀποκτεῖναι ὑπὸ τῶν: 짐승들에 의해서 죽인다, 계6:8.
2. [대격을 취할 때]
1) [장소에 대하여] 아래, 밑에, 마8:9, 눅7:8, 롬3:9, 갈4:4,5.
2) [시간에 대해서] ὑπὸ τὸν ὄρθρον: 날이 밝을 무렵, 행5:21.
☞**〈속격〉의하여, 말미암아**(마1:22, 눅2:18), **〈대격〉아래, 밑에**(마8:9, 행4:12).

5260. ὑποβάλλω [hüpŏballō][1회] **휘포발로**
동 5259와 906에서 유래: 제2부정과거 ὑπέβαλον: 부추기다, 충동하다, 매수하다, 행6:11.
☞**매수하다**(행6:11).

5261. ὑπογραμμός, οῦ, ὁ [hüpŏgrammŏs][1회] **휘포그람모스**
명 5259와 1125의 합성어에서 유래: 원본, 본, 원형, 견본, 모범, 귀감, 벧전2:21.
☞**본**(벧전2:21).

5262. ὑπόδειγμα, ατος, τό [hüpŏdĕigma][6회] **휘포데이그마**
명 5263에서 유래:
1) 본, 모형, 원형, 견본, 요13:15, 히4:11, 약5:10, 벧후2:6.
2) 모방, 복사, 모사, 히8:5, 9:23.
☞**본**(요13:15, 히4:11, 벧후2:6), **모형**(히8:5, 9:23).

5263. ὑποδείκνυμι or –ύω [hüpŏdĕiknumi][6회] **휘포데잌뉘미**
동 미래 ὑποδείξω, 제1부정과거 ὑπέ- δειξα, 5259와 1166에서 유래: 보여주다, 지시하다, 증거하다, 내놓다, 마3:7, 눅3:7, 6:47, 12:5, 행9:16, 20:35.
☞**가르치다**(마3:7), **보이다**(눅6:47, 12:5, 행9:16).

5264. ὑποδέχομαι [hüpŏdĕchŏmai][4회] **휘포데코마이**
동 중간태. 디포넌트. 제1부정 과거 ὑπεδεξάμην, 완료 ὑποδέδεγμαι, 5259와 1209에서 유래: 영접하다, 환영하다, 손님으로 접대하다, 눅19:6, 행17:7, 약2:25.
☞**영접하다**(눅10:38, 19:6), **들이다**(행17:7), **접대하다**(약2:25).

5265. ὑποδέω [hüpŏdĕō][3회] **휘포데오**
동 중간태 ὑποδέομαι, 제1부정과거 ωπεδησάμην, 완료 분사 ὑποδεδεμέ- νος, 5259와 1210에서 유래: 밑에 매다, 신다, 막6:9, 행12:8, 엡16:15.
☞**신다**(막6:9, 엡6:15, 행12:8).

5266. ὑπόδημα, ατος, τό [hüpŏdēma][10회] **휘포데마**
명 5265에서 유래: 샌들, 신, 마3:11, 막1:7, 행13:25.
☞**신**(마3:11, 눅10:4, 행7:33).

5267. ὑπόδικος, ον [hüpŏdikŏs][1회] **휘포디코스**
형 5259와 1349에서 유래: 심판 받아야 할, 벌 받아야 할, 책임 있는, 롬3:19.
☞**심판 아래 있는**(롬3:19).

5268. ὑποζύγιον, ου, τό [hüpŏzugiŏn][2회] **휘포쥐기온**
명 5259와 2218의 합성어의 중성: 잠자는 짐승, 나귀, 마21:5, 벧후2:16.
☞**짐승**(마21:5), **나귀**(벧후2:16).

5269. ὑποζώννυμι [hüpŏzōnnumi][1회] **휘포존뉘미**
동 현재분사 ὑποζωννύς, 5259와 2224에서 유래: 밑을 감다, 묶다, 동이다, 행27:17.
☞**둘러 감다**(행27:17).

5270. ὑποκάτω [hüpŏkatō][11회] **휘포카토**
부 5259와 2736에서 유래: 밑에, 아래[속격을 취하는 전치사격으로 사용됨], 요1:50.
☞**밑에, 아래**(막6:11, 7:28, 히2:8).

5271. ὑποκρίνομαι [hüpŏkrinŏmai][1회] **휘포크리노마이**
동 중간태. 제1부정과거 ὑπεκρίθην, 5259와 2919에서 유래: 가장하다, ~같이 꾸미다, 속이다, 눅20:20.
☞**~체하다**(눅20:20).

Y

5272. ὑπόκρισις, εως, ἡ [hüpŏkrisis][6회]
휘포크리시스
명 5271에서 유래: 위선, 가장, 겉 표정, 마23:28, 막12:15, 눅12:1, 갈2:13, 약5: 12, 벧전2:1.
☞**외식**(마23:28, 눅12:1, 벧전2:1), **외식함**(막12:15, 딤전4:2).

5273. ὑποκριτής, οῦ, ὁ [hüpŏkritēs][18회]
휘포크리테스
명 5271에서 유래: 위선자, 사칭자, 마6:2,5, 막7:6, 눅6:42.
☞**외식하는 자**(마6:2, 15:7, 23:23,29, 눅6:42).

5274. ὑπολαμβάνω [hüpŏlambanō][5회]
휘포람바노
동 제2부정과거 ὑπέλαβον, 5259와 2983에서 유래:
1) 받들어 올리다, 집어 올리다, 행1:9.
2) 손님으로 영접하다, 부양하다, 요삼1:8.
3) 응답하다, 응하다, 눅10:30.
4) 생각하다, 믿다, 눅7:43.
☞**생각하다, 추측하다**(눅7:43, 행2:15), **대답하다**(눅10:30).

5275. ὑπολείπω [hüpŏlĕipō][1회] 휘포레이포
동 제1부정과거 수동태 ὑπελείφθην, 미래 수동태 ὑπολειφθίσομαι, 5259와 3007에서 유래: 남겨두다, [수동] 남다, 롬11:3.
☞**남다**(롬11:3).

5276. ὑπολήνιον, ου, τό [hüpŏlēniŏn][1회]
휘포레니온
명 5259와 3025의 복합어: 큰 통, 막12:1.
☞**즙 짜는 틀**(막12:1).

5277. ὑπολιμπάνω [hüpŏlimpanō][1회]
휘포림파노
동 5275에서 유래: 남겨두다, 두고 가다, 벧전2:21.
☞**끼치다**(벧전2:21).

5278. ὑπομένω [hüpŏmĕnō][17회] 휘포메노
동 미완료 ὑπέμενον, 미래 ὑπομενῶ, 제1부정과거 ὑπέμεινα, 완료분사 ὑπο- μεμενηκώς, 5259와 3306에서 유래:
1) 남아 있다, 눅2:43, 행17:14.
2) [도망하지 않고] 머물러 있다, 견디다, 마10:22, 막13:13, 딤후2:12.
3) 기다리다.
☞**견디다**(마10:22, 막13:13), **머물다**(눅2:43, 행17:14), **참다**(롬12:12, 딤후2:12, 벧전2:20), **인내하다**(약5:11).

5279. ὑπομιμνήσκω [hüpŏmimnēskō][7회]
휘포밈네스코
동 [기본형] 미래 ὑπομνήσω, 제1부정과거 ὑπέμνησα, 제1부정과거 수동태 ὑπεμνήσθην:
1) [능동]
① 회상시키다, 상기하게 하다, 깨우치다, 생각나게 하다, 요14:26, 딛3:1, 벧후1:12, 유1:5.
② 회상하다, 상기하다, 내놓다, 딤후2:14, 요삼1:10.
2) [수동] 기억하다, 생각하다, 눅22:61.
☞**생각나다**(눅22:61, 유1:5), **기억하다**(딤후2:14), **기억하게 하다**(딛3:2), **잊지 아니하다**(요삼1:10).

5280. ὑπόμνησις, εως, ἡ [hüpŏmnēsis][3회]
휘폼네시스
명 5279에서 유래:
1) [능동] 기억, 벧후1:13, 3:1.
2) [수동] 딤후1:5.
☞**생각함**(딤후1:5), **생각나게 함**(벧후1:13, 3:1).

5281. ὑπομονή, ῆς, ἡ [hüpŏmŏnē][32회]
휘포모네
명 5278에서 유래:
1) 인내, 참음, 견딤, 견인불발, 눅21:19, 롬5:3.
2) 대망, 기대, 계1:9.
☞**참음**(롬2:7, 고후12:12), **견디는 것**(고후6:4, 골1:11), **인내함**(딛2:2), **인내**(눅8:15, 살후3:5, 벧후1:6).

5282. ὑπονοέω [hüpŏnŏĕō][3회] 휘포노에오
동 미완료 ὑπενόουν, 제1부정 과거 ὑπενόησα, 5259와 3539에서 유래: 짐작하다, 알아채다, 상상하다, 생각하다, 행13:25, 25:18, 27:27.
☞**생각하다**(행13:25), **짐작하다**(행25:18, 27:27).

5283. ὑπόνοια, ας, ἡ [hüpŏnŏia][1회]
휘포노이아
명 5282에서 유래: 혐의, 의심, 추측, 딤전6:4.
☞**생각**(딤전6:4).

5284. ὑποπλέω [hüpŏplĕō][2회] 휘포플레오

Y

동 제1부정과거 ὑπέπνευσα, 5259와 4126에서 유래: 바람을 막기 위해서 섬 그늘을 따라 항해하다, 행27:4-7.

☞**항해하다**(행27:4-7).

5285. ὑποπνέω [hüpŏpnĕō][1회] 휘포프네오

동 제1부정과거 ὑπέπλευσα, 5259와 4154에서 유래: 조용히 불다, 행27:13.

☞**순하게 불다**(행27:13).

5286. ὑποπόδιον, ου, τό [hüpŏpŏdiŏn][7회] 휘포포디온

명 5259와 4228의 합성어: 발판, 발 올려놓는 곳, 마5:35, 막12:36.

☞**발등상**(마5:35, 행2:35, 약2:3), **발아래**(마22:44, 막12:36).

5287. ὑπόστασις, εως, ἡ [hüpŏstasis][5회] 휘포스타시스

명 5259와 2476의 합성어:

1) 본질적 성질, 본질, 실재, 히1:3.
2) 확신, 확고성, 고후9:4, 히3:14, 11:1.

☞**본체**(히1:3), **실상**(히11:1), **믿던 것**(고후9:4).

5288. ὑποστέλλω [hüpŏstĕllō][4회] 휘포스텔로

동 미완료 ὑπέστελλον, 제1부정과거 중간태 ὑπεστειλάμην, 5259와 4724에서 유래:

1) [능동] 물러서다, 물러나다, 갈2:12.
2) [중간]
   ① 무서워서 물러나다, 뒷걸음질하다, 히10:38.
   ② 무서워서 피하다, 움추리다, 행20:27.
   ③ 무서워서 침묵을 지키다, 행20:20.

☞**거리끼다**(행20:20,27), **물러가다**(갈2:12), **뒤로 물러가다**(히10:38).

5289. ὑποστολή, ῆς, ἡ [hüpŏstŏlē][1회] 휘포스톨레

명 5288에서 유래: 움추림, 겁냄, 겁, 히10:39.

☞**뒤로 물러감**(히10:39).

5290. ὑποστρέφω [hüpŏstrĕphō][35회] 휘포스트레포

동 미완료 ὑπέστρεφον, 미래 ὑποστ- ρέψω, 제1부정과거 ὑπέστρεψα, 5259와 4762에서 유래: 돌아서다, 돌아가다, 돌아오다, 눅1:56, 행8:25, 히7:1.

☞**(돌아)오다**(막14:40, 눅19:12), **돌아가다**(눅1:56, 행8:25, 갈1:17), **돌아오다**(눅4:1, 행1:12, 히7:1).

5291. ὑποστρώννυω [hüpŏstrōnnümi][1회] 휘포스트론뉘오

동 미완료 ὑπεστρώννυον, 제1부정과거 ὑπέστρωσα, 5259와 4766에서 유래: 밑에다 펴다, 깔다, 눅19:36.

☞**펴다**(눅19:36).

5292. ὑποταγή, ῆς, ἡ [hüpŏtagē][4회] 휘포타게

명 5293에서 유래: 복종, 순종, 종속, 고후9:13, 갈2:5.

☞**복종하는 것**(고후9:13, 갈2:5), **순종함**(딤전2:11), **복종함**(딤전3:4).

5293. ὑποτάσσω [hüpŏtassō][38회] 휘포탓소

동 제1부정과거 ὑπέταξα, 완료 수동 ὑποτέταγμαι, 제2부정과거 수동태 ὑ- πετάγην, 미래 수동태 ὑποταγήσομαι, 5259와 5021에서 유래: 복종시키다, 종속시키다.

1) [능동태] 롬8:20, 고전15:27, 엡1:22, 히2:8.
2) [수동태]
   ① 예속하다, 종속하다, 롬8:20, 고전15:28, 히2:8.
   ② 복종하다, 순종하다, 눅2:51, 롬13: 1, 골3:18.

☞**순종하다**(눅2:51, 딛2:9, 벧전2:13, 5:5), **항복하다**(눅10:17,20), **굴복하다**(롬8:7, 13: 5), **복종하다**(고전14:34, 골3:18, 히12:9, 약4:7, 벧전3:22).

5294. ὑποτίθημι [hüpŏtithēmi][2회] 휘포티데미

동 제1부정과거 ὑπέθηκα, 제2부정과거부정사 ὑποθεῖναι, 5259와 5087에서 유래:

1) 내놓다, 내주다, 롬16:4.
2) [중간] 제시하다, 제안하다, 지적하다, 명하다, 알게하다, 가르치다, 딤전4:6.

☞**내놓다**(롬16:4), **깨우치다**(딤전4:6).

5295. ὑποτρέχω [hüpŏtrĕchō][1회] 휘포트레코

동 제2부정과거 ὑπέδραμον, 5259와 5143에서 유래: 바람을 피하여 항해하다, 행27:16.

☞**아래로 지나다**(행27:16).

5296. ὑποτύπωσις, εως, ἡ [hüpŏtupō- sis][2회] 휘포튀포시스

명 5259와 5179의 합성어에서 유래: 모형, 견

본, 모본, 원형, 딤전1:16, 표준, 딤후1:13.
☞**본**(딤전1:16, 딤후1:13).

5297. ὑποφέρω [hüpŏphĕrō][3회] **휘포페로**
동 미래 ὑποίσω, 제1부정과거 ὑπή– νεγκα, 제1부정과거부정사 ωπενεγ– κεῖν, 5259와 5342에서 유래: 견디어 나가다, 복종하다, 견디다, 고전10:13, 딤후3:11, 벧전2:19.
☞**감당하다**(고전10:13), **받아 (견디다)** (딤후3:11), **참다**(벧전2:19).

5298. ὑποχωρέω [hüpŏchōrĕō][2회]
휘포코레오
동 제1부정과거 ὑπεχώρησα, 5259와 5562에서 유래: 돌아가다, 물러가다, 후퇴하다, 눅5:16, 9:10.
☞**물러가다**(눅5:16), **떠나가다**(눅9:10).

5299. ὑπωπιάζω [hüpōpiazō][2회] **휘포피아조**
동 5292와 3700의 합성어에서 유래: 눈 밑을 때리다, 눈을 멍들게 하다.
1) [문자적으로] 매우 시끄럽게 하다, 눅18:5.
2) [상징적으로] 난폭하게 다루다, 괴롭히다, 학대하다, 고전9:27.
☞**괴롭게 하다**(눅18:5), **치다**(고전9:27).

5300. ὗς, ὑός, ἡ [hus][1회] **휘스**
명 암 돼지, 벧후2:22.
☞**돼지**(벧후2:22).

5301. ὕσσωπος, ου, ἡ [hüssōpŏs][2회]
휫소포스
명 외래어에서 유래: 우슬초, 히숍풀[옛날 약용으로 쓴 박하의 일종], 요19:29, 히9:19.
☞**우슬초**(요19:29, 히9:19).

5302. ὑστερέω [hüstĕrĕō][16회] **휘스테레오**
동 제1부정과거 ὑστέρησα, 완료 ὑσ– τέρηκα, 제1부정과거 수동태 ὑστερή– θην, 5306에서 유래:
1) [능동]
① 너무 늦게 오다, 놓치다, 미치지 못하다, 제외하다, 히4:1, 12:15.
② ~을 요하다, ~이 없다, 눅22:35.
③ 모자라다, ~보다 못하다, 고후11:5, 12:11.
④ 부족하다, 모자라다, 마19:20, 막10:21, 요2:3, 고전12:24.
2) [수동] 모자라다, ~이 없다, 눅15:14, 롬3:23, 고전1:7, 8:8, 히11:37.
☞**부족하다**(마19:20, 눅22:35, 고후12:11), **궁핍하다**(눅15:14), **떨어지다**(요2:3). **[명] 궁핍**(히11:37).

5303. ὑστέρημα, ατος, τό [hüstĕrēma][9회]
휘스테레마
명 5302에서 유래:
1) 결핍, 궁핍, 부족, 눅21:4, 고전16:17, 고후8:14, 빌2:30.
2) 부족, 결점, 살전3:10.
☞**가난함**(눅21:4), **부족함**(고전16:17, 고후8:14, 빌2:30).

5304. ὑστέρησις, εως, ἡ [hüstĕrēsis][2회]
휘스테레시스
명 5302에서 유래: 부족, 결핍, 궁핍, 막12:44, 빌4:11.
☞**가난함**(막12:44), **궁핍함**(빌4:11).

5305. ὕστερον [hüstĕrŏn] **휘스테론**
부 5306의 중성: 최후에, 나중에, 결국.
☞**끝내**(마21:32), **최후에**(마22:27).

5306. ὕστερος, α, ον [hüstĕrŏs][12회]
휘스테로스
형 부 5259에서 유래:
1) [형용사]
① [비교급] 후자, 둘째, 마21:32.
② [최상급] ἐν ὑστέροις καιροῖς: 마지막 때에, 후에, 장차, 딤전4:1.
2) [중성] ὕστερον은 부사로 사용됨.
① [비교급] 둘째로, 후에, 그 후에, 마4:2, 막16:14, 요13:36, 히12:11.
② [최상급] 결국, 마침내, 마21:37, 26:60, 눅20:32.
☞**둘째로, 후에, 후일에, 장차, 그 후에**(마4:2, 21:30, 막16:14, 요13:36, 히12:11).

5307. ὑφαντός, ή, όν [hüphantŏs][1회]
휘판토스
형 ὑφαίνω '엮다'에서 유래: 짜서 만든, 짠, 요19:23.
☞**짠**(요19:23).

5308. ὑψηλός, ή, όν [hüpsēlŏs][11회]
휩셀로스
형 5311에서 유래: 높은.
1) [문자적으로] 마4:8, 막9:2, 계21:10.
2) 의기양양한, 교만한, 거만한, 눅16:15, 롬11:20, 12:16.
☞**높은**(마4:8, 막9:2, 계21:12), **높임을 받는**(눅

16:15, 행13:17), **높이 되신**(히7:26).

5309. ὑψηλοφρονέω [hüpsēlŏphrŏnĕō][1회] 휩셀로프로네오

동 5308과 5424의 합성어에서 유래: 교만하다, 거만하다, 딤전6:17.

☞**마음을 높이다**(딤전6:17).

5310. ὕψιστος, η, ον [hüpsistŏs][13회] 휩시스토스

부 형 5311의 어간에서 유래: 가장 높이[최상급으로 쓰임].

1) [공간적으로] 마21:9, 막11:10, 눅2:14.

2) ὁ ὕ- ψιστος: 지극히 높으신 자, 막5:7, 눅8:28.

☞**높은**(마21:9, 막11:10, 눅19:28), **지극히 높으신 (자)**(막5:7, 눅1:35, 히7:1).

5311. ὕψος, ους, τό [hüpsŏs][6회] 휲소스

명 5228의 파생어에서 유래: 높이.

1) [문자적으로]

① 차원의 하나, 엡3:18, 계21:16.

② [구체적으로] 높은 곳, 하늘, 눅1:78, 24:49, 엡4:8.

2) [비유적으로] 높은 자리, 약1:9.

☞**위**(눅1:78, 24:49, 엡4:8), **높음**(약1:9), **높이**(엡3:18, 계21:16).

5312. ὑψόω [hüpsŏō][20회] 휲소오

동 미래 ὑψώσω, 제1부정과거 ὕψωσα, 제1부정과거수동태 ὑψώθην, 미래 수동태 ὑψωθήσομαι, 5311에서 유래: 높이 올리다, 들어 올리다.

1) [문자적으로] 마11:23, 눅10:15, 요3:14.

2) [비유적으로] 높이다, 눅1:52, 행5:31, 벧전5:6.

☞**높아지다**(마11:23, 눅14:11, 18:14), **높이다**(마23:12, 눅1:52, 고후11:7), **들다**(요3:14), **들리다**(요3:14, 12:32).

5313. ὕψωμα, ατος, τό [hüpsōma][2회] 휲소마

명 5312에서 유래: 높음, 높이, 높아짐.

1) [천문학적 술어] 높음, 롬8:39.

2) 고후10:5.

☞**높음**(롬8:39), **높아진 것**(고후10:5).

Φ, φ

5314. φάγος [phagŏs][2회] **파고스**

명 5315에서 유래: 대식가, 폭식가, 마11:19, 눅7:34.

☞**먹기를 탐하는 자**(마11:19, 눅7:34).

5315. φάγω [phagō] **파고**

동 [기본형] 먹다, 식사하다, 눅24:43.

☞**먹다**(마26:26, 막14:14, 계10:10), **잡수시다**(마26:17, 막14:12, 눅4:2), **식사하다**(막3:20).

5316. φαίνω [phainō][31회] **파이노**

동 제1부정과거 ἔφᾱνα, 제1부정과거 가정법 3인칭단수 φάνῃ, 미완료 수동태 ἐφαινόμην, 제2부정과거 수동 ἐ– φάνην, 미래수동태 φανήσομαι, 5457의 연장형:

1) [능동태 자동사] 빛을 내다, 비치다, 환하다, 요1:5, 벧후1:19, 계1:16.

2) φαίνομαι.

① 빛나다, 번쩍이다, 마24:27, 빌2:15.

② 나타나다, 보이다, 마13:26, 벧전4: 18, 히11:3.

③ 나타나다, 자신을 나타내 보이다, 출현하다, 마1:20, 막16:9, 눅9:8.

④ ~같이 보이다, 나타나다, 마23:27, 눅24:11, 고후13:7.

⑤ 사실대로, 그대로 나타나다, 롬7:13.

⑥ [여격과 부정사를 동반하여] 생각되다, ~같이 보이다, 막16:9.

☞**나타나다**(마2:7, 눅9:8, 히11:3), **보이다**(마6:5, 약4:14), **보다**(마9:33), **번쩍이다**(마24:27), **비취다**(요5:35, 벧후1:19, 계18:23), **드러나다**(롬7:13).

5317. Φάλεκ [Phalĕk][1회] **팔렉**

고명 히브리어 6389에서 유래: 에벨의 아들 '벨렉', 눅3:35.

☞**벨렉**(눅3:35)

5318. φανερός, ά, όν [phanĕrŏs][18회] **파네로스**

형 명 5316에서 유래:

1) [형용사] 보이는, 명백한, 밝은, 확실한, 알려진, 막6:14, 행4:16, 롬1:19, 고전3:13.

2) [명사] 개방, 공지, 빛, 마6:4,6,18, 막4:22, 눅8:17, 롬2:28.

☞**나타난**(막3:12, 4:22), **드러난**(막6:14, 눅8:17), **알려진**(행4:16), **보이는**(롬1:19), **현저한**(갈5:19). **[부] 표면적**(롬2:28).

5319. φανερόω [phanĕrŏō][49회] **파네로오**

동 미래 φανερώσω, 제1부정과거 ἐφα– νέρωσα, 완료 πεφανέρωκα, 완료수동태 πεφανέρωμαι, 제1부정과거수동태 ἐφανερώθην, 미래수동태 φανερωθή– σομαι, 5318에서 유래: 나타나다, 알게 하다, 보여주다, 롬1:19, 고전4:5, 고후2:14, 엡5:13, 딤전3:16, 벧전5:4.

☞**드러내다**(막4:22), **나타나다**(막16:12, 요21:14, 엡5:13), **나타내다**(요2:11, 고전4:5, 요일1:2), **보이다**(롬1:19, 계3:18), **알려지다**(고후5:11).

5320. φανερῶς [phanĕrōs][3회] **파네로스**

부 5318에서 유래:

1) 공공연하게, 막1:45, 요7:10.

2) 명백하게, 뚜렷하게, 행10:3.

☞**밝히**(행10:3), **드러나게**(막1:45), **나타내게**(요7:10).

5321. φανέρωσις, εως, ἡ [phanĕrōsis][2회] **파네로시스**

명 5319에서 유래: 나타냄, 나타남, 드러남, 공포, 선포, 고전12:7, 고후4:2.

☞**나타냄**(고전12:7, 고후4:2).

5322. φανός, οῦ, ὁ [phanŏs][1회] **파노스**

명 5316에서 유래: 등, 횃불, 요18:3.

☞**횃불**(요18:3).

5323. Φανουήλ, ὁ [Phanŏuēl][1회] **파누엘**

고명 히브리어 6349에서 유래: 여선지자 안나의 아버지 '바누엘', 눅2:36.

☞**바누엘**(눅2:36).

5324. φαντάζω [phantazō][1회] **판타조**

동 5316의 파생어에서 유래: 보이게 하다. [주] 수동: 보이다, 나타나다, 히12:21.

☞**보이다**(히12:21).

5325. φαντασία, ας, ἡ [phantasia][2회] **판타시아**

명 5324의 파생어에서 유래: 장관(壯觀), 화려한 행렬, 행25:23.

☞**위엄**(행25:23).

5326. φάντασμα, ατος, τό [phantasma][2회] **판타스마**

명 5324에서 유래: 유령, 귀신, 환영, 허깨비, 마14:26, 막6:49.

☞**유령**(마14:26, 막6:49).

5327. φάραγξ, αγγος, ἡ [pharangx][1회] **파랑크스**

명 4008의 어간에서 유래: 계곡, 골짜기, 협곡, 눅3:5.

☞**골짜기**(눅3:5).

5328. Φαραώ, ὁ [Pharaō][5회] **파라오**

고명 히브리어 6547에서 유래: 애굽 왕들의 칭호 '바로', 행7:13,21, 롬9:17, 히11:24.

☞**바로**(행7:10,13,21, 롬9:17, 히11:24).

5329. Φαρές [Pharĕs][3회] **파레스**

고명 히브리어 6567에서 유래: 유다와 다말 사이에 태어난 아들 '베레스', 마1:3, 눅3:33.

☞**베레스**(마1:3, 눅3:33).

5330. Φαρισαῖος, ου, ὁ [Pharisaiŏs][99회] **파리사이오스**

고명 히브리어 6567에서 유래: 바리새인[단수로는 거의 사용되지 않음], 마3:7, 막3:6, 눅5:21, 행23:6.

☞**바리새인**(마3:7, 막3:6, 눅5:21, 행23:6).

5331. φαρμακεία, ας, ἡ [pharmakĕia][2회] **파르마케이아**

명 5332에서 유래: 마법, 마술, 요술, 갈5:20, 계9:21, 18:23.

☞**주술**(갈5:20), **복술**(계9:21, 18:23).

5332. φαρμακεύς, έως, ὁ [pharmakĕus] **파르마큐스**

명 φάρμακον '약'에서 유래: 독약 섞는 사람, 마술가, 요술쟁이.

☞**점술가**(계21:8).

5333. φάρμακος, ου, ὁ [pharmakŏs][2회] **파르마코스**

명 5332와 동의어: 마술사, 요술가, 계21:8, 22:15.

☞**점술가**(계22:15).

5334. φάσις, εως, ἡ [phasis][1회] **파시스**

명 5346에서 유래: 소식, 소문, 보도, 뉴스, 행21:31.

☞**소문**(행21:31).

5335. φάσκω [phaskō][3회] **파스코**

동 미완료 ἔφασκον, 5346의 동일어에서 유래: 말하다, 언명하다, 주장하다, 행24:9, 25:19, 롬1:22, 계2:2.

☞**주장하다**(행25:19). **[명] 말**(행24:9).

5336. φάτνη, ης, ἡ [phatnē][4회] **파트네**

명 πατέομαι에서 유래: 구유, 외양간, 마구간, 눅2:7,12,16, 13:15.

☞**구유**(눅2:7,12,16), **외양간**(눅13:15).

5337. φαῦλος, η, ον [phaulŏs][6회] **파울로스**

형 [기본형] 가치 없는, 나쁜, 악한, 천한, 요3:20, 5:29, 롬9:11, 고후5:10, 딛2:8, 약3:16.

☞**악한**(딛2:8, 약3:16). **[명] 악**(요3:20, 5:29).

5338. φέγγος, ους, τό [phĕnggŏs][2회] **펭고스**

명 5457의 어간과 유사: 빛, 광채, 마24:29, 막13:24, 눅11:33.

☞**빛**(마24:29, 막13:24, 눅11:33).

5339. φείδομαι [phĕidŏmai][10회] **페이도마이**

동 중간태. 디포넌트. 미래 φείσομαι, 제1부정과거 ἐφεισάμην, 불확실한 어원에서 유래:

1) 아끼다, 고전7:28, 고후1:23, 13:2, 행20:29, 롬8:32.

2) 피하다, 멀리하다, 고후12:6.

☞**아끼다**(행20:29, 롬11:21, 고후1:23), **그만두다**(고후12:6), **용서하다**(고후13:2).

5340. φειδομένως [phĕidŏmĕnōs][2회] **페이도메노스**

부 5339의 분사에 유래: 아껴서, 인색하게, 고후9:6.

☞**적게**(고후9:6).

5341. φελόνης [phĕlŏnēs] **펠로네스**

명 5316의 파생어에서 유래: 외투, 딤후4:13.

☞**겉옷**(딤후4:13).

5342. φέρω [phĕrō][66회] **페로**

동 미완료 ἔφερον, 미래 οἴσω, 제1부정과거 ἤνεγκα, 제1부정과거 분사 ἐ- νέγκας, 제2부정과거부정사 ἐνεγκεῖν, 제1부정과거 수동태 ἠνέχθην:

1) 지다, 운반하다.

① [문자적으로] 눅23:26.

② [비유적으로] 부지하다, 받들다, 히1:3.

Φ

③ 참다, 견디다, 히12:20, 13:13.
④ 데리고 가다, 오다, 가져가다, 눅24:1, 요19:39.

2) 결실하다, 열매맺다, 산출하다, 막4:8, 요12:24.

3) 밀어내다, 몰아내다. [주] 수동: 움직이다, 밀리다, 밀려가다, 표류하다.
① [문자적: 바람과 일기에 대해 사용] 행27:15,17.
② [비유적] 이끌리다, 감동을 받다, 벧후1:21.
③ 돌진하다, 몰고가다, 나아가다, 행2:2, 히6:1.

4) 가져오다, 나게 하다, 산출하다.
① [물건을] ~에게 가져오다, 막6:27, 28, 딤후4:13.
② [말, 연설, 보도, 혐의, 죄 등을] 가져오다, 말하다, 발언하다, 요18:29, 히9:16, 벧전1:13, 벧후2:11.
③ 되다, 내밀다, 요20:27.
④ [동물이나 사람 같은 산 존재를] 데려오다, 막11:2,7, 눅15:23, 행14:13.
⑤ 인도해 가다, 데리고 가다, 눅5:18, 요21:18, 행5:16.
⑥ [대문에 대해서] ~로 인도하다, 들어가다, 행12:10.

☞**얻다**(마14:11), **가져가다**(마14:11), **가져오다**(마14:18, 막6:27, 12:16), **참다**(마17:17), **데려오다**(막1:32), **메다**(막2:3), **데리다**(막7: 32, 8:22, 행5:16), **가지다**(막12:15, 행4:34, 5:2), **끌다**(막15:22, 눅15:23), **메고 오다**(눅5:18), **지우다**(눅23:26), **갖다주다**(요2:8), **갖다 드리다**(요4:33), **맺다**(요15:2,16), **내밀다**(요20:27), **끌어올리다**(요21:10), **데려가다**(요21:18), **나오다**(벧후1:18), **가지고 오다**(딤후4:13), **붙들다**(히1:3), **나아가다**(히6:2), **견디다**(히12:20), **지다**(히13:13), **나다**(벧후1:17), **감동하다**(벧후1:21).

5343. φεύγω [phĕugō][29회] 퓨고

동 [기본형] 미래 φεύξομαι, 제2부정과거 ἔφυγον:

1) [문자적으로] 도망하다, 피신하다, 마8:33, 막5:14, 요10:12.

2) 피하다, 막14:52, 히11:34, 12:25.

3) [도덕적 의미로] 멀리하다, 피하다, 삼가다, 고전10:14, 딤전6:11, 딤후2:22.

4) 사라지다, 없어지다, 계16:20, 20:11.

☞**피하다**(마2:13, 눅3:7, 고전6:18), **달아나다**(마8:33), **도망하다**(마24:16, 눅21:21, 계12:6), **도주하다**(행7:29), **없어지다**(계16:20).

5344. Φῆλιξ, ικος, ὁ [Phēlix][9회] 펠릭스

고명 기원은 라틴어: 행복한, 글라우디오 황제의 총애를 받는 팔라의 형제 '벨릭스', 행23:24,26, 24:3.

☞**벨릭스**(행23:24, 24:3).

5345. φήμη, ης, ἡ [phēmē][2회] 페메

명 5346에서 유래: 소문, 소식, 마9:26, 눅4:14.

☞**소문**(마9:26, 눅4:14).

5346. φημί [phēmi][66회] 페미

동 3인칭 단수 φησίν, 3인칭 복수 φα– σίν, 미완료와 제2부정과거의 3인칭단수 ἔφη, 5357의 어간과 536의 동일형:

1) 말하다, 언명하다, 확언하다.

2) 의미하다, 롬3:8, 고전7:29, 10:19.

☞**말하다**(마8:8), **이르다**(마26:34), **여쭈다**(막14:29), **대답하다**(행22:28). **[명] 말**(고후10:10).

5347. Φῆστος, ου, ὁ [Phēstŏs][13회] 페스토스

고명 라틴어: 축제의, 유대땅의 로마 총독 '베스도', 행24:27, 25:1.

☞**베스도**(행24:27, 25:1).

5348. φθάνω [phthanō][7회] 프다노

동 [기본형] 제1부정과거 ἔφθασα:

1) 앞에 오다, 앞서다, 앞지르다, 살전4:15.

2) 막 도착하다, 도달하다, 이르다, 오다, 마12:28, 눅11:20, 롬9:31, 고후10:14, 빌3:16, 살전2:16,

☞**임하다**(마12:28, 눅11:20, 살전2:16), **이르다**(롬9:31, 빌3:16), **나아가다**(고후 10:14), **앞서다**(살전4:15).

5349. φθαρτός, ή, όν [phthartŏs][6회] 프다르토스

형 5351에서 유래: 멸망할, 썩어질, 파멸될, 롬1:23, 고전9:25, 벧전1:18.

☞**썩어질**(롬1:23, 벧전1:23), **썩은**(고전9:25), **썩을**(고전15:53,54), **헛된**(벧전1:18).

5350. φθέγγομαι [phthĕnggŏmai][3회] 프뎅고마이

동 중간태. 디포넌트. 제1부정과거 ἐφθεγξάμην, 5338과 5346과 유사: 소리를 내다,

Φ

크게 외치다, 말하다, 발언하다, 선포하다, 행4:18, 벧후2:16, 18.

☞**말하다**(행4:18, 벧후2:16), **말을 토하다**(벧후2:18).

5351. φθείρω [phthĕirō][9회] 프데이로

동 미래 φθερῶ, 제1부정과거 ἔφθει- ρα, 완료 수동태 ἔφθαρμαι, 수동태 분사 ἐφθαρμένος, 제2부정과거 수동태 ἐφθάρην, 미래 수동태 θαρήσομαι, φθίω '소비하다'에서 유래: 파괴하다, 파멸하다, 썩히다, 못쓰게 만들다, 고전15:33, 고후7:2, 엡4:22, 벧후2:12, 유1:10.

☞**더럽히다**(고전3:17, 15:33), **멸하다**(고전3: 17), **해롭게 하다**(고후7:2), **부패하다**(고후11:3), **썩어지다**(엡4:22), **멸망하다**(유1:10).

5352. φθινοπωρινός, ή, όν [phthinŏpō-rinŏs][1회] 프디노포리노스

형 φθίνω '쇠약하다'의 파생어와 3703에서 유래: 늦가을의, 유1:12.

☞**가을의**(유1:12).

5353. φθόγγος, ου, ὁ [phthŏnggŏs][2회] 프동고스

명 5350에서 유래: 소리, 음, 음성, 롬10: 18, 고전14:7.

☞**소리**(롬10:18), **음**(고전14:7).

5354. φθονέω [phthŏnĕō][1회] 프도네오

동 제1부정과거 ἐφθόνησα, 5355에서 유래: 시기하다, 질투하다, 갈5:26.

☞**투기(妬忌)하다**(갈5:26).

5355. φθόνος, ου, ὁ [phthŏnŏs][9회] 프도노스

명 시기, 질투, 롬1:29, 갈5:21, 딤전6:4, 약4:5.

☞**시기**(마27:18, 롬1:29, 벧전2:1), **투기(妬忌)**(빌1:15, 딤전6:4, 딛3:3).

5356. φθορά, ᾶς, ἡ [phthŏra][9회] 프도라

명 5351에서 유래:

1) 파멸, 파괴, 와해, 붕괴, 롬8:21, 고전15:42, 골2:22.

2) 부패, 타락, 벧후1:4, 2:19.

☞**부패**(골2:22), **멸망**(벧후2:12,19), **썩어짐**(롬8:21, 갈6:8, 벧후1:4), **썩을 것**(고전15:42, 50).

5357. φιάλη, ης, ἡ [phialē][12회] 피알레

명 불확실한 어원에서 유래: 대접, 주발, 사발, 쟁반, 계5:8, 15:7, 17:1.

☞**대접**(계16:1, 17:1, 21:9).

5358. φιλάγαθος, ον [philagathŏs] 필아가도스

형 5384와 18에서 유래: 선한 것을 사랑하는, 딛1:8.

☞**선을 좋아하는**(딛1:8).

5359. Φιλαδέλφεια, ας, ἡ [Philadĕl-phĕia][2회] 필라델ㅎ페이아

고명 5361에서 유래: 소아시아의 한 도시 '빌라델비아', 계1:11, 3:7.

☞**빌라델비아**(계1:11, 3:7).

5360. φιλαδελφία, ας, ἡ [philadĕl-phia][6회] 필라델피아

명 5361에서 유래: 형제애, 형제의 사랑, 롬12:10, 살전4:9, 히13:1.

☞**형제 사랑**(살전4:9), **형제 우애**(벧후1:7), **형제를 사랑함[하기]**(롬12:10, 히13:1, 벧전1:22).

5361. φιλάδελφος, ον [philadĕlphŏs] 필라델포스

형 5384와 80에서 유래: 형제[자매]를 사랑하는, 벧전3:8.

☞**형제를 사랑하는**(벧전3:8).

5362. φίλανδρος, ον [philandrŏs] 필란드로스

형 5384와 435에서 유래: 남편을 사랑하는, 딛2:4.

☞**남편을 사랑하는**(딛2:4).

5363. φιλανθρωπία, ας, ἡ [philanthrō-pia][2회] 필란드로피아

명 5364에서 유래: 인류에 대한 사랑, 친절, 자애, 관대, 행28:2, 딛3:4.

☞**동정**(행28:2), **사람 사랑하심**(딛3:4).

5364. φιλανθρώπως [philanthrōpōs] 필란드로포스

부 5384와 444의 합성어에서 유래: 인정 있게, 자비롭게, 친절히, 행27:3.

☞**친절히**(행27:3).

5365. φιλαργυρία, ας, ἡ [philarguria][1회] 필라르귀리아

명 5366에서 유래: 돈을 사랑하는 것, 탐심, 인색, 딤전6:10.

☞**돈을 사랑함**(딤전6:10).

5366. φιλάργυρος, ον [philargurŏs] 필라르귀로스

형 5384와 696에서 유래: 돈을 좋아하는, 돈을 사랑하는, 욕심 많은, 눅16:14, 딤후3:2.

☞**돈을 좋아하는**(눅16:14), **돈을 사랑하는**(딤후3:2).

5367. φίλαυτος, ον [philautŏs][1회]
필아우토스
형 5384와 846에서 유래: 자신을 사랑하는, 이기적인, 딤후3:2.
☞**자기를 사랑하는**(딤후3:2).

5368. φιλέω [philĕō][25회] 필레오
동 미완료 ἐφίλουν, 제1부정과거 ἐφί－λησα, 완료 πεφίληκα, 5384에서 유래:
1) 사랑하다, 좋아하다, 마10:37, 요15:19, 고전16: 22, 계22:15.
2) 입맞추다, 마26:48, 막14:44, 눅22:47.
☞**좋아하다**(마6:5, 눅20:46), **사랑하다**(마10:37, 요5:20, 고전16:22), **입맞추다**(마26: 48, 막14:44, 눅22:47).

5369. φιλήδονος, ον [philēdŏnŏs][1회]
필레도노스
형 5384와 2237에서 유래: 향락을 사랑하는, 향락에 빠진, 딤후3:4.
☞**쾌락을 사랑하는**(딤후3:4).

5370. φίλημα, ατος, τό [philēma][7회]
필레마
명 5368에서 유래: 입맞춤, 눅7:45, 22: 48, 롬16:16, 벧전5:14.
☞**입맞춤**(눅7:45, 22:48, 벧전5:14).

5371. Φιλήμων, ονος, ὁ [Philēmōn][1회]
필레몬
고명 5368에서 유래: 친하게, 골로새 지방의 그리스도인 '빌레몬', 몬1:1.
☞**빌레몬**(몬1:1).

5372. Φιλητός [Philētŏs][1회] 필레토스
고명 5368에서 유래: 붙임성 있는, 그릇된 그리스도인의 이름 '빌레도', 딤후2:17.
☞**빌레도**(딤후2:17).

5373. φιλία, ας, ἡ [philia][1회] 필리아
명 5384에서 유래: 우정, 우의, 사랑, 약4:4.
☞**벗된 것**(약4:4).

5374. Φιλιππήσιος, ου, ὁ [Philippē－siŏs][1회] 필맆페시오스
명 5375에서 유래: 빌립보 사람, 빌4:15.
☞**빌립보인**(빌4:15).

5375. Φίλιπποι, ων, οἱ [Philippŏi][4회]
필맆포이
고명 5376의 복수형: 마케도니아의 한 도시 '빌립보', 행16:12, 20:6, 빌1:1, 살전2:2.
☞**빌립보**(행16:12, 20:6, 빌1:1, 살전2:2).

5376. Φίλιππος, ου, ὁ [Philippŏs][36회]
필립포스
고명 5384와 2462에서 유래: 말을 좋아하는 '빌립'.
1) 헤롯의 아들[분봉왕], 마16:13, 막8:27, 눅3:1.
2) 헤로디아의 남편, 마14:3, 막6:17.
3) 사도 중의 하나, 마10:3, 막3:18, 눅6: 14, 요1:44－48.
4) 일곱 집사 중의 하나, 행6:5, 8:5－40.
☞**빌립**(마16:13, 막8:27, 눅3:1, 요1:44, 행6:5).

5377. φιλόθεος, ον [philŏthĕŏs][1회]
필로데오스
형 5384와 231에서 유래: 하나님을 사랑하는, 경건한, 딤후3:4.
☞**하나님을 사랑하는**(딤후3:4).

5378. Φιλόλογος, ου, ὁ [Philŏlŏgŏs]
필로로고스
고명 5384와 3056에서 유래: 논쟁을 좋아하는 한 그리스도인의 이름 '빌롤로고', 롬16:15.
☞**빌롤로고**(롬16:15).

5379. φιλον(ε)ικία, ας, ἡ [philŏnĕikia][1회] 필로네이키아
명 5380에서 유래: 논쟁, 다툼, 싸움, 눅22:24.
☞**다툼**(눅22:24).

5380. φιλόν(ε)ικος, ον [philŏnĕikŏs][1회]
필로네이코스
형 5384와 νεῖκος '말다툼'에서 유래: 투기 좋아하는, 논쟁적인, 싸움을 좋아하는, 고전11:16.
☞**논쟁하는**(고전11:16).

5381. φιλοξενία, ας, ἡ [philŏxĕnia]
필록세니아
명 5382에서 유래: 친절한 대접, 후대, 관대, 롬12:13, 히13:2.
☞**손(님) 대접하기**(롬12:13, 히13:2).

5382. φιλόξενος, ον [philŏxĕnŏs][3회]
필록세노스
형 5384와 3581에서 유래: 친절히 대접하는, 후대하는, 관대한, 딤전3:2, 딛1:8, 벧전4:9.
☞**나그네를 대접하는**(딤전3:2, 딛1:8, 벧전4:9).

5383. φιλοπρωτεύω [philŏprōtĕuō][1회]
필로프로튜오
동 5384와 4443의 합성어에서 유래: 첫째 되기를 원하다, 지도자 되기를 좋아하다, 요삼1:9.
☞**으뜸 되기를 좋아하다**(요삼1:9).

5384. φίλος, η, ον [philŏs][29회] 필로스
형 명 1) [형용사]
① [수동형] 사랑 받는, 친애하는.
② [능동형] 사랑하는, 친절한, 열렬히 사랑하는, 행19:31.
2) [명사]
① ὁ φίλος: 남자 친구, 눅7:6, 15:6, 요15:15, 약4:4.
② ἡ φί- λη: 여자 친구, 눅15:9.
☞**친구**(마11:19, 행10:24, 요삼1:15), **벗**(눅7:6, 15:29, 약2:23), **충신**(요19:12).

5385. φιλοσοφία, ας, ἡ [philŏsŏphia][1회]
필로소피아
명 5386에서 유래: 철학, 골2:8.
☞**철학**(골2:8).

5386. φιλόσοφος, ου, ὁ [philŏsŏphŏs][1회]
필로소포스
명 5384와 4680에서 유래: 철학자, 행17:18.
☞**철학자**(행17:18).

5387. φιλόστοργος, ον [philŏstŏrgŏs][1회] 필로스토르고스
형 5384와 στοργή '부모, 자녀를 소중히 하는'에서 유래: 알뜰한, 사랑하는, 롬12:10.
☞**우애하는**(롬12:10).

Φ

5388. φιλότεκνος, ον [philŏtĕknŏs][1회]
필로테크노스
형 5384와 5043에서 유래: 자녀를 사랑하는, 아이를 사랑하는, 딛2:4.
☞**자녀를 사랑하는**(딛2:4).

5389. φιλοτιμέομαι [philŏtimĕŏmai][3회]
필로티메오마이
동 5384와 5092의 합성어에서 유래된 디포넌트: 야망을 가지다, 영광으로 여기다, 열망하다, 롬15:20, 고후5:9, 살전4:11.
☞**힘쓰다**(롬15:20, 고후5:9, 살전4:11).

5390. φιλοφρόνως [philŏphrŏnōs][1회]
필로프로노스
부 5391에서 유래: 친절하게, 후하게, 관대하게, 행28:7.
☞**친절히**(행28:7).

5391. φιλόφρων, ον [philŏphrōn]
필로프론
형 소유격 ονος, 5384와 5424에서 유래: 마음씨 고운, 친절한, 벧전3:8.
☞**겸손한**(벧전3:8).

5392. φιμόω [phimŏō][7회] 피모오
동 부정사 φιμοῦν 또는 φιμοῖν, 미래 φιμώσω, 제1부정과거 ἐφίμωσα, 완료 수동 명령 2인칭단수 πεφίμωσο, 제1부정과거 ἐφιμώθην, φιμός '재갈'에서 유래:
1) 닫아매다, 재갈을 물리다, 망을 씌우다, 고전9:9, 딤전5:18.
2) 잠잠하게 하다, 말 못하게 하다, 마22:34, 벧전2:15.
☞**대답할 수 없게 하다**(마22:34), **잠잠하다**(막1:25, 눅4:35), **고요하다**(막4:39), **망을 씌우다**(딤전5:18), **막다**(벧전2:15).

5393. Φλέγων, οντος, ὁ [Phlĕgōn][1회] 플레곤
고명 5395의 어간의 능동태 분사형: 타오르는, 한 그리스도인의 이름 '블레곤, 롬16:14.
☞**블레곤**(롬16:14).

5394. φλογίζω [phlŏgizō][2회] 플로기조
동 5395에서 유래: 불을 붙이다, 약3:6.
☞**불사르다**(약3:6), **불에서 나다**(약3:6).

5395. φλόξ, φλογός, ἡ [phlŏx][7회] 플록스
명 φλέγω '불꽃'에서 유래: 불꽃, 눅16: 24, 행7:30, 살후1:8, 계1:14.
☞**불꽃**(눅16:24, 히1:7, 계19:12).

5396. φλυαρέω [phlüarĕō][1회] 플뤼아레오
동 5397에서 유래: 쓸데없는 말을 하다, 터무니없는 말을 하다, 무의미한 말을 하다, 당치 않는 공격을 하다, 요삼1:10.
☞**비방하다**(요삼1:10).

5397. φλύαρος, ον [phlüarŏs][1회] 플뤼아로스
형 φλύω '거품을 일으키다'에서 유래: 수다스러운, 어리석은, 딤전5:13.
☞**쓸데없는 말을 하는**(딤전5:13).

5398. φοβερός, ά, όν [phŏbĕrŏs][3회]
포베로스
형 5401에서 유래: 두렵게 하는, 무서운, 놀라운, 히10:27, 12:21.
☞**무서운**(히10:27,31, 12:21).

5399. φοβέω [phŏbĕō][3회] 포베오
동 수동태 φοβέομαι, 미완료 수동태 ἐφοβούμ

ην, 제1부정과거 수동태 ἐ- φοβήθην, 미래수동태 φοβηθήσομαι, 5401에서 유래:
1) 무서워하다, 두려워하다.
① [자동사] 놀라다, 무서워하다, 마17: 6, 막5:33, 행16:38.
② [타동사] 두려워하다, 무서워하다, 마10:26, 요9:22, 갈2:12, 히11:23.
2) 공경하다, 존경하다, 경외하다, 눅1:50, 행10:35, 벧전2:17.

☞**무섭다**(마1:20, 눅5:10, 막5:36), **무서워하다**(마2:22, 막9:32, 눅9:34), **두려워하다**(마10:26, 요6:19, 고후11:3), **두렵다**(마17:7, 눅12:4, 행27: 17), **경외하다**(행10:22, 13:26, 계19:5), **놀라다**(벧전3:6).

5400. φόβητρον, ου, τό [phŏbētrŏn][1회] 포베트론
명 5399의 파생어: 무서운 광경, 사건, 무서운 것, 눅21:11.
☞**무서운 일**(눅21:11).

5401. φόβος, ου, ὁ [phŏbŏs][48회] 포보스
명 φέβομαι '두려워하다'에서 유래:
1) [능동] 무섭게 하기, 무섭게 하는 것, 무서운 일, 롬13:3, 고후5:11.
2) [수동]
① 두려움, 놀램, 비굴함, 공포심, 롬8: 15, 고후7:11, 벧전1:17.
② 경외, 존경, 공경, 롬3:18, 엡6:5, 빌2:12, 벧전3:2.

☞**무서움**(마28:8), **두려움**(고후7:5, 요일4:18, 유1:23), **무서워함**(마14:26, 롬8:15, 히2:15), **경외함**(행9:31, 엡5:21).

5402. Φοίβη, ης, ἡ [Phŏibē][1회] 포이베
고명 φοῖβος '빛나는'의 여성형: 바울에 의해 천거된 여자 그리스도인 '뵈뵈', 롬16:1.
☞**뵈뵈**(롬16:1).

5403. Φοινίκη, ης, ἡ [Phŏinikē][3회] 포이니케
고명 5404에서 유래: 종려나무의 지방, 그레데 섬 남쪽 해안에 있는 한 항구 '베니게', 행11:19.
☞**베니게**(행11:19).

5404. φοῖνιξ or φοίνιξ, ικος, ὁ [phŏinix][2회] 포이닉스
명 기원이 불분명한 파생어: 종려나무, 요12:13.
☞**종려나무**(요12:13), **종려**(계7:9).

5405. φοῖηιξ or φοίνιξ, ικος, ὁ [Phŏinix][1회] 포이닉스
고명 5404와 동일형: 그레데의 한 항구 '뵈닉스', 행27:12.
☞**뵈닉스**(행27:12).

5406. φονεύς, έως, ὁ [phŏnĕus][7회] 포뉴스
명 5408에서 유래: 살인자, 마22:7, 행7:52, 벧전4:15.
☞**살인하는 자**(마22:7, 행7:52, 28:4), **살인**(벧전4:15), **살인자**(계21:8, 22:15).

5407. φονεύω [phŏnĕuō][12회] 포뉴오
동 미래 φονεύσω, 제1부정과거 ἐφό- νευσα, 미래수동태 φονευθήσομαι, 5406에서 유래: 살해당하다, 죽다, 마5:21, 눅18:20, 롬13:9, 약4:2.
☞**살인하다**(마5:21, 롬13:9, 약2:11), **죽이다**(마23:31,35, 약5:6).

5408. φόνος, ου, ὁ [phŏnŏs][9회] 포노스
명 φένω '살해하다'에서 유래: 살해, 죽이기, 막15:7, 눅23:19,25, 행9:1, 롬1:29.
☞**살인**(마15:19, 롬1:29, 계9:21), **살기**(행9:1), **죽임**(히11:37).

5409. φορέω [phŏrĕō][6회] 포레오
동 미래 φορέσω, 제1부정과거 ἐφόρε- σα, 완료 πεφόρηκα, 5411에서 유래: 규칙적으로 지니다, 착용하다.
1) [문자적으로] 옷을 입다, 마11:8, 롬13: 4, 약2:3.
2) [비유적으로] 가지다, 지닌다, 고전15: 49.
☞**입다**(마11:8, 고전15:49, 약2:3), **쓰다**(요19:5), **가지다, 지니다**(롬13:4).

5410. Φόρον [Phŏrŏn][1회] 포론
명 라틴어에서 유래: 공회당, 광장, 공회 광장, 시장, 행28:15.
☞**광장**(행28:15).

5411. φόρος, ου, ὁ [phŏrŏs][5회] 포로스
명 5342에서 유래: 조공, 세금, 눅20:22, 23:2, 롬13:6,7.
☞**세, 세금**(눅20:22, 23:2), **조세**(롬13:6,7).

5412. φορτίζω [phŏrtizō][2회] 포르티조
동 완료 수동태 분사 πεφορτισμένος, 5414에서 유래: 짐 지우다, 마11:28, 눅11:46.
☞**짐 지다**(마11:28), **짐 지우다**(눅11:46).

5413. φορτίον, ου, τό [phŏrtiŏn][6회] 포르티온

Φ

명 5342에서 유래: 짐, 마23:4, 눅11:46, 행27:10.

☞**짐**(마11:30, 눅11:46, 갈6:5).

5414. φόρτος, ου, ὁ [phŏrtŏs] **포르토스**

명 5342에서 유래: 짐, 화물, 행27:10.

☞**하물(荷物)**(행27:10).

5415. Φορτουνᾶτος, ου, ὁ [Phŏrtŏunatŏs][1회] **포르투나토스**

고명 라틴어에서 유래: '브드나도'.

1) 고린도에 사는 그리스도인의 이름(고전16:17). 로마 교회가 고린도 교회에 파견한 사람 중의 한 사람.

☞**브드나도**(고전16:17).

5416. φραγέλλιον, ου, τό [phragĕlliŏn][1회] **프라겔리온**

명 5417에서 유래: 채찍, 채찍 끈, 요2:15.

☞**채찍**(요2:15).

5417. φραγελλόω [phragĕllŏō][2회] **프라겔로오**

동 제1부정과거 ἐφραγέλλωσα, 라틴어에서 유래: 채찍질하다, 마27:26, 막15:15.

☞**채찍질하다**(마27:26, 막15:15).

5418. φραγμός, οῦ, ὁ [phragmŏs][4회] **프라그모스**

명 5420에서 유래: 울타리, 담, 산울타리,

1) [문자적으로] 마21:33, 막12:1, 눅14:23.

2)[비유적으로] 엡2:14.

☞**산울타리**(마21:33, 막12:1, 눅14:23), **담**(엡2:14).

5419. φράζω [phrazō][1회] **프라조**

동 제1부정과거 ἔφρασα, 제1부정과거 명령 φράσον, 5424의 어간의 강세형: 설명하다, 해석하다, 마13:36, 15:15.

☞**설명하다**(마13:36, 15:15).

5420. φράσσω [phrassō][3회] **프랏소**

동 제1부정과거 ἔφραξα, 제2부정과거수동태 ἐφράγην, 미래수동태 φρα- γήσομαι, 5424의 어간의 강세형:

1) 닫다, 막다.

① [문자적으로] 히11:33.

② [비유적으로] 롬3:19, 고후11:10.

2) 멎게 하다, 가로막다, 고후11:10.

☞**막다**(롬3:19), **막히다**(고후11:10).

5421. φρέαρ, ατος, τό [phrĕar][7회] **프레아르**

명 불확실한 파생어에서 유래:

1) 우물, 샘, 눅14:5, 요4:11,12.

2) 구렁, 심연, 구덩이, 계9:1,2.

☞**우물**(눅14:5, 요4:11,12), **(무저갱의) 구덩이**(계9:1,2), **구멍**(계9:2).

5422. φρεναπατάω [phrĕnapataō][1회] **프레나파타오**

동 5423에서 유래: 속이다, 잘못 인도하다, 인도하다.

☞**속이다**(갈6:3).

5423. φρεναπάτης, ου, ὁ [phrĕnapatēs][1회] **프레나파테스**

명 5424와 539에서 유래: 사기꾼, 거짓 선생.

☞**속이는 자**(딛1:10).

5424. φρήν, φρενός, ἡ [phrēn][2회] **프렌**

명 복수 αἱ φρένες, φράω '고삐를 매다'에서 유래: 생각, 이해, 고전14:20.

☞**지혜**(고전14:20).

5425. φρίσσω [phrissō][1회] **프릿소**

동 [기본형] 제1부정과거 ἔφριξα, 완료 분사 πεφρικώς: 무서워서 떨다, 약2:19.

☞**떨다**(약2:19).

5426. φρονέω [phrŏnĕō][26회] **프로네오**

동 미완료 ἐφρόνουν, 미래 φρονήσω, 제1부정과거 ἐφρόνησα, 5424에서 유래:

1) 생각하다, 의견을 가지다, 판단하다, 롬12:3, 고전13:11, 빌1:7.

2) ~에 몹시 마음을 두다, ~에 전념하다, ~에 몰두하다, 롬12:16, 빌3:16, 골3:2.

3) 생각을 가지다, 태도를 가지다, 빌2:5.

☞**생각하다**(롬8:5, 빌1:7, 골3:2), **여기다**(롬14:6), **뜻이 같게 하다**(롬15:5), **(서로에게) 마음을 기울이다**(롬12:16, 빌2:2,5), **[명] 사상**(행28:22).

5427. φρόνημα, ατος, τό [phrŏnēma][4회] **프로네마**

명 5426에서 유래: 생각하는 법, 생각, 마음, 목표, 포부. 열망, 롬8:6,7, 27.

☞**생각**(롬8:6,7,27).

5428. φρόνησις, εως, ἡ [phrŏnēsis][2회] **프로네시스**

명 5426에서 유래:

1) 생각하는 법, 눅1:17.

2) 이해, 깨달음, 통찰력, 지능, 엡1:8.

☞**슬기**(눅1:17), **총명**(엡1:8).

5429. φρόνιμος, ον [phrŏnimŏs][14회] 프로니모스

형 5424에서 유래: 지각 있는, 생각있는, 총명한, 현명한, 마24:45, 눅12:42, 고전10:15.

☞**지혜로운**(마7:24, 고전4:10, 고후11:19), **지혜 있는**(마24:45, 롬11:25, 고전10:15), **슬기 있는**(마25:2,4,9).

5430. φρονίμως [phrŏnimōs][1회] 프로니모스

부 5429에서 유래: 슬기롭게, 현명하게, 민첩하게, 눅16:8.

☞**지혜 있게**(눅16:8).

5431. φροντίζω [phrŏntizō][1회] 프론티조

동 5424의 파생어에서 유래: ~에 대하여 생각하다, ~에 몰두하다, ~에 관심을 두다, 조심해서 ~하다, 딛3:8.

☞**조심하여 ~하다**(딛3:8).

5432. φρουρέω [phrŏurĕō][4회] 프루레오

동 미완료 ἐφρούρουν, 미래 φρουρήσω, 미완료 수동태 ἐφρουρούμην, 4253과 3708의 합성어에서 유래:

1) 망보다, 수호하다, 고후11:32.
2) 감금하다, 가두다, 구속하다, 갈3:23.
3) 보호하다, 지키다, 빌4:7, 벧전1:5.

☞**지키다**(고후11:32, 빌4:7), **매이다**(갈3:23), **보호하다**(벧전1:5).

5433. φρυάσσω [phrüassō][1회] 프뤼앗소

동 제1부정과거 ἐφρύαξα, 1031에서 유래가 비슷함:

1) (말이) 울다, 콧바람 치다, 소란 피우다, 발을 구르다, 크게 노하다, 격노하다,
2) [비유적으로] 거만하다, 교만하다, 행4:25.

☞**분노하다**(행4:25).

5434. φρύγανον, ου, τό [phrüganŏn][1회] 프뤼가논

명 φρύγω '굽다'의 파생어:

1) 덤불, 관목.
2) 가느다란 마른나무, 땔나무, 행28:3.

☞**나무**(행28:3).

5435. Φρυγία, ας, ἡ [Phrügia][3회] 프뤼기아

고명 외래어에서 유래: 소아시아 중앙에 위치한 큰 지방의 이름 '브루기아', 행2:10, 16:6, 18:23.

☞**브루기아**(행2:10, 16:6, 18:23).

5436. Φύγελος (t.r. Φύγελλος), ου, ὁ [Phügĕllŏs][1회] 퓌겔로스

고명 5343에서 유래한 것으로 보임: 아시아의 한 그리스도인 '부겔로', 딤후1:15.

☞**부겔로**(딤후1:15).

5437. φυγή, ῆς, ἡ [phügē][1회] 퓌게

명 5343에서 유래: 도망, 도피, 마24:20, 막13:18.

☞**도망하는 일**(마24:20).

5438. φυλακή, ῆς, ἡ [phülakē][47회] 퓔라케

명 5442에서 유래: 당직, 잠자지 않고 있기, 망보기, 경계.

1) 감시, 지키기, 눅2:8.
2) 보초, 수위, 간수, 행12:10.
3) 감옥, 마14:10, 막6:27, 눅22:33, 행5:19.
4) [밤을 사등분한 하나] 경, 당직, 마14: 25, 막6:17, 눅12:38.

☞**옥(獄)**(마5:25, 요3:24, 벧전3:19), **시각(時刻)**(마24:43), **파수**(행12:10), **(더러운 영이) 모이는 곳, 옥(獄)**(계18:2).

5439. φυλακίζω [phülakizō][1회] 퓔라키조

동 5441에서 유래: 감옥에 가두다, 투옥하다, 행22:19.

☞**가두다**(행22:19).

5440. φυλακτήριον, ου, τό [phülaktēriŏn][1회] 퓔락테리온

명 5442에서 유래: 보호물, 방위의 수단, 호신패, 부적, 마23:5.

☞**경문(經文)**(마23:5).

5441. φύλαξ, ακος, ὁ [phülax][3회] 퓔락스

명 5442에서 유래: 수위, 호위, 파수병, 보초, 행5:23, 12:6.

☞**파수꾼**(행12:6,19). **[동] 지키다**(행5:23).

5442. φυλάσσω [phülassō][31회] 퓔랏소

동 미래 φυλάξω, 제1부정과거 ἐφύλα- ξα, 완료 πεφύλαχα, 제1부정과거수동태 ἐφυλάχθην, 5443에서 유래:

1) [능동]
  ① 지키다, 파수하다, 망보다, 방어하다, 눅2:8, 행12:4, 28:16.
  ② 보호하다, 수호하다, 호위하다, 요17:12, 행22:20, 벧후2:5.
  ③ 지키다, 마19:20, 눅18:21, 딤전5:21.
2) [중간]

① 지키다, 구호하다, 경계하다, 삼가다, 피하다, 눅12:15, 행21:25, 딤후4:15.
② 준수하다, 준행하다, 지키다, 마19: 20, 막10:20, 눅18:21.
☞**지키다**(마19:20, 행12:4, 갈6:13), **물리치다**(눅12:15), **보전하다**(요12:25, 벧후2:5), **피하다**(행21:25), **주의하다**(딤후4:15), **삼가다**(벧후3:17), **보호하다**(유1:24).

5443. φυλή, ῆς, ἡ [phülē][31회] **퓔레**
명 5453에서 유래:
1) 지파, 족속, 마19:28, 눅22:30, 히7: 13, 계7:4.
2) 나라, 백성, 마24:30, 계1:7.
☞**지파**(마19:28, 히7:14, 계21:12), **족속**(마24:30, 계1:7, 11:9).

5444. φύλλον, ου, τό [phüllŏn][6회] **퓔론**
명 5453과 같은 어원에서 유래: 잎, 잎사귀, 마21:19, 24:32, 막11:13, 계22:2.
☞**잎사귀**(마21:19, 막11:13, 계22:2).

5445. φύραμα, ατος, τό [phürama][5회] **퓌라마**
명 φύρω '혼합하다'의 연장형에서 유래:
1) 혼합된 것, 반죽된 것, 반죽, 롬11:16, 고전5:6, 갈5:9.
2) 덩이, 덩어리, 롬9:21.
☞**덩이**(롬9:21, 11:16, 갈5:9), **덩어리**(고전5:6,7).

5446. φυσικός, ή, όν [phüsikŏs][3회] **퓌시코스**
형 5449에서 유래: 자연에 속하는.
1) 자연적인, 롬1:26,27.
2) φυσικά: 본능적인 동물, 벧후2:12.
☞**순리의**(롬1:26,27), **본래, 자연스러운**(벧후2:12).

5447. φυσικῶς [phüsikōs][1회] **퓌시코스**
부 5446에서 유래: 자연적으로, 본능적으로, 유1:10.
☞**본능으로**(유1:10).

5448. φυσιόω [phüsiŏō][7회] **퓌시오오**
동 완료 수동태 분사 πεφυσιωμένος, 제1부정과거 수동태 ἐφυσώθην, 5449에서 유래:
1) 부풀게 하다, 부풀어 오르게 하다, [비유적으로] 교만하게 하다, 거만하게 하다, 고전8:1.
2) [수동] 잘난 체 하다, 교만하여지다, 고전4:18, 골2:18.
☞**교만한 마음을 가지다, 교만하여지다, 교만하다**(고전4:6, 5:2, 13:4), **과장하다**(골2:18).

5449. φύσις, εως, ἡ [phüsis][14회] **퓌시스**
명 5453에서 유래: 자연.
1) 타고난 재능, 조건, 상태, 롬2:27, 11: 21, 24, 갈2:15.
2) 자연적 특성, 기질, 성질, 약3:7, 벧후1:4.
3) 자연, 규칙적 자연 질서, 롬2:14, 고전11:14.
4) 자연적인 존재, 자연 산물, 피조물, 약3:7.
☞**본성**(롬2:14, 고전11:14), **본래**(롬2:27, 갈2:15), **본질상**(갈4:8, 엡2:3), **성품**(벧후1:4).

5450. φυσίωσις, εως, ἡ [phüsiōsis][1회] **퓌시오시스**
명 5448에서 유래: 부풀어 오름, 자랑, 오만, 자만, 자부심, 고후12:20.
☞**거만함**(고후12:20).

5451. φυτεία, ας, ἡ [phütĕia][1회] **퓌테이아**
명 5452에서 유래: 식물, 심어진 것, 마15:13.
☞**심은 것**(마15:13).

5452. φυτεύω [phütĕuō][11회] **퓌튜오**
동 미완료 ἐφύτευον, 제1부정과거 ἐ-φύτευσα, 완료 수동태 πεφύτευμαι, 완료 수동 분사 πεφυτευμένος, 제1부정과거 수동태 ἐφυτεύθην, 5453의 파생어에서 유래: 심다, 마15:13, 막12:1, 눅17:28.
☞**심다**(마15:13, 눅13:6, 고전3:6), **심기다**(눅17:6), **(포도원을) 만들다**(마21:33).

5453. φύω [phüō][3회] **퓌오**
동 [기본형] 제2부정과거수동태 ἐφύ-ην, 제2부정과거수동 분사 φυείς, 중성 φυέν:
1) [타동사]
① [능동] 산출하다, 내다.
② [수동] 자라나다, 나오다, 눅8:6,8.
2) [자동사] 자라나다, 나오다, 히12:15.
☞**(싹이) 나다**(눅8:6, 히12:15).

5454. φωλεός, οῦ, ὁ [phōlĕŏs][2회] **폴레오스**
명 불확실한 어원에서 유래: 굴, 동굴, 소굴, 마8:20, 눅9:58.
☞**굴**(마8:20, 눅9:58).

5455. φωνέω [phōnĕō][43회] **포네오**
동 미완료 ἐφώνουν, 미래 φωνήσω, 제1부정과거 ἐφώνησα, 제1부정과거 수동태 ἐφωνήθην, 5466에서 유래:

Φ

1) 소리를 내다.
① [동물이] 울다, 마26:34, 막14:30, 눅22:34, 요13:38.
② [사람이] 부르짖다, 큰소리로 말하다, 눅8:8, 행16:28, 계14:18.
2) ~를 부르다, 소환하다, 마20:32, 막3:31.
☞**부르다**(마20:32, 눅16:24, 계14:18), **울다**(마26:34, 눅22:61, 요18:27), **외치다**(눅8:8), **청하다**(눅14:12), **불러들이다**(행9:41), **소리지르다**(행16:28).

5456. φωνή, ῆς, ἡ [phōnē][139회] 포네
명 5316과 유사한 어원에서 유래:
1) 소리, 음, 소음, 마2:18, 요3:8, 계6:1.
2) 음성.
① 말소리, 눅17:15, 행2:14, 계18:23.
② 사람의 각 음성, 소리, 요10:27, 행12:14, 갈4:20.
③ 부르짖음, 고함, 막15:37, 행19:34.
3) 언어, 고전14:10, 벧후2:16.
☞**소리**(마3:3, 눅23:23, 계9:9), **음성**(눅22: 17, 요10:27, 계16:17), **말**(행13:27).

5457. φῶς, φωτός, τό [phōs][73회] 포스
명 φάω '반짝이다'에서 유래: 빛.
1) [문자적으로]
① [일반적인 용법] 마17:2, 요11:10, 고후4:6.
② [환유법] 빛을 내는 물건, 불, 횃불, 초롱, 막14:54, 눅22:56, 행16:29.
③ [빛의 조명을 받아 밝은 것] 엡5:14.
2) [비유적으로]
① 메시아의 구원, 복음 따위를 빛으로 표현함, 마4:16, 행26:18, 엡5:13.
② 이런 종류의 빛을 지닌 사람, 마5:14, 행13:47, 롬2:19.
☞**빛**(마4:16, 눅8:16, 딤전6:16), **불**(막14: 54), **불빛**(눅22:56), **등불**(요5:35, 행16:29), **광채**(행12:7), **광명**(고후11:14).

5458. φωστήρ, ῆρος, ὁ [phōstēr][2회] 포스테르
명 5457에서 유래:
1) 조명기, 발광체, 별, 빌2:15.
2) 광채, 광휘, 계21:11.
☞**빛**(빌2:15, 계21:11).

5459. φωσφόρος, ον [phōsphŏrŏs][1회] 포스포로스
형 5457과 5342에서 유래: 빛을 가져오는, 빛을 내는 [샛별], 벧후1:19.
☞**빛을 가져오는 [샛별]**(벧후1:19).

5460. φωτεινός, ἡ, όν [phōtĕinŏs][5회] 포테이노스
형 5457에서 유래: 빛나는, 찬란한, 마17:5, 눅11:34.
☞**밝은**(마6:22, 눅11:34,36), **빛난**(마17:5).

5461. φωτίζω [phōtizō][11회] 포티조
동 미래 φωτίσω 또는 φωτιῶ, 제1부정 과거 ἐφώτισα, 완료수동 분사 πε- φωτισμένος, 제1부정과거 수동태 ἐ- φωτίσθην, 5457에서 유래:
1) [자동사] 비치다, 계22:5.
2) [타동사]
① [문자적으로] 밝게 하다, 비추다, 조명하다, 눅11:36, 계21:23.
② [비유적으로] 밝혀주다, 빛을 주다, 요1:9, 엡1:18, 히6:4.
③ 밝히다, 드러내다, 나타내다, 고전4:5, 엡3:9, 딤후1:10.
☞**비추다**(눅11:36, 요1:9, 계21:33), **드러내다**(고전4:5, 엡3:9, 딤후1:10), **밝히다**(엡1:18), **빛을 받다**(히6:4, 10:32), **환하다**(계18:1).

5462. φωτισμός, οῦ, ὁ [phōtismŏs][2회] 포티스모스
명 5461에서 유래:
1) 조명, 계몽, 깨우침, 빛, 고후4:4.
2) 밝힘, 나타냄, 드러냄, 고후4:6.
☞**광채**(고후4:4), **빛**(고후4:6).

X, χ

5463. χαίρω [chairō][74회] 카이로

동 [기본형] 미완료 ἔχαιρον, 미래 χαρήσομαι, 제2부정과거수동태 ἐχά– ρην:

1. 기뻐하다, 기쁘다, 요16:20, 롬12:15, 계11:10.

2. [인사 형식]

1) [사람을 만날 때 주고 받는 인사]

① χαῖρε, χαίρετε: 안녕하십니까, 마26:49, 27:29, 28:9. 눅1:28, 요19:3, 요이1:10,11.

② 안녕, 빌3:1, 4:4.

2) [편지의 서두에 쓰는 형식] 행15:23, 23:26, 약1:1.

☞**기뻐하다**(마2:10, 고후6:10, 빌4:10), **즐거워하다**(마5:12, 눅19:6, 벧전4:13), **평안하다**(마27:29, 눅1:28, 요19:3), **즐겁다**(눅15:5), **문안하다**(행15:23, 23:26), **기쁘다**(고전7:30, 요이1:4), **기쁘게 하다**(고후7:7).

5464. χάλαζα, ης, ἡ [chalaza][4회] 칼라자

명 5465에서 유래된 것으로 보임: 우박, 계8:7, 11:19.

☞**우박**(계8:7, 11:19, 16:21).

5465. χαλάω [chalaō][7회] 칼라오

동 미래 χαλάσω, 제1부정과거 ἐχά– λασα, 제1부정과거 수동태 ἐχαλάσ– θην, 5490의 어간에서 유래: 내리다, 드리우다, 내려보내다, 막2:4, 눅5:4,5, 행9:25.

☞**달아 내리다**(막2:4, 행9:25), **내리다**(눅5:4, 행27:17), **내려놓다**(행27:30), **내려가다**(고후11:33).

5466. Χαλδαῖος, ου, ὁ [Chaldaiŏs][1회] 칼다이오스

명 히브리어 3778에서 유래한 것으로 보임: 갈대아 사람, 행7:4.

☞**갈대아인**(행7:4).

5467. χαλεπός, ή, όν [chalĕpŏs][2회] 칼레포스

형 5465에서 유래:

1) 어려운, 곤란함, 딤후3:1.

2) 다루기 어려운, 난폭한, 위험한, 마8:28.

☞**사나운**(마8:28), **고통하는**(딤후3:1).

5468. χαλιναγωγέω [chalinagōgĕō][2회] 칼리나고게오

동 미래 χαλιναγωγήσω, 제1부정과거 ἐχαλιναγώγησα, 5469와 71에서 유래: 재갈을 물려 어거하다, 제어하다, 굴레를 씌우다, 억제하다, 약1:26, 3:2.

☞**재갈 물리다**(약1:26), **굴레 씌우다**(약3:2).

5469. χαλινός, οῦ, ὁ [chalinŏs][2회] 칼리노스

명 5465에서 유래: 재갈, 약3:3, 계14:20.

☞**굴레**(계14:20), **재갈**(약3:3).

5470. χάλκεος [chalkĕŏs] 칼케오스

형 5475에서 유래: 구리 빛의, 구리와 같은.

☞**동(銅)의**(계9:20).

5471. χαλκεύς, έως, ὁ [chalkĕus][1회] 칼큐스

명 5475에서 유래: 구리 세공하는 사람, 금속 세공업자, 딤후4:14.

☞**구리 세공업자**(딤후4:14).

5472. χαλκηδών, όνος, ὁ [chalkēdōn][1회] 칼케돈

명 5475와 1491에서 유래: 얼룩무늬[보석의 일종], 옥수, 계21:19.

☞**옥수(玉髓)**(계21:19).

5473. χαλκίον, ου, τό [chalkiŏn][1회] 칼키온

명 5475에서 유래: 놋그릇, 구리, 그릇, 막7:4.

☞**놋그릇**(막7:4).

5474. χαλκολίβανον, ου, τό or χαλκολίβανος, ου, ὁ [chalkŏlibanŏn][2회] 칼콜리바논

명 5475와 3030의 합성어: 금광석, 좋은 놋쇠, 청동, 계1:15, 2:18.

☞**빛난 주석**(계1:15, 2:18).

5475. χαλκός, οῦ, ὁ [chalkŏs][5회] 칼코스

명 5465에서 유래:

1) 구리, 고전13:1, 계18:12.

2) 동전, 잔돈, 마10:9, 막6:8, 12:41.

☞**동(銅)**(마10:9), **돈**(막6:8, 12:41), **구리**(고전13:1).

5476. χαμαί [chamai][2회] 카마이

부 5490의 어간에서 유래: 땅에, 마당에, 요9:6, 18:6.

☞**땅에**(요9:6, 18:6).

5477. Χανάαν, ἡ [Chanaan][2회] **카나안**
고명 히브리어 3667에서 유래: 요단강 서부 지역 '가나안', 행7:11, 13:19.
☞**가나안**(행7:11, 13:19).

5478. Χαναναῖος, α, ον [Chanaanaiŏs][1회] **카나나이오스**
형 5477에서 유래: 가나안의, 가나안 사람의, 마15:22, 막7:26.
☞**가나안인**(마15:22).

5479. χαρά, ᾶς, ἡ [chara][59회] **카라**
명 5463에서 유래: 기쁨, 즐거움.
1) [문자적으로] 고후2:3, 갈5:22, 히12:11.
2) [환유적으로]
① 기쁨을 주는 사람, 또는 사물, 기쁨의 대상, 눅2:10, 빌4:1, 살전2:19,20.
② 기쁨의 상태, 마25:21,23, 히12:2.
③ 즐거운 잔치, 마25:21,23, 요17:13.
☞**기쁨**(마13:20, 요15:11, 고후7:13), **즐거움**(마25:21, 히12:2, 벧전1:8), **희락**(롬14:17, 갈5:22).

5480. χάραγμα, ατος, τό [charagma][8회] **카라그마**
명 5482와 동일어에서 유래:
1) 표, 인, 계13:16, 14:9.
2) 형상, 행17:29.
☞**표**(계13:16, 16:2, 20:4), **새긴 것**(행17:29).

5481. χαρακτήρ, ῆρος, ὁ [charaktēr][1회] **카라크테르**
명 5482와 동일어에서 유래:
1) 찍은 표, 복사, 모조, 묘사, 초상, 히1:3.
2) 특색, 특징.
☞**형상**(히1:3).

5482. χάραξ, ακος, ὁ [charax][1회] **카락스**
명 χαράσσω '긁는다'에서 유래: 말뚝, 울, 울타리, 눅19:43.
☞**토둔(土屯)**(눅19:43).

5483. χαρίζομαι [charizŏmai][23회] **카리조마이**
동 중간태. 디포넌트. 미래 χαρίσομαι, 5485에서 유래:
1) 거저 주다, 값없이 주다, 은혜를 베풀다, 롬8:32, 갈3:18, 빌2:9.
2) 주다, 용서하다, 고후2:10, 엡4:32, 골2:13.
3) 은혜로움을 스스로 나타내다, 갈3:18.
☞**탕감하다**(눅7:42), **탕감받다**(눅7:43), **놓아주다**(행3:14), **내어주다**(행25:11, 롬8:32), **주다**(행27:24, 고전2:12, 빌2:9), **용서하다**(고후2:7,10, 골3:13), **사하다**(골2:13).

5484. χάριν [charin][9회] **카린**
전 5485의 목적격: ~을 위하여.
1) [목표를 지시할 때] 갈3:19, 딛1:11. [예] αἰσχροῦ κέρδου χ.: 이 목적을 위하여, 딛1:5.
2) [이유를 가리킬 때] 눅7:47, 요일3:12.
☞**〈대격〉~을 위하여, ~ 때문에.**

5485. χάρις, ιτος, ἡ [charis][156회] **카리스**
명 5463에서 유래:
1) 우아함, 매력, 끄는 힘, 눅4:22, 골4:6.
2) 은총, 총애, 덕택, 호의, 은사, 선의, 눅2:40, 롬4:4, 히4:16, 계22:21.
3) 은혜로운 행위, 선행, 선물, 자선, 기특한 행동, 행24:27, 고후1:15, 벧전5: 10, 유1:4.
4) 감사, 눅17:9, 딤전1:12, 히12:28.
☞**은혜**(눅1:30, 행4:33, 몬1:3), **칭찬**(눅6:32, 34), **칭송**(행2:47), **은총**(행7:10), **호의**(행25: 3), **은사**(고후9:15), **기쁨**(몬1:7), **아름다움**(벧전2:19,20), **사랑스러움**(눅2:52), **감사**(눅17:9, 롬6:17, 고후8:16, 골3:16).

5486. χάρισμα, ατος, τό [charisma][17회] **카리스마**
명 5483에서 유래: 선물, 은사, 부여된 은총, 롬11:29, 고전1:7, 딤전4:14, 벧전4:10.
☞**은사**(롬1:11, 고전7:7, 딤전4:14), **선물**(롬5:16).

5487. χαριτόω [charitŏō][2회] **카리토오**
동 제1부정과거 ἐχαρίτωσα, 완료 수동분사 κεχαριτωμένος, 5485에서 유래: 은총을 베풀다, 크게 호의를 가지다, 축복하다, 눅1:28, 엡1:6.
☞**은혜를 받다**(눅1:28, 엡1:6).

5488. Χαρράν [Charrhan][2회] **카르란**
고명 히브리어 2771에서 유래: 메소포타미아의 한 지역 '하란', 행7:2,4.
☞**하란**(행7:2,4).

5489. χάρτης, ου, ὁ [chartēs][1회] **카르테스**
명 5482와 동일어에서 유래: 종이, 요이1:12.
☞**종이**(요이1:12).

5490. χάσμα, ατος, τό [chasma][1회] **카스마**
명 χάω '하품하다'에서 유래: 간격, 소격, 깊은 틈, 눅16:26.

☞**구렁텅이**(눅16:26).

5491. χεῖλος, ους, τό [chĕilŏs][7회] 케일로스

명 5490과 같은 어원에서 유래:
1) 입술, 마15:8, 막7:6, 롬3:13.
2) [강이나 바다의] 가, 변두리, 해변, 히11:12.

☞**입술**(마15:8, 고전14:21, 벧전3:10), **해변**(히11:12).

5492. χειμάζω [chĕimazō][1회] 케이마조

동 5494와 같은 어원에서 유래: 나쁜 날씨를 만나게 하다, 폭풍우 속에서 흔들리게 하다, 행27:18.

☞**풍랑으로 애쓰다**(행27:18).

5493. χείμαρρος or χειμάρρους, ου, ὁ [chĕimarrhŏs][1회] 케이마르로스

명 5494의 어간과 4482에서 유래: 겨울의 격류, 협곡, 계곡, 개울, 요18:1.

☞**시내**(요18:1).

5494. χειμών, ῶνος, ὁ [chĕimōn][6회] 케이몬

명 χέω '붓다'의 파생어에서 유래:
1) 비바람이 휘몰아치는 날씨, 악천후, 나쁜 날씨, 마16:3, 행27:20.
2) 나쁜 날씨가 많은 계절, 겨울, 마24: 20, 막13:18, 요10:22.

☞**겨울**(마24:20, 요10:22, 딤후4:21), **풍랑**(행27:20), **궂은 날씨**(마16:3).

5495. χείρ, χειρός, ἡ [chĕir][178회] 케이르, 케이로스

명 5494의 어간에서 유래: 손.

1. [문자적으로] 마12:10, 막3:1, 눅6:6, 히2:7 ⓢ

2. [비유적으로]

1) 하나님의 손[하나님의 권능을 의미]
① 창조자로서의 손, 행7:50, 히1:10, 2:7 ⓢ
② 통치자, 조력자, 기사를 행하시는 자, 우주를 조절하시는 자로서의 손, 눅1:66, 행11:21.
③ 벌을 내리시는 자로서의 손, 행13: 11, 히10:31.
④ 그리스도와 천사의 손, 요3:35, 행7:35.

2) 적대적 세력, 행21:11. [주] 수동태로 쓰이는 경우 마17:22, 막9: 31, 눅9:44, 요10:39.

☞**손**(막3:3, 요20:20, 계14:14), **권능**(행4:28), **팔**(요21:18), **손짓**(행21:40).

5496. χειραγωγέω [chĕiragōgĕō][2회] 케이라고게오

동 5497에서 유래:
1) 손으로 인도하다, 끌고 가다, 행9:8.
2) [수동] 행22:11.

☞**손에 끌리다**(행9:8, 22:11).

5497. χειραγωγός, οῦ, ὁ [chĕiragōgŏs][1회] 케이라고고스

명 5495와 71의 중복어에서 유래: 손을 붙잡아 인도하는 사람, 안내자, 행13:11.

☞**인도할 사람**(행13:11).

5498. χειρόγραφον, ου, τό [chĕirŏgraphŏn][1회] 케이로그라폰

명 5495와 1125의 합성어: [손으로 쓴] 문서, 차용 증명서, 채권, 골2:14.

☞**증서**(골2:14).

5499. χειροποίητος, ον [chĕirŏpŏiētŏs][6회] 케이로포이에토스

형 5495와 4160의 파생어에서 유래: 사람의 손으로 만든, 막14:58, 행17:24, 히9:11.

☞**손으로 지은**(막14:58, 행7:48, 히9:11), **손으로 행한**(엡2:11), **손으로 만든**(히9:24).

5500. χειροτονέω [chĕirŏtŏnĕō][2회] 케이로토네오

동 제1부정과거 ἐχειροτόνησα, 제1부정과거 수동태 ἐχειροτονήθην, 5495와 τείνω '뻗치다'의 합성어에서 유래: 택하다, 뽑다, 손을 들어 선택하다, 행14:23, 고후8:19.

☞**택하다**(행14:23), **택함을 입다**(고후8:19).

5501. χείρων, ον, ονος [chĕirōn][11회] 케이론

형 2556의 비교급: 더 나쁜, 더 못한, 더 심한, 마12:45, 눅11:26, 요5:14.

☞**더한**(마9:16, 막2:21), **더욱 심한**(마12:45, 눅11:26, 벧후2:20), **더 중한**(막5:26), **더 악한**(딤전5:8, 딤후3:13), **더 무거운**(히10:29), **더 큰**(마27:64).

5502. Χερούβ, τό and ὁ [Chĕrŏub][1회] 케루브

고명 히브리어 3742에서 유래: 언약궤를 지키는 두 날개 달린 천사 '그룹', 히9:5.

☞**그룹**(히9:5).

5503. χήρα, ας, ἡ [chēra][27회] 케라

명 5490의 어간에서 유래: 과부, 미망인, 눅4:26, 행6:1, 고전7:8, 딤전5:4.

☞**과부**(행9:39, 계18:7).

5504. χθές [chthĕs] 크데스
형 불확실한 어원에서 유래: 과거의, 이제까지의, 요4:52, 행7:28, 히13:8.
☞**어제**(요4:52, 행7:28, 히13:8).

5505. χιλιάς, άδος, ἡ [chilias] 킬리아스
수 5507에서 유래: 일천, 눅14:31, 계7:4-8.
☞**천**(행4:4, 고전10:8, 계5:11).

5506. χιλίαρχος, ου, ὁ [chiliarchŏs] 킬리아르코스
명 5507과 757에서 유래: 천부장[약 600명을 지휘하는 장교], 요18:12, 행21:31, 계6:15.
☞**천부장**(막6:21, 행21:31, 23:22), **장군**(계6:15, 19:18).

5507. χίλιοι, αι, α [chiliŏi][8회] 킬리오이
형 복수형. 불확실한 어원에서 유래: 천의, 벧후3:8, 계11:3.
☞**천**(벧후3:8, 계11:3, 12:6, 20:3,7).

5508. Χίος, ου, ἡ [Chiŏs][1회] 키오스
명 불확실한 어원에서 유래: 지중해의 한 섬 이름 '기오스', 행20:15.
☞**기오**(행20:15).

5509. χιτών, ῶνος, ὁ [chitōn][11회] 키톤
명 히브리어 3801에서 유래: 속옷, 내의, 마10:10, 막6:9, 눅3:11.
☞**겉옷**(마5:40, 눅6:29), **옷**(마10:10, 눅3:11, 유1:23), **속옷**(요19:23, 행9:39).

5510. χιών, όνο, ἡ [chiōn][2회] 키온
명 5490의 어간에서 유래: 눈, 마28:3, 계1:14.
☞**눈(雪)**(마28:3, 계1:14).

5511. χλαμύς, ύδος, ἡ [chlamüs][2회] 클라뮈스
명 불확실한 어원에서 유래: 외투[여행자나 군인이 입는 것], 마27:28,31.
☞**겉옷, 외투, (홍)포**(마27:28,31).

5512. χλευάζω [chlĕuazō][1회] 클류아조
동 미완료 ἐχλεύαζον, 5491의 파생어에서 유래: 조롱하다, 비웃다, 행2:13.
☞**조롱하다**(행2:13, 17:32).

5513. χλιαρός, ά, όν [chliarŏs][1회] 클리아로스
형 χλίω '따뜻하게 하다'에서 유래: 미적지근한, 미온적인, 소심한, 계3:16.
☞**미지근한**(계3:16).

5514. Χλόη, ης, ἡ [Chlŏē][1회] 클로에
고명 기본형의 여성형으로 보임: 초록의, 고린도 교회의 여자 그리스도인 '글로에', 고전1:11.
☞**글로에**(고전1:11).

5515. χλωρός, ά, όν [chlōrŏs][4회] 클로로스
명 5514와 같은 어원에서 유래:
1) 연두색, 연한 초록색, 막6:39, 계8:7
2) 창백함, 계6:8.
☞**녹색, 연두색**(막6:39, 계8:7, 9:4), **청황색**(계6:8).

5516. χξς [chi xi sigma] 키 크시 시그마
수 합성어: 육백육십육, 계13:18.
☞**육백육십육**(계13:18).

5517. χοϊκός, ἡ, όν [chŏïkŏs] 코이코스
형 5522에서 유래: 흙으로 만든, 흙으로 된, 고전15:47-49.
☞**흙에 속한**(고전15:47-49).

5518. χοῖνιξ, ικος, ἡ [chŏinix][2회] 코이닉스
명 불확실한 파생어에서 유래: 쾨닉[마른 물건을 재는 척도, 한 쾨닉스는 보통 장정 한 사람이 필요로 하는 일일 곡식의 양, 1쿼어트보다 적은 계량 단위], 계6:6.
☞**되**(계6:6).

5519. χοῖρος, ου, ὁ [chŏirŏs][12회] 코이로스
명 불확실한 파생어에서 유래: 어린 돼지, 돼지, 마7:6, 8:30-32, 막5:11, 눅8:33.
☞**돼지**(마7:6, 막5:11, 눅8:33).

5520. χολάω [chŏlaō][1회] 콜라오
동 5521에서 유래: 성내다, 노하다, 요7:23.
☞**노여워하다**(요7:23).

5521. χολή, ῆς, ἡ [chŏlē][2회] 콜레
명 여 5541의 어원의 동의어: 쓸개, 쓸개즙, 막27:34.
☞**쓸개**(마27:34), **악독**(행8:23).

5522. χόος [chŏŏs] 코오스
명 5494의 어간에서 유래: 흙, 막6:11, 계18:19.
☞**먼지**(막6:11), **티끌**(계18:19).

5523. Χοραζίν, ἡ [Chŏrazin][2회] 코라진
고명 불확실한 파생어에서 유래: 갈릴리의 한 지역 이름 '고라신', 마11:21, 눅10:13.
☞**고라신**(마11:21, 눅10:13).

5524. χορηγέω [chŏrēgĕō][2회] 코레게오
동 미래 χορηγησω, 제1부정과거 ἐχο- ρήγησ

X

α, 5525와 71의 합성어에서 유래: 비용을 지불하다, 공급하다, 대주다, 고후9:10, 벧전4:11.

☞**주다**(고후9:10), **봉사하다**(벧전4:11).

5525. χορός, οῦ, ὁ [chŏrŏs][1회] 코로스

명 불확실한 파생어에서 유래: 춤, 춤추는 것, 눅15:25.

☞**춤추는 것**(눅15:25).

5526. χορτάζω [chŏrtazō][16회] 코르타조

동 제1부정 과거 ἐχόρτασα, 제1부정과거수동태 ἐχορτάσθην, 미래수동태 χορτασθήσομαι, 5528에서 유래: 먹이다, 채우다, 만족시키다, 배부르게 하다, [수동] 배부르게 먹다, 마15:33, 막6:42, 계19:21.

☞**배부르다**(마5:6, 요6:26, 빌4:12), **차다**(마14:20), **배불리다**(눅9:17, 16:21, 계19:21), **배불리 먹다**(마15:37, 막6:42, 8:8).

5527. χόρτασμα, ατος, τό [chŏrtasma][1회] 코르타스마

명 5526에서 유래: 양식, 음식, 행7:11.

☞**양식**(행7:11).

5528. χόρτος, ου, ὁ [chŏrtŏs][15회] 코르토스

명 기본형으로 보임: 풀, 건초, 마14:19, 요6:10.

☞**풀**(마6:30, 눅12:28, 고전3:12), **싹**(마13: 26, 막4:28), **잔디**(마14:19, 막6:39, 요6:10).

5529. Χουζᾶς, ᾶ, ὁ [Chŏuzas][1회] 쿠자스

고명 불확실한 어원에서 유래: 요안나의 남편 '구자', 눅8:3.

☞**구사**(눅8:3).

5530. χράομαι [chraŏmai][11회] 크라오마이

동 기본형의 중간태: 사용하다, 쓰다.

1) 사용하다, 부리다, 쓰다, 고전7:21, 딤전5:23.

2) 행동하다, 나아가다, 고후1:17, 13:10.

3) 대하다, 다루다, 취급하다, 행27:3.

☞**둘러감다**(행27:17), **사용하다**(고전7:21), **쓰다**(고전7:31, 고후13:10, 딤전1:8).

5531. χράω [chraō] 크라오

동 5530의 어간과 동일형으로 보임: 빌려주다, 눅11:5.

☞**빌리다**(눅11:5).

5532. χρεία, ας, ἡ [chrĕia][49회] 크레이아

명 5530 또는 5534의 어간에서 유래: 필요, 필요성, 소용.

1) 필요, 요구. [주] χρείαν ἔχειν τινός: ~을 필요로 하다, ~이 요구되다, 마6:8, 막2:17, 눅5:31.

2) 빈궁, 부족, 곤란, 막2:25, 행2:45.

3) 결여된 것, 필요로 하는 것, 엡4:29.

4) 직무, 의무, 봉사, 행6:3.

☞**필요**(요2:25, 행4:35, 딛3:14), **일**(행6:3), **소용**(엡4:29), **궁핍함**(살전4:12, 요일3:17), **부족함**(계3:17), **쓸데**(마9:12, 막2:17, 고전12: 21), **필요성**(마21:3, 막11:3, 빌4:16) **요구**(마26:65, 막14:63, 고전12:24), **시장**(막2:25), **필요한 것**(눅10:42).

5533. χρεωφειλέτης, ου, ὁ [chrĕōphĕ-ilĕtēs][2회] 크레오페일레테스

명 5531의 파생어와 3781에서 유래: 빚진 사람, 채무자, 눅7:41, 16:5.

☞**빚진 자**(눅7:41, 16:5).

5534. χρή [chrē][1회] 크레

동 [비인칭 동사] ~하는 것이 필요하다, ~이 마땅하다, 약3:10.

☞**마땅하다**(약3:10).

5535. χρῄζω [chrēlzō][5회] 크레조

동 5532에서 유래: ~을 필요로 하다, ~이 필요하다, 마6:32, 눅11:8, 12:30, 롬16:2, 고후3:1.

☞**소용되다**(롬16:2), **필요가 있다**(고후3:1), **요구하다**(눅11:8).

5536. χρῆμα, ατος, τό [chrēma][6회] 크레마

명 1) [복수] 소유, 부, 재물, 재력, 수입, 막10:23, 눅18:24.

2) 돈, 행4:37, 8:18,20, 24:26.

☞**재물**(막10:23, 눅18:24), **값**(행4:37), **돈**(행8:18,20, 24:26).

5537. χρηματίζω [chrēmatizō][9회] 크레마티조

동 미래 χρηματίσω, 제1부정과거 ἐχ- ρημάτισα, 제1부정과거수동태 ἐχρη- ματίσθην, 완료 수동태, 5536에서 유래:

1) [하나님께서] 계시를 전하다, [명령, 지령, 경고를] 전달하다.

① [능동] 히12:25.

② [수동] 마2:22, 행10:22.

2) 이름을 가지다, 불리우다, 이름을 받다, 행11:26, 롬7:3.

☞**지시하다**(마2:12,22), **일컬음을 받다**(행

11:26), **불려지다**(롬7:3), **경고하다**(히11:7, 12:25).

5538. χρηματισμός, οῦ, ὁ [chrēmatismŏs][1회] 크레마티스모스

명 5537에서 유래: 신의 진술, 진의 대답, 롬11:4.

☞**대답**(롬11:4).

5539. χρήσιμος, η, ον [chrēsimŏs][1회] 크레시모스

형 5540에서 유래: 유용한, 유익한, 유리한, 딤후2:14.

☞**유익한**(딤후2:14).

5540. χρῆσις, εως, ἡ [chrēsis][2회] 크레시스

명 5530에서 유래:

1) 사용, 용도.
2) 유용함, 유용성.
3) 관례, 기능, 작용, 롬1:26,27.

☞**쓸 것, 쓰기**(롬1:26,27).

5541. χρηστεύομαι [chrēstĕuŏmai][1회] 크레스튜오마이

동 중간태. 디포넌트. 제1부정과거 ἐχρηστευσάμην, 미래 수동태 χρησ- τευθήσομαι, 5543에서 유래: 친절하다, 정답다, 자비롭다, 고전13:4.

☞**온유하다**(고전13:4).

5542. χρηστολογία, ας, ἡ [chrēstŏlŏgia][1회] 크레스톨로기아

명 5543과 3004의 합성어에서 유래: 유창한 말, 그럴듯한 말, 롬16:18.

☞**교활한 말**(롬16:18).

5543. χρηστός, ή, όν [chrēstŏs][7회] 크레스토스

명 5530에서 유래: 유용한, 적절한, 가치있는, 좋은.

1) [형용사]
 ① [사물에 대해서] 좋은, 상쾌한, 쉬운, 마11:30, 눅5:39.
 ② 선한, 평판이 좋은, 훌륭한, 고전15: 33.
 ③ [인격적 존재에 대해서] 친절한, 사랑하는, 인정 많은, 눅6:35, 엡4:32, 벧전2:3.
2) [명사] τὸ χρηστόν: 친절, 애정, 롬2:4.

☞**쉬운**(마11:30), **좋은**(눅5:39), **선대하는**(눅6:35), **인자한**(롬2:4, 엡4:32, 벧전2:3), **선한**(고전15:33).

5544. χρηστότης, ητος, ἡ [chrēstŏtēs][10회] 크레스토테스

명 5543에서 유래:

1) 선함, 착함, 올바름, 똑바름, 롬3:12.
2) 친절, 관대, 너그러움, 고후6:6, 갈5: 22, 엡2:7, 딛3:4.

☞**선**(롬3:12), **인자**(롬11:22), **자비**(갈5:22, 골3:12, 딛3:4), **인자하심**(롬2:4), **자비하심**(고후6:6, 엡2:7).

5545. χρῖσμα, ατος, τό [chrisma][3회] 크리스마

명 5548에서 유래: 기름 부음.

☞**기름 부음**(요일2:27).

5546. Χριστιανός, οῦ, ὁ [Christinanŏs][3회] 크리스티아노스

명 5548에서 유래: 그리스도인, 행11:26, 26:28, 벧전4:16.

☞**그리스도인**(행11:26, 26:28, 벧전4:16).

5547. Χριστός, ού [Christŏs][531회] 크리스토스

고명 5548에서 유래: '그리스도'.

1) [칭호로서] '기름 부음 받은 자'[메시아, 그리스도], 마2:4, 눅3:15.
2) [개인적인 이름으로서] 마1:1, 막1:1, 요1:17.

☞**그리스도**(눅3:15, 요1:17).

5548. χρίω [chriō][5회] 크리오

동 제1부정과거 ἔχρισα, 제1부정과거 수동태 ἐχρίσθην, 5530과 유래가 비슷함: 기름 붓다, 기름 바르다, 눅4:18, 행4:27, 10:38, 고후1:21, 히1:9.

☞**기름을 붓다**(눅4:18, 고후1:21, 히1:9).

5549. χρονίζω [chrŏnizō][5회] 크로니조

동 미래 χρονίσω, 5550에서 유래:

1) [단독으로] 시간이 걸리다, 지체하다, 오랫동안 오지 못하다, 마24:48, 히10:37.
2) [부정사가 뒤따르는 경우] 더디다, 긴 시간이 걸리다, 마24:48, 눅12:45.
3) 오래 머물러 있다, 눅1:21.

☞**지체하다**(눅1:21, 히10:37), **더디다, 더디 오다**(마24:48, 25:5, 눅12:45).

5550. χρόνος, ου, ὁ [chrŏnŏs] 크로노스

명 불확실한 파생어에서 유래:

1) 시간, 때, 마25:19, 눅8:27, 요7:33, 행8:11.
2) 유예, 지체, 계2:21, 10:6.

☞때(마2:7, 행1:7, 벧전4:2), 시대(행17:30), 얼마간(행19:22), 시간(11:32), 기회(계2:21), 동안(막2:19), 기한(눅1:57), 시대(행17:30), 항상(행20:18), 날(행27:9), 영세(롬16:25).

5551. χρονοτριβέω [chrŏnŏtribĕō][1회] 크로노트리베오
동 5550과 5147의 합성어에서 유래: 시간을 소비하다, 시간을 놓치다, 낭비하다, 행20:16.
☞지체하다(행20:16).

5552. χρύσεος [chrusĕŏs] 크뤼세오스
형 5557에서 유래: 금으로 된, 금으로 만든, 금으로 장식된, 딤후2:20, 히9:4, 계1:12.
☞금으로 된(딤후2:20, 히9:4, 계9:20).

5553. χρυσίον, ου, τό [chrusiŏn][12회] 크뤼시온
명 5557의 축약형:
1) 금, 벧전1:7, 계3:18.
2) 금장식, 보석, 딤전2:9, 벧전3:3, 계17: 4, 18:16.
3) 금화, 행3:6, 20:33, 벧전1:18.
☞금(행3:6, 벧전1:7, 계3:18).

5554. χρυσοδακτύλιος, ον [chrusŏ-daktuliŏs][1회] 크뤼소닥튈리오스
형 5557과 1146에서 유래: 금가락지를 손가락에 낀, 약2:2.
☞금가락지를 낀(약2:2).

5555. χρυσόλιθος, ου, ὁ [chrusŏli-thŏs][1회] 크뤼솔리도스
명 5557과 3037에서 유래: 감람석, 계21:20.
☞황옥(계21:20).

5556. χρυσόπρασος, ου, ὁ [chrusŏpra-sŏs][1회] 크뤼소프라소스
명 5557과 πράσον '부추'에서 유래: 녹옥, 계21:20.
☞비취옥(계21:20).

5557. χρυσός, οῦ, ὁ [chrusŏs][10회] 크뤼소스
명 5530의 어간에서 유래:
1) 금, 마2:11, 계9:7.
2) 금화, 마10:9, 약5:3.
3) 금장식, 딤전2:9, 계17:4, 18:16. 4)황금, 우상, 행17:29.
☞황금(마2:11), 금(마23:17, 고전3:12, 딤전2:9).

5558. χρυσόω [chrusŏō][2회] 크뤼소오
동 5557에서 유래: 금같이 만들다, 도금하다, 금빛으로 칠하다, 금으로 장식하다, 계17:4, 18:16.
☞꾸미다(계17:4, 18:16).

5559. χρώς, χρωτός, ὁ [chrōs][1회] 크로스
명 5530의 어간과 유사: 피부, 신체의 표면, 행19:12.
☞몸(행19:12).

5560. χωλός, ή, όν [chōlŏs][14회] 콜로스
형 기본형으로 보임: 저는, 절뚝거리는, 불구의, 마11:5, 눅7:22, 요5:3, 행3:2, 히12:13.
☞못 걷는 (사람)(마11:5, 눅7:22, 행14:8), 다리 저는 (사람)(마15:30, 막9:45, 요5:3), 저는 (자)(마21:14, 눅14:13).

5561. χώρα, ας, ή [chōra][28회] 코라
명 5490의 어간의 파생어: 나라, 땅.
1) 지방, 곳, 마8:28, 막6:55, 눅15:13, 요11:54, 행10:39.
2) 시골, 촌, 요11:55, 행8:1.
3) 육지, 행27:27.
4) 밭, 농토, 농장, 눅12:16, 21:21, 요4: 35, 약5:4.
☞땅(마4:16, 눅8:26, 행8:1), 지방(마8:28, 눅3:1, 행12:20), 지역(눅2:8), 밭(눅12:16, 요4: 35, 약5:4), 나라(눅15:13, 15, 19:12), 촌(눅21: 21), 시골(요11:55), 육지(행27:27).

5562. χωρέω [chōrĕō][10회] 코레오
동 미래 χωρή, 제1부정과거 ἐχώρησα, 5561에서 유래: 자리를 만들다, 양보하다.
1) 가다, 나가다, 가버리다, 도달하다, 마15:17, 벧후3:9.
2) 나아가다, 발전하다, 요8:37.
3) 자리를 차지하게 하다, 속에 담다.
① [문자적으로] 요2:6, 21:25.
② [비유적으로] 파악하다, 수락하다, 양해하다, 이해하다, 마19:11,12, 고후7:2.
☞들어가다(마15:17), 타고나다(마19:11), 받아들이다(마19:12), 들다(요2:6), 두다(요21: 25), 영접하다(고후7:2), 이르다(벧후3:9).

5563. χωρίζω [chōrizō][13회] 코리조
동 미래 χωρίσω, 제1부정과거 ἐχώρι- σα, 완료수동분사 κεχωρισμένος, 제1부정과거 수동태 ἐχωρίσθην, 5561에서 유래:
1) [능동] 나누다, 가르다, 분리시키다, 마19:6, 막10:9, 롬8:35, 39.

2) [수동]
① 헤어지다, 나누어지다, 고전7:10, 11,15.
② 떠나가다, 가버리다, 사라지다, 행1:4, 18:1,2.
☞**나누다**(마19:6, 막10:9), **떠나다**(행1:4, 18: 2, 몬 1:15), **끊다**(롬8:35,39), **갈리다**(고전7:10,11,15).

5564. χωρίον, ου, τό [chōriŏn][10회] **코리온**
명 5561에서 유래: 곳, 땅, 토지, 밭, 들, 마 26:36, 막14:32, 요4:5, 행1:18,19.
☞**땅**(요4:5, 행5:3,8), **밭**(행1:18,19, 4:34), **토지**(행 28:7).

5565. χωρίς [chōris][41회] **코리스**
부 전 5561에서 유래:
1. 따로, 단독으로, 헤어져서, 요20:7.
2. [소유격을 지배하는 전치사격으로] ~없이, ~은 그만두고.
1) [인격존재가 수반되는 소유격과 함께] 요 15:5, 엡2:12, 히11:40.
① ~아니면, 아니고는, ~없이는, 요1:3, 롬 10:14.
② ~외에, ~를 제외하고, 마14:21, 15: 38.
2) [사물의 속격과 함께]
① ~밖에, 고후12:3.
② ~을 쓰지 않고는, ~하지 않고, 마13:34, 막4:34, 눅6:49, 빌2:14.
☞**~아니면**(마13:34), **~외에**(마14:21), **~없이**(눅6:49), **~떠나서는**(요15:5), **있지 않고**(롬 3:28), **없으면**(롬7:8), **~밖에**(엡2:12), **없는**(약 2:20).

5566. χῶρος, ου, ὁ [chōrŏs][1회] **코로스**
명 라틴어에서 유래: 북서쪽, 행27:12.
☞**서북**(행27:12).

Ψ, ψ

5567. ψάλλω [psallō][5회] 프살로
동 미래 ψαλῶ, ψάω '문지르다'에서 유래[강조형]: 노래하다, 찬송하다, 롬15:9, 고전14:15, 엡5:19, 약5:13.
☞**찬송하다**(롬15:9, 고전14:15, 약5:13).

5568. ψαλμός, οῦ, ὁ [psalmŏs][7회] 프살모스
명 5567에서 유래: 찬양의 노래, 찬송가, 눅20:42, 24:44, 행1:20, 13:33, 고전14:26, 엡5:19, 골3:16.
☞**시편**(눅20:42, 행1:20), **찬송시**(고전14: 26), **시**(엡5:19, 골3:16).

5569. ψευδάδελφος, ου, ὁ [psĕudadĕl-phŏs][2회] 프슈다델포스
명 5571과 80에서 유래: 거짓 형제, 고후11:26, 갈2:4.
☞**거짓 형제**(고후11:26, 갈2:4).

5570. ψευδαπόστολος, ου, ὁ [psĕuda-pŏstŏlŏs][1회] 프슈다포스톨로스
명 5571과 652에서 유래: 거짓 사도, 고후11:13.
☞**거짓 사도**(고후11:13).

5571. ψευδής, ές [psĕudēs][3회] 프슈데스
형 5574에서 유래:
1) [인격적 존재에 대해] 거짓된, 거짓말하는, 행6:13, 계2:2. [주] 명사: 거짓말쟁이, 계21:8.
2) [물건에 대해서] 거짓된, 거짓말하는.
☞**거짓된**(계2:2), **거짓말하는**(계21:8), **거짓**(행6:13).

5572. ψευδοδιδάσκαλος, ου, ὁ [psĕudŏ-didaskalŏs][1회] 프슈도디다스칼로스
명 5571과 1320에서 유래: 거짓 스승, 거짓을 가르치는 사람, 벧후2:1.
☞**거짓 선생**(벧후2:1).

5573. ψευδολόγος, ον [psĕudŏlŏgŏs][1회] 프슈도로고스
형 5571과 3004에서 유래: 거짓말하는. [주] 명사: 거짓말쟁이, 딤전4:2.
☞**거짓말하는**(딤전4:2).

5574. ψεύδομαι [psĕudŏmai][12회] 프슈도마이
동 중간태. 미래 ψεύσομαι, 제1부정과거 ἐψευσάμην:
1) 거짓말하다, 거짓을 말하다, 마5:11, 히6:18.
2) 거짓말로 속이다, 거짓말을 하다, 속이다, 행5:3.
☞**거짓말하다**(마5:11, 행5:4, 갈1:20, 딤전2:7, 계3:9), **속이다**(행5:3).

5575. ψευδομάρτυρ [psĕudŏmartur] 프슈도마르튀르
명 5571과 3144에서 유래: 거짓 증거.
☞**거짓 증인**(마26:60).

5576. ψευδομαρτυρέω [psĕudŏmartu-rĕō][5회] 프슈도마르튀레오
동 미완료 ἐψευδομαρτύρουν, 미래 ψευδομαρτυρήσω, 제1부정과거 ἐψευδομαρτύρησα, 5574에서 유래: 거짓 증언을 하다, 마19:18, 막10:19, 눅18:20, 롬13:9.
☞**거짓 증언하다**(마19:18, 막14:57, 눅18: 20).

5577. ψευδομαρτυρία, ας, ἡ [psĕudŏ-martüria][2회] 프슈도마르튀리아
명 5575에서 유래: 거짓 증거, 마15:19, 26:59.
☞**거짓 증언**(마15:19, 26:59).

5578. ψευδοπροφήτης, ου, ὁ [psĕudŏ-prŏphētēs][11회] 프슈도프로페테스
명 5571과 4396에서 유래: 거짓 예언자, 마7:15, 막13:22, 눅6:26, 행13:6.
☞**거짓 선지자**(마7:15, 행13:6, 요일4:1).

5579. ψεῦδος [psĕudŏs][10회] 프슈도스
명 5574에서 유래: 거짓말, 거짓, 요8: 44, 롬1:25, 엡4:25, 계21:27.
☞**거짓**(요8:44, 엡4:25, 요일2:27), **거짓말**(계21:27, 22:15), **거짓 것**(롬1:25).

5580. ψευδόχριστος, ου, ὁ [psĕudŏ-christŏs][2회] 프슈도크리스토스
명 5571과 5547에서 유래: 거짓 그리스도, 거짓 메시아, 마24:24, 막13:22.
☞**거짓 그리스도**(마24:24, 막13:22).

5581. ψευδώνυμος, ον [psĕudōnümŏs][1회] 프슈도뉘모스

형 5571과 3686에서 유래: 거짓으로 이름을 가진, 가짜 이름을 가진, 딤전6:20.

☞**거짓된**(딤전6:20).

5582. ψεῦσμα, ατος, τό [psĕusma][1회] 프슈스마

명 5574에서 유래: 거짓말, 거짓, 거짓말하기, 속임수, 그릇됨, 진실하지 못함, 롬3:7.

☞**거짓말**(롬3:7).

5583. ψεύστης, ου, ὁ [psĕustēs][10회] 프슈스테스

명 5574에서 유래: 거짓말쟁이, 요8:55, 롬3:4, 딤전1:10.

☞**거짓말쟁이**(요8:44,55, 롬3:4, 딤전1:10, 요일1:10, 5:10).

5584. ψηλαφάω [psēlaphaō][4회] 프셀라파오

동 제1부정과거 ἐψηλάφησα, 5567의 어간에서 유래: 만져보다, 다치다, 손을 대다, 더듬다, 눅24:39, 행17:27, 히12:18.

☞**만져보다**(눅24:39), **더듬다**(행17:27), **만지다**(히12:18, 요일1:1).

5585. ψηφίζω [psēphizō][2회] 프세피조

동 제1부정과거 ἐψήφισα, 5586에서 유래: 세다, 계산하다, 회계를 청산하다, 눅14:28, 계13:18.

☞**계산하다**(눅14:28), **세어보다**(계13:18).

5586. ψῆφος, ου, ἡ [psēphŏs][3회] 프세포스

명 5584와 동일어에서 유래: 자갈, 조약돌.

1) 투표에 사용된 것, 행26:10.

2) 호신부나 부적 따위로 사용된 것, 계2:17.

☞**투표**(행26:10), **돌**(계2:17).

5587. ψιθυρισμός, οῦ, ὁ [psithüris-mŏs][1회] 프시뛰리스모스

명 ψίθος의 파생어에서 유래: 수군거림, 속삭임, 잡담, 고자질, 고후12:20.

☞**수군거림**(고후12:20).

5588. ψιθυριστής, οῦ, ὁ [psithüristēs][1회] 프시뛰리스테스

명 5587과 동일어에서 유래: 수군거리는 사람, 고자질하는 사람, 롬1:29.

☞**수군수군하는 자**(롬1:29).

5589. ψιχίον, ου, τό [psichiŏn][2회] 프시키온

명 5567의 파생어에서 유래: 작은 조각, 부스러기, 마15:27, 막7:28.

☞**부스러기**(마15:27, 막7:28).

5590. ψυχή, ῆς, ἡ [psüchē][103회] 프쉬케

명 5594에서 유래: 영혼, 목숨, 생명:

1) [문자적으로]

① [땅에서의 외면적이거나 육체적인 생에 대해서] 목숨, 생명력, 흙, 눅12:20, 행2:27, 20:10, 계6:9, 20:4. [주] 세상의 목숨, 지상의 목숨, 마2:20, 막10:45, 빌2:30, 계12:11.

② [사람의 내적 생활의 중심으로서의] 영혼, 혼, 마26:38, 막14:34, 눅12:19, 요12:27, 계18:14.

③ [지상의 생을 초월한 생의 중심이 되는] 영, 영혼, 마16:26, 막8:37, 고후1:23, 12:15, 약1:21, 벧전1:9.

2) [환유적으로] 목숨을 가진 것, 생물, 생명체, 고전15:45, 계16:3.

☞**목숨**(마2:20, 막8:35, 롬11:3), **영혼**(마10: 28, 눅12:20, 고후12:15), **마음**(마11:29, 막14: 34, 행14:22), **생명**(막3:4, 요12:25, 행20:10), **힘**(막12:33), **뜻**(행4:32), **인**(행27:37), **영**(고전15:45), **혼**(살전5:23, 히4:12), **명**(벧전3:20), **심령**(벧후2:8), **사람**(행7:14, 롬13:1).

5591. ψυχικός, ή, όν [psüchikŏs][6회] 프쉬키코스

형 명 5590에서 유래: 목숨에 관한.

1) [형용사] 고전2:14, 15:44.

2) [명사] 육체적인 것, 물질적인 것, 고전15:46, 유1:19.

☞**정욕의**(약3:15), **육에 속한**(고전2:14, 유1:19), **육의**(고전15:44,46).

5592. ψῦχος, ους, τό [psüchŏs][6회] 프쉬코스

명 5594에서 유래: 추위, 냉기, 요18:18, 행28:2, 고후11:27.

☞**추위**(요18:18, 고후11:27, 행28:2).

5593. ψυχρός, ά, όν [psüchrŏs][4회] 프쉬크로스

형 5592에서 유래: 추운, 찬, 식은.

1) [문자적으로]

① [형용사] 마10:42.

② τὸ ψυχρόν: 찬물, 냉수, 마10:42.

2) [비유적으로] 찬, 식은, 싸늘한, 계3:15,16.

☞**찬**(마10:42, 계3:15,16).

5594. ψύχω [psüchō][1회] 프쉬코

동 [기본형] 미래 수동태 ψυγήσομαι: 차게 하다, 싸늘하게 하다. [주]수동: 차게 되다, 싸늘해지다, 마24:12.

☞**식어지다**(마24:12).

5595. ψωμίζω [psōmizō][2회] 프소미조

동 제1부정과거 ἐψώμισα, 5596의 어간에서 유래:

1) [사람의 대격을 취하여] 먹이다, 롬12:20.
2) [사물의 대격을 취하여] 나눠주다, 조금씩 나누다, 조금씩 줘버리다, 고전13:3.

☞**먹이다**(롬12:20), **구제하다**(고전13:3).

5596. ψωμίον, ου, τό [psōmiŏn][4회] 프소미온

명 5597의 파생어에서 유래: 떡, 부스러기, 요13:26,27.

☞**조각**(요13:26,27,30).

5597. ψώχω [psōchō][1회] 프소코

동 5567과 동일 어간에서 유래: 비비다, 눅6:1.

☞**비비다**(눅6:1).

Ω, ω

5598. Ω [ō], i.e. ὦμεγα [ōmĕga] **오메가**
헬라어 알파벳의 스물넷째 글자 마지막 글자, 계1:8,11, 21:6, 22:13.
☞**오메가**(계1:8).

5599. ὦ [ō][17회] **오**
감 오!
1) [절의 처음에 나타나 감격을 표시] 마15:28, 롬2:1, 갈3:1.
2) [감격이나 감정없이 사용되는 경우] 행1:1, 18:14, 27:21.
3) [감탄의 뜻으로] 롬11:33.

5600. ὦ [ō] **오**
1510의 가정법: ~인지도 모른다, ~일 것이다, 마6:22.

5601. Ὠβήδ [Obēd] **오벳**
고명 히브리어 5744에서 유래: 한 이스라엘 사람 '오벳', 마1:5.
☞**오벳**(마1:5).

5602. ὧδε [hōdĕ][61회] **호데**
부 3592에서 유래:
1) 여기, 이곳으로, 이리로, 마8:29, 막11:3, 눅9:41.
2) 여기서.
① [장소적으로] 마12:6, 14:8, 막9:1, 눅9:33, 히13:14.
② 이 경우에, 이 점에서, 이런 처지에, 고전4:2, 히7:8, 계13:18.
☞**여기**(마14:8), **이리**(마17:17), **저기**(막13:21), **이곳으로**(마8:29), **여기서**(마12:6), **이런 경우에**(고전4:2).

5603. ᾠδή, ῆς, ἡ [ōldē][7회] **오데**
명 103에서 유래: 노래, 엡5:19, 골3:16, 계5:9, 14:3, 15:3.
☞**노래**(엡5:19, 골3:16, 계15:3).

5604. ὠδίν, ῖνος, ἡ [ōdin][4회] **오딘**
명 3601과 유사: 진통, 해산의 고통.
1) [문자적으로] 살전5:3.
2) [상징적으로] 마24:8, 막13:8, 행2:24.
☞**재난**(마24:8, 막13:8), **고통**(행2:24, 살전5:3).

5605. ὠδίνω [ōdinō][3회] **오디노**
동 5604에서 유래: 진통을 겪다, 해산의 고통을 가지다, 갈4:19,27, 계12:2.
☞**해산하다**(갈4:19), **산고(産苦)를 겪다**(갈4:27).

5606. ὦμος, ου, ὁ [ōmŏs][2회] **오모스**
명 5342의 대체어에서 유래: 어깨, 마23:4, 눅15:5.
☞**어깨**(마23:4, 눅15:5).

5607. ὤν [ŏn] **온**
동 1510의 현재 분사: 있다, ~이 되다, 요4:9.

5608. ὠνέομαι [ōnĕŏmai][1회] **오네오마이**
동 중간태. 디포넌트. 제1부정과거 ὠ－νησάμην, ὦνος에서 유래: 사다, 행7:16.
☞**사다**(행7:16).

5609. ᾠόν, οῦ, τό [ōŏn][1회] **오온**
명 [기본형] 알, 계란, 눅11:12.
☞**알**(눅11:12).

5610. ὥρα, ας, ἡ [hōra][106회] **호라**
명 [기본형]
1) 때[낮의], 막11:11, 마14:15, 눅12:39, 40, 계3:3.
2) 시간.
① 시간의 한토막, 계9:15, 요11:9, 마20:12.
② 짧은 시간, 잠깐, 계18:10,17,19, 요5:35, 고후7:8, 막15:25, 행2:15, 23:23, 마20:5, 막15:33, 눅23:44, 요4:6.
3) [어떤 일이 일어났거나, 일어나고 있거나, 일어날] 시점, 마8:13, 막13:11, 눅7:21, 행16:33, 계11:13.
☞**시(時)**(마8:13, 막15:33, 계3:3), **때**(마14:15, 요4:53, 요일2:18), **시간**(마20:12, 눅1:10, 14: 17), **날**(마24:42), **한때**(요5:35), **잠시**(고후7: 8), **~시**(마8:23).

5611. ὡραῖος, α, ον [hōraiŏs][4회] **호라이오스**
형 5610에서 유래: 아름다운, 고운, 귀여운, 마23:27, 행3:2,10.
☞**아름다운**(마23:27, 롬10:15), **'아름다움'이라고 불리는, 미문(美門)**(행3:2, 10).

5612. ὠρύομαι [ōrüŏmai][1회] **오뤼오마이**
동 기본형의 중간태. 디포넌트: 으르렁거리다, 소리지르다, 울다, 벧전5:8.

Ω

☞**울다**(벧전5:8).

5613. ὡς [hōs][504회] **호스**

부 3739에서 온 관계 부사:

1. [어떤 일이 되어 가는 모양을 지시하는 비교 불변사] ~같이, ~처럼.

1) [일반용법] 고전3:15, 엡5:33, 골3:18.

2) [특수 용법]

① [생략법에 있어서] 고전13:11, 막10:15, 엡6:6, 빌2:22.

② [절의 주어 또는 목적어가 되는 경우] 마15:28, 1:24.

③ [간접 질문에 나타남] 어떻게, 눅24: 35, 행10:38, 롬11:2.

2. [비교를 나타내는 접속사] ~같이, 처럼, 만큼. [οὕτως와 상관적으로 쓰임] 요7:46, 행8:32, 롬5:15, 마6:10, 행7: 51, 벧전3:6, 막7:6, 눅3:4, 행13:33, 마5:48, 벧전5:12, 막4:36.

3. [문장 속에서의 사람, 사물, 행동의 성질을 표시]

1) ~로서, 롬3:7, 고전3:10, 벧전2:2, 1: 9, 요1:14, 고전3:1, 10:15, 롬1:21, 고전4:14, 히6:19.

2) [분사와 함께] ~한 자로서, ~ 때문에, 행28:19, 벧후1:3, 마6:12.

4. ὡς의 기타 용법.

1) 시간 접속사:

① [부정과거와 함께] ~때, 뒤에, 후에, 눅1:23, 요2:9.

② [현재 또는 미완료와 함께] ~때, ~동안, ~한, 눅12: 58, 행1:10, 갈6:10. ~한 이상, ~하니, 막9: 21.

③ [ὡς+가정법, 미래 사건의 시간에 대해서] ~때, ~하자마자, 롬15:24, 고전11: 34, 빌2:23.

2) [결과를 나타내는 접속사] 그래서, 히3:11, 4:3.

3) [목적을 나타내는 접속사] ~하기 위하여, 행20:24, 히7:9.

4) [알다, 말하다, 듣다 등의 동사 위에서] ~라는 것을, 눅24:6, 행10:28, 빌1:8.

5) [수사와 함께] 약, 거의, 막5:13, 눅1:56, 요1:39.

6) [감탄사] 얼마나, 어쩌면, 롬10:15.

7) [최상급과 함께] 행17:15.

☞**~같이, 처럼**(막10:15, 엡5:33), **~로서**(롬3:7), **~때문에**(행28:19), **~때, 후에**(요2:9), **그래서**(히3:11), **약, 거의**(막5:13).

5614. ὡσαννά [hōsanna][6회] **호산나**

감 히브리어 3467과 4994에서 유래: 호산나, 지금 구하소서, 부디 도와주소서, 구해 주소서, 마21:9, 막11:9,10, 요12:13.

☞**호산나**(마21:9, 막11:9, 요12:13).

5615. ὡσαύτως [hōsautōs][17회] **호사우토스**

부 5613과 846에서 유래: 마찬가지로, 같은 모양으로, 마20:5, 막14:31, 롬8:26.

☞**그와 같이, 마찬가지로, 같은 모양으로**(마20:5), **이같이**(마21:30), **그렇게**(마21:36), **그같이**(마25:17), **이와 같이**(막14:31),

5616. ὡσεί [hōsĕi][21회] **호세이**

부 5613과 1487에서 유래: 비교를 나타내는 불변사:

1) ~처럼, 같이, 마3:16, 행2:3, 히1:12.

2) [수나 척도와 함께 사용될 때] 약, ~쯤, 마14:21, 행1:15.

☞**~같이, 처럼**(마3:16), **~이나**(마14:21), **~(거의)**(막6:44), **~쯤**(눅1:56), **~듯이**(눅24:11), **약, 쯤**(행4:4), **~같더라**(행6:15), **~같으며**(계1:14).

5617. Ὡσηέ [Hōsēĕ][1회] **호세에**

고명 히브리어 1954에서 유래: 소선지자 중의 하나 '호세아', 롬9:25.

☞**호세아**(롬9:25).

5618. ὥσπερ [hōspĕr][36회] **호스페르**

부 5613과 4007에서 유래; 마치~같이, ~처럼:

1) [비교급 전제문에 ὥσπερ가 나타나고, 귀결문에는 οὕτως로 시작되는 경우] ~같이, 그렇게, 마12:40, 눅17:24, 요5:21.

2) [앞서 나온 것을 연결] 마6:2,7, 행3: 17, 히4:10.

☞**~같이**(마5:48), **~때에**(마6:2), **~까지**(마24:38), **~같으니**(마25:14), **~하듯**(엡5: 24), **마치~같이, 마치~처럼, 그렇게**(마12:40, 눅17:24, 요5:21, 고후8:7, 행3:17, 히4:10).

5619. ὡσπερεί [hōspĕrĕi][1회] **호스페레이**

부 5618과 1487에서 유래: 마치~같이, 말하자면, 고전15:8.

☞**~같은, 마치~같이, 말하자면**(고전15:8).

5620. ὥστε [hōstĕ][83회] **호스테**

접 5613과 5307에서 유래:

1. [독립절 인도] 이 때문에, 그러므로, 그래서.

1) [부정사가 따르는 경우] 마12:12, 막2:28, 롬7:4.

2) [명령형이 따르는 경우] 고전15:28, 빌2:12.

2. [종속절 인도]

1) [실제적 결과를 말한다] 그래서.

① [직설법으로] 요3:16.

② [대격과 부정사가 따르는 경우] 마8:24, 막2:12, 눅5:7, 행1:19.

2) [의도한 결과를 나타낸다] ~하기 위하여, ~할 목적으로, ~한 생각으로, 마10:1, 27:1, 눅4:29.

☞**~만큼**(마15:33), **그런즉**(마19:6), **그러면**(마23:31), **이러므로**(막2:28), **심지어**(행5: 15), **이로 보건대**(롬7:12), **이같이**(갈3:24), **이 때문에, 그래서, 그러므로**(마12:12, 살후1:4), **~하기 위하여**(마10:1).

5621. ὠτίον, ου, τό [ōtiŏn][3회] 오티온

명 3775에서 유래: 귀, 마26:51, 눅22: 51, 요18:26.

☞**귀**(마26:51, 눅22:51, 요18:26).

5622. ὠφέλεια, ας, ἡ [ōphĕlĕia][2회] 오펠레이아

명 5624의 파생어에서 유래: 유용, 소용, 이득, 유익, 롬3:1, 유1:16.

☞**유익**(롬3:1), **이익**(유1:16).

5623. ὠφελέω [ōphĕlĕō][15회] 오펠레오

동 미래 ὠφελήσω, 제1부정과거 ὠφέ- λησα, 제1부정과거 수동태 ὠφελήθην, 미래 수동태 ὠφεληθήσομαι, 5622와 동일어에서 유래: 돕다, 도와주다, 유익을 주다, 소용이 되다.

1) [인격적 존재를 목적어로 가질 때] 고전14:6, 갈5:2, 히4:2.

2) [독립적으로 쓰일 때]

① [사람에 대해서] 마27:24, 요12:19.

② [사물에 대해서] 요6:63, 롬2:25.

☞**유익하다**(마16:26, 고전14:6), **쓸데 있다**(요12:19), **유익을 얻다**(히13:9), **성과를 얻다**(마27:24), **효험이 있다**(막5:26), **유익이 있다**(갈5:2).

5624. ὠφέλιμος, ον [ōphĕlimŏs][4회] 오펠리모스

형 3786의 한 형태에서 유래: 유용한, 유익한, 딤전4:8, 딤후3:16, 딛3:8.

☞**유익이 있는**(딤전4:8), **유익한**(딤후3:16, 딛3:8).

Ω

O.N.O라는 회사명은 'One and One'의 줄임말로 '하나 그리고 하나가 서로 연합한다.'는 의미입니다.
하나님께서 우리들에게 보여주신 모든 것들은 조화와 짝을 이루고 있습니다.
하늘과 땅, 남과 여, 오른손과 왼손, 해와 달 그리고 우리가 평생 묵상하며 가까이 하고 있는 구약과 신약 등...
예수님도 말씀하신 '에이레네' 곧 하나님과 우리의 하나 됨의 조화와 연합을 회사명에 담았습니다.
도서출판 로고스의 의미가 '하나님이 주신 말씀'이라면 이제 그 말씀을 받아
조화되고 연합하는 비전을 제시하는 것이 저희 O.N.O의 시작이자 끝이 되길 바랍니다.

판권
소유

스트롱코드 **헬라어 사전**

초 판 1쇄 발행 2021년 3월 10일

펴낸곳 : O.N.O 편찬위원회(책임편찬 라형택)
발행인 : 김민선
감 수 : 주원규
발행처 : 도서출판 O.N.O
주 소 : 경기 의정부시 백석로 12번길 동화A상가 105호
전 화 : 02-922-6872, 070-4103-6890
등 록 : 제 2019-000005호
등록일자 : 2019년 2월 13일
공급처 : (주)비전북
디자인 : 말쿠트

잘못된 책은 바꾸어 드립니다.

ISBN : 979-11-91047-11-0

본 저작물의 한국어판 저작권은 rMaeng2 Agency를 통하여
Handrickson Pulishers Inc. 와 독점 계약한 도서출판 O.N.O에 있습니다.
저작권법에 의하여 한국 내에서 보호 받는 저작물이므로
본 출판사의 사전 허락없이 내용을 인용 및 복사할 수 없습니다.